KB090184

이상심리학 이정표

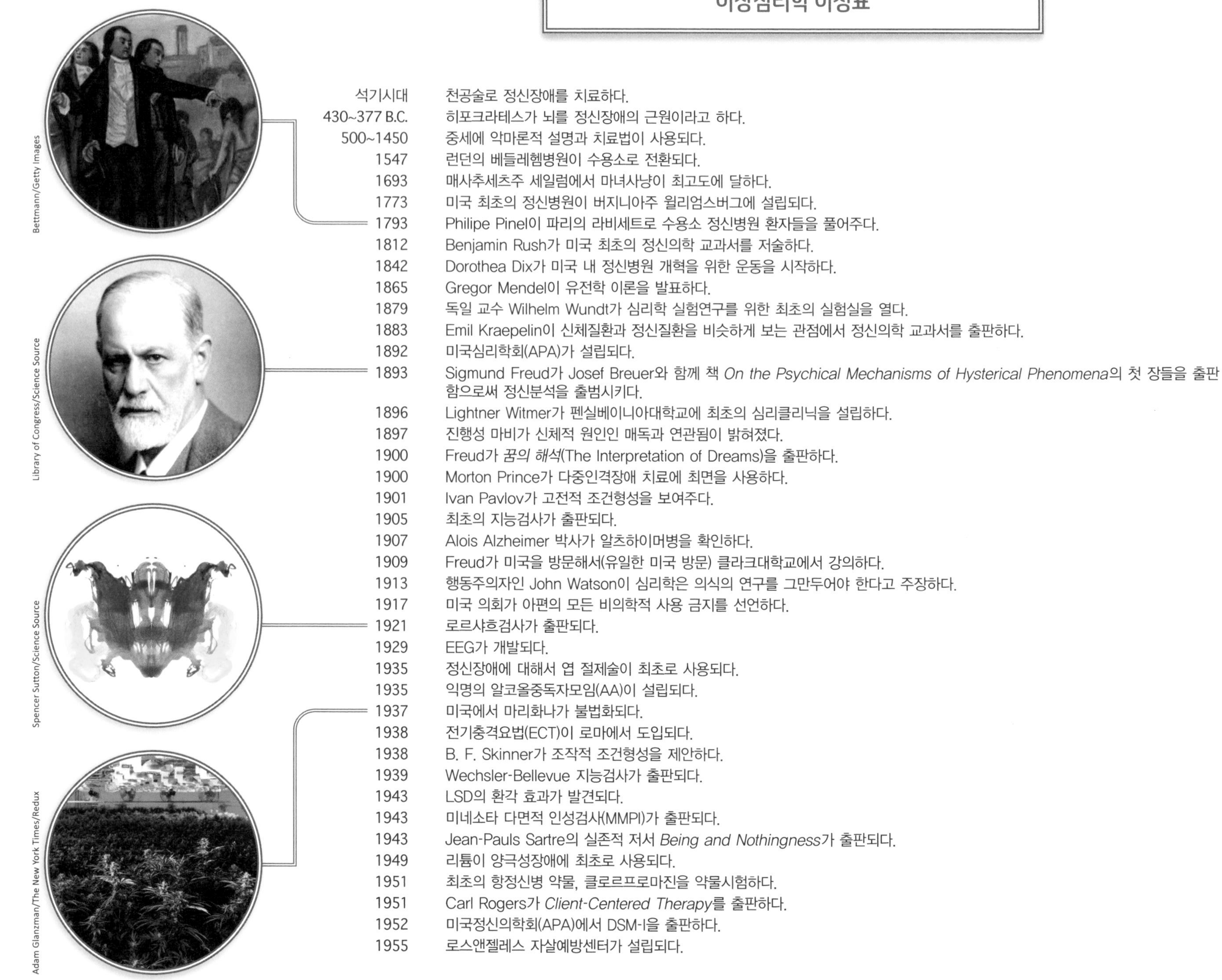

Bettmann/Getty Images

Library of Congress/Science Source

Spencer Sutton/Science Source

Adam Glanzman/The New York Times/Redux

석기시대	천공술로 정신장애를 치료하다.
430~377 B.C.	히포크라테스가 뇌를 정신장애의 근원이라고 하다.
500~1450	중세에 악마론적 설명과 치료법이 사용되다.
1547	런던의 베들레헴병원이 수용소로 전환되다.
1693	매사추세츠주 세일럼에서 마녀사냥이 최고도에 달하다.
1773	미국 최초의 정신병원이 버지니아주 윌리엄스버그에 설립되다.
1793	Philipe Pinel이 파리의 라비세트로 수용소 정신병원 환자들을 풀어주다.
1812	Benjamin Rush가 미국 최초의 정신의학 교과서를 저술하다.
1842	Dorothea Dix가 미국 내 정신병원 개혁을 위한 운동을 시작하다.
1865	Gregor Mendel이 유전학 이론을 발표하다.
1879	독일 교수 Wilhelm Wundt가 심리학 실험연구를 위한 최초의 실험실을 열다.
1883	Emil Kraepelin이 신체질환과 정신질환을 비슷하게 보는 관점에서 정신의학 교과서를 출판하다.
1892	미국심리학회(APA)가 설립되다.
1893	Sigmund Freud가 Josef Breuer와 함께 책 *On the Psychical Mechanisms of Hysterical Phenomena*의 첫 장들을 출판함으로써 정신분석을 출범시키다.
1896	Lightner Witmer가 펜실베이니아대학교에 최초의 심리클리닉을 설립하다.
1897	진행성 마비가 신체적 원인인 매독과 연관됨이 밝혀졌다.
1900	Freud가 *꿈의 해석*(The Interpretation of Dreams)을 출판하다.
1900	Morton Prince가 다중인격장애 치료에 최면을 사용하다.
1901	Ivan Pavlov가 고전적 조건형성을 보여주다.
1905	최초의 지능검사가 출판되다.
1907	Alois Alzheimer 박사가 알츠하이머병을 확인하다.
1909	Freud가 미국을 방문해서(유일한 미국 방문) 클라크대학교에서 강의하다.
1913	행동주의자인 John Watson이 심리학은 의식의 연구를 그만두어야 한다고 주장하다.
1917	미국 의회가 아편의 모든 비의학적 사용 금지를 선언하다.
1921	로르샤흐검사가 출판되다.
1929	EEG가 개발되다.
1935	정신장애에 대해서 엽 절제술이 최초로 사용되다.
1935	익명의 알코올중독자모임(AA)이 설립되다.
1937	미국에서 마리화나가 불법화되다.
1938	전기충격요법(ECT)이 로마에서 도입되다.
1938	B. F. Skinner가 조작적 조건형성을 제안하다.
1939	Wechsler-Bellevue 지능검사가 출판되다.
1943	LSD의 환각 효과가 발견되다.
1943	미네소타 다면적 인성검사(MMPI)가 출판되다.
1943	Jean-Pauls Sartre의 실존적 저서 *Being and Nothingness*가 출판되다.
1949	리튬이 양극성장애에 최초로 사용되다.
1951	최초의 항정신병 약물, 클로르프로마진을 약물시험하다.
1951	Carl Rogers가 *Client-Centered Therapy*를 출판하다.
1952	미국정신의학회(APA)에서 DSM-I을 출판하다.
1955	로스앤젤레스 자살예방센터가 설립되다.

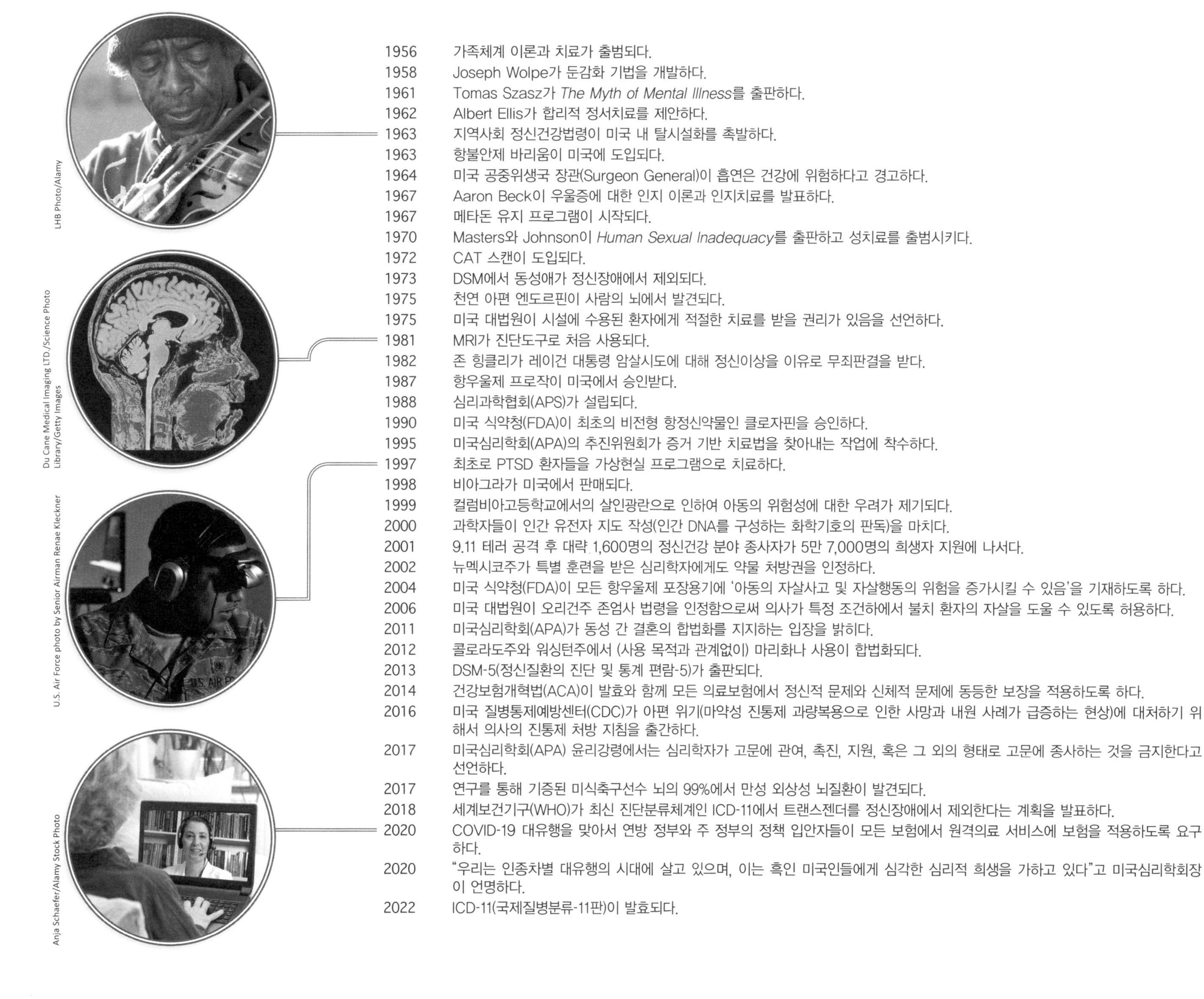

LHB Photo/Alamy

Du Cane Medical Imaging LTD./Science Photo Library/Getty Images

U.S. Air Force photo by Senior Airman Renae Kleckner

Anja Schaefer/Alamy Stock Photo

1956	가족체계 이론과 치료가 출범되다.
1958	Joseph Wolpe가 둔감화 기법을 개발하다.
1961	Tomas Szasz가 *The Myth of Mental Illness*를 출판하다.
1962	Albert Ellis가 합리적 정서치료를 제안하다.
1963	지역사회 정신건강법령이 미국 내 탈시설화를 촉발하다.
1963	항불안제 바리움이 미국에 도입되다.
1964	미국 공중위생국 장관(Surgeon General)이 흡연은 건강에 위험하다고 경고하다.
1967	Aaron Beck이 우울증에 대한 인지 이론과 인지치료를 발표하다.
1967	메타돈 유지 프로그램이 시작되다.
1970	Masters와 Johnson이 *Human Sexual Inadequacy*를 출판하고 성치료를 출범시키다.
1972	CAT 스캔이 도입되다.
1973	DSM에서 동성애가 정신장애에서 제외되다.
1975	천연 아편 엔도르핀이 사람의 뇌에서 발견되다.
1975	미국 대법원이 시설에 수용된 환자에게 적절한 치료를 받을 권리가 있음을 선언하다.
1981	MRI가 진단도구로 처음 사용되다.
1982	존 힝클리가 레이건 대통령 암살시도에 대해 정신이상을 이유로 무죄판결을 받다.
1987	항우울제 프로작이 미국에서 승인받다.
1988	심리과학협회(APS)가 설립되다.
1990	미국 식약청(FDA)이 최초의 비전형 항정신약물인 클로자핀을 승인하다.
1995	미국심리학회(APA)의 추진위원회가 증거 기반 치료법을 찾아내는 작업에 착수하다.
1997	최초로 PTSD 환자들을 가상현실 프로그램으로 치료하다.
1998	비아그라가 미국에서 판매되다.
1999	컬럼비아고등학교에서의 살인광란으로 인하여 아동의 위험성에 대한 우려가 제기되다.
2000	과학자들이 인간 유전자 지도 작성(인간 DNA를 구성하는 화학기호의 판독)을 마치다.
2001	9.11 테러 공격 후 대략 1,600명의 정신건강 분야 종사자가 5만 7,000명의 희생자 지원에 나서다.
2002	뉴멕시코주가 특별 훈련을 받은 심리학자에게도 약물 처방권을 인정하다.
2004	미국 식약청(FDA)이 모든 항우울제 포장용기에 '아동의 자살사고 및 자살행동의 위험을 증가시킬 수 있음'을 기재하도록 하다.
2006	미국 대법원이 오리건주 존엄사 법령을 인정함으로써 의사가 특정 조건하에서 불치 환자의 자살을 도울 수 있도록 허용하다.
2011	미국심리학회(APA)가 동성 간 결혼의 합법화를 지지하는 입장을 밝히다.
2012	콜로라도주와 워싱턴주에서 (사용 목적과 관계없이) 마리화나 사용이 합법화되다.
2013	DSM-5(정신질환의 진단 및 통계 편람-5)가 출판되다.
2014	건강보험개혁법(ACA)이 발효와 함께 모든 의료보험에서 정신적 문제와 신체적 문제에 동등한 보장을 적용하도록 하다.
2016	미국 질병통제예방센터(CDC)가 아편 위기(마약성 진통제 과량복용으로 인한 사망과 내원 사례가 급증하는 현상)에 대처하기 위해서 의사의 진통제 처방 지침을 출간하다.
2017	미국심리학회(APA) 윤리강령에서는 심리학자가 고문에 관여, 촉진, 지원, 혹은 그 외의 형태로 고문에 종사하는 것을 금지한다고 선언하다.
2017	연구를 통해 기증된 미식축구선수 뇌의 99%에서 만성 외상성 뇌질환이 발견되다.
2018	세계보건기구(WHO)가 최신 진단분류체계인 ICD-11에서 트랜스젠더를 정신장애에서 제외한다는 계획을 발표하다.
2020	COVID-19 대유행을 맞아서 연방 정부와 주 정부의 정책 입안자들이 모든 보험에서 원격의료 서비스에 보험을 적용하도록 요구하다.
2020	"우리는 인종차별 대유행의 시대에 살고 있으며, 이는 흑인 미국인들에게 심각한 심리적 희생을 가하고 있다"고 미국심리학회장이 언명하다.
2022	ICD-11(국제질병분류-11판)이 발효되다.

이상심리학 제10판

Ronald J. Comer, Jonathan S. Comer 지음
오경자, 정경미, 송현주, 송원영, 김현수, 어유경 옮김

Σ 시그마프레스

이상심리학 제10판

발행일 | 2023년 3월 10일 1쇄 발행

저 자 | Ronald J. Comer · Jonathan S. Comer
역 자 | 오경자, 정경미, 송현주, 송원영, 김현수, 어유경
발행인 | 강학경
발행처 | (주)시그마프레스
디자인 | 이상화, 우주연, 김은경
편 집 | 이지선, 김은실, 이호선 , 윤원진
마케팅 | 문정현, 송치헌, 김인수, 김미래, 김성옥

등록번호 | 제10-2642호
주소 | 서울시 영등포구 양평로 22길 21 선유도코오롱디지털타워 A401~402호
전자우편 | sigma@spress.co.kr
홈페이지 | http://www.sigmapress.co.kr
전화 | (02)323-4845, (02)2062-5184~8
팩스 | (02)323-4197

ISBN | 979-11-6226-419-5

Fundamentals of Abnormal Psychology, 10th Edition

First published in the United States by Worth Publishers

역자 서문

Comer 교수의 *Fundamentals of Abnormal Psychology*의 우리말 번역은 2013년 제6판부터 시작되었다. 이상심리학을 공부하는 학생들에게 최신 이론과 연구 결과를 충실하게 소개하는 동시에 학생들이 흥미를 갖고 쉽게 접근할 수 있도록 흥미로운 자료를 담은 교재를 찾던 중 이 책을 만나게 되었다. 이 책은 다양한 이론과 중요한 연구 결과를 폭넓게 소개하고 있을 뿐 아니라 생생한 임상 사례와 새로운 사회적 변화를 다룬 흥미로운 언론 기사 등 자료를 폭넓게 활용하여 일반 독자들의 흥미를 끌 수 있게 구성되어 있다는 점에 마음이 끌려 국내 번역을 하기로 결정하였다.

지난 10년간 Comer 교수는 제7판(2014년), 제8판(2016년), 제9판(2019년), 그리고 제10판(2022년) 등 모두 4개의 개정판을 잇달아 펴냈다. 각 개정판은 늘 이전 판과 비교할 때 한층 더 흥미롭고 학술적 가치가 충분한 새로운 내용을 많이 추가하여 주저하지 않고 번역을 결정했었다. 그에 따라 2014년에 제7판, 2017년에 제8판의 국내 번역판이 나왔고, 이번에 제10판의 번역판이 나오게 되었다.

이번 제10판의 번역은 모두 여섯 사람이 나누어 진행하였다. 제1장과 제2장의 번역은 본인이 담당하였고, 제3장과 제16장은 정경미 교수, 제4장, 제6장, 제7장은 어유경 교수, 제5장, 제8장, 제9장은 김현수 교수, 제10장, 제11장, 제15장은 송원영 교수, 제12장, 제13장, 제14장은 송현주 교수가 각각 담당하였다. 강의와 연구, 그리고 임상 실무에 바쁜 중에 시간을 쪼개서 참여한 번역진의 수고에 감사를 표한다.

이 책의 출판을 맡아주신 (주)시그마프레스의 사장님과 수고를 아끼지 않은 편집부 여러분께 감사를 드리면서, 이 책을 통해서 많은 학생이 이상심리학에 흥미를 갖게 되고 보다 즐겁게 배울 수 있기를 기대한다.

2023년 2월
역자 대표 오경자

저자 서문

3년 전 이 책의 이전 판을 쓴 이후 무슨 일이 있었을까? 흠… 바이러스가 전 세계에 퍼져서 우리의 일상 활동, 정서, 의사결정, 가족생활, 사회관계, 직장과 학교에서의 일상, 경제적 안정, 그리고 지구 상 모든 이의 안녕에 어느 정도 영향을 미쳤다. 상식으로 봐도 연구 결과에서도 COVID-19 대유행이 정신건강과 임상 분야에 미친 영향은 이번 개정판 전반에 포함시켜서 세심하게 조사해야 된다고 알려준다.

하지만 COVID-19 대유행이 널리 퍼져 있기는 하지만 이 책의 이전 판을 쓴 이래 일어난 유일한 중대 사건은 아니다. 최근 수년간 여러 가지 불행한 세계적 사건과 놀라운 사회운동이 펼쳐져서 우리 대부분이 이미 알고는 있었지만 충분한 깊이로 알지는 못했던 것, 즉 많은 이들이 인종 혹은 민족, 성별, 성 정체성, 성적 지향, 빈곤, 이민자 지위, 지역적 위치, 괴롭힘 등으로 인한 엄청난 압박과 심리적 고통을 받고 있다는 것을 상기시켜주었다. 이러한 최근의 발전상과 조언들을 고려해서 다문화 이슈와 정신건강의 연결에 대한 조사는 크게 증가하였다. 그러한 발전상과 연구들은 분명히 우리 교재의 새 개정판 전반에서 조사되어야 할 것이다.

물론 이 책의 이전 판에서도 우리는 일관되게 핵심적인 사회적, 다문화적, 경제적 요인에 초점을 맞춰왔다. 하지만 이번 개정판에서는 이 분야와 사회에서 가속화되고 있는 그러한 요인에 대한 인식과 조사를 제대로 담아보려고 노력했다. 그와 동시에 우리는 계속해서 그 외에 집중해야 될 중요한 분야 및 정신건강 문제의 출현과 치료를 밝혀주는 연구들을 폭넓고 명료하게 제시할 것이다.

*Fundamentals of Abnormal Psychology*와 *Abnormal Psychology*, 두 책을 합치면 이번 책은 21번째이다. 이전 판에서도 언급했지만 이러한 교재 작업은 즐거웠고 자극이 되기도 했으나 신판을 낼 때마다 수많은 불면의 밤과 엄청난 작업이 필요했다. 이런 노고를 언급하는 것은 우리가 대단한 불평꾼이기 때문이기도 하지만 새로운 판을 낼 때마다 이전 것을 피상적으로 업데이트하지 않고 완전히 새로운 사업으로 접근했다는 것을 강조하기 위해서이다. 우리의 목표는 마치 완전히 새로운 책을 쓰는 것처럼 내용의 범위와 교육 내용에 접근해서 매 신판을 참신하고 의미 있게 만드는 것이다. 그 결과, 각 신판은 이 분야와 주변 세상에서 일어나는 새로운 발전을 반영하는 최첨단 내용을 독자들에게 혁신적이고 깨달음을 주는 교육 기법으로 전달하고 있다.

이 모든 것을 염두에 두고 우리는 이번 개정판에 엄청난 분량의 새로운 자료와 중요한 특별기사를 추가하였다. 동시에 과거 학생들과 강사들의 열광적인 반응이 있었던 성공적 주제, 자료, 기법은 그대로 유지하였다. 그 결과로 독자들을 설레게 하고 그들과 그들이 사는 시대에 대하여 이야기하는 책이 되었다고 믿는다. 우리는 이상심리학 분야에 대한 우리의 열정을 전달하려고 노력해왔고, 그 과정에서 동료들, 즉 이 교재를 수년간에 걸쳐 사용해온 학생들과 교수들의 아낌없는 피드백이 기반이 되었다.

새로 도입되고 더욱 확장된 특징

이상심리학의 이번 개정판은 이상심리학, 교육, 그리고 출판 분야, 그리고 앞서 언급되었듯이 세계에 있었던 많은 변화를 반영하고 있다. 따라서 이 개정판에 새로운 특징들과 변화들이 도입되었다.

COVID-19 초점 COVID-19 세계적 유행 관련 자료와 연구 결과들이 이 책 전반에 걸쳐서 대거 추가되었다. (1) COVID-19의 세계적 유행과 불안장애(107쪽), 외상후 스트레스장애(151쪽), 직업 스트레스(156쪽), 우울(205쪽), 외로움(205쪽), 매일의 기분 변화(466쪽), 자살(233쪽, 240~241쪽), 면역체계 기능(272쪽, 276쪽), 물질남용(320~321쪽, 340~341쪽, 344쪽), 약물 과다복용(320~321쪽, 340~341쪽), 성기능(356쪽, 365쪽), 가족학대(157쪽), 질병불안장애(264쪽), 섭식장애(293쪽), 불신감(460쪽), 조현병(390~391쪽, 417쪽)의 연결, (2) COVID-19의 세계적 유행이 빈곤층(269쪽), 소수집단(269~270쪽), 아동(466쪽, 468쪽), 노인(506쪽)의 정신건강에 미치는 특별한 영향, (3) COVID-19와 관련된 임상 분야에서 원격정신의료로의 전환(21쪽, 344~345쪽, 551~552쪽)을 살펴본다.

발달정신병리학적 관점 적용의 강화 발달적 틀을 통해서 다양한 정신병리 모델에서 제시된 설명과 치료법의 통합을 돕는 최첨단 **발달정신병리학적 관점**을 더 많이 다루었다. 특히 논의 전반에 걸쳐서 이 관점의 원리에 생명을 불어넣고 독자들이 그 설명을 더 잘 이해하도록 도와줄 재미있는 교육적 그림과 삽화를 추가했다(예 : 72~73쪽, 141~142쪽, 406쪽).

뇌 회로 관련 내용의 확대 이번 개정판에서는 **뇌 회로**가 다양한 심리장애의 생물학적 논의의 핵심에서 특정 신경세포의 집합체, 뇌 구조, 뇌 화학물질이 서로 정보 교환을 하면서 정상과 이상 기능을 함께 만들어내는 것을 보여준다. 독자들이 선명성과 관련성을 더 느낄 수 있게 이번 판에서는 작동하는 회로의 독특하고 굉장히 멋진 그림을 많이 추가하여, 그 부분들이 어떻게 서로 연결되는지 보여주고 생물학적 설명에 생기를 불어넣었다(예 : 40쪽, 188쪽, 401쪽).

기술에 대한 추가적인 초점 이전 판에서도 기술의 심리적 영향과 치료 및 연구에서 기술의 활용에 초점을 두었지만, 이번 판에서는 이를 한층 더 넓혔다. 책 전반에서 수많은 토의, **마음공학** 글상자, 사진, 그림을 통해 아래와 같은 기술 관련 주제를 조사하였다. COVID-19 대유행 중의 원격정신의료(21쪽, 551~552쪽), 정신건강 앱의 성장(101쪽, 551~552쪽), 스마트워치와 기타 웨어러블 기기를 사용한 개입(21쪽, 68쪽), 섹스팅의 정상화(373쪽), 온라인 연구 전략들(33쪽), 소셜미디어와 정서(128쪽), 사이버 괴롭힘(466~467쪽), '따돌림'의 영향(466쪽), 소셜미디어와 노년층(512쪽), 로봇공학과 정신건강(375쪽, 523쪽), 프로아나 사이트(293쪽), 자살의 실시간 중계(226쪽)에 대해 알아볼 것이다.

다문화 이슈 내용의 보강 이 분야에서 민족, 인종, 빈곤, 성별, 성 정체성, 성적 지향, 이민자 지위, 그 밖의 문화적 요인이 심리적 기능에 미치는 영향에 대한 이해가 더 증가하고 있다는 것을 반영하여 이번 판에서는 **다문화적 관점**을 더욱 확장해서 다문화 자료와 연구를 추가하였고, 임상 연구에서 인종 및 민족 집단이 과소 대표되어 있는 점(456~457쪽, 517쪽), 진단에서의 편향(84쪽, 90쪽, 475~476쪽), 정신건강 돌봄에의 열악한 접근성(475~476쪽, 478쪽, 524쪽), 차별과 편견(70쪽, 269쪽), 소수집단에 치우친 COVID-19 대유행의 영향(269~270쪽) 등의 주제를 강조하였다. 다양한 학생들이 접근할 수 있고 정신건강에 대한 더욱 포괄적이고 섬세한 그림을 보여주는 책으로 만들기 위해서 우리는 이미지와 사례를 평가했고 전문가들과 함께 책의 내용을 검토하고 다양한 이슈에 대한 조언을 받았다. 얼핏 훑어보기만 해도 이 책이 우리 사회와 이상심리학 분야의 다양성을 제대로 반영하고 있다는 사실을 알 수 있을 것이다.

글상자들의 추가 이번 개정판에서도 매우 다양한 최신 **동향**(Trending), **심리전망대**(Psychwatch), **마음공학**(Mindtech) 글상자를 수록했으며, '심리치료, 착용할 준비 되셨나요?'(68쪽), '특정 이슈에 대한 앱은 효과적인가?'(101쪽), '전자담배 : 새로운 기기, 새로운 문제'(333쪽), '섹스팅: 병리학에서 존중으로'(373쪽) 등 새로운 글상자도 추가되었다.

정보마당 자료의 추가 이전 판에는 **정보마당**(infoCentral)에서 분야의 중요한 주제를 전체 페이지에 인포그래픽으로 소개했었다. 이에 대한 독자들의 긍정적 반응을 감안해서 이번 개정판에도 각 정보를 모두 업데이트하고 완전히 새로운 요소들을 추가한 정보마당이 포함되었다(153쪽, 242쪽, 324쪽, 467쪽).

주제의 추가 지난 수년간 이상심리학에서 많은 주제가 새로운/특별한 관심을 끌었다. 따라서 새롭게 추가된 주제는 변화하는 의료법(17~19쪽, 21쪽, 550쪽), 우울증의 케타민치료(192~193쪽), 원격정신의료(21쪽, 551~552쪽), COVID-19 대유행이 정신건강, 치료, 임상 분야에 미치는 영향(21쪽, 344~345쪽, 466~467쪽, 549쪽, 551~552쪽), 골든스테이트 살인자(545쪽), 테러 및 총기난사와 정신건강(154쪽, 436쪽, 547쪽), 운동과 정신건강(191쪽), ICD-11 (92~93쪽, 96쪽), 소셜미디어 채용 선별(79쪽), 로봇공학 개입(375쪽, 523쪽), 몸매 평가(307쪽), 운동선수와 섭식장애(296쪽, 297쪽), 아편 위기(320~321쪽), 전자담배 피우기(333쪽), 대마초 식품(329쪽), 오락용 대마초 법령(331~332쪽), 섹스팅의 정상화(373쪽), 전세계의 아동음란물(378~379쪽), 트랜스젠더 이슈(382~386쪽), 제3의 성(논바이너리), 젠더 플루이드, 간성 기능(382쪽), 유명한 Rosenhan 연구의 재검토(403~404쪽), 해로운 자기애(438쪽), 정신건강법령(534쪽, 538쪽, 540쪽), 정신화(443쪽), 부모교육(476~477쪽, 484쪽), iPCIT(477쪽), 공동 주의(487~488쪽, 490쪽), 학교 총기사고 대비 훈련과 아동 불안(468쪽), 만성 외상적 뇌질환(520쪽), 지역사회 내 강제입원(534쪽, 538쪽, 540쪽)이다.

사례 자료 오랫동안 이 책의 특징 중 하나는 이론적, 임상적 이슈에 생기를 불어넣는 다양한 문화로부터 수많은 임상 사례를 포함시키는 것이었다. 독자들과 요즘 세상에 대한 관련성을 지속적으로 추구하기 위하여 우리는 이번 판에서 많은 임상 사례를 교체하거나 개정하였다(예 : 53쪽, 66~67쪽, 152쪽, 480~481쪽).

비판적 사고 질문의 추가 **비판적 사고 질문**은 오랫동안 흥미를 자극하는 이 책의 특징이었다. 이 질문들은 책의 본문 내에 깜짝 등장해서 학생들에게 정확히 바로 그 지점에 멈추어서 방금 읽었던 자료에 대해서 비판적으로 생각해보게 한다. 이 개정판 전반에서 그러한 질문을 많이 새로 추가하였다.

'흥미로운 이야기' 특별 기사 추가 이번 판에는 그동안 학생과 교수 사이에서 큰 인기를 누렸던 재미있고 생각하게 만드는 특별 기사는 유지하였다. 과거에 숨은 뜻 읽어내기라고도 했던 독자 친화적인 흥미로운 이야기 특별기사는 책의 여백에 전략적으로 배치되어 있으며 놀라운 사실, 최근 사건, 역사적 기록, 흥미로운 추세, 목록과 인용문을 담고 있다. 이번 개정판에는 수많은 '흥미로운' 기사가 새롭게 추가되었다.

철저한 업데이트 이번 판에는 가장 최신 이론, 연구, 사건을 제시하고 있으며, 2020~2021년 사이에 나온 2,500개 이상의 새로운 참고문헌과 수많은 새로운 사진, 표, 그림이 포함되었다.

예방과 정신건강 증진 내용의 확장 예방, 긍정심리학, 정신적 안녕을 점점 더 강조하는 임상심리학의 추세에 맞추어서 이 책에서는 이러한 중요한 접근에 더 많은 관심을 기울였다(예 : 16쪽, 244~247쪽, 308쪽, 525쪽).

새로운 흐름의 인지행동 이론과 치료를 다룬 내용의 확대 마음챙김 기반 인지치료와 수용전념치료(ACT)를 포함하는 인지행동치료의 새로운 흐름의 영향이 증가함에 따라 이번 개정판에서는 이 영역의 기법, 이론, 연구를 한층 더 확대하여 다루었다.

새 개정판에서 유지되고 있는 강점

앞서 언급된 바와 같이 이번 개정판에서도 지금까지 성공적으로 사용되었고 이전 독자들에게 반응이 아주 좋았던 주제, 자료, 기법은 그대로 유지되었다.

폭넓은 내용과 균형 이상심리학 분야의 여러 이론, 연구, 장애, 치료법이 온전하게 그리고 정확하게 제시되어 있다. 심리학·생물학·사회문화적 관점의 주요 모델에 대해서는 하나의 접근에 치우치지 않고 객관적이며 균형을 취하며 최신 내용을 서술하였다.

모델의 통합 이 책 전반에서 논의는 다양한 모델이 언제, 어떻게 함께 작동하는지, 그리고 어떻게 다른지를 학생들이 더 잘 이해하도록 돕는다.

감정 이입 이상심리학의 대상은 많은 경우 큰 고통을 겪고 있는 사람들이다. 따라서 책 전반에 걸쳐 감정 이입을 하면서 글을 쓰려고 노력했고, 그러한 인식을 학생들에게 전달하고자 하였다.

치료의 통합적 소개 이 책 전반에 걸쳐 치료법에 대한 논의가 기술되어 있다. 책의 앞부분에 치료법에 대한 전체적 개관이 제시되어 있고, 덧붙여 각 정신병리 장마다 관련 치료적 접근이 충분히 설명되어 있다.

풍부한 사례 자료 앞서 언급된 바와 같이 이 책의 특징 중 하나는 이론적 그리고 임상적 이슈를 생생하게 만들어주는 다양한 문화적 배경의 수많은 임상 사례가 포함되어 있다는 것이다.

DSM-5 이번 판에서는 책 전반에서 DSM-5의 논의를 포함시키면서 분류체계의 결함과 유용성을 강조하였다. DSM-5 자료를 각 장의 서술된 내용에 엮어 넣으면서 진단 체크리스트라는 독자들이 알기 쉬운 교육 표를 제공해서 학생들이 DSM-5 및 관련 진단도구를 충분히 이해할 수 있게 돕는다(예 : 93~97쪽, 184쪽, 457~461쪽).

페이지 여백의 용어해설 수백 개의 핵심용어 정의가 해당 용어가 나오는 페이지의 여백에 제시되어 있다. 그 밖에 전통적 용어해설도 책의 끝에 실려 있다.

비판적 사고에 집중 이 책에서는 이상심리학에 대한 비판적 사고를 가능하게 해주는 도구가 제시되어 있다. 앞에 언급되어 있듯이 이 개정판에서는 '비판적 사고' 질문이 교재의 논의 속 신중하게 선정된 곳에 제시되어 독자가 잠시 멈추어서 방금 읽은 내용에 대하여 비판적으로 생각하도록 이끈다.

인상적 사진과 흥미를 끄는 삽화 개념, 장애, 치료, 적용 사례는 멋진 사진, 도표, 그래프, 해부도를 통해서 독자들에게 생생하게 제시되어 있다. 그림, 그래프, 도표는 모두 이 개정판에 처음 사용되는 최신 자료이다. 역사적 사진, 오늘날의 세상, 그리고 팝 문화 등 다양한 사진이 제시되어 있다. 그 사진들은 단순히 주제를 보여주는 것을 넘어서 독자의 마음을 움직이고 감동시킨다.

유연성 이 교재의 각 장은 자체적으로 필요한 것이 갖추어져 있어서 교수가 타당하게 생각하는 순서로 바꾸어 사용할 수 있다.

몇 가지 덧붙일 말이 있다면 우리 두 사람은 우리가 얼마나 행운아인지를 아주 잘 알고 있다. 우리는 흥미롭고 지적 자극을 주는 많은 학생과 그들의 인생에서 아주 중요하고 신나는 단계에서 함께 일하는 특권을 누렸다. 마찬가지로 우리는 소중한 친구들과 우리의 특별한 가족에 대해서 마음 깊이 감사한다.

물론 우리가 가진 것에 대한 감사의 이면에는 이 세상의 수많은 사람이 우리와 같은 행운을 못 누리고 있다는 사실을 다시금 깨닫는다. 이는 우리가 살고 있는 스트레스 많은 시대, 그리고 많은 이들이 정서적, 의학적, 사회문화적, 가족, 경제적 어려움을 겪고 있다는 점으로 볼 때 확실해진다. 의과학과 다른 이들의 지원활동 그리고 우리 사회와 세계가 나아져서 그런 이들이 보다 나은 날을 경험하고, 공포와 상실, 불공정 없는 세상에서 살 수 있으며, 정서적 조화와 마음의 평화를 얻게 되기를 희망한다.

Ronald J. Comer Jonathan S. Comer

2022년 1월

저자 소개

Denise Applewhite, Princeton University

Ronald J. Comer는 지난 47년간 프린스턴대학교 심리학과 교수로 재직하면서, 임상심리연구 주임, 그리고 기관윤리심의위원회 위원장을 역임하였다. 2016년에는 동 대학교의 명예교수가 되었다. 그가 가르친 이상심리학 분야의 여러 강좌는 프린스턴대학교에서 가장 인기가 높았고, 그는 탁월한 강의로 총장 표창도 받은 바 있다.

그는 러트거스로버트우드존슨 의과대학 가정의학과 및 지역사회 건강학과의 임상 부교수로도 재직하고 있으며, 임상심리학자로 활동해왔고, 이던자폐서비스(Eden Autism Services) 및 뉴저지주 전역의 병원과 가정의학 전문의 수련 프로그램에 자문 역할을 한다.

그는 이 책(*Fundamentals of Abnormal Psychology*) 제10판과 *Abnormal Psychology* 제11판, *Psychology Around Us* 제2판, **이상심리 사례연구**(Case Studies in Abnormal Psychology) 제3판 등의 교재를 저술하였을 뿐 아니라 다양한 학술 논문을 발표하였고, 널리 사용되는 교육 영상물 시리즈 다수를 제작하였다. 그가 제작한 교육영상물에는 **고등교육 영상 총서 시리즈**(The Higher Educational Video Library Series), **이상심리학 영상 전집 시리즈**(The Video Anthology for Abnormal Psychology), **신경과학의 영상부문**(Video Segments in Neuroscience), **심리학개론 영상 클립보드**(Introduction to Psychology Video Clipboard), **발달심리학 영상 클립보드**(Developmental Psychology Video Clipboard) 등이 있다.

그는 펜실베이니아대학교에서 학부를, 클라크대학교에서 대학원 과정을 수학하였다. 현재 그는 플로리다에서 아내 Marlene과 함께 살면서 근방에 사는 손주 Deila와 Emmett를 지켜보는데, 어찌된 셈인지 한 세대 전 그 애들 아버지 Jon과 삼촌 Greg에게 했던 것과 동일한 실수를 그들에게도 하고 있다. 그래도 그 결과는 꽤 괜찮았다.

Courtesy Jon Comer

Jonathan S. Comer는 현재 플로리다국제대학교 교수로 재직하면서 정신건강 개입과 과학 기술(Mental Health Intervention and Technology, MINT) 프로그램을 주도하고 있다. 그는 미국심리학회 12분과인 임상심리학 분과학회(Society of Clinical Psychology) 전 회장이며, 아동·청소년 임상심리학 분야의 리더이다. 200개가 넘는 학술 논문과 책 일부를 저술하였고, 혁신적 치료 방안, 아동기 불안 및 파괴적 문제행동과 외상 스트레스, 재난, 테러리즘, 공공 건강 위기가 아동에게 미치는 영향에 대한 연구로 미국심리학회(American Psychological Association), 미국 심리과학회(Association for Psychological Science), 미국인지행동치료학회(Advancement for Behavioral and Cognitive Therapies)로부터 경력상(career award)을 수상하였다.

그는 이 책 이외에 *Abnormal Psychology* 제11판, *Childhood Disorders* 제2판을 저술하였고, **옥스퍼드 핸드북 : 임상심리학 연구 전략**(Oxford Handbook of Research Strategies for Clinical Psychology)을 편집하였다. 그는 **행동치료저널**(Behavior Therapy)의 편집자이며 미국심리학회 임상심리분과학회, 아동·청소년 임상심리학 분과학회, 아동 및 가족정책 및 실천분과학회의 선임연구원이다.

그는 로체스터대학교에서 학부 과정을, 템플대학교에서 대학원 과정을 마쳤다. 현재 그는 플로리다 남부에서 아내 Jami와 두 자녀 Delia와 Emmett와 함께 살고 있다. 그는 음악을 연주하는 것과 듣는 것 모두 좋아한다. 그리고 자기 아버지가 사랑하는 필라델피아 스포츠 팀을 지켜보는 걸 즐긴다. 그 팀으로 인해서 짜증나는 일은 많지만 말이다.

요약 차례

차례

CHAPTER 

이상심리학 : 과거와 현재

CHAPTER 

이상심리의 모형

CHAPTER 

임상, 평가, 진단 그리고 치료

CHAPTER 

불안, 강박 및 관련 장애

CHAPTER 

외상과 스트레스장애

CHAPTER 

섭식장애

CHAPTER 10

물질사용 및 중독 장애

CHAPTER 

성 장애와 성별 변이

CHAPTER 

조현병

CHAPTER 

성격장애

CHAPTER 

아동·청소년기 일반적 장애

CHAPTER 15

노화와 인지의 장애

CHAPTER 

법, 사회, 그리고 정신건강 직종

Fundamentals of ABNORMAL PSYCHOLOGY

이상심리학 제10판

CHAPTER 1

이상심리학 : 과거와 현재

주제

아미라는 매일 밤 울다가 잠이 든다. 매일매일 그녀는 미래에는 불행밖에 없을 것이라고 확신한다. "나는 고통을 겪을 것이고 내 딸도 마찬가지로 고통을 겪을 것이다. 우리는 이제 끝장이다. 이 세상이 지긋지긋하다. 내 인생을 증오한다." 그녀는 잠을 자는 것도 정말 힘이 든다. 눈을 감기가 두렵다. 눈을 감으면 자신의 절망스러운 삶이, 그리고 가족에게 닥칠 끔찍한 미래가 더욱 뚜렷해진다. 어찌어찌 잠이 들면 시체, 부패, 죽음, 파멸의 끔찍한 이미지로 가득 찬 악몽을 꾼다.

어떤 때에는 아미라는 아침에 침대에서 일어나는 것도 힘들다. 새로운 하루를 시작한다는 생각이 그녀를 질리게 한다. 그녀는 자신이 죽었으면 좋겠다고 생각한다. "딸들만 아니라면…." 그녀는 그 애들에게 자신이 필요하다는 걸 알고 있고, 정말 그 애들을 사랑한다. 그녀는 외로움, 우울과 불안으로 마비되는 것처럼 느끼고 병에 걸릴 것 같다는 두려움에 압도되어 있으며 뭔가 시도하기에는 너무 지쳐 있다. 그런 날에는 그녀는 딸들을 꼭 껴안고 예전처럼 그 애들과 함께 있는 걸 즐기면서 과거의 즐거웠던 일을 기억하고 그런 행복이 결국은 다시 돌아올 것이라고 믿으려고 애쓴다. 하지만 그런 노력은 실패로 돌아갈 때가 많고, 오래지 않아 다시 낙담해서 삶이 자신을 배반했다고 확신한다. 그녀는 삶에 대해 엄청나게 분노하지만 동시에 삶이 두렵다.

지난해 동안 **알베르토**는 직장을 그만두고 가족을 떠나서 곧 다가올 침략에 대비하라는 이상한 목소리를 들었다. 그 목소리로 인해 알베르토는 엄청난 당혹스러움과 정서적 혼란을 겪었다. 그는 그 목소리가 어찌어찌 해서 자신과 연결된 먼 우주의 존재로부터 왔다고 믿고 있다. 자신이 그 메시지를 전달받는 대상으로 선택되었다는 점에서 일종의 사명감과 특별함을 느꼈지만, 동시에 긴장되고 불안하기도 하다. 그는 그 목소리가 지시한 대로 최선을 다해 다른 사람들에게 곧 말세가 다가올 것임을 알려주었다. 목소리의 지시에 따라 앞날을 예언하는 표시로 채워진 온라인 글을 찾아내서 그 글들에 숨겨진 메시지를 놓치지 말라는 코멘트를 붙여서 올렸다. 또한 임박한 침략에 대해 중언부언 설명하는 긴 영상을 유튜브에 올리기도 하는데 돌아오는 코멘트나 댓글은 대부분 비웃거나 조롱하는 내용이다. 온라인 기사나 영상을 올리라는 지시를 거부하면 그 목소리는 그를 모욕하고 협박하는 바람에 하루하루가 악몽이 된다.

알베르토는 적들이 음식을 오염시켰을 가능성에 대한 보호책으로 음식도 매우 적게 먹는다. 또한 예전에 살던 곳에서 멀리 떨어진 조용한 아파트에 무기와 화약을 단단히 쟁여놓고 있다. 갑작스럽고 걱정스러운 행동 변화와 중언부언 떠드는 그의 영상을 본 알베르토의 가족과 친구들은 도대체 무슨 문제가 있는지 이해하려고 하면서 그가 걱정스러운 일을 하지 못하도록 설득하려고 하였다. 그러나 날이 갈수록 그는 기이한 목소리와 상상의 위험이 있는 자신만의 세계로 점점 더 깊이 숨어버릴 뿐이었다.

우리 대부분은 아마도 아미라와 알베르토의 정서, 사고, 행동을 이상심리라고 볼 것이다. 그것들이 **정신병리**(psychopathology), **부적응**(maladjustment), **정서장애**(emotional disturbance) 혹은 **정신질환**(mental illness)이라고 부르기도 하는 상태의 결과라는 것이다. 그러한 다양한 용어는 낙인을 찍는 결과를 가져올 수 있으므로 수용 가능한지 여부에 대해서 많은 논란이 있어 왔다. 그러나 현재 그 용어들은 전문인과 대중 사이에서 모두 계속 널리 사용되고 있다. 심리적 문제는 크나큰 고통을 야기할 수 있지만 동시에 영감과 에너지의 원천이 될 수도 있다.

이상심리학 기능의 비정상적 양상을 기술하고 예측하며 설명하고 변화시키기 위하여 이상행동을 과학적으로 연구하는 분야

규범 사회적으로 적절한 품행을 규정하는 규칙

문화 민족이 공통적으로 가진 역사, 가치관, 제도, 관습, 기술, 과학 기술과 예술

심리적 문제는 매우 흔하고 또 매우 개인에 관한 일이기 때문에 우리 모두의 관심을 사로잡는다. 셀 수 없이 많은 소설, 희곡, 영화, TV 프로그램은 많은 이들이 인간 기능의 어두운 면이라고 보는 것들을 파헤쳐왔고 자기계발 책들은 시장에 넘쳐난다. 정신건강 전문가들은 TV, 라디오, 소셜미디어, 인터넷에 자주 등장하고 있다.

왜 심리장애가 있는 인물을 연기하는 배우들이 상을 받는 경우가 많을까?

우리의 흥미를 사로잡는 그 문제들을 과학적으로 연구하는 분야가 **이상심리학**(abnormal psychology)이다. 이 이름도 앞서 언급한 용어들과 마찬가지로 현재 철저하게 검토되고 있기는 하지만 말이다. 모든 과학 분야에서와 같이 이 분야에서 일하는 사람들, 즉 임상 과학자(clinical scientist)는 연구의 대상이 되는 현상을 기술하고 예측하며 설명하기 위해서 정보를 체계적으로 수집한다. 임상 실무자(clinical practitioner)는 그렇게 얻은 지식으로 비정상적 기능 패턴을 찾아내고 평가해서 치료하는 데 사용한다. ■

이상심리란 무엇인가

임상 과학자나 임상 실무자는 일반적 목표에서 다른 분야의 과학 전문가들과 다르지 않지만, 이들의 일을 특히 어렵게 하는 문제가 있다. 가장 골치 아픈 문제 중 하나는 이상심리를 정의하기가 매우 어렵다는 것이다. 아미라와 알베르토의 사례를 다시 한번 생각해보자. 우리가 그들의 반응을 '이상'이라고 바로 단정짓는 이유는 무엇일까?

지금까지 '이상'의 정의는 수없이 많이 제시되었지만, 그중 어떤 것도 모든 사람에게 받아들여지지는 못했다(Cuncic, 2020b; APA, 2019a). 그렇지만 이상심리에 대한 정의의 대부분에는 흔히 4D라고 하는 일탈(deviance), 괴로움(distress), 기능장애(dysfunction), 위험(danger)의 특징들이 공통적으로 포함되어 있다. 즉 심리적 이상의 패턴은 보통 남다르고 극단적이며 유별나고 심지어는 기이하다는 의미에서 일탈되어 있고, 본인에게 불유쾌하고 불편하다는 점에서 고통스러우며, 건설적으로 일상을 영위하기 어렵게 한다는 점에서 역기능적이고, 위험할 가능성이 있다. 이 정의는 이상심리라는 현상을 탐구하는 데 유용한 출발점이 된다. 그러나 이제 곧 살펴보겠지만, 이 정의에도 중요한 제한점이 있다.

Buena Vista Images/Getty Images

일탈과 이상 미얀마(버마)의 파동족 사람들이 그렇듯이 이 여성도 목의 길이에 사로잡혀서, 그 문화에서 완벽하다고 보는 길이가 되기까지 목을 길게 만들려고 수년 동안 무거운 놋쇠고리 더미를 쓴다. 서구사회라면 그 행동과 목표는 행동규범을 깨뜨리므로 이상이라고 간주될 가능성이 크다.

일탈

비정상적으로 심리적 기능이 일탈되었다고 할 때 무엇으로부터 일탈되어 있다는 의미일까? 아미라와 알베르토의 행동, 사고, 정서는 우리가 사는 시대와 장소에서 정상으로 간주되는 행동과 다르다. 우리는 사람들이 밤마다 울다가 잠이 든다든지, 세상을 증오하고 죽음을 소망하거나, 다른 사람에게는 들리지 않는 목소리가 시키는 대로 하리라고 예상하지는 않는다.

요약하면 이상행동, 사고, 정서는 사회가 적절하다고 보는 심리적 기능과 현저한 차이가 있다. 사회마다 **규범**(norm), 즉 행위의 적절성을 판단하는 명시된 혹은 명시되지 않은 규칙이 있다. 법으로 정해진 규범을 깨뜨리는 행동을 범죄로 본다면 심리적 기능에 대한 규범을 깨뜨리는 행동, 사고, 정서는 '이상'이라고 부른다.

이상 여부의 판단은 사회마다 다를 수 있다. 한 사회의 규범은 그 사회 고유의 **문화**(culture), 즉 역사, 가치, 제도, 습관, 기술, 과학 기술, 예술로부터 자라난다. 경쟁과 자기주장에 가치를 두는 사회에서는 공격적 행동이 용납될 수 있으나, 협동과 온순함을 강조하는 문화에서는 공격적 행동이 용납되지 않을 뿐 아니라 심지어는 '이상'으로 볼 수 있다. 한 사회

의 가치도 시대에 따라 변화할 수 있고, 그에 따라 이상심리가 무엇인지에 대한 견해도 달라질 수 있다. 예를 들어 100년 전에는 서구사회에서 대기업의 경영권이나 국가를 이끄는 권력을 추구하는 여성은 부적절하고 심지어는 분수를 모른다고 간주되었을 것이다. 오늘날에는 동일한 행동이 높이 평가된다.

이상 여부의 판단은 문화적 규범뿐 아니라 **구체적인 상황**에 따라서도 달라진다. 예를 들어 아미라가 COVID-19 대유행 때 뉴욕시의 비좁은 아파트에서 네 식구와 함께 살고 있는 젊은 흑인 여성이었다면 어땠을까? 며칠 사이에 아미라와 그녀의 동거남 제이든은 직장에서 해고당했고, 딸아이가 다니는 학교가 문을 닫았으며 주 정부는 아이들에게 하루 종일 집에 머물도록 하였다. 몇 주일 후 봉쇄와 사회적 고립의 전체 영향이 그녀를 지치게 하기 시작했다. 그들의 저축은 바닥이 났고 그녀가 어머니,

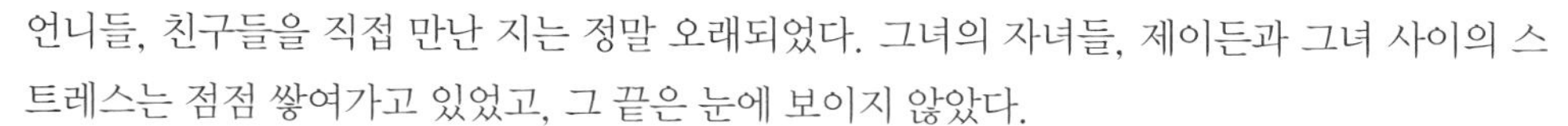
언니들, 친구들을 직접 만난 지는 정말 오래되었다. 그녀의 자녀들, 제이든과 그녀 사이의 스트레스는 점점 쌓여가고 있었고, 그 끝은 눈에 보이지 않았다.

Daniel Zuchnik/Getty Images

맥락이 핵심 슈퍼맨, 슈퍼우먼으로 차려입은 남녀가 뉴욕시에서 길을 건너면서 위쪽을 가리키고 있다. 그들이 만화책, 그래픽노블 등을 소개하는 인기 있는 여러 컨벤션 중 하나인 코믹콘의 참석자라는 사실만 아니었다면 그들의 차림새나 행동은 비정상적으로 보일 것이다.

그러다가 한 달 뒤 정말 생각할 수도 없는 일이 일어났다. 항상 튼튼하고 에너지가 넘치던 제이든이 COVID-19에 걸렸다. 처음에는 무해한 기침으로 시작하더니 열이 오르다가 결국 숨쉬기가 힘들어졌다. 그는 위중한 상태에서 많은 환자로 붐비고 의료진이 부족한 병원에서 그가 사랑하는 아미라와 딸들 없이 바이러스와 싸우게 되었다. 아미라는 망연자실했다. 그녀는 감당하기 벅찼고 무섭게 혼자라고 느꼈으며 모든 걸 제대로 돌아가게 할 수 없었다. 점점 그녀는 자기 가족이 이 시련을 온전한 상태로 극복할 수 있을지 의문을 갖게 되었다.

이렇게 보면 아미라의 정서와 사고는 그렇게 부적절해 보이지 않는다. 여기에서 비정상적인 것이 있다면 바로 그녀가 처한 상황, 즉 감염병의 세계적 대유행, 사회적 고립, 장기화된 실직 등이다. 파산, 대규모 재해와 재난, 강간, 아동 학대, 전쟁, 불치병, 만성 통증 등 우리에게 강렬한 반응을 일으키는 경험은 많다(Lee et al., 2021; Monroe & Slavich, 2020). 그런 경험에 대한 '적절한' 반응이라는 것이 있을까? 그런 경험에 대한 반응을 비정상적이라고 할 수 있을까?

괴로움

심리적 기능이 유별나다고 해서 반드시 이상심리로 볼 수 있는 것은 아니다. 일반적으로 많은 임상 이론가는 행동, 생각이나 정서가 **괴로움**을 일으키는 경우에 한하여 '이상'이라고 규정한다. 아이스브레이커(Ice Breaker)라는 집단은 11월에서 2월까지 매 주말 미시간주 전역의 호수에 수영하러 간다. 그들은 날씨가 추울수록 더 좋아한다. 17년간 아이스브레이커의 멤버였던 한 남성은 인간이 자연에 도전한다는 것을 즐긴다고 말한다. 37세의 어느 변호사는 매주 경험하는 그 충격이 건강에 좋다고 믿는다. "그 경험이 나를 정화시킨다. 생기가 나고 힘이 솟는다"라고 한다. 이들은 우리 대부분과는 확실히 다르지만, 그들의 행동을 '비정상'이라고 할 수 있을까? 그들은 고통을 경험하기는커녕 에너지가 충전되고 도전받는다고 느낀다. 긍정적인 기분을 경험하므로 우리는 그들을 비정상적으로 기능한다고 판단하기에 주저하게 된다.

그렇다면 이상심리라고 하려면 반드시 괴로움의 경험이 있어야만 한다고 결론 내릴 수 있을까? 반드시 그렇지는 않다. 정상적으로 기능하지 못하지만 긍정적 마음의 틀을 유지하는 사람들도 있다. 이상한 목소리가 들린다는 청년 알베르토의 사례를 다시 생각해보자. 만약 알베르토가 환청을 듣는 걸 즐겼고 자신이 선택되어서 영광이라고 생각했으며, 인터넷으로 경고를 보내는 것을 좋아했고 세상을 구원하기를 고대하고 있었다면 어떨까? 그래도 그의 기능을 비정상이라고 봐야 할까?

기능장애

이상행동은 **기능장애**를 초래하는 경향이 있다. 즉 이상행동은 일상적 기능을 저해한다. 이상행동은 사람들을 속상하게 하고 주의를 분산시키며 혼란스럽게 만들어서 자기 자신을 제대로 돌보고 다른 사람들과의 일상적인 상호작용에 참여하거나 생산적으로 일하는 것을 어렵게 한다. 예를 들어 알베르토는 직장을 그만두었고 가족을 떠났으며 예전의 생산적인 삶에서 물러나려고 한다. 우리 사회에서는 일상생활에서의 활동을 효율적으로 하는 것이 중요하다고 보니까 알베르토의 행동은 비정상이고 바람직하지 않은 것으로 간주될 가능성이 크다. 그와는 대조적으로 직장에서 계속 일을 잘하고 만족스러운 인간관계를 누리는 아이스브레이커 멤버들은 아마도 그저 특이하다고 간주될 것이다.

위험

아마도 궁극적인 심리적 기능장애는 자신이나 타인을 **위험**하게 하는 행동일 것이다. 일관되게 무모하고 적대적이거나 혹은 혼란스러운 행동을 보이는 사람은 자기 자신이나 주변 사람들을 위험에 처하게 할 수 있다. 예를 들어 알베르토는 식사를 제대로 하지 않음으로써 자신을, 그리고 무기와 탄약을 쌓아둠으로써 다른 사람을 위험에 처하게 하는 것으로 보인다.

이상심리의 특성 중 하나로 위험성이 자주 언급되기는 하지만, 연구 결과에 의하면 사실 이상심리의 위험성은 일반적인 현상이 아니라 극히 예외적인 일이다(Ghiasi, Azhar, & Singh, 2020). 불안과 우울에 시달리거나 심지어는 기이한 생각을 하는 사람들도 대부분 자기 자신이나 다른 사람들에게 직접적인 위험이 되지는 않는다.

Hinterhaus Productions/Getty Images

변화하는 시대 여기 한 여성이 결혼식 준비를 하는 친한 친구를 축하해주고 있다. 몇십 년 전만 해도 그녀의 팔과 목에 있는 정교한 보디아트(body art)는 터무니없고 이상했을 것이다. 그러나 오늘날에 문신은 (광범위한 것까지도) 비교적 흔하다. 미국 성인의 40%는 적어도 문신 하나씩은 있고, 25%는 하나 이상의 문신이 있다(Statista, 2020a).

손에 잡히지 않는 이상심리의 속성

이상심리를 정의하려 하면 보통 답을 얻는 것만큼 새로운 의문이 또 생긴다. 궁극적으로는 사회가 이상을 정의하는 일반적인 기준을 선택하고 그 기준을 사용해서 특정 사례들을 판정하게 된다. 유력한 임상 이론가인 Thomas Szasz는 사회의 역할을 크게 강조한 나머지 정신질환의 개념 자체가 타당성이 없는 일종의 **신화**라고 보았다(Szasz, 2011, 1963, 1960). Szasz에 의하면 사회가 비정상이라고 부르는 일탈은 그 사람 내부의 무언가가 잘못되었다는 표시가 아니라 그저 '삶의 문제'라는 것이다.

이상심리가 타당한 개념이고 이를 정의할 수 있다고 가정해도 그 정의를 일관적으로 적용하기는 어려울 수 있다. 예를 들어 대학생의 과다한 음주와 같이 우리에게 친숙한 행동의 경우 사회는 이것이 규범에서 일탈되었고 괴로움을 주며 역기능적이고 위험하다는 것을 인식하지 못할 수 있다. 미국 전역에서 수많은 대학생이 알코올 의존 상태가 되어 개인 생활이나 학업에 지장을 주고 심각한 괴로움을 겪으며 건강을 위협하고 자신과 주변 사람들을 위험에 처하게 하고 있다(NIAAA, 2020). 그러나 그들의 문제는 흔히 눈에 띄지 않고 진단되지 않는 경우가 많다. 술은 이미 대학문화의 한 부분이 되어 정상 범위를 넘어선 음주행동까지도 그냥

일탈, 괴로움, 기능장애, 위험의 기준에 부합되지만 대다수 사람들이 이상행동이라고 보지 않는 행동에는 어떤 것이 있을까?

심리전망대

남들과 다른 북소리에 따라 행군하는 괴짜들

- 작가 **제임스 조이스**는 늘 조그만 여성용 속바지를 가지고 다니면서 마음에 든다는 표시로 흔들었다.
- **벤저민 프랭클린**은 건강을 위해서 창문을 열어놓고 발가벗은 채 그 앞에 앉아서 '풍욕'을 했다.
- 금융가 **헤티 그린**은 도금시대(Gilded Age, 역자 주 : 미국 자본주의가 급속하게 발전한 1873~1893년 기간)에 미국에서 가장 돈이 많은 여성이었지만 매일 같은 옷을 입었고, 속옷이 해질 때까지 갈아입지 않았다.
- **알렉산더 그레이엄 벨**은 보름달의 빛을 막으려고 자기 집 창문을 가렸다. 그는 또 개에게 말을 가르치려고 했다.
- 부유한 상속녀 **사라 록우드 윈체스터**는 자기 재산의 상당 부분을 수십 년에 걸쳐 끊임없이 자기 집을 재건축하는 데 썼다. 그녀는 악령을 막으려면 계속해서 개축할 필요가 있다고 믿었다.
- 작가 **D. H. 로렌스**는 옷을 벗고 뽕나무 위에 올라가는 것을 좋아했다.

이 유명 인사들은 괴짜로 알려져 있다. 사전적 정의에 의하면 **괴짜**란 보편적인 행동방식에서 벗어나거나 이상야릇하고 별난 행동을 하는 사람을 말한다. 그러나 심리적으로 건강하지만 특이한 습관을 가진 사람과 기이한 정신병리 증상을 가진 사람을 어떻게 구분할 수 있을까? 괴짜에 대한 연구는 많지 않지만 그중 몇몇 연구를 통해서 이에 대한 통찰을 약간 얻을 수 있다(Gencarella, 2018; Sinclair, 2017; Weeks & James, 1995).

David Weeks라는 연구자는 1,000명의 괴짜를 연구한 결과 5,000명 중 1명 정도가 '고전적인 의미의 확실한 괴짜'일 것이라고 추정했다. Weeks의 연구에서는 괴짜의 특징으로 다음의 15가지를 꼽았다. 일반사회 규범의 거부, 창의성, 강한 호기심, 이상주의, 극단적인 관심과 취미, 평생 동안 자신이 남과 다름을 인식, 높은 지능, 솔직함, 경쟁심이 없음, 유별난 식사 및 생활습관, 다른 사람의 의견이나 남과의 교제에 대한 무관심, 장난기 있는 유머감각, 비혼(결혼을 안 했음), 장남/장녀이거나 외동, 철자법에 서투르다는 것 등이다.

Weeks는 괴짜들이 일반적으로 정신장애가 있는 것은 아니라고 했다. 정신장애자들의 유별난 행동은 본인의 의사와 무관하게 떠밀려 하게 되며 보통 그들에게 고통을 주지만 괴짜들의 기행은 자유의지로 선택된 것으로 이들에게 즐거움을 준다. "괴짜들은 스스로 남과 다르다는 것을 알고 있으며 이를 자랑스럽게 여긴다"(Weeks & James, 1995. p. 14). 마찬가지로 괴짜들의 사고 과정은 심각하게 와해되지도 않았고 이들의 기능에 장애가 있는 것도 아니다. Weeks의 연구에 의하면 괴짜들은 일반 사람들에 비할 때 도리어 정서 문제가 더 적었다. 아마도 '독창적'이라는 것은 정신건강에 유익한지도 모른다.

AP Photo/Thanh Nien

괴짜지만 비정상은 아니다 트란 반 헤이는 길이가 6미터가 넘는 머리를 마치 코브라처럼 몸에 감고 다닌다. 그는 2010년에 사망할 때까지 50년간 이발을 하지 않았다. 이 베트남 출신의 기혼 남성은 다른 면에서는 매우 존경받는 약초상으로 살면서 생산적으로 일했다. 그는 그저 지구상의 누구보다도 머리를 길게 기르는 것을 좋아했을 뿐이다.

치료 이상행동을 보다 정상적 행동으로 변화시키는 체계적 절차

지나쳐버리기 쉽다.

반대로 개입이 필요한 비정상과 유별나기는 하지만 타인이 간섭할 권리는 없는 **별난 행동**(eccentricity)을 사회가 제대로 구분하지 못하는 경우도 있다. 간혹 우리는 이상한 행동을 하는 사람들을 보거나 이야기를 전해 듣는다. 예를 들어 혼자 살면서 고양이 수십 마리를 기르고 다른 사람들과 말을 섞는 일이 거의 없는 남자와 같은 경우이다. 이들의 행동은 사회적 규범에서 벗어났다고 볼 수 있고 괴롭고 역기능적일 가능성이 크지만, 다수의 전문가들은 이들의 행동을 비정상이라기보다는 별나다고 할 것이다(심리전망대 참조).

요약하면 이상심리란 사회적 규범에서 벗어나며 괴롭고 역기능적이며 때로는 위험스러운 심리 기능 양식이라고 정의할 수 있다. 그러나 이러한 기준이 애매하고 주관적일 때가 많다는 점을 확실하게 할 필요가 있다. 그리고 이 책에서 다룰 이상심리의 진단 범주는 보이는 것처럼 명쾌한 경우는 거의 없고, 대다수가 임상가들 사이에서 지속적인 논란의 대상이 되고 있다.

요약

이상심리란 무엇인가

이상심리 기능은 일반적으로 일탈되어 있고, 괴로움과 기능장애가 있으며, 위험할 수 있다. 그러나 행동은 그 행동이 일어나는 맥락에서 고려되어야 되며, '이상'의 개념은 그 사회의 규준과 가치에 따라서 달라진다.

치료란 무엇인가

임상가들은 일단 어떤 사람이 정말 어떤 형태의 이상심리에 시달리고 있다고 판정하면, 그것을 치료하려고 한다. **치료**(treatment), 혹은 **심리치료**(therapy)란 이상행동을 정상적인 행동으로 바꾸도록 돕는 절차를 말한다. 치료도 조심스럽게 정의할 필요가 있다. 임상 과학자들은 그 문제는 이상심리를 정의하는 것과 밀접한 관련이 있다고 본다. 아래에 기술된 빌의 사례를 보자.

2월 : 빌은 집 밖으로 나갈 수가 없다. 그는 그것을 정말 확실하게 알고 있다. 그는 집에 있을 때에만 안전하다고 느낀다. 모욕, 위험, 심지어는 파멸을 피할 수 있을 거라고. 직장에 가면 동료들이 그에 대한 경멸감을 어떤 형태로든 나타낼 것이다. 가시 돋친 말, 비웃는 듯한 표정만 보아도 그들의 마음을 다 알 수 있다. 쇼핑을 가면 곧 가게에 있는 사람들 모두가 그를 빤히 쳐다볼 것이다. 다른 사람들도 틀림없이 그의 암울한 기분과 생각을 알아챌 것이다. 숨길 도리가 없다. 그는 혼자 숲속으로 산책을 나갈 엄두도 내지 못한다. 가슴이 벌렁거리기 시작해서 주저앉게 될 것이고 숨이 턱에 차서 횡설수설하며 집으로 다시 돌아오지도 못할 것이다. 아니, 그로서는 방 안에 틀어박혀서 이 끔찍한 삶을 하루 저녁 더 견뎌내는 편이 훨씬 나을 것이다. 인터넷이 있어서 얼마나 다행인가! 온라인 뉴스를 읽고 블로그나 온라인 포럼에 글을 올릴 수 없었다면 그는 아마도 세상과 완전히 단절되었을 것이다.

7월 : 빌의 생활은 친구들을 중심으로 돌아간다. 빌은 최근 고객 관리부의 책임자로 승진했는데, 직장에서 알게 된 밥과 잭 그리고 주말에 같이 테니스를 치는 프랭크, 팀과 어울려 지낸다. 이 친구들과는 매주 돌아가면서 집에서 저녁을 같이 먹고 인생, 정치, 일에 대한 이야기를 나눈다. 빌의 삶에서 특별한 위치를 차지하는 사람은 재니스이다. 재니스와는 영화도 같이 보고, 레스토랑이나 쇼에도 같이 간다. 재니스는 빌이 참 멋지다고 생각하고, 빌도 그녀와 함께 있으면 활짝 웃게 된다. 이제 빌은 매일 직장에 나가서 고객들과 상대하는 일을 기대하고 있다. 그는 다양한 활동에 참여하고 여러 사람과 관계를 맺으면서 인생을 보다 충분히 즐기고 있다.

2월에는 빌의 생각과 감정, 행동이 삶의 모든 측면에서 그의 발목을 잡았다. 그러나 7월이 되면서 그의 증상 대부분이 사라졌다. 여러 요인이 빌이 호전되는 데 도움이 되었을 수 있다. 친구나 가족의 조언 덕분일 수도 있고, 새 직장이나 휴가, 어쩌면 식단이나 운동 프로그램을 확 바꾼 것이 도움이 되었을 수 있다. 그중 어떤 것이, 아니면 그 모두가 도움이 되었을 수도 있겠지만, 이것들을 처치나 치료라고 볼 수는 없다. 처치나 치료란 보통 심리적 어려움을 극복하도록 돕는 특별한 체계적 절차에 국한된 용어이다. 임상 연구가인 Jerome Frank의 말을 빌리자면, 모든 형태의 치료는 다음 세 가지 핵심적 특징을 가지고 있다.

Courtesy Adam Ortiz

이른 출발 열한 살짜리 시로 오티즈는 뉴욕시 지하철 플랫폼에 '심리치료실'을 열었다. 자칭 '정서적 조언을 하는 어린이'라고 하면서 그는 모든 연령층의 사람들과 다양한 심리적 문제에 대해서 이야기했다. 시로의 조언이 치유적일 수도 있지만 심리치료는 아니다. 예컨대 그 논의에는 '훈련된 치유자'와 치유자와 환자 사이의 일련의 접촉이 없다.

1. 치료자가 고통을 해소해주리라고 기대하는 고통받는 사람
2. 고통받는 사람과 그가 속한 사회집단에서 전문성을 인정받은 훈련된 치료자
3. 치료자와 고통받는 사람 사이의 일련의 접촉. 치료자는 그 접촉을 통해서 고통받는 사람의 정서 상태, 태도 및 행동을 변화시키기 위하여 노력한다.

(Frank, 1973, pp. 2-3)

이와 같이 명쾌한 정의가 내려져 있음에도 불구하고 임상치료는 갈등, 그리고 때로는 혼란에 휩싸여 있다. 임상가 중 일부는 이상심리를 질병으로 보고 치료를 그 질병의 치유를 돕는 절차라고 본다. 다른 이들은 이상심리를 삶의 문제로 보고 좀 더 적응적인 행동과 사고를 가르치는 사람을 치료자라고 본다. 심지어는 치료받는 사람을 무엇이라고 부를 것인지에 대해서도 의견이 다르다. 이상심리를 질병으로 보는 이들은 '환자'라는 용어를 쓰는가 하면 이상심리를 삶의 문제로 보는 이들은 '내담자'라는 용어를 쓴다. 이 두 가지 용어가 모두 보편적으로 사용되기 때문에, 이 책에서는 그 두 용어를 서로 바꾸어가면서 사용할 것이다.

서로 견해의 차이는 있지만, 대다수의 임상가는 이런저런 심리치료를 필요로 하는 사람들이 아주 많다는 점에는 동의한다. 심리치료가 실제로 도움이 되는 경우가 많다는 증거는 나중에 접하게 될 것이다.

요약

치료란 무엇인가

심리치료는 심리적 어려움을 극복하는 과정을 돕는 체계적 절차이다. 문제에 따라 그리고 치료자에 따라 차이가 있지만 심리치료에는 일반적으로 환자, 심리치료자, 일련의 치료적 접촉이 있어야 한다.

과거에는 이상심리를 어떻게 이해하고 치료하였는가

매년 미국 성인의 30%, 아동과 청소년의 17%가 심각한 심리적 장애로 인하여 치료를 필요로 한다(MHA, 2020d; NAMI, 2019a). 다른 여러 나라에서도 그 비율은 비슷하다. 현대 사회의 무언가(아마도 과학 기술의 빠른 변화, 깊은 정치적 분열, 테러 위협의 증가, 총기난사와 자연재해 혹은 종교와 가족 등 지원체계의 쇠퇴)가 이런 많은 정서 문제의 원인이라는 결론을 내리고 싶은 유혹을 느낄 수도 있다. 하지만 다음에서 보게 되겠지만 과거와 현재에 존재하는

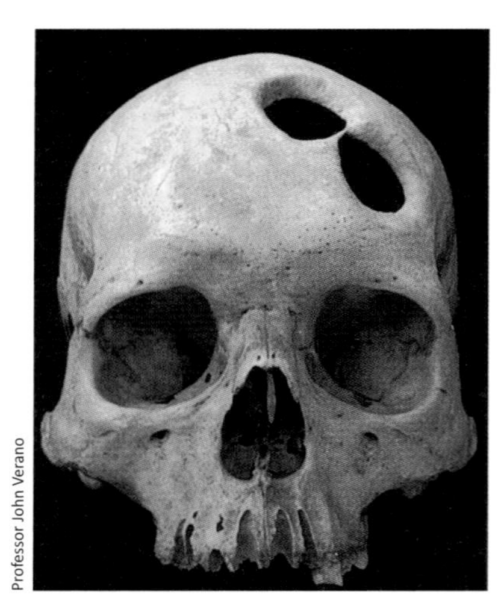

악령 몰아내기 고대로부터 발굴한 이 두개골에 있는 구멍 2개는 아마도 정신장애를 치료하고자 악령을 몰아내기 위한 천공술을 받았음을 시사한다.

모든 사회에는 이상심리가 존재해왔다.

고대사회의 관점과 치료법

역사가들은 발굴된 고대사회의 유골, 예술품, 기타 유물을 살펴보고 그 사회에서의 이상행동은 아마도 악령의 일로 보았으리라는 결론을 내렸다. 선사시대 사람들은 주변이나 자신의 내부에서 일어나는 모든 일이 이 세상을 통제하는 마술적이며 때로는 사악한 존재의 행위에서 비롯된다고 믿었다. 특히 그들은 인간의 몸과 마음은 외부에 존재하는 선과 악의 세력의 싸움터라고 보았다. 이상행동은 보통 악령의 승리로 해석되었고, 이상행동의 치유는 악령을 몸에서 몰아내는 것이었다.

이와 같은 이상행동에 대한 초현실적 견해의 시작은 50만 년 전 석기시대까지 거슬러 올라갈 수 있다. 유럽과 남아메리카에서 발굴된 석기시대의 유골 중 일부에는 **천공술**(trephination)의 흔적이 보인다. 천공술은 **트레핀**이라는 돌로 만든 도구로 두개골을 둥글게 절개하는 수술이다(Ellis, 2019). 일부 역사가들은 이 초기 수술이 실제 존재하지 않는 현상을 보거나 듣는 환각 혹은 극심한 슬픔에 빠져 꼼짝하지 못하는(immobility) 우울증 등의 심각한 이상행동을 치료하기 위해서 시행되었을 것이라는 결론을 내렸다. 두개골을 여는 수술의 목적은 그 문제의 원인으로 추정되는 악령을 방출하는 것이었다(Selling, 1940).

그 이후의 사회에서도 이상행동을 악령에 들리는 것으로 설명했다. 이집트, 중국, 이스라엘의 문헌을 보면 모두 심리적 일탈을 그런 방식으로 설명하였고, 성경에도 어떻게 하느님에게서 온 악령이 사울 왕에게 들렸는지, 다윗이 자신에게 신령이 임하였다는 것을 적들이 믿게 하기 위해서 광기를 가장했는지가 기록되어 있다.

이러한 초기 사회에서는 이상심리를 흔히 귀신을 몰아내는 **퇴마 의식**(exorcism)으로 치료하였다. 이는 악령을 달래서 떠나게 하거나 그 사람의 몸을 악령이 머무르기 불편하게 만들고자 하는 생각이었다. 샤먼 혹은 신관은 기도문을 외우고, 악령에게 간청을 하거나 모욕을 주고, 마술을 시행하거나 큰 소리를 내고, 그 사람에게 쓴 술을 마시게 하기도 한다(Singh, 2018). 만약 이런 방법이 모두 통하지 않을 경우 신관은 더 극단적인 퇴마 의식으로 그 사람에게 매질을 하거나 굶기는 방법을 쓰기도 하였다.

그리스와 로마시대의 관점과 치료법

대략 기원전 500년부터 서기 500년 사이에는 그리스와 로마 문명이 융성하였고, 철학자와 의사는 이상행동에 대한 서로 다른 설명을 제시하였다. 현대 의학의 아버지로 불리는 히포크라테스(기원전 460~377)는 질병은 자연적 원인에 의한 것이라고 가르쳤다. 그는 이상행동이 내부 신체의 문제로 인한 질병이라고 보았다. 구체적으로 그는 이상행동이 일종의 뇌질환으로(그가 보기에는 다른 모든 형태의 질병과 마찬가지로) 몸에 흐르는 네 가지 **체액**(humors; **황색담즙, 흑색담즙, 혈액, 점액**)의 불균형에서 비롯된다고 믿었다(Chrysopoulos, 2020; Saunders, 2019). 예를 들어 황색담즙의 과다는 **조증**, 즉 격앙된 활동 상태를 유발하고, 흑색담즙이 지나치게 많으면 **우울증**(melancholia), 즉 떨쳐버릴 수 없는 슬픔이 발생한다고 보았다.

이상심리를 치료하기 위해서 히포크라테스는 근원적인 신체적 병리를 교정하려고 했다. 예를 들어 우울증의 근원인 흑색담즙의 과다분비는 조용한 생활, 채소의 섭취, 운동, 금욕, 심지어는 채혈로 호전될 수 있다고 믿었다. 위대한 그리스 철학자 플라톤(기원전 427~347)과 아리스토텔레스(기원전 384~322), 그리고 그리스와 로마의 유력한 의사들도 히포크라테

천공술 이상행동의 치료를 위해 두개골을 둥글게 잘라낸 고대의 수술법

체액 그리스나 로마인들이 정신과 신체의 기능에 영향을 미친다고 본 신체의 화학물질

스와 마찬가지로 이상행동의 내적 원인을 강조하였다.

중세의 유럽 : 악마론의 복귀

그리스·로마시대의 의사와 학자들은 개화된 견해를 가지고 있었으나, 일반 사람들은 여전히 악마에 대한 믿음을 버리지 못했다. 그리고 로마의 멸망과 함께 악마론적 견해와 풍습은 다시 유행하게 되었고, 점차 과학에 대한 불신이 유럽 전역으로 확산되었다.

서기 500년부터 1350년 사이의 중세기에는 유럽 전역에서 성직자의 세력이 크게 증가하였다. 그 시대에는 교회가 과학적 조사를 거부했고 모든 교육을 통제하였다. 매우 미신적이고 악마론적인 종교적 믿음이 삶의 모든 측면을 좌지우지했다. 행동을 선과 악, 신과 악마 사이의 갈등으로 해석하는 시대가 다시 돌아왔다. 일탈행동, 특히 심리적 장애는 사탄의 영향을 받았다는 증거로 간주되었다.

Bettmann/Getty Images

마법에 걸렸는가, 정신을 놓았었나? 1300년대부터 '계몽' 르네상스 시대에 이르기까지 마법에 대한 두려움이 유럽에 만연했다. 많은 사람(주로 여성)이 악마와 거래한 것으로 간주되었다. 그 중 일부는 정신장애가 있어서 이상한 행동을 했을 것이다. 그림 속의 여성은 마법을 사용했다는 것을 자백할 때까지 물속에 반복적으로 쳐넣어졌다.

중세는 심각한 스트레스와 불안의 시대, 즉 전쟁과 도시 민란, 역병의 시대였다. 사람들은 그러한 문제를 악마의 탓으로 돌렸고, 악마에 조종당하는 것을 두려워했다(Trenery, 2019; Ruys, 2017). 이 시기에는 이상행동이 분명히 크게 증가하였다. 또한 다수의 사람들이 터무니없는 잘못된 믿음을 공유하면서 헛것을 봤거나 들었다고 상상하는 **집단광기**(mass madness)가 창궐하였다. 그러한 장애의 하나로 **무도병**(tarantism, 성 비투스 춤이라고도 한다)에 걸린 사람들은 갑자기 펄쩍 뛰기 시작해서 춤추다가 발작을 일으켰다(Lanska, 2018). 사람들은 모두 그 병이 타란툴라라는 늑대거미에 물린 결과라고 믿었고, 타란텔라 춤을 추면 그 병을 고칠 수 있다고 믿었다. 또 다른 형태의 집단광기인 **수화광**(lycanthropy)에 걸린 사람들은 자신이 늑대나 그 밖의 다른 동물에 씌었다고 생각하고 늑대처럼 행동하고 자기 몸에 털이 자란다고 상상했다.

트위터, 인스타그램, 페이스북 등의 소셜 미디어는 어떻게 요즈음 보는 형태의 집단광기를 부추길까?

예상할 수 있듯이 이전의 악마론적 이상심리 치료법 중 일부가 중세에 다시 등장했다. 다시 한번 치유의 열쇠는 악마가 들린 사람의 몸에서 악마를 몰아내는 것이 되었다. 퇴마 의식은 다시 살아났고 그 시대에 치료를 담당했던 성직자들은 악마나 악령에게 간청하거나 성가를 부르고 기도를 했다(Kingsbury & Chesnut, 2019). 이러한 기법에 효과가 없으면 다른 방법이 동원되었는데, 그중 일부는 고문에 해당되었다.

중세가 끝나갈 무렵이 되어서야 악마론과 악마론적 방법이 시들해지기 시작했다. 유럽 전역에서 작은 마을은 도시로 성장했고 정부 관료의 세력이 커지면서 이들이 종교 이외의 활동을 인계받았다. 이들은 여러 가지 업무의 일환으로 병원을 운영하고 정신질환을 앓고 있는 사람들을 돌보는 일을 관장하기 시작했다. 이상심리에 대한 의학적 견해가 다시 지지를 얻게 되었고 수많은 정신장애인이 영국의 트리니티병원 등의 정신병원에서 치료받게 되었다(Allderidge, 1979).

르네상스와 수용소의 증가

문화와 과학의 활동이 융성했던 약 1400~1700년의 초기 르네상스 시대에는 이상심리에 대

Bettmann/Getty Images

창살 침대 수용소에서는 그림 속의 창살 침대같이 터무니없는 장치와 기법이 사용되었다. 이들 장치는 19세기 개혁 중에도 계속 사용되었다.

한 악마론적 견해가 지속적으로 퇴조하였다. 최초로 정신질환을 전문적으로 다룬 독일 의사 Johann Weyer(1515~1588)는 몸과 마찬가지로 마음도 병에 걸리기 쉽다고 믿었다. 그는 현대 정신병리학 연구의 창시자로 간주되고 있다.

이러한 사회적 분위기 속에서 정신질환자의 돌봄도 지속적으로 개선되었다. 영국에서는 지역 교구의 재정적 지원을 받으면서 가족이 정신질환자를 집에서 돌볼 수 있게 되었다. 유럽 전역에서 종교 예배당이 정신질환자들을 인도적 사랑으로 돌보는 데 사용되었다. 아마도 이러한 성전들 중 가장 잘 알려진 곳은 벨기에 헤일(Gheel)에 있는 성당이다. 15세기부터 전 세계 사람들이 정신적 치유를 위하여 헤일로 몰려 왔다. 헤일의 주민들은 기꺼이 이 순례자들을 자신의 집에 들였고, 많은 사람이 이곳에 남으면서 세계 최초의 정신질환자들의 집단 부락이 형성되었다. 헤일은 오늘날의 **지역사회 정신건강 프로그램**의 전신으로 정신질환자들을 사랑과 존중으로 돌보면 호전된다는 것을 지속적으로 보여주었다(Thériault, 2019; Aring, 1975, 1974). 그곳에는 아직도 많은 환자가 다른 주민들과 교류하면서 회복될 때까지 수양가정(foster home)에서 살고 있다.

유감스럽게도 이와 같은 정신질환자 돌봄의 개선은 16세기 중반에 들어서면서 쇠퇴하기 시작했다. 공무원들은 심각한 정신질환자 중 극히 일부분만 개인 가정이나 지역사회 주거시설에 받아들일 수 있고, 정신병원의 수효나 규모가 턱없이 부족하다는 것을 깨닫게 되었다. 그들은 점점 더 많은 병원과 수도원을 정신질환자들을 돌보기 위한 시설인 **수용소**(asylum)로 전환하였다. 이 시설은 양질의 치료를 제공하겠다는 좋은 의도로 시작되었다(Pichot & Goodwin, 2020; Scult, 2018). 하지만 일단 환자들이 넘쳐나면서 수용소는 불결한 환경에서 환자들을 말할 수 없이 잔인하게 다루는 실질적인 감옥이 되었다.

예를 들어 1547년에 헨리 8세는 오로지 정신질환자들을 가두어두기 위한 목적으로 베들레헴병원을 런던시에 공여하였다. 이 수용소에서 쇠사슬에 묶여 있는 정신질환자들은 모두에게 들리게 비명을 질러댔다. 심지어 그 병원은 관광명소가 되었고, 사람들은 고함을 지르고 횡설수설하는 환자들을 보려고 기꺼이 입장료를 냈다. 그 지역 주민들이 '베들레헴(Bedlam)'이라고 발음하는 그 병원의 이름은 '무질서한 소음'이라는 의미를 갖게 되었다(Peterson, 2020).

흥미로운 이야기

별난 이름

18세기에는 정신질환자를 치료하는 의사를 '미친 의사(mad-doctor)'라고 불렀다.

19세기 : 개혁과 도덕치료

1800년이 다가오면서 정신질환자 치료는 다시 개선되기 시작하였다. 일반적으로 역사가들은 처음 개혁이 시작된 곳으로 파리에 거주하는 남성 환자들을 위한 라비세트르 수용소를 지목한다. 프랑스혁명 중인 1793년에 Philippe Pinel(1745~1826)은 그 병원의 진료 주임으로 임명되었다. 그는 환자들을 쇠사슬과 매질이 아니라 동정심과 친절함으로 돌봐야 될 병이 있는 사람이라고 주장하였다(Pearce, 2020; Pichot & Goodwin, 2020). 그는 환자들이 병원 구내를 자유롭게 돌아다닐 수 있도록 허용했고, 어두운 토굴을 햇볕이 잘 들고 환기가 잘되는 병실로 바꾸었으며, 지지와 조언을 제공하였다. Pinel의 접근은 대단히 성공적이어서 수십 년간 격리되어 갇혀 있던 많은 환자가 단기간에 크게 호전되어 퇴원하였다. 그 후 Pinel은 여성 환자들을 위한 파리 소재의 정신병원 라살페트리에르에 유사한 개혁을 시행하였다.

수용소 정신질환자를 돌보기 위한 시설의 일종으로 16세기에 처음 많아졌고, 이들 수용소의 대다수는 나중에 실질적인 감옥이 되었다.

도덕치료 19세기에 사용된 정신장애에 대한 치료적 접근으로, 도덕적 지도와 인도적이고 환자를 존중하는 치료를 강조한다.

주립병원 미국의 주에서 운영하는 공립 정신병질환자 시설

영국의 퀘이커교도인 William Tuke(1732~1819)도 잉글랜드 북부에서 비슷한 개혁을 시행했다. 1796년에 그는 요크 수련원(York Retreat)이라는 전원 마을을 만들어서 30명 정도의 정신질환자가 조용한 시골집에서 투숙객으로 지내면서 휴식과 대화, 기도와 노동을 통해 치료받게 하였다(Pearce, 2020).

Dance in a Madhouse, 1917 (litho)/Bellows, George Wesley (1882–1925)/San Diego Museum of Art, USA/Bridgeman Images

정신병원의 댄스파티 도덕치료에서 가장 인기가 있던 프로그램은 '정신병자 무도회'였다. 병원 직원들은 환자들이 함께 모여서 춤추고 즐기는 자리를 마련했다. 조지 벨로스의 '정신병원의 댄스파티'라는 그림은 그러한 무도회를 묘사한 것이다.

도덕치료의 확산 도덕적 지도와 인도적이고 존중하는 기법을 강조하기 때문에 **도덕치료**(moral treatment)라고 불리는 Pinel과 Tuke의 치료법은 유럽과 미국 전역에 확산되었다. 심리적 문제가 있는 환자들은 생산적인 삶을 영위할 잠재력이 있으며 자신의 문제를 이야기하고 유익한 활동, 일, 동료관계, 조용한 시간 등을 포함하는 개인적 돌봄을 받을 권리가 있는 사람이라는 인식이 점차 커졌다.

미국에서 도덕치료의 초기 확산에 가장 크게 기여한 사람은 Benjamin Rush(1745~1813)이다. 그는 펜실베이니아병원의 저명한 의사로서 미국 정신의학의 아버지로 간주되고 있다. Rush는 정신질환자만을 치료하면서 인도적인 접근의 치료법을 개발하였다(Kittle, 2020). 예를 들어 그는 병원에 지적으로 유능하고 민감한 간호사들을 고용해서 책을 읽어주고 대화를 하며 정기적으로 산책에 데리고 나가는 등 환자들을 아주 세심하게 돌보도록 요구하였다. 또한 의사들이 간혹 환자들에게 작은 선물을 주면 치료에 도움이 될 것이라는 제안을 하기도 하였다.

Rush가 한 일의 영향도 컸지만, 미국에서 인도적 돌봄에 대한 사회적 관심을 끄는 데 기여한 사람은 보스턴의 교사인 Dorothea Dix(1802~1887)였다. Dix는 1841년부터 1881년까지 주 입법부와 의회를 돌아다니면서 수용소의 끔찍한 실상을 알리고 개혁을 요구했다. Dix의 운동에 힘입어 정신질환자 치료의 개선을 위한 새로운 법안이 마련되고 정부의 재정 지원을 더 많이 끌어낼 수 있었다(Strickler & Farmer, 2019). 미국의 각 주는 도덕치료를 제공하는 효과적인 공립 정신병원 혹은 **주립병원**(state hospital)을 개발할 책임을 지게 되었다. 유럽 전역에도 비슷한 병원들이 설립되었다.

더 많은 것이 바뀌다… 유감스럽게도 오늘날 세계의 일부 지역에서는 아직도 중증 정신질환자에게 끔찍한 '치료'를 시행하고 있다. 아프가니스탄 어느 지방의 마을에서 한 남성이 정신질환에 대한 일차적 개입으로 성전의 벽에 쇠사슬로 묶여 있다.

Massoud Hossaini/AFP via Getty Images

도덕치료의 쇠퇴 1850년대에 이르러서는 유럽과 미국 전역에서 도덕적 접근을 사용해서 성공을 거두었다는 병원이 여럿 생겼다. 그러나 19세기 말이 되면서 여러 요인으로 인하여 도덕치료 움직임에 반전이 일어났다(Bloom, 2020; Bartlett, 2017). 도덕치료의 지나치게 빠른 확산이 퇴조의 한 원인이 되었다. 정신병원의 수효가 급증하면서 자금과 인력의 부족이 심각해졌고 회복 비율이 낮아졌으며 병원의 과밀화가 큰 문제가 되었다. 다른 요인으로는 인도적으로 존중하면서 치료하면 모든 환자가 다 치유될 수 있다는 도덕치료의 가정을 들 수 있다. 일부 환자에게는 정말 그것만으로 충분하였으나 어떤 환자에게는 기존에 개발된 치료보다 더 효과적인 치료가 필요했다. 도덕치료의 쇠퇴에 기여한 또 다른 요인은 정신질환자에 대한 새로운 편견이 생겼다는 것이다. 대중은 정신질환자를 이상하고 위험하다고 보게 된 것이다. 게다가 19세기 말 미국에서 공립 정신병원에 입원한 환자들 다수는 가난한 외국인 이민자들이었고, 대중은 그들을 돕는 데 관심이 없었다.

20세기 초반에 이르면서 도덕치료는 미국과 유럽에서 모두 중단되었다. 공립 정신병원에서는 오로지 보호 관리와 효과 없는 약물치료만을 제공하였고, 해가 갈수록 점점 더 환자들의 과밀화가 심각해졌다. 장기 입원은 다시 일반적이 되었다.

20세기 초 : 체인적 관점과 심인적 관점

19세기 후반에 도덕치료 운동이 퇴조하면서 다음 두 가지 대립적인 관점이 제기되어 임상가들의 관심을 두고 경쟁하였다. 즉 이상심리 기능이 신체적 원인에서 비롯된다는 **체인적 관점**(somatogenic perspective)과 이상심리 기능의 주요 원인이 심리적 요인이라는 **심인적 관점**(psychogenic perspective)이다. 이 두 관점은 20세기에 활짝 꽃피게 된다.

체인적 관점 체인적 관점은 최소한 2400년의 역사가 있다. 히포크라테스가 이상행동을 뇌질환으로 일종의 체액의 불균형에서 생기는 병이라고 하지 않았던가? 그러나 체인적 관점은 19세기 말 이후에 이르러서야 비로소 개선장군처럼 의기양양하게 돌아와 널리 받아들여지기 시작했다.

이처럼 체인적 관점이 부활하게 된 데에는 두 가지 요인이 작용하였다. 하나는 독일의 저명한 연구자 Emil Kraepelin(1856~1926)이었다. 1883년 Kraepelin은 영향력 있는 교과서를 출판하면서 피로와 같은 신체적 요인이 정신적 기능장애를 일으킬 수 있다고 주장했다. 또한 제4장에 나오겠지만 Kraepelin은 이상행동의 신체적 원인을 열거하고 예상되는 경과를 논의하는 최초의 현대적 이상행동 분류체계를 개발하였다(Kendler, 2020, 2019).

새로운 생물학적 연구 결과들 또한 체인적 관점이 상승하는 데 기폭제 역할을 했다. 가장 중요한 발견 중 하나는 신체질환인 **매독**(syphilis)이 **진행성 마비**(general paresis), 즉 과대망상 등의 정신적 증상 및 마비와 같은 신체적 증상을 모두 일으키는 불가역적 장애의 원인이라는 것이었다(Ha, Tadi, & Dubensky, 2020). 1897년에 독일의 신경학자인 Richard von Krafft-Ebing(1840~1902)은 매독 궤양에서 뽑은 물질을 진행성 마비 증상을 보이는 환자에게 주사한 결과 매독 증상이 나타난 환자는 하나도 없었음을 발견하였다. 이 환자들이 매독에 면역성을 보인 것은 이미 매독에 걸렸었기 때문일 수밖에 없었다. Krafft-Ebing은 진행성 마비 환자들이 모두 매독에 면역성이 있었으므로 매독이 진행성 마비의 원인이었으리라는 이론을 제기하였다. Kraepelin의 업적과 진행성 마비에 대한 새로운 이해에 힘입어 많은 연구자와 임상가는 신체적 요인이 많은 정신장애의, 아마도 모든 정신장애의 원인일지도 모른다는 생각을 하게 되었다.

일반적인 낙관적 기대와는 달리 20세기 전반에 생물학적 접근은 대체로 실망스러운 결과를 낳았다. 그 시기에 수많은 정신병원의 환자들을 위하여 수많은 치료법이 개발되었으나 대부분은 효과가 없었다. 의사들은 발치, 편도선 절제, 온수와 냉수욕을 번갈아 하는 물 요법, 뇌의 특정 신경섬유를 수술로 절단하는 뇌 절제 등을 시도하였다. 심지어 생물학적 관점과 주장은 일부 사람들 사이에서 의학적 혹은 다른 방법으로 환자들의 생식 능력을 제거하는 우생

체인적 관점 심리적 기능 이상이 신체적 원인에서 비롯된다는 견해

심인적 관점 심리적 기능 이상이 주로 심리적 원인에서 비롯된다는 견해

학적 단종(eugenic sterilization)과 같은 부도덕한 해결책을 제안하는 데까지 이르렀다. 1950년대에 이르러 여러 효과적인 약물이 발견되고 나서야 체인적 관점은 환자들에게 도움이 되기 시작했다.

정신분석 정신병리의 원인으로 무의식의 심리적 힘을 강조하는 비정상적 정신 기능에 대한 이론 혹은 치료

심인적 관점 19세기 후반에는 심인적 관점, 즉 이상 기능의 주요 원인이 심리적인 경우가 많다는 견해가 부상하였다. 심인적 관점 또한 긴 역사가 있지만, **최면** 연구가 잠재력을 보여주기 전에는 따르는 사람들이 별로 없었다.

최면은 피암시성이 극도로 높아지는 몽환 상태를 유도하는 절차이다. 그것이 심리장애의 치료에 사용된 것은 오스트리아의 의사인 Friedrich Anton Mesmer(1734~1815)가 파리에 진료소를 설립한 1778년으로 거슬러 올라간다. Mesmer의 환자들은 신체적으로 이상이 없는데도 이상하게 몸이 아픈 **히스테리장애**를 앓고 있었다. Mesmer는 환자들을 음악 소리로 가득찬 어두컴컴한 방에 앉혀 놓고 형형색색의 의상을 입고 나타나서는 특별한 막대기로 환자 몸의 아픈 곳을 건드렸다. 의외로 많은 환자에게 **메스머리즘**(mesmerism)이라고 하는 이 방법이 도움이 되어(Spilde, 2020; Leskowitz, 2019) 통증, 감각상실, 마비 증상이 사라졌다. 여러 과학자는 Mesmer가 환자들에게 일종의 몽환 상태를 경험하도록 하여 증상이 사라지게 했다고 믿었다. 그러나 이 치료법에 대한 논란이 하도 심해서 결국 Mesmer는 파리에서 추방당했다.

Mesmer 사후에 많은 연구자가 용기를 내서 후에 **최면요법**(hypnotism, 그리스어로 수면을 뜻하는 *hypnos*로부터 유래)이라고 불리게 된 그의 최면요법과 히스테리장애에 대한 효과를 연구하였다. 프랑스 낭시의 두 의사 Hippolyte-Marie Bernheim(1840~1919)과 Ambroise-Auguste Liébault(1823~1904)는 실제로 다른 점으로는 정상인 사람들에게 최면을 통해 히스테리장애를 유발할 수 있음을 실험을 통하여 보여주었다. 즉 정상인에게 최면 상태에서 암시를 줌으로써 귀가 안 들리게 하거나 운동마비, 실명, 무감각 등을 경험하게 할 수 있었고, 같은 방법으로 인위적으로 유발시킨 증상을 없앨 수 있었다. 따라서 이들은 신체 기능의 이상을 정신적 과정(즉 최면 상태에서의 암시)을 통해 유발시키고 치료할 수 있음을 입증한 것이다. 유력한 과학자들은 히스테리장애가 주로 심리적 원인에 기인한다고 결론을 내렸고 심인적 관점의 인기가 높아졌다.

최면이 히스테리장애에 미치는 영향을 연구한 연구자들 가운데 비엔나의 Josef Breuer(1842~1925)가 있었다. 의사인 Breuer는 자기 환자들이 간혹 최면 상태에서 힘들었던 과거 경험에 대해 솔직하게 이야기하고 나서 깨어났을 때 증상이 사라지는 경우가 있다는 것을 발견했다. 1890년대에는 비엔나의 의사 Sigmund Freud(1856~1939)도 Breuer의 연구에 동참하였다. 제2장에서 다루겠지만, Freud의 연구는 궁극적으로 여러 형태의 정상적·비정상적 심리 기능이 모두 심리적인 요인에 기인한다고 주장하는 **정신분석**(psychoanalysis) 이론의 발전으로 이어졌다. 특히 그는 무의식의 심리 과정이 그러한 기능의 기저에 깔려 있다고 믿었다.

"신대륙에 대해서만 말해줘. 네가 네 자신에 대해 뭘 알아냈는지는 관심 없어."

Freud는 또한 임상가들이 대화를 통해 심리적 문제

최면에 대한 최신 정보 최면은 심인적 관점으로 가는 문을 열었으며 현대 생활의 많은 영역에 지속적으로 영향을 미치고 있다. 이 사진에서는 임상가가 시계 진자의 도움을 받아서 내담자에게 최면을 걸고 있다.

가 있는 환자들이 무의식의 심리 과정에 대한 통찰력을 얻도록 돕는 정신분석 기법을 발전시켰다. 그는 최면 절차 없이 그런 통찰력만으로도 심리적 문제를 극복하는 데 도움이 된다고 믿었다. Freud와 그의 추종자들은 대략 한 시간 정도 진료실에서 정신분석 치료를 하였다. 이 치료 형태는 오늘날 외래심리치료라고 알려져 있다. 20세기 초반에 이르러서는 정신분석 이론과 정신분석 치료법이 서구사회 전역에서 널리 받아들여졌다.

요약

과거에는 이상심리를 어떻게 이해하고 치료하였는가

심리장애의 역사는 고대로 거슬러 올라간다. 선사시대 사회에서는 분명히 이상행동을 악령의 소행으로 보았다. 석기시대의 문화에서 이상행동을 치료하기 위하여 천공술이 사용되었다는 증거가 있다. 또한 초기 사회의 사람들은 퇴마 의식으로 악령을 몰아내려고 시도하였다.

그리스와 로마 제국의 의사들은 정신질환에 대한 더 개화된 설명을 내놓았다. 히포크라테스는 이상행동이 네 가지 체액의 불균형 때문에 나타난 것이라고 믿었다.

중세의 유럽 사람들은 이상행동을 다시 악마론으로 설명하는 것으로 되돌아갔다. 성직자들은 큰 영향력을 행사하면서 정신질환이 악마의 소행이라고 주장하였다. 중세가 끝나가면서 그러한 설명과 치료는 쇠퇴하기 시작하였고, 르네상스 시대 초기에는 정신질환자의 돌봄이 지속적으로 개선되었다. 일부 성당은 그런 사람들에게 인도적인 치료를 제공하는 데 쓰였다. 그러나 16세기 중반에 이르면서 정신질환자들은 수용소에 가두어지게 되었다.

19세기에는 정신질환자의 돌봄이 다시 개선되기 시작했다. 파리에서는 Philippe Pinel이 도덕치료를 향한 운동을 시작하였다. 미국에서는 Dorothea Dix가 정신질환자들의 법적 권리와 보호를 보장하고 그들을 돌보는 주립병원 설립을 위한 운동에 앞장섰다. 그러나 도덕치료 운동도 19세기 말에 이르러서 와해되었고, 정신병원은 다시 입원환자들에게 최소한의 돌봄만을 제공하는 '창고'가 되었다.

20세기가 되면서 체인적 관점이 다시 돌아왔고, 심인적 관점도 부상하였다. 결국 Sigmund Freud의 심인적 접근인 정신분석이 널리 받아들여졌고 후세대 임상가들에게 영향을 미쳤다.

현재 동향

흥미로운 이야기

미국에서의 우생학

1907~1945년 사이에 미국인 4만 5,000명이 우생학적 불임시술 법령 아래 불임시술을 받았다. 그중 2만 1,000명은 주립 정신병원 환자였다(Markfield, 2019).

정신질환에 관하여 크게 개화된 시대에 우리가 살고 있다고 말하기는 어려울 것이다. 실제로 설문조사에 의하면 정신질환이 전적으로 환자 자신의 탓이라고 믿는 사람들이 응답자의 43%, 정신장애가 개인적 약점의 증후라고 보는 사람이 31%, 정신장애가 죄를 지은 결과라고 믿는 사람이 35%, 정신장애자들을 두려워한다고 하는 사람이 33%나 된다(SAH, 2020; Yokoya et al., 2018; Roper, 2017). 그럼에도 불구하고 지난 70년 동안 이상심리 기능을 이해하고 치료하는 방식에 주요한 변화가 있었다. 이상심리 이론이나 치료법이 더 많아졌고, 연구도 더 많아졌다. 그리고 (아마도 새로운 연구와 정보도 많아졌기 때문일 텐데) 오늘날에는 과거 어느 때보다도 이견 역시 많아졌다.

중증 정신장애인을 어떻게 돌보고 있는가

1950년대에 연구자들은 새로운 **향정신성 약물**(psychotropic medication), 즉 주로 뇌에 영향을 주어 정신장애의 여러 증상을 완화시키는 여러 가지 약물을 발견하였다(Pichot & Goodwin, 2020). 그중에는 주로 극도로 혼란되고 왜곡된 사고를 교정하는 최초의 항정신병 약물, 우울한 사람들의 기분을 호전시키는 항우울제, 긴장과 걱정을 감소시키는 항불안제가 포함되어 있었다.

향정신성 약물 일차적으로 뇌에 작용하여 다수의 정신기능장애의 증상을 감소시키는 약물

탈시설화 1960년대에 시작된 조치로 수많은 정신질환 환자가 공립 정신병원에서 풀려났다.

오랜 기간 정신병원에 입원했던 많은 환자가 이러한 약물을 투여받고 호전되었다. 병원 운영자들은 이러한 결과에 힘입어 공립병원에서의 끔찍한 상황에 대해 대중의 항의가 커져 압박을 받자 거의 즉각적으로 환자들을 퇴원시키기 시작했다.

이 약물들이 발견되고 나서는 선진국가 대부분의 정신건강 분야 전문가들은 **탈시설화**(deinstitutionalization) 정책에 동참하여 수많은 환자를 공립 정신병원에서 퇴원시켰다. 1955년에는 미국 전역의 공립 정신질환자시설에 거의 60만 명에 육박하는 환자가 갇혀 있었다(그림 1.1 참조). 오늘날 동일한 형태의 병원의 일일 입원환자의 수효는 3만 8,000명에서 7만 5,000명 사이이다(BH, 2020; AHA, 2019a). 그에 더하여 사립 정신병원에서 환자 자신이나 가입한 보험회사에서 비용을 부담하는 치료를 받는 사람도 수천 명에 달한다. 평균적으로 공립 시설에 비하여 사립 시설의 주변 환경이 더 쾌적하고 직원 대비 환자의 비율도 더 양호하다.

두말할 것 없이 이제는 외래치료가 중등도 문제를 가진 사람뿐 아니라 중증 장애를 가진 사람들에게도 일차적인 치료 형태가 되었다. 오늘날에는 정말 장애가 심각한 사람들이 입원을 필요로 하는 경우 보통 단기간 입원하게 된다. 이상적으로는 그 후에 이들은 지역사회에서 운영하는 프로그램과 거주시설에서 지내면서 외래로 심리치료와 약물치료를 받게 된다(Ersan, 2019).

제2장과 제12장에서는 최근 강조되고 있는 중증 심리장애가 있는 사람들을 지역사회에서 돌보자는 **지역사회 정신건강 접근** 철학을 조금 더 상세하게 살펴볼 것이다. 지역사회 정신건강 접근으로 수많은 환자가 혜택을 받았지만, 현재 미국에서 운영되는 지역사회 프로그램의 수효는 필요한 수준에 크게 못 미치고 있다(Vece, 2020). 그 결과 수많은 중증 장애가 있는 사람들이 지속적인 회복을 하지 못하고 정신병원과 지역사회를 왔다 갔다 하게 되었다. 병원에서 퇴원한 환자들은 고작 최소 수준의 돌봄을 받고 낡은 셋방에서 살거나 길거리를 전전하게 되는 경우가 흔하다. 노숙자로 사는 중증 정신장애인이 14만 명에 이르고, 그에 더하여 44만 명이 구치소나 교도소에 수감되어 있다(MIP, 2020a; NAMI, 2019b). 이들이 이렇게 방치되어 있다는 사실은 정말 국가적 수치이다.

줄리어드에서 거리로 '솔로이스트(The Soloist)'라는 제목의 책과 영화의 실제 인물인 너새니얼 에어스가 2005년 노숙자로 살면서 로스앤젤레스 거리에서 바이올린을 켜고 있다. 한때 뉴욕 줄리어드음악원의 촉망받는 학생이었던 에어스는 조현병이 발병해서 결국 치료도 받지 못하고 집도 없는 처지가 되었다.

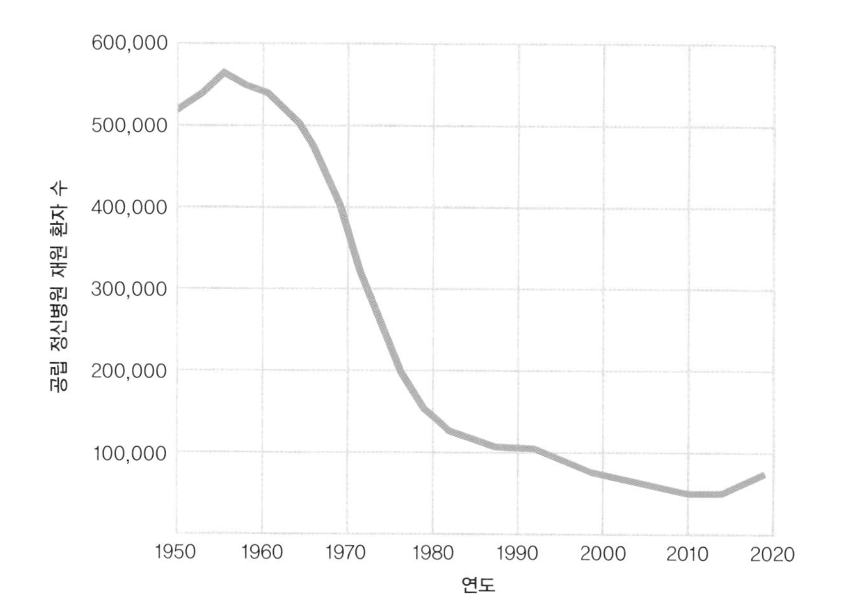

그림 1.1

탈시설화의 영향

현재 미국의 공립 정신병원에 입원한 환자의 수(7만 5,000명 미만)는 1955년에 입원환자 수의 극히 작은 일부분에 불과하다. (출처 : BH, 2020; AHA, 2019a; O'Reilly et al., 2019; Amadeo, 2017)

개인 부담 심리치료 개인이 심리치료자에게 직접 상담 서비스 비용을 지불하는 방식

예방 장애가 생기기 전에 막는 것을 목적으로 하는 개입

긍정심리학 긍정적 느낌과 특질, 능력의 연구와 증진

장애 정도가 덜 심각한 사람은 어떤 치료를 받는가

중등도 심리장애를 가진 사람들을 위한 치료 상황은 중증 장애 집단에 비해서는 나은 편이다. 1950년대 이래 외래치료가 이들이 지속적으로 선호는 치료방식이었고, 그 수요에 따라 외래치료를 제공하는 시설의 수효나 종류는 계속 많아졌다.

1950년대 이전에는 거의 모든 외래치료가 **개인 부담 심리치료**(private psychotherapy), 즉 개인적으로 개업한 심리치료자와 만나서 상담 서비스를 받는 사적 심리치료의 형태였다. 1950년대 이래 대다수의 건강보험이 사적 심리치료를 포함하도록 보장이 확대되어서 이제는 소득과 관계없이 사적 심리치료가 더 널리 제공되고 있다. 오늘날에는 외래심리치료가 지역사회 정신건강센터, 위기개입센터, 가족서비스센터 및 그밖의 사회 서비스 기관 등 보다 비용이 상대적으로 저렴한 기관에서도 제공되고 있다. 설문조사에 의하면 1년의 기간 동안 심리장애를 가진 미국인 중 43%가 치료를 받은 것으로 나타나 있다(AHA, 2019b; NIMH, 2019).

외래치료가 가능한 문제의 유형도 점점 더 다양해졌다. Freud와 동료들이 처음 진료를 시작했을 당시 환자 대부분은 불안 혹은 우울증으로 고통받고 있었다. 오늘날에도 내담자의 절반 정도는 그러한 문제를 호소하지만, 다른 문제로 심리치료를 받는 사람들도 있다. 또한 적어도 내담자의 20%는 결혼, 가족, 직장, 친구, 학교, 공동체에서의 대인관계 등 보다 경미한 삶의 문제로 심리치료를 받는다(APA, 2020b).

1950년대 이후의 외래치료에 나타난 또 다른 변화는 특정한 심리적 문제에 특화된 프로그램의 발달이다. 예를 들어 요즘에는 자살예방센터가 있고, 물질남용 프로그램, 섭식장애 프로그램, 공포증치료센터, 성기능장애 프로그램 등이 있다. 이러한 프로그램을 담당하는 임상가들은 한 분야에 집중함으로써 얻는 전문성을 갖추고 있다.

장애 예방과 정신건강 증진의 강조

지역사회 정신건강 접근은 중증 장애인이 필요로 하는 바를 충족시키지 못하는 경우가 많았지만 **예방**(prevention)이라는 정신건강 서비스의 중요한 원칙을 제기하였다(Barnett et al., 2021; Palinkas et al., 2020). 오늘날 여러 지역사회 프로그램에서는 심리장애가 발생할 때까지 기다리기보다는 심리적 문제를 야기하는 빈곤, 지속적인 폭력 등과 같은 사회적 상황을 변화시키고 10대 미혼모, 중증 정신장애인의 자녀 등 정서적 문제가 발생할 위험성이 높은 사람들을 도우려고 한다. 나중에 보게 되겠지만 지역사회 예방 프로그램이 항상 성공하는 것은 아니지만, 수효가 점점 증가하고 있어 개입의 궁극적 형태로서 큰 기대를 모으고 있다.

과거 수십 년간 긍정심리학에 대한 심리학 분야의 관심이 증가하면서 예방 프로그램은 더욱 탄력을 받고 있다(Phan et al., 2020; Seligman, 2019). **긍정심리학**(positive psychology)에서는 낙관주의나 행복감 등의 긍정적인 감정, 근면과 지혜 등의 긍정적 특질, 사회 기술 같은 긍정적 능력, 관대함과 인내심 같은 집단 지향적 덕목을 연구하고 장려한다(정보마당 참조).

왜 이제야 심리학자들이 긍정적 행동을 연구하기 시작했을까?

연구자들이 실험실 연구를 통해서 긍정심리학에 대한 이해를 증진시킨다면, 긍정심리학을 지향하는 임상 실무자들은 사람들에게 스트레스와 역경으로부터 보호하는 데 도움이 될 대처 기술을 가르치고 개인적으로 의미 있는 활동과 대인관계에 더 많이 참여하도록 격려해서 정신장애를 예방하도록 돕는다(Comer et al., 2020; Lianov et al., 2020).

다문화심리학

우리는 의문의 여지없이 다문화, 다인종, 다언어 사회에 살고 있다. 현재 미국 내 소수인종, 소수민족을 모두 합치면 전 인구의 40%에 달하고, 2050년까지 그 비율은 53%에 달할 것으로 예상된다(WPR, 2020d). 이러한 변화는 부분적으로는 소수민족의 출산율 변화와 이민의 영향 때문이다(Poston & Saenz, 2019).

이와 같이 다양성이 증가함에 따라 **다문화심리학**(multicultural psychology)이라는 새로운 분야가 부상하고 있다. 다문화심리학자들은 문화, 인종, 민족, 성별 등의 요인이 행동과 생각에 어떠한 영향을 미치며, 다양한 문화, 인종, 성별의 사람들이 심리적 측면에서 어떤 차이가 있는지를 이해하고자 한다(Mio et al., 2019). 이 책 전반에 걸쳐서 보게 되겠지만 다문화심리학 분야는 이상행동의 이해와 치료에 막강한 영향력을 가지기 시작했다.

AP Photo/Matthew S. Gunby

긍정심리학의 실천 긍정심리학과 다문화심리학은 흔히 함께 간다. 예컨대 여기에 두 젊은 여성은 매릴랜드에서 400명이 참여한 '노예-화합' 걷기대회에서 함께했다. 그 걷기대회는 인종 간 이해를 증진하고 미국 국민들로 하여금 노예제도의 지속적인 심리적 영향을 극복할 수 있도록 지원하기 위한 것이었다.

의료보험 적용의 영향력 증가

미국 인구조사국에 의하면 미국 국민의 67%가 본인이 직접 가입하거나 고용주를 통해서 개인보험에 가입되어 있고, 나머지는 의료보험이 없거나(미국 국민의 9%) 메디케어(Medicare)나 메디케이드(Medicaid), 아동건강보험 프로그램(Children's Health Insurance Progarm, CHIP), 군인보험과 같이 공공에서 보완해주는 보험 프로그램에 가입되어 있다. 근래 정신건강 서비스를 원하는 사람들이 많아져서 대부분의 개인 혹은 공공 보험은 보장범위를 바꾸었다. 현재 지배적인 보험의 형태는 **관리의료 프로그램**(managed care program), 즉 내담자가 어떤 치료자를 선택할지, 회기당 치료비, 내담자가 의료비를 환급받을 수 있는 치료 회기 횟수 등의 핵심 이슈를 보험회사가 결정하는 보험 형태이다(Friedman et al., 2019).

관리의료 프로그램에서의 정신건강치료 보장은 의학치료의 보장과 동일한 기본 원칙에 따른다. 즉 환자들이 선택할 수 있는 치료자 후보군이 제한되어 있고, 보험회사에 의한 치료의 사전 승인, 치료비 환급대상 문제와 치료 판단의 엄격한 기준, 지속적 사후 평가 등이다. 정신건강 영역에서는 보통 치료자와 내담자가 모두 관리의료 프로그램을 싫어한다(Hall, LaPierre, & Kurth, 2019). 그들이 우려하는 것은 관리의료 프로그램에서는 불가피하게 치료기간을 단축하게 되고(흔히 예후가 나쁜데도 불구하고), 치료 효과가 지속되지 않을 수 있는 치료(예 : 약물치료)를 부당하게 선호하며, 중증 정신장애자들에게 특히 어려움을 겪게 하고, 치료자가 아니라 보험회사가 결정하는 치료를 받게 된다는 것이다.

관리의료 프로그램이건 다른 형태의 의료보험제도이건 보험 적용의 핵심적인 문제는 다른 신체장애에 비하여 정신장애에 대한 보험수가가 상대적으로 낮다는 것이다. 그 때문에 심리적 어려움을 경험하는 사람들은 확실히 불리한 상황에 처해 있다. 그래서 2008년 미국 의회는 보험회사가 심리적 문제와 신체적 문제에 균등한 보험 적용을 하도록 하는 등가 법령(parity law)이라는 연방법을 통과시켰고, 2014년에는 '오바마케어'라고 하는 건강보험개혁법(Affordable Care Act, ACA)의 정신건강 규정이 발효되어서 이전 등가 법령의 적용범위를 확대하였다. 그에 더하여 ACA는 정신건강 서비스를 모든 보험회사가 제공해야 하는 필수적인 10가지 유형의 건강 혜택(급부) 중 하나로 지정하였다. 등가 법령은 정신건강 보험 적용에 몇 가지 중요한 변화를 가져왔다. 그러나 아직도 많은 보험회사는 가입자의 정신건강 청구에 대하여 부당하게 지급을 거부하고 있다(MHA, 2020f; Dangor, 2019). 그래서 2021년에 의회는 정부가 각 보험회사의 동등한 보험 적용을 보다 엄격하게 규정하도록 하는 또 하나의 법안을 통과시켰다. 이 새로운 법령이 실제로 동등한 보험 적용을 가져올지는 두고 봐야 할 것이다.

다문화심리학 문화, 인종, 성, 그와 유사한 요인이 우리의 행동에 미치는 영향을 조사하고, 그러한 요인이 이상행동에 미치는 영향을 집중적으로 연구하는 분야

관리의료 프로그램 보험회사가 의료 서비스의 성격과 범위, 비용을 통제하는 의료보험체계

행복

긍정심리학은 긍정적 느낌, 특성, 능력을 연구하는 학문이다. 임상가들이 건설적 기능을 더 잘 이해할 수 있으면 심리건강의 증진도 더 효과적으로 추진할 수 있을 것이다. **행복**은 현재 가장 주목받는 긍정심리학 주제이다. 행복한 사람도 많지만 행복하지 못한 사람도 존재한다. 사실 스스로 '매우 행복하다'고 하는 사람은 성인 중 **3분의 1**에 불과하다. 행복에 관한 주요 사실, 숫자, 개념을 살펴보자.

'매우 행복'한 사람은 누구인가?

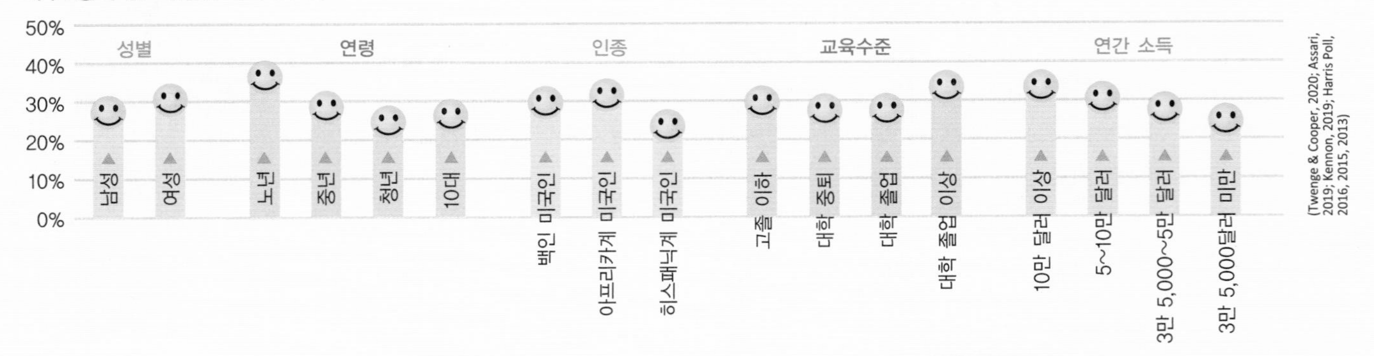

(Twenge & Cooper, 2020; Assari, 2019; Kennon, 2019; Harris Poll, 2016, 2015, 2013)

행복의 기본요소

행복한 기질은 타고나는 것인가? 아니면 환경과 삶의 여건이 사람들의 행복도를 좌우하는가? **유전-환경** 문제를 연구하는 학자들은 두 요인이 함께 **상호작용**하여 행복도를 결정한다는 사실을 밝혀냈다. 그러나 두 요인이 미치는 영향력의 정도에는 차이가 있다.

생활사건 **40%**

가치(가족, 친구, 지역사회, 직장) **12%**

유전자 **48%**

(Lyubomirsky, 2019, 2008; Brooks, 2013)

누가 더 행복한가?

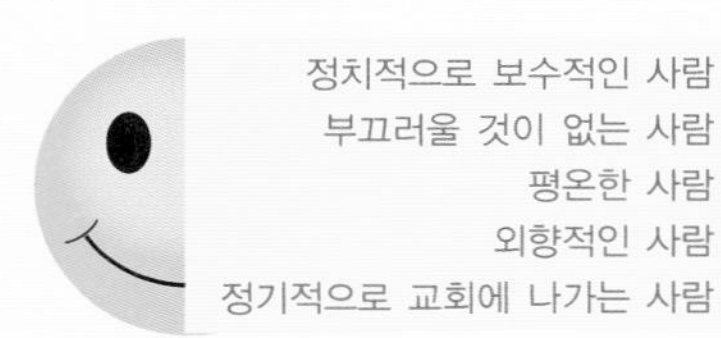

정치적으로 보수적인 사람	정치적으로 진보적인 사람
부끄러울 것이 없는 사람	죄책감이 많은 사람
평온한 사람	분노가 가득한 사람
외향적인 사람	내향적인 사람
정기적으로 교회에 나가는 사람	교회에 다니지 않는 사람

(Margolis & Lyubomirski, 2019; Harris Poll, 2016, 2015; Brooks, 2013; The Economist, 2010)

행복을 찾아서

사람들은 행복한 삶을 추구한다. 어떤 사람에게 이는 **쾌적한 삶**을 추구하는 것을 의미한다. 일에 대한 만족, 자녀 양육, 사랑, 여가가 있는 **매력적인 삶**을 추구하는 사람도 있다. 그리고 자신의 강점을 인식하고 이를 다른 사람들을 위해서 사용하는 **의미 있는 삶**을 추구하는 사람도 있다.

(Diener et al., 2018; Seligman, 2012, 2002)

행복한 사람들은 어떤 일을 하는가?

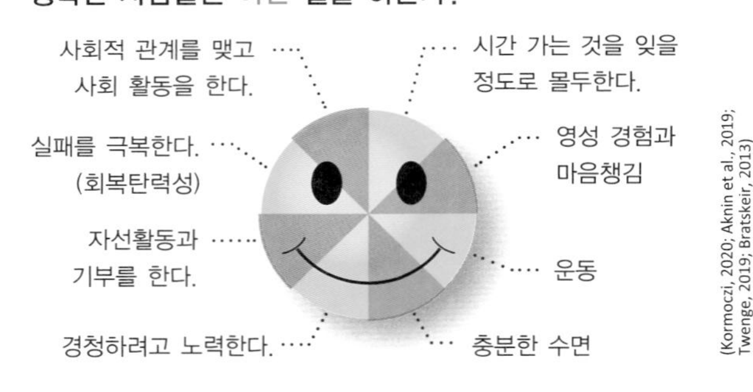

(Kormoczi, 2020; Aknin et al., 2019; Twenge, 2019; Bratskeir, 2013)

사회적 접촉과 행복

사회적 접촉의 빈도가 높을수록 행복도가 높아진다. 어느 수준까지는!

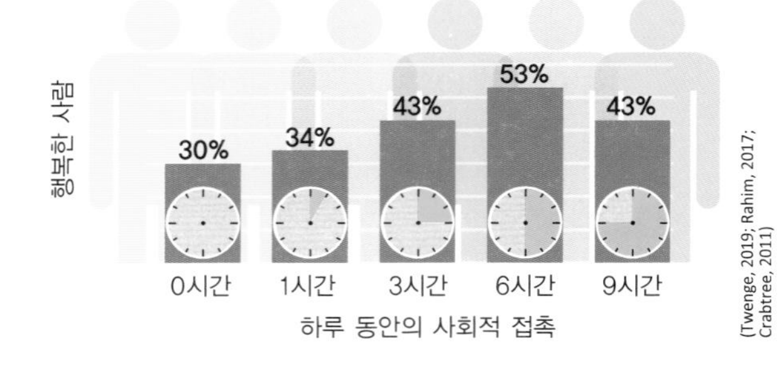

(Twenge, 2019; Rahim, 2017; Crabtree, 2011)

일과 행복

특정 직업을 가진 사람들은 다른 직업군보다 행복한 사람들의 비율이 더 높다.

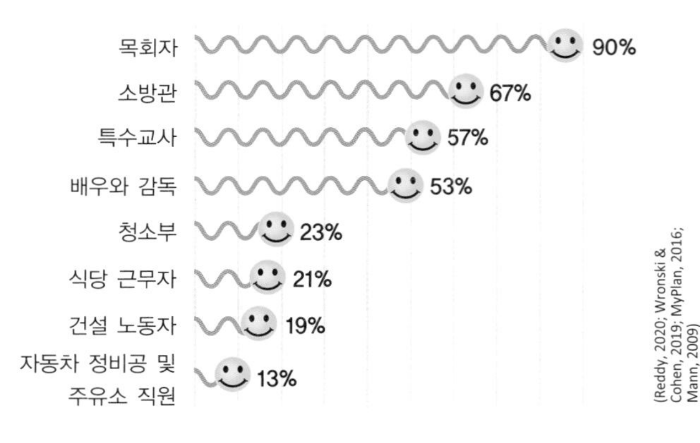

(Reddy, 2020; Wronski & Cohen, 2019; MyPlan, 2016; Mann, 2009)

결혼과 행복

기혼자들은 평균적으로 미혼/이혼/사별 범주에 속하는 사람들보다 약간 더 행복하다.

(ONS, 2019; De Neve & Ward, 2017; Harris Poll, 2016)

오늘날 주도적 이론과 전문직은 어떤 것인가

임상 분야에서의 가장 중요한 발전 중 하나는 다양한 이론적 관점이 자라나서 공존하고 있다는 점이다. 1950년대 이전에는 이상행동의 원인으로 무의식의 심리적 문제를 강조하는 정신분석적 접근이 지배적이었다. 이후 그 밖의 영향력 있는 관점들, 특히 **생물학**, **인지행동**, **인본주의-실존주의**, **사회문화**, **발달정신병리** 학파가 등장했다. 현재는 한때 정신분석적 관점이 그랬던 것처럼 어느 한 관점이 임상 분야를 지배하지는 못한다. 사실 관점들은 서로 상충되기도 하고 경쟁하기도 한다.

또한 이제는 다양한 전문직이 심리적 문제를 가진 사람들을 돕는 일을 한다. 1950년대 이전에는 의과대학을 졸업한 후 3~4년간 이상심리 치료의 수련 과정(**전문의 과정**)을 마친 **정신과 전문의**만이 심리치료를 제공할 수 있었다. 그러나 제2차 세계대전 후 북아메리카 전역과 유럽에서 수백만의 제대군인이 귀향하면서 정신건강 서비스의 수요가 급격히 증가하였고, 이를 감당하기 위하여 다른 전문인 집단들이 개입하였다.

이 다른 전문인 집단에 **임상심리학자**가 포함되어 있었다. 그들은 이상심리 기능과 그에 대한 치료법을 배우는 4~5년간의 박사과정을 마치고 정신건강 관련 기관에서 1년간의 인턴십을 마친 전문가이다. 심리치료와 관련 서비스를 제공하는 전문인 집단에는 **상담심리학자**, **교육 및 학교심리학자**, **정신건강상담사**, **정신간호사**, **결혼상담사**, **가족치료자**, 그중 가장 다수를 차지하는 **임상사회복지사**가 있다(표 1.1 참조). 이들 각 전공은 각각 대학원 교육 프로그램을 갖추고 있다. 이론적으로 전공집단들은 각기 서로 다른 고유의 방식으로 심리치료를 해야겠지만, 실제로 여러 전공의 임상가들이 사용하는 치료 기법은 비슷한 경우가 많다.

이와 관련해서 제2차 세계대전 이후 정신장애의 연구와 치료에서 발전된 것은 효과적 연구가 많아졌다는 것이다. **임상 연구자**는 어떤 개념이 이상행동을 가장 잘 설명하고 예측하는지, 어떤 치료법이 가장 효과적인지, 어떠한 변화가 필수적인지를 알아내려고 노력해왔다. 잘 훈련된 임상 연구자가 세계 곳곳의 대학교, 의과대학, 실험실, 정신병원, 정신건강센터와 그 외 임상 현장에서 연구를 수행하고 있고, 이러한 연구를 통해서 나온 중요한 발견이 이상심리 기능에 대해서 우리가 가지고 있던 많은 생각을 변화시켰다.

과학 기술과 정신건강

오늘날 세상의 특징이라고 할 수 있는 숨 막히게 빠른 속도로 변하는 과학 기술은 정신건강 분야에도 중요한 영향(긍정적 그리고 부정적인)을 미치기 시작했고, 앞으로 더 많은 영향을 미칠 것이 확실하다.

표 1.1

미국의 정신건강 전문인력의 프로필

	학위	업무 시작 시기	현재 인원	평균 연봉	여성 비율
정신과 의사	MD, DO	1840년대	26,000명	220,000달러	44%
심리학자	PhD, PsyD, EdD	1940년대 후반	182,000명	79,000달러	74%
사회복지사	MSW, DSW	1950년대 초반	707,000명	49,000달러	83%
상담가	다양함	1950년대 초반	424,000명	45,000달러	74%

출처 : BLS, 2020, 2019a, 2019b, 2019c, 2019d, 2019e, 2019f; Kane, 2019; Social Solutions, 2019; Fowler et al., 2018.

흥미로운 이야기

영화 속의 유명한 심리학 관련 대사

"내가 문제인가 아니면 세상이 점점 더 미쳐가는 건가?" – 조커(2019)

"나는 단기기억 상실이 있어요." – 도리를 찾아서(2016)

"전 그저 완벽해지고 싶을 뿐이에요." – 블랙스완(2010)

"조금씩 차근차근." – 밥에게 무슨 일이 생겼나(1991)

"난 아침의 네이팜탄 냄새가 정말 좋아." – 지옥의 묵시록(1979)

"내게 말하고 있는 거요?" – 택시 드라이버(1976)

"오늘은 엄마가 엄마 같지 않네." – 사이코(1960)

흥미로운 이야기

성별 변화

25% 1978년 여성심리학자의 비율

80% 현재 심리학 대학원 학생 중 여성의 비율

(Fowler et al., 2018)

흥미로운 이야기

말의 등장

옥스퍼드영어사전에 의하면 'insanity'라는 단어는 1500년대에, 'abnormal'은 1800년대에, 'mental illness'는 1800년 후반에 'dysfunctional'은 1900년대 중반에 처음 등장했다.

우리의 디지털 세상은 이상행동을 촉발시키는 새로운 요인을 제공한다(Hakansson & Widinghoff, 2020). 예를 들어 제10장에 나오듯이 도박장애와 싸우고 있는 사람들은 인터넷 도박에 쉽게 접근할 수 있다는 것에 큰 유혹을 느낄 수 있다. 마찬가지로 소셜미디어, 인터넷, 문자 보내기는 다른 사람을 스토킹하거나 위협하고, 성 노출증을 표현하고 싶은 사람과 소아성애 욕구를 추구하고 싶은 사람에게 아주 편리한 수단이 되었다. 어떤 임상가들은 폭력적 비디오 게임이 반사회적 행동의 발달 원인을 제공하고 있다고 믿는다. 그리고 많은 임상가의 의견에 의하면 지속적인 문자 보내기, 소셜미디어에 글을 올리거나 트위터에 글을 쓰고 인터넷을 검색하는 것은 중독성 행동이 되거나 주의지속 기간이 짧아지게 만들 수 있다.

또한 사회적 네트워크 형성이 어떤 경우에는 심리적 부적응을 가져올 수 있다고 우려하는 임상가들이 많다(그림 1.2 참조). 긍정적 측면으로는 평균적으로 소셜미디어 사용자들은 친밀한 관계를 유지하고 사회적 지지를 받으며 남을 의심하지 않고 능동적 삶을 살 가능성이 특히 높다는 연구 결과가 있다(Hampton, 2019). 하지만 부정적 측면으로는 사회적 관계망 사이트가 일부 청소년에게 또래압박과 사회불안을 증가시킬 수 있다는 연구가 있다(Steele, Hall, & Christofferson, 2020; Kelly et al., 2019). 예를 들어 그 사이트들은 일부 사람들에게 그 사회관계망 내의 다른 사람들이 그들을 소외시킬 것이라는 불안을 갖게 할 수도 있다. 마찬가지로 그런 사이트들이 수줍고 사회불안이 있는 사람들로 하여금 귀중한 대면관계에서 더 쉽게 철수하게 할 수 있다.

또한 우리의 디지털 세상은 대중이 접할 수 있는 정신건강 정보의 양을 크게 확대했다. 사실 그런 정보를 제공하는 웹사이트는 헤아릴 수도 없이 많다. 정확하기만 하다면 그런 자료는 정신건강 답변, 도움, 안내를 구하는 사람들에게 아주 유용할 수 있다. 그러나 유감스럽게도 이 풍부한 온라인 정보와 함께 심리적 문제와 치료에 대하여 잘 알지 못하는 사람들과 사이트들에 의해서 엄청난 양의 잘못된 정보도 제공되고 있다.

임상적 치료의 면면도 빠르게 변화하는 디지털 세상으로 인해 바뀌고 있다. 예를 들어 이제는 컴퓨터로 제공되는 개입 프로그램과 인터넷 기반 지지집단이 널리 이용 가능해졌다. 더욱이 사람들의 긴장을 풀게 하고 힘을 내도록 격려하며 기분을 좋게 해주는 조언을 해주고 수시로 바뀌는 기분과 생각을 추적하는 데 도움을 주거나 자신의 심리적 상태를 개선시키는 수많은 스마트폰 앱이 나와 있다(Hong, Sanchez & Comer, 2020; Miralles et al., 2020). 심리

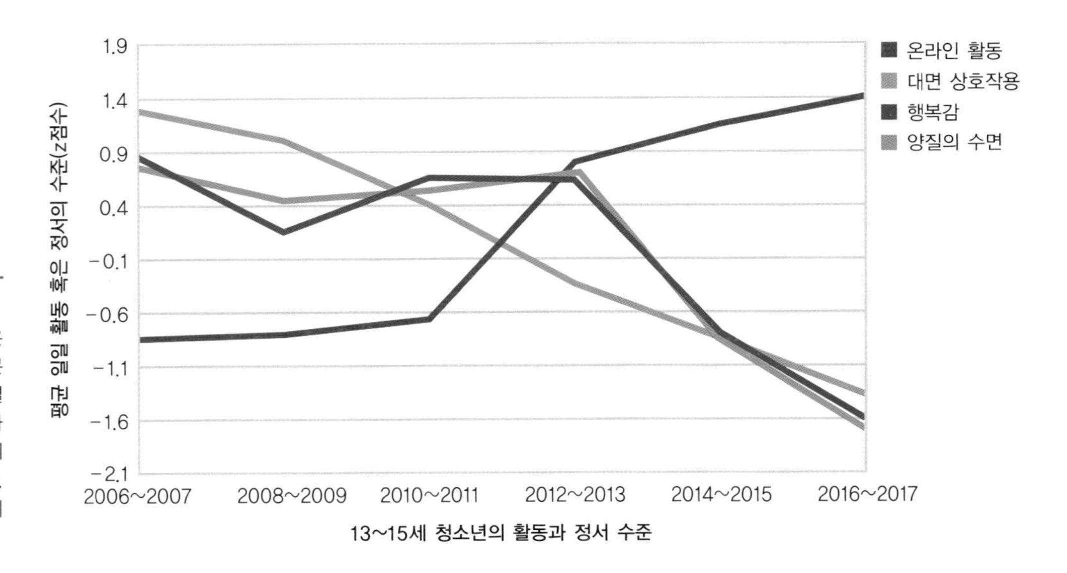

그림 1.2

디지털 폭증

지난 10년간 다른 핵심 활동은 감소한 반면 온라인 행동은 증가하였다. 연구자들은 여러 설문조사 결과들을 공통 척도(z점수)로 변환해본 결과 요즘 10대가 10~15년 전의 청소년들보다 매일 얼굴을 마주한 상호작용을 하며 보내는 시간이 적고 수면시간도 적다는 것을 발견하였다. 아마도 요즘 10대의 행복도가 낮은 것은 우연이 아닐 것이다. (출처 : Twenge, 2019)

치료자는 '스마트' 워치나 시계줄, '스마트' 안경과 같이 웨어러블 기술(wearable technology)까지도 점점 더 많이 치료에 포함시켜서 수면의 질, 신체적 활동, 호흡, 심장박동 등 개인의 생활 전반에 걸쳐 나타나는 중요한 심리생리적 과정을 모니터링하고 있다(Comer, Conroy, & Timmons, 2019).

요즈음 정신건강 앱이 점점 많이 출시되어 사용되고 있다. 이로 인해 발생할 수 있는 문제에는 어떠한 것이 있을까?

끝으로 원격 비디오회의와 같은 원격 기술을 이용하여 치료자가 물리적으로 있지 않으면서 실시간으로 치료 회기를 제공하는 **원격정신의료**(telemental health)가 엄청난 속도로 성장하고 있다(Connolly et al., 2020; Krupinski et al., 2020). 원격정신의료에 대한 열정은 임상가와 내담자 사이에서 지난 10년간 점차 추진력을 얻고 있었다. 하지만 정말로 이 서비스를 주류 임상치료로 몰고 간 것은 전 세계적인 COVID-19 유행이었다. COVID-19 대유행 이전에는 원격정신의료의 대규모 실행을 어렵게 하는 장벽이 있었다. 예를 들어 여러 의료보험회사는 이 형태의 치료에 의료비 환급을 꺼림으로써 많은 사람에게 비용을 감당하기 어렵게 만들었다. 더구나 COVID-19 대유행 이전에는 해킹 사건 등 기술과 관련된 개인 정보 보호 훼손 문제로 인한 상당한 개인적 혹은 직업상 처벌을 우려해서 원격진료를 꺼리는 임상가들이 많았다.

미국이 2020년 3월 COVID-19의 대유행을 감소시키기 위한 조치로 상업 활동을 봉쇄하고 집안에 있도록 명했을 때 전통적인 오피스 기반 정신건강치료는 갑작스럽게 대부분의 사람들이 접근할 수 없게 되었다. 이러한 부정적 영향을 막고 정신건강 문제가 있는 사람들에 대한 치료의 연속성을 확보하기 위하여 연방 정부와 주 정부의 정책입안자들은 원격정신의료를 막았던 이전의 장애물을 제거하는 조치를 하였다. 그들은 즉각적으로 모든 보험 상품에 원격정신의료 서비스를 반드시 포함시키도록 하였다(APA, 2020h; Wicklund, 2020). 그에 더하여 원격통신 기술을 사용함으로써 발생하는 고의가 아닌 비밀보장 위반에 대해서는 임상가들이 처벌받지 않게 하였다(Conrad et al., 2020). 이러한 정책 변화는 심리치료자가 개인적 혹은 직업상의 결과에 대한 걱정 없이 원격정신의료를 진행할 수 있도록 힘을 실어주었다.

이러한 조치가 내려지고 수주일 내에 미국 내 정신건강 서비스 대부분이 온라인으로 시행되었다(Schroeder, 2020). 그 후 수개월간 온라인 정신건강 서비스의 유리한 점이 밝혀지면서 [높은 경제성, 접근성, 편이성, 찾아가는 서비스(아웃리치)] 원격정신의료가 COVID-19 대유행을 넘어서 임상 분야의 어느 정도 영구적인 부분으로 남을 것이 분명해졌다(Sammons et al., 2020).

흥미로운 이야기

신화 깨기

달이 차면 범죄와 이상하고 비정상인 행동, 정신병원 입원의 빈도가 유의하게 증가한다고 흔히들 믿지만 수십 년에 걸친 연구에서도 그 생각을 지지하는 증거를 확보하지 못하고 있다 (Demler, Lysogorski, & Trigoboff, 2019).

요약

현재 동향

1950년대에 연구자들은 여러 새로운 향정신병 약물을 발견하였다. 향정신병 약물의 성공은 수십만 환자를 공립 정신병원에서 내보내는 탈시설화 정책에 기여하였다. 또한 외래치료가 경증과 중등도 정신장애 환자 대다수에게 주된 접근이 되었고 예방 프로그램의 수효와 영향력이 커졌다. 다문화심리학이 임상가들의 이상심리를 보고 치료하는 방식에 영향을 주기 시작했고 보험 적용이 치료 방식에 중요한 영향력을 갖게 되었다.

또한 다양한 접근과 전문인이 이상심리학 분야에서 활동하게 되었으며 현재 잘 훈련된 많은 연구자가 이 분야의 이론과 치료를 조사하고 있다. 그리고 끝으로 최근의 놀라운 기술 발전이 정신건강 분야에도 영향을 미치고 있다.

원격정신의료 장거리 비디오회의 등의 원격 기술을 이용하여 치료자가 물리적으로 참석하지 않는 상태에서 정신건강 서비스를 제공하는 것

임상 연구자는 어떠한 일을 하는가

모든 학문 분야에서 연구는 정확성으로 가는 열쇠이다. 이상심리학 분야에서는 잘못된 믿음으로 고통이 더 증가될 수 있기 때문에 연구가 특히 중요하다. 동시에 임상 연구자(혹은 임상 과학자)는 그들의 작업을 매우 어렵게 하는 문제를 마주하고 있다. 예를 들어 임상 연구자는 사적인 생각, 기분의 변화, 인간의 잠재력 등 손에 잡히지 않는 개념을 측정하는 방법을 생각해내야 하고, 연구 대상자의 다양한 문화적 배경, 인종, 성별을 고려해야 한다. 또한 연구 대상(사람이건 동물이건 간에)의 권리가 침해되지 않도록 보장해야 한다. 오늘날 연구자가 주로 사용하는 연구 방법을 살펴보기로 하자.

임상 연구자는 이상심리 기능의 일반적인 법칙 혹은 원리를 찾아내고자 한다. 그들은 이상심리의 본질, 원인, 치료 방법에 대한 개인들에 걸쳐서 적용되는 일반적 혹은 **법칙정립적 이해**(nomothetic understanding)를 탐구한다. 임상 연구자는 연구목적을 제외하고는 개인 내담자에 대한 평가, 진단, 치료는 하지 않는다. 그것은 임상 실무가의 일이다. 임상 실무가는 이상행동의 **개별기술적**(idiographic) 혹은 개별적 이해를 추구한다. 실무가들이 하는 일에 대한 내용은 추후의 장들에서 다루어질 것이다.

법칙정립적 통찰을 얻기 위해서 임상 과학자는 다른 분야의 과학자들처럼 **과학적 방법**(scientific method), 즉 세밀한 관찰을 통해 얻은 정보를 수집하고 평가한다. 이러한 관찰을 통하여 변수들 간의 관계를 정확히 집어내고 설명할 수 있게 된다. 간단히 말하자면 **변수**란 시간, 장소, 사람에 따라 달라질 수 있는 특징이나 사건이다. 나이, 성별, 인종은 사람 관련 변수이다. 눈동자 색깔, 직업, 사회적 지위도 마찬가지이다. 임상 연구자는 아동기의 혼란, 현재 삶의 경험, 기분, 사회적 기능, 치료에 대한 반응과 같은 변수에 관심을 가진다. 그들은 그러한 변수 둘 이상이 함께 변화하는지, 한 변수에서의 변화가 다른 변수에서의 변화를 일으키는지를 알아내고자 한다. 부모의 죽음이 아동을 우울하게 만드는가? 만약 그렇다면 특정 치료를 하면 그 우울증이 나아지는가?

과학자도 사람이므로 사고의 오류를 범하는 일이 흔하여 논리만으로는 그러한 문제에 대한 답을 얻기 어렵다. 그래서 임상 연구자가 주로 의존하는 세 가지 연구 방법은 개인 하나에 초점을 두는 **사례 연구**, 여러 사람의 정보를 수집하는 **상관관계법**과 **실험연구법**이다. 상황이나 문제에 따라 가장 적합한 조사 방법은 각각 다르다. 과학자들은 이와 같은 연구 방법을 동원해서 특정 변수가 특정한 방식으로 관련되어 있을 것이라는 직감이나 예측, 즉 가설을 검증하고, 그 원인에 대한 전반적 결론을 이끌어낸다. 보다 정확하게 말하자면 **가설**(hypothesis)이란 조사의 근거를 제공하는 잠정적인 설명이다.

사례 연구

사례 연구(case study)란 한 사람의 삶과 심리적 문제를 상세하게 기술하는 것이다. 사례 연구에서는 그 사람의 과거, 현재의 상황 증상을 기술한다. 또한 왜 그러한 문제가 생겼는지 추정하기도 하고, 치료에 대해서 기술할 수도 있다(Alpi & Evans, 2019; Ylikoski & Zahle, 2019). 제5장에서 보게 되겠지만 이 분야에서 가장 잘 알려진 사례 연구인 **이브의 세 얼굴**(The Three Faces of Eve)에서는 각각 기억하고 있는 것, 좋아하는 것, 개인적 습관이 다른 세 인격체의 여성을 기술하고 있다.

사례 연구와 그 밖의 일화적 이야기들이 체계적 연구보다 더 큰 영향력을 가지는 이유는 무엇일까?

법칙정립적 이해 이상 기능의 본질, 원인, 치료에 대한 법칙이나 원칙 형태(여러 사람에게 적용되는)의 일반적 이해

과학적 방법 현상을 잘 이해하기 위해서 세심한 관찰을 통해 체계적으로 정보를 수집하고 평가하는 과정

가설 특정 변수들 사이에 특정한 관련성이 있으리라는 예감 혹은 예측

사례 연구 한 사람의 삶과 심리적 문제를 상세하게 기술하는 연구

임상가들 대부분은 환자를 치료하는 과정에서 메모와 기록을 하고 몇몇은 자신이 작성한 노트를 더 체계화하여 형식에 맞는 사례 연구로 작성하여 다른 전문인들과 공유한다. 사례 연구에서 얻은 단서는 논의 대상이 되는 사람을 더 잘 이해하거나 치료하는 데 도움이 될 수 있다. 또한 사례 연구가 개별 임상 사례를 훨씬 넘어서는 보편적 법칙을 밝히는 역할을 하기도 한다.

이상심리는 가족 내력인가? 이상심리 연구에서 가장 유명한 사례 연구 중 하나는 연구자들이 '끔찍한 출생'이라는 그리스어를 따서 '지나인 시스터즈(Genain sisters)'라고 이름을 붙인 일란성 네 쌍둥이 연구이다. 그 네 쌍둥이 여아들은 모두 20대에 조현병이 발병하였다.

사례 연구는 어떤 점에서 유용한가 사례 연구는 연구자들에게 많은 방식으로 유용하다(Morgan, 2019; Schoch, 2019). 예를 들어 사례 연구는 행동에 대한 **새로운 아이디어**의 근원이 되어 '발견을 위한 길'을 열어줄 수 있다. Freud의 정신분석 이론은 주로 그가 개업한 진료소에서 진료한 환자들에 기반을 두고 있다. 또한 사례 연구는 어떤 이론에 대해서 **잠정적 지지**를 제공할 수도 있다. Freud도 자신의 생각이 옳다는 것을 보여주는 증거로 사례 연구를 활용하였다. 역으로 사례 연구는 특정 이론이 가정하고 있는 것을 **반박**하는 데 활용되기도 한다.

사례 연구는 **새로운 치료 기법**의 가치를 보여줄 수도 있다. 그리고 마지막으로 사례 연구는 발생빈도가 낮아서 다수의 사례를 관찰하기 어려운 **특이한 문제**를 연구할 수 있는 기회를 제공할 수 있다. **이브의 세 얼굴**에서의 여러 인격체 양상이 나타나는 **해리성 정체성장애** 등 상대적으로 희귀한 장애의 연구자들은 전적으로 사례 연구를 통해서 정보를 얻는다.

사례 연구는 어떤 제한점이 있는가 사례 연구에도 제한점이 있다(Alpi & Evans, 2019; Ylikoski & Zahle, 2019). 첫째, 사례 연구는 **편파적인 관찰자**, 즉 자신의 치료가 성공하는 것을 보는데 개인적 이해관계가 있는 치료자가 보고한 것이다. 사례 연구에 포함시킬 내용은 치료자가 선택해야 하는데, 때로는 자신에게 유리한 방향으로 선택할 가능성이 있다. 둘째, 사례 연구는 **주관적 증거**에 의존한다. 내담자의 문제가 정말 치료자나 내담자가 책임이 있다고 말한 사건으로 인해서 생겼을까? 아무튼 그 상황이 일어나는 데 관여된 여러 사건 중, 그건 극히 일부분일 뿐이다. 마지막으로 사례 연구는 **일반화**시킬 수 있는 근거가 약하다. 한 사례에서 중요한 것처럼 보이는 사건이나 치료 방법이 다른 사례를 이해하거나 치료하는 데 전혀 도움이 되지 못할 수도 있다.

사례 연구의 제한점은 대체로 다른 두 주요 조사 방법인 **상관관계법**과 **실험연구법**을 통하여 보완될 수 있다. 상관관계법이나 실험연구법은 사례 연구를 흥미롭게 하는 풍부한 세부적 내용은 주지 못하지만, 연구자가 일반 모집단의 이상심리에 대한 보편적 결론을 끌어내는 데 도움이 된다. 그 때문에 대부분의 임상 연구자는 사례 연구보다 상관관계법이나 실험연구법을 선호한다.

상관관계법이나 실험연구법은 다음 세 가지 특징이 있어서 임상 연구자가 일반적 혹은 법칙정립적 통찰을 얻는 것이 가능하다. (1) 연구자는 보통 다수의 사람을 관찰한다. (2) 연구자들은 일관적인 절차를 적용하여 다른 연구자가 특정 연구를 반복 혹은 **복제**하여 동일한 결과가 나오는지 볼 수 있다. (3) 연구자는 **통계 검증**을 사용하여 연구의 결과를 분석하고 전반적인 결론이 타당한지 여부를 판단할 수 있다.

흥미로운 이야기

이 연구 참가자를 구입한 사람들이 또 구입한 것

요즘 많은 연구자는 아마존의 메커니컬 터크(Mechanical Turk) 디지털 플랫폼에서 연구 참가자를 구한다. 연구자(요청자)는 자기가 하는 연구(온라인 설문 등)를 이 인터넷 시장에 올리고 연구 참가자(제공자 혹은 Turkers)는 참여할 연구를 선택한다. 연구 참가자는 아마존 상품권으로 소정의 돈(보통 적은 액수)을 받고, 아마존은 연구 참가자가 받는 액수의 10%를 받는다.

상관관계법

상관관계(correlation)는 사건이나 특성이 서로 함께 변화하는 정도를 알려준다. **상관관계법**(correlational method)은 변수들이 서로 관련된 정도를 판정하는 데 사용되는 연구 절차이다. 예를 들어 상관관계법을 사용하여 '생활 스트레스 정도와 그 사람이 경험하는 우울의 정도는 상관관계가 있는가?'라는 질문에 대한 답을 얻을 수 있다. 즉 사람들이 스트레스를 주는 사건을 계속 경험하면 우울해질 가능성이 더 증가하는가?

이 문제를 검증하기 위해서 연구자들은 생활 스트레스 점수(예 : 일정 기간 동안 경험한 위협이 되는 사건의 수)와 우울 점수(예 : 우울 설문지 점수)를 사람들로부터 수집하고 이 두 점수 사이의 상관관계를 계산하였다. 연구에 참여하도록 선택된 사람들이 피험자 혹은 요즘 연구자들이 선호하는 용어로 **연구 참가자**이다. 연구에 의하면 일반적으로 생활 스트레스와 우울변수는 함께 증가하거나 감소한다(Comer et al., 2020). 즉 생활 스트레스가 많아질수록 그 사람의 우울 점수도 높아진다. 변수들이 같은 방식으로 변화한다면 그 두 변수는 정적 **방향**의 상관관계가 있다고 하고, 이를 **정적 상관관계**라고 한다. 상관관계가 정적 방향이 아닌 부적 방향일 수 있다. **부적 상관관계**에서는 한 변수의 값이 증가하면 다른 변수의 값은 감소한다. 예를 들어 연구자들은 우울과 활동 수준 사이에 부적 상관관계가 있다는 것을 발견하였다. 즉 우울이 심할수록 활동의 수가 감소한다.

상관관계 연구에서 제3의 결과도 나올 수 있다. 변수들이 서로 관련이 없을 수 있다. 변수들 사이에 일관된 **관계가 없다**는 의미이다. 한 변수의 측정치가 증가할 때 다른 변수가 증가할 때도 있고 감소할 때도 있다. 예컨대 우울과 지능은 관련이 없다는 연구 결과가 있다.

상관관계의 방향성 이외에 연구자는 상관관계의 **정도** 혹은 강도를 알 필요가 있다. 즉 그 변수들은 어느 정도 긴밀하게 일치하는가? 두 변수가 늘 함께 변화하는가, 아니면 두 변수 간의 관계가 그 정도로 정밀하지는 않는가? 두 변수가 아주 긴밀하게 함께 변화하는 것이 여러 사람에게서 반복적으로 관찰된다면 상관관계가 높다 혹은 강하다고 할 수 있다.

상관관계의 방향이나 정도는 수리적으로 계산되어 **상관계수**(correlation coefficient)라는 통계적 용어로 표시된다. 상관계수는 두 변수 사이에 완벽한 정적 관계를 의미하는 +1.00에서부터 완벽한 부적 관계를 의미하는 −1.00 사이의 값을 갖는다. 상관계수의 **부호**(+ 혹은 −)는 상관관계의 방향성을, **숫자**는 강도를 표시한다. 상관계수가 .00에 가까울수록 상관관계의 정도가 약하거나 낮다. 따라서 상관계수 +.75와 −.75는 동일한 정도, 같은 수준의 강도이지만 +.25는 그보다 낮은 상관관계를 의미한다.

모든 사람의 행동은 변화 가능하고, 사람들의 반응은 대략적 측정만 가능하다. 따라서 심리학 연구에서의 상관은 대부분 완벽한 정적 혹은 부적 상관관계에는 미치지 못한다. 예를 들어 생활 스트레스와 우울을 조사한 한 연구에서는 상관관계가 +.53임을 보고하였다(Krishnan, 2020; Miller et al., 1976). 이 정도의 상관관계는 완벽한 수준은 아니지만 심리학 연구에서는 상당히 큰 편이라고 할 수 있다.

상관관계는 어떤 경우에 신뢰할 수 있는가 과학자들은 특정 참가자 표집에서 나타난 상관관계가 일반 전집에서의 실제 상관을 정확하게 반영하고 있는지를 판단해야 한다. 관찰된 상관관계가 단순히 우연에 의한 것일 가능성이 있을까? 과학자들은 확률 이론으로 자료를 통계 분석하여 자신들의 결론을 검증할 수 있다(David & Smith, 2020). 본질적으로 연구의 특정한 결과가 우연에 의해서 나타났을 확률이 얼마나 되는가 묻는 것이다. 만약 통계분석 결과 연구

상관관계 사건이나 특성이 함께 변화하는 정도

상관관계법 사건이나 특성이 함께 변화하는 정도를 알아보기 위해 사용되는 연구 절차

Karl Mondon/Digital First Media/The Mercury News via Getty Images

스트레스와 우울 2018년 캘리포니아 파라다이스에 있었던 '캠프 파이어'는 2017년부터 2019년 사이에 캘리포니아주에서 발생한 2만 5,000개의 산불 중 가장 치명적이었다. 그 산불로 집을 잃은 한 여성이 근방의 임시 거처로 세워진 천막촌에서 자신의 시련과 불확실한 미래를 생각하고 있다. 연구에 의하면 이러한 재난은 많은 피해자에게 우울과 그 밖의 심리 증상을 일으킨다.

에서 발견된 상관관계가 우연으로 설명되기 어렵다면 연구자들은 연구 결과가 일반 전집에서의 실제 상관관계를 반영하는 것이라는 결론을 내릴 수 있다. 절단점(cutoff)은 연구자들이 이 결정을 내리는 데 도움을 준다. 관례상 연구 결과가 우연에 의할 가능성이 5% 미만이라면 ($p < .05$로 표기), 그 결과는 **통계적으로 유의**하다고 하고 더 큰 전집에서의 진정한 상관관계를 반영하는 것으로 간주된다.

상관관계법의 장점은 무엇인가 상관관계법은 사례 연구에 비하여 장점이 있다(표 1.2 참조). 연구자들이 변수를 측정하고 여러 참가자를 관찰하여 통계분석을 시행하므로 연구에서 발견된 상관관계는 직접 연구한 대상을 넘어 다른 사람들에게 일반화하기에 유리한 입장에 있다. 더욱이 연구자들은 이전 연구의 결과를 확인하기 위해서 새로운 참가자 표집을 대상으로 상관관계 연구를 반복하는 것도 쉽다.

상관관계를 통해서 연구자가 두 변수 간의 관계를 기술할 수 있지만, 그 관계를 설명하지는 못한다. 수많은 생활 스트레스 연구에서 발견된 정적 상관관계를 보면 근래 생활 스트레스가 증가했기 때문에 사람들이 더 우울해졌다고 결론 내리고 싶은 유혹을 느낄 수 있다. 그러나 사실 두 변수 간의 상관관계는 다음 세 가지 이유 중 어느 한 가지로도 설명할 수 있다. (1) 생활 스트레스가 우울증을 일으킬 수 있다. (2) 우울증이 사람들로 하여금 더 많은 생활 스트레스를 경험하게 한다. 예컨대 우울증적 방식으로 생활에 접근하여 업무수행을 잘하지 못하거

표 1.2

연구 방법의 상대적 강점과 약점

	개인 정보 제공	일반 정보 제공	인과관계 정보 제공	통계분석 가능	반복검증 가능
사례 연구	예	아니요	아니요	아니요	아니요
상관관계법	아니요	예	아니요	예	예
실험연구법	아니요	예	예	예	예

실험 한 변수가 조작되고 그 효과를 관찰하는 연구 절차

독립변수 실험에서 다른 변수에 영향을 주는지를 알아보기 위해서 조작되는 변수

종속변수 실험에서 독립변수의 조작과 함께 변화할 것으로 예상되는 변수

오염변수 실험에서 독립변수 외 다른 변수가 종속변수에 영향을 미치는 변수

통제집단 실험에서 독립변수에 노출되지 않은 참가자들

나 대인관계에서 문제가 생길 수 있다. (3) 우울증과 생활 스트레스는 각각 경제적 어려움 등 제3의 변인이 원인이 되어 생길 수 있다.

생활 속에서 인과관계로 잘못 해석되는 상관관계의 다른 예들을 생각해보자.

상관관계가 인과관계에 대해서는 알려주는 것이 없지만 임상가들에게는 매우 유용한 정보이다. 예를 들어 임상가들은 우울증이 심해지면 자살기도가 증가한다는 것을 알고 있다. 따라서 심각한 우울증을 보이는 내담자를 치료할 때는 자살사고의 징후를 잘 살피게 된다. 우울증이 자살행동의 직접적 원인일 수도 있고 절망감 등의 제3의 변수가 우울증과 자살사고 모두를 유발할 수도 있다. 원인이 무엇이든지 상관관계가 있음을 알게 되면 임상가들은 입원 등 생명을 구할 수 있는 조치를 취할 수 있다.

물론 다른 경우에는 임상가들이 어느 한 변수가 다른 변수의 원인이 되는지 여부를 알 필요가 있다. 직업에 대한 불만이 우울로 이어지는가? 특정 치료가 생활에서 보다 효율적으로 대처하는 데 도움이 되는가? 원인을 알아야 하는 경우에는 실험연구법이 필요하다.

실험연구법

실험(experiment)은 변수 중 하나를 조작하고 그것이 다른 변수에 미치는 효과를 관찰하는 연구절차이다. 조작된 변수는 **독립변수**(independent variable), 그리고 관찰되는 변수는 **종속변수**(dependent variable)라고 한다.

실험연구법을 보다 잘 이해하기 위해서 임상가들이 흔히 제기하는 다음 질문을 생각해보자(Penix et al., 2021; Portney, 2020; Comer & Bry, 2019). '특정 치료가 특정 장애의 증상을 완화시키는가?' 이는 인과관계에 관한 질문이므로 연구자들은 실험을 통해서 그에 대한 답을 얻을 수 있다. 즉 실험 연구자가 장애가 있는 환자에게 해당 치료를 실시하고 호전이 되는지를 관찰할 수 있다. 이 실험에서 치료는 독립변수, 심리적 호전은 종속변수가 된다.

만약 종속변수에서의 변화를 일으킨 실제 원인을 그 밖의 다른 가능한 원인들과 분리할 수 없다면 실험이 줄 수 있는 정보는 별로 없다. 따라서 실험 연구자들은 연구에서 모든 **오염변수**(confound), 즉 독립변수 이외에 종속변수에 영향을 미칠 수 있는 변수를 배제하는 노력을 해야 한다. 실험에 오염변수가 존재한다면 관찰된 변화는 독립변수가 아닌 오염변수로 인한 것일 가능성이 있다.

반려동물이 일종의 치료가 될까? 독일 호덴하겐 근방의 세렝게티 공원의 호랑꼬리여우원숭이는 매달 열리는 '정신과 동물의 날' 프로그램의 일부분이다. 그 프로그램은 동물(여우원숭이들까지도)이 사람들에게 진정 효과가 있다는 전제에 기반을 두고 있다. 현재 심리적 문제에 대하여 400가지 이상의 개입이 사용되고 있다. 이 프로그램이나 그 밖의 다른 치료들이 내담자를 호전시키는지 여부를 판단하려면 실험 설계가 필요하다.

Holger Hollemann/picture-alliance/dpa/AP Images

예를 들어 치료실의 장소(예 : 조용한 시골)와 같은 상황적 변수나 마음이 편안해지는 치료실의 음악이 치료 연구의 참가자에게 치료적 효과를 발휘했을 수 있다. 혹은 연구 참가자의 동기가 유난히 높았거나 치료 효과가 있으리라는 기대가 큰 덕분에 이들이 호전되었을 가능성이 있다. 이러한 오염변수의 영향을 배제하기 위해서 연구자들은 실험에 통제집단, 무선할당, 은폐 설계의 세 가지 중요한 특성을 포함시켜야 한다(DeRenzo, Singer, & Moss, 2020).

통제집단

통제집단(control group)은 연구의 독립변수에 노출되지는 않았지만 그 밖의 측면에서 독립변수에 노출된 실험집단과 유사한 경험을 한 연구 참가자 집단을 말

한다. 이 두 집단을 비교함으로써 실험자는 독립변수의 효과를 더 잘 밝혀낼 수 있다.

예를 들어 특정 치료의 효과를 연구하기 위해서 실험자들은 연구 참가자들을 보통 두 집단으로 나눈다. **실험집단**(experimental group)은 상담실에서 1시간 치료를 받고 통제집단은 그저 1시간 동안 상담실에 들어와 있도록 할 수 있다. 만약 나중에 실험집단이 통제집단에 비하여 더 많이 호전되었다는 결과가 나온다면 실험자들은 시간의 경과, 상담실이나 그 이외의 다른 오염변수의 영향을 배제하여도 치료의 효과가 있었다는 결론을 내릴 수 있다. 오염변수의 영향을 배제하기 위해서 실험 연구자들은 실험집단과 통제집단이 독립변수를 제외하고는 모든 면에서 동일한 경험을 하게끔 노력한다.

물론 실험집단과 통제집단 사이에 관찰된 차이가 단순히 우연으로 발생할 가능성이 있다. 따라서 상관관계 연구에서와 마찬가지로 실험을 하는 연구자들은 자신의 자료를 통계분석을 해서 관찰된 차이가 우연에 의해서 발생하였을 가능성이 얼마나 되는지 알아본다. 만약 그 가능성이 아주 낮다면, 즉 5%보다 낮으면($p < .05$) 두 집단 간 차이는 통계적으로 유의한 것으로 간주되고 실험자는 어느 정도 확신을 가지고 그것이 독립변수 때문이라고 결론 내릴 수 있다.

임상치료 실험에 관하여 또 한 가지 주목할 만한 것이 있다. **통계적 유의성**(statistical significance)과 소위 **임상적 유의성**(clinical significance)의 구분이 항상 중요하다(DeRenzo et al., 2020). 방금 보았듯이 통계적 유의성은 참가자의 기능이 호전된 것이 (크건 작건 간에) 치료로 인한 것인지 여부를 나타낸다. 임상적 유의성은 호전된 정도가 그 사람의 삶에서 의미가 있는지 여부를 나타낸다. 우울한 참가자의 기분이 치료로 인하여 호전된다고 해도 그 사람은 아직도 너무 불행해서 삶을 즐길 수 없을 수도 있다.

무선할당 실험집단과 통제집단의 구성에서 차이가 있으면 연구 결과가 오염될 수 있으므로, 연구자들은 두 집단의 구성이 차이가 없도록 조심해야 한다. 예를 들어 치료 연구에서 실험자가 별다른 뜻 없이 실험집단에는 상대적으로 부유한 사람들을, 통제집단에는 상대적으로 형편이 어려운 사람들을 배정할 수 있다. 이러한 경우 나중에 실험집단이 더 많이 호전되었다고 하더라도 치료 자체가 아니라 그 차이가 원인일 가능성을 배제할 수 없다. 기존의 차이로 인한 효과를 줄이기 위해서 실험자들은 보통 무선할당을 사용한다. **무선할당**(random assignment)이란, 모든 연구 참가자가 각 집단에 속할 가능성이 동일하도록 마치 동전을 던지거나 모자 속에서 이름이 적힌 쪽지를 뽑는 것처럼 연구 참가자를 선정하는 절차를 일반적으로 이르는 용어이다(Portney, 2020; Comer & Bry, 2019). 실제로 연구자들은 일반적으로 참가자들을 집단에 무선으로 할당하는 컴퓨터 프로그램을 사용한다.

은폐 설계 마지막 오염변수는 **편파**이다. 실험 참가자들은 실험자를 기쁘게 하거나 돕기 위해 실험 결과를 왜곡할 수 있다. 예를 들어 치료 연구에서 치료를 받게 된 연구 참가자들이 연구의 목적과 그들이 배정된 집단이 어떤 집단인지를 알게 되면 호전되려고 혹은 실험자의 기대를 충족시키려고 더 열심히 노력할 수 있다. 만약 그렇다면 치료 자체보다는 **피험자** 혹은 **실험 참가자의 편파**로 인해서 이들이 호전되었다는 결과가 나올 수 있다.

이러한 편파를 피하기 위해서 실험자들은 연구 참가자들이 자신이 어떤 집단에 배정되었는지 모르도록 한다. 이 실험 전략은 사람들이 자신이 배정된 집단을 모르게 한다는 의미에서 **은폐 설계**[masked design, 종전에는 **맹목 설계**(blind design)]라고 부른다(Derenzo et al., 2020;

흥미로운 이야기

그들의 진술

"인생은 그 모두가 실험이다."

랄프 왈도 에머슨

실험집단 실험에서 독립변수에 노출된 참여자들

무선할당 실험 참가자들이 통제집단이나 실험집단에 무선으로 할당되도록 하는 선발 절차

은폐 설계 참가자들이 자신이 실험집단인지 통제집단인지를 모르도록 한 실험 설계

Armour et al., 2019). 예를 들어 실험 연구에서는 통제집단의 참가자들에게는 진짜 치료약과 모양과 맛이 같지만 핵심성분은 없는 위약(placebo, 라틴어로 '만족시킨다'는 의미)을 줄 수 있다. 예컨대 통제집단 참가자들은 **위약치료**(placebo therapy)라고 하는 '모조치료'(imitation therapy)를 받을 수 있다. 위약치료에서는 매주 치료자와 함께 생활 사건을 이야기하지만 진짜 치료 조건의 참가자들에게 교육시키는 것과 동일한 대처 기술은 가르치지 않는다. 만약 실험(진짜 치료)집단이 통제(위약치료)집단보다 더 많이 호전된다면 실험자들은 진짜 치료로 인하여 증상이 호전되었음을 더 확신할 수 있게 된다.

흥미로운 이야기

WEIRD 참가자들

심리학 연구의 거의 70%는 대학생을 참가자로 사용한다. 이 참가자들은 압도적으로 서구의(Western), 교육수준이 높고(Educated), 산업화되었으며(Industrialized), 부유하고(Rich), 민주주의(Democratic) 사회에서 왔다는 점에서 WEIRD라는 두문자어(acronym)로 표현된다.

실험자의 편파가 실험을 오염시킬 수도 있다. 즉 실험자들이 연구에 참여한 사람들에게 자신의 기대를 자기도 모르게 전달할 수 있다. 예를 들어 약물치료 연구에서 연구자가 진짜 약을 실험집단에 줄 때는 웃고 자신 있게 행동하지만, 위약을 통제집단에 줄 때는 인상을 찌푸리고 주저할 수 있다. 이러한 편파는 처음 그 현상을 확인한 심리학자의 이름을 따서 **로젠탈 효과**라고 부른다(Rosenthal, 1966). 실험자들은 자신도 실험 설계를 모르도록 하여 자신의 편파가 영향을 미칠 가능성을 배제한다. 예를 들어 약물치료 연구에서는 연구보조원에게 진짜 약물과 위약을 똑같은 모양으로 만들도록 한다. 실험자는 누가 진짜 약물을 받고 누가 가짜 약물을 받는지 모르는 상태에서 치료를 시행할 수 있다. 실험에서 피험자들이 설계에 대해서 모르게 하거나 실험자가 모르게 할 수도 있지만, 둘 모두 설계를 모르게 하는 **이중은폐 설계**가 가장 좋을 것이다. 사실 현재 대부분의 약물 실험에서는 좋은 효과가 기대되는 약물의 효과 검증에 이중은폐 설계가 사용된다.

대안적 실험 설계

통제가 완벽하거나 피험자들을 무선할당하는 실험을 고안하는 것이 항상 쉽지는 않다. 그래서 임상 과학자들은 이상적 기준에 미치지 못하는 실험 설계에 만족해야 하는 경우가 많다. 이와 같은 대안적 실험 설계를 흔히 **준실험 설계**(quasi-experimental design, 순수 실험 연구의 핵심 요소를 갖추고 있지 않거나 실험 연구와 상관관계 연구의 혼합 요소가 포함되지 않은 설계)라고 부른다(Portney, 2020). 그러한 변형된 형태에는 **짝짓기 설계**, **자연 실험**, **아날로그 실험**, **단일피험자 설계**, **종단 연구**, **역학 연구**가 있다.

이러한 **짝짓기 설계**(matched design)에서 연구자는 피험자들을 실험집단과 통제집단에 무작위로 할당하지 않고 이미 존재하는 집단을 사용한다. 예를 들어 아동 학대 영향의 연구에서 연구자가 아동들을 무작위로 선택하여 학대하는 연구는 비윤리적이므로, 학대를 경험한 아동과 학대를 경험한 일이 없는 아동을 비교할 수밖에 없다. 이러한 비교의 타당성을 최대한 확보하기 위해서 연구자는 실험집단(학대 아동)을 연령, 성별, 인종, 사회경제 수준, 인근 지역의 유형 혹은 기타 특성에서 유사한 통제집단(비학대 아동)과 짝을 짓는다. 이러한 짝짓기 설계를 사용한 연구의 자료에서 학대 아동이 학대 경험이 없는 짝지어진 통제 참가자보다 일반적으로 더 슬프고 자아존중감이 더 낮다면 조사자들은 상당한 확신을 가지고 학대가 그 차이의 원인이라는 결론을 내릴 수 있을 것이다(Crandall et al., 2020; Satio et al., 2019).

흥미로운 이야기

다양한 동기

왜 학생 이외의 사람들이 임상 연구에 자원하여 참여할까? 약 27%는 의과학을 발전시키기 위해서라고 답하고, 22%는 다른 사람들의 삶을 향상시키기 위해서, 5%는 여분의 돈을 벌기 위해서라고 답했다(CISCRP, 2019).

자연 실험(natural experiment)에서는 자연 자체에 의해서 독립변수가 조작되고 그 효과를 실험자가 관찰하게 된다. 홍수, 지진, 비행기 추락, 화재 등 일상적으로 일어나는 일이 아닌 미리 예상할 수 없는 사건의 심리적 영향을 조사하려면 자연 실험을 활용할 수밖에 없다. 이러한 연구에서는 피험자들은 연구자의 설계가 아니라 운명에 의한 사고에 의해서 선택되므로 자연 실험은 사실상 일종의 준실험이라고 할 수 있다.

위약치료 실험 참가자가 진짜라고 믿는 거짓 치료

준실험 설계 연구자가 이미 세상에 존재하는 통제집단과 실험집단을 활용하는 실험. '혼합 설계'라고도 한다.

짝짓기 설계 실험집단 참여자들을 중요한 특징에서 유사한 통제집단 참가자들과 짝을 짓는 연구 설계

자연 실험 실험자가 아니라 자연이 독립변수를 조작한 실험

2004년 12월 26일에 인도네시아 수마트라 해안 근방 인도양 아래에서 지진이 발생했다. 이 지진으로 대규모 쓰나미가 인도양 해안 마을에 밀어닥쳐서 특히 인도네시아, 스리랑카, 인도, 태국에서 22만 8,000명이 사망하였고, 수백만 명이 다치고 집을 잃었다. 이 재난이 일어난 후 수개월 이내에 연구자들은 생존자 수백명과 그 지역에 거주하지만 직접적으로 쓰나미 피해를 당하지는 않은 사람들로 구성된 통제집단을 대상으로 자료를 수집하는 자연 실험을 수행하였다. 그 재난의 생존자들은 불안과 우울 점수(종속변수)가 통제집단보다 유의하게 높았다. 또한 생존자들은 통제집단에 비하여 수면 문제, 현실로부터 유리된 느낌, 각성, 주의집중 곤란, 놀람반응, 죄책감을 더 많이 보고하였다(Jang, Ekyalongo, & Kim, 2020; Adeback, Schulman, & Nilsson, 2018). 지난 10년간 그 밖의 자연 실험으로 아이티의 2010년 지진, 일본의 2011년 지진, 북서부의 2012년 특급태풍 샌디, 미서부와 호주의 맹렬한 들불, 텍사스, 플로리다, 푸에르코리코, 바하마제도의 파괴적인 허리케인 생존자들이 집중적 연구의 대상이 되었다. 이 연구들에서 재난의 생존자들은 오랫동안 심리적 증상을 경험하는 것이 밝혀졌다(Flores et al., 2020; Sirey et al., 2020).

Scott Legato/Getty Images

결함 있는 연구가 해를 끼칠 수 있다 록 그룹 이매진 드래곤스의 리더, 댄 레이놀즈가 무지개 깃발을 두르고, 동성애자들이 성적 지향을 바꾸는 데 도움이 된다고 주장하였으나 지금은 널리 불신을 받고 있는 '전향치료(conversion therapy)'에 반대하는 연설을 하고 있다. 세계에서 가장 존경받는 정신의학 연구자 중 하나인 Robert Spitzer는 전향치료를 지지한 영향력이 컸던 자신의 2003년 연구에 대해서 2012년 LGBTQ 공동체에게 공식적으로 사과했다. Spitzer는 자신의 이전 연구가 치명적인 결함이 있었고 도덕적으로 잘못되었다고 하였다.

아날로그 실험(analogue experiment)도 연구에서 자주 사용된다. 아날로그 실험에서는 실제 이상행동의 이해를 돕는 단서를 얻고자 실험 참가자들로 하여금 이상행동과 비슷하게 행동하도록 유도한 후 실험을 한다. 예를 들어 제6장에서 보겠지만 Martin Seligman의 고전적 연구에서는 통제할 수 없는 전기충격이나 큰 소음, 과제 실패 등의 부정적인 사건을 반복적으로 경험하게 함으로써 동물과 인간 참가자들에게 우울증과 유사한 증상을 유발하였다. 이와 같은 '학습된 무기력'의 아날로그 연구에서 피험자들은 자포자기하며 주도성을 잃고, 슬픔을 경험하는 것처럼 보였다. 이러한 결과를 보고 일부 임상가들은 사람의 우울증이 실제로 자기 삶의 사건에 대한 통제를 잃는 것이 원인이 될 수 있다고 생각하였다.

과학자들은 다수의 피험자를 대상으로 실험을 하기가 어려울 때는 **단일피험자 실험 설계**(single-subject experimental design)라고도 부르는 **단일사례 실험 설계**(single-case experimental design)를 자주 사용한다(Portney, 2020; Kazdin, 2019). 예컨대 너무 희귀해서 참가자가 거의 없는 장애를 조사하는 경우가 있다. 이런 유형의 설계에서는 참가자 한 사람을 독립변수 조작 이전과 이후에 관찰하게 된다.

예를 들어 한 연구자는 큰 소리로 떠들어서 특수교육 수업을 방해하는 10대 청소년의 습관을 체계적 보상을 통해 고칠 수 있는지를 알아보는 연구에 *ABAB* 혹은 **반전 설계**라는 단일피험자 실험 설계를 사용하였다(Deitz, 1977). 지적장애가 있는 소년에게는 55분 동안 세 번 이상 특수교육 수업을 방해하지 않으면 추가적 시간을 교사와 함께 보낼 수 있는 것으로 보상해 주었다. 조건 A에서 아무 보상을 받기 전에 관찰한 결과 소년이 자주 떠들어서 수업을 방해하였다. 조건 B에서 교사와 함께 시간을 보내는 일련의 교사 보상 시간(독립변수의 도입)이 주어진 결과 예상했던 대로 그 소년의 큰 소리로 떠드는 행동은 크게 감소하였다. 그런 다음 교사가 보상을 중단하자(조건 A의 재도입) 소년의 떠드는 행동은 다시 증가하였다. 분명히 독립변수가 상태를 호전시킨 원인으로 작용한 것이다. 이러한 결론에 더 강한 확신을 갖기 위해서 연구자가 교사에게 보상 회기를 재도입하도록 하였더니(조건 B의 재도입) 소년의 행동은 다

아날로그 실험 실험자가 실험 참가자들에게 이상행동과 같은 행동을 유발하여 실험을 하는 실험 방법

단일피험자 실험 설계 실험 참가자 한 사람을 독립변수의 조작 전과 후에 관찰하고 측정하는 실험 방법으로, '단일사례 실험 설계'라고도 한다.

Raveendran/AFP/Getty Images

강조하기 아날로그 연구 및 그 밖의 프로젝트에서는 실험 동물의 권리도 고려되어야 한다. 여기 원숭이처럼 온몸을 페인트로 칠한 PETA(동물의 윤리적 취급을 위한 사람들) 활동가가 인도의 의과학원 연구에서의 동물 사용에 항의하기 위해서 우리 안에 앉아 있다.

시 호전되었다.

분명히 단일사례 실험은 참가자 한 사람에 집중한다는 점에서 개별 사례 연구들과 비슷하다. 그러나 단일사례 실험에서는 독립변수가 체계적으로 조작되어서 연구자는 어느 정도 확신을 가지고 관찰된 효과의 원인에 대해서 결론을 내릴 수 있다. 그와 동시에 단일사례 실험에서는 오로지 한 사람만을 조사하기 때문에 연구자는 독립변수에 대한 참가자의 반응이 일반 사람들에게도 일반적인지 확신할 수는 없다.

또 다른 대안적 연구 설계로 연구자들이 동일한 사람들을 여러 번에 걸쳐서 장기간 관찰하는 **종단 연구**(longitudinal study, **고위험 혹은 발달 연구**)가 있다(Caspi et al., 2020). 이런 연구에서 연구자들은 어머니 혹은 아버지가 조현병을 앓았으나 정상적으로 기능하는 자녀들의 경과를 수년간 관찰해왔다(Vargas et al., 2019; Yung et al., 2019). 연구자들은 부모가 가장 중증의 조현병 사례인 경우 자녀들이 심리장애를 보이고, 발달 과정에서 나중에 범죄를 범할 가능성이 특히 높다는 것을 발견하였다.

다른 준실험과 마찬가지로 종단 연구에서는 연구자들이 독립변수를 직접 조작하거나 참가자들을 조건에 무선할당을 하지 못한다. 따라서 그들은 원인을 확실하게 지목할 수 없다. 그러나 종단 연구는 사건들이 일어난 순서를 보고하기 때문에 어떤 사건이 원인이고 어떤 것이 그 결과일 가능성이 높은지에 대한 설득력 있는 단서를 제공한다. 위의 사례에서는 확실히 자녀들의 문제는 부모의 조현병이 원인은 아니었다.

끝으로 연구자들은 특정한 심리장애와 같은 문제가 어떤 빈도로 발생하는지를 밝히기 위해서 **역학 연구**(epidemiological study)를 할 수 있다(Portney, 2020). 보다 구체적으로 연구자들은 그 문제의 **발병률**(incidence)과 **유병률**(prevalence)을 조사한다. 발병률은 일정한 기간에 발생하는 새로운 사례의 수효이다. 유병률은 전집에서 일정한 기간에 관찰되는 사례의 총수효로 기존의 사례와 새롭게 추가된 사례를 모두 포함하게 된다.

지난 50년간 미국 전역의 임상 연구자는 ECA 연구(Epidemiologic Catchment Area Study)라는 사상 최대 규모의 역학 연구를 수행해왔다(Weissman, 2020). 이 연구에서는 5개 도시에서 2만 명 이상을 면담하여 다양한 심리장애의 유병률과 사용된 치료 프로그램을 조사하였다. 그 밖에도 미국에서는 세대 규모 역학 연구인 국가동반질환조사(National Comorbidity Survey)와 국가동반질환조사 : 복제 연구(National Comorbidity Survey Replication), 알코올 관련 질환의 국가역학조사(National Epidemiologic Survey on Alcohol and Related Conditions)에서 총 6만 명 이상을 조사하였다(Coccaro & Lee, 2020; Olfson et al., 2019). 정신장애의 비율과 치료 프로그램이 집단에 따라 그리고 국가에 따라 다른지 알아보기 위하여 이들 광범위한 전집 조사의 결과는 히스패닉계 미국인, 아시아계 미국인 등 특정 하위집단을 대상으로 한 역학 연구와 다른 나라에서 수행된 역학 연구들과 비교되었다.

이러한 역학 연구를 통하여 연구자는 특정 장애의 위험도가 높은 집단들을 밝혀낼 수 있었다(Loo, 2019; Sibrava et al., 2019; Woo et al., 2019). 여성은 남성에 비하여 불안장애와 우울장애의 비율이 높은 반면, 남성은 여성에 비하여 알코올중독의 비율이 높다. 노년층은 젊은이들보다 자살 빈도가 높았다. 히스패닉계 미국인, 흑인, 아메리카 원주민은 미국 내 비히스패

종단 연구 동일한 연구 참가자를 장기간에 걸쳐 여러 번 관찰하는 연구

역학 연구 특정한 모집단에서의 장애 등 문제의 발병률과 유병률을 측정하는 연구

발병률 특정 기간 동안 전집에서 새롭게 발생한 장애 사례의 수

유병률 특정 기간 동안 전집에서 발생하는 장애 사례의 전체 수

인생은 종단 연구이다 동일한 인물들이 생애의 다른 시점에서 비슷한 포즈로 찍은 사진들은 종단 연구의 논리를 강조한다. 어린 시절의 눈, 코, 미소가 성인이 되었을 때 유사한 얼굴 특징을 예측하듯이 때로는 어린 시절 기질, 사회성이나 그 밖의 심리적 특징이 성인이 되었을 때의 특징이나 어려움을 예측한다.

닉계 백인 미국인에 비하여 외상후 스트레스장애의 비율이 높다. 그리고 서구 국가 국민들은 서구권 밖 국가의 국민들보다 섭식장애 빈도가 더 높다.

임상 연구의 한계점은 무엇인가

이 절의 도입부에서 임상 과학자들은 심리장애의 이해, 치료, 예방에 도움이 되는 일반적인 법칙을 찾는다고 기술하였다. 그러나 앞에서 살펴본 바와 같이 여러 요인이 임상 연구의 발전을 저해할 수 있다.

지금까지 살펴본 각 조사 방법은 인간 행동의 연구가 안고 있는 문제 중 일부는 해결할 수 있지만 모든 문제를 다 극복할 수 있는 접근은 없다. 따라서 각 연구 방법은 함께 비정상적 인간 기능을 밝혀낼 수 있는 접근 방법 팀의 한 부분으로 보는 게 가장 좋을 것이다. 하나 이상의 연구 방법을 사용하여 장애를 연구한 경우에는 모든 결과가 같은 방향을 가리키고 있는지 알아보는 것이 중요하다. 만약 같은 방향을 가리키고 있다면 아마도 그 장애의 이해와 치료를 향한 임상 과학자들의 노력에 진전이 있다고 말할 수 있다. 그러나 만약 다양한 방법으로 얻은 연구 결과들이 서로 상충된다면 연구자들은 그 분야의 지식이 아직 매우 제한되어 있다는 것을 받아들여야 할 것이다.

연구 참가자의 보호

인간 연구 참가자는 존중되어야 할 욕구와 권리가 있다(**마음공학** 참조). 사실 연구자의 일차적 의무는 자신의 연구에 참가한 사람들에게 신체적 혹은 심리적으로 해를 끼치지 않는 것이다.

대다수의 연구자는 이 의무를 성실하게 이행한다. 그들은 안전하고 정중한 방식으로 자신의 가설을 검증하고 과학적 지식을 증진시킨다(Gelling, 2019). 하지만 그동안 이에서 벗어나는 예외, 특히 20세기 중반에 수행된 여러 불명예스러운 연구가 있었다. 부분적으로는 그러한 예외 때문에 현재 정부와 연구 수행기관은 인간 연구 참가자의 안전과 권리가 반드시 제대로 보호받도록 보장하기 위해서 세심한 조치를 취하고 있다(Davis & Smith, 2020).

연구자 이외에 누가 인간 연구 참가자의 권리와 안전을 직접 지킬 수 있는가? 지난 수십 년간 그 책임은 **기관심의국**(Institutional Review Board, IRB)에게 주어졌다. 각 연구 기관에는 5명 이상의 인원으로 구성되어 그 기관에서 수행되는 모든 연구를 처음 제안될 때부터 심의하고 추적하는 IRB가 있다(DeRenzo et al., 2020). 기관은 대학교일 수도 있고 의과대학, 정신과

기관심의국(IRB) 연구 기관의 윤리위원회로, 연구 참가자의 인권과 안전을 보호하는 권한을 가진다.

Stephen Jaffe/AFP/Getty Images

국가적 불명예 1997년 백악관 의식에서 빌 클린턴 대통령이 94세 허먼 쇼를 비롯한 흑인 피험자들에게 공식적으로 사과하고 있다. 기관심의위원회(IRB)가 생기기 전인 1932~1972년에 수행된 터스키기 매독 연구에서 정부 의사들과 연구자들은 이들에게 매독 치료를 제공하지 않았다. 악명 높은 이 연구에서 피험자 399명은 자신이 매독에 걸렸음을 몰랐고, 페니실린이 매독에 효과적인 치료라는 것이 밝혀진 후에도 치료를 받지 못하였다.

혹은 정신병원, 사설 연구시설, 정신건강센터 등일 수 있다. 연구가 수행되는 기관에는 IRB가 있어야 하고 IRB는 승인의 조건으로 연구 제안서에 수정을 요구할 수 있는 책임과 권한을 가지고 있다. 만약 연구자가 용인할 만한 수정을 하지 않는다면 IRB는 그 연구 자체의 승인을 거부할 수 있다. 마찬가지로 연구가 진행되는 과정에서 연구 참가자의 안전과 권리가 위험에 처하는 경우 IRB는 개입을 하고 필요하다면 연구를 중단시킬 수 있다. 전 세계 국가들은 이러한 권한을 IRB 혹은 유사한 윤리위원회에 부여하고 있다. 예컨대 미국에서는 IRB는 연방 정부의 인간연구보호청(Office for Human Research Protections)과 식품의약청(Food and Drug Administration)의 두 기관에 의해서 권한이 부여되었다.

인간 연구 참가자의 권리와 안전의 보호는 복잡한 일이라는 것이 드러났다. 그래서 IRB는 일종의 위험-유익 분석을 할 수밖에 없는 경우가 많다. 예컨대 연구 참가자에게 아주 경미한 위험을 제기하는 연구의 경우, 만약 용인 가능한 수준의 위험이 그 연구가 사회에 줄 수 있는 잠재적 유익으로 상쇄된다면 IRB는 그 연구를 승인할 수 있다. 일반적으로 IRB는 모든 연구가 다음의 권리를 연구 참가자에게 반드시 부여하게 하도록 한다.

- 연구 참가자는 자발적으로 연구에 참가한다.
- 연구 참가 전에 연구 참가자는 연구에서 무엇을 하게 되는지에 대해서 충분한 정보를 받는다(사전 동의).
- 연구 참가자는 언제라도 연구 참가를 중단할 수 있다.
- 연구의 유익이 연구 참가자에 대한 비용/위험보다 크다.
- 연구 참가자는 신체적·심리적 피해를 받지 않도록 보호받는다.
- 연구 참가자는 연구에 관한 정보를 얻을 수 있다.
- 연구 참가자의 사생활은 비밀보장 혹은 익명성 등의 원칙에 의해서 보호받는다.

유감스럽게도 IRB가 작동하는 경우에도 이러한 권리가 위험에 처할 수 있다. 예를 들어 사전 동의(informed consent) 권리를 생각해보자. 연구 참가자들이 연구에 참가할 때 어떤 상황에 들어가는지를 꼭 이해할 수 있게끔 IRB는 보통 참가자가 알아야 할 것을 상세히 설명하는 사전 동의서를 읽어주고 서명하도록 한다. 하지만 그런 동의서가 얼마나 명확할까? 몇몇 연구에 의하면 별로 명확하지 않다(Nathe & Krakow, 2019; Young, 2019).

대다수의 사전 동의서 서식, 즉 IRB에 의해서 용인 가능하다고 판정된 바로 그 서식들은 지나치게 길거나 대학 수준에 맞추어 쓰여 있어서 연구 참가자들 상당수에게는 이해가 불가능하다. 사실 자신이 서명한 사전 동의서를 완전히 이해하는 연구 참가자들은 전체의 절반에도 미치지 못한다. 연구 참가자들 중 소수만이 연구의 사전 동의 단계에서 연구자에게 질문하고, 사전 동의서에 서명하기 전에 자세하게 읽는 참가자는 더욱 적다고 보고한 연구도 있다.

Patrick Hardin/CartoonStock Ltd.

"니콜, 우리는 절대로 안 돼.
나는 실험집단에 있고, 너는 통제집단에 있잖아."

요약하면 IRB 체계는 그 체계가 감독하는 연구와 마찬가지로 허점이 있다. 그 이유 중 하나는 윤리원칙은 항상 단순한 지침으로 번역되지 않는 미묘한 개념이라는 것이다. 다른 하나의 이유는 윤리적 결정은 IRB 구성원들에 의한 것이나 연구자들에 의한 것이나 관점, 해석, 의사결정 방식 등에 따라서 달라질 수 있다는 것이다. 그러한 문제에도 불구하고 많은 관찰자는 그동안 IRB가 만들어지고 작동하면서 연구 참가자들의 권리와 안전의 향상에 도움이 되었다는 데 동의한다.

마음공학

소셜미디어의 사용과 잘못된 사용

오늘날에는 점점 더 많은 연구자가 사회적 네트워크를 사용하여 연구를 수행하고 있다. 예컨대 한 연구에서는 페이스북 사용자 5만 8,000명이 자신의 '좋아요' 목록에 연구자들이 접근하게 허용했고, 그 사용자들은 온라인 성격검사를 받았다. 그 결과 참가자들의 '좋아요' 반응에 대한 정보는 그들의 성격 특질, 행복 수준, 중독성 물질의 사용, 지능 수준을 어느 정도 정확하게 예측할 수 있었다. 다른 연구들에서도 소셜미디어에 올린 내용과 트위터 메시지에서 얻은 정보로 개인의 특질, 태도, 감정 등을 예측할 수 있었다고 보고하였다(Matz, Appel, & Kosinski, 2020; Kosinski, Stillwell & Graepel, 2013).

인터넷이나 소셜미디어 연구에 대한 윤리적 기준이 다른 유형의 연구에 적용되는 것과 어떻게 달라야 할까?

대박! 잠깐, 이 연구에서는 사용자들에게 참여 의사가 있는지 물었다. 그러나 그와 유사한 다른 연구 여럿에서는 소셜미디어 사용자들이 자기가 올린 자료가 조사되고 검증된다는 것을 알지 못했다. 이는 아마도 가장 중요한 원칙 중 하나(참가자들로부터 **사전 동의**를 얻는다)를 깨뜨리는 것이다.

또 하나 윤리적으로 우려되는 영역은 연구자들이 소셜미디어 사용자들을 직접적으로 은밀하게 **조종**한다는 것이다. 이는 수년 전에 페이스북과 학계 연구자 팀이 수행한 연구가 보여준 접근이다(Kramer, Guillory & Hancock, 2014). 그 연구자들은 페이스북에 올라온 뉴스의 내용이 사용자들의 기분에 영향을 주는지 알아보고자 하였다. 연구자들은 사용자들에게 알리지 않은 채 1주일 동안 약 35만 명의 사용자가 본 긍정적 뉴스 공급을 줄이고 다른 35만 명의 사용자 집단에게는 올라온 부정적 글의 수효를 줄였다. 그 결과 긍정적 뉴스의 공급을 줄인 사용자 집단의 기분은 부정적 뉴스 공급을 줄인 사용자 집단에 비하여 약간(하지만 유의하게) 더 부정적이 되었다. 그 연구가 제기한 중요한 우려사항 중 하나는 부정적 기분을 유도함으로써 이 연구의 연구자들이 일부 부정적 뉴스에 노출된 사용자들 중 일부에게 임상적 우울을 주입하였을 수도 있다는 것이다(Pagoto & Nebeker, 2019).

Dominic Lipinski/Press Association via AP Images

소셜미디어 연구에서의 부정행위 가능성은 최근 케임브리지 애널리티카(Cambridge Analytica)라는 정치자문회사가 2016년 대통령 선거운동에서 일하면서 연구자들이 30만 페이스북 사용자들로 하여금 자신이 성격 연구에 참여하고 있고 자신의 사용자 자료를 학술적 목적으로 공개했다고 오해하게 만들었다고 인정하면서 특별 정밀조사를 받게 되었다. 실제로 그 연구에서 사용자들이 앱을 내려받을 때 자신의 자료뿐 아니라 그들의 친구들의 자료도 공개해서 5,000만 명의 개인 사용자 자료가 드러났다. 자문회사는 회원들의 심리적 프로파일을 구축해서 그들에게 그 회사가 자문하는 후보에게 유리한 개인맞춤형 광고(사용자의 정서와 필요에 호소하는 광고)를 보내는 **심리적 타기팅**(psychological targeting) 전략을 사용하였다(Matz et. al, 2020).

소셜미디어 사용자와 서비스, 전문가협회, 정부 단속자들은 모두 소셜미디어 연구에 따르는 걱정과 오용 가능성을 분류하고 가려내고 대처하려고 애쓰고 있다. 무엇이 공적인 영역이고 무엇이 사적인 영역인지, 그리고 어떤 것이 자료의 적절한 사용인지에 대한 기술에서 비롯된 문제가 토론되는 동안 아마도 소셜미디어 사용자들은 우리의 디지털 세상에서 점점 더 신성불가침처럼 되어가는 규칙("글을 올리는 자는 주의하라")을 따르는 것이 좋을 것이다.

요약

임상 연구자는 어떠한 일을 하는가

연구자는 과학적 방법을 사용하여 이상심리 기능의 일반적 원칙을 연구한다. 그들은 변수 사이의 관계를 찾아내고 조사하려고 시도하는데, 주로 사례 연구, 상관관계법, 실험연구법의 세 가지 연구 방법을 사용한다.

사례 연구는 한 사람의 삶과 심리적 문제를 상세하게 기술한다. 상관관계법은 사건이나 특징이 함께 변화하는 정도를 체계적으로 관찰하기 위해서 사용된다. 이 방법을 통하여 연구자는 일반 전집에서 나타나는 이상심리에 관하여 폭넓은 결론을 얻을 수 있다. 실험에서는 연구자가 가능성이 있다고 생각하는 원인을 조작하여 예상했던 결과가 나타나는지를 본다. 실험연구법을 통해 연구자는 여러 상황이나 사건의 원인을 알아낼 수 있다.

임상 과학자들은 준실험이나 자연 실험, 아날로그 실험, 단일피험자 실험 등 완벽한 수준에는 미치지 못하는 실험 설계를 사용해야 하는 경우가 자주 발생한다. 여기에는 짝짓기 설계, 자연 실험, 아날로그 실험, 단일피험자 실험, 종단 연구, 역학 연구가 포함된다.

각 연구시설에는 그곳에서 수행되는 모든 연구의 인간 연구 참가자의 권리와 안전을 보호할 권한과 책임이 있는 기관심의국(IRB)이 있다. IRB의 구성원은 연구 참가자를 모집하기 전에 각 연구를 심의하고 이를 승인하기 전에 수정을 요구할 수 있다.

앞으로 가야 할 길

옛날부터 사람들은 이상행동을 설명하고 치료하고 연구하려고 노력해왔다. 과거 사회에서 이상행동을 어떻게 다루었는지를 살펴보면 이상행동에 대한 현재의 관점과 치료법의 출발점을 더 잘 이해할 수 있을 것이다. 그리고 과거를 되돌아봄으로써 그동안 얼마나 많이 발전하였는지 잘 알 수 있다.

동시에 우리는 오늘날 이상심리학이 안고 있는 많은 문제점을 인식할 필요가 있다. 이상심리학 분야는 아직도 이상심리가 무엇인지 그 정의에 대하여 합의를 이루지 못하고 있다. 현재 이 분야에는 상충되는 이론과 치료법을 주장하면서 다른 이들의 주장과 성과는 인정하지 않으려는 집단이 존재한다. 서로 다른 훈련배경을 가진 다양한 전문인이 임상 실무를 하고 있다. 그리고 현재 사용되고 있는 연구 방법은 각각 미흡한 점이 있어 임상 정보에 대한 우리의 지식과 활용을 제한하고 있다.

이 책에서 다루고 있는 주제를 하나씩 짚어가면서 현재 이 분야가 지닌 강점과 약점, 그동안의 발전상, 그리고 앞으로 가야 할 길을 유의해야 한다. 이 분야의 역사를 살펴보면서 배워야 할 중요한 교훈은 현재 우리가 이상행동에 대하여 이해하고 있는 것은 아직도 진행 중인 연구를 반영하고 있으며 가장 중요한 통찰, 연구, 변화는 남아 있다는 것이다.

흥미로운 이야기

동물 연구

- 매년 미국에서 1,200~2,700만 마리의 동물이 연구 실험에서 실험 대상으로 사용된다.
- 그중 50만 마리는 기니피그, 토끼, 원숭이, 개, 고양이이다. 나머지의 대부분은 생쥐와 집쥐이다.

(출처 : SR, 2020)

핵심용어

가설
개인 부담 심리치료
과학적 방법
관리의료 프로그램
규범
긍정심리학
기관심의국(IPB)
다문화심리학
단일피험자 실험 설계
도덕치료
독립변수
무선할당
문화
발병률
법칙정립적 이해
사례 연구
상관관계
상관관계법
수용소
실험
실험집단
심인적 관점
아날로그 실험
역학 연구
예방
오염변수
원격정신의료
위약치료
유병률
은폐 설계
이상심리학
자연 실험
정신분석
종단 연구
종속변수
주립병원
준실험 설계
짝짓기 설계
천공술
체액
체인적 관점
치료
탈시설화
통제집단
향정신성 약물

속성퀴즈

1. 이상심리 기능의 공통된 속성은 무엇인가?
2. 이상행동에 대한 악마론적 견해를 반영하는 치료 방법 두 가지를 기술하라.
3. 히포크라테스에서부터 르네상스 시대, 19세기, 그리고 20세기에 이르기까지 제시된 이상심리에 대한 체인적 관점의 예를 기술하라.
4. 심인적 관점의 발달에서 최면과 히스테리장애의 역할을 기술하라.
5. 1950년대 이후에 이상심리의 이해와 치료에서 일어난 주요한 변화를 기술하라.
6. 근래 과학 기술의 발전은 정신건강 분야에 어떠한 영향을 미쳤는가? COVID-19 대유행이 원격정신의료에 미친 영향은 무엇인가?
7. 사례 연구, 상관관계법, 실험연구법의 장단점은 무엇인가?
8. 연구자가 오염변수의 영향을 배제하기 위해 실험에 포함하는 기법에는 어떤 것이 있는가?
9. 연구자가 자주 사용하는 대안적 실험의 여섯 가지 유형을 기술하라.
10. 기관심의국(IRB)이란 무엇인가? 어떤 책임과 목표를 가지고 있는가?

Street

이상심리의 모형

CHAPTER

2

주제

25세 독신인 **필립 버만**은 대형출판사 편집부에서 일하다가 현재는 실직 상태로, 면도칼로 손목을 깊게 그어 자살기도를 한 후 입원했었다. 그는 목욕탕 바닥에 앉아 피가 욕조 안으로 뚝뚝 떨어지는 것을 한동안 지켜본 후 직장에서 일하고 있는 아버지에게 도움을 청하는 전화를 걸었다고 치료자에게 설명했다. 그는 아버지와 같이 병원 응급실로 가서 깊게 베인 상처를 봉합했으나 입원은 필요하지 않다고 확신하며 병원의 의사를 설득했다. 다음 날 아버지가 그에게 도움이 필요하다고 하자 그는 자기 저녁밥을 바닥에 팽개치고 화를 내면서 자기 방으로 들어가버렸다. 다시 진정이 되자 그는 아버지를 따라 병원으로 돌아갔다.

그의 자살기도를 직접적으로 촉발시킨 요인은 전 여자친구 하나가 새 남자친구와 함께 있는 것을 우연히 본 것이었다. 그는 자신은 그들과 함께 술을 마시면서도 '이것들이 빨리 빠져나가 같이 침대에서 뒹굴고 싶어서 안달이 나는구나'라는 생각을 떨쳐버릴 수가 없었다고 말했다. 그는 질투에 격분하여 벌떡 일어나 식당을 나왔다. 그는 그녀에게 어떻게 '갚아줄지' 궁리하기 시작했다.

지난 수년간 필립에게 짧은 기간 우울했던 적은 자주 있었다. 그는 자신의 사회생활이 제한되어 있고 평생 한 번도 여성과 성관계를 하지 못했다는 것을 특히 한심해했다. 치료자에게 그 말을 하면서 그는 눈을 바닥에서 들어올리고 비아냥거리는 능글맞은 미소를 띠면서 "나는 스물다섯 살의 숫총각이지요. 자, 마음 놓고 비웃으셔도 돼요"라고 했다. 그는 아주 매력적이었다는 여자친구 여러 명과 데이트는 해봤지만 모두들 그에게 관심이 없어졌다고 했다. 그러나 조금 더 물어보니 그는 얼마 안 가서 그 여성들에 대해서 아주 비판적이 되었고, 그녀들에게 내키지 않아도 자기가 하고 싶은 것은 모두 들어달라고 요구했다는 것이 드러났다. 그러자 그 여성들은 필립과의 관계가 별로 득이 되지 않는다고 생각해서 곧 다른 사람을 찾게 된 것이었다.

지난 2년간 필립은 정신과 의사 3명에게 단기 치료를 받았다. 그중 한 의사가 무슨 약을 주었는데, 그 이름은 잘 기억나지 않지만 그 약이 특이 반응을 일으켜서 하룻밤을 병원에 입원했었다고 하였다. 입원에 대해서 필립은 '교도소'나 마찬가지라고 하면서 병원 직원들이 자기 말은 듣지도 않았고 자기가 필요로 하는 것은 해주지도 않았으며 사실상 모든 환자를 괴롭히는 걸 즐기는 듯했다고 하였다. 그를 의뢰했던 의사도 필립이 특별대우를 요구하고 입원기간 내내 직원 대부분을 적대적으로 대하는 어려운 환자였다고 확인해주었다. 한 간호보조사와 화를 내면서 다툰 후에 그는 (의사 소견에 반하여) 병원에서 임의 퇴원하였다.

필립은 중산층 가정의 두 자녀 중 하나이다. 그의 아버지는 55세로, 보험회사 관리직으로 일하고 있다. 그는 아버지가 거만하고 잔인한 어머니에게 완전히 눌려 사는, 유약하고 무능한 사람이라고 보고 있다. 그는 어머니를 '참을 수 없을 정도로 엄청나게' 증오한다고 말하였다. 성장 과정에서 어머니가 자신에게 '변태', '계집애'라고 욕설을 퍼부었고 한번은 말다툼 중에 자기 '급소를 걷어찼다'고 했다. 그는 부모가 부유하고 권력도 있지만 이기적이며, 부모는 자신을 게으르고 책임감이 없으며 행동 문제가 있다고 본다고 생각한다. 그의 부모가 아들의 치료에 대해서 이야기하려고 치료자에게 전화를 걸었을 때 그들은 필립의 문제는 그가 10세 때 동생인 아놀드가 태어나면서 시작되었다고 하였다. 아놀드가 태어나자 필립은 욕설을 자주 하고 훈육하기 어려운 (불유쾌한) 아이가 되어버렸다. 그 시기에 대한 필립의 기억은 희미하다. 그는 어머니가 우울증으로 입원했던 적이 한 번 있었는데, 이제 어머니는 '정신의학을 믿지 않는다'고 하였다.

필립은 평균 정도의 성적으로 대학을 졸업하였다. 대학 졸업 후에는 출판사 세 곳에서 일했었으나, 어디에서도 1년 이상 버티지 못하였다. 그는 항상 직장을 그만둘 만한 구실을 찾아냈다. 직장을 그만두면 부모가 재촉해서 새 직장을 얻을 때까지 보통 2~3개월은 별일 안 하고 집에서 빈둥대면서 지냈다. 그는 살아오면서 기분이 상하고 부당한 대접을 받았다고 느꼈던 학교 교사들, 친구들, 고용주들과의 수많은 상호작용, 나중에 씁쓸한 기분을 남긴 말다툼을 늘어놓았다. 그는

흥미로운 이야기

그들의 진술

"당신은 과거와 끝냈을지 모르지만 과거는 당신과 아직 끝내지 않았을 수도 있네."

제니퍼 드와이트의 *The Tolling of Mercedes Bell* 중

대부분 시간을 혼자 '따분해하면서' 지냈다. 그는 어느 누구도 믿고 의지할 수가 없었고 강한 신념도 없었으며 어느 집단에도 충성심을 느끼지 않았다,

필립은 매우 여윈 체격에 턱수염을 기르고 안색이 창백한 청년이었다. 치료자와 거의 눈을 맞추지도 못하였고 분노에 찬 비참한 분위기를 풍겼다. 그는 우울을 호소했으나 그 외의 우울증 증상은 부인하였다. 부모에 대한 분노에 사로잡혀 있었고, 특히 자신을 형편없는 존재로 보이려고 노력하는 것처럼 보였다.

(Spitzer et al., 1983, pp. 59-61).

이 고전적 사례의 환자 필립 버만은 문제가 있는 것은 분명한데, 도대체 어쩌다 그렇게 되었을까? 그가 가진 수많은 문제를 어떻게 설명하고 고칠 수 있을까? 이 질문에 답하려면 우선 우리가 이해하려고 하는 여러 가지 문제, 즉 필립의 우울과 분노, 대인관계의 실패, 실직, 주변 사람들에 대한 불신, 가족 내 문제를 살펴보아야 한다. 그러고는 내부와 외부의, 생물학과 대인관계의, 과거와 현재의 모든 잠재적 원인을 분류해야 한다.

스스로 의식하지는 못할지 모르지만 우리 모두는 필립의 사례를 읽으면서 이론적 틀을 적용한다. 우리는 살아가면서 각자 다른 사람들의 말과 행동을 이해하는 데 도움이 되는 관점을 발달시킨다. 과학에서는 사건(event)을 설명하는 데 사용하는 관점을 **모델**(model) 혹은 **패러다임**(paradigm)이라고 한다. 각 모델은 과학자의 기본 가정이 무엇인지를 명확하게 제시해주며 해당 분야에 질서를 부여하고 연구에 지침을 제시한다(Kuhn, 1962). 연구 모델에 따라 연구자가 무엇을 관찰할 것인지, 어떤 질문을 할지, 어떤 정보를 찾아야 할지, 그 정보를 어떻게 해석할지가 달라진다. 필립의 증상과 같은 특정 증상의 세트를 임상가가 어떻게 설명하거나 혹은 치료하는지 이해하려면 그가 선호하는 이상 기능의 모델을 알아야 한다.

비교적 최근까지도 특정 시대와 지역의 임상 과학자들은 그들 문화의 신념에 크게 영향을 받은 이상심리 모델 하나에 동의하는 경향이 있었다. 예를 들면 중세에서 이상심리 기능을 설명하는 데 쓰였던 악마학 모델은 종교, 미신, 전쟁에 대한 중세 사회의 관심에서 크게 차용된 것이다. 중세의 임상가라면 필립 버만의 자살기도, 우울한 기분, 분노, 질투, 증오에서 악마의 손길을 보았을 수도 있다. 마찬가지로 기도에서 매질에 이르기까지 그를 치료하는 방법도 외부에서 온 초자연적 존재를 그의 몸에서 몰아내려고 했을 것이다.

오늘날에는 여러 모델이 이상심리 기능을 설명하는 데 동원되고 있다. 그 스펙트럼의 한쪽 끝에는 신체적 과정이 인간 행동의 핵심에 있다고 보는 생물학 모델이 있다. 그 중간에는 인간 기능의 보다 심리적·개인적 측면에 초점을 두는 세 모델이 있다. 즉 정신역동 모델에서는 무의식 안의 내적 과정과 갈등을 살펴보고, 인지행동 모델에서는 구체적 행동, 학습과 사고를 강조하며, 인본주의-실존주의 모델에서는 가치와 선택의 역할을 강조한다. 스펙트럼의 맨 끝에 위치한 사회문화 모델에서는 개인의 기능의 뒤에 있는 가족적, 사회적, 문화적 힘을 들여다본다.

이 모델들은 각각 다른 가정과 원칙에 기반을 두고 있으므로 때로 서로 갈등한다. 전적으로 하나의 관점을 따르는 사람들은 다른 이들의 '순진한' 해석과 연구, 치료 방안에 대해서 빈번하게 코웃음을 친다. 그러나 어느 모델도 그 자체로 완전하지 못하다. 각 모델은 사람의 기능 중 어느 한 측면에 주로 초점을 두고 있으므로 이상심리의 모든 측면을 설명하는 모델은 없다. 그 결과 이상심리의 다양한 모델의 설명과 기법을 통합하려고 하는 여러 모델이 추가적으로 부상했다. 그중 주요한 모델인 발달정신병리학적 관점에서는 발달적 틀을 사용해서

모델 과학자들이 관찰한 바를 설명하고 해석할 수 있도록 돕는 가정 및 개념의 조합. '패러다임'이라고도 한다.

다양한 모델의 변수와 원칙이 어떻게 통합적으로 인간 기능을 설명할 수 있는지를 이해하려고 한다. ■

뉴런 신경세포

시냅스 하나의 신경세포와 또 다른 신경세포의 수상돌기 사이의 작은 공간

신경전달물질 신경세포에서 분비되어 시냅스 공간을 넘어 이웃 신경세포의 수상돌기에 위치한 수용체에서 흡수되는 화학물질

수용기 뉴런에서 신경전달물질을 수용하는 곳

생물학 모델

필립 버만은 생물학적 존재이다. 그의 생각과 정서는 뇌와 몸 전체에서 일어나는 생화학적·생물전기적 과정의 산물이다. **생물학 모델**을 주장하는 사람들은 필립의 생각과 정서, 행동을 제대로 이해하려면 그 생물학적 기반을 이해해야만 한다고 믿는다. 그렇다면 당연히 그들은 필립의 문제에 대한 가장 효과적인 치료는 생물학적 치료일 것이라고 믿는다.

생물학 이론은 이상행동을 어떻게 설명하는가

생물학 이론가들은 의학적 관점을 취하여 이상행동은 유기체의 제대로 작동하지 않는 부분들로 인하여 발생한 질병으로 본다. 일반적으로 생물학 이론가들은 이상행동의 원인으로 뇌의 해부학적 구조나 화학 과정에서의 문제를 지목한다.

뇌 화학과 이상행동 뇌는 **뉴런**(neuron)이라고 하는 대략 860억 개의 신경세포와 **교세포**(glia, 그리스어로 '접착제'라는 의미)라고 부르는 수조 개의 지원세포로 구성되어 있다(Caire, Reddy, & Varacallo, 2020). 뇌 전역에서 정보는 전기적 충격의 형태로 한 신경세포에서 하나 혹은 그 이상의 다른 신경세포로 전달된다. 충격은 우선 신경세포의 말단에 위치한 안테나 같은 **수상돌기**에 수신되고 거기에서 신경세포체에서 뻗어 나온 긴 신경섬유인 **축색**을 따라 내려간다. 마지막으로 자극은 축색의 끝에 있는 **신경종말**을 통해서 다른 신경세포의 수상돌기로 전달된다(그림 2.1 참조). 각 신경세포에는 여러 개의 수상돌기와 하나의 축색이 있다. 하지만 축색은 아주 길어서 뇌의 한 영역에서 다른 영역으로 뻗어 있는 경우가 많다.

어떻게 한 뉴런의 신경종말에서 다른 뉴런의 수상돌기로 메시지가 전달될까? 뉴런끼리는 실제로 서로 닿아 있지는 않다. 어쨌든 신경세포 사이는 **시냅스**(synapse)라는 작은 공간으로 분리되어 있으므로 메시지는 그 공간을 건너뛰어야 한다. 전기 자극이 뉴런의 끝에 도달하면 신경종말을 자극하고 **신경전달물질**(neurotransmitter)이라는 화학물질이 분비되면서 시냅스 공간을 넘어 인근 뉴런들의 수상돌기에 있는 **수용기**(receptor)에 전달된다. 신경전달물질 중 일부는 자극을 전달받는 뉴런의 수용기에 달라붙어 수용뉴런에서 자체적 전기 자극이 유발되도록 한다. 억제 메시지, 즉 자극 유발을 중단하도록 하는 신경전달물질도 있다. 뇌에는 수십 가지의 신경전달물질이 있고, 개개 뉴런은 특정 신경전달물질만을 사용한다는 것이 연구에 의해서 밝혀졌다.

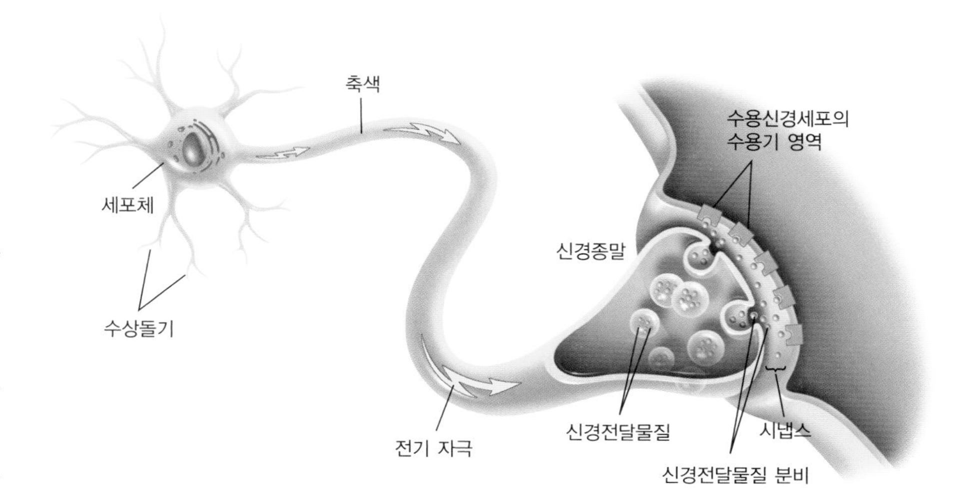

그림 2.1

신경세포의 정보 전달

전기 자극의 형태인 메시지가 정보를 보내는 신경세포의 축색을 타고 그 종말까지 내려가면 신경전달물질이 분비되어 메시지는 시냅스 공간을 넘어서 수용신경세포의 수상돌기에 전달된다.

때로는 특정 신경전달물질의 활동에서의 이상이 특정한 정신장애를 유발할 수 있다는 연구 결과가 있다. 예를 들어 우울증은 **세로토닌**(serotonin)과 **노르에피네프린**(norepinephrine), 글

호르몬 내분비샘에서 혈관으로 분비되는 화학물질

뇌 회로 서로 활성화시켜서 뚜렷한 유형의 행동적, 인지적 혹은 정서적 반응을 유발하는 함께 작동하는 특정 뇌 구조의 네트워크

루타메이트(glutamate)의 활동 수준 저하와 부분적으로 관련이 있는 것으로 밝혀졌다. 아마도 필립 버만의 우울과 분노는 낮은 세로토닌 활동 수준이 작용했기 때문일 수 있다.

신경전달물질 이외에도 간혹 몸의 **내분비계**에서의 화학적 활동의 이상이 정신장애와 관련 있다는 것이 연구를 통하여 밝혀졌다. 몸 전체에 있는 내분비샘들은 뉴런과 함께 성장, 생식, 성행위, 심장 박동, 체온, 에너지, 스트레스에 대한 반응 등 필수적인 활동을 통제하고 있다. 내분비샘들은 **호르몬**(hormone)이라고 하는 화학물질을 혈류 속으로 분비하면 이 화학물질이 신체 기관을 행동하도록 한다. 예컨대 스트레스를 받을 때 신장 위에 위치한 **부신**은 **코르티솔** 호르몬을 분비해서 몸이 스트레스에 대처하는 것을 돕는다. 이 코르티솔 분비의 이상이 불안 및 우울과 관련 있음이 밝혀졌다.

뇌의 해부학, 회로, 그리고 이상행동 뇌 안에는 큰 규모의 신경세포군이 별개의 뇌 영역, 혹은 **뇌 구조**를 형성하고 있다. 이들 뇌 구조 각각에 있는 신경세포들은 중요한 기능의 통제를 돕고 있다. 임상 연구자는 간혹 특정 심리장애를 뇌의 특정 구조에서의 문제와 관련지어 왔다. 그 한 예로 불수의적 신체 움직임, 감정의 격발, 기억상실, 자살사고, 터무니없는 믿음 등의 증상이 나타나는 **헌팅턴병**(Huntington's disease)은 부분적으로 기저핵(basal ganglia)과 대뇌피질(cerebral cortex) 신경세포의 소실이 원인으로 알려졌다.

지난 10년간 연구자들은 점차 더 심리장애 이해의 열쇠로 단일 뇌 구조나 단일 뇌 화학물질의 기능장애보다는 **뇌 회로**(brain circuit)에 집중하고 있다. 뇌 회로란 서로 촉발시켜서 뚜렷한 행동적, 인지적, 정서적 반응이 작동하도록 함께 작업하는 뇌 구조들의 네트워크이다. 특정 회로의 구조들은 신경세포를 통해서 함께 작업한다. 뇌 구조 하나에 있는 신경세포의 긴 축색은 함께 묶여서 뇌를 가로질러서 다른 뇌 구조의 신경세포와 소통함으로써 뇌 구조들 간의 신경섬유 통로를 마련한다. 특정 뇌 회로를 구성하는 뇌 구조나 신경전달물질은 위에 기술된 바와 같이 개별적으로도 중요하지만 연구에 의하면 일반적으로 인간 기능을 충분히 이해하려면 연결 섬유 경로를 포함해서 전체 회로의 활동을 보는 게 가장 유익하다. 회로 내 구조들 사이의 적절한 **상호연결성**(소통)은 건강한 심리 기능으로 이어지는 경우가 많고, 상호연결성에 결함이 있을 때 이상 기능이 생길 수 있다.

그림 2.2

공포의 생물학

'공포 회로', 즉 공포 반응을 일으키는 데 도움을 주는 뇌 회로는 전전두엽피질, 전대상피질, 섬엽, 편도체 등의 구조를 포함한다. 왼쪽의 삽화는 이러한 구조들이 뇌 전역 어디에 위치하고 있는지를 보여주고 있다(섬엽은 뇌의 이쪽에서 볼 때는 보이지 않는다). 오른쪽 삽화는 그 회로의 구조들이 실제로 어떻게 함께 작동해서 서로를 움직여 공포 반응을 일으키는지를 보여준다. 각 구조에서 나온 긴 축색들은 그 회로의 다른 구조들에게까지 이어지는 섬유 같은 통로를 형성한다.

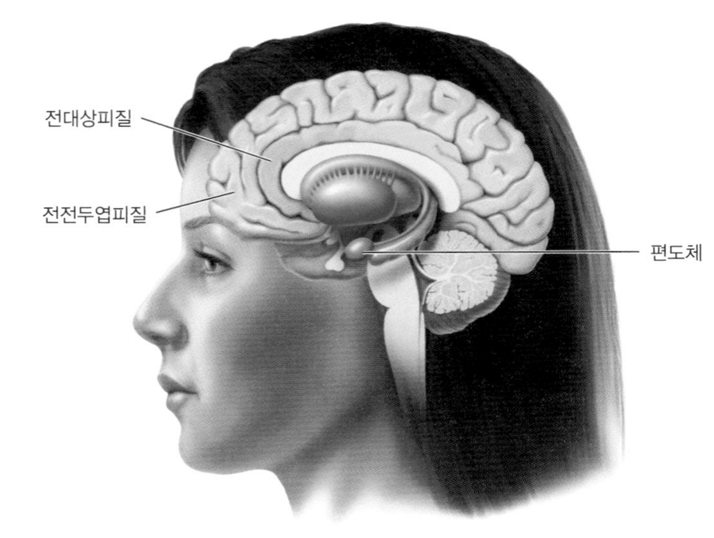

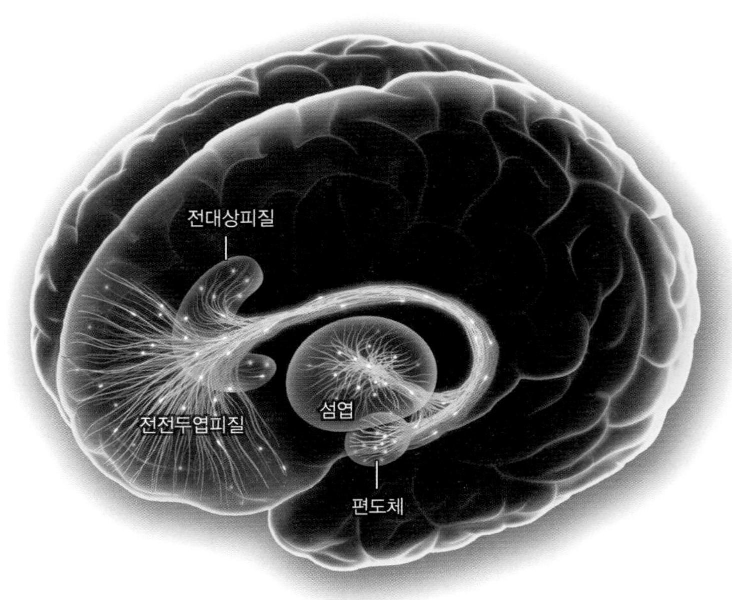

뇌에서 가장 중요한 회로 중 하나는 '공포 회로'이다(그림 2.2 참조). 제4장에서 나오듯이 이 회로는 **전전두엽피질**(prefrontal cortex), **전측대상피질**(anterior cingulate cortex), **뇌섬엽**(insula), **편도체**(amygdala)를 비롯한 여러 특정 뇌 구조로 구성되며, 그 상호연결 섬유 경로가 뇌 구조들이 상호 촉발할 수 있게 해서 우리가 일상적으로 경험하는 공포 반응을 일으킨다. 이 회로의 신경세포들은 특별한 신경전달물질을 이용하여 서로 소통한다. 특정 불안장애가 있는 사람들에게서는 이 회로가 제대로 기능하지 않는다는 것(즉 상호연결성에 결함이 있다)을 암시하는 연구가 있다(Fullana et al., 2020). 아마도 필립 버만의 공포 회로의 기능장애가 상황이 나빠질 것이라는, 그리고 다른 사람들이 자기를 좋지 않게 생각하고 자기에게 부정적 동기를 가질 거라는 걱정을 반복적으로 하게 만들 수 있고, 그러한 걱정이 그의 우울과 분노를 계속 촉발할 수 있다.

유전자 유전적으로 물려받은 특성 및 특질을 통제하는 염색체 부분

생물학적 이상의 근원 왜 어떤 사람들은 신경전달물질이나 뇌 회로가 표준과 다르게 기능할까? 이 책 전반에서 보게 되겠지만 뇌손상을 일으키는 산전 사건, 바이러스 감염, 환경적 경험, 스트레스 등의 다양한 요인이 역할을 한다. 생물학 모델에서 특별한 관심을 받은 두 요인은 **유전학**과 **진화**이다.

유전학과 이상행동 보통 인간의 뇌와 신체에 있는 각 세포에는 23쌍의 **염색체**가 있는데, 각 쌍의 염색체 중 하나는 그 사람의 부모 중 한 사람에게서 물려받은 것이다. 모든 염색체에는 각각 수많은 **유전자**(gene, 한 사람이 물려받은 특성과 특질을 통제하는 조각들)가 있다. 각 세포에는 모두 합쳐서 약 2만 개의 유전자가 있다(Ichino et al., 2020). 과학자들은 오랫동안 유전자가 머리카락 색, 키, 시력과 같은 신체적 특징의 결정에 기여한다는 것을 알고 있었다. 유전자에 따라서 심장질환, 암, 당뇨병에 더 취약할 수 있고, 아마도 예술적 혹은 음악적 재능을 가질 수도 있다. 연구들에 의하면 유전성은 특정 정신장애에서도 역할을 할 수 있다. 대부분의 경우 여러 유전자가 결합하여 기능적 그리고 역기능적 행동과 반응을 만들어낸다.

진화와 이상행동 정신장애 발생에 관여하는 유전자는 일반적으로 불운한 사건의 발생(거의 유전에서의 오류)이라고 본다. 원인을 제공한 유전자는 **돌연변이**, 즉 적절한 유전자의 비정상적 형태가 우연히 나타났을 수 있다. 아니면 문제가 된 유전자가 애초에 그 가계에 돌연변이가 된 형태로 들어온 후 그 개인에게 유전될 수 있다. 그러나 일부 이론가들에 의하면 실제로 비정상적 기능을 일으키는 유전자 다수는 정상적 **진화** 원칙의 결과이다(Perogamvros et al., 2020).

일반적으로 진화 이론가들은 사람의 반응과 그 반응을 일으키는 유전자는 사람들이 번성하고 적응하는 데 도움이 되기 때문에 오랜 기간 살아남은 것이라고 주장하고 있다. 예컨대 빨리 달릴 수 있는 능력이나 숨는 노회함을 가진 선조들은 적을 피하여 자손을 남길 수 있는 능력이 가장 뛰어났을 것이다. 그래서 잘 달리거나 효과적인 문제해결에 관여되어 있는 유전자는 특히 세대를 거쳐서 오늘날까지 전달되었을 가능성이 높다.

진화 이론가들이 말하기를 마찬가지로 공포를 경험하는 역량은

우연이 아니라고? 여기 자랑스러워하는 어머니 로즈 카스트로와 함께 찍은 사진의 일란성 쌍둥이 줄리안과 호아킨 카스트로는 공무원으로서 이야기로 유명한 경력을 쌓고 있다. 줄리안(왼쪽)은 텍사스 샌안토니오 시장과 주택 및 도시개발 장관이고, 호아킨(오른쪽)은 미국 하원의원이다. 카스트로 가족처럼 많은 일란성 쌍둥이는 비슷한 취향, 행동, 직업선택을 한다. 이는 특정한 행동과 성격 측면은 부분적으로 유전자의 영향을 받는다는 개념을 지지한다.

향정신성 약물 일차적으로 뇌에 작용하여 다수의 정신기능장애의 증상을 감소시키는 약물

뇌 자극 심리적 호전을 가져오기 위해서 뇌를 직접/간접적으로 자극하는 개입

전기충격요법(ECT) 주로 우울증 환자에게 사용되는 생물학적 치료의 한 형태로, 환자의 머리에 부착된 전극에 전류를 흐르도록 하여 뇌 발작을 유발한다.

향정신성 약물의 인기가 우리 사회의 대처방식과 문제해결 기술에 대해서 시사하는 바는 무엇일까?

적응적이었고, 많은 경우 아직도 적응적이다. 공포는 우리 선조들에게 위험, 위협과 손실을 경고해서 사람들이 잠재적 문제를 피하거나 도망칠 수 있게 했다. 위험에 특히 민감한(더 강력한 공포 반응을 하는) 사람들은 재난, 전투 등에서 살아남아서 자손을 낳고 자신의 공포 유전자를 전달할 가능성이 상대적으로 더 높았다는 것이다. 물론 오늘날의 세상에서는 예전보다 압박이 더 많고 과거보다 더 파악하기 어려운 경우가 많아서 그런 유전자를 가진 사람들 다수가 거의 끊임없는 공포와 각성으로 시달린다. 그러니까 선조들이 살아남아서 자손을 낳는 데 도움이 되었던 바로 그 유전자들이 이제는 이 사람들이 특히 공포 반응, 불안장애 혹은 관련 심리장애에 시달리게 만들 수 있다.

진화의 관점은 임상 분야에서 논란이 있고 많은 이론가가 이를 받아들이지 않고 있다. 부정확하며 때로는 연구하기가 불가능한 그런 설명을 과학자들은 용납하기 어렵다고 볼 때가 많다.

생물학적 치료

생물학적 입장의 임상가들은 이상행동을 보이는 사람들을 치료할 때 특정한 유형의 단서를 찾는다. 그 사람의 가족에 그런 행동의 이력이 있어서 그 행동에 대한 유전적 소인의 가능성이 있는가? (필립 버만의 사례에서는 그의 어머니가 우울증으로 입원한 적이 있다는 사실이 언급되어 있다.) 그 행동이 생리적 영향이 있을 수 있는 사건에 의해서 발생하는가? (필립이 식당에서 질투로 분통을 터뜨렸을 때 그는 술을 마시고 있었다.) 일단 임상가들이 기능장애의 생리적 근원을 정확하게 집어내고 나면 그들은 생물학적 치료 과정의 선택에서 유리한 위치에 있게 된다. 오늘날 사용되는 세 가지 주요한 생물학적 치료는 **약물치료**, **뇌 자극**, **정신외과술**이 있다. 그중 약물치료가 단연코 가장 흔하게 사용된다.

1950년대에 연구자들은 정서와 사고 과정에 주로 영향을 미치는 효과적 **향정신성 약물**(psychotropic medication) 여러 가지를 발견하였다. 이 약물들은 여러 정신장애의 전망을 크게 바꿔놓았고 오늘날에는 단독 혹은 다른 형태의 치료와 병행해서 널리 사용되고 있다(최신 동향 참조). 그러나 향전신성 약물 혁명은 몇 가지 주요한 문제도 일으켰다. 예를 들어 많은 이들은 약물이 과다 사용되고 있다고 믿고 있다. 더욱이 약물이 효과적인 경우가 많이 있기는 하지만 모든 이에게 효과가 있는 것은 아니다.

치료에 쓰이는 주요한 향정신성 약물군에는 네 가지가 있다. **불안완화제**(anxiolytics)라고도 하는 **항불안제**(antianxiety drug)는 긴장과 불안을 감소시키는 데 도움이 된다. **항우울제**(antidepressant drug)는 우울증과 그 밖의 일정한 장애가 있는 사람들의 기능을 호전시키는 데 도움이 된다. **기분안정제**(mood stabilizer)라고도 하는 **항양극성장애 약물**(antibipolar drug)은 조증에서 우울증으로 기분이 급작스럽게 변하는 양극성장애 환자의 기분을 안정시키는 데 도움이 된다. 그리고 **항정신병 약물**(antipsychotic drug)은 조현병과 그 외 장애들에서 보이는 현실과의 접촉 상실, 즉 정신증에 흔히 동반되는 혼란, 환각, 망상을 감소시키는 데 도움이 된다.

그 이름에서 알 수 있듯이 두 번째 형태의 생물학적 치료인 **뇌 자극**(brain stimulation)은 뇌의 특정 영역을 직접 혹은 간접적으로 자극하는 개입을 말한다. 그런 접근 중 가장 오래되고 가장 논란이 많은 것으로 심각하게 우울한 사람에게 주로 사용된 것이 **전기충격요법**(electroconvulsive therapy, ECT)이다. 전기충격요법에서는 2개의 전극이 환자의 이마에 부착되고 65~140볼트의 전류를 짧은 기간 뇌를 통과하도록 하면 그 전류가 최대 수 분간 지속되는 뇌 발작을 일으킨다. 2~3일 간격을 두고 7~9번 전기충격요법을 받은 후 많은 환자는 우울

증이 상당히 호전되었다고 느낀다. 이 치료는 매년 수만 명의 환자, 특히 다른 치료에 반응하지 않는 우울증 환자에게 사용되고 있다(Hauser, 2020; Li et al., 2020).

제6장에 나와 있듯이 지난 10년간 그 밖의 뇌 자극 기법 여러 가지가 특히 우울증 사례에 점점 더 많이 사용되고 있다. **경두개 자기자극법**(transcranial magnetic stimulation, TMS)에서는 전자기 코일(electromagnetic coil)을 사람의 머리 위에 위치시켜서 뇌의 특정 영역에 전류를 보낸다. 또 그런 기법 중 하나인 **미주신경자극**(vagus nerve stimulation, VNS)에서는 맥 발생기(pulse generator)를 사람의 목에 이식해서 뇌에서 목을 거쳐서 복부로 내려오는 미주신경을 자극하도록 돕는다. 자극을 받은 미주신경은 전기 신호를 뇌로 전달한다. ECT에서처럼 이들

최신 동향

TV 광고가 공격대상이 되다

"아빌리파이에 대해서는 의사에게 문의하세요. 더 이상 고생할 필요가 없습니다." TV를 보거나 인터넷을 검색하는 사람은 누구나 이런 구절에 친숙하다. **소비자에게 직접 전달되는**(direct-to-consumer, DTC) **약품광고**, 즉 제약회사가 직접 소비자에게 호소하여 그들로 하여금 의사에게 특정한 약품을 처방하도록 설득하는 광고의 핵심 구절이다. 선진국 중 세계에서 그런 광고가 허용되는 건 미국과 뉴질랜드, 두 나라뿐이지만 온라인 DTC 광고는 전 세계에 있고 점점 더 많아지고 있다(Franquiz & McGuire, 2020). 미국 성인의 약 80%는 그런 광고를 본 적이 있고 최소한 30%는 의사에게 광고에서 본 특정 약에 대해서 물어본다(Sullivan et al., 2020; Llamas, 2019). **항양극성장애 약물**과 **항우울제** 같은 향정신성 약물은 주요한 DTC 광고 약물 중 하나이다.

1997년에 미국 식품의약국(FDA)은 TV 의약광고 규제를 완화하여 DTC 광고 시 약품에 대한 것은 소비자가 의사에게 문의하게 하고, 약품의 중요한 위험성을 언급하며, 소비자가 추가 정보를 원할 때 연락처(웹사이트나 전화번호)를 알려주어야 한다고 결정하면서 DTC 광고가 방송에 넘쳐나기 시작했다(WHO, 2020d; Aikin et al., 2019). 최근 여러 소비자 집단, 정부지도자, 심지어는 미국의학회까지도 그런 광고가 경제적 어려움을 주고 환자에게 잘못된 정보를 제공하며 이들이 최선의 치료를 받지 못하게 만드는 결과로 이끄는 경우가 많다고 하면서 그런 광고를 금지해야 한다

"만약 …면 의사에게 문의하세요" 이 사진은 항우울제 트린텔릭스(보티옥세틴)의 DTC TV 광고에서 가져온 것이다.

고 주장을 하는 등 상당한 비판을 받아왔다(King, 2020; Das, 2019).

우선 경제적 문제를 이야기해보자(Franquiz & McGuire, 2020). 제약회사들은 현재 모두 합쳐서 연간 66억 달러를 미국 TV 및 온라인 광고에 쓰고 있는데, 그 금액은 계속 증가하고 있다(Sullivan et al., 2020; Bulik, 2019). 처방약의 비용과 보험료가 이미 천정부지로 올라가는 상황에서 이는 약품 가격을 한층 더 높게 밀어 올리고 있다(WHO, 2020d).

DTC 광고는 환자의 인식과 임상치료에도 부정적 영향을 미칠 수 있다(Franquiz & McGuire, 2020; Aikin et al., 2019). 설문조사에 참여한 의사 4명 중 3명은 대부분의 광고가 약의 유익을 지나치게 강조하면서 중요한 부정적 정보는 생략하고 있다고 믿고 있다(ProCon, 2018).

그럼에도 불구하고 의사는 약이 환자에게 적합하지 않은 사례에도 DTC 광고 약을 처방하라는 압박을 받는 경우가 많다(Franquiz & McGuire, 2020; Elfassy et al., 2019). 환자가 그런 약을 요구하는 경우 절반 이상의 의사들은 이를 수용하였다(WHO, 2020d). 이것이 향정신성 약물 및 기타 약물의 과다 사용의 원인으로 작용하는 것은 확실하다(Sullivan et al., 2020).

그렇다면 왜 DTC 광고가 계속 증가하고 있을까? 이유 중 하나는 이런 형태의 광고를 옹호하는 사람들이 있기 때문이다. 예를 들어 FDA는 광고가 시장에 나와 있는 약에 대한 정보를 (비록 완벽하지는 않지만) 직접적으로 교육해서 실제로 소비자를 보호하는 공적 서비스를 제공할 수도 있다고 믿는다(Zadeh et al., 2019). 또한 많은 의사는 DTC 광고가 환자에게 자신의 정신 및 신체 건강을 챙기는 데 더 관심을 갖게 한다고 믿고 있고 일부 의사들은 DTC 광고 덕분에 환자와 치료 방안에 대한 논의를 더 잘할 수 있다고 보고한다(Sullivan et al., 2020). 끝으로 DTC 광고가 제약회사에게 더 많은 이익을 가져다준다는 점을 간과하면 안 될 것이다.

정신외과술 정신장애의 치료를 위한 뇌수술로, '신경외과 수술'이라고도 한다.

새로 나온 뇌 자극 기법은 다른 형태의 치료에는 반응이 없던 우울증이나 관련 장애 환자의 심리 기능을 향상시킬 수 있다는 연구 결과가 있다(Kaster et al., 2020; Zhang et al., 2020).

생물학적 치료의 세 번째 정신장애에 대한 뇌수술, 즉 **정신외과술**(psychosurgery)이다. 이 기법의 기원은 천공술, 즉 이상한 행동을 보이는 사람의 두개골에 구멍을 뚫는 선사시대의 관습으로 거슬러 올라간다. 현대에서의 그 시술은 1930년대 후반에 포르투갈의 신경정신과 의사가 개발한 악명 높은 기법에서 유래되었다. **엽 절제술**이라고 알려진 그 시술에서는 외과의가 뇌의 전두엽과 뇌의 하부 영역의 연결을 끊는다. 오늘날의 정신외과술은 과거의 엽 절제술보다 훨씬 더 정밀하고 안전하다. 그렇다고 해도 그 시술은 일반적으로 심각한 장애가 수년간 그 외에 다른 치료법에는 좋아지지 않고 지속될 때에 국한되어 사용된다. 정신외과술의 현재 형태 중 하나라고 할 수 있는 **뇌 심부 자극법**에서는 사람 뇌의 특정한 영역에 수술로 전극을 심고 가슴에 위치한 배터리(박동조율기, pacemaker)와 연결시킨다. 그 박동조율기는 전극에 동력을 공급해서 대상이 된 뇌 영역에 낮은 볼트의 전기를 안정적으로 보낸다. 이 시술은 실제로 정신외과술과 뇌 자극 기법의 조합인데, 심각하고 치료하기 힘든 우울증이 있는 많은 사람에게 크게 도움이 되는 것으로 판명되고 있다(Ramasubbu et al., 2020).

생물학 모델의 평가

오늘날 생물학 모델은 상당한 대우를 받고 있다. 생물학적 연구는 지속적으로 귀중한 새로운 정보를 생산하고 있으며 생물학적 치료는 다른 접근이 실패하였을 때 대단한 증상 완화를 가져올 때가 자주 있다. 동시에 이 모델에도 단점이 있다. 생물학 모델을 옹호하는 사람들 중 일부는 모든 인간행동이 생물학적 용어로 설명될 수 있고 생물학적 방법으로 치료될 수 있다고 기대하는 것 같다. 이러한 견해는 이상 기능에 대한 이해를 향상시키기보다는 제한할 수 있다. 우리의 정신생활은 생물학적 요인과 비생물학적 요인의 상호작용이고 생물학적 변수에만 집중하는 것보다는 그 상호작용을 이해하는 것이 중요하다.

또 다른 단점은 현재의 생물학적 치료 중 여럿은 상당한 부작용을 일으킬 수 있다는 것이다. 예를 들어 어떤 항정신병 약물은 심각한 떨림, 얼굴과 신체가 기이한 모습으로 수축됨, 극도로 안절부절못함 등 움직임에서의 문제를 일으킬 수 있다. 분명히 그런 대가는 해결되어야 하고 그 약의 유익함과 견주어 평가되어야 한다.

흥미로운 이야기

느린 통과

모든 약물이 그렇듯이 향정신성 약물도 장기간에 걸친 체계적 연구와 정부의 심사 후에야 시장에 나올 수가 있는데, 화학화합물이 처음 확인되고 나서 평균 12년이 소요된다.

요약

생물학 모델

생물학 이론가들은 이상행동을 설명하는 데 생물학적 요인을 살펴보며, 예를 들어 뇌 화학 혹은 뇌 회로에서의 문제를 지적한다. 그런 이상은 유전적으로 물려받았을 수도 있고 아마도 정상적 진화의 결과일 수도 있다. 생물학적 치료자는 물리적, 그리고 화학적 방법으로 사람들이 심리적 문제를 극복하는 것을 돕는다. 대표적인 방법으로는 약물치료, 뇌 자극, 정신외과술이 있다.

정신역동 모델

정신역동 모델은 현대 심리학 모델 중 제일 오래되었고 또 가장 유명한 것이다. 정신역동 이론가들은 사람의 행동은 정상과 이상을 막론하고 주로 의식적으로 인식하지 못하는 저변의 심리적 에너지에 의해서 결정된다고 믿는다. 이러한 내적 에너지는 서로 상호작용을 한다는 의미에서 **역동적**이라고 하는데, 이 상호작용으로부터 행동, 사고, 정서를 일으킨다. 이상 증상은 이러한 에너지 간 갈등의 결과로 본다.

정신역동 이론가들의 관점에서 볼 때 필립 버만은 갈등 속에 있는 사람이다. 그들은 심리적 갈등이 초기 관계 및 아동기 외상 경험과 관련이 있다고 보기 때문에 필립의 과거 경험을 탐색하려고 할 것이다. 정신역동 이론은 우연적으로 일어나는 증상이나 행동은 없다는 **결정론적** 가정을 기반으로 한다. 모든 행동은 과거 경험에 의해서 결정된다. 따라서 어머니에 대한 필립의 증오, 잔인하고 오만한 어머니의 기억, 유약한 아버지, 필립의 나이 10세 때의 동생의 출생은 모두 그의 현재 문제를 이해하는 데 중요한 사건일 수 있다.

Freud가 Freud를 자세히 들여다보다 정신분석 이론과 정신분석치료의 창시자인 Freud가 1931년 비엔나 근처의 자기 집에서 자신의 흉상을 바라보고 있다. Freud와 그 흉상이 얼굴을 마주하여 각자 상대방에 대해 어떤 결론을 내렸을지는 상상에 맡길 수밖에 없다.

정신역동 모델은 20세기 초 비엔나의 신경과 의사 Sigmund Freud(1856~1939)에 의해서 처음 체계를 갖추게 되었다. 최면을 연구하고 나서 Freud는 정상과 이상의 심리 기능을 모두 설명하기 위해 정신역동 이론을, 그리고 이에 대응되는 치료법으로 **정신분석**이라고도 부르는 대화를 통한 접근을 개발하였다. 20세기 초반에는 Freud와 Carl Gustav Jung(1875~1961) 등 비엔나 정신분석학회의 여러 동료는 서구 세계에서 가장 영향력 있는 임상 이론가가 되었다.

Freud는 정상심리 기능과 이상심리 기능을 어떻게 설명하는가

Freud는 본능의 욕구, 이성적 사고, 윤리적 기준이 성격을 형성하는 세 가지 주요한 힘이라고 믿었다. 그는 이 모든 힘은 즉각적 인식이 어려운 **무의식 수준**에서 작동한다고 믿었다. 나아가서 그는 이 힘들이 역동적으로 혹은 상호작용을 한다고 믿었다. Freud는 그 힘을 **원초아**, **자아**, **초자아**라고 불렀다.

원초아 Freud는 본능의 욕구, 추동, 충동을 나타내기 위해서 **원초아**(id)라는 용어를 사용했다. 원초아는 **쾌락의 원칙**에 따라 작동하므로 늘 쾌락의 충족을 추구한다. Freud는 또한 모든 원초아의 본능은 성적이며 초기부터 아동은 수유, 배변, 자위행위, 그 밖에 성적 연관이 있는 행위들을 통해 쾌락을 느낀다고 하였다. 나아가서 그는 사람의 **리비도**, 즉 성적 에너지가 원초아의 에너지원이라고 하였다.

자아 우리는 어린 시절에 우리의 환경이 모든 본능적 욕구를 충족시켜주지 못한다는 것을 깨닫게 된다. 예를 들어 부모가 항상 옆에 있으면서 우리가 원하는 것을 해줄 수는 없다. 원초아의 한 부분이 떨어져 나와 **자아**(ego)가 된다. 원초아와 마찬가지로 자아는 무의식적으로 쾌락의 충족을 추구하지만, 자아는 원초아의 충동을 있는 그대로 표출해서는 곤란하다는 것을 경험을 통해 알게 되어 **현실의 원칙**에 따른다. 자아는 이성을 써서 언제 충동을 표현해도 되는지, 언제 충동을 표현하면 안 되는지를 깨닫도록 이끌어준다.

용납될 수 없는 원초아의 충동을 통제하고, 그로 인한 불안을 회피하거나 경감시키기 위하여 자아는 **자아방어기제**(ego defense mechanism)라는 기본 전략을 발달시킨다. 가장 기본적 방어기제인 **억압**(repression)은 수용 불가능한 충동이 의식 수준에 도달하는 것 자체를 막는다.

원초아 Freud에 의하면 본능의 욕구, 추동, 충동을 일으키는 심리적 힘

자아 Freud에 의하면 이성을 사용하며 현실의 원칙에 따라 작동하는 심리적 힘

자아방어기제 정신분석 이론에 의하면 수용할 수 없는 원초아의 충동을 통제하고 그로 인한 불안을 감소시키기 위한 자아의 전략

표 2.1

변명은 끝이 없다 : 방어기제가 구원하러 오다

방어기제	작동방식	예
억압	고통스럽고 위험한 생각이 의식 수준으로 올라오는 것을 단순히 차단해서 불안을 회피한다.	어느 중역이 이성을 잃고 이사회에서 상사와 동료들을 공격하고 싶은 욕구를 의식 수준에 미치지 못하게 한다.
부정	외부 불안 요인의 존재 자체를 인정하지 않는다.	내일 학기말 시험 준비를 못했는데, 별로 중요한 시험이 아니니까 오늘밤 영화를 보러 가지 못할 이유가 없다고 스스로에게 말한다.
투사	용납될 수 없는 충동, 동기 혹은 욕구를 다른 사람들에게 돌린다.	파괴적 욕망을 억압한 중역이 자신의 분노를 상사에게 투사해서 그 사람이 적대적이라고 주장한다.
합리화	실제로 용납될 수 없는 동기를 반영하는 행동에 대해서 사회적으로 수용될 수 있는 이유를 만들어낸다.	학생이 대학에 다니는 총체적 경험이 중요함을 언급하고 학점에 지나치게 비중을 두면 균형 잡힌 교육에 방해가 될 수 있다고 주장함으로써 나쁜 학점에 대해 변명한다.
치환	위험한 대상에서 안전한 대치물로 적대감의 대상을 바꾼다.	완벽한 주차공간을 새치기한 사람에게 빼앗긴 후 억눌린 분노를 같이 사는 방친구와의 싸움으로 푼다.
주지화	문제에 대한 정서적 반응을 억압하고 지나치게 논리적인 반응을 보인다.	폭행과 강간을 당한 여성이 그런 공격이 피해자에게 미칠 수 있는 영향을 초연하고 조리 정연하게 설명한다.
퇴행	괴로운 갈등을 피해서 성숙하고 책임 있는 행동을 기대할 수 없는 초기 발달 단계로 되돌아간다.	자기를 거부하는 어머니에 대한 분노를 감당할 수 없는 아이가 대소변을 못 가리고 기본적 신변관리도 못 하는 등 유아기적 행동으로 퇴행한다.

그 이외에 다른 자아의 방어기제도 많이 있고 개인마다 선호하는 방어기제가 다를 수 있다(표 2.1 참조).

초자아 **초자아**(superego)는 **도덕적 원칙**, 즉 무엇이 옳고 무엇이 그른지 분별하는 힘에 의해서 작동하는 성격의 힘이다. 우리는 부모로부터 우리의 원초아 충동 다수는 용납될 수 없음을 배우면서 무의식적으로 부모의 가치를 채택한다. 우리 자신을 부모의 기준을 써서 판단하면서 우리는 부모의 가치를 받들면 기분이 좋고, 반면 부모의 가치를 거스를 때는 죄책감을 느낀다. 요약하자면 우리의 **양심**이 발달되는 것이다.

Freud에 의하면 이 성격의 세 부분, 즉 원초아, 자아, 초자아는 자주 어느 정도의 갈등 상태에 있게 된다. 건강한 성격에서는 이 세 힘 사이에 서로 받아들일 만한 타협이 이루어져 효과적으로 일할 수 있는 관계가 형성되어 있다. 만약 원초아, 자아, 초자아의 갈등이 지나치게 심해지면 그 사람의 행동에서 기능장애의 조짐이 나타나게 된다.

Freud 학파는 필립 버만의 경우 성격의 힘들 간에 작업 관계가 제대로 형성되지 못한 것으로 본다. 그의 자아와 초자아가 원초아의 충동을 통제하지 못하여 자살기도, 질투로 인한 분노, 직장을 사직하고, 격분하고, 잦은 말다툼 등 충동적이고 위험하기도 한 방식으로 표출되는 일을 반복하게 만든다는 것이다.

발달 단계 Freud는 영아기부터 성인기에 이르기까지 발달 단계마다 새로운 도전이 나타나서 원초아, 자아, 초자아는 이에 적응해야 한다고 하였다. 만약 적응이 성공적이면 성격은 성장하게 된다. 적응이 성공적이지 못하면 그 사람은 초기 발달 단계에 **고착**(fixation)된다. 그러한 경우 이후의 모든 발달에 문제가 생기며 그 사람은 향후 심리 기능에서의 이상을 보일 수 있다. 생애 초기에는 부모가 핵심 인물이므로 부적절한 발달의 원인으로 흔히 부모가 거론된다.

Freud는 그 당시 아동에게 가장 중요한 신체 부위에 따라서 발달 단계에 이름을 붙였다. 예를 들어 그는 생애 첫 18개월을 **구강기**라고 하였는데, 이 단계에서 아동은 자신에게 먹을 것

초자아 Freud에 의하면 한 사람의 가치와 이상을 대표하는 심리적 힘

고착 Freud에 의하면 원초아, 자아, 초자아가 적절하게 성숙되지 않고 초기 발달 단계에 고정된 상태

Lucasfilm Ltd./20th Century Fox/Photofest

"루크, 내가 네 아버지다" 영화 '스타워즈(Star Wars)'의 루크 스카이워커와 다스 베이더의 광선검 결투는 영화 사상 가장 유명한 대립적 부자관계를 보여준다. 스타워즈 영화에서의 루크와 그 아버지가 받은 것과 같은 특별한 압력이 없는 경우에도 Freud에 의하면 모든 아버지와 아들은 함께 풀어야 할 상당한 긴장 상태와 갈등을 경험한다.

을 주고 달래주는 어머니가 없어질까 봐 두려워한다. 어머니가 지속적으로 자신의 구강 욕구를 충족시켜주지 못했던 아동은 구강기에 고착되어 평생 극도의 의존과 불신이 특징인 '구강기 성격'을 보일 가능성이 크다. Freud에 의하면 그런 사람들은 특히 우울증이 생길 가능성이 크다. 이 책의 뒷부분에 다시 나오겠지만 Freud는 항문기(18개월~3세), 남근기(3~5세), 잠재기(5~12세), 성기기(12세~성인기) 등 다른 단계에서의 고착과 또 다른 형태의 심리적 기능장애를 관련시켰다.

그 외 정신역동적 설명은 Freud의 설명과 어떻게 다른가

20세기 초 비엔나 정신분석학회는 Freud와 동료들 사이의 개인적·전문적 차이로 인하여 갈라졌다. Carl Jung 등은 새로운 이론을 개발하였다. 비록 이들 새 이론은 중요한 측면에서 Freud의 생각과 차이가 있었지만, 역동적으로 상호작용하는 심리적 에너지에 의해서 인간의 기능이 조성된다는 Freud의 신념은 고수하였다. 따라서 Freud의 이론을 포함한 이 이론 모두를 정신역동 이론이라고 부른다.

오늘날 가장 영향력이 큰 두 정신역동 이론은 **자기 이론**(self theory)과 **대상관계 이론**(object relation theory)이다. 자기 이론가들은 자기, 즉 통합된 성격의 역할을 강조한다. 그들은 기본적 인간의 동기는 자기의 완전성을 강화하는 것이라고 믿는다(Afek, 2019; Kohut, 2014, 1977). 반면 대상관계 이론가들은 사람들은 주로 다른 사람과의 관계를 갖고자 하는 욕구에 의해서 동기화되며 아동과 그들의 보호자의 관계에 심각한 문제가 있으면 이상심리 발달로 이어질 수 있다고 제안한다(Caligor & Stern, 2020; Kernberg, 2019).

정신역동치료

정신역동치료는 Freud의 정신분석에서부터 자기 이론이나 대상관계 이론에 토대를 둔 현대의 치료법까지 다양하다. 이 모든 정신역동 치료자는 과거의 외상 경험과 그로부터 파생된 내적 상처를 밝히려고 한다(Wolitzky, 2020). 그들은 내담자가 그 갈등을 해소하거나 해결하여 성격 발달이 다시 시작되도록 도우려고 노력한다.

현대 정신역동 치료자들 대부분은 치료자가 내담자가 저변에 있는 자신의 문제를 스스로

자기 이론 우리의 통합된 성격인 자기의 역할을 강조하는 정신역동 이론

대상관계 이론 관계에 대한 갈망이 인간행동에서 핵심적인 동기를 주는 힘이라고 보는 정신역동 이론

자유연상 환자가 아무 생각이나 느낌, 심상을 중요하지 않은 것 같아도 떠오르는 대로 묘사하도록 하는 것

저항 심리치료에 온전하게 참여하기를 무의식적으로 거부하는 것

전이 정신역동 이론가에 의하면 환자가 현재 혹은 과거 자신의 삶에서 중요한 사람들에 대한 감정을 심리치료자에게 돌리는 것

발견하도록 치료에서의 대화를 조심스럽게 이끌어야 한다고 한다(Safran & Hunter, 2020). 그 치료 과정에서 도움이 되기 위해서 치료자는 **자유연상, 치료자의 해석, 정화, 훈습**과 같은 기법에 의존한다.

자유연상 정신역동 심리치료에서는 대화를 시작하고 이끌어갈 책임이 환자에게 있다. 치료자는 환자에게 머리에 떠오르는 생각이나 감정, 이미지를 사소한 것처럼 보이는 것까지 모두 묘사하도록 한다. 이를 **자유연상**(free association)이라고 한다. 잘 알려진 정신역동적 사례에서 발췌된 아래 글에 자유연상을 통해 어느 여성이 자기 내면의 위협적인 충동과 갈등을 발견하는 과정이 나와 있다.

환자 : 그래서 저는 계속 걸으면서 박물관 뒤로 가서 센트럴파크를 가로질러 가기로 했지요. 뒤쪽의 광장을 가로질러 걸어가면서 아주 신이 나고 기분이 좋아졌어요. 덤불 옆에 공원 벤치가 보여서 앉았지요. 그런데 뒤쪽에서 부스럭거리는 소리가 나서 겁이 덜컥 났어요. 남자들이 덤불 속에 숨어 있을지도 모른다는 생각이 들었지요. 센트럴파크에 변태들이 있다는 이야기를 읽은 기억이 났고, 혹시 내 뒤에 어떤 남자가 성기를 드러내고 있을지도 모르겠다는 생각이 들었어요. 그 생각이 역겨웠지만 한편으로는 흥분되기도 했어요. 전 지금 아버지를 생각하면서 흥분이 돼요…. 거기에는 무언가 내 마음속에서 미는 게 있어요. 그게 뭔지는 모르겠어요. 내 기억의 언저리에 있는 것같이요.

치료자 : 아, 예. (멈춤) 기억의 언저리요?

환자 : (환자의 호흡이 빨라지고 많이 긴장되는 듯하다.) 어렸을 때 아빠와 같이 잤거든요. 묘한 느낌이었지요. 온몸의 피부가 찌르르 하는 것 같은 묘한 느낌이지요. 눈이 안 보이는 것 같은, 무언가 안 보이는 것 같은 이상한 느낌이지요. 내 마음의 경계가 흐릿해지면서 내가 보는 것이 무엇이든 그 위에 펼쳐지는 것 같다고 할까요. 제가 공원을 산책한 이후 그런 느낌이 가끔 들고는 했어요.

(Wolberg, 2005, 1967, p. 662)

치료자의 해석 정신역동 치료자는 환자가 이야기하는 것을 잘 들으면서 단서를 찾고 잠정적 결론을 내리며 환자가 준비되었다고 생각되면 해석을 말해준다. **저항, 전이, 꿈**이라는 세 가지 현상의 해석이 특히 중요하다.

환자가 갑자기 자유연상을 할 수 없다거나 고통스러운 이야기를 피하려고 화제를 바꾸면 **저항**(resistance), 즉 무의식적으로 치료에 본격적으로 참여하기를 거부하고 있는 것이다. 환자가 자신의 삶에서 중요한 사람들, 특히 부모, 형제, 배우자에게 과거에 했거나 혹은 현재 하고 있는 대로 치료자에게 행동하거나 감정을 느낀다면 그는 **전이**(transference)를 보이고 있는 것이다. 센트럴파크에서 산책한 여성으로 돌아가보자. 환자가 이야기를 계속하면서 치료자는 환자가 전이를 탐색하는 것을 돕는다.

흥미로운 이야기

프로이트에 관한 사실

- 프로이트의 한 회기 치료비는 20불이었다.
- 프로이트는 약 40년간 하루 10시간씩 매주 5~6일간 환자를 치료했다.
- 프로이트는 노벨상 후보로 13번 올랐으나 한 번도 수상은 하지 못했다.

(출처 : Lal, 2020; Cherry, 2019b; Cohen, 2009; Gay, 2006, 1999)

환자 : 여기에서 일어나는 일들 때문에 정말 흥분이 돼요. 착하게 굴어야 하니까 스스로 앞으로 나아가지 못하고 있는 느낌이 들거든요…. 최악의 상황은 선생님께서 저를 좋아하지 않게 되는 거지요. 제게 다정하게 말을 걸어주시지 않고… 선생님이 저를 치료할 수 없다고 느껴서 치료를 그만두시는 거요.

치료자 : 이런 태도가 어디에서 왔다고 생각하세요?

환자 : 제가 아홉 살 때였어요. 어머니께서 야단을 치셨어요. 얼굴을 찌푸리지 마라, 너무 말이 많

다, 가만히 보고 있어라 등 귀에 못이 박힐 정도였지요. 저는 별짓을 다 했어요. 장난꾸러기였지요. 엄마는 제가 다칠 거라고 했어요.

(Wolberg, 2005, 1967, p. 662)

꿈 수면 중에 형성되는 일련의 생각이나 심상

정화 내적 갈등을 정리하고 문제를 극복하기 위하여 과거의 억압되었던 감정을 재경험하는 것

끝으로 많은 정신역동 접근의 치료자는 환자가 자기 **꿈**(dream)을 해석하는 것을 도우려고 한다(Gennaro et al., 2020; Goodwyn & Reis, 2020)(그림 2.3 참조). Freud(1924)는 꿈이 '무의식으로 가는 왕도'라고 하였다. 그는 잠자는 동안에는 억압을 비롯한 방어기제가 완벽하게 작동하지 않으므로 꿈을 제대로 해석하기만 하면 무의식의 본능, 욕구, 소망을 보여줄 수 있다고 믿었다. Freud는 꿈을 표출된 내용과 잠재된 내용의 두 가지로 나누었다. **표출된 내용**은 의식 수준에서 기억하고 있는 꿈이고, **잠재된 내용**은 그것의 상징적인 의미이다. 꿈을 해석하려면 치료자는 그 표출된 내용을 잠재된 내용과 연결시켜야 한다.

정화 통찰은 인지적 과정이면서 동시에 정서적 과정이어야 한다. 정신역동 치료자는 환자가 내적 갈등을 해결하고 문제를 극복하려면 과거의 억압된 감정을 재현하는 **정화**(catharsis)를 경험해야 된다고 믿는다.

훈습 해석과 정화를 한 번 경험하는 것만으로는 사람이 기능하는 방식이 변화되지는 않는다. 환자와 치료자는 동일한 문제를 많은 치료 회기에 걸쳐 반복해서 다루면서 매번 더 명료해지도록 해야 한다. **훈습**(working through)이라고 하는 이 과정은 보통 오랜 기간이 소요되며 수년이 걸리는 경우도 많다.

정신역동치료의 현재 동향 지난 40년간 정신역동 심리치료자들의 치료 방식에는 상당한 변화가 있었다. 집중적 단기 치료에 대한 수요가 많아지면서 정신역동 심리치료의 효율성을 제고하고 소요되는 비용을 절감하려는 노력이 있었다. 이러한 경향을 보여주는 현재 정신역동적 접근 두 가지가 단기 정신역동치료와 관계적 정신분석치료이다.

단기 정신역동치료 여러 단기 정신역동치료에서 환자는 다른 사람과 잘 지내지 못하는 문제 등과 같은 치료에서 다룰 문제 하나(**역동적 초점**)를 선택한다. 치료자와 환자는 치료 기간 내내 그 문제와 연관된 정신역동적 이슈(예 : 해결되지 못한 구강기 욕구 등)만 다룬다. 이러한 단기 정신역동치료의 효과를 검증한 연구는 아직 소수에 그치지만, 그 연구들에 의하면 이러한 보다 집중적 접근이 때로는 환자에게 크게 도움이 된다(Farber, 2020).

관계적 정신분석치료 Freud는 정신역동 치료자는 치료 회기에서 중립적이고 거리를 두는 전문가의 역할을 해야 한다고 믿었다. 그러나 정신역동치료의 현대적 학파인 **관계적 정신분석치료**에서는 치료자가 환자의 삶의 핵심적인 인물로 치료자의

Pat Byrnes The New Yorker Collection/The Cartoon Bank

"부정 방어기제로 되돌아갔더니 예전보다 훨씬 잘 지내고 있어."

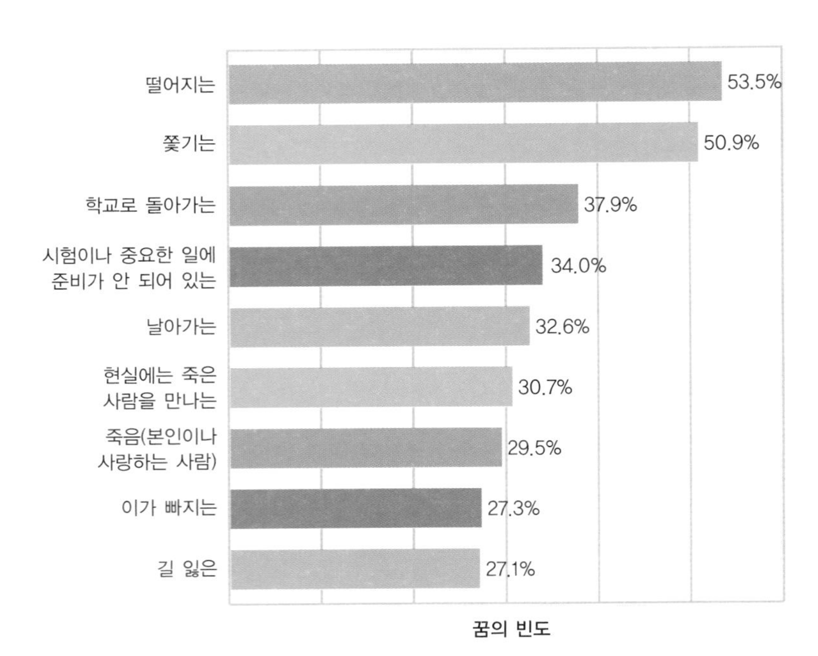

그림 2.3

가장 흔한 꿈

몇 가지 꿈 주제는 사람들에서 특히 흔하다. 설문조사에 의하면 미국 성인의 절반 이상이 '떨어지는 꿈', '쫓기는 꿈'을 반복적으로 꾼다. (출처 : Hyde, 2020)

반응과 믿음이 치료 과정에 포함되어야 한다고 주장한다(Curtis, 2020). 따라서 관계적 정신분석치료의 핵심 원칙은 치료자도 자기 자신에 대한 사안, 특히 환자에 대한 자신의 반응을 밝히고 환자와 보다 평등한 관계를 정립하도록 노력해야 한다는 것이다.

정신역동 모델의 평가

Freud와 그를 따르는 학자들은 이상심리 기능을 이해하는 방식을 바꾸는 데 기여하였다. 그들의 연구에 크게 힘입어서 오늘날 다양한 이론이 생물학적 과정 이외에서 해답을 찾고 있다. 또한 정신역동 이론가들 덕분에 우리는 이상심리 기능이 정상심리 기능과 동일한 과정에 뿌리를 두고 있다는 것을 이해하게 되었다. 심리적 갈등은 보편적인 경험으로, 갈등은 지나칠 경우에만 이상심리 기능으로 이어지게 된다.

Freud와 수많은 그의 추종자는 치료에도 기념비적인 영향을 미쳤다. 그들은 최초로 치료에 이론을 체계적으로 적용하였다. 또한 그들은 최초로 생물학적 치료가 아닌 심리적 치료의 잠재적 가능성을 보여주었고, 이들의 생각은 수많은 다른 심리적 치료의 출발점이 되었다.

이와 동시에 정신역동 모델에는 단점도 있다. 정신역동 모델의 개념은 연구하기가 어렵다(Safran & Hunter, 2020). 원초아의 추동, 자아방어기제 등의 과정은 추상적이고 무의식의 수준에서 작동하는 것으로 되어 있기 때문에 과연 그것들이 실제로 일어나는지를 확실히 알기가 어렵다. 그렇다면 그동안 정신역동적 설명이나 치료를 지지하는 연구가 별로 없었고 정신역동 이론가들은 주로 개인 사례 연구를 통한 증거에 의존하고 있다는 것이 놀랍지 않다. 하지만 근래의 연구 결과는 장기적이고 복합적 장애가 있는 특정 환자에게는 장기 정신역동치료가 도움이 될 수 있음을 시사하고 있으며(Wolitzky, 2020), 오늘날 임상심리학자의 18%가 스스로를 정신역동 치료자라고 밝히고 있다(Prochaska & Norcross, 2018).

사람들이 대부분 자신의 꿈을 해석해서 의미를 알아보려고 하는 이유가 무엇이라고 생각하는가?

요약

정신역동 모델

정신역동 이론가들은 개인의 행동이 정상이든, 이상이든 저변의 심리적 힘에 의해서 결정된다고 믿는다. 그들은 심리적 갈등은 초기의 부모-자녀 관계와 외상적 경험에 뿌리를 두고 있다고 본다. 그 모델은 Freud에 의해서 만들어졌으며 원초아, 자아, 초자아의 세 가지 역동적 힘이 상호작용하여 사고, 감정, 행동을 생성한다고 본다. 그 밖의 정신역동 이론으로는 자기 이론과 대상관계 이론이 있다.

정신역동 치료자는 사람들이 과거의 외상이나 그로부터 비롯된 내적 갈등을 밝혀내도록 돕는다. 그들은 자유연상, 저항, 전이와 꿈의 해석 등의 여러 기법을 사용한다. 주요 현대 정신역동적 접근에는 단기 정신역동치료와 관계적 정신분석치료가 있다.

인지행동 모델

이상심리의 인지행동 모델은 사람이 보여주는 행동과 가지고 있는 생각에 초점을 맞춘다. 인지행동 모델은 행동과 생각의 상호작용(행동이 생각에 어떠한 영향을 미치고 생각은 행동에 어떠한 영향을 미치는지)에도 흥미를 갖는다. 또한 행동–사고의 상호작용이 감정과 정서에 미치는 영향에도 관심을 가진다.

정신역동 모델이 의사의 임상적 작업에서 시작된 반면, 인지행동 모델은 19세기 말 이래 심리학 연구자들이 **행동**, 즉 환경에 대한 유기체의 반응을 연구한 실험실에서 시작되었다. 그러한 연구자들은 행동은 외적일 수도 있고(예 : 출근하기) 혹은 내적일 수도 있다고(예 : 감정 느끼기) 믿었다. 그들은 행동이 어떻게 습득되는지를 더 잘 이해하기 위하여 **조건화**(conditioning), 즉 단순한 형태의 학습에 대한 실험을 했다. 이러한 실험에서 연구자들은 **자극**과 **보상**을 조작하고는 그 조작이 동물과 인간 피험자들의 행동에 어떤 영향을 미치는지를 관찰한다.

조건화 단순한 형태의 학습

고전적 조건형성 반복적으로 두 사건이 시간적으로 가깝게 일어나 사람의 마음속에 융합되어서 동일한 반응을 일으키게 되는 학습 과정

모델링 개인이 타인들을 관찰하거나 흉내를 내서 반응을 습득하는 학습의 과정

1950년대에 여러 임상가는 정신역동 모델의 모호함과 느린 속도에 좌절하여 실험실에서의 조건화 연구에서 얻은 원리를 적용하여 이상심리를 설명하기 시작했다. 임상가들은 실험실 연구와 일관되게 심각한 수준의 불안, 우울 등의 부적응적 행동을 보고 그런 행동이 어떻게 학습되고 변화될 수 있을지에 집중했다.

10년 정도 지난 후 행동 자체에만 집중하는 것이 옳은 방향이기는 하나 지나치게 단순한 행동의 조건화 원칙은 사람의 기능과 장애의 복잡성을 충분히 설명하지 못한다고 믿게 된 임상가들이 많아졌다. 인간은 예상, 혹은 해석과 같은 인지 과정에도 관여하는데, 이러한 생각은 이전에는 행동에 초점을 두는 설명이나 치료에서는 대체로 간과되었다. 이들 임상가들은 행동과 **인지적 과정**을 고려하는 이상심리의 인지행동 이론과 역효과를 내는 행동과 역기능적 사고방식을 변화시키려는 인지행동치료를 개발하였다(Albano, 2021; Cattie, Buchholz, & Abramowitz, 2020).

오늘날의 이론가와 치료자 중 일부는 아직도 이상 기능의 행동적 측면에만 초점을 맞추는가 하면 다른 이들은 인지 과정에만 초점을 맞춘다. 그러나 인지행동적 임상가들의 대부분은 치료에 행동과 인지적 원리를 모두 포함시킨다. 인지행동 모델을 제대로 평가하기 위해서 우선 그 행동적 차원을 살펴보고, 그다음에 인지적 차원을 보기로 하자.

행동적 차원

많은 학습된 행동은 우리가 일상의 문제에 대처하고 행복하고 생산적인 삶을 영위하는 데 도움을 준다. 그러나 이상행동 또한 학습될 수 있다. 예를 들어 필립 버만은 부적절한 훈련을 받은 사람으로 볼 수도 있다. 그는 타인을 불쾌하게 만들고 자신에게 여러 종류의 문제를 일으키는 행동을 학습한 것이다.

이론가들은 다양한 형태의 조건형성을 밝혀냈는데, 각 조건형성은 이상행동과 정상행동을 일으킨다. 예컨대 **고전적 조건형성**(classical conditioning)에서는 두 자극이 반복적으로 시간적으로 가깝게 같이 발생하면서 사람들이 두 자극에 동일한 방식으로 반응하는 것을 학습한다. 만약 의사가 어린 소년에게 아픈 알레르기 주사를 놓을 때마다 하얀 실험실 가운을 입으면 그 아이는 주삿바늘뿐 아니라 하얀 실험실 가운을 무서워하는 것을 배우게 될 수 있다. 제4장에 나오듯이 많은 공포증은 고전적 조건형성에 의해서 학습된다(Fullana et al., 2020). 또 다른 형태의 조건형성인 **모델링**(modeling)에서는 사람들은 단순히 다른 사람을 관찰하고 나중에 그들의 행동을 되풀이함으로써 반응을 학습한다. 공포증은 모델링을 통해서도 습득될 수 있다. 만약 어린 소녀가

보는 대로 한다 모델링은 이상행동의 몇 가지 형태를 설명할 수 있다. Albert Bandura와 동료들(1963)의 유명한 연구는 아이들이 성인이 인형을 때리는 것을 관찰하면서 인형을 학대하는 것을 학습한다는 것을 보여주었다.

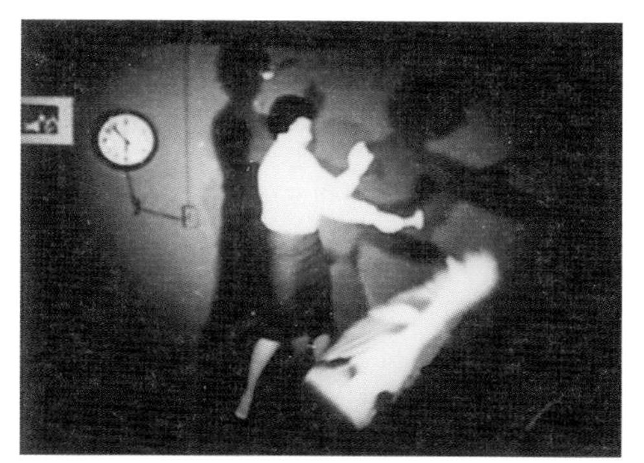

A. Bandura, Stanford University

자기 아버지가 개의 앞을 지나갈 때마다 겁에 질리는 것을 보게 된다면 그 소녀에게도 개에 대한 공포증이 생길 수 있다.

조건형성의 세 번째 형태인 **조작적 조건형성**(operant conditioning)에서는 그 행동을 수행할 때마다 이런저런 결과, 즉 강화(예 : 보상) 혹은 처벌을 경험하면 특정한 방식으로 행동하는 것을 학습하게 된다(Fisher, Piazza, & Roane, 2020; Skinner, 1958, 1957). 연구에 의하면 여러 이상행동이 조작적 조건형성에 의해서 습득될 수 있다(Fullana et al., 2020). 예를 들어 어떤 아이들은 자기가 못되게 굴 때 부모나 또래들이 일관되게 자신의 위협이나 요구에 굴복하거나 특별한 관심을 주면 극도로 심각한 공격행동을 학습한다. 또한 처음 술을 마셨을 때 평온함, 위안, 즐거움을 경험하면 술을 남용하게 되는 경우가 많다.

The Washington Post/Getty Images

동물을 대상으로 한 조건형성에서의 윤리 조건형성의 원리를 사용해서 동물에게 여러 재주를 가르칠 수 있다. 하지만 그 대가는 무엇일까? 사진에서는 아시아코끼리가 버지니아의 서커스 관중에게 '살아 있는 동상'이라는 재주를 보여주고 있다. 근래 대중은 서커스 동물의 훈련 절차에 경각심을 느끼게 되었고 이는 여러 서커스가 문을 닫게 하는 데 일조했다.

치료에서 행동에 집중하는 치료자는 조작적 조건형성, 고전적 조건형성, 모델링의 원리를 사용해서 문제행동을 보다 적절한 행동으로 바꾸도록 한다(Anthony, Roemer, & Lenton-Brym, 2020). 예를 들어 극심한 정도로 공격적인 아동을 치료할 때 치료자는 부모에게 자녀의 행동에 본의 아니게 제공해주었던 강화를 바꾸도록 유도한다. 아이들이 예의바르고 적절한 행동을 할 때 추가적 혹은 특별한 권한을 주어서 이를 체계적으로 강화해주도록 부모를 교육할 수 있다. 또한 심각한 공격적 행동에 대해서는 그런 행동을 한 후에는 관심을 거두거나 특전을 보류해서 체계적으로 처벌하도록 부모를 교육시킬 수 있다(Albano, 2021).

인지적 차원

필립 버만은 우리 모두와 마찬가지로 인지 능력, 즉 생각하고 기억하고 예상하는 특별한 지적 능력을 지니고 있다. 이러한 능력은 그가 삶에서 많은 것을 성취하도록 도울 수 있다. 하지만 그 인지 능력이 그에게 불리하게 작용할 수도 있다. 필립이 자기 경험에 대해서 생각하면서 그 경험들을 나쁜 결정, 부적응적 반응, 고통스러운 감정으로 이어지는 방식으로 잘못 해석할 수 있다.

1960년대에 Albert Ellis(1942)와 Aaron Beck(1967)이라는 두 임상가는 행동을 살펴보는 것뿐 아니라 인지에 집중함으로써 이상 기능을 더 잘 설명하고 치료할 수 있다고 제안하였다. Ellis와 Beck은 임상가들이 내담자의 지각, 그들의 마음을 스쳐가는 생각, 그리고 그 가정과 생각이 향하는 결론에 영향을 미치는 가정과 태도에 대하여 질문을 던져야 한다고 주장하였다.

Ellis와 Beck을 비롯한 그 외 인지 중심 이론가들에 의하면 이상심리 기능은 여러 유형의 인지적 문제의 결과로 나타날 수 있다. 어떤 사람들은 혼란스럽게 할 뿐 아니라 정확하지도 않은 가정을 하고 그런 태도를 지니고 있을 수 있다(Beck, 2020). 예를 들어 필립 버만은 자신의 과거 때문에 현재 상황에서 벗어날 수가 없다고 가정하는 것처럼 보일 때가 많다. 그는 자신

조작적 조건형성 만족스러운 결과를 가져온 행동이 반복될 가능성이 큰 학습 과정

이 부모에 의해서 부당한 괴롭힘을 당했고 이제는 자신의 과거에서 비롯된 운명에서 영원히 벗어날 수 없다고 믿는다. 그는 새로운 경험과 관계에 대해서도 항상 실패하여 끔찍한 결과로 끝나리라는 기대를 가지고 접근한다.

인지 이론가들에 의하면 **비논리적 사고 과정**은 이상 기능의 또 다른 원인이다. 예컨대 Beck에 의하면 어떤 사람들은 일관적으로 비논리적 사고를 함으로써 계속 자기 패배적 결론에 도달한다(Beck, 2020). 예를 들어 그들은 사소한 일 하나를 근거로 광범위한 부정적 결론을 끌어내는 **과잉일반화**(overgeneralize)를 할 수 있다. 한 우울한 학생은 역사 수업 시간에 남북전쟁이 시작된 날짜를 기억해낼 수 없었다. 그 학생은 그 일을 지나치게 일반화하여 그날 하루 종일 자신의 총체적 무식함에 절망 속에서 보냈다.

Nate Fakes/CartoonStock Ltd.

"왜 너는 항상 그렇게 부정적이니? 모든 게 늘 까악, 까악, 까악이야!"

인지집중 치료자는 다양한 전략을 사용해서 심리장애가 있는 사람들이 더 기능적인 새로운 사고방식을 개발하도록 돕는다. Beck이 개발한 어느 유력한 접근에서는 치료자가 우울한 내담자들로 하여금 자신의 생각을 지배하고 장애를 일으키는 부정적 사고, 편향된 해석, 논리의 오류를 확인하고 그에 도전하도록 유도한다. 제6장에서 보게 되겠지만 Beck의 접근으로 치료받은 우울한 사람들은 처치를 받지 않은 사람보다 훨씬 더 많이 호전되었다(Beck, 2020; Beck & Weishaar, 2019).

다음의 발췌된 사례에서는 Beck 유형의 치료자가 우울한 여성을 치료한다. 그 여성은 자신을 전반적인 실패자라고 느끼는데, 그 믿음은 최근 결별 후에 전면적으로 모습을 드러냈다.

치료자 : 빌이 떠난 후 실패자같이 느낀다고 하셨는데, 실패를 어떻게 정의하시나요?
내담자 : 저, 결혼이 잘 풀리지 않았어요.
치료자 : 그러니까 당신이 한 사람으로서 실패자이기 때문에 결혼에 실패했다고 믿으시나보군요.
내담자 : 결혼이 성공적이었다면 그 사람이 아직도 제 곁에 있겠지요.
치료자 : 그러니까 결혼이 잘 풀리지 않은 사람들은 모두 실패자라는 결론을 내릴 수 있을까요?
내담자 : 아니요. 그렇게까지 이야기할 건 아니겠지요.
치료자 : 당신이 내린 실패의 정의는 다른 사람이 보는 것과는 아주 다르다는 것을 아시겠지요. 이혼한 사람을 실패자라고 할 사람들은 거의 없겠지요…. 대부분의 사람들은 사람과의 관계에서의 성공을 어떻게 정의할까요?
내담자 : 음, 자신의 목표를 어느 정도 달성하면 성공적이라고들 하겠지요.
치료자 : 그러니까 그런 생각을 당신에게 적용한다면 인생에서의 목표 일부를 달성하셨다고 할 수 있을까요?
내담자 : 네. 전 대학을 졸업했고 지난 6년간 일을 해왔어요. 테드를 기르느라고 바빴어요. 그 애는 2년 전쯤 건강에 문제가 있었지만 맞는 의사를 찾았어요.
치료자 : 그렇다면 당신의 생각 속에 모순이 있나요? 스스로 자신을 실패자라고 하면서 여러 가지 성공을 했다고 하니까요.
내담자 : 네. 말이 안 되는군요. 그렇지요?

(Leahy, 2017, pp. 52–53)

인지행동 상호작용

앞에서 보았듯이 오늘날의 인지행동 이론가들과 치료자들의 대부분은 심리장애에 대한 설명과 치료에서 행동적 요소와 인지적 요소를 함께 섞어서 엮는다. 예컨대 사회불안장애에 대한 인지행동적 접근을 살펴보자. 사회불안장애는 제4장에 더 많이 다루고 있다.

흥미로운 이야기

그들의 진술

"우리가 문제를 만들어낼 때의 생각으로 우리의 문제를 해결할 수는 없다."

앨버트 아인슈타인

노출치료 두려워하는 사람에게 두려움의 대상인 물건이나 상황에 반복적으로 노출시키는 행동 중심 개입

사회불안장애를 가진 사람들은 다른 사람이 자기를 주시할지 모르는 사회적 상황에 대해서 심한 불안을 느낀다. 그들은 다른 사람 앞에서 제대로 기능하지 못하고 결국 창피당할 것을 걱정한다. 따라서 그들은 여러 사람 앞에서 연설을 피하고 다른 사람과 어울릴 기회를 거부하며 자신의 삶을 다양한 방법으로 제한한다.

인지행동 이론가들은 사회불안장애가 있는 사람들은 일관적으로 자신에게 불리하게 작용하는 사회적 신념과 기대를 가지고 있다고 주장한다(Butler, 2021; Romano et al., 2020). 그중에는 다음이 포함되어 있다.

- 비현실적으로 높은 사회적 기준을 가지고 있어서 사회적 상황에서 완벽하게 수행해야 한다고 믿는다.
- 자신을 사회적으로 매력 없는 존재라고 본다.
- 자신을 사회적으로 서투르고 부적절하다고 본다.
- 자신에게 항상 사회적 상황에서 무능하게 행동할 위험성이 있다고 믿는다.
- 사회적 상황에서의 서투른 행동은 불가피하게 끔찍한 결과를 가져올 것이라고 믿는다.

당신이 있는 장소 … 그리고 내가 있는 장소에서의 만남 연세가 지긋한 여성이 자기 집 거실에 앉아서 온라인으로 심리치료를 받고 있다. 이러한 유형의 원격정신의료는 특히 COVID-19 발생으로 대면접촉에 수반되는 건강위험에 대한 우려가 광범위하게 퍼지면서 점점 더 흔해지고 있다.

Anja Schaefer/Alamy Stock Photo

그러한 믿음과 기대에 눌려서 사회불안장애가 있는 사람들은 사회적 상황에 들어서자마자 자신의 불안 수준이 높아진다고 느낀다. 인지행동 이론가에 의하면 그러면 그 사람은 늘 '회피'와 '안전' 행동을 하게 된다(Butler, 2021; Carnahan, Carter, & Herr, 2019). 회피행동이란 예컨대 모임이나 파티에서 이미 잘 아는 사람들과만 이야기를 한다든지, 사회적 모임을 전적으로 회피하는 것이고, 안전행동은 얼굴이 붉어지는 것을 가리려고 화장을 하는 등이다. 그런 행동은 그 사람의 불안감과 부딪칠 수 있는 불편한 사건을 없애거나 감소시켜서 강화로 작용한다.

이와 같은 문제가 있는 믿음과 행동의 순환을 풀기 위해서 인지행동 치료자는 노출치료를 포함하여 여러 기법을 결합한다. **노출치료**(exposure therapy)란 공포를 느끼는 사람에게 자신이 두려워하는 물건이나 상황을 반복적으로 접하게 하는 행동집중 개입이다. 사회불안장애 사례의 경우 치료자는 내담자가 자신이 두려워하는 다양한 상황에 몰입해서 두려움이 잦아들 때까지 거기에 머무르도록 격려한다. 일반적으로 공포 상황에 대한 노출은 점진적이다. 그리고는 인지집중 개입을 사용해서 임상가와 내담자는 근래에 있었던 사회적 만남을 감안해서 그 사람의 부적응적 믿음과 기대를 재검토하고 반박한다.

이런 유형의 인지행동적 접근에서 내담자는 보다 정확한 사회적 믿음을 갖게 되고 더 많은 사회적 상황에 관여하며 다른 사람들과 만날 때 혹은 그것을 예상할 때 두려움을 덜 느끼게 된다. 회피와 안전 행동은 줄어들고 사회적 만남이 풍부해지고 즐거워지는 기회를 갖게 되면서 사회적 접근 행동은 강화를 받게 된다. 연구들에 의하면 그런 접근은 실제로 많은 이가 사회불안장애를 극복하는 데 도움이 된다(Butler, 2021).

인지행동치료의 새로운 흐름

내담자는 항상 자신의 부정적 생각과 편향된 해석을 완전히 떨어버릴 수

는 없다는 것이 알려졌다(Hayes, 2019; Rupp et al., 2019). 그에 따라 근래 **새로운 흐름의 인지행동치료**라고 부르기도 하는 새로운 치료그룹이 떠올랐다. 이들 새로운 접근에는 점점 더 빈번하게 사용되고 있는 **수용전념치료**(acceptance and commitment therapy, ACT)가 포함되는데, 여기에서는 내담자들로 하여금 자신의 수많은 문제성 사고를 판단하고 행동에 옮기거나 바꾸려는 헛된 노력을 하지 않고 **수용**하도록 돕는다(Bai et al., 2020; Samaan et al., 2020). 희망하기로는 내담자에게 그런 생각은 그저 생각일 뿐이라는 것을 깨닫게 해서 궁극적으로는 특별히 괴로움을 경험하지 않으면서 그 생각이 의식을 통과하게 하는 것이다.

제4장에서 보게 되겠지만 ACT와 그와 유사한 치료는 흔히 내담자가 그렇게 수용할 수 있도록 돕기 위해서 **마음챙김 기법**(mindfulness technique)을 사용한다(Kraines et al., 2020). 이러한 기법은 명상의 일종인 마음챙김 명상에서 크게 차용한 것이다. **마음챙김 명상**에서는 명상 중에 마음속에 흐르는 생각과 느낌에 주의를 집중하고 그런 생각을 섣불리 판단하지 않고 받아들이도록 가르친다(**정보마당** 참조).

흥미로운 이야기

방황하는 생각

마음은 평균적으로 전체 시간의 3분의 1에서 2분의 1 정도를 방황한다(Shepherd, 2019; Killingworth & Gilbert, 2010).

인지행동 모델의 평가

인지행동 모델은 임상 분야에서 막강한 세력이 되었다. 다양한 인지행동 이론이 제시되었고 수많은 치료 기법이 개발되었다. 그림 2.4에서 볼 수 있듯이 오늘날 임상심리학자들 중 거의 절반이 자신이 인지, 행동, 혹은 인지행동적 접근을 취한다고 보고하고 있다(Prochaska & Norcross, 2018).

인지행동 모델이 호소력을 갖는 이유 하나는 정신역동 이론은 일반적으로 실험실 검증이 불가능한 데 반하여 인지행동 모델은 그것이 가능하다는 것이다. 자극, 반응, 보상, 태도, 해석 등 모델의 기본 개념 중 다수는 관찰이 가능하고 적어도 측정이 가능하다(Fisher et al., 2020). 더구나 연구자들에 의하면 심리장애를 가진 사람들은 인지행동 이론가들이 예상하는 유형의 반응, 가정, 사고의 오류를 보이는 경우가 많다(Albano, 2021; Beck, 2020).

이 모델의 인기를 설명하는 또 하나의 이유는 인지행동치료의 연구 성과가 인상적이라는 것이다. 실험실과 실생활에서 모두 인지행동치료가 불안, 우울, 성기능부전, 지적장애, 그 밖의 다른 문제가 있는 수많은 사람에게 큰 도움이 되는 것으로 판명되었다(Kunas et al., 2021; Cattie et al., 2020; Samaan et al., 2020).

동시에 인지행동 모델에도 약점이 있다. 첫째, 부적응적 행동과 인지 과정의 장애는 여러 형태의 이상심리에서 발견되었지만 그 정확한 역할은 아직까지 밝혀지지 않았다. 심리적 장

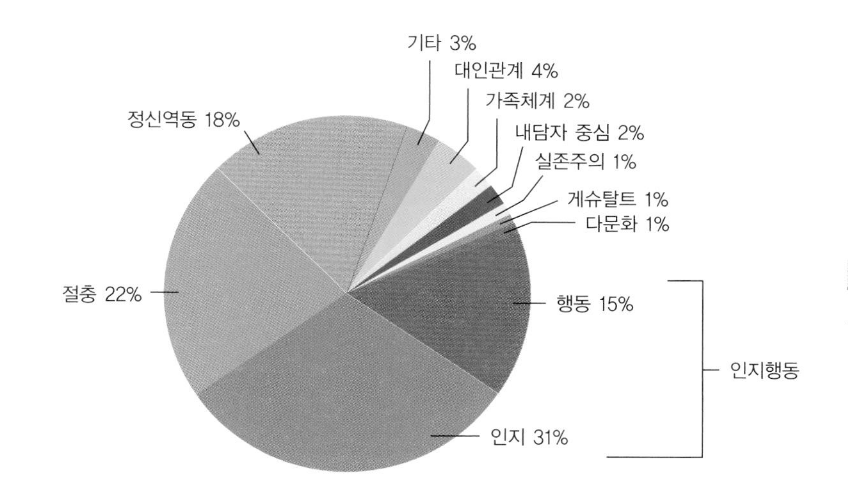

그림 2.4

오늘날 임상심리학자들의 이론적 기원

설문에 의하면 임상심리학자의 22%가 자신의 접근을 '절충'한다고 했고, 46%는 자신의 모델이 인지 그리고/또는 행동이라고 했으며, 18%가 자신의 기원을 '정신역동'이라고 하였다. (출처 : Prochaska & Norcross, 2018)

마음챙김

지난 10년 동안 **마음챙김**은 심리학에서 가장 일반적인 용어 중 하나가 되었다. 마음챙김은 의도적이고 비판단적으로 현재의 순간에 존재하는 것을 포함한다. **마음챙김 훈련 프로그램**은 통증, 불안장애 및 우울장애뿐만 아니라 다양한 다른 심리장애로 고통받는 사람들의 치료를 돕는 데 마음챙김 **명상** 기술을 사용한다.

마음챙김 프로그램

- 의도적으로 비판단적으로 현재에 주의를 기울이는 상태에 이르는 것이 목표이다.

8주간의 훈련

신체 감각에 주의
호흡 감각에 대한 관심
생각이 일어나는 것에 주의
단순 요가
과제
(연습 및 일기 보관)

(Minichiello et al., 2020; Miller, 2019; Zhang et al., 2019; Ackerman, 2017)

- 다음과 같은 장애를 치료하는 데 도움이 된다.

통증 상태
외상후 스트레스장애 및 기타 스트레스장애
우울장애
강박장애
물질사용장애
경계성 성격장애

(Wang et al., 2020; B. Zhou et al., 2020; McKay, 2019; Segal, 2019; Stein, 2019a)

- 다음 장애에서 나타나는 불안을 감소시키는 데 도움이 된다.

범불안장애
사회불안장애
공황장애
시험불안
질병불안
불안을 동반한 우울장애

(Carlton et al., 2020; X. Zhou et al., 2020; Bystritsky, 2019a; Craske, 2019; Craske & Bystritsky, 2019; Creswell, 2017)

마음챙김 명상 기술 연습 앱의 수
1,000개

북아메리카 지역에서 마음챙김을 가르치는 의과대학의 수
120개 이상

왜 사람들은 마음챙김을 추구하는가?

"휴대전화, 문자메시지, 소셜 네트워크, 이메일 전송 등은 내가 하는 일에서 주의를 분산시키기 쉽다."

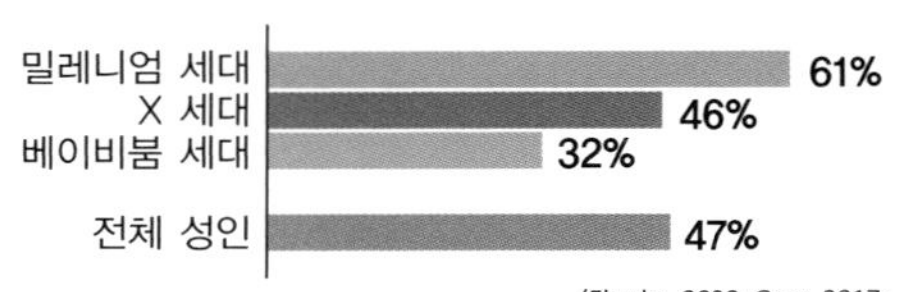

(Ehmke, 2020; Gray, 2017; Palley, 2014)

미국 성인이 마음챙김 프로그램에 매년 지출하는 금액
20억 달러

마음챙김 명상 기법을 실시하는 미국인의 비율
14%

마음챙김 기법을 실시하는 미국인의 비율
22%

(LaRosa, 2019; Rakicevic, 2019; Ziegelstein, 2018)

마음챙김 전략

매일 아침 의식적으로 인식하려고 하세요. 하루를 시작하기 전에 기분이 어떤지 알아차립니다.

- 하루 종일 특히 중요 임무를 수행하기 전에 5~30분 동안 주의 깊은 호흡을 연습하세요.
- 숨을 깊이 들이마시고 내쉬고 호흡에 집중하세요.
- 하루 종일 느긋해지려고 하세요.
- 매일 적어도 5분 동안 아무것도 하지 마십시오.
- 하루에 주기적으로 전자기기를 끄는 시간을 가지세요(예: 휴대전화, 컴퓨터).
- 천천히 점심을 먹으면서 맛과 몸의 감각을 즐깁니다.
- 책상에 앉아서 정기적으로 휴식을 취하세요.
- 주변 환경에서 하나를 선택해서 60초 동안 조심스럽게 관찰하세요.
- 10분 동안 천천히 걸으면서 호흡과 발걸음을 맞추어보세요.
- 하루가 끝날 때, 판단 없이 하루를 반성하세요.

(Adams, 2020; Decker, 2020; Zhang et al., 2019; Ackerman, 2017; Noonan, 2014; Russell, 2014)

마음챙김을 지지하는 연구 효과

마음챙김은 다음과 같은 효과를 보인다.

- 불안 및 관련 정서에 대한 통제력을 향상시킨다(편도체).
- 더 평화로운 수면을 촉진한다.
- 자율신경계의 기능을 향상시킨다.
- 기민하나 불안하지 않은 정신 상태와 관련된 알파 리듬의 뇌파를 만들어낸다.
- 감각 신호와 의식을 높이는 시상의 기능을 향상시킨다.
- 스트레스를 감소시킨다.
- 스트레스하에서의 의사결정을 향상시킨다(전두엽피질).
- 주의력을 향상시킨다(기저핵).
- 작업기억과 언어적인 추론을 향상시킨다(전두엽피질 및 해마).
- 면역체계의 기능을 향상시킨다.
- 음악을 즐기고 경험하는 것이 증가된다.
- 고령자의 외로움이 감소된다.

(Barrett et al., 2020; X. Zhou et al., 2020; Suciu, 2019; Zhang et al., 2019; Creswell, 2017;

애가 있는 사람들이 보이는 문제가 있는 행동과 인지는 그들의 어려움의 원인이라기보다 결과일 수도 있다. 둘째, 비록 인지행동치료가 많은 사람에게 도움이 되는 것은 분명하지만 모두에게 인지행동치료가 도움이 되는 것은 아니다. 셋째, 인지행동 치료자는 주로 내담자의 현재 경험과 기능에 초점을 둠으로써 생애 초기 경험과 관계가 현재 문제에 미치는 영향을 지나치게 가볍게 볼 수 있다.

마지막으로 인지행동 모델은 어떤 면에서는 편협하다. 비록 행동과 인지가 분명히 삶의 핵심적 차원이기는 하지만, 그래도 그것은 인간 기능의 두 측면일 뿐이다. 인간 기능을 설명한다면 보다 넓은 이슈, 사람들이 삶을 어떻게 접근하는지, 거기에서 어떤 가치를 끌어내는지, 그리고 삶의 의미를 어떻게 다루는지 등도 고려해야 하지 않을까? 이것이 인본주의-실존주의 모델의 입장이다.

자기실현 개인이 자신의 선함과 성장에 대한 잠재력을 달성하는 인본주의적 과정

요약

인지행동 모델

인지행동 모델의 지지자들은 심리장애의 설명과 치료에서 부적응적 행동과 인지에 초점을 둔다. 인지행동모델 지지자들의 대부분은 연구와 치료에 행동적 차원과 인지적 차원을 모두 포함시킨다.

행동적 측면에서 인지행동 모델의 지지자들은 세 가지 유형의 조건화(고전적 조건화, 모델링, 조작적 조건화)로 정상행동과 이상행동을 설명할 수 있다고 주장하면서 학습의 원리에 기반을 둔 기법을 사용해서 문제행동을 보다 적절한 행동으로 대치함으로써 문제행동을 보이는 사람들을 치료한다. 인지적 측면에서는 인지행동 모델의 지지자들은 부적응적 가정이나 비논리적 사고 과정과 같은 인지적 문제를 이상심리 기능의 원인으로 지목하고 이들의 문제성 사고방식을 인식하고 반박하여 바꾸도록 도움으로써 기능장애가 있는 사람들을 치료한다.

전통적 인지행동 접근에 더하여 수용전념치료(ACT)와 같은 새로운 물결의 인지행동치료는 내담자로 하여금 그들의 많은 문제성 사고를 의식하고 받아들이도록 가르치고 있다.

인본주의-실존주의 모델

필립 버만은 그의 심리적 갈등, 학습된 행동이나 생각의 총합을 넘어서는 존재이다. 그는 인간으로서 자기 인식, 강력한 가치, 삶의 의미, 선택의 자유 등과 같은 철학적 목표를 추구하는 능력을 갖추고 있다. 인본주의와 실존주의 이론에 의하면 필립의 문제는 그러한 복합적 목표를 고려해야만 이해할 수 있다. 인본주의와 실존주의 이론은 인간 존재의 보다 넓은 차원에 초점을 둔다는 공통점을 가지고 있기 때문에 흔히 인본주의-실존주의 모델로 묶어서 제시되기도 하지만 중요한 차이점도 있다(표 2.2 참조).

두 집단 중 상대적으로 더 낙관적인 인본주의자는 인간이 선천적으로 우호적이고 협조적이며 건설적 성향을 가지고 태어났다고 믿는다. 이들은 사람이 선함과 성장을 향한 잠재력의 실현, 즉 **자기실현**(self-actualization)을 위해서 노력한다고 제안한다. 그러나 이러한 자기실현은 자신의 강점뿐 아니라 약점까지도 솔직하게 인식하고 받아들여서 만족스러운 개인적 삶의 가치를 확립할 수 있어야 가능해진다. 나아가서 인본주의자들은 자기실현을 이루면 자연스럽게 다른 사람의 안녕을 염려하게 되며, 사랑이 넘치면서 용기 있고 자발적이고 독립적인 행동을 할 수 있게 된다고 제안한다(Kaufman, 2020; Maslow, 1970).

실존주의자도 심리적으로 잘 적응하기 위해서는 정확한 자기 인식을 가지고 의미 있는(그들의 용어를 빌린다면 '진솔한') 삶을 살아야 한다는 데 동의한다. 그러나 실존주의자들은 사람

흥미로운 이야기

기부를 통한 자기실현

70%	미국 성인 중 매년 자선 기부를 하는 비율
33%	미국 성인 중 매년 자원봉사를 하는 비율

(출처 : Charities Aid Foundation, 2019)

흥미로운 이야기

그들의 진술

"사람들은 당신이 무슨 말을 했는지, 어떤 행동을 했는지는 잊을지 몰라도 당신이 자기들에게 어떤 기분을 갖게 했는지는 절대로 잊지 못할 것이다."

마야 안젤루

표 2.2

모델 간 비교

	생물학	정신역동	행동	인지	인본주의	실존	가족-사회	다문화
장애의 원인	생물학적 기능 이상	심리 저변의 갈등	부적응적 학습	부적응적 사고	자기 기만	책임의 회피	가족/사회 스트레스	외적 압력/문화 갈등
연구 결과의 지지	강력	중간 정도	강력	강력	미약	미약	중간 정도	중간 정도
수요자 명칭	환자	환자	내담자	내담자	환자/내담자	환자/내담자	내담자	내담자
치료자의 역할	의사	해석자	교사	설득자	관찰자	공동 협력자	가족/사회적 촉진자	문화적 옹호자/교사
핵심 치료 기법	생물학적	자유연상, 해석	조건형성	설득	반영	다양한 방법	가족/사회적 개입	문화민감 개입
치료 목표	생물학적 치료	광범위한 심리적 변화	기능적 행동	적응적 사고	자아실현	진솔한 삶	효과적 가족 및 사회체계	문화적 인식과 편안함

들이 본성적으로 긍정적인 삶을 지향한다고는 믿지 않는다. 그들은 사람은 태어날 때부터 자신의 존재에 직면하여 삶에 의미를 부여할 것인지, 아니면 그러한 책무에서 움츠러들 것인지를 선택할 수 있는 완벽한 자유가 주어진다고 믿는다. 책임과 선택으로부터 '숨기'를 선택하는 사람들은 결과적으로 자신을 무력한 존재로 보게 되고, 공허하고 가식적이며 역기능적인 삶을 살게 된다(Schneider & Krug, 2020).

인본주의와 실존주의 이론은 서구사회에서 자아성찰과 사회격변이 상당히 심각했던 시기인 1960년대와 1970년대에 대중적으로 큰 인기를 누렸다. 그 이후 대중적 인기는 다소 떨어졌지만 많은 임상가의 생각과 작업에 지속적으로 영향을 미치고 있다. 특히 인본주의 원리는 긍정적 감정, 특성, 능력과 이타적 덕성을 연구하고 함양하는 **긍정심리학** 전반에 걸쳐서 뚜렷하게 드러난다. 제1장에서 보았듯이 긍정심리학은 근래 크게 탄력을 받고 있다(16쪽 참조).

Rogers의 인본주의 이론과 치료

흔히 인본주의 관점의 선구자로 간주되는 Carl Rogers(1902~1987)에 의하면 심리적 장애로 가는 길은 영아기부터 시작된다(Miller, 2020; Rogers, 1987, 1951). 우리 모두는 우리 삶에서 중요한 인물(특히 부모)로부터 **긍정적 존중**을 받고자 하는 기본적 욕구를 가지고 있다. 어릴 때부터 **무조건적인**(무비판적) **긍정적 존중**을 받은 이들은 **무조건적 자기 존중**이 발달될 가능성이 높다. 다시 말해서 그들은 자신이 완전하지 못하다는 것은 알면서도 자신이 인간으로서 가치가 있음을 인식하게 된다. 그런 사람들은 자신의 긍정적 잠재력을 실현하기에 유리한 위치에 있다.

유감스럽게도 어떤 아이들은 반복적으로 자기가 긍정적 존중을 받을 가치가 없다고 느끼게 만드는 경험을 한다. 그 결과, 그들은 **가치의 조건**, 즉 특정한 지침을 따를 때만 그들이 사랑받을 만하고 용인될 수 있다는 기준을 습득한다. 이들은 긍정적 자기 존중을 유지하기 위해서 자신을 아주 선택적으로 바라보면서 가치의 조건에 미치지 못하는 자신의 생각과 행동을 부인하거나 왜곡하게 된다. 그렇게 그들은 자신과 자신의 경험을 진실하지 않게 보게 된다. 그들은 자신이 진정으로 어떤 기분을 느끼는지, 진정으로 무엇을 필요로 하는지, 혹은 어떤 가치와 목표가 자신에게 의미가 있는지를 모른다. 기능에서의 문제는 불가피하다.

Rogers는 필립 버만을 길 잃은 사람이라고 할지 모른다. 자신이 지니고 있는 긍정적 잠재력

실현을 위하여 노력하지 않고, 직장에서도 대인관계에서도 이리저리 떠돌아다니고 있다. 그는 사람들과의 상호작용에서도 늘 자기방어적으로, 모든 일을 자기에게 편한 방식으로 해석하고 보통 자기 문제를 다른 사람의 탓으로 돌린다. 그럼에도 불구하고 그의 기본적인 부정적 자기상은 끊임없이 모습을 드러낸다. Rogers는 아마도 이 문제가 그의 어머니가 어린 시절 내내 그를 비판적으로 다루었기 때문이라고 할 것이다.

Rogers는 인간 기능에 대한 자신의 견해와 일관되는 온정적이고 지지적인 치료 접근인 내담자 중심 치료를 개발하였다. **내담자 중심 치료**(client-centered therapy)에서 임상가들은 내담자가 자신을 정직하게 그리고 수용적으로 볼 수 있는 지지적 분위기를 만들려고 노력한다(Miller, 2020). 치료자는 치료가 진행되는 동안 **무조건적인 긍정적 존중**(내담자를 전적으로 따뜻하게 수용), **정확한 공감**(능숙한 경청과 재진술), **진솔함**(진지한 의사소통)의 세 가지 중요한 자질을 보여주어야 한다. 다음 사례에서 내담자 중심 치료자는 이 세 가지 자질을 모두 활용하여 내담자의 자기 인식을 높이고 있다.

내담자 중심 치료 Carl Rogers가 개발한 인본주의적 치료법으로, 치료자는 내담자에게 수용, 정확한 공감, 진솔함을 전달함으로써 도움을 준다.

내담자 : 아무도 저처럼 자기 자신에게 잔인하지는 않을 거예요.
치료자 : 그리고 그렇게 가혹한 판단을 하지도 않겠지요. 당신은 자신에게 상당히 혹독하네요.
내담자 : 네. 저는 제가 자신을 비판하듯이 제 친구들을 비판하지는 않아요.
치료자 : 아마도 친구들 안에서는 사랑할 만한 걸 볼 수 있지만 당신 자신 안에서는 그렇지 못하기 때문이겠지요. 당신에게는 자신이 사랑받을 만하지가 않은 거지요.
내담자 : 어쩌면 제게도 사랑받을 만한 게 조그만 조각이라도 있겠지요.
치료자 : (침묵) 그러니까 스스로 보기에도 괜찮은 부분, 사랑받을 만한 부분이 있다는 말이군요.
내담자 : 네. 그럴지도 모르겠네요. 제 안의 어린아이 … 그 애, 저는 아직도 쾌활하고 재미있고 따뜻할 수 있어요.
치료자 : 그건 정말 멋진 특성입니다…. 그 애는 아직도 당신이 붙잡을 수 있는 자신의 한 부분이지요.
내담자 : 네.
치료자 : 그 애가 당신을 가혹하게 판단할 거라고 생각하세요?
내담자 : 아니요. 그 애는 저를 사랑해요.
치료자 : 당신의 이 특별한 아이 부분에는 당신이 용서하지 못할 부분이 없지요.
내담자: 그래요. 그녀는 제 전부를 사랑하고 있어요.

(Farber, Suzuki, & Lynch, 2019)

이러한 분위기에서라면 내담자는 치료자가 자신을 수용하고 이해하고 있다는 느낌을 받을 것이다. 그렇게 되면 이들은 정직한 수용적 태도를 가지고 자기 자신을 바라볼 수 있게 될 것이다. 이들은 자신의 감정과 생각 그리고 행동을 존중하게 되고 자기실현을 가로 막았던 불안감과 불신이 사라질 것이다.

내담자 중심 치료는 연구에서 그다지 좋은 성과를 얻지 못했다(Miller, 2020). 그럼에도 불구하고 Rogers의 치료는 임상 실무에 긍정적인 영향을 미쳤다(Bohart & Watson, 2020). Rogers의 치료는 정신역동 심리치료에 대하여 처음으로 제시된 주요한 대안 중 하나로, 새로운 접근이 임상 분야에 들어오는 계기가 되었다. 또한 Rogers는 이전에는 정신과 의사들의 독자적 영역으로 간주되었던 심리치료에 심리학자들이 참여할 수 있는 길을 여는 데 기여하였다. 그리고 임상 연구에 대한 Rogers의 헌신적 노력에 힘입어 체계적 심리치료 연구가 활성화되었다. 오늘날 임상심리학자의 약 2%, 사회복지사의 1%, 상담심리학자의 3%가 내담자 중심 접근을 사용한다고 보고하고 있다(Prochaska & Norcross, 2018).

AP Photo/The Daily Telegram, Lad Strayer

울적함 떨쳐버리기 게슈탈트 치료자는 내담자에게 베개를 때리거나 소리를 지르고 물건을 걷어차거나 두드려서 자신의 감정을 마음껏 표현하도록 이끈다. 이러한 기법에 기반을 둔 새로운 접근인 '드럼 치료'에서는 사진 속의 여성처럼 내담자에게 드럼을 쳐서 외상적 기억을 풀어버리고 믿음을 바꾸고 더 자유롭게 느끼는 방법을 가르친다.

게슈탈트 이론과 치료

인본주의적 접근의 또 다른 예인 **게슈탈트치료**(gestalt therapy)는 1950년대에 카리스마적인 임상가인 Frederick (Fritz) Perls(1893~1970)에 의하여 개발되었다. 내담자 중심 치료자와 마찬가지로 게슈탈트 치료자도 내담자가 자기 인식과 자기 수용을 향상시키도록 이끈다(Mann, 2020; Schultz, 2020). 그러나 내담자 중심 치료자와는 달리 게슈탈트 치료자는 치료시간에서의 대화에서 **여기 현재**(here and now)에 머물기를 요구하고 자신의 진정한 감정을 받아들이도록 밀면서 내담자를 도전하고 좌절시킴으로써 이 목표를 달성하려고 한다.

예를 들어 게슈탈트 치료자는 내담자에게 다양한 역할을 실연해보도록 하는 **역할 연기** 기법을 자주 사용한다. 다른 사람, 물건, 대안적 자아(alternative self), 혹은 몸의 일부분이 되어보라는 지시를 받을 수 있다. 감정을 완전히 표현하도록 격려받게 되므로 게슈탈트 방식의 역할연기는 아주 치열해질수 있다. 이 경험을 통해서 사람들은 이전에는 불편했던 느낌을 받아들이게(인정하게) 된다.

임상심리학자와 그 밖의 다른 유형의 임상가들의 약 1%가 스스로를 게슈탈트 치료자라고 한다(Prochaska & Norcross, 2018). 주관적 경험과 자기 인식은 객관적으로 측정될 수 없다고 믿기 때문에 게슈탈트치료의 옹호자들은 이 접근에 관한 통제된 연구를 그다지 많이 하지 않았다(Yontef & Jacobs, 2019).

영적 관점과 개입

19세기와 20세기의 대부분 기간 중 임상가들은 종교를 정신건강에 부정적(혹은 잘해봐야 중립적) 요인으로 봤다. 사실 종교적 광증은 1800년대에 정신병원에 입원된 환자들에게 부여된 보편적 진단이었는데, 이는 종교적 신념과 관행이 정신장애의 원인이라는 임상적 관념을 반영하는 것이었다(Geppert, 2019). 그러나 이와 같은 종교에 대한 부정적 견해는 이제 막을 내리는 듯하다. 지난 10년 동안 영적(spiritual) 이슈와 임상적 치료를 연결하는 수많은 논문과 책

AP Photo/John Amis

영성과 과학 몇 해 전 티베트의 영성지도자 달라이 라마(오른쪽)가 정신의학 교수인 진델 시걸(왼쪽)과 그 외 정신건강 연구자들을 과학, 정신건강, 영성 사이에 있을 수 있는 연결을 조사하는 학회에서 만났다.

이 출판되었고 심리학자, 정신과 의사, 상담가의 윤리강령은 각각 종교는 다양성의 한 유형으로서 정신건강 전문가들은 이를 존중해야 한다고 결론짓고 있다(Snyder et al., 2020).

연구자들은 영성은 사실상 심리적 건강과 상관관계가 있는 경우가 많다는 것을 알게 되었다. 특히 독실하고 신을 온정적이고 자비로우며 우리에게 도움을 주고 의지할 수 있는 존재로 보는 사람들의 정신건강을 조사한 연구가 수행되었다. 이러한 사람들은 종교가 없거나 신이 냉정하고 동정심이 없다고 보는 사람들에 비해서 덜 외롭고 덜 비관적이며 우울과 불안이 덜하다는 것이 반복적으로 밝혀졌다(Saunders et al., 2020; Hardy et al., 2019). 그런 사람들은 또한 질병이나 전쟁 등 주요한 삶의 스트레스에 더 잘 대처하고 자살기도의 빈도가 더 낮았다. 또한 그들은 약물을 남용할 가능성도 낮았다.

그러한 상관관계는 영성이 정신적으로 보다 건강하게 만든다는 것을 의미할까? 반드시 그렇지는 않다. 제1장에서 나와 있듯이 상관관계가 곧 인과관계를 의미하는 것은 아니다. 예를 들어 낙관적인 태도가 더 높은 영성으로 이어지고, 그와는 무관하게 낙관주의가 높은 정신건강에 기여할 수 있다. 어느 쪽이 옳은 해석인지와는 상관없이 이제는 많은 치료자가 신앙심이 깊은 내담자를 치료할 때는 영적인 문제를 반드시 포함시키며, 일부 치료자는 더 나아가서 내담자가 당면하고 있는 스트레스를 대처하는 데 영적 자원을 활용하도록 격려한다(Saunders et al., 2020). 마찬가지로 많은 종교 기관이 교인들에게 상담 서비스를 제공하고 있다.

영성과 정신건강의 상관관계를 설명할 수 있는 방법을 생각해보자.

실존주의 이론과 치료

인본주의자 이론가와 마찬가지로 실존주의 이론가도 심리적 기능장애는 자기기만에 그 근원이 있다고 믿는다. 다만 실존주의 이론가들이 말하는 자기기만은 사람들이 자신의 삶에 대한 책임을 회피하고 삶에 의미를 부여하는 것이 자신에게 달려 있음을 인식하지 못하는 것이다. 실존주의 이론가에 따르면 많은 사람이 현대사회의 압박을 감당하지 못하고 다른 사람이 설명해주고 안내해주며 권위를 가져주기를 기대한다. 그들은 자신에게 선택의 자유가 있다는 것을 간과하고 자신의 삶과 결정에 대한 책임을 회피하려고 한다(Schneider & Krug, 2020). 그런 사람들은 공허하고 진솔하지 못한 삶을 살게 된다. 그들이 경험하는 주된 정서는 불안, 좌절, 지루함, 소외, 우울이다.

실존주의 이론가는 필립 버만이 사회의 힘에 압도되었다고 느끼는 사람이라고 본다. 필립은 자기 부모를 '부와 권력을 가지고 있고 이기적'이라고 하며, 교사들, 지인, 고용주들은 자기를 억압하는 사람으로 본다. 그는 삶에서 자신이 선택할 수 있는 부분이 있고, 의미와 방향을 찾을 수 있는 능력이 있다는 것을 받아들이지 못한다. 그에게는 그만두는 것이 습관처럼 되었다. 그는 직장을 계속 그만두고 연애관계마다 끝을 내고 어려운 상황에서 달아났다.

실존치료(existential therapy)에서는 사람들이 자신의 삶과 문제에 대한 책임을 수용하도록 격려한다. 치료자는 내담자에게 자유가 있고 다른 길을 택하여 보다 더 의미 있는 삶을 영위할 수 있다는 것을 인식하도록 도우려고 한다(Ackerman, 2020a; Yalom & Josselsom, 2019). 실존치료에서 사용되는 구체적 기법은 치료자에 따라서 다양하다. 그리고 대부분의 실존적 치료자는 치료자와 내담자의 관계에 큰 비중을 두고 솔직하고 열심히 노력하며 함께 배우고 성장하는 분위기를 만들려고 노력한다.

게슈탈트치료 Fritz Perls가 개발한 인본주의 심리치료로, 임상가는 역할 연기와 자기 발견 연습 등의 기법을 활용하여 내담자의 자기 인식과 자기 수용을 적극적으로 증진시킨다.

실존치료 내담자로 하여금 자신의 삶에 대한 책임을 받아들여서 보다 큰 의미와 가치를 지닌 삶을 살도록 격려하는 치료

흥미로운 이야기

그들의 진술

"삶에 절대적인 의미 같은 것은 존재하지 않는다. 삶에 의미를 부여하는 것은 당신에게 달려 있다."

프랑스 철학자 장 폴 사르트르

치료자 : 당신을 어떻게 생각하세요? 당신 자신에 대해서 어떻게 느끼시는지요?
내담자 : 저는 제가 얼간이 같은 기분이 들어요. 선생님은 어떻게 생각하세요?
치료자 : 제임스, 저는 모르지요. 당신 대신해서 말할 수는 없지만 당신이 말하기를…
내담자 : (눈이 촉촉해지면서) 저는 꼼짝 못 하게 되었어요. 저는 망했어요…. 네, 전 가끔 제 인생이 거대한 벽 같다는 느낌이 들어요. 그리고 저는 계속 짓눌려지는 벌레이고요.
치료자 : 거기가 지금 당신이 있는 곳인가요?
내담자 : 꼭 그런 것은 아니지요.
치료자 : 제임스, 잠깐 동안 현재 당신이 있는 곳에 머무르세요.
내담자 : 저는 고통을 받고 있어요…. 제가 어떻게 그렇게 할 수가 있었을까요? 어떻게 완벽하게 멀쩡한 관계를 벼랑에서 밀어 떨어뜨릴 수가 있었을까요? 도리가 없어요. 저는 망할 운명이에요.
치료자 : 제임스, 그게 당신 전부인가요? 당신 인생 전부, 그리고 지금까지 겪어온 모든 게 결국 그렇게 되는 건가요?
내담자 : 그런 것 같아요.
치료자 : … 당신에게는 그게 괜찮은가요?
내담자 : 아니요. 하지만 그렇다고 제가 할 수 있는 건 아무것도 없어요.
치료자 : 그래서 무엇을 할 용의가 있어요?
내담자 : 음, 저는 그게 정말 지긋지긋해요.
치료자 : 알겠어요. 제임스, 그것 말고 또 무엇이 있나요?
내담자 : 어쩌면 제가 그렇게 형편없는 존재가 아니었을지도 모른다는 거요. 제가 늘 자신을 그렇게 만드는 것처럼 말이지요. 제가 깜빡 실수했다는 거요. 제가 바보 같은 말을 했는데, 전 평생 망한 건가요?
치료자 : 잠깐 있어 봐요, 제임스. 그밖에 당신한테 무엇이 있나요?
내담자 : 약간의 자부심, 투쟁….

(Schneider, 2007)

실존적 치료자는 실험법으로 그들의 치료 효과성을 제대로 검증할 수 있다고 믿지 않는다. 그들이 보기에 연구는 사람을 검사측정치로 취급하기 때문에 인간성을 빼앗는다고 생각한다. 따라서 실존치료의 효과성을 밝히는 통제 연구는 거의 없는 것이 당연하다(Ackerman, 2020a; Vos, 2019). 그래도 오늘날 임상심리학자의 약 1%는 주로 실존적 접근을 사용한다(Prochaska & Norcross, 2018).

인본주의-실존주의 모델의 평가

인본주의-실존주의 모델은 임상 분야 안팎에서 많은 사람의 흥미를 끌었다. 인본주의와 실존주의 이론은 인간 실존의 특별한 도전을 인식함으로써 다른 이론에서는 볼 수 없는 심리적 삶의 측면을 건드린다(Bohart & Watson, 2020; Schneider & Krug, 2020). 더욱이 실존주의 이론가들이 효율적으로 기능하는 데 필수적이라고 보는 자기 수용, 개인적 가치, 개인적 의미, 개인적 선택은 확실히 다수의 심리장애자에게서 찾아볼 수 없다.

인본주의-실존주의 모델의 낙관적 논조도 매력적이다. 그와 같은 낙관주의는 **긍정심리학**의 목표 및 원리와 아주 잘 조화를 이룬다(16쪽 참조)(Snyder et al., 2020). 인본주의-실존주의 모델의 원리를 따르는 이론가들은 과거와 현재에 여러 가지 일이 있었음에도 우리가 스스로 선택할 수 있고 우리의 운명을 결정할 수 있으며 많은 것을 성취할 수 있다고 주장함으로써 커다란 희망을 준다. 인본주의-실존주의 모델의 또 다른 매력은 건강을 강조한다는 점이다. 일부 다른 모델을 따르는 임상가들이 인간을 심리적 질환이 있는 환자로 보는 것과 달리 인본

흥미로운 이야기

그들의 진술

"세상을 보면 비관적인데 사람들을 보면 낙관적이다."

칼 로저스

주의나 실존주의 이론가는 이들이 아직까지 잠재력을 성취하지 못하였을 뿐이라고 본다.

그러나 인본주의-실존주의가 인간 실현이라는 추상적인 이슈에 초점을 두는 것은 과학적 관점에서는 주요한 문제를 야기한다. 이러한 추상적 이슈는 연구하기가 어렵다. 사실 자신의 임상적 방법을 면밀하게 조사하려고 노력했던 Rogers를 제외하고는 인본주의 및 실존주의 이론가들은 전통적으로 실증적 연구를 거부해왔다. 이제 일부 인본주의와 실존주의 연구자들 사이에서 이러한 연구 반대 입장이 바뀌기 시작하였다. 그 변화를 통해서 향후 이 모델의 장점에 대한 중요한 통찰이 나올 수도 있을 것이다(Schneifer & Krug, 2020).

요약

인본주의-실존주의 모델

인본주의-실존주의 모델은 자기 인식, 가치, 의미, 선택과 같은 철학적 이슈를 성공적으로 다루고자 하는 인간의 욕구에 초점을 둔다.

인본주의 이론가는 사람은 자기실현을 하려는 본능적 욕구가 있다고 믿는다. 이러한 본능적 욕구가 방해를 받으면 이상행동이 나타난다. 인본주의 치료자의 한 줄기인 내담자 중심 치료자는 내담자가 자신을 있는 그대로, 그리고 수용적으로 봄으로써 자기실현으로 통하는 길로 들어서게 이끌 수 있는 지지적 치료 분위기를 조성하려고 노력한다. 또 다른 인본주의 치료자 집단인 게슈탈트 치료자는 더 적극적인 기법을 써서 사람들이 자신의 욕구를 인식하고 받아들이도록 돕는다. 최근에는 정신건강과 심리치료에 중요한 요인으로서 종교의 역할이 연구자와 임상가의 관심을 끌고 있다.

실존주의 이론가에 의하면 이상행동은 삶의 책임으로부터 숨기 때문에 나타나는 것이다. 실존주의 치료자는 자기 삶에 대한 책임을 받아들이고 다른 길을 택할 자유가 있다는 것을 인식하며, 더 큰 의미가 있는 삶을 선택하도록 격려한다.

사회문화 모델 : 가족-사회 및 다문화적 관점

필립 버만은 사회적 존재이며 문화적 존재이다. 그는 사람과 제도에 둘러싸여 있다. 그는 가족과 문화집단의 구성원이며 사회적 관계에 참여하고 문화적 가치를 지니고 있다. 이러한 힘들은 필립을 인도하거나 압박하는 규칙과 기대하는 목표를 정하며 필립의 행동과 생각, 그리고 감정의 조성을 돕는 등 항상 그에게 영향을 미친다.

사회문화 모델에서는 개인에게 영향을 미치는 주요한 힘의 관점에서 볼 때 이상행동을 가장 잘 이해할 수 있다고 본다. 그 사람이 속한 사회나 문화의 규범은 무엇인가? 그 사회적 환경에서 그 사람은 어떤 역할을 하고 있는가? 그 사람은 어떤 형태의 가족 구조나 문화적 배경에 속하는가? 다른 사람들은 그 사람을 어떻게 보며 어떻게 대하는가? 사실 사회문화 모델은 가족-사회적 관점과 다문화적 관점의 두 가지 주요 관점으로 구성되어 있다.

가족-사회 이론가는 이상 기능을 어떻게 설명하는가

가족-사회적 관점의 옹호자들은 임상 이론가는 사람들이 삶을 거쳐가는 과정에서 이들에게 직접적으로 작용하는 폭넓은 힘(가족관계, 사회적 상호작용, 지역사회 사건)에 집중해야 한다고 주장한다. 그들은 그러한 영향력이 정상과 이상행동 모두를 설명하는 데 도움이 된다고 믿는다. 그리고 그들은 사회적 명칭(label)과 역할, 사회적 네트워크, 가족 구조와 의사소통의 세 가지 요인에 특별한 관심을 쏟는다.

사회적 명칭과 역할 문제 있는 사람에게 어떠한 명칭과 역할이 부여되는지에 따라 이상심

흥미로운 이야기

사회적 증대

57% 온라인으로 하나 이상의 새 친구를 만난 10대의 비율

29% 온라인으로 5명 이상의 새 친구를 만난 10대의 비율

33% 미국에서 온라인으로 시작된 결혼의 비율

27% 온라인 데이트 웹사이트나 앱을 사용하는 젊은이의 비율

(출처 : Lieberman & Schroeder, 2020)

리 기능이 크게 영향을 받을 수 있다(Lagunes-Cordoba et al., 2020; Marcussen, Gallagher, & Ritter, 2019). 사람들이 사회 규범에서 벗어나면 사회에서는 그들을 '비정상' 혹은 많은 경우 '정신병자'라고 부른다. 그러한 명칭은 벗어나기가 어렵다. 더구나 사람들을 특정한 방식으로 보고 미친 사람으로 대하며 심지어 아픈 것처럼 행동하도록 부추기면 그 사람은 점차 주어진 사회적 역할을 받아들여 그에 따라 행동하게 된다. 결국은 그 명칭이 적절한 것처럼 보인다.

다년간 아주 유명한 연구 중 하나인 임상 연구자 David Rosenhan(1973)의 연구(On Being Sane in Insane Places)는 그 입장을 뒷받침하는 것 같았다. 정상인 8명(사실은 Rosenhan의 동료 연구자들)이 여러 정신병원에 가서 '공허한', '텅빈', '쿵쾅거린다'라고 말하는 목소리가 들린다고 호소하였다. 그 연구에 따르면 이들은 그 호소만으로 조현병으로 진단받고 입원하게 되었다. 일단 입원이 된 후에 이 가짜 환자들은 바로 정상적으로 행동하였고 증상 호소를 그만두었지만, 자신이 정상이라는 것을 다른 사람들에게 설득하기가 어려웠다. '조현병'이라는 꼬리표는 병원 의료진이 이들을 어떻게 보고 다루는지에 지속적으로 영향을 미쳤다. 예를 들어 어떤 가짜 환자가 지루해서 복도를 서성댔더니 임상기록에는 '불안하다'고 기록되었다. 그리고 전체적으로 가짜 환자들은 힘없고 눈에 띄지 않는다고 느꼈으며 따분해했다. 제12장에 보게 될 텐데 근래 이 연구의 일부 핵심적 세부 내용과 주장에 대하여 이의가 제기되었지만 대부분의 사회문화 이론가들은 이 연구에서의 부정적 명칭의 영향력 강조를 계속해서 받아들이고 있다.

사회적 연결과 지지 가족-사회 이론가들은 사회적·직업적 관계 등 사람들이 움직이는 사회 환경에 관심을 가지고 있다. 다른 사람들과 얼마나 의사소통을 잘하는가? 다른 사람들과 어떠한 신호를 주고받는가? 사회연결망의 부족과 심리적 기능장애가 연결되어 있음을 보여주는 연구 결과가 많다(Zhong, Wang, & Nicholas, 2020). 예를 들어 소외되었거나 생활에서 사회적 지지나 친밀한 관계가 부족한 사람들은 지지적인 배우자나 온정적 친구가 있는 사람보다 스트레스를 받을 때 우울해질 가능성이 더 크고, 우울한 기간도 더 긴 것으로 나타났다.

일부 임상 이론가들은 일상생활에서 의사소통을 하고 관계 맺는 것을 달가워하지 않거나 그렇게 할 능력이 없는 사람들은 대안으로 페이스북이나 인스타그램과 같은 사회연결망 플랫폼을 사용해서 온라인으로 적절한 사회적 접촉을 찾을 거라고 믿는다. 그러나 일부 그러한 경우도 있겠지만 연구에 의하면 온라인 관계는 오프라인에서의 관계와 비슷한 양상을 보인다. 예를 들어 대학생들을 대상으로 한 연구 결과에 의하면 소셜미디어에서 자기 공개를 많이 하고 친구가 많은 학생들은 오프라인에서도 특히 사교적이었고, 소셜미디어에서 상대적으로 자기 자신을 덜 드러내고 관계 시작도 덜 하는 학생들은 오프라인에서도 다른 사람들과의 소통에 덜 자발적이다(Lieberman & Schroeder, 2020; Dunbar, 2016).

고립 2020년 프랑스 파리에서 COVID-19 때문에 정부가 모든 시민에게 장기간 재택명령을 내리자 한 남자가 발코니에서 내다보고 있다. 사회적 고립과 우울증 같은 정신장애의 관련성을 고려할 때 임상 이론가들은 바이러스의 확산을 막기 위해 실시하는 사회적 거리두기와 봉쇄의 심리적 영향(간헐적, 지속적, 장기적)에 대하여 우려하고 있다.

Chesnot/Getty Images

가족 구조와 의사소통 개인에게 가장 중요한 사회연결망 중 하나는 물론 가족이다. **가족체계 이론**(family systems theory)에 따르면 가족은 구성원들

이 끊임없이 서로 상호작용하며 각 가족 고유의 불문율에 따르는 체계이다(Keller & Noone, 2020). 가족체계 이론가들은 어떤 가족의 **구조**와 **의사소통** 양상은 그 가족 구성원 각자가 밖에서 볼 때는 비정상적인 것처럼 보이는 방식으로 행동하지 않을 수 없게끔 몰아간다고 믿는다. 그런 가족의 경우 만약 구성원이 정상적으로 행동하면 가족의 통상적인 작동방식에 심각한 부담을 주어 실제로 본인과 가족 전체의 혼란을 가중시키게 된다.

가족체계 이론에 따르면 어떤 가족체계는 구성원들에게 이상 기능을 야기할 가능성이 특히 크다(Martin, 2019). 예를 들어 어떤 가족은 구성원들이 서로의 활동, 생각, 감정에 지나치게 몰입하는 **밀착**된 구조를 가지고 있다. 이러한 유형의 가족의 자녀들은 삶에서 독립적으로 되기가 어려울 수 있다. 어떤 가족은 상호 간의 경계가 매우 경직되어 있는 **유리**된 양상을 보인다. 이러한 가족에서 성장한 자녀들은 집단 내에서 기능하는 데 어려움이 있고, 남들에게 지지를 해주거나 요구하는 것을 힘들어할 수 있다.

필립 버만의 분노에 찬 충동적 성격 방식은 가족 구조의 문제에서 비롯되었을 수 있다. 가족체계 이론가들에 의하면 어머니, 아버지, 동생, 그리고 필립 본인까지 온 가족의 관계 맺는 방식이 그의 문제행동이 유지되게 하고 있다. 가족체계 이론가들은 필립과 부모의 갈등과 부모 역할에서의 불균형에 특별히 관심을 보일지도 모른다. 그들은 필립의 행동이 부모의 행동에 대한 반응이면서 동시에 부모의 행동을 유발하는 자극이 될 수 있다고 본다. 필립이 말썽꾸러기 아들, 혹은 희생양의 역할을 하면 부모는 자신들의 관계에 대한 문제의식을 가질 시간도, 필요성도 느끼지 못하게 될 수 있다.

가족체계 이론가들은 필립과 양쪽 부모와의 관계가 정확하게 어떠한 성격인지를 밝히려고 할 것이다. 그가 어머니와 유착되어 있는지, 혹은 아버지로부터 유리되어 있는지, 가족 내의 형제관계, 부모와 동생의 관계 그리고 그 가족의 이전 세대의 부모-자녀 관계를 결정하는 규칙을 살펴보려고 할 것이다.

가족체계 이론 가족을 하나의 체계로 보고, 그 안에서 구성원들이 무언의 규칙에 의해 일정한 방식으로 상호작용한다고 보는 이론

집단치료 비슷한 문제를 가진 사람들이 함께 치료자와 만나 자신의 문제에 대해서 작업하는 치료 형태

가족-사회 치료

가족-사회적 관점은 **집단치료**, **가족치료**와 **커플치료**, **지역사회 치료** 등 다양한 치료 접근의 성장을 촉진하였다. 치료자는 자신의 이론적 지향과는 무관하게 이러한 다양한 치료 형태를 선택하여 각자가 선호하는 모델의 기법과 원리를 적용해서 내담자를 치료할 수 있게 되었다(**마음공학** 참조). 그러나 이러한 치료 형태를 취하는 임상가들 가운데 심리적 문제는 가족과 사회 환경에서 비롯되므로 가족과 사회 환경에서 치료하는 것이 가장 좋다고 믿는 사람들이 점점 증가하고 있으며, 이들은 특별한 사회문화적 전략을 치료에 도입하고 있다.

집단치료 유사한 문제를 가진 내담자들을 집단으로 만나는 **집단치료**(group therapy)를 전문적으로 하는 치료자는 수없이 많다. 일반적으로 치료집단의 구성원들은 치료자와 함께 만나서 그 집단구성원 중 한 사람 이상의 문제를 논의한다. 그들은 함께 중요한 통찰력을 얻고 사회 기술을 쌓으며 자기 가치감을 강화시키고 유용한 정보나 조언을 나눈다(Brabender, 2020). 특정한 내담자 집단을 염두에 두고 구성된 집단도 많다. 예를 들면 알코올중독자, 신체장애인, 이혼자, 학대 피해자, 애도자들을 위한 집단이 있다.

심리적 문제가 있는 사람 중 일부에게는 개인치료보다 집단치료가 더 효과적인 이유는 무엇일까?

연구 결과들에 의하면 집단치료를 통해 개인치료 못지않게 좋은 결과를 얻은 내담자가 많다(Yalom & Leszcz, 2020). 또한 집단치료 형식은 '의식 제고' 혹은 영적 영감의 고취 등 치료보다는 교육을 위한 목적으로 사용되기도 한다.

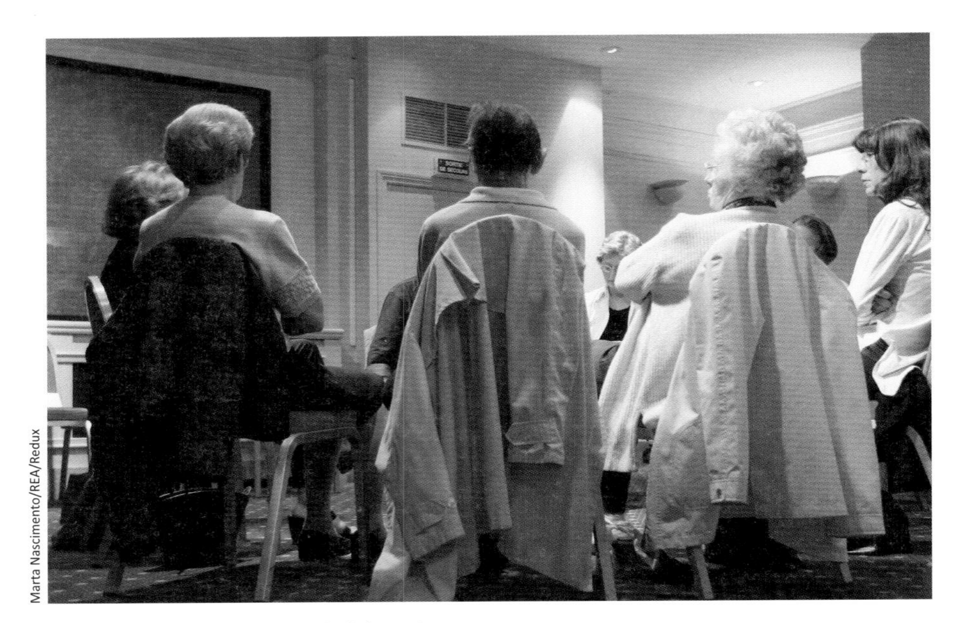
Marta Nascimento/REA/Redux

비슷한 경험을 한 사람들로부터의 지지 자살한 자녀를 둔 부모들이 집단에서 자기들의 이야기를 나누고 공감하며 서로서로 지지를 해주고 정보와 조언을 주고 있다. 전 세계적으로 주요한 집단 개입은 지지집단으로 비슷한 경험을 한 사람들이 모여서 보통 전문가의 직접적 지도 없이 서로 도움을 준다.

집단치료와 유사한 치료방식으로 **자조집단**(self-help group), **또래집단**(peer group) 혹은 **상호조력집단**(mutual-help group)이라고도 부르는 **지지집단**(support group)이 있다. 지지집단에서는 비슷한 문제(예 : 애도, 약물남용, 질병, 실직, 이혼)를 가진 사람들이 모여서 전문적 임상가의 직접적 지도가 없이 서로 돕고 지지해준다(Strand, Eng, & Gammon, 2020). 그런 집단에서 구성원들은 대면 집단으로 함께 모일 수도 있고, 온라인으로 연결될 수도 있다. 현재 전 세계에는 수백만에 이르는 지지집단이 있는 것으로 추정된다.

가족치료 **가족치료**(family therapy)는 1950년대에 처음 도입되었다. 치료자는 모든 가족구성원들과 함께 만나서 문제가 되는 행동과 가족 간 상호작용을 지목하고는, 가족 모두가 이를 바꿀 수 있도록 돕는다(Kaslow, Mirsalimi, & Celano, 2020). 다음 사례에서는 17세의 제이크가 근래 약물범죄로 체포되었다. 하지만 치료자는 그 소년의 가족 전체를 치료하면서 그들이 가족 기능에서의 문제(제이크의 문제행동의 원인일 수도 있는)를 찾아내고 교정하도록 돕는다.

세라(8세) : (엄마 품으로 파고든다. 엄마는 세라에게 팔을 두르고는 머리에 입을 맞춘다.)
치료자 : (아버지에게) 세라가 저렇게 하는 걸 보시면 어떠세요?
아버지 : 저는 정말 싫어요. 애 엄마가 그 애를 어린애처럼 대하는 게 정말 싫어요.
치료자 : 보니까 엄마는 집안에서 다독이고 위로해주는 역할을 하고 아버지는 엄하게 하시는 것 같군요. 악역을 하는 게 힘드시지요.
아버지 : 누군가가 그 악역을 해야 하지 않나요?
치료자 : 세라는 엄마 품으로 안겨서 그걸 방패막이로 삼고 있는데, 아버지께서는 세라에게 지금 뭐가 필요하다고 생각하세요?
아버지 : 그 애는 엄마를 원해요.
치료자 : 제 생각에는 아버지께서도 그 애를 위해서 무언가 해줄 것이 있을 것 같은데요. 이 소파로 오셔서 세라 옆에 앉으시지요. 세라, 그래도 괜찮겠지?
세라 : (고개를 끄덕인다.)
아버지 : (세라 옆으로 와서 세라에게 팔을 두른다.)
치료자 : 그래서 제이크, 덧붙이고 싶은 게 있어요?
제이크(17세) : 여기 있는 누구도 제 생각을 조금이라도 해준 적이 없어요. 전 지금 세라처럼 누가 돌봐준 적이 없다고요.
치료자 : 이 이야기를 엄마에게 하지 그래요. 당신이 가진 분노, 그리고 마음의 상처를 이야기하라고요.
제이크 : 엄마, 엄마는 제가 엄마를 필요로 할 때 안 계셨어요. 제가 거의 늘 이 애들을 돌봤다고요. 전 엄마 뒤치다꺼리 하는 게 지긋지긋해요.
어머니 : (눈물을 보이면서 머리를 숙인다.)
치료자 : 어머니, 아버지가 세라와 같이 앉으시게 하시지요. 어머니께서는 제이크에게 집중하실 수 있도록 말입니다. 그 애를 마주보실 수 있게 이리 오세요.
어머니 : (제이크에게 눈길을 안 주면서 옮겨온다.)

지지집단 비슷한 문제가 있는 사람들이 임상가의 직접적인 주도 없이 서로 돕고 지지하는 집단. '자조집단', '동료집단', 혹은 '상호조력집단'이라고도 부른다.

가족치료 치료자가 가족의 모든 구성원과 만나서 치료적 방향으로 변화시키고자 하는 치료 형태

치료자 : 제이크를 쳐다보는 건 더 힘들지요. 어머니는 죄책감을 많이 느끼시는군요. 제이크에게 눈물 이야기를 하세요.
어머니 : 난 정말 미안해.
제이크 : 미안해하신다고 그게 없어지는 건 아니잖아요. 아무것도 해결되는 건 없어요.
세라 : (어머니 쪽으로 가서 무릎으로 올라간다.)
치료자 : 세라, 혹시 용기를 내서 새로운 걸 해보면 어떨까? 어머니께서 느껴야 할 감정을 느끼고 제이크에게 말하도록 합시다. 이건 아주 새로운 거니까 좀 겁이 날지도 몰라요. 어머니와 제이크가 마음 상했던 일, 슬펐던 일들을 서로 이야기하는 동안 세라는 누구와 함께 앉아 있고 싶어요?
애나(14세) : (세라에게 팔을 벌린다. 세라가 걸어가서 애나에게 안긴다. 어머니와 제이크의 진지한 대화가 계속된다….)

(Sommers-Flanagan & Sommers-Flanagan, 2018, pp. 332–333)

가족치료자는 주요한 이론적 모델 중에서 어느 것을 따라도 되지만, 다수가 **가족체계 이론**의 원리를 채택한다. 오늘날 임상심리학자의 2%, 상담심리학자의 4%, 사회복지사의 14%가 **가족체계 치료자**라고 밝히고 있다(Prochaska & Norcross, 2018).

앞서 본 것처럼 가족체계 이론에서는 가족마다 구성원들의 행동을 조성하는 암묵적 규칙, 구조, 의사소통 방식이 있다고 주장한다. 그래서 가족체계 치료자는 자주 가족의 권력 구조와 각 구성원의 역할, 그리고 구성원 간의 관계를 바꾸려고 시도하게 된다. 가족 치료자는 또한 가족구성원들로 하여금 자신의 해로운 의사소통 방식을 인식하고 이를 바꾸게 도우려고 노력한다(Wampler, 2020).

얼마나 도움이 되는지는 아직 명확하게 연구되어 있지 않지만 가족치료로 도움을 받는 사람들은 많다. 가족치료 접근을 통하여 치료받은 사람 중 65%가 호전되었다는 연구 결과도 있으나 그보다 훨씬 더 낮은 성공률을 보고한 연구도 있다. 어느 한 형태의 가족치료가 다른 유형보다 일관적으로 더 효과적인 것으로 나타나지도 않았다(Kaslow et al., 2020).

흥미로운 이야기

변화하는 가족

23% 미국 아동 중 현재 한 부모와 살고 있는 아동의 비율. 반세기 전의 비율은 9%였다.

(출처 : Pew Research Center, 2019d, 2015b, 2013)

커플치료 **커플치료**(couple therapy) 혹은 **부부치료**(marital therapy)에서 치료자는 장기적 관계를 맺고 있는 두 사람을 치료한다. 부부인 경우가 많지만 두 사람이 반드시 결혼한 상태이거나 심지어는 동거하지 않은 상태라도 상관없다. 가족치료와 같이 커플치료에서는 관계의 구조와 의사소통 양상을 강조한다(Lebow & Kelly, 2020). 아이의 심리적 문제의 원인이 부모 간의 관계에 있는 경우에도 커플치료 접근이 사용될 수도 있다.

장기적 관계에는 늘 어느 정도의 갈등이 있게 마련이지만, 우리 사회의 많은 부부는 심각한 수준의 부부 갈등을 경험한다. 캐나다, 미국, 유럽에서는 이제 이혼율은 결혼의 50%에 육박하고 있다. 결혼하지 않고 동거하는 남녀도 일견 비슷한 수준의 어려움을 경험한다.

가족치료나 집단치료에서와 같이 커플치료에서도 주요한 치료 방향 중 어느 것의 원리를 따라도 관계없다. 예를 들어 **인지행동 커플치료**에서는 인지행동적 관점에서 비롯된 많은 기법을 사용한다. 치료자는 주로 구체적 문제해결 기술이나 의사소통 기술을 가르침으로써 커플이 문제행동을 인식하고 바꾸도록 돕는다. 더 넓은 범위의 사회문화적 형태인 **통합적 행동 커플치료**에서는 더 나아가서 파트너들이 변화가 불가능한 상대방의 행동을 받아들이고 관계 전체를 수용하도록 돕는다. 치료자는 커플에게 그러한 행동이 두 사람 사이의 근본적 차이에서 비롯된 자연스러운 결과라고 설득한다(Christensen, Doss, & Jacobson, 2020).

커플치료 장기적 관계에 있는 두 사람을 대상으로 하는 치료 형태. '부부치료'라고도 한다.

마음공학

심리치료, 착용할 준비 되셨나요?

고도로 정교화된 모바일 컴퓨터 기기들이 나오면서 우리가 세상과 관계를 맺고 정보와 물자를 소비하며 일을 하고 다른 이들과 상호작용하며 교제하는 방식이 바뀌었다. 현대 모바일 컴퓨터는 정신건강 서비스에도 새로운 문을 열었다. 문자 보내기 기반 개입이 많아지고 있고 디지털 자기 조력(self help) 서비스를 제공하는 정신건강 앱이 시장에 넘친다(Hong, Sachez, & Comer, 2020; Lattie et al., 2020).

Prostock-Studio/Getty Images

스마트워치나 손목밴드, 스마트안경처럼 작고 눈에 띄지 않는 웨어러블 기기가 많이 만들어지면서 앞서 생각하는 임상가들은 점점 많이 이러한 웨어러블 기기를 통해서 내담자들의 정서 및 행동 관리에 도움을 받고 있다(Comer, Conroy, & Timmons, 2019). 웨어러블 기기는 심박, 호흡, 수면의 질, 신체활동 및 목소리 톤 등 내담자들의 일상생활에서의 중요한 생리적, 행동적 과정을 지속적으로 모니터링하고 문제 기능 영역을 즉각적으로 확인할 수 있다.

웨어러블 치료의 한 형태로 시의적절한 적응적 개입(Just-in-Time Adaptive Intervention, JITAI)은 가장 적절한 시점, 가장 적절한 상황에서 내담자 상태 변화에 직접적으로 반응하여 꼭 맞는 유형과 강도의 개입을 제공하고자 한다(Comer et al.,2019). 예를 들어 내담자의 신체활동을 증가시키려고 하는 JITAI는 손목시계를 이용해서 지나치게 많은 시간을 앉아서 지내는 것을 지속적으로 확인할 수 있다. 그런 것이 확인되면 JITAI는 즉각적인 미세 개입, 즉 아마도 일어나서 10번 제자리 뛰기를 하라고 그 사람에게 지시하는 스마트워치 메시지나 그렇게 할 것을 생각나게 하는 소리를 보낼 것이다(Wang & Miller, 2020).

정신건강 JITAI에 비판적인 사람들은 비록 웨어러블 기술이 활동이나 심리생리적 상태를 정확하게 찾아낼 수 있을지는 모르지만, 일반적으로 내담자들을 치료에 오게 한 분노, 슬픔, 스트레스 등의 보다 주관적인 정서 상태를 신뢰 있게 찾아낼 수는 없다고 주장한다. 또한 전적으로 컴퓨터 알고리듬에 의존해서 개입을 결정한다면 치료자의 임상적 직관과 판단, 혹은 내담자와 치료자의 치료적 유대와 같은 정신건강케어에서의 중요한 인간적 요소가 배제될지도 모른다는 우려를 표시한다.

반면 정신건강 JITAI를 옹호하는 사람들은 웨어러블 기술이 임상적 개입의 지침을 줄 수 있다는 유용성에 대해서 매우 낙관적이며, 기술의 잠재적 혜택이 단점보다 훨씬 더 크다고 믿는다. 그들은 자동화된 미세 개입을 내담자에게 매우 필요한 특정 순간에 제공하는 일이 반복되면 궁극적으로는 체육관 방문 빈도의 증가와 같이 보다 포괄적이고 장기적인 목표에 집중하는 전통적인 치료자 주도의 치료보다 더 큰 행동변화(예 : 신체활동의 증가)를 이끌어낼 수 있다고 주장한다. 이들 옹호자는 웨어러블 기술이 24시간 내담자에 접근하여 개입을 제공할 수 있는 전례 없는 기회를 제공하며, 언젠가는 그런 컴퓨터 기기가 정신건강치료에 가장 관련성이 깊은 주관적 심리 상태를 확인할 수 있을 정도로 정교화될 것이라고 확신한다.

커플치료를 받은 커플은 유사한 문제가 있으나 치료를 받지 않는 커플보다 관계가 더 많이 호전되지만, 커플치료의 어느 한 형태의 효과가 다른 형태보다 더 우월하지는 않다(Lebow & Kelly, 2020; Wampler, 2020). 치료가 끝날 무렵 치료받은 부부의 3분의 2는 부부관계가 좋아지기는 하지만 문제가 없거나 행복한 관계에 도달하는 것은 치료집단의 절반에 미치지 못한다. 치료를 받은 부부 중 4분의 1은 결국 별거하거나 이혼한다.

지역사회 치료 **지역사회 정신건강치료**(community mental health treatment) 프로그램에서는 내담자, 특히 심각한 심리적 문제가 있는 이들이 친숙한 사회 환경에서 치료를 받고 회복할 수 있도록 한다. **지역사회 주간 프로그램, 주거 서비스** 등 그러한 지역사회 기반 치료는 중증 정신질환자에게 특히 중요하다(Perera, 2020). 지난 수십 년에 걸쳐서 여러 나라에서 그러한 프로그램이 시작되었다.

지역사회 정신건강치료 지역사회의 보호 지원을 강조하는 치료적 접근

제1장에서 보았듯이 지역사회 치료의 핵심 원리는 **예방**이다. 예방에서는 임상가들이 내담

자가 치료를 받으러 올 때까지 기다리지 않고 그들에게 적극적으로 손을 내밀어야 한다. 그러한 노력이 매우 성공적인 경우가 많다는 것이 연구를 통해 밝혀졌다(Valle, 2020). 지역사회에서 일하는 사람들은 1차 예방, 2차 예방, 3차 예방의 세 가지 유형의 예방을 구분한다.

1차 예방은 지역사회의 태도와 정책을 개선하려는 노력으로 구성된다. 목표는 심리장애 자체를 예방하려는 것으로, 흔히 '보편적 예방(universal prevention)'이라고 불린다. 예를 들어 지역사회 직원이 지역 교육청에 자문을 하거나 스트레스 완화에 관한 시민워크숍을 제공하고 효율적 대처 방법을 알려주는 웹사이트를 구축할 수 있다.

2차 예방은 심리장애가 심각해지기 전 초기 단계에 발견하여 치료하는 것을 목표로 한다. 지역사회 직원은 교사, 목회자, 경찰을 도와서 심리적 기능장애의 초기 징후를 인식하고 사람들이 치료받을 수 있도록 지원하는 방안을 알려준다. 또한 수많은 정신건강 웹사이트가 이와 같은 정보를 가족구성원과 교사 등에게 제공하고 있다.

3차 예방의 목표는 이미 중등도나 중증 장애가 발생한 특정한 사람들에게 장기적 문제가 되지 않도록 효과적으로 치료하는 것이다. 미국 전역에 있는 지역사회 기관에서는 중등도의 심리적 문제를 가진 사람들 수백만 명에게 3차 서비스를 성공적으로 제공하고 있다. 그러나 제1장에서 이미 언급하였듯이 수십만의 중증 정신장애자들이 필요로 하는 서비스를 제공하지 못하는 경우가 많다. 재원의 부족이 그 원인 중 하나인데, 이 문제는 뒤에서 다시 다룰 것이다.

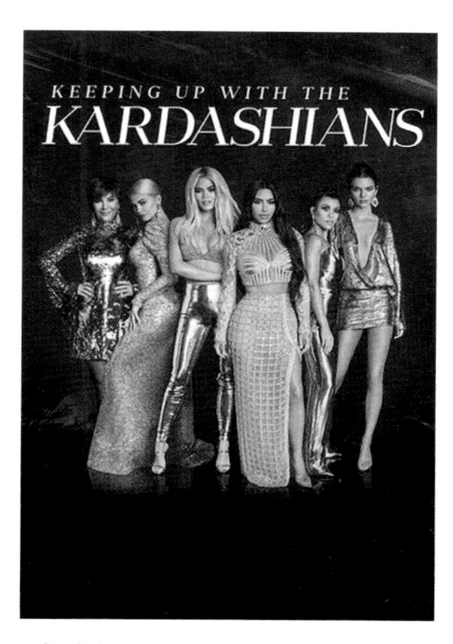

오늘날의 TV 가족 문제가 없는 가족들이 방송을 주도했던 20세기의 TV 시청자들과는 달리 요즘 시청자들은 카다시안 가족과 같이 보다 복잡하고 간혹 장애가 있는 가족을 선호한다. '4차원 가족 카다시안 따라잡기(Keeping up with the Kardashians)'라는 인기 리얼리티쇼는 그 가족의 특질, 고난과 관계 이슈를 보여주었다.

다문화 이론가는 이상 기능을 어떻게 설명하는가

문화란 한 집단의 사람들이 공유하며 한 세대에서 다음 세대로 전달되는 가치, 태도, 신념, 역사, 행동을 말한다. 우리는 의문의 여지없이 다문화 시대에 살고 있다. 사실 22세기 중반이 되면 미국 내의 소수민족 집단을 모두 합치면 히스패닉계를 제외한 백인 미국인들의 수를 넘어설 것으로 예상된다(WPR, 2020d).

부분적으로 이와 같은 다양성의 증가에 따라 **다문화적 관점**(multicultural perspective) 혹은 **문화적 다양성 관점**(culturally diverse perspective)이 등장하였다(Parekh & Trinh, 2020; Mio et al., 2019). 다문화심리학자들은 문화, 인종, 민족, 성별 등의 요인이 행동과 사고에 어떤 영향을 주는지, 서로 다른 문화·인종·성별 집단이 심리적으로 어떠한 차이가 있는지를 이해하려고 한다. 오늘날의 다문화적 관점은 과거의 (덜 개화된) 문화적 관점과는 다르다. 오늘날의 다문화적 관점에서는 인종과 민족, 그 외 측면에서의 소수집단 구성원들이 다수집단에 비하여 열등하거나 문화적 혜택을 덜 받은 집단이라고 보지 않는다. 그보다 다문화 모델은 개인의 행동은 정상과 이상을 불문하고 문화적 가치와 그 문화의 구성원들이 마주하는 문화 특유의 외적 압박을 포괄하는 개인의 독특한 문화적 맥락을 고려하면서 조사할 때 가장 잘 이해할 수 있다고 주장한다.

미국 내에서 다문화 연구가 가장 많이 이루어진 집단은 흑인, 히스패닉계 미국인, 아메리카 원주민, 아시아계 미국인 등 소수민족, 소수인종 집단과 경제적으로 어려운 빈곤집단, 성소수자(LGBTQ), 여성(수효로 볼 때에는 소수집단은 아니지만)이다. 이 소수집단들은 각각 미국 사회에서 특별한, 많은 경우 심각한 압박을 받아서 스트레스를 느끼고, 일부 경우에는 기능의 이상이 생길 수 있다. 예를 들어 상대적으로 부유한 집단보다는 빈곤한 집단에서 이상심리, 특히 심각한 이상심리가 더 빈번하다는 것이 연구를 통하여 밝혀졌다(Peverill et al., 2021; APA, 2020f). 아마도 빈곤으로 인한 압박이 이 관계를 설명할 수 있을 것이다.

다문화적 관점 문화마다 구성원들의 행동을 설명하는 데 도움이 되는 가치와 신념 및 특별한 외적 압력이 있다는 견해. '문화적 다양성 관점'이라고도 한다.

상호교차성 각 개인이 속한 여러 다문화 집단과 사회정체성을 결합해서 특별한 경험, 기회와 기능을 조성해가는 방식

문화민감치료 소수집단 구성원들이 경험하는 특유의 문제를 다루려는 접근

성별민감치료 서구사회의 여성이 경험하는 압력에 맞춘 치료 접근으로, '여성주의 치료'라고도 한다.

물론 이 다양한 집단에 중복되어 소속될 수 있다. 예를 들어 다수의 소수집단 구성원들은 빈곤한 환경에서 생활한다. 높은 범죄율, 실직, 과밀한 환경, 노숙자 상태, 열악한 의료, 빈곤집단의 제한된 교육 기회 등은 이러한 소수집단 구성원들에게 흔히 심각한 스트레스를 준다(Oh et al., 2020; Murphy et al., 2020). 그래서 다문화 이론가들은 점점 더 상호교차성의 렌즈를 통해서 사람을 이해하는 데 관심을 갖는다. **상호교차성**(intersectionality)이란 인종, 민족, 사회경제적 계층, 성별, 성적 지향을 포함한 여러 문화집단과 사회적 정체성에 걸친 각 개인의 구성원 자격이 합쳐서 그들의 특별한 경험, 기회, 전망, 기능을 만들어간다는 개념이다.

다문화 연구자들은 소수집단이 경험하는 편견과 차별도 특정한 이상심리의 한 원인이 될 수 있음을 지적하고 있다(Puckett et al., 2020). 서구사회 여성의 불안과 우울장애의 진단 비율은 남성에 비하여 최소한 2배 이상 높다(MHA, 2020a). 마찬가지로 흑인, 히스패닉계 미국인, 아메리카 원주민은 히스패닉계를 제외한 백인보다 심각한 심리적 고통과 극단적 슬픔을 경험할 가능성이 더 높다(ADAA, 2020f; Boskey, 2020a). 아메리카 원주민의 알코올중독과 자살률은 유난히 높다(AFSP, 2020a; SAMHSA, 2020b, 2019b). 그리고 성소수자 집단은 특히 우울, 섭식장애, 약물남용, 자살사고와 행동의 비율이 높다. 비록 여러 요인이 함께 작용하여 이들 다양한 집단 간의 차이가 생길 수 있지만, 편견과 그로 인한 문제가 비정상적 양상의 긴장, 불행감, 낮은 자아 존중감의 원인일 수 있다.

다문화적 치료

소수민족과 소수인종 집단의 사람들은 주류집단의 사람들에 비하여 임상치료를 받았을 때 호전이 잘되지 않고, 정신건강 서비스의 이용률도 낮으며 치료를 더 빨리 중단하는 경향이 있다는 것이 세계 여러 곳에서 수행된 연구에서 밝혀졌다(APA, 2020a; Tilhou et al., 2020).

다수의 연구에서 소수집단 내담자를 보다 효과적으로 치료하기 위해서는 (1) 문화적 이슈에 대한 높은 민감성과, (2) 치료에 문화적 교훈과 모델을 포함시키는 것(특히 아동과 청소년 치료에서)의 두 가지가 중요하다는 것을 시사하고 있다(Parekh & Trinh, 2020; Comas-Díaz, 2019). 이러한 연구 결과들을 감안하여 일부 임상가들은 다양한 문화적 소수집단 특유의 문제를 다루는 **문화민감치료**(culture-sensitive therapy)를 개발하였다. 여성 혹은 성소수(gender minority)이기 때문에 경험하는 심리적 압박에 초점을 두는 **성별민감치료**(gender-sensitive therapy)라고도 하는 치료도 비슷한 원리를 따른다(Parekh & Trinh, 2020; Skinta, 2020).

문화적으로 민감한 접근에는 보통 다음과 같은 요소가 포함된다.

1. 대학원 과정의 치료자를 위한 특별한 문화교육
2. 내담자의 문화적 가치에 대한 치료자의 인식
3. 소수집단 내담자가 부딪치는 스트레스, 편견, 고정관념에 대한 치료자의 인식
4. 이민자 자녀가 마주하는 어려움에 대한 치료자의 인식
5. 내담자가 자신의 문화 및 주류 문화가 자기관 및 행동에 미치는 영향을 인식하도록 지원
6. 내담자로 하여금 억압된 분노와 고통을 확인하고 표현하도록 지원
7. 내담자가 자신에게 적합하게 느껴지는 두 문화 사이의 균형을 얻도록 지원
8. 여러 세대에 걸친 부정적 메시지 때문에 손상된 내담자의 자기 가치감, 즉 자기존중감을 높이도록 지원

흥미로운 이야기

차별 경험

76% 흑인 미국인 중 정기적으로나 가끔 자기 인종으로 인하여 부당한 대접을 받았다고 보고하는 비율

58% 히스패닉계 미국인 중 정기적으로나 가끔 자기 민족으로 인하여 부당한 대접을 받았다고 보고하는 비율

(출처 : Pew Research Center, 2019c)

사회문화 모델의 평가

가족–사회와 다문화적 접근은 이상심리 기능의 이해와 치료에 크게 기여하였다. 오늘날 대다수의 임상가들은 35년 전만 해도 간과되었던 가족적·문화적·사회적 그리고 사회의 이슈를 고려한다. 그리고 임상가들도 임상적·사회적 역할의 영향을 더 잘 인식하고 있다. 마지막으로 전통적 치료 접근이 효과를 거두지 못한 곳에서 사회문화 모델의 치료방식이 좋은 성과를 거두는 경우도 있다.

동시에 사회문화 모델에도 문제가 있다. 우선 사회문화 연구의 결과는 해석하기 어려운 경우가 많다. 사실 연구에서 특정한 가족 혹은 문화적 요인과 특정 장애와의 관련성이 있는 것으로 나타났다고 해도 인과관계가 입증되는 것은 아니다. 예를 들어 가족 갈등과 조현병의 관련성을 보여준 연구가 있다고 해서 그 결과가 가족 기능에서의 문제가 반드시 조현병의 원인이라고 해석될 수는 없다. 가족구성원의 정신병적 행동으로 인한 긴장과 갈등이 가족 기능을 와해시켰을 가능성이 충분히 있다는 것이다.

특정한 개인의 이상심리를 예측할 수 없다는 것이 사회문화 모델의 또 다른 제한점이다. 예를 들어 편견이나 차별과 같은 사회적 조건이 불안과 우울의 핵심 원인이라면 왜 그러한 영향 아래에서 살아온 사람 중 일부만이 심리장애를 보였을까? 심리장애가 발생하려면 그 이외의 다른 요인이 또 필요한 것인가?

이러한 제한점이 있으므로 대부분의 임상가들은 가족–사회와 다문화적 설명이 생물학적 혹은 심리학적 설명과 함께 작동하는 것으로 본다. 그들은 가족적·사회적·문화적 요인이 특정한 장애가 유발되기 쉬운 환경을 조성할 가능성이 있다는 것에는 동의한다. 그러나 심리장애가 발생하려면 생물학적 혹은 심리학적 조건, 아니면 그 두 가지 조건이 모두 있어야 한다고 믿는다.

AP Photo/Haraz N. Ghanbari

수용 가능하지 않은 차이 뉴멕시코주 아파치 인디언 보호구역의 고등학생이 아메리카 원주민의 전통 복장을 입고 미 의회에서 '예방이 가능한 유행병 : 인디언 지역의 정신건강 자원의 긴급한 필요성'에 대해서 증언하고 있다.

요약

사회문화 모델

사회문화적 관점 중 하나인 가족–사회 관점은 외부로 눈을 돌려 사회적 명칭과 역할, 사회적 연결과 지원, 가족체계의 세 가지 요인을 본다. 이러한 관점을 취하는 임상 실무자들은 집단치료, 가족치료 혹은 커플치료, 혹은 지역사회 치료를 한다.

사회문화 모델의 또 다른 예인 다문화적 관점에서는 개인의 행동은 정상/이상에 관계없이 그 문화의 가치와 구성원들이 부딪치게 되는 특별한 외적 압력을 아우르는 고유한 문화적 맥락을 고려할 때 가장 잘 이해할 수 있다고 본다. 이 관점을 따르는 임상 실무가들은 문화민감치료를 한다.

모델 통합하기 : 발달정신병리학적 관점

오늘날의 주요한 모델들은 서로 많이 다르고 그중 어떤 것도 일관되게 우세한 것으로 드러나지 못하고 있다. 각 모델은 인간 기능의 핵심적 측면을 이해하는 데 도움이 되고, 각기 중요한 강점이 있지만 심각한 제한점도 있다.

다양한 모델은 서로 차이가 있음에도 불구하고 결론이나 기법이 양립 가능한 경우가 많다. 사실 현재 많은 임상가는 이상행동의 원인으로 하나 이상의 원인을 동시에 고려하는 설명을 선호한다. 생물심리사회 이론이라고 불리기도 하는 이와 같은 통합적 설명은 이상은 유전적, 생물학적, 정서적, 행동적, 인지적, 사회적, 문화적, 그리고 사회의 영향이 상호작용한 결

흥미로운 이야기

그들의 진술

"도와주세요! 저는 유전과 환경의 죄수로 잡혀 있어요."

데니스 앨런

발달정신병리학 발달의 틀을 이용해서 어떻게 다양한 모델의 변수와 원리가 집합적으로 사람의 기능을 설명할 수 있는지를 이해하는 관점

과라고 본다(Pies, 2020; Tripathi, Das, & Kar, 2019). 비슷하게 통합을 탐색하는 차원에서 많은 임상가는 여러 모델에서 온 치료 기법을 결합한다(Gold & Stricker, 2020). 사실 오늘날 임상심리학자의 22%, 상담심리학자의 31%, 사회복지사의 26%가 자신의 접근이 '절충적' 혹은 '통합적'이라고 기술하고 있다(Prochaska & Norcross, 2018). 연구에 따르면 임상적 문제는 한 가지 치료 단독보다 병합적 접근에 더 좋은 효과를 보이는 경우가 많다.

오늘날 가장 영향력이 있는 통합적 관점 중 하나는 **발달정신병리학**(developmental psychopathology) 관점이다. 그 이름이 임시하듯이 이 관점에서는 어떻게 다양한 모델의 변수와 원리가 집합적으로 인간의 기능(적응적, 부적응적 기능 모두)을 설명할 수 있는지를 이해하는 데 발달적 틀을 이용한다(VanMeter & Cicchetti, 2020; Cicchetti, 2018, 2016). 이 관점은 강력한 변수가 언제 일어나는가에 특별한 주의를 기울인다. 특정한 사건, 경험, 생물학적 요인이(뉴런에서부터 인근 주변에 이르기까지) 사람의 인생에서 취약한 시점에 일어난다면 지속적으로 이후의 기능에 엄청난 영향을 미칠 수 있다. 그에 더하여 발달정신병리학자들에게 중요한 질문은 어떤 단일 요인이 개인의 현재 심리적 문제의 원인인가가 아니라 언제, 어떻게, 어떤 맥락에서 그리고 어느 정도로 그들의 삶 속의 여러 요인이 서로 상호작용하는가이다. 예를 들어 필립 버만의 사례에서 동생이 태어났을 때 그 시점에 필립의 삶에는 무슨 일이 있었는가? 어머니의 우울증이 그녀의 양육 기술에 어떤 영향을 미쳤는가? 이 아동기 경험을 통해서 그는 스트레스에 효과적으로 대응하는 법을 배웠는가? 그리고 그의 아동기, 대학시절, 성인기 동안 사회체계는 도움이 되었는가, 아니면 그의 문제를 더 심화시켰는가?

발달정신병리학자들이 사람의 이상 기능을 이해하려고 할 때 전체적으로 어떤 요인을 들여다볼까? 앞서 언급되었듯이 발달정신병리학자들은 임상 분야의 주요한 모델 각각으로부터 끌어낸다. 예를 들어 생물학 모델로부터는 어떤 유전적 및 뇌 요인이 그 사람의 중요한 환경적 경험에 대비하도록 하는지를 결정한다. 정신역동 모델로부터는 어떻게 부모-자녀 관계를 비롯해서 생애 초기에 일어난 일이 이후의 발달을 막는지에 대한 생각을 끌어낸다. 그들은 인지행동 모델의 원리를 활용해서 어떻게 개인의 부적응적 행동이 수년간 강화되어 왔고 어떻게 그 사람이 삶의 경험을 해석하고 처리하는지를 결정한다. 또한 발달정신병리학자들은 인

그림 2.5

동등결과성의 작동

발달정신병리학적 관점의 핵심 원칙 중 하나로 이 삽화에 제시되어 있다. 발달하면서 서로 다른 부정적 변수를 경험한 두 소년이 10대에 결국 동일한 문제(품행장애)를 나타내게 된다.

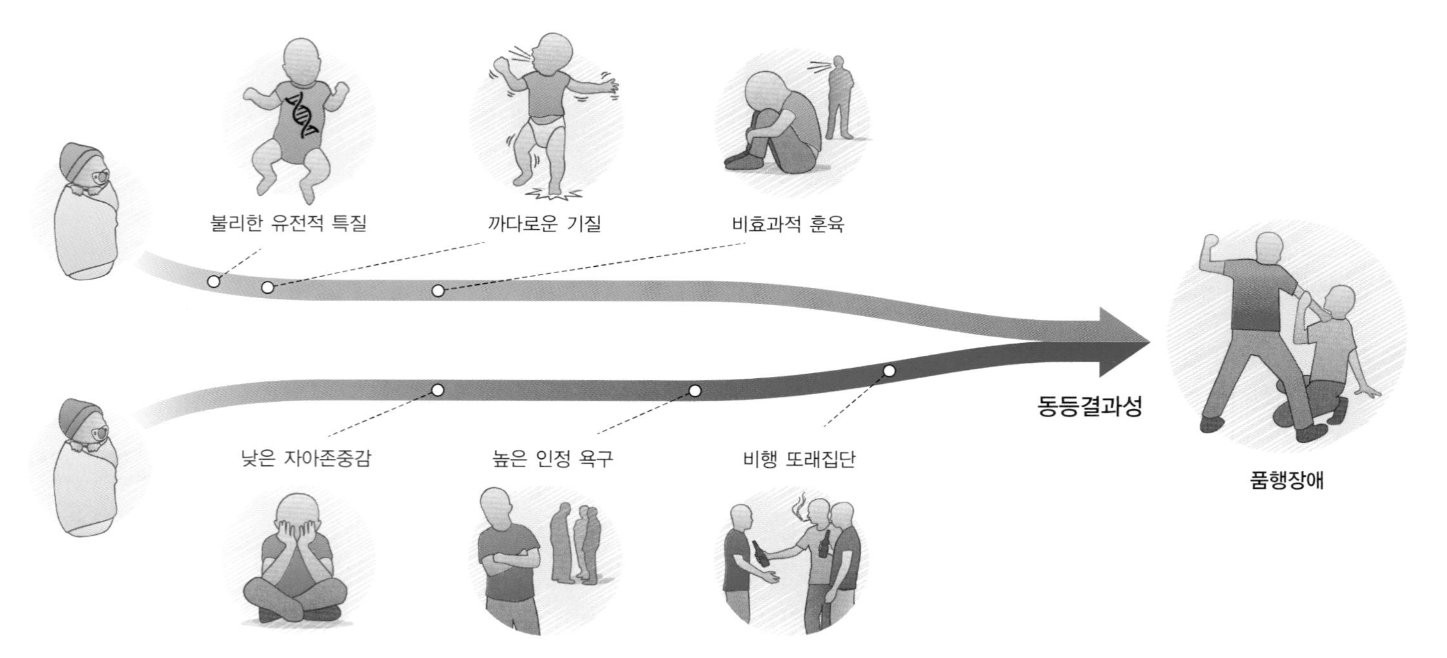

본주의-실존주의 모델로부터는 압도적인 생활 스트레스 앞에서도 사람의 역량, 독특함, 탄력성을 고려하는 것을 끌어온다. 그리고 마지막으로 그들은 사회적 맥락과 문화가 개인의 기능에 미치는 영향(현재와 과거 모두)을 강조하는 사회문화 모델의 입장을 받아들인다.

발달정신병리학적 관점은 장애로 이어지는 발달 경로가 다양하다고 주장한다. 사실 그 한 가운데에 두 핵심 원칙, 즉 동등결과성과 다중결과성이 있다. **동등결과성**(equifinality) 원칙에 의하면 다른 발달경로가 동일한 심리장애로 이어질 수 있다. 예를 들어 제14장에서 다루어질 품행장애가 있는 두 소년을 보자. 두 소년이 모두 동일한 품행 장애의 특징적인 증상(예 : 도벽, 무단결석, 거짓말, 자동차 무단침입)을 보일 수 있다. 그러나 그림 2.5에 나와 있듯이 그중 한 소년에게는 좋지 않은 유전자, 까다로운 기질, 서투른 양육과 같은 요인이 상호작용하여 품행 장애가 생길 수 있다. 반면 또 다른 품행 장애 소년은 좋은 유전자를 지니고 긍정적 기질을 가지고 태어났으며 아주 세심한 부모에 의해서 양육되었을 수 있다. 그 소년의 심각한 품행 문제는 낮은 자아존중감, 또래인정에 대한 강한 욕구, 전형적으로 비행을 저지르는 또래와의 교우관계가 상호작용한 결과일 수 있다.

발달정신병리학의 또 다른 원칙, 즉 **다중결과성**(multifinality)에 의하면 여러 유사한 발달적 변수를 경험한 사람들(예 : 대등한 생물학적 경향성, 가족 구조, 학교, 이웃)도 임상적 결과가 다를 수 있다. 좋지 않은 유전자, 성장 과정에서 까다로운 기질, 빈곤, 외상적 사건, 지역사회에서의 폭력과 같은 기타 부정적 변수로 어려움을 경험한 두 소년을 생각해보자. 그림 2.6에 제시된 것같이 두 소년이 아주 비슷한 배경을 가졌음에도 불구하고 한 소년은 10대에 품행장애가 생겼을 수 있고 다른 소년은 잘 적응할 수 있다. 왜 결과가 이렇게 엄청나게 다를까? 예를 들어 앞의 소년은 아동기 동안 좋지 못한 양육을 받았을 수 있는 반면 다른 소년은 강한 회복탄력성 발달에 도움이 된 효율적인 부모 양육을 받았을 수 있다. 효율적인 부모 양육과 같은 긍정적 발달변수가 좋지 않은 유전자 혹은 까다로운 기질과 같은 부정적 변수의 영향을 상쇄하는 데 기여한다면, 이를 흔히 '보호 요인'이라고 부른다.

발달정신병리학적 관점이 심리장애를 설명하는 데 타이밍(timing)과 발달을 강조하는 것을 감안하면 그 관점의 실무자들이 구체적 치료 기법보다 치료 타이밍에 더 집중하는 것은 당

동등결과성 서로 다른 발달 경로 여럿이 동일한 심리장애로 이어질 수 있다는 원칙

다중결과성 유사한 발달력을 가진 사람들이 서로 다른 임상적 결과를 갖거나 대등한 현재 상황에 다른 방식으로 반응한다는 원칙

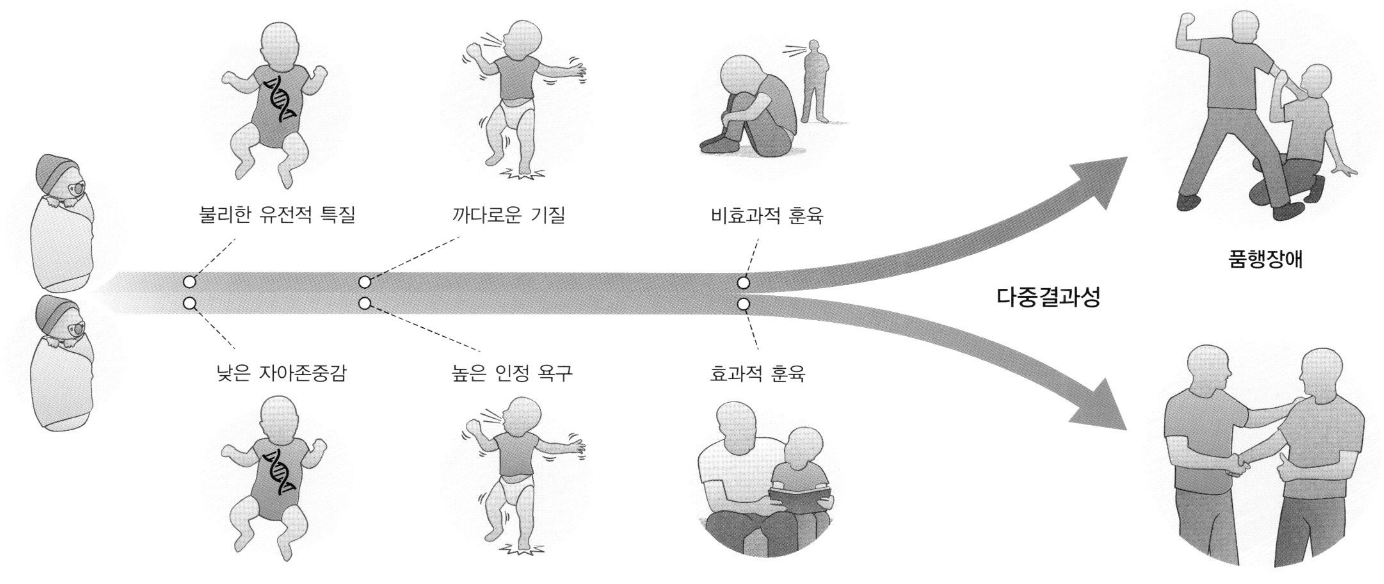

그림 2.6

다중결과성의 작동

이 그림은 다중결과성을 보여주고 있다. 두 소년이 아동기에는 불리한 유전적 특질과 까다로운 기질 등의 여러 비슷한 변수로 힘들게 지냈지만 10대에는 매우 다른 결과를 갖게 되었다(한 소년은 품행장애, 다른 한 소년은 양호한 적응). 이는 주로 한 소년은 비효과적 부모를 두었다는 불리함이 있었던 반면, 다른 한 소년은 효과적 부모를 가졌다는 행운이 있었기 때문이다.

연하다. 예를 들어 그들은 이미 심각한 장애가 있는 사람보다는 예방과 보호 요인의 도입, 취약한 사람들을 위한 조기 개입에 우선순위를 둔다(VanMeter & Cicchetti, 2020; Cicchetti & Handley, 2019). 나아가서 맥락과 사회문화적 영향을 특히 강조하는 것과 일관되게 발달정신병리학자들은 지역사회 정신건강 주창자들의 개인치료 형식보다는 학교나 동네 전체를 겨냥하는 지역사회 전반에 대한 개입의 촉구를 되풀이한다. 실제로 발달정신병리학자들은 빈곤, 지역사회 폭력, 사회적 불평등 등 발달에 부정적 영향을 미치는 사회적 요인의 변화를 추구하는 등 사회 정책에서 중요한 역할을 하는 경우가 많다.

통합적 관점과 병합치료가 부상하면서 이 책 전반에 걸쳐서 이상행동의 연구는 두 방향으로 진행될 것이다. 다양한 장애를 제시하면서 오늘날의 모델들이 각 장애를 어떻게 설명하고 치료하는지, 그러한 설명과 치료가 얼마나 연구로 뒷받침되는지 살펴볼 것이다. 그러나 그와 동시에 우리는 어떻게 그 설명과 치료가 서로 기반이 되어주는지를 살펴보고 그 모델들의 통합을 위해서 발달정신병리학자들의 노력을 포함해서 현재 어떠한 노력이 진행되고 있는지 알아볼 것이다.

요약

모델 통합하기 : 발달정신병리학적 관점

이제는 많은 이론가들은 이상행동에 대해서 한 번에 한 가지 이상의 원인 유형을 고려하는 설명을 선호하고 많은 치료자는 여러 모델에서 나온 치료 기법을 병행한다. 유력한 통합적 관점인 발달정신병리학적 관점에서는 어떻게 다양한 모델의 변수와 원리가 집합적으로 인간 기능(적응적, 부적응적 기능 모두)을 설명할 수 있다는 것을 이해하는 데 발달적 관점을 사용한다. 이 관점의 핵심에 있는 두 원칙은 동등결과성과 다중결과성이다.

핵심용어

가족체계 이론
가족치료
게슈탈트치료
고전적 조건형성
고착
꿈
내담자 중심 치료
노출치료
뇌 자극
뇌 회로
뉴런
다문화적 관점
다중결과성
대상관계 이론
동등결과성
모델
모델링
문화민감치료
발달정신병리학
상호교차성
성별민감치료
수용기
시냅스
신경전달물질
실존치료
원초아
유전자
자기 이론
자기실현
자아
자아방어기제
자유연상
저항
전기충격요법(ECT)
전이
정신외과술
정화
조건화
조작적 조건형성
지역사회 정신건강치료
지지집단
집단치료
초자아
커플치료
향정신성 약물
호르몬

속성퀴즈

1. 신경전달물질, 뇌 구조, 뇌 회로는 무엇인가? 심리장애에 대한 생물학적 치료를 기술하라.
2. 학습된 반응, 가치, 책임, 영성, 저변의 갈등, 부적응적 가정은 어떤 모델과 관련이 있는가?
3. 무조건적인 긍정적 존중, 자유연상, 노출, 마음챙김 명상, 꿈의 해석은 어느 치료법에서 사용되는가?
4. 정신역동, 인지행동, 인본주의-실존주의, 사회문화 모델의 핵심적 원리는 무엇인가?
5. 정신역동 치료자들에 따르면 원초아, 자아, 초자아는 정상 그리고 이상행동의 발달에서 어떤 역할을 하는가? 정신역동 치료자가 사용하는 핵심적 기법은 무엇인가?
6. 인지행동 임상 실무가들은 이상행동의 설명과 치료에서 어떤 원칙과 치료에 집중하는가?
7. 인본주의 이론가와 치료자는 실존주의 이론 및 치료자와 어떻게 다른가?
8. 사회적 명칭과 역할, 사회적 연결, 가족 요인, 문화는 심리적 기능과 어떤 관련이 있는가?
9. 집단치료, 가족치료, 커플치료, 지역사회치료, 문화민감치료의 핵심적 특징은 무엇인가?
10. 발달정신병리학적 관점의 핵심 원칙은 무엇인가? 이 관점은 어떻게 이상심리의 다양한 모델의 원칙을 통합하는가?

임상, 평가, 진단 그리고 치료

CHAPTER 3

주제

프랭코는 친구 제시의 재촉으로 치료자를 만났다. 프랭코는 여자친구와 헤어진 지 네 달이 지났지만 아직도 마음을 추스르지 못하는 듯 보였다. 그는 스포츠 활동과 콘서트 관람 등 규칙적으로 하던 모든 활동을 그만둔 상태였다. 어렵게 연결된 전화통화에서 그는 제시에게 직장에서 심각한 실수를 여러 번 했다고 말했지만 별로 상관하지 않는 듯 보였고, 피로감이 상당하여 음식을 먹기 어렵다고 고백했다. 제시는 프랭코가 임상적으로 우울하다고 추측했지만, 그녀는 전문가가 아니었다.

프랭코는 낙담감 때문에 지역상담센터의 치료자와 약속을 잡았다. 치료의 첫 단계는 프랭코와 그의 장해에 대해 최대한 많이 알아내는 것이다. 그는 누구이고, 어떤 인생을 살았고, 증상은 무엇인가? 이에 대한 답은 프랭코가 현재 겪는 장해에 대한 원인과 경과를 파악하고, 그를 잘 도울 수 있는 전략을 찾아낼 수 있게 해줄 것이다. 프랭코의 니즈와 비정상적인 기능 패턴을 고려하여 치료계획을 세울 수 있다.

제1장과 제2장에서는 이상심리학에서 연구자가 비정상적 기능을 어떻게 이해하는지를 설명하였다. 임상가는 이 정보를 임상 현장에 적용하지만, 새로운 내담자를 만났을 때 임상가의 주요 초점은 내담자의 **개별 정보**(idiographic information) 또는 개인 정보를 모으는 데 있다. 내담자가 직면한 문제를 극복할 수 있도록 도우려면 치료자는 내담자와 내담자가 경험하는 어려움을 완전히 이해해야만 한다. 내담자 각 개인에 대한 정보를 근거로 치료자는 평가와 진단을 하며 그 결과에 따라 치료를 결정한다. ■

임상 평가 : 내담자는 어떤 비정상적 행동을 하며, 왜 비정상적인 행동을 하는가

결론에 도달하기 위해 관련된 정보를 모으는 과정이 **평가**(assessment)이다. 우리는 매일매일 평가를 하면서 산다. 어떤 종류의 시리얼을 살지부터, 어떤 대통령 후보를 뽑을 것인지 결정하는 것까지 항상 평가를 한다. 대학 입학관리처에서는 그 대학에 지원한 학생 중 가장 '적합'한 학생들을 선택하기 위해 학업 성적, 추천서, 시험 성적, 에세이, 면담, 지원서를 검토하고 결정을 내린다. 고용주는 회사에 적합한 인재를 뽑기 위해 이력서, 면담, 참고 자료, 근무 중 관찰 등의 정보를 수집한다.

개인이 어떤 비정상적인 행동을 보이며, 왜 비정상적으로 행동하는지, 이들을 어떻게 도울 수 있는지를 결정하기 위해 임상적 평가를 한다. 또한 치료 중 내담자의 향상 정도를 평가하고, 치료법의 효과성을 판단하기 위해 임상적 평가를 한다. 이제까지 개발된 몇백 가지의 임상 평가법과 도구는 세 가지 범주, 즉 면담, 검사, 관찰에 속한다. 이러한 도구를 유용하게 사용되려면 표준화는 물론이고 명백한 신뢰도와 타당도를 갖춰야만 한다.

개별 정보 전체 집단이 아니라 특정 개인에 대한 정보

평가 내담자나 연구 참가자에 대한 정보를 수집하고 해석하는 과정

표준화 많은 사람에게 검사를 실시하고 그들의 수행을 개별 점수에 대한 기준이나 표준으로 사용하는 절차

신뢰도 검사나 연구 결과의 일관성에 대한 측정

타당도 검사나 연구 결과의 정확성에 대한 측정

평가 도구의 특징

모든 임상가는 특정 평가 도구를 사용할 때 동일한 절차를 따라야 한다. **표준화**(standardize)는 일관된 단계에 따라 도구를 사용하는 것을 말한다. 또한 내담자 점수가 가진 의미를 해석하기 위해서는 평가 결과를 해석하는 방법을 표준화해야 한다. 검사 결과에 대한 표준화도 가능하다. 예를 들어 먼저 많은 사람에게 검사를 실시한 후, 그 점수를 표준으로 삼고 개인 점수를 해석할 수 있다. 표준검사 점수를 제공하는 집단은 대표성을 가져야 한다. 예를 들어 일반 대중을 위한 공격성 검사를 해군집단을 대상으로 하여 표준화하면 '기준'에 큰 오류가 생기게 된다.

신뢰도(reliability)는 측정된 내용의 일관성을 말한다. 좋은 평가 도구는 언제나 같은 상황에서 비슷한 결과를 낸다(Frick, Barry, & Kamphaus, 2020; Reynolds, Altmann, & Allen, 2020). 평가 도구가 같은 사람들에게 항상 비슷한 결과를 보여줄 때 신뢰도의 한 종류인 **검사-재검사 신뢰도**(test-retest reliability)가 높다고 말한다. 어떤 검사에서 어떤 여성이 심각한 알코올중독자로 판명되었다면, 일주일 뒤에 그 검사를 다시 해도 같은 결과가 나와야 한다. 검사-재검사 신뢰도를 측정하기 위해 참가자들은 둘 이상의 검사 상황에서 검사를 받아야 하며, 두 점수는 상관관계가 있어야 한다. 상관관계가 높을수록(제1장 참조) 검사-재검사 신뢰도는 높다.

학교에서 시행하는 평가는 얼마나 신뢰성이 있고 타당한가? 온라인상의 테스트는 어떠한가?

평가받는 사람들이 평가 항목에 대해 유사한 응답 패턴과 해석 양상을 보인다면, 이 평가 도구는 신뢰도의 또 다른 종류인 **관찰자 간**(혹은 **평가자 간**) **일치도**[interrater(interjudge) reliability]가 높다고 볼 수 있다. 참·거짓 그리고 객관식 문제는 평가하는 사람의 영향을 받지 않아 채점에 일관성이 보장되지만, 어떤 검사는 평가하는 사람의 판단에 의존한다. 그림을 복사하게 하고, 수검자의 반응 정확도를 평가하는 검사를 생각해보자. 평가자에 따라 동일 그림에 다른 점수를 줄 수 있다.

마지막으로 평가 도구는 **타당도**(validity)가 있어야 한다. 즉 평가 도구는 측정해야 하는 것을 정확하게 측정해야만 한다(Portney, 2020). 4kg의 설탕 무게를 측정할 때마다 5kg을 가리키는 저울을 가정해보자. 저울의 눈금이 일정한 값을 가리키기 때문에 저울의 신뢰도는 높다고 할 수 있으나, 측정값은 유효하지 않거나 정확하지 않다.

신뢰할 수 있는 평가? 전미농구협회의 회원이었던 매직 존슨, 샤킬 오닐, 트레이시 맥그레이디, 디켐베 무톰보, 조지 거빈은 올스타 슬램덩크 대회의 심사위원이었다. 그들의 개별 덩크슛 점수차가 매우 컸기 때문에 평가자 간 신뢰도는 낮았다.

어떤 평가 도구는 측정하고자 하는 것을 측정하는 것처럼 보이기 때문에 유용하게 보일 수 있다. 하지만 **안면타당도**(face validity)는 어떤 도구를 그럴 듯하게 보이게 할 뿐 이 도구가 타당함을 증명하지는 못한다. 예를 들어 우울증검사에 얼마나 자주 우는지에 대한 문항을 포함할 수 있다. 우울증을 앓고 있는 사람들이 우는 것은 당연하기 때문에 이 검사 문항은 안면타당도가 있다. 그러나 어떤 사람들은 우울증을 겪지 않아도 울며, 심각한 우울증을 앓고 있는 사람들은 전혀 울지 못하기도 한다. 이런 이유로 적절한 평가 도구를 만들기 위해서는 **예언타당도** 또는 **공존타당도**를 고려해야 한다(Frick et al., 2020; Portney, 2020).

예언타당도(predictive validity)는 도구가 미래의 특징이나 행동을 예측하는 정도를 말한다. 초등학생을 대상으로 이들이 고등학교에서 담배를 피울 것인지 아닌지를 예측하는 검사를 개발한다고 가정하자. 아동에 대한 정보(개인적 특징, 흡연 습관, 흡연에 대한 태도)를 모으고 이를 근거로 고위험 아동을 선별한다. 검사의 예언타당도를 위해 초등학생에게 검사를 시행하고, 이 학생들이 고등학교에 진학할 때까지 기다린 후, 어떤 학생이 실제로 흡연자가 되었는지 확인해볼 수 있다.

공존타당도(concurrent validity)는 한 도구로부터 모인 측정치가 다른 도구를 이용해 모은 측정치와 일치하는 정도이다. 예를 들어 불안을 측정하는 검사에서 개인의 점수는 다른 불안검사에서의 점수 또는 임상 면담 시 그 사람의 행동과 높은 상관관계가 있어야 한다.

평가 방법을 사용하기 전에 표준화, 신뢰도, 타당도를 구축해야 한다. 방법이 아무리 통찰력 있어 보이고 그럴듯해 보여도, 해석이 불가능하고 비일관적이며 부정확하면 그 결과를 적절하게 사용할 수 없다. 불행히도 임상 평가 도구는 매우 한정되어 있으며 일부 임상 평가는 이런 요구를 충족하지 못한다.

흥미로운 이야기

고용선별

약 70%의 회사에서 지원자를 선별하는 데 소셜미디어를 이용한다. 그 이유는 무엇일까? 지원자가 자신을 정확하게(61%) 그리고 프로답게 보여주는지(50%), 조직의 문화와 얼마나 잘 맞는지(51%), 다른 사람들과 잘 지내는지(35%)를 보기 위해서이다(cFirst, 2019; CareerBuilder, 2018, 2017, 2012).

임상 면담

어떤 사람을 아는 가장 좋은 방법은 상대방을 직접 만나는 것이다. 이때 우리가 행동하고 말하는 것에 대해 상대방이 어떻게 반응하는지 관찰하고, 그들의 반응을 통해 상대방이 어떤 사람인지 파악한다. **임상 면담**은 직접적인 대면이다(Slade & Sergent, 2020). 임상 면담 동안 어떤 남성이 최근에 돌아가신 어머니에 대한 슬픔을 말하면서 행복한 표정을 보였다면, 치료자는 그 남성이 사실 어머니의 죽음에 대해 갈등을 겪고 있다고 생각해볼 수 있다. 전통적으로 거의 대다수의 임상 면담은 면대면으로 행해졌다. 그러나 COVID-19의 위험 때문에 원격정신의료 검진이 늘고 있다(Wright et al., 2020).

면담하기 면담은 치료자와 내담자의 첫 번째 접촉이다. 치료자는 어떤 사람의 문제와 기분, 생활주기, 관계, 개인의 역사에 대한 자세한 정보를 모으기 위해 면담을 진행한다. 치료자들은 또한 치료에 대한 기대와 동기에 대한 정보를 수집한다. 프랭코를 담당한 치료자는 면담을 기점으로 치료를 시작했다.

프랭코는 회색 체육복과 티셔츠를 입고 약속에 나타났다. 짧은 수염은 면도를 하지 않았음을, 티셔츠에 여기저기 묻은 음식찌꺼기는 오랫동안 세탁을 하지 않았음을 추측하게 했다. 프랭코는 감정 없이 말했다. 아무렇게나 앉아 있는 그의 자세는 그가 치료받으러 오고 싶지 않았음을 짐작하게 만들었다

몇 차례 질문 끝에 프랭코는 자기보다 열세 살이나 어린 25세의 마리아와의 지난 2년간의 관계에 대해 말하기 시작했다. 프랭코는 아내 될 사람을 만났다고 믿었지만, 독선적인 마리아의 어머니는 나이

정신상태검사 내담자의 이상 기능의 정도와 상태를 보여줄 수 있게 설계된 면접 질문과 관찰

차에 대해 불만이었고, 끊임없이 마리아에게 프랭코보다 나은 사람을 만날 수 있다고 말했다. 프랭코는 마리아가 어머니로부터 독립해서 자신과 동거하기를 원했으나, 이는 마리아에게 쉽지 않은 일이었다. 마리아의 어머니가 마리아에게 너무 큰 영향을 주고 있다고 믿었고, 마리아가 자신에게 더 몰입하지 않는 것이 불만이었던 그는 싸움 도중 마리아와 결별을 선언하였다. 프랭코는 곧바로 자신의 충동적인 행동을 깨달았지만, 마리아는 재결합을 거부하였다.

어린 시절에 대해 묻자 프랭코는 12세 때 아버지가 축구 연습을 하던 자신을 데리러 오던 중 참담한 교통사고로 돌아가셨다고 말했다. 처음에 아버지는 데리러올 수 없다고 말했지만, 프랭코가 떼를 쓰자 스케줄을 조정했다. 프랭코는 자신이 아버지의 죽음에 책임이 있다고 믿고 있었다.

프랭코는 그 후 여러 해 동안 어머니가 혼자서 자신을 기르기 위해 그녀의 '인생을 포기'했어야 했다고 불평한 것이 자기비난의 감정을 더욱 부추겼다고 말했다. 어머니는 프랭코뿐 아니라 그와 만나는 여자친구 모두를 악의로 대했다.

프랭코는 학창시절 내내 불행했었다고 이야기했다. 학교가 싫었고 다른 학생들보다 자신이 멍청하다고 느꼈다. 한번은 교사가 격려의 뜻으로 한 비판 때문에 며칠이나 숙제를 할 수 없었고, 그로 인해 성적이 떨어졌다고 했다. 그는 자신이 멍청하다고 했다. 세월이 지난 지금 은행 매니저로 승진된 것은 전적으로 열심히 일했기 때문이라고 믿고 있다. "나는 다른 사람들만큼 똑똑하지 못합니다."

프랭코는 마리아와의 결별 이후 전보다 훨씬 불행하게 느낀다고 설명했다. 가끔 밤새도록 TV를 시청하지만 보고 있는 것에 주의를 기울이지 못한다고 보고했다. 어떤 날은 먹는 것을 잊기도 한다고 했다. 친구를 보고 싶은 마음도 없고, 직장에서는 여러 가지 일을 헷갈려 상사로부터 꾸중이 늘어나고 있다고 했다. 그는 이게 모두 자신의 능력이 부족한 탓이라 해석하고 있다. 프랭코는 자신이 현재 직업에서 요구하는 능력을 갖지 못한 것을 상사가 알아차렸을 것이라고 했다.

이러한 유형의 기본적 배경 자료를 모으는 것 이상으로, 임상 면담 진행자는 자신이 중요하다고 생각하는 주제에 특별한 관심을 둔다(Brown & Barlow, 2021; Segal, 2019). 정신역동적 면담자는 내담자의 욕구, 과거 사건에 대한 기억, 그리고 관계에 대해 알고 싶어 한다. 인지행동치료 면담자는 반응을 이끄는 요인, 반응의 결과 그리고 그 사람에게 영향을 주는 가정과 해석에 대한 정보를 찾아내려 애쓴다. 인본주의 면담자는 개인의 자기평가, 자아 개념, 가치에 관해 묻는다. 생물학적 면담자는 생화학 또는 뇌의 역기능 신호를 찾는다. 그리고 사회문화적 면담자는 가족, 사회, 문화적 환경에 대해 질문한다.

면담은 비구조화되거나 구조화될 수 있다(Kelly, 2020). **비구조화된 면담**에서 치료자는 "자신에 대해 말해줄 수 있나요?"와 같은 간단한 개방형 질문을 한다. 비구조화된 면담은 사전 계획 없이 면담 진행자에 따라 연관된 주제를 탐색한다(Slade & Sergent, 2020).

구조화된 면담에서는 치료자가 미리 준비된 질문을 한다. 때로 이미 출판된 **면담 양식**(모든 면담 진행자를 위해 이미 만들어진 표준화된 질문지)을 이용한다(Brown & Barlow, 2021). 대부분의 구조화된 면담은 시간, 장소, 주의 지속시간, 기억, 판단, 통찰력, 내용과 과정, 분위기, 외모에 관한 질문과 관찰로 구성된 **정신상태검사**(mental status exam)를 포함한다(Gonzalez Kelso & Tadi, 2020). 구조화된 면담은 치료자가 모든 면담에서 같은 종류의 질문을 하고, 개인 간 서로 다른 반응을 비교할 수 있게 해준다.

대부분의 임상 면담에 구조화된 양식과 비구조화된 양식이 있지만, 각 임상가는 그중 하나를 선호한다(Frick et al., 2020). 비구조화된 면담은 정신분석이나 인본주의 임상가들이 선호하는 반면, 구조화된 형식은 비정상적 기능과 관련된 행동이나 사고를 찾아내야 하는 인지행동 임상가들이 주로 사용한다(Brown & Barlow, 2021).

흥미로운 이야기

영화 속 유명한 임상가

스토너 박사	– 조커(2019)
아우렐리우스 박사	– 헝거게임(2015)
스틸 박사	– 체인질링(2008)
로즌 박사	– 뷰티풀마인드(2001)
크로우 박사	– 식스센스(1999)
소벨 박사	– 애널라이즈디스(1999)
맥과이어 박사	– 굿윌헌팅(1997)
마빈 박사	– 밥에게 무슨 일이 생겼나(1991)
버거 박사	– 보통 사람들(1980)

임상 면담의 한계는 무엇인가 면담을 통해 사람들에 대한 가치 있는 정보를 얻을 수는 있지

만, 그 정보에는 한계가 있다. 한 가지는 타당성 또는 정확성이 부족하다는 것이다. 사람들은 자신을 긍정적으로 보이게 하기 위해 의도적으로 거짓을 말하거나 부끄러운 주제는 피한다. 어떤 사람은 면담을 통해 정확한 정보를 주지 못할 수 있다. 예를 들어 우울증을 앓고 있는 사람은 자신에 대해 비관적으로 보며, 사실이 그렇지 않을지라도 자신을 스스로 형편없는 노동자 또는 자격 없는 부모로 묘사할 수 있다.

임상 검사 어떤 사람에 대한 추론으로부터 그 사람의 심리적 기능에 대한 자료를 수집하는 도구

투사검사 사람들이 해석하거나 반응하는 애매모호한 자극으로 구성된 검사

면담 진행자 또한 자신이 수집한 정보를 편향되게 해석할 수 있다(Slade & Sergent, 2020; Segal, June, & Pifer, 2019). 예를 들어 일부 면담 진행자는 첫 인상이나 내담자에 대한 좋지 않은 정보에 너무 큰 비중을 두기도 한다. 면담 진행자의 성별, 인종, 연령에 대한 편견은 또한 내담자가 말하는 것에 대한 해석에 영향을 줄 수 있다.

팬데믹 관련 사회적 거리두기는 원격정신의료 임상 면접에 대한 의존을 높였다. 이런 면접은 대면 면접보다 제공하는 정보가가 적을까?

특히 비구조화된 면담은 신뢰도가 낮다(Miller, 2019). 사람들은 서로 다른 면담 진행자에게 각각 다르게 반응한다. 예를 들어 차가운 면담 진행자에게는 따뜻하고 지지적인 면담 진행자보다 적은 정보를 준다(Slade & Sergent, 2020). 유사하게 치료자의 인종, 성별, 나이, 외모는 내담자의 반응에 영향을 줄 수 있다(Hayes & Hofmann, 2020; Segal et al., 2019).

서로 다른 치료자가 같은 사람에게 같은 질문을 하더라도 다른 답을 얻고 다른 결론을 낼 수 있기 때문에 어떤 연구자는 면담이 임상 평가 도구로서 불필요하다고 믿는다. 하지만 다른 두 종류의 임상 평가 방법 또한 심각한 한계를 가진다.

임상 검사

임상 검사(clinical test)는 개인에 대해 더 많은 정보를 추론하기 위해 개인의 다양한 심리적 기능에 대한 정보를 모으는 도구이다. 이런 검사들은 그럴 듯하게 보이지만 대부분은 신뢰도와 타당도가 부족하고 표준화되어 있지 않다. 이런 검사들은 개인에 대해 정확한 정보를 제공하지 못하며, 다른 사람과 비교해서 개인이 어느 정도 위치에 있는지 보여주지 못한다.

현재 전 세계적으로 약 1,000개의 임상 검사가 사용되고 있다(EBSCO, 2020). 치료자는 다음의 여섯 가지 검사, 즉 **투사검사, 성격검사, 반응평정도구, 정신생리학적 검사, 신경심리검사, 지능검사**를 가장 많이 사용한다.

투사검사 **투사검사**(projective test)에서는 내담자에게 잉크 얼룩 또는 애매모호한 사진과 같은 모호한 자극을 해석하게 하거나, '사람을 그려보라'와 같은 개방형 지시를 따르게 한다. 투사검사는 단서와 지시가 일반적인 경우 사람들은 주어진 과제에서 자신의 성격의 단면을 '투사할 것'이라는 이론적 가정에 근거한다. 투사검사는 주로 정신역동 치료자가 무의식에 접근하여 비정상의 근거가 된다고 믿는 갈등을 알아내기 위해 사용한다(Roques et al., 2020). 가장 널리 사용되는 투사검사는 **로르샤흐검사, 주제통각검사, 문장완성검사, 그림검사**이다.

Justin T. Gellerson/The New York Times/Redux

평가의 예술 임상가는 예술작품을 예술가가 자신의 갈등을 보여주는 비공식적 투사검사로 간주한다. 국립상이용사치료센터(NICoE)는 외상성 뇌손상이나 PTSD를 가진 상이용사에게 고통스러운 생각이나 정서를 표현하도록 예술치료를 제공한다. 2017년에 나온 이 가면은 자신의 전쟁 경험과 현재 어려움을 극복하려는 상이용사가 디자인한 것이다.

로르샤흐검사 1911년 스위스 정신과 의사인 Hermann Rorschach는 임상 현장에서 잉크 얼룩의 유용성을 시험해보았다. 그는 종이에 잉크를 떨어뜨리고 이를 반으로 접어 그림 3.1에 나타난 것처럼 서로 대칭인 수천 개의 얼룩을 만들었다. Rorschach는 모든 사람이 이 얼룩에서 어떤 이미지를 본다는 것을 발견했다. 게다가 사람들이 보고하는 이미지가 자신의 심리적 상태와 연관되어 있다고 보았다. 예를 들어 조현병으로 진단받은 사람은 우울증을 앓고 있는 사람과는 다른 이미지를 보고하는 것을 관찰하였다.

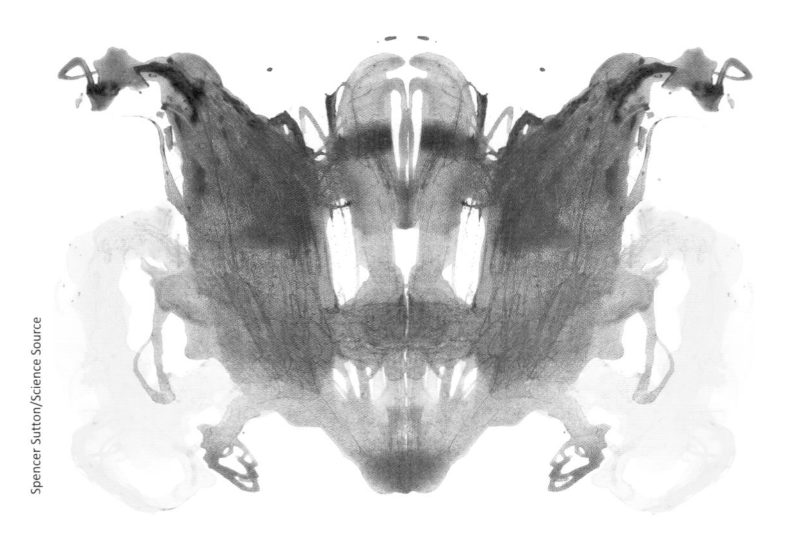
Spencer Sutton/Science Source

그림 3.1
로르샤흐검사에서 사용되는 것과 유사한 잉크 반점

1921년 Rorschach는 10개의 잉크 얼룩을 선택하여 사용지침서와 함께 출판했다. 이것을 로르샤흐 정신역동 잉크반점검사라고 불렀다. Rorschach는 8개월 후 37세의 나이로 죽었지만, 다른 사람들이 그의 업적을 계승하였고, 그의 잉크 얼룩은 20세기에 가장 널리 사용된 투사검사의 하나가 되었다(Teles, 2020).

치료자는 잉크얼룩카드를 한 번에 하나씩 제시하고 내담자에게 무엇이 보이는지, 잉크 얼룩이 무엇처럼 보이는지, 또는 그것이 무엇을 연상하게 하는지 물어보며 로르샤흐검사를 실행한다. 초기의 로르샤흐검사자는 잉크 얼룩이 연상하게 하는 이미지와 주제에 특별한 관심을 두었다(Cherry, 2020b; Meyer et al., 2020). 검사자는 또한 디자인 전체를 보는가 아니면 특정 세부사항을 보는가, 얼룩을 보는가, 혹은 여백을 보는가 등 반응 방식에 관심을 둔다.

주제통각검사 주제통각검사(TAT)는 그림을 이용한 투사검사이다(Frick et al., 2020; Morgan & Murray, 1935). 주제통각검사에서 내담자는 보통 30개의 모호한 상황 속에 있는 사람들의 흑백 사진을 보고 각 카드에 대한 극적인 이야기를 만들어야 한다. 내담자는 사진에서 일어나고 있는 일이 무엇인지, 어떻게 진행되고 있는지, 주인공들의 감정과 생각은 무엇인지, 그 상황의 결과는 어떠할 것인지를 말할 것을 요구받는다.

TAT를 사용하는 치료자들은 사람들이 언제나 각 카드에서 인물들 중 한 사람과 자신을 동일시한다고 믿는다. 내담자의 환경, 필요, 감정이 이야기에 반영된다. 예를 들어 다음 여성 내담자는 그림 3.2에서 본 것과 비슷한 TAT 그림에 대해 이야기할 때 자신의 감정을 드러내는 듯 보인다.

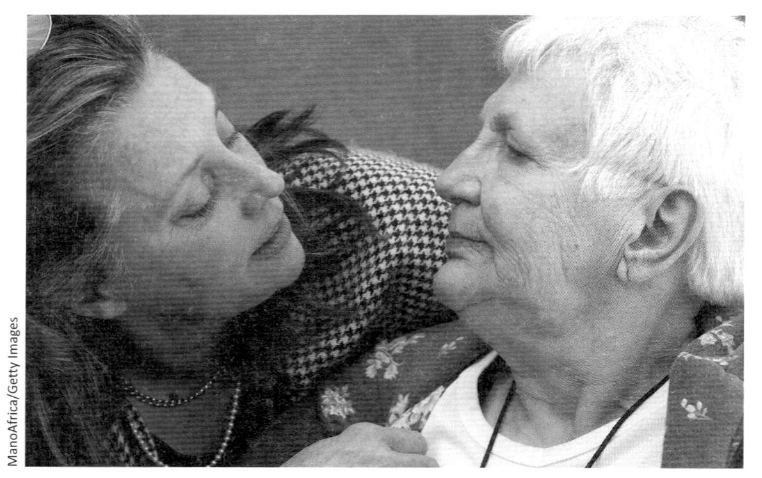
ManoAfrica/Getty Images

그림 3.2
TAT에서 사용하는 것과 유사한 사진

> "이 여성은 자신이 증오하는 어머니에 대한 기억으로 고통받았다. 그녀는 어머니를 대하는 자신의 태도에 슬픔을 느꼈고, 어머니에 대한 기억은 그녀를 괴롭혔다. 나이가 들고, 자신의 아이가 자신이 어머니를 대했던 방식으로 자신을 대하고 있다는 것을 깨달으면서 이런 기분을 더 심하게 느끼고 있다."
>
> (Aiken, 1985, p. 372)

문장완성검사 1920년대에 처음 개발된 문장완성검사(Payne, 1928)는 사람들에게 "나는 …를 소망한다" 또는 "나의 아버지는 …"과 같은 미완성의 문장을 완성하게 한다. 이 검사는 이야기를 시작하고, 탐색할 주제를 선정하기 위한 쉽고 빠른 방법이다(Frick et al., 2020; O'Fallon et al., 2020).

그림검사 그림이 때로 그린 사람에 대해 말해준다는 가정하에 치료자는 내담자에게 사람을 그리고 그 인물에 대해 말해보라고 요구한다(Mancini, Passini & Biolcati, 2020). 그림은 세부

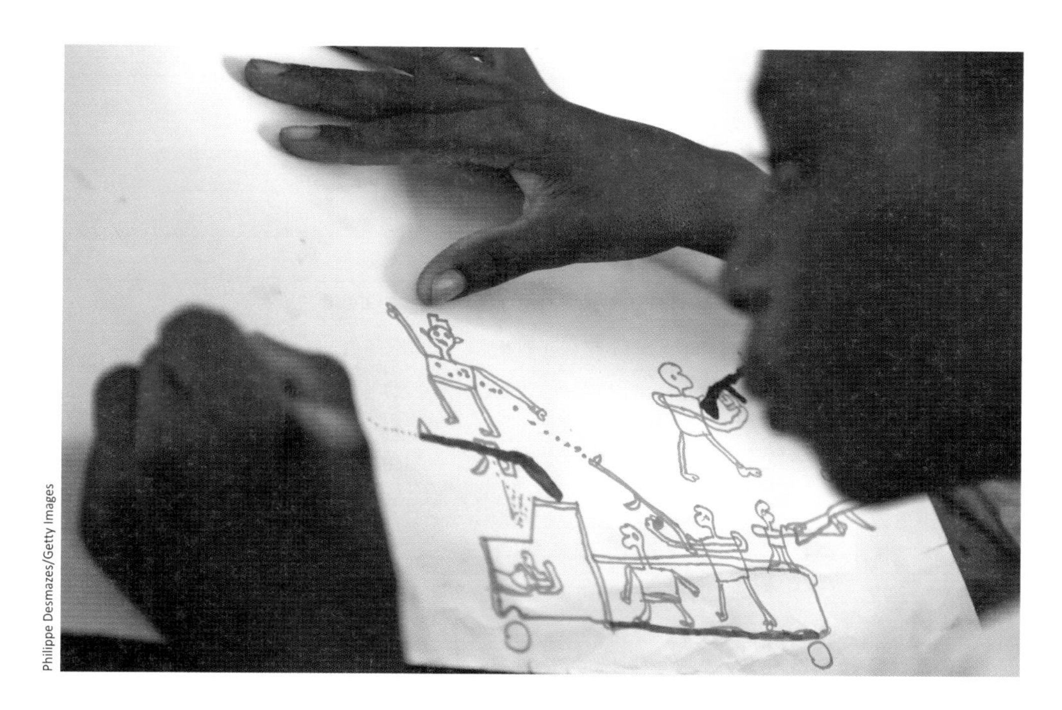
Philippe Desmazes/Getty Images

그림검사 유니세프의 치료 프로그램 중 하나로, 이 어린 나이지리아 피난민이 공격받을 당시를 그리고 있다. 이 프로그램은 북동부 나이지리아에서 극단주의 집단으로부터 도망친 사람들을 수용하는 서구 종족의 마을인 바가솔라에서 제공되었다.

사항과 그림의 형태, 연필선의 견고함, 종이 위 그림의 위치, 인물의 크기, 인물의 모습, 배경의 활용, 그림검사 동안 내담자가 한 말에 따라 평가한다. **사람 그리기**(Draw-a-Person, DAP) 검사에서는 먼저 '사람'을 그리라고 한 뒤 다른 성별의 또 다른 사람을 그리라고 지시한다.

투사검사는 어떤 가치가 있는가 1950년대까지 투사검사는 성격을 평가하는 데 가장 많이 사용되었다. 하지만 최근에 치료자와 연구자는 투사검사를 '부수적인 정보'를 수집하는 데 사용한다. 이런 변화는 새로운 이론적 모델을 따르는 치료자들이 투사검사를 잘 사용하지 않기 때문이다. 더 중요한 사실은 투사검사는 타당도와 신뢰도가 확립되지 않았다는 것이다.

투사검사에 대한 신뢰도 연구는 치료자들이 같은 사람의 투사검사를 다르게 채점하는 경향이 있음을 보여준다. 유사하게 타당도 연구에서 치료자들이 투사검사에 대한 반응을 근거로 내담자의 성격과 기분을 추론할 때, 투사검사의 결과가 내담자의 자기 보고, 정신과 의사의 관점 또는 과거의 방대한 사례로부터 얻은 정보와 일치하지 않음을 보여준다(Morey & McCredie, 2019).

또 다른 타당도 문제는, 투사검사가 때로 소수인종 및 소수민족에 대해 선입견을 갖게 한다는 것이다(표 3.1 참조). 예를 들어 TAT에서는 내담자가 만들어내는 이야기를 통해 성격을 알아내는데, TAT 그림에는 소수민족 인물이 없다. 이에 대한 대책으로 어떤 치료자는 흑인 또는 남아메리카 인물이 포함된 TAT와 유사한 검사를 개발했다(EC, 2020; Teglasi, 2015).

성격검사 개인에 대한 정보를 모으는 또 다른 방법은 자신을 스스로 평가하게 하는 것이다. **성격검사**(personality inventory)는 대상자에게 행동, 신념, 기분에 대한 광범위한 질문을 한다. 전형적인 성격검사에서 개인은 각 항목이 자신에게 적용되는지를 표시한다. 그 후 치료자는 내담자의 반응을 그 사람의 성격과 심리적 기능에 대한 결론을 내리는 데 사용한다.

지금까지 가장 널리 사용되는 성격검사는 **미네소타 다면적 인성검사**(Minnesota Multiphasic Personality Inventory, MMPI)이다(Ingram et al., 2021; Floyd & Gupta, 2020). 여기에는 1945

성격검사 전반적인 성격 특성을 측정하도록 고안된 검사로, 행동, 믿음, 감정에 대한 기술을 포함한다. 피검사자는 기술 문제에 대해 자신의 특성인지 아닌지를 평가한다.

표 3.1

평가와 진단에서 다문화 이슈

문화적 이슈	평가와 진단에서 다문화 이슈
이민 내담자	**주류 문화 평가자**
내담자의 모국 문화는 현재 살고 있는 나라의 문화와 다를 수 있다.	문화와 관련된 반응을 병으로 오인할 수 있다.
전쟁 또는 탄압 때문에 모국을 떠났을 수 있다.	외상후 스트레스에 대한 내담자의 취약성을 간과할 수 있다.
이민한 나라에서 지원 시스템이 취약할 수 있다.	내담자의 스트레스에 대한 취약성이 높아졌음을 간과할 수 있다.
이민한 나라에서의 생활수준(예 : 부와 직업)이 모국에서의 생활수준에 비해 낮을 수 있다.	내담자의 상실감 또는 좌절감을 간과할 수 있다.
언어를 배우는 것이 불가능하거나 이를 거부할 수 있다.	내담자의 평가 반응을 오해할 수 있고 내담자의 증상을 오진하거나 간과할 수 있다.
소수민족 내담자	**주류 문화 평가자**
평가자를 포함해 주류 문화의 구성원들을 거부하거나 신뢰하지 않을 수 있다.	내담자와 친밀감을 형성하지 못하거나 내담자의 불신을 병으로 잘못 해석할 수 있다.
주류 문화의 가치(예 : 자기주장, 대립)를 불편해하고 치료자의 권고를 잘 받아들이지 못할 수 있다.	내담자의 동기가 낮다고 판단할 수 있다.
주류 문화 방식에 대해 스트레스(예 : 위통과 같은 신체 증상)를 보일 수 있다.	증상을 잘못 해석할 수 있다.
주류 문화에서는 이상하게 보일 수 있는 문화적 신념을 가질 수 있다. (예 : 죽은 사람과의 대화)	문화적 반응(예 : 망상)을 병으로 잘못 해석할 수 있다.
평가 동안 불편해할 수 있다.	내담자의 불편함을 간과하고 잘못 판단할 수 있다.
문화적 차이를 병으로 오인받거나 증상이 무시될 수 있다.	소수민족에 대해 무지하거나 편견을 가질 수 있다.
긴장하고 걱정할 수 있다.	문화적 차이를 병으로 오인하거나 증상을 무시할 수 있다.

출처 : Leong, Lui, & Kalibatseva, 2020; Reynolds et al., 2020; Sue et al., 2019; Dana, 2015; López & Guarnaccia, 2005, 2000; Westermeyer, 2004, 2001, 1993; Kirmayer, 2003, 2002, 2001.

년에 출판된 원본 검사와 1989년에 개정되고 2001년에 재개정된 MMPI-2의 성인용 두 가지 버전이 있다. 또한 **MMPI-재구조화 형태**라고 불리는 널리 사용되는 간소화된 버전이 있다. 청소년을 위한 특별 버전인 MMPI-A도 있다. 2020년에 또 다른 버전인 MMPI-3가 출판되었다(Ben-Porath & Tellegen, 2020).

MMPI는 '사실', '거짓', 또는 '해당사항 없음'으로 분류된 약 500개의 항목으로 구성되어 있다. 각 항목은 신체적 문제부터 감정, 성생활, 사회적 활동까지 다양한 주제에 대해 기술한다. 이런 500여 개의 항목은 10개의 임상척도로 분류되며, 각 척도의 점수 범위는 0~120이다. 각 항목에서 70 이상의 점수를 받으면, '이상'으로 판단된다. 10개 척도를 동시에 비교하는 경우 일반적 성격 특성을 보여주는 **프로파일**을 얻을 수 있다. MMPI에서 10개 척도는 다음과 같은 특성을 측정한다.

건강염려증 신체 기능에 대해 비정상적인 염려를 보이는 항목("나는 일주일에 몇 번씩 가슴의 통증을 느낀다.")

우울증 심각한 염세주의와 절망을 보이는 항목("나는 종종 미래가 절망적이라고 느낀다.")

히스테리 갈등과 책임을 무의식적으로 회피하기 위한 방법으로, 신체적 또는 정신적 증상을 보일 수 있음을 시사하는 항목("내가 느낄 수 있을 정도로 심장이 매우 심하게 뛴다.")

반사회성 사회적 관습에 대한 총체적이고 반복적인 무관심과 공감 능력의 부족을 보여주는 항목("다른 사람들은 내 활동과 관심을 비판한다.")

남성성-여성성 남성과 여성을 구분한다고 간주된 항목("나는 꽃꽂이를 좋아한다.")

편집증 비정상적인 의심과 과대망상 또는 피해망상을 보이는 항목("내 마음에 영향을 끼치려 하는 사악한 사람들이 있다.")

강박증 집착, 강박, 비정상적 두려움과 죄책감, 우유부단함을 보이는 항목("나는 불필요해도 내가 사는 거의 모든 물건을 보관하고 있다.")

조현병 비정상적이고 특이한 생각이나 행동을 보여주는 항목("내 주변 것들은 진짜처럼 보이지 않는다.")

경조증 감정적 흥분, 지나친 활동, 사고의 비약을 보여 주는 항목("특별한 이유 없이 기분이 무척 좋아지거나 상당히 나빠진다.")

사회적 내향성 부끄러움, 사람들에 대해 관심이 적고 불안을 보여주는 항목("나는 쉽게 부끄러움을 느낀다.")

흥미로운 이야기

그들의 진술

"넌 날 정상으로 만들어."

제프 린제이의 *끔찍하게 헌신적인 덱스터*(Dearly Devoted Dexter) 중

MMPI와 몇몇 성격검사는 투사검사에 비해 몇 가지 장점이 있다(Frick et al., 2020; Williams, Butcher, & Paulsen, 2019). 지필 또는 컴퓨터로 검사하기 때문에 시간이 적게 들고, 객관적 채점이 가능하다. 거의 모든 검사가 표준화되었기 때문에 개인의 점수를 다른 사람과 비교할 수 있다. 더 나아가 성격검사는 투사검사보다 검사-재검사 신뢰도가 높다. 예를 들어 최대 2주 안에 MMPI를 재검사하는 경우 검사 점수의 유사성이 높다(Floyd & Gupta, 2020; Graham, 2011, 2006).

성격검사는 또한 투사검사보다 신뢰도 또는 정확도가 높다(Frick et al., 2020; Sellbom, 2019). 그러나 성격검사 자체의 신뢰도는 높지 않다. 성격검사만 사용하는 경우 내담자의 성격을 정확하게 판단하지 못한다. 이는 검사가 측정하려는 성격 특질이 직접적으로 평가될 수 없기 때문이다. 자기 보고만으로 개인의 성격, 감정, 욕구를 정확하게 파악하기는 어렵다.

MMPI-2 개발자들이 이전보다 더 다양한 집단을 표준화에 포함했으나, MMPI와 성격검사는 특정한 문화적 한계를 벗어날 수 없다는 것이 또 다른 한계점이다. 한 문화에서 정신장애

Peter Steiner/CartoonStock Ltd.

"이제 몇 가지 검사를 할 겁니다. 채혈과 CAT 스캔과 S.A.T 시험입니다."

반응평정도구 정서, 사회적 기술, 인지 과정과 같은 특정 기능에 대한 대상자의 반응을 측정하게 고안된 검사

정신생리학적 검사 심리적 문제의 지표로(심박 수와 근육 긴장과 같은) 신체적 반응을 측정하는 검사

를 시사하는 반응이 다른 문화에서는 정상적인 반응일 수 있다. 이 점을 고려한 MMPI의 새 버전인 MMPI-3는 최근 개발되어 발표되었다(Ben-Porath & Tellegen, 2020). 여러 가지 변화와 업데이트 가운데 MMPI-3의 문항과 점수체계에 변화가 가장 큰데, 이 변화는 미국 전역의 다양성에 대한 최근 인구조사 결과를 반영한 표준화된 집단의 반응에 근거한다.

여러 비판에도 불구하고 성격검사는 지속적으로 인기가 있다. 면담 또는 다른 평가 도구와 함께 사용된다면 치료자가 사람들의 개인적 성향과 장애를 파악하는 데 성격검사가 유용하다는 연구 결과가 있다(Khazem et al., 2021; Floyd & Gupta, 2020).

반응평정도구 **반응평정도구**(response inventory)는 성격검사와 같이 자세한 정보를 알기 위해 사람들에게 질문하지만, 특정 기능 분야에 초점을 맞춘다. 예를 들어 어떤 검사에서는 감정을, 어떤 검사에서는 사회적 기술을, 그리고 또 어떤 검사에서는 인지 과정을 측정한다. 치료자는 이 검사 결과를 개인의 장애에 영향을 끼치는 요인을 판단하는 데 사용할 수 있다.

정서평정도구는 불안, 우울, 분노와 같은 감정의 심각도를 측정한다. 가장 널리 사용되는 정서평정도구는 Beck 우울증평정도구(Beck Depression Inventory)로, 대상자가 느끼는 슬픔의 수준과 그 슬픔이 기능에 미치는 영향을 평가한다. 특히 행동 치료자와 가족-사회 치료자가 사용하는 **사회적 기술평정도구**(social skills inventory)는 대상자에게 다양한 사회적 상황에서 어떻게 반응할 것인지 질문한다. **인지평정도구**(cognitive inventory)는 개인의 사고와 가정뿐 아니라 사고의 역기능적 유형을 밝혀낸다. 이러한 도구는 주로 인지 치료자와 연구자들이 사용한다.

지난 35년 동안 반응평정도구와 이를 사용하는 치료자의 수는 꾸준히 증가했다. 그러나 반응평정도구에도 한계가 있다. Beck 우울증평정도구와 그 밖의 소수 도구를 제외하고는 표준화, 타당도, 신뢰도가 구축된 도구가 매우 적다(Brown & Barlow, 2021; Reis et al., 2020). 이런 도구는 정확도와 일관성에 대한 평가 없이 필요에 의해 개발되었다.

대중의 인식 제고 스트레스와 정신장애에 대한 대중의 인식이 더 나은 평가와 치료를 가능하게 한다는 믿음으로 2018년 런던 디자인축제에서는 작가 스튜어트 패드윅에게 의뢰해 '물위의 얼굴'이라는 런던 시내를 굽어보는 12미터짜리 거대한 조각품을 제작하였다. 이 전시는 정신건강에 대한 이해와 연민을 촉진하기 위함이었다. 앱을 사용하여 사람들은 이 조각과 상호작용하고, 자신의 감정과 일치하는 색으로 바꿀 수 있다.

John Stillwell/ZUMA Press/Newscom

정신생리학적 검사 치료자는 정신적 문제의 지표인 생리학적 반응을 측정하는 **정신생리학적 검사**(psychophysiological test)를 사용할 수 있다. 30여 년 전 몇몇 연구에서 불안 증상이 보통 심박 수, 체온, 혈압, 전기피부반응, 근육수축과 같은 생리학적 변화를 수반한다는 것을 알아낸 후 이 검사가 시작되었다. 생리학적 변화의 측정은 특정 정신장애 평가에서 핵심적인 역할을 했다(Comer et al., 2020; Reynolds et al., 2020). 제2장에서 보았듯이 센서가 장착된 웨어러블 모바일 도구는 사용자의 심리신체적 활동을 매일 모니터링하는 데 점점 더 빈번하게 사용되고 있다.

폴리그래프(polygraph), 즉 거짓말 탐지기는 정신생리학적 검사이다(Warmelink, 2020). 다양한 신체 부위에 전극을 부착해 개인이 질문에 답하는 동안 숨쉬기, 발한, 심박 수의 변화를 감지한다. 치료자는 개인이 **통제 질문**, 이를 테면 "당신의 부모님은 살아 계신가요?"와 같이 답이 "예"인 질문에 "예"로 답할 때의 반응을 먼저 관찰한다. 그리고 "절도 행위를 했나요?"와 같은 질문에 답하는 동안 동일한 생리학적 기능을 관찰한다. 숨쉬기, 발한, 심박 수가 갑자기 증가하는 경우 거짓말을 하고 있는지 의심해봐야 한다.

최신 동향

진실, 절대 진실, 그리고 거짓 없는 진실

영화에서 경찰에게 심문을 당한 범죄자는 땀을 흘리고 욕하고 몸을 떨면서 자신의 죄를 고백한다. 이들을 **폴리그래프**, 즉 거짓말 탐지기에 연결하면, 종이 전체에 기계 바늘이 움직인다. 이는 거짓말하는 사람에게 숨쉬기, 발한, 심박 수에 체계적인 변화가 생긴다는 이론이 생겼던 제1차 세계대전 때부터 우리가 가져왔던 이미지이다(Marston, 1917).

그러나 폴리그래프는 우리의 기대만큼 효과적이지 않기 때문에 이것에 의존하는 것은 위험하다(Bittle, 2020; Ben-Shakhar & Bar, 2019). 연구들은 평균적으로 적어도 10개 중 하나, 많게는 4개 중 하나의 진실이 폴리그래프에서 거짓으로 판명된다고 보고한다(Sun et al., 2019). 폴리그래프를 통해 알아낸 결과가 재판에서 증거로 사용될 경우 얼마나 많은 무죄한 사람이 유죄판결을 받을지 상상해보라. 수검자가 알코올장애나 자율신경계에 특히 영향을 받는 상태에 있다면 이 검사는 부정확한 결론을 내릴 가능성이 높다(Cook & Mitschow, 2019).

이런 연구 결과로 폴리그래프는 신뢰도가 떨어졌고 예전에 비해 인기가 적다. 예를 들어 최근에는 소수의 재판에서만 폴리그래프 결과를 유죄판결의 증거로 인정한다(Canter, 2020; Marsh, 2019). 그럼에도 불구하고 미국 국방부, FBI 및 기타 법 집행기관은 범죄 조사, 심문, 보안 검색에 광범위하게 사용한다. 가석방 위원회와 집행유예 결정기관은 유죄판결을 받은 범죄자를 풀어줄 것인지 아닌지를 결정하기 위해 폴리그래프를 지속적으로 사용한다. 그리고 그 사용 정도는 경찰관이나 정부기관 공무원과 같은 공공 부문 고용으로 더 늘어나고 있다(Jung et al., 2020; Cook & Mitschow, 2019).

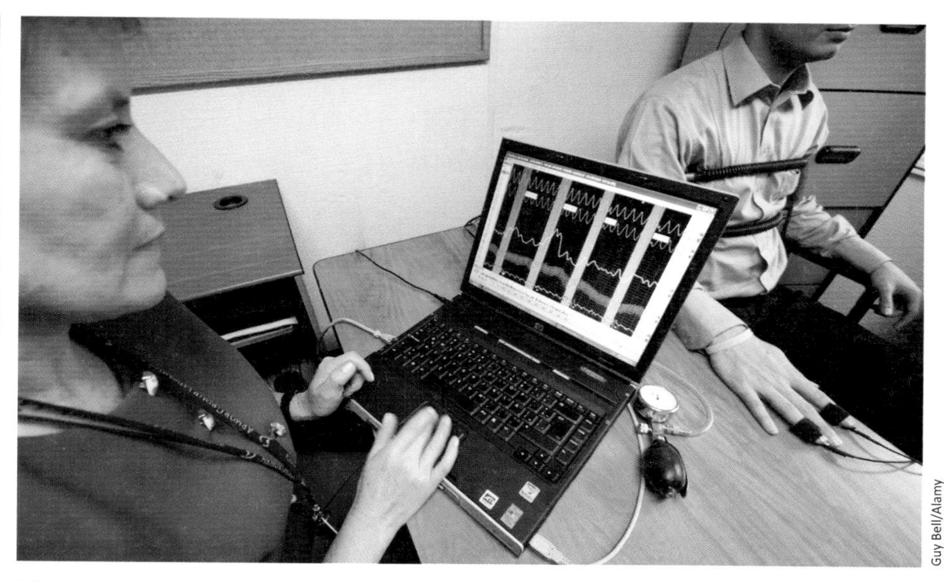

Guy Bell/Alamy

분노 콜롬비아 보고타에서 보안 담당자가 폴리그래프를 하고 있다. 이 검사의 결과가 때로는 타당하지 않지만, 이 방법은 고용인의 속임이 주요 문제가 되고 있는 콜롬비아에서 폭넓게 사용되고 있다.

폴리그래프의 잘못된 수행을 감안하여 연구자들은 지난 20년간 거짓말을 탐지하는 다른 방법을 찾고 있다(Bittle, 2020; Scarpazza & Sartori, 2020). 한 가지 대안은 **뇌 스캐닝**이다. 일부 fMRI 연구는 참가자가 명백한 진실을 거부하면 뇌의 특정 부분이 진실을 말할 때보다 활성된다고 보고한다(Cook & Mitschow, 2019). 비슷하게 EEG 측정도 거짓말 탐지에 사용되는 빈도가 늘어났다. 일반적으로 fMRI와 EEG 결과의 해석은 폴리그래프보다 거짓말 탐지 비율이 높다. 그러나 이러한 대안도 **거짓 양성**을 보고한다. 즉 이런 기술이 조사하는 뇌 활동은 거짓말뿐 아니라 극한 불안이나 관련된 정서에 의해서 올라갈 수 있다는 것이다.

왜 무죄인 사람이 거짓말 탐지기를 통과하지 못할까? 어떻게 범죄자가 이 검사를 통과하는 것일까?

이렇듯 전통적이거나 새로운 방법 모두가 보여주는 낮은 수행에도 불구하고 많은 연구자는 거짓말 탐지의 새로운 개척자가 곧 나타날 것으로 보고 있다(Katwala,2019). 일부 연구에서 이런 방법을 다른 도구와 함께 사용하면 하나만 이용하는 것에 비해 보다 정확한 거짓말 탐지가 가능하다고 시사했기 때문이다. 과학자나 임상가가 거짓말을 완벽하게 탐지할 능력을 얻을 수 있을지는 아직 미지수이나 적어도 '진실이며 절대 진실만'을 추구하는 그들의 노력은 진보를 가져올 것이다.

다른 검사와 마찬가지로 정신생리학적 검사도 문제점을 가지고 있다(Cook & Mitschow, 2019). 대부분의 검사는 관리와 유지 비용이 많이 드는 값비싼 기계를 필요로 한다. 더군다나 정신생리학적 측정은 정확도와 신뢰도가 떨어진다(최신 동향 참조). (정교하고 때로는 위협적인) 실험실 장비는 참가자를 예민하게 만들 수 있고 신체 반응을 변화시킬 수 있다. 또한 생리학적 반응은 한 회기 내에서 반복 측정될 때 변할 수 있다. 예를 들어 전기피부반응은 반복 검사 시 감소하는 경향이 있다.

뉴로이미징 기술 CT나 PET 혹은 MRI와 같이 뇌 구조나 활동에 대한 이미지를 제공하는 신경학적 검사. '뇌 탐색 기술'이라고도 한다.

신경심리검사 사람들의 인지, 지각, 운동 수행을 측정하여 뇌의 장해를 탐지하는 검사

뉴로이미징과 신경심리검사 일부 성격 또는 행동 문제는 주로 뇌 손상 또는 뇌 활동의 변화에 의해 발생한다. 뇌 손상, 뇌종양, 뇌기능부전, 알코올중독, 감염과 다른 장애가 이런 손상을 일으킨다. 심리학적 역기능을 효과적으로 다루려면 이것의 주요 원인이 뇌의 생리적 이상인지, 아닌지를 아는 것이 중요하다.

어떤 검사는 뇌의 이상을 탐지하는 데 유용하다. 뇌 수술, 조직검사, 엑스레이 같은 검사는 사용 역사가 오래되었다. 최근에 과학자들은 뇌 구조와 뇌 활동을 직접 측정하는 다양한 **뉴로이미징 기술**(neuroimaging technique), **뇌 탐색 기술**(brain-scanning technique)을 개발하였다(Woolrich, Jenkinson, & Mackay, 2020). **뇌전도**(electroencephalogram, EEG)는 뉴런 활성화의 결과로 뇌 안에서 발생하는 전기 활동인 뇌파를 측정하는 신경학적 검사이다. 이 검사에서는 뇌파가 두피에 꽂은 전극들에 의해 기계에 기록된다. EEG가 다양한 뇌 영역의 전기 활동 여부를 밝히는 데 도움이 되지만, 어떤 뇌 부위에서 이런 활동이 발생하는지에 대해 정확한 위치를 알려주지는 않는다.

다른 뉴로이미징 기술은 뇌의 활동을 보다 정확하게 명시할 수 있는 뇌의 구조나 활동에 대한 해상도가 높은 '이미지'를 제공한다. 이 검사들은 뇌 구조의 엑스레이를 다각도에서 촬영한 **컴퓨터 단층 촬영**(computerized axial tomography, CAT scan 또는 CT scan), 컴퓨터를 이용해 뇌에서 일어나는 화학 반응의 모션픽처인 **양전자 방사 단층 촬영**(positron emission tomography, PET scan), 뇌 구조의 자세한 사진을 찍기 위해 뇌에서 특정한 수소 원자의 자기적 성질을 이용한 과정인 **자기 공명 영상**(magnetic resonance imaging, MRI) 등이 있다.

MRI의 한 버전인 **기능적 자기 공명 영상**(functional magnetic resonance imaging, fMRI)은 뇌 구조의 MRI 사진을 뇌 기능을 보여주는 뉴런 활동의 세부적 사진으로 전환시킨다. fMRI는 PET 스캔 이미지보다 훨씬 더 선명한 뇌 기능 사진을 제공하므로 fMRI가 처음 개발된 1990년부터 뇌 연구자들에게 큰 영향을 끼쳤다.

이런 기술은 널리 이용되기는 하지만 미세한 뇌 이상을 탐지하지 못할 수 있다. 이 때문에 덜 직접적이기는 하지만 때로 특정 과제에 대한 인지, 감각, 운동 수행을 측정하고 근본적인 뇌 문제의 지표로서 비정상적 수행을 해석하는 **신경심리검사**(neuropsychological test)가 개발되었다(Reynolds et al., 2020). 뇌 손상은 특히 시지각, 기억, 시각운동 조직에 영향을 끼칠 수

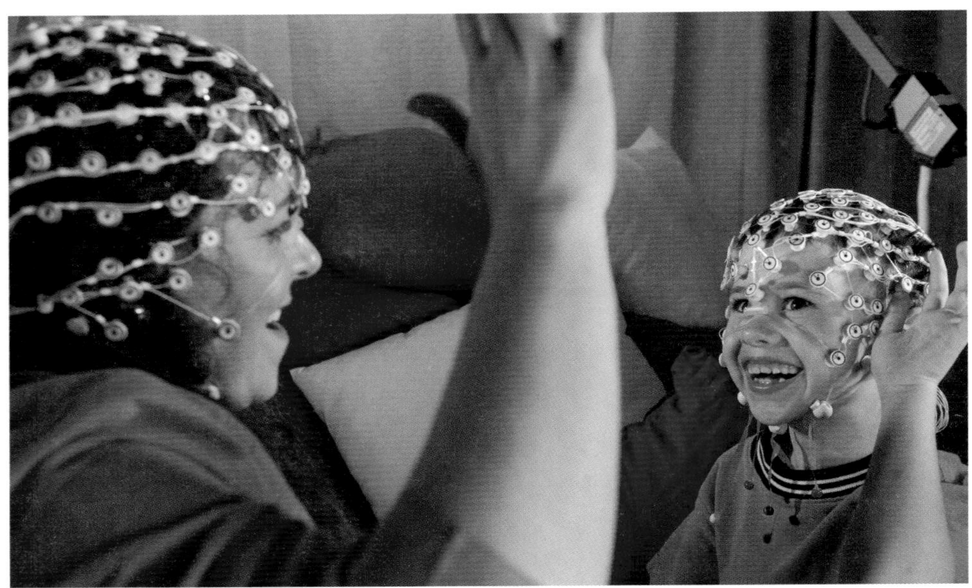

가족 EEG 토론토의 요크대학교에서 수행된 연구의 일환으로, 엄마와 5세 자폐스펙트럼장애를 가진 아동이 EEG 센서가 달린 모자를 쓰고 서로 놀이하고 사회작용하고 과제를 공유하고 있다. 그들의 두피에 부착된 전자극은 뇌파를 측정하고, 이 측정으로 비슷한 상호작용을 하는 엄마와 비장애 아동의 수행과 비교되었다.

Peter Sibbald/Redux

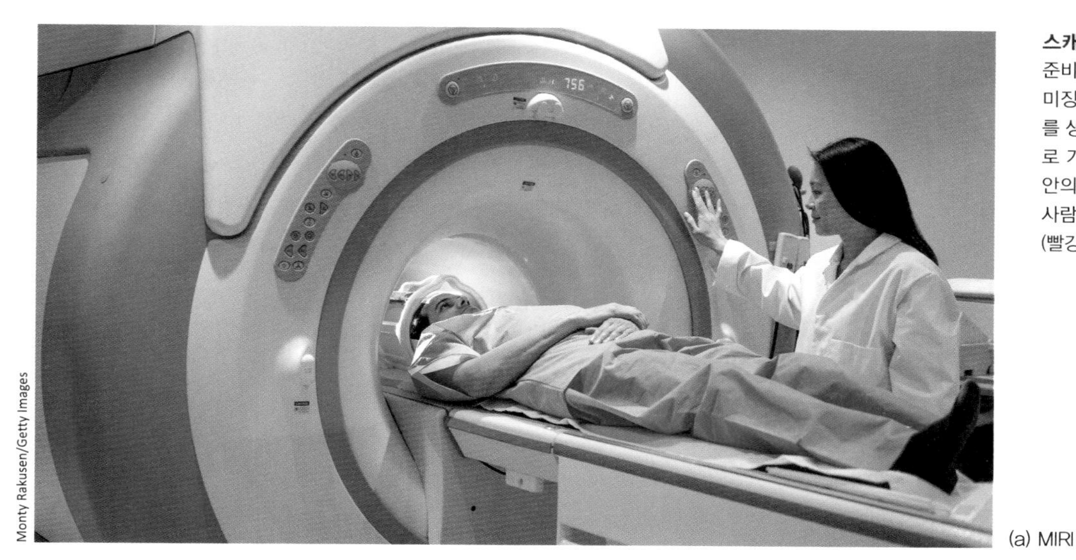

Monty Rakusen/Getty Images

(a) MIRI

스캐닝의 변산 (a) 의사는 환자가 MRI를 찍게 준비시킨다. 오늘날 가장 많이 사용되는 뉴로이미징 기술에서는 각각이 살아 있는 뇌의 이미지를 생성해낸다. 여기서 (b) MRI 스캔은 정상적으로 기능하는 뇌를 보여준다. (c) CAT 스캔은 뇌 안의 고여 있는 피를 보여준다. (d) PET 스캔은 사람들이 자극되었을 때 활성화되는 뇌의 영역(빨강, 주황, 노랑으로 보이는 부분)을 보여준다.

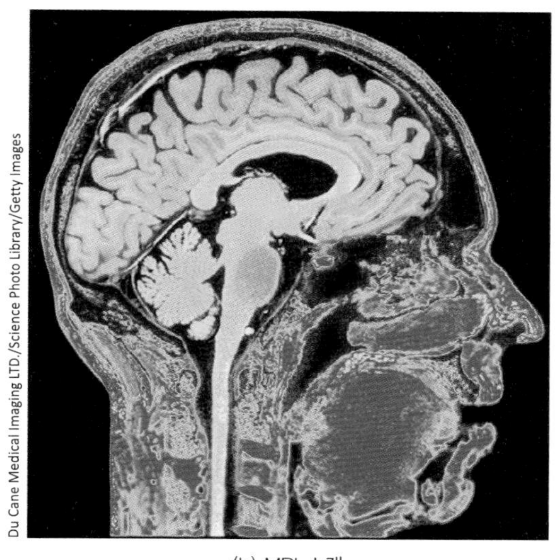

Du Cane Medical Imaging LTD/Science Photo Library/Getty Images

(b) MRI 스캔

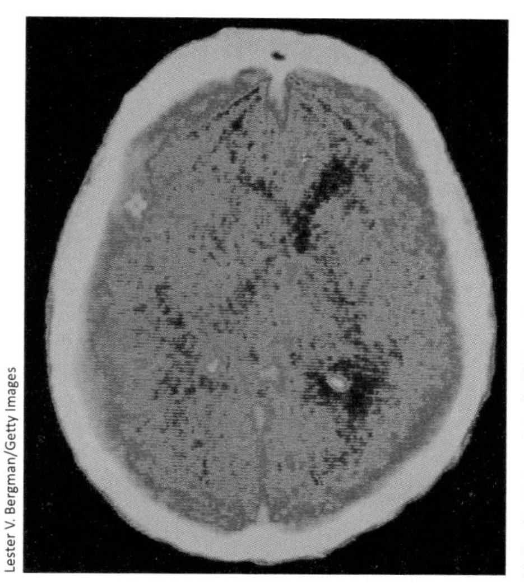

Lester V. Bergman/Getty Images

(c) CAT 스캔

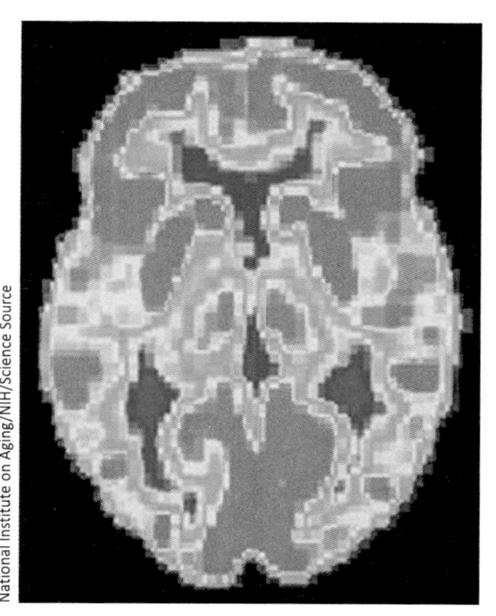

National Institute on Aging/NIH/Science Source

(d) PET 스캔

있기 때문에 신경심리검사들은 특별히 이러한 영역에 중점을 둔다. 예를 들어 유명한 **벤더 시각-운동 게슈탈트검사**(Bender Visual-Motor Gestalt Test)는 간단한 기하학적 디자인을 보여주는 9개의 카드로 구성된다. 내담자는 한 번에 하나씩 디자인을 보고 종이에 따라 그린다. 나중에 그림을 기억에 의존해 다시 그리기를 한다. 12세 이상의 내담자가 정확도가 떨어지는 수행을 보이면 뇌 손상을 의심할 수 있다. 치료자는 특정 기술 영역을 측정하는 일련의 신경심리검사 **배터리**를 사용한다(Gonzalez Kelso & Tadi, 2020; Riegler, Guty, & Arnett, 2020).

지능검사 지능에 대한 초기의 정의는 "잘 판단하고, 추리하고, 이해하는 능력"이었다(Binet & Simon, 1916, p. 192). 지능은 특정 신체 과정이라기보다는 **추론**된 자질이기 때문에 간접적으로만 측정될 수 있다. 1905년, 프랑스 심리학자인 Alfred Binet와 그의 조수인 Théodore Simon은 다양한 언어와 비언어 기술을 요하는 과제로 구성된 **지능검사**(intelligence test)를 개발했다. 이 검사와 후속 지능검사에서 얻은 점수를 **지능지수**(intelligence quotient, IQ)라고 부른다. 현재 백 가지가 넘는 지능검사가 있다. 제14장에서 자세히 기술되겠지만, 지능검사는 치료자들이 다른 문제를 탐색할 수 있게 도와준다(Lee, Cascella, & Marwaha, 2020; Melby et

지능검사 지적 능력을 측정하게 고안된 검사

지능지수(IQ) 지능검사에서 나온 전체 점수

al., 2020; Holdnack, 2019).

지능검사는 가장 잘 만들어진 임상 검사 중 하나이다(Colom, 2020). 지능검사는 대규모 집단의 사람들을 대상으로 표준화되었기 때문에 치료자는 개인의 점수를 타인의 점수와 비교해볼 수 있다. 지능검사의 신뢰도는 높다. 같은 IQ검사를 몇 년 후에 다시 해도 비슷한 점수를 받는다. 마지막으로 주요 IQ검사의 타당도가 높은 편이다. 예를 들어 아동의 IQ점수는 학교 성적과 정적 상관을 보인다.

그러나 지능검사에도 단점이 있다. 낮은 동기 또는 높은 불안과 같은 지능과 상관없는 요인이 검사 결과에 크게 영향을 끼친다(Whitten, 2020). 게다가 IQ검사는 언어나 문화적 편견에서 자유롭지 못하기 때문에 특정 배경을 가진 사람이 다른 배경을 가진 사람보다 유리할 수 있다(Ford, Wright, & Trotman Scott, 2020). 유사하게 어떤 소수집단 구성원들은 이런 종류의 검사에 경험이 적을 수 있고, 주류 문화에 속한 검사자가 불편할 수 있다. 동시에 검사자는 다양한 소수집단에 편견을 가질 수 있는데, 이는 검사 수행이나 점수 환산에 부정적인 영향을 줄 수 있다. 이런 변인은 특정 인종, 혹은 민족적 소수집단에 속한 사람들의 IQ를 부정확하게 측정하게 만들 수 있다.

지능지수(IQ)가 학교 행정가, 교사 및 관련인에 의해 어떻게 오용되는가? 왜 사회는 이 점수에 이렇게 관심을 가지고 있는가?

임상 관찰

면담과 검사에 더하여 치료자는 체계적으로 내담자의 행동을 관찰할 수 있다. **자연 관찰**(naturalistic observation)에서는 치료자가 일상 환경에서 내담자를 관찰한다. 또 다른 방법인 **아날로그 관찰**(analog observation)에서는 치료자가 치료실 혹은 실험실과 같은 인위적인 환경에서 내담자를 관찰한다. 마지막으로 **자기 관찰**(self-monitoring)에서는 내담자가 자신을 스스로 관찰하도록 배운다.

자연 관찰과 아날로그 관찰 자연 관찰은 보통 집, 학교, 병원이나 감옥과 같은 시설, 또는 지역사회에서 진행된다. 관찰 대부분은 부모-아동, 형제-아동 또는 교사-아동 관계와 두렵거나 공격적인 행동 또는 방해행동에 초점을 둔다(Frick et al., 2020; Vanden Abeele, Abels, & Hendickson, 2020). 때로 내담자에게 중요한 인물에 의해 수행되어 치료자에게 보고된다.

자연 관찰이 불가능하면 비디오테이프 녹화 장치 또는 일방경과 같은 특정 기구를 사용하는 아날로그 관찰에 의존할 수 있다. 아날로그 관찰을 통해 아동과 부모의 상호작용, 결혼한 부부의 의견 충돌 해결 과정, 무대공포증 환자의 연설, 공포 조성 물건에 대한 접근 등을 살펴볼 수 있다.

직접 관찰을 통해 많은 것을 배울 수 있지만 임상 관찰에도 단점이 있다. 하나는 항상 신뢰할 만하지는 않다는 것이다. 같은 사람을 관찰해도 치료자에 따라 다른 행동에 초점을 맞출 수 있고, 평가 및 결론이 달라질 수 있다(Cherry, 2019a; Meersand, 2011). 이러한 문제는 관찰자의 훈련과 관찰자 목록의 사용을 통해 감소시킬 수 있다.

이와 유사하게 관찰자들은 관찰의 타당도 또는 정확도에 영향을 미치는 오류를 범할 수 있다(Frick et al., 2020; Wilson et al., 2010). 관찰자는 해야 할 일이 많기 때문에 중요한 행동 또는 사건을 모두 관찰하고 기록하기 어려울 수 있다. 또는 관찰자가 관찰을 오래 하는 경우 처음에 세운 기준에서 벗어나 평가하거나 피로로 인해 정확도가 감소하는 **관찰자 표류**(observer drift)를 경험할 수 있다. 또 다른 문제는 **관찰자 편견**(observer bias)이다. 관찰자의 판단은 그 사람에 대해 이미 갖고 있던 정보와 기대의 영향을 받을 수 있다.

흥미로운 이야기

그들의 진술

"그저 보는 것만으로도 많은 것을 관찰할 수 있다."

야구선구 요기 베라

내담자의 반응성(reactivity) 또한 임상 관찰의 타당도를 제한할 수 있다. 내담자의 행동이 관찰 자체에 의해 영향을 받을 수 있다는 것이다(Cherry, 2019a). 예를 들어 학령기 아동은 누군가가 자신을 관찰하고 있다는 것을 알게 되면 좋은 인상을 주기 위해 교실에서 평상시와는 다른 행동을 한다.

마지막으로 임상 관찰은 **교차-상황타당도**(cross-situational validity)가 부족할 수 있다. 학교에서 공격적인 아동이 집에서 또는 방과 후 친구들에게 공격적이지 않을 수 있다. 행동은 특정 상황에서 구체적이기 때문에 한 상황에서 관찰한 것이 다른 상황에 항상 적용되는 것은 아니다(Frick et al., 2020; Kagan, 2007).

The Washington Post/Getty Images

일방경을 사용한 관찰 임상적 관찰자는 대상자가 놀이 시간에 다른 아동과 어떻게 상호작용하는지 관찰한다. 추가적으로 마이크로폰과 이어버그를 사용해 임상가는 내담자를 코치하면서 부모-아동 상호작용치료 절차(PCIT)라고 하는 실시간 양육 제안을 할 수 있다.

자기 관찰 앞서 언급했듯이 성격과 반응평정도구는 사람들이 자신의 행동, 감정, 또는 인지를 보고하는 검사이다. **자기 관찰**에서도 이와 유사하게 자신을 관찰하고 특정 행동, 감정, 또는 생각의 빈도를 주의 깊게 기록한다. 예를 들어 약물중독자에게 '얼마나 자주 약물에 대한 충동을 느끼는가?' 또는 두통이 심한 사람에게 '얼마나 자주 두통이 있는가?'와 같은 관찰을 하게 할 수 있다. 자기 관찰은 특히 다른 종류의 관찰에서 알아내기 힘든, 드물게 발생하는 행동을 평가하는 데 유용하다. 이는 또한 너무 자주 발생해서 자세한 관찰이 어려운 행동(예 : 흡연, 음주, 약물사용)을 평가하는 데 유용하다. 마지막으로 자기 관찰은 개인적인 사고나 지각을 측정하는 유일한 방법이다. 제2장에서 보았듯이 치료 세팅에서 점점 더 많은 사람이 스마트폰을 이용해 자신의 개인적 경험을 기록하고 즉각적으로 이를 자신의 치료자에게 전달하거나 혹은 치료 회기에 모아서 보고하고 있다(Hawker et al., 2021; Hong, Sanchez, & Comer, 2020).

하지만 다른 모든 임상 평가처럼 자기 관찰에도 단점이 있다(Keshen et al., 2020; Schumacher et al., 2020). 여기서도 역시 타당도가 가장 문제가 된다. 사람들은 언제나 자신이 관찰한 것을 정확하게 기록하지 못한다. 더 나아가 자신의 행동을 관찰하는 동안 사람들은 의도하지 않게 행동을 변화시킨다. 예를 들어 자기 관찰을 할 때 흡연가는 담배를 덜 피우며, 교사는 학생에게 칭찬을 많이 하고 벌을 덜 준다.

요약

임상 평가

치료자는 내담자의 개인 정보 수집에 주된 관심이 있다. 치료자는 평가를 통해 내담자가 가진 문제의 근원과 원인을 이해하려고 한다.

대부분의 평가 방법은 세 가지 범주, 즉 임상 면담, 임상 검사, 임상 관찰에 속한다. 면담은 비구조화 또는 구조화될 수 있다. 검사에는 투사검사, 성격검사, 반응평정도구, 정신생리학적 검사, 뉴로이미징, 신경심리검사, 지능검사가 있다. 관찰에는 자연 관찰, 아날로그 관찰, 자기 관찰이 있다.

흥미로운 이야기

처음 시작

잉크반점 그리기를 좋아했던 헤르만 로르샤흐의 어린 학생들은 그를 독일어로 잉크반점을 뜻하는 '클렉스(Klecks)'라고 불렀다(Teles, 2020).

진단 : 내담자의 증상이 장애와 일치하는가

치료자는 내담자의 장애 원인과 유지 원인이 되는 요소 전체, 즉 **임상적 구도**(clinical picture)를 이해하기 위해 면담, 검사, 관찰에서 얻은 정보를 이용한다(Frick et al., 2020; Miller & Lovler, 2019). 임상적 구도는 어느 정도 치료자의 이론적 방향에 영향을 받는다. 프랭코를 치료했던 심리학자는 이상행동에 대한 인지행동주의 관점을 가졌고, 모델링과 강화 원리 그리고 프랭코의 기대, 가정, 해석을 강조한 구도를 통해 사례를 이해하였다.

프랭코의 어머니는 프랭코의 불안정한 감정과 자신은 똑똑하지 않고 열등하다는 믿음을 강화시켜왔다. 교사가 프랭코를 격려하고 발전을 독려하면, 어머니는 그를 '바보'라고 불렀다. 프랭코는 그 집에서 유일하게 대학에 진학했고 잘 수학했지만, 어머니는 그에게 사회에서 성공하기는 어렵다고 말했다. 한번은 그가 대학 대수 수업에서 B를 받자 어머니는 그에게 "넌 돈을 벌지 못할 거야"라고 말했다. 어머니는 또한 "넌 네 아버지와 같이 진짜 바보야"라고 말하거나 '재수 없이 걸려든 남자'라고 공격했다.

어려서 프랭코는 부모가 싸우는 것을 많이 보았다. 비난을 위한 비난을 하는 어머니와 가족 부양을 위한 일이 얼마나 힘든지 고함을 지르며 강조하는 아버지 사이에서 프랭코는 인생이 즐겁지 않을 것이라 배웠다. 그는 부부가 싸우고 서로를 비난하는 것이 당연하다고 믿었다. 자신의 부모를 모델로 한 프랭코는 마리아나 그 전 여자친구와 좋지 않을 때마다 고함을 질렀다. 동시에 모든 여자친구가 자신의 성질에 대해 불평하는 것을 혼란스러워했다.

프랭코는 마리아와의 결별을 자신이 '바보'라는 증거로 받아들였고, 그녀와 헤어진 것은 멍청한 일이었다고 느꼈다. 그는 자신의 행동과 결별을 자신이 다시는 사랑받을 수 없고 행복을 찾을 수 없는 증거라고 해석했으며, 마음속으로 자신의 미래에는 문제 많은 관계, 싸움, 더 안 좋은 직장에서 해고되는 일만 남았다고 생각했다. 이 무망감이 그의 우울 감정을 악화시켰고 기분을 좋게 하려는 노력을 어렵게 만들었다.

치료자는 평가 자료와 임상적 구도에 의거해 **진단**(diagnosis)을 내린다. 즉 개인의 심리적 문제에 대한 결정인자가 특정 장애를 초래한다는 것이다. 치료자가 진단을 통해 내담자의 역기능 패턴이 특정 장애를 반영한다고 판단하면, 이 패턴이 다른 사람들이 보인 것과 본질적으로는 동일하며, 특정 치료 방식에 반응할 것임을 가정한다. 치료자는 자신이 도우려고 하는 내담자에게 그 장애에 가장 효과적이라고 알려진 치료를 적용한다. 이로써 내담자가 보이는 문제의 예후와 치료가 효과적인지를 예측할 수 있다.

분류체계

진단의 원리는 분명하다. 특정 증상이 주기적으로 같이 발생하고[증상의 조합을 **증후군**(syndrome)이라고 한다], 일정한 경과를 보일 경우 그 증상들을 특정 장애라고 할 수 있다. 사람들이 이런 증상 패턴을 보이면 진단가가 진단을 내리게 된다. 증상이나 지침에 대한 기술을 포함하는 범주나 장애의 목록을 **분류체계**(classification system)라고 한다.

1883년 Emil Kraepelin은 이상행동에 대한 최초의 현대식 분류체계를 고안하였다(제1장 참조). 이 범주는 미국정신의학회가 최근 발표한 분류체계인 **정신질환의 진단 및 통계 편람**(Diagnostic and Statistical Manual of Mental Disorders, DSM)의 근거가 된다. DSM은 북아메리카에서 가장 많이 사용되고 있는 분류체계이다. DSM의 내용은 세월에 따라 변화하였다. 최신 버전인 DSM-5는 2013년에 발표되었다. 이 버전은 이전 버전들에 비해 변화된 것이 많았다. 대부분의 국가에서는 세계보건기구에서 개발한 **국제질병분류**(International Classification

진단 어떤 사람의 문제가 특정 장애를 반영한다는 결정

증후군 일반적으로 함께 발생하는 증상의 집합

분류체계 증상이나 지침에 대한 기술을 포함하는 범주나 장애의 목록

of Diseases, ICD)를 사용한다. 이 체계의 새 버전인 ICD-11은 2018년에 발표되었고, 2022년에 다시 개편될 것이다.

DSM과 ICD에 목록화된 장애 종류와 장애에 대한 기술에서 차이가 있으나(DSM이 더 자세하게 설명한다), DSM-5에서 사용하는 모든 장애에 대한 숫자 코드는 ICD-11에서 사용되는 것과 일치하는데, 이는 임상가가 보험 상환을 위한 서류 작성에 일관성을 가져다준다.

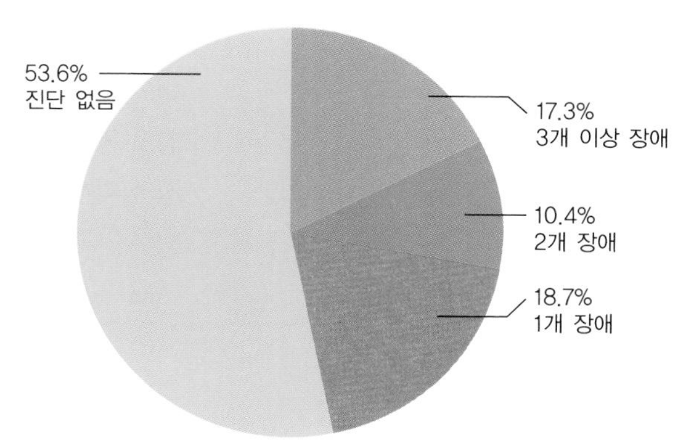

그림 3.3

미국에서 일생 동안 DSM 진단기준을 충족하는 사람이 얼마나 될까?

일부 설문에 따르면 거의 절반이라고 한다. 일부는 2개 이상의 장애를 경험하는데, 이를 공병이라 한다. (출처 : Cuncic, 2020a; Kapil, 2019; Kessler et al., 2005)

DSM-5

DSM-5에는 500여 개의 정신장애가 있다(그림 3.3 참조). 각각은 장애 진단을 위한 기준과 주요한 임상 특징을 기술한다. 이 체계는 어떤 장애에 자주 수반되는 특징을 기술할 뿐 아니라 연구를 통해 얻은 정보, 즉 연령, 문화, 성별, 유병률, 위험 요소, 경과, 합병증, 유전 및 가족 패턴과 같은 배경 정보를 제공한다.

DSM-5를 이용해 적절한 진단을 내리기 위해서 임상가는 범주 및 차원 정보를 제공해야 한다. **범주 정보**란 내담자의 증상에 따른 범주(장애) 이름을 말한다. **차원 정보**란 성격과 행동 차원에서 내담자 증상의 심각도와 역기능의 정도를 말한다.

범주 정보 먼저 임상가는 어떤 사람이 분류체계에 속한 정신장애 중 하나를 보이고 있는지, 아닌지를 결정해야 한다. 가장 빈번하게 진단되는 장애는 불안장애와 우울장애이다.

불안장애 불안장애를 가진 사람들은 불안과 걱정(**범불안장애**)을 경험한다. 특정 상황, 물건, 활동에 대한 공포(**공포증**), 사회적 상황에 대한 불안(**사회불안장애**), 반복적인 공황발작(**공황장애**), 또는 부모나 중요한 사람으로부터 분리되는 것에 대한 불안(**분리불안장애**)이 있다.

우울장애 우울장애를 가진 사람들은 극도의 슬픔 및 그와 관련된 증상을 경험하거나(**주요우울장애**), 지속적이고 만성적이나 상대적으로 덜한 슬픔(**지속성 우울장애**) 혹은 월경 전 극도의 슬픔 및 관련 증상(**월경전불쾌감장애**)을 경험한다.

DSM-5에서 1개의 진단을 받는 것이 일반적이나 때로는 하나 이상의 진단을 받는 경우도 있다. 프랭코는 **주요우울장애** 진단을 받을 확률이 높다. 추가적으로 임상가가 프랭코가 말한 자신에 대한 교사의 평가나 상사가 자신을 업무 부적격으로 평가하리라는 것이 보다 광범위한 과도한 걱정, 근심, 회피의 예라고 판단했다면, 프랭코는 **범불안장애** 진단도 받을 것이다. 한 사람이 2개 이상의 서로 다른 진단을 받는 경우 **공병**을 가졌다고 기술한다. 하지만 프랭코의 불안이 범불안장애 수준까지 올라간 것이 아니라고 판단했다면, 주요우울장애 진단으로 프랭코가 경험하는 불안을 설명할 수 있다(**불안증 동반 주요우울장애**).

Kim Wark/CartoonStock Ltd.

"어두운 두 눈에 외롭고 무기력하다니 확실히 DSM에 있는 증상이군."

차원 정보 내담자가 어떤 장애를 보이는지 결정하는 것에 더해 진단가들은 증상이 얼마나 만연하며, 이 증상이 내담자의 기능을 얼마나 저해하는지를 평가한다. 각 장애에 대해 DSM-5는 장애의 심각도를 평가하는 다양한 평가 도구를 제안한다(APA, 2013). 예를 들어 우울증 평정도구를 이용해 프랭코의 치료자는 프랭코의 우울을 **중등도**로 구분할 수 있는데, 이는 그의 증상이 빈번하며 기능을 저해하지만 우울증의 가장 심각한 사례에서 발견될 정도로 심각하거나 기능 저하를 가져오지 않음을 의미한다. DSM-5는 진단 시 차원 정보뿐 아니라 범주 정보까지 동등하게 고려한 첫 번째 DSM 진단체계이다(Alexander et al., 2020; Sunderland et al., 2020).

추가 정보 임상가는 진단을 내릴 때 또 다른 유용한 정보를 참고할 수 있다. 예를 들어 내담자와 관련된 의학적 상태나 특정 심리사회적 문제가 그것이다. 프랭코의 여자친구와의 결별은 **관계 디스트레스**로 간주할 수 있다. 종합하면 프랭코는 다음과 같은 진단을 받을 수 있다.

진단 : 불안증 동반 주요우울장애
심각도 : 중등도
추가 정보 : 관계 디스트레스

각 진단은 임상가가 반드시 명시해야 하는, 앞서 언급한 ICD-11에 명시된 숫자 코드를 가진다. 프랭코가 위와 같은 DSM-5 진단을 받는다면 임상가는 **주요우울장애, 증등도**에 해당하는 F32.1 코드를 사용할 것이다.

DSM-5는 효과적인 분류체계인가

평가처럼 분류체계도 신뢰도와 타당도에 의해 판단된다. 여기서 **신뢰도**는 서로 다른 치료자가 같은 내담자를 진단하기 위해 체계를 사용할 때 동일한 진단을 내리는 것을 의미한다. DSM의 초기 판들은 잘해야 중간 정도의 신뢰도를 보고하였다. 예를 들어 1960년대 초, 4명의 치료자가 DSM 초판인 DSM-I에 의존하여 153명의 환자를 독립적으로 면담했다(Beck et al., 1962). 그들의 진단일치도는 54%였다. 4명의 임상가 모두가 경험이 많은 진단가였기 때문에 진단일치도가 낮다는 것은 진단 시스템의 문제를 시사한다.

임상가는 왜 '우울한 사람'보다 '우울증을 가진 사람'이란 표현을 선호한다고 생각하는가?

DSM-5 개발자들은 이전 버전보다 신뢰도를 증대시키기 위해 특정 절차를 따랐다(Regier et al., 2020). 예를 들어 과거 DSM에서 애매모호하고 신뢰할 수 없었던 범주 관련 연구 논문에 대해 철저한 고찰을 진행하였다. 추가적으로 다양한 경험이 많은 임상가로부터 의견을 모았다. 새로운 기준과 범주가 신뢰성이 있을 것이라고 기대하며 다수의 새로운 진단기준과 범주를 만들었다. 비록 일부 연구자는 DSM-5의 신뢰도가 향상되었음 보고했지만, 다른 연구자들은 그렇지 않음을 보고했다(Brown & Barlow, 2021; Hayes & Hofmann, 2020).

왜 신뢰도가 잘 나오지 않을까? 비판가들은 DSM-5를 개발할때 적용한 잘못된 절차를 지적한다. 예를 들어 새로운 기준과 범주의 장점을 확인하는 필드 연구의 수가 부족했다고 지적한다. 따라서 DSM-5는 여전히 이전 버전에서 발견된 다수의 신뢰도 문제를 가지고 있다.

분류체계의 **타당도**는 진단 범주가 제공하는 정보의 정확도이다. 예를 들어 범주 개념은 치료자가 **예언타당도**(앞으로의 증상 또는 사건을 예측하는 것을 돕는 것)를 증명할 때 가장 많이 사용한다. 주요우울장애의 일반적 증상은 불면증 또는 과도한 수면이다. 치료자는 프랭코에게 주요우울장애를 진단할 때 지금은 아니지만 나중에 수면 문제가 나타날 수 있다는 것을 예상했다. 또한 다른 우울증 환자에서 효과적이었던 치료가 효과적일 것으로 예측했다. 이런 예측이 정확할수록 범주의 예언타당도가 증가한다.

DSM-5의 설계자들은 방대한 연구 검토와 수많은 연구를 통해 새로운 DSM 버전의 타당도를 확보하기 위해 노력했다(Regier et al., 2020). 결과적으로 여러 연구에서 DSM-5의 기준과 범주가 이전 버전보다 타당도가 높은 듯 보이나, 다른 연구들은 이 진단체계의 타당도가 바람직한 수준은 아님을 분명히 하였다(Hayes & Hofmann, 2020; Zachar et al., 2019). 또 다른 타당도 이슈로, 일부 DSM-5의 기준과 범주는 성차나 인종편견을 반영한다는 것이다.

사실 DSM-5의 타당도가 낮으나 작동하는 작동하는 데는 문제가 없다고 본다. 실제로 정신건강 연구를 지원하는 세계 최대 규모의 조직인 국립정신건강연구소(NIMH)는 더 이상 DSM-5 진단체계에 전적으로 의존하는 임상 연구는 지원하지 않는다. 그리고 이 기관에서는 많은 연구자에게 주요 분류 가이드로 사용되는 RDoC(Research Domain Criteria)라고 하는 신경과학중심 진단 도구를 개발하였다(NIMH, 2020a). 정신장애가 생물학적 현상으로 가장 잘 이해된다는 기본 가정에서 시작하여 RDoC는 연구자들에게 정신장애를 특정 임상 증상을 모은 증상군보다는 기저가되는 생물학적 변인의 군집/집합으로 이해하게 길라잡이를 한다(Hayes & Hofmann, 2020). RDoC의 비판가들은 이 접근이 유전과 뇌 스캔, 인지신경과학, 인접 분야에 초점을 확대하면서 환경적 및 심리적 요인을 축소하는 것에 대해 염려하고 있다.

Elizabeth Eckert, Middletown, NY. Courtesy Tracy DeMichiel

낙인찍기의 힘 19세기 뉴욕의 미들타운에 있었던 주립 정신요양소의 야구 팀을 찍은 사진을 보면, 독자는 선수들이 환자일 것이라 가정한다. 독자는 선수의 얼굴과 모습에서 우울과 혼란을 본다. 그러나 사실 선수들은 요양소의 직원이다.

DSM-5는 많은 임상가와 연구자들에게 걱정을 불러일으켰다(**정보마당** 참조). 앞에서 언급한 타당도와 신뢰도 이외에도 일부 진단기준과 분류는 질병 중심적이며, 때로는 이런 접근이 내담자에게 문제를 불러일으킬 수 있다는 비판이 있다. 문제가 많다고 지적된 DSM-5의 내용은 다음과 같다.

- 많은 임상가는 최근 애도를 겪은 사람을 '주요우울장애'로 분류하는 것이 부적절하다고 본다(제6장 참조).
- '월경전 불쾌감장애'에 대해 장애 자체가 없거나 성 편향적으로 본다(제6장 참조).
- 자신이 가진 의학적 문제의 심각성에 대해 이해할 만한 불안을 보인 사람에게도 '신체증상장애' 진단을 내린다고 본다(제8장 참조).
- 일부 임상가는 '게임장애'를 물질사용장애와 같은 선상의 중독장애로 간주하는 것은 부적절하다고 본다(제10장 참조).
- 일부 사례의 경우 연령과 관련된 정상적인 건망증을 '경도신경인지장애'로 진단 내리기도 한다(제15장 참조).

흥미로운 이야기

신경쇠약이란 무엇인가?

'신경쇠약'은 전문가가 아니라 일반인들이 사용하는 용어이다. 사람들은 어떤 사람이 입원할 정도로 능력을 상실하는 갑작스런 심리적 문제를 말할 때 이 용어를 사용한다. 어떤 사람들은 단순히 심리장애의 시작을 의미하는 단어로 이 용어를 사용한다(Abrams, 2019).

진단과 낙인찍기가 해로울 수 있는가

믿을 만한 평가 자료와 신뢰할 수 있고 타당한 범주가 있음에도 치료자는 때로 잘못된 진단을

DSM : 큰 그림

DSM은 북아메리카에서 가장 많이 사용되는 분류체계이다. 이 체계는 지속적으로 발전하고 있다. 947쪽으로 구성된 DSM-5는 지난 70년간 수많은 변화를 거친 가장 최신 버전이다. DSM는 현존하는 세상의 다른 진단체계와 경쟁하고 있다.

경쟁자

북아메리카 및 전 세계적으로 **DSM**은 2개의 다른 진단체계인 **ICD**, **RDoC**와 경쟁 중이다.

	DSM	ICD	RDoC
개발자	미국심리학회 (APA)	국제보건기구 (WHO)	미국정신건강연구소 (NIMH)
장애	심리적	심리적/의학적	심리적
기준	상세	간단	신경/생물학적
적용	임상/연구	임상/연구	연구
사용 지역	북아메리카	전 세계	미국

한 세대 전만 해도…

DSM에 수록된 많은 장애는 친숙해서 오랫동안 기억될 것이다. 그러나 명칭이 붙여진 지 얼마 되지 않은 장애도 많다.
한 세대 전에 존재하지 않았던 장애는 다음과 같다.

- 신경성 폭식증
- 자폐증
- PTSD
- 공황장애
- 자기애성 성격장애
- 경계성 성격장애

한 세대 전에 어떤 장애는 DSM에서 다른 이름으로 불렸었다.

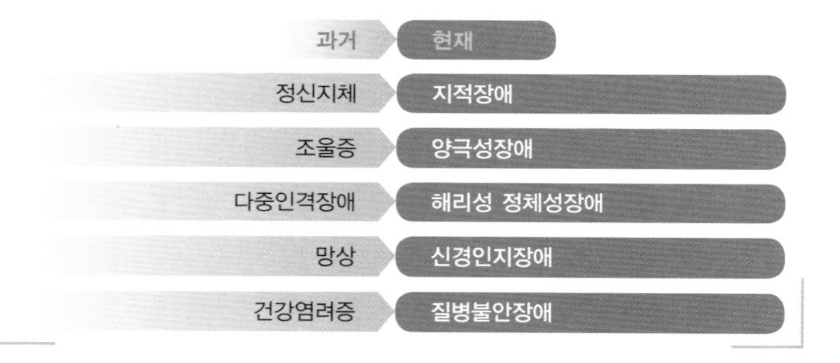

DSM-5의 주요 문제

DSM-5의 많은 변화는 여러 가지 이슈에 대한 우려를 낳았는데, 그중 몇 가지는 임상 현장에서 논란을 일으키고 있다.

암과 같이 **심각한 장애**를 가지고 있는 사람들의 경우 그 정도가 '심하면' 정신장애 진단을 받기도 한다.

정상적인 애도를 경험하는 사람들 역시 그 정도가 심해지면 우울증과 같은 정신장애 진단을 받기도 한다.

성, 인터넷 사용, 쇼핑 등 많은 **행동도 과하면** 행동중독으로 간주된다.

정상적인 연령과 관련된 건망증을 가진 사람들도 경도신경인지장애라는 정신과적 진단을 받을 수 있다.

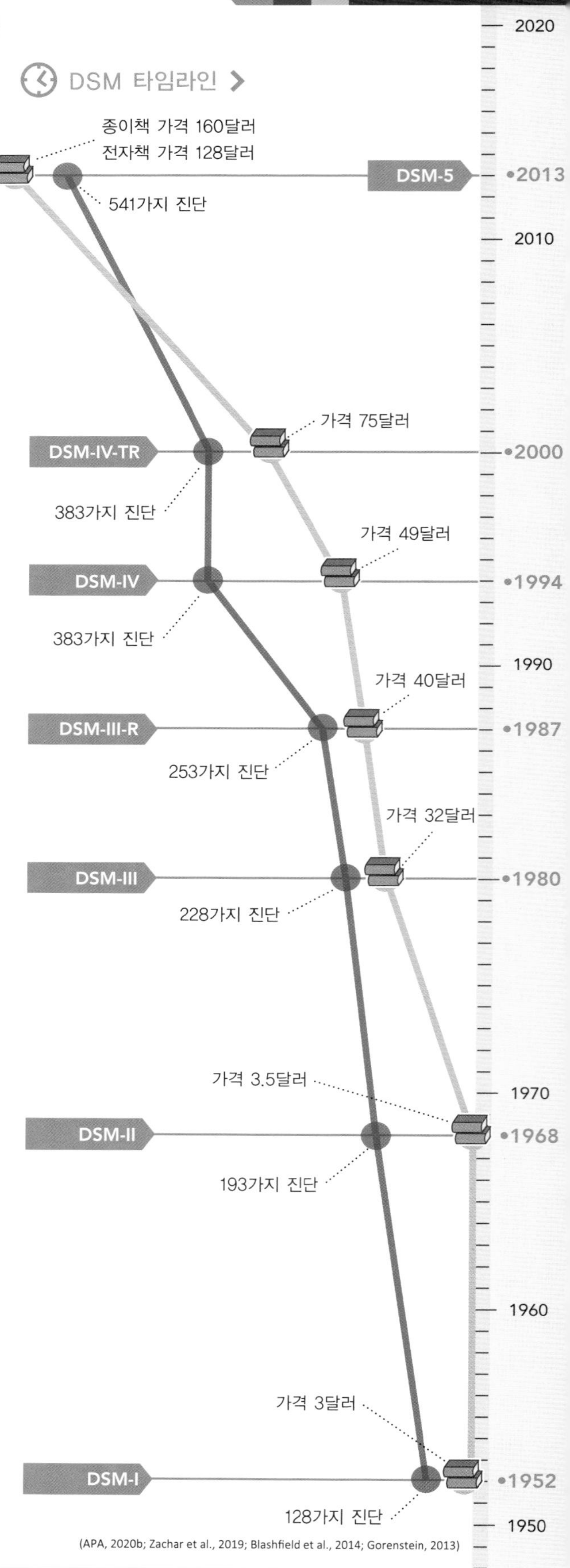

(APA, 2020b; Zachar et al., 2019; Blashfield et al., 2014; Gorenstein, 2013)

내린다(Hussain et al., 2019; Lazarus, 2019). 다른 사람들과 마찬가지로 치료자도 결함을 가진 정보 처리자이다. 연구는 치료자가 평가 초기에 수집한 정보에 너무 큰 영향을 받음을 보여준다. 어떤 경우에는 아동에 대한 부모의 보고와 같은 특정 정보의 출처에 초점을 맞추고, 아동의 관점에서 나온 자료는 무시한다. 또한 치료자의 판단은 성별, 연령, 인종, 사회경제적 지위와 같은 개인적 편견에 의해 왜곡될 수 있다. 평가 도구, 평가원, 분류체계의 한계를 고려하면 병원에서 내려지는 진단에 상당한 오류가 있다는 사실이 놀라운 일은 아니다(Hayes & Hofmann, 2020; Allsopp et al., 2019).

왜 의학적 진단은 가치 있게 보면서 정신장애 진단은 비판하는가?

오진의 가능성에 더하여 사람을 분류하는 행동은 뜻하지 않은 결과를 초래할 수 있다. 예를 들어 제2장에서 기술되었듯이 많은 가족-사회 연구자들은 진단을 내리는 것이 자기 충족 예언으로 작용할 수 있다고 믿는다. 정신장애로 진단받는 경우 그 관점에 따라 보여지고 반응할 수 있다. 다른 사람이 환자 역할을 기대하면, 그 사람은 자신을 아픈 사람으로 여기고 그에 따라 행동하기도 한다. 더 나아가 우리 사회는 이상행동에 대해 낙인을 찍는다(St. Louis, 2020; Votruba, Koschorke, & Thornicroft, 2020). 정신장애가 있다고 판명된 사람들은 직업, 특히 책임을 지는 위치의 직업을 얻기 어려우며, 사회적 관계에서 환영받기 어렵다. 한번 딱지가 붙으면 오랫동안 떼기 어렵다.

낙인과 싸우기 정신장애에 대한 낙인을 줄이는 하나의 전략은 성공한 유명인이 공식적으로 자신의 심리적 문제에 대해 공표하는 것이다. 대량 배포된 이 포스터에서 가수이며 음악가이자 연기자인 애덤 리바인은 자신이 과거에도 지금도 ADHD로 투병하고 있음을 선언하였다.

이러한 문제 때문에 어떤 치료자는 진단을 꺼리며 어떤 치료자는 진단을 반대한다. 진단 반대자들은 임상가가 정신장애로 알려진 것을 감소시키고 평가 기술을 향상시키기 위해 일한다고 믿는다. 그들은 분류와 진단이 고통 속에 있는 사람들을 이해하고 치료하는 데 중요하다고 생각하지 않는다.

흥미로운 이야기

심리학 용어를 이름으로 사용한 밴드

- 와이드스프레드 패닉
- 옵세션
- 무디 블루스
- 배드 브레인스
- 피어 팩토리
- 무드 엘리베이터
- 뉴로시스
- 텐사우전드 매니악
- 인세인 크라운포세
- 수어사이달 텐던시

요약

진단

평가 정보를 수집한 후 치료사는 임상적 구도를 통해 진단을 내린다. 진단분류체계에서 진단명을 선택한다. 북아메리카에서 가장 많이 사용되는 진단체계는 정신장애의 진단 및 통계 편람(DSM)이다. 다른 나라에서는 국제질병분류(ICD) 체계를 이용한다. 일부 연구자들은 대안으로 RDoC라는 신경과학중심 분류체계를 따른다.

가장 최신판은 DSM-5로, 약 500개의 정신장애를 포함한다. 개정된 진단 및 분류 체계의 신뢰도와 타당도는 현재 임상 고찰 중이며 비판받고 있기도 하다.

임상가는 가장 믿을 만한 평가 자료와 신뢰할 수 있고 타당한 진단분류를 가지고도 정확한 결론에 도달하지 못할 수 있다. 또한 진단이 가져오는 편견은 진단받는 사람들에게 해가 되기도 한다.

치료 : 내담자를 어떻게 도울 수 있는가

프랭코는 10개월간 우울증과 연관된 증상에 대해 치료를 받았다. 다음 보고서가 시사하듯 그의 증상은 상당히 호전되었다.

치료 동안 프랭코를 쇠약하게 만든 우울은 호전되었다. 그는 점점 더 어머니가 자신에게 했던 비난이 사실이 아님을 알게 되었다. 마리아가 관계에 몰입하지 못했던 것이 자신이 끔찍하거나 부적절한 사람이어서가 아니라 마리아 자신의 인생의 단계와 관련이 있을 수 있다는 가능성을 보게 되었다. 마리아와 프랭코는 다시 사귀지는 않았지만 연락하기 시작했다. 프랭코는 마리아가 자신을 증오하지 않는다는 것을 알고 기분이 나아졌다. 마리아는 결별 후 그녀의 어머니가 프랭코에 대해 좋게 말했음을 알려주었다.

프랭코는 직장에서 문제를 해결할 수 있게 되었다. 그는 상사에게 자신이 최근 겪었던 어려움을 말했고, 업무 수행을 높이려고 노력했다. 최근 문제가 있기 전까지 프랭코에게 친절했던 상사는 프랭코의 솔직한 고백을 반기며, 수행을 증진시킬 수 있는 기회를 줄 것을 약속했다. 그는 상사의 "그럼 왜 승진이 되었겠느냐?"라는 언급과 함께 자신이 몇 년간 얼마나 높이 평가되고 있었는지에 대해 듣고 놀랐다.

치료 기간 동안 프랭코는 친구들과 좋은 시간을 가지려고 노력했다. 그는 이 새로운 관계로 자신의 기분이 상승함을 경험했다. 또한 제시에게 소개받은 여성과 데이트를 하기 시작했다. 그는 치료를 통해 배운 것을 기억하고 과거의 파괴적 관계와는 다른 새로운 관계를 맺으려고 노력했다.

치료는 프랭코에게 큰 도움이 되었고, 결과적으로 그는 더 행복해졌으며 10개월 전 처음으로 도움을 청했을 당시보다 더 기능적이 되었다. 치료자는 효과적인 치료 프로그램을 어떻게 찾았을까?

치료 결정

프랭코의 치료자는 다른 치료자처럼 평가 정보와 진단에서 시작했다. 프랭코가 가진 문제의 배경과 특정 세부사항(개별 기술적 자료)을 숙지했고, 우울증의 본질과 치료에 관한 많은 정보 및 개인적 정보의 결합을 통해 그를 위한 치료 계획을 세웠다.

Harley L. Schwadron/The New Yorker Collection/The Cartoon Bank

"배트맨은 나보다 더 압박을 받고 있어요."

치료자의 치료 결정은 부가적인 요인에 영향을 받을 수 있다. 치료 계획은 치료자의 이론적 방향과 치료 훈련 과정을 반영한다(Jones-Smith, 2020). 치료자가 자신이 믿는 방법을 매번 적용하면 이 원리와 치료 기술에 친숙해지고, 이를 다른 내담자에게도 사용하게 된다.

연구 또한 영향을 준다. 대부분의 치료자는 치료에 대한 지침으로서 연구에 가치를 둔다고 말한다(Castonguay, Constantino, & Beutler, 2019). 하지만 대부분의 치료자는 실제로 연구 논문을 읽지 않기 때문에 연구 결과에 직접적으로 영향을 받지 않는다(Tasca, 2020). 실제로 조사에 의하면 치료자는 대학 동료, 전문 회보, 워크숍, 콘퍼런스, 책을 통해 대부분의 최신 정보를 얻는다(Castonguay et al., 2019). 안타깝게도 이러한 자료의 정확도와 유용함은 논란이 많다.

치료자가 연구 결과에 대해 잘 알고 적용하는 것을 고무하기 위해 북아메리카, 영국 등 여러 나라에서 **경험적으로 지지된 치료**(empirically supported treatment) 또는 **근거에 기초한 치료**(evidence-based treatment)를 확산하는 움직임이 활발하다(Portney, 2020; Hunsley & Mash, 2020). 이 운동의 지지자들은 대책위원회를 구성하여 어떤 장애에 어떤 치료가 연구를 통해 지지되는지 밝혀내고, 이를 근거로 치료지침서를 만들며, 이 정보를 임상가에게 확산하려고 한다. 이 운동은 지난 몇십 년간 상당한 지지를 받아 확산되고 있다.

경험적으로 지지된 치료 임상 현장에서 어떤 특정 장애에 대한 연구를 통해 효과성이 증명된 치료를 규명하고, 그에 맞는 지침서를 개발하여 이를 임상가에게 전달하려는 운동. '근거에 기초한 치료'라고도 한다.

치료의 효과성

현재 임상 현장에서는 400개가 넘는 치료가 사용되고 있다(Miller, 2020). 가장 중요한 질문은 각각의 치료가 그 기능을 하고 있는가이다. 특정 치료가 정말로 사람들이 정신적 문제를 극복하는 데 도움을 주는가? 겉보기에는 간단한 질문처럼 보이지만, 실제로 이 질문은 임상 연구자가 대답하기 가장 어려운 질문 중 하나이다.

첫 번째 문제는 '성공'을 어떻게 정의하는가이다. 프랭코의 치료자의 의견처럼 좀 더 나아져야 치료를 종결할 수 있다면, 지금 상태를 성공적이라고 말할 수 있는가? 두 번째 문제는 향상을 어떻게 측정할 수 있는가이다. 연구자들은 내담자, 친구, 친척, 치료자, 교사의 보고에 같은 비중을 두어야 하는가? 아니면 평가 도구, 목록표, 통찰, 관찰 혹은 다른 어떤 척도를 사용해야 하는가?

치료 효과를 평가하는 가장 큰 문제는 치료의 다양성과 복잡성이다. 사람들은 문제, 개별 방식, 치료 동기가 서로 다르다. 치료자는 기술, 경험, 방향, 성격이 다르다. 그리고 치료는 이론, 형식, 상황이 다르다. 치료가 이 모든 요인과 그 외의 것에 영향을 받기 때문에 특정 연구의 결과가 모든 내담자와 치료자에게 적용되지 않을 것이다(그림 3.4 참조).

잘 수행된 연구에서는 이런 문제를 다룬다. 통제집단, 무선할당, 짝지은 연구 참가자 등을 사용하여 치료자는 다양한 치료에 대한 결론을 내린다(Wright & Hallquist, 2020; Comer & Bry, 2019). 하지만 연구가 잘 설계되어도 치료의 다양성과 복잡성 때문에 결론 내리기가 힘들다(Kazdin, 2019, 2017, 2015).

어렵기는 하지만 치료에 대한 평가는 반드시 수행되어야 하고, 임상 연구는 이보다 앞서 나아가야 한다. 실제로 많은 연구자가 연구를 통해 다음 세 가지 질문에 답하고자 다양한 치료의 효과를 평가하는 수천 개의 치료 결과 연구를 수행했다(Portney, 2020)(마음공학 참조). (1) 치료가 전반적으로 효과적인가? (2) 특정 치료가 효과적인가? (3) 특정 치료가 특정 문제에 효과적인가?

흥미로운 이야기

대면치료 대 디지털치료

심리치료를 찾는 우울한 사람을 대상으로 한 설문에서 사회적 거리두기를 차치하더라도 45%는 대면 치료를, 26%는 디지털 치료를, 20%는 전문가 가이드 디지털 치료를, 9%는 동료 지원 디지털 치료를 선호한다고 대답하였다(Renn et al., 2019).

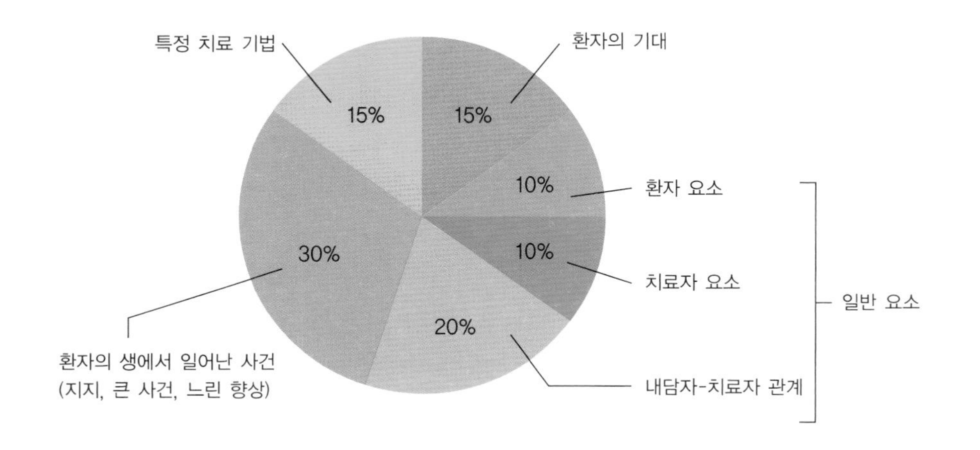

그림 3.4

어떤 요소가 치료 결과에 영향을 주는가?

연구 결과는 치료를 받고 있는 내담자의 향상 정도는 치료자가 사용하는 특정 전략과는 큰 연관이 있지 않다고 보고한다. 실제로 내담자의 기대, 내담자-치료자 관계, 내담자의 생에서 일어나는 사건이 함께 치료 결과에 크게 영향을 미친다고 한다. (출처 : Blease, 2020; Locher et al., 2020; Cuijpers et al., 2019; Peterson, 2019; McClintock et al., 2017; Davidson & Chan, 2014; Norcross & Lambert, 2011; Cooper, 2008)

흥미로운 이야기

낙인이 계속되다

33% 상담 서비스를 찾지 않는 '정신적으로 문제가 있다'는 낙인을 두려워하는 미국인 비율

51% 진단을 받는 것이 두려워 심리치료자를 찾기 주저하는 미국인 비율

(출처 : Smith & Applegate, 2018; Roper, 2017)

화해운동 모든 치료자가 공통적으로 사용하고 있는 전략을 규명하려는 운동

정신약물학자 주로 약물을 처방하는 정신과 의사

치료가 필요할 때 치료자와 치료 접근 방법에 대해 어떻게 현명한 결정을 내릴 수 있을까?

치료가 전반적으로 효과적인가 연구는 치료를 받는 것이 치료를 받지 않는 것이나 위약 효과보다는 더 도움이 된다고 보고한다. 최초의 고찰 연구에서는 다양한 치료를 받은 2만 5,000명을 대상으로 한 375개의 통제 연구를 정리하였다(Smith, Glass, & Miller, 1980; Smith & Glass, 1977). 이 연구자들은 **메타분석**이라 하는 특별한 통계 기법을 사용하여 방대한 연구 결과를 결합했다. 이 분석 결과는 평균적으로 치료를 받은 사람이 치료받지 않은 사람의 75%보다 더 개선되었음을 보여준다. 다른 메타분석에서도 치료와 개선 관계가 보고되었다(APA, 2020f; Frost, Baskin, & Wampold, 2020).

일부 연구자는 '치료가 해로울 수 있는가?'라는 질문에 관심이 더 있다. 수많은 연구가 약 3~15%의 환자가 치료 때문에 악화됨을 보여준다(Hardy et al., 2019). 증상이 악화될 수도 있고, 치료에서 효과를 보지 못했기 때문에 실패감, 죄책감, 낮아진 자존감, 좌절감과 같은 새로운 증상을 보일 수 있다.

특정 치료가 효과적인가 이제까지는 치료의 일반적 효과를 알아내기 위해 모든 치료에 대한 연구 결과를 검토하였다. 하지만 모든 치료를 똑같이 취급하는 것은 잘못된 접근이라는 관점도 있는데, 이 관점에선 **단일화 신화**(uniformity myth), 즉 치료자의 훈련, 경험, 이론적 방향, 성격이 다름에도 모든 치료가 똑같다는 거짓된 확신 아래 연구가 진행된 것이라고 본다(Cuijpers et al., 2019; Schweiger et al., 2019).

대안적 접근에서는 특정 치료의 효과를 조사한다. 이런 연구는 주요 치료법이 무치료나 위약 효과보다는 효과적임을 보여준다(APA, 2020f). 다른 연구들은 모든 정신건강 문제에 대해 여러 치료를 비교한 후 어떤 하나의 치료도 다른 치료보다 우세하지 않음을 보고한다(Frost et al., 2020; Luborsky et al., 2002).

서로 다른 종류의 치료 효과가 유사하다면 공통점은 무엇인가? **화해운동**(rapprochement movement)을 하는 사람들은 치료자의 이론에 관계없이 **공통적으로 작동하는 요소 혹은 전략**을 발견하기 위해 노력해왔다(Miller & Moyers, 2021; Cuijpers et al., 2019). 예를 들어 성공적인 치료자의 대다수는 내담자에게 피드백을 주고, 내담자가 자신의 생각과 행동에 집중할 수 있도록 돕고, 치료자와 내담자가 상호작용하는 방식에 관심을 두며, 내담자가 자제심을 키우도록 돕는다고 한다. 효과적인 치료자들은 서로 비슷하게 행동한다.

특정 치료가 특정 문제에 효과적인가 서로 다른 장애를 가진 사람들은 다양한 형태의 치료에 서로 다르게 반응한다(Cuijpers et al., 2020, 2019; Locher et al., 2020). 영향력 있는 임상 연구자인 Gordon Paul은 몇십 년 전에 치료 효과에 대한 가장 적합한 질문은 "**누구**에 의해 실시된 어떤 치료가 어떤 **환경**에서 어떤 **문제**를 가진 사람에게 가장 효과적인가?"라고 주장했다(Paul, 1967, p. 111). 특정 장애에 어떤 특정 치료가 효과적인지에 대한 연구가 진행되었고, 치료 간 효과에서 큰 차이점이 발견되었다. 예를 들어 모든 공포증을 치료하는 데 인지행동치료가 가장 효과적이며(Antony & Barlow, 2020), 조현병 치료에는 약물치료가 가장 효과적이다(Jones et al., 2020).

또한 특정 임상 문제는 **통합**된 접근 방법에 더 잘 반응한다. 예를 들어 우울증치료를 위해 약물치료와 심리치료가 결합된다(Cuijpers et al., 2020). 실제로 임상 현장에서 내담자가 2명의 치료자로, 1명은 약을 처방하는 **정신약물학자**(psychopharmacologist), 나머지 1명은 임상치료자, 복지사 또는 심리치료를 하는 다른 치료자를 함께 보기도 한다. 특정 장애에 특정 치료

마음공학

특정 이슈에 대한 앱은 효과적인가?

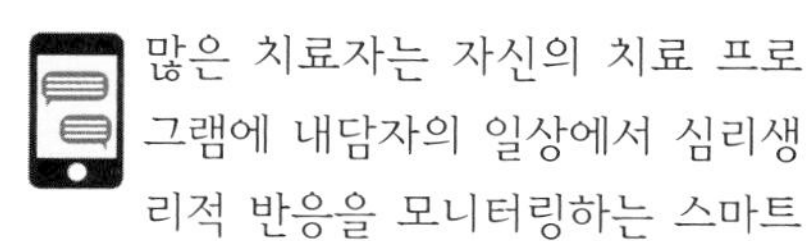

많은 치료자는 자신의 치료 프로그램에 내담자의 일상에서 심리생리적 반응을 모니터링하는 스마트워치나 안경 같은 웨어러블 기술을 이용한 앱을 사용한다(68쪽 참조). 그러나 웨어러블이 연결된 앱은 현재 시장에서 넘쳐나는 수천 개의 정신건강 앱(우울과 불안부터 섭식장애, 중독, ADHD까지 각종 문제의 치료를 목표로 하는 앱)의 일부에 불과하다(Collins et al., 2020; Latour et al., 2020). 이렇게 급격히 확장하고 있는 m헬스(mHealth)라고 부르는 모바일 정신건강 운동은 전체 디지털 건강 산업의 4분의 1을 대표한다(Aitken et al., 2017).

Westend61/Getty Images

어떤 측면에서 보면 이는 긍정적인 변화이지만 해결해야 할 주요 문제가 있다. 첫째, 정신건강 앱의 대다수는 경험 있는 정신건강 전문가의 피드백이나 가이드 없이 사용자에게 직접 판매된다. 대부분의 경우 사람들은 어떤 앱이 더 효과적이며 어떤 앱이 유해한지 알지 못한 채 혼자서 앱을 고르고 사용한다. 둘째, 상대적으로 아주 적은 수의 정신건강 앱만이 연구에 의해 효과성이 적절하게 조사되고 그 근거가 지지되는데(Marshall, Dunstan, & Bartik, 2020), 실제로 많은 수의 앱이 효과적인 치료로 밝혀진 특징을 내용에 포함하지 않고 있다(Gamwell et al., 2020; Wasil et al., 2019). 예를 들어 아동의 불안을 치료하는 모바일 앱의 20%만이 아동에게 불안을 일으키는 상황이나 물건을 반복적이고 직접적으로 직면하라고 가르친다. 다음 장에서 소개되겠지만, 이런 종류의 노출은 아동의 불안을 치료하는 가장 효과적인 방법이다(Comer et al., 2019; Bry et al., 2018).

연구에 의하면 또 다른 문제는 사용자가 정신건강 앱을 다운로드받은 후에는 전문가의 도움이 없이는 앱의 사용이 급격히 줄어들거나 멈춘다는 것이다. 즉 앱이 어느 정도의 '지지적 지원책', 짧은 전화통화나 문자의 형태로 앱 사용에 대해 모니터링하고 지지적 코칭이나 동기를 부여하는 전문가 없이는 앱에 대한 몰입과 지속적 사용은 급격히 떨어진다(Stiles-Shields et al., 2019).

그렇다면 어떻게 단점을 최소화하고 m헬스가 가진 무궁무진한 가능성을 극대화할 것인가? '디지털 치료제'라고 부르는 건강 앱과 소프트웨어에 대한 새로운 접근이 있다(Kollins et al., 2020; Patel & Butte, 2020). 디지털 치료제는 다음 두 가지 기준을 따른다. (1) 상품화하기 전에 디지털 치료제 앱은 반드시 철저한 연구를 통해 효과성과 안전성을 증명해야 하며, (2) 이러한 앱은 직접 사용자에게 배포되기보다는 앱 사용 모니터링이라는 '지지적 지원책'을 제공할 수 있는 전문가에 의해 처방되어야 한다. 디지털 치료제가 근거로 하는 엄격한 기준에 따라 많은 임상가는 앱이 이런 규제에서 미국 식약처(FDA)의 승인을 받을 날이 있을 것으로 믿는다. 만일 그렇게 된다면 그때는 모바일 정신건강 비용을 보험회사에서 상환받게 될 것이다. 내담자는 정신건강 앱에 대한 실시간 접근이 가능하여 도움받을 수 있을 것이며, 전문가는 치료 제공의 기회를 높일 수 있을 것으로, 이는 모두 환영할 만한 발전이다.

효과를 알 수 없는 정신건강 앱이 구글플레이와 같은 디지털 전파 시장에 배포된다면 어떤 윤리적 문제가 있을까?

가 어떻게 작용하는지를 알게 되면 치료자와 내담자가 치료에 대해 더 적절한 결정을 내릴 수 있다. 이 책을 통해 다양한 장애를 다루면서 이 문제에 대해 다시 논의할 것이다.

요약

치료

치료자의 치료 결정은 평가 정보, 진단, 치료자의 이론적 방향, 연구 문헌에 대한 접근성, 현장 경험에 영향을 받는다. 치료 효과에 대한 결정은 어렵다. 그러나 치료 결과 연구는 다음과 같은 세 가지 결론을 내린다. (1) 치료받는 사람은 치료받지 않은 사람보다 더 개선된다. (2) 치료는 종류에 관계없이 효과 면에서 비슷하다. (3) 특정 치료 또는 치료의 결합은 특정 장애에 더 효과적이다. 최근 일부 치료자는 경험적으로 지지된 치료를 옹호하며, 확실하게 연구를 통해 지지받은 치료의 규명, 촉진, 교육을 한다.

앞으로 어떤 일이 일어날 것인가

이 장에서는 적당한 진단과 효과적인 치료는 정확한 임상 평가에 달려있음을 알 수 있었다. 1950년대 전에는 평가 도구가 임상 실무의 중요한 부분으로 간주되었다. 그러나 1960~1970년대 연구에서 다수의 도구가 부정확하거나 비일관적임이 밝혀지면서, 많은 임상가는 체계적인 평가를 하지 않게 되었다. 최근에 평가에 대한 관심이 급증하였다. 그 이유 중 하나는 연구자들이 자신의 임상 연구에 적절한 대상자를 선발하기 위해 엄격한 평가를 사용하려 했던 것과 관련 있다. 또 다른 요인은 머지않아 뇌 스캔 기술이 다양한 심리장애에 대한 평가 정보를 제공하게 될 것이라는 믿음이 증가되었기 때문이다. 평가에 대한 이런 기대와 함께 평가 연구도 증가하였다.

역설적이게도 임상가와 연구자가 체계적인 평가의 가치를 재발견한 것과 달리 높아진 비용과 경제적 요인은 평가 도구의 사용을 줄이고 있다. 제1장에서 봤듯이 심리적 문제를 가진 사람을 위한 평가를 포함하는 보험 수가와 치료 범위는 건강보험개혁법(17쪽 참조)의 결과로 21세기 동안 점점 증가하고 있었다. 그러나 현재 일부 연방 및 주 법 제정자들이 관심을 두는 건강 관련 법으로 인해 많은 전문가는 미래에는 임상적 평가에 보험처리가 매우 제한될 것이라고 예상하고 있다. 어떤 요인이 임상 평가에 강력한 영향을 줄 것인가? 긍정적인 연구 결과인가, 아니면 경제적 압력인가? 오직 시간만이 답을 줄 것이다.

Rob Schoenbaum/Polaris

팁을 주는 택시 운전사 세상에는 수백 가지의 치료 방법이 있다. 심리학자 미아 파렌은 스웨덴의 스톡홀름 거리에서 돈을 받지 않고 택시 운전을 하며 탑승자에게 심리치료를 제공한다. 많은 스톡홀름 거주자가 길고 어두운 북극의 겨울 동안 우울을 경험하기 때문에 택시 회사인 스톡홀름택시에서는 택시 사용 중에 상담을 제공하기로 결정했다.

핵심용어

개별 정보
경험적으로 지지된 치료
뉴로이미징 기술
반응평정도구
분류체계
성격검사
신경심리검사
신뢰도
임상 검사
정신상태검사
정신생리학적 검사
정신약물학자
증후군
지능검사
지능지수(IQ)
진단
타당도
투사검사
평가
표준화
화해운동

속성퀴즈

1. 평가는 어떤 형태의 신뢰도와 타당도를 가져야 하는가?
2. 구조화된 면담과 비구조화된 면담의 장단점은 무엇인가?
3. 최근에 주로 사용되는 투사검사를 나열하고 기술하라.
4. MMPI의 주요 특징은 무엇인가?
5. 투사검사, 성격검사, 기타 검사의 장단점은 무엇인가?
6. 임상가는 정신적인 문제와 뇌 손상의 연관을 어떻게 판단하는가?
7. 임상가가 내담자의 행동을 관찰하는 방법에 대해 기술하라.
8. 진단의 목적은 무엇인가?
9. DSM-5를 설명하라. 이 분류체계를 사용하는 데 문제점은 무엇이며, 진단 과정은 어떻게 되는가?
10. 치료 결과 연구에 의하면 치료는 얼마나 효과적인가?

불안, 강박 및 관련 장애

CHAPTER 4

주제

25세의 웹디자이너인 토머스는 자신이 '미칠까 봐' 걱정한다. 토머스는 항상 걱정을 하곤 하는데 건강, 여자친구, 일, 사회생활, 미래, 돈 문제 등을 걱정한다. 가장 친한 친구가 나에게 화가 난 것은 아닐까? 투자를 잘하고 있는 것일까? 고객이 내 업무에 만족할까? 최근에는 이런 걱정이 견딜 수 없을 정도로 심해졌다. 그래서 뭔가 끔찍한 일이 일어날 거라는 생각에 사로잡혔다.

토머스는 임상심리학자인 아데나 몰빈 박사와 심리치료를 시작했다. 몰빈 박사는 토머스가 얼마나 혼란스러운지를 금세 알아챘다. 토머스는 긴장하고 있었고 두려워 보였으며 의자에 편안히 앉지도 못했다. 그는 계속해서 발을 톡톡 두드렸고 사무실 빌딩 밖에서 들리는 자동차 소음에 화들짝 놀랐다. 몰빈 박사에게 자신의 어려움에 대해서 말하는 동안에는 숨이 가쁜 것처럼 보였다.

토머스는 집중할 수 없을 때가 자주 있다고 치료자에게 말했다. 일을 시작한 지 채 5분도 안 되어서 자신이 무엇을 하려고 했는지를 잊어버린다고 했다. 대화를 할 때도 첫 문장을 말하고는 무엇을 말하려고 했는지 잊어버렸다.

조금도 과장하지 않고 그는 모든 것을 걱정했다. 토머스는 몰빈 박사에게 "저는 걱정이 많은 것에 대해서도 걱정해요"라고 자신의 말을 거의 비웃기라도 하듯 말했다. 어떤 사건이나 상호작용이 실제로 엉망이 되기 시작하면 불편감에 압도되었는데, 심장이 더 빨리 뛰고 호흡은 더 가빠졌으며 땀에 흠뻑 젖었다. 때때로 스물다섯 살인 자신이 심장 발작이 있는 것은 아닐까 생각했다.

몰빈 박사는 작년, 지난달, 또는 지난주가 아닌 지금 치료를 받기로 한 이유를 물었다. 토머스는 몇 가지 이유를 정확히 찾아낼 수 있었다. 첫째, 모든 걱정과 불안이 점점 늘어나는 것 같았다. 둘째, 잠을 자는 것이 힘들어졌다. 셋째, 걱정, 신체적인 증상, 수면 부족은 모두 그의 건강에 나쁠 것 같았다. 마지막으로 끊임없는 불안은 생활을 방해하기 시작했다. 그는 사람들을 만나는 자리나 직업적인 기회를 점점 더 거절하고 있는 자신을 발견했다. 심지어 한때 좋아했던 매주 하는 포커 게임도 그만두었다. 토머스는 자신이 얼마나 오랫동안 이런 식으로 지낼 수 있을지 의아했다.

불안과 공포를 경험하기 위해서 토머스만큼의 어려움을 겪을 필요는 없다. 호흡이 가빠지고 근육이 긴장하고 심장이 죽을 것처럼 쿵쾅거렸던 순간을 생각해보자. 차가 빗속에서 미끄러져 거의 길을 벗어나려 할 때였던가? 교수가 예고 없이 시험을 보겠다고 할 때였던가? 사랑하는 사람이 다른 사람과 같이 가고 있는 것을 보았을 때 혹은 상사가 직무 수행을 더 잘해야겠다며 이야기했을 때였던가? 당신의 안녕을 심각하게 위협하는 것으로 보이는 일에 직면하게 되면 즉각적인 경보 상태인 **공포**(fear) 반응을 보이게 될 것이다. 때때로 왜 경보가 울리는지 그 구체적인 원인을 알 수 없지만, 마치 불쾌한 어떤 일이 일어날 것이라고 예견되는 것처럼 긴장하고 안절부절못하는 느낌이 들 수 있다. 위험에 처해질 것 같다는 막연한 느낌을 흔히 **불안**(anxiety)이라고 부른다. 불안은 공포와 동일한 특징을 갖고 있는데, 이를 경험할 때 호흡이 증가하며 근육이 긴장하고 땀이 나는 등의 반응이 일어난다.

공포와 불안을 매일 경험하는 것이 유쾌하지는 않으나 종종 유용하기도 하다. 공포와 불안은 우리가 위험에 닥쳤을 때 도피하거나 회피하는 행동을 할 수 있도록 준비시켜준다. 공포와 불안은 비바람이 불 때 좀 더 조심해서 운전하게 해주고, 수업을 위해 미리 읽

Joshua Lott/Getty Images

사회의 역할 다이앤 앨드리지(왼쪽에서 세 번째)는 2016년에 시카고 사우스사이드에서 아기와 산책을 하다가 날아든 총알에 맞아 죽은 딸을 위한 철야기도회에서 위로를 받는다. 위험한 환경에서 살고 있는 사람들은 더 큰 불안을 경험하고 그렇지 않은 환경에 사는 사람들보다 더 높은 범불안장애 유병률을 보인다.

어야 하는 숙제를 읽게 해주며, 친구를 좀 더 세심하게 배려하도록 해주고, 직장에서 일을 더 열심히 하게 해준다. 불행하게도 일부 사람들은 정상적인 삶을 영위할 수 없게 하는 심각한 공포와 불안으로 고통받는다. 이들의 불편은 정도가 너무 심각하거나 빈도가 너무 잦거나 너무 오랜 기간 지속되거나 불안이나 공포가 너무 쉽게 유발되는 것이다. 이런 사람들은 **불안장애**(anxiety disorder) 또는 관련 장애를 갖고 있다고 할 수 있다.

불안장애는 미국에서 가장 흔한 정신장애이다. 특정 해를 기준으로 할 때 대략 성인의 19%가 DSM-5에서 정의한 하나 또는 두 가지 이상의 불안장애를 겪으며, 대략 성인의 31%는 평생 살면서 한 번 정도는 한 가지의 불안장애를 경험한다(ADAA, 2020d; NIMH, 2020b). 이들의 약 37%가 치료를 받는다(ADAA, 2020d). 연구에 따르면 비히스패닉계 백인 미국인들은 흑인, 히스패닉, 아시안계 미국인보다 평생에 걸쳐 불안장애를 진단받을 확률이 더 높다(Campbell-Sills & Brown, 2020; Vilsaint et al., 2019). 이러한 인종-민족 간 차이의 이유는 잘 이해되지 않는다.

범불안장애를 가진 사람들은 전반적이고 지속적인 걱정과 불안을 경험한다. **특정공포증**을 가진 사람들은 특정한 대상, 활동 또는 상황에 대해 지속적이고 비합리적인 공포를 갖고 있다. **광장공포증**을 가진 사람들은 상점이나 극장과 같은 공공장소에 가는 것을 두려워한다. **사회불안장애**를 가진 사람들은 자신이 당황할 수도 있는 사회적 상황이나 수행 상황을 몹시 두려워한다. **공황장애**를 가진 사람들은 반복적인 공황발작을 보인다. 한 가지 불안장애를 가진 사람들의 대부분은 다른 불안장애도 갖고 있다(Cuncic, 2020a). 예를 들면, 토머스는 범불안장애에서 관찰되는 과도하게 걱정하는 모습을 보이며 공황장애를 특징짓는 반복되는 공황발작도 보이고 있다. 게다가 불안장애를 가진 많은 사람은 우울도 경험한다(Dobson et al., 2021).

불안은 **강박 및 관련 장애**라는 또 다른 문제에서도 중요한 역할을 한다. 이 장애를 가진 사람들은 불안을 유발하는 반복적인 사고, 또는 불안의 감소를 위해서 반복적인 행동을 수행해야 할 것 같은 욕구에 압도된다. 불안은 강박 및 관련 장애에서 매우 현저하므로, 이 장에서는 강박 및 관련 장애를 불안장애와 함께 기술하였다. ■

범불안장애

범불안장애를 가진 사람들은 대부분의 상황에서 과도한 불안을 경험하며 거의 어떤 것에 대해서도 걱정한다. 사실 이들의 문제는 때론 **유동 불안**(free-floating anxiety)이라 불린다. 젊은 웹디자이너인 토머스처럼 **범불안장애**(generalized anxiety disorder)를 가진 사람들은 흔히 안절부절못하며 긴장하고 초조해하며 집중에 어려움을 느끼고 근육 긴장으로 고통받고 수면 문제를 갖는다(표 4.1 참조). 이러한 증상은 적어도 6개월 이상 지속되고(APA, 2013) 삶의 질을 저하시킨다. 범불안장애를 가진 많은 사람은 몇 가지 어려운 점이 있음에도 불구하고 사회적 관계와 직업 활동을 할 수 있다.

범불안장애는 서구사회에서 흔하다. 특정 해를 기준으로 했을 때 미국인 약 4%가 범불안

공포 개인의 안녕에 대한 심각한 위협에 대해서 중추신경계가 보이는 생리적, 정서적 반응

불안 위협이나 위험이 있을 것 같은 모호한 느낌에 대해서 중추신경계가 보이는 생리적, 정서적 반응

범불안장애 여러 가지 사건과 활동에 대한 지속적이고 과도한 불안이나 걱정이 특징인 장애

장애 증상을 갖고 있으며 캐나다, 영국 그리고 다른 서구나라에서의 비율도 미국과 유사하다(NIMH, 2020c). 종합해보자면 범불안장애의 평생 유병률은 약 6% 정도가 된다. 범불안장애는 어느 연령에서든 출현할 수 있다(**최신 동향** 참조). 범불안장애로 진단받은 여성은 남성보다 2배 많다. 비히스패닉계 백인 미국인이 범불안장애를 진단받을 가능성은 다른 소수인종이나 소수민족에 비해 더 크다(Campbell-Sills & Brown, 2020). 범불안장애를 가진 사람의 약 43%가 현재 치료를 받고 있다(ADAA, 2020d).

범불안장애에 대한 다양항 설명과 치료법이 제안되고 있다. 이 책에서는 범불안장애에 대한 사회문화적, 심리역동적, 인본주의적, 인지행동적, 생물학적 모델의 관점과 접근법에 대해 살펴볼 것이다.

표 4.1

진단 체크리스트

범불안장애

1. 6개월 또는 그 이상의 기간 동안 다양한 문제에 대해서 지나치고 통제 불가능하며 지속적인 걱정과 불안을 경험
2. 초조, 피로, 집중력 저하, 안절부절못함, 근육 긴장, 수면 문제와 같은 증상 중 적어도 3개를 경험
3. 현저한 고통이나 손상을 초래

출처 : APA, 2013.

사회문화적 관점 : 사회적·다문화적 요인

사회문화 이론가들에 의하면 위험한 사회적 조건을 지속적으로 접하는 사람들은 범불안장애를 발달시키기 매우 쉽다. 실제로 여러 연구에서 매우 위협적인 환경에 처한 사람들은 범불안장애에서 나타나는 전반적인 긴장감, 불안, 피로, 수면 곤란을 겪을 가능성이 더 큰 것으로 나타났다. 예를 들어 범죄가 들끓거나 적대적인 분위기의 동네에 거주하는 사람이 범불안장애나 그와 비슷한 증상을 경험하는 비율이 높았다(Hensel et al., 2020; Wittchen & Beesdo-Baum, 2020).

사회적인 스트레스의 가장 강력한 형태 가운데 하나는 가난이다. 경제적인 수단이 없는 사람들은 범죄율이 높은 매우 황폐한 지역에 살기 쉽고 교육과 직업의 기회가 더 적으며 주거와 식량수급이 불안정하고 건강 문제의 위험이 더 높다. 사회문화 이론가들이 예견한 대로 이런 사람은 범불안장애를 갖는 비율이 더 높다(Campbell-Sills & Brown, 2020). 북아메리카에서 수입이 적은 사람의 범불안장애 비율은 수입이 많은 사람에 비해 무려 2배가 높다. 임금이 감소함에 따라 범불안장애의 비율은 꾸준히 증가한다(표 4.2 참조).

사회적 위험과 스트레스는 광범위하게 일어나는 전염성 질환의 형태와도 관련이 있을 수 있다. 연구에 따르면 중세 유럽에서 림프절 페스트가 유행하던 시기에 지역사회와 국가적으로 발병된 불안장애가 증가했던 것으로 보인다(Ren, Gao, & Chen, 2020; Usher, Durkin, & Bhullar, 2020). 따라서 COVID-19 대유행 이후 몇 달에 걸쳐 조사 대상의 30% 이상이 중등도에서 고도의 범불안장애 증상을 보고하고 있으며, 이 증상은 바이러스의 확산이 특정 건강, 경제, 가족 요인에 가져다주는 불안 그 이상의 수준이라는 임상 조사 결과는 놀랄 만한 일이 아니다(Cénat, Blais-Rochette, et al., 2021; Cénat, Dalexis, et al., 2021; Fountoulakis et al., 2021; Wang, Pan, et al., 2020).

가난, 질병의 확산, 그리고 다양한 사회문화적 압력은 범불안장애가 더 쉽게 나타나는 분위기를 만드는 데 기여할 수 있으나 사회문화적 변인이 범불안장애 발생에 영향을 미치는 유일한 요인은 아니다. 결국 그런 환경에 있는 대부분의 사람들에게 이 장애가 발병하지는 않는다. 사회문화적 요인이 광범위한 역할을 하더라도 이론가들은 왜 어떤 사람들에게는 범불안장애가 발생하는데 다른 사람들에게는 그렇지 않은지를 설명해야 한다. 정신역동, 인본주의, 인지행동, 생물학 학파들은 그 이유를 설명하고자 시도해왔고 그에 부합하는 치료를 제공해왔다.

표 4.2

인구통계학적 요인 보기

불안장애와 강박장애의 유병률			
	여성	저소득	노인
범불안장애	높음	높음	높음
특정공포증	높음	높음	낮음
광장공포증	높음	높음	높음
사회불안장애	높음	높음	낮음
공황장애	높음	높음	낮음
강박장애	동일함	높음	낮음

출처 : ADAA, 2020d; Campbell-Sills & Brown, 2020; McCabe & Bui, 2020a, 2020b; Morissette et al., 2020; NIMH, 2020c, 2020d, 2020f, 2020g, 2020i, 2020j; Stein et al., 2020; McCabe, 2018a, 2018b.

최신 동향

분리불안장애 : 더 이상 아이들의 문제가 아니다

분리불안장애를 가지고 있는 개인은 집 또는 그들에게 중요한 인물과 떨어질 때 극도의 불안, 때로는 공황을 경험한다. 요나의 증상은 네 살 때부터 시작되었다.

네 살인 요나는 30분 떨어진 거리에 사시는 조부모님 댁에 하룻밤 자러 가기 위해 부모가 자신을 차에 태우자마자 울기 시작했다. 아이는 소리를 지르면서 이렇게 말했다. "나는 그냥 여기 엄마 아빠랑 있고 싶어요! 나를 보내버리면 다시는 엄마 아빠를 안 볼 거예요! 엄마 아빠가 내가 없는 것을 더 좋아하면 어떻게 해요? 엄마 아빠가 죽으면 어떻게 해요?" 아이는 가는 길 내내 울었다. 그러고 나서는 엄마를 절대 보내지 않을 것 같이 엄마를 꼭 껴안았다. 이후 몇 달 동안 요나는 놀이 약속이나 여행을 나갈 때마다 히스테리 상태가 되었다.

다섯 달이 흐른 후에 요나는 유치원생이 되었다. 첫 번째 날은 두 시간 정도 유치원에 있었다. 원장 선생님은 요나의 엄마에게 전화를 걸어 아이를 데리고 가라고 했다. 이해는 하지만 계속 우는 요나 때문에 다른 아이들이 영향을 받는다고 했다. 그러면서 "아마 내일은 좀 나아지겠지요"라고 했다. 그리고 그다음 날도 요나의 반응은 비슷했다. 다음 날, 그다음 날도.

요나와 같이 분리불안장애가 있는 아동은 가족과 떨어져 여행을 하는 것이 어렵고 친구의 집에 가는 것, 심부름 가는 것, 학교나 캠프에 가는 것 등을 거부한다. 많은 아이들은 방에 혼자 있지 못하고 부모에게 붙어 있는다. 일부 아이들은 짜증, 울음을 보이고 떠나지 말라며 부모에게 간청하기도 한다. 이런 아동은 부모와 떨어질 때 길을 잃거나 부모가 사고를 당하거나 병에 걸릴까 봐 걱정한다. 부모의 근처에 머무르면 상당히 정상적으로 기능할 수 있다. 그러나 분리에 대한 첫 번째 낌새를 보게 되면 증상을 극적으로 나타내곤 한다.

SDI Productions/Getty Images

오랫동안 임상가들은 분리불안장애가 아동 또는 청소년에게서만 발병된다고 믿었다. 그러나 2013년에 발표된 DSM-5에서는 이 장애가 성인기에도 일어날 수 있으며, 특히 배우자나 자녀가 사망하거나 실연하거나 군입대로 인한 이별과 같은 사건을 경험한 이후에 그렇다고 한다(Schiele et al., 2020). 이런 사람들은 소중한 사람의 건강, 안전, 안녕에 대해 상당히 걱정한다. 이들은 다른 사람과 함께 있기 위해 지속적으로 끊임없이 노력하고 그들의 행방을 체크하고 그들을 보호하며 활동과 여행을 하지 못하게 한다. 성인 불안장애의 극심한 불안과 감당 안 되는 요구 때문에 그들은 극심한 고통을 경험하고 사회적, 직업적 생활은 손상을 입는다(Manicavasagar & Silove, 2020).

이에 대한 새로운 시각으로 DSM-5에서는 분리불안장애가 아동기 장애가 아닌 불안장애로 분류되었다. 이 장애를 진단받기 위해 아동의 경우는 4주, 성인의 경우에는 최소 6개월간 증상이 지속되어야 한다. DSM-5의 진단기준을 적용하자면 전체 성인의 2%, 전체 아동의 4%가 분리불안장애를 가진다(Bennett & Walkup, 2019).

이 새로운 분류는 논란의 여지가 있다. 대부분의 임상가는 성인 중에서도 앞에서 언급한 상실에 의한 증상을 분명히 보이는 경우가 있다는 데 동의한다. 그렇지만 많은 임상가는 성인의 경우 요나와 다른 아동이 보이는 증상과는 질적으로 다른 증상을 보인다고 믿는다. 이러한 비판 때문에 성인 분리불안장애 환자가 실제로는 PTSD(제5장 참조), 애도의 다른 양상(제6장)으로 고통받고 있다고 진단된다. 연구자는 이러한 논란을 해결하고자 노력하고 있지만 그동안에는 '아동 전용'이라는 용어가 적용될 수 없게 되었다.

정신역동적 관점

Sigmund Freud(1933, 1917a)는 모든 아동은 성장의 일부로 어느 정도는 불안을 경험하며 불안의 통제를 돕는 자아방어기제를 사용한다고 믿었다(45~47쪽 참조). 그러나 특히 불안 수준이 높거나 방어기제가 부적절한 일부 아동이 있을 수 있고 이런 아동은 범불안장애를 발달시킬 수 있다.

정신역동적 설명 : 아동기 불안이 해결되지 않고 지속되는 경우 Freud에 의하면 어떤 아동에게

는 초기 발달 경험이 이례적으로 높은 수준의 불안을 야기한다. 한 소년이 유아 때는 우유를 달라고 울 때마다, 2세 때는 바지를 더럽힐 때마다, 걸음마기에는 성기를 탐색할 때마다 엉덩이를 찰싹 맞았다고 하자. 그러면 이 소년은 자신의 다양한 원초아 충동을 매우 위험하다고 믿게 되고 그런 충동을 느낄 때마다 자신을 압도하는 불안을 느낄 수 있으며, 이는 범불안장애의 기반이 된다.

다른 경우 아동의 자아방어기제가 너무 약하면 정상적인 불안에도 대처하지 못할 수 있다. 부모가 모든 좌절과 위협의 방패막이가 되는 과잉보호를 받은 아동은 효과적인 방어기제를 발달시킬 기회를 갖지 못한다. 이 아동이 성인이 되어 삶의 압력들에 직면하게 되면, 방어기제가 지나치게 약해서 불안에 대처하지 못할 수 있다.

"저희 어머니는 집에 거의 안 계셨기 때문에 어머니 대신 유모를 비난해야 할 것 같네요."

현대 정신역동 이론가는 범불안장애에 대한 Freud의 설명 중 일부에 대해서는 종종 동의하지 않는다. 그러나 대부분의 이론가는 범불안장애의 기원이 아동과 부모 간 초기 관계의 부적합과 관련이 있다고 여전히 믿는다(Mawson, 2019). 연구자들은 다양한 방식으로 정신역동적 설명을 검증해왔다. 그러한 시도의 한 예로, 연구자들은 범불안장애를 가진 사람이 특히 방어기제를 사용하기 쉽다는 것을 보여주고자 했다. 예를 들어 전통적인 연구에서 범불안장애 진단을 받은 환자들의 치료 초기 자료를 조사한 결과, 환자들이 종종 방어적으로 반응한다는 것을 발견했다. 치료자가 환자에게 당황스러운 경험에 대해 논의하자고 하자, 환자는 방금 말하고 있던 것을 빨리 잊었으며(**억압**), 대화 주제를 바꾸거나 부정적인 감정을 가진 것을 부인했다(Luborsky, 1973).

다른 연구에서는 어렸을 때 원초아 충동에 대해 극단적인 처벌을 받은 사람들을 조사하였다. 정신역동 이론가들이 예언한 대로, 이 사람들은 이후 삶에서 불안 수준이 더 높았다(Lähdepuro et al., 2019). 몇몇 연구는 부모의 극단적인 보호가 종종 자녀가 높은 수준의 불안을 갖는 데 영향을 준다는 정신역동적 입장을 지지한다(Wittchen & Beesdo-Baum, 2020).

앞서 기술한 연구가 정신역동적 설명과 일치하지만, 일부 과학자들은 정신역동 이론가들이 스스로 증명했다고 주장한 것을 실제로 증명한 것인지에 대해 의문을 제기한다. 예를 들어 환자들이 치료 초기에 당황스러운 사건에 관해서 이야기하는 것을 어려워할 때 반드시 그 사건을 억압한 것이 아닐 수도 있다. 환자들은 인생의 긍정적인 면에 일부러 초점을 둔 것일 수도 있고 너무 당황스러워 치료자에 대한 신뢰를 키울 때까지 개인의 부정적 사건을 치료자와 공유하지 않은 것일 수도 있다.

정신역동치료 정신역동 치료자는 동일한 일반적인 기법, 즉 **자유연상**과 **전이**, **저항** 및 **꿈**에 대한 치료자의 해석을 사용해 모든 심리적 문제를 다룬다. Freud 학파의 **정신역동 치료자**는 범불안장애를 가진 내담자가 원초아 충동을 덜 두려워하고 원초아 충동을 통제하는 데 좀 더 성공할 수 있도록 도와주기 위해 이러한 방법을 사용한다. 다른 정신역동 치료자, 특히 **대상관계 이론가**는 불안한 환자가 성인기에도 계속 불안을 낳는 아동기 관계의 문제를 찾아서 해결하는 것을 돕기 위해 이 기법을 사용한다(Black, 2020; Scharff, 2019).

통제된 연구에서 일반적으로 정신역동치료는 범불안장애를 가진 환자에게 단지 약간의 도

흥미로운 이야기

그들의 진술

"나의 불안에는 불안이 있다."

찰리 브라운

움이 되는 것으로 나타났다(Craske & Bystritsky, 2020). 이러한 경향에서 한 가지 예외는 **단기 정신역동치료**이다(제2장 참조). 일부 사례에서 단기 정신역동치료는 범불안장애 환자의 불안, 걱정, 사회적 어려움을 의미 있게 감소시켰다(Chen et al., 2020).

인본주의적 관점

인본주의 이론가들은 다른 심리장애처럼 범불안장애는 사람들이 자신을 정직하고 수용적으로 바라보는 것을 멈추었을 때 발생한다고 본다. 자신의 진정한 생각, 정서, 행동에 대한 반복적인 부인은 사람을 극도로 불안하게 하고 인간으로서 자신의 잠재력을 실현하지 못하게 한다.

Carl Rogers의 설명은 사람들이 범불안장애를 발달시키는 이유에 대한 인본주의자의 관점을 가장 분명히 보여준다. 제2장에서 보았듯이 Rogers는 타인으로부터 **무조건적인 긍정적 존중**을 받지 못한 아동은 자신에 대해서 지나치게 비판적이 되며 엄격한 자기 기준, 즉 Rogers가 말한 **가치의 조건**(condition of worth)을 발달시키게 된다고 믿었다. 아동은 자신의 진정한 생각과 경험을 반복적으로 왜곡하고 부인함으로써 이러한 기준을 충족시키고자 노력한다. 그러나 그런 노력에도 불구하고 위협적인 자기 판단은 자신을 계속 파고들어가 강한 불안을 유발한다. 이러한 불안의 맹공격은 범불안장애 또는 다른 형태의 심리적 역기능의 기반이 된다.

Rogers의 치료적 접근인 **내담자 중심 치료**(client-centered therapy, 또는 **인간 중심 치료**)를 하는 치료자는 내담자에게 무조건적인 긍정적 존중을 보여주고 공감하고자 노력한다. 치료자는 진실된 수용과 보살핌의 분위기를 통해 내담자가 충분히 안전하다고 느껴 자신의 참된 욕구, 사고, 정서를 인식하는 데 도움이 되기를 희망한다. 내담자가 결국 자신에게 정직하고 편안해지면 이론적으로는 불안이나 다른 증상이 가라앉게 된다.

통제된 연구는 이 접근을 강력히 지지하는 데 실패했다. 연구자들은 치료를 받지 않는 경우보다 내담자 중심 치료를 받는 경우 불안 환자에게 보통은 더 도움이 된다는 것을 검증하였으나 이 접근법은 위약 치료보다 우수할 뿐이었다(Prochaska & Norcross, 2018). 부가적으로 범불안장애와 다른 형태의 이상행동에 대한 Rogers의 설명은 잘해야 단지 제한된 지지만을 받는 것으로 나타났다. 다른 인본주의 이론과 치료도 연구에서 많은 지지를 얻지는 못했다.

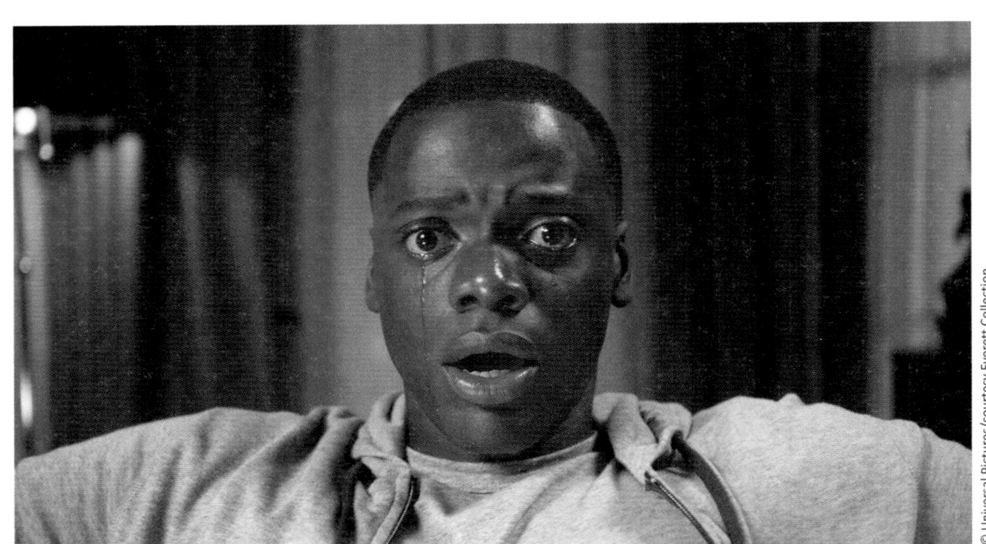

공포스러운 기쁨 많은 사람은 통제 가능한 환경에서는 공포심을 즐기기도 한다. 즉 유명한 공포영화 '겟아웃(Get Out)'을 안전하게 보면서 긴장이 높아지는 것을 경험할 때같이 말이다. 사회적 논평 영화 부문에서 수상한 이 영화 속에서 한 젊은이(사진 속 배우 대니얼 컬루야)는 뉴욕주 북부의 여자친구 가족을 만나면서 어둡고 불편한 진실을 밝힌다.

인지행동적 관점

제2장에서 읽었듯 인지행동 모델의 추종자들은 종종 문제 행동과 역기능적인 사고방식이 심리 문제를 유발한다고 제안한다. 그러므로 그들의 설명과 치료법은 그런 행동과 사고방식의 특성, 즉 어떻게 그 행동과 사고방식을 가지게 되었는지, 기분이나 정서에 어떤 영향을 주는지 등에 초점이 맞춰져 있다. 인지행동적 설명과 치료가 장애의 행동적인 차원과 인지적인 차원 모두를 강조하기는 하지만 때로는 그중에 한 가지에 더 우선적으로 초점을 맞추기도 한다. 범불안장애의 경우가 그런 경우인데, 범불안장애를 설명하고 치료하는 인지행동 모델의 많은 요인이 이 장애의 인지적인 측면에 주로 집중하고 있다.

만약 공포가 불편하다면 왜 많은 사람은 공포를 느끼려고 놀이동산에 가거나 무서운 영화를 보거나 번지점프를 하는 등의 행동을 할까?

부적응적인 가정 처음에 인지행동 이론가들은 지속적으로 영향력을 갖는 부적응적인 가정이 범불안장애를 주로 유발한다고 보았다. 예를 들어 Albert Ellis는 부적절한 방식으로 행동하고 반응하도록 이끄는 비합리적인 믿음이 많은 사람을 인도한다고 주장하였다(Ellis & Ellis, 2019; Ellis, 2016, 1962). Ellis는 이것을 **비합리적 기본 가정**(basic irrational assumption)이라 불렀고 범불안장애를 가진 사람들은 종종 다음과 같은 사고를 지닌다고 주장했다.

> "자신이 속한 곳에 있는 사실상 모든 의미 있는 다른 사람들로부터 사랑을 받거나 인정을 받는 것은 절대적으로 필요한 일이다."
> "원하는 방식대로 일이 되지 않는 것은 끔찍하고 파국적이다."
> "만일 어떤 것이 위험하거나 무시무시하다면 또는 그렇게 될 가능성이 있다면 사람들은 반드시 그것에 대해 몹시 염려해야만 하고 그런 일이 발생할 가능성을 계속 숙고해야만 한다."
> "자신을 가치 있게 여기기 위해서는 대단히 유능하고 적절해야 하며 모든 가능한 것을 성취해야만 한다."
>
> (Ellis, 1962)

이런 가정을 가진 사람들은 시험이나 첫 데이트와 같은 스트레스 사건에 직면하면, 이를 위험하다고 해석하고 과잉반응하며 공포를 느낀다. 이들이 자신의 가정을 점점 더 많은 사건에 적용할수록 범불안장애가 발생할 수 있다.

유사하게 인지 이론가인 Aaron Beck은 범불안장애를 가진 사람들은 자신이 곧 닥칠 듯한 위험 속에 있다는 것을 의미하는 묵시적인 가정(예 : '상황이나 사람은 안전하다고 입증이 될 때까지는 안전하지 않다' 또는 '항상 최악을 염두에 두는 것이 최선이다')을 항상 갖고 있다고 주장했다(Chand, Kuckel, & Huecker, 2020; Oehlert et al., 2019). Ellis와 Beck의 초기 제안 이후 연구자들은 정말로 범불안장애를 가진 사람들이 특히 위험에 대해서 부적응적인 가정을 갖고 있다는 점, 그리고 잠재적 위협이 되는 자극에 대해 주의를 과하게 기울이고 있다는 점을 반복해서 검증하였다(Hirsch et al., 2019; Iani et al., 2019).

더 새로운 인지행동적 설명 최근 들어 범불안장애에 대한 추가적인 몇 가지 인지행동적 설명이 출현했다. 각 설명은 Ellis와 Beck의 작업 및 위험을 강조한다는 점에 토대를 두고 있다.

Adrian Wells가 개발한 초인지 이론(metacognitive theory)에서는 범불안장애를 가진 사람들은 걱정에 대한 긍정적, 부정적 신념 모두를 암묵적으로 갖고 있다고 본다(Wells, 2021, 2019,

내담자 중심 치료 Carl Rogers가 개발한 인본주의 치료법으로, 치료자는 내담자에게 수용, 정확한 공감, 진솔함을 전달함으로써 도움을 준다. '인간 중심 치료'라고도 한다.

비합리적 기본 가정 Albert Ellis에 의하면 다양한 심리적 문제를 가지고 있는 사람들이 지닌 부정확하고 부적절한 신념을 말한다.

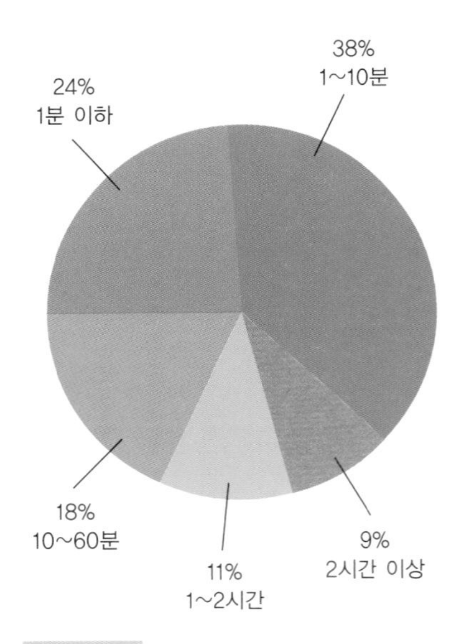

그림 4.1

걱정이 얼마나 지속되는가?
한 조사에 따르면 대학생의 62%는 한 번 걱정을 할 때 걸리는 시간이 10분 미만이라고 대답했다. 반대로 20%의 학생들은 1시간 이상을 걱정하는 데 사용했다. (출처 : Tallis, 2015, 2014; Tallis et al., 1994)

2005). 긍정적인 측면으로, 그들은 걱정을 인생의 위협을 평가하고 대처하는 유용한 수단이라고 믿는다. 그래서 범불안장애를 가진 사람은 모든 가능한 위험 신호를 찾고 조사한다. 즉 끊임없이 걱정을 한다(그림 4.1 참조).

동시에 Wells는 범불안장애를 가진 사람은 걱정에 대한 부정적 신념도 갖고 있는데, 이러한 부정적 태도는 종종 범불안장애로 가는 문을 열게 만든다고 주장한다. 사회는 걱정이 나쁜 것이라고 가르치기 때문에, 범불안장애를 가진 사람은 반복적인 걱정이 사실은 정신적, 신체적으로 해롭고 통제 불가능하다고 믿게 된다. 이제 범불안장애를 가진 사람은 더 나아가 자신이 항상 걱정하는 것으로 보인다는 사실을 걱정(소위 **초걱정**)한다. 초걱정은 '걱정으로 미쳐가고 있다, 걱정으로 병들어가고 있다, 걱정 때문에 인생에서 손해를 보고 있다'는 걱정을 포함한다. 이런 모든 걱정의 최종결과가 범불안장애인 것이다.

이 설명은 연구에서 상당한 지지를 받았다. 예를 들어 걱정에 대한 긍정적, 부정적 신념 모두를 아우르며 가지고 있는 사람이 특히 범불안장애를 발전시키는 경향이 있으며, 반복되는 초걱정은 이 장애의 발생을 강력히 예측하는 요인이었다(Ren et al., 2020).

범불안장애에 대한 또 다른 새로운 설명인 **불확실성을 참지 못하는 이론**(intolerance of uncertainty theory)에 의하면 어떤 사람들은 발생 가능성이 매우 적더라도 부정적인 사건이 일어날 수 있다는 것 자체를 참지 못한다. 인생이 불확실한 사건으로 가득 차 있다는 점을 고려한다면, 이 사람들은 부정적인 사건이 발생하는 것에 대해 끊임없이 걱정하게 된다. 불확실함을 견디지 못하는 것과 걱정은 이들을 범불안장애에 매우 취약하게 만든다(Wilson et al., 2020). 매력적인 누군가를 만난다고 생각하면서 그 사람에게 처음으로 문자를 보내거나 전화를 걸기 전에 드는 느낌을 떠올려보자. 또는 처음으로 당신에게 연락을 주었던 누군가를 만나기 위해서 기다리고 있을 때의 느낌을 생각해보자. 이 이론에 의하면 당신이 이런 상황에서 경험하는 걱정은 수용할 수 없는 부정적인 결과가 나타날 가능성을 넘어서는 참을 수 없는 불확실감인데, 이는 범불안장애를 가진 사람이 항상 느끼는 감정이다.

이 이론에 의하면 범불안장애를 가진 사람은 자기 삶의 다양한 상황을 위한 '올바른' 해결책을 찾고 상황에 확실성을 복원하려는 자신의 노력에 대한 걱정을 계속해서 하게 된다. 그러나 주어진 해결책이 올바르다는 것을 결단코 확신할 수 없기 때문에 새로 하게 되는 걱정과 올바른 해결책을 찾으려고 노력하게 하는 참을 수 없는 불확실성으로 괴로워하게 된다. 걱정의 초인지 이론처럼 많은 연구가 이 이론을 지지하였다. 예를 들어 범불안장애를 가진 사람은 정상 수준의 불안을 가진 사람에 비해 불확실성을 참지 못하는 정도가 더 큰 것으로 나타났다(Campbell-Sills & Brown, 2020; Ren et al., 2020). 또한 불확실성을 참지 못하는 것이 생물학적 기반을 두

스포츠의 세계 오늘날 내셔널 풋볼 리그의 프로 볼가드인 브랜던 브룩스(왼쪽)와 전미 여자농구협회 올스타 센터 리즈 캠베이지(오른쪽)를 포함해서 불안 또는 다른 심리적 문제로 고통받는 프로와 아마추어 운동선수가 늘어나고 있다.

Chris Szagola/Cal Sport Media/Newscom

Ethan Miller/Getty Images

고 있고 초기 아동기부터 발현되며 부모에게서 아동에게 전해질 수 있다는 점 또한 밝혀졌다(DeSerisy et al., 2020; Bennett & Walkup, 2019).

마지막으로 범불안장애에 대한 세 번째 새로운 인지행동적 설명은 Thomas Borkovec이 개발한 **회피 이론**(avoidance theory)이다. 회피 이론에 따르면 범불안장애를 가진 사람은 다른 사람보다 더 높은 신체적 각성 수준(더 높은 심박 수, 땀, 호흡)을 보이며 걱정은 실제로 이러한 각성을 줄이는 데 도움을 주는데, 아마도 불쾌한 신체적 느낌으로부터 주의를 분산시키기 때문일 것이다(Campbell-Sills & Brown, 2020; Borkovec, Alcaine, & Behar, 2004). 요약하면 회피 이론은 범불안장애를 가진 사람들이 신체적 각성이라는 불편한 상태를 줄이거나 피하기 위해서 반복적으로 걱정한다고 본다. 예를 들어 범불안장애를 가진 사람들은 불편한 직업 상황이나 사회적 관계에 있다는 것을 알게 되면 강한 부정적 각성 상태를 괴로워하기보다는 직장이나 친구를 잃는 것에 대해 걱정하는 편을 암묵적으로 선택한다.

많은 연구가 Borkovec의 설명을 지지하였다. 범불안장애를 가진 사람은 특히 빠르고 강한 신체적 반응을 경험하며, 그러한 반응을 압도적이라고 지각하고, 각성되는 것에 대해 다른 사람보다 더 걱정하며, 걱정함으로써 각성을 성공적으로 줄이는 것으로 나타났다(Shaw et al., 2021; Newman et al., 2019).

인지치료 범불안장애의 사례에는 두 종류의 인지적 접근을 사용한다. 하나는 Ellis와 Beck의 선구적인 작업에 근거한 치료로, 치료자는 내담자가 이 장애의 특징인 부적응적인 가정을 바꾸도록 돕는다. 다른 하나는 **새로운 흐름의 인지치료**로(54~55쪽 참조), 치료자는 범불안장애에서 걱정이 하는 역할을 내담자가 이해할 수 있도록 그리고 내담자를 불안하게 만드는 걱정에 대한 관점과 반응을 변화시키도록 돕는다.

부적응적인 가정 바꾸기 Ellis의 **합리적 정서치료**(rational-emotive therapy) 기술을 사용하는 치료자는 내담자가 가진 비합리적 가정에 주목한다. 그리고 더 적절한 가정을 제안하며 오래된 가정에 도전하고 새로운 가정을 적용해볼 수 있는 연습이 되는 숙제를 내준다(Ellis & Ellis, 2019). 연구에 따르면 이런 접근 그리고 이와 유사한 접근은 범불안장애로 고통받는 사람들에게 적어도 보통 정도의 증상 경감을 가져다주는 것으로 나타났다(Miller et al., 2021; Ren et al., 2020). Ellis와 불안한 내담자의 다음 대화는 Ellis의 접근법을 보여준다. 이 내담자는 회사를 위해서 개발한 검사 절차가 직장에서 실패와 불인정을 가져올까 봐 두려워하고 있다.

> 내담자 : 나는 요 며칠간 완전히 제정신이 아니었어요. 그래서 한번에 1~2분 이상 어떤 것에도 집중할 수 없었어요. 내 마음은 내가 고안한 그놈의 빌어먹을 검사 절차와 그 일에 너무 많은 돈이 들어갔다는 생각과 그 일이 잘될지 아니면 그 모든 시간과 돈을 낭비만 하는 것은 아닌지에 계속 꽂혀 있었어요.
>
> Ellis : 한 가지 중요한 점은 당신이 걱정하는 것에 대해 당신 자신에게 말하고 있다는 것을 인정해야만 한다는 점이에요. 그리고 당신은 그것에 관심을 기울이기 시작해야만 해요. 내 말은 당신 자신을 계속 세뇌시키고 있는 넌센스를 살펴보라는 거예요. 다음과 같은 잘못된 진술이요. "만일 내 검사 절차가 제대로 되지 않으면 나는 일을 제대로 하지 못하는 사람이 되는 거고, 동료들은 나를 필요로 하지 않거나 인정하지 않을 거야. 그러면 나는 가치 없는 사람이 되는 거야."
>
> 내담자 : 하지만 회사에서 시키는 일을 나도 원하는데 내가 회사에 쓸모없는 사람이라면 나 자신에게도 쓸모없는 사람인 거 아닌가요?

흥미로운 이야기

비난할 곳이 필요해

역사를 살펴보면 대규모의 질병이 발생하면 사람들은 특정 집단에게 비난의 화살을 돌렸다. 한편으로 이는 예상치 못한 시련 동안 안정감, 명확함, 통제력을 다시 찾기 위해서, 그래서 결국 불안 수준을 낮추기 위해서이다(Bartholomew, 2020a; Usher et al., 2020). 가령 이러한 현상은 흑사병(유태인), 2009년 돼지독감 유행(히스패닉계 미국인), 2014년 에볼라 발생(아프리카계), 2020년 COVID-19 팬데믹(아시아계)의 경우에도 작동했다.

합리적 정서치료 Albert Ellis가 개발한 인지치료로, 내담자가 자신의 심리적 문제를 유발하는 비합리적인 가정과 사고를 알아내고 변화시킬 수 있도록 돕는다.

Ellis : 아니요. 당신이 생각하는 것과 달라요. 물론 훌륭한 검사 절차를 만들고 싶은데 그렇게 안 된다면 당신은 좌절하겠죠. 하지만 당신이 좌절했다고 이렇게 불행해할 필요가 있나요? 그리고 인생에서 당신이 하고 싶어 하는 중요한 일 중 하나를 할 수 없다고 해서 당신 자신의 가치가 완전히 없어지나요?

(Ellis, 1962, pp. 160–165)

걱정 허물기 대안적으로 새로운 흐름의 인지 치료자 중 일부는 범불안장애를 가진 내담자가 걱정의 역기능적인 사용을 인식하고 이를 바꾸도록 돕는다(Campbell-Sills & Brown, 2020; Haseth et al., 2019). 치료자는 내담자에게 먼저 범불안장애에서 걱정이 하는 역할에 대해 교육하고, 다양한 생활 장면에서 일어나는 신체적인 각성과 인지적 반응을 내담자가 관찰하게 한다. 그러면 내담자는 걱정을 촉발하는 요인, 걱정에 대한 오해, 걱정으로 자신의 삶을 통제하려 했던 잘못된 노력을 인정하게 된다. 통찰이 늘어남에 따라 내담자는 세상을 덜 위협적인 것(결과적으로 덜 각성시키는 것)으로 보게 되며, 각성을 다루기 위한 좀 더 건설적인 방법을 찾고 자신이 그렇게 많이 걱정한다는 사실을 덜 걱정하게 된다. 연구 결과 범불안장애를 위한 전통적인 인지치료에 걱정에 초점 두기를 추가하는 것이 도움이 되는 것으로 나타났다.

범불안장애를 가진 사람들이 걱정하는 경향이 있다는 것을 깨닫도록 도와주는 범불안장애 치료는 최근에 인기를 얻고 있는 다른 인지적 접근과 유사하다. 제2장에서 다루었던 **마음챙김 기반 인지행동치료**(mindfulness-based cognitive-behavioral therapy)는 **수용전념치료**(acceptance and commitment therapy)라고 불리는 더 넓은 치료적 접근의 일부로서 심리학자인 Steven Hayes와 동료들이 개발하였다(Smith, Smith, & Dymond, 2020; Hayes, 2019). 이 치료에서 치료자는 내담자가 걱정을 포함한 생각이 일어나면 자신의 생각의 흐름을 인식할 수 있도록 그리고 그러한 생각을 마음의 단순한 사건으로 수용하도록 돕는다. 걱정을 없애려고 노력하기보다 관찰하고 수용하게 되면 내담자는 걱정 때문에 기분이 덜 나쁘게 되고 행동이나 삶의 결정을 하는 데 걱정의 영향을 덜 받게 될 것이다. 이는 범불안장애를 가진 환자들이 이와 관련된 형태의 치료를 받을 때 정말로 일어나는 일이다(Yu et al., 2021; Craske & Bystritsky, 2020). 마음챙김 기반 인지치료는 우울증, 외상후 스트레스장애, 성격장애, 물질사용장애와 같은 다른 심리적 문제에도 적용되고 있는데, 종종 좋은 결과를 낳고 있다(Zurita Ona, 2021).

왜 많은 사람은 은연중에 걱정하는 것이 문제 해결에 도움이 된다고 생각하고 심지어 필요하다고 믿는 것일까?

생물학적 관점

생물학 이론가들은 주로 생물학적 요인이 범불안장애를 야기한다고 믿는다. 수년 동안 **가계 연구**(family pedigree study)가 이 주장을 주로 지지하였다. 가계 연구에서 연구자는 특정 장애를 가진 사람의 얼마나 많은 친척이 그리고 어떤 친척이 동일 장애를 갖고 있는지를 조사한다. 만일 범불안장애의 생물학적 경향이 유전된다면 생물학적으로 관련이 있는 사람들은 이 장애를 발생시킬 확률이 유사해야 한다. 실제로 범불안장애를 가진 사람의 생물학적 친척은 친척이 아닌 사람보다 범불안장애를 가질 가능성이 더 크다는 것이 연구를 통해 밝혀졌다(Levey et al., 2020; Schienle et al., 2011). 범불안장애를 가진 사람의 친척 중 약 15%는 범불안장애를 갖고 있었는데, 이는 일반 인구에서 발견되는 유병률보다 훨씬 큰 비율이다. 또한 가까운 친척일수록(예 : 일란성 쌍생아) 범불안장애를 가질 가능성은 더 컸다.

가계 연구 장애가 있는 개인의 친척 몇 명이 또는 어떤 친척이 같은 장애를 가지고 있는지 조사하는 연구설계

생물학적 설명 최근 몇십 년 동안 뇌 연구자들이 찾아낸 중요한 발견점을 통해 범불안장애가 생물학적인 요인과 관련이 있다는 사실이 증명되고 있다. 이런 발견점 중 초기의 것은 1950년대에 발견되었는데, 그 시기는 연구자들이 알프라졸람(자낙스), 로라제팜(아티반), 디아제팜(바리움)을 포함하는 약물군인 **벤조디아제핀**(benzodiazepine)이 불안을 경감시킨다는 것을 발견한 때였다. 처음에는 벤조디아제핀이 불안을 경감시키는 이유를 아무도 알지 못했다. 그러나 결국 연구자들은 뇌 내부에서 벤조디아제핀이 어느 뉴런을 따라 이동하는지를 정확히 알아냈다(Mohler & Okada, 1977). 마치 자물쇠에 열쇠가 맞아 들어가듯이 특정 뉴런은 벤조디아제핀을 받아들이는 수용기를 갖고 있다.

연구자들은 곧 벤조디아제핀 수용기들이 대개는 흔한 신경전달물질인 **감마-아미노부티르산**(gamma-aminobutyric acid, GABA)을 받는다는 것을 발견하였다(Foitzick et al., 2020). 제2장에서 기술했듯이 신경전달물질은 하나의 뉴런에서 다른 뉴런으로 메시지를 전달하는 화학물질이다. GABA는 억제 정보를 전달하며 GABA가 수용기에서 수용되면 GABA는 뉴런의 점화를 멈추게 한다. 처음에 연구자들은 범불안장애 환자들의 뇌 전체에서 일어나는 GABA의 활동에 결함이 있다고 믿었다. 그러나 21세기 들어 실시된 연구에서는 범불안장애가 하나의 신경전달물질의 활동 결함보다 더 복잡한 생물학적 기초를 가지고 있음이 밝혀졌다.

이제 연구자들은 우리의 일상에서 발견할 수 있는 공포 반응이 함께 작동하는 뇌의 연결망, 서로서로의 활성화를 촉발하는 **뇌 회로**(brain circuit)와 연결되어 있다는 사실을 알고 있다(Hur et al., 2020). 제2장에 언급했듯이 뇌 회로에서 뉴런의 긴 축색돌기가 다발로 존재하는데 뇌 전체에 걸쳐 있고 신경전달물질을 사용해서 뉴런끼리의 의사소통을 하게 한다. 그래서 뉴런 구조물 사이의 섬유질 경로를 서로 연결하게 된다(40쪽 참조). 역시 제2장에 나와 있듯이 '공포 회로'라는 특정한 회로는 공포 반응을 만들고 관리하는데, 전전두엽피질, 전대상피질, 섬엽, 그리고 정서적인 일을 시작하게 하는 아몬드 모양의 편도체와 같은 뇌 구조물을 포함한다(40~41쪽 참조).

범불안장애 환자의 뇌 공포 회로는 과도하게 활성화되어 있는데[즉 과잉활동(hyperactive) 상태] 횟수나 기간이 과한 걱정이나 공포를 경험하게 된다는 점을 여러 연구가 밝혀냈다(Leicht & Mulert, 2020; Madonna et al., 2019). 그다음 많은 이론가가 이런 공포 회로의 과잉활동은 범불안장애의 발현에 기여한다고 결론지었다(Ressler, 2020). GABA는 이 회로, 특히 편도체에 작용하는 중요한 신경전달물질 중 하나이기 때문에 낮은 GABA의 활동은 뇌 회로 안 구조 사이의 의사소통을 과도하게 유발하고 범불안장애의 발생을 일으킨다(Sabihi et al., 2021). 동시에 여러 뉴런, 뇌 구조물, 뇌 구조물 간의 연결체, 공포 회로에 작용하는 다른 신경전달물질에 의한 부적절한 기능은 광범위한 회로 과잉활동을 유발시키고 이 또한 범불안장애의 발현을 촉진한다(Ressler, 2020).

약물치료 1950년대에 발견된 이래로 벤조디아제핀은 **진정 수면성 약물**(sedative-hypnotic drug)로 시중에 판매되었는데, 이는 용량이 적을 때는 사람을 진정시키고 용량이 많으면 잠들게 하는 약이다. 벤조디아제핀은 바비튜레이트 같은 이전의 진정 수면성 약물보다는 덜 중독적이고 피곤함을 덜 유발하는 것으로 보였다. 그렇기 때문에 의사와 환자들은 벤조디아제핀을 빨리 받아들였고 불안 감소를 위해 많은 새로운 종류의 벤조디아제핀 계열 약물이 개발되었다(표 4.3 참조).

앞에서 살펴보았듯이 연구자들은 벤조디아제핀 약물이 뇌의 공포 회로(특히 편도체) 안에

벤조디아제핀 가장 널리 사용되는 항불안제 군으로, 바리움과 자낙스가 있다.

감마-아미노부티르산(GABA) 신경전달물질로, 대뇌 공포 회로에서의 GABA가 보이는 낮은 활동은 불안과 관련이 있다.

뇌 회로 뇌 구조물 간의 네트워크로 협력하여 어떤 행동을 유발한다.

진정 수면성 약물 소량 섭취 시에는 진정에, 다량 섭취 시에는 수면에 도움이 되는 약물

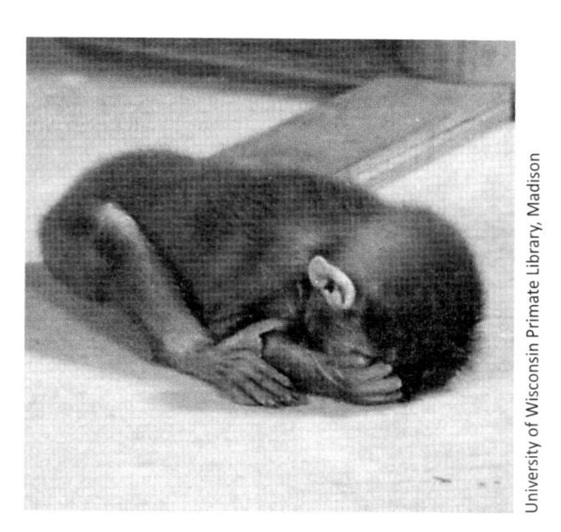

University of Wisconsin Primate Library, Madison

원숭이도 불안을 느낄까? 임상 연구가들은 동물 피험자들의 반응을 해석할 때 주의를 기울여야 한다. 1960년대 연구에서 이 아기 원숭이는 엄마 원숭이와 분리된 후 '공포심'을 느끼는 것처럼 보였다. 그러나 공포나 우울과는 다른, 우울감 또는 각성을 경험하고 있는 것이었다.

표 4.3

흔히 쓰이는 벤조디아제핀 약물

일반명	상품명
알프라졸람	자낙스
클로르디아제폭시드	리브리엄
클로나제팜	클로노핀
클로라제파트	트랑센
디아제팜	바리움
에스타졸람	프로솜
로라제팜	아티반
미다졸람	버스드
옥사제팜	세락스

존재하는 GABA 수용기로 이동하면서 불안을 감소시킨다는 점을 알게 되었다. 벤조디아제핀이 이런 뉴런 수용기에 묶이면 GABA가 그 부위에 묶이게 되는 능력을 증가시키게 되고 결국 뉴런이 발화하는 것을 감소시키며 공포 회로의 전반적인 기능을 향상시키면서 과도한 불안 수준을 낮추게 된다(Foitzick et al., 2020).

범불안장애를 가지고 있는 사람을 대상으로 봤을 때 위약 복용 시에는 이들의 40%가 개선된 것에 비해, 벤조디아제핀을 복용했을 때는 60%가 개선을 보고하였다(Campbell-Sills & Brown, 2020; Bystritsky, 2019b). 그러나 임상가들은 이 약에 중요한 문제가 있음을 알게 되었다. 첫째, 투약의 효과가 단기적이다. 많은 사람이 약을 중단했을 때 그 어느 때보다 강한 불안을 다시 느꼈다. 둘째, 벤조디아제핀을 고용량으로 장기간 복용한 사람은 신체적으로 약에 의존하게 될 수 있다. 셋째, 졸림, 협응 부족, 기억손실, 우울, 공격행동 같은 원치 않은 효과를 낳을 수 있다. 마지막으로 약물은 다른 약물 및 물질과 섞였을 때 부정적인 결과를 가질 수 있다. 예를 들어 벤조디아제핀을 복용하는 사람이 소량이라도 술을 마시면 호흡이 느려져 위험해질 수 있다.

오늘날 항불안제는 왜 인기가 있는가? 항불안제의 인기는 우리 사회에 대해 무엇을 이야기해주는가?

그렇기 때문에 지난 20년 이상 동안 다른 종류의 약물이 범불안장애 환자에게 많이 처방되기도 하였다(Bandelow, 2020). 그 치료의 선택지는 우울한 환자의 기분을 고양시키는 데 사용되는 **항우울제**이다. 벤조디아제핀과 마찬가지로 항우울제를 복용하는 범불안장애 환자의 60%는 적어도 기분의 개선을 경험할 수 있다(Baldwin & Huneke, 2020). 제6장에 나와 있듯이 항우울제는 종종 **세로토닌**이나 **노르에피네프린**의 활동을 증가시킨다. 이 두 가지 신경전달물질은 뇌 공포 회로의 특정한 부위에서 특히 중요하다. 항우울제는 이 부위의 공포 회로 기능을 향상시켜서 불안을 감소시킨다. 마지막으로 조현병이나 다른 정신증 환자들에게 흔히 처방되는 **항정신병 약물** 또한 증상이 심하거나 치료에 반응을 보이지 않는 범불안장애 환자들 일부에게 도움이 된다(Baldwin & Huneke, 2020).

요약

범불안장애

범불안장애를 가진 사람들은 광범위한 범위의 사건과 활동에 대해서 과도하게 불안해하고 걱정한다. 사회문화적 관점에 의하면 사회적 위험, 경제적 스트레스, 또는 관련된 인종적·문화적 압력은 범불안장애가 더 발생하기 쉬운 분위기를 만든다.

고전적인 정신역동적 설명에 따르면 Freud는 불안이 과도하고 방어기제가 와해되고 기능을 제대로 하지 못할 때 범불안장애가 발생할 수 있다고 하였다. 정신역동 치료자는 자유연상, 해석, 그리고 관련된 정신역동 기법을 사용해서 이 문제를 극복하도록 돕는다.

인본주의 이론의 선구자인 Carl Rogers는 범불안장애를 가진 사람들은 아동기에 의미 있는 타인으로부터 무조건적인 긍정적 존중을 받는 데 실패했고 그래서 자신에 대해 지나치게 비판적이 되었다고 믿는다. Rogers는 내담자 중심 치료로 범불안장애를 가진 사람들을 치료했다.

인지행동 이론가들은 걱정의 위력과 가치에 대한 부적응적인 가정과 부정확한 믿음이 범불안장애를 발생시킨다고 믿는다. 인지행동 치료자는 내담자가 부적응적 생각을 바꾸고 걱정의 역기능적 사용을 변화시키도록 돕는다.

생물학 이론가들은 범불안장애는 전전두엽, 전대상피질, 섬엽, 편도체 등을 포함하는 뇌 회로인 공포 회로의 과잉활동에 의한 것이라고 생각한다. 흔하게 사용되는 생물학적 치료는 항우울제, 벤조디아제핀, 항정신병 약물이다.

공포증

공포증 특정한 대상, 활동, 상황에 대한 지속적이고 비합리적인 공포

특정공포증 특정 대상이나 상황에 대한 심각하고 지속적인 공포

'공포'라는 뜻의 그리스어 단어에서 유래한 **공포증**(phobia)은 특정 대상, 활동 또는 상황에 대한 지속적이고 비합리적인 공포를 의미한다. 공포증을 가진 사람은 자신이 두려워하는 대상이나 상황을 생각하기만 해도 두려움을 느끼게 된다. 그러나 그 대상이나 대상에 대한 생각을 피할 수 있기만 한다면 대개 편안함을 유지하게 된다.

우리 모두는 특별히 공포를 느끼게 되는 영역을 가지고 있고 다른 것보다 우리를 더 기분 나쁘게 하는 어떤 것이 있다는 건 정상적인 일이다(**정보마당** 참조). 이런 평범한 공포와 공포증은 어떻게 다른가? DSM-5에서는 공포증을 보다 더 강렬하고 지속적이며 대상이나 상황을 피하고자 하는 욕구가 더 큰 것으로 보고 있다(APA, 2013). 공포증을 가진 사람은 종종 너무나도 고통을 느껴서 공포로 인해 삶에 매우 지장을 받기도 한다.

DSM-5는 특정 대상이나 상황에 대한 강렬하고 지속적인 공포를 **특정공포증**이라 하는데, 대부분의 공포증은 엄밀히 말하면 이 특정공포증 범주에 속한다. 또한 **광장공포증**이라는 더 넓은 범위의 공포증도 있는데, 이는 공황 상태가 되거나 옴싹달싹 못 하게 되었을 때 도망가기 어려운 공공장소나 상황에 가는 것에 대한 공포를 말한다.

특정공포증

특정공포증(specific phobia)은 특정 대상이나 상황에 대한 지속적인 공포이다(표 4.4 참조). 특정공포증을 가진 사람은 특정 대상이나 상황에 노출되면 흔히 즉각적인 불안을 경험한다. 흔한 특정공포증은 특정 동물이나 곤충, 높은 곳, 폐쇄 공간, 뇌우(雷雨), 피에 대한 강한 공포이다. 다음 글에서 임상가는 피, 특히 헌혈에 대한 공포로 지난 20년간 고군분투하고 있는 35세 내담자 라라에 대해 이야기하고 있다.

> 공포증 때문에 라라는 의학적 검사를 위해 피를 뽑으려고 할 때 그리고 실수로 베었을 때 기절할 것 같은 느낌을 받거나 기절한다. 그래서 의학적 검진에서 혈액검사를 한다고 하면 검진을 피한다. 심리치료 전에 라라는 입원이 필요한 질병 때문에 사전 피검사를 두 번 받았는데 … 극도의 불안을 경험하고 거의 기절할 뻔한 후, 필요한 검사였는데도 불구하고 세 번째 피검사는 거부하였다. 치료를 시작하기 전에 라라는 헌혈 센터 표시만 봐도 아픈 것처럼 느껴지곤 했다.
>
> (Pitkin & Malouff, 2014, p. 666)

매년 미국 전체 국민 중 9%는 특정공포증 증상을 보인다(ADAA, 2020d; NIMH, 2020j). 특정공포증의 평생 유병률은 13% 이상이며, 많은 사람이 한 번에 한 가지 이상의 공포증을 갖는다. 특정공포증을 가진 여성이 남성보다 적어도 2배 많다.

특정공포증이 개인의 생활에 미치는 영향은 무엇이 공포를 유발하느냐에 달려 있다. 개, 곤충 또는 물에 공포가 집중되어 있는 사람들은 두려워하는 대상과 계속 만나게 된다. 공포 대상을 피하려는 노력은 정교해져야만 하고 그들의 활동은 크게 제약을 받는다. 뱀공포증을 가진 도시 거주자는 훨씬 쉽다. 특정공포증을 가진 사람들 중에 최대 32%만이 치료를 받으려고 한다(McCabe & Bui, 2020a, 2020b; McCabe, 2018b). 특정공포증이 있는 사람의 대부분은 두려워하는 대상을 피하려고 노력한다.

표 4.4

진단 체크리스트

특정공포증
1. 특정 대상이나 상황에 대한 현저하고 지속적이며 과도한 공포. 흔히 6개월 이상 지속
2. 공포 대상에 노출되면 항상 즉각적으로 불안을 경험
3. 공포스러운 상황 회피
4. 현저한 고통이나 손상을 초래

출처 : APA, 2013.

공포

불안은 삶의 정상적인 부분이다. 모든 다른 정서처럼 불안은 좋을 수도 있고 나쁠 수도 있다. 긍정적인 점을 생각해보면 불안은 우리에게 위험을 경고하고 건설적으로 행동할 수 있도록 도우며, 현명한 결정을 할 수 있도록 안내한다. 어느 정도는 우리에게 자극이 되고 심지어 재미있을 수도 있다. 부정적인 점을 생각해보면 불안은 과도하고 부적절할 수도 있으며 공포증이나 다른 불안장애가 일어나는 데 기여할 수도 있다.

행복의 기본 요소

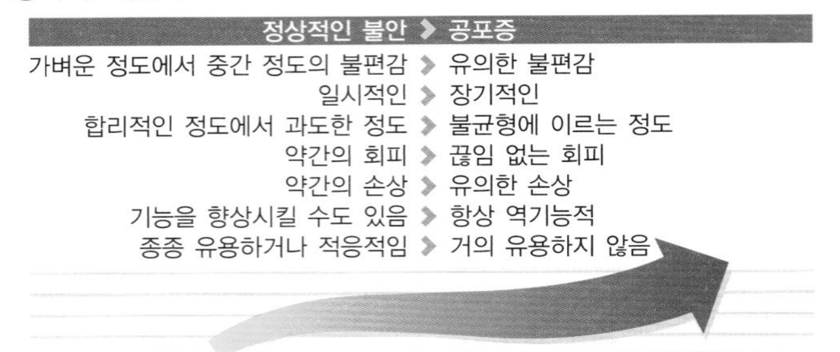

정상적인 불안	공포증
가벼운 정도에서 중간 정도의 불편감	유의한 불편감
일시적인	장기적인
합리적인 정도에서 과도한 정도	불균형에 이르는 정도
약간의 회피	끊임 없는 회피
약간의 손상	유의한 손상
기능을 향상시킬 수도 있음	항상 역기능적
종종 유용하거나 적응적임	거의 유용하지 않음

불안은 이럴 때 도움이 된다

(Muguku, 2020; Andrews, 2019; Sam, 2016)

불안을 정복하는 방법

임상가들은 사람들이 병리적인 불안을 극복하는 것을 돕기 위해 노출을 기반으로 하는 치료법처럼 특별한 기법을 개발했다. 그러나 사람들이 문제가 되는 일상 수준의 불안을 줄이기 위해 스스로 할 수 있는 활동은 많다. 이런 것은 노출치료와 다른 임상적 치료의 마이너리그 버전이라고 할 수 있겠다.

(Amatenstein, 2020; Klemp, 2019; Smith, 2017)

오늘날 가장 큰 불안

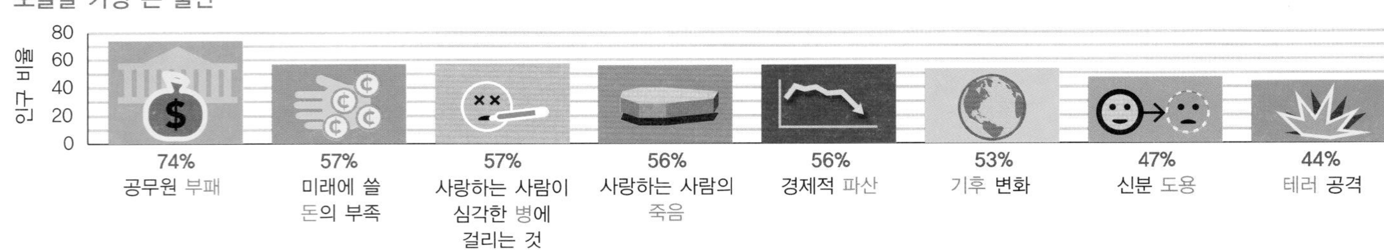

(Chapman University, 2020; O'Brien, 2020; Bowerman, 2016)

가장 큰 존재론적 불안

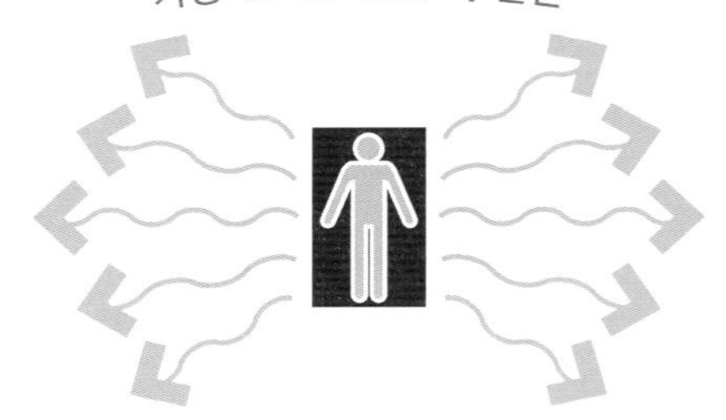

- 실패
  - 죽음
- 거절
  - 조롱
- 고통
  - 실망
- 통증
  - 미지의 것
- 자유를 잃는 것
  - 부적절함
- 판단받는 것
  - 변화
- 외로움
  - 불확실성
- 분리
  - 중요하지 않은 존재가 되는 것
- 박탈

(Morin, 2020b; McGauran, 2016; Wisehart, 2015)

확률은 당신 편!

있을 법한 재앙에 대해 우리 모두가 걱정하는 동안에는 이런 재앙이 일어날 확률이 적다. 어떤 때는 거의 없다는 것을 잊기 마련이다. 우리가 걱정하는 일에 대한 확률은 어떻게 되는가?

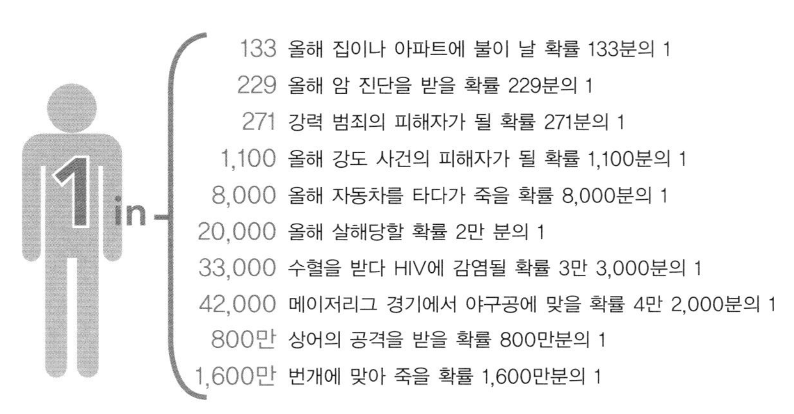

(NSC, 2020b; Rice, 2020; Beene, 2019; CDC, 2019d; FBI, 2019a; Kleinman, 2019; NFPA, 2019; Statista, 2019a; Glovin, 2014)

Barcroft Media/Getty Images

공포증은 아니다 이 두 여성은 다리를 건너면서 서로 딱 붙어 있고 두려움에 얼어붙은 것처럼 보이지만 이들은 공포증을 보인다고 할 수는 없다. 자세히 보면 이 다리는 180미터 이상의 높이에 300미터 길이의 유리로 된 다리이다. 중국에 있는 이 다리를 방문하는 거의 모든 사람은 마비에 가까운 공포라는 동일한 정서적 반응을 보인다.

광장공포증

광장공포증(agoraphobia)을 가진 사람들은 공황을 경험하거나 옴짝달싹 못 하게 되었을 때 도망가기 어렵거나 도움이 가능하지 않은 공공장소나 상황에 있는 것을 두려워한다(APA, 2013)(표 4.5 참조). 광장공포증은 매우 전반적이고 복잡한 공포증이다. 특정 해를 기준으로 할 때 인구 중 1%가 광장공포증을 경험하며, 광장공포증의 평생유병률은 1.3%이다. 남성보다 여성에게 더 흔하고, 부유층보다 빈곤층에게 더 흔하다(Morissette, Lenton-Brym, & Barlow, 2020; NIMH, 2020d). 광장공포증을 가진 사람의 46%는 치료를 받는다(NIMH, 2017a).

전형적으로 광장공포증을 가진 사람은 붐비는 거리나 가게에 들어가기, 주차장이나 다리에서 운전하기, 대중교통이나 비행기로 이동하기 등을 피한다. 이들이 집 밖으로 나오는 위험을 무릅쓴다면 그것은 대개 가까운 친척이나 친구들과 동행할 때뿐이다. 어떤 사람들은 가족이나 친구가 집에 함께 있어야 한다고 주장하기도 하지만 집에 그리고 다른 사람들과 함께 있을 때도 계속 불안해할 수 있다.

많은 사례에서 광장공포증의 강도는 기복을 보인다. 심한 사례의 경우 사람들은 자신의 집에 갇힌 죄수 신세가 되기도 한다. 사회생활은 줄어들고 직업을 유지할 수 없을 수도 있다. 광장공포증을 가진 사람들은 때로 광장공포증이 삶에 가하는 심각한 제약으로 말미암아 우울해질 수도 있다(McCabe & Bui, 2020a, 2020b; McCabe, 2018a).

사실 광장공포증을 가진 많은 사람은 공공장소에 있게 될 때 **공황발작**(panic attack)이라 부르는 극단적이고 갑작스러운 공포의 폭발을 경험하는데, 이것은 광장공포증이 발달하는 첫 번째 계기가 될 수 있는 문제이다. 이런 경우는 공공장소에 외출하는 것에 대한 과도한 두려움 이상으로 확대된 어려움을 경험하기 때문에(APA, 2013) 광장공포증과 **공황장애** 두 가지 진단을 받을 수 있다. 공황장애는 이 장의 후반부에서 다룰 것이다.

무엇이 공포증을 야기하는가

각 모델에서 공포증을 설명하고 있다. 인지행동 이론가들의 설명이 대부분의 학술적 지지를 얻었다. 이 장애의 행동주의적 관점에 먼저 초점을 맞춰보면 행동주의자들은 공포증을 가진

광장공포증 공황과 같은 증상 또는 당황스러운 증상이 발생했을 때 도망가기 어렵거나 도움을 받지 못할 수 있는 공공장소 또는 상황에 놓이는 것을 두려워하는 불안장애

표 4.5

진단 체크리스트

광장공포증
1. 다음 중 적어도 두 가지 상황에 대한 현저하고 과도하며 반복되는 공포 ■ 대중교통(예 : 자동차 또는 비행기 여행) ■ 주차장, 다리 또는 다른 개방된 공간 ■ 가게, 극장 혹은 좁은 장소 ■ 줄에 서 있거나 군중 속 ■ 혼자서 집이 아닌 곳에 있는 것
2. 광장공포증과 관련된 상황에 대한 공포는 공황, 당황, 무력 증상이 나타났을 때 도망가거나 도움받지 못할 것이라는 염려에서 기인함
3. 광장공포증과 관련된 상황의 회피
4. 증상은 대개 6개월 이상 지속
5. 현저한 고통이나 손상을 초래

출처 : APA, 2013.

사람들은 처음에 조건형성을 통해 특정 대상, 상황, 사건에 대한 공포를 학습한다고 믿는다(Marin et al., 2020; Raeder et al., 2020). 사람들은 한번 공포를 습득하면 두려워하는 대상이나 상황을 피하는데, 이를 통해 공포는 오히려 더 공고해진다.

공포는 어떻게 학습되는가 많은 인지행동 이론가들은 **고전적 조건형성**(classical conditioning)이 공포 반응을 습득하는 흔한 방법이라 생각한다. 고전적 조건형성에서 근접한 시차로 함께 발생하는 두 사건은 마음속에 강하게 연합되며 사람들은 그 두 가지 사건에 대해서 유사하게 반응한다. 만일 하나의 사건이 공포 반응을 촉발하면 다른 사건도 공포 반응을 촉발하게 된다.

1920년대에 한 임상가는 고전적 조건형성을 통해 흐르는 물에 대한 특정공포증을 확고하게 습득한 젊은 여성의 사례를 기술하였다(Bagby, 1992). 7세 때 그녀는 엄마, 숙모와 소풍을 가서 점심을 먹은 후에 혼자서 수풀로 달려갔다. 그녀는 큰 바위로 올라가면서 바위 2개의 틈에 발이 끼었다. 틈에서 발을 빼려고 할수록 발은 점점 더 끼었다. 소리를 질렀지만 아무도 듣지 못했고 점점 더 무서워졌다. 행동 이론가의 언어를 빌리자면, 발이 끼인 사건이 공포 반응을 유발했다.

발이 바위틈에 낌 → 공포 반응

발을 빼려고 고군분투하던 때 근처에서 폭포 소리가 들렸다. 물이 흐르는 소리는 마음속에서 발이 바위틈에 끼여 두려운 것과 연합되었고, 흐르는 물에 대한 공포도 발달시켰다.

흐르는 물 → 공포 반응

결국 소리 지르고 있는 그녀를 숙모가 발견했고 발을 바위틈에서 빼내어주고 안심시켰다. 그러나 심리적인 상처가 남았다. 그날 이후로 소녀는 흐르는 물을 두려워하였다. 몇 년 동안 그녀를 목욕시키기 위해서는 가족들이 그녀를 잡고 있어야만 했다. 기차여행을 할 때는 그녀가 어떤 시냇물도 보지 않도록 친구들이 창문을 닫아야만 했다. 명백히 이 젊은 여성은 고전적 조건형성을 통해 공포증을 습득했다.

조건형성의 용어로, 발이 틈에 낀 것은 **무조건 자극**(unconditioned stimulus, US)이며, US는 당연하게도 공포라는 **무조건 반응**(unconditioned response, UR)을 이끌어냈다. 흐르는 물은 **조건 자극**(conditioned stimulus, CS)인데, 이것은 이전에는 중립 자극(neutral stimulus)이었으나 소녀의 마음속에서 발이 틈에 낀 것과 연합되면서 공포 반응을 이끌어내게 된다. 그리고 새롭게 습득된 공포는 **조건 반응**(conditioned response, CR)이다.

US : 발이 바위틈에 낀 것 → UR : 공포
CS : 흐르는 물 → CR : 공포

공포 반응을 습득하는 또 다른 방법은 **모델링**(modeling), 즉 관찰이나 모방을 통해서이다(Bandura & Rosenthal, 1966). 사람은 다른 사람들이 특정 대상이나 사건을 두려워하는 것을 관찰하고 동일한 대상이나 사건에 대한 공포를 발달시킬 수 있다. 병, 의사, 병원을 두려워하는 어머니를 둔 소년을 생각해보자. 만일 어머니가 자신의 공포를 자주 표현한다면 오래지 않아 소년 스스로도 병, 의사, 병원을 두려워할 수 있다.

한 번 혹은 몇 번의 기분 나쁜 경험이나 관찰이 장기간의 공포증으로 발달하는 이유는 무엇

고전적 조건형성 근접한 시차로 반복하여 발생한 두 사건이 개인의 마음에서 함께 연결되어 동일한 반응을 낳게 되는 학습 과정

모델링 어떤 사람이 다른 사람을 관찰하고 모방하는 학습 과정. 또는 같은 원리를 기반으로 한 치료적 접근

인가? 바위틈에 발이 끼었던 소녀는 흐르는 물이 자신에게 어떤 해도 끼치지 않는다는 것을 이후에 알게 되지 못했을까? 소년은 병은 일시적이며 의사와 병원은 자신에게 도움이 된다는 것을 이후에 알지 못했을까? 인지행동 이론가들은 사람들이 공포 반응을 습득한 후에 자신이 두려워하는 것을 피하려고 한다고 믿는다. 그들은 그 대상이 정말로 해롭지 않다는 것을 배울 수 있을 정도로 충분히 자주 두려운 대상에 접근하지 않는다.

새로운 베프인가? 고양이에 대한 쥐의 공포는 조건화된 반응인가, 유전적으로 내재된 것인가? 도쿄대학교 과학자들은 고양이의 냄새나 존재에 겁먹고 웅크리는 쥐의 본능을 제어하기 위해 유전공학을 사용했다. 그렇지만 쥐는 고양이를 알아봤다. 고양이에게는 유전적 처치를 가하지 않았다.

인지행동적 설명은 연구에서 어떻게 진척되었는가 몇몇 실험 연구는 동물과 인간이 고전적 조건형성을 통해 대상을 두려워하는 것을 배울 수 있다는 것을 발견하였다(Miller, 1948; Mowrer, 1947, 1939). 심리학자인 John B. Watson과 Rosalie Rayner(1920)는 꼬마 앨버트라고 불리는 아기에게 흰쥐에 대한 공포를 가르치는 방법을 유명한 보고서에 기술하였다. 몇 주 동안 앨버트에게 흰쥐를 갖고 놀게 하였고 앨버트는 쥐를 갖고 노는 것을 즐기는 것처럼 보였다. 그렇지만 한번은 앨버트가 쥐에게 접근했는데, 이때 실험자가 망치로 강철봉을 두드려 앨버트가 겁을 낼 정도로 매우 시끄러운 소리가 나게 했다. 실험자는 앨버트가 쥐에게 다가가면 이 시끄러운 소리를 들려주는 것을 몇 번 반복했다. 앨버트는 쥐에 대한 공포와 회피 반응을 습득했다.

오늘날 인간참여연구 검토위원회는 꼬마 앨버트에 대한 연구에 관하여 어떤 우려를 제기할까?

모델링을 통해 공포를 습득할 수 있다는 인지행동 모델의 입장은 연구에서 지지를 받았다. 예를 들어 선구자적인 연구를 통해 심리학자인 Albert Bandura와 Theodore Rosenthal(1966)은 부저가 울릴 때마다 사람들이 전기충격을 받는 것을 연구 참가자들에게 관찰하게 했다. 희생자들은 실제로는 실험자의 협조자[실험 용어로, **공모자**(confederate)라고 한다]로, 부저가 울릴 때마다 경련을 일으키거나 소리를 질러서 고통을 경험하는 체했다. 이상한 낌새를 못 챈 연구 참가자들은 그 광경을 몇 회 관찰한 후에 부저 소리를 들을 때마다 공포 반응을 느꼈다. 유사하게 실제 공포 및 공포증과 관련된 아동 대상의 연구에서 문제가 생기게 되는 과정에서 모델링이 중요한 역할을 한다는 것이 밝혀졌다(Samra & Abdijadid, 2020; Reynolds et al., 2018).

비록 여러 연구가 공포증에 대한 인지행동적 설명을 지지하지만 다른 연구는 이러한 설명에 의문을 제기한다(McCabe & Bui, 2020a, 2020b; McCabe, 2018b). 아동과 성인을 대상으로 한 몇몇 실험 연구는 공포 반응을 조건형성하는 데 실패했다. 덧붙여 많은 사례 연구가 공포증의 형성을 고전적 조건형성 또는 모델링으로 설명했지만 상당수의 연구는 이를 입증하지 못했다. 공포증이 고전적 조건형성이나 모델링에 의해 습득될 수 있는 것처럼 보이지만 연구자들은 공포증이 주로 이 방식으로 습득된다는 것을 규명하지는 못했다.

행동진화론적 설명 어떤 공포증은 다른 공포증에 비해 훨씬 더 흔하다. 동물, 높은 곳, 어둠에 대한 공포 반응은 고기, 잔디, 집에 대한 공포 반응보다 흔하다. 종종 이론가들은 이러한 차이를 인간이 특정 공포를 발달시키는 경향성을 갖고 있는 것으로 설명한다(Radlova et al., 2020; Coelho et al., 2019). 이를 **준비성**(preparedness)이라고 부르는데, 이론적으로 인간은 특정 공포는 습득하고 다른 공포는 습득하지 않게 '준비'되어 있다는 의미이다. 다음 사례는 준비성을 분명히 보여준다.

준비성 어떤 공포를 발달하게 하는 소질

노출치료 두려워하는 대상이나 상황에 대해 노출하게 하는 치료

체계적 둔감화 공포증이 있는 내담자가 두려운 대상이나 상황에 차분하게 대응할 수 있도록 돕기 위해 이완훈련과 공포위계를 사용하는 노출치료

> 4세 소녀가 공원에서 놀고 있었다. 소녀는 뱀을 보았다고 생각해서 엄마 차로 달려가 차 안으로 뛰어든 후 차 문을 쾅 닫았다. 운이 나쁘게도 소녀는 차 문을 닫을 때 손이 끼어서 다쳤고 그 결과 심각한 고통을 느꼈으며 의사에게 여러 번 치료를 받게 되었다. 이 일 전에는 뱀을 무서워하긴 했지만 뱀공포증까지는 아니었다. 이 일 이후로 차나 차 문이 아닌 뱀에 대한 공포증이 생겨났다. 뱀공포증은 성인이 되어서도 지속되었고 이제 성인이 된 소녀는 나에게 치료를 받으러 왔다.
>
> (Marks, 1977, p. 192)

공포에 대한 이러한 경향성은 어디에서 오는 것일까? 일부 이론가는 이러한 경향성은 진화 과정을 통해 유전적으로 전달된다고 본다. 우리의 조상 가운데 동물, 어둠, 높은 곳 및 이와 같은 종류에 대한 공포를 더 쉽게 습득한 사람들은 자손을 낳을 정도로 오래 생존해서 자손에게 공포 소인을 전달할 가능성이 더 크다(Radlova et al., 2020; Coelho et al., 2019).

공포증은 어떻게 치료되는가

모든 이론적 모델이 공포증을 치료하기 위한 자신만의 접근을 갖고 있다. 그러나 특히 특정공포증에는 다른 이론보다 인지행동적 기법이 더 널리 사용되고 성과도 더 좋은 것으로 나타났다. 임상가들은 공포증의 행동적 측면에 주된 초점을 둔다.

특정공포증의 치료 특정공포증은 가장 성공적으로 치료되는 불안장애 중 하나이다. 특정공포증을 치료하는 주요 인지행동적 접근은 **노출치료**(exposure treatment)인데, 이는 사람들을 두려워하는 자극이나 상황에 노출시키는 접근법이다(McCabe & Bui, 2020b; Stein, McCabe, & Bui, 2020). 실제로 많은 종류의 노출 기법이 있는데, 가장 많이 알려진 것은 **체계적 둔감화**, **홍수법**, **모델링**이다(Samra & Abdijadid, 2020).

체계적 둔감화(systematic desensitization)는 Joseph Wolpe(1987, 1969)가 개발한 노출 기법으로, 이 치료를 받은 내담자는 두려워하는 대상이나 상황에 점차적으로 직면하는 동안 이완하

Boris Horvat/Getty Image

노출의 세계 프랑스의 한 프로그램에서 이 남자는 높은 곳에 대해 극심한 공포를 경험하는 고소공포증을 극복하기 위해 노출치료를 받고 있다. 가상현실 헤드셋을 쓰고 이 남자는 마치 넓고 깊은 협곡에 다가가는 것처럼 느낀다. 가상현실 기술은 내담자들에 대한 이러한 노출치료를 가능하게 할 만큼 엄청나게 확장되었다.

Ocean/Corbis

손해 본 수익을 회복하기 몇 군데 놀이동산은 미래의 고객들이 롤러코스터나 다른 무서운 놀이기구의 공포감을 극복하는 것을 돕기 위해 행동 프로그램을 제공한다. '치료' 후에 몇 명의 고객은 롤러코스터를 탈 수 있게 되고, 또 일부는 상대적으로 무섭지 않은 대관람차로 돌아간다.

는 법을 배우게 된다. 이완과 공포는 양립할 수 없기 때문에 새로운 이완 반응은 공포 반응을 대체할 것으로 간주된다. 둔감화 치료자는 먼저 내담자에게 **이완훈련**을 제공하고 깊은 수준의 근육 이완 상태를 의도적으로 경험하는 방법을 가르친다. 또한 치료자는 내담자가 공포의 위계를 만들도록 돕는데, **공포의 위계**란 두려워하는 대상이나 상황을 공포가 경미한 것에서부터 극심한 것까지 그 순서를 정리한 목록이다.

그다음에 내담자는 두려워하는 대상이나 상황과 이완을 짝짓는 방법을 배운다. 내담자가 이완 상태에 있는 동안 치료자는 내담자가 공포의 위계의 가장 아래 단계에 있는 사건을 직면하도록 한다. 이것은 실제 직면이 될 수도 있는데, 이럴 경우 **실제 둔감화**(in vivo desensitization)라고 한다. 가령 고소공포증이 있는 사람은 의자 위에 올라 서거나 발판 사다리 위에 올라가게 된다. 또는 상상으로 직면을 시도할 수 있는데, 이를 **내현적 둔감화**(covert desensitization)라고 한다. 이 경우에 치료자는 내담자가 두려워하는 상황을 묘사하고 내담자는 그 상황을 상상한다. 내담자는 이완 반응과 각각의 공포 단계를 짝지으면서 전체 위계 목록을 훑어나간다. 첫 번째 항목은 두려운 정도가 약하기 때문에 흔히 내담자가 공포 대상에 대해 완전한 이완을 경험하기 전이라도 노출을 짧게 실시하곤 한다. 몇 회기의 과정을 통해서 내담자가 가장 두려워하는 공포 대상에 도달해서 극복할 때까지 공포의 위계를 올린다.

특정공포증에 대한 또 다른 행동치료로는 **홍수법**(flooding)이 있다. 홍수법을 사용하는 치료자는 두려운 대상에 반복적으로 노출될 때 그리고 실제로 정말 해가 없다는 것을 알게 될 때 공포가 멈출 것이라고 믿는다. 내담자는 이완훈련이나 단계적인 절차 없이 공포 대상이나 상황에 직면하게 된다. 둔감화와 같이 홍수법 절차는 실제 상황(in vivo) 또는 내현적(covert)으로 상상해서 시행할 수 있다.

홍수법을 사용하는 치료자가 내담자에게 공포 대상이나 상황을 상상하도록 할 때, 치료자는 종종 두려운 대상이나 상황에 대한 묘사를 과장되게 하여 내담자가 강한 정서적 각성을 경험하게 한다. 뱀공포증을 가진 여성의 사례에서 치료자는 내담자가 다음 장면을 상상하게 하였다.

홍수법 내담자를 두려워하는 대상에 반복적으로 그리고 강도 높게 노출시키고 그 대상이 실제로는 해가 없다는 것을 경험하게 하는 공포증에 대한 노출치료

흥미로운 이야기

최고의 공포영화 시리즈

13일의 금요일(12편)
할로윈(12편)
나이트메어(9편)
사탄의 인형(9편)
쏘우(9편)

눈을 다시 감으세요. 당신 앞에 뱀이 있다고 (이미지를) 그려보세요. 이제 뱀을 집어 들어볼 건데요. 뱀에 가까이 숙여서 다가가 손으로 잡으세요. 뱀을 무릎 위에 놓고 뱀이 당신의 무릎 주변에서 꼼지락거리는 것을 느껴보세요. 뱀 위에 손을 내려놓고 뱀이 꼼지락거리는 것을 느껴보세요. 손가락과 손으로 뱀의 몸을 여기저기 탐색하듯 만져보세요. 당신은 그렇게 하는 것을 좋아하지는 않지만 하도록 해보세요. 뱀을 움켜잡아보세요. 뱀을 약간 꽉 쥐고 느껴보세요. 뱀이 당신의 손을 감아 돌기 시작하는 것을 느끼세요. 그렇게 해보세요. 손을 거기 그대로 가만히 두세요. 뱀이 손에 닿는 느낌을 느껴보고 손을 휘감고 손목을 둘둘 말고 있는 것을 느껴보세요.

(Hogan, 1968, p. 423)

또 다른 노출 기술인 **모델링**에서는 치료자가 공포 대상이나 상황을 직면하고 내담자는 그것을 관찰한다(Bandura, 2011, 1977, 1971; Bandura, Adams, & Beyer, 1977). 치료자는 일종의 모델이 되는데 내담자의 공포가 근거 없다는 것을 입증하게 된다. 몇 회기 이후에 많은 내담자는 그 대상이나 상황에 차분하게 접근할 수 있게 된다. 모델링의 유형 중 하나인 **참여 모델링**(participant modeling)에서는 내담자가 치료자의 모델링에 동참하도록 적극 고취된다.

임상 연구자는 이런 노출치료 방법이 특정공포증을 가진 사람들에게 도움이 된다는 것을 반복해서 발견했다. 약 70%에 해당하는 특정공포증 환자들은 노출치료 이후에 유의한 개선을 보였다(McCabe & Bui, 2020b; Stein et al., 2020). 모든 형태의 노출치료에서 더 큰 성공에 이르게 되는 핵심은 공포 대상이나 상황과 실제로 접촉하는 것에 있다. 실제 상황 노출은 내현적 노출에 비해 더 효과적이다. 또한 현실 세계의 대상과 상황을 시뮬레이션하는 3D 컴퓨터 그래픽과 같은 **가상현실**(virtual reality)을 노출도구로 사용하는 인지행동 치료자가 늘고 있으며 상당한 성공을 거두고 있다(Miloff, Lindner, & Carlbring, 2020). 제5장에서 살펴볼 것처럼 컴퓨터로 제공된 노출은 상당히 강력하기 때문에 실제 노출만큼의 위력을 가지기도 한다.

광장공포증의 치료 여러 해 동안 임상가들은 자신의 집을 떠나 공공장소에 가는 것을 두려워하는 광장공포증에 어떤 영향도 미치지 못했다. 그러나 현재는 몇 가지 접근법이 개발되어 광장공포증을 가진 많은 사람이 덜 불안해하면서 외출하는 모험을 시도할 수 있게 되었다. 이 새로운 접근법은 광장공포증 환자들에게 매우 성공적인 특정공포증 치료만큼의 편안함을 항상 가져다주는 것은 아니지만 많은 사람은 이 방법을 통해 상당한 증상 완화를 경험한다.

인지행동 치료자는 광장공포증을 위한 다양한 노출 전략을 개발하는 선도적 역할을 해왔다(Morissette et al., 2020; Wechsler, Kümpers, & Mühlberger, 2019). 치료자는 노출을 실시하면서 내담자가 집에서 조금씩 더 멀리 벗어나도록 그리고 서서히 한 번에 한 단계씩 외부 장소에 외출하도록 돕는다. 때때로 치료자는 내담자가 외부 세계에 서서히 들어서도록 돕는데, 이는 전형적인 방법이다. 때로 치료자는 지지, 추론, 부드러운 설득을 이용하여 내담자가 외부 세계에 마주하도록 한다.

"모르겠어. 기술공포증 같은 게 있는 것 같아."

광장공포증 내담자를 위한 노출치료에는 종종 지지집단이나 가정 기반의 자조 프로그램을 포함하게 되고, 이를 통해 내담자가 치료에 열심히 임하게 동기를 부여한다. **지지집단**을 이용한 접근법에서는 광장공포증이 있는 소수의 사람들이 함께 밖으로 나가 몇 시간 동안 노출회기를 실시한다. 집단 구성원들은 서로를 지지하고 격려하며 결국 안전한 집단을 떠나 각자의 노출 과제를 수행하도록 서로를 부드럽게 설득한다. **가정 기반 자조 프로그램**에서 임상가는 내담자와 가족에게 자세한 지침을 설명하여 그들이 스스로 노출을 시행할 수 있도록 한다.

노출치료를 받은 광장공포증 환자의 70%는 공공장소에 가는 것이 더 쉽다고 느끼며, 이러한 향상은 수년 동안 지속된다(Craske, 2019; Wechsler et al., 2019). 그러나 이러한 향상은 종종 완전하기보다는 부분적이며, 비록 다시 치료를 받으면 즉시 치료 효과를 되찾기는 하지만 성공적으로 치료를 받은 사람의 절반 정도는 재발하게 된다. 공황장애를 동반한 광장공포증을 가진 사람들은 노출치료로 얻는 이득이 덜한 것 같다. 공황장애를 동반한 광장공포증 집단에 대해서는 공황장애의 치료를 알아볼 때 좀 더 면밀히 살펴볼 것이다.

요약

공포증

공포증은 특정한 대상, 활동, 또는 상황에 대한 심각하고 지속적이며 비합리적인 공포이다. 공포증에는 두 가지 주요 범주, 특정공포증과 광장공포증이 있다. 인지행동주의 이론가들은 공포증이 종종 고전적 조건형성이나 모델링을 통해 환경으로부터 학습되며 회피행동에 의해 유지된다고 믿는다.

특정공포증은 노출치료 기법, 공포 대상에 대한 직면을 포함한 인지행동적 접근을 활용하여 성공적으로 치료된다. 노출은 점진적일 수도 있고(체계적 둔감화), 강렬할 수도 있고(홍수법), 관찰되는 방법(모델링)으로 시행될 수 있다. 광장공포증도 노출치료로 효과적으로 치료한다.

사회불안장애

사회불안장애 당혹감을 느낄 수 있는 사회적 또는 수행 장면에 대한 심각하고 지속적인 공포

많은 사람은 다른 사람들과 상호작용하거나 다른 사람들 앞에서 말하거나 수행을 할 때 불편함을 느낀다. 가수 아델, 해리 스타일스, 리아나부터 영화배우 제니퍼 로렌스까지 수많은 연예인과 운동선수가 공연 전에 유의한 불안 삽화를 경험한다고 이야기한다. 이런 종류의 사회공포는 확실히 불쾌하지만 이런 공포가 있는 사람도 대개는 적절히 잘해내곤 한다.

대조적으로 **사회불안장애**(social anxiety disorder)를 가진 사람들은 다른 사람들에게 세심하게 관찰당하거나 창피함을 느낄 수 있는 사회적 또는 수행 상황에 대해 심각하고 지속적이며 비합리적인 공포를 갖는다(APA, 2013)(표 4.6 참조). 사회불안은 대중 앞에서 말하거나 사람들 앞에서 식사하는 것에 대한 공포와 같이 그 범위가 좁을 수도 있고 다른 사람들 앞에서 잘 기능하지 못할 것에 대한 일반적인 공포와 같이 범위가 더 넓을 수도 있다. 이 두 가지 형태 모두에서 사람들은 수행 장면의 자신을 실제보다 덜 유능하다고 반복적으로 판단한다(마음공학 참조).

사회불안장애는 개인의 삶에 큰 지장을 초래할 수 있다(Park et al., 2020; Tonge et al., 2020). 다른 사람과 상호작용할 수 없거나 대중 앞에서 말할 수 없는 사람들은 중요한 책임을 수행하는 데 실패할지도 모른다. 공공장소에서 식사를 못 하는 사람은 식사 초대나 다른 사회적 기회를 거절할 것이다. 사회불안장애를 가진 많은 사람은 자신의 공포를 비밀로 하기 때문에 사회적 상황을 꺼리는 모습은 자주 우월의식, 흥미 부족 또는 적대감으로 오해를 받는다.

특정 해를 기준으로 했을 때 미국과 다른 서구나라에서의 사회불안장애 유병률은 7%로 조사되었고, 그중 여성은 약 60%를 차지한다(ADAA, 2020d). 사회불안장애의 평생 유병률은 약 12%이다(Ashbaugh, McCabe, & Antony, 2020; NIMH, 2020i). 가난한 사람은 부유한 사람

표 4.6

진단 체크리스트

사회불안장애
1. 타인의 시선을 받을 수 있는 사회적 상황에 대한 현저하고 과도하며 반복되는 불안. 흔히 6개월 이상 지속
2. 타인의 부정적 평가나 타인을 불쾌, 무례하게 하는 것에 대한 공포
3. 사회적 상황에 노출되면 거의 항상 불안을 경험
4. 두려운 상황을 회피
5. 현저한 고통이나 손상을 초래

출처 : APA, 2013.

에 비해 사회불안장애를 가질 가능성이 더 높다. 비히스패닉 백인 미국인은 흑인, 히스패닉, 아시아계 미국인보다 사회불안 문제를 가질 가능성이 더 높다(Vilsaint et al., 2019). 사회불안장애는 후기 아동기, 청소년기에 시작되는 경향이 있고 성인기까지 지속되기도 한다(ADAA, 2020d). 사회불안장애를 가진 사람의 40% 정도가 현재 치료를 받고 있다(NIMH, 2017h).

무엇이 사회불안장애를 유발하는가

인지행동 이론가들은 사회불안장애에 대한 영향력 있는 설명을 내놓았는데(Ashbaugh et al., 2020; Hofmann, 2019), 인지적, 행동적 요인이 상호작용한다는 점이 특징적이다. 제2장에서 살펴본 것처럼 인지행동 이론가들은 사회불안장애를 가진 사람들이 사회적 영역에 대해 역기능적인 신념과 기대를 가지고 있다는 점에서부터 시작한다. 역기능적 신념과 기대는 다음과 같다.

- 비현실적으로 높은 사회적 기준을 갖고 있어서 사회적 상황에서 완벽하게 수행해야만 한다고 믿는다.
- 자신을 매력 없는 사회적 존재로 본다.
- 자신을 사회 기술이 없고 부적절하다고 본다.
- 자신이 사회적 상황에서 무능하게 행동할 위험이 항상 있다고 믿는다.
- 사회적 상황에서의 서툰 행동은 분명히 끔찍한 결과를 낳을 것이라고 믿는다.
- 사회적 상황에서 출현하는 불안감을 자신이 전혀 통제할 수 없다고 믿는다.

인지행동 이론가들은 이러한 신념 때문에 사회불안장애를 가진 사람들은 사회적 재앙이 발생할 것이라고 지속적으로 예상하고 그들의 사회적 상호작용 순간이 엉망이 될 가능성을 과대추정해서 대부분의 사회적 상황을 두려워한다고 주장한다(Tonge et al., 2020; Hofmann, 2019). 그리고 그들은 '회피행동'과 '안전행동'을 배워 그런 재앙을 예방하거나 줄인다(Ashbaugh et al., 2020). 예를 들어 회피행동이란 파티에 가지 않고, 새로 들어온 직장 동료 또는 지인과 상호작용하는 것을 피하는 것이다. 안전행동은 얼굴이 붉어지는 것을 숨기기 위해서 화장을 하거나 손이 떨리는 것을 들키지 않기 위해 장갑을 끼는 것을 예로 들 수 있다. 이런 행동은 불안을 줄이고 불편한 만남의 횟수를 감소시킬 수 있기 때문에 오히려 강화된다.

사회불안장애를 가진 사람은 앞서 목록에서 기술한 신념, 기대, 해석, 감정 및 행동을 보인다(Kleberg et al., 2021; Mobach et al., 2020). 이러한 역기능적 인지와 행동은 유전적 소인, 기질적 성향, 생물학적 이상, 아동기 외상경험, 과잉보호적인 부모-자녀 간 상호작용 등과 연관되어 있다(Buzzell et al., 2021; Rose & Tadi, 2020).

사회불안장애의 치료

임상가들이 사회불안장애를 성공적으로 치료한 지는 최근 수십 년에 불과하다(표 4.7 참조). 사회불안장애 치료가 성공적으로 이루어질 수 있었던 것은 일면, 이 장애가 두 가지 구별되는 특징을 갖고 있으며 이 두 가지 특징이 서로 상호작용한다는 것을 알게 된 덕분이다. 그 첫 번째는 사회불안을 가진 사람은 자신을 압도하는 사회공포를 가지고 있다는 점이고, 두 번째는 사회불안을 가진 사람은 대화를 시작하거나 자신의 욕구를 전달하거나 타인의 욕구에 맞출 수 있는 기술이 부족하다는 점이다. 이러한 통찰로 무장한 임상가들은 사회공포를 줄이려

표 4.7

불안장애와 강박장애의 프로파일

	1년 유병률	여 : 남 비율	전형적인 발병 연령	가까운 친척 간의 유병률	현재 임상적인 치료를 받고 있는 비율
범불안장애	4.0%	2 : 1	0~40세	높아짐	43%
특정공포증	9.0%	2 : 1	다양함	높아짐	32%
광장공포증	1.0%	2 : 1	15~35세	높아짐	46%
사회불안장애	7.0%	3 : 2	10~20세	높아짐	40%
공황장애	3.1%	5 : 2	15~35세	높아짐	59%
강박장애	1.0~2.0%	1 : 1	4~25세	높아짐	40%

출처 : ADAA, 2020d; Ashbaugh et al., 2020; Campbell-Sills & Brown, 2020; McCabe & Bui, 2020a, 2020b; Morissette et al., 2020; NIMH, 2020b, 2020c, 2020d, 2020f, 2020g, 2020i, 2020j; Roy-Byrne, 2020, 2019; Stein, 2020b; Stein et al., 2020; Schneier, 2019; Simpson, 2019; McCabe, 2018a, 2018b; Wang et al., 2005.

고 노력하거나 사회 기술 훈련을 제공하거나 또는 두 가지 방법을 모두 사용해서 사회불안장애를 치료한다.

사회공포는 어떻게 줄어드는가 종종 약물은 사회공포를 줄인다(Rappaport et al., 2021; Neufeld et al., 2020). 위약 복용 환자의 24%만이 사회공포 감소를 경험하는 데 반해, 벤조디아제핀이나 항우울제를 복용하는 환자는 55%가 사회공포 감소를 경험한다. 이러한 약물은 뇌 공포 회로의 기능을 향상시켜 불안을 줄이는 데 도움을 주는데, 사회불안이 있는 사람의 경우 범불안장애의 경우처럼 이 공포 회로가 과잉활성화된다(Lai, 2020; Schneier, 2019).

동시에 사회불안에서 인지행동치료는 적어도 약물치료만큼의 효과가 나는 것으로 증명되었고, 인지행동 접근으로 도움을 받은 사람들은 약물치료만 받은 사람들보다 재발 가능성이 적었다(Stein, 2020b). 이러한 발견을 근거로 일부 임상가들은 사회공포 치료에 이러한 종류의 접근을 단독 또는 약물치료와 함께 적용해야 한다고 주장한다.

앞에서 살펴본 문제적인 사회적 신념과 행동의 고리를 원상태로 돌리기 위해 인지행동 치료자는 행동적, 인지적 기술을 통합하여 사용한다(Ashbaugh et al., 2020). 행동적인 측면으로는 공포증에 매우 효과적인 노출치료를 실시하게 된다. 노출치료에서 치료자는 내담자가 두려움을 느끼는 사회적 상황에 자신을 노출하고 공포가 줄어들 때까지 그 상황에 머무르도록 격려한다. 대개 노출은 단계적으로 진행되며 종종 과제를 포함한다. 인지적인 면으로 임상가와 내담자가 체계적인 치료 논의(therapy discussion)를 하게 되는데, 여기서 내담자는 부적응적인 신념과 기대를 재검토하고 도전할 수 있도록 안내받고 사회적 상황에 노출되었을 때 최악은 아닌 결과를 경험한다.

왜 많은 전문 예술가는 공연 불안을 잘 느끼는 것일까? 관객에 대한 반복적인 노출이 치료적 효과를 가질 수도 있지 않을까?

사회 기술을 어떻게 향상시킬 수 있는가 인지행동 치료자가 실시하는 **사회 기술 훈련**(social skills training)에서는 몇 가지 기법이 조합된다. 대개 치료자는 적절한 사회적 행동을 내담자에게 시범을 보인 후, 그 행동을 시도해보기를 격려한다. 그리고 나서 내담자는 치료자와 역할 연기를 하고 새로운 행동을 보다 잘 시행할 때까지 예행연습한다. 이 과정에서 치료자는 내담자에게 솔직한 피드백을 주고 내담자가 효과적으로 수행하기 위해 강화(칭찬)한다.

사회 기술 훈련 바람직한 행동에 대한 역할 연기와 예행연습을 통해 사람들이 사회 기술과 자기주장을 배우거나 향상시키도록 돕는 치료적 접근

마음공학

소셜미디어 초조증

최근 몇 년 동안 연구자들은 컴퓨터와 모바일 기기의 사용이 사회불안과 범불안을 포함한 다양한 형태의 불안을 의도치 않게 유발한다는 것을 알았다(Abi-Jaoude, Naylor, & Pignatiello, 2020).

이 일의 최대 범인은 인스타그램, 스냅챗, 페이스북과 같은 소셜 네트워크에 너무 많은 시간을 쓰는 것이다. 소셜 네트워크 사이트의 빈번한 방문은 많은 사람에게 지지를 받고 소속되어 있다고 느끼게 도와주지만 어떤 사람들에게는 상당한 불안과 공포를 낳는 것 같다(Kross et al., 2021; ProCon, 2020). 예를 들어 설문조사에 따르면 소셜 네트워크 사용자의 3분의 1 이상이 다른 사람들이 허락 없이 자신의 정보나 사진을 게시하거나 사용하게 될지 모른다는 우려를 표명했다(Nield, 2019; Smith, 2014). 또한 사용자의 4분의 1은 자신의 소셜 네트워크에 너무 많은 개인 정보를 공개해야 한다는 끊임없는 압박감을 느끼며, 인기 있고 많은 댓글과 '좋아요'를 얻을 수 있는 자료를 게시해야 한다는 강한 압박을 느낀다(Harris & Bardey, 2019). 상당한 사용자들은 자신이 제외된 사교 활동에 관한 게시물을 볼까 봐 걱정하기도 한다.

연구에 따르면 사용자의 3분의 1은 자신의 소셜 네트워크를 방문한 이후로 더 불안하고 더 부러워하며 자신의 삶에 더 만족하지 못하게 되었다고 한다(Abi-Jaoude et al., 2020; Krasnova et al., 2013). 이러한 감정은 특히 다른 사용자의 휴가 사진을 볼 때, 다른 사용자가 받은 생일 축하 인사를 읽을 때, 그리고 다른 사람들의 게시물이나 사진에 '좋아요'나 댓글이 얼마나 많은지를 볼 때 촉발된다. 이러한 경험을 통해 일부 사용자는 다른 소셜미디어 사용자보다 자신이 덜 바람직하고 덜 흥미로우며 덜 유능하다고 걱정할 수 있다(ProCon, 2020; Hanna et al., 2017).

Geoff Smith/Alamy

소셜 네트워크가 주는 또 다른 부정적인 느낌에는 어떤 것이 있을까?

물론 많은 사용자는 소셜 네트워크 방문에 대해 더 긍정적으로 느낀다. 그러나 이 사람들조차도 소셜 네트워크가 유발한 불안과 긴장을 경험할 수 있다. 예를 들어 사용자의 3분의 2는 소셜 네트워크를 끊임없이 확인하지 않으면 무엇인가 놓칠까 봐 정말 불안해하는데, 이런 현상은 FOMO['누락에 대한 두려움(fear of missing out)']라고 알려져 있다(Dempsey et al., 2019).

소셜 네트워크만이 디지털과 관련한 불안의 근원은 아니다. 최근 연구에 따르면 과도한 휴대전화 사용으로 인해 자주 심한 불안과 긴장이 발생한다(ProCon, 2020; Richardson, Hussain, & Griffiths, 2018). 왜 그럴까? 일부 이론가들은 전화를 자주 쓰는 사용자들이 친구들과 연락을 유지해야만 한다고 느끼는 것도 FOMO의 또 다른 형태라고 추측한다. 다른 이론가들은 심한 휴대전화 사용자들 사이의 불안감 증가는 학교에서의 수행 저하 또는 혼자서 자기성찰하며 보내는 긍정적인 시간의 감소와 같은 휴대전화 사용으로 인한 실제적인 결과라고 생각한다(BMC, 2020). 설명이 어떠하든 간에 휴대전화 사용자의 3분의 2는 단 몇 분이라도 휴대전화를 다른 곳에 두거나 잃어버리면 '당황스럽다'고 보고한다. 많은 사람이 세상, 친구, 가족과의 연결이 끊어졌다는 것을 깨닫게 될 때 갖는 공포의 쇄도를 대중적인 용어로 표현한 휴대전화 없는 공포증, 즉 '노모포비아(no-mobile-phone-phobia)'를 경험한다(Gurbuz & Ozkan, 2020).

비슷한 사회적 어려움을 가진 다른 사람들로부터 강화를 받는 것은 종종 치료자에게 강화를 받는 것보다 더 강력하다. 그러므로 **사회 기술 훈련집단**과 **자기주장 훈련집단**에서 집단 구성원들은 다른 구성원들과 새로운 사회적 행동을 시도하고 연습한다. 이런 집단은 사회적으로 적절한 것이 무엇인가에 대한 지침을 제공할 수도 있다. 연구에 의하면 사회 기술 훈련은 개인 형태든 집단 형태든 간에 많은 사람이 사회적 상황에서 수행을 더 잘하게 도와준다(Pina et al., 2020; Olivares-Olivares, Ortiz-González, & Olivares, 2019).

요약

사회불안장애

사회불안장애를 가진 사람들은 다른 사람들이 자신을 세심히 살필 수 있고 창피함을 느낄 수 있는 사회적 상황이나 수행 상황에서 심각하고 지속적인 불안을 경험한다. 인지행동 이론가들은 특정한 역기능적인 사회적 신념과 기대를 가지고 있으며 상응하는 회피행동과 안전행동을 가지고 있는 사람이 특히 사회불안장애를 갖게 될 가능성이 높다고 한다.

사회불안장애 치료자는 약물치료나 인지행동치료(노출 기법 포함) 또는 이 둘 모두를 가지고 사회적 공포를 줄여보려고 한다. 그들은 또한 사회 기술 훈련을 통해 사회 기술을 증진하려고도 한다.

공황발작 갑자기 발생해서 수 분 내에 최고조에 이르렀다가 서서히 지나가는 삽화적이고 단기적인 공황

공황장애 반복적이고 예상할 수 없는 공황발작이 특징인 불안장애

공황장애

때때로 불안 반응은 숨막히는, 악몽 같은 공황의 형태를 취하는데, 그때 사람들은 행동에 대한 통제력을 잃으며 자신이 무엇을 하고 있는지도 인식하지 못한다. 실제적인 위협이 불쑥 나타났을 때 누구나 극심한 공포 반응을 할 수 있다. 그러나 어떤 사람들은 갑자기 발생해서 수 분 이내에 정점에 도달하며 서서히 사라지는, 주기적이고 짧은 한 차례 공황인 **공황발작**(panic attack)을 경험한다(APA, 2013).

발작은 심계 항진, 손이나 발이 얼얼함, 호흡이 가빠짐, 땀이 남, 냉열감, 떨림, 가슴 통증, 숨막히는 감각, 현기증, 어지러움, 비현실감 등의 공황 증상 중 적어도 네 가지 양상을 보인다. 많은 사람은 공황발작이 일어나는 동안 자신이 죽거나 미치거나 통제력을 잃을까 봐 두려워한다.

> 나의 첫 번째 공황발작은 엄마와 함께 봄 방학 여행을 할 때 일어났다. … 내가 운전을 하는 동안 … 생각이 무작위로 머릿속에 들어갔고 … 쾅! 하면서 내 몸이 … 무엇에 끌린 것처럼 나를 완전한 공황 상태에 빠뜨리는 것 같았다. 가슴과 등을 가로질러 쏟아지는 따뜻한 아드레날린이 엄청난 파도처럼 다가오는 것을 느꼈고, 손이 떨리고 있었으며, 그것이 뭐든 간에 내가 통제력을 잃어가고 있다는 생각에 두려워졌다. "차를 옆으로 일단 세워야 해." 나는 말했다. … 숨을 고르고, 나 자신의 일부는 내가 공황발작을 겪고 있다는 것을 알았지만, 왜 이런 일이 나에게, 어떻게 이렇게도 빨리 내 몸과 마음을 장악했는지에 대해서는 여전히 당황스러웠다. … 만약 당신이 공황발작을 한번도 안 겪어봤다면 그것은 마치 누군가가 어두운 뒷골목에서 튀어나와 당신 머리에 총을 겨눠 당신이 살려달라고 애원할 때와 같은 두려움이다. … 당신은 빨리 벗어나기 위해 무엇이든지 할 것이다. … 그것은 너무나 강렬해서 공황이 고조된 상태일 때 생존 본능이 매우 강하게 발동하는데 살아남을지 또는 정신 능력을 발휘할 수 있을지 확신할 수 없게 될 것이다.
>
> (LeCroy & Holschuh, 2012)

전체 인구의 약 3분의 1 정도는 인생의 특정 시기에 1~2회의 공황발작을 경험한다(Roy-Byrne, 2020). 그러나 일부는 반복적으로 그리고 예기치 못하게 또한 분명한 이유 없이 공황발작을 경험한다. 이들은 **공황장애**(panic disorder)를 겪는 중일 수 있다. 공황발작뿐만 아니라 공황장애로 진단받은 사람들은 발작의 결과로 사고와 행동의 역기능적인 변화를 경험한다(표 4.8 참조). 예를 들어 추가 발작이 일어나는 것을 계속 걱정할 수도 있고 공황이 의미하는 것('내가 미치고 있는 것일까?')에 대해 염려할 수도 있으며 또는 미래의 발작 가능성을 피해 삶을 계획할 수도 있다(APA, 2013).

Emma McIntyre/Getty Images

무대 뒤에서 가수이자 작사 겸 작곡가 빌리 아일리시는 2020년 그래미상 무대에서 공연을 했다. 이 재능 있는 10대 예술가가 이런 공개 무대에서 팬들을 황홀하게 할 때 특히 투어공연 때 공황발작 삽화로 고생하고 있다는 사실이 무색하다.

특정 해를 기준으로 할 때 미국인의 약 3%는 공황장애로 고통받으며, 5% 이상의 사람들이

표 4.8

진단 체크리스트

공황장애

1. 예기치 못한 공황발작이 반복적으로 발생함
2. 하나 이상의 발작이 다음 증상 중 하나보다 선행함
   (a) 적어도 한 달 동안 추가 발작에 대해 지속적으로 염려함
   (b) 적어도 한 달 동안 발작과 관련해서 역기능적인 행동 변화를 보임(예 : 새로운 경험의 회피)

출처 : APA, 2013.

인생의 특정 시기에 공황장애를 경험한다(ADAA, 2020d; NIMH, 2020g; Roy-Byrne, 2020). 공황장애는 청소년기 후기 또는 성인기 초기에 발달하는 경향이 있으며, 남성보다는 여성에서 적어도 2배 더 흔하다. 비히스패닉 백인 미국인들이 공황장애를 가질 가능성은 다른 민족이나 인종보다 더 높다(Morissette et al., 2020). 그리고 가난한 사람은 부유한 사람에 비해 공황장애를 경험할 가능성이 50% 더 높다(de Jonge et al., 2016). 조사에 따르면 미국의 경우 공황장애를 가진 사람들의 59%가 현재 치료를 받고 있다(NIMH, 2017e; Wang et al., 2005).

앞에서 읽은 것처럼 공황장애는 종종 광장공포증을 동반하는데, 광장공포증은 공황 증상을 경험하거나 옴짝달싹 못 하게 되었을 때 도망가기 어려운 공공장소에 가는 것을 두려워하는 광범위한 공포증이다. 광장공포증을 동반한 공황장애 사례에서 공황장애는 전형적으로 광장공포증이 발병하는 발단이 된다. 즉 다수의 예기치 못한 공황발작을 경험하면 공공장소에서 새로운 발작이 일어나는 것에 대해 점점 더 두려워하게 된다.

생물학적 관점

지난 반세기를 걸쳐 연구자들은 공황장애가 생물학적 기제를 가지고 있고 생물학적 치료에 반응할 수 있다는 점을 알게 되었다. 이 장애의 증상이 때로는 **항우울제**, 특히 신경전달물질인 **노르에피네프린** 활동을 증가시키는 항우울제로 개선될 수 있다는 것을 발견했던 1960년대에 임상가들이 연구의 여정을 시작하였다(Klein & Fink, 1962).

어떤 생물학적 요인이 공황장애에 기여하는가 노르에피네프린을 향상시키는 약물이 공황발작을 줄이는 데 도움이 된다는 사실을 알게 된 초기 연구자들은 공황장애가 노르에피네프린 활동이상과 **청반**(locus coeruleus)이라는 노르에피네프린을 사용하는 뉴런이 풍부한 뇌구조의 활동이상에 기인하는 것이라고 추측했다. 그러나 결론적으로 공황발작의 근원은 단일 신경전달물질이나 단일 뇌 영역에 있다고 보기보다는 좀 더 복잡한 문제인 것으로 보인다. **편도체**, **해마**, **복내측시상하부**, **중심회백질**, **청반**과 같은 영역으로 구성된 뇌 회로가 공황 반응을 초래하는 것으로 밝혀졌다(Leicht & Mulert, 2020; Brehl, 2020)(그림 4.2 참조). 두려운 대상이나 상황에 직면하면 편도체가 자극된다. 그러면 편도체는 뇌 회로의 다른 부위를 자극해 공황 반응과 매우 유사한 '경보 및 도피' 반응(심박률, 호흡, 혈압 및 유사 반응의 증가)이 일시적으로 작동한다. 오늘날 대부분의 연구자는 '공황 회로'라고 불리는 이 뇌 회로가 공황장애를 앓는 사람들에게서 과잉활동하는 경향이 있다고 믿는다(Roy-Byrne, 2019).

공황 회로의 뇌 구조 및 신경전달물질의 일부는 앞에서 논의했던 공포 회로의 뇌 구조 및 신경전달물질과 중복된다. 예를 들어 편도체는 두 회로 모두의 구조물이다. 그러나 공황 회로는 공포 회로보다 더 광범위해 보이는데, 이는 공황 반응이 공포 반응보다 더 복잡한 반응임을 의미한다(Brehl, 20020; Lai, 2019).

왜 어떤 사람들은 과잉활동하는 공황 회로를 가지고 공황장애를 얻기 쉬울까? 한 가지 가능성은 그러한 이상을 발달시키는 소인이 유전된다는 것이다. 유전적인 요인이 작용한다면 가까운 친척은 먼 친척보다 공황장애의 발생률이 더 높아야 한다. 연구에 따르면 모든 유전자를 공유하는 쌍생아인 일란성 쌍생아에서 한 사람이 공황장애를 갖고 있으면 무려 31%의 사례에서 다른 사람도 공황장애를 갖는 것으로 나타났다(Gottschalk & Domschke, 2020; Tsuang et al., 2004). 유전자의 일부만을 공유하는 이란성 쌍생아는 한 사람이 공황장애를 갖고 있으면 사례의 단지 11%에서만 다른 쌍생아가 동일 장애를 가졌다.

청반 정서 조절 시에 활성화되는 것으로 보이는 뇌의 작은 부분. 청반에 있는 많은 뉴런이 노르에피네프린을 사용한다.

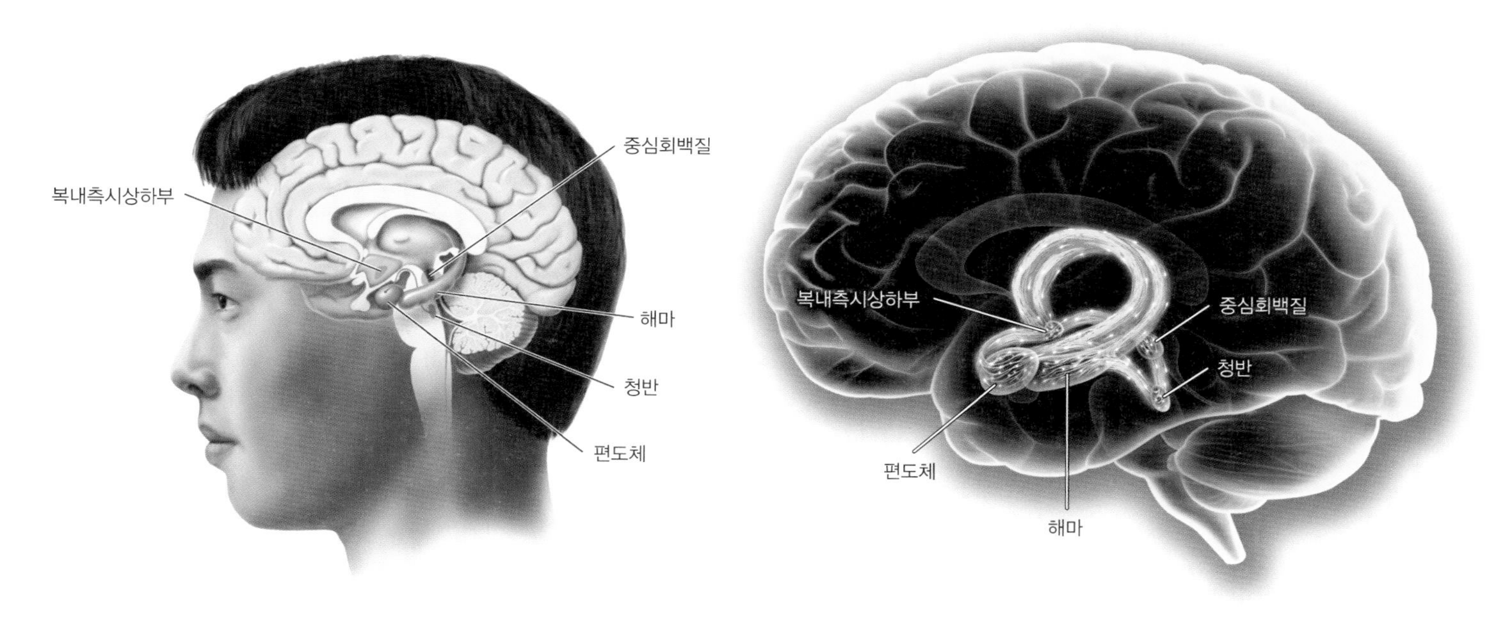

그림 4.2

공황의 생물학

공황 반응을 유발하는 뇌 회로는 편도체, 해마, 복내측시상하부, 중심회백질, 청반과 같은 영역을 포함한다(왼쪽). 오른쪽 그림은 이 뇌 회로의 구조물이 어떻게 협력하고 어떻게 공황 반응을 야기하는 활동에 서로를 자극시키는지를 나타낸다. 각 구조물의 뉴런이 가진 긴 축색은 섬유질 같은 경로를 형성하여 이 회로의 구조물들까지 도달하도록 한다.

약물치료 연구자들이 1962년에 일부 항우울제가 공황발작을 예방하며 발작 빈도를 줄일 수 있다는 것을 발견한 이후 전 세계의 여러 연구에서 이를 반복해서 검증하였다. 다양한 항우울제가 공황장애가 있는 환자 3분의 2에게 적어도 일부의 개선을 가져다주었고 약물치료가 지속되는 한, 증상의 개선이 무기한으로 유지될 수 있었다(Baldwin & Huneke, 2020; Roy-Byrne, 2020). 이런 항우울제는 청반 및 뇌의 공황 회로에 속하는 다른 구조에서 **세로토닌** 및 **노르에피네프린**이라는 신경전달물질의 활동을 증가시키고 이 회로의 과활동 영향을 수정하면서 공황발작을 줄이거나 예방하는 것으로 보인다. 또한 최근 연구에서는 비록 신체적 의존과 다른 위험 때문에 항우울제보다 적게 사용되지만, **알프라졸람**(자낙스)과 다른 강력한 벤조디아제핀 약들도 공황장애 치료에 효과적인 것으로 입증되었다(Kriegel & Azrak, 2020). 이런 다양한 항우울제와 벤조디아제핀 계열 약물은 광장공포증을 동반한 공황장애 사례에도 도움이 되는 것으로 보인다.

인지행동적 관점

인지행동 이론가는 생물학적 요인은 단지 공황발작 원인의 일부에 불과하다고 생각한다. 그들의 입장에서는 모든 공황 반응은 몸에서 일어나는 생리적 사건을 **잘못 해석한** 사람들에게서만 경험된다. 인지행동치료의 목적은 이러한 잘못된 해석을 바로잡는 것이다.

인지적 설명 : 신체감각의 오해석 인지행동 이론가들은 공황을 경험하기 쉬운 사람은 특정 신체감각에 매우 민감할 수 있는데, 예상하지 못하게 그러한 감각을 경험하면 이를 의학적 재앙의 신호로 오해석한다고 믿는다(Cho, Choi, & Kim, 2021; Morissette et al., 2020). 신체감각의 가능한 원인을 '내가 먹은 어떤 것' 또는 '상사와의 싸움'으로 이해하기보다 공황을 경험하기 쉬운 사람은 통제력 상실, 최악에 대한 두려움, 관점의 상실에 대해 점점 혼란스러워하고 결국 공황에 급격히 빠지게 된다. 예를 들어 공황장애를 가진 많은 사람은 스트레스 상황에서 과호흡을 한다. 비정상적인 호흡은 질식의 위험에 처했다고 생각하게 만들어 공황에 빠지게 한다. 이런 사람들은 이후에 이런 그리고 다른 '위험한' 감각은 언제든 다시 찾아올 수 있다는 믿음을 갖게 되고, 그렇게 되면 미래의 공황발작에 자신을 준비시키게 된다.

"주말에는 딴 데 정신 팔 일 없이 온전히 공황을 경험할 수 있겠군."

생물학적 한계검사(biological challenge test)는 임상 연구 참가자들에게 약물을 처방하거나 호흡·운동·특정 방식으로 생각하기 교육을 실시하여 과호흡이나 다른 생물학적 감각을 유도한다. 기대한 대로 공황장애를 가진 참가자는 공황장애가 없는 참가자에 비해 특히 자신의 신체감각이 위험하거나 통제를 벗어났다고 믿을 때 생물학적 한계검사를 받는 동안 더 크게 혼란스러워했다(Freire et al., 2020).

왜 이런 사람들은 오해석을 하기 쉬운 걸까? 한 가지 가능성으로 공황을 경험하기 쉬운 사람들은 대개 다른 사람들보다 실제로 더 잦고 더 혼란스러우며 더 강력한 신체감각을 경험한다(Cho et al., 2021; Morissette et al., 2020). 사실 공황장애에서 가장 빈번히 오해석되는 감각의 종류는 혈액 내 이산화탄소의 증가, 혈압의 변화, 심박률의 증가인데, 이는 뇌의 공황 회로에 의해 통제되는 신체 반응이고, 공황 회로는 공황장애가 있는 사람들에게 과활성화된다. 몇몇 연구에 의해서 지지를 받은 또 다른 가능성으로 공황을 경험하기 쉬운 사람들은 다른 사람들보다 외상으로 채워진 사건을 인생에서 더 많이 경험했고 이러한 점이 재앙에 대한 예상을 더 하기 쉽게 한다는 것이다(Craske, 2019). 이런 오해석의 정확한 이유가 무엇이든 간에 한번 일어나면 점차 삶의 행동과 선택을 야기한다. 예를 들어 공황을 경험하기 쉬운 사람들은 신체적 감각을 통제하는 데 도움이 되는 회피행동과 안전행동을 배우게 된다. 그들은 반복적으로 어지러움을 느끼지 않기 위해 다른 사람이나 물건을 잡을 수도 있고 높아지는 심박 수 때문에 곤란한 것을 피하기 위해 천천히 움직이거나 가만히 앉아만 있을 수도 있다(Morissette et al., 2020).

생물학적 한계검사 연구자나 치료자의 감독하에 참가자 또는 내담자가 운동을 격렬하게 하거나 공황 유발 과제를 수행해서 공황을 경험하도록 하는 절차

불안 민감성 신체감각에 집중하고 신체감각을 비논리적으로 평가하며 위험한 것으로 해석하는 성향

공황을 경험하기 쉬운 사람들은 일반적으로 높은 **불안 민감성**(anxiety sensitivity)을 가진 것으로 나타났다. 즉 그들은 자신의 신체감각에 오랜 시간 주의를 기울이며 신체감각을 논리적으로 평가하지 못하고 잠재적으로 위험한 것으로 해석한다. 불안 민감성 조사에서 높은 점수를 받은 사람들은 다른 사람들보다 공황장애를 발달시킬 가능성이 훨씬 높은 것이 검증되었다. 다른 연구들에서도 공황장애를 가진 사람들은 흔히 다른 사람들보다 불안 민감성 점수가 더 높았다(Behenck et al., 2020).

인지행동치료 인지행동 치료자는 신체감각에 대한 오해석을 교정하는 기술들을 통합하여 사용한다(Bilet et al., 2020; Mesri et al., 2020). 먼저 그들은 공황발작의 일반적인 특징, 신체감각의 실제 원인 및 감각을 오해석하는 내담자의 경향성에 대해 내담자들을 교육한다. 다음으로 내담자가 스트레스 상황에서 더 정확한 해석을 적용하도록 교육하는데, 이는 공황의 발생을 초기에 차단한다. 치료자는 이완과 호흡 기법을 사용해서 내담자가 불안에 좀 더 잘 대처할 수 있도록 그리고 다른 사람과 대화를 시작해서 신체감각으로부터 주의를 분산시킬 수 있도록 교육한다.

덧붙여 인지행동 치료자는 생물학적 한계검사를 사용해서 공황감각을 유도할 수 있는데, 이렇게 되면 내담자는 세심한 지도감독을 받으며 새로운 해석과 기술을 적용할 수 있게 된다(Freire et al., 2020). 예를 들어 빠른 심장 박동에 의해서 공황발작이 촉발되는 사람은 몇 분 동안 위아래로 점프하거나 계단을 뛰어 올라가라는 지침을 듣는다. 그 후 내담자는 신체감각을

흥미로운 이야기

그들의 진술

"인간도, 군중도, 국가도 엄청난 공포의 영향 아래에 있으면 인간적으로 행동하고 정상적으로 생각하리라고 신뢰할 수 없다."

버트런드 러셀

곱씹지 않으면서 그 결과에 대해 적절히 해석하는 것을 연습한다.

연구에 의하면 인지행동치료는 종종 공황장애를 가진 사람들에게 도움이 된다(Morissette et al., 2020; Craske, 2019). 전 세계의 연구에서 이 치료를 받은 참가자의 최소 3분의 2가 공황에서 벗어난 반면, 통제집단은 단지 13%만이 그런 결과를 보였다. 공황장애의 인지행동치료 효과는 적어도 항우울제 또는 벤조디아제핀 계열 약물과 유사한 것으로 입증되었고, 때로는 더 좋기도 했다(Morissette et al., 2020). 인지행동치료와 약물치료의 효과성을 고려할 때 많은 임상가들이 이 두 가지를 함께 사용하는 시도를 했고 어느 정도 성공을 거두었다. 비슷하게 인지행동치료, 약물치료, 또는 2개의 결합치료가 공황장애와 광장공포증 모두에게 효과가 있음이 밝혀졌다.

강박사고 반복적으로 경험되며 침투적으로 느껴지고 불안을 유발하는 지속적인 사고, 생각, 충동, 또는 심상

강박행동 불안을 방지하거나 줄이기 위한 목적으로 하게 되는 반복적이고 경직된 행동이나 정신활동

강박장애 반복되는 강박사고나 강박행동 또는 둘 다를 가진 사람들이 보이는 장애

요약

공황장애

공황발작은 갑자기 발생하는 주기적이고 짧은 한 차례의 공황이다. 공황장애를 겪는 사람들은 공황발작을 반복적으로 그리고 예상 불가능하게 명백한 이유 없이 경험한다. 몇몇 사례에서 공황장애는 광장공포증이 동반될 수 있는데, 이런 사례는 두 가지 진단을 받는다.

많은 생물학 이론가는 공황 회로의 과잉활동에 의해 공황장애가 유발된다고 믿는다. 공황 회로는 편도체, 해마, 복내측시상하부, 중심회백질, 청반과 같은 뇌 구조 영역으로 구성되어 있다. 생물학 이론가들은 특정 항우울제 또는 벤조디아제핀 계열의 약물을 사용하여 이 장애를 가진 사람들을 치료한다.

인지행동 이론가들은 공황을 경험하는 경향이 있는 사람들이 일부 신체감각에 사로잡혀 있고 신체감각을 의학적 재앙의 신호로 오해석한다고 주장한다. 그렇게 되면 그들은 공황발작을 경험하며 자신의 신체적 감각을 통제하기 위해 회피행동, 안전행동을 보이고, 그중 일부 사례에서는 공황장애가 발달하게 된다. 인지행동 치료자는 내담자가 신체감각을 좀 더 정확하게 해석하고 불안에 더 잘 대처할 수 있도록 교육한다.

강박장애

개인의 의식에 침투하는 것으로 여겨지는 지속적인 사고, 생각, 충동 또는 심상을 **강박사고**(obsession)라고 한다. **강박행동**(compulsion)은 불안을 예방하거나 줄이기 위해서 수행해야 한다고 느끼는 반복적이고 경직된 행동 또는 정신 활동이다. 그림 4.3에서 보여주는 것처럼 사소한 강박사고와 행동은 거의 모든 사람에게 친숙하다. 다가오는 수행이나 시험에 대한 생각으로 머리가 꽉 차 있을 수 있고 가스레인지를 끄거나 문 잠그는 것을 잊었는지 계속 걱정할 수 있다. 금 밟는 것을 피했을 때, 검은 고양이를 외면했을 때, 특별한 방식으로 옷장을 정리할 때 기분이 더 좋을 수 있다. 그러나 이런 종류의 반복적인 사고나 행동을 이상이라고 할 수는 없다.

DSM-5에 의하면 **강박장애**(obsessive-compulsive disorder)는 강박사고나 행동이 과도하거나 비합리적이고 큰 고통을 야기하며 많은 시간이 소모되고 일상적인 기능에 지장을 초래할 때 진단된다(표 4.9 참조). DSM-5는 강박장애를 불안장애로 분류하지 않으나 불안은 강박장애에서 중요한 역할을 한다. 강박사고는 강렬한 불안을 야기하는 반면, 강박행동은 불안을 막거나 줄이는 데 초점을 둔다(Brown & Barlow, 2021). 또한 강박사고나 강박행동에 저항하려고 시도하면 불안이 고조된다.

강박장애를 가진 한 사람은 다음과 같은 것을 관찰했다. "나는 집에 있는 모든 것이 있어야 할 적절한 위치에 있어서 아침에 일어났을 때 집이 정돈되어 있을 거라고 확신하지 못한다면 잠들 수가 없었다. 잠자리에 들기 전에 모든 것을 제자리에 두기 위해서 미친 듯이 일한다. 그

표 4.9

진단 체크리스트

강박장애
1. 반복되는 강박사고, 강박행동 또는 이 두 가지가 모두 있을 것
2. 강박사고나 강박행동에 상당한 시간이 소모됨
3. 현저한 고통이나 손상을 야기

출처 : APA, 2013.

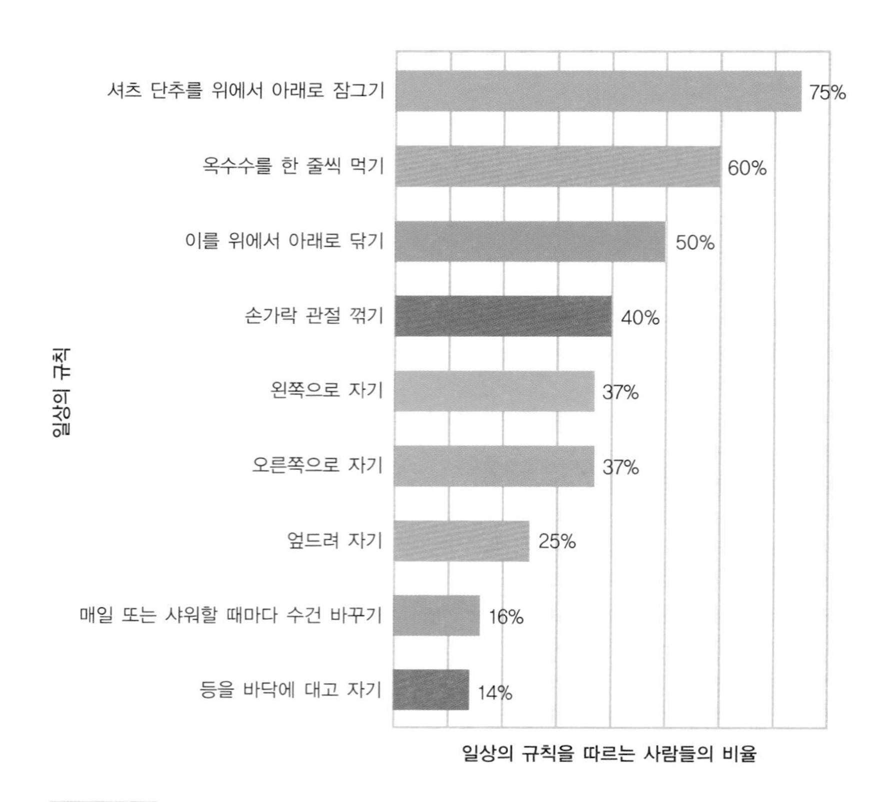

그림 4.3

정상적인 일상규칙

대부분의 사람들은 매일의 활동을 수행할 때 일상적인 규칙을 따르면서 편안함을 느낀다. 만약 이런 규칙을 그만두게 되면 까칠해지기도 한다. (출처 : purple.com, 2020; Crupain, 2017; Kanner, 2005, 1998, 1995)

러나 아침에 일어나면 내가 해야 하는 일 천 가지 정도를 생각한다. … 나는 해야 하는데 하지 않은 일이 있다는 것을 알게 되면 참을 수가 없다"(McNeil, 1967, pp. 26－28). 연구 결과 몇몇 부가적인 장애들이 특징, 원인 및 치료 반응에서 강박장애와 밀접한 관련이 있는 것으로 나타났고, 곧 언급하겠지만, DSM-5는 이 장애들을 강박장애와 함께 분류하였다.

특정 해를 기준으로 할 때 미국과 세계 다른 나라 사람들의 약 1.2%는 강박장애로 고통받고 있다(ADAA, 2020d; NIMH, 2020f). 강박장애의 평생 유병률은 약 2.3%이다(Taylor et al., 2020). 강박장애는 성별과 인종 및 민족에 상관없이 유사한 유병률을 보인다. 강박장애는 보통 아동기 또는 초기 성인기에 시작해서 증상과 심각도가 시간 경과에 따라 변동이 있지만 대개 몇 년 동안 지속된다(ADAA, 2020d; Rosenberg, 2020). 강박장애를 가진 사람의 약 40% 이상이 치료를 받으며, 많은 사람이 장기간 치료를 받는 것으로 추정된다(NIMH, 2017d; Phillips, 2015).

강박사고와 강박행동의 특징은 무엇인가

강박사고는 이를 경험하는 사람들에게는 침투적이고 낯설게 느껴진다. 강박사고를 무시하거나 저항하려는 시도는 더 많은 불안을 불러일으킬 수 있고 오래지 않아 강박사고는 전보다 더 강해진다. 강박사고를 가진 사람들은 대개 자신의 생각이 과도하다는 것을 잘 안다(Taylor et al., 2020).

강박사고의 문제를 가진 대부분의 사람들의 사고에는 어느 정도는 기본적인 주제가 있다(Strauss et al., 2020). 가장 흔한 주제는 더러움 또는 오염인 것으로 보인다. 다른 흔한 주제는 폭력과 공격성, 질서정연, 종교 및 성이다. 주제별 비율은 문화권마다 다를 수 있다(Simpson et al., 2020). 예를 들어 종교적 강박사고는 엄격한 윤리적 규율이나 종교적 가치를 가지고 있는 문화권이나 국가에서 더 흔한 것같이 보인다.

강박행동은 여러 면에서 강박사고와 유사하다. 예를 들어 강박행동은 엄밀히 따지자면 자발적인 통제하에 있지만, 강박행동을 해야만 한다고 생각하는 사람들은 자신에게 선택권이 거의 없다고 느낀다. 대부분의 사람들이 자신의 행동이 비합리적이라는 것을 알지만 동시에 강박행동을 하지 않는다면 뭔가 끔찍한 일이 일어날 것이라고 믿는다. 강박행동을 수행한 후에 대개는 잠시 동안 불안을 덜 느낀다. 일부에게는 강박행동이 상세한 **의례**(ritual)로 발전한다. 이런 사람들은 정해진 규칙에 따라 매번 동일한 방식으로 정확하게 의례를 수행해야만 한다.

강박사고처럼 강박행동은 다양한 형태를 취한다. **청소 강박행동**은 매우 흔하다. 청소 강박행동을 가진 사람들은 자신, 옷 또는 집을 계속 청소해야 할 것 같은 압박을 느낀다. 청소는 의례적인 규칙을 따를 수도 있고 하루에 수십, 수백 번 반복될 수도 있다. **확인 강박행동**을 가진 사람들은 같은 항목, 예를 들어 문, 가스밸브, 중요한 서류 등이 제대로 된 상태인지를 확인하고자 반복해서 점검한다. 또 다른 공통된 주제는 **순서** 또는 **균형**을 추구하는 끊임없는 노력이다. 이 강박행동을 가진 사람들은 어떤 항목(예 : 옷, 책, 음식)이 엄격한 규칙에 따라 완벽한 순서로 놓여 있어야 한다. **만지기·말하기·세기 강박행동**도 흔하다.

비록 강박장애를 가진 사람 중 일부는 강박사고만 또는 강박행동만 경험한다. 그러나 대부분의 사람은 두 가지를 모두 경험한다. 사실 강박행동은 종종 강박사고에 대한 반응이다. 예를 들어 많은 사례에서 강박행동은 강박적 의심, 생각 또는 충동에 **굴복**하는 것으로 보인다. 집이 안전한지를 계속 의심하는 여성은 문과 가스밸브를 반복해서 확인함으로써 강박적인 의심에 굴복할 수 있다. 오염을 강박적으로 두려워하는 남자는 청소 의례를 수행함으로써 그 공포에 굴복한다. 다른 사례에서 강박행동은 강박사고를 통제하는 데 도움이 된다. 강박사고와 강박행동의 상호작용은 아래 다르시의 사례에서 명확하다.

흥미로운 이야기

공중 화장실에서 세균 피하기

64%	발로 변기 물을 내리는 사람의 비율
60%	화장실 문을 열 때 종종 페이퍼 타월을 사용하는 사람의 비율
50%	종종 엉덩이로 화장실 문을 열거나 닫는 사람의 비율
37%	수도꼭지를 만질 때 종종 페이퍼 타월을 사용하는 사람의 비율

(출처 : Treviño, 2019)

37세인 다르시는 9세 무렵부터 강박사고가 시작되었다고 기억하였다. … 그녀는 연석에서 발을 떼면 속력을 내는 자동차에 치이는 것에 대한 두려움이 있었다. 그녀는 자신의 친구가 나쁜 사람들에게 납치당하는 것에 대한 두려움도 있었다. 그리고 만일 밤에 의례대로 기도하지 않으면 모든 나쁜 일이 가족에게 일어날 것 같아 겁에 질려 있었다.

기도의 루틴은 거대한 분량으로 커져서 많은 규칙과 규정이 있었다. 다르시는 모든 가족의 이름을 15번 반복해야 하고 각 가족의 안전을 위해 기도하는 문장을 말해야 하며 자신이 더 나은 사람이 되겠다고 신에게 약속해야 하고 가족의 각 사람을 위해 손뼉을 20번씩 쳐야 하며 무릎을 꿇었다 일어나는 동작을 5번 해야 하고 그런 다음에 절하면서 기도하는 손 모양을 해야 한다고 믿었다. 이러한 루틴을 매일 밤 10번 반복했으며 만일 이 과정 중에 실수가 있다면 처음부터 다시 시작해야 했다. 그렇지 않으면 부모나 남동생에게 나쁜 일이 일어날지도 모르기 때문이다.

고등학교 때 … 다르시는 둥글게 파인 상의를 입은 여자를 쳐다보는 것에 대한 혐오가 있었는데, 보수적인 옷을 입지 않은 사람과 이야기를 해야 할 때가 되면 일부러 잔을 입술 높이까지 들어 마시는 척해야 했다. 그런 식으로 그녀는 자신이 보지 않아야 하는 것을 안 보고 결국 죄를 짓지 않게 될 것이라고 느꼈다. 짧은 치마도 문제였는데, 다르시는 자신이 사람들을 부적절한 방법으로 쳐다볼까 봐 두려워했다.

다르시가 대학에 갔을 때 … 자신이 이메일이나 과제에 공격적인 내용을 쓸까 봐 쉬지 않고 걱정했다. 캠퍼스를 걸어 다니면서 쓰레기와 한번도 본 적이 없는 종이를 주웠는데, 그녀는 자신이 거기에다 무엇을 썼을까 봐 걱정했다. 자신의 행동이나 말로 친구들에게 의도하지 않게 상처를 줄까 봐 걱정했다. 재앙을 물리치기 위해 그녀는 특정한 문구를 여러 번 반복했다. … 그녀는 자신이 제대로 기능하지 못하고 있고 변화가 필요하다는 것을 깨달았다.

(AIPC, 2013)

한때 강박장애는 심리장애 중에서 가장 이해하지 못했던 장애 중 하나였다. 그러나 최근 수십 년 동안 연구자들은 강박장애에 대해 더 많은 것을 알게 되었다. 정신역동, 인지행동, 생물학 모델은 강박장애에 대한 가장 영향력 있는 설명과 치료를 제시하고 있다.

정신역동적 관점

이전에 살펴보았듯이 정신역동 이론가들은 불안장애는 아동이 원초아 충동을 두려워하게 되면서 생긴 불안을 줄이고자 자아방어기제를 사용할 때 발달한다고 믿는다. 정신역동적 관점에서 강박장애가 불안장애와 구별되는 점은 불안을 유발하는 원초아 충동과 불안을 줄이는 방어기제 간의 전투가 무의식 속에 묻혀 있는 것이 아니라 외현적인 사고와 행동으로 나타난다는 것이다. 흔히 원초아 충동은 강박사고의 형태를 취하며, 자아방어는 역사고

흥미로운 이야기

그들의 진술

"표현되지 않은 정서라도 없어지지 않을 것이다."

지그문트 프로이트

(counterthought)나 강박행동으로 나타난다. 예를 들어 뼈가 부러져 피를 흘리며 누워 있는 어머니를 계속 상상하는 여성은 집 전체의 안전을 반복해서 확인하는 것으로 그 생각을 상쇄시키려 할 수 있다.

Sigmund Freud는 강박장애가 대략 2세 무렵에 발생하는 항문기 단계에 기원이 있다고 보았다. Freud는 항문기 단계 동안 일부 아동은 부정적인 배변 훈련 경험의 결과로 강한 분노와 수치심을 경험한다고 제안하였다. 다른 정신역동 이론가들은 그런 초기 분노 반응은 불안정감의 근원이 된다고 주장하였다(Camps & Le Bigot, 2019; Sullivan, 1953; Horney, 1937). 어떤 주장이든 이 아동들은 강한 공격적 원초아 충동을 표현할 필요를 반복적으로 느끼거나 동시에 충동을 보유하고 통제하려고 노력해야만 한다는 것을 안다. 만일 원초아와 자아 사이의 이러한 갈등이 지속된다면 결국은 강박장애가 꽃피게 된다. 일반적으로 정신역동적 설명은 연구를 통해 분명한 지지를 받지는 못했다(Goodman, 2020; Busch et al., 2010).

강박장애 환자를 치료할 때 정신역동 치료자는 기저에 있는 갈등과 방어를 밝혀내고 이를 극복하도록 돕는 데 자유연상 및 치료자의 해석과 같은 전통적인 기법을 사용한다. 그러나 연구를 통해 전통적인 정신역동적 접근이 큰 도움이 된다는 증거는 거의 없었다(Goodman, 2020; Fonagy, 2015). 그러므로 현재 일부 정신역동 치료자는 강박장애 환자들에게 단기 정신역동치료를 하는 것을 선호한다. 제2장에서 기술한 바와 같이 단기 정신역동치료는 고전적인 기법보다는 더 직접적이고 행동 지향적이다.

인지행동적 관점

인지행동 이론가들은 모든 사람이 반복적이고 원하지 않으면서 침습적인 사고를 가진다는 점을 지적하면서 강박장애에 대한 설명을 시작한다(Taylor et al., 2020). 예를 들어 어떤 사람도 다른 사람을 해치는 생각이나 세균에 감염되는 생각을 할 수는 있지만 대부분 그런 생각을 쉽게 떨쳐버리거나 무시한다. 그러나 강박장애를 가진 사람들은 전형적으로 이런 생각을 하는 자신을 비난하고 어떤 끔찍한 일이 일어날 것이라고 예상한다. 이러한 부정적인 결과를 피하기 위해서 그들은 생각을 **중성화**(neutralize)하는데, 이것은 문제가 똑바로 되도록, 또는 고쳐지도록 고안된 방법에 따라 생각하거나 행동하는 것이다.

중성화 행동은 다른 사람에게 확인해줄 것을 요구하기, 의도적으로 '좋은' 생각하기, 손 씻기, 가능한 위험의 원천을 확인하기 등을 포함한다. 중성화 노력이 불편감을 일시적으로 줄여주면 이 노력은 강화되고 반복되기 쉽다(Brock & Hany, 2019). 결국 중성화 사고나 행동이 너무 자주 사용되면, 이는 강박사고 또는 강박행동이 된다. 동시에 불쾌한 침투적 사고가 위험하다고 점점 더 확신하게 된다. 이러한 사고에 대한 두려움이 증가할수록 사고는 더 자주 일어나고, 이 또한 역시나 강박사고가 된다.

이러한 설명을 지지하는 연구에 따르면 강박장애를 가진 사람들은 다른 사람들보다 침투적 사고를 더 자주 하며 더 정교화된 중성화 전략에 의지할 수밖에 없고 중성화 전략을 사용한 후에 불안의 감소를 경험한다(Mitchell, Hanna, & Dyer, 2020; Taylor et al., 2020).

모든 사람이 때때로 원치 않는 사고를 하지만 단지 일부만이 강박장애를 갖고 있다. 강박장애를 가진 사람들은 왜 정상적인 생각을 불안하게 여길까? 연구자들은 강박장애를 가진 사람들이 (1) 행동과 도덕에 대해 예외적으로 더 높은 기준을 가지고, (2) 침투적인 부정적 사고는 행동과 동등하게 해를 끼칠 수 있다고 믿으며, (3) 자신의 삶에서 사고와 행동 전반을 완벽하게 통제해야만 한다고 믿는 경향이 있다는 것을 발견했다(Taylor et al., 2020; Davey, 2019).

중성화 원하지 않는 생각을 없애기 위한 시도로, 이는 수용할 수 없는 생각을 만회하고 내적으로 문제를 바로 잡으려는 방식으로 생각하거나 행동함으로써 이루어진다.

노출 및 반응 방지 강박장애에 대한 인지행동치료 기술로, 불안을 유발하는 생각이나 상황에 내담자를 노출시킨 후 강박행동을 하지 못하도록 한다. '노출 및 의례 방지'라고도 한다.

인지행동 치료자는 강박장애 내담자를 치료하기 위해 통합된 기술을 사용한다(Veale & Wilson, 2021; Fineberg et al., 2020). 그들은 내담자들을 교육하고 원치 않는 생각의 오해석이나 과도한 책임감 및 중성화 행동이 증상의 발생 및 유지에 어떻게 기여하고 있는지에 대해 지적한다. 그러고 나서 치료자는 내담자가 왜곡된 인지를 찾아내고 이에 도전하도록 이끈다. 점차적으로 내담자는 자신의 강박사고가 자신이 책임져야 하는 타당하고 위험한 인지가 아니라 부정확한 것이라는 사실을 알게 된다. 이에 상응해서 그들은 자신의 강박행동이 불필요하다는 것도 깨닫게 된다.

Kazuhiro Nogi/AFP/Getty Images

문화적인 의례 의례가 꼭 강박행동을 의미하는 것은 아니다. 여기 이 불교 승려들은 도쿄에 있는 절에서 연례 동계 수도 기간에 전신에 물을 붓는 의례를 한다. 승려들은 행운을 기원하기 위해 이 청결 의례를 수행한다.

이런 성과를 통해 내담자는 **노출 및 반응 방지**(exposure and response prevention) 또는 **노출 및 의례 방지**(exposure and ritual prevention)라 부르는 엄격한 행동주의적 기술에 참여하게 된다(Kulz et al., 2020; Patel et al., 2020). 이 기술에서 내담자는 불안, 강박적 공포, 강박행동을 유발하는 대상이나 상황에 반복적으로 노출되지만 해야 할 것 같은 행동은 하지 못하게 된다. 이런 행동을 하지 않는 것이 어렵기 때문에 치료 초기에는 치료자가 예시를 제시해주기도 한다.

특정한 방식대로 행동하는 것을 멈추기 위해 노출 및 반응 방지를 비공식적으로라도 시도해본 적이 있는가?

최근에 노출 및 반응 방지 기법을 사용하는 치료자는 화상회의 시스템을 사용하여 강박행동이 대부분의 문제를 일으키는 환경인 집에 있는 내담자들에게 직접적으로 지침을 줄 수 있게 되었다(Ferreri et al., 2019; Comer et al., 2017). 많은 치료자는 노출-반응-방지 연습을 구성해서 내담자가 과제 형식으로 실행해볼 수 있도록 하고 있다.

이런 종류의 기법은 강박사고와 강박행동의 수와 강도를 감소시키는 데 종종 도움이 되는 것으로 나타났다. 전반적으로 50~70%의 강박장애 내담자가 인지행동치료를 통해 상당한 호전을 보였고 이러한 개선은 지속되었다(Kulz et al., 2020; Rosenberg, 2020). 강박장애를 가진 사람들은 옛날 우스갯소리에 나오는, '코끼리를 멀리 보내기 위해 손가락을 꺾으면 된다'는 미신을 믿는 사람과 같다는 것을 알 수 있다. 어떤 사람이 "이 근처에는 코끼리가 없는데요"라고 지적한다면, 그 남자는 "그렇죠? 효과가 있잖아요!"라고 대답할 것이다. 결론적으로 "나중에서 보니 (강박장애가 있는 그 남자는) 손가락을 계속 꺾고 있었는데, 만일 그 행동을 멈추지(반응 방지) 않고 동시에 주변을 둘러보지(노출) 않는다면 그는 코끼리에 관한 중요한 많은 것을 배우지 못할 것이다"(Berk & Efran, 1983, p. 546).

불완전한 행동 뉴욕시 웨일코넬의과대학의 아비털 포크 박사의 노출 및 반응 방지 프로그램의 일부에서 강박장애를 가진 이 학생은 '수업 시간에 정말 무례하고 부적절하게 행동하고(오렌지를 먹고) 어지럽히는 것'을 연습하고 있다. 이 학생은 일반적으로 '바르게 행동하지 않는 것'에 대해 겁을 먹고 있다. 즉 불완전한 행동이 어떤 나쁜 일을 유발할 것이라는 불안이 있다.

Hilary Swift/The New York Times/Redux

생물학적 관점

최근 몇 년 동안 생물학적 요인이 강박장애에서 중요한 역할을 한다는 보다 직접적인 증거들이 밝혀졌다. 예를 들어 몇몇의 유전연구는 강박장애가 있는 사람들을 특징짓는 유전자의 문제를 알아냈다(Nestadt & Samuels, 2020). 뇌 정밀검사 방법을 사용하여 연구자들은 성적 욕망, 공격적 본능, 배설 욕구 등 우리의 원시적인 충동을 조절하는 뇌 회로를 알아냈다(Simpson et al., 2020). 이 회로에는 안와전두피질(orbitofrontal cortex, 눈 바로 윗부분에 위치), 대상피질(cingulate cortex), 시상, 편도체 그리고 미상핵(caudate nuclei)과 피각(putamen)을 포함한 **선조체**(striatum)를 포함한다(그림 4.4 참조). 이 회로는 충동을 의식 수준으로 끌어올리고 우리가 그 충동에 따라 행동하거나 충동을 무시하도록 한다. 이 회로에서 작동하는 가장 중요한 신경전달물질에는 **세로토닌**, **글루타메이트**, **도파민**이 있다.

연구에 따르면 **피질-선조체-시상-피질 회로**(cortico-striato-thalamo-cortical circuit)라고도 불리는 이 회로는 강박장애가 있는 사람에게 과활성화되어 다양한 충동, 욕구 또는 이와 관련된 생각을 떨쳐버리기 어렵게 한다(Meram et al., 2021; Park et al., 2020). 예를 들어 대부분의 사람들은 화장실을 사용하고 나서 오염에 대한 걱정을 하고 손을 씻는 행동을 한다. 이런 행동을 할 때 그들의 뇌 회로는 오염에 대한 걱정과 씻기에 대한 욕구를 가라앉힌다. 반대로 강박장애가 있는 사람들의 피질-선조체-시상-피질 회로가 과활성화되기 때문에 이런 사람들은 오염에 대한 걱정을 계속하고 씻기 행동을 반복하고 반복하고 또 반복해서 하게 된다.

뇌 정밀검사 연구도 강박장애를 가진 개인의 피질-선조체-시상-피질 회로 과활성화를 검증하였다. 또한 수년 동안 의학자들도 안와전두피질, 선조체 및 뇌 회로의 다른 구조물이 사고나 질병, 수술 등으로 손상되었을 때 강박장애 증상이 유발되거나 가라앉는다는 것을 확인하였다(Simpson, 2019; Hofer et al., 2013).

단연코 강박장애에 가장 널리 사용되는 생물학적 치료는 **항우울제**, 특히 세로토닌의 활동을 증가시키는 항우울제이다. 많은 연구에 따르면 강박장애를 가진 사람의 50~60%는 항우울제로 증상의 개선을 경험했다(Rosenberg, 2020). 그들의 강박사고나 강박행동은 보통은 완전히 없어지지 않지만 평균적으로 볼 때 절반 정도로 줄어든다(Szechtman et al., 2020).

강박장애의 치료에서 세로토닌의 기능을 향상시키는 항우울제가 효과를 보인다는 사실로 볼 때 이론가들은 이 장애가 뇌 전체의 낮은 세로토닌 활동에서 일차적으로 기인한다고 생각했다. 그러나 오늘날 연구의 대부분은 항우울제가 피질-선조체-시상-피질 회로에서의 세로토닌 활동을 증가시키고, 이를 통해 뇌 회로의 과잉활성화를 수정하는 데 도움이 된다고 믿는다. 이러한 개념과 일맥상통하게 강박장애가 있는 사람들의 성공적인 항우울제 치료 이후에 뇌 회로 구조들이 좀 더 적절하게 상호연결되었다(Shan et al., 2019; Zhao et al., 2019).

많은 강박장애 내담자가 인지행동치료 또는 항우울제치료를 받고 있는데, 점점 많은 수의 내담자가 이러한 치료법이 결합된 치료를 받는다(Marazziti et al., 2020). 연구에 따르면 이

흥미로운 이야기

득이 되는 강박

파스퇴르 공법이라는 루이 파스퇴르의 저온살균에 대한 실험은 오염과 감염에 대한 그의 강박에서 시작되었다. 분명히 그는 다른 사람과 악수를 하지 않았고 식사를 하기 전에 자신의 유리컵과 접시를 닦곤 했다(Geison, 2008).

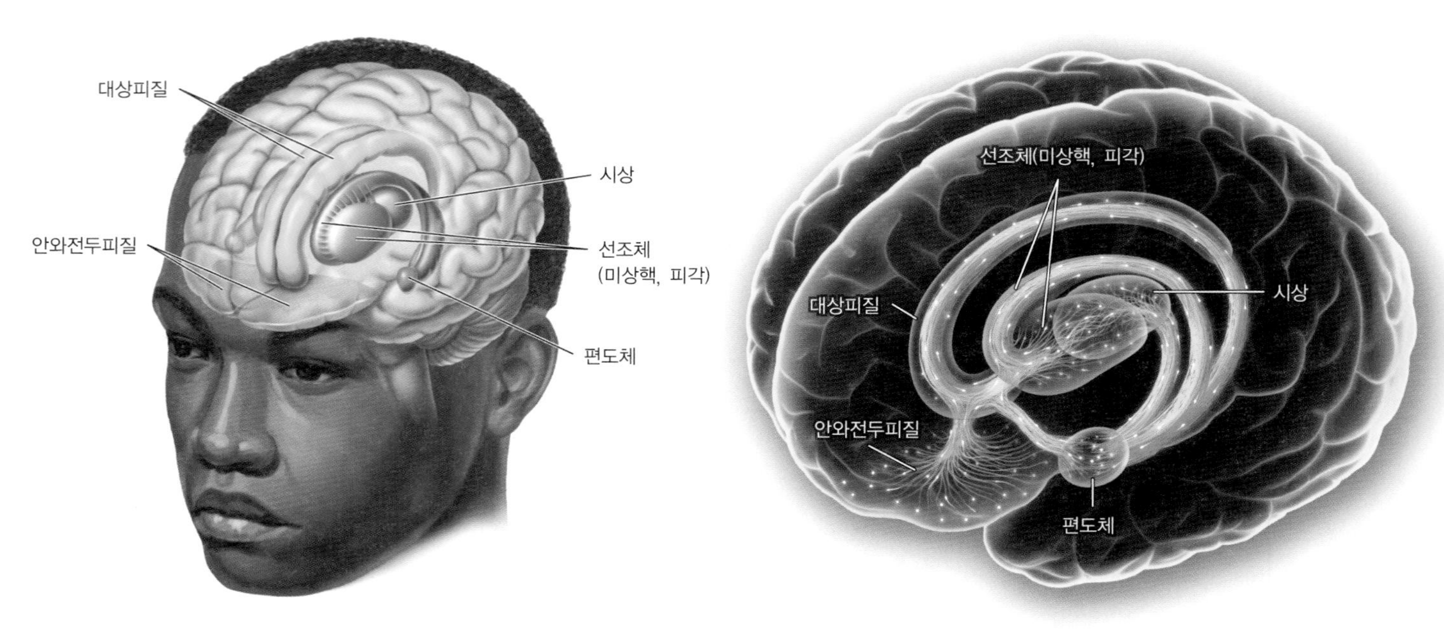

그림 4.4

강박장애의 생물학

강박장애와 연결된 뇌 회로는 안와전두피질, 대상피질, 선조체, 시상, 편도체(왼쪽)를 포함한다. 오른쪽에 있는 그림은 이런 뇌의 구조들이 어떻게 서로 작동하고 각 부분이 강박 반응을 유발하는지에 대해 알려준다. 뇌의 각 부분의 긴 축색이 뇌 영역에 섬유질 같은 경로를 만들고, 이는 회로 안의 다른 구조물로 뻗어나가게 된다.

런 결합은 더 높은 수준의 증상을 완화시키고 다른 치료 접근법을 단독으로 사용하는 것보다 더 많은 내담자의 증상 감소에 기여하며 이러한 개선은 수년간 지속된다(Rosenberg, 2020; Abramowitz, 2019).

강박 및 관련 장애

일부 사람들은 삶에 큰 지장을 주는 반복적이고 과도한 특정 행동방식을 갖고 있다. 가장 흔한 행동은 과도한 수집, 털 뽑기, 피부 뜯기, 외모 확인이다. DSM-5는 **강박 및 관련 장애**(obsessive-compulsive-related disorder)라는 명칭을 만들었고, 강박 및 관련 장애 안에 **수집광**, **발모광(털뽑기장애)**, **피부뜯기장애**, **신체이형장애**를 포함하였다. 이 4개의 장애는 다 합쳐서 적어도 인구의 5%에서 나타난다(ADAA, 2020b; Phillips, 2020, 2018; Taylor et al., 2020).

수집광(hoarding disorder)인 사람은 물품을 모아야만 한다고 느끼고 물건을 버리려고 하면 매우 고통스러워한다(Steketee & Bratiotis, 2020). 이러한 감정은 소유물과 분리되는 것을 어렵게 만들고, 그 결과 어수선하게 채운 물건들이 삶과 생활 영역을 과도하게 채우게 된다. 이 행동은 개인에게 현저한 고통을 야기하며 개인적, 사회적 또는 직업적 기능을 상당히 손상시킬 수도 있다(Mathes et al., 2020; Mataix-Cols & Fernández de la Cruz, 2020). 수집광인 사람들이 쓸데없는 광고지부터 깨진 물건과 입지 않는 옷까지 다양한 쓸모없고 가치 없는 물건에 둘러싸이게 되는 일은 흔하다. 잡동사니 때문에 집의 일부를 사용하지 못하기도 한다. 예를 들면 소파, 부엌용품, 또는 침대를 사용하지 못할 수 있다. 게다가 이런 행동은 종종 화재의 위험, 건강하지 않은 위생 상태, 또는 다른 위험을 낳기도 한다.

털뽑기장애(hair-pulling disorder)로도 불리는 **발모광**(trichotillomania)을 가진 사람들은 두피, 눈썹, 속눈썹, 또는 신체 부위에서 반복적으로 털을 뽑는다(APA, 2013). 이 장애는 대개 한두 군데 신체 부위에, 가장 흔한 곳은 두피에 집중되어 있다. 일반적으로 털뽑기장애를 가진 사람들은 한 번에 털 하나를 뽑는다. 불안이나 스트레스가 발모 행동을 촉발하거나 이에 동반되는 경우가 흔하다(Wetterneck, Sonia Singh, & Woods, 2020). 일부 사람들은 털을 뽑을 때 특정한 의식을 따르기도 하는데, '괜찮다'라고 느껴질 때까지 털을 뽑으며 뽑을 털의 종류를 선택한다는 특징을 가진다. 이 행동이 야기하는 고통, 손상 또는 당혹감 때문에 종종 털 뽑는 것을 줄이거나 멈추려고 노력한다. '발모광'이라는 용어는 그리스어에서 유래되었는데 '광분한 털 뽑기(frenzied hair-pulling)'라는 의미이다.

피부뜯기장애(excoriation disorder)를 가진 사람들은 피부를 계속 뜯는데, 그 결과로 심한 상처가 생긴다(APA, 2013). 털뽑기장애를 가진 사람처럼 피부뜯기장애를 가진 사람은 이 행동을 줄이거나 멈추려고 노력한다. 대부분의 사람들은 손가락으로 뜯으며 뜯는 부위가 한 곳에 집중되는데, 거의 대부분이 얼굴이다(Mevorach et al., 2019). 다른 흔한 부위는 팔, 다리, 입술, 두피, 가슴, 손톱, 발톱 같은 말단 부위이다. 흔히 불안이나 스트레스가 이 행동을 촉발하거나 동반된다.

신체이형장애(body dysmorphic disorder)를 가진 사람은 신체적 외모에 특별한 결함이나 흠이 있다는 믿음에 사로잡혀 있다. 실제로 지각된 결함이나 흠은 상상이거나 마음속에서 더 크게 과장된 것이다. 그러한 믿음은 거울을 보면서 자신을 반복적으로 확인하게 하며 외모를 가꾸게 하고 지각된 흠을 찾아내게 하며 자신과 타인을 비교하게 하고 안심을 구하게 하거나 그 외에 이와 유사한 행동을 하게 한다. 신체이형장애를 가진 사람들 또한 유의한 고통과 손상을 경험한다.

강박 및 관련 장애 강박과 같은 걱정으로 인해 반복적으로 그리고 과도하게 특정한 이상행동을 하게 하는 장애

수집광 물건을 보관해야 한다고 느끼고 물건을 폐기하려고 하면 매우 고통스러워하면서 그 결과로 물건을 과도하게 쌓아두게 되는 장애

발모광 머리카락, 눈썹, 속눈썹, 몸의 다른 부분의 털을 반복적으로 뽑는 장애. '털뽑기장애'라고도 한다.

피부뜯기장애 반복해서 피부를 뜯는 장애로, 그 결과 상당한 흉이나 상처가 생긴다.

신체이형장애 자신의 신체적 외모에 대해 결함이나 흠이 있다는 믿음에 사로잡혀 있는 장애. 이런 결함과 흠은 상상이거나 심하게 과장된 것이다.

흥미로운 이야기

예쁘게 보이기

얼굴 성형 수술을 하는 의사의 72%는 많은 환자가 셀카, 인스타그램, 스냅챗, 페이스북 라이브, 그리고 다른 소셜미디어에서 더 예쁘게 보이기 위해 미용시술을 받는다고 보고했다(FPS, 2020).

신체이형장애는 현재까지 가장 많이 연구된 강박 및 관련 장애이다. 연구자들은 신체이형장애를 가진 사람들이 보통 주름, 피부의 점, 과도한 얼굴 털, 얼굴의 부기, 안 예쁜 코·입·턱·눈썹에 집중한다는 것을 발견하였다(ADAA, 2020b; Phillips, 2020). 몇몇은 발, 손, 가슴, 성기 또는 다른 신체 부위의 외견에 대해 걱정한다(Mansfield, 2020). 다른 사람들은 땀, 입김, 성기, 항문에서 나는 나쁜 냄새를 걱정한다. 벤은 18세 이래로 자신의 코 모양이 이상하다는 믿음을 가지고 있다.

> 거울을 볼 때마다 마음속 깊은 곳에서 내 모습에 심각한 잘못이 있다는 느낌이 든다. 내 외모에 대한 집착은 마음에서 떠나지 않는다. 끔찍한 느낌을 느끼며 살고 있고 내 자신을 주변의 다른 사람과 비교하기 시작했다. 나는 다른 사람의 외모를 자세히 살펴보기 시작했다. 특히 그들의 코를 말이다. 대부분의 사람들은 나보다 나아 보였다. … 내 아이폰은 나의 가장 나쁜 적이었다. 나는 내 사진과 동영상을 다른 각도에서 찍고 그것을 보느라 수시간을 사용해야 할 것 같은 강박이 든다.
>
> (Schnackenberg & Petro, 2016, pp. 69–71)

물론 외모에 대한 걱정은 우리 사회에서 흔한 일이다. 예를 들어 많은 10대와 젊은 성인은 여드름을 걱정한다. 하지만 신체이형장애를 가진 사람의 걱정은 극단적이다. 신체이형장애를 겪는 사람은 타인과의 접촉을 지나치게 제한하거나 남들의 눈을 똑바로 쳐다보지 못하거나 결함을 숨기기 위해 남들과 자신 사이에 상당한 거리를 둔다. 못생겼다고 생각하는 눈을 감추기 위해 항상 선글라스를 쓴다. 신체이형장애를 가진 사람의 거의 절반은 성형 수술이나 피부과 치료를 받으며 수술이나 치료 후 더 좋아지기보다는 나빠졌다고 흔히 느낀다(Huayllani, Eells, & Forte, 2020; Phillips, 2020). 신체이형장애를 가진 많은 사람은 바깥 출입을 못하며 25%가 넘는 수가 자살을 시도한다(Phillips, 2020, 2018; Greenberg et al., 2019).

다른 강박 및 관련 장애에서와 같이 이론가들은 강박장애를 설명하는 심리학, 생물학 이론을 신체이형장애에도 적용한다. 유사하게 임상가들은 강박장애에서 흔히 사용하는 종류의 치료, 특히 항우울제, 인지행동치료를 신체이형장애 환자 치료에 적용한다(Morgan, 2020; Taylor et al., 2020).

예를 들어 한 초기 연구에서 17명의 신체이형장애를 가진 사람들이 노출 및 반응 방지 치료를 받았다(Neziroglu et al., 2018, 2004, 1996). 4주간의 치료 동안 내담자는 스스로 지각하는 신체적 결함을 반복해서 떠올리고 동시에 불편감을 줄일 수 있는 어떤 것(예 : 자신의 외모를 확인하는 행동)도 하지 못했다. 치료가 끝났을 때 내담자는 신체 결함을 덜 염려하였고 신체 부위를 확인하는 데 시간을 덜 사용했으며 사회적 상호작용을 덜 피했다.

전 세계적 영향 중국 상하이의 지하철역 속옷 광고에서 한 여성이 가슴을 위로 모아주는 브래지어를 하고 있다. 서양과 동양이 만나게 되면서 여성들은 자신의 신체가 서구인처럼 보이게 하는 것을 부추기는 광고와 마주치게 된다. 아시아인의 신체이형장애 사례가 서구인의 사례와 점점 더 비슷해지는 것은 우연한 일이 아닐 것이다.

Mark Henley/Panos

요약

강박장애

강박장애를 가진 사람은 강박사고에 시달리거나 강박행동을 하거나 또는 둘 다를 경험하며 괴로움을 호소한다. 정신역동적 관점에 따르면 강박장애는 원초아 충동과 자아방어기제 간의 전투에서 발생한다. 반대로 인지행동 이론가들은 이 장애가 원하지 않고 유쾌하지 않은 생각을 하는 인간의 정상적인 경향성에서 시작된다고 믿는다. 이러한 생각을 이해하고 제거하고 피하기 위해 하는 일부 사람들의 노력은 사실 강박사고와 강박행동을 이끈다. 인지행동 치료자는 먼저 원하지 않은 사고에 대한 내담자의 오해석을 교정할 수 있도록 돕고 노출 및 반응 방지를 실시한다.

생물학 연구자들은 안와전두피질, 대상피질, 선조체, 시상과 같은 뇌 구조물을 포함하는 뇌 회로의 과활성화와 강박장애를 연결시킨다. 세로토닌 활동을 높이는 항우울제는 강박장애의 유용한 치료 형태이다. 강박장애에 추가하여 DSM-5에서는 강박 및 관련 장애군을 소개하고 있다. 이런 장애에서는 강박과 유사한 걱정 때문에 반복적이고 과도한 행동 패턴을 수행하게 되고 결과적으로 삶에 지장을 초래한다. 이 장애군에는 수집광, 발모광, 피부뜯기장애 및 신체이형장애가 있다.

통합하기 : 발달정신병리학적 관점

이 장을 읽어나가면서 아마도 모델 각각의 연구 결과와 원리들이 서로 양립할 수 있어 보임을 알 수 있었을 것이다. 그리고 아마 다양한 불안장애, 강박장애, 강박 관련 장애를 더 온전히 이해하는 데 각 모델의 설명을 통합하는 것에 대해 궁금증이 생길지도 모른다. 많은 임상 이론가는 같은 궁금증을 가지고 다양한 모델을 통합하는 방법을 찾아왔다. 제2장에서 보았듯이 오늘날 가장 영향력 있는 통합적 관점은 **발달정신병리학적 관점**(developmental psychopathology perspective)이다. 이 관점은 한 개인의 일생 전반에 걸쳐 주요 시점의 중요한 요인 간의 교차점에 초점을 맞춘다.

발달정신병리학자들이 불안 관련 장애의 발병을 이해하기 위해 염두에 두는 요인에는 무엇이 있을까?(그림 4.5 참조) 생물학 모델을 이용한다고 가정해볼 때 여러 편의 연구에 따르면 어떤 영유아에게 보이는 특정한 유전적 변이에서 뇌 내의 공포 회로의 과활성화, 차례로 억제된(즉 공포의) 기질로 이어지는 연결고리에 대해 발달정신병리학자들은 흥미를 보이고 있다(Nelemans et al., 2020, 2019). 이런 아동은 일생의 초기에서부터 철수, 고립, 조심스러운 성향을 보이는데, 이를 **행동 억제**(bahavioral inhibition)라고 한다. 그들은 새로운 사물, 사람, 환경에 대해 경계하고 잠재적인 위협에 대해 항상 경계 태세를 유지하는 것처럼 보인다. 연구

그림 4.5

불안장애의 발달

일생을 거쳐 다양한 범주의 변인이 결합하고 상호작용하여 불안장애가 생기게 된다. 그러나 특정 변인은 개인 차가 있다. '동등결과성'의 원칙에서 볼 때 이 그림의 두 사람은 각기 다른 부정적 변인을 경험하였지만 각자 모두 불안장애를 가지게 되었다.

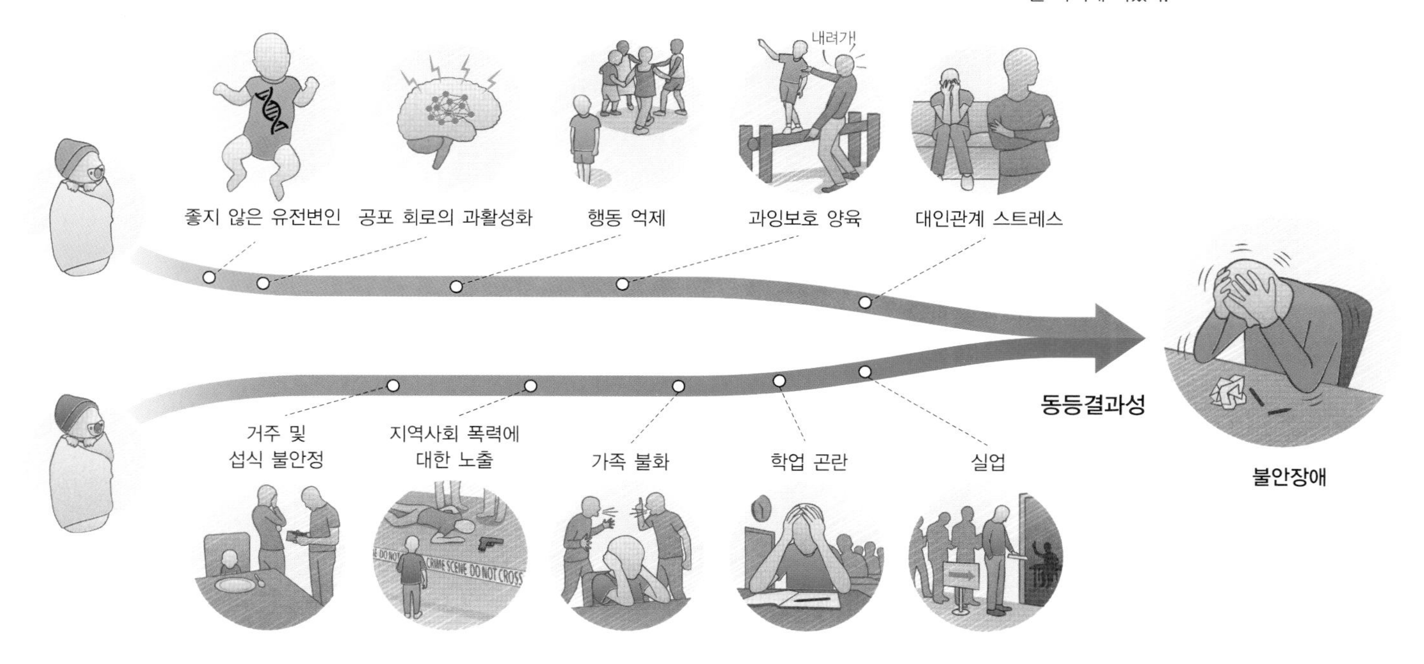

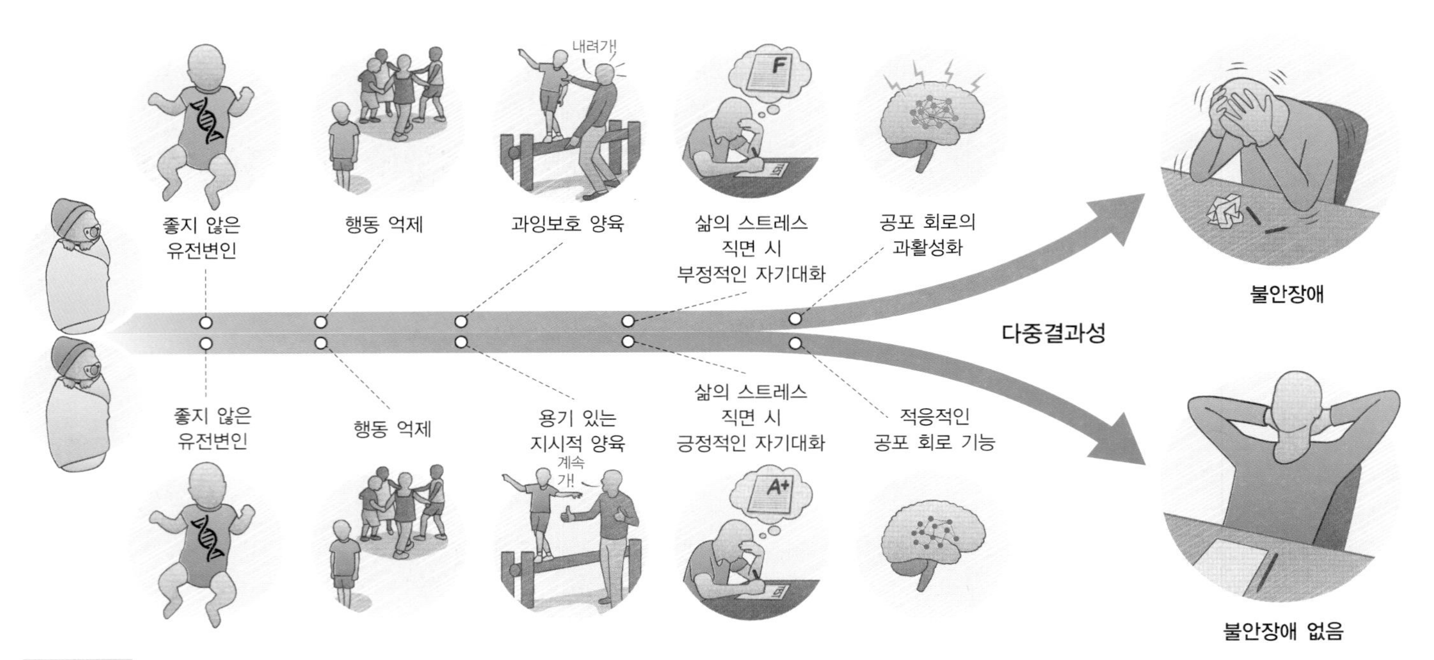

그림 4.6

보호 요인의 힘

주요 보호 요인은 불안장애가 발병하는 것에서부터 사람들을 보호할 수 있다. 이 그림에서의 두 사람 모두 좋지 않은 유전적 구성 및 억제된 기질을 가지고 태어났다. 그러나 그 이후 한 사람은 '용기 있는 지시적인' 양육을 받고 자랐고 적응적인 공포 회로가 생기게 되었다. 이는 불안장애 발병으로부터 그 사람을 보호하는 요인이 된다.

에 따르면 이런 억제적 기질은 일생 지속되며 일부 사람들을 불안 관련 장애에 취약하도록 하는 위험 요인이 되기도 한다(Buzzell et al., 2021).

인지행동적, 정신분석적 모델에서 본다면 발달정신병리학자들은 **양육방식**의 중요한 역할을 강조한 연구에도 관심이 있다(Nelemans et al., 2020, 2019). 아동이 자라면서 경험하는 고통에서 자신의 자녀를 보호하고 구해주기 위해 너무나 빠르게 달려드는 부모가 있는 **과잉보호 양육**은 아동 스스로 고난을 어떻게 다루는지를 배울 기회와 자신감을 향상시킬 기회를 주지 않는다(Wittchen & Beesdo-Baum, 2020). 만약 아동이 이미 생물학적 취약성과 억제 기질을 가지고 태어났다면 과잉보호 양육을 받는 것이 불안의 발생을 촉진하고 평생 이어지는 불안의 무대를 만드는 격이 될 것이다.

마지막으로 사회문화적 모델에서 볼 때 발달정신병리학자들은 삶의 스트레스, 빈곤, 학업 곤란, 가족 불화, 또래 압력, 공동체의 위험이 불안 관련 장애의 발생 가능성을 높이는 것에 대해 관심을 가진다(Campbell-Sills & Brown, 2020). 실제로 점점 더 많은 연구가 생물학적인 요인, 기질, 양육 경험에 더해서 이러한 사회문화적 요인이 이런 장애가 일어나도록 한다는 것을 제안하고 있다(Kiff et al., 2018).

비록 발달정신병리학적 관점을 통해 다양한 모델의 원리를 통합하여 불안 관련 장애를 더 잘 이해할 수 있게 되었지만, 여전히 이런 장애의 **발병**에 대한 중요한 질문은 해결되지 않는다. 예를 들어 정확하게 **어떻게** 그리고 **언제** 각 모델의 요인이 상호작용하여 장애를 일으키는가? 많은 연구에 따르면 생물학적 요인에서 기질, 양육, 일생 사건 등 다양한 핵심 요인이 발달의 여러 단계에서 더 큰 역할을 하기도 하고 더 작은 역할을 하기도 한다(Weissman et al., 2019; Cicchetti, 2018, 2016). 공포 기질이 인생 초기에 자리를 잡는다면 이후에 경험한 긍정적인 생활 사건의 영향을 덮을지도 모른다. 반대로 효과적인 양육은 **보호 요인**으로 작용하여 부정적인 생물학적 소인이나 이후의 부정적인 생활 사건의 영향을 감소시킬 수도 있다(그림 4.6). 명백하게 불안 관련 장애가 좀 더 완전하게 이해되고 효과적으로 치료되기 위해서는 이런 중요한 발달적 문제에 대해 더 연구해야 한다.

요약

통합하기 : 발달정신병리학적 관점

불안 관련 장애를 설명할 때 발달정신병리학적 관점을 지지하는 사람들은 개인의 일생에 거쳐 핵심 요인이 어떻게 발생하고 어떻게 서로 상호작용하는지에 대해 검증하게 된다. 그들이 관심을 가지는 요인에는 유전적 요인, 뇌 내부 공포 회로의 과활성화, 억제된 기질, 과잉보호 양육, 부적응적 사고, 회피행동, 삶의 스트레스, 부정적인 사회적 요인이 해당된다.

핵심용어

가계 연구
감마-아미노부티르산(GABA)
강박 및 관련 장애
강박사고
강박장애
강박행동
고전적 조건형성
공포
공포증
공황발작
공황장애
광장공포증
내담자 중심 치료
노출 및 반응 방지
노출치료
뇌 회로
모델링
발모광(털뽑기장애)
범불안장애
벤조디아제핀
불안
불안 민감성
비합리적 기본 가정
사회 기술 훈련
사회불안장애
생물학적 한계검사
수집광
신체이형장애
준비성
중성화
진정 수면성 약물
청반
체계적 둔감화
특정공포증
피부뜯기장애
합리적 정서치료
홍수법

속성퀴즈

1. 범불안장애의 사회문화적, 정신역동적, 인본주의적, 인지행동적, 생물학적 설명에서의 핵심 원리는 무엇인가?
2. 범불안장애에 대한 치료는 얼마나 효과적인가?
3. 특정공포증과 광장공포증을 정의하고 비교하라. 인지행동 이론가들은 공포증을 어떻게 설명하는가?
4. 특정공포증을 치료할 때 사용되는 세 가지 노출치료에 대해 서술하라.
5. 사회불안장애의 다양한 구성요소는 어떤 것이 있으며, 이 장애는 어떻게 치료되는가?
6. 생물학적, 인지행동적 임상가들은 공황장애를 어떻게 설명하고 치료하는가?
7. 정신역동, 인지행동, 생물학 이론가들은 강박장애에 대해 어떤 요소가 작용한다고 믿는가?
8. 강박장애의 치료에서 노출 및 반응 방지와 항우울제치료를 설명하고 효과를 비교하라.
9. 강박 및 관련 장애 네 가지를 설명하라.
10. 발달정신병리학 이론가들은 불안, 강박, 강박 및 관련 장애를 설명하기 위해 다양한 모델에서 도출된 연구 결과와 원리를 어떻게 통합하는가?

CHAPTER 5

외상과 스트레스장애

주제

25세 독신 흑인 남성인 라트렐 로빈슨은 이라크전쟁에서 국가 수호병으로 복무하였다. 복역 전 그는 저소득층을 위한 공공 주거단지에서 편부모 손에 자란 대학생이었으며, 꽤 우수한 운동선수였다. 초반에는 운송 팀에서 훈련을 받았으나 현지 복역의 부름을 받고 바그다드에 있는 부대에서 군경으로 복무하였다. 그는 고강도 작전을 즐겼으며, 공격성과 자신감이 높아 부대에서 명실상부한 지도자로 인식되었다. 호송과 방위 업무를 수행하면서 수많은 전쟁에 노출되었고 몇 번은 소규모 총격전에 놓이기도 했는데, 여기서 죽거나 부상당한 민간인과 이라크 병사들을 목격하였다. 위기를 모면하기 위해 우회하거나 회피 전술을 쓰도록 요구될 때는 무력감을 느끼기도 했다. '거리에서'의 상황이 악화되어감에 따라 라트렐은 이라크 환경에 불신을 갖기 시작했다. 그는 때때로 자신과 동료 장병들이 필요 이상으로 위험한 상황에 배치된 것이 아닌가 느끼기도 했다.

군용 지프차 선두에서 운전하며 일상의 호송 임무를 수행하던 중 운전 중인 차량이 사제 폭탄에 맞았고, 포탄의 파편들이 라트렐의 목, 팔, 다리에 박혔다. 차량에 타고 있던 다른 군인은 더 심하게 부상당했다. 라트렐은 전투지원병원으로 이송되어 치료를 받았고, 여전히 목발이 필요했으며 목에 남은 파편 때문에 만성 통증이 있었지만 며칠 후 임무로 복귀할 것을 명령받았다. 라트렐은 임무를 효과적으로 수행할 수 없음에도 불구하고 자신을 이라크에 남게 한 상사와 의사에게 화가 났다. 불면증, 과다경계, 놀람 반응도 나타나기 시작했다. 사건에 대한 초기의 꿈은 더 강하고 빈번해졌으며, 침투적 사고, 피격 플래시백으로 고통을 겪었다. 친구들과의 접촉을 피하기 시작했고, 생활에서 즐거움을 찾지 못하였으며, 고립감을 느꼈고, 미래가 없을지도 모른다는 두려움에 사로잡혔다. 이러한 증상으로 인해 그는 전투지원병원의 정신과 의사에게 의뢰되었다.

전쟁의 상처와 악화되는 우울, 불안 증상을 위한 두 달의 재활치료가 효과를 내지 못하자 라트렐은 본국의 군인병원으로 호송되었다. 정신과 증상이 있는지가 먼저 검진되었고, 그 후 외래 환자 평가 및 관리과로 의뢰되었다. 그는 급성 외상후 스트레스장애(PTSD)로 진단되었고, 약물관리, 지지치료, 집단치료가 제공되었다. 라트렐은 외출 허가나 요양 휴가를 받아 집에 돌아가는 것에 대해 양가적인 태도를 가지고 있었는데, 이는 가족이나 여자친구와 함께일 때 소외감을 느끼거나 신경질적 혹은 공격적이 될까 두려워서였다. 군복무센터에서 3개월을 보낸 후 라트렐은 (군복무에서 면제되었고) 추후 관리를 위해 지역 재향군인병원에 의뢰되었다.

(National Center for PTSD, 2008)

전쟁의 공포에서 병사들은 흔히 극도의 불안, 우울, 혼란감, 지남력의 상실을 경험하며 심지어는 신체적으로 아프기까지 한다. 라트렐과 같은 이들에게 과도한 스트레스나 외상에 대한 이 같은 반응은 전쟁이 끝난 이후에도 지속된다.

참전병사만이 스트레스에 영향을 받는 것은 아니다. 심리적·신체적 기능에 막대한 영향을 주는 스트레스가 전쟁 외상 수준일 필요까지는 없다. 스트레스는 다양한 크기와 형태로 올 수 있고, 우리 모두는 이에 크게 영향을 받는다.

우리는 어떤 식으로든 변화를 촉구하는 요구와 기회에 직면할 때 스트레스를 받는다. 스트레스 상태는 두 가지 요소를 포함한다. 요구를 창출하는 사건, 즉 **스트레스원**(stressor)과 이러한 요구에 대한 개인의 반응, 즉 **스트레스 반응**(stress response)이 그것이다. 출퇴근 시간의 교통 혼잡 같은 우리를 성가시게 하는 매일의 귀찮은 상황, 대학 졸업이나 결혼과 같은 전환적인 삶의 사건, 가난이나 좋지 않은 건강 같은 오랜 기간 지속된 문제, 큰

Matt Manley

Peio Hernandez/EPA/Newscom

Jon Dimis/AP Photo

십인십색 어떤 이는 스페인 팜플로나시의 연례 행사인 '황소 달리기'에서 황소를 쫓을 기회에 열광한다. 다른 이는 이런 가능성에 겁을 내며 오히려 스페인 이루르순 지역의 '타조 달리기' 축제 동안 타조 길들이기 같은 동물 조련에 더 흥미를 보인다.

사고, 폭행, 토네이도, 전투 같은 외상적 사건, 이 모두가 스트레스원이 될 수 있다(Monroe & Slavich, 2020; Wright, Aslinger et al., 2020). 스트레스원에 대한 우리의 반응은 스트레스 사건과 그 사건에 효과적으로 대처할 수 있는 능력에 대한 **자기평가**에 영향을 받는다(Harkness & Hayden, 2020; Lazarus & Folkman, 1984). 능력과 자원을 가지고 있다고 판단하는 사람은 스트레스원에 더 쉽게 대처하고 더 잘 반응할 것이다.

스트레스원이 위협적인 것으로 판단되면 이에 따르는 자연스러운 반응은 제4장에서 이미 언급한 각성과 두려움의 감각이다. 스트레스 반응과 반응이 야기하는 두려움의 감각은 흔히 심리장애에서 작동한다. 여러 스트레스 사건을 경험한 사람은 특히 제4장에서 살펴본 불안장애를 발전시킬 가능성이 높다. 유사하게 스트레스의 증가는 우울장애, 조현병, 성기능부전, 기타 다른 심리 문제의 발발과 연관된다(Goines et al., 2020; Vrshek-Schallhorn et al., 2020).

게다가 스트레스는 어떤 심리장애에서는 더욱 중요한 역할을 한다. 이들 장애에서 스트레스 반응은 중대하여 개인을 무력화하며 오랜 기간 동안 떠나지 않아 개인이 정상적 삶을 사는 것을 방해한다. '외상 및 스트레스 관련 장애'라는 표제 아래 DSM-5는 외상과 극도의 스트레스가 고조된 각성, 불안, 기분 문제, 기억과 지남의 어려움, 행동 문제와 같은 광범위한 스트레스 증상을 촉발하는 몇 가지 장애를 포함시키고 있다. 이들 중 **급성 스트레스장애**와 **외상후 스트레스장애**(PTSD)를 이 장에서 논의할 것이다. 또한 DSM-5는 '해리장애'라는 외상적 사건으로 촉발되는 심각한 기억 및 지남의 문제를 주 증상으로 하는 장애군을 포함시키고 있다. 이 장애도 이 장에서 검토할 것이다.

다양한 스트레스 관련 장애를 제대로 이해하려면 스트레스의 본질과 뇌 및 신체의 스트레스에 대한 반응 기제를 이해하는 것이 중요하다. 따라서 먼저 스트레스와 각성에 대해 살펴보고 그다음으로 급성 스트레스장애와 외상후 스트레스장애, 해리장애를 살펴보도록 하자. ■

스트레스와 각성 : 싸움 혹은 도피 반응

각성의 특징은 시상하부라는 뇌 영역에 의해 작동된다. 우리 뇌가 상황을 위험하다고 해석하면 시상하부에서 신경전달물질이 방출되고, 이는 뇌 전역의 신경세포 발화와 몸 전체에의 화학물질 방출을 촉발한다. 실제적으로 시상하부는 **자율신경계**와 **내분비계**라는 2개의 중요한 몸의 체계를 활성화한다. **자율신경계**(autonomic nervous system, ANS)는 **중추신경계**(뇌와 척수)와 몸의 다른 모든 기관을 연결하는 넓은 신경섬유망이다. 이러한 신경섬유는 기관의 **불수의적** 활동(호흡, 심장 박동, 혈압, 땀 분비 등)을 통제하는 데 도움을 준다(그림 5.1 참조). **내분비계**(endocrine system)는 몸 전역에 있는 **분비선**의 연합망이다. (제2장에서도 살펴보았듯이 분비선들은 혈류와 다양한 신체 기관에 **호르몬**을 방출한다.) 자율신경계와 내분비계는 간혹 역

자율신경계(ANS) 중추신경계를 신체 내 다른 모든 기관에 연결하는 신경섬유망

내분비계 성장과 성행위와 같은 중요한 활동의 조절을 돕는 인체 내 분비선체계

할이 겹치는 데가 있다. 자율신경계와 내분비계는 **교감신경계** 경로와 **시상하부-뇌하수체-부신 축**(HPA 축)이라는 2개의 뇌-신체를 연결하는 노선을 통해 각성의 반응을 일으킨다(Comer et al., 2020; Lopez-Duran et al., 2020).

우리가 위험한 상황에 직면하면 시상하부는 먼저 우리의 심장 박동을 빠르게 하고 두려움이나 불안으로 경험되는 여타의 신체 변화를 낳는 자율신경계 섬유의 집합인 **교감신경계**(sympathetic nervous system)를 활성화한다(Zakreski & Pruessner, 2020). 이러한 신경들은 여러 신체 기관을 직접적으로 흥분시킨다. 예를 들어 심장을 직접 자극하여 심장 박동률을 높인다. 또한 신경들은 **부신**(신장 위에 위치한 내분비선)을 자극함으로써, 특히 **부신수질**이라 불리는 내분비선 영역을 자극하여 기관에 간접적으로 영향을 준다. 부신수질이 자극받으면 **에피네프린**(아드레날린)과 **노르에피네프린**(노르아드레날린)이라는 화학물질이 방출된다. 앞서 이러한 화학물질이 뇌에서는 중요한 신경전달물질로서 활약함을 익히 배웠다(39~40쪽 참조). 하지만 부신수질에서 방출되면 이들은 호르몬으로서 활동하게 되고, 혈류를 통해 다양한 기관과 근육에 전달되어 결과적으로 각성 반응을 창출한다.

지각된 위험이 지나가면, **부교감신경계**(parasympathetic nervous system)라고 하는 두 번째 자율신경계 섬유 집합이 심박과 다른 신체 과정을 정상 상태로 되돌려놓는다. 교감신경계와 부교감신경계 모두가 인간의 각성 반응 통제를 돕는다.

교감신경계 심장 박동 수를 빠르게 하고 각성으로 경험되는 기타 몸의 변화를 산출하는 자율신경계의 신경섬유

부교감신경계 인체 기관의 정상 기능 유지를 돕는 자율신경계의 신경섬유군. 흥분 후 기관의 기능을 둔화시켜 정상적인 패턴의 신체 과정으로 돌아가도록 돕는다.

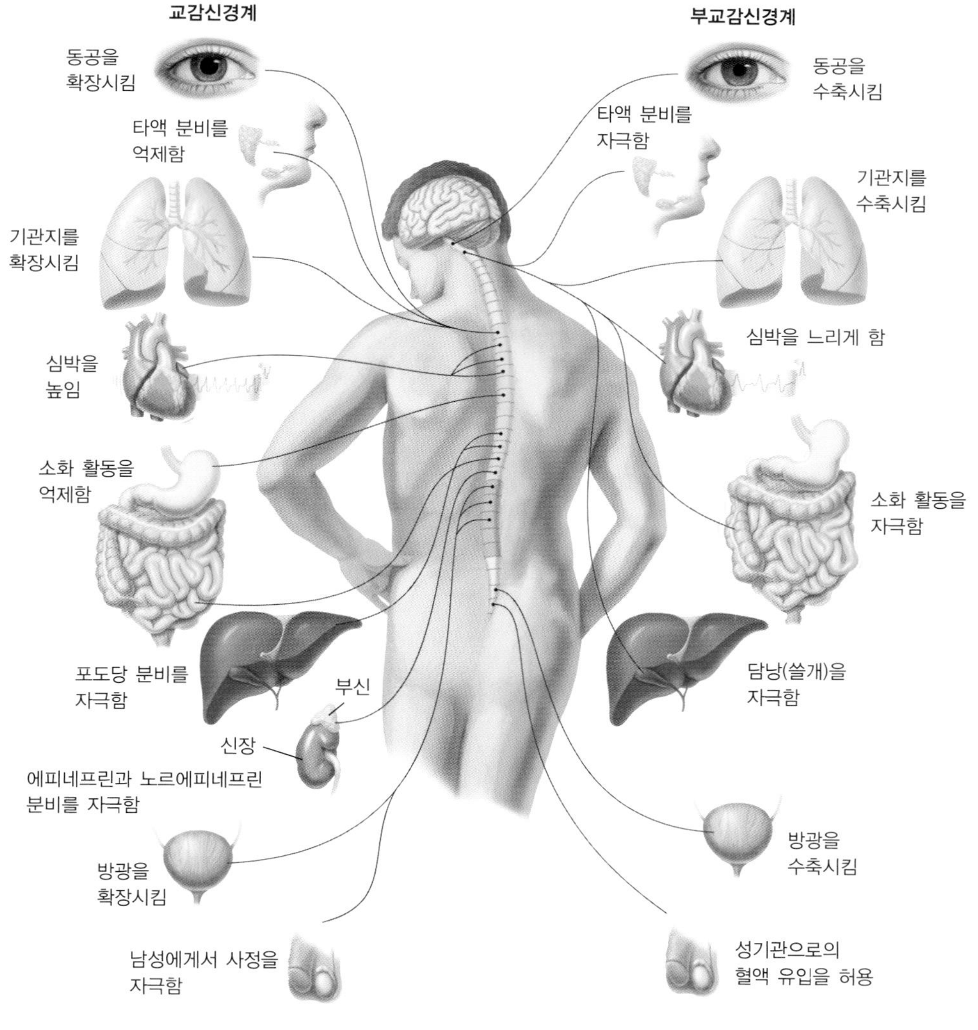

그림 5.1

자율신경계(ANS)

자율신경계의 하위체계인 교감신경계가 활성화되면, 어떤 기관은 흥분되고 어떤 기관은 억제된다. 활성화의 결과는 일반적인 각성 상태이다. 반대로 자율신경계 내 부교감 하위체계의 활성화는 전반적인 진정 효과로 이어진다.

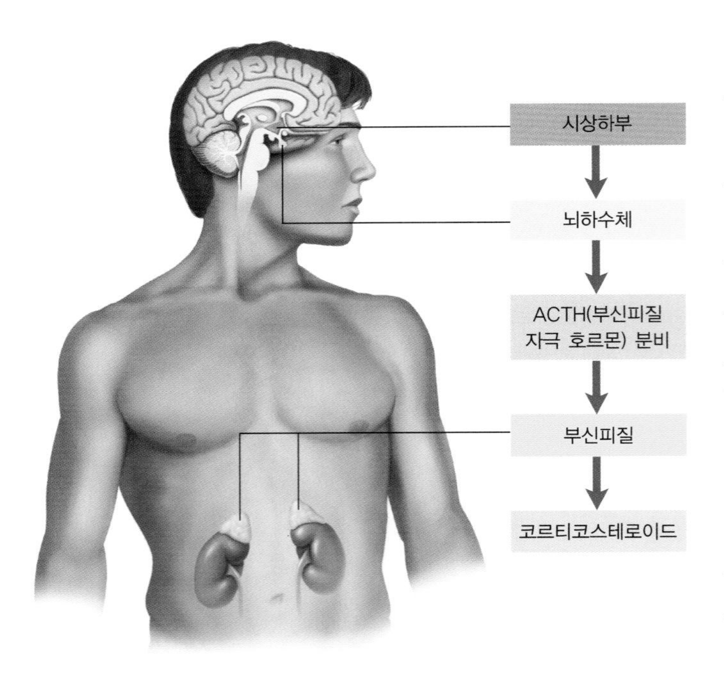

그림 5.2

내분비계 : 시상하부-뇌하수체-부신 축(HPA 축)

개인이 스트레스원을 지각하면, 시상하부는 뇌하수체를 활성화시켜 부신 피질 자극 호르몬을 방출하게 하고 부신 피질 자극 호르몬은 부신 피질을 자극한다. 부신 피질은 코르티코스테로이드라는 스트레스 호르몬을 방출하는데, 이는 신체 기관으로 흘러들어 기관들이 각성과 공포 반응을 나타내도록 촉발한다.

각성을 야기하는 두 번째 뇌-신체 경로는 **시상하부-뇌하수체-부신 축**[hypothalamic-pituitary-adrenal (HPA) axis](그림 5.2 참조)이다. 스트레스원을 만나면 시상하부는 근처에 위치한 뇌하수체에 '주요 스트레스 호르몬'이라고도 하는 **부신피질 자극 호르몬**(adrenocorticotropic hormone, ACTH)을 분비하라는 신호를 보낸다. 그러면 ACTH는 부신의 바깥층, 즉 **부신피질**이라 불리는 영역을 자극하게 되고, 이는 **코르티코스테로이드**(corticosteroid)라고 부르는 일단의 스트레스 호르몬(여기에는 **코르티솔** 호르몬도 포함)을 방출한다. 코르티코스테로이드는 다양한 신체 기관으로 흘러들어, 거기서 각성의 반응을 생성한다(Lopez-Duran et al., 2020).

교감신경계와 HPA 축을 통해 나타난 반응을 모두 **싸움 혹은 도피 반응**(fight-or-flight response)이라 부르는데, 이는 그것들이 우리 몸을 각성시키고 위험에 반응하도록 준비시키기 때문이다. 개인은 자율신경계 및 내분비계 기능에서 개인차를 보여 스트레스원에 직면했을 때 각성을 나름의 방식으로 경험하게 된다. 어떤 이는 심각한 위협 속에서도 상대적으로 안정되어 있는 반면, 다른 이는 미미한 위협 속에서도 긴장을 느낀다. 또한 사람들은 위협 감지에서도 개인차를 보인다. 비행기 탑승은 어떤 이에게는 끔찍한 일이지만 어떤 이에게는 지루한 일일 뿐이다.

급성 스트레스장애와 외상후 스트레스장애

스트레스 상황에 직면했을 때 우리는 '오, 내 자율신경계가 작동하는구나' 혹은 '내 싸움 혹은 도피 기제가 발동하기 시작하는구나'라고 마음속으로 생각하지 않는다. 단지 심리적 그리고 신체적 각성과 커져가는 공포감을 경험할 뿐이다. 만약 스트레스 상황이 정말로 크고 지나치게 위험하다면 우리는 아마도 이제껏 경험하지 못한 정도의 높은 각성과 불안, 우울을 순간적으로 경험할 것이다.

대부분의 사람에게 이러한 반응은 위험이 지남과 동시에 수그러진다. 하지만 어떤 이에게는 다른 증상과 더불어 각성, 불안, 우울 증상은 상황이 종료된 이후에도 계속된다. 이러한 사람은 심리적 외상 사건에 대한 반응 형태인 **급성 스트레스장애**나 **외상후 스트레스장애**를 앓고 있을 수 있다. 외상 사건은 개인이 그 사건 속에서 실제적 혹은 위협된 죽음, 상해, 성적 침해에 노출되는 경우를 말한다(APA, 2013). 제4장에서 읽은 일반인에게 위협이라 보기 어려운 상황으로 야기하는 불안장애와는 달리 급성 스트레스장애나 외상후 스트레스장애는 장애를 야기하는 상황(예 : 전쟁, 강간, 지진, 총기난사 사건, 비행기 사고 등)이 거의 누구에게나 외상적이다.

증상이 외상 사건 후 4주 이내에 시작되고 한 달 미만으로 지속되면 DSM-5에서는 **급성 스트레스장애**(acute stress disorder) 진단을 내린다(APA, 2013). 만약 증상이 한 달 이상 지속되면 **외상후 스트레스장애**(posttraumatic stress disorder, PTSD) 진단을 내린다. PTSD 증상은 외상 사건 후 곧 나타나기도 하지만, 몇 달 혹은 몇 년 후에 나타나기도 한다(표 5.1 참조). 사실 PTSD를 가진 사람의 25%는 외상 사건 후 6개월 혹은 그 이상이 되어도 완전한 임상적 증후로 발전하지 못한다(Sareen, 2020).

시상하부-뇌하수체-부신(HPA) 축 몸의 한 경로로, 이 경로를 통해 뇌와 신체가 각성의 반응을 생성한다.

코르티코스테로이드 스트레스 시 부신에서 분비되는 호르몬의 총칭. 코르티솔도 여기에 포함된다.

급성 스트레스장애 외상 사건 직후 공포 및 관련 증상을 경험하고 그 증상이 1개월 미만으로 지속되는 장애

외상후 스트레스장애(PTSD) 외상 사건 이후 공포 및 관련 증상을 계속적으로 경험하는 장애

연구는 급성 스트레스장애를 보인 사례의 적어도 절반이 외상후 스트레스장애로 발전함을 시사한다(Bryant, 2019). 이 장 초반에 소개된 이라크 파견병사 라트렐을 다시 생각해보자. 라트렐은 호위 임무 중 공격을 받았고 며칠 후 불안, 불면증, 걱정, 분노, 우울, 짜증, 침투적 사고, 플래시백(flashback) 기억, 사회적 고립으로 완전히 굴복당했다. 이러한 측면에서 라트렐은 급성 스트레스장애 진단을 만족한다. 증상은 악화되었고 한 달 넘게 지속되어(미국에 돌아온 이후에도 유지) PTSD로 진단되었다. 언제 발생했고 얼마나 지속되었는가의 차이를 제외하면 급성 스트레스장애 증상과 PTSD 증상은 거의 동일하다(APA, 2013).

증가된 각성, 부정 정서, 및 죄책감 스트레스장애를 가진 사람은 지나치게 경계하고(과경계성), 쉽게 놀라며, 주의 집중에 어려움을 보이고, 수면 문제를 발전시킬 수 있다. 또한 불안, 분노, 우울을 보이기도 하며, 이러한 정서는 변동이 심한 **정서조절 곤란** 혹은 **불안정 정동**의 모습을 띤다(Korte et al., 2020; Sareen, 2020). 이와 관련하여 많은 사람은 기쁨, 긍지, 사랑과 같은 긍정적 정서를 경험하는 데 어려움을 보인다. 또한 자신만 외상 사건에서 살아남았다는 이유로 지나친 죄책감을 가질 수도 있다(Keane, 2021; Herbert et al., 2020). 어떤 이는 살아남기 위해 자신이 해야만 했던 일 때문에 죄책감을 갖는다.

외상 사건의 재경험 사람들은 사건과 관련해 반복해서 떠오르는 생각, 기억, 꿈, 악몽 때문에 피폐해진다(Keane, 2021; Mary et al., 2020). 몇몇은 마음속에서 사건을 너무나도 생생하게 재경험하여(플래시백), 마치 사건이 실제 다시 일어나고 있다고 생각하기도 한다(APA, 2020e).

줄어든 반응성과 해리 사람들은 고립감을 느끼고 외부 자극에 무반응하며 한때 좋아했던 활동에 대한 관심을 잃는다. 많은 이는 해리 증상이나 심리적 괴리를 경험한다. 이들은 정신이 멍해지거나 뭔가를 기억하는 데 어려움을 보이거나 **이인증**(의식 상태나 몸이 비현실적이라고 느끼는 것)이나 **비현실감**(주위 환경이 현실처럼 느껴지지 않거나 이질적으로 느껴지는 것)을 경험한다(Cramer et al., 2020; Swart et al., 2020).

회피 외상 관련 장애를 가진 사람은 흔히 외상적 사건을 상기시키는 활동을 피하고 그와 관련한 사고, 느낌, 혹은 대화를 피하려 노력한다(Keane, 2021; Orcutt et al., 2020).

지진의 생존자인 테리는 외상적 시련을 겪은 후 앞서 기술한 증상들 중 많은 증상을 보였다.

> 그는 지진이 자신에게 영향을 미치지 않았음을 알리기 위해 노력했다. 이를 위해 지진을 겪었음을 아는 사람들과의 만남을 피하였고 관련 주제가 나오면 재빨리 화제를 전환하기 바빴다. 그럼에도 자유 시간에는 지진과 관련된 원치 않는 침투적 생각이나 이미지가 떠올랐다. 또한 악몽으로 잠을 설치는 횟수가 증가했다. 반복적으로 잠을 깨는 것 때문에 아내도 잠을 설치게 됐고, 이로 인해 부부는 더 이상 침실을 공유할 수 없었다. 이런 생각을 피하면 피할수록 생각은 더 빈번해지고 강해지고 있음을 깨달았다. 감정을 조절하지 못했던 기억이나 감정에 대처할 수 없었던 기억을 생각하게 될까 봐 두려웠다. 또한 외상이 상기될 때 나타나는 두려움과 공황이 영원히 지속될까 봐도 걱정이었다.
>
> (Monson & Shnaider, 2014)

임상가는 스트레스 증후군의 일환으로 해리와 무반응성 증상을 경험하는 외상장애 환자가 그렇지 않은 외상장애 환자보다 손상과 고통의 정도가 더 큼을 이해하게 되었다(Cramer et

표 5.1

진단 체크리스트

외상후 스트레스장애
1. 실제 혹은 위협된 죽음, 중상해, 성적 침해와 같은 외상 사건에의 노출
2. 아래의 침투적 증상 중 하나 혹은 그 이상을 만족 ■ 반복적이면서 원치 않는 고통스러운 기억 ■ 반복적인 고통스러운 꿈 ■ 플래시백과 같은 해리적 반응 ■ 사건과 관련된 단서에 노출 시 심각한 고통 경험 ■ 사건 상기 단서에 대한 뚜렷한 생리적 반응
3. 사건과 관련된 자극에 대한 지속적 회피
4. 사건의 핵심 부분을 기억하지 못하거나 반복적으로 부정정서를 경험하는 것과 같은 인지와 기분에서의 부정적 변화
5. 과경계, 극단적 놀람 반응, 혹은 수면장해와 같은 각성과 반응성에서의 괄목할 만한 변화
6. 심각한 고통 혹은 기능상의 장해를 보이며, 증상이 한 달 이상 지속

출처: APA, 2013.

끝나지 않고 지속되는 영향 베트남전쟁이 끝난 지 40년도 넘었건만 아직도 25만 명이 넘는 참전용사가 PTSD로 고통받고 있다. 이러한 사람들 가운데 2016년에 사망한 킹차르사 바카리 카마우가 있다. 사진은 콜로라도 덴버의 한 쇼핑몰에서 취미생활인 피아노 연주를 하고 있는 카마우의 모습이다. 그의 의견에 따르면 피아노 연주는 가장 훌륭한 치료라 한다.

al., 2020; Hyland et al., 2020). DSM-5는 해리 증상 동반 PTSD라는 명칭을 사용하여 내담자가 이런 증상을 경험하고 있음을 명확히 할 것을 요구하고 있다. 전쟁, 성학대 혹은 다른 형태의 신체 학대, 특히 반복 학대나 아동기 학대를 경험한 희생자는 이런 형태의 증상을 경험하는 경우가 흔하다(TD, 2020a).

급성 스트레스장애나 외상후 스트레스장애는 어느 연령에서도 발생할 수 있다. 심지어 아동기에도 발생할 수 있으며(Kaplow et al., 2020), 개인의 개인적·가족적·사회적·직업적 삶에 영향을 미친다(North et al., 2020). 설문조사에 따르면 한 해 미국인의 적어도 3.5~6%가 급성 스트레스장애나 외상후 스트레스장애를 경험하고 있으며, 7~12%는 생애 동안 이 중 하나로 고통을 겪는다고 한다(ADAA, 2020d; Sareen, 2020). 이들 중 적어도 절반은 어느 시점에 치료를 구하나, 스트레스장애를 처음 갖게 된 시점에 치료를 구하는 사람은 상대적으로 드물다(Korte et al., 2020). 20% 이상은 자살을 시도한다(Tull, 2020d). 스트레스장애를 가진 사람은 우울장애, 불안장애, 물질사용장애를 경험하기도 하며(McGuire et al., 2021; Ellickson-Larew et al., 2020), PTSD와 우울장애 모두를 가진 사람은 PTSD만 가진 사람보다 자살을 시도할 확률이 2배 이상 높다(Bullman et al., 2019). 또한 PTSD를 가진 사람은 기관지염, 천식, 심장질환, 간질환과 같은 신체질환을 발전시킬 위험이 증가하며, 거의 절반은 만성 신체질환으로 고통을 겪는다(Ellickson-Larew et al., 2020; Sommer et al., 2019).

낮은 임금을 받는 사람이 높은 임금을 받는 사람보다 스트레스장애를 경험할 확률이 2배 높다(Sareen, 2020; Sareen et al., 2011). 여성은 남성보다 스트레스장애를 발전시킬 확률이 높은데, 중증 외상에 노출된 여성의 경우 약 20%가 장애를 발전시키는 반면, 남성은 8%가 장애를 발전시킨다(Carroll & Banks, 2020; Tortella-Feliu et al., 2019). 유사하게 미국인 중 히스패닉, 흑인, 아메리카 원주민이 비히스패닉계 백인보다 중증 외상 경험 후 스트레스장애를 발전시킬 확률이 더 높다(Ellickson-Larew et al., 2020). 이 같은 인종 및 민족에 따른 차이의 이유는 아직까지 명확하지 않다.

무엇이 급성 스트레스장애와 외상후 스트레스장애를 촉발하는가

외상적 사건이라면 그 어떤 것도 급성 스트레스장애나 외상후 스트레스장애를 촉발할 수 있다. 그러나 몇몇 사건은 다른 사건보다 스트레스장애를 촉발할 확률이 특히나 높은데(Keane, 2021; Sareen, 2020), 이 중 대표적인 것이 전쟁, 천재지변, 학대이다.

전쟁 임상가는 오래전부터 병사들이 전쟁 중 중증 불안, 우울 증상을 발전시킴을 인지해왔다. 이런 증상은 미국 남북전쟁 중에는 '병사의 심장'으로, 제1차 세계대전 중에는 '포탄 충격'으로, 제2차 세계대전과 한국전쟁 중에는 '전쟁 피로'로 불렸다(Ellickson-Larew et al., 2020). 하지만 베트남전쟁이 종결된 후에야 임상가는 병사들이 전쟁 후에도 심각한 심리 증상을 경험한다는 것을 알게 되었다.

베트남전 참전군인이 여전히 전쟁과 관련한 심리적 어려움을 경험하고 있음은 1970년대 말이 되어서야 명확해졌다. 우리는 베트남전 참전군인(남녀 모두 포함)의 29%가 급성 스트레스장애나 외상후 스트레스장애를 앓고 있으며, 또 다른 22%가 적어도 몇 개의 스트레스 증상을 가지고 있음을 안다(Howley, 2019). 사실상 참전군인의 10%는 여전히 플래시백, 수면 경악, 악몽, 지속되는 심상 및 사고를 포함한 외상후 스트레스 증상과 맞서 싸우고 있다(Tull, 2020a).

유사한 형태의 문제가 270만의 아프카니스탄전과 이라크전 참전군인들에게서 나타나고 있다(Howley, 2019). 지금까지 이들 전쟁에 배치된 미군의 약 20%가 외상후 스트레스장애 증상을 보고하였다. PTSD의 비율은 전쟁 관련 스트레스에 장기간 직접적으로 노출된 군인에게서 더 높다.

표 5.2

지난 100년에 걸쳐 발생한 최악의 자연재해

자연재해	연도	장소	사망자 수
홍수	1931	중국 황해	3,700,000
쓰나미	2004	남아시아	280,000
지진	1976	중국 탕산	255,000
폭염	2003	유럽	35,000
화산폭발	1985	콜롬비아 네바도델루이스	23,000
허리케인	1998	중앙아메리카	18,277
산사태	1970	페루 융가이	17,500
눈보라	1972	이란	4,000
토네이도	1989	방글라데시 사투리아	1,300

출처: Gringer, 2020; *Statista*, 2018; Infogalactic, 2016; Ash, 2001.

천재지변, 사고, 질병 급성 스트레스장애와 외상후 스트레스장애는 지진, 홍수, 토네이도, 화재, 비행기 충돌, 심각한 교통사고와 같은 자연적 혹은 사고적 재해 후에도 나타날 수 있다(표 5.2 참조). 한 예로 2005년 허리케인 카트리나와 2010년 영국석유회사(BP)의 멕시코만 기름 유출 사건, 그리고 2017년 푸에르토리코, 플로리다, 텍사스 지역을 강타한 파괴적 허리케인, 미국 서부와 호주의 최근 치명적 산림 화재의 생존자 사이에서 외상후 스트레스장애 빈도가 아주 높았다(Tull, 2020b). 사실상 민간 외상이 전쟁 외상보다 더 자주 발생하기 때문에 민간 외상이 전쟁 외상보다 훨씬 더 자주 스트레스장애를 촉발한다고 볼 수 있다. 연구는 교통사고 희생자(성인이건 아동이건)의 39%가 사고 1년 안에 PTSD를 발전시킬 수 있음을 발견하였다(Tull, 2019).

연구는 심각한 의학적 질병이 PTSD로 이끌 수 있다고 제시한다. 생명을 위협하는 질병을 가지고 있거나 중증 만성 상태에 있는 개인 중 25%가 PTSD를 발전시킨다(Tang et al., 2020; Virant, 2019). 연구는 PTSD의 비율이 유행병(epidemics, 한 지역사회 내 급속히 전파되는 질병)과 팬데믹(pandemics, 여러 국가에 걸쳐 빠르게 전파되는 질병) 감염자 사이에서도 증가하고 있음을 보여준다(Galea, Merchant, & Lurie, 2020). COVID-19 팬데믹 발발 후 첫 한 달이 지난 시점에 진행된 다국가 설문조사에 따르면, 인구의 54%가 지속되는 중증 스트레스 압박감을 발전시켰는데, 이 비율에는 건강관리 인력 73%와 이미 PTSD 증상을 보이는 환자 7%도 포함되어 있다(N. Liu et al., 2020; S. Liu et al., 2020; Wang et al., 2020). 이런 발견에 기초할 때 COVID-19의 심리적 영향을 탐색하는 장기 연구가 종료되는 시점에서는 PTSD로 고생하는 환자의 수가 훨씬 더 클 것으로 예측된다(Cénat, Blais-Rochette, et al., 2021).

폭력의 희생 학대받거나 폭행당한 사람은 흔히 사라지지 않고 맴도는 스트레스 증상을 경험한다. 연구는 신체적 혹은 성적 폭행을 당한 피해자의 3분의 1 이상이 외상후 스트레스장애를 발전시킴을 시사하고 있다(Sareen, 2020). 테러와 집단 총격, 고문에 직접 노출된 사람의 절반가량이 외상후 스트레스장애를 발전시킬 수 있다(Wan, 2019; Comer et al., 2018).

성폭행 오늘날 우리 사회에서 가장 흔하게 발생하는 폭행 유형은 성폭행이다(정보마당 참조). **강간**(rape)은 동의하지 않은 대상에게 행해진 강제적 성적 교합 및 성적 행위 혹은 미성년자에게 행해진 성적 교합을 말한다. 미국에서는 매년 약 10만의 강간 혹은 강간 시도 사례가 경찰에 신고되고 있다(FBI, 2020a; *Statista*, 2020c). 하지만 전문가는 희생자의 신고를 꺼리는 습성을 고려하여 강간 및 강간 시도의 실제 수가 이보다 훨씬 더 클 것이라 믿고 있다(RAINN,

강간 동의하지 않은 사람에게 자행된 강제적 성교나 성적 행위. 혹은 성인과 미성년자 사이의 성교

흥미로운 이야기

성차

많은 연구자는 여성에서 보고되는 높은 PTSD 비율이 이들이 경험한 폭력적 유형의 외상과 관련이 있다고 믿고 있다. 말하자면 강간이나 성학대와 같은 대인관계 폭력과 관련이 있다고 믿고 있다(Sareen, 2020).

2020a, 2020b). 강간자의 대부분은 남성이며, 피해자의 대부분은 여성이다. 여성 5명 중 1명은 삶의 어느 시기에 강간을 당한다고 한다(Basile et al., 2020). 이들 중 약 75%는 아는 사람이나 친지로부터 강간당한다(RAINN, 2020c).

강간 비율은 인종 및 민족마다 차이가 있는 것으로 보인다. 미국 내 아메리카 원주민 여성은 약 27%, 흑인 여성은 22%가 생애 어느 시점에 강간을 당하는 것으로 나타났으며, 이는 백인 여성 19%, 히스패닉계 여성 15%, 아시아계 여성 12%와 비교된다(BJS, 2020b, 2017). 강간의 피해 비율은 각 인종 내에서도 트랜스젠더 층에서 더 높다.

강간이 피해자에게 주는 심리적 충격은 즉각적이며, 이는 장기간 지속될 수 있다(Bates, 2021; Carroll & Banks, 2020). 강간 생존자 중 일부는 사건 이후에도 상당 기간 정서적 마비를 경험하기도 한다. 하지만 다수는 사건 후 일주일 동안 어마어마한 고통을 경험한다. 스트레스의 수준은 다음 3주간 계속 증가하고, 그다음 한 달 동안 최고의 수준을 유지하다가, 이후부터 호전되기 시작한다. 한 연구는 강간 생존자를 사건 후 12일에 걸쳐 관찰하였는데, 관찰된 피해자 중 94%가 급성 스트레스장애 진단을 충족하였다(Rothbaum et al., 1992). 일부 강간 피해자는 3~4개월 내에 심리적 안정을 찾곤 하지만, 많은 강간 피해자의 경우 강간으로 인한 영향은 18개월 혹은 그 이상까지도 지속된다. 생존자는 보통 이상의 불안, 의심, 우울, 자아존중감 문제, 자기 비난, 자살사고, 플래시백, 수면 문제와 성기능 문제를 계속 지니곤 한다(Basile et al., 2020; Carroll & Banks, 2020). 강간을 당한 후 외상후 스트레스장애를 발달시킨 여성은 46%인 것으로 추산되고 있다(ADAA, 2020d). 섀넌은 성폭행을 당한 후 수십 년간 외상후 스트레스 증상을 보이고 있다.

Gabrielle Lurie/AFP via Getty Images

대학 내 자각과 예방 많은 대학이 학내 성폭행을 과소 보고하고 있는 가운데, 학생 운동 단체는 문제의 위험성 자각을 높이고 학내 성적 위험을 효과적으로 전달하고 방지하기 위해 지난 10년 동안 임직원을 압박해왔다. 여기 2016년도 스탠퍼드대학교 졸업식에서 학생들이 피켓을 통해 중요한 메시지를 선보이고 있다. '셋 중 하나'라는 문구는 미국 전역 여학생의 3분의 1이 대학에 다니는 동안 성폭행을 당했다는 자주 인용되는 통계치를 나타낸다. 이 통계치는 최근 감소하고 있다.

어찌하여 난 다시 익숙한 데로 돌아왔다. 땀에 흠뻑 젖어 깬 후 심장의 질주가 멈추길 그리고 몸의 감각이 되돌아오길 바라며 난 여전히 침대에 누워 있다. 그간 난 안전했다. 강간을 당한 지 벌써 20년이 지났건만 PTSD는 내게 그 일이 오래전 일이 아닌 것처럼 느끼게 한다.

악몽은 빈번하고 매번 꿈은 같다. 전 남친이 날 찾아 죽이려 한다. 내 뒤를 따르는 그의 발자국을 눈치 채지 못한 채 난 바닷가를 한가로이 거닐고 있다. 그의 얼굴은 결코 보지 못한다. 총을 발사하기 전 내 이름을 부르는 그의 목소리만 들릴 뿐이다.

며칠 전 자고 있는 내 발목을 잡은 남친(현재의 남친)에게 맹렬한 비난을 쏟아냈다. 그날 아침 잠에서 깬 나는 남친이 침대 발치에 서 있는 것을 발견하고는 미친 듯 소리를 질렀다. 남친은 그저 회사 가기 전 나한테 인사를 하려고 했을 뿐이었다. 난 과거 공격받은 그날의 플래시백을 경험하고 있었던 거였다.

필사적으로 저항하던 날 바닥에 질질 끌고 가던 탓에 생긴 발목의 상처는 이미 희미해졌다. 하지만 나의 기억은 희미해지지 않았다.

칼로 위협받고 심하게 구타당하며 강간을 당한 지 벌써 20년이 지났다. 다시 결혼하여 새로운 삶을 시작했고 엄마가 되고 이제는 강간 생존자들을 옹호하는 일도 하고 있다. 그러나 사건 후 외상에 대한 면역은 생기지 않았다. 수면 경악은 사라졌다가 다시 나타나고 난 여전히 불안, 편집, 불면 문제를 다루어야 한다.

증상이 최악에 이르는 날에는 집에 있어야 하고 사람들을 피해야 한다. 그럼에도 난 결코 없앨 수 없는 운명이라 내 공포증을 수용하며 이것들을 관리하는 법을 배워나간다.

(Lee, 2017)

성폭행

성폭행을 당하는 사람은 자신의 의지에 반하여 성적 행동을 하도록 강요받는다. 많은 사람이 인정하는 정의에 따르면, 강간당하는 사람은 성교나 다른 형태의 성적 삽입을 강요받는다. 강간 피해자는 **강간외상증후군**(rape trauma syndrome, RTS)이라는 특정 형태의 문제적 신체·심리 증상을 경험한다. RTS는 사실상 PTSD의 한 형태이다. 강간 피해자의 약 **3분의 1**이 PTSD를 발달시킨다.

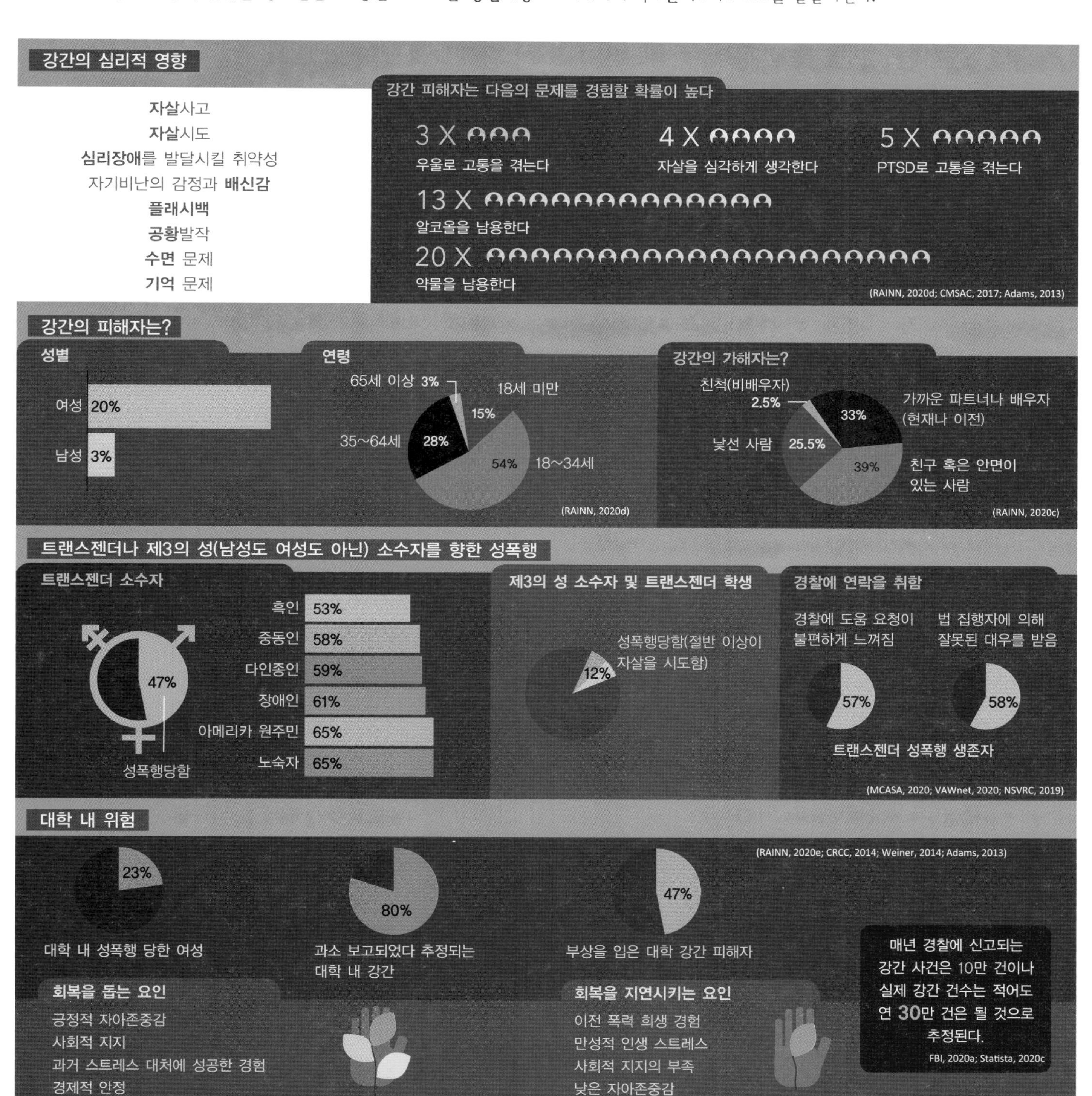

강간 및 기타 범죄의 여성 피해자는 일반 여성보다 심각한 만성 건강 문제로 고통을 겪을 확률이 훨씬 더 높다. 연구에 따르면 강간 생존자는 사는 동안 천식, 두통, 과민성대장 증상, 만성통증, 수면 곤란, 심혈관계 문제 등을 발전시킬 확률이 일반 수준보다 더 높은 것으로 발견되었다(Basile et al., 2020).

'우리가 해야 한다'라는 전국 대학 캠페인은 학내 구성원 모두에게 성폭행의 예방과 개입을 도울 의무를 지우고 있다. 이런 책임의 광범위한 초점이 주는 이점은 무엇인가?

가족 내 폭력과 학대(특히 아동과 배우자 학대)도 심리적 스트레스장애를 초래할 수 있다(ADAA, 2020b; Carroll & Banks, 2020). 이러한 형태의 학대는 장기간에 걸쳐 자행되고 가족의 신뢰를 해칠 수 있기 때문에 피해자가 다른 증상이나 장애를 함께 발달시키게 된다.

테러리즘과 총기난사 테러 피해자와 테러 협박하에 사는 사람은 흔히 외상후 스트레스 증상을 경험한다(Motreff et al., 2020; Comer et al., 2019, 2018, 2016). 불행히도 이런 외상 스트레스의 원천은 증가하고 있다. 2001년에 발생한 9.11 테러 사건은 미국은 물론 세계 여러 나라에 지울 수 없는 흔적을 남겼다. 납치된 비행기가 뉴욕시 국제무역센터 건물과 충돌해 건물을 무너뜨렸고 워싱턴 D.C.에 있는 국방성 건물과도 충돌해 건물의 일부를 훼손하였다. 사건으로 수천 명의 희생자와 소방 구조 인력이 사망하였으며, 또 다른 수천 명은 살기 위해 필사적으로 도망가고 포복하고 심지어는 땅을 파야만 했다. 수많은 연구는 그 운명적인 날 이후 많은 이들이 쇼크, 공포, 분노와 같은 단기 스트레스 반응부터 외상후 스트레스장애와 같은 지속되는 심리장애까지 단기 혹은 장기적 심리 문제를 발달시켰음을 보여주었다(Ellickson-Larew et al., 2020).

추후 연구는 이들 중 많은 이가 계속해서 테러 관련 스트레스 반응으로 고생하고 있음을 보여준다(Hamwey et al., 2020; Cozza et al., 2019; Tucker et al., 2018). 사실상 사건 수년 후에도 미국 전체 성인의 42%, 뉴욕 성인의 70%가 테러에 대한 높은 공포를 보고하였고, 전체 성인 중 23%가 집에서도 덜 안전하다고 느끼며, 15%가 9.11 테러 전보다 술을 더 많이 마시게 됐다고 보고하였다. 또한 뉴욕 성인의 9%가 PTSD를 나타냈는데, 이는 미국 내 연간 PTSD 유병률인 3.5%와 비교된다. 2013년 보스턴 마라톤 대회 폭발 사건, 2016년 프랑스 니스의 바스티유데이 트럭 공격 사건, 2017년 영국 맨체스터의 아리아나 그란데 콘서트 폭탄 테러 사건과 같은 이후의 테러 행위에 관한 연구도 유사한 이야기를 우리에게 전해준다(Comer et al., 2019, 2018).

임파워먼트와 회복탄력성 17명의 학생과 교사가 사망한 2018년 플로리다 파크랜드 고등학생 총기난사 사건 1주 후, 플로리다 전역에서 온 수천의 학생이 학교 안전 증진과 강력한 총기 사용 통제 법률을 요구하며 이 학교 운동장에서 집회를 하고 있다. 임상 이론가는 파크랜드 학생들이 보여준 임파워먼트와 회복탄력성이 이들의 PTSD 발병을 막는 데 도움을 줬다고 믿고 있다.

Rhona Wise/Getty Images

총기난사 사건에서 살아남은 사람도 외상후 스트레스 증상을 경험하곤 한다(Cowan et al., 2020). 때로는 테러라는 이름으로 자행되는, 그러나 때로는 그렇지 않은 총기난사 사건은 미국이나 기타 세계의 학교나 공공장소에서 놀랄 만한 속도로 증가하고 있다. 2017년 네바다 라스베이거스에서 콘서트 관람객 58명을 죽인 총기난사 사건과 2018년 플로리다 파크랜드의 마저리스톤먼더글라스고등학교에서 17명을 죽인 총기난사 사건도 여기에 포함된다(436쪽 참조).

고문 고문(torture)은 "희생자를 무력화하기 위해 잔인하고 모욕적이며 지남력을 잃게 하는 방략"을 사용하는 것을 말한다(Okawa & Hauss, 2007). 흔히 정부나 다른 권위체의 명령에 의해 자행되며, 정보를 제공하게 하거나 사실을 실토하게 하기 위해 시행된다. 제16장에서도 보겠지만 '테러와의 전쟁' 중 테러 용의자에게 가해진 고문이 도덕적으로 적법한가의 문제는 지난 20년간 토론의 중심 주제가 되어 왔다.

테러 용의자로부터 학생운동가, 종교·인종·정치·문화의 소수집단 구성원에 이르기까지 다양한 종류의 사람들이 전 세계적으로 고문의 희생자가 되고 있다. 이들에게 가해진 고문으로는 **신체적 고문**(때리기, 물고문, 전기고문), **심리적 고문**(살해 위협, 허위 처형, 언어적 학대, 인격 비하), **성적 고문**(강간, 성기에 가해진 폭력, 성적 수치심 유발), **결핍을 통한 고문**(수면, 감각, 사회, 영양, 의학, 위생 결핍)이 있다. 고문의 희생자는 고문으로 인한 상처, 골절로부터 신경학적 문제, 만성 통증에 이르기까지 다양한 신체적 합병증을 경험하곤 한다. 고문 희생자의 30~50%는 외상후 스트레스장애를 발전시키는 것으로 보인다(Sareen, 2020; Berthold et al., 2019).

고문 희생자를 사실상 무기력 상태로 만들기 위해 잔인, 모욕, 혼돈 책략을 사용하는 것

왜 사람들은 급성 스트레스장애와 외상후 스트레스장애를 발전시키는가

확실히 아주 큰 외상은 급성 스트레스장애와 외상후 스트레스장애를 야기한다. 그러나 스트레스 사건만으로 장애 발달을 전부 설명할 수 있는 것은 아니다. 일상적이지 않은 외상을 경험한 사람이 사건에 영향을 받는 것은 명백하지만, 이 중 일부만이 급성 스트레스장애와 외상후 스트레스장애를 발전시킨다. 스트레스장애로의 발전을 보다 잘 이해하기 위해 연구자들은 외상 생존자의 **생물학적 과정**, **아동기 경험**, **인지적 요인 및 대처방식**, **사회지지 체계**, **외상의 심각도와 본질**을 살폈다. 이 절에서 우리는 외상후 스트레스장애를 중심으로 장애 발전에 기여하는 요인을 논할 것이다. 외상후 스트레스장애(PTSD)에 집중하는 이유는 PTSD가 스트레스장애 중 가장 많이 연구되었기 때문이다.

흥미로운 이야기

위험한 결과

경찰과 위기상담전화 보고에 따르면, 가정 내 격리를 의무화한 COVID-19 팬데믹 기간 동안 가정 내 학대 비율이 유의하게 증가했다고 한다. 이런 증가는 여러 요인 중 사회적 고립, 높아진 스트레스, 증가한 알코올 섭취 때문으로 귀인되었다(Fatke et al., 2020; Taub, 2020).

생물학적 요인 연구자들은 PTSD를 몇몇 생물학적 요인과 연결했다. 가장 큰 관심을 받는 생물학적 요인으로는 **뇌-신체 스트레스 경로**, **뇌의 스트레스 회로**, **유전된 성향**이다.

뇌-신체 스트레스 경로 기억하겠지만 스트레스를 받으면 뇌의 시상하부는 교감신경계와 시상하부-뇌하수체-부신 축(HPA 축)이라는 뇌와 신체에 걸쳐 위치하는 두 스트레스 경로를 활성화한다(147~148쪽 참조). 이들 경로는 각성이라는 상태를 유발함으로써 스트레스에 반응하는데, 전자는 신경 세포의 발화를 통해, 후자는 호르몬의 혈류에의 방출을 통해 각성 상태를 유발한다.

사람은 누구나 이 두 경로를 통해 외상 사건에 각성으로 대응하게 되지만, PTSD로 발전해가는 개인은 이 두 경로의 각성 반응이 유난히 큰 것이 특징이다(Lopez-Duran et al., 2020; Zakreski & Pruessner, 2020). 증거에 따르면 심각한 외상에 직면하기 이전부터 이들은 중등도 스트레스에 과도하게 반응하는 경향이 있었고, 따라서

기능 이상 후보자 한 주식 시장 트레이더가 2020년 주가 폭락장을 경험한 후 탈진과 걱정의 반응을 보이고 있다. 사업상의 어려움은 스트레스에 과도하고 광범위한 불안감, 우울감, 분노감으로 반응하는 DSM-5 장애인 '적응장애'를 일으키는 가장 흔한 촉발 요인 중 하나이다. 적응장애의 증상은 PTSD만큼 심각하지는 않으나 사람들에게 상당한 스트레스를 야기하며 이들의 인생을 방해한다.

Tayfun Coskun/Anadolu Agency via Getty Images

위기에 처한 도움 제공 인력 한 의료계 종사자가 셀 수 없이 많은 COVID-19 환자를 구하고는 뉴욕 병원 밖 계단에 앉아 있다. 연구에 따르면 구조자나 재난 중 구조 역할을 맡은 이들 자신이 스트레스장애 발달 위험에 놓여 있다고 한다.

PTSD로 발전할 소인을 드러내고 있었다. 또한 심각한 외상에 직면한 후에도 이들의 뇌-신체 경로의 반응성은 계속 증가하는 양상을 보였다(Speer et al., 2019; Lehrner & Yehuda, 2018). 투병, 강간 생존자, 포로수용소의 생존자, 기타 강력 스트레스 사건의 생존자의 경우 소변, 혈액, 타액에서 호르몬인 **코르티솔**과 신경전달물질인 동시에 호르몬인 **노르에피네프린**(이 두 물질은 앞서 언급한 각성 경로의 대표 선수라 할 수 있다)의 비정상적 활동이 발견되기도 했다(Lopez-Duran et al., 2020). 요약하면 일단 PTSD가 진행될 경우 개인의 뇌-신체 스트레스 경로는 스트레스에 한층 더 과민하게 반응하게 되며, 이러한 과반응성은 뇌와 신체의 역기능성 및 PTSD의 증상 지속으로 이어지게 된다.

뇌의 스트레스 회로 연구자들은 앞서 언급한 두 스트레스 경로의 만성적 과반응성이 스트레스 회로라 불리는 특정 뇌 회로의 역기능성 발생에 기여한다고 믿는다. 앞서 여러 장에서 보았지만 다양한 종류의 정서적, 행동적, 인지적 반응은 서로 소통하고 촉발하는 뇌 구조의 연결망인 뇌 회로와 연결되어 있다. 이 중 스트레스 회로의 문제는 명백히 PTSD 증상에 기여한다. 뇌의 스트레스 회로는 **편도체**, **전전두엽**, **전대상피질**, **뇌섬엽**, **해마**와 같은 구조를 포함하고 있다(Zantvoord et al., 2021; Barch & Pagliaccio, 2020). 각성, 공포, 불안이 서로 관련이 큰 상황에서 스트레스 회로의 몇 개 구조가 불안장애와 관련이 있는 공포 회로나 공황 회로의 구조가 되기도 한다는 점은 놀랄 만한 일이 아니다(40쪽과 131쪽 참조). 그러나 PTSD의 경우에는 이들 구조의 활동이나 상호연결성이 불안장애의 그것들과는 다소 차이가 있다.

연구자들은 편도체, 전전두엽, 해마 이 세 구조의 구조 내 그리고 구조 간 역기능이 외상후 스트레스장애 발달에 중요한 역할을 한다는 것을 발견하였다(Larkin et al., 2020). 제4장에서도 살펴보았지만 편도체는 공포 반응이나 공황 반응을 포함한 여러 정서 반응을 관할하는 중심 센터라 할 수 있다. 적절히 기능하는 뇌의 스트레스 회로에서는 스트레스에 직면하게 되면 편도체가 활동을 개시한다. 편도체는 여러 구조 중 전전두엽에 그 메시지를 전달하고 전전두엽은 메시지를 평가하여 속도를 줄이라(slow down)는 신호를 다시 편도체에 보내게 되어 결과적으로 개인을 진정시킨다. 그러나 PTSD 환자는 편도체와 전전두엽의 연결에서 결함이 있는 것으로 발견되고 있다. 이들의 경우 편도체의 활동성은 너무 높고 전전두엽의 활동성은 너무 낮은 것으로 보고되고 있다(Sun et al., 2020). 결함이 있는 상호연결성의 결과는 지나친 놀람 반응, 증가한 심박과 같은 개인의 적응 능력에 부정적 영향을 주는 각성 증상의 지속적 경험이다.

뇌 회로의 또 다른 구조인 해마 또한 PTSD의 발병과 유지에 중요한 역할을 하는 것으로 보인다. 해마라는 구조는 기억을 형성하고 몸의 스트레스 호르몬을 조절하는 데 주요한 역할을 한다. 또한 해마는 기억의 정서적 요소를 창출하기 위해 편도체와 소통을 한다. 해마 그리고 해마와 편도체의 연결 및 해마와 전전두엽의 연결에서의 역기능이 PTSD를 특징짓는 지속되는 정서 기억, 해리, 각성 증상을 야기하는 것으로 연구는 보고하고 있다(Dennis et al., 2020).

유전된 성향 연구자들에 따르면 어떤 개인은 과도하게 반응하는 뇌-신체 스트레스 경로나 역기능적인 뇌 스트레스 회로의 특성을 물려받는 것 같다. 유전 연구에서 유전된 취약성에 관여하는 몇몇 유전자를 찾아내었다(Hossack et al., 2020). 가계 연구도 이런 유전된 취약성의 개념을 지지하고 있다. 군대에서 복역한 수천의 쌍생아를 대상으로 한 연구에서 한 쌍생아가 전쟁 후 스트레스 증상을 발달시키면 대응되는 일란성 쌍생아 형제는 대응되는 이란성 쌍생아 형제보다 같은 문제를 발달시킬 확률이 높았다(Radhakrishnan et al., 2019; Koenen et al., 2003).

관련된 연구에서 외상후 스트레스장애를 가진 사람은 자녀에게 외상후 스트레스장애와 관련된 생화학적 이상을 물려주는 것 같음이 시사되었다(Bowers & Yehuda, 2020; Yehuda & Bierer, 2007). 한 예로 연구자들은 9.11 테러 공격 동안 PTSD를 발달시켰던 임신 여성의 코르티솔 수준을 검토하였다. 연구 대상 여성에게서 평균 이상의 코르티솔 수준이 발견되었을 뿐만 아니라, 사건 후 태어난 아기에게서도 높은 수준의 코르티솔이 발견되었는데, 이는 아기가 엄마로부터 같은 장애, 즉 PTSD를 발달시킬 성향을 물려받았음을 시사한다.

아동기 경험 어떤 사람은 PTSD 발병 가능성을 높일 과도하게 반응적인 뇌-신체 스트레스 경로와 역기능적 뇌 스트레스 회로를 가지고 있다는 주장에 많은 연구자가 동의하고 있지만 일부 연구자는 이러한 경향성이 출생 시 유전된 것이라기보다는 아동기에 획득된 것이라고 주장한다(McLaughlin, 2020). 다수의 연구가 이 주장을 지지하는데, 이들 연구는 장기간 방임되거나 학대된 혹은 외상을 경험한 어린 아동이 이후 지나치게 반응적인 뇌-신체 스트레스 경로와 역기능적 뇌 스트레스 회로를 발전시킴을 발견하였다(Doom & Cicchetti, 2020; Leneman & Gunnar, 2020). 불우한 아동기 경험이 확실히 이들에게 영향을 준 것으로 보이는데, 구체적으로 이들의 뇌와 신체 스트레스 반응 재프로그램화에 역할을 한 것으로 보인다.

웹이나 TV, 비디오 게임의 생생한 이미지가 아이들의 이후 스트레스장애 발달의 취약성을 높일 것인가, 아니면 낮출 것인가?

유사하게 연구자들은 특정 아동기 경험이 아동의 이후 PTSD 발병 위험을 증가시킴을 발견하였다(Korte et al., 2020; McLaughlin, 2020). 어린 시절이 가난으로 점철되었던 사람은 이후 외상에 직면하였을 때 PTSD로 발전할 가능성이 큰 것으로 보인다. 어려서 폭행·학대·재난

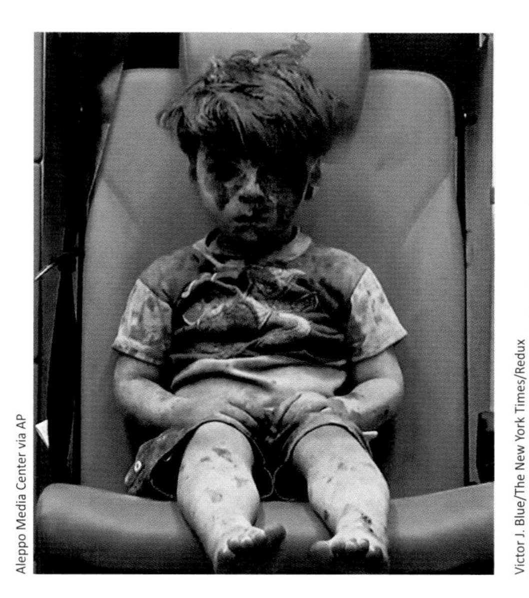
Aleppo Media Center via AP

Victor J. Blue/The New York Times/Redux

아이들 또한 과도한 외상에 직면한 후 아이들은 PTSD를 발달시킬 수 있으며, 이로 인해 임상가들은 국가 재난의 혼란 속에 있는 아이들의 정신건강을 염려하고 있다. 이 가슴 찢어지는 사진 속에서 2016년 시리아 내전 중 공습으로 파괴된 빌딩의 폐허 속에서 구출된 뒤 구급차에 앉아 있는, 피범벅의 혼란스러워하는 5세 소년과 2018년 미국 국경선 안보 정책으로 4개월간 엄마와 분리되어 수용 시설에 거주하고 있는 우울한 3세 소년을 볼 수 있다.

흥미로운 이야기

스트레스가 가장 높은 세대

1997년 이후 태어난 성인(Z세대)은 몇몇 사회적 쟁점으로 인해 다른 성인보다 평균적으로 스트레스가 더하다. 이러한 사회적 쟁점에는 총기난사 사건, 자살률의 증가, 기후 변화/지구 온난화, 이민자 격리와 강제추방, 성희롱과 성폭력이 포함되어 있다(APA, 2020d).

을 경험한 사람, 다중 외상을 경험한 사람, 부모의 부부간 갈등을 경험한 사람, 심리장애를 앓는 가족을 가진 사람 역시 그렇다(Gould et al., 2021; Sheridan & McLaughlin, 2020).

인지적 요인 및 대처방식 인지적 요인이 스트레스장애의 발병과 유지에 주된 역할을 하는 것으로 보인다(Ellickson-Larew et al., 2020). 특히 PTSD를 발전시키는 개인은 외상 노출 이전부터 심각한 기억 문제를 보이는 것으로 발견되었다. 한 예로, 쇼핑 목록과 같은 매일의 정보를 회상하는 데 어려움을 가진 개인이 외상에 직면하여 PTSD를 발전시킬 위험이 더 높았다. 이 같은 병전 기억 손상은 PTSD 그 자체에서 발견되는 기억 어려움(예 : 침습적 플래시백, 외상 사건의 주된 측면을 기억해내지 못하는 특성, 기억 기능에 중요한 뇌 구조인 해마 기능의 비정상성)과 어느 정도 일치한다.

스트레스장애 발병 가능성을 높이는 또 다른 인지적 요인으로는 불확실성에 대한 인내 부족을 들 수 있다. **불확실성에 대한 인내 부족**은 예측할 수 없는 부정적 인생 사건이 발생할 수 있다는 가능성에 대해 극도로 불편해하는 성향을 말한다. 우리는 이 같은 인내 부족이 범불안장애 발병에 기여함을 제4장을 통해 살펴보았다(111~113쪽 참조). 연구는 외상에 직면하여 PTSD를 발전시키는 개인에게서 이런 성향이 두드러짐을 발견하였다(McGuire et al., 2021). 또한 삶의 부정적 사건을 자신의 통제 밖이라 생각하는 사람이 그렇지 않은 사람보다 성학대나 기타 외상 사건 후 더 심한 스트레스 증상을 발전시키는 것으로 나타났다(Hancock & Bryant, 2020; Leonard, 2019).

인지적 요인과 더불어 **융통성 없는 경직된 대처방식**도 PTSD 발병 가능성을 높이는 것으로 사료된다(Comer et al., 2020). 과거에는 특정 대처방식(예 : 긍정적 사고, 문제해결)은 좋고 다른 것(예 : 회피, 주의분산)은 나쁘다는 식으로 생각하는 경향이 있었다. 하지만 최근에는 스트레스의 종류에 따라 각기 다른 대처방식이 요구되며, 모든 상황에 효과적이고 적응적인 방식은 없다는 식의 주장이 옹호되고 있다. 오늘날의 연구는 개인이 문제해결, 긍정적 사고, 회피, 주의분산, 수용 등 다양한 대처 전략을 알고 있고 활용할 수 있을 것을 강조하고 있다. 각 대처 전략은 스트레스의 종류에 따라 어떤 때는 사용하고 어떤 때는 보류할 필요가 있는 전략들이다(Comer et al., 2020). 대처방식이 **융통적**인 사람은 그렇지 않은 사람보다 외상 사건에 직면해 PTSD로 발전할 가능성이 더 낮은 것으로 나타났는데, 이는 어찌 보면 당연한 결과이다(Long & Bonanno, 2020). 이러한 개인은 통제 가능한 스트레스를 만났을 때는 적극적인 문제해결 대처(예 : 어려운 상황을 타계할 방법 생각해보기)를 사용하고, 통제 불가능한 스트레스를 만났을 때는 수용이라는 방법(예 : 상황에서 그나마 긍정적인 것을 찾아내 거기에 집중하려 노력하기)으로 대처를 바꾼다(Compas et al., 2020). 그나마 이것은 기존의 연구 결과와 일치하는데, 연구는 불쾌한 상황에서 긍정적인 무엇인가를 찾아내는 사람이 불쾌한 상황에서 부정적인 것만 보는 사람보다 외상 사건 후 적응이 더 좋음을 발견하였다(Kunst, 2011).

오늘날 심리학자들은 역경에서도 잘 적응하는 과정인 **회복탄력성**(resilience)에 집중한다(APA, 2020a). 역경에 직면하여 효과적인 대응 전략을 사용하고 있다면 이들은 회복탄력성을 보여주고 있는 것이며, 탄력적인 사람은 그렇지 못한 사람보다 외상 사건 직면 시 PTSD로 발전할 가능성이 더 적다(Fino, Mema, & Russo, 2020; Xi et al., 2020). 유전적 요인이 인생 상황에서 개인이 보이는 탄력성 수준을 결정한다는 일부 증거가 있다. 하지만 감당할 수 있고 관리가 가능한 스트레스에 정기적으로 노출된 어린아이들이 탄력성을 발달시킨다는 연구 결과도 있다. 이렇게 얻은 이득은 아동기와 성인기까지 지속되는 것으로 보고되고 있다(Papst &

회복탄력성 역경 속에서 잘 적응해나가는 과정

Binder, 2020). 또한 회복탄력성을 반복적으로 나타내는 사람의 뇌-신체 스트레스 경로와 뇌 스트레스 회로는 그렇지 못한 사람의 것보다 더 잘 작동하는 특징이 있음이 연구를 통해 드러나기도 하였다(Sandner et al., 2020; Meng et al., 2018).

사회적 지지 체계 사회적 지지 체계나 가족 지지 체계가 약한 사람은 외상 사건 경험 후 외상후 스트레스장애로 발전할 가능성이 높다(Cowan et al., 2020; Sareen, 2020). 친구나 친척으로부터 사랑받고 있다, 보살핌 받고 있다, 가치 있게 여겨지고 있다, 수용받고 있다고 느끼는 강간 희생자는 좀 더 성공적으로 외상을 극복한다. 형법체계로부터 존엄한 인간으로 대우받은 사람 역시 그렇다(Ting, Scott, & Palmer, 2020). 반면 임상보고는 참전군인 일부에서 빈약한 사회적 지지가 외상후 스트레스장애 발병에 기여할 수 있음을 시사한다(NCPTSD, 2020).

외상의 심각도와 본질 예상할 수 있듯이 외상 사건의 심각도와 본질은 개인이 스트레스장애를 발달시킬 것인가, 아닌가를 결정하는 데 큰 몫을 한다(Ellickson-Larew et al., 2020). 어떤 사건은 괜찮은 생물학적 근간, 좋은 아동기 양육 경험, 긍정적 태도, 사회적 지지의 긍정적 영향조차도 뒤집을 수 있다. 한 연구는 석방된 지 5년 차 되는 253명의 베트남전쟁 포로를 조사하였다. 23%가 PTSD 임상적 진단을 만족하였는데, 이들은 수감 전에는 모두 적응적이라 평가되던 사람들이었다(Ursano et al., 1981).

일반적으로 외상이 심각할수록, 외상이 지속된 기간이 길수록, 사건에 대한 노출이 직접적일수록 스트레스장애를 발달시킬 확률이 높아진다(Hyland et al., 2020, 2017). 사지 절단이나 심각한 신체적 상해, 특히 성적 학대는 타인의 상해나 죽음을 목격하는 것과 마찬가지로 스트레스장애 발병 위험을 높이는 것으로 보인다. 또한 고의로 가해진 외상을 경험한 사람은 의도성이 없는 외상을 경험한 사람보다 스트레스장애로 발전할 가능성이 더 높다(Sareen, 2020).

다중 외상 혹은 재발성 외상의 경험은 **복합 PTSD**(complex PTSD)라는 심각한 형태의 스트레스장애로 연결될 수 있다(Bisson, Brewin, et al., 2020; Hyland et al., 2020). 복합 PTSD를 가

흥미로운 이야기

증가중

2020년 미국 성인의 약 60%가 매일 대부분의 시간 동안 스트레스를 느낀다고 보고했다. 이는 2년 전 49%보다 증가한 비율이다(Gallup Poll, 2020b, 2019).

Sergey Ponomarev/The New York Times/Redux

여행의 끝? 반드시는 아니더라도 적어도 심리학 영역에서는 그렇다. 이민자들로 가득 찬 이 작은 보트는 목가적인 그리스 섬인 레스보스에 상륙했다. 주로 시리아에서 온 50만의 난민은 이 섬을 거쳐 유럽의 여러 나라로 간다. 난민 중 PTSD를 가진 이의 비율은 세계 어떤 지역에서는, 특히 본국에서 고문을 당하거나 타국으로의 여정이 위험했던 이들에서는 56%에 육박한다.

진 개인은 정서조절, 자기개념, 관계에서의 심각한 손상, 수많은 해리 경험을 포함한 실질적으로 이 장에서 언급한 증상 모두를 경험한다.

요인 통합하기 : 발달정신병리학적 관점 오늘날의 많은 스트레스 이론가는 지금까지 우리가 살펴본 요인이 함께 외상후 스트레스장애 발발에 기여한다고 믿는다(Alexander et al., 2020). 현재 PTSD 영역에서 상당한 연구적 지지를 받고 있는 **발달정신병리학적 관점**은 이것이 어떻게 가능한지를 보여주는 매우 영향력 있는 설명을 우리에게 제공한다(Doom & Cicchetti, 2020; Cicchetti, 2018, 2016).

제2장과 제4장에서 보았듯 이 입장의 이론가들은 개인 일생의 주요 **시점**에서의 주요 변인 간 **교차**와 **맥락**에 초점을 둔다. PTSD를 설명하는 발달정신병리학적 관점은 그것이 선천적으로 유전되었건 획득되었건 특정 개인은 뇌-신체 스트레스 경로(교감신경계와 시상하부-뇌하수체-부신 축)의 과반응성과 뇌 스트레스 회로의 역기능성을 발현시키는 생물학적 소인을 가지고 있다고 본다. 이러한 소인은 확실히 PTSD로 직접적으로 이어지는 것은 아니라 할지라도 이후 PTSD 발달에 초석이 된다. 만약 이들이 아동기에 과도한 스트레스를 만나게 된다면 이들의 스트레스 경로는 훨씬 더 과반응적이 될 것이고 뇌의 스트레스 회로 또한 보다 역기능적이 될 것이며, 이는 PTSD로의 발달 위험을 높이게 된다. 만약 이들이 살면서 빈약한 대처기제를 획득하게 되고 특정 인지적 성향을 발전시키게 되며 약한 주변의 지지를 받게 된다면 이러한 위험은 더욱 커지게 된다. 또한 심각한 외상이나 지속성이 있는 외상을 경험하게 된다면 이들은 PTSD 발병에 특히나 취약하게 될 것이다.

발달정신병리학적 견지에서는 기여하는 요인 간 관계를 상호 호혜적(양방향적)으로 보고 있음을 주목할 필요가 있다. 예를 들면 과반응적인 뇌-신체 스트레스 경로는 아동기나 그 이후의 빈약한 대처 기술에 기여할 수 있는 반면, **감당할 만한** 스트레스 경험과 같은 **보호 요인**으로 가득한 아동기는, 앞서 살펴본 바와 같이 스트레스 경로의 기능성을 향상시키며 더 나은 대처 기술을 촉진함으로써 결과적으로 이후의 PTSD 발병 위험을 감소시킨다(Papst & Binder, 2020).

발달정신병리학자들은 발달하는 뇌는 항상 스트레스 경험과 상호작용한다고 보며, 따라서 발달의 어느 **시점**에 스트레스나 외상을 경험했느냐가 개인의 PTSD 발병 여부에 막대한 영향을 준다고 주장한다(Alexander et al., 2020; Moreno, 2018). 예를 들면 아동기에 극도의 스트레스를 경험하게 되면 이는 발달상에 있는 뇌-신체 스트레스 경로와 뇌 스트레스 회로에 혼란을 야기하거나 변화를 주게 되며, 결과적으로 이후 이 경로와 회로가 빈약하게 작동하게 될 위험을 높인다. 이와 반대로 성인기 스트레스는 이러한 스트레스 경로나 회로에 변화를 야기할 가능성이 적은데, 이는 성인기에는 이런 경로나 회로가 이미 완성되어 있기 때문이다. 따라서 인생 초기 강한 스트레스의 경험이 이후 외상에 직면하여 PTSD를 발달시키는 것의 주요 초석이 될 수 있다. 동시에 매 발달 단계는 새로운 심리적, 생물학적 도전을 열며, 이 단계마다 주요한 도전과 관련이 되는 스트레스는 개인의 PTSD에 대한 취약성을 증가시킬 수 있다.

정리해보자면 발달정신병리학적 관점에 따르면 초기 아동기에 과반응적인 뇌-신체 스트레스 경로를 가진 어떤 이는 이후 과도한 외상에 직면하여 PTSD를 발전시키는 반면, 또 다른 이는 비슷한 취약성에도 불구하고 외상에 대항하여 PTSD를 발전시키지 않기도 한다고 말할 수 있는 것이다(그림 5.3 참조). 이 모든 것이 지금까지 논의한 다양한 변인의 존재, 발생 시점, 변인 간 상호작용에 달려 있다. 이것이 바로 제2장에서 배운 초기 유사한 시작이 사람마

흥미로운 이야기

차별의 스트레스

25%	차별이 자신의 삶에서 심각한 스트레스원이라 보고한 미국 성인
44%	사람들로부터 무례한 대우를 받거나 무시당했다고 말한 미국 비히스패닉계 백인 성인
58%	사람들로부터 무례한 대우를 받거나 무시당했다고 말한 미국 히스패닉계 성인
68%	사람들로부터 무례한 대우를 받거나 무시당했다고 말한 미국 흑인 성인

(출처 : APA, 2020g)

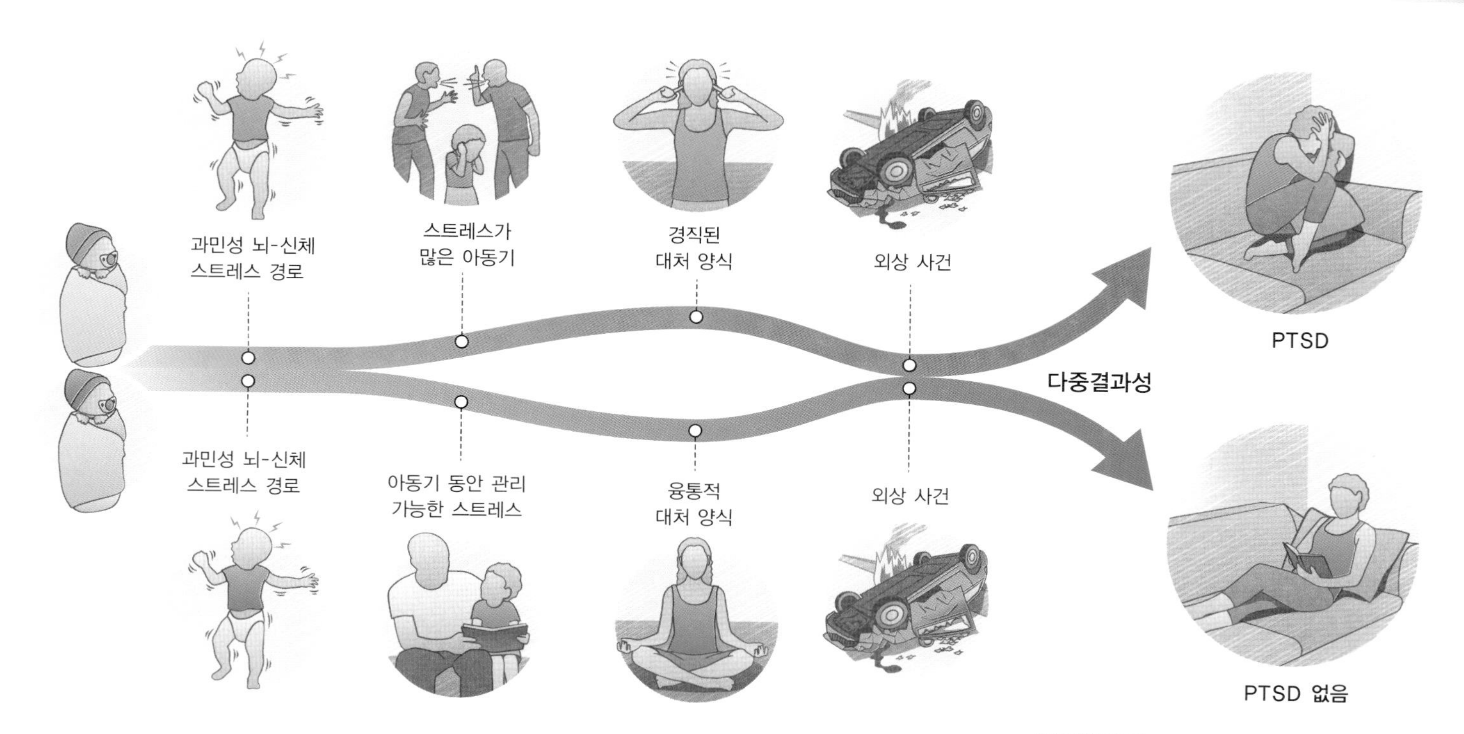

그림 5.3

다중결과성과 PTSD

다중결과성 원칙에 따르면 아동기 유사한 부정적 변인에 도전받은 개인은 서로 다른 임상적 결과로 종착될 수 있다고 한다. 이 그림에서 두 개인은 과민한 뇌-신체 스트레스 경로를 가지고 태어났다. 하지만 이 중 한 사람은 심한 아동기 스트레스를 경험하고 빈약한 대처 기술을 습득하여 이후 외상 사건에 직면했을 때 PTSD로 발전할 가능성을 높이게 되었다. 반면 다른 이는 아동기 내내 관리 가능한 스트레스를 경험하여(보호 요인) 이후 외상에 직면했을 때 임상적으로 건강한 상태를 유지할 수 있게 되었다.

다 서로 다른 결과물로 종결되는 **다중결과성**의 원칙이다. 반대로 초기 아동기에 과반응적 스트레스 경로를 가진 이와 초기 아동기에 적절하게 반응하는 스트레스 경로를 가진 이 모두가 과도한 외상에 직면하여 PTSD를 발전시킬 가능성도 있다(그림 5.4 참조). 이 경우 괜찮은 초기 스트레스 경로를 가진 개인은 혐오적인 아동기 경험, 부적절한 사회적 지지, 그 외 다른 요인 등으로 이후 과반응적 경로를 발전시킬 수 있다. 이것이 다른 발달적 경로가 같은 결과물로 이어지는 **동등결과성**의 원칙이다.

임상가는 급성 스트레스장애와 외상후 스트레스장애를 어떻게 치료하는가

치료는 외상 사건에 압도된 사람에게 매우 중요할 수 있다. 전반적으로 외상후 스트레스장애 사례의 3분의 1이 12개월 이내에 호전된다. 사례의 나머지는 여러 해 동안 유지되며, 실제로 PTSD를 가진 사람 중 3분의 1은 여러 해가 지나도 정상적인 기능 수준을 나타내지 못한다(Sareen, 2020).

고통 속에 있는 생존자를 위한 오늘날의 치료 절차는 외상의 종류에 따라 다르다. 그것이 전쟁이냐, 테러 행위냐, 성폭행이냐, 주요 사고냐에 따라 다른 절차가 사용된다. 그럼에도 모든 프로그램은 기본적인 목표를 공유한다. 프로그램은 스트레스 반응을 종식시키고, 고통스러운 경험에 대한 새로운 관점을 제공하며, 건설적인 삶으로 돌아갈 수 있도록 생존자를 돕는 것을 목표로 한다(Beck et al., 2020). PTSD로 고생하는 참전군인을 위한 프로그램을 통해 이러한 쟁점이 어떻게 전달되는지 살펴보자.

참전군인을 위한 치료 치료자는 참전군인의 외상후 스트레스 증상을 감소시키기 위해 다양한 기법을 사용한다. 흔히 사용되는 기법 중에는 **항우울제 약물치료**, **인지행동치료**, **커플치료 및 가족치료**, **집단치료**가 있다. 여러 접근의 혼합 사용이 일반적이지만, 그렇다고 둘 이상의 결합이 하나만 사용하는 경우보다 항상 더 나은 결과로 이끄는 것은 아니다(Keane, 2021; Burton et al., 2020).

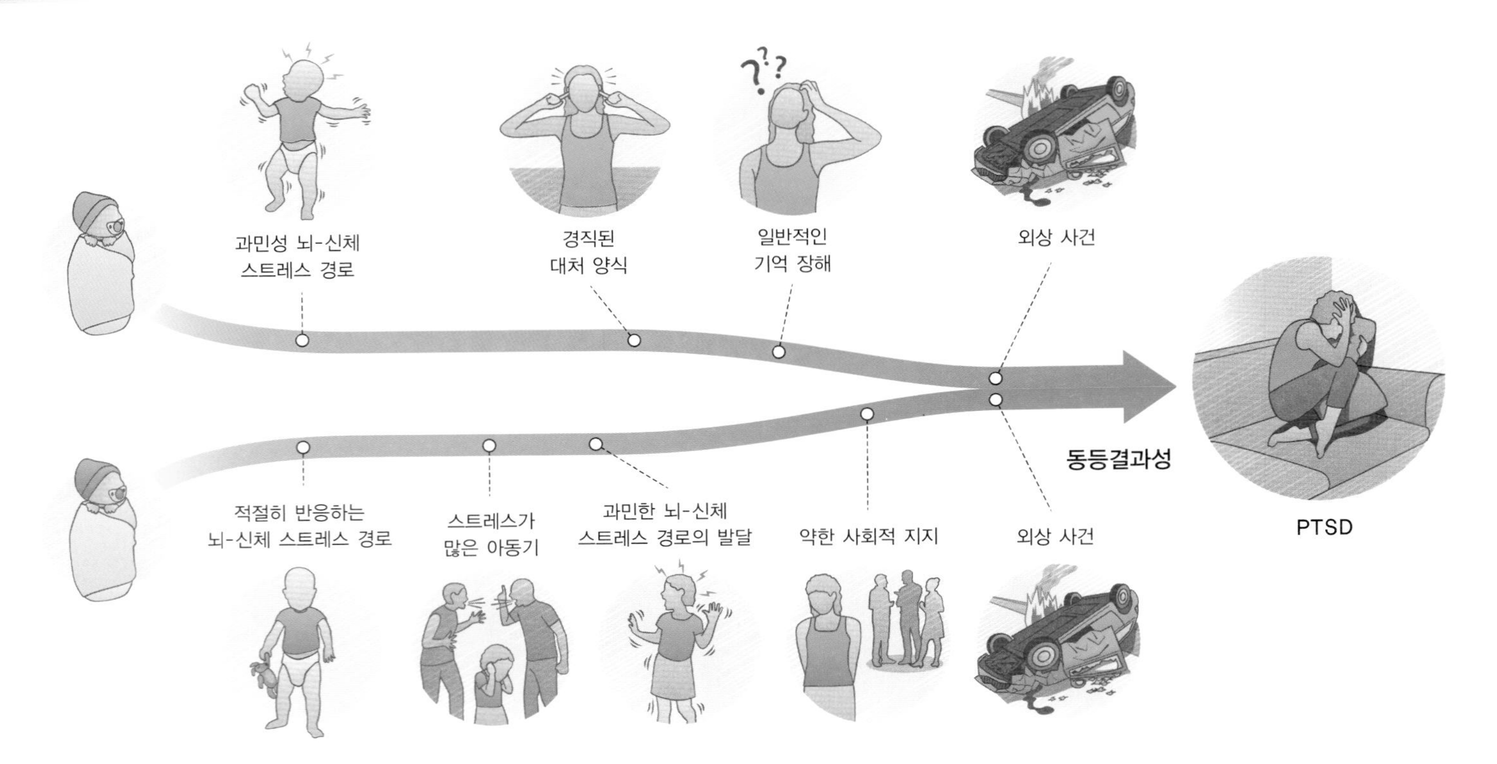

그림 5.4

동등결과성과 PTSD

이 그림에서 두 개인은 서로 다른 발달적 변인을 경험하고 있다. 한 사람은 과민한 뇌-신체 스트레스 경로를 가지고 태어났고, 다른 사람은 적절히 반응하는 뇌-신체 스트레스 경로를 가지고 태어났다. 각 사례에서 초기의 변인은 이후 부정적인 변인의 특정 군집과 결합하게 되고, 이는 이후 PTSD 발전의 토대가 된다. 이것이 바로 동등결과성의 원칙을 보여주는 예이다.

항우울제 약물치료 항우울제는 PTSD 참전군인에게 광범위하게 사용되고 있다(Duek et al., 2021; Stein, 2020a, 2019a). 전형적으로 이들 약물은 증가된 각성과 부정적 정서 같은 PTSD 증상에는 효과적이고, PTSD를 특징짓는 또 다른 증상인 재발하는 부정적 기억, 해리, 회피 행동에는 덜 효과적이다. 항우울제를 복용하는 PTSD 환자의 절반가량이 증상 완화를 경험한다. 다른 향정신병 약물은 PTSD 연구에서 그다지 효능을 나타내고 있지 못해 덜 처방된다(Bisson, Berliner, et al., 2020).

인지행동치료 인지행동치료는 이 치료를 받은 절반 혹은 그 이상의 군인에게 유의한 향상을 가져오는 식으로 PTSD를 가진 참전군인에게 상당히 도움이 되는 치료로 입증되고 있다(Keane, 2021; Bisson, Berliner, et al., 2020). 인지적 측면에서 치료자는 외상 경험의 결과 발전시키게 된 역기능적 태도와 해석 양식을 검토하고 변화하도록 내담자를 이끈다. PTSD 사례에 적용되었을 때 **인지처리치료**(cognitive processing therapy)라 흔히 불리는 이런 검토와 노력의 과정을 통해, 참전군인은 자신을 힘들게 하는 기억이나 기분을 다루는 법을 배우게 되고 자신이 경험한 것 혹은 행한 것을 수용하게 되며 자신에 대해 덜 판단적이 되고 다른 사람들을 다시 믿기 시작한다(Beck et al., 2020; Chard et al., 2020). 더 많은 인지행동 치료자들이 내담자로 하여금 재발하는 사고, 기분, 기억을 수용하고 이에 덜 판단적이 되게 하기 위해 마음챙김 기반 기법을 치료에 추가하고 있다(54~56쪽 참조). 연구는 이러한 마음챙김 기법이 내담자의 호전 정도를 증가시킴을 보여주고 있다(Desormeau et al., 2020).

한편 행동적 측면에서 인지행동 치료자는 PTSD 참전군인의 치료를 위해 노출 기법을 사용한다. 노출 기법은 특정 증상 감소에 상당히 효과적이어서 결과적으로 전반적 적응 수준의 향상이라는 효과를 가져온다(Peterson et al., 2020; Stein, 2020a). 사실상 몇몇 연구는 노출치료가 외상후 스트레스장애를 가진 사람에게 유용한 유일의 치료임을 시사하고 있으며, 그로 인해 많은 임상 연구자는 어떤 형태든 노출 기법이 스트레스장애 치료에 반드시 포함되어야 한다고 결론내리고 있다.

노출치료 동안 PTSD 군인은 자신에게 극도의 혼란과 불안을 야기하는 외상과 관련된(흔히 전투와 관련된) 대상, 사건, 상황에 직면하도록 요구된다. 이러한 노출은 상상 노출일 수도, 실제 노출일 수도 있다. 물론 PTSD 군인을 실제 전투 경험에 노출시키는 것은 비윤리적일 뿐 아니라 기술적으로도 불가능하다. 따라서 오늘날의 대부분의 노출치료는 가상현실 절차로 만들어진 생생하고도 다중감각적인 이미지를 사용하여 진행하는 경우가 흔하다(Zayfert & Becker, 2020)(마음공학 참조).

마음을 가라앉히고 생각을 받아들임 PTSD 인지행동치료 프로그램의 일부로, 여기 참전용사들은 캘리포니아 샌디에이고에 위치한 해군의료센터에서 명상과 요가를 하고 있다.

아마도 PTSD 치료에서 가장 널리 활용되고 있는 노출 기법은 **지연된 노출**(prolonged exposure)이라 할 수 있다(Peterson et al., 2020; Riggs et al., 2020). 이 기법에서 치료자는 내담자가 외상과 관련된 대상이나 상황뿐 아니라 이와 관련한 고통스러운 기억, 그래서 이들이 적극적으로 회피하는 기억에 직면하도록 요구한다. 내담자는 반복적으로 이런 기억, 특히 자신에게 큰 두려움을 야기하는 기억 부분인 '핫스팟(hot spot)'을 아주 상세히 회상하고 기억하게 되는데, 이러한 노출은 이들 기억이 더 이상 자신을 각성시키거나 불안하게 하거나 혼란스럽게 하지 않을 때까지 상대적으로 오랜 시간 동안 지속된다. 다음 글에서 지연된 노출을 시행하는 한 치료자가 PTSD를 가진 내담자에게 지시를 내리고 있다.

> 지금까지 당신은 엄청난 호전을 보였고 불안 감소도 경험했습니다. 오늘은 노출을 좀 다른 방식으로 진행해보려 합니다. 전 당신에게 현재 당신을 가장 고통스럽게 하고 혼란스럽게 하는 기억에 대해 이야기해보도록 요구할 것입니다. 그러나 오늘은 기억의 전부에 집중하기보다는 핫스팟들을 한 번에 하나씩 다시 방문하여 이야기하는 데 집중하도록 하겠습니다. 대신 이 핫스팟에서 무슨 일이 있어났는지를 아주 자세히 기술하도록 요구할 것입니다. 마치 슬로우 모션으로 움직이는 것처럼 말이죠. 어떻게 느꼈는지, 뭘 보고 들었는지, 그리고 어떤 생각을 했는지를 포함해서 관련 상황을 자세히 기술하도록 요구할 것입니다. 우리는 이 이야기를 당신이 지칠 때까지 혹은 당신의 불편함이 아주 크게 떨어질 때가지 계속 반복할 것입니다. 이 과정이 충분히 진행됐다 싶으면 그때 다음 핫스팟으로 이동할 것입니다.
>
> (Foa et al., 2007, pp. 100–101)

지연된 노출을 통해 내담자는 각 핫스팟을 보다 더 자세히 기억하도록 요구될 것이며, 이런 기억을 이야기하면서 덜 고통스러워하고 덜 두려워하며 결과적으로 PTSD 증상을 덜 나타내게 될 것이다. 강렬한 기억에 머무를 수 있는 내담자에게는 지연된 노출이 단계적 노출보다 더 효과적일 수 있음이 연구를 통해 시사되고 있다(Riggs et al., 2020; Sherrill et al., 2020).

노출치료의 또 다른 유명한 형태로 **안구운동 민감소실 및 재처리**(eye movement desensitization and reprocessing, EMDR)가 있는데, 이 치료에서 내담자는 보통 때 같으면 회피하려고 하는 사물이나 상황의 이미지를 마음속에 그리면서 눈을 좌우로 리듬 있게 움직인다. 이 접근에 대해 수많은 회의가 일고는 있으나, 사례 연구와 통제된 연구는 이 치료가 외상후 스트레스장애를 가진 이들에게 도움이 됨을 보고하고 있다(Cuijpers et al., 2020; Shapiro et al., 2020). 많은 이론가는 PTSD 치료의 성공을 설명하는 EMDR 내 요소가 눈 움직임이라기보다는 노출이라 주장한다.

지연된 노출 치료 접근의 하나로, 여기서 내담자는 외상 관련 대상이나 상황뿐 아니라 외상 경험과 관련한 자신의 고통스러운 기억에 직면하게 된다.

안구운동 민감소실 및 재처리(EMDR) 노출치료로, 여기서 내담자는 보통 회피하는 대상이나 상황의 이미지를 마음속에 떠올리며 안구를 좌우로 리듬 있게 움직인다.

흥미로운 이야기

흔한 사건

적어도 60%의 성인이 사는 동안 적어도 한 번은 외상 사건을 경험했다(Ellickson-Larew et al., 2020).

커플치료 및 가족치료 외상후 스트레스장애를 가진 참전군인은 커플치료나 가족치료를 통해 부가적인 도움을 얻기도 한다(Keane, 2021; Wagner et al., 2019). 참전군인의 PTSD 증상은 배우자나 다른 가족들 눈에 더 두드러지는데, 이는 내담자의 불안, 우울한 기분, 분노 표출로 직접적 영향을 받는 사람이 바로 가족이기 때문이다. 가족 구성원의 도움과 지지로 개인은 타인에 대한 자신의 영향력을 검토할 수 있고, 소통하고 문제를 해결하는 기술을 배울 수 있으며, 친근감의 감정을 재확립할 수 있게 된다(Sareen, 2020).

집단치료 1980년대 처음 시작될 당시 **토의집단**(rap group)이라 불렸던 집단치료에서 참전군인은 경험과 감정(특히 죄책감과 분노)을 공유하고 통찰을 키우며 서로를 지지하기 위해 자신과 유사한 처지에 있는 사람들과 만난다(AGPA, 2020; Tull, 2020c). 오늘날 미국 내 수백 개의 **참전군인을 위한 지역사회 봉사활동 프로그램**은 재향군인병원 및 정신건강 클리닉 내 치료 프로그램과 더불어 집단치료를 제공하고 있다(NCPTSD, 2020b). 이러한 단체는 개인치료, 배

마음공학

가상현실치료 : 실제보다도 더 나은

지난 몇십 년 동안 참전용사를 위한 PTSD 노출 기반 치료는 최적의 치료라 할 수 없었다. 실제 전쟁 상황에 다시 방문하는 것이 불가능했기 때문에 참전군인은 치료에서 소총 발사, 폭탄 파열, 시체, 기타 외상 자극 등을 상상해야만 했다.

전쟁 상황에의 '가상현실' 노출이 PTSD 참전군인들에게 사용되기 시작하면서부터 이런 상황은 바뀌고 있다. 해군연구센터는 전쟁 시뮬레이션 치료게임인 '가상 이라크' 개발에 자금을 지원했다(McIlvaine, 2011). 머리에 착용하는 현란한 디스플레이(HMD), 이어폰, 진동판대, 냄새 생성장치와 더불어 이 프로그램은 실제라고 느껴질 만한, 실제 전쟁 상황만큼이나 생생한 혹은 그 이상으로 생생한 장면이나 소리, 냄새를 생성할 수 있었다. 가상현실을 사용한 노출치료가 이후 PTSD 치료의 표준이 되고 있다(Difede et al., 2019; Sherrill et al., 2019).

가상현실치료에서 PTSD 환자는 눈을 뒤덮는 고글을 착용하고 수동 조작 장치를 사용한다. 컴퓨터는 이라크나 아프가니스탄, 혹은 다른 전쟁 지역의 지형을 재현하고, 그 지형에 군대 호송, 전투, 폭탄 공격을 연출하며, 환자는 수동 조작 장치를 이용해 그 상황 속을 이리저리 이동한다. 치료자는 전쟁의 끔찍한 장면, 소리, 냄새의 강도를 조정하여 내담자에게 실제 공포감이나 공황감을 촉발한다. 치료자는 노출치료에서 이런 자극을 환자에게 점진적으로 노출시키는 치료를 진행하거나 높은 강도의 자극을 한 번에 노출시키는 치료를 진행한다.

AP Photo/Bebeto Matthews

'가상현실' 노출 PTSD를 위한 노출치료 시연에서 헤드디스플레이(HMD)와 이어폰이 2001년 발생한 9.11 테러와 국제무역센터 건물(쌍둥이빌딩) 붕괴의 장면, 소리, 기억으로 이 내담자를 다시 데려가고 있다.

거듭되는 연구에서 가상현실치료가 PTSD를 가진 참전군인에게 매우 유용한 치료임이 보고되고 있다(Difede et al., 2019; Peskin et al., 2019). 게다가 이 개입으로 인한 호전은 상당 기간, 아마도 무한정 지속되는 것 같다. 가상현실치료가 이제 사회불안장애, 고소·비행·폐소 공포증을 포함한 다른 장애의 치료에도 흔하게 사용되게 되었다는 사실은 의심의 여지가 없다(Dellazizzo et al., 2020; Horigome et al., 2020).

우자와 자녀를 위한 상담, 가족치료도 함께 제공하고 있으며, 참전군인의 구직, 교육, 기타 혜택을 위한 도움도 제공한다. 임상 보고에서는 이러한 프로그램이 필요한, 그리고 때로는 인생을 구제하는, 그런 치료적 기회를 제공하고 있다고 제안한다.

지역사회 개입 재난, 학대·폭력 피해, 사고로 인해 외상을 입은 사람은 전쟁 생존자를 돕기 위해 사용된 동일한 치료로 이득을 얻는다. 게다가 외상이 정신건강 자원을 손쉽게 얻을 수 있는 지역사회에서 발생하였기 때문에 이들은 즉각적인 지역사회 개입으로부터 추가적 이득을 얻을 수 있다.

David McNew/Getty Images

자기개방의 힘 로스앤젤레스에서 시위자들이 #미투 생존자 행진에 참가하고 있다. #미투 운동의 일환으로 각국의 여성들은 자신이 겪은 성적 희생 경험을 개방하고 있다. 이러한 고백의 물결이 일반 대중의 관련한 성인지를 높였으며 수백만의 성희생자에게 지지를 제공하였고 사회 법률, 직장의 정책, 사회규준의 변화를 가능하게 했다. 연구에 따르면 문자로든 말로든 자기를 개방하는 것이 외상 경험으로부터 개인의 회복을 증진시킨다고 한다.

대표적인 지역사회 개입 접근이 **심리경험 사후보고**(psychological debriefing) 혹은 **위기 상황 스트레스 해소 활동**(critical incident stress debriefing)이다. 이 개입은 외상 희생자가 결정적 사건 발생 며칠 내 자신의 감정과 반응을 폭넓게 이야기하게 한다(Richins et al., 2020; Mitchell, 2003, 1983). 임상가는 내담자에게 이들의 반응이 끔찍한 사건에 대한 지극히 자연스럽고 정상적인 반응이라는 점을 강조하고, 스트레스 관리를 위한 팁을 제공하며, 때에 따라서 장기 상담을 위해 희생자를 다른 전문가에게 의뢰하기도 한다. 심리경험 사후보고 개입은 외상후 스트레스 증상을 보이는 희생자뿐 아니라 증상을 아직 발달시키지 않은 희생자에게도 적용되고 있다. 지난 30년에 걸쳐 집중적인 접근이 2001년 국제무역센터 공격으로부터 2017년 네바다주 라스베이거스의 한 콘서트장에서 발생한 58명 사망의 대형 참사에 이르는 수많은 대형 외상 사건의 후유증 치료를 위해 적용되었다. 이런 사건이 발생했을 때 심리경험 사후보고를 훈련받은 상담가들은 피해자들과의 회기를 위해 전국 각지에서 모여들었다.

심리경험 사후보고 및 유사한 지역사회 프로그램에 대한 많은 개인적 증언은 긍정적이었다. 하지만 최근 들어서는 이런 종류의 개입이 효과적인가에 대해 의문이 제기되고 있다(Anderson et al., 2020; Freedman, 2019). 사실상 일부 임상가는 이런 종류의 개입 프로그램이 희생자들을 그들이 경험한 외상 사건에 더 오래 몰두하도록 만들거나 비록 의도하지는 않았지만 희생자들에게 문제를 '암시'하여 오히려 급성 스트레스장애와 외상후 스트레스장애의 **발병**을 유도한다고 믿는다. 이 같은 걱정으로 최근에는 몇몇 다른 초기 반응 개입이 인기를 얻고 있다. 이 중 하나가 **심리적 응급처치**(psychological first aid, PFA)인데, 이 접근에서는 심리경험 사후보고에서 논란이 된 특징들을 표면적으로 배제하고 있다(APA, 2020j; Sijbrandij et al., 2020). 예를 들어 심리경험 사후보고에서와 마찬가지로 임상 도움 인력이 희생자의 즉시적 걱정과 요구를 전달하고 이들의 적응 기능 증진을 위해 노력하고는 있으나 PFA에서는 도움 인력이 현장에서 치료를 제공하는 것, 외상 사건의 구체적 내용을 끄집어내는 것, 사건에 노출된 모든 이가 외상화되었다고 가정하거나 희생자가 도움 인력에게 뭔가를 말할 필요가 있다고 가정하는 것 등은 명백히 하지 말도록 주의를 주고 있다. 외상 사건 발발에 뒤이어 심리적 응급처치를 제공하는 것이 유용한지는 아직 명확하게 밝혀지지 않은 상태이다.

심리경험 사후보고 외상 사건이 발생한 후 곧 외상 사건의 피해자에게 관련된 감정이나 반응을 이야기하도록 격려하는 위기 개입의 한 형태로, '위기 상황 스트레스 해소 활동'이라고도 한다.

심리적 응급처치(PFA) 피해자의 초기 고통 감소와 적응 기능의 증진을 목적으로 하는 재난 반응 개입으로, 미숙하고 침습적이며 경직된 절차는 제외시켰다.

요약

급성 스트레스장애와 외상후 스트레스장애

스트레스원을 위협적인 것으로 평가하게 되면 우리는 각성과 공포로 이루어진 스트레스 반응을 경험한다. 각성의 특징은 자율신경계 축과 시상하부-뇌하수체-부신 축이라는 2개의 서로 다른 경로를 활성화시키는 뇌 구조인 시상하부에 의해 작동된다.

급성 스트레스장애 또는 외상후 스트레스장애를 가진 사람은 외상 사건 후 오랜 기간 외상 사건의 재경험, 관련 사건의 회피, 정상보다 현저히 낮은 반응성, 죄책감을 포함한 각성, 불안, 기타 스트레스 증상으로 반응한다. 외상 사건은 전쟁 경험, 재난, 폭력 사건을 포함한다.

왜 어떤 이는 이런 장애를 발달시키고 어떤 이는 이런 장애를 발달시키지 않는 것일까에 대한 설명으로 연구자들은 생물학적 요인(특히 지나치게 과민한 뇌-신체 스트레스 경로, 역기능적 뇌 스트레스 회로, 유전된 경향성), 아동기 경험, 개인의 성격 양식, 인지 요인과 대처 양식, 사회적 지지체계, 외상 심각도와 본질뿐 아니라 어떻게 이들 요인이 장애 발달에 기여하게 됐는지에 집중한다. 스트레스장애 치료에 사용되는 기술에는 항우울제, 인지행동치료(노출 기법 포함), 가족치료 및 집단치료가 있다. 심리적 사후보고나 심리적 응급처치와 같이 빠르게 가동되는 지역사회 기반 개입 역시 활용되고 있다.

해리장애

앞서 살펴보았듯이 급성 스트레스장애와 외상후 스트레스장애를 가진 이들은 다른 증상과 더불어 해리 증상을 경험할 수 있다. 이들은 멍해지거나 기억에 문제를 보이며, 이인증 혹은 비현실감을 경험할 수 있다. 이런 종류의 증상은 외상 사건에 의해 촉발되는 또 다른 장애군인 **해리장애**(dissociative disorder)에서 나타난다. 해리장애에서 보이는 기억 곤란 및 기타 해리 증상은 특별히 강하고 광범위하며 파괴적이다. 게다가 해리장애에서는 해리적 반응이 주된 증상이거나 유일한 증상이다. 해리장애를 가진 이들은 보통 급성 스트레스장애와 외상후 스트레스장애를 특징짓는 심각한 각성, 부정적 정서, 수면 곤란 및 기타 다른 문제를 경험하지 않는다. 또한 해리장애에서는 장애에 기여하는 특별한 신체적 원인도 없다.

우리는 세상과 상호작용하면서 전체감과 연속감을 경험한다. 우리는 우리 자신을 분리된 감각 경험, 감정, 행동의 집합 혹은 총합 이상으로 지각한다. 다시 말해 우리는 우리가 누구이고 어디에 어울리는지에 대한 감각인 **정체감**을 가지고 있다. **기억**(memory)은 정체감의 핵심이며 과거, 현재, 미래를 잇는 열쇠이다. 기억이 없다면 우리는 항상 다시 시작해야 한다. 기억이 있기 때문에 우리의 삶과 정체감은 앞으로 나아가는 것이다. 하지만 해리장애에서는 개인의 기억 한 부분 혹은 정체감 한 부분이 그 나머지와 **해리**되었거나 분리되어 있다.

해리장애에는 여러 종류가 있다. **해리성 기억상실**의 주 증상은 중요한 개인적 사건이나 정보를 기억하지 못한다는 것이다. **다중인격장애**라고도 알려진 **해리성 정체성장애**를 가진 사람은 둘이나 그 이상의 별개의 정체감을 가진다. 이 정체감들은 다른 정체감이 가지는 기억, 생각, 감정, 행동을 항상 의식하고 있지는 않다. **이인성/비현실감장애**를 가진 사람은 마치 자신이 자신의 정신 과정 혹은 몸으로부터 분리된 것처럼 느끼거나 마치 자신이 외부에서 자기를 관찰하는 것처럼 느낀다.

몇몇 유명한 책과 영화가 해리장애를 묘사하였다. 가장 유명한 것으로 **이브의 세 얼굴**(The Three Faces of Eve)과 **시빌**(Sybil)이 있는데, 모두 아동기 외상 사건을 겪은 후 다중 성격을 발달시키는 여성을 그리고 있다. 해리성 정체성장애라는 주제가 너무 매혹적이라 많은 TV 드라마 시리즈는 매 시즌 적어도 한 회는 해리 사례를 다루고 있다. 이러한 상황은 해리성 정

흥미로운 이야기
가장 흔하게 망각하는 것
온라인 패스워드
휴대폰, 열쇠, 리모컨을 놓아둔 장소
전화번호
이름
꿈의 내용
생일/기념일

해리장애 기억에서의 주요 변화를 특징으로 하는 장애로, 명확한 신체적/기질적 원인을 가지고 있지 않다.

기억 과거 사건과 과거 학습을 회상하는 능력

체성장애가 아주 흔한 것 같은 인상을 준다. 하지만 많은 임상가는 이 장애가 드물다고 믿고 있다.

해리성 기억상실

해리성 기억상실(dissociative amnesia)을 가진 사람은 중요한 정보를 회상할 수 없는데, 특히 삶의 고통스러운 경험을 기억할 수 없다(APA, 2013). 해리성 기억상실에서의 기억상실은 보통의 망각(건망증)보다 훨씬 광범위하게 나타나고 두부 강타와 같은 신체적 요인으로 야기되지 않는다(표 5.3 참조). 기억상실 삽화는 보통 외상적 혹은 고통스러운 사건으로 인해 직접적으로 촉발된다(Clouden, 2020; Staniloiu et al., 2020).

해리성 기억상실은 **국소적**, **선별적**, **전반적**, **지속적**일 수 있다(TD, 2020b). 가장 흔한 해리성 기억상실 유형인 **국소적 기억상실**에서 개인은 특정 기간 동안 일어난 사건의 기억을 모두 잃는다. 기억의 상실은 거의 대부분 고통스러운 사건 발생 시점부터 시작한다. 병사가 끔찍한 전투 후 일주일 후에 깨어나서는 전투와 전투를 둘러싼 사건 모두를 기억할 수 없게 되는 경우가 한 예이다. 병사는 그 전투 이전의 일과 최근 며칠 동안의 일은 기억할 수 있을지 모른다. 하지만 그 사이의 날들은 모두 빈칸으로 남아 있다. 이 같은 망각의 기간을 **기억상실 삽화**라 부른다. 기억상실 삽화 동안 사람들은 혼란스러워 보인다. 때때로 목적 없이 배회하기도 한다. 이들은 기억의 어려움을 경험하고 있으나 마치 이 사실을 모르는 사람 마냥 행동한다.

두 번째로 흔한 해리성 기억상실의 형태인 **선별적 기억상실**을 가진 사람은 특정 기간 동안 일어난 사건의 일부만을 기억한다. 앞서 언급한 전투병사가 만약 선별적 기억상실을 가졌다면, 그는 전투 중 일어난 일부의 상호작용 및 대화만 기억하고 친구의 사망이나 적군의 비명과 같은 고통스러운 사건은 기억하지 못할 것이다.

어떤 경우 기억상실은 고통스러운 기간의 한참 전까지로 확대될 수 있다. 전투 관련 사건의 망각과 더불어 병사는 자신의 인생 초기의 기억까지도 잃게 될 수 있다. 이 경우 병사는 **전반적 기억상실**이라 불리는 것을 경험하고 있을 수 있다. 극단적인 경우 병사는 자신의 친척이나 친구들도 알아보지 못하게 될 수 있다.

지금까지 소개한 해리성 기억상실의 형태는 기억상실의 기간에서 그 끝이 있었다. 하지만 **지속성 기억상실**은 망각 기간에 특별한 끝이 없고, 망각은 현재까지 지속된다. 병사는 전투 이전과 전투 동안 발생한 일뿐 아니라 새롭게 얻은 그리고 계속되는 경험을 망각할 수 있다.

앞서 소개한 해리성 기억상실의 다양한 형태는 개인적인 것에 대한 기억상실이라는 점에서 유사하다. 하지만 추상적, 백과사전적 정보에 대한 기억, 그리고 걷거나 말하거나 자전거를 타거나 하는 식의 특정 절차를 수행하는 절차적 기억은 흔히 유지된다. 해리성 기억상실을 가진 사람은 다른 사람들과 마찬가지로 대통령 이름을 알고 있고 글을 읽고 쓸 수 있으며 차를 운전할 수 있다.

연구는 해리성 기억상실의 1년 유병률이 2%라 제시하고 있다(Clouden, 2020). 많은 해리성 기억상실 사례가 전쟁이나 자연재해와 같은 건강과 안전에 위협이 되는 사건 동안에 시작되는 것으로 보인다(NAMI, 2020b; Staniloiu et al., 2020). 앞서의 전투병사처럼 참전용사들은 몇 시간 혹은 며칠 동안의 기억의 공백(gap)을 보고하고, 이 중 일부는 자기 이름과 집 주소와 같은 개인적 정보를 기억하지 못한다.

아동기 학대 경험, 특히 아동기 성학대 경험은 해리성 기억상실을 촉발하기도 한다

표 5.3

진단 체크리스트

해리성 기억상실
1. 중요한 자서전적 정보를 기억하지 못함. 기억 못하는 자서전적 정보는 흔히 외상적이나 스트레스적인 특성을 지님. 기억상실은 단순한 건망증이나 망각으로 설명하기에 그 정도가 심하거나 광범위함
2. 개인에게 심각한 고통을 야기하거나 기능상 장해를 유발
3. 증상은 약물이나 의학적 상태에 의한 것이 아니어야 함
해리성 정체성장애
1. 한 사람 안에 둘 또는 그 이상의 각기 뚜렷이 구별되는 성격 상태가 존재하는 것 혹은 귀신들림과 같은 경험으로 특징지어지는 정체감의 분열
2. 매일의 사건이나 중요한 개인적 정보 그리고/혹은 외상적 사건의 기억에 반복되는 기억공백이 있음. 이러한 기억의 문제는 일상적인 망각의 수준 이상이어야 함
3. 개인에게 심각한 고통을 야기하거나 기능상 장해를 유발
4. 증상은 약물이나 의학적 상태에 의한 것이 아니어야 함

출처: APA, 2013.

사람들은 왜 심각한 스트레스 기간 동안 발생하는 기억상실의 진정성에 대해 의문을 제기하는가?

해리성 기억상실 개인의 중요한 사건과 정보를 기억해내지 못하는 것을 특징으로 하는 장애

AP Photo/Peter Cosgrove

잃어버리고 찾음 1996년 플로리다에 도착한 세릴 앤 반스가 할머니와 새엄마의 부축을 받으며 비행기에서 내리고 있다. 17세의 고교 우등생이었던 세릴은 플로리다 자택에서 사라진 후 한 달 만에 제인 아무개라는 이름으로 뉴욕시립병원에서 발견되었다. 그녀는 해리성 둔주를 앓은 것으로 보인다.

(Clouden, 2020; TD, 2020b). 오랫동안 잊고 있던 아동기 학대 경험을 기억하게 되었다고 주장하는 성인의 사례가 1990년대에 많이 보고되었다(David & Loftus, 2020; Patihis & Pendergrast, 2018)(심리전망대 참조). 게다가 해리성 기억상실은 사랑하는 사람의 갑작스러운 죽음이나 이들로부터의 거부, 어떤 행동(예 : 혼외정사)에 대한 죄책감 같은 보다 일상적인 상황에서도 발생할 수 있다(Spiegel, 2019a).

해리성 기억상실이 개인에게 미치는 영향은 어느 정도의 기억이 상실되었느냐에 달려 있다. 확실히 2년의 기억상실 삽화는 2시간의 기억상실 삽화보다 더 문제가 된다. 유사하게 주요한 변화가 일어나는 삶의 시기 동안의 기억상실은 평온한 시기 동안의 기억상실보다 더 많은 어려움을 야기한다.

해리성 기억상실의 극단적 버전을 **해리성 둔주**(dissociative fugue)라 부른다. 해리성 둔주를 가진 사람은 자기 정체감과 과거를 망각할 뿐 아니라 완전히 다른 장소로 도피한다. 어떤 이는 근거리를 이동하여 새로운 환경에서 적지만 다른 사회적 관계를 맺기도 한다(Clouden, 2020). 둔주는 짧게 지속되고(몇 시간 혹은 며칠), 갑작스럽게 끝나는 경향이 있다. 하지만 다른 경우에서 개인은 집으로부터 멀리 떨어진 곳으로 이동하며, 거기서 새로운 이름과 정체감, 관계, 일을 갖는다. 이들은 새로운 성격 특징을 보이기도 하는데, 자신의 원래 성격보다 흔히 더 외향적이 되곤 한다. 이러한 양상은 한 세기도 전에 발생한 안셀 본 목사의 사례에서 찾아볼 수 있다. 안셀 본 목사로부터 현대 본(Bourne) 시리즈 영화의 그 유명한 기억상실 비밀 요원 제이슨 본이 탄생하였다.

> 1887년 1월 17일, 로드아일랜드주 그린의 안셀 본 목사는 프로비던스의 한 은행에서 551달러를 인출해 땅값과 계산서들을 지불한 후 포터컷시 철도마차에 올라탔다. 이것이 그가 기억하는 마지막 사건이다. 그는 그날 집에 돌아오지 않았고, 그 후 두 달 동안 그에 대한 아무런 소식도 들리지 않았다. 실종되었다, 폭행치사가 의심된다, 경찰이 그의 행방을 좇았으나 성공하지 못했다는 등의 기사가 신문에 실렸다. 반면 3월 14일 아침, 펜실베이니아주 노리스타운에서 6주 전 한 작은 가게를 빌려 그곳에 문구용품, 과자류, 과일과 자질구레한 물건을 채워놓고 아무에게도 이상하다는 인상을 주지 않은 채 조용히 장사를 하던, 자신을 A. I. 브라운이라 부르는 남자가 깜짝 놀라 잠에서 깼다. 그는 지금 자신이 어디에 있는지에 대한 답을 얻기 위해 집안사람을 불렀다. 그는 자신의 이름을 안셀 본이라 했고, 자신은 노리스타운이란 곳에 대해 전혀 아는 바가 없으며, 가게를 한다는 것도 모르고, 그가 마지막으로 기억하는 것은 (마치 어제 일같이 느껴지지만) 프로비던스에 있는 은행에서 돈을 인출한 것이라 말하였다. 그는 매우 허약한 상태에 있었는데, 도피 행각 동안 9kg 정도의 살이 빠진 상태였다. 그는 또한 캔디가게 이야기에 경악하였고 가게 안에 발을 들여놓는 것조차 거부했다.
>
> (James, 1890, pp. 391 – 393)

둔주는 갑작스럽게 끝나는 경향이 있다. 본 목사의 경우와 같이 개인은 모르는 사람들로 둘러싸인 낯선 장소에서 '깨어나' 자신이 어떻게 여기에 와 있는지 궁금해한다. 다른 경우에서는 과거를 기억해내지 못해 신분을 의심받기도 한다. 교통사고 혹은 법적 문제로 인해 이들은 경찰에게 허위 신분을 발각당하기도 한다. 친구들이 실종된 사람을 찾기도 한다. 둔주 상태가 끝나기 전에 발견될 경우 치료자는 이들에게 삶과 관련된 상세한 부분을 질문해야 하고, 그들이 누구인지에 대해 반복적으로 상기시켜야 하며, 기억을 되찾기 전부터 심리치료를 시작해

해리성 둔주 해리성 기억상실의 한 형태로, 이 장애에서 개인은 새로운 장소로 이동하여 거기서 과거를 망각한 채 새로운 정체감을 가지고 살아간다.

심리전망대

억압된 아동기 기억인가, 아니면 허위 기억인가?

1990년대 억압된 아동기 학대 기억과 관련한 수많은 사례가 임상가들에 의해 보고되었다. 이런 유형의 해리성 기억상실을 가진 성인은 묻힌 아동기 성학대, 신체적 학대 기억을 회복해낸 것처럼 보였다. 예로 한 여성은 5~7세까지 2년 동안 아버지로부터 반복적으로 성학대를 받았다고 주장하였다. 한 젊은이는 아주 어렸을 때 가족의 친구로부터 성추행을 여러 번 당했다고 기억하였다. 억압된 기억은 다른 문제로 심리치료를 받는 중 표면화되는 경우가 많다.

억압된 기억과 관련한 소송이 지난 몇 년간 감소하고 있다. 하지만 이 주제는 전문가들 사이에서 쟁점이 되고 있다(Davis & Loftus, 2020; Dodier, Patihis, & Payoux, 2019). 일부 전문가는 회복된 기억이 정말 개인의 마음속에 수년간 묻혀 있던 끔찍한 학대 경험을 드러내는 거라 믿는다. 다른 전문가들은 회복된 기억이 환상에 불과하다고 주장한다. 즉 혼란스러운 마음으로 인해 창조된 허위 이미지라는 것이다(Otgaar et al., 2019).

억압된 기억의 개념을 인정하지 않는 사람들은 참가자의 상상을 건드림으로써 실험실에서 이들 참가자에게 다양한 허위 기억을 만들어낼 수 있다고 지적한다(Davis & Loftus, 2020; Goodman et al., 2019). 유사하게 억압된 기억을 인정하지 않는 사람들은 치료를 받고 있는 내담자, 특히 최면과 같은 특별한 **기억 회복 기법**을 적용받고 있는 내담자가 자기도 모르게 학대의 허위 기억을 형성함으로써 치료자의 기법에 반응할 수 있다고 주장한다. 사실상 지난 몇십 년 내 치료받은 경험이 있는 1,100명의 성인을 대상으로 한 최근 조사에서 20%는 치료자가 억압된 학대의 가능성을 제시했다고 보고했고, 11%가 넘는 응답자는 치료 동안 학대의 새로운 기억을 찾아내게 되었다고 보고했다(Patihis & Pendergrast, 2018). 같은 조사에서 치료자에 의해 억압된 학대 기억의 가능성을 제시받았던 내담자가 다른 내담자보다 종국에 학대 기억을 경험하게 된 경우가 20배나 높았다.

초기 아동기 기억 연구들은 초기 아동기에 관한 우리의 기억이 가족의 회상, 꿈, TV, 영화 줄거리, 현재의 자아상에 의해 영향을 받고 있음을 시사하고 있다.

억압된 아동기 기억의 회복에 의구심을 제기하는 전문가들까지도 아동 성학대 문제를 부인하지 않고 있음은 주목할 만하다. 사실상 옹호자와 반대자 모두는 대중이 이 논란을 잘못 해석하지는 않을까 걱정하고 있다. 즉 억압된 기억과 관련한 논쟁을 임상가들이 아동 성학대 문제 영역에 의구심을 품고 있는 것으로 받아들일까 하는 걱정이다. 억압된 기억 논쟁의 최종 결과가 무엇이건 간에 성학대는 부인할 수 없는 현실이고, 너무나도 흔하게 발생하고 있다.

야 한다(Spiegel, 2019b). 자신의 과거를 기억해냄에 따라 이 중 몇몇은 둔주 기간 동안 벌어진 사건에 대한 기억을 잃는다.

해리성 둔주를 겪은 대다수의 사람은 자신의 기억 대부분 혹은 모두를 되찾으며, 그 후 재발을 보이지 않는다. 둔주의 지속 기간이 일반적으로 짧고 원상태로 복구가 가능하기 때문에 개인은 비교적 적은 후유증을 경험한다. 하지만 수개월 혹은 수년 동안 다른 곳에 가 있었던 사람은 그들이 나가 있었던 동안 일어났던 변화에 적응하는 데 어려움을 겪기도 한다. 게다가 어떤 사람은 둔주 상태에서 위법 혹은 폭력 행위를 저질러 나중에 이 행위의 결과와 마주해야 한다.

해리성 정체성장애

해리성 정체성장애는 루이자의 사례에서도 볼 수 있듯 극적이면서도 개인을 무력화시킨다.

해리성 정체성장애 두 가지 이상의 구분되는 인격체를 발전시키는 장애. '다중인격장애'라고도 한다.

하위 성격 해리성 정체성장애로 고생하는 사람들에게 발견되는 둘 혹은 그 이상의 뚜렷이 구분되는 성격. '대체 성격'이라고도 한다.

루이자는 덴버의 주택가 도로변을 맴돌고 있는 것이 발견되어 치료에 의뢰되었다. 영양결핍에 더러운 모습을 한 이 불안한 상태의 30세 여인은 자신을 텔루리드 집에서 도망 나온 프래니라는 15세 소녀라고 경찰에게 소개했다.

그녀가 자신의 말을 전적으로 믿고 있음이 명백해지자 사람들은 이 신분 미상의 여인을 정신병원으로 이송시켰다. 치료자와 만날 즈음 그녀는 더 이상 이전의 끔찍한 가정 상황을 빠른 말투로 말하던 어린 소녀가 아니었다. 이제 그녀는 자신을 루이자라 했고, 느리고 신중하고 슬픈 톤으로 유창하나 가끔씩 혼란스러운 모습으로 이야기했다.

루이자는 6세 이후 수년에 걸쳐 어떻게 자신이 의붓아버지로부터 성적 학대를 받았었는지 묘사했다. 15세에 가출했고 이후로는 어머니나 의붓아버지와 연락을 끊었다. 그녀는 지난 몇 해 길에서 살았으나 최근에는 남자친구인 팀과 작은 아파트에서 함께 거주하고 있다고 주장하였다. 하지만 팀의 직업과 사는 곳, 성씨를 묻자 그녀는 아무런 대답도 내놓지 못하였다. 이런 이유로 그녀는 계속 치료를 받게 되었다.

치료를 통해 과거 불행했던 아동기 기억과 성학대 이력이 탐색되자 루이자는 동요하기 시작했고, 결국 어느 한 회기에는 15세의 프래니로 다시 돌아갔다. 치료자는 회기 기록에 "전체적인 몸동작이 갑자기 폭력적으로 변했다. 이전에 침착했던, 심지어 별 표정 없었던 얼굴이 긴장으로 일그러졌으며, 움츠린 몸동작을 취하였다. 의자를 60센티미터쯤 뒤로 뺐고 내가 그녀 쪽으로 약간만 기울여도 반복적으로 몸을 뒤로 뺐다. 고음조의 빠르고 짧고 끊어지는 어투로 단어들을 내뱉었다. 단어 사용은 마치 아이 수준으로 떨어져 있었다. 모든 면에서 그녀는 완전히 다른 사람이 되어 있었다"고 기술했다.

다음 몇 회기 동안 치료자는 이 외의 여러 다른 성격을 만났다. 어렸을 때 루이자를 가르쳤다 주장하는 엄격한 학교 교장 존슨이 그 하나였다. 자신이 루이자를 비롯한 다른 성격을 책임지고 있다고 주장하는 거칠고 위협적인 노숙자 로저도 있었다. 55세 이혼녀 사라와 루이자가 돈 문제나 복잡한 수학 문제를 마주할 때마다 나타나는 24세 수학 천재이자 회계사 릴리도 이들 중에 있었다.

흥미로운 이야기

평가지연

해리성 정체성장애를 가진 사람들은 평균 7년의 치료를 받은 후에야 진단을 받게 된다(Blihar et al., 2020; Foote, 2018).

과거 다중인격장애(multiple personality disorder)로 알려진 **해리성 정체성장애**(dissociative identity disorder)를 가진 개인은 둘 혹은 그 이상의 구분되는 성격을 발달시킨다. 발달된 성격들은 흔히 **하위 성격**(subpersonality) 혹은 **대체 성격**(alternate personality)이라 불리고, 각각은 개인의 기능 상태를 지배하는 독특한 기억, 행동, 사고, 감정을 가진다(표 5.3 참조). 한 시점에 하위 성격 중 하나가 주 무대를 장악하게 되고, 이것이 그 개인의 기능 상태를 지배한다. 흔히 주 성격(primary personality) 혹은 주인 성격(host personality)이라 부르는 하위 성격은 다른 것들보다 더 자주 나타난다.

스위칭(switching)이라 부르는 하나의 하위 성격에서 다른 성격으로의 전환은 갑작스럽고 극적인 경우가 많다. 예를 들어 루이자는 얼굴을 찡그리고 어깨와 몸을 폭력적으로 앞으로 구부렸다. 물론 임상가들은 최면적 암시로도 스위칭을 만들어내지만, 스위칭은 보통 스트레스 사건에 의해 촉발된다.

해리성 정체성장애 사례는 300년 전 처음 보고되었다. 인구 중 약 1%가 특정 해에 이 장애를 경험했다고 보고하고는 있으나, 임상 이론가들은 이 장애가 이보다 더 흔한 장애일 거라 믿는다. 대부분의 사례는 후기 청소년기 혹은 초기 성인기에 처음으로 진단되나, 증상은 주로 초기 아동기 외상이나 학대(보통 성학대) 삽화 후 실질적으로 시작된다(Blihar et al., 2020; Foote, 2018). 여성이 남성보다 적어도 3배 정도 더 자주 진단된다.

왜 여성이 남성보다 해리성 정체성장애 진단을 받을 가능성이 더 높은가?

하위 성격은 어떻게 서로 상호작용하는가 하위 성격들이 서로 관계하는 방식이나 하위 성격이 다른 하위 성격들을 기억하는 방식은 사례마다 다르다. 그러나 일반적으로는 세 가지 종류의 관계가 있다. **상호 기억상실적 관계**에서 하위 성격들은 서로의 존재를 의식하지 못한다. 반대로 **상호 인지적 형태**에서 각 하위 성격은 나머지 성격들의 존재를 너무나도 잘 인식하고 있다. 하위 성격들은 서로의 목소리를 듣고 서로 이야기하기도 한다. 몇몇 성격은 서로 사이가 좋으나 다른 성격들은 서로 사이가 좋지 않다.

가장 흔한 관계 형태는 **일방향 기억상실적 관계**이다. 여기서 몇몇 하위 성격들은 다른 성격들의 존재를 의식하나, 이러한 의식은 상호적인 것이 아니다. **함께 의식하는 하위 성격(공인지적 하위 성격)**은 다른 성격의 존재를 알고 있다. 이들은 다른 하위 성격들의 행동과 사고를 관찰하는 '조용한 관찰자'지만, 다른 하위 성격들과 상호작용하지는 않는다. 때때로 공인지적 하위 성격은 다른 하위 성격이 나타나 있는 동안 환청(지시를 내리는 소리) 혹은 '자동적 쓰기'(현재 성격은 자신이 뭔가를 쓰고 있음을 발견하나 이를 통제하지는 못함)와 같은 간접적 수단을 통해 자신의 존재를 알리기도 한다.

연구자들은 해리성 정체성장애 사례의 대부분이 2~3개의 하위 성격을 포함하고 있다고 믿었다. 하지만 현재의 연구에서는 평균 하위 성격의 수가 훨씬 더 많다(여성은 15개, 남성은 8개)고 제안한다(Foote, 2018; APA, 2000). 사실상 100개 혹은 그 이상의 하위 성격이 관찰되는 경우도 있다. 때때로 하위 성격은 한 번에 둘 혹은 셋씩 집단으로 나타나기도 한다.

이브의 세 얼굴이란 제목의 책과 영화를 통해 유명해진 '이브 화이트'는 이브 화이트, 이브 블랙, 제인이라는 3개의 하위 성격을 가지고 있었다(Thigpen & Cleckley, 1957). 주 성격인 이브 화이트는 조용하고 신중한 여성이다. 이브 블랙은 걱정 없고 짓궂은 여성이다. 제인은 성숙하고 지적인 여성이다. 책에 따르면, 이 세 하위 성격은 결국 안정된 성격인 에블린으로 통합되는데, 이는 세 성격의 진정한 합체이다.

하지만 이 책은 잘못된 부분이 있었다. 에블린으로의 통합이 이브의 해리 증세의 결말이 아니었다. 20년 후 나온 자서전에서 이브는 생애 총 22개의 하위 성격을 나타낸 것으로 밝혀졌다. 9개의 하위 성격은 에블린 이후에 나타났다. 이들은 흔히 3개씩 집단으로 나타났고, **이브의 세 얼굴**의 작가들은 그녀의 이전 혹은 이후의 하위 성격에 대해서는 결코 알지 못했다. 그녀는 현재 장애를 극복했다. 하나의 안정적인 정체감으로 통합했고, 이것은 그녀가 사망한 2016년까지 40년 동안 크리스 시즈모어라는 이름으로 알려진 정체감이다(Weber, 2016; Sizemore, 1991).

이른 시작 해리성 정체성장애는 보통 초기 아동기에 시작된다. '파열된(Fractured)'이라는 제목의 자서전에서 루스 디라는 가명을 사용하는 여성은 할아버지와 아빠의 성폭행으로 그리고 엄마의 반복되는 신체적 및 심리적 학대로 어떻게 9개의 하위 성격이 4세에 등장하게 되었는지 설명하고 있다.

하위 성격은 어떻게 다른가 크리스 시즈모어의 사례에서 하위 성격들은 흔히 극적으로 다른 특성을 보인다. 이들은 자신만의 이름과 구분되는 **개인감별적 특성, 능력 및 선호**를 가지며, 심지어 서로 다른 **생리적 반응**도 가진다.

개인감별적 특성 유명 소설 시빌(Schreiber, 1973)에서 묘사되는 시빌 도셋의 사례에서처럼 하위 성격들은 나이, 성별, 인종, 가족력 같은 기본적인 특성에서 서로 다르다. 소설에 따르면 시빌은 서로 다른 개인감별적 특성을 가진 17개의 하위 성격을 내보이고 있다. 성격들은 성인, 10대 청소년, 심지어 아기까지 포함하고 있었다. 비키라는 이름의 한 하위 성격은 자신을 매력적인 금발의 여인으로 묘사했다. 반면 페기 루라는 이름의 하위 성격은 자신을 들창코를 가진 픽시(귀가 뾰족한 작은 사람 모습의 요정)로 묘사했다. 메리는 짙은 색 머리카락의 통통한 여성이었고, 바네사는 키 크고 마른 몸매의 빨간 머리 여성이었다(이 소설이 기초하고 있는 실제 사례의 정확성이 최근 도전을 받고 있음을 알려 두는 바이다).

MBR/KRT/Newscom

시빌의 실제 인물 임상 역사학자들은 셜리 A. 메이슨을 유명 소설 '시빌(sybil)'의 실제 인물이라 밝히고 있다.

능력 및 선호 추상적 정보나 백과사전적 정보의 기억은 해리성 기억상실에서는 보통 손상되지 않는 반면, 해리성 정체성장애에서는 흔히 손상된다. 서로 다른 하위 성격들이 서로 다른 능력을 가지고 있음은 드문 일이 아니다. 어떤 성격은 운전하고 외국어를 말하고 혹은 악기를 연주할 수 있는데, 다른 성격은 이런 것을 못한다(NAMI, 2020b; Foote, 2018). 글씨체도 다를 수 있다. 게다가 하위 성격들은 음식, 친구, 음악, 문학에 대한 취향도 다를 수 있다. 크리스 시즈모어('이브')는 후에 "내 안의 한 성격이 바느질을 배웠지만, 이 성격이 다른 성격으로 전환된 후에는 바느질을 할 줄 몰랐다. 운전도 마찬가지였다. 내 성격들의 일부는 운전을 할 줄 몰랐다"라고 지적하였다(Sizemore & Pittillo, 1977, p. 4).

생리적 반응 연구자들은 하위 성격들이 혈압 수준, 알레르기 같은 생리적 반응에서 서로 다를 수 있음을 발견하였다(Spiegel, 2019c, 2009; Putnam et al., 1990; Putnam, 1984). 한 유명 연구는 하위 성격들 각각의 **유발전위**(evoked potential, EEG에 기록된 뇌 반응 패턴)를 측정함으로써 이들 성격의 뇌 활동을 살펴보았다. 개인이 특정 자극(예 : 섬광등)에 대한 반응으로 생성한 뇌 반응의 형태는 흔히 독특하고 일관적이다. 하지만 10명의 해리성 정체성장애 환자의 각 하위 성격의 유발전위검사 결과는 극적이었다. 각 하위 성격의 뇌 활동 형태는 독특했는데, 이런 종류의 차이는 완전히 다른 사람들에게서나 발견되는 것이었다. 지난 20년간 수행된 수많은 다른 연구에서도 유사한 결과가 보고되고 있다(Lotfinia et al., 2020; Temple, 2019).

해리성 정체성장애는 얼마나 흔한가 앞서 살펴봤듯이 해리성 정체성장애는 전통적으로 드문 장애라 생각되고 있다. 어떤 연구자들은 대다수 혹은 모든 사례가 **의원성**(iatrogenic)이라고 주장한다. 즉 임상가들에 의해 의도치 않게 만들어진 장애라는 것이다(Blihar et al., 2020). 치료자들이 치료 중 다른 성격의 존재를 은밀히 암시함으로써 혹은 최면 중 직접 다른 성격을 창출하라고 요구하여 해리성 정체성장애가 만들어졌다고 이들은 믿는다. 또한 다중 성격을 찾고자 하는 치료자가 환자가 해리 증상을 보일 때 더 큰 관심을 보임으로써 이러한 패턴을 강화했다고 믿기도 한다. 유사한 맥락에서 일부의 이론가들은 해리성 정체성장애가 **문화특정적**인 것 같다고 말한다(Kruger, 2020; Boysen & VanBergen, 2013). 북아메리카에서는 해리성 정체성장애 유병률이 증가하고 있는 반면, 영국, 스웨덴, 러시아, 인도, 동남아시아에서는 이 장애가 매우 드물거나 존재하지 않는다.

해리성 정체성장애를 경험하고 있고 범죄가 하위 성격 중 하나에 의해 자행되었다면 이 범죄자에게는 어떠한 선고가 적당한 것인가?

이러한 주장은 해리성 정체성장애의 많은 사례가 개인이 덜 심각한 문제로 치료받던 도중 처음 관심을 받곤 한다는 사실에 근거한다(Patihis & Pendergrast, 2018). 하지만 모든 해리성 정체성장애의 사례가 이러한 상황에 해당되는 것은 아니다. 많은 이들은 자신의 인생에서 자기가 기억 못하는 시간(시간의 공백)을 발견했기 때문에, 혹은 친척이나 친구들이 그들의 하위 성격을 목격했기 때문에 치료를 구한다.

물론 21세기에 다시 감소하고 있는 추세이긴 하나 해리성 정체성장애로 진단된 사람의 수가 1980~1990년대에 극적으로 증가하였다. 이런 감소에도 불구하고 미국과 캐나다에서만 수천의 사례가 이 장애로 진단되고 있다. 하지만 여전히 많은 임상가는 이 장애 범주의 타당성에 대해 의문을 제기하고 있다.

이론가는 해리성 기억상실과 해리성 정체성장애를 어떻게 설명하는가

다양한 이론이 해리성 기억상실과 해리성 정체성장애 설명을 위해 제안되고 있다. 정신역동 이론가들이 제안한 오래된 설명은 많은 경험적 검증을 받지 못하였다. 하지만 보다 최신의 관점(상태의존 학습 및 자기최면 같은 요소를 강조하는 관점)은 임상 과학자들의 관심을 끌고 있다.

상태의존 학습 학습이 그것이 일어난 상태 및 상황과 연합되어 동일한 상태 및 상황하에서 가장 잘 회상되는 것

정신역동적 관점 정신역동 이론가들은 해리장애가 가장 기초적인 자아방어기제인 억압에 의해 야기된다고 믿는다. 사람들은 고통스러운 무의식적 기억, 사고, 충동이 의식으로 떠오르지 못하게 함으로써 불안에 대처한다. 누구나 어느 정도는 억압이라는 기제를 사용하지만 해리성 기억상실이나 해리성 정체성장애를 가진 사람은 자신의 기억을 지나치게 억압하는 것으로 여겨진다(Subramanyam et al., 2020).

정신역동적 관점에서 보면 해리성 기억상실은 거대한 억압의 단일 삽화이다. 개인은 속상한 사건 기억과의 대면에서 오는 고통을 줄이기 위해 사건의 기억을 무의식적으로 막는다(NHS, 2020). 억압은 압도하는 불안으로부터 자신을 방어할 수 있는 그 개인이 가진 유일한 방법일 수 있다.

반대로 해리성 정체성장애는 일생 지속되는 극단적 억압으로부터 야기된다고 생각되고 있다(Howell, 2010, 2011; Snyder, 2018). 정신역동 이론가들은 계속적인 억압의 사용이 아동기 외상 사건, 특히 학대적 훈육에 의해 동기화된다고 믿는다(Subramanyam et al., 2020; Foote, 2018). 이 같은 외상을 경험한 아동은 자신이 살고 있는 위험한 세상을 두려워하게 되고, 저 멀리 안전한 곳에서 구경하는 구경꾼처럼 행동함으로써 위험한 세상으로부터 도망가려 한다. 학대받는 아동은 심한 처벌을 받을 만한 내적 충동을 경험하기 두려워한다. '나쁜' 생각과 충동을 경험할 때마다 이것을 다른 성격들에 전가시킴으로서 나쁜 생각과 충동의 소유를 무의식적으로 부인하려 한다.

해리성 정체성장애에 대한 정신역동적 설명을 지지하는 증거는 수많은 연구로부터 나오고 있으나 주로 사례사 연구로부터 나온다. 이 사례사들은 매질, 칼부림, 담뱃불로 지짐, 옷장에 가둠, 강간, 언어적 학대와 같은 잔혹한 아동기 경험을 보고한다(Blihar et al., 2020). 그러나 해리성 정체성장애 환자의 일부는 살아오는 동안 이러한 학대를 경험한 것 같지 않다(Ross, 2020, 2018). 예를 들어 이브의 세 얼굴의 크리스 시즈모어는 자신의 장애가 학령전기 2명의 사망과 하나의 끔찍한 사건을 3개월 안에 경험한 이후 처음 나타나게 되었다고 보고했다.

감각 기억 감각 자극은 종종 중요한 기억을 촉발한다. 따라서 일부 임상가는 '후각치료'를 진행한다. 이 치료는 내담자의 기억을 끌어내기 위해 에센셜 오일의 향이나 진동을 사용한다.

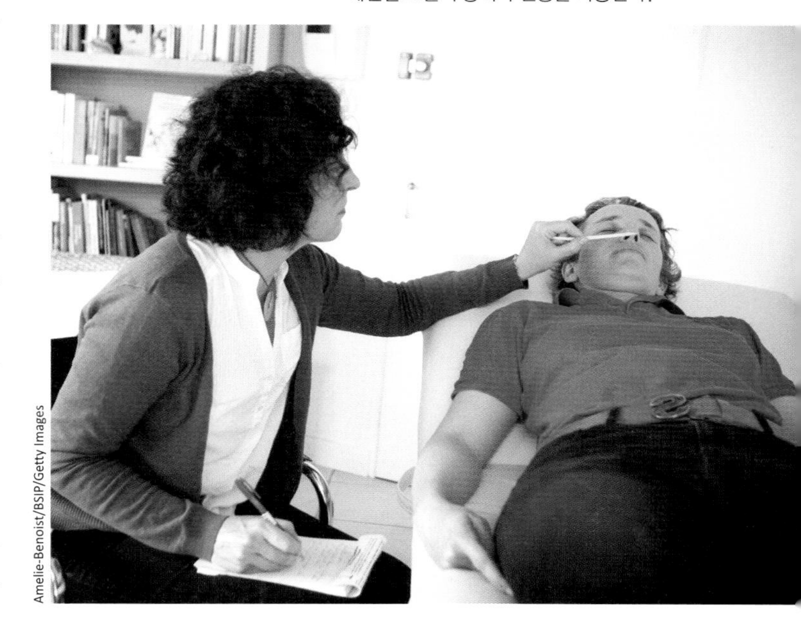
Amelie-Benoist/BSIP/Getty Images

상태의존 학습 : 인지행동적 관점 특정 상황 혹은 마음 상태에서 무엇인가를 학습한 사람들은 같은 상황에 놓였을 때 학습한 내용을 더 잘 기억한다. 예를 들어 알코올의 영향하에서 학습 과제를 부여받은 사람은 알코올의 영향하에서 학습한 정보를 가장 잘 회상한다. 이와 유사하게 학습하면서 담배를 핀 사람은 나중에 담배 피는 상황에서 학습한 내용을 더 잘 회상한다.

상태와 회상 간 관련성을 지칭하여 **상태의존 학습**(state-dependent learning)이라 한다. 상태의존 학습은 특정 약물의 영향하에서 학습을 수행한 실험동물에게서 처음 관찰되었다(Zarrindast & Khakpai, 2020; Overton, 1966, 1964). 이후 인간

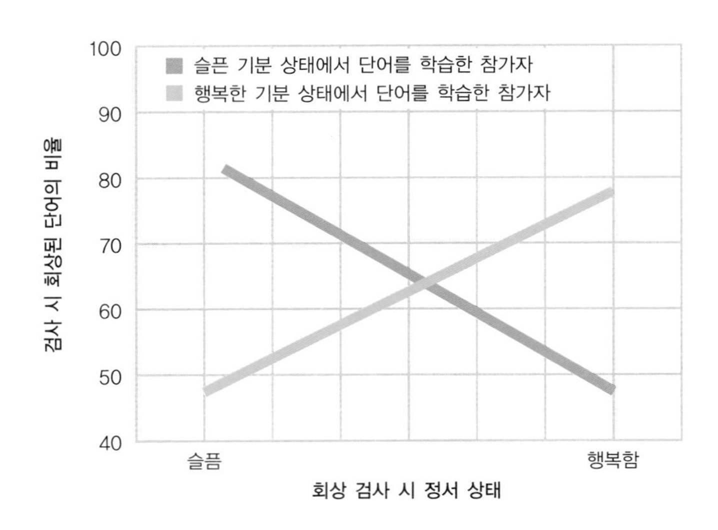

그림 5.5

상태의존 학습

한 연구에서 최면을 통해 행복한 기분이 유도된 상태에서 단어를 학습한 참가자들은 추후 회상 검사가 행복한 기분에서 이루어졌을 때 슬픈 기분에서 이루어진 때보다 단어를 더 잘 회상하였다. 반대로 슬픈 기분에서 단어를 학습했던 참가자들은 추후 회상 검사가 슬픈 기분에서 이루어졌을 때 행복한 기분에서 이루어진 때보다 단어를 더 잘 회상하였다. (출처 : Bower, 1981)

참가자를 대상으로 한 연구는 상태의존 학습이 감정 상태와도 연관됨을 발견하였다. 행복한 감정에서 학습된 것은 참가자가 다시 행복하게 되었을 때 가장 잘 회상된다. 슬픈 감정에서 학습한 것은 슬픈 동안에 가장 잘 회상된다(Xie & Zhang, 2018; Bower, 1981)(그림 5.5 참조).

무엇이 상태의존 학습을 야기하는가? 한 가지 가능성은 각성 수준이 학습과 기억에 중요한 부분이라는 것이다. 말하자면 특정 각성 수준은 그것에 결부된 회상 사건, 사고, 기술의 묶음을 가지고 있다. 상황이 특정 각성 수준을 만들어내면 개인은 그 각성 수준에 연결된 기억을 더 잘 기억하게 된다(Jaffe et al., 2019).

사람들이 특정 사건을 한 각성 상태에서 다른 각성 상태에서보다 더 잘 기억한다고 하지만 대부분의 사람들은 다양한 상태에서 사건을 회상할 수 있다. 하지만 해리장애로 발달하기 쉬운 사람은 대단히 경직되고 협소한 그리고 특정 뇌 변화에까지 연결된 상태-기억 연결을 가진 것으로 보인다(Lebois et al., 2020; Barlow, 2011). 이들의 사고, 기억, 기술 각각은 특정 각성 상태와 **배타적**으로 연결되어 있어 기억이 처음 획득되었을 때의 각성 상태와 거의 유사한 각성 상태를 경험하였을 때에만 그 사건을 회상할 수 있게 된다. 예로 평온한 상태에 있는 사람들은 스트레스 시기 동안 일어난 일을 망각하는데, 이는 해리성 기억상실의 토대가 된다. 유사하게 해리성 정체성장애에서 다른 각성 수준은 전적으로 다른 기억, 사고, 능력의 집합, 즉 다른 하위 성격들을 창출하기도 한다. 이것이 해리성 정체성장애에서의 성격 변환이 왜 그렇게 갑작스럽고 스트레스와 관련되어 있는지를 설명한다.

학교나 직장에서의 더 나은 수행을 위해 상태의존 학습 원리를 사용하는 것이 가능할까?

자기최면 제1장에서 보았듯이 최면에 걸린 사람은 쉽게 피암시적이 되는 수면 비슷한 상태로 들어간다. 이런 상태에 있는 동안 이들은 평소에는 불가능해 보이는 방식으로 행동하고 지각하고 생각한다. 예를 들어 이들은 눈이 멀거나 귀가 들리지 않거나 통증에 무감해진다. 최면은 사람들로 하여금 여러 해 전에 일어났으나 잊힌 사건을 기억할 수 있도록 도울 수 있다. 이러한 능력은 많은 심리치료자에 의해 사용되었다. 반대로 최면은 사실, 사건, 심지어 자신의 정체감까지도 망각하게 할 수 있다. 이러한 효과를 **최면성 기억상실**(hypnotic amnesia)이라 부른다.

최면성 기억상실과 해리장애 간에 존재하는 유사성은 실로 놀랍다. 둘 다 일정 기간 특정한 것을 망각하다 나중에 기억하게 된다. 두 경우 모두에서 사람들은 자신이 왜 기억을 못하는지에 대한 통찰 없이 혹은 무엇인가가 망각되었다는 인식 없이 망각한다. 이러한 유사성이 일부 이론가들로 하여금 해리장애가 일종의 **자기최면**(self-hypnosis), 즉 불쾌한 사건을 잊도록 자신에게 최면을 거는 상태라 결론짓게 만든다(Facco et al., 2019). 한 예로 근간에 일어난 끔찍한 경험을 잊도록 자신에게 의식적으로 혹은 무의식적으로 최면을 거는 사람에게서 해리성 기억상실이 발생할 수 있다. 만약 자기 유도된 기억상실이 그 개인의 과거 기억과 정체성 모두를 망라한다면, 그 개인은 해리성 둔주를 경험하게 되는 것이다.

자기최면 이론은 해리성 정체성장애의 설명에도 사용될 수 있다(Facco et al., 2019; Wood, 2016). 몇몇 이론가들은 일부 연구 결과에 기초하여 이 장애가 주로 4~6세 사이에 처음 시작된다고 믿는다(APS, 2020; Blihar et al., 2020). 4~6세 사이는 아동이 보통 피암시성이 매

자기최면 불유쾌한 사건을 잊기 위해 자신에게 최면을 거는 과정

최면치료 환자에게 최면을 걸어 망각된 사건을 회상하도록 하거나 기타 다른 치료적 활동을 수행하도록 하는 치료

우 강하며 뛰어난 최면의 대상이 되는 시기이다. 자기최면 이론가들은 학대 혹은 다른 끔찍한 사건을 경험한 아동의 일부가 자기최면을 사용하여 위협적인 세상으로부터 도피하려 한다고 주장한다. 자기최면은 정신적으로 자신을 자신의 몸으로부터 분리하고 다른 사람이 되고자 하는 개인의 소원을 성취시킨다(Foote, 2018). 다중 성격을 가진 한 환자는 "아동기 동안 저는 무아지경 상태에 자주 들어갔어요. 작은 공간이 있었는데 거기에 앉아서 마치 최면 상태와 같은 아주 편안한 상태가 될 때까지 눈을 감고 상상할 수 있었어요"라고 보고하였다(Bliss, 1980, p. 1392).

흥미로운 이야기

시빌 치료하기

시빌의 작가와 시빌의 실제 치료자와 긴밀히 작업했던 몇몇 동료들에 의해 셜리 메이슨(시빌의 실제 인물)이 최면에 빠지기 쉽고 피암시적이며 치료자를 기쁘게 하는 데 전전긍긍했다는 주장과 그래서 그녀의 장애가 사실은 최면과 펜토탈 나트륨, 치료자의 암시에 의해 유도된 것이라는 주장이 지난 20년에 걸쳐 제기되었다(Blihar et al., 2020; Nathan, 2011; Rieber, 2002, 1999).

해리성 기억상실과 해리성 정체성장애는 어떻게 치료되는가

앞서 살펴본 바와 같이 해리성 기억상실을 가진 사람은 흔히 스스로 쾌차한다. 하지만 일부의 사람에게서는 기억 문제가 지속되며, 이런 경우는 치료가 필요하다. 반면 해리성 정체성장애를 가진 사람은 잃어버린 기억을 되살리고 통합된 성격을 발달시키기 위해 치료가 필요하다. 해리성 기억상실의 치료는 해리성 정체성장애의 치료보다 더 성공적인 경향이 있는데, 이는 전자의 양상이 후자보다 덜 복잡하기 때문으로 사료된다.

치료자는 어떻게 해리성 기억상실을 가진 사람을 돕는가 해리성 기억상실의 선구적인 치료로는 **정신역동치료**, **최면치료**, **약물치료**가 있다. 비록 이들 개입에 대한 지지가 주로 통제된 연구에서보다는 사례 연구에서 나오고 있지만 말이다(Clouden, 2020). 정신역동 치료자들은 망각된 경험을 의식화시키려는 의도로 환자에게 자신의 무의식을 탐색하도록 한다(Howell, 2020; Subramanyam et al., 2020). 정신역동치료의 초점은 해리성 기억상실을 가진 사람의 요구와 특히 잘 맞아떨어지는 것 같다. 환자는 잃어버린 기억을 회복할 필요가 있고, 정신역동 치료자의 일반적 접근은 억압된 기억 및 기타 억압된 심리적 과정을 들추어내는 것이다. 이러한 이유로 정신역동적 접근을 선호하지 않는 이론가들조차도 정신역동치료를 해리성 기억상실 치료에 가장 적합한 접근이라 믿는다.

해리성 기억상실의 또 다른 흔한 치료로 **최면치료**(hypnotic therapy 혹은 hypnotherapy)가 있다. 치료자는 환자에게 최면을 건 후 이들에게 망각된 사건을 회상하도록 이끈다(Subramanyam et al., 2020; Spiegel, 2019a, 2019b). 해리성 기억상실이 일종의 자기최면일 수 있다는 가능성에 기초해볼 때 최면치료는 특히 유용한 치료적 개입임에 틀림없다. 최면치료는 단독으로 혹은 다른 접근과 함께 사용되고 있다.

최면 상태에서의 회상 사진은 최면 상태에서 '현재 나는 하와이 해변에 와 있고 선탠로션이 필요하다'라는 암시를 받은 노스우드대학교 학생들의 반응을 담고 있다. 많은 임상가는 과거 사건에 대한 내담자의 기억 회복을 돕기 위해 최면 절차를 사용한다. 하지만 연구는 이러한 절차가 간혹 가짜 기억을 창출함을 보여준다.

Erin Painter/Midland Daily News/AP Photo

아모바비탈 나트륨(아미탈) 혹은 **펜토바비탈 나트륨**(펜토탈)과 같은 신경안정제 주입이 해리성 기억상실 환자의 잃어버린 기억 회복에 사용되기도 한다. 이 약물들을 '진실의 혈청'이라 부르기도 하는데, 약물이 효과를 나타내는 실질적 이유는 이것이 사람들을 안심시키고 이들의 억압 성향을 완화시켜 불안 유발 사건을 회상할 수 있도록 돕기 때문이다(Johnson & Sadiq, 2020). 하지만 약물이 항상 효과가 있는 것은 아니기 때문에 다른 치료적 접근과 결합하여 사용되는 경우가 많다.

Michael Maslin/The New Yorker Collection/The Cartoon Bank

"펠릭스, 우리가 이미 결혼한 사이라는 걸 알게 되는 게 당신에게 큰 충격이 될까요?"

치료자는 어떻게 해리성 정체성장애를 가진 사람을 돕는가 해리성 기억상실의 희생자들과는 달리 해리성 정체성장애를 가진 사람은 보통 치료 없이는 회복되지 않는다. 해리성 정체성장애의 치료는 이 장애만큼이나 복잡하고 어렵다. 치료자는 내담자가 (1) 자신의 장애의 본질을 이해하고, (2) 기억의 공백을 회복하며, (3) 하위 성격들을 하나의 기능적인 성격으로 통합하도록 돕는다.

장애 인지하기 해리성 정체성장애 진단이 이루어지면 치료자는 보통 주 성격 및 하위 성격들과의 유대를 형성하기 위해 노력한다(Howell, 2020, 2011; Spiegel, 2019c). 유대가 형성되면 치료자는 환자를 교육하고 이들이 장애의 본질을 충분히 인지할 수 있도록 돕는다. 실제로 몇몇 치료자는 최면을 통해 혹은 다른 성격들이 녹화된 비디오테이프를 보여주는 방식을 통해 하위 성격들을 서로에게 소개해준다. 또한 많은 치료자는 집단치료가 환자를 교육하는 데 도움이 됨을 발견하였다(Subramanyam et al., 2020). 가족치료 또한 배우자와 자녀에게 해리성 정체성장애에 대해 교육하고 환자와 관련한 유용한 정보를 수집하기 위해 사용되고 있다(AAMFT, 2020a).

기억 회복하기 환자의 잃어버린 과거 기억 회복을 돕기 위해 치료자는 정신역동치료, 최면치료, 약물치료를 포함한 해리성 기억상실에 사용된 접근을 사용한다(Subramanyam et al., 2020; Spiegel, 2019c). 하지만 이들 기법은 해리성 정체성장애 환자 치료에는 효력이 느리게 나타난다. 이는 일부의 하위 성격이 다른 하위 성격이 회상하는 경험을 계속 부인하기 때문이다. 심지어 어떤 하위 성격은 주 성격이 외상 경험을 기억함으로써 받을 고통을 방지하기 위해 '보호자' 역할을 자처하기도 한다.

하위 성격 통합하기 치료의 최종 목표는 여러 개의 하위 성격을 하나의 통합된 정체감으로 흡수하는 것이다(Ross, 2020). 통합(integration)은 환자가 자신의 행동, 감정, 감각, 지식 모두를 자신의 것으로 소유하기까지 치료 과정에서 발생하는 계속적인 과정이다. **융합**(fusion)은 둘 혹은 그 이상의 하위 성격이 최종적으로 합체됨을 의미한다. 많은 환자는 이 같은 치료의 최종 목표를 불신하고, 하위 성격들은 통합을 하나의 죽음으로 간주하기도 한다(Howell, 2020, 2011; Spiegel, 2019c). 치료자는 하위 성격들의 통합을 돕기 위해 정신역동치료, 지지치료, 인지행동치료, 약물치료 등 다양한 접근을 사용한다(Subramanyam et al., 2020).

하위 성격들이 통합되면 이후의 치료는 완전한 성격을 유지시키고 이후의 해리 발생 방지에 도움이 될 만한 사회 기술 및 대처 기술을 훈련시키는 것이다. 사례 보고들을 보면 일부의 치료자는 높은 성공률을 보고한 반면 일부의 치료자는 환자가 완전한 통합에 계속 저항하고 있음을 보고한다(Ross, 2020, 2018). 사실상 일부의 치료자는 이러한 완전한 통합이 치료에서 과연 필요한 것인가에 의문을 제기하고 있기도 하다.

융합 해리성 정체성장애에서 두 가지 이상의 하위 인격이 통합되는 것

이인성/비현실감장애 이인성, 비현실감 혹은 이 둘 모두의 지속적이고 반복적인 삽화로 특징지어지는 해리성 장애

이인성/비현실감장애

앞서 살펴보았듯 DSM-5는 **이인성/비현실감장애**(depersonalization-derealization disorder)를 해

리장애로 범주화하고 있다. 물론 이인성/비현실감장애는 다른 해리장애에서 발견되는 기억의 어려움을 특징으로 갖지는 않지만 말이다. 이인성/비현실감장애의 핵심 증상은 지속되고 반복적으로 발생하는 이인증(자신의 정신 과정이나 신체가 실제 같지 않거나 분리된 것 같은 감각) 그리고/혹은 비현실감(자신의 주변이 실제 같지 않거나 분리된 것 같은 감각)의 삽화이다.

28세의 한 치과 보조사가 현실감을 의심할 만한 시간이 점점 늘어가고 있다고 호소하며 치료에 왔다. 깨어 있는 시간 동안 그는 꿈속에 사는 듯, 자기 위에 떠다니는 듯, 자신의 생각에서 분리되어 나온 듯, 자신의 신체가 실제 경험함 없이 그냥 사는 시늉만 하는 듯 그런 만성적 꿈과 같은 상태에 빠져 있다고 보고했다. 직장에서 치과 도구를 소독할 때나 도구를 의사에게 건네줄 때면 흔히 자기 손을 보게 되는데, 그때 손이 자기 것이 아닌 양 느껴지거나 원래의 자기 손보다 비정상적으로 크게 보인다고 했다. 대기실이나 치료실에 있는 환자들을 볼 때면 이들이 마치 로봇인 것처럼 느껴진다고도 하였다.

치료를 시작한 지 3주째 되던 때 환자는 여자친구의 얼굴과 몸이 왜곡되어 보인다고 보고했다. 치료 후반기에는 치료자가 실제 존재하는지 의심스러워 치료를 그만둘 것을 고려하고 있다고도 보고했다.

이 사례에 나온 치과 보조사처럼 이인증을 경험하는 이는 제 신체로부터 분리된 듯 느끼고 자신이 외부에서 자기를 관찰하는 것처럼 느낀다. 때때로 마음이 자신보다 몇 미터 위에 떠다니는 것처럼 느끼기도 하는데, 이러한 감각은 **이중감**(doubling)이라고 한다. 신체 부분이 낯설게 느껴지기도 하는데, 손이나 발이 원래보다 더 작게 혹은 더 크게 느껴진다. 많은 이인성/비현실감장애 환자는 자신의 정서 상태를 '기계 같은', '몽롱한', '어지러운' 등의 형용사로 묘사하곤 한다. 하지만 이들은 이런 모든 경험을 통해 자신의 지각이 왜곡되어 있음을 알고 있고, 이런 의미에서 이들의 현실감은 유지되고 있다고 말할 수 있다. 몇몇 경우에서는 비현실적 감각이 다른 감각 경험 및 행동으로 확대되기도 한다. 예를 들어 사람들은 촉각이나 후각 혹은 시간이나 공간에 대한 판단에서 왜곡을 경험할 수 있다. 또한 이들은 말할 때와 행동할 때 통제력을 상실한 듯 느끼기도 한다.

종교적 해리 종교 혹은 문화 의식의 일부로 많은 사람이 자발적으로 가수상태(무아지경)에 들어간다. 가수상태는 해리성 정체성장애나 이인성/비현실감 장애에서 관찰되는 증상과 유사하다. 사진은 아이티 수브낭스의 한 사원에서 부두교 추종자들이 가수상태에 빠진 채 노래하며 성스러운 연못을 뒹구는 모습을 담고 있다.

이인증과는 달리 비현실감은 외부 세계가 비현실적이고 이상한 것으로 느껴지는 것을 특징으로 한다. 사물의 모양이나 크기가 변하는 것처럼 보일 수 있으며 다른 사람들이 동떨어지거나 기계 같거나 심지어는 죽은 것처럼 보일 수 있다. 예로 위의 치과 보조사는 사람들을 로봇으로 보았고, 여자친구를 왜곡된 방식으로 지각하기 시작하였으며, 치료자의 존재에 대한 확신이 서지 않아 두 번째 회기에 오기를 망설였다.

이인증과 비현실감의 경험 그 자체가 이인성/비현실감장애를 만드는 것은 아니다. 일시적인 이인증, 비현실감 반응은 상당히 흔하다(Weber, 2020; Simeon, 2019). 사람들의 3분의 1이 영화에서 자신을 보는 듯한 느낌을 경험하곤 한다고 말한다. 유사하게 삶을 위협하는 위험에 직면한 사람들의 3분의 1이 이인증이나 비현실감을 경험한다. 사람들은 명상을 수행한 후 혹은 새로운 지역을 여행한 후 종종 일시적인 이인증을 보고한다. 어린 아동은 자의식의 능력을 발달시켜가는 과정에서 때때로 이인증을 경험할 수 있다. 이런 경우 대부분에서 개인은 자신의 왜곡을 보완할 수 있으며 일시적 이인증, 비현실감 삽화가 끝날 때까지 적당한 효율성을

만약 당신이 이인증이나 비현실감의 감정을 경험한 적이 있다면 그 당시 경험을 어떻게 설명하겠는가?

흥미로운 이야기

그들의 진술

"몽상하려 하지만 마음이 계속 배회하네요."

코미디언 스티븐 라이트

가지고 자신의 기능 수준을 이어나갈 수 있다.

이와는 달리 이인성/비현실감장애의 증상은 지속되고 반복해서 발생하며, 개인에게 고통을 유발하고, 개인의 사회적·직업적 수행에 장해를 초래하기도 한다. 인구의 2% 정도가 이 장애를 경험하고, 장애는 청소년기와 성인 초기에 가장 흔히 발병하며 40세 이후의 사람에게는 거의 발병하지 않는다(Spiegel, 2019d). 장애는 보통 갑작스럽게 발병하며 극도의 피로, 신체적 통증, 강한 스트레스, 약물남용으로부터의 회복에 의해 촉발된다. 외상 경험의 생존자 혹은 인질, 납치의 희생자와 같이 위협적인 인생 상황에 놓인 사람들은 특히나 이 장애에 취약한 것으로 보인다. 장애는 장기간 지속되는 경향이 있다. 증상은 호전되고 일시적으로 사라지기도 하나, 심한 스트레스 시기에는 재발하거나 악화된다. 앞서 살펴본 치과 보조사의 경우처럼 많은 이인성/비현실감장애 환자는 정신 이상을 걱정하고 증상에 대한 걱정에 몰두한다. 하지만 몇 안 되는 이론만이 이 장애에 대한 설명을 제공한다. 몇몇 서로 다른 형태의 심리치료가 이 장애 치료에 적용되고 있으나, 이들 접근의 효과를 검증하는 연구는 찾아보기 힘든 형편이다(Weber, 2020; Simeon, 2019).

요약

해리장애

해리장애를 가진 사람은 신체적 요인으로 설명할 수 없는 기억과 정체성에서의 주된 변화를 경험한다. 이러한 변화는 흔히 외상 사건 이후에 나타난다. 보통 기억이나 정체성의 한 부분이 기억이나 정체성의 다른 부분과 해리되거나 분리된다. 해리성 기억상실을 가진 사람은 자신의 삶에서 중요한 개인적 정보나 과거 사건을 기억해내지 못한다. 해리성 기억상실의 극단적 형태인 해리성 둔주로 고생하는 사람은 개인적 정보를 기억해내지 못할 뿐 아니라 다른 지역으로 이동하여 거기서 새로운 정체성을 형성한다. 또 다른 해리장애인 해리성 정체성장애에서 사람들은 둘 혹은 그 이상의 구별되는 하위 성격을 발달시킨다.

해리성 기억상실과 해리성 정체성장애는 잘 이해되고 있지 않다. 이들 장애를 설명하기 위해 인용된 과정으로는 극단적 억압, 상태의존 학습, 자기최면이 있다.

해리성 기억상실은 저절로 치유되기도 하고 치료를 필요로 하기도 한다. 해리성 정체성장애는 보통 치료를 필요로 한다. 해리성 기억상실을 가진 사람의 기억 회복을 돕기 위해 사용되는 접근으로는 정신역동치료, 최면치료, 아모바비탈 나트륨 혹은 펜토바비탈 나트륨이 있다. 해리성 정체성장애 환자를 치료하는 치료자도 해리성 기억상실에서와 같은 치료적 접근을 사용하고 있다. 이들은 또한 내담자가 장애의 본질과 영역을 인식하고, 기억 공백을 회복하며, 여러 하위 성격을 하나의 기능적 성격으로 통합할 수 있도록 돕는다.

이인성/비현실감장애라는 또 다른 종류의 해리장애를 가진 사람은 자신이 자신의 정신 과정 혹은 신체와 분리된 것처럼 혹은 자신이 외부에서 자기를 관찰하는 것처럼 느끼거나 자기 주변의 사람이나 사물이 비현실적인 것처럼 혹은 초연한 것처럼 느낀다.

외상과 스트레스 이해하기

외상과 스트레스의 개념은 이상심리 영역 발달 초기부터 줄곧 주목받아왔다. 예로 Sigmund Freud는 대부분의 정신장애가 외상적 상실이나 외상적 사건으로부터 시작된다고 주장하였다. 그렇다면 외상과 스트레스가 어떻게 그리고 왜 심리장애로 전환되는 것인가? 최근까지만 해도 임상 이론가들과 연구자들은 이 질문에 답을 하지 못하였다. 하지만 연구자들은 이제 외상, 스트레스와 심리적 역기능의 관계를 보다 잘 이해하게 되었다. 연구자들은 외상 및 스트레스와 심리적 역기능과의 관계를 생물학적 요인, 아동기 경험, 개인적 특질, 사회적 지지와 같은 다양한 변인이 개입하여 만들어내는 복잡한 상호작용으로 보고 있다. 이에 발 맞추어 임상가들도 급성 스트레스장애와 외상후 스트레스장애 환자를 위한 보다 효과적인 치료 프로그램을 개발하고 있다. 이러한 프로그램은 생물학적, 인지행동적, 가족적, 집단적 개입을 결합하고 있다.

이 장은 외상으로 촉발되는 또 다른 장애군인 해리장애를 포함하고 있다. 하지만 해리장애는 앞서의 급성 스트레스장애와 외상후 스트레스장애와는 달리 이해와 치료에서 그다지 빠른 진보를 보이지 못하고 있다. 하지만 임상 분야의 해리장애에 대한 관심은 외상후 스트레스 반응에서 나타나는 기억 이상과 알츠하이머병과 같은 기질적 기억장애에서의 기억 이상에 대한 강한 임상적 관심에 일부 힘입어 지난 20년간 급증하였다.

외상과 스트레스 영역이 빠르게 발전하고 있는 가운데 우리가 주목해야 할 하나의 교훈이 있다. 임상 문제가 과하게 연구되고 있을 때 일반 대중, 연구자, 임상가는 흔히 신중하지 못한 과감한 결론에 도달할 수 있다는 것이다. 예를 들어 많은 사람이(아마도 너무 많은 사람이) 현재 외상후 스트레스장애 진단을 받고 있는데, 이는 장애 구성 증상이 많기 때문이기도 하지만 외상후 스트레스장애에 대한 지나치게 높은 관심 때문이기도 하다. 유사하게 오늘날의 임상가 중 일부는 해리장애에 대한 증가하는 관심이 이 장애 유병률에 대한 잘못된 인상을 만들어내지는 않을까 걱정한다. 우리는 이러한 잠재적 문제를 아동 양극성장애와 주의력결핍 과잉행동장애(ADHD)와 같은 최근 큰 관심을 받고 있는 정신장애를 살필 때 다시 보게 될 것이다. 계몽과 과도한 열중은 종종 종이 한 장의 차이만큼 작을 수 있다.

핵심용어

강간
고문
교감신경계
급성 스트레스장애
기억
내분비계
부교감신경계
상태의존 학습
시상하부-뇌하수체-부신(HPA) 축
심리경험 사후보고
심리적 응급처치(PFA)
안구운동 민감소실 및 재처리(EMDR)
외상후 스트레스장애(PTSD)
융합
이인성/비현실감장애
자기최면
자율신경계(ANS)
지연된 노출
최면치료
코르티코스테로이드
하위 성격
해리성 기억상실
해리성 둔주
해리성 정체성장애
해리장애
회복탄력성

속성퀴즈

1. 사람들에게 인생 스트레스원에 반응하도록 영향을 주는 요인에는 어떤 것이 있는가?
2. 외상 사건 경험 후 급성 스트레스장애와 외상후 스트레스장애(PTSD)로 발전하도록 만드는 요인은 무엇인가? PTSD 발병을 설명하기 위해 발달정신병리학적 관점은 이들 요인을 어떻게 통합하고 있는가?
3. 급성 스트레스장애나 외상후 스트레스장애로 고통받는 사람들에게 적용되는 치료적 접근에는 어떤 것이 있는가?
4. 해리장애의 종류를 적어보고 각 장애를 설명하라.
5. 해리성 기억상실의 유형에는 어떤 것이 있는가? 해리성 둔주는 무엇인가?
6. 해리성 정체성장애에서 하위 성격들이 관계하는 방식에는 어떤 것이 있는가?
7. 해리성 기억상실과 해리성 정체성장애를 정신역동, 상태의존 학습, 자기최면 이론은 어떻게 설명하고 있는지 기술하라. 각 설명은 연구를 통해 얼마나 잘 지지되고 있는가?
8. 해리성 기억상실의 치료를 위해 적용되고 있는 접근에는 어떤 것이 있는가?
9. 해리성 정체성장애 치료의 핵심적 특징은 무엇인가? 이런 치료는 성공적인가?
10. 이인성/비현실감장애를 정의하고 설명하라. 이 장애는 얼마나 잘 이해되고 있는가?

CHAPTER

6

우울 및 양극성 장애

주제

모든 것이 나와 잘 맞지 않는다고 처음으로 인식한 것은 … 내가 스물두 살 때였다. 로스앤젤레스에서 2년 동안 살면서 여러 임시직을 전전하며 작가 겸 행위예술가로 자리를 잡으려고 했다. 불쑥 뚜렷한 이유도 없이 어디서든 슬픔에 시달리는 느낌을 받기 시작했다. 병의 단계적인 진행을 기억하지는 못한다. 기억할 수 있는 것은 내 인생이 붕괴되었다는 것이다. 처음에 내 삶은 이상하고 무서운 슬픔에, 그다음에는 피로에 사로잡혀 점차 기능을 잃어버렸다. 침대에서 일어나서 목욕을 하고 옷을 입는 데 몇 시간이 걸렸다. 옷을 다 입을 무렵이면 오후가 되어버리기도 했다….

얼마 지나서 임시 직장에도 출근하지 않았고 외출을 그만두었으며 집 안에 나를 가두었다. 집에서 나올 만큼 충분히 기분이 좋아지기까지 3주도 넘게 걸렸다. 그 시간 동안 나는 모든 것과 모든 사람으로부터 나 자신을 끊었다. 목욕하기 전에 하루가 가곤 했다. 씻거나 집을 청소할 충분한 에너지가 없었다. 거실에서 침실, 작은 아파트의 욕실까지 속옷과 다른 옷들이 널려 있었다. 집 곳곳에 썩은 음식이 담긴 그릇이 놓여 있었다. TV 시청이나 전화 통화조차 너무 많은 집중이 필요했다. … 내가 할 수 있는 전부는 담요와 코트를 깔고 거실 바닥에 누워 … 시간이 지나가기를 기다리는 것이었다. 그리고 그랬다. 천천히….

… 깊은 곳에서 내 안에 뭔가 잘못되었다는 것을 알았다. 하지만 뭘 할 수 있을까? 무력하고 무방비 상태인데, 내가 느낄 수 있는 유일한 것은 내가 움직일 수 있다는 것이었다. 내 마음과 마음이 일으키는 행동은 다 내 통제력 안에 있다는 것을 확신했다. 앞으로도 나는 꼭 인지해야만 할 것이다. 이런 일이 다시는 일어나지 않을 것이라고 확신할 것이다. 그런데 인지하려고 해도, 내 삶을 책임지려고 해도, 나를 통제하려고 노력해도 또다시 우울해졌다.

우울증의 파도가 일 때마다 나는 대가를 지불했다. 내가 등록한 임시 에이전시는 더 이상 나의 장기 결근을 용인할 수 없었으므로 나는 직장을 잃었다. 임대료를 지불할 수 없어서 아파트를 잃었고 결국 작은 하숙방을 빌려야 했다. 친구들을 잃었다. 대부분의 친구들은 나의 갑작스러운 우울과 수동성에 대처하는 것을 너무 힘들어했다.

(Danquah, 1998)

대다수의 사람들은 기분이 오르락내리락한다. 고양되거나 슬픈 기분은 일상사에 대한 이해 가능한 반응이고 삶에 크게 영향을 주지 않는다. 그러나 어떤 사람들은 기분이 오래 지속되는 경향이 있다. 이 장의 도입부에 기술한 행위예술가이자 시인인 메리 나나-아마 단콰의 사례처럼 기분은 세상과의 상호작용 전체를 채색하며 정상적인 기능에 지장을 준다. 이런 사람들은 특히 우울, 조증 또는 둘 다와 씨름한다. **우울**(depression)은 기분이 처지고 슬픈 상태로, 이때는 인생이 어둡게 보이며 인생의 도전거리들은 압도적으로 느껴진다. **조증**(mania)은 우울의 반대 상태로 숨 가쁜 행복감 또는 적어도 열광적인 에너지 상태이며, 이때 사람들은 세상을 가질 수 있다고 과장되게 믿기도 한다.

우울장애와 양극성장애, 이 두 장애군의 핵심에는 기분의 문제가 있다. 이 장에서는 우울장애와 양극성장애를 다룰 것이다. **우울장애**(depressive disorder)를 가진 사람들은 우울로만 고통을 받는데, 이 형태를 **단극성 우울증**(unipolar depression)이라 한다. 이들은 조증의 과거력이 없으며 우울이 끌어올려지면 정상 또는 거의 정상 기분으로 돌아간다. 대조적으로 **양극성장애**(bipolar disorder)를 가진 사람들은 조증기간을 가지는데, 이것은 우울

Matt Manley

우울 현저한 슬픔, 에너지 부족, 낮은 자기가치감, 죄책감 또는 관련 증상이 특징인 침체되고 슬픈 상태

조증 다행감이나 광적인 활동 상태 또는 삽화로 세계가 자신을 위해 존재한다는 과장된 믿음을 보인다.

우울장애 단극성 우울증이 특징인 장애군

단극성 우울증 조증의 과거력이 없는 우울증

양극성장애 조증과 우울이 교체되거나 혼재되어 나타나는 장애

기간과 번갈아 발생한다.

기분의 문제는 항상 사람들의 흥미를 끄는데, 일부는 매우 많은 유명인이 기분장애로 고통을 겪었기 때문이다. 성경에는 느부갓네살, 사울, 모세의 심각한 우울증에 대한 언급이 있다. 영국의 빅토리아 여왕과 에이브러햄 링컨은 재발성 우울증을 경험했던 것으로 보인다. 작가 어니스트 헤밍웨이와 실비아 플라스, 코미디언 짐 캐리, 가수 브루스 스프링스틴과 비욘세도 기분 문제에 시달렸다. 이들의 문제는 다른 수백만의 사람들도 가지고 있다. ■

단극성 우울증 : 우울장애

우리는 특히 불행하다고 느낄 때마다 우리 자신을 '우울하다'고 묘사하곤 한다. 이때의 우울이란 슬픈 사건, 피로 또는 불행한 생각에 단순히 반응하는 것이다. 우울이란 단어의 엄밀하지 않은 사용은 임상적인 증후군과 완전히 정상적인 기분의 경험을 혼동하게 한다. 우리 모두는 때때로 낙담을 경험하지만 단지 일부만이 우울장애를 경험한다. 우울장애는 심각하고 지속적인 심리적 고통을 야기하는데, 그 고통은 시간이 지나면서 심해질 수 있다. 이러한 고통을 경험하는 사람들은 가장 단순한 일상사를 꾸려나가는 의지를 잃게 될 수도 있는데, 일부는 살려는 의지까지 잃기도 한다.

단극성 우울증은 얼마나 흔한가

특정 해를 기준으로 할 때 미국 성인의 약 8%는 심각한 단극성 우울증으로 고통받으며, 거의 5%는 경미한 형태의 단극성 우울증을 경험한다(DBSA, 2020; Krishnan, 2020). 성인의 약 20%는 살면서 고도의 단극성 우울 삽화를 경험한다(Kessing, 2020). 우울증의 유병률은 캐나다, 영국, 프랑스 및 다른 많은 나라에서 유사하다(Arias de la Torre, 2021). 더욱이 가볍든 심하든 간에 우울증의 비율은 부유한 사람보다는 가난한 사람에서 더 높다(Kim et al., 2021; HP, 2020b).

거의 매일 우리는 기분의 기복을 경험한다. 일상적 우울과 임상적 의미의 우울증을 어떻게 구분할 수 있을까?

여성이 심각한 단극성 우울 삽화를 경험하는 비율은 남성의 무려 2배 이상이다(WHO, 2020e). 여성의 거의 26%, 남성의 12%가 살면서 한 번은 우울 삽화를 가진다. 제14장에서 기술할 내용과 같이 아동의 단극성 우울증 유병률은 남녀 간에 유사하다(Kessing, 2020).

고도의 우울 삽화는 어느 연령에서라도 경험될 수 있다. 평균 발병 연령은 19세인데, 후기 청소년기 또는 초기 성인기가 발병의 정점이 되는 연령이다(JHM, 2020). 특정 해를 기준으로 고도의 우울증은 65세 이상의 성인보다는 65세 이하의 성인에게서 더 흔하다(Krishnan, 2020).

고도 우울증을 포함한 단극성 우울증을 가진 사람들의 약 85%는 6개월 이내에 회복되며 일부는 치료를 받지 않아도 회복된다. 고도의 우울증에서 회복된 사람들의 절반 정도는 이후에 또 다른 우울 삽화를 최소 한 번 더 경험한다(Coryell, 2020; Kessing, 2020).

우울증 증상은 무엇인가

우울증의 양상은 사람에 따라 다를 수 있다. 메리의 깊은 슬픔, 피로, 인지적 저하가 그녀의 직업과 사회생활을 어떻게 정지시켰는지 앞에서 볼 수 있었다. 일부 우울한 사람들은 덜 심각한 증상을 갖는다. 우울 때문에 삶의 효율과 기쁨은 줄어들지만 그래도 그럭저럭 일상 생활을 꾸려가기도 한다.

메리의 사례에서 알 수 있듯이 우울은 슬픔 이상의 다른 많은 증상을 갖고 있다. 우울 증상은 정서·동기·행동·인지·신체 등 5개의 기능 영역에 걸쳐 있고, 이들은 서로를 악화시키기도 한다.

흥미로운 이야기

세계의 수치

전 세계에 2억 6,200만 명 이상이 우울증으로 고통받는다(WHO, 2020c).

정서 증상 대부분의 우울한 사람들은 슬픔과 낙담을 느낀다. 이들은 자신을 '비참한', '공허한', '굴욕적인'이라고 기술한다. 유머 감각을 잃어버리고 어떤 것에서도 즐거움을 얻지 못한다고 보고하며 일부 사례에서는 어떤 즐거움도 전혀 경험하지 못하는 **무쾌감증**을 보이는 경향이 있다(APA, 2020c). 또한 많은 경우, 불안, 분노, 안절부절못함도 경험한다(Dozois et al., 2020). 아프리카계 미국인들의 우울에 관한 책의 저자인 테리 윌리엄스는 우울이 시작되는 아침마다 겪어야 하는 고통을 다음과 같이 기술했다.

> 밤은 어떻게든 할 수 있었다. 쉽게 잠이 들었고 잠을 자면 나는 잊을 수가 있었다. 그렇지만 아침은 어쩔 도리가 없었다. 아침마다 일어난다는 것은 내가 정의한 세계가 존재하지 않는다는 것을 다시 한번 기억하게 하는 것이었다. 눈을 뜨면 곧 눈물이 쏟아졌고 몇 시간이고 혼자 앉아 울면서 상실을 애도했다.
>
> (Williams, 2008, p. 9)

동기 증상 우울한 사람들은 대개 일상 활동을 하려는 욕구를 잃는다. 거의 모든 사람이 추동, 주도성, 자발성의 부족을 보고한다. 우울한 사람들은 직장에 출근하거나 친구들과 대화를 하거나 식사를 하거나 또는 성관계를 갖는 것도 해야만 하는 상황에서나 가능하다. 테리는 우울 삽화 동안에 경험한 사회적 철수를 다음과 같이 기술했다.

> 아침이면 뱃속까지 두려움에 가득 차서 눈을 떴다. 빛을 쳐다볼 수 없을 정도로 무력했다. 빛이 너무 강렬하게 느껴져서 3일 동안 창을 가리고 불을 끈 채 침대에 누워 있었다.
>
> 3일. 3일 동안 전화를 받지 않았다. 3일 동안 이메일도 확인하지 않았다. 외부 세계와 완전히 단절되어 있었고 신경 쓰지 않았다.
>
> (Williams, 2008, p. xxiv)

자살은 인생의 도전으로부터 궁극적으로 도피하려는 것이다. 제7장에서 살펴볼 것인데, 많은 우울한 사람들은 삶에 관심이 없거나 죽기를 바라며 자살을 원하기도 하고 일부는 실제로 자살한다. 심각한 우울증을 겪는 사람 중 6~15%는 자살하는 것으로 추정되고 치료를 받지 않는다면 그 비율은 20%에 달한다(Halverson, 2019; Alridge, 2012).

Mike Twohy/The New Yorker Collection/The Cartoon Bank

행동 증상 우울한 사람들은 흔히 덜 활동적이고 덜 생산적이다. 혼자서 많은 시간을 보내며 오랫동안 침대에 누워 있기도 한다. "새벽이 되면 내 눈은 떠진다. 하지만 일어나 침대에서 나오는 건 불가능하다. 그냥 계속 누워 있는다. 좀 더 누워 있는다. 마비가 된 것 같다. 불행한 일로 가득 찬 하루가 나를 기다리고 있는 것 같다"고 한 남자는 회상했다. 우울한 사람들은 움직임이나 심지어 말도 느려진다(Liu et al., 2020).

주요우울장애 기능에 지장을 초래하는 단극성 우울증의 심각한 형태로, 약물이나 일반적인 의학적 상태와 같은 요인이 유발한 것이 아니다.

지속성 우울장애 단극성 우울증의 만성적인 형태로, 주요우울증 또는 가벼운 우울 증상을 지속적으로 또는 반복적으로 보이는 것이 특징이다.

월경전불쾌감장애 월경 전 주에 심각한 우울 관련 증상을 반복해서 경험하는 것이 특징인 장애

인지 증상 우울한 사람들은 자신에 대해서 극단적으로 부정적인 관점을 갖는다. 자신이 부적절하며 바람직하지 않고 열등하며 심지어는 사악할지도 모른다고 생각한다(APA, 2020c). 거의 모든 불운한 사건을 자신의 탓으로 여기는데, 심지어는 자신과 관계없는 일에 대해서도 자신을 비난하며 긍정적인 성취에 대해서는 스스로를 거의 인정하지 않는다.

우울증의 다른 인지 증상은 비관주의이다. 우울한 사람들은 항상 어떤 것도 전혀 나아지지 않을 것이라고 확신하며 삶의 어떤 것도 변하지 않을 것이라고 무력하게 느낀다. 최악의 경우를 기대하기 때문에 일을 미루는 경향이 있다. 우울한 사람들은 무력감과 무망감으로 인해 특히 자살사고에 취약하다(Schreiber & Culpepper, 2019).

우울한 사람들은 흔히 자신의 지적 능력이 빈약하다고 불평한다. 그들은 혼동하고 기억하지 못하며 쉽게 주의가 분산되고 아주 작은 문제조차도 해결할 수 없다고 느낀다. 실험실 연구에서 우울한 사람들은 우울하지 않은 사람들에 비해 기억, 주의 및 추론 과제를 극심한 정도는 아니었지만 더 못했다(Tran et al., 2021; Lyness, 2020, 2019). 그러나 이러한 어려움은 때로는 인지적 문제보다는 동기의 문제를 반영하는 것일 수 있다.

신체 증상 우울한 사람들은 종종 두통, 소화불량, 변비, 현기증, 일반적인 통증과 같은 신체적인 질병을 갖는다(Dozois et al., 2020; Dunlop et al., 2020). 사실 우울증은 처음에 의학적인 문제로 많이 오진된다. 식욕과 수면의 장애가 특히 흔하다(Lyness, 2020, 2019). 대부분의 우울한 사람들은 우울하기 전에 비해서 덜 먹고 덜 자고 더 피곤하게 느낀다. 그러나 일부는 지나치게 먹거나 잔다(APA, 2020c).

표 6.1

진단 체크리스트

주요우울 삽화
1. 2주 동안 매일의 대부분을 우울한 기분의 증가 그리고/또는 즐거움이나 흥미의 저하를 보임
2. 같은 2주 동안 다음 증상 중 적어도 3~4가지를 경험 ■ 상당한 체중변화 또는 식욕변화 ■ 매일 불면증 또는 과다수면 ■ 매일매일의 동요 또는 운동 활동 감소 ■ 매일 피로하거나 무기력한 상태 ■ 매일 무가치함이나 과도한 죄책감을 느낌 ■ 매일 집중력 또는 결단력의 감소를 경험 ■ 죽음 또는 자살, 자살계획 또는 자살시도에 반복적으로 집중
3. 심각한 고통과 손상을 초래
주요우울장애
1. 주요우울 삽화의 존재
2. 조증 또는 경조증 양상이 없음
지속성 우울장애
1. 주요우울장애 또는 기분부전장애의 증상을 2년 이상 경험
2. 2년 동안 증상이 한 번에 두 달 이상 없었던 기간이 없음
3. 조증 또는 경조증의 병력이 없음
4. 심각한 고통이나 손상을 초래

출처 : APA, 2013.

단극성 우울증 진단하기

DSM-5에 의하면 슬픈 기분 그리고/또는 즐거움의 상실을 포함하여 적어도 5개 이상의 우울 증상을 2주 또는 그 이상 지속해서 보일 때 **주요우울 삽화**(major depressive episode)를 진단할 수 있다(표 6.1 참조). 극단적인 사례에서 삽화는 근거가 없는 괴상한 사고인 **망상**이나 실재하지 않는 것에 대한 감각인 **환각**과 같은 현실과의 접촉 상실이 특징인 정신병적 증상을 포함하기도 한다. 정신병적 증상을 가진 우울한 남자는 '내 장이 나빠지고 있고 곧 활동을 멈출 것이기 때문에' 먹을 수 없다고 상상할 수도 있고 자신에게 죽은 아내가 보인다고 믿을 수도 있다.

DSM-5는 우울장애의 종류 몇 가지를 기술하였다. 조증의 과거력이 전혀 없이 주요우울 삽화만을 경험하는 사람들은 **주요우울장애**(major depressive disorder)로 진단한다(APA, 2013)(표 6.1 참조). 우울이 계절과 함께 변한다면 (예 : 우울이 겨울마다 되풀이 된다) **계절성 동반**, 움직이지 않거나 과도한 활동이 특징이라면 **긴장증 동반**, 임신 중에 또는 출산 후 4주 이내에 우울이 발생했다면 **주산기 발병 동반**(심리전망대 참조), 즐거운 사건에도 기분이 거의 영향을 받지 않는다면 **멜랑콜리아 양상 동반**이라고 추가로 기술한다.

특히 만성적인 단극성 우울증을 가진 사람들은 **지속성 우울장애**(persistent depressive disorder)로 진단한다(표 6.1 참조). 지속성 우울장애를 가진 일부 사람들은 주요우울 삽화를 반복하는데, 이 경우는 **지속성 우울장애-주요우울 삽화 동반**이라 한다. 어떤 지속성 우울장애의 경우는 덜 심각하고 기능도 덜 저하되는 증

심리전망대

가장 행복한 때 느끼는 슬픔

여성들은 대개 출산이 행복한 경험일 것이라고 기대한다. 그러나 산모의 최소 9%는 출산 이후에 몇 주 또는 몇 달 동안 임상적인 우울증을 경험한다(Cena et al., 2021; Johansen et al., 2020). '주산기 우울증'은 보통 '산후우울증'으로 불리는데, 일반적으로 출산 후 4주 이내에 시작되며 많은 경우 실제로 임신 중에 시작된다(Jones & Di Florio, 2020; APA, 2013). 이 장애는 단순한 '산후우울감(baby blues)'보다 훨씬 더 심각하다. 또한 이 장애는 제12장에서 살펴보게 될 문제인 산후정신병과 같은 기타 산후 증후군과도 다르다.

Stacey Wescott/Tribune News Service/Newscom

산후우울증 극복하기 사진의 이 여성은 일리노이주 시카고에 있는 노스웨스턴병원에서 주산기 우울증 지원 서비스를 위한 협력적 돌봄 모델(Collaborative Care Model for Perinatal Depression Support Services, COMPASS)에 참여하고 있다. 이 프로그램에서는 임상가와 의사들이 한 팀을 이루어 산후우울증의 위험이 있는 산모에게 지지, 치료, 처방약 등을 제공한다.

'산후우울감'은 상당히 흔해서 여성의 80%가 경험하고 대부분의 연구자들은 이를 정상으로 여긴다(Viguera, 2020a, 2019a). 출산한 여성들은 밤에 자지 못하는 것과 불안정한 감정 및 출산에 수반되는 다른 스트레스에 대처하려고 노력하지만 울음, 피곤, 불안, 불면 및 슬픔을 경험한다. 이러한 증상은 며칠 또는 몇 주 이내에 사라진다.

그러나 산후우울증은 우울 증상이 지속되어 거의 1년 이상까지 이를 수도 있다. 증상들은 극도의 슬픔, 절망, 울음, 불면, 불안, 침투적 사고, 강박행동, 공황발작, 대처 능력이 없다는 느낌, 자살사고를 포함한다(Hutchens & Kearney, 2020). 그 결과 엄마-아기 관계와 아기의 심리적, 신체적 건강에 문제가 생길 수도 있다(Jacques et al., 2019). 산후우울증 삽화를 가진 여성들이 이후 다시 출산을 하게 될 때 또 산후우울증을 경험할 가능성은 25~50%이다(Viguera, 2020c, 2019b).

많은 임상가는 출산에 따른 호르몬의 변화가 산후우울증을 촉발한다고 믿는다. 모든 여성은 출산 이후에 일종의 호르몬의 '철회'를 경험하는데, 임신 동안에는 정상보다 50배나 높아졌던 에스트로겐과 프로게스테론 수준은 출산 후에는 정상보다 훨씬 더 아래로 급격하게 떨어진다. 아마도 일부 여성들은 급격한 호르몬의 변화에 특히 영향을 받는다(Viguera, 2020c, 2019b). 다른 이론가들은 어떤 여성들이 산후우울증의 유전적 소인을 가지고 있을 것이라는 점을 제기한다(Jones & Di Florio, 2020). 이전에 우울증을 겪었던 여성들은 산후우울증의 위험이 더 높지만, 이전에 우울증력이 없다고 하더라도 기분장애에 대한 가족력이 있을 경우 산후우울증의 위험이 높아지는 것으로 보인다(Johansen et al., 2020).

동시에 심리적 및 사회문화적 요인이 산후우울증에서 중요한 역할을 할 수 있다(Hutchens & Kearney, 2020). 아기가 태어난다는 것은 엄청난 심리적, 사회적 변화를 야기한다. 여성은 결혼관계, 일상생활 및 사회적 역할에 대한 변화에 직면한다. 수면과 휴식이 줄어들고 재정적 압박이 증가할 수 있다. 어쩌면 직업을 포기하는 데 따른 스트레스나 직업을 유지하려고 노력하면서 받는 스트레스가 늘어났을 수 있다. 스트레스의 증가는 우울증의 위험을 높일 수 있다. 아기가 아프거나 기질적으로 '까다로운' 아기의 엄마들은 부가적인 압력을 경험할 수도 있다.

다행히도 산후우울증을 가진 대부분의 여성들은 치료를 통해 큰 도움을 받을 수 있다. 자조 지원 집단은 매우 큰 도움이 되는 것으로 검증되었다. 게다가 많은 여성은 다른 우울증에 적용하는 것과 동일한 접근인 항우울제, 인지치료, 대인관계심리치료, 또는 이러한 접근법의 조합에 잘 반응한다(Dennis et al., 2020; Jones & Di Florio, 2020). 그리고 2019년 미국 FDA에서는 산후우울증에 대한 첫 번째 약물로 **브렉사놀론(줄레소)**을 승인하였다.

그러나 치료에서 도움을 받을 수 있는 많은 여성이 도움을 구하지 않는데, 이는 기뻐해야 할 것으로 생각되는 시기에 슬퍼하는 것이 부끄럽거나 부당한 평판을 받을까 염려되기 때문이다(Helfenbaum, 2020). 산모에게, 그리고 배우자와 가족에게 많은 교육이 필요하다. 아기의 출생과 같이 좋은 일조차도 인생에 큰 변화를 가져온다면 스트레스가 될 수 있다. 이러한 감정을 인식하고 다루는 것은 모든 사람에게 이득이 된다.

상을 보일 수 있는데, 이는 지속성 우울장애-순수한 기분저하 증후군 동반으로 진단된다.

우울장애의 세 번째 유형은 **월경전불쾌감장애**(premenstrual dysphoric disorder)로, 월경 전 주에 임상적으로 의미 있는 우울 및 관련 증상을 반복해서 갖는 여성에게 진단한다. DSM-5

Tim Mosenfelder/Getty Images

"평안이라는 것이 어떤 느낌인지 모르겠어요." 2016년 뉴올리언스에서의 콘서트를 마친 후 래퍼이자 배우인 키드 커디는 자신의 페이스북 페이지에 자신이 우울과 자살충동을 치료받기 위해 입원했음을 밝혔다. 그는 팬들에게 다음과 같이 말했다. "나의 불안과 우울은 내가 기억하는 한 평생에 걸쳐 나를 지배했습니다. 평안이라는 것이 어떤 느낌인지 모르겠어요." 그는 한 달 뒤에 다시 공연 무대에 섰다.

에 이 진단을 포함시키는 것은 논쟁의 여지가 있다. 많은 임상가는 이 진단은 성차별적이며 여성에게 흔하고 정상적인 월경 전 불쾌감인 **월경전증후군**(premenstrual syndrome, PMS)을 병리화한 것이라고 믿는다.

다른 종류의 우울장애로 **파괴적 기분조절부전장애**가 있는데, 이는 지속적인 우울 증상과 반복적인 심각한 폭발을 특징으로 한다. 이 장애는 아동기 중기와 청소년기에 출현하며 제14장에서 다룰 것이다.

스트레스와 단극성 우울증

종종 스트레스 사건이 단극성 우울 삽화를 촉발하는 것처럼 보인다(Levin & Liu, 2021; Krishnan, 2020). 사실 연구자들은 전체 고도우울 삽화의 80%가 유의하게 부정적인 사건이 발생한 후 한두 달 안에 일어난다는 것을 밝혔다(Hammen, 2018, 2016). 물론 스트레스 생활 사건은 다른 심리장애에 선행하기도 하지만 우울한 사람들은 종종 다른 사람들보다 스트레스 생활 사건을 더 많이 보고한다.

일부 임상가들은 분명히 스트레스 사건 이후에 발생하는 **반응성(외인성) 우울증**과 내적인 요인에 대한 반응처럼 보이는 **내인성 우울증**을 구분하는 것이 중요하다고 생각한다. 그러나 우울이 반응성인지, 아닌지를 확실히 구분할 수 있을까?(Kessing, 2020) 스트레스 사건이 우울증 발병 전에 발생하더라도 우울증은 반응성이 아닐 수 있다. 스트레스 사건이 우연히 우울과 동시에 발생한 것일 수도 있다. 따라서 대개의 현대 임상가들은 단극성 우울증 사례에서 상황적·내적 측면 모두를 인식하는 데 집중한다.

왜 스트레스가 되는 삶의 사건이 우울한 감정과 다른 부정적인 정서를 유발할 수 있을까?

단극성 우울증의 생물학 모델

의학 연구자들은 수년간 특정 질병과 약이 기분을 변화시킬 수 있다는 것을 알게 되었다. 단극성 우울증 그 자체가 생물학적 원인을 가질 수 있는가? 유전적 요인, 생화학적 요인, 뇌 회로, 면역체계 등을 살펴보면 우울증은 생물학적 원인을 가지는 것으로 보인다.

유전적 요인 세 가지 종류의 연구, 즉 가계 연구, 쌍생아 연구, 유전자 연구를 살펴보면 어떤 사람들은 단극성 우울증의 소인을 물려받는다는 점을 알 수 있다. **가계 연구**는 단극성 우울증을 가진 사람들을 선택하고 그들의 친척을 조사해서 다른 가족도 우울증이 있는지 알아본다. 만일 단극성 우울증의 소인이 유전된다면 환자의 친척은 일반 전집에 비해 우울증의 비율이 더 높아야 한다. 단극성 우울증을 가진 사람들의 친척 가운데 무려 30%가 우울한 반면(표 6.2 참조), 일반 전집에서는 10% 이하가 우울하였다(Krishnan, 2020).

만약 단극성 우울증의 소인이 유전된다면 우울한 사람의 더 가까운 친척 중에 우울한 사람이 특히 더 많을 것이라고 예상할 수 있다. **쌍생아 연구**는 이 예상을 지지해주었다. 일란성 쌍생아가 단극성 우울증인 경우 다른 쌍생아가 이미 동일 장애를 가졌거나 앞으로 가지게 될 확률은 38%였다. 대조적으로 이란성 쌍생아가 단극성 우울증을 가진 경우 다른 쌍생아가 단극성 우울증을 가질 확률은 20%였다(Krishnan, 2020).

마지막으로 요즘 과학자들은 유전자를 직접 확인할 수 있는 분자생물학 분야의 처리 기술을 사용해서 특정 유전자의 이상이 우울증과 관계가 있는지 알아낸다. 이 같은 기술을 사용해

표 6.2

우울장애와 양극성장애의 비교

	1년 유병률	여 : 남 비율	전형적인 발병 연령	일차 친족 간의 유병률	현재 치료중인 비율
주요우울장애	8.0%	2:1	18~29세	증가함	52%
지속성우울장애 (기분부전증후군 포함)	1.5~5.0%	3:2~2:1	10~25세	증가함	62%
제I형 양극성장애	1.7%	1:1	15~44세	증가함	49%
제II형 양극성장애	1.1%	1:1	15~44세	증가함	49%
순환성장애	0.4%	1:1	15~25세	증가함	알려지지 않음

출처 : ADAA, 2020d; Carvalho et al., 2020; Dozois et al., 2020; Kessing, 2020; Krishnan, 2020; NIMH, 2020e, 2017b; Stovall, 2020a, 2020b; WHO, 2020e; Kessler et al., 2012, 2010; Wang et al., 2005.

서 연구자들은 단극성 우울증은 인간의 23개 염색체 중에서 최소 3분의 2에 존재하는 유전자와 관련이 있음을 발견했다(Merikangas & Merikangas, 2020; X. Wang et al., 2020).

생화학적 요인 두 가지 신경전달화학물질, **노르에피네프린**(norepinephrine)과 **세로토닌**(serotonin)의 낮은 활동은 단극성 우울증과 강한 관련이 있다. 이러한 관련성을 보여준 몇 가지 증거가 1950년대에 나타나기 시작했다. 첫째, 의학 연구자들은 고혈압을 위한 특정 약물이 종종 우울증을 야기한다는 것을 발견했다(Ayd, 1956). 이 약물 중 일부는 노르에피네프린의 활동을 감소시켰으며, 다른 약물들은 세로토닌의 활동을 감소시켰다. 두 번째 증거는 진짜 효과가 있는 항우울제를 처음 발견한 것이다. 이런 초기의 약물들은 우연히 발견되었지만, 곧 연구자들은 이 약들이 우울증을 경감시키면서 동시에 노르에피네프린이나 세로토닌의 활동을 증가시킨다는 점을 알게 되었다.

여러 해 동안 노르에피네프린이나 세로토닌의 낮은 활동이 우울증을 직접적으로 유발할 수 있는 것으로 알려졌지만, 이제 연구자들은 노르에피네프린이나 세로토닌과 우울증의 관계가 좀 더 복잡하다고 생각한다(Krishnan, 2020). 연구에 따르면 우울은 아마도 세로토닌과 노르에피네프린 활동의 상호작용 또는 노르에피네프린이나 세로토닌과 특히 뉴런들을 자극하고 뉴런들 사이의 연결이나 의사소통을 촉진하는 역할을 하는 **글루타메이트**(glutamate)와 같은 다른 핵심 신경전달물질의 상호작용과 관련이 있는 것으로 보인다(Pereira, Andreatini, & Svenningsson, 2020). 또한 곧 이 책에서도 다루게 되겠지만, 이런 여러 신경전달물질이 우울증 발병에 핵심이 되는 우울 관련 뇌 회로의 역기능을 유발할지도 모른다는 것을 많은 연구가 밝혀냈다.

생물학자들은 또 다른 화학물질인 신체의 호르몬이 단극성 우울증과 관련이 있다는 점을 알게 되었다. 제5장에서 살펴보았듯이 우리가 삶에서 스트레스를 경험할 때마다 우리의 뇌는 뇌와 몸 전체 영역에 걸쳐 스트레스와 관련된 두 가지 경로가 활성화되도록 유도한다. 그 중 하나는 시상하부-뇌하수체-부신(hypothalamic-pituitary-adrenal, HPA) 축인데, 여기서는 궁극적으로 몸의 여러 부분에 호르몬을 방출하게 한다. 그리고 그런 호르몬들은 몸의 갖가지 기관을 자극하고 우리가 일시적으로 높은 각성 상태를 경험하게 한다(148쪽 참조). PTSD와 불안장애가 있는 사람들의 HPA 축은 그 사람들이 스트레스 요인을 만나게 되면 지속적으로 과잉반응한다는 사실이 기억날 것이다. 연구에 따르면 우울증이 있는 사람들도 스트레스를 경

노르에피네프린 신경전달물질 중 하나로 이것이 비정상적으로 활동하는 것은 우울과 공황장애와 관련이 있다.

세로토닌 신경전달물질 중 하나로, 이것이 비정상적으로 활동하는 것은 우울장애, 강박장애, 섭식장애와 관련이 있다.

글루타메이트 뉴런을 자극하고 뉴런 간의 연결과 의사소통을 촉진하는 역할을 하는 신경전달물질

우울증을 밝히다 1년 중에 가장 어두운 날에 이 사진의 런던 사람들은 서더크브리지 아래에 있는 터널에 설치된 계절성 정동장애 조명 시설인 '라이트스테이션'이라는 곳에서 빛을 쬐면서 겨울 우울감을 날려버리고 있다.

Peter Macdiarmid/eyevine/Redux

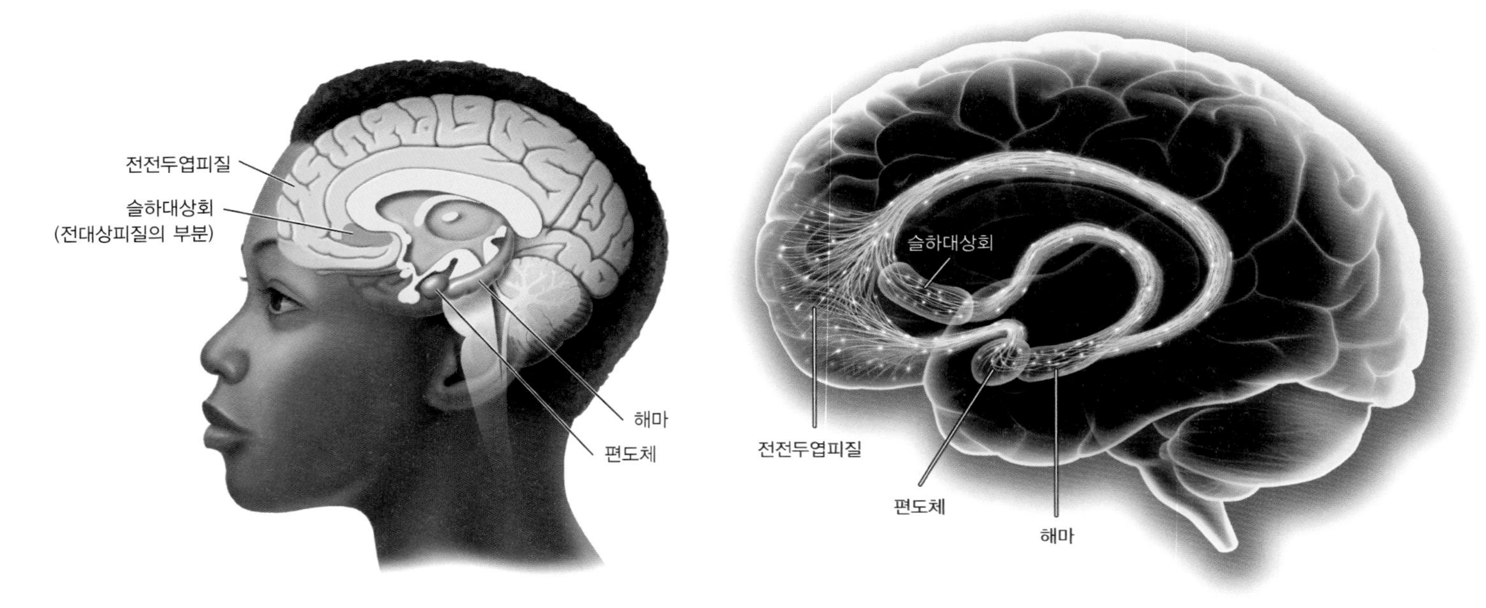

그림 6.1

우울의 생물학

연구자들은 단극성 우울증에 관여하는 뇌 회로에는 전전두엽피질, 해마, 편도체, 슬하대상회가 포함된다고 믿는다(왼쪽). 오른쪽 그림은 이 회로의 구조들이 어떻게 함께 작용하며 우울증이 있는 사람들에게 결함을 보이는 구조 간 상호작용을 유발하게 되는지를 강조하여 알려주고 있다. 각 구조에서 뻗어 나온 긴 축색은 다른 구조로 확장되는 섬유질과 같은 경로를 형성한다.

험할 때 그들의 HPA 축이 과잉반응하게 되고 **코르티솔** 및 스트레스와 관련된 다른 호르몬들을 과잉 방출하게 된다(Pereira et al., 2020; Iob, Kirschbaum, & Steptoe, 2019). 스트레스 사건은 종종 우울을 촉발시킨다는 점을 고려해볼 때 이러한 관계는 그렇게 놀랄 일이 아니다. 다시 한번 우울한 사람들의 HPA 축 과잉활동과 증가된 호르몬 활동량은 다음에 우리가 보게 될 **우울 관련 뇌 회로**의 역기능을 반영하거나 이 역기능이 발생되도록 한다.

뇌 회로 이전 장에서 읽을 수 있듯이 생물학 연구자들은 이제 다양한 종류의 정서 반응은 함께 작동하는 뇌 구조물들의 네트워크인 뇌 회로와 관련이 있다고 믿는다. 이 **뇌 회로**는 서로 활성화되도록 촉진하여 특정한 종류의 정서 및 행동 반응을 낳는다. 단극성 우울증에 기여하는 역기능을 가진 뇌 회로가 밝혀지기 시작했다(Barrot & Yalcin, 2021; Liu et al., 2020). 일련의 뇌영상 연구 결과, 몇몇의 뇌 구조가 이런 우울 관련 회로에 포함되는 것으로 보이는데, 우울 관련 회로에 포함되는 구조로는 **전전두엽피질**, **해마**, **편도체**, **브로드만 영역** 25라고도 불리는 **슬하대상회**(subgenual cingulate) 및 다른 영역들을 포함한다(그림 6.1 참조). 독자들은 이 회로의 몇몇 구조가 우울장애와 PTSD에 기여하는 뇌 회로에도 포함된다는 것을 알아챘을 수도 있다. 그렇지만 슬하대상회는 명백히 우울과 관련된 회로의 부분이다.

우리가 언급한 다른 뇌 회로와는 달리 이러한 우울 관련 뇌 회로의 역기능은 '과활성화', '비활성화' 등 일반적인 말로 특징을 설명하기가 어렵다. 그러나 우울한 사람의 이 회로가 비정상적으로 작동한다는 것을 의미하는 조짐은 있다. 예를 들어 우울한 사람들은 전전두엽피질의 활동성과 혈류가 어떤 부분에서는 특이하게 낮고 또 어떤 부분에서는 특이하게 높다. 해마의 크기가 보통보다 작고 해마에서의 새로운 뉴런이 적게 생산된다. 편도체에서 활동성과 혈류가 증가한다. 슬하대상회가 특히나 작고 활동적이다. 이런 다양한 뇌 부분의 의사소통, **상호연결**에 종종 문제가 있다(Coryell, 2020; Krishnan, 2020; Newman et al., 2017).

연구를 보면 평소에는 이 뇌 회로의 신경전달물질인 세로토닌과 노르에피네프린은 양도 풍부하고 활동적인 상태가 유지된다. 그러나 우울하지 않은 사람보다 우울한 사람에게는 이 뇌 회로에서의 세로토닌과 노르에피네프린의 활동이 명백하게 낮다(Lee & Han, 2019; Zhou, Jin, et al., 2019). 이 신경전달물질과 우울증의 연관성에 대해 우리가 앞서 살펴본 연구를 떠올려보면 이는 놀랍지 않은 사실이다. 이런 신경전달물질의 비정상적인 활동은 이 뇌 회로의 다양한 구조 사이에 또는 구조 내부의 역기능의 결과, 아니면 원인이 될 수도 있다. 지금 시점의 연구 결과로는 원인인지 결과인지 분명하지 않다.

모노아민옥시다제(MAO) 억제제 모노아민옥시다제 효소의 활동을 방지하는 항우울제

면역체계 제8장에서 읽게 되겠지만 **면역체계**는 박테리아, 바이러스 및 다른 외부 이물질로부터 신체를 보호하는 활동과 신체 세포의 네트워크를 의미한다. 사람들이 잠시 강한 스트레스를 받으면 면역체계는 조절 기능에 문제가 생기고 **림프구**라 부르는 중요한 백혈구의 기능이 낮아지며 몸 전역에 퍼져서 염증이나 다른 장애를 일으키는 **전염증성 사이토카인**(pro-inflammatory cytokine, 273쪽 참조)의 생산이 증가한다. 어떤 연구자들은 이런 면역체계 조절 문제가 우울의 발생을 돕는다고 믿는다(Barrot & Yalcin, 2021; Pereira et al., 2020).

단극성 우울증을 위한 생물학적 치료는 무엇인가 흔히 생물학적 치료라고 하면 **항우울제** 또는 대중적인 약초보충제를 의미하나(**마음공학** 참조) 이런 약물이나 심리치료에 반응하지 않는 우울한 사람들에게 생물학적 치료란 **뇌 자극**을 의미한다.

항우울제 우울 증상을 감소시키기 위해 사용 가능한 약물은 네 가지 종류가 있다. 그것은 **모노아민 옥시다제**(monoamine oxidase, MAO) **억제제**, **삼환계**, **2세대 항우울제**, **케타민 기반 약물**이다(표 6.3 참조).

단극성 우울증 치료제로서 **모노아민옥시다제 억제제**(MAO inhibitor)의 효과는 1952년에 우연히 발견되었다. 의사들은 폐결핵 환자에게 시험된 **이프로니아지드**라는 약이 환자들을 더 행복하게 해주는 것 같다는 흥미로운 결과를 보고했다(Bloom, 2020). 우울한 환자들을 대상으로 동일한 효과가 발견되었다(Kline, 1958). 이프로니아지드와 몇몇 관련된 약의 생화학적인 공통점은 **모노아민옥시다제**(MAO) 효소의 신체 생성을 느리게 하는 것이었다. 이 약들은

표 6.3

단극성 우울증을 감소시키는 약

모노아민옥시다제 억제제		삼환계		2세대 항우울제		케타민 기반 약물	
일반명	상품명	일반명	상품명	일반명	상품명	일반명	상품명
이소카복사지드	마르프란	이미프라민	토프라닐	트라조돈	데시렐	케타민	케탈라
페넬진	나르딜	아미트리프틸린	엘라빌	플루옥세틴	프로작	에스케타민	스프라바토
트라닐시프로민	파르네이트	독세핀	사인콴/사일레노	설트랄린	졸로푸트		
셀레길린	엘데프릴	트리미프라민	서몬틸	파록세틴	팍실		
		데시프라민	노르프라민	벤라팍신	이펙사		
		노르트립틸린	아벤틸/파메로르	부프로피온	웰부트린		
		프로트립틸린	비박틸	시탈로프람	세렉사		
		클로미프라민	아나프라닐	에스시탈로프람	렉사프로		
		아목사핀	아센딘	듀록세틴	심발타		
		미르타자핀	레메론	데스벤라팍신	프리스틱		
				아토목세틴	스트라테라		

삼환계 이미프라민처럼 분자 구조 내에 3개의 링을 가지고 있는 항우울제

MAO의 생산을 억제하면서(즉 막으면서) 궁극적으로는 뇌 내부의 세로토닌과 노르에피네프린이라는 신경전달물질이 보이는 활동 수준을 증가시킨다.

MAO 억제제를 투약하는 우울 환자의 약 절반 정도가 약의 도움을 받게 된다(Cowen, 2020). 그러나 이런 약물이 가지는 잠재적인 위험도 있다. 이 약을 복용하는 사람들이 치즈, 바나나, 특정 와인 등 흔한 음식에 포함되어 있는 티라민을 섭취하게 되면 혈압이 위험한 수준으로 상승한다. 그러므로 이 약을 복용하는 사람들은 엄격한 식단을 준수해야만 한다.

1950년대 **삼환계**(tricyclic)의 발견도 우연이었다. 조현병과 싸우기 위해서 새로운 약을 찾던 연구자들은 이미프라민이라는 약에 대한 몇 가지 검사를 시행했다(Kuhn, 1958). 연구자들은 이미프라민이 조현병 사례에는 전혀 도움이 되지 않으나 많은 사람의 단극성 우울증을 경감시킨다는 것을 발견했다. 신약(토프라닐) 및 관련된 약들은 삼환계 항우울제로 알려졌는데, 이는 이 약들이 모두 삼원 분자 구조를 가졌기 때문이다.

증상 호전이 확실해지려면 삼환계를 적어도 10일은 복용해야 하지만 수백 편의 연구 결과, 삼환계 복용 중인 우울 환자들은 위약 복용 환자들보다 유의한 증상 호전을 보였다(Hirsch & Birnbaum, 2019b). 삼환계를 복용한 환자의 약 50~60%에게 이 약이 도움이 되었다(Simon, 2019). 재발의 위험을 피하기 위해 대부분의 임상가들은 우울 증상이 사라진 이후 최소 다섯 달 동안은 환자들이 계속 약을 복용하게 하는 '지속치료' 또는 '유지치료'를 한다(DeRubeis et al., 2020).

많은 연구자는 삼환계가 핵심 신경전달물질의 재흡수 기제에 작용해서 우울증을 경감시킨다고 결론 내렸다(Cowen, 2020). 제2장에서 살펴봤던 대로 뇌의 메시지는 송신뉴런의 말단에서 방출되는 화학물질인 신경전달물질을 통해 송신뉴런에서부터 시냅스 틈을 거쳐 수신뉴런에까지 도달한다. 그러나 이 과정에는 문제가 있다. 송신뉴런이 신경전달물질을 방출하는 동안 뉴런의 말단에서는 펌프 같은 기제가 즉각적으로 작동하여 재흡수라는 과정을 통해 신경전달물질을 재흡수하기 시작한다. 재흡수 과정의 목적은 신경전달물질이 시냅스 틈에 얼마나 오래 남아 있을지를 통제하고 수신뉴런을 과도하게 자극하지 못하게 하는 것이다. 그러나 우울한 사람이 가지는 세로토닌이나 노르에피네프린을 사용하는 뉴런에서의 재흡수 기제는 너무 왕성해서 실제로 수신뉴런에 메시지가 도달하는 것을 막고 우울 증상을 유발하게 된다. 삼환

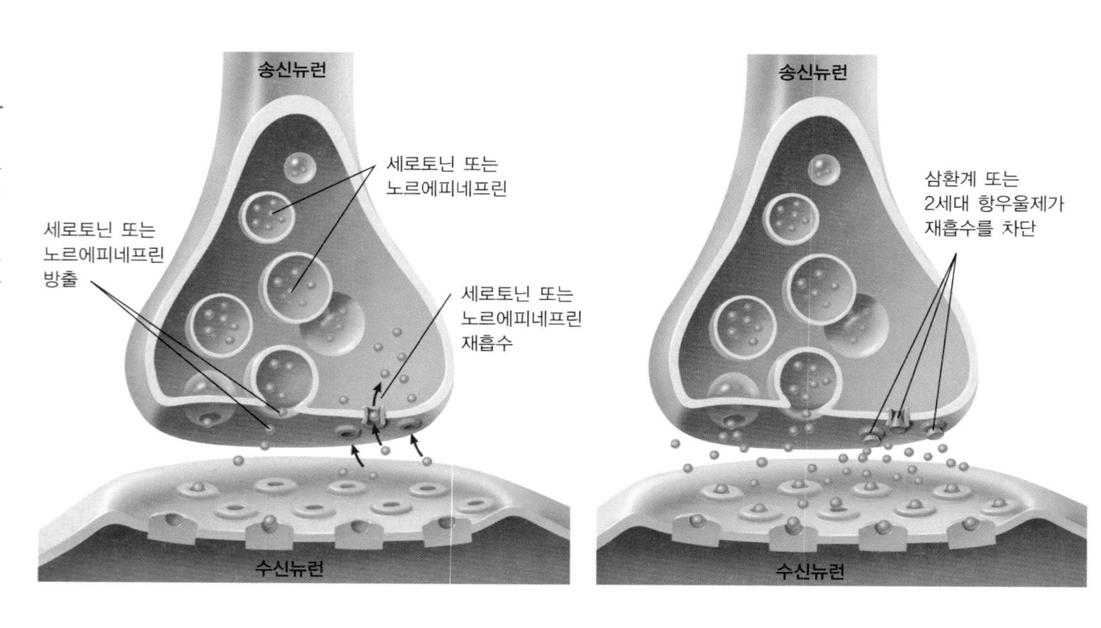

그림 6.2

재흡수와 항우울제

(왼쪽) 뉴런이 노르에피네프린 또는 세로토닌과 같은 신경전달물질을 시냅스 공간에 방출한 직후에 과잉된 신경전달물질을 되돌리기 위해 펌프 같이 생긴 재흡수 기제를 활성화하여 신경전달물질을 재흡수한다. 그러나 우울증에서 이 재흡수 과정은 지나치게 활성화되어서 신경전달물질이 수신뉴런에 결합되기 전에 너무 많이 제거된다.

(오른쪽) 삼환계와 대부분의 2세대 항우울제는 재흡수 과정을 차단하여 노르에피네프린이나 세로토닌이 시냅스에 더 오래 남아 수신뉴런에 결합하게 한다.

운동과 건강보조제

'보완대체의학(Complementary and Alternative Medicine, CAM)'은 서구의 전통적인 치료법에서 벗어난 개입에 대한 인기 있는 용어이다. 가장 흔한 CAM 개입 방법 중 두 가지는 운동과 건강보조제(기능식품)이다. 우울은 이런 접근법이 가장 자주 적용되는 심리적 문제이다. 그리고 각각은 중등도 우울증 환자의 기분을 향상시키는 데 도움을 줄 수 있는데, 특히 단독으로 적용될 때보다 심리치료나 약물치료와 결합될 때 그러하다(Dishman, McDowell, & Herring, 2021; Firth et al., 2020; Miller et al., 2020).

운동은 어떻게 우울을 완화시키는지…

- 우울 관련 뇌 회로, 뇌-신체 스트레스 경로, 신경전달물질 활동 등에 긍정적인 변화를 야기함
- 자존감을 높임
- 면역 기능을 개선시킴
- 자신감을 증진함
- 사회적 상호작용을 하게 함
- 인지적 기능을 향상시킴
- 수면을 개선시킴
- 불행한 생각에서 주의를 돌리게 함

(Kim et al., 2020; McGonigal, 2020; Yuan et al., 2020; Busch et al., 2017; Davenport, 2017; Hallgren et al., 2017; Jabr, 2017; Levine, 2017)

우울증에 가장 좋은 운동

우울증에 가장 널리 추천되는 운동은 유산소 운동인데 이런 운동은 산소 흡입량을 증가시키고 심박 수를 늘린다(Wegner et al., 2020). 모든 유산소 운동이 동일하게 우울증에 도움이 된다(Stibich, 2020a; Jabr, 2017).

걷기 • 달리기 • 수영 • 자전거 타기 • 춤추기 • 정원 가꾸기 • 일부 요가 자세 • 체계적으로 집 청소하기

운동 vs. 주요 치료

가장 덜 효과적인 → 가장 효과적인

치료나 운동 없음	운동 단독	항우울제 단독 또는 심리치료 단독	항우울제 + 운동 또는 심리치료 + 운동

(Firth et al., 2020; P. Chen, 2019; Netz, 2017; Sadeghi et al., 2016)

가장 좋은 결과를 위해서 우울한 사람은 운동을 해야 하는데…

- 일주일에 최소 5일
- 하루에 최소 30분
- 중등도 또는 고도의 강도로
- 친구와 함께 또는 집단으로
- 트레이너의 지도에 따라
- 임상가와 협력해서

(Dishman et al., 2021; McIntyre et al., 2020; Choi et al., 2019; Hallgren et al., 2017; Jain, 2017; Levine, 2017; Remick et al., 2017; Thompson, 2017)

왜 우울한 사람들은 운동을 하지 않을까?

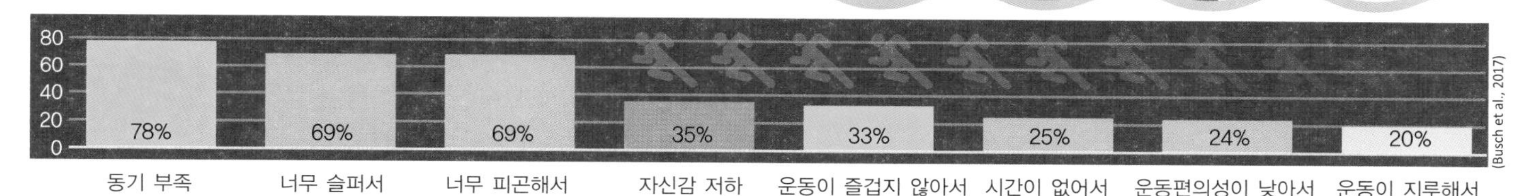

동기 부족	너무 슬퍼서	너무 피곤해서	자신감 저하	운동이 즐겁지 않아서	시간이 없어서	운동편의성이 낮아서	운동이 지루해서
78%	69%	69%	35%	33%	25%	24%	20%

(Busch et al., 2017)

우울증에 인기 있는 건강보조제

허브보충제 (식물유래물질)

영양제(음식에서 발견한 필수 영양 성분)

자연 호르몬, 아미노산 (호르몬과 동일한 물질 또는 인간의 신체에서 생산되는 아미노산)

- 자주 도움이 됨: 세인트존스워트, 홍경천
- 때때로 도움이 됨: 오메가3 지방산, 비타민 B, 비타민 D, 엽산, 아데노실메티오닌(SAM-e), L-트립토판
- 드물게 도움이 됨: 멜라토닌

(Lande, 2020; Sarris et al., 2020; Lee & Bae, 2017; PMH, 2017)

우울한 사람들이 영양제를 먹는 이유

- 전통적인 치료로 도움을 받지 못해서
- 항우울제에 부작용이 있어서
- 전통적인 치료를 감당하기 어려워서
- 현대 약물치료를 싫어해서
- 좀 더 자연적인 치료를 선호해서

(Sarris et al., 2020; Jain, 2017; Qureshi & Al-Bedah, 2013)

기능식품 사용은…

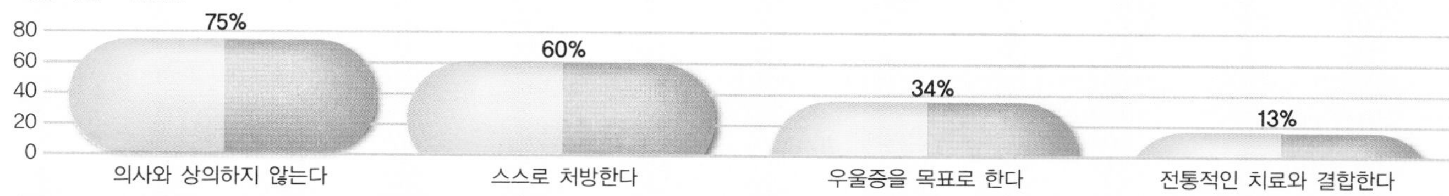

의사와 상의하지 않는다	스스로 처방한다	우울증을 목표로 한다	전통적인 치료와 결합한다
75%	60%	34%	13%

(Lande, 2020; Sarris et al., 2020; Lee & Bae, 2017; Qureshi & Al-Bedah, 2013)

선택적 세로토닌 재흡수 억제제(SSRI) 다른 신경전달물질에 영향을 주지 않는 상태에서 세로토닌의 활동만을 증가시키는 2세대 항우울제군

케타민 항우울제로도 사용되는 마취제로, 우울증이 있는 많은 사람이 즉각적인 안정을 가지게 해준다.

계 약물은 우울한 사람들의 매우 왕성한 재흡수 과정을 억제하고 결국 세로토닌과 노르에피네프린이 시냅스에 더 오래 머물게 하며 곧 이어 수신뉴런을 적절히 자극하게 함으로써 이 문제를 해결한다(그림 6.2 참조).

어떤 연구는 많은 우울한 사람이 이 재흡수 과정의 문제를 일단 해결하고 나면 그들의 우울 관련 뇌 회로를 통해 세로토닌과 노르에피네프린 활동이 더 원활하고 적절하게 변화한다고 제안한다(Rolls, 2017). 다시 말해 뇌 회로 구조 간의 상호연결이 더 질서 있고 기능적으로 변한다(Klöbl et al., 2020). 이러한 생물학적 변화와 함께 우울은 많은 환자에게서 약해진다.

만약 항우울제가 효과가 있다면 왜 많은 사람이 물레나물이나 멜라토닌 같은 식물보조제를 찾는가?

효과적인 세 번째 항우울제 그룹인 2세대 항우울제는 MAO 억제제와 삼환계 약물과는 구조적으로 다르다. 지난 30년간 개발되면서 이러한 약물의 대부분은 **선택적 세로토닌 재흡수 억제제**(selective serotonin reuptake inhibitor, SSRI)라 불리는데, 이는 노르에피네프린이나 다른 신경전달물질에는 영향을 주지 않고 세로토닌의 활동만을 증가시키기 때문이다. SSRI에는 플루옥세틴(프로작), 설트랄린(졸로푸트), 에스시탈로프람(렉사프로)이 있다. 다른 종류의 2세대 항우울제로 아토목세틴(스트라테라) 같은 선택적 노르에피네프린 재흡수 억제제(selective norepinephrine reuptake inhibitor)가 있는데, 이는 노르에피네프린 활동만을 증가시키며, 벤라팍신(이펙사) 같은 세로토닌 및 노르에피네프린 재흡수 억제제(serotonin-norepinephrine reuptake inhibitor)는 세로토닌과 노르에피네프린 활동을 모두 증가시킨다(Nelson, 2020a).

효과와 작용 속도에서 2세대 항우울제는 삼환계와 비슷하나 판매량은 폭발적이다(Cowen, 2020). 2세대 항우울제는 체중 증가, 성욕 감소 등 나름의 부작용이 있기는 하지만 MAO 억제제나 삼환계가 가지는 정도 만큼은 아니다.

항우울제의 네 번째 그룹은 케타민 기반 약물이다. 최근에 연구자들은 많은 우울한 사람에게 **케타민**(ketamine)이 유의한 안도감을 준다는 사실을 알게 되었다(Zhou, Liu, et al., 2020). 이 약물은 실제로 1970년 이래로 효과가 빠른 마취제로, 종종 수술 장면에서나 부상자들의 통증을 완화시켜줄 목적으로 사용되었다. 그리고 그것은 종종 남용될 수 있는 파티약물이라는 악평을 얻기도 했다(속칭 '스페셜 K'). 그러나 이 약의 항우울 효과는 임상 장면의 주목을 받고 있다. 미국 식약청(FDA)은 이 약을 '돌파구', 1987년도에 2세대 항우울제 프로작이 승인된 이래로 '우울증에 대한 진짜 첫 번째 신약'이라고 불렀다(J. Chen, 2019).

케타민의 장점은 우울 증상을 매우 빨리 완화시키고 다른 치료에 반응하지 않거나 자살사고가 있는 환자들에게도 도움이 될 수 있으며 다른 항우울제나 심리치료와 효과적으로 연합될 수 있다는 점이다(Na & Kim, 2021; Zhou, Liu, et al., 2020). 정맥주사로 실시한 케타민에 대한 초기 실험에서는 놀라운 결과가 나왔다. 치료에 저항적인 우울증을 보이는 사람들의 70%가 케타민으로 즉각적인 호전을 보였으며 다른 약물은 효과를 보기에 몇 주, 몇 달이 걸리는 반면, 케타민은 몇 시간 내에 증상이 감소되었던 것이다. 2019년에 FDA는 에스케타민(esketamine, 스프라바토)을 승인하였는데, 이는 정맥주사가 아닌 비강 분무 형태로, 훨씬 접근이 쉬운 케타민 종류이다. 치료 회기 동안 우울한 사람들은 (의학적 지도 감독하에) 콧구멍으로 에스케

항우울제 혁명 제약회사의 이 직원은 항우울제인 프로작을 생산하면서 살균기를 작동시키고 있다. 현재 항우울제의 전 세계 판매액은 매년 총 150억 달러 이상에 다다르고 있다.

Bloomberg/Getty Images

타민을 몇 차례 분무하고 이후 몇 시간 동안 상태를 살펴본다. 정맥주사 케타민과 마찬가지로 비강 분무 약물도 우울 환자들에게 아주 빠른 완화를 가져다준다(Na & Kim, 2021; Cowen, 2020).

비강 분무는 케타민 투약의 방법이 되었다. 전형적으로 이 약은 다른 항우울제와 함께 투여된다. 에스케타민이 단기적 효과만을 가지고 다른 약물과 함께 투여되는 것이 더 효과적이기 때문이다(Thase & Connolly, 2020; J. Chen, 2019). 케타민 기반 치료가 분명히 매우 유망하긴 하지만 이 약들은 주요 한계점도 가지고 있다. 각 투여마다 단기적인 효과만 가진다는 점, 시간이 지나면서 중독될 수 있다는 점, 비용이 많이 든다는 점, 어떤 사람들에게는 어지러움, 혼란, 기억 문제, 이인감 및 비현실감, 그리고/또는 고혈압 등을 유발한다는 점이다(Basso et al., 2020).

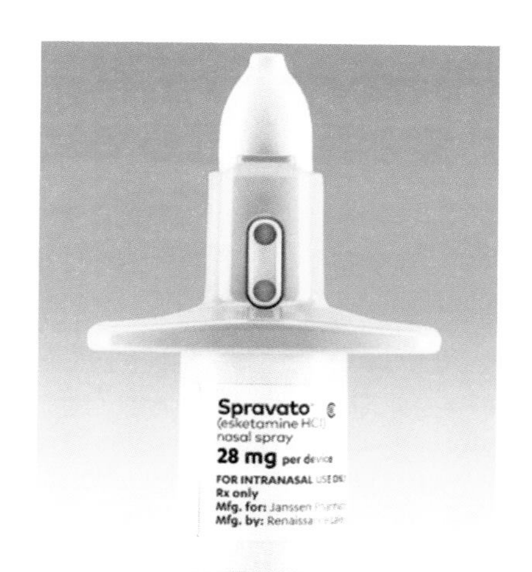

새로운 약이 왔다 2019년에 FDA는 기존 치료에 효과를 잘 안 보이는 환자들에게 에스케타민(스프라바토)을 승인했다. 콧속에 분사하는 케타민 기반의 이 약은 의료 기관에서 의료인의 감독하에만 투여될 수 있다.

케타민 기반 치료는 뇌 안에서 **글루타메이트**의 활동 수준을 높이면서 우울 증상을 감소시키는 것으로 보이는데, 이는 다른 항우울제가 세로토닌이나 노르에피네프린의 증가와 관련이 있다는 점과 대조적이다(Na & Kim, 2021; Cowen, 2020). 그러므로 많은 임상 이론가는 현재 낮은 글루타메이트 활동이 낮은 세로토닌 및 노르에피네프린과 비슷하게 또는 더 중요하게 우울의 발생과 관련이 있다고, 또는 이 세 신경전달물질의 낮은 활동성이 함께 관련되어 있다고 생각하고 있다. 뇌의 우울 관련 회로에서 세로토닌이나 노르에피네프린 수용기보다 글루타메이트 수용기가 더 많다는 사실은 주목할 만하다. 그러므로 케타민이 이 회로에서의 글루타메이트 활동 수준을 증가시킴으로써 다른 항우울제보다 더 직접적으로 뇌 구조물 간의 연결성을 향상시키는 것일지도 모르고, 이는 우울한 사람들에게 좀 더 직접적이고 강력한 영향을 미친다는 사실의 설명이 된다(Thase & Connolly, 2020). 케타민은 뇌 회로에서 새로운 신경경로의 발생이 일어나는 것을 돕는다는 증거도 있다(Krystal et al., 2019; Meisner, 2019).

여러 가지 종류의 항우울제는 인기가 있지만 모든 사람에게 효과가 있지 않다는 것을 인정하는 것은 중요하다. 사실 앞에서 읽은 바와 같이 가장 성공적인 약물이라고 해도 우울증 내담자의 최소 30%는 이 항우울제로 도움을 받지 못한다. 사실 최근의 많은 개관 논문은 항우울제의 치료 실패율이 여전히 더 높을 가능성을 강하게 제기하였다(**최신 동향** 참조). 항우울제가 실패했을 때 정신건강의학과 의사나 가정의학과 의사는 종종 항정신병 약물을 추가하면서 치료를 증가시킨다(Nelson, 2020b). 몇몇 연구자들은 환자들이 항우울제에 반응이 없는 경우 약물을 처방하는 의사들이 심리치료나 상담을 제안하지 않고 새로운 약물이나 약물들의 혼합처방을 차례로 제안하고 있다는 사실을 한탄한다. 멜리사는 여러 해 동안 정신과 약물 치료에 실패했던 우울한 여성으로, 이 문제를 잘 보여준다.

> 그녀는 자신의 치료가 달라질 수 있기를 얼마나 바랐는지에 대해 애석해하는 투로 말했다. "만일 열여섯 살 때 제가 다른 사람에게 알리고 건강한 사람이 되기 위해서 스스로 무엇을 할 수 있을지 배울 수 있도록 그 사람들이 저를 도와줬더라면 … 어땠을지 궁금해요. 대신에 그들은 '당신은 신경전달물질에 문제가 있습니다. 그러니 졸로푸트를 먹으세요. 그리고 그게 약효가 없으면 프로작을 먹으세요. 그리고 그것이 효과가 없으면 이펙사를 먹으세요. 수면 문제가 생기면 수면제를 드세요'라고 말했죠." 그녀는 전보다 더욱 애석해하는 목소리로 말했다. "나는 약에 너무 지쳤어요."
>
> (Whitaker, 2010)

뇌 자극 : 전기충격요법 제2장에서 읽었듯이 다른 형태의 생물학적 치료인 **뇌 자극**(brain stimulation)은 뇌의 어떤 부분을 직접적으로 또는 간접적으로 자극하는 치료법의 의미한다.

뇌 자극 뇌의 특정 영역을 직접 또는 간접적으로 자극하는 치료

최신 동향

항우울제는 실제로 얼마나 효과적인 것일까?

이전에 생각했던 것처럼 항우울제가 효과가 없을 수도 있다는 가능성이 임상 분야에서 자주 회자되곤 한다. 수년 동안 임상 연구가들은 위약으로 증상의 개선을 경험한 우울증 환자는 35%인 데 반해 삼환계 약물과 2세대 항우울제는 우울증을 앓는 사람들의 65% 정도에게는 도움이 된다고 믿었다. 65%라는 이 수치는 출판된 연구를 통해 밝혀졌다. 그러나 출판되지 않은 연구를 보면 사정은 좀 다르다.

이 문제는 10년 전으로 거슬러 올라간다. 두 연구 팀이 항우울제의 효과를 검증한 연구에서 출판 편향의 영향력에 대해 연구해보기로 한 것이다(Turner et al., 2020, 2008; Kirsch, 2019, 2014). **출판 편향**이라는 것은 긍정적인 결과를 보고한 연구를 위주로 게재를 하게 하는 전문적인 학술지의 경향성을 의미한다. 예를 들어 학술지에서는 위약보다 항우울제가 유의하게 더 효과적이었다는 것을 발견한 연구를 우선적으로 출판할지도 모른다. Erick Turner라는 연구자가 이끄는 한 연구 팀에서 74개의 항우울제 연구를 살펴보았는데, 그 연구들 중 일부는 출판되었고 일부는 출판되지 않았다(Turner et al., 2020, 2008). 연구 팀은 74개 연구 중에서 38개가 긍정적인 결과(즉 약물이 효과가 있었다)를 보고했고, 이 중 한 편을 제외하고는 다 출판되었다는 사실을 발견했다. 대조적으로 다른 36개의 연구는 부정적인 또는 의문의 여지를 남기는 결과(약물이 특별히 효과적인 것은 아니었다)를 도출했는데, 이 중 22개의 연구가 출판되지 못했다. 출판된 연구와 출판되지 않은 연구, 모두의 결과를 통합해본 결과 항우울제로 도움을 얻은 사람들의 비율은 출판된 연구에서 보고한 비율보다 낮다는 것이 밝혀졌다. 즉 항우울제는 우울한 사람들 중 65%가 아니라 약 50%의 증상 개선을 돕는다는 결과였다. 요약하면 이전에 믿었던 것만큼 항우울제가 위약에 비해 훌륭하지는 않았던 것이다.

imageBROKER/Alamy Stock Photo

최근에 다른 리뷰연구에서도 항우울제의 효과에 대해 검증하였고 출판된 연구와 출판되지 않은 연구를 통합한 결과 같은 결론이 밝혀졌다(Turner et al., 2020; de Vries et al., 2019; Kirsch, 2019).

이것은 확실히 해야 할 매우 진지한 문제이다. 치료에 대한 결정을 내릴 때 임상가들은 가능한 여러 가지 치료법을 통해 우울한 내담자가 얼마나 도움을 받을 수 있을지에 대해 알아야 한다. 이런 여러 가지 개관 연구에 따르면 오늘날의 항우울제가 도움이 되기는 하지만 위약과 비교해볼 때 많은 우울한 사람에게 항우울제가 생각보다 우수하지는 않을 수도 있다고 결론 내리는 것이 가장 신중한 결론이 될 것이다.

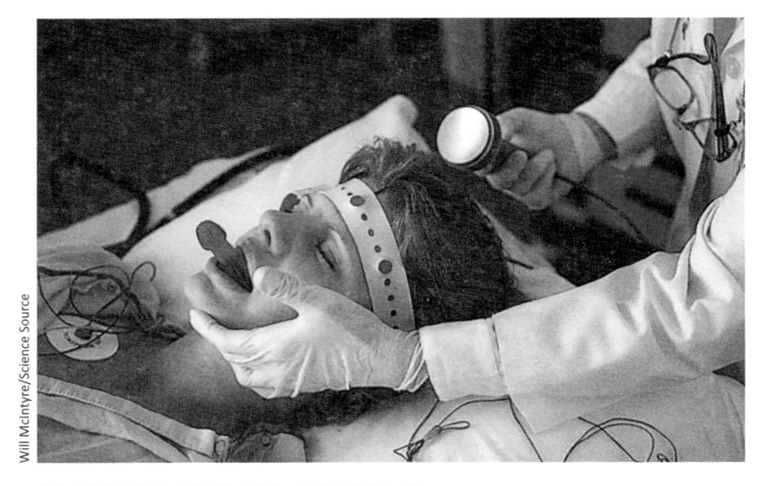
Will McIntyre/Science Source

오늘날의 ECT ECT의 실시는 초반 이래로 계속 변화하고 있다. 오늘날 환자들이 잘 수 있도록 수면을 유도하는 약, 심한 움직임과 골절을 방지하기 위한 근육이완제, 뇌 손상을 방지하기 위해 산소가 처방된다.

가장 오래 되었고 또 가장 논란의 여지가 있는 이 치료법으로는 전기충격요법이 있다. 최근에는 세 가지 생물학적 접근인 미주신경자극, 경두개 자기자극법, 뇌 심부 자극법이 우울장애의 치료를 위해서 추가적으로 개발되었다.

임상가와 환자 모두 **전기충격요법**(electroconvulsive therapy, ECT)에 대한 의견이 매우 다르다. 어떤 사람들은 그것을 최소한의 위험만 동반하는 안전한 생물학적 접근법이라고 생각한다. 그리고 또 다른 어떤 사람들은 기억상실 문제나 심지어 신경학적 손상을 야기할 수도 있는 극단적인 조치라고 생각한다. 이런 논란에도 불구하고 ECT는 흔히 사용되는데, 이는 크게는 단극성 우울증에 매우 효과적이고 상대적으로 빠르게 효과를 내는 개입 방법이기 때문이다.

ECT는 2개의 전극을 환자의 머리에 부착하고 65~140볼트의 전기를 0.5초 동안 또는 더 짧게 환자의 뇌에 흘려보낸다. 그러면 25초부터 몇 분까지 지속되는 뇌 발작이 일어난다(Kellner, 2020a, 2020b; Li, Yao, et al., 2020). 2~4주 정도의 간격으로 6~12회 치료하면 대부분의 환자들은 덜 우울하게 느낀다(Hauser, 2020).

전기충격이 치료적일 수 있다는 것은 우연히 발견했다. 1930년대에 임상 연구자는 뇌 발작 또는 경련(심각한 신체 경련)이 조현병과 다른 정신병을 치료할 수 있다는 잘못된 생각을 했다. 그러므로 이런 장애가 있는 사람들을 치료하기 위해서 이탈리아 정신건강의학과 의사인 Ugo Cerletti는 전기적 전류를 환자의 머리에 흐르게 해서 발작을 일으키는 치료 과정을 개발했다. ECT는 곧 대중화되었고 다양한 범위의 심리적 문제에 시도되었다. 조현병이 아닌 심한 우울 등에 보이는 ECT의 효과는 명백해졌다.

ECT 초창기에는 환자들이 심하게 발작을 해서 때때로 뼈가 부러지거나 턱이나 어깨 관절이 탈구되는 일이 발생했다. 현재는 경련을 최소화하기 위해 환자들에게 강력한 **근육이완제**를 주어 이런 문제를 피한다. 또한 ECT 동안에 수면을 유도하기 위해서 환자에게 **마취약(바비튜레이트)**을 투여하는데, 이는 환자의 공포를 줄여준다(Chawla, 2020).

ECT를 받는 환자는 치료 직전과 직후에 일어난 사건을 기억하는 데 종종 어려움이 있다(Li, Yao, et al., 2020). 대부분의 경우에 이러한 기억상실은 몇 개월 내에 사라지지만(Anderson et al., 2020) 일부 환자들은 더 먼 과거의 기억에서 간극을 경험하고, 이런 형태의 기억상실은 영구적일 수 있다(Hauser, 2020).

ECT가 왜 그렇게 잘 작동하는지를 알아내는 것은 어렵지만 ECT는 단극성 우울증을 치료하는 데 분명히 효과적이다(Dominiak et al., 2021). 연구에 따르면 50~80%에 이르는 ECT 환자들이 개선을 보였다(APA, 2020d; Kellner, 2020a, 2020b). 이 방법은 지속되는 항우울제 또는 주기적인 ECT 회기와 같은 지속치료, 또는 유지치료를 포함하는 추후치료의 초기에 특별히 더 효과적이다(Hauser, 2020). ECT는 망상을 가진 심한 우울증 사례에서 특히 효과적인 것 같다.

전기충격요법(ECT) 환자의 머리에 전극을 붙이고 뇌에 전류를 흐르도록 해서 발작을 유발하게 하는 우울증 치료법

미주신경자극 몸에 이식한 맥 발생기가 규칙적인 전기적 신호를 미주신경에 보내게 되고 그다음에 미주신경이 뇌를 자극하게 되는 우울증 치료법

다른 형태의 뇌 자극 지난 15년 동안 세 가지 뇌 자극 치료법이 추가적으로 개발되었는데, 이는 **미주신경자극, 경두개 자기자극법, 뇌 심부 자극법**이다.

미주신경은 신체에 있는 가장 긴 신경으로 뇌간에서 목을 거쳐 가슴으로 내려가 복부로 연결된다. 여러 해 전에 우울증 연구진들은 미주신경을 전기적으로 자극하면 뇌를 자극할 수 있을 것이라고 추정했다. 이들은 ECT의 원하지 않는 효과나 외상 없이 ECT의 효과를 모방해 보고자 했다. 연구자들의 노력은 우울증의 새로운 치료를 낳았고 이것이 **미주신경자극**(vagus nerve stimulation)이다.

제2장에서 읽었듯이 이 과정에서 외과의사가 환자의 가슴 피부 밑에 **맥 발생기**(pulse generator)라 부르는 작은 장치를 이식한다. 맥 발생기에서 뻗어 나와 있는 와이어를 목까지 끌어올려 미주신경에 부착한다(그림 6.3 참조). 전기신호는 맥 발생기로부터 와이어를 통해 미주신경에 도달한다. 그러면 자극된 미주신경은 전기신호를 뇌에 전달한다. 맥 발생기는 보통 매 5분 동안 30초씩의 자극을 미주신경으로, 그리고 차례대로 뇌로 보낼 수 있도록 프로그래밍되어 있다.

미주신경자극은 증상을 유의하게 감소시키는 것으로 연구에서 나타났다(Cowen, 2020; Holtzheimer, 2020). 사실 다른 형태의 치료에는 반응하지 않던 심한 우울증 환자의 상당수가 미주신경자극으로 상당한 향상을 보였다(McAllister-Williams et al., 2021).

그림 6.3

미주신경자극

미주신경자극이라고 부르는 이 과정에서는 이식한 맥 발생기가 미주신경에 전기적 신호를 보내고 이어서 전기적 신호가 전달된다. 이 뇌의 자극은 많은 환자의 우울증 감소에 도움이 된다.

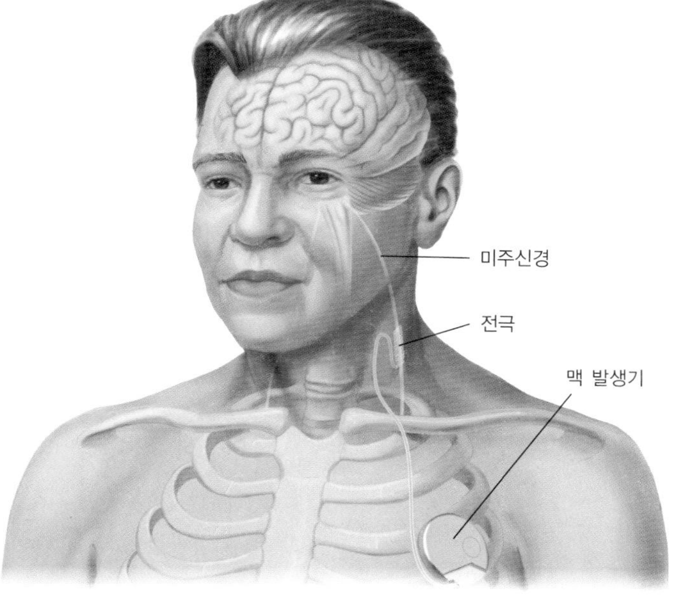

Florence Low/Sacramento Bee/MCT via Getty Images

뇌 자극하기 이 경두개 자기자극법(TMS)에서 한 여성이 전자기 코일이 설치된 기구를 머리에 쓰고 있다. 코일은 이 여성의 뇌에 전류를 흘려보내고 뇌를 자극한다.

경두개 자기자극법(transcranial magnetic stimulation, TMS)은 ECT의 원하지 않는 효과나 외상 없이 우울한 환자의 뇌를 자극하고자 사용하는 또 다른 기술이다. 이 치료에서는 전자기 코일을 환자의 머리나 머리 위에 둔다. 그러면 코일이 전류를 전전두엽피질로 보낸다. 우울한 사람의 전전두엽피질의 일부 영역은 활동 수준이 낮다. TMS는 이 영역의 뉴런 활동을 증가시키고 이어서 뇌의 우울 관련 회로 나머지 부분의 기능을 향상시키는 것으로 보인다(Eshel et al., 2020; Holtzheimer, 2020, 2019). 많은 연구에서 TMS를 4~6주 동안 매일 실시할 때 우울이 감소될 수 있는 것으로 나타났다(Hett et al., 2021; Kaster et al., 2020).

또 다른 뇌 자극법으로 **뇌 심부 자극법**(deep brain stimulation, DBS)이라고 불리는 것이 있다. 약 15년 전에 연구자들은 우울과 우울 관련 뇌 회로의 핵심 부분인 슬하대상회의 연결고리를 밝혔다. 이 연구 결과를 기반으로 신경학자 Helen Mayberg와 동료들(2005)은 실험적인 치료법인 DBS를 이전에 다른 치료에 반응이 없었던 6명의 고도 우울증 환자에게 실시했다. Mayberg 연구 팀은 환자의 두개골에 2개의 아주 작은 구멍을 뚫고 슬하대상회에 전극을 삽입하였다. 전극은 '박동조율기(pacemaker)'에 연결되었는데, 이것은 남성의 경우에는 가슴, 여성의 경우에는 복부에 심긴다. 박동조율기는 전극에 전력을 공급하고 낮은 전압의 전기를 지속적으로 뇌 구조물에 보낸다. Mayberg는 이 반복된 자극이 해당 뇌 구조의 활동 수준을 정상 수준으로 낮추고 우울 관련 뇌 회로를 다시 맞추는 데 도움을 줄 것으로 예상했다.

DBS의 효과를 조사한 최초의 연구 결과, 고도 우울증 환자 6명 중 4명이 몇 달 안에 우울증에서 거의 벗어났다. 이어지는 연구에서도 고도 우울증 환자들은 괄목할 만한 결과를 얻었다(Crowell, Riva-Posse, & Mayberg, 2020; Holtzheimer, 2020). 이런 성과로 인해 DBS는 특히 치료에 저항적인 환자들의 치료의 경우 임상 장면의 상당한 관심을 받았으나 DBS에 관한 연구는 이제 시작 단계이다(Pereira et al., 2020).

경두개 자기자극법(TMS) 환자의 머리에 또는 그 위에 전자기 코일을 놓고 뇌로 전류를 보내는 치료법

뇌 심부 자극법(DBS) 인공박동조율기가 슬하대상회에 이식된 전극에 전력을 제공하면서 뇌를 자극하는 우울증 치료법

단극성 우울증의 심리학 모델

단극성 우울증에 가장 광범위하게 적용된 심리학 모델은 정신역동 및 인지행동 모델이다. 연구 결과들이 정신역동 모델을 강력히 지지하지는 않았지만 인지행동 모델은 상당한 연구적 지지를 받았고 이 모델을 따르는 사람들도 많아졌다.

정신역동 모델 Sigmund Freud(1917b)와 그의 제자였던 Karl Abraham(1916, 1911)은 최초로 우울증에 대한 정신역동적 설명과 치료를 개발했다. 두 학자가 **의존**과 **상실**에 강조점을 두었는데, 이는 현대 정신역동 임상가들에게 계속 영향을 미치고 있다.

상징적 상실 Freud 학파의 이론에 따르면 가치 있는 대상의 상실(예 : 실직)은 무의식적으로는 사랑하는 사람의 상실로 해석된다. '상상의 상실'이라고도 한다.

정신역동적 설명 Freud와 Abraham은 임상적 우울과 사랑하는 사람을 상실한 이들의 애도 간의 유사점으로 끊임없는 울음, 식욕 상실, 수면 곤란, 인생에서 즐거움의 상실과 사회적 철수를 언급하는 것으로 이론을 시작한다. 두 이론가에 의하면 일련의 무의식적인 과정이 사랑하는 사람이 죽었을 때 작동한다. 상실을 수용할 수 없기 때문에 처음에는 애도자들이 **구강기** 발달 단계로 퇴행한다. 구강기는 유아가 자신과 부모를 구별할 수 없는 완전히 의존하는 시기이다. 이 단계로 퇴행함으로써 애도자들은 상실한 사람의 정체성과 자신의 정체성을 병합하고, 이로써 상징적으로 상실한 사람을 다시 얻는다. 또한 사랑하는 대상을 향한 슬픔과 분노를 포함한 모든 감정이 자신을 향하게 한다. 대부분의 애도자에게 **내사**(introjection)라고 불리는 이런 반응은 일시적이다. 그러나 일부 사람들, 특히 유아기 및 초기 아동기 때 다양한 의존욕구들이 부적절하게 충족된 사람들의 경우에 시간이 흐르면서 애도가 악화되어 임상적 수준의 우울감이 생성된다(Gabbard & DeJean, 2020; Boeker & Kraehenmann, 2018).

물론 많은 사람은 사랑하는 사람을 잃지 않고도 우울해진다. 그 이유를 설명하기 위해서 Freud는 상징적 또는 상상의 상실이란 개념을 제안하였는데, **상징적 상실**(symbolic loss) 또는 **상상의 상실**(imagined loss)에서 사람들은 다른 종류의 사건을 사랑하는 대상의 상실과 동등하게 취급한다. 예를 들어 학문적으로 뛰어날 때만 부모가 자신을 사랑할 것이라고 믿는 대학생은 수학 과목의 실패를 부모의 상실로 경험한다.

많은 정신역동 이론가들이 Freud와 Abraham의 우울증 이론과 의견을 달리하지만, 이 이론은 현재에도 정신역동적 사고에 계속 영향을 미치고 있다(Gabbard & DeJean, 2020). 예를 들어 관계를 강조하는 정신역동 이론가인 **대상관계 이론가**는 우울증을 사람들의 관계, 특히 초기 관계가 안전감이나 안정감을 주지 못한 결과로 본다(Ghafouri et al., 2020; Brodie, 2019).

다음의 글은 우울한 중년 부인의 치료자가 기술한 것으로, 의존하고 사랑하는 대상의 상실 및 상징적 상실, 내사 등의 정신역동적 개념을 잘 보여준다.

마리 칼스는 항상 어머니에게 매우 애착되어 있다고 느꼈다. 그녀는 항상 어머니의 기분을 달래려고 노력하면서 모든 가능한 방법으로 어머니를 기쁘게 하려고 했다.

줄리우스와 결혼한 후에 그녀는 복종과 순종의 방식을 계속 유지했다. 그녀가 서른 살이었을 때 그녀와 남편은 미혼인 이그나티우스에게 함께 지내자고 했다. 이그나티우스와 마리는 곧 서로에게 끌린다는 것을 알았다. 이 둘은 그러한 감정과 싸우려고 노력했다. 그러나 줄리우스가 며칠 동안 다른 도시로 가야만 했을 때 소위 서로에게 반하는 감정이 더 강해졌다. 약간의 신체 접촉이 있었다. … 정신적으로 좋아하는 강한 감정이 있었다. … 몇 달 뒤에 모두가 도시를 떠나야 했다. … 어떤 연락도 없었다. 2년 뒤에 … 마리는 이그나티우스가 결혼했다는 소식을 들었다. 그녀는 자신이 혼자라는 것이 뼈저리게 느껴졌고 실의에 빠졌다….

나이가 들어가고 모든 기회를 놓치고 있다고 믿게 되면서 고통은 더 심해졌다. 이그나티우스는 잃어버린 기회로 기억되었다. … 순종과 복종의 삶은 그녀가 자신의 목표에 도달하는 것을 허용하지 않았다. … 이러한 생각을 인식하자 심지어 더 우울해졌다.

(Arieti & Bemporad, 1978, pp. 275–284)

Dean Lewins/Getty Images

초기 상실 어린 딸이 산불을 끄다가 순직한 소방관인 아버지의 관 옆에 서 있다. 연구에 따르면 어릴 때 부모를 잃은 사람들은 성인이 되어 우울증을 경험할 위험이 높아진다.

흥미로운 이야기

논란의 여지가 있는 변화

DSM의 이전 판에서 사랑하는 사람을 잃은 사람들은 사별 후 두 달 동안에는 주요우울장애의 진단을 받지 않았다. 그러나 DSM-5에 따르면 우울 증상이 충분히 심각하다면 새롭게 사별한 사람들도 이 진단을 받을 수 있다. 비판가들은 정상적인 애도 반응을 보이는 사람들이 주요우울장애로 오진될 수 있다는 점을 우려한다.

특히 인생 초기에 겪은 주요 상실이 이후 우울증의 기초가 될 수 있다는 정신역동적 생각은 연구에서 전반적으로 지지를 받았다(Krishnan, 2020). 관련 연구를 살펴보면 아동기 욕구가 충족되지 않은 사람들이 상실 경험 이후에 우울해지는 경향이 더 높았다(Tsehay, Necho, & Mekonnen, 2020). 동시에 초기 관계의 상실 및 문제가 항상 우울의 핵심에 있는 것이라는 점은 연구의 지지를 받지 못했다. 삶에서 주요 상실을 경험한 사람의 일부만이 실제로 우울해진다(Akhtar, 2019; Hammen, 2018, 2016).

단극성 우울증의 정신역동치료는 무엇인가 정신역동 치료자는 단극성 우울증이 타인에 대한 과도한 의존과 결합된 실제 또는 상상의 상실에 대한 무의식적인 애도의 결과라 믿는다. 그렇기 때문에 정신역동 치료자는 내담자가 기저에 있는 이러한 문제를 인식해서 그 문제를 다루는 것을 도우려 한다(Gabbard & DeJean, 2020). 기본적인 정신역동 과정이라는 무기를 사용하여 정신역동 치료자는 우울한 내담자가 치료시간에 자유롭게 연상하도록 격려하고 내담자의 연상, 꿈, 저항, 전이의 전개에 대한 해석을 제공하며 내담자가 과거 사건과 감정을 재검토하도록 돕는다. 예를 들어 자유연상을 통해 한 내남자는 우울의 기초가 된 초기 상실 경험을 회상하게 된다.

> 그가 기억할 수 있는 가장 초기 기억 중에 높은 기차 구조물 아래에서 유모차를 탄 채 혼자 남겨진 기억이 있다. 분석시간에 생생하게 떠오른 또 다른 기억은 5세 무렵의 수술이다. 그는 마취 상태였고 어머니는 그를 의사에게 두고 떠났다. 그는 어머니가 자신을 남겨둔 것에 분노해서 얼마나 발을 차고 소리쳤는지를 회상했다.
>
> (Lorand, 1968, pp. 325-326)

이와 같은 성공적인 사례 보고에도 불구하고 장기 정신역동치료는 단극성 우울증 사례에 단지 가끔 도움이 될 뿐이다(Prochaska & Norcross, 2018). 이 접근의 두 가지 특징이 효과를 제한할 수 있다. 첫째, 우울한 내담자는 너무 수동적이고 지쳐서 미묘한 치료적 논의에 완전히 참여하지 못할 수 있다. 둘째, 환자들이 필사적으로 갈구하는 빠른 증상 경감을 장기적인 접근이 제공하지 못할 때 환자들은 실망할 수 있고 치료를 조기에 중단할 수 있다. 단기 정신역동치료는 전통적인 장기 접근보다 치료 효과가 더 좋은데, 특히 정신약물치료와 함께 결합할 때 그렇다(Gabbard & DeJean, 2020).

인지행동 모델

인지행동 이론에서는 다른 종류의 심리장애와 마찬가지로 단극성 우울증도 문제행동과 사고의 역기능적인 면의 결합에서 기인한다고 주장한다. 이런 이론은 세 가지 설명으로 나누어지는데, 이는 행동적 측면을 주로 강조하는 설명, 부정적인 사고에 일차적인 강조를 두는 설명, 인지적인 요인과 행동적인 요인 사이의 복잡한 상호작용을 특징으로 하는 설명이다.

흥미로운 이야기

그들의 진술

"끝났다고 울지 말고, 일이 일어났으니 웃으세요."

닥터 수스

행동적 차원 임상 연구가인 Peter Lewinsohn은 우울과 삶에서 받는 보상 및 처벌의 유의한 변화를 연결해 생각한 초기 이론가이다(Lewinsohn et al., 1990, 1984). 그는 어떤 사람들에게는 인생에서의 긍정적 보상이 점점 감소하는데, 이는 이들이 건설적인 행동을 점점 더 적게 하도록 이끈다고 주장한다. 예를 들면 대학생활이라는 보상은 젊은 여성이 대학을 졸업하고 직장

AP Photo/Brynn Anderson

마침내 박수는 멈춘다 2019년 프로선수로서 마지막 농구 경기에서 NBA의 드웨인 웨이드는 자신을 사랑하는 팬들의 환호에 흠뻑 젖었다. 선수 또는 무언가 성취한 사람들이 은퇴로 인해 보상이 감소될 때 희열을 경험할 수 있는 새로운 이유가 생기지 않는다면 우울증의 위험이 높아진다. 은퇴 직전에 웨이드가 자신의 삶에 찾아오는 공허감을 다루기 위해 치료를 받을 것이라고 말한 것은 놀랍지 않다.

을 구했을 때 사라진다. 나이 든 야구선수는 기술이 쇠퇴했을 때 높은 봉급과 엄청난 칭찬이라는 보상을 잃는다. 비록 많은 사람이 다른 형태의 만족으로 삶을 채워가려 하지만 일부 사람들은 특히나 낙담한다. 삶에서의 긍정적인 특징은 훨씬 더 감소하고 보상의 감소는 건설적인 행동을 더 적게 하게 한다. 이런 방식으로 사람들은 우울을 향해 치닫게 된다.

수많은 연구에서 행동주의자들은 사람들이 인생에서 받는 보상의 수가 우울의 유무와 관련 있다는 것을 발견했다. 우울한 참가자들은 우울하지 않은 참가자들보다 더 적은 긍정적 보상을 보고했을 뿐만 아니라 보상이 증가했을 때 기분도 나아졌다(Stein et al., 2020). 유사하게 다른 연구에서는 긍정적인 삶의 경험과 삶의 만족도 및 행복감 사이에 강한 관계가 있다는 것을 발견했다(Diener, 2020).

Lewinsohn과 다른 이론가들은 **사회적 보상**은 우울이 점점 더 심해지는 데 특히 중요하다고 믿는다(Tan, Shallis, & Barkus, 2020). 이런 주장은 우울한 사람이 우울하지 않은 사람보다 사회적 보상을 더 적게 경험하며 기분이 나아짐에 따라 사회적 보상도 증가한다는 연구 결과의 지지를 받았다. 비록 우울한 사람들이 때로는 사회적 환경의 희생자이지만 어두운 기분과 생기 없는 행동은 사회적 보상의 감소를 야기할 수 있다(Tan et al., 2020).

부정적 사고 Aaron Beck은 부정적 생각이 단극성 우울증의 핵심이라고 믿는다(Warren, 2020; Beck, 2016, 2002, 1967). Beck에 의하면 **부적응적인 태도**, **인지삼제**, **사고의 오류**와 **자동적 사고**가 결합되어 단극성 우울증을 유발한다.

Beck은 어떤 사람들은 '나의 전반적인 가치는 내가 수행하는 모든 과제와 결부되어 있다' 또는 '만일 내가 실패한다면 다른 사람들은 나에게 혐오감을 느낄 것이다'라는 식의 유아적인 **부적응적인 태도**를 발달시킨다고 믿는다. 이 태도들은 자신의 경험과 주변 사람들의 판단에서 비롯된다. 바쁘고 활발한 삶에서 많은 실패는 불가피하기에 이러한 태도는 정확한 입장이 아니며 모든 종류의 부정적 사고와 반응의 기반이 된다. Beck은 부적응적인 태도를 가진 사람들이 살면서 이후에도 속상한 상황을 겪게 되면 부정적 사고가 확대된다고 보았다. 부정적 사고는 흔히 세 가지 형태를 취하는데, Beck은 이를 **인지삼제**(cognitive triad)라고 불렀다. 즉 우울

인지삼제 Aaron Beck이 가설화한 세 가지 형태의 부정적인 생각은 사람을 우울하게 한다. 이 세 가지는 자신의 경험, 자기 자신, 미래에 대한 부정적인 관점이다.

한 사람은 (1) 자신의 **경험**, (2) **자기 자신**, (3) 자신의 **미래**를 부정적 방식으로 해석하는데, 이는 사람을 우울하게 한다는 내용이 인지삼제이다. 다음에 기술된 우울한 사람의 사고에도 인지삼제가 작동하고 있다.

> 나는 참을 수가 없다. 나는 가족을 보살피지 못하고 아내와 엄마로서 존재를 인정받지 못하며 동네에서 존경받지 못하는 이 세상의 유일한 여자라는 이 굴욕스러운 사실을 견딜 수 없다. 어린 아들 빌리에게 이야기할 때 나는 아들의 기대를 저버릴 수 없다는 것을 안다. 그러나 아들을 보살피기에는 불충분한 엄마라고 느끼고 이 느낌이 무섭다. 무엇을 해야 할지 또는 어찌해야 할지 모르겠다. 모든 것이 나를 너무 압도하고 … 나는 웃음거리가 된다. 외출해서 사람을 만나고 나의 못난 점을 스스로 다시 봐야 하는 것이 힘에 부친다.
>
> (Fieve, 1975)

Beck에 의하면 우울한 사람들은 **사고에서 종종 오류**를 범한다. 흔한 논리의 오류 중 하나는 임의적 추론이다. 임의적 추론이란 증거에 근거하지 않고 부정적 결론을 내리는 것이다. 예를 들어 디이온이 공원을 산책하다가 근처에서 꽃을 보고 있는 여자를 지나치면서 '그녀는 나를 보는 것을 피하는군'이라고 결론 내린다면 이는 임의적 추론이다. 유사하게 우울한 사람들은 종종 긍정적인 경험의 의미를 축소하거나 부정적인 사건의 의미를 확대한다. 예를 들어 카밀라는 어려운 영어시험에서 A를 받았다. 그러나 그 성적은 자신의 능력보다는 교수의 관대함을 반영하는 것이라고 결론짓는다(최소화). 같은 주 후반부에 카밀라는 영어수업에 결석할 일이 있었고, 그 후로 그녀는 학기의 나머지를 따라갈 수 없을 것이라고 확신한다(최대화).

마지막으로 우울한 사람들은 자동적 사고를 한다. **자동적 사고**란 자신이 부적절하며 자신의 상황은 절망적이라고 스스로에게 계속 암시하는 일련의 불쾌한 사고의 연속을 의미한다. Beck은 이러한 생각들이 마치 반사에 의한 것처럼 그냥 발생하기 때문에 '자동적'이라고 했다. 단지 몇 시간 동안 수백 가지의 다음과 같은 생각이 우울한 사람에게 떠오를 수 있다. "나는 가치 없다. … 나는 아무것도 아니다. … 나는 모든 사람을 실망시킨다. … 모든 사람이 나를 싫어한다. … 내 책임이 너무 압도적이다. … 나는 부모로서 실패했다. … 나는 멍청하다. … 모든 것이 나에게는 어렵다. … 아무것도 변하지 않을 것이다."

많은 연구가 Beck의 설명을 지지하는 증거를 내놓았다(Krishnan, 2020). 몇몇 연구는 우울한 사람들은 부적응적인 태도를 갖고 있으며 부적응적인 태도를 많이 가질수록 더 우울해지는 경향이 있다는 것을 확인했다. 다른 연구에서도 우울한 사람들이 인지삼제를 보이는 것을 발견했다. Beck이 주장한 논리의 오류도 연구의 지지를 받았다.

또한 연구는 자동적 사고가 우울증과 관련이 있다는 Beck의 주장을 지지하였다(Chahar Mahali et al., 2020; Dozois et al., 2020). 예를 들어 몇몇 고전적인 연구에 따르면 우울하지 않은 피험자들에게 속임수를 사용해서 자신에 관한 부정적인 자동적 사고를 기술하는 듯한 글을 읽게 하자 글을 읽고 나서 우울이 증가하였다(Bates et al., 1999; Strickland et al., 1975). 이와 관련된 맥락으로 우울한 기분을 경험하는 동안 변화를 위한 행동을 하지 않고 반복해서 그 기분에 빠져드는 **반추적 반응**을 하는 사람들은 흔히 그러한 반추를 피하는 사람들보다 더 오래 낙담하였고 이후에 임상적 우울증으로 발전할 가능성이 더 컸다(Watkins & Roberts, 2020).

Mark Lynch/CartoonStock Ltd.

학습된 무기력 : 인지행동적 상호작용 심리학자인 Martin Seligman에 따르면 무기력은 우울증의 핵심에 있다(Ackerman, 2020b; Seligman, 2018, 1975). 1960년대 중반 Seligman은 우울증

의 **학습된 무기력**(learned helplessness) 이론을 발달시켰다. 이 이론은 사람들이 (1) 더 이상 자신의 삶에서 강화(보상과 처벌)를 통제할 수 없다고 생각할 때, (2) 무기력한 상태에 대한 책임이 자신에게 있다고 생각할 때 우울해진다고 본다.

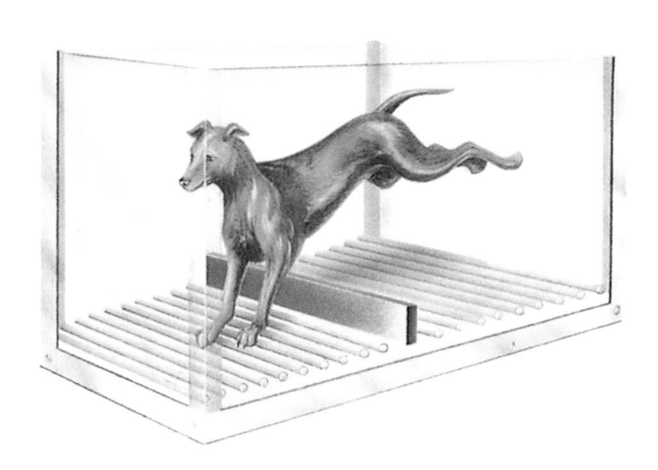

그림 6.4

안전한 곳으로 점프하기
실험동물들은 회피훈련상자의 한쪽에서 충격이 실시되면 다른 쪽으로 뛰어 충격에서 도피하고 회피하는 것을 배운다.

Seligman의 이론은 실험실 개와 작업을 할 때 처음 형성되기 시작했다. Seligman은 '해먹'이라고 하는 장치에 개를 묶어두었다. 해먹에서 개들은 무엇을 하든 상관없이 주기적으로 전기충격을 받았다. 다음 날 개를 회피훈련상자로 옮겼는데, **회피훈련상자**는 칸막이가 있어서 실험동물이 점프하면 다른 칸으로 이동할 수 있다(그림 6.4 참조). Seligman은 회피훈련상자 안에 있는 개에게 전기충격을 주었고 이런 상황에 놓인 보통의 다른 개처럼 점프해서 칸막이를 넘어가 전기충격을 피하는 것을 곧 배울 것으로 기대했다. 그러나 이 개들 중 대부분이 회피훈련상자에서 어떤 것도 배우지 못했다. 한 차례의 부산한 움직임 이후 개는 단지 '누워서 조용히 낑낑거리기만' 했고 전기충격을 그대로 받았다.

Seligman은 전날 해먹에서 피할 수 없는 충격을 받는 동안 그 개는 자신의 삶에서 경험한 그 불쾌한 사건(충격)을 자신이 전혀 통제할 수 없다는 사실을 배웠다고 생각했다. 즉 개는 부정적 상황을 바꾸기 위해서 어떤 것을 해도 소용이 없다는 것을 학습했다. 따라서 이후에 자신의 운명을 통제할 수 있는 새로운 상황에 놓였을 때(회피훈련상자)도, 개는 자신이 전적으로 무기력하다고 계속 믿는다. Seligman은 학습된 무기력 효과는 인간의 우울증 증상과 매우 닮았다고 언급하였고, 사실 사람들은 자기 인생에서 어떤 강화물도 통제할 수 없다는 일반적인 믿음을 가진 후에 우울하게 된다고 제안하였다.

인간과 동물을 대상으로 한 다양한 연구에서 무기력 훈련을 받은 참가자들은 우울 증상과 유사한 반응을 보였다. 예를 들어 인간 참가자들이 통제 불가능한 부정적 사건에 노출되면, 그 후 다른 사람들보다 우울 기분 척도에서 더 높은 점수를 보였다. 유사하게 무기력 훈련을 받은 동물들은 성적·사회적 활동에 대한 흥미 상실을 보였는데, 이는 사람의 우울 증상과 공통된 증상이다.

우울에 대한 학습된 무기력 설명은 과거 수십 년 동안 다소 수정되었다. 이론의 새로운 수정판인 **귀인 무기력 이론**(attribution-helplessness theory)에 의하면 사람들이 사건을 자신의 통제 밖에 있다고 생각하면 그 이유가 무엇인지 자신에게 질문한다(Abramson et al., 2002, 1989, 1978). 만일 현재의 통제 부족을 **전반적**이며 **안정적**인 **내적** 원인에 귀인시키면("나는 모든 것에 부적합하다. 그리고 항상 그럴 것이다"), 미래의 부정적 결과를 예방하는 데 무기력하게 느낄 것이고 우울을 경험할 것이다. 만약 다른 종류의 귀인을 한다면 이렇게 반응하지는 않을 것이다.

여자친구인 헤일리에게 차인 대학생 태번을 생각해보자. 만일 통제의 상실을 전반적이며 안정적인 내적 원인, 즉 '그것은 내 잘못이다(내적). 나는 손댄 모든 일을 망칠 것이다(전반적). 나는 항상 그럴 것이다(안정적)'라고 귀인한다면, 미래에도 유사한 통제 상실을 예상하는 반응을 할 것이고 전반적인 무기력감을 경험할 수 있다. 학습된 무기력의 관점에 의하면 그는 우울증을 겪을 유력한 후보가 된다. 대신에 그 학생이 관계가 깨진 것을 더 **구체적**이고('지난 몇 주 동안 내가 보인 행동이 이 관계를 날려버렸어'), **불안정한**('왜 이렇게 된 건지 모르겠네. 나는 항상 그렇게 행동하지는 않거든'), 또는 **외적**인('헤일리는 자신이 원하는 것을 결코 알지 못해') 원인에 귀인한다면, 다시 통제를 잃을 것이라고 예상하지 않을 수 있고 아마도 무

학습된 무기력 삶의 강화물에 어떤 통제력도 갖지 못했다는 지각으로, 과거 경험을 기반으로 한다.

© Michael Bunel/Le Pictorium Agency via ZUMA Press

피해자와 학습된 무기력 파리의 시위 참가자들은 작년 한 해 동안 이전 또는 현재 파트너에게 살해당한 여성들의 이름이 적힌 플래카드를 들고 바닥에 누워 있다. 연구에 따르면 자신의 배우자에게 학대당하는 여성들은 무기력감을 가지게 되는데, 이는 왜 그들이 위험한 환경에 계속 머무르는지에 대한 설명이 된다.

기력과 우울을 경험하지 않을 것이다. 수백 편의 연구가 귀인 방식, 무기력 및 우울의 관계를 지지하였다(Ackerman, 2020b; Houston, 2019).

단극성 우울증의 학습된 무기력 이론은 매우 영향력이 있지만 이 이론에도 불완전함이 있다. 예를 들어 많은 학습된 무기력 연구는 동물실험에 의존한다. 사실 동물의 증상이 사람의 임상적 우울을 반영하는지는 알 수 없다. 게다가 이 이론의 귀인적 특징은 어려운 질문을 야기한다. 무기력을 학습한 개와 쥐는 어떻게 되는 건가? 동물이 그것도 암묵적으로나마 귀인을 할 수 있는가?

인지행동치료 인지행동 치료자는 행동적 기술과 인지적 기술을 통합하여 우울로 고통받는 내담자를 돕는다. 행동적 측면에서 보면 치료자는 내담자가 다시 움직이도록 하는 방법과 더 많은 활동에 관여하고 즐길 수 있는 방법을 강구한다. 인지적인 측면에서 보면 치료자는 내담자가 더 적응적이고 덜 부정적인 방식으로 생각할 수 있도록 이끈다. 내담자에게 이런 변화가 이루어질 수 있도록 돕기 위해 다양한 접근법이 개발되었다. 이 중 두 가지 유력한 접근법은 행동활성화와 Beck의 인지치료이다.

행동활성화(behavioral activation)에서 치료자는 체계적으로 작업을 하여 내담자의 생활 속에서 건설적이고 보상적인 활동이나 사건이 늘어나도록 한다. 기분과 삶에서 경험하는 보상을 연결시킨 이론가 Peter Lewinsohn이 이 접근법을 발전시켰다. 이 접근법은 세 가지 핵심 요인을 가진다. 즉 치료자는 (1) 즐거운 사건과 활동을 우울한 내담자에게 다시 소개하고, (2) 우울하지 않은 행동에는 보상을 하고 우울한 행동에는 보상을 주지 않는 식의 반응을 지속적으로 하며, 또한 (3) 내담자의 사회 기술이 향상되도록 돕는다(Wang, Zhou, & Yang, 2020; Dimidjian, 2019).

첫째, 치료자는 내담자가 즐겁다고 여기는 활동, 예를 들어 쇼핑하기나 사진 찍기를 선택하고 그 활동을 할 수 있게 주간계획표를 짜도록 격려한다. 연구에 의하면 생활에 긍정적인 활동을 추가하는 것은 실제로 기분을 더 좋게 할 수 있다. 둘째, 내담자의 생활에 즐거운 사건을 재도입하는 동안 치료자는 내담자의 다양한 행동을 정확하게 보상받게 한다. 행동활성화 이론가는 우울해질 때면 울기, 반추하기, 불평하기, 또는 자기비난 등의 부정적 행동이 다른 사람들을 멀어지게 하고 보상 경험과 상호작용의 기회를 감소시킨다고 주장한다. 이런 양상을 바꾸기 위해서 치료자는 내담자가 자신의 부정적인 행동을 감찰하고, 새롭고 보다 긍정적인 행동을 시도하도록 안내한다. 내담자가 자신이 생활에서 참여한 부정적 또는 긍정적인 활동을 정확하게 기록할 수 있도록 스마트폰 앱을 사용할 수도 있으며 이를 통해 이전보다 더 정확한 행동활성화를 실시할 수 있게 되었다(Kwasny et al., 2019; Huguet et al., 2016). 마지막으로 행동활성화 치료자는 내담자에게 효과적인 사회 기술을 훈련시킨다. 예를 들어 집단치료 프로그램에서 구성원들은 눈 맞춤, 표정, 자세 및 사회적인 메시지를 전달하는 다른 행동을 향상시키기 위해서 함께 작업할 수 있다.

기분추적 앱의 이용이 늘어남에 따라 어떤 다른 유용성, 장점, 단점이 있을 거라 생각하는가?

행동활성화 기법만을 치료에 적용하는 것은 제한된 도움만을 주는 것 같은데, 특히 우울의 정도가 중등도 이상일 때 그렇다(Dimidjian, 2019). 그러나 행동활성화 기법이 인지 기법과 결합될 때 종종 상당히 효과적이다. 이에 대해서는 앞으로 다룰 것이다(Dozois et al., 2020; Stein et al., 2020).

행동활성화 치료자가 내담자의 삶에서 건설적이고 즐거운 활동과 일을 증가시키기 위해 체계적으로 작업하는 우울증 치료법

Aaron Beck은 내담자가 부정적 사고에 대처하는 것을 돕기 위해서 **인지치료**(cognitive therapy)라는 치료 접근을 개발했다. 그는 이 접근이 내담자를 부정적인 인지적 과정을 깨닫고 바꾸도록 안내하는 데 초점을 두기 때문에 이런 명칭을 사용했다(Beck, 2019, 2016; Beck & Weishaar, 2019). 그러나 앞으로 보겠지만 이 접근은 몇몇 행동 기법도 포함하는데, 이는 우리가 앞서서 살펴본 것들을 포함한다. 이 접근법은 다음의 네 단계를 따르고 있으며 보통은 20회기 이하로 진행한다.

Roberto Panucci/Getty Images

본 투 런 '보스'라고 불리던 브루스 스프링스틴은 뒤에 걸린 초대형 스크린에 자신의 영상이 나오는 전석 매진 무대에서 공연했다. 자신의 회고록 '본 투 런(Born to Run)'에서 스프링스틴은 자신의 길었던 우울증 병력을 상세하게 설명했는데 그중 한 에피소드를 이렇게 묘사했다. "화물열차가 아래로 떨어져 … 빠르게 탈선하는 것 같았어요."

1단계. 활동을 늘리고 기분을 고양시키기 행동 기법을 먼저 사용하여 인지치료를 위한 준비를 하면서 치료자는 먼저 내담자가 더 활동적이 되고 자신감을 갖도록 격려한다. 내담자는 시간 단위로 짜인 다음 주의 세부적인 활동시간표를 만드는 데 회기를 활용한다. 한 주, 한 주, 내담자가 더 활동적이게 되면 기분도 나아질 것으로 기대한다.

2단계. 자동적 사고에 도전하기 일단 내담자가 더 활동적이고 정서적으로 다소 진정감을 느끼면 치료자는 내담자에게 부정적인 자동적 사고에 대해서 교육한다. 치료자는 내담자에게 자동적 사고가 발생할 때 이를 인식하고 기록하도록 교육하고 기록한 것을 다음 회기에 갖고 오게 한다. 여기서 다시 내담자는 일상생활에서 생기는 이러한 사고를 정확하게 인식하고 문서화하기 위해 스마트폰 앱을 이용할 수도 있다(Lattie et al., 2019). 그다음에 치료자와 내담자는 자동적 사고의 배후에 있는 현실을 검증하는데, 종종 자동적 사고는 근거가 없는 것으로 결론이 난다.

3단계. 부정적 사고와 편향 찾기 내담자가 자동적 사고의 결점을 인식하기 시작하면 치료자는 내담자에게 비논리적인 사고 과정이 부정적 사고에 어떻게 기여하는지를 알려준다. 또한 일상 사건에 대한 내담자의 해석 대부분이 부정적 편향을 가지고 있다는 것을 인식시키고 해석 방식을 바꾸도록 지도한다. 최근에 연인과 결별한 후 자신이 매력적이지 않다고 결론을 내린 내담자와의 다음의 치료 장면을 보면 이 과정이 나와 있다.

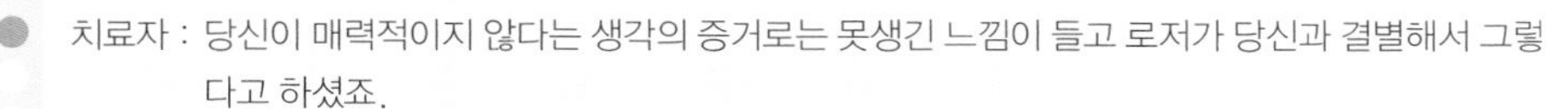

치료자 : 당신이 매력적이지 않다는 생각의 증거로는 못생긴 느낌이 들고 로저가 당신과 결별해서 그렇다고 하셨죠.
내담자 : 그냥 제가 매력적이라는 생각이 안 들어요.
치료자 : 당신을 매력적이라고 생각하는 남성이 있나요?
내담자 : 글쎄요. 저보고 매력적이라고 했던 남자들은 많았죠. 그렇지만 저는 그 사람들이 별로였어요.
치료자 : 당신이 매력적이지 않다는 생각의 증거로 당신은 로저가 당신과 결별했다는 사실을 들었어요. 결별의 이유는 무엇이었나요?
내담자 : 우리는 잘 지내지 못했어요. 그는 그냥 사람들하고 잘 못 어울려요. 그리고 거짓말도 하고요.
치료자 : 그러니까요. 당신은 그의 결점을 개인화해서 당신 자신이 매력적이지 않다고 결론을 내린 거군요.
내담자 : 맞아요.
치료자 : 저는, 당신의 부정적인 신념을 지지하기 위해 당신이 썼던 증거를 우리가 다룰 수 있을지 그리고 그 증거가 적절하고 확실한지 궁금하고요. 그리고 이런 종류의 왜곡이 당신의 특징은 아닌지 궁금해요.

(Leahy, 2017, pp. 66-67)

인지치료 사람들이 심리장애를 유발하는 역기능적인 가정과 사고방식을 찾고 바꿀 수 있도록 돕는 Aaron Beck이 개발한 치료법

흥미로운 이야기

낮은 자기 개념 : 소셜미디어 버전

6명 중 1명이 인스타그램에서 자신의 집 사진을 다른 사람의, 더 매력적인 집의 사진으로 대체하여 포스팅을 올린 적이 있다고 인정하였다(Bancroft, 2019).

4단계. 기본적인 태도 바꾸기 치료자는 내담자가 우울증의 처음 토대가 되었던 부적응적인 태도를 변화시키도록 도와준다. 그 과정의 일부로서 치료자는 반복되는 논의를 통해 내담자가 이런 태도를 시험해보기를 격려한다.

많은 연구가 인지행동적 접근은 단극성 우울증에 효과가 있다는 것을 검증하였다. 이 치료를 받은 우울한 성인은 위약 조건 또는 무처치 조건의 성인보다 훨씬 더 많은 개선을 경험하였다(A-Tjak et al., 2021; Gautam et al., 2020; Zakhour et al., 2020). 약 50~60%는 증상이 매우 호전되거나 거의 대부분이 없어진 것으로 나타났다. 재발을 막기 위해 많은 치료자는 성공적인 인지행동치료 이후에 **예방적 인지치료**(preventive cognitive therapy)를 실시한다. 이는 종결 몇 달 뒤에 실시하는 짧은 추가 회기인데, 부정적인 자동적 사고를 줄이고 재발 방지 계획을 수립하는 것에 초점을 둔다. 연구에 의하면 이 추가 치료를 받은 내담자는 유의하게 적은 우울 재발을 경험한다(Jauhar, Laws, & Young, 2021; Krishnan, 2020).

현재는 점점 더 많은 수의 인지행동 치료자가 우울증을 극복하기 위해 부정적 인지를 완전히 버려야만 한다는 데 동의하지 않는다. **수용전념치료**(ACT)를 하는 치료자들을 포함해서 제2장과 제4장에서 소개한 인지행동치료의 새로운 흐름을 따르는 치료자는 우울한 내담자가 부정적인 인지를 그저 마음에 흘러가는 중요하지 않은 흐름으로 **지각**하고 **수용**하도록 돕는 마음챙김 훈련과 그 밖의 인지행동 기술을 사용한다. 내담자가 행동과 결정에 대한 지침으로 부정적인 사고를 사용하기보다 있는 그대로 받아들이게 됨으로써 인생에서 부정적인 생각을 해결하는 법을 배운다. 연구에 따르면 이런 종류의 수용은 우울이 회복되고 나서 다시 재발하는 것을 막는 데 도움이 된다(Jauhar et al., 2021; Ruiz et al., 2020).

단극성 우울증의 사회문화 모델

사회문화 이론가들은 단극성 우울증은 사람들을 둘러싼 사회적 맥락의 영향을 크게 받는다고 주장한다. 앞서 논의한 바와 같이 종종 외부의 스트레스원이 이 장애를 촉발한다는 발견은 사회문화 이론가들의 믿음을 지지한다(F. Wang et al., 2020). 두 종류의 사회문화적 관점이 있는데, 하나는 **가족-사회적 관점**이고 다른 하나는 **다문화적 관점**이다.

가족-사회적 관점 앞서 보았듯이 일부 인지행동 이론가들은 사회적 보상의 감소가 특히 우울증의 발생에 중요하다고 믿는다. 이 관점은 가족-사회적 관점과도 일치한다.

사회적 보상의 감소와 우울의 연결성은 양방향적이다(Zhang, Wang, et al., 2020; Hammen, 2018, 2016). 한편으로 우울한 사람들은 종종 빈약한 사회 기술을 가지고 있고 의사소통도 원활하지 않다. 그들은 타인에게 반복해서 안심시켜줄 것을 요구하고 우울하지 않은 사람들보다 전형적으로 말이 느리고 조용하며 말 사이에 더 많이 쉬고 다른 사람에게 하는 반응도 느리다. 이러한 사회적 결함은 다른 사람을 불편하게 만들고 우울한 사람과 상호작용하는 것을 피하게 할지도 모른다. 결과적으로 우울한 사람들의 사회적 교류나 보상은 감소하고 점점 더 적은 사회적 상호작용에 참여함으로써 그들의 사회 기술은 점점 더 나빠진다.

이러한 결과와 같은 맥락으로 우울은 가령 행복한 결혼에서 볼 수 있는 사회적 지지를 얻을 수 없는 것과 자주 관련이 있다(Balderrama-Durbin, Abbott, & Snyder, 2020; MHF, 2020b). 연구에 따르면 문제가 있는 결혼생활을 하는 사람들은 문제가 없는 결혼생활을 하는 사람들보다 우울장애를 진단받을 확률이 25배나 높았다(Keitner, 2017). 어떤 경우는 배우자의 우울

흥미로운 이야기

줄어드는 친구

1985년 연구 참가자들에게 중요한 문제를 함께 논의할 수 있는 친구가 몇 명이나 되는지 물었을 때 가장 많은 대답은 3명이었지만 오늘날에는 같은 질문에 대한 답이 2명 이하로 줄어들었다(GSS, 2020, 2016).

이 부부 불화나 이혼에 기여했다. 그러나 종종 문제 있는 관계에서 발견되는 대인관계 갈등과 낮은 사회적 지지가 우울증을 낳는 것으로 보인다(Balderrama-Durbin et al., 2020; Williams & Nieuwsma, 2020).

연구자들은 또한 약한 사회적 지지, 고립, 친밀한 관계 부족 등을 특징으로 하는 사람들이 특히 우울해지고 우울한 기간도 다른 사람보다 길다는 것을 발견했다(Pastor, 2020). 예를 들어 영국에서 수십 년 전에 수행된 다소 널리 알려진 연구에 의하면 3명 이상의 자녀가 있으며 절친한 친구가 부족하고 가정 밖에서의 직업을 갖지 않은 여성들은 다른 여성들에 비해 스트레스 사건을 겪은 후 우울해지기가 더 쉬웠다(Brown, 2002; Brown & Harris, 1978).

연구에 따르면 감염을 예방하기 위해 강제로 하게 된 사회적 고립과 사회적 거리두기가 전염병의 가장 문제가 되는 특징 중의 하나인 것으로 드러났다. COVID-19 팬데믹을 포함한 다양한 전염병에 대한 연구에 따르면 감염병에 시달리는 공동체에서 보이는 임상적 우울증의 유병률이 성인의 경우 37%, 아동의 경우는 23%까지 상승되었다(Rosenberg et al., 2021; Brooks et al., 2020; NORC, 2020; Xie et al., 2020). 경제, 가정, 건강에 대한 걱정이 이러한 상승에 기여를 했지만 한 가지 매우 관련이 있는 요인은 고립과 거리두기 기간이 연장됨에 따라 느끼는 외로움이었다(Rosenberg et al., 2021; Ornell et al., 2020). 실제로 감염병 기간 동안 집에 격리되어 있던 사람들의 60%는 상당한 외로움을 보고했는데, 사회적 고립이 길어질수록 외로움과 우울증 모두가 생길 가능성이 높아졌다(Brooks et al., 2020; Ornell et al., 2020). 고립감, 외로움 그리고 우울의 연결고리는 이러한 상황의 사람들이 암묵적으로 지각할 수 있기 때문에 그들은 종종 이런 문제를 스스로 해결해보려고 노력하기도 한다. 예를 들어 COVID-19 기간 동안 성인의 87%는 친구나 가족들과 전화, 문자, 소셜미디어, 줌(Zoom)으로 매일 의사소통을 했는데, 이는 감염병 발병 이전의 수치보다 유의하게 증가된 수준이다(NORC, 2020).

문자메시지는 관계를 깨뜨리는 것인가? 연구에 따르면 문자로 과도하게 의사소통하는 것은 친밀한 관계에 부정적인 영향을 미친다. 불필요한 오해를 만들고 대면 만남을 줄이기 때문이다.

가족-사회적 치료 우울증을 치료하기 위해서 가족-사회적 접근을 사용하는 치료자는 내담자가 자신의 삶에서 친밀한 관계를 다루는 방법을 바꾸도록 돕는다. 가장 효과적인 가족-사회적 접근은 대인관계치료와 커플치료이다.

대인관계치료 임상 연구자인 Myrna Weissman과 Gerald Klerman이 개발한 **대인관계치료**(interpersonal psychotherapy, IPT)는 네 가지의 대인관계 문제 중 어떤 것이라도 우울을 야기할 수 있고 치료에서 다루어져야 한다고 믿는다. 이 네 가지 문제는 대인관계의 상실, 대인관계의 역할갈등, 대인관계의 역할전환, 대인관계의 결함이다(Mufson & Young, 2021; Lemmens et al., 2020). IPT 치료자는 약 20회기의 과정 동안 이 문제를 다룬다.

첫째, 정신역동 이론가들이 주장한 것처럼 우울한 사람은 중요한 대인관계의 상실, 즉 사랑하는 대상의 상실에 대한 애도 반응을 겪는 중일 수 있다. 이런 경우 IPT 치료자는 내담자가 사랑하는 사람과의 관계를 면밀히 탐색하고 그들이 발견할 수 있는 어떤 분노의 감정도 표현

대인관계치료(IPT) 대인관계 문제를 인식하고 변화시키면 우울의 회복에 도움이 될 것이라는 신념에 기반한 단극성 우울증의 치료법

하도록 격려한다. 결국 내담자는 상실한 사람을 기억할 새로운 방식을 발달시키고 새로운 관계를 추구하게 된다.

둘째, 우울한 사람은 자신이 **대인관계**에서 **역할갈등**의 중심에 있는 것을 발견할 수 있다. 역할갈등은 두 사람이 그들의 관계와 수행해야만 하는 역할에 대해서 서로 다른 기대를 가질 때 생긴다. IPT 치료자는 내담자가 자신이 개입되어 있는 모든 역할갈등을 조사하고 이를 해결할 기술을 발달시키도록 돕는다.

사회적 소실, 사회적 연대, 사회적 보상과 같은 사회적 영역에서의 문제는 우울과 특별한 관련이 있을까?

우울한 사람은 이혼이나 출산과 같은 중요한 인생 변화가 야기한 **대인관계의 역할 전환**을 경험하는 중일 수 있다. 이들은 인생의 변화에 수반되는 역할 변화에 압도당한다고 느낄 수 있다. 이런 경우 IPT 치료자는 내담자가 사회적 지지와 새로운 역할이 요구하는 기술을 발달시키도록 돕는다.

마지막으로 일부 우울한 사람은 친밀한 관계 형성을 방해하는 극도의 수줍음이나 사회적 상황에서의 어색함과 같은 **대인관계의 결함**을 갖고 있다. IPT 치료자는 내담자가 자신의 결함을 알아내도록 돕고 사회적 상황에 적절히 대처하도록 사회 기술과 자기주장을 가르친다. 다음 대화에서 치료자는 우울한 남자에게 그의 행동이 다른 사람에게 미치는 효과를 인식하도록 격려하고 있다.

내담자 : (눈은 아래를 내려다보고 표정은 슬퍼 보이며 구부정한 자세로 말없이 있은 후에) 사람들은 항상 저를 놀려요. 제 생각에 저는 정말 혼자 지내는 것을 더 좋아하는 그런 사람인 것 같아요, 빌어먹을. (깊은 한숨)

치료자 : 저를 위해서 다시 한번만 그렇게 해보시겠어요?

내담자 : 뭘요?

치료자 : 한숨요, 약간만 더 깊게.

내담자 : 왜요? (침묵) 알았어요, 근데 저는 몰랐어요. … 알았어요. (내담자는 다시 한숨을 쉬고는 웃는다.)

치료자 : 좋아요, 웃으셨네요. 그런데 한숨을 쉬고 슬퍼 보일 때 저는요, 당신을 고통 속에 혼자 두는 것이 더 나을 것 같고 살얼음 위를 걷는 기분이고요, 너무 다정하면 안 될 것 같은데요. 안 그러면 제가 당신에게 훨씬 더 큰 상처를 줄 수도 있다는 느낌이 들어서 말이에요.

내담자 : (약간 화난 목소리) 예, 제 잘못이군요! 저는 그저 제가 어떻게 느끼는지 당신에게 말하려고 애쓰는 중이었어요.

치료자 : 당신이 고통스럽게 느낀다는 것을 알아요. 하지만 당신이 저와 거리를 두기 원한다는, 즉 제가 당신에게 닿을 길이 전혀 없다는 메시지 또한 받았어요.

내담자 : (천천히) 혼자 있는 것처럼 느껴져요. 당신마저도 저에게 관심이 없는 것으로 느껴져요. 저를 놀리는 것 같아요.

치료자 : 다른 사람들도 이 시험을 통과해야만 하는지 궁금하네요.

(Beier & Young, 1984, p. 270)

IPT와 우울증 관련 대인관계치료는 인지치료 및 인지행동치료와 비슷한 성공률을 보인다(Cowen, 2020; Dozois et al., 2020). 즉 이 치료를 받은 내담자의 50~60%에서 증상이 거의 완전히 사라졌다. IPT가 사회적 갈등, 경력이나 사회적 역할의 변화를 겪고 있는 우울한 사람에게 특히 유용하다고 여겨지는 것은 놀라운 일이 아니다.

커플치료 우울은 부부 불화의 결과일 수 있으며 배우자로부터 사회적 지지를 받지 못한 사람들은 종종 우울에서 회복되는 것이 더 느리다(MHF, 2020b). 사실 우울한 내담자의 무려 절반이 역기능적인 관계 속에 있을 수 있다. 따라서 많은 우울증 사례가 커플치료를 받는다는 건 놀라운 사실이 아닌데, **커플치료**(couple therapy)는 치료자가 장기적인 관계를 공유하는 두 사람과 함께 작업하는 접근이다.

통합적인 행동적 커플치료를 하는 치료자는 인지행동적 기술과 사회문화적 기술을 통합하여 커플에게 구체적인 의사소통 기술과 문제해결 기술을 가르치고 자신들이 보이는 문제적 상호작용은 두 사람 간의 근본적인 차이점을 반영하고 있는 것이라는 것을 알게 하며 서로를 보다 더 많이 수용하도록 지도한다(제2장 참조). 우울한 사람의 배우자와의 관계가 갈등으로 가득 차 있을 때 이와 같은 커플치료는 우울증을 경감시키는 데 도움이 되는 개인인지치료, 대인관계치료 또는 약물치료만큼 효과적이거나 훨씬 더 효과적일 수도 있다(Balderrama-Durbin et al., 2020; Christensen, Doss, & Jacobson, 2020).

Niall Carson/Press Association via AP Images

모든 사람은 사회적 욕구가 있다 연구에 따르면 다른 동물들과 마찬가지로 짧은꼬리원숭이는 친구와 친척의 영향을 많이 받는 것으로 밝혀졌다. 더구나 짧은꼬리원숭이의 얼굴 표정은 분노에서 슬픔에 이르는 정서를 표현하며 이런 정서는 서로의 사회적 판단, 행동, 기분 등에 영향을 준다.

다문화적 관점 두 가지 주제가 다문화 이론가의 흥미를 끌었는데, 하나는 **성별과 우울**의 관련성이고, 다른 하나는 **문화적·인종적 배경과 우울**의 관련성이다. 성별의 경우 우울과 강력한 관계가 발견되었지만 그 관계에 대한 명확한 설명은 아직 나오지 않았다. 임상 영역에서는 아직도 문화적 요인과 우울에 연관성이 있는지, 있다면 어떤 연관성이 있는지 해결하고 있는 중이다.

성별과 우울 앞에서 언급했듯이 성별과 우울 사이에는 강력한 관련성이 있다. 프랑스, 스웨덴, 레바논, 뉴질랜드, 미국과 같이 서로 떨어진 국가의 여성들이 남성에 비해 단극성 우울증을 진단받을 가능성은 최소 2배이다. 성차가 큰 이유는 무엇인가? 이에 대한 다양한 이론이 제안되고 연구되었다(Hyde & Mezulis, 2020).

흥미로운 이야기

심각한 실수

가정의학과, 내과, 소아과 의사들은 자신에게 오는 우울한 환자 중 최소 50%의 우울증을 알아내지 못한다(Lyness, 2020, 2019; Williams & Nieuwsma, 2020).

인위 이론(artifact theory)은 여성과 남성은 우울한 경향이 동일하지만 임상가들이 남성의 우울을 탐지하는 데 자주 실패한다는 내용이다. 아마도 우울한 여성은 슬픔, 울음과 같이 좀 더 정서적인 증상을 보이는데, 이런 증상은 진단이 쉽다. 반면에 우울한 남성은 분노와 같은 전통적으로 '남자다운' 증상 뒤에 우울을 감춘다. 이 설명이 인기는 있지만 연구에 따르면 여성이 남성에 비해 실제로 우울 증상을 더 잘 알아채거나 치료를 찾는 편은 아니다.

호르몬 설명(hormone explanation)은 사춘기, 임신기, 폐경기 등을 겪으며 생기는 호르몬의 변화가 많은 여성의 우울을 촉발한다는 내용이다. 그러나 연구에 따르면 발달적 시금석이 되는 이런 기간과 동반되는 중요한 사회적 사건과 생활 사건 또한 호르몬 변화만큼 또는 그보다 더 큰 영향을 우울에 미칠 수 있다. 호르몬 설명은 여성의 정상적인 생리적인 면을 결함이 있는 것으로 본다는 점에서 성차별주의로 비난을 받았다.

생활 스트레스 이론(life stress theory)은 우리 사회에서 여성이 남성보다 더 많은 스트레스를 경험한다는 내용이다. 평균적으로 여성은 남성에 비해 더 심각한 가난, 더 시시한 직업, 덜 적절한 주택 및 더 많은 차별에 직면하는데, 이는 모두 우울과 관련된 요인이다. 또한 많은 가정에서 여성은 아동 양육과 집안일에 대한 책임을 더 많이 진다.

커플치료 장기간 교제하는 두 사람과 함께 작업하는 치료 형태

신체 불만족 설명(body dissatisfaction explanation)은 서구사회에서 여성은 거의 태어날 때부

흥미로운 이야기

그들의 진술

"여자아이들이 매우 어렸을 때부터 자신의 외모에 대해 흥미를 가지도록 장려되어야 한다."

레이디스홈저널(Ladies' Home Journal), 1940

터, 특히 사춘기 동안에 비합리적이며 건강하지 않고 종종 도달 불가능한 목표인 적은 몸무게와 매우 날씬한 체형을 추구하도록 배운다는 점을 언급한다. 제9장에서 살펴볼 텐데 청소년기가 되면서 여자아이들은 몸무게와 몸에 대한 불만족이 더 커지고 이는 우울의 가능성을 증가시킨다(van Mierlo, Scheffers, & Koning, 2021). 그러나 섭식과 몸무게에 대한 관심이 실제로 우울을 일으키는지는 명확하지 않으며 이는 오히려 우울의 결과일 수도 있다.

통제부족 이론에서는 학습된 무기력 연구에서 유도된 것으로, 여성은 남성보다 자신의 삶을 덜 통제한다고 느끼기 때문에 더 쉽게 우울해질 수 있다고 제안한다. 차별에서부터 절도나 강간까지 어떤 종류든 간에 희생자가 되는 것은 종종 전반적인 무력감을 낳고 우울 증상을 증가시킨다. 우리 사회에서 여성은 남성보다 특히 여러 영역에서 피해자가 될 가능성이 높다(Waller et al., 2021; BJS, 2020a).

우울증에서 발견되는 성차에 대한 마지막 설명은 **반추 이론**이다. 앞에서 살펴보았듯이 반추는 우울과 관련이 있다. 연구에 따르면 기분이 좋지 않을 때 여성은 남성에 비해 반추하기가 더 쉬운 것으로 나타났는데, 반추는 아마도 여성이 임상적인 우울증을 발전시키는 데 취약요인으로 작용할 수 있다.

단극성 우울증의 성차에 대한 이러한 설명 각각은 생각할 거리를 준다. 각 이론은 자신의 이론을 흥미 있게 만들기에 충분한 지지 증거뿐 아니라 이론의 유용성에 의문을 제기하는 반대 증거도 충분히 모았다. 그러므로 현재 우울증의 성차는 가장 많이 논의되는 주제 중 하나이나 아직 임상 분야에서 가장 이해되지 않는 현상으로 남아 있다.

비서구권 우울증 비서구권 국가의 우울한 사람들은 자기비난과 같은 인지적 증상을 덜 가지고 피로, 허약, 수면 문제와 같은 신체적 증상은 더 많이 가지는 경향이 있다.

David South/Alamy

문화적 배경과 우울증 우울증은 전 세계적인 현상으로 우울장애의 특정 증상들은 국가를 불문하고 지속되어 왔다. 다른 나라에서 살고 있는 우울한 사람의 대다수는 슬픔, 즐거움의 상실, 긴장, 에너지 부족, 흥미의 상실, 집중력 상실, 부족함에 대한 생각, 자살사고를 보고하였다(WHO, 2020c). 그러나 이러한 핵심 증상을 넘어서면 우울증의 정교한 양상은 나라에 따라 다르다(Nemade, 2020; Vink et al., 2020). 중국, 레바논, 나이지리아 같은 비서구 국가의 우울한 사람들은 피로, 힘 없음, 수면 곤란, 체중 감소 같은 신체 증상들로 인해 더 힘들어한다. 이 나라들에서는 자기 비난, 낮은 자존감, 죄책감 같은 우울증의 인지 증상은 종종 덜 두드러진다.

연구자들은 미국 내에서 다른 민족 또는 다른 인종 집단 구성원들 사이에서 우울 증상이 거의 차이가 없는 것을 발견했다. 또한 소수집단 간에 우울증의 전반적인 유병률에서 의미 있는 차이는 없었다. 반면에 최근 연구에서 우울증의 재발은 민족, 인종 집단 간에 종종 뚜렷한 차이가 있는 것으로 나타났다. 히스패닉계 미국인과 아프리카계 미국인은 비히스패닉계 백인에 비해 재발성 우울 삽화를 가질 가능성이 50% 더 많았다(Krishnan, 2020). 왜 이런 차이가 생기는가? 우울한 비히스패닉계 백인의 약 60%는 우울증 치료(약물치료 그리고/또는 심리치료)를 받으나 우울한 히스패닉계 미국인은 36%, 우울한 아프리카계 미국인은 41%가 치료를 받는다(Alegria et al., 2015). 아마도 미국 내 소수집단은 우울해졌을 때 치료를 받을 기회가 보다 제한되어 있어 우울증을 반복해서 경험할 취약성이 더 높은 것 같다.

우울증의 유병률은 일부 소수집단 내에서도 차이가 있는 것으로 드러났다. 각각의 소수집단 그 자체는 다양한 배경과 문화적 가치를 가진 사람들로 구성되어 있다는 점을 고려한다면 그리 놀랄 만한 일은 아니다. 예를 들면 우울증은 히스패닉계 및 흑인 이민자들보다는 미국에서 태어난 히스패닉계 미국인과 흑인들 사이에서 더 흔하다(MHA, 2020b; Salas-Wright et al., 2018). 더욱이 히스패닉계 미국인 내에서도 멕시코계와 푸에르토리코계는 쿠바계 및 다른 히스패닉계보다 우울증의 비율이 더 높다.

다문화적 치료 제2장에서 기술한 바와 같이 **문화민감치료**는 문화적 소수집단의 구성원들이 직면하는 독특한 문제를 다루고자 설계되었다(Bercean et al., 2020; Comas-Díaz, 2019). 이러한 접근에 따르면 치료자는 특별한 문화적 훈련을 받고 내담자의 문화적 가치관, 문화 관련 스트레스 및 편견과 고정관념에 대한 인식을 고양해야 한다. 치료자는 내담자가 편안하게 두 문화권의 균형을 유지하도록 돕고, 자신의 문화와 지배문화(dominant culture)가 내담자의 자기관 및 행동에 어떤 영향을 미치는지 인식하기 위해 노력한다.

문화민감치료가 다른 장애보다 특정한 장애의 치료에 더 유용하다고 생각하는가? 왜 그렇게 생각하는가?

단극성 우울증의 치료에서 소수집단에 속하는 내담자가 장애를 극복하도록 돕고자 전통적인 형태의 심리치료와 문화민감 접근의 결합이 점점 더 늘어나고 있다(Bercean et al., 2020). 예를 들어 현대의 많은 치료자는 소수집단에 속한 우울한 내담자에게 내담자의 경제적 압력, 소수집단으로서의 정체감 및 관련된 문화적 이슈에 초점을 두면서 인지행동치료를 실시한다(Salamanca-Sanabria et al., 2020; Rathod, Phiri, & Naeem, 2019). 다양한 연구에서 히스패닉계 미국인, 흑인 미국인, 아메리카 원주민 및 아시아계 미국인 내담자는 기존 형태의 심리치료에 문화에 민감한 초점이 더해질 때 우울장애를 극복하기 더 쉬웠다(Sue et al., 2019).

통합하기 : 발달정신병리학적 관점

다른 심리적 장애에 대한 설명과 같이 **발달정신병리학적 관점**을 선호하는 사람들은 이 장에서 검토한 여러 가지 요인이 혼합되어 단극성 우울증을 일으킨다고 주장한다. 그리고 그들은 여러 요인이 발달적 순서에 따라서 나타나고 상호작용한다고 믿는다. 또한 그들은 초기 부정적인 요인이 이후의 부정적인 요인, 즉 최종적으로 우울의 근간이 되고, **보호 요인**이라고 불리는 이후의 긍정적인 요인이 초기 부정적인 요인의 영향을 상쇄한다고 믿는다. 단극성 우울증에 대한 이런 설명은 상당한 연구적 지지를 받았다(Lippard & Nemeroff, 2020).

생물학적 연구 결과와 일치되게 발달정신병리학자들은 단극성 우울증으로 가는 길은 유전적으로 물려받은 소인과 함께 시작된다고 믿는다. 뇌의 핵심 구조에서의 핵심 신경전달물질(세로토닌, 노르에피네프린, 글루타메이트)이 보이는 낮은 활동성, 뇌-신체 스트레스 경로(HPA 축)의 과잉반응, 우울 관련 뇌 회로의 역기능(186~189쪽 참조)이 이런 소인에 해당된다(Lippard & Nemeroff, 2020). 이 관점을 지닌 연구자들은 이런 생물학적 소인이 있는 사람이 유의미한 상실이나 초기 외상, 그리고/또는 부정적이거나 우울한 방식이거나 비일관되거나 거절적 특성을 지니는 등 여러 종류의 부적절한 양육을 겪으면 이후 우울증을 가지게 될 가능성이 높아진다는 점을 발견했다(Maul et al., 2020). 여전히 다른 연구에 따르면 생물학적 특성과 아동기 요인의 결합은 낮은 자아개념, 죄책감을 특성으로 하는 기질, 부정적인 사고방식, 일반화된 무기력감, 대인관계 의존성 등 그 자체로 우울과 연관된 변인을 이끈다(Kalin, 2020). 발달정신병리학자들에 따르면 이런 비우호적인 발달적 경로를 경험한 사람들은 성인기에 스트레스, 특히 대인관계의 스트레스를 경험할 때 우울하게 될 가능성이 높다(Hammen,

흥미로운 이야기

그들의 진술

"당신의 동의 없이 어느 누구도 당신에게 열등감을 줄 수 없다."

엘리너 루스벨트

흥미로운 이야기

아버지들도

처음 아버지가 된 사람들의 3~13%도 산후우울증을 어느 정도 경험한다(Viguera, 2020b). 연구에 따르면 어머니의 산후우울증 사례에서와 같이 아버지의 산후우울증도 아동의 심리적 발달에 영향을 미칠 수 있다.

2018, 2016).

그러나 이런 상호작용의 경로가 우울로 이어지는 유일한 길은 아니다. 예를 들어 발달정신병리학 연구들에 따르면 유전적 소인이 없더라도 심각한 아동기 외상 또는 부적절한 양육을 경험한 사람들이 이후에 스트레스를 경험하게 될 때 종종 우울이 생긴다(Levin & Liu, 2021; Engdahl et al., 2020). 이런 결과는 이런 요인들 사이에 존재하는 양방향 관계와 명백한 관련이 있는 것으로 보인다. 예를 들어 연구에 따르면 생애 초기의 핵심적인 시점에 심각한 외상에 노출되면 이전에 적절하게 기능하던 아동의 HPA 축과 우울 관련 뇌 회로도 변화한다(Lippard & Nemeroff, 2020; Zhong et al., 2020).

동시에 발달정신병리학적 관점은 비관적이기만 한 것은 아니다. 부정적인 발달적 요인이 있다고 항상 우울로 직행하는 것은 아니기 때문이다. 예를 들어 연구에 따르면 아동기에 중등도 또는 약한 수준의 곤경을 겪은 사람은 종종 중요한 보호 요인인 **회복탄력성**을 가지게 되고 성인기에 스트레스가 주는 우울 효과를 더 잘 견뎌낼 수 있다(Malhi, 2020; Easterlin et al., 2019). 심지어 한 연구에서는 일생 동안 중등도의 역경을 반복해서 경험한 사람이 삶에서 역경이 없거나 거의 없었던 사람들보다 우울하게 될 가능성이 더 적었다(Seery, Holman, & Silver, 2010).

Jason Friend Photography Ltd/Alamy Stock Photo

꽃의 힘 '세인트존스워트'라고도 알려진 물레나물꽃은 작고 야생에서 자라는 식물인데, 항우울제 약물은 아니다. 건강 관련 상점에서 가장 인기 있게 팔리는데 연구에 따르면 이것이 경도 또는 중등도 우울증에 상당히 도움이 될 수 있다고 한다.

요약

단극성 우울증

단극성 우울증을 가진 사람들은 우울로만 고통을 겪는다. 생물학적 관점에 따르면 노르에피네프린, 세로토닌 및 글루타메이트의 낮은 활동이 우울과 관련이 있다. 스트레스에 과잉반응한 HPA 축의 결과로 나타나는 호르몬 요인도 영향을 미칠 수 있다. 또한 연구는 우울과 전전두엽피질, 해마, 편도체, 슬하대상회를 포함하는 뇌 구조 회로의 비정상을 관련 짓는다. 단극성 우울증에 적용되는 대부분의 생물학적 치료는 항우울제 치료인데, 다양한 뇌 자극 기법 또는 케타민 기반 약물도 대안적으로 사용된다.

정신역동적 관점에 따르면 실제적 또는 상상의 상실을 경험한 사람들의 일부는 발달 초기 단계로 퇴행하여 상실한 사람과 융합하고 결국에는 우울해진다. 정신역동 치료자는 단극성 우울증을 가진 사람들이 상실과 타인에 대한 과도한 의존을 인정하고 극복하도록 돕는다.

인지행동적 관점은 행동적으로, 인지적으로 또는 이 둘이 합해진 관점으로 우울을 설명한다. 행동적인 면에서 사람들이 인생에서 긍정적인 보상이 크게 감소하는 것을 경험했을 때 점점 더 우울해진다고 본다. 인지적인 면에서 Beck의 부정적인 사고에 대한 이론과 Seligman의 학습된 무기력 이론으로 설명할 수 있다. 인지행동 치료자는 내담자들에게 일단 유쾌하다고 여기는 활동을 다시 소개해주고 우울하지 않은 행동을 강화해주며 대인관계 기술을 가르치고 역기능적 인지를 변화시킬 수 있도록 돕는다.

사회문화 이론은 단극성 우울증이 사회적 및 문화적 요인에 영향을 받는다고 본다. 예를 들어 가족-사회 이론가들은 낮은 수준의 사회적 지지를 지적한다. 대인관계치료와 커플치료는 종종 우울증 사례에 도움이 된다. 다문화 이론가들은 우울증의 특징과 유병률은 종종 성별과 문화권에 따라 다르다는 점을 언급했는데, 이는 문화민감치료가 해결하려고 하는 주제이다.

발달정신병리학적 관점은 단극성 우울증이 다양한 모델에서 언급한 요인의 결합으로 야기되는데, 발달적 차례에 따라 이러한 요인이 일어나고 상호작용한다고 주장한다.

양극성장애

양극성장애를 가진 사람들은 우울이라는 최저치와 조증이라는 최고치를 모두 경험한다. 양극성장애를 가진 많은 사람은 자신의 삶을 극단적인 기분 사이를 오르락내리락하는 감정의 롤러코스터라고 기술한다. 이 장애를 겪는 많은 사람은 자살 충동을 느낀다. 약 10~15%의 양극성장애 환자들이 대개 절망감으로 인해 결국 자신의 삶을 마감한다(Suppes, 2020). 그들의 롤러코스터의 탑승은 친척과 친구들에게 극적인 영향을 미친다.

제I형 양극성장애 완전한 조증 삽화와 주요우울 삽화가 특징인 양극성장애의 한 유형

조증 증상은 무엇인가

우울의 어둠에 빠진 사람과 달리 조증 상태에 있는 사람들은 흔히 극적이고 부적절하게 고양되는 기분을 경험한다. 조증 증상은 우울 증상과 동일한 기능 영역인 정서, 동기, 행동, 인지, 신체 영역에 걸쳐 있으나 우울과 반대 방향으로 이 영역에 영향을 미친다.

조증의 극심한 고통에 있는 사람들은 발산할 길을 찾는 활동적이고 강력한 정서를 갖고 있다. 행복에 찬 즐거움과 안녕감은 개인의 삶에 실제로 일어난 일과는 맞지 않게 정도를 벗어나 있다. 그러나 조증 상태의 모든 사람이 행복한 상황에 있는 것은 아니다. 일부 사람들은 특히 다른 사람들이 자신의 과장된 야망의 길을 방해할 때 매우 성마르거나 분노한다.

동기의 영역에서 조증 상태의 사람들은 끊임없는 흥분, 개입, 동료애를 원하는 것으로 보인다. 이들은 열정적으로 새로운 친구와 오래된 친구, 새로운 관심사와 오래된 관심사를 추구하며 자신의 사회적 언행이 압도적이고 지배적이며 과도한 것을 거의 인식하지 못한다.

조증 상태에 있는 사람들은 보통 매우 활동적이다. 이들은 원하는 모든 것을 하기에는 시간이 충분치 않은 것처럼 빨리 움직인다. 빨리 그리고 크게 말하고 농담이 가득한 대화를 하고 영리해 보이려고 노력하며 반대로 불만과 언어적인 분출로 대화를 채운다. 화려함은 드물지 않다. 화려한 옷을 입고 낯선 사람에게 많은 돈을 주고 심지어는 위험한 활동에 개입한다.

인지적인 영역에서 조증 상태인 사람들은 흔히 빈약한 판단력과 계획 능력을 보이는데, 마치 기분이 너무 좋거나 움직임이 너무 빨라서 가능한 위험을 고려하기 어려운 것 같다. 낙관주의로 가득 차서 다른 사람들이 속도를 늦춰주고 돈을 흥청망청 쓰는 것을 못 하게 하고 돈을 지혜롭지 못하게 투자하는 것을 막아주려고 할 때 거의 듣지 않는다. 자신에 대해 과장된 견해를 가질 수 있고, 때로는 자아존중감이 지나치게 과대하다. 심한 조증 삽화 기간에 일부 사람들은 일관된 상태를 유지하지 못하거나 현실과의 접촉에 어려움을 겪는다.

마지막으로 신체적인 영역에서 조증 상태에 있는 사람들은 상당히 활동적으로 느낀다. 흔히 거의 잠을 자지 않는데, 그런데도 완전히 깨어 있는 듯이 느끼고 행동한다(Suppes, 2020). 심지어 하루나 이틀 밤을 안 자더라도 에너지 수준을 높게 유지한다.

표 6.4

진단 체크리스트

조증 삽화
1. 비정상적으로 들뜨거나 의기양양하거나 과민한 기분 그리고 지속적인 에너지와 활동의 증가가 적어도 일주일간, 거의 매일, 하루 중 대부분 지속
2. 다음 증상 중 적어도 세 가지를 경험 ■ 자존심의 증가 또는 과대함 ■ 수면 욕구의 감소 ■ 말이 많아지거나 계속 말을 하려 함 ■ 사고의 비약 또는 사고가 질주하듯이 빠른 속도로 이어지는 느낌 ■ 주의 산만 ■ 활동의 증가 또는 정신운동 초조 ■ 위험하고 잠재적으로 문제가 될 수 있는 활동에의 지나친 몰두
3. 심각한 고통이나 손상을 초래
제I형 양극성장애
1. 조증 삽화의 발생
2. 조증 삽화는 경조증이나 주요우울 삽화에 선행하거나 뒤따를 수 있음
제II형 양극성장애
1. 현재 주요우울 삽화이거나 과거력이 있음
2. 현재 경조증 삽화이거나 과거력이 있음
3. 조증 삽화의 과거력이 없음

출처 : APA, 2013.

양극성장애 진단하기

적어도 한 주 동안 비정상적으로 고조되거나 과민한 기분, 활동이나 에너지의 증가 그리고 적어도 세 가지 다른 조증 증상을 보이면 **조증 삽화**를 충족한다고 본다(표 6.4 참조). 삽화는 망상이나 환각 같은 정신증 양상을 포함할 수도 있다. 조증 증상이 덜 심각할 때(거의 손상을 거의 야기하지 않을 때)는 **경조증 삽화**라고 한다.

DSM-5는 양극성장애를 I형과 II형, 두 종류로 구분한다. **제I형 양극성장애**(bipolar I disorder)를 가진 사람들은 완전히 충족된 조증 삽화와 주요우울 삽화를 가진다. 대부분은 삽화의 교체를 경험한다. 예를

제II형 양극성장애 경미한 조증 삽화와 주요우울장애 삽화가 특징인 양극성장애의 한 유형

순환성장애 경조증 증상과 가벼운 우울 증상을 오랜 기간 동안 보이는 것을 특성으로 하는 장애

들어 몇 주간의 조증 이후에 잘 지내는 시기가 뒤따르고 그다음에는 우울 삽화가 이어진다. 그러나 일부는 같은 삽화 내에서 조증과 우울이 혼재된 양상을 보이는데, 이 경우 예를 들면 극도의 슬픈 감정 중에 생각은 빨리 진행되는 식이다. **제II형 양극성장애**(bipolar II disorder)에서는 **경미한 조증**(hypomanic)인 경조증 삽화가 시간의 경과에 따라 주요우울 삽화와 교체된다. 이런 양상을 가진 일부 사람들은 경조증 기간 동안 막대한 양의 일을 성취한다(심리전망대 참조). 제I형 양극성장애와 제II형 양극성장애 모두에서 우울 삽화는 조증/경조증 삽화에 비해 더 빈번하고 더 길게 나타난다(Baldessarini, Vázquez, & Tondo, 2020; Kessing, 2020).

어떤 유형의 양극성장애이든지 양극성장애를 가진 사람이 치료를 받지 않으면 기분 삽화는 재발하는 경향이 있다. 1년 이내에 4개 이상의 기분 삽화를 경험하면 양극성장애는 **빠른 순환**으로 간주한다. 몇 년 전에 익명으로 쓴 신문 기사에서 발췌한 다음 글은 한 여성의 빠른 순환을 보여준다.

> 내 기분은 하루에도 시시때때로 변한다. 오전 10시에 일어났을 때는 기분이 가라앉아 있을지 모르지만 오후 3시에는 고양되고 흥분해 있기도 한다. 창조적인 에너지로 가득 차서 밤에 2시간 이상 자지 않기도 하지만 정오 무렵에는 너무 피곤해서 숨 쉬는 것도 힘들다.
>
> 고조된 상태가 며칠 이상 지속되면 나의 소비는 통제 불능이 될 수도 있다.… 때때로 나는 평소보다 빨리 운전하고 잠이 줄고 집중이 잘되고 신속하고 정확한 결정을 한다. 또한 이때는 사교적이고 수다스럽고 재미있고 때로는 집중하고 다른 때는 산만해지기도 한다. 이렇게 고양된 상태가 지속되면 사랑하는 사람들을 향한 폭력과 과민한 감정이 들끓기 시작하는 것을 종종 느낀다….
>
> 생각이 빨라지고 … 종종 한순간에 여러 가지 일을 할 수 있기를 바란다. … 육체적으로는 에너지 수준이 무제한인 것으로 보일 수 있다. … 그렇지만 그건 그렇게 지속되지 않는다. 고양된 기간은 짧다. … 심한 우울증으로 전환되거나 혼재된 기분 상태가 때로는 수 분 또는 수 시간 내에 발생하며, 종종 정상적인 기간 없이 며칠 또는 몇 주 동안 지속된다….
>
> 나는 다른 사람들이 내 외모나 행동에 대해서 부정적인 의견을 말하고 있다고 생각하기 시작한다. … 잘 자지 못하고 악몽에 시달리게 될 것이다. … 세상은 황량해 보인다. … 가까이 있는 사람들이 나를 밀어내게 된다. … 아주 사소한 일, 심지어 상상 속의 일로도 압도당할 것이다. … 육체적으로 엄청나게 피로하다. 근육통이 심하고 … 음식에는 전혀 관심이 없어진다….
>
> 나는 갇혀 있다고 느끼기 시작한다. 유일한 탈출은 죽음이다. … 깊고 격렬한 두려움, 절망과 분노를 느끼는 그 순간에도 하나의 주제에는 열정이 생기는데, 그 주제는 자살이다. … 나는 몇 년 동안 … 거의 자살에 가까운 시도를 했었다.
>
> 이유 없이 갑자기 내 기분은 다시 바뀔 것이다. 피곤함은 내 사지에서 떨어져 나가고, 사고는 정상으로 돌아오고, 빛은 강렬하게 선명하고, 꽃향기는 감미롭고, 아이들에게 미소를 짓고, 남편과 나는 다시 웃는다. 때때로 단 하루 동안이지만 나는 다시 두려운 기억을 가진 사람인 내 자신이 된다. 나는 이 무서운 장애의 또 다른 한판 승부에서 살아남았다.
>
> (필자 미상, 2006)

조사에 의하면 모든 성인의 약 1~2.8%는 특정 시기에 양극성장애로 고통받는다(Carvalho, Firth, & Vieta, 2020; Stovall, 2020a). 4.4%는 살면서 양극성장애 중 하나를 경험한다. 양극성장애는 남성과 여성에서 똑같이 흔하며, 수입이 많은 사람보다는 수입이 적은 사람에게서 더 흔하다(Bressert, 2018; Sareen et al., 2011). 발병 시기는 흔히 15~44세 사이이다(Kessing, 2020; Stovall, 2020a). 치료받지 않은 대부분의 사례에서 조증과 우울 삽화는 결국에는 완화되지만 이후에 재발한다.

흥미로운 이야기

오진단

양극성장애가 있는 사람들 중 3분의 1 이상이 첫 치료를 받은 이후 10년 이상 올바른 진단을 받지 못한다(Carvalho et al., 2020; Suppes, 2020).

어떤 사람들은 DSM-5에서 **순환성장애**(cyclothymic disorder)라 부르는 경조증 증상과 경미한 우울 증상이 있는 기간을 수차례 겪는다. 때때로 단지 며칠 또는 몇 주 정도는 정상적인 기

Scott S. Hamrick/KRT/Newscom

때때로 엄마도 운단다 변호사이자 사회복지사인 로란 쿤드라는 펜실베이니아에 있는 자신의 집에서 자신의 딸들과 그림책을 읽으며 웃고 있다. 양극성장애를 가지고 있는 쿤드라는 아동가족커넥션(Child and Family Connections)이라는 프로그램의 공동창시자이다. 이 프로그램은 심리장애를 가진 부모들이 자신의 장애에 대해 자녀들과 효과적으로 이야기 나누는 것을 돕는 프로그램이다. 우울 삽화 동안 쿤드라는 자신의 딸에게 이렇게 설명했다. "네가 울기도 하고 화를 내기도 하는 것처럼 때때로 엄마도 울기도 하고 화가 나기도 한단다."

분을 가지는 기간이 끼어들긴 하지만 양극성장애의 좀 더 경미한 형태의 증상이 2년 이상 지속된다. 제I형 양극성장애 및 제II형 양극성장애처럼 순환성장애는 흔히 청소년기나 초기 성인기에 시작하고 남녀 간에 유병률의 차이는 없다. 인구의 최소 0.4%는 순환성장애를 갖고 있다. 일부 사례에서 좀 더 경미한 이 증상들은 결국 제I형 양극성장애나 제II형 양극성장애로 발전한다.

무엇이 양극성장애를 유발하는가

생물학 연구는 양극성장애의 원인에 대한 아직은 제한적이지만 획기적인 몇 가지 단서를 내놓았다. 생물학적 통찰은 신경전달물질의 활동, 이온 활동, 뇌 구조 및 회로, 유전적 요인에 대한 연구에서부터 도출되었다.

신경전달물질 신경전달물질의 이상 활동이 양극성장애와 관련이 있는가? 연구자들이 노르에피네프린의 낮은 활동과 단극성 우울증의 관계를 처음 발견한 뒤 1960년대 임상가들은 이러한 예상을 했었다(Schildkraut, 1965). 실제로 수년 동안의 연구에 따르면 양극성장애가 있는 사람 뇌에서 노르에피네프린, 세로토닌, 글루타메이트, 도파민 등의 신경전달물질의 이상 활동이 발견되었다(Churchill, Singh, & Berridge, 2020). 그렇지만 신경전달물질이 보이는 이상 활동의 종류는 연구마다 달라서 어떤 연구에서는 높았던 결과가 어떤 결과에서는 낮고, 어떤 연구에서는 이 신경전달물질이 중요했는데 다른 연구에서는 다른 신경전달물질이 중요하곤 했다. 이런 결과 때문에 오늘날의 이론가들은 특정 신경전달물질들이 양극성장애를 직접적으로 유발한다는 사실에 확신을 갖지 못하고 있다.

공개하다 2020년에 가수 비비 렉사는 자신의 트위터 팔로워 160만 명에게 자신이 양극성장애가 있다는 내용의 글을 공개했다. 그녀는 '자신을 자유롭게' 하고 장애를 가진 사람들이 '갇혀 있는 느낌을 갖지 않게 하기 위해' 이를 공개했다고 했다. 렉사 및 유명인사들의 공개는 정신건강 옹호 단체의 찬사를 받았다.

Alexandre Schneider/Getty Images

이온 활동 신경전달물질들은 뉴런 간의 의사소통에서 중요한 역할을 하는 반면, 이온은 뉴런 내에서 메시지를 전달하는 데 중요한 역할을 하는 것으로 보인다. 즉 이온은 뉴런의 축색을 따라 내려가면서

심리전망대

이상과 창의성 : 미묘한 균형

고대 그리스인들은 다양한 형태의 '신의 광기'가 시에서부터 공연에 이르기까지 창의적인 행위에 영감을 불어넣는다고 믿었다. 오늘날까지도 많은 사람은 '창조적인 천재'는 심리적으로 혼란스러울 거라고 예상한다. 예술가에 대한 대중적인 이미지는 술잔, 담배 및 고뇌에 찬 표현을 포함한다. 대표적인 예가 작가 윌리엄 포크너인데, 그는 알코올중독을 앓았고 우울증으로 전기충격요법을 받았다. 시인인 실비아 플라스는 삶의 대부분을 우울하게 지냈고 결국 31세에 자살했다. 무용가인 바슬라브 니진스키는 조현병을 겪었고 여러 해를 시설에서 보냈다. 사실 많은 연구에서 예술가와 작가는 다른 사람들보다 정신장애, 특히 양극성장애로 고통받기 쉬운 것으로 나타났다(Greenwood, 2020; Mondimore, 2020).

왜 창조적인 사람들은 심리장애를 겪기 쉬운가? 일부는 예술 경력을 시작하기 오래전부터 심리장애에 취약했을 수 있다. 실제로 창의적인 사람들은 종종 심리 문제의 가족력을 갖고 있다(Ehrenfeld, 2019; Parnas et al., 2019). 또한 많은 수가 아동기에 큰 심리적 외상을 경험했다(Zsedel, 2019). 예를 들면 영국 작가인 버지니아 울프는 어렸을 때 성적 학대를 겪었다.

창의성과 심리장애의 관계에 대한 두 번째 설명은 창의적인 직업은 심리적 혼란을 가진 사람들을 환영하는 분위기를 제공한다는 것이다(Ivcevic, Grossman, & Ranjan, 2020; Collingwood, 2016). 예를 들면 시, 그림, 연기의 세계에서 정서 표현, 특이한 생각 그리고/또는 개인적인 혼란은 영감과 성공의 자원으로서 가치를 갖는다.

정서적 혼란과 창의성의 관계에 대해서 배워야 할 것은 많이 남아 있으나 이 분야의 연구는 이미 두 가지 중요한 점을 분명히 밝혔다. 첫째, 심리적인 혼란은 창의성의 필요조건이 아니다. 사실 대부분의 '창조적인 천재'는 평생 심리적으로 안정되어 있고 행복하다(Rothenberg, 2015). 둘째, 경미한 심리적 혼란은 심각한 혼란에 비해 창조적인 성취와 훨씬 더 강한 관련이 있다(Donahue, 2020; Ehrenfeld, 2019). 예를 들면 19세기 작곡가인 로베르트 슈만은 경미한 경조증 시기였던 1년 동안 27개의 작업을 했으나 심각하게 우울하고 자살하려 한 여러 해 동안에는 아무것도 하지 못했다(Jamison, 1995a).

일부 예술가들은 심리적 고통이 멈추면 창의성이 사라질까 봐 걱정한다. 그러나 사실 연구에 의하면 심각한 심리장애의 성공적인 치료는 대개 창의적인 과정을 향상시킨다(Donahue, 2020; Rothenberg, 2015). 낭만적인 생각은 제쳐놓고 심각한 정신적 역기능은 예술이든 그 밖의 영역이든 간에 보완적인 가치를 갖지 않는다.

Kevork Djansezian/Getty Images

카니예의 '슈퍼파워' 팬들과 언론은 2015년 MTV 비디오 뮤직어워드 시상식에서 연설한 카니예 웨스트의 정신 상태에 대해 오랫동안 주시해왔다. 그는 Ye라는 앨범과 관련된 인터뷰에서 자신이 양극성장애를 진단받았다는 암시를 했고 그의 양극성 기능이 자신의 창의력을 향상해주고 '슈퍼파워' 같은 것이 되어준다고 했다.

신경종말까지 메시지를 전달한다. 양전하를 띤 **나트륨 이온**(Na^+)은 뉴런의 세포막 양쪽에 자리 잡는다. 뉴런이 **휴지**(rest) 상태일 때 더 많은 나트륨 이온이 뉴런 바깥에 있게 된다. 수용기에서 뉴런이 수신 메시지를 받을 때 세포막의 구멍이 열리고 나트륨 이온이 막 내부로 흘러 들어가게 되면서 뉴런 내부의 양전하가 증가된다. 이러면서 전기활동의 파장을 만들게 되고 이 파장은 뉴런을 따라 내려가서 '점화(firing)'를 일으킨다.

메시지가 축색을 따라 효과적으로 전달되려면 나트륨 이온과 그 근처 이온들이 신경막 안팎을 쉽게 이동할 수 있어야만 한다. 몇몇 연구에 따르면 양극성장애를 가진 사람들은 이온 수송의 불규칙성으로 인해 뉴런이 너무 쉽게 발화(조증 유발)되거나, 발화에 강하게 저항(우울 유발)한다(Sato, 2021; Qaswal, 2020).

뇌 구조 및 회로 뇌영상 연구를 통해 양극성장애를 가진 사람들이 보이는 많은 뇌 구조 이상을 알게 되었다(Stovall, 2020a; Dusi et al., 2019). 예를 들면 양극성장애를 가진 사람들의 해마, 기저핵 및 소뇌는 다른 사람들보다 더 작은 경향이 있으며, 회백질의 양이 더 적고, 봉선핵, 선조체, 편도체, 전전두피질은 구조적 이상을 가지고 있다. 몇몇 연구자들은 양극성장애가 있는 사람들이 **양극성 관련 뇌 회로** 전역의 역기능을 보인다고 믿는다(Quidé et al., 2021; Phillips & Drevets, 2020; Gong et al., 2019). 또한 앞서 언급했던 우울 관련 회로도 관련이 있는 것으로도 보인다(188~189쪽 참조).

유전적 요인 많은 이론가는 양극성장애를 발달시키는 생물학적 소인이 유전된다고 믿는다(Kessing, 2020; Mondimore, 2020). 가계 연구는 이 의견을 지지한다. 양극성장애를 가진 사람들의 일란성 쌍생아가 동일 장애를 가질 가능성은 40~70%이며, 이란성 쌍생아와 형제 및 다른 가까운 친척들은 그 가능성이 5~10%이고, 일반 인구에서의 유병률이 1~2.8%인 것과 비교된다.

연구자들은 **분자생물학**(molecular biology) 기술을 사용해서 가능한 유전적 요인을 보다 직접적으로 조사했다. 이런 연구는 양극성장애와 13개 이상의 염색체에 위치하는 다양한 유전자가 관련이 있음을 알아냈다(Nurnberger, 2021; Stovall, 2020a). 이러한 광범위한 발견은 아마도 많은 유전적 이상이 서로 결합해서 양극성장애의 발생을 돕는다는 것을 시사한다.

양극성장애의 치료는 어떤 것인가

20세기 후반까지 양극성장애를 가진 사람들은 정서적인 롤러코스터 위에서 자신의 삶을 살아갈 수밖에 없었다. 심리치료자는 거의 어떤 성공도 보고하지 못했고 초기 항우울제의 도움은 제한적이었다. 사실 항우울제는 때때로 조증 삽화를 촉발하기도 했다(Baldessarini et al., 2020; Carvalho et al., 2020).

기분안정제와 치료 전략 이 우울한 상황은 FDA가 양극성장애 치료에 **리튬**(lithium)의 사용을 승인한 1970년대에 극적으로 바뀌었다. 리튬은 자연 세계에 존재하는 다양한 순수 천연 소금에서 발견되는 은색의 흰 성분으로 양극성장애의 치료제이다. 양극성장애로 고통받는 사람들에게 최초로 희망을 준 치료제가 바로 리튬이다. 정신건강의학 연구자인 Kay Redfield Jamison은 널리 읽힌 회고록인 **조울병, 나는 이렇게 극복했다**(An Unquiet Mind)에서 리튬과 심리치료를 병행했는데, 리튬이 어떻게 양극성장애를 극복할 수 있게 작용했는지 기술했다.

> 나는 리튬을 충실하게 복용했고 인생이란 내가 생각했던 것보다 훨씬 안정되고 예측 가능한 곳이라는 것을 알았다. 기분은 여전히 강렬했고 성질도 오히려 부글부글했지만 훨씬 더 확실한 계획을 세울 수 있었고 절대적인 암흑의 기간은 점점 적어지고 덜 심해졌다….
>
> 이 시점에서 내가 리튬의 복용과 심리치료의 혜택을 누리지 않고 정상적인 삶을 영위한다는 것은 상상할 수 없다. 리튬은 매혹적이나 비참한 나의 고난을 막아주고 우울함을 줄여주며 무질서한 생각들을 정돈해주고 속도를 늦추게 해주며 온화하게 해주고 경력과 인간관계를 망치지 않게 하며 나를 병원에서 지켜주고 살아 있게 하며 심리치료를 가능하게 해준다. (동시에) 심리치료는 이루 말할 수 없이 나를 치유한다. 심리치료는 혼란을 어느 정도 이해할 수 있게 해주고 무서운 생각과 감정의 고삐를 잡게 해주며 통제와 희망과 그것으로부터도 배울 수 있다는 가능성을 되돌려준다. … 약을 먹고 싶지 않은 문제를 해결하는 데는 어떤 약도 도움이 될 수 없다. 마찬가지로 심리치료만으로는 내 조증과 우울을 예방할 수 없다. 나는 약과 심리치료, 둘 다 필요하다….
>
> (Jamison, 1995b)

리튬 자연 상태에 무기염으로 존재하는 금속 원소인데, 양극성 장애의 치료에 효과적이다.

흥미로운 이야기

높아진 위험

나이가 많은 남자(아이를 낳을 때 45세 이상)의 아이들이 젊은 남자(아이를 낳을 때 20~24세)의 아이들보다 양극성장애가 생길 위험이 6배나 더 높다. 왜 그럴까? 한 이론에 따르면 남자들이 나이가 들면 정자 세포들이 만들어질 때 유전적 변이가 증가한다고 한다(Stovall, 2020a; Chudal et al., 2014).

기분안정제 양극성장애로 고통받는 사람들의 기분을 안정시키는 것을 도와주는 향정신성약물. '항양극성약물'이라고도 한다.

어떤 환자에게 적절한 리튬 복용량을 결정하는 것은 매우 섬세한 일인데, 이 작업에는 조심스러운 복용량의 조절 및 혈액, 소변 그리고 다른 실험실 검사 등이 필요하다(Fernandes et al., 2020). 너무 적은 용량은 양극성장애의 기분의 기복에 효과가 아주 작거나 거의 없다. 그렇지만 너무 많은 용량은 구토, 설사, 떨림, 발작, 신장기능장애, 심장의 불규칙성, 심지어 사망을 일으키는 리튬 독성(말 그대로 중독)을 유발한다.

이런 위험에도 불구하고 리튬은 오늘날에도 양극성장애를 가진 사람들에게 여전히 사용된다. 이제 리튬은 여러 **기분안정제**(mood-stabilizing drug) 중의 하나이다. 효과 있는 대체 기분안정제로 **라모트리진**(라믹탈), **카바마제핀**(테그레톨), **발프로에이트**(데파코트) 등이 있는데, 이런 약물은 항경련제로 원래는 뇌 발작장애(뇌전증)를 치료하기 위해 사용되었다. 이런 약물은 환자들을 면밀히 모니터링해야 하는 리튬에 비해 환자 모니터링을 빈번히 하지 않아도 된다. 게다가 원래 조현병 치료를 위해 사용되었지만 몇몇 **항정신병 약물**은 양극성장애 환자들의 기분을 안정시키는 데 도움을 주기 위해 약물치료에 종종 포함된다(Mondimore, 2020). 이런 항정신병 약물의 효과는 다른 기분안정제보다 더 빠를 수 있지만 제12장에서 다루는 것처럼 항정신병 약물은 그 자체로 심각한 건강 문제를 보일 수도 있다.

모든 방식의 연구가 **조증** 삽화의 치료에 사용되는 리튬, 항경련제, 항정신병 약물(단독으로든 혼합으로든)이 기분 안정에 효과적이라는 점을 증명했다(Carvalho et al., 2020; Kessing, 2020). 조증 환자의 60% 이상은 이러한 약물의 복용으로 향상을 보였다. 덧붙여 대부분의 환자가 약을 계속 복용하는 한, 특히 항경련제인 라모트리진을 복용하는 경우 새로운 조증 삽화를 더 적게 경험했다. 이런 연구 결과들을 보면 기분안정제가 **예방적**이기도 하는데, 이 약물은 증상이 발현되기 전에 예방할 수 있도록 한다. 그러므로 오늘날의 임상가들은 보통 조증 삽화가 완화된 이후에도 일정 용량의 기분안정제를 지속해서 복용하도록 한다(Vieta, Pacchiarotti, & Milklowitz, 2020).

강력한 스토리 장치 유명한 드라마 '제너럴 호스피털(General Hospital)'에서 배우 모리스 버나드는 주요 인물로 활달하고 충동적이며 예측 불가한 소니 코린토스(왼쪽) 역할을 맡았다. 한 에피소드의 주요 내용은 행동, 결정, 관계에 영향을 주는 양극성장애의 특성에 대한 것이었다. 흥미롭게도 버나드는 양극성장애를 앓고 있으며 스물두 살 때 처음으로 진단을 받았다.

Rick Rowell/ABC via Getty Images

임상가들은 양극성장애 환자들의 **우울** 삽화 극복을 덜 성공적인 것으로 본다(Stovall, 2020b; Vieta et al., 2020). 기분안정제는 양극성장애를 가진 사람들의 자살사고를 효과적으로 줄이지만 대개 우울의 다른 특성들은 남겨둔다(Baldessarini et al., 2020). 만약 환자의 우울이 이런 약물에 반응이 없다면 임상가는 항우울제를 추가적으로 처방하게 될 것이다(Bobo & Shelton, 2020). 이런 약의 조합은 도움이 될 수도 있지만, 앞에서도 언급했듯 대부분의 항우울제는 양극성장애에 처방될 경우 제한된 효과만 가질뿐이다(Baldessarini et al., 2020). 몇몇의 최근 연구에 따르면 새로운 종류의 항우울제로서 단극성 우울증의 사례에서 매우 빠르게 효과를 내는 약물인 케타민이 양극성장애에서도 효과가 있을 수도 있지만 이런 종류의 우울에 대한 케타민의 잠재력은 아직 충분히 밝혀지지 않았다(Joseph et al., 2021; Nuñez et al., 2020).

연구자들은 리튬과 항경련제가 양극성장애

사례에 도움이 되는 이유를 완전히 이해하지 못하고 있다(Sato, 2021; Qaswal, 2020). 한 가지 가능성은 약물이 뉴런 **내부**에 작용하여 시냅스 활동을 변화시킨다는 점이다. 뉴런의 점화는 사실 번개 같은 속도로 잇따라 일어나는 몇 단계로 이루어져 있다. 신경전달물질이 수신뉴런의 수용기와 결합할 때 점화를 준비하기 위해서 수신뉴런 내에서 일련의 변화가 발생한다. 이러한 변화를 실행하는 뉴런 내에 있는 물질을 종종 **이차전달자**(second messenger)라 부르는데, 이는 이 물질이 원래의 메시지를 수용기 부위로부터 뉴런의 점화기제로 전달하기 때문이다. (신경전달물질 그 자체는 **일차전달자**로 간주한다.) 항우울제는 신경전달물질을 뉴런이 최초로 수용하는 데 영향을 주는 반면 기분안정제는 뉴런의 이차전달자에게 영향을 주는 것으로 보인다.

같은 맥락에서 기분안정제는 **뇌유래신경영양인자**(brain-derived neurotrophic factor, BDNF)와 세포사를 막는 일을 하는 뉴런 내부의 단백질 생성을 증가시킨다는 점이 밝혀졌다. 이 약들은 이런 세포의 건강과 기능을 증가시켜 양극성 증상을 감소시키는 것 같다(Lin & Huang, 2020).

마지막으로 효과적인 기분안정제는 뇌의 핵심 구조의 기능이나 그 구조 사이의 의사소통을 향상시킴으로써 양극성 증상을 줄인다. 이런 가능성에 대한 근거로 리튬은 실제로 양극성장애 환자의 해마의 크기와 회백질의 양을 증가시킨다는 점이 발견되었다(Anand et al., 2020). 양극성장애 환자들이 더 작은 크기의 해마와 더 적은 양의 회백질을 가지고 있다는 점을 기억해보라.

흥미로운 이야기

광란의 걸작

게오르크 프리드리히 헨델은 자신의 작품 '메시아(Messiah)'를 조증 삽화 동안에 써서 채 한 달이 안 걸렸다(Roesch, 1991).

부가적인 심리치료 Jamison이 자신의 회고록에서 언급했듯이 심리치료만으로는 양극성장애를 가진 사람들을 거의 도와주지 못한다. 동시에 임상가들은 기분안정제만으로는 항상 충분하지는 않다는 것을 배웠다. 양극성장애를 가진 환자의 30% 이상은 약물에 반응하지 않거나 적절한 용량을 받지 못하거나 복용 중 재발할 수 있다. 또한 많은 환자는 부작용을 경험한다든지, 기분이 괜찮아져서 약물치료를 할 필요가 있다고 인식하지 못한다든지, 조증 삽화 동안의 고양된 기분이 그립다든지, 또는 약을 먹었을 때 생산성이 낮아질 것 같은 걱정 등으로 인해 기분안정제의 복용을 자의로 중단한다(Kessing, 2020; Vieta & Colom, 2020).

이러한 문제를 고려해서 많은 임상가는 기분안정제의 보완책으로 개인치료, 집단치료 또는 가족치료를 실시한다(Vieta et al., 2020; Post, 2019). 대부분의 경우 치료자는 약물을 계속 복용하는 것이 중요하다는 것을 강조하기 위해, 양극성 삽화에 영향받을 수 있는 사회 기술과 관계를 개선하기 위해, 환자와 가족에게 양극성장애를 교육하기 위해, 양극성장애로 인한 가족, 학교 및 직업상의 문제를 환자가 해결하도록 돕기 위해, 환자가 자살을 시도하는 것을 막기 위해 약물치료와 심리치료를 병행하는 형식으로 치료를 실시한다. 부가적인 치료는 양극성장애를 가진 환자들이 자신이 받고 있는 약물치료를 더 잘 받게 될 가능성을 최소 2배 높여주고 입원을 줄이며 사회적 기능을 향상시키고 직업을 가지거나 유지하는 능력을 증가시키는 데 도움이 된다고 한다(Vieta & Colom, 2020, 2019; Culver & Pratchett, 2010). 순환성장애에서는 심리치료가 흔히 중심역할을 한다. 사실 순환성장애가 있는 환자들은 전형적으로 심리치료를 받는데 심리치료 단독으로 받기도 하고 기분안정제 처방과 함께 받기도 한다.

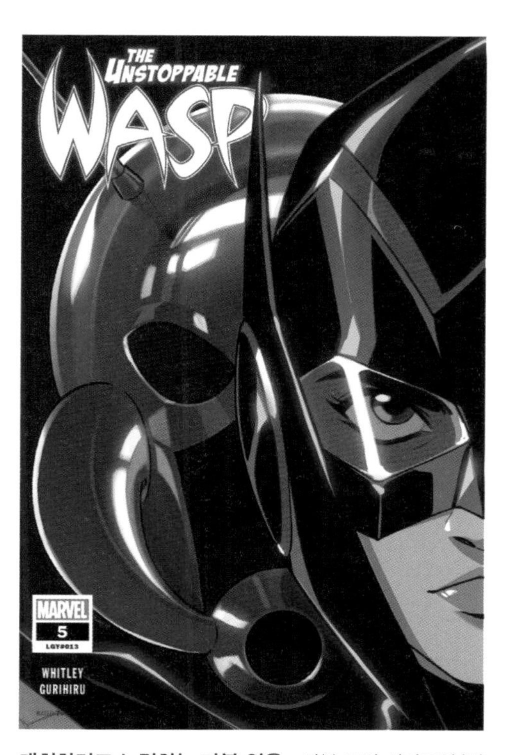

대처하려고 노력하는 마블 영웅 마블 코믹 시리즈인 '멈출 수 없는 와스프(Unstoppable Wasp)'의 5호에서 타이틀 영웅이 '나는 양극성인 것 같다…. 내가 이걸 혼자 처리할 수는 없을 것 같다'고 깨달음을 얻게 된다. 줄거리에 따르면 그의 아버지인 앤트맨도 양극성장애를 보였다.

요약

양극성장애

양극성장애에서 조증 삽화와 우울 삽화는 교대로 나타나거나 혼재되어 나타난다. 양극성장애는 단극성 우울증보다 훨씬 덜 흔하다. 양극성장애의 형태에는 제I형 양극성장애, 제II형 양극성장애, 순환성장애가 있다.

조증은 부적절한 신경전달물질의 활동이나 이온의 이동, 또는 핵심 뇌 구조의 이상과 관련 있을 수 있다. 유전 연구에 따르면 이러한 생물학적 이상에 대한 소인은 유전된다고 한다. 리튬과 그 외 신경안정제는 양극성장애의 치료로서 효과적이라고 밝혀졌다. 환자들은 신경안정제 그리고/또는 다른 정신약물이 부가적인 심리치료와 함께 처방될 때 더 좋아지는 경향이 있다.

알려진 모든 것을 이해하기

지난 50년 동안 연구자와 임상가는 우울장애와 양극성장애를 이해하고 치료하는 데 의미 있는 결실을 거두었다. 많은 요인이 단극성 우울증과 면밀히 연결되어 있다. 실제로 대부분의 다른 심리적 문제보다 더 많은 요인이 단극성 우울증와 연관되어 있다. 발달정신병리 이론가와 연구가는 이 다양한 요인을 통합하는 데 엄청난 성과를 거두었다. 그러나 이 모든 요인이 단극성 우울증과 어떻게 관련되어 있는지는 여전히 명확하지 않다.

단극성 우울증처럼 양극성장애에 대해서도 많은 것을 알게 되었다. 그렇지만 양극성장애는 단 한 가지 변인, 생물학적 요인이 가장 설명력이 좋은 것으로 보인다. 다른 요인이 어떤 역할을 하는지와 상관없이 가장 중요한 것이 생물학적 영역에 있는 것같이 보인다.

같은 맥락으로 우울장애와 양극성장애는 모든 심리장애 중에서 가장 치료 가능한 장애에 속한다. 양극성장애의 치료적 선택의 폭은 좁고 간단한데, 약물치료, 때로 심리치료와 결합된 약물치료가 가장 성공적인 단일 접근법이다. 단극성 우울증의 상황은 유망하기는 하지만 다양하고 복잡하다.

우울장애와 양극성장애에 대한 연구가 결실을 맺어왔다는 것에 의문의 여지는 없다. 그리고 앞으로 수년에 걸쳐 중요한 연구 결과가 계속 발표될 것이라고 예측하는 것이 더 합리적일 것이다. 이제 임상 연구가는 퍼즐의 많은 조각을 모았고 그들은 이런 조각을 모아 훨씬 더 의미 있는 그림으로 맞춰서 이 장애를 더 잘 예측하고 예방하고 치료할 수 있게 될 것이다.

핵심용어

경두개 자기자극법(TMS)
글루타메이트
기분안정제
노르에피네프린
뇌 심부 자극법(DBS)
뇌 자극
단극성 우울증
대인관계치료(IPT)
리튬
모노아민옥시다제(MAO) 억제제
미주신경자극
삼환계
상징적 상실
선택적 세로토닌 재흡수 억제제 (SSRI)
세로토닌
순환성장애
양극성장애
우울
우울장애
월경전불쾌감장애
인지삼제
인지치료
전기충격요법(ECT)
제I형 양극성장애
제II형 양극성장애
조증
주요우울장애
지속성 우울장애
커플치료
케타민
학습된 무기력
행동활성화

속성퀴즈

1. 우울장애와 양극성장애의 차이점은 무엇인가?
2. 우울과 조증의 핵심 증상은 무엇인가?
3. 단극성 우울증에서 노르에피네프린, 세로토닌, 글루타메이트, 호르몬, 우울 관련 뇌 회로, 면역체계의 역할을 설명하라.
4. Freud와 Abraham의 우울의 정신역동 이론과 이 이론을 지지하는 근거를 설명하라.
5. 인지행동 치료자는 우울에서 보상, 부정적 사고, 학습된 무기력의 역할을 어떻게 설명하는가?
6. 생물학적 치료자 및 인지행동 치료자는 단극성우울증을 치료하기 위해 어떤 접근법을 사용하는가? 이런 다양한 접근법은 어떻게 효과를 보이는가?
7. 사회문화적 임상가는 단극성 우울증을 어떻게 설명하고 어떻게 치료하는가?
8. 발달정신병리 이론가는 단극성 우울증을 설명하기 위해 다양한 모델에서 도출된 요인을 어떻게 통합시키는가?
9. 양극성장애에서 생물학적 그리고 유전적 요인은 어떤 역할을 하는가?
10. 양극성장애의 치료법에는 어떤 것이 있는지 그리고 그 효과는 어떤지 설명해보라.

자살

CHAPTER 7

주제

조나단에게 이라크전쟁은 결코 끝난 것이 아니었다. 바그다드에서 집으로 날아갔을 때, 새로운 시작을 위해서 사라토가스프링스로 이사 갔을 때, 밤이 되었을 때 그에게 전쟁은 결코 끝난 것이 아니었다.

2003년의 침략과 점령 기간 동안 18세의 군 이등병으로서 그가 목격한 여러 가지 일은 그를 정신적으로 고문했다. 조나단은 외상후 스트레스장애(PTSD) 진단을 받고 군에 복무한 지 2년이 채 안 되서 명예롭게 제대했다.

5월 15일, 24번째 생일 사흘 전 이 젊은 퇴역군인은 아파트 욕실에서 자살했고 가족과 친구들은 망연자실했다. … 유서는 없었다.

조나단은 2001년 9월 11일 발생한 테러리스트의 공격에 가슴 아파했고 2002년도에 고등학교를 졸업하자마자 군에 입대했다. 그의 아버지는 "조나단은 미국을 위해서 할 수 있는 일을 하는 것을 의무라고 느꼈다"고 했다.

신장이 188cm인 이 군인은 입대한 후 곧 1대대 41 야전 포병대인 '울프팩'에 배치되었고 이라크에서 여러 힘든 일을 무릅쓰고 임무를 수행했다. 그는 바그다드 국제공항에 있는 부대에 도착해서 그곳의 경호를 돕는 책임을 맡았다. 그 대대는 '바그다드의 해방을 위한 특출한 용맹과 영웅주의'를 보였다며 대통령 부대 표창을 받았다.

하지만 전쟁의 초기 몇 달 동안 조나단은 전투의 악함을 확연히 느꼈다. 그는 머리에 총을 맞아 죽은 아버지를 안고 있는 어린 이라크 소년을 보고 엄청난 충격을 받았다. 그 이후 공항 근처에서 조나단의 포대 친구 중 한 사람이 조나단과 임무를 교대해주었고, 바로 몇 분 뒤에 조나단은 그 친구를 포함한 4명의 친한 친구들이 차량 사고로 죽는 것을 목격했다고 아버지는 말했다.

조나단은 군인들을 구조하려고 노력했다. 가족에 대해 신경을 많이 썼고 매우 애국심이 깊었기 때문에 집에 돌아온 후에도 친구들의 죽음과 그가 목격한 다른 것들이 아들의 영혼에 깊은 영향을 주었다고 그의 아버지는 말했다.

해가 지면 전투와 잃어버린 친구에 대한 기억은 전직 포병에게 심각한 악몽을 야기하면서 수면 위로 떠올랐다. 때때로 그는 몸을 웅크리고 울었다. 그래서 부모는 그를 편안하게 해주고자 노력해야 했다. … "밤에 아들은 겁에 질려 있었다"고 아버지는 말했다. … "내 생각에는 전쟁 때문에 겁에 질렸다." 전쟁의 쓴맛이 안으로 퍼져 나갔고 불안해하는 전직 군인은 자신을 진정시키기 위해 술을 마시기 시작했다….

사랑하는 대가족의 지지 속에서 최근에 조나단은 아파트를 얻었고 이전으로 돌아가는 것처럼 보였다. 그는 안정돼 보였고 생활을 즐기는 것 같았다. 그러나 말하는 것을 힘들어했고 여전히 잠자기를 두려워했다고 그의 아버지는 말했다. 가족은 하이킹, 생일파티, 동생의 … 졸업식에 참석하기 위한 계획을 세웠다. … 그런데 예고 없이 조나단은 가버렸다. 그는 성경책, 군복 그리고 천사 조각상 옆에서 목을 맸다고, 이틀 동안 출근하지 않아 그를 찾아간 그의 어머니가 말했다.

(Yusko, 2008)

연어는 산란하기 위해서 힘들게 상류로 헤엄친 후에 알을 낳고 죽는다. 나그네쥐는 바다로 돌진해서 뛰어내린다. 그러나 오직 사람만이 자살을 하는 것으로 알려져 있다. 연어와 나그네쥐의 죽음은 본능적인 반응으로 결국에는 종이 살아남는 데 도움이 된다. 오직 인간의 자살 행위에만 삶을 끝내려는 명확한 목적이 있다.

자살은 역사에 기록되어 왔다. 구약성서는 "사울은 칼을 들고, 그 칼에 쓰러졌다"고 사

표 7.1

미국에서 가장 흔한 사망 원인

순위	원인	연간 사망자 수
1	심장병	647,457
2	암	599,108
3	사고	169,936
4	만성호흡기질환	160,201
5	뇌졸중	146,383
6	알츠하이머병	121,404
7	당뇨	83,564
8	폐렴과 독감	55,672
9	신장병	60,633
10	**자살**	**48,344**

출처 : AFSP, 2020a; CDC, 2020u; Heron, 2019.

울 왕의 자살을 기록하고 있다. 고대 중국인, 그리스인, 로마인 중에도 예를 들 수 있다. 보다 최근에 록스타 커트 코베인, 코미디언 로빈 윌리엄스, 유명한 요리사인 앤서니 보데인 같은 유명인의 자살은 대중에게 충격을 주고 관심을 불러일으켰다.

오늘날 자살은 세계에서 주요 사망 원인 중 하나이다. 당신이 이 페이지와 다음 페이지 전체를 읽는 동안 미국에 사는 누군가는 자살을 할 것이다. 실제로 내일 이 시간까지 적어도 미국인 약 132명이 자살을 할 것이다(AFSP, 2020a).

매년 100만 명이 자살로 죽는 것으로 추정되는데, 미국에서만 4만 8,000명에 이르는 것으로 보고되고 있다(CDC, 2020u)(표 7.1 참조). 세계적으로는 2,500만 명이, 미국에서는 거의 140만 명이 치명적이지 않은 자살시도를 한다. 이러한 시도는 **준자살행위**(parasuicide)라 한다. 실제로 자살에 대한 정확한 자료를 얻는 것은 어렵다. 또한 많은 연구자는 자살 추정치가 종종 실제보다 낮을 것이라고 믿는다. 그 이유 중 하나는 자살이 비의도적인 약물 과다복용, 자동차 충돌사고, 익사 및 다른 사고와 구별하기 어려워서이다. 많은 명백한 '사고'가 아마도 의도적일지도 모른다. 다른 이유로는 우리 사회가 자살을 못마땅하게 여기기 때문에 친척과 친구들은 종종 사랑하는 사람이 자살했다는 것을 인정하지 않는다.

DSM-5에서는 **자살행동장애**(suicidal behavior disorder)가 추후 개정판에 들어갈 가능성이 있는지에 대해 연구할 것을 제안하고는 있지만 자살은 정신장애의 공식분류가 아니다. 자살시도 행위 자체가 명백한 장애를 의미하는지와 상관없이 대처 기술의 붕괴, 정서적 혼란, 삶에 대한 왜곡된 시각 등 심리적 역기능은 자살시도 행위에 종종 영향을 준다. 예를 들어 이 장의 도입부에서 읽은 젊은 참전군인의 경우 강한 우울감과 심각한 음주 문제가 있었고 PTSD를 보였다. ■

자살은 무엇인가

스스로 자초한 모든 죽음이 자살은 아니다. 한 예로 운전 중 졸아서 나무에 차를 박은 남자는 자살한 것이 아니다. 자살 분야의 선구자인 Edwin Shneidman(2005, 1993, 1963)은 **자살**(suicide)을 의도적 죽음이라고 정의했다. 의도적 죽음이란 의도적이고 직접적이며 의식적으로 자신의 삶을 끝내려는 노력에 따른 죽음을 말한다.

의도된 죽음은 여러 가지 형태를 가질 수 있다. 다음의 예를 생각해보자. 여기에 나오는 세 사람 모두 의도를 가지고 죽었다. 그렇지만 그들의 동기, 염려, 행동은 상당히 다르다.

도르시는 성공한 남자였다. 48세가 될 때까지 그는 작은 투자회사의 부회장으로 승진하였다. 그는 배려심이 있는 아내와 자신을 존경하는 대학생 아들 둘을 두었다. 중상류 계층의 이웃들과 어울려 살았고 넓은 집을 갖고 있었으며 안락한 생활을 즐겼다.

50번째 생일인 8월에 모든 것이 변했다. 도르시는 해고되었다. 재정 상황은 COVID-19로 인해 엉망이 되었고 사장은 새로운 투자 전략과 마케팅 접근을 시도하고 싶어 했다. 회장은 도르시에게 '고루한 사람'이라고 했다. 그는 요즘의 투자자들을 완전히 이해하지 못했는데, 예를 들면 웹에 기반을 둔 광고로 투자자들에게 접근하는 법, 투자 과정에서 온라인으로 투자자들과 관계를 맺는 법을 몰랐다. 도르시의 고용주는 젊은 사람을 고용하길 원했다.

실패감, 상실감, 허탈감이 도르시를 압도했다. 다른 자리를 찾았으나 그가 갖춘 자격에는 못 미치는 급여가 적은 회사들만 있을 뿐이었다. 일자리를 찾는 매일매일 도르시는 점점 더 우울해졌고 불안했으며 절망감을 느꼈다. 그는 투자회사를 직접 차리는 것에 대해 생각했다. 그러나 차가운 밤기운을 맞으

준자살행위 죽음에 이르지 않는 자살시도

자살 의도적, 직접적, 의식적으로 스스로에게 가하는 죽음

면서 그런 생각은 자신을 바보로 만드는 것이라고 믿었다. 그의 기분은 계속 가라앉았고 다른 사람들로부터 멀어졌으며 점점 더 무력하게 느꼈다.

실직한 지 6개월 후에 도르시는 인생을 끝내는 것을 고려하기 시작했다. 고통이 너무나 커서 굴욕감이 끝이 없었다. 현재를 싫어했고 미래를 두려워했다. 9월 내내 그의 상태는 왔다 갔다 했다. 어느 날은 자신이 죽기를 원한다고 확신했다. 다른 날은 즐거운 저녁시간과 기분을 끌어올리는 대화가 그의 마음을 일시적으로 바꿔놓기도 했다. 2월 말의 어느 월요일, 취업 가능성이 있다는 말을 들었고 기분이 고양되었다. 그러나 화요일의 면접은 잘되지 않았다. 그는 직장이 생기지 않을 수도 있다고 생각했다. 그는 집으로 갔고 잠가두었던 책상 서랍에서 최근에 구입한 총을 꺼내 자신에게 쏘았다.

드메인은 어머니의 죽음에서 결코 진정으로 회복되지 못했다. 그는 겨우 7세였고 어머니의 상실에 준비되어 있지 않았다. 아버지는 그를 잠시 조부모 집에 보냈고 그는 새로운 친구들과 새 학교에서 새로운 방식의 생활을 했다. 그러나 드메인의 마음속에서 이런 모든 변화는 최악이었다. 과거의 즐거움과 웃음이 그리웠다. 자신의 집, 아버지, 친구들이 그리웠다. 가장 그리워한 것은 어머니였다.

그는 어머니의 죽음을 완전히 이해하지 못했다. 아버지가 "어머니는 이제 천국에서 평화롭고 행복하게 있다"고 말했다. 드메인의 불행과 외로움은 날마다 계속되었고 그는 자신만의 방식으로 사건을 해석하기 시작했다. 만일 어머니를 다시 만날 수 있다면 자신이 다시 행복해질 수 있을 것이라고 믿었다. 소년은 어머니가 자신을 기다리고 있다고, 어머니는 자신이 오기를 기다리고 있다고 느꼈다. 이 생각은 옳은 것 같았고 이런 생각은 그에게 위안과 희망을 주었다. 어느 날 저녁, 드메인은 조부모에게 저녁 인사를 한 직후 침대에서 내려와 아파트 지붕으로 가는 계단을 올라갔고 뛰어내려 죽었다. 마음속에서 그는 천국에서 어머니와 만나는 중이었다.

티아와 노아는 단체미팅에서 만났다. 티아는 수십 명의 남자와 대화를 나누었으나 노아를 제외한 어느 누구에게도 마음이 끌리지 않았다. 노아는 유별났고 재치 있었다. 그는 그녀처럼 단체미팅 행사에는 흥미를 잃은 것처럼 보였다. 티아는 노아의 이름만 적어서 냈다. 노아 또한 티아의 이름을 적어서 냈고 일주일 뒤에 둘 다 서로의 연락처가 적힌 이메일을 받았다. 오래지 않아 그들은 사귀게 되었다. 티아는 자신의 행운이 경이로웠다. 그녀는 확률을 깼다. 그녀의 스피드 데이트는 성공이었다.

티아에게는 이번 연애가 처음으로 진지한 관계였다. 이 관계는 그녀의 인생 전체였다. 그렇기 때문에 노아가 단체미팅 1주년 기념일에 더 이상 그녀를 사랑하지 않으며 다른 사람이 생겨서 떠나겠다고 말했을 때 정말로 깜짝 놀랐고 충격을 받았다.

몇 주가 지난 뒤 티아는 우울과 분노로 가득 했다. 그녀는 여러 번 노아에게 문자를 보내거나 전화를 했고 다시 생각해보라고 애걸했으며 그에게 돌아와달라고 애원했다. 동시에 이런 고통에 빠지게 한 그를 증오했다.

티아의 친구들은 그녀를 점점 더 걱정하게 되었다. 처음에 친구들은 그녀의 고통에 공감했지만 시간이 흐르면서 우울과 분노는 더 심해졌고 티아는 이상하게 행동하기 시작했다. 항상 술을 마셨고 과음했으며 술에 다양한 종류의 약을 섞어 먹기 시작했다.

어느 날 밤, 티아는 욕실에 가서 수면제 병에 손을 뻗어 약을 한 움큼 삼켰다. 그녀는 고통이 사라지기를 원했고 노아가 자신에게 얼마나 큰 고통을 안겨주었는지 그가 알기 원했다. 그녀는 계속 약을 삼켰고 울면서 욕을 해댔고 약을 꿀꺽 삼켰다. 졸립다고 느끼기 시작했을 때 가까운 친구인 데드라에게 전화하기로 결심했다. 왜 전화를 하는지는 확실하지 않았다. 아마도 '안녕'이라고 말하거나 자신의 행동을 설명하거나 노아에게 전하거나 알려지게 하기 위해서일 것이다. 데드라는 티아에게 애원하며 설득했고 그녀가 살고자 하는 동기를 갖게 하려고 애썼다. 티아는 들으려고 노력했으나 점점 의식을 잃어갔다. 데드라는 전화를 끊고 빨리 티아의 이웃과 경찰에게 전화했다. 이웃이 도착했을 때 티아는 이미 혼수상태였다. 7시간 후 그녀의 친구들과 가족은 병원 복도에서 소식을 기다리고 있었다. 티아는 죽었다.

티아는 죽음에 대해서 혼합된 감정을 가진 것처럼 보이는 반면 도르시는 죽고자 하는 소망이 분명했다. 드메인은 죽음을 천국으로 가는 여행으로 본 반면, 도르시는 죽으면 자신의 존재가 끝나는 것으로 보았다. 이러한 차이는 자살한 사람들을 이해하고 치료하려는 노력에서 중요할 수 있다. Shneidman은 의도적으로 자신의 삶을 끝내려는 사람을 죽음의 추구자, 죽음의

> **흥미로운 이야기**
>
> **서서히 오르고 있다**
>
> 미국의 자살률은 21세기 들어서 해마다 오르고 있다. 현재 비율은 2000년의 비율보다 35% 가 더 높다(CDC, 2020n).

> **흥미로운 이야기**
>
> **결혼의 영향**
>
> 통계적으로 결혼하지 않는 사람들은 자살률이 높고 그 뒤를 이어 이전에 결혼했던 사람(사별, 별거, 이혼), 결혼했고 자녀가 없는 사람, 결혼했고 자녀가 있는 사람의 순이었다(Nordentoft et al., 2020; Schreiber & Culpepper, 2020).

NurPhoto/NurPhoto via Getty Images

죽음의 도전자? 한 10대가 한 높은 지붕에서 다른 곳으로 플립과 다른 창의적인 동작을 하면서 뛰고 있다. 이것은 파쿠르라고도 불리는 프리러닝이라는 극도로 위험한 '스포츠'이다. 이 점점 유명해지는 종목을 하는 사람들은 많은 사람의 주장대로 새로운 도전거리, 새로운 높이를 찾고 있는 것일까, 아니면 실제 죽음의 도전자인 것일까?

개시자, 죽음의 무시자, 죽음의 도전자 등 네 가지로 구분했다.

죽음의 추구자(death seeker)는 자살을 시도하는 시점에 삶을 끝내려는 의도가 분명하다. 삶을 끝내려는 목적의 단순함은 짧은 순간만 지속될 수 있다. 죽으려는 의도는 바로 다음 시간 또는 다음 날 변할 수 있고 즉시 되살아나기도 한다. 중년의 투자 상담원인 도르시는 죽음의 추구자였다. 그는 자살에 대해서 많은 걱정을 가졌고 몇 주 동안은 자살에 대해 양가감정을 보였다. 그러나 화요일 밤이 되자 죽음의 추구자가 되었는데, 죽고자 하는 욕망이 분명했고 실제로 치명적인 결과를 보장하는 방식의 자살을 선택했다.

죽음의 개시자(death initiator)도 삶을 끝내려는 분명한 의도를 갖고 있다. 그러나 죽음의 개시자에게 자살이란 이미 진행 중인 죽음의 과정을 단순히 단축시킬 뿐이라는 믿음을 실행한 것이다. 어떤 사람들은 며칠 또는 몇 주 안에 자신이 죽을 것이라고 예상한다. 노인과 매우 아픈 사람들의 자살 중 많은 사례가 이 범주에 속한다. 건장한 소설가인 어니스트 헤밍웨이는 62번째 생일이 다가오자 자신의 몸이 쇠약해지는 것을 깊이 걱정했다. 그의 주변인들은 이러한 염려가 그가 자살한 중요한 이유일 거라고 믿는다.

죽음의 무시자(death ignorer)는 스스로 자초한 죽음이 존재의 끝을 의미할 거라고 믿지 않는다. 이들은 현재의 삶을 더 나은 그리고 더 행복한 실존으로 바꾸는 것이라고 믿는다. 드메인의 자살처럼 많은 아동의 자살이 이 범주에 해당한다. 이런 믿음을 갖고 자살하는 성인들은 자살 이후 또 다른 형태의 삶에 도달할 것이라고 믿는다. 예를 들면 1997년 '천국의 문'이라 부르는 이상한 사이비 종교 집단원 39명이 샌디에이고 외곽에 있는 고가의 저택에서 자살했다는 소식에 세계는 충격을 받았다. 이 신도들은 죽음으로써 영혼이 자유로워져 '더 높은 왕국'에 올라갈 거라고 믿고 행동한 것으로 드러났다.

임상가들은 자살을 하려고 생각하는 사람 또는 자살시도를 한 사람을 입원시켜야 할지 말지를 어떻게 결정해야 할까?

죽음의 도전자(death darer)는 자살하려는 그 순간에도 죽으려는 의도에 대해 혼합된 감정 또는 양가감정을 경험하고, 양가감정을 행동 그 자체로 보여준다. 비록 어느 정도는 죽기를 바라고 종종 죽기도 하지만 이들의 위험 감수행동은 죽음을 보장하지는 않는다. 러시안 룰렛을 하는 사람, 즉 총알이 하나만 장착된 리볼버의 방아쇠를 당기는 사람은 죽음의 도전자이다. 티아가 죽음의 도전자일 수 있다. 비록 그녀의 불행과 분노가 컸지만 죽기를 원했는지는 확실하지 않다. 약을 먹는 동안에도 친구에게 전화를 했고 자신의 행동을 알렸으며 친구가 말리는 것을 들었다.

개인이 자신의 죽음에서 **간접적**, **내현적**, **부분적**, **무의식적**으로 역할을 할 때 Shneidman (2001, 1993, 1981)은 이를 **반의도성 자살**(subintentional death)이라 부르는 유사 자살 범주로 분류하였다. 전통적으로 임상가들은 반의도성 자살에 이를 수 있는 행동의 예로 약, 술 또는 담배의 사용, 반복되는 신체적인 싸움, 약의 오남용을 언급한다. 최근에는 또 다른 행동 방식인 **자해**(예 : 스스로를 베기, 화상 입히기)가 반의도성 자살에 이를 수 있는 행동 목록에 추가되었다. 이 행동들을 공식적으로 정신장애로 분류하지는 않지만 DSM-5 구성진은 **비자살적**

반의도성 자살 피해자가 간접적, 내현적, 부분적, 무의식적 역할을 하는 죽음

자해(nonsuicidal self-injury, NSSI)라는 범주를 DSM-5의 추후 개정판에 포함할지 연구해야 한다고 제안했다(Hooley et al., 2020).

자해 행위는 특히 청소년과 젊은 성인 사이에서 이전에 알려진 것보다 더 흔하며, 증가하고 있는 것 같다(Kapur, Steeg, & Moreton, 2020; Nock et al., 2019). 연구에 따르면 청소년의 13%가 적어도 한 번은 자해를 시도한 적이 있다. 자해행동은 그 특성상 중독적일 수 있다. 자해가 야기하는 고통은 긴장이나 정서적 고통을 일부 경감시키며 자해행동은 문제로부터 주의를 일시적으로 분산시키고 자해의 결과로 인한 상처는 고통의 기록으로 남는다(Mathew et al., 2020; Franz et al., 2019). 일반적으로 자해는 만성적인 공허함과 지루함, 비관적 특징, 고립감, 정체성 혼란을 다루는 데 도움이 되기도 한다. 비록 자해와 앞서 언급한 다른 위험한 행동이 사실 자살의 간접적인 시도를 나타낼 수 있으나 그 뒤에 감춰진 진짜 의도는 분명하지 않고, 그래서 이러한 행동 방식에 대해서는 이 장에서 다루지 않았다.

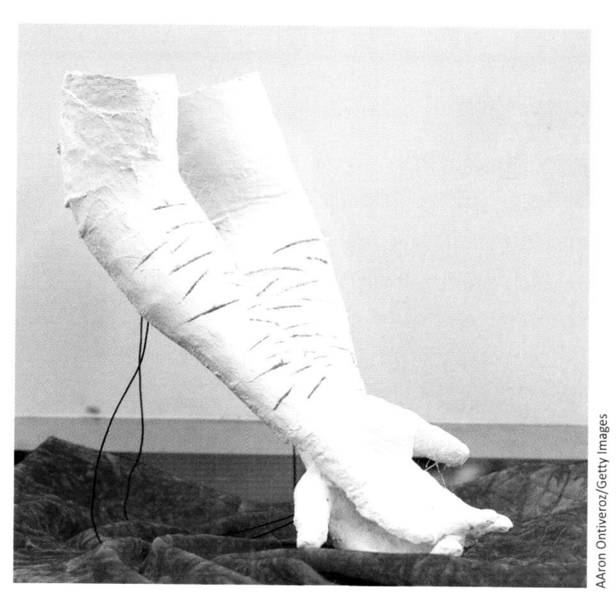
AAron Ontiveroz/Getty Images

창의적인 표현 적어도 13%의 10대 및 초기 성인은 목적을 가진 자해, 특히 피부 베기를 한다. 그래서 콜로라도의 고등학생인 올리비아 스튜어트는 고학년 프로젝트에서 정신장애를 주제로 잡았고 자해에 대한 이 훌륭한 조각을 만들었다. 작품이 다른 정신질환을 의미하는 예술작품이 될 수도 있지만 스튜어트는 자신의 작품이 정신장애에 대한 교육과 공공인식이 증가하는 데 도움이 되었으면 좋겠다고 하였다.

자살을 어떻게 연구하는가

자살 연구자는 자살 연구에서 주요한 걸림돌을 맞이하게 되는데 그것은 연구대상이 더 이상 살아 있지 않다는 점이다. 자신이 한 행동을 더 이상 설명할 수 없는 사람들의 의도, 감정, 환경에 대해서 연구자가 어떻게 정확한 결론을 내릴 수 있겠는가? 이 문제를 해결하기 위한 두 가지 연구 방법이 있는데, 각각은 제한적인 성과를 보이고 있다.

한 가지 전략은 **회고분석**(retrospective analysis)이다. 이는 일종의 심리적 부검으로, 임상가와 연구자는 자살한 사람들의 과거로부터 자료를 모은다(Zhou, Wang, et al., 2019). 친척들, 친구들, 치료자, 또는 의사는 자살을 조명해주는 과거 진술, 대화, 행동을 기억할지도 모른다. 몇몇 사람들이 남겨놓은 유서는 회고적 정보를 제공해주기도 한다. 그러나 이런 정보가 항상 이용 가능한 것은 아니며 신뢰할 만한 것도 아니다(Li et al., 2020). 많은 자살의 희생자는 유서를 남기지 않는다. 더구나 애도하고 죄책감에 고통받는 친지나 심란한 치료사는 객관적으로 회상하기 어렵거나 우리 사회에 낙인을 주는 그 행동에 대해 말하기조차 꺼릴 수도 있다. 더 믿을 만한 정보를 위해서 후향연구에서는 자살 희생자의 의료 기록을 참조하는데, 이 기록은 이전 정신장애나 약물치료를 파악하는 데 도움을 줄 수 있다(Chen et al., 2020; John et al., 2020). 그러나 이런 기록으로도 환자 의료 병력에 기록된 것만을 알 수 있게 될 뿐이다.

이러한 제한점 때문에 많은 연구자는 두 번째 전략인 자살시도에서 살아남은 사람들을 연구하는 방법을 사용한다. 모든 치명적인 자살에는 28건의 치명적이지 않은 자살시도가 있는 것으로 추정된다(AFSP, 2020a). 그러나 자살에서 살아남은 사람들은 살아남지 않은 사람들과 중요한 점에서 다를 수 있다. 예를 들면 대다수의 자살 생존자들은 정말로 죽기를 원하지 않았을 수 있다(Hooley et al., 2020). 그럼에도 불구하고 자살 연구자들은 자살 생존자들을 연구하는 것이 유용하다는 것을 발견하였다. 이 장에서는 자살을 시도한 사람과 실제 자살을 완수한 사람 모두에 대한 임상 이론과 연구를 다룰 것이다.

자살의 양상과 통계

자살은 더 큰 사회적 환경에서 발생하고(최신 동향 참조) 연구자들은 이런 죽음이 발생하는 사회적 맥락에 대한 많은 통계정보를 수집했다. 예를 들면 연구자들은 자살률이 국가마다 다르

비자살적 자해 죽을 의도 없이 자신의 신체를 직접적이고 고의적으로 파괴하는 것

회고분석 임상가가 자살한 사람의 과거로부터 자살한 사람에 대한 정보를 취합하는 심리 부검

최신 동향

인터넷 공포

인터넷에 대한 최근의 두 가지 트렌드를 보면 큰 걱정이 되곤 한다. 이 두 가지 트렌드란 첫째, **자살에 우호적인**(pro-suicide) 웹사이트의 이용이 늘어났다는 점이다. 이러한 사이트는 다양한 내용을 제공하지만, 그 사이트를 이용하고 자살로 죽은 사람들을 기념하기도 하고 동반 자살에 함께할 사람들을 모으기 위해 약속을 잡는 것을 돕기도 하며 자살 방법, 자살 장소, 유서 쓰는 법에 대한 구체적인 지침을 주기도 한다(BBC, 2020; Wood & Kim, 2019).

이 사이트들은 웹포럼, 단체 채팅, 페이스북, 인스타그램, 텀블러, 라이브저널 같은 소셜 네트워크, 유튜브나 비메오 같은 동영상 플랫폼 등 인터넷을 통해 퍼지고 있다. 한 연구에 따르면 10대의 7.5%가 인터넷을 통해 자살에 대한 정보를 구하고 있는 것으로 보인다. 대부분의 사람들은 지지, 도움, 건설적인 조언을 주는 사이트에 접속하지만 3분의 1 이상은 어떻게 자살하고 자해하는지에 대한 정보를 주는 사이트에 접속한다.

두 번째 트렌드는 **자살 생중계**이다. 2017년 1월 22일, 나키아 버넌트라는 14세 소녀는 페이스북으로 생중계를 하며 자신의 플로리다 욕실에서 목을 매달았다(사진 참조). 나키아는 신체적으로 학대당하고 거절당한 배경과 함께 행동 문제를 오랫동안 가지고 있었다. 그녀는 지난 8년 동안 많은 입양가정에서 입양과 파양을 거듭 경험했다(Barnes, 2017). 자살하기 몇 달 전에 이 10대 소녀는 자신의 생모에게 문자를 보내 집에 돌아가고 싶다고 하였으나 결국 돌아갈 수는 없었다.

정확한 수치는 모르겠지만 자살 생중계는 증가하고 있음이 분명하다(Leskin, 2020; Soron & Shariful Islam, 2020). 실제로 나키아는 미국에서 그 달에 소셜미디어로 자살을 생중계한 세 번째 사람이었다. 왜 어떤 사람들은 온라인으로 자살을 시도하는지 임상가들은 실제로 알지는 못한다. 심리적 고통감이 커서 그들의 고통감을 다른 사람에게 보여주고자 그런다고도 하고, 자신의 죽음이 기억되고 도움을 얻기 위해 그런다고도 한다(Bever, 2017).

비극은 끝났다 2017년 1월 22일, 열네 살의 나키아 버넌트는 메시지를 주고받으며 자신의 자살을 페이스북에 중계했다.

자살 중계가 증가하는 것과 모방 자살에 대한 위험성을 우려하여 소셜미디어 플랫폼은 생중계되는 자살, 그 외 형태의 자살에 대한 예방 차원에서 대책을 내놓고 있다(Lopez-Castroman et al., 2020; Peters, 2020). 가령 페이스북은 사용자들이 자살이나 자해에 대한 글을 쉽게 신고할 수 있도록 장치를 마련했다(Goggin, 2019). 이런 신고가 접수되면 지인과 친구들에게 즉각적인 안내와 자원이 제공된다. 생중계의 경우 "지금 현재 추가적인 도움이 필요하신 것 같습니다. 도움을 요청하세요."라는 메시지가 화면에 뜬다. 이어서 중계자는 자살 헬프라인에 접근하여 대처 방법에 대한 도움을 얻을 수 있고, 그 화면에서 바로 친구들에게 문자를 보낼 수도 있다.

레딧과 다른 소셜미디어와 같이 페이스북은 문제가 생긴 사람들이 전국자살예방 라이프라인(National Suicide Prevention Lifeline), 위기문자 상담라인(Crisis Text Line) 또는 그 외의 위기 지원 조직에 소속된 훈련을 받은 상담사와 메신저를 통해 즉시 이야기할 수 있게 해준다(Peters, 2020; Guynn, 2017). 게다가 페이스북은 패턴인식 소프트웨어를 사용하여 사용자들의 글이나 댓글에서 자해 및 자살 경고 사인을 알아내고 네트워크의 모니터링 팀이 그 글에 사전에 접근하여 대응할 수 있도록 하고 있다(Goggin, 2019). 여러 가지 소셜미디어의 노력이 일반적인 자살 행동과 자살 생중계라는 끔찍한 현상을 예방하고 줄이는 데 도움이 될 것으로 희망한다.

다는 것을 발견했다(Nordentoft, Madsen, & Erlangsen, 2020; WPR, 2020a). 리투아니아, 러시아, 가이아나, 한국, 우크라이나는 자살률이 매우 높아서 매년 10만 명당 20명 이상이 자살한다. 반면에 이집트, 인도네시아, 레바논, 과테말라의 자살률은 상대적으로 낮아서 10만 명당 5명 이하이다. 미국(14.2명)과 독일(13.6명), 캐나다(12.5명), 중국(9.7명), 영국(8.9명)은 그 중간에 해당한다.

종교에 소속되어 있는지 여부와 종교적인 믿음은 국가 간 자살률의 차이를 설명하는 데 도움이 될 수 있다(Saiz et al., 2021; Eskin, 2020). 예를 들어 대부분의 국민이 가톨릭교인, 유대교인, 회교도인 국가는 자살률이 낮은 경향이 있다. 아마도 이 국가들에서는 자살에 대한 엄격한 금지규정이나 강력한 종교적 전통이 사람들의 자살을 막는 것일지도 모른다. 그러나 이러한 규칙에 예외도 있다. 국민 대다수가 로마 가톨릭교도인 폴란드는 10만 명 중 16.2명이 자살을 하는, 세계에서 자살률이 가장 높은 국가 중 하나이다(WPR, 2020a).

종교적 소속감 및 신념 이외의 어떤 요인이 국가별 자살률의 차이점을 설명할 수 있을까?

종교의 교리는 자살을 막는 데 종교에 대한 개인의 **독실한 정도**만큼도 도움이 되지 않는 것 같다는 연구 결과가 있다. 종교에서 어떻게 설파하는가와 상관없이 매우 신앙심이 깊은 사람들은 자살할 가능성이 더 적은 것 같다(Kralovec et al., 2018).

또한 자살률은 성별에 따라 차이가 있다. 여성은 남성보다 **자살시도**를 2배 더 많이 한다. 그러나 자살시도로 사망하는 비율은 남성이 여성의 3배를 넘는다(AFSP, 2020a). 이런 성차에 대해 다양한 설명이 제시되어 왔으나 유력한 설명 중 하나는, 남성과 여성의 자살 방법이 다르다는 점이다(McKeon, 2021). 남성은 대개 총을 쏘거나 칼로 찌르거나 목을 매는 등 더 폭력적인 방법을 사용하는 경향이 있다. 반면에 여성은 약물 과다복용 등 덜 폭력적인 방법을 쓴다. 미국 남성 자살의 56%에서 총이 사용되는데, 여성의 경우는 32%가 그렇다(SPRC, 2020a). 게다가 성전환자들은 자살시도율과 치명률 모두 특히 높은데, 이는 부분적으로 그들이 삶에서 경험한 학대, 편견, 낙인, 희생 때문이다(Blosnich et al., 2021; Wiepjes et al., 2020). 성전환자 중에서 정체성 **전환**치료에 대한 부정적인 기억이 있는 경우 자살을 시도할 확률이 2~4배나 더 높았다는 점은 주목할 만하다(Turban et al., 2020).

자살은 사회적 환경 및 관계 상태와도 관련이 있다. 자살시도를 수행한 사람들의 최소 절반이 가깝고 사적인 친구가 거의 없거나 전혀 없는데(Turecki et al., 2019) 인터넷과 소셜 네트워크에서는 활발하게 활동했더라도 그렇다(Sedgwick et al., 2019). 관련된 맥락으로 결혼을 하지 않았거나 이혼한 사람들은 결혼을 하거나 동거하고 있는 사람들보다 높은 자살률을 보였다(Schreiber & Culpepper, 2020). 더구나 폭력, 높은 갈등, 그 외 고통스러운 관계를 경험하는 사람들은 다른 사람과 조화로운 관계를 가지는 사람보다 더 높은 자살률을 보인다(Whisman et al., 2020).

마지막으로 적어도 미국에서는 자살률이 인종이나 민족에 따라 다른 것으로 보인다(그림 7.1 참조). 비히스패닉계 백인 미국인의 전반적인 자살률은 흑인, 히스패닉계 미국인 및 아시아계 미국인에 비해 2배 이상이다(AFSP, 2020a). 한 가지 중요한 예외는 아메리카 원주민의 자살률인데, 아메리카 원주민들의 자살률은 비히스패닉계 백인 미국인의 자살률보다 더 높다. 많은 아메리카 원주민이 겪는 극도의 가난이 그들의 높은 자살률을 설명하더라도 알코올 사용, 모델링 및 총기의 이용 가능성과 같은 요인도 영향을 줄 수 있다(Schilling, 2019). 인종 집단 간 자살률 차이에 덧붙여 연구자들은 자살률이 인종 집단 내에서도 때때로 다르다는 것을 발견했다(Bersani & Morabito, 2020). 예를 들면 같은 히스패닉계 미국인 중에서도 푸에르토리코인은 다른 히스패닉계 미국인 집단에 비해

그림 7.1

자살, 인종 그리고 성별

미국에서 아메리카 원주민이 남성과 여성 모두에서 가장 높은 자살률을 보인다. (출처 : Curtin, 2019)

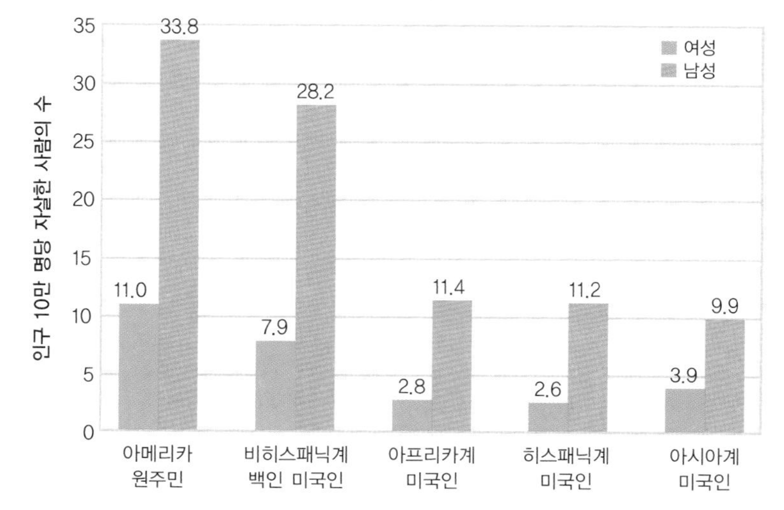

자살을 시도할 가능성이 현저하게 더 높았다(Ortin et al., 2019).

요약

자살은 무엇인가

자살은 스스로 자초한 죽음으로, 의도적이고 직접적이며 의식적으로 자신의 생명을 끝내려는 노력이다. 의도적으로 자신의 삶을 끝내는 사람들을 네 가지로 분류할 수 있는데, 죽음의 추구자, 죽음의 개시자, 죽음의 무시자, 죽음의 도전자이다.

자살 연구는 두 가지 주요 전략을 사용하는데, 회고적인 분석과 자살시도에서 살아남은 사람에 대한 연구이다. 자살률은 국가마다 다르다. 한 가지 이유는 소속 종교, 종교적인 믿음, 종교에 대한 독실함의 정도에서 문화적 차이가 있기 때문인 것 같다. 자살률은 인종, 성별, 결혼 상태에 따라서도 다르다.

무엇이 자살을 촉발하는가

자살행동은 개인의 삶에서 일어난 최근 사건이나 현재 개인 삶의 상황과 관련 있을 수 있다. 비록 이러한 요인이 자살의 기본 동기가 아니더라도 자살을 촉발할 수 있다. 공통된 촉발 요인은 **스트레스 사건, 기분과 사고의 변화, 알코올과 다른 약물의 사용, 정신장애, 모델링**을 포함한다.

스트레스 사건과 상황

연구자들은 자살을 시도하지 않은 사람들의 삶보다 자살시도자들의 최근 삶에서 스트레스 사건이 더 많았다는 것을 발견했다(Yildiz, 2020; Mo et al., 2020). 자살과 지속적인 관련을 보이는 스트레스원 중 하나는 전쟁스트레스이다. 연구에 따르면 다양한 전쟁의 참전용사들은 전쟁 무경험자보다 자살로 사망할 확률이 2배에 이른다(Nordentoft et al., 2020; Nock et al., 2018, 2017, 2013). 예를 들어 이 장의 시작 부분에서는 이라크전쟁이라는 막대한 스트레스를 경험한 이후 일반 시민의 생활로 돌아왔으나 자살한 한 젊은 남성에 대해서 소개하였다.

자살에 이르게 하는 스트레스가 반드시 전쟁과 같이 끔찍할 필요는 없다. 자살 사례에서 보이는 **즉각적인 스트레스**의 흔한 형태는 죽음, 이혼이나 거절로 인한 사랑하는 사람의 상실, 직업의 상실, 중요한 재정적 손실, 허리케인, 지진 및 다른 자연재해인데, 이런 일은 매우 어린 아이들에게도 스트레스가 된다(Cheek et al., 2020; Hawton, Saunders, & Pitman, 2020). 사람들은 최근 스트레스보다는 **장기간 스트레스**에 대한 반응으로 자살을 시도할 수 있다. 특히 흔한 네 가지 스트레스원은 사회적 고립, 심각한 질병 또는 부상, 폭력적이거나 억압적인 환경, 직업 스트레스이다.

사회적 고립 도르시, 드메인, 티아의 사례에서 본 바와 같이 사랑하는 가족이나 지지적인 사회체계로부터 멀어진 사람은 자살을 할 수 있다. 그러나 사회적 지지가 없는 사람들이 특히 자살사고와 행동에 취약하다. 연구자들은 소속감을 거의 느끼지 못하는 사람들, 사회적 지지가 제한되어 있거나 전혀 없다고 믿는 사람들, 혼자 사는 사람들 및 다른 사람과 지속적인 갈등을 겪고 있는 사람들에게 자살행동의 위험이 증가하는 것을 발견했다(Schreiber & Culpepper, 2020).

흥미로운 이야기

밀접한 관련이 있어요

경제 회복과 경제 침체에 대한 연구에 따르면 실직률이 1% 상승하면 국가 내 자살률도 1% 상승한다고 한다(McIntyre & Lee, 2020; Wan, 2020).

심각한 질병 또는 부상 질병이 큰 고통과 심각한 장애를 야기하는 경우의 사람들은 죽음은 피할 수 없으며 자신의 죽음이 임박했다고 믿고 자살을 시도할 수 있다(Hawton et al., 2020). 또한 이들은 질병으로 인한 고통과 문제가 자신이 견딜 수 있는 것보다 더 크다고 믿을 수 있다. 연구에 의하면 자살로 죽은 사람의 3분의 1 정도는 자살행동을 하기 전에 여러 달 동안 건강 상태가 좋지 않았다고 한다(Schreiber & Culpepper, 2020). 높은 자살률과 관련이 있는 질병으로는 암, 심장 질환, 만성 폐질환, 뇌졸중, 당뇨 등이 있다(Han et al., 2021; Campbell et al., 2020).

외상적 뇌 부상으로 받는 고통은 자살률을 2배 더 높일 수 있고(Zuromski et al., 2020; Campbell-Sills et al., 2019), 부상의 정도가 심각하거나 이후 추가적인 의료적 처치를 받아야 하는 경우는 그 위험이 4배까지 증가된다(Madsen et al., 2018). 군 생활을 하는 사람들은 일반 사람들보다 이러한 부상의 위험이 높은데, 전투 참전용사들 사이에서 외상적 뇌 부상은 자살률의 증가를 설명하는 것으로 보인다(Agimi et al., 2019). 이러한 부상은 만성적인 두통, 운동협응 상실, 발화 문제, 발작, 수면 곤란, 빛과 소리에 대한 과민성, 기억력 손상, 의식 혼란, 충동성, 우울감, 초조 증상, 성마름, 기분 변화 등을 야기한다. 결과적으로 이러한 문제는 삶의 질을 저하시키고, 앞으로 살펴보게 될 것과 같이 몇몇 기분 증상 또는 사고 증상은 자살을 촉발할 수도 있다.

John Tlumacki/The Boston Globe via Getty Images

유명한 옥중 자살 2015년, 내셔널 풋볼 리그의 스타 공격수 아론 에르난데스는 2013년에 지인을 살인한 혐의로 가석방 없는 종신형을 선고받았다. 이 사진은 라커룸에서의 인터뷰 장면인데, 에르난데스는 선고 이후 추가적인 두 건의 살인에 대해서는 무죄를 선고받은 지 며칠 만인 2017년 매사추세츠교도소에서 목을 매 자살했다.

폭력적이거나 억압적인 환경 벗어날 희망이 거의 또는 전혀 없는 혐오적이거나 억압적인 환경의 희생자들은 때때로 자살을 한다. 예를 들면 일부 전쟁 포로, 강제수용소의 수용자, 학대받는 배우자, 학대받는 아동, 감옥 수감자는 삶을 끝내려고 시도한다(Duprey et al., 2021; Fritz et al., 2020). 심각한 질병이나 부상을 갖고 있는 사람들처럼 이들은 더 이상 고통을 견딜 수 없다고 느끼며 자신의 상태가 나아질 아무런 희망이 없다고 믿는다.

직업 스트레스 일부 직업은 자살시도를 촉발할 수 있는 긴장감이나 불만족감을 유발한다(Hawton et al., 2020). 연구에 따르면 비숙련직으로 일하는 사람들은 높은 자살률을 보고한다. 숙련직에 대해서는 정신과 의사, 심리학자, 의사, 간호사, 치과 의사, 변호사, 경찰, 소방관, 응급실 종사자, 농부 등이 상대적으로 높은 자살률을 보인다(Pennington et al., 2021; Nordentoft et al., 2020). 물론 이런 결과를 해당 직업의 직업적 압력이 자살을 유발했다고 볼 수는 없다. 아마도 비숙련 노동자의 자살시도는 직업 스트레스보다는 재정적인 불안정에 대한 반응일 수 있다. 유사하게 자살한 정신과 의사와 심리학자들은 직업이 야기하는 정서적 긴장에 대한 반응으로 자살한 것이라기보다는 처음에는 직업적 흥미를 자극했던 장기적인 정서 문제가 있었을 수 있다.

기분과 사고의 변화

기분의 변화는 많은 자살시도에 선행한다. 기분의 변화는 정신장애 진단이 필요할 정도로 심각하지 않을 수 있으나 과거의 기분에서 유의하게 변화한 기분을 의미한다. 가장 흔한 변화는

사이버 괴롭힘이 한 요인일까? 2019년 f(x)라는 K팝 그룹의 멤버인 유명한 가수이자 배우인 설리의 자살은 비정상적인 방법으로 온라인상에서 괴롭힘을 당한 지 몇 년이 지나서 일어났다. 한국의 많은 팬과 임상가들은 끊임없는 사이버 괴롭힘이 그녀의 자살을 야기했다고 믿는다. 사실 그녀는 텔레비전 프로그램에서 온라인에서 벌어지는 학대적 일과 그 일들이 자신의 공황장애와 사회불안장애 발병에 어떤 역할을 했는지 등에 대해 논의하기도 하였다.

슬픔의 증가이다(Jung et al., 2019). 불안, 긴장, 좌절, 분노나 수치심의 증가도 흔하다(McKeon, 2021).

사고방식의 변화 또한 자살시도에 선행할 수 있다. 사람들은 자신의 문제에 몰두해 관점을 잃고 문제를 효과적으로 해결할 수 있는 유일한 방법이 자살이라고 여길 수 있다(Schreiber & Culpepper, 2020). 종종 이들은 현재의 환경, 문제 또는 기분이 변하지 않을 것이라는 회의적인 믿음인 **무망감**(hopelessness)을 발달시킨다(King, 2021; Hawton et al., 2020). 일부 임상가들은 무망감이 자살의도를 가장 잘 알 수 있는 유일한 지표라고 믿으며, 자살 위험을 평가할 때 무망감의 징후를 찾는 데 특별한 관심을 기울인다.

자살을 시도하는 많은 사람은 문제와 해결책을 경직된 양자택일의 관점으로 보는 **이분법적 사고**(dichotomous thinking)에 빠진다(Shneidman, 2005, 2001, 1993). 사실 Shneidman은 "자살은 내가 할 수 있는 유일한 일이었다"처럼 자살에서 중요한 부분이 '유일한'이라는 부분이라고 했다. 다음 글은 빌딩에서 뛰어내렸으나 생존한 한 여성이 자살 당시의 이분법적 사고를 기술하고 있다. 그녀는 죽음이 고통의 유일한 대안이라고 여겼다.

> 나는 너무 절망적이었어요. 오! 세상에, 저는 이 일을 마주할 수 없다고 느꼈어요. 모든 것이 혼란스러운 끔찍한 소용돌이 같았어요. 그리고 이렇게 생각했어요. '유일하게 할 수 있는 것이 있다. 의식을 잃기만 하면 돼. 그것이 벗어날 수 있는 유일한 방법이다. 의식을 잃는 유일한 방법은 뭔가 적당한 높은 곳에서 뛰어내리는 것이다.'
>
> (Shneidman, 1987, p. 56)

알코올과 다른 약물의 사용

심리부검을 통해 살펴보면 자살을 실시하는 사람들의 약 4 분의 1 정도가 자살시도 당시 술에 취해 있었다(Schreiber & Culpepper, 2020). 술에 더 많이 취할수록 더 치명적인 자살 방법을 사용한다(Park et al., 2017). 음주는 사람들의 억제 능력을 낮추거나 자살시도에 대한 공포를 줄여주고 기저에 있는 공격적인 감정을 해소하거나 판단과 문제해결 능력을 손상시킬 수도 있다(Kim, 2021). 연구에 의하면 다른 종류의 약도 술과 비슷하게 자살과 관련되어 있고, 이는 특히 10대와 성인 초기에 그러하다(Nordentoft et al., 2020). 과도한 약물 복용자들의 자살 완수 가능성은 7배나 더 높다(Conner et al., 2019).

정신장애

자살을 시도하는 사람들이 괴로워하거나 불안할 수 있지만, 반드시 심리장애를 가진 것은 아니다. 그럼에도 불구하고 모든 자살시도자의 대다수는 심리장애를 갖고 있다(King, 2021; Hawton et al., 2020; Schreiber & Culpepper, 2020). 자살시도자의 70%는 심각한 우울장애 또는 양극성장애를, 20%는 만성적인 알코올중독을, 10%는 조현병을 경험하는 것으로 나타났다(Schmutte et al., 2021). 이와 일관되게 이러한 각각의 장애를 가지고 있는 사람들의 20%는 자살을 시도한다(Halverson, 2019). 우울하며 동시에 물질의존 문제를 가진 사람들은 특히 자살충동을 갖기 쉬운 것으로 보인다(Ashrafioun et al., 2020). 불안장애나 PTSD도 자살과 관련이

무망감 현재의 상황, 문제, 또는 기분이 바뀌지 않을 것이라는 비관적 신념

이분법적 사고 문제나 해결법에 대해 이것 아니면 저것의 양자택일의 경직된 관점으로 보는 것

있지만 자살 사례 중 대부분에서는 이런 장애들도 우울장애, 물질사용장애, 조현병과 결합되어 있다(Fox et al., 2021). 제13장에서 소개할 경계성 성격장애를 가진 많은 사람이 자살충동을 갖기 쉬운 경우인데, 이들은 장애의 일부로서 자신에게 해를 가하려고 하거나 자살 제스처를 취한다(Nordentoft et al., 2020).

제6장에서 살펴본 바와 같이 주요우울장애를 가진 사람들은 종종 자살사고를 경험한다. 심지어 우울한 사람들의 기분이 나아질 때 자살 위험은 높은 상태일 수 있다. 사실 심각하게 우울한 사람 중에는 실제로 기분이 나아졌을 때 자살 위험이 증가할 수 있고 자살소망을 실행에 옮기려는 에너지를 더 가질 수 있다. 또한 심한 우울은 심각한 신체적 질병을 가진 사람들의 자살시도에서 중요한 역할을 할 수 있다.

자살시도 직전에 술을 마시거나 약물을 사용하는 많은 사람은 실제로 그 물질을 남용한 오랜 역사를 갖고 있다(Beckman et al., 2019). 물질사용장애와 자살의 기본적인 연관성은 명확하지 않다. 아마도 물질사용장애를 가진 많은 사람의 비극적인 생활방식 또는 물질에 무력하게 갇혀 있다는 느낌은 자살사고를 이끌 수 있다. 다른 방식으로는 제3의 요인, 예를 들면 심리적 고통이나 절망이 물질남용과 자살사고 모두를 야기할 수 있다(Frumkin et al., 2021).

AP Photo/Bebeto Matthews

한 미국인의 성공 이야기 창의성과 기업가 정신에 대해 케이트 스페이드의 이야기보다 더 영감을 주는 이야기는 거의 없다. 스페이드는 애리조나주립대학교에서 언론학을 전공한 후 세계에서 가장 영향력 있는 패션디자이너가 되었다. 초기에는 경쾌한 스타일의 핸드백을 만들었고 선견지명이 있던 스페이드는 결국 의복과 보석에서 향수와 가정생활용품까지 사업을 확장해 30억 달러의 규모를 갖추게 되었다. 그러나 2018년에 스페이드는 수년간 우울증과 불안장애와 싸우다가 56세의 나이로 자신의 삶을 마감하게 되었다.

제12장에서 보게 될 조현병을 가진 사람들은 실제로 존재하지 않는 목소리를 들을 수 있고(환각), 명백히 사실이 아닌 믿음 및 기이한 믿음(망상)을 갖고 있을 수 있다. 조현병을 가진 사람들의 자살은 죽으라고 명령하는 상상의 목소리 또는 자살은 위대하며 고귀한 행위라는 망상에 대한 반응이라는 것이 유력한 견해이다. 그러나 연구에 의하면 조현병을 가진 사람들의 자살은 의기소침, 장애에 사로잡힌 느낌, 앞으로 정신적으로 악화되는 것에 대한 공포가 종종 더 많은 역할을 한다(De Sousa, Shah, & Shrivastava, 2020). 몇 년에 걸쳐 재발한 많은 실직 상태의 젊은 조현병 환자는 이 장애가 자신의 삶을 영원히 방해할 것이라고 믿는다. 다른 환자들은 평균 이하의 생활 조건 속에서 사는 삶을 낙담하기도 한다.

모델링 : 자살의 전염

사람들, 특히 10대들이 자살한 사람을 목격하거나 자살한 사람에 대한 글을 읽은 후에 자살을 시도하는 것은 드문 일이 아니다(King, 2021; Hawton et al., 2020). 아마도 이 사람들은 중요한 문제로 고군분투하는 중이었는데 다른 사람들의 자살이 해결책인 것처럼 보였을 수도 있고, 어쩌면 자살을 생각하는 중이었는데 다른 사람들의 자살이 자신의 자살에 대한 허락 또는 자살을 행동에 옮기도록 마지막으로 설득하는 셈으로 보일 수도 있다. 어떤 것이든 한 사람의 자살행동은 분명히 다른 사람에게 **모델**이 된다. 가족이나 친구의 자살, 유명인의 자살, 직장 동료나 동기의 자살은 특히 흔한 촉발 요인이다.

가족과 친구 최근의 가족이나 친구의 자살은 자살시도 가능성을 증가시킨다(King, 2021). 물론 가족이나 친구의 죽음, 특히 그것이 자살이라면 이는 삶을 변화시키는 사건이며, 자살사고나 시도는 그러한 외상이나 상실감에 크게 좌우될 수 있다. 실제로 이러한 상실은 생존하는 친척과 친구들에게 수년간 계속될 수 있는 자살 위험의 증가를 포함해 평생 동안 영향을 미친

흥미로운 이야기

높아진 위험

몇몇 연구에 따르면 생일은 자살의 높은 위험과 관련이 있다. 사람들은 자신의 생일에 자살을 유의하게 더 시도하는 것으로 보인다(Soreff, 2019b).

다(Schreiber & Culpepper, 2020). 그러나 연구자들이 이러한 문제를 배제한 경우에도 최근에 자살한 사람의 친척과 친구들에게 자살 위험이 증가하는 것을 발견했다. 이러한 추가적인 위험 요소를 종종 **사회적 전염 효과**(social contagion effect)라 한다.

유명인 연예인, 정치인 및 그 밖에 널리 알려진 사람들의 자살 이후에는 국가 전역에서 자살의 수가 이례적으로 증가한다. 예를 들면 2014년 로빈 윌리엄스의 자살 이후 그리고 1963년 마릴린 먼로의 자살 이후 몇 주 동안 미국 내 자살률은 16% 이상 증가하였다(Whitley et al., 2019; Phillips, 1974).

어떤 임상가들은 더 책임감 있는 보도가 유명인의 자살이나 그 외 공론화된 자살의 영향력을 줄일 수 있다고 주장한다(Posselt, McIntyre, & Procter, 2021; Hawton et al., 2020). 커트 코베인의 자살을 언론이 어떻게 다루었는지를 보면 조심스러운 보도 자세를 발견할 수 있다. 자살 당일 저녁, MTV 방송사는 "자살하지 마세요!"라는 주제를 반복해서 방영했다. 사실 많은 젊은 사람들은 코베인의 죽음 이후 몇 시간 동안 MTV와 다른 라디오 및 텔레비전 방송국에 전화해서 화가 나고 두렵다고 했다. 어떤 경우는 자살을 생각하고 있다고도 했다. 어떤 언론사는 전화를 거는 사람들에게 자살예방센터의 연락처를 공지하거나 자살 전문가와의 인터뷰를 공개하고 상담 및 조언을 직접적으로 제공해주기도 하였다. 아마도 이러한 노력 덕분에 코베인 죽음 이후 코베인이 살았던 시애틀과 여러 지역에서는 기존의 자살률이 유지되었다(Colburn, 1996).

동료와 동기 학교, 직장, 또는 작은 지역사회에서 자살이 발생하면 이것이 구두로 전해지면서 자살시도를 촉발할 수 있다. 예를 들어 미국 해군훈련학교에서 신병이 자살하자 2주 이내에 또 다른 자살이 발생했으며 학교에서도 자살시도가 뒤따랐다. 자살이 전염되는 것을 예방하기 위해서 학교는 자살에 대한 직원 교육 프로그램을 시작했고 자살한 사람과 가까웠던 신병들에게 집단치료 회기를 진행했다(Grigg, 1988). 오늘날 모든 연령의 사람들을 위해서 많은 학교가 학생이 자살한 후에 이런 종류의 프로그램을 시행한다(SPRC, 2020b). 임상가들은 이러한 자살 사후 프로그램을 종종 **사후 개입**(postvention)이라고 부른다(McKeon, 2021).

행복한 연기 초대형 스타이며 코미디언이자 배우였던 로빈 윌리엄스의 팬들은 그가 2014년 목을 매 자살하자 큰 충격에 빠졌다. 윌리엄스는 분명 우울증, 초기 파킨스병, 루이소체병이라고 불리는 신경인지장애로 고생하고 있었다.

Kevin Winter/Getty Images

요인 결합하기

우리가 살펴본 요인 중 하나가 자살을 촉발할 수 있을지 몰라도 관련 연구에 따르면 요인이 결합되었을 때 훨씬 더 큰 영향력을 가진다. 예를 들어 최근의 연구에서는 양극성장애의 우울 삽화를 경험하는 사람의 경우 자살률이 높아진다는 것을 발견했는데, 특히 양극성장애 환자가 비고용 상태, 이혼, 독거, 무망감, 물질남용이 있을 경우 자살률은 더 높아졌다(Miller & Black, 2020). 또한 평균적으로 이런 요인이 많을수록 자살행동을 추구하는 경향성은 더 커진다.

지역사회 규모의 외상은 종종 우울, 불안, 심각한 경제적 손실, 사회적 고립, 심각한 의학적 문제를 야기하기 때문에 지역사회의 외상은 지역 거주민의 특별히 높은 자살률을 야기하는 것으로 보인다. 예를 들어 지역사회의 질병이 발생하면 자살률이 치솟는 양상을 전형적으로 볼 수 있다(Panayi,

2020; Sher, 2020). 놀랍지 않게 일부 임상 이론가들이 '더 할 수 없이 나쁜 상황'이라고까지 부르는 COVID-19 팬데믹 시기에는 자살예방센터로 걸려오는 전화 또는 문자의 수가 엄청나게 늘어나서 300%보다 더 높은 증가를 보였다(Brown & Schuman, 2021; Abbott, 2020; KYODO, 2020).

흥미로운 이야기

놀랄 만한 비교 1

매년 미국에서는 자동차 사고로 죽는 사람들의 수(3만 8,800명)보다 더 많은 사람이 자살(4만 8,344명)로 죽는다(AFSP, 2020a; NSC, 2020b).

요약

무엇이 자살을 촉발하는가

많은 자살행위는 한 사람의 생애에서 현재의 사건이나 상황에 의해서 촉발된다. 자살행위는 사랑하는 사람의 상실과 직장 상실 같은 최근의 스트레스, 또는 심각한 질병, 혐오적인 환경, 직업 스트레스와 같은 장기적인 스트레스에 의해 촉발될 수 있다. 기분이나 사고의 변화가 자살행동에 선행할 수 있는데, 특히 무망감이 증가한다. 또한 술이나 다른 종류의 물질사용, 정신장애, 다른 사람의 자살 소식은 자살시도에 선행할 수 있다. 이런 다양한 촉발 요인의 결합은 자살 위험률을 더 증가시킨다.

자살의 기저에 있는 원인은 무엇인가

어려운 상황에 직면한 대부분의 사람은 결코 자살을 하지 않는다. 왜 어떤 사람은 다른 사람보다 자살하기 쉬운지를 이해하기 위한 노력 속에서 이론가들은 이 장의 앞부분에서 고려한 즉각적인 촉발 요인보다 자기 파괴적 행동에 대한 더 근본적인 설명을 제시해왔다. 유망한 이론이 정신역동적, 사회문화적, 생물학적 관점에서 나왔다. 그러나 이런 가설의 일부는 제한된 연구적 지지를 받았으며 자살행동 전체를 설명하는 데는 실패했다. 따라서 현재 임상 현장에서는 자살에 대한 만족스러운 이해가 부족한 상황이다.

정신역동적 관점

많은 정신역동 이론가는 자살은 우울의 결과이며 타인에 대한 분노가 자신에게로 돌려진 결과라고 믿는다. 비슷한 맥락으로 유명한 정신건강의학 전문의 Karl Menninger는 자살을 '180도 회전한 살인'이라고 불렀다.

제6장에서 읽었듯이 Freud(1917a)와 Abraham(1916, 1911)은 사랑하는 사람의 실제적 또는 상징적 상실을 경험할 때 상실한 사람을 '내사(introject)'하게 된다. 즉 사람들은 무의식적으로 그 사람을 자신의 정체감의 일부로 포함하고 그 대상에 대해서 느꼈듯이 자신에 대해서도 느낀다고 제안했다. 잠시 동안 사랑하는 대상을 향한 분노는 자신을 향한 강한 분노로 바뀌어 결국 우울이 된다. 자살은 자기 증오와 자기 처벌의 극단적인 표현이라고 생각할 수 있다.

Freud의 견해를 지지하는 증거로, 연구자들은 실제적이든 상징적이든 아동기 상실과 이후 자살행동의 관련성을 자주 발견했다(Islam et al., 2020). 예를 들면 200개의 가족사를 다룬 고전적 연구에서 초기 부모의 상실은 자살하지 않은 사람들(24%)보다 자살한 사람들(48%)에게서 더 흔하다는 것을 발견했다(Adam, Bouckoms, & Streiner, 1982). 상실의 흔한 형태는 아버지의 사망, 부모의 이혼이나 별거였다. 유사하게 343명의 우울한 사람을 대상으로 한 연구에서 어렸을 때 부모가 거부하거나 방치했다고 느낀 사람들은 성인이 되었을 때 자살을 시도할 가능성이 다른 사람들보다 더 높았다(Ehnvall et al., 2008).

Freud는 자신의 경력 후반기에 인간은 '죽음의 본능'을 갖고 있다고 제안했다. 그는 이 본능을 **타나토스**(Thanatos)라고 불렀고, '삶의 본능'과 반대라고 하였다. Freud에 의하면 대부분의 사람들은 죽음의 본능이 타인을 향하도록 그 방향을 바꾸는데 자살한 사람들은 자기 분노의

Sam Simmonds/Polaris Images/Newscom

"살아야 할 이유가 있어요" 유명 요리사이자 작가 겸 세계 여행가인 앤서니 보데인은 한 잡지 인터뷰에서 이렇게 말한 몇 달 후인 2018년 어느 날 목을 매 자살했다. 그의 친구들과 임상가들은 이 61세 남성이 자살할 당시 우울한 상태였다고 결론을 내렸다.

그물에 갇혀 죽음의 본능이 자신을 향하게 한다.

사회학적 발견은 자살에 대한 Freud의 설명과 일치한다. 국가의 자살률은 전쟁 기간에는 하락하는 것으로 나타났는데(Nordentoft et al., 2020), 누군가는 전쟁 때 자기 파괴적인 에너지가 '적군'을 향하기 때문이라고 해석하기도 한다. 덧붙여 세계의 많은 지역에서 높은 타살률을 가진 사회는 자살률이 낮은 경향이 있으며, 또한 타살률이 낮은 사회는 자살률이 높은 경향이 있다(Bills & Li, 2005). 그러나 자살한 사람들이 사실은 강렬한 분노 감정에 지배당한다는 것이 연구에서 확립되지는 못하였다.

말년에 Freud는 자신의 자살 이론에 불만을 표현했다. 다른 정신역동 이론가들 또한 여러 해 동안 Freud의 생각에 도전하였으나 상실과 자기를 향한 공격성의 주제는 일반적으로 대부분의 정신역동적 설명의 중심에 남아 있다(Soreff, 2019a).

Durkheim의 사회문화적 관점

19세기 말 무렵 사회학자인 Emile Durkheim(1897)은 자살행동에 대한 광범위한 이론을 발달시켰다. 오늘날 그의 이론은 여전히 영향력이 있으며, 종종 연구에서 지지를 받고 있다(Bastiampillai et al., 2020). Durkheim에 의하면 자살의 가능성은 개인이 가족, 종교기관 및 지역사회와 같은 사회적 집단에 얼마나 소속되어 있느냐에 의해 결정된다. 개인이 철저하게 소속되어 있을수록 자살의 위험은 더 낮아진다. 역으로 사회와의 관계가 빈약한 사람들은 자살할 위험이 더 크다. 그는 자살을 몇 가지 범주, 즉 **이기적 자살**, **이타적 자살**, **아노미적 자살**로 구분하여 정의하였다.

Walt Disney Studios Motion Pictures/Photofest

다른 사람들을 위한 일을 하던 중에… Emile Durkheim에 따르면 다른 사람들을 위해 자신을 의도적으로 희생하는 사람은 이타적 자살을 한다고 한다. 2016년 영화 '로그 원 : 스타워즈 스토리(Rogue One)'에서 진 어소는 행성을 파괴할 수 있는 강력한 무기인 데스 스타의 도면을 손에 넣기 위해 '자살 임무'를 수행할 반란군 자원봉사자를 이끌었다. 진과 그 집단은 승리하고 결국 은하계를 구하게 되지만 그 과정에서 그들 모두가 죽었다. 물론 알고 한 것이지만 말이다.

이기적 자살은 자신이 속한 사회의 통제력이 거의 또는 전혀 미치지 않는다. 이 사람들은 사회의 규준이나 규칙에 관심이 없으며 사회구조에 통합되지 않는다. Durkheim에 의하면 고립되어 있거나 소원해 있거나 비종교적인 사람들이 이기적 자살을 하기 더 쉽다. 사회에 이런 사람들이 많을수록 그 사회의 자살률은 더 높아진다.

대조적으로 **이타적 자살**은 사회구조에 잘 통합되어서 사회의 안녕을 위해서 의도적으로 자신의 삶을 희생하는 사람들이 하는 자살이다. 제2차 세계대전 당시 적의 선박을 향해 전투기를 타고 돌진한 일본의 가미가제 조종사, 베트남전쟁에 분신으로 저항한 불교 승려와 여승, 학교에서 일어난 총기난사 사건에서 범인이 학생들을 찾지 못하도록 막으면서 살해된 교사는 이타적 자살을 한 것일 수 있다. Durkheim에 의하면 동아시아 사회가 그렇게 하는 것처럼 타인을 위해 자신을 희생하고 자신의 명예를 지키도록 사람들을 고무시키는 사회에서 이런 자살률이 더 높을 수 있다.

Durkheim이 제안한 또 다른 범주인 **아노미적 자살**은 가족, 종교 등이 안정적인 구조를 제공해주고 지지해주며 삶에 의미를 부여하는 데 실패한 사회 환경에 있는 사람들이 한다. **아노미**(문자 그대로 '법 없는')라고 불리는 사회적 조건은 개인이 소속감을 갖지 못하게 한다. 사회구조를 거부하는 사람의 행동인 이기적 자살과 달리 아노미적 자살은 비조직화되고 부적절하고 종종 부패한 사회에 실망한 사람들이 하는 행위이다.

왜 과거에 마을과 국가는 자살을 시도한 사람과 그 친척을 처벌하고 싶어 했던 것일까?

Durkheim은 사회가 아노미 시기를 겪으면 자살률은 증가한다고 주장했다(Nordentoft et al., 2020; Ibrahim et al., 2019). 역사적인 경향은 이 주장을 지지한다. 경제적 불황기에는 국가에 어느 정도의 아노미가 발생하는데, 이 시기에 국가의 자살률이 증가하는 경향이 있다. 인구 변화와 이민 증가의 시기 또한 아노미 상태를 가져오는 경향이 있고, 이때도 자살률이 증가한다.

일반적인 사회 문제보다는 개인이 당면한 주변 환경의 큰 변화가 아노미적 자살을 가져올 수도 있다. 예를 들면 갑자기 많은 돈을 상속받은 사람들은 사회적·경제적·직업적 구조와 자신과의 관계가 변하기 때문에 아노미 시기를 겪을 수 있다. 따라서 Durkheim은 개인적인 부나 지위가 변화할 기회가 더 많은 사회는 자살률이 더 높을 것이라고 예견하였고, 이 예언 또한 연구에서 지지되었다(Holligan & McLean, 2019; Cutright & Fernquist, 2001). 반대로 사회로부터 격리되어 감옥과 같은 환경에 있게 된 사람들은 아노미를 경험할 수 있다. 앞서 읽은 바와 같이 이 사람들의 자살률이 높아진다는 것은 연구에서 확인되었다.

비록 오늘날의 사회문화 이론가들이 항상 Durkheim의 특정 의견을 수용하는 것은 아니지만 대인관계적 변인, 사회구조와 문화적 스트레스가 자살에서 종종 중요한 역할을 한다는 데는 대부분이 동의한다. 다음에서 소개되는 Thomas Joiner의 최근 연구가 대표적인 예시이다.

Thaier Al-Sudani/Reuters

이타적 자살? 자살폭탄을 가진 사람의 진흙 조각상이 바그다드의 한 미술관에 전시되어 있다. 몇몇 사회학자들은 이런 폭파범은 Durkheim이 말한 이타적 자살의 정의에 부합한다고 믿는다. 자신이 속한 사회의 안녕을 위해 자신을 희생한다고 폭파범 스스로가 믿기 때문이다. 그렇지만 다른 이론가들은 이런 폭파범들 다수는 자신이 희생시킨 무고한 생명에 대해서는 무관심하다는 점을 지적하면서 이들을 이타심보다는 증오에 의해 동기가 부여된 대중살인범으로 분류한다.

대인관계적 관점

10년 이상 동안 임상 연구가인 Thomas Joiner와 동료들은 **자살의 대인관계 이론**(inter-personal theory of suicide)을 개발하였다(Duffy et al., 2020; Joiner et al., 2017; Joiner, 2009, 2005). 대인관계심리학 이론(interpersonal-psychological theory)이라고도 불리는 이 관점은 사람이 지각된 부담감과 좌절된 소속감이라는 두 가지 핵심 대인관계 신념을 가지고 있고 그와 동시에 자살을 실행할 만큼의 심리적 역량(이전 경험에서 얻은 것)이 있을 때 자살을 추구하는 경향을 보일 것이라고 주장하였다. 이 이론은 앞서 살펴본 다른 요인의 중요성을 간과하는 것은 아니다. 그러나 Joiner는 지각된 부담감, 좌절된 소속감, 습득된 역량이 부재하면 다른 요인은 자살행동을 야기하지 않을 것이라고 한다.

이 이론에 따르면 지각된 부담감을 가진 사람들은 자신의 존재가 가족, 친구들, 심지어 사회에까지 무겁고 영원한 짐이 되고 있다고 믿는다. 이 신념, 정확하게는 이 부정확한 신념은 '나의 가족과 친구들에게 나의 죽음은 나의 삶보다 더 가치가 있다'는 생각을 유도한다.

좌절된 소속감을 가진 사람들은 고립된, 다른 사람들과 동떨어진 느낌을 가지는데, 이는 가족이나 사회 네트워크에 통합되지 않는 느낌이다. 그들의 사회적 단절감은 때로 과장된 것일 수도 있고 때로 정확한 것일 수도 있지만 어찌 되었든 이런 느낌은 지속적이고 불변하고 폐쇄적이다.

연구에 따르면 이런 대인관계적 관점을 모두 가지고 있는 사람들은 자살하고 싶은 **욕구**를 가지게 된다(Duffy et al., 2020). 그러나 이런 사람들은 이 이론에서 말하는 제3의 요인이 없다면 자살을 감행하지 않는다는 연구도 있다. 바로 자신에게 치명적인 해를 끼치는 심리적 능력이다(Bauer et al., 2020).

자살의 대인관계 이론 지각된 부담감, 좌절된 소속감, 자살을 수행하기 위한 심리적 역량을 갖춘 사람들이 자살을 더 시도한다는 이론. '대인관계심리학 이론'이라고도 한다.

Joiner에 따르면 우리 모두는 살아가고 스스로를 유지하려는 동기가 있다. 그런데 어떤 사람들에게는 이런 동기가 약한데, 이는 학대, 외상, 심각한 질환 등 고통스럽고 무서운 경험

흥미로운 이야기

놀랄 만한 비교 2

매년 미국에서는 살인으로 죽는 사람들의 수(1만 6,214명)보다 더 많은 사람이 자살(4만 8,344명)로 죽는다(McKeon, 2021; AFSP, 2020a).

에 반복해서 노출된 결과이다. 이러한 경험을 반복하게 되면 이런 사람들은 고통에 대한 내성이 높아지고 죽음에 대한 두려움이 없어질 수 있다(Soberay et al., 2021; Kramer et al., 2020). Joiner의 용어로 하자면 이런 사람들은 자살행동을 할 수 있는 심리적 능력을 갖추게 되는 것이다.

청소년에서 노년기까지 여러 대상자를 대상으로 한 연구를 보면 지각된 부담감, 좌절된 소속감, 습득된 자살 역량을 복합적으로 가진 사람들은 이런 특성이 없는 사람들에 비해 자살시도의 가능성이 유의하게 높다(Rogers, Joiner, & Shahar, 2020; Rogers & Joiner, 2019). 이후의 연구는 이 세 가지 특징이 실제로 자살행동을 이끌어낼 것인지, 언제 이끌어낼 것인지를 결정하는데, 앞에서 언급했던 비관적인 신념인 **무망감**이 기여할 수 있다는 점을 밝혔다(Wolford-Clevenger et al., 2020).

이런 요인이 민간인 자살에 분명한 관련이 있다고 밝혀졌지만, 민간인 자살의 2배에 이르는 군인 자살을 설명하는 이 이론의 힘은 임상 연구자들의 흥미를 유발했다. 연구에 따르면 군 훈련 및 전투의 특성과 영향 때문에 많은 군인과 참전용사들은 결국 그들이 가족에게 짐이 되고(지각된 부담감), 민간인의 삶에 통합되기 어려우며(좌절된 소속감), 폭력성에 익숙해지는(습득된 자살 역량) 느낌을 가지게 된다. 마찬가지로 이런 사람들은 종종 자살사고를 가지게 된다는 것이 밝혀졌다(Kramer et al., 2020).

생물학적 관점

여러 해 동안 생물학 연구자들은 자살한 사람의 부모와 가까운 친척의 자살률은 자살하지 않은 사람의 부모와 가까운 친척보다 더 높다는 것을 반복해서 발견하였다(Rossi et al., 2020; Wang et al., 2017). 또한 연구는 자살 희생자들의 일란성 쌍생아가 이란성 쌍생아보다 높은 자살률을 보인다는 점을 발견하였다.

실험실 연구는 자살의 생물학적 관점을 훨씬 더 직접적으로 지지해주었다. 연구의 한 가지 흐름은 **세로토닌**에 초점을 두고 있다. 자살을 한 사람들은 이 신경전달물질의 활동 수준이 낮았다(Wei et al., 2020; Kennebeck & Bonin, 2020, 2019). 또한 뇌 스캔을 해보면 자살을 한 사람들의 낮은 세로토닌 활동은 우울과 관련된 뇌 회로 전반의 역기능과 관련이 있음을 알 수 있었다(186~189쪽 참조). 얼핏 보면 이런 연구 결과는 우울한 사람들이 종종 자살을 시도한다는 것만 이야기해주는 것 같다. 어쨌든 우울은 그 자체로 낮은 세로토닌 수준 그리고 우울과 관련된 뇌 회로의 역기능과 관련이 있다. 반면에 심지어 우울한 병력이 없는 자살자 중에도 낮은 세로토닌 활동 수준과 뇌 회로의 역기능을 보인다는 증거가 있다(Mann & Currier, 2020). 즉 낮은 세로토닌 활동 수준과 뇌 회로 역기능은 우울과는 별개로 자살에 역할을 하는 것으로도 보인다.

자살은 때때로 가계에 전달된다. 임상가와 연구자들이 이런 가족 양상을 어떻게 설명할 수 있을까?

공격성이 열쇠인가? 생물학 이론가들은 낮은 세로토닌 활동과 좋지 않은 뇌 회로 기능에 의한 높은 공격성과 충동성이 자살의 주요 핵심 요인이라고 믿는다. 2007년 프로 레슬링 챔피언인 크리스 벤와(오른쪽)는 자신의 아내와 아들을 죽이고 스스로 목을 매달았는데, 이 비극적 사건은 이 이론에 부합하는 것으로 보인다. 게다가 독성학 보고서에 따르면 벤와의 체내에서 공격성과 충동성을 유발한다고 알려진 약물인 스테로이드가 발견되었다.

J. Shearer/Getty Images

그렇다면 세로토닌과 뇌 회로의 이상은 어떻게

자살행동의 가능성을 높이게 될까? 한 가지 가능성은 그 두 특징이 공격적이고 충동적인 행동에 기여한다는 점이다. 예를 들어 공격적이고 충동적인 남성(방화와 살인을 저지른 사람들 포함)은 그렇지 않은 남성보다 더 낮은 세로토닌 활동, 더 나쁜 뇌 회로 기능을 보였고, 이런 결과는 낮은 세로토닌 활동과 뇌 회로의 역기능이 공격성과 충동적 행동을 유발할 수도 있다는 것을 시사한다(Mann & Currier, 2020; Kästner et al., 2019). 임상적 수준으로 우울한 사람들에게 이 생물학적 이상은 자살사고와 행동에 특별히 취약하게 만드는 공격적인 성향을 이끌어낼 수도 있다. 그러나 우울장애가 없더라도 세로토닌 활동이 낮고 뇌 회로의 역기능을 보이는 사람들은 자신이나 타인에게 위험한 공격적인 감정을 발달시킬 수도 있다.

흥미로운 이야기

경제적 영향

미국에서 자살에 소요되는 연간 비용(임금 및 생산력 손실)은 690억 달러에 이른다(AFSP, 2020a).

요약

자살의 기저에 있는 원인은 무엇인가

정신역동, 사회문화 및 생물학 모델이 자살 이론을 이끌고 있다. 정신역동 이론가들은 자살이 대개 우울과 자기를 향한 분노의 결과라고 믿는다. Emile Durkheim의 사회문화 이론은 개인이 사회와 맺는 관계에 근거해서 자살을 세 가지 범주, 즉 이기적 자살, 이타적 자살, 아노미적 자살로 정의한다. 더 최근의 이론인 대인관계 이론에서는 지각된 부담감, 좌절된 소속감, 자살을 수행할 수 있는 심리적 역량을 가진 사람들이 자살을 수행할 가능성이 더 높음을 제시하였다. 생물학 이론가들은 낮은 세로토닌 활동과 우울과 관련된 뇌 회로의 이상이 자살에 기여한다고 제시하였다.

자살은 연령과 관련이 있는가

모든 연령층의 사람들이 자살을 시도할 수 있다. 그러나 자살 가능성은 중년기까지 나이가 들어감에 따라 꾸준히 증가하다가 노년기 초기에는 감소하고 이어 75세부터 다시 증가한다(그림 7.2 참조). 미국에서는 현재 해마다 15세 이하에서 10만 명 가운데 1명이 자살을 하고, 15~24세는 10만 명 중 14명, 25~44세는 10만 명 중 18명, 45~64세는 10만 명 중 20명, 65~74세는 10만 명 중 16명, 75세 이상은 10만 명 중 19명이 자살을 한다(AFSP, 2020a). 중년의 예외적인 자살률은 비교적 최근의 현상이며 완전히 이해되지 않는다(Schreiber & Culpepper, 2020).

임상가들은 아동, 청소년, 노인, 이 세 연령집단의 자기 파괴적 행동에 특히 주의를 기울인다. 비록 이 장 전반에 걸쳐 논의된 자살의 특징과 이론이 모든 연령집단에 적용되지만 각 집단은 그 구성원들의 자살행위에 중요한 역할을 할 수 있는 독특한 문제를 갖고 있다.

아동

과거 수십 년에 걸쳐 증가하고 있지만 아동의 자살은 드물다(Schreiber & Culpepper, 2020). 11세 이하의 아동에게서 100만 명 중 1명이 자살을 한다. 이 비율은 11~14세에는 10만 명 중 2명으로 증가하고, 15~19세 청소년에 이르면 10만 명 중 8명이 된다(Kennebeck & Bonin, 2020, 2019). 게다가 100명 중 9명에 이르는 아동이 자해를 시도하는 것으로 추정되고 매년 수천 명의 아동이 스스로가 유발한 자상, 열상, 화상, 총상, 약물 과다복용, 높은 곳에서 뛰어내리기와 같은 의도적인 자기 파괴적 행위로 입원한다(DeVille et al., 2020).

연구자들은 연령이 낮은 아동의 자살시도에는 흔히 가출, 사고 성향

그림 7.2

자살과 연령

미국에서 자살률은 중년까지 증가하다가 노년이 시작되는 첫 10년간 떨어진 후 74세를 넘어서면서 다시 상승한다. (출처 : AFSP, 2020a)

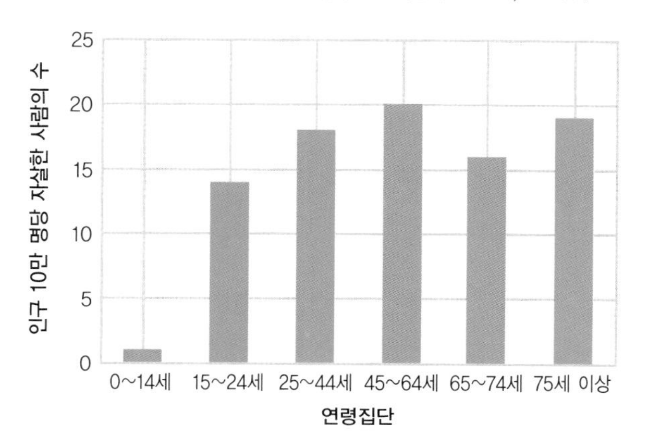

Dermot Blackburn/Alamy Stock Photo

아이들도 위험하다 아일랜드 벨파스트에서의 이 집회와 같이 자살인식집회는 종종 모든 연령이 참여한다.

(accident-proneness), 공격적인 행동화, 떼쓰기, 자기비난, 사회적 철수와 외로움, 타인의 비평에 극도로 민감함, 낮은 좌절 감내력, 수면 문제, 어두운 공상, 백일몽 또는 환각, 뚜렷한 성격 변화, 죽음과 자살에 대한 압도적인 관심과 같은 행동방식이 선행한다는 것을 발견하였다(Rodway et al., 2020; Bayless, 2019). 연구자들은 아동의 자살과 최근 또는 예기된 사랑하는 대상의 상실, 가족 스트레스와 부모의 실업, 부모에 의한 학대, 또래에 의한 괴롭힘(예 : 따돌림) 및 임상적인 수준의 우울증 등의 관련성을 연구해왔다(Kennebeck & Bonin, 2020, 2019).

대부분의 사람들은 아동이 자살행동의 의미를 완전히 이해할 것이라고 믿지 않는다. 사람들은 아동의 사고가 매우 제한되어 있기 때문에 자살을 시도한 아동은 천국에서 어머니와 다시 만나고자 했던 드메인의 예처럼 Shneidman의 '죽음의 무시자' 범주에 해당한다고 주장한다(Kennebeck & Bonin, 2020, 2019). 그러나 많은 아동 자살은 죽음에 대한 분명한 이해와 죽고자 하는 분명한 소망에 근거한 것으로 보인다(Pfeffer, 2003). 게다가 심지어 정상적인 아동의 자살사고도 대부분의 사람들이 믿는 것보다 더 흔하다. 학령기 아동과의 임상 면담에서 11~33%의 아동이 자살을 생각한 적이 있는 것으로 나타났다(DeVille et al., 2020; Riesch et al., 2008).

청소년

사랑하는 엄마, 아빠 그리고 그 밖의 모든 사람에게,

제가 한 짓에 대해서 미안해요. 그러나 저는 당신들을 모두 사랑하고 항상, 영원히 사랑할 거예요. 제발, 제발, 제발 제 죽음에 대해서 자신을 비난하지 마세요. 제 잘못이지 당신의 잘못이 아니고, 어느 다른 누구의 잘못도 아니에요. 만일 제가 지금 이렇게 하지 않는다면 저는 나중에라도 어떻게든 했을 거예요. 우리 모두는 언젠가는 죽어요. 저는 단지 좀 더 빨리 죽는 거예요.

사랑해요.

–존

(Berman, 1986)

위에 묘사된 17세 존의 자살처럼 어린 연령에서의 자살행동은 13세 이후가 되면 훨씬 더 흔해진다. 공식적인 기록에 의하면 미국에서 해마다 15~19세 사이의 10대 10만 명 중 8명이 본인의 삶을 끝낸다(Kennebeck & Bonin, 2020, 2019; Nock et al., 2013). 또한 10대의 17%가 심각한 자살사고를 하며, 7%는 실제로 자살을 시도한다(McKeon, 2021; AFSP, 2020a; AHR, 2020a). 젊은이들 사이에서는 치명적인 병이 드물기 때문에, 사고 다음으로 자살이 10대의 두 번째 사망 원인이다(CDC, 2020a). 전체 청소년 사망의 약 18%가 자살의 결과이다(Stibich, 2020b). 게다가 청소년 자살은 계속 증가하고 있는 것으로 보인다(Kalb et al., 2019; Miron et al., 2019). 지난 5년 이상 자살과 관련된 이유로 청소년이 응급실을 방문하는 비율이 3배 증가하였다. 초기 청소년기 소녀들이 자살을 완수하는 비율은 급격히 높아지고 있다(Ruch et al., 2019).

10대 자살의 절반 이상이 다른 연령집단에 있는 사람들처럼 임상적인 우울, 낮은 자존감 및 무력감과 관련이 있다. 그러나 자살을 시도하는 많은 10대들은 분노와 충동성으로 고생하거나 심각한 알코올이나 약물 문제를 갖고 있는 것으로 나타났다(Kennebeck & Bonin, 2020, 2019; Schreiber & Culpepper, 2020). 일부 10대들은 문제를 처리하고 해결하는 능력에 결함이 있다.

자살을 고려하거나 시도하는 10대는 종종 큰 스트레스를 겪고 있다(King, 2021). 이들은 부모와의 빈약한 관계 또는 관계 부재, 가족 갈등, 부적절한 또래관계, 사회적 고립 및 반복되는 따돌림 등과 같은 장기간의 압박을 겪는 중일 수 있다(O'Reilly et al., 2021). 실제로 따돌림의 피해를 경험한 10대들이 다른 10대들보다 최소 2배 이상의 자살사고를 보인다. 또한 10대의 행동은 좀 더 즉각적인 스트레스, 예를 들면 부모의 실업이나 질병, 가정경제의 곤란 등에 의해 촉발될 수도 있다. 실연, 친구와의 결별 등과 같은 최근의 대인관계 상실은 자살을 시도하는 10대에게 흔한 사건이다. 학교에서의 스트레스 또한 자살을 시도하는 10대에게 특히 흔한 문제인 것 같다. 일부 10대는 학교를 지속적으로 다니는 데 어려움이 있는 반면, 다른 10대는 완벽해지고 학업에서 최고를 유지하기 위해 압박을 느끼는 우수한 성취자일 수도 있다.

특수한 스트레스를 받는 집단으로 LGBTQ 청소년이 있다. 그들은 학대, 편견, 낙인, 따돌림을 포함한 또래 괴롭힘 피해 등을 종종 경험한다(Williams et al., 2021). 많은 경우 비 LGBTQ 청소년들처럼 부모의 수용을 받는 것에 실패한다. 연구에 따르면 LGBTQ 10대들이 다른 10대보다 자살사고와 자살시도를 할 위험이 3배에 달한다(CDC, 2020w).

일부 이론가들은 청소년 시기 자체가 스트레스가 많은 환경을 낳으며 자살행동은 이런 환경에서 더 많이 발생한다고 믿는다. 청소년기는 종종 갈등, 우울감, 긴장 및 가정과 학교에서의 어려움으로 얼룩진 급성장기이다. 청소년은 다른 연령의 사람들보다 사건에 더 민감하고 분노에 차서 극적으로 그리고 충동적으로 반응하는 경향이 있다. 따라서 스트레스 기간 동안 자살 행위에 가담할 가능성은 증가한다(Carballo et al., 2019). 마지막으로 자살을 시도한 타인을 포함하여 타인을 모방하려는 청소년의 열망과 피암시성은 자살행동의 기초가 될 수 있다(King, 2021; Kennebeck & Bonin, 2020, 2019). 한 연구에 따르면 지난 1년 동안 지인 또는 친척의 자살에 노출된 청소년은 이런 종류의 노출이 없었던 청소년에 비해 더 높은 자살시도율을 보였다(Swanson & Colman, 2013). 소셜네트워크 플랫폼에서 알게 된 사람들(한 번도 만난 적이 없는 사람 포함)의 최근 자살 또한 많은 젊은 사용자의 자살시도율을 높일 수 있다(Hawton et al., 2020; Briggs, Slater, & Bowley, 2017).

10대의 자살 : 시도 대 완결 자살을 시도한 10대가 실제로 자살한 10대보다 훨씬 더 많은데, 대부분의 전문가들에 따르면 그 비율이 최소 100 : 1이고 최대 200 : 1에 이르는 것으로 보인다(Kennebeck & Bonin, 2020, 2019; Schreiber & Culpepper, 2020). 반대로 노년기의 자살시도는 실제 사망으로 이어지기 쉽다(AHR, 2020b). 특히 많은 수의 비치명적 자살시도를 하는 10대는 자살을 시도하는 중년과 노인에 비해 확신이 덜하다는 것을 의미한다. 어떤 경우는 실제로 죽기를 원하지만, 많은 경우 단순히 자신이 얼마나 필사적인지를 다른 사람들이 이해해주기 원하거나 다른 사람의 도움을 원할 수도 있고 다른 사람을 벌주기를 원할 수도 있다(Apter & Wasserman, 2007). 10대 자살시도자 중에서 추후에 다시 자살을 시도하는 경우는 절반에 이르며, 무려 14%는 결국 자살로 죽는다(NASP, 2019; Horwitz, Czyz, & King, 2014).

10대(또는 젊은 성인)의 자살시도율은 왜 이렇게 높은가?

흥미로운 이야기

제한된 도움

자살을 시도하는 55% 이상의 10대들은 자살 행동이 일어나기 전에 어떤 형태로든 치료를 받는다. 그러나 그 치료는 다음 시도를 막기에는 역부족이다(Nock et al., 2013).

루머의 루머의 루머 넷플릭스 인기 드라마 '루머의 루머의 루머(13 Reasons Why)'에서 해나 베이커는 심각하게 자신의 손목을 긋는다. 해나가 자살한 후에 자살을 한 13개의 이유가 녹음된 오디오 테이프를 같은 반 친구들이 손에 넣게 된다. 드라마는 10대 자살에 대한 인식을 고양하고 이 주제에 대한 또래-또래 간, 10대-부모 간 대화를 촉진했다. 그러나 이 드라마가 방영된 후 몇 달 동안 '자살로 죽는 법'이라는 검색량이 26%나 증가했다(Ayers et al., 2017). 또한 실제 10대가 자살을 수행한 비율도 13~29%까지 증가했다(Bridge et al., 2020; Niederkrotenthaler et al., 2019). 결과적으로 이 드라마의 제작자는 나중에 해나가 목숨을 끊는 장면을 편집했다.

AP Photo/Michael Albans

지속되는 경향 아메리카 원주민의 자살률은 국가 평균보다 훨씬 더 높다. 이 사진에서는 몬타나의 포트펙 원주민 보호구역에 있는 중학교에서 젊은 자살 희생자들을 위한 기념식이 열리고 있다.

대부분 사회적 요인을 거론하는 몇 가지 설명이 제기되었다. 첫째, 전체 인구에서 10대와 젊은 성인이 차지하는 수와 비율이 상승함에 따라 직업, 대학 입학, 학업과 운동에서의 영예를 차지하기 위한 경쟁의 강도가 높아졌고, 이는 이들의 꿈과 야망이 점점 더 깨지기 쉽다는 것을 보여준다(Brueck, 2019; Kim & Cho, 2017; Holinger & Offer, 1993, 1991, 1982). 다른 설명은 오늘날 많은 젊은이에게 가족과의 유대가 약화되어 소원함과 거부당했다는 느낌을 줄 수 있다는 점, 술과 다른 약물에의 접근이 용이해진 점, 10대와 젊은 성인 사이에서 술과 약물을 사용하라는 압력을 받는 점 등을 지적하고 있다(King, 2021; Kennebeck & Bonin, 2020, 2019).

10대나 젊은 성인의 자살을 모델링하는 것 또한 젊은 인구의 자살시도율 증가에 기여할 수 있다(APPC, 2020; Hawton et al., 2020). 대중매체와 예술에서 10대의 자살을 다루는 것은 자살을 생각하고 있는 젊은이들의 시도율을 높이는 데 기여할 수 있다(Gould et al., 2014). 아울러 학교 친구나 지인의 자살 며칠 후 그 자살과 똑같은 방법으로 자살을 시도함으로써 자신의 생명을 마감하려는 10대의 시도도 점점 늘어가고 있다.

10대 자살 : 다문화적 이슈 미국에서 10대의 자살률은 인종 및 민족에 따라 다르다. 해마다 비히스패닉계 백인은 10만 명당 약 9명, 흑인은 10만 명당 5명, 히스패닉계 미국인은 10만 명당 5명이 자살을 한다(Lindsey et al., 2019). 동시에 세 집단의 자살률 차이는 점차 좁혀지고 있다(Kalb et al., 2019). 이러한 경향은 흑인, 히스패닉계 및 비히스패닉계 백인 젊은이들에 대한 압력이 점점 더 증가한다는 비슷한 상황이 반영된 것일 수 있다. 예를 들면 성적과 대학 기회를 위한 경쟁은 이제 세 집단 모두에서 심하다. 젊은 흑인과 히스패닉계 미국인의 자살률이 증가하는 것은 이들의 실업 증가, 빈곤과 관련된 압력, 미국사회의 인종 불평등과 차별에 대한 분노와도 관련 있을 수 있다(Kennebeck & Bonin, 2020, 2019). 연구에 따르면 아시아계 미국인 10대는 10만 명 중 5.5명 비율로 자살을 하고 있다.

아메리카 원주민 10대의 자살률은 가장 높다. 현재 아메리카 원주민 10대 10만 명당 19명 정도가 해마다 자살을 하는데, 이는 비히스패닉계 백인 10대 자살률의 2배, 다른 소수집단 10대 자살률의 3배이다(Lindsey et al., 2019). 임상 이론가들은 이들이 보이는 극단적으로 높은 자살률은 아메리카 원주민 10대들 대부분이 겪는 극도의 가난, 교육과 직업 기회의 제한, 특히 높은 알코올 남용 비율, 원주민 보호구역에 사는 사람들이 겪는 지형학적인 고립과 같은 요인 때문으로 본다(MHA, 2020e; CSTE, 2018). 또한 일부 아메리카 원주민 보호구역은 **집단자살**(cluster suicide)이라고 불리는 극단적인 자살률을 보이고 있으며, 이 지역사회에 거주하는 10대들은 자살에 노출되고 삶의 혼란을 겪으며 자살 모델을 목격하고 자살 전염의 위험에 처하기 쉬운 것으로 나타났다.

흥미로운 이야기

그들의 진술

"노화라는 소름끼치는 일을 견디기 위해서 얼마나 많은 좋은 품성과 유머가 필요한가요"

-지그문트 프로이트

노인

미국에서는 65~74세 이상 노인 10만 명 중 16명 이상이 자살을 하며, 74세를 넘는 노인들의

비율은 10만 명 중 19명으로 높아진다(AFSP, 2020a). 미국에서 전체 자살 사례의 20% 이상이 노인이지만 노년층 인구 자체는 전체 인구의 16% 만을 차지한다(WB, 2020).

많은 요인이 높은 자살률에 기여한다. 사람들이 나이가 들어감에 따라 자주 아프고 친한 친구와 친척을 잃게 되며 삶에 대한 통제력을 상실하게 되고 사회에서 지위를 잃는다(AAMFT, 2020b; Worthington, 2020). 이러한 경험은 노인에게 절망감, 외로움, 우울, '짐이 되는 느낌', 또는 불가피하다는 감정을 야기하고 노인이 자살을 시도할 가능성은 증가한다. 한 연구에 따르면 자살한 80세 이상 노인의 3분의 2가 자살 이전 2년 안에 의학적인 이유로 병원에 입원한 경험이 있었다. 또한 다른 연구에 따르면 최근에 배우자를 잃은 노인의 자살률은 특히 높았다(Schreiber & Culpepper, 2020).

존경의 힘 노인은 많은 전통사회에서 그들이 쌓아온 풍부한 지식 덕분에 많은 존경을 받는다. 산업화된 국가에서의 노인 자살률보다 이런 전통적인 문화권의 노인 자살률이 더 낮은 것은 우연만은 아닐 것이다.

제15장에서 보겠지만 연구는 COVID-19 팬데믹 기간 중에 노년층의 자살사고나 자살행동이 특히 아주 증가했다는 것을 밝혔다. 많은 임상가는 이런 자살률 상승을 **자살의 대인관계 이론**으로 설명할 수 있다고 믿는다. 이 이론은 앞서 언급했듯이 자살의 세 가지 요인을 중요하게 생각하는데, 그 세 가지 요인은 개인이 느끼는 좌절된 소속감, 지각된 부담감, 자살을 하게 되는 심리적 역량이다(235쪽 참조). 노인이 경험하는 팬데믹과 관련된 독특한 경험의 결과로 노인에게 이런 요인이 좀 더 고조되었을 가능성이 있다. 팬데믹과 관련된 경험이란 사회적 거리두기 예방책, 노령층에 특히 두드러지는 COVID-19 확진과 사망, 불균등한 서비스 수요, COVID-19 치료나 백신에 대한 적정한 연령 우선순위에 대한 논쟁 등을 포함한다(Sheffler, Joiner, & Sachs-Ericsson, 2021).

노인은 흔히 죽는 결정을 하는 데 있어서 젊은 사람보다 더 결단력이 있으며 자살을 알 수 있는 경고를 덜 한다. 그래서 노인의 자살 성공률은 훨씬 더 높다(AHR, 2020b). 노인의 결단력과 신체적 쇠퇴를 고려할 때 일부 사람들은 죽기 원하는 노인은 그들의 생각이 명료하고 그 소망이 실현되도록 허용해야 한다고 주장한다(**정보마당** 참조). 그러나 임상적인 우울이 노인 자살의 무려 60%에서 중요한 역할을 하는 것으로 보이기 때문에 자살하고 싶어 하는 더 많은 노인은 우울장애에 대한 치료를 받아야 한다(Nordentoft et al., 2020; Kiosses et al., 2017). 사실 연구에 의하면 노인의 우울증 치료는 자살 위험을 뚜렷하게 감소시키는 데 도움이 된다.

미국에서 노인의 자살률은 일부 소수집단에서는 더 낮다(SPRC, 2020c). 예를 들어 아메리카 원주민이 전반적으로는 가장 높은 자살률을 보이지만, 아메리카 원주민 노인의 자살률은 상대적으로 낮다. 아메리카 원주민은 노인은 매우 존경받아야 하며 수십 년 동안 습득한 지혜와 경험이 있다고 생각하고 이러한 점이 아메리카 원주민 노인의 낮은 자살률을 설명하는 데 도움이 될 수 있다. 아메리카 원주민 노인에 대한 높은 존경은 비히스패닉계 백인 노인이 자주 경험하는 지위의 상실과는 첨예하게 대립된다.

왜 종종 사람들은 노인이나 만성질환자의 자살을 젊은이나 건강한 사람의 자살보다 덜 비극적으로 볼까?

유사하게 흑인 노인의 자살률은 비히스패닉계 백인 노인 자살률의 4분의 1에 불과하다(SPRC, 2020c). 자살률이 낮은 한 가지 이유는 흑인 미국인이 직면했던 압력 때문일 수 있다. 고령에 이른 사람들은 유의한 역경을 극복해왔고 자신들이 이룬

자살할 권리

고대 그리스에서 심각한 질병이나 정신적인 괴로움을 가진 사람들은 원로회로부터 자살할 수 있는 공식적인 허가를 받을 수 있었다. 대조적으로 대부분의 서구 국가들은 전통적으로 '생의 존엄성'에 대한 믿음을 토대로 자살을 반대한다. 그러나 오늘날 **자살할 권리**는 특히 큰 고통과 말기 질환을 끝내는 것과 관련해서는 대중들에게 점점 더 지지를 받고 있다(Quill & Battin, 2020; Torrey, 2020; WPR, 2020b).

누가 말기 질환자의 자살할 권리를 지지하는가?

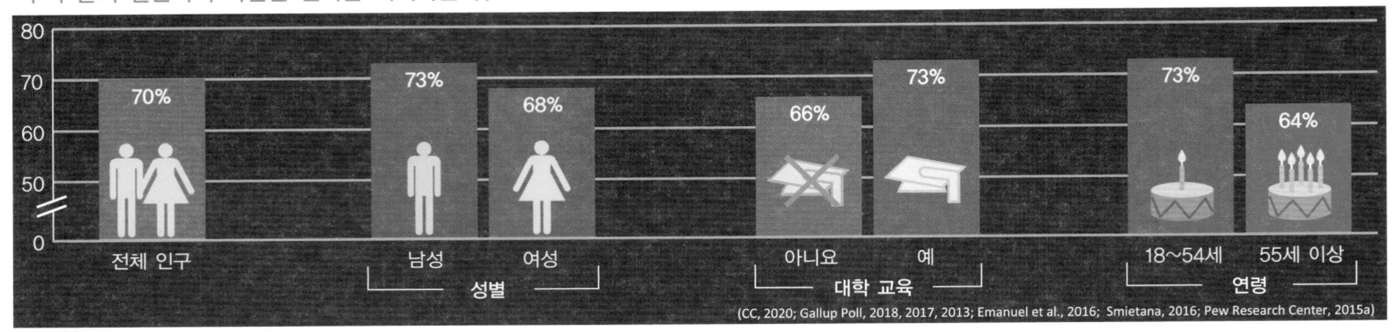

안락사와 의사조력자살

'자비사'라고도 불리는 **안락사**는 말기 환자나 심한 부상을 당한 사람들의 고통을 멈추기 위해 죽게 하는 것을 의미한다. 안락사는 환자가 먼저 시작하지 않아도 된다. **의사조력자살**은 안락사의 한 형태인데 이때 의사는 환자의 요청에 따라 환자가 자신의 삶을 종결하는 것을 돕는다.

의사가 간접적인 또는 직접적인 도움을 주는가?

의사는 환자에게 자신의 생명을 끝내는 방법에 대해 조언해줄 수도 있고(간접적인 조력) 실제로 환자의 생명을 끝나게 해줄 수도 있다(직접적인 조력). 의사조력자살을 지지하는 사람들도 많은 경우 의사가 직접 환자의 죽음을 유도하는 것에 대해 불편감을 가진다.

미국 의사의 60%는 의사조력자살이 말기 환자에게는 가능해야 한다고 생각한다. 동시에 긍정적인 입장을 가지고 있는 의사의 13%만이 조력하겠다고 밝혔다(Hetzler et al., 2019).

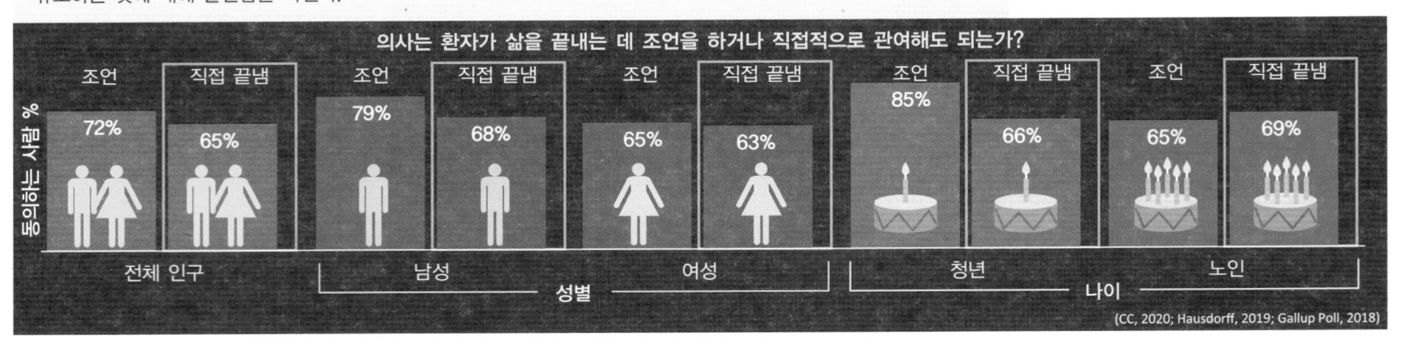

안락사와 의사조력자살이 합법적인 곳은 어디일까?

네덜란드, **벨기에**, **룩셈부르크**와 **스페인**은 의사조력자살과 안락사가 모두 합법적인 유일한 국가이다.

벨기에와 **네덜란드**에서 수행된 연구를 보면 상당한 수의 안락사가 명확한 요청이나 동의 없이 실행되었다.

네덜란드에서 보고된 사망의 3%가 안락사나 의사조력자살이다.

스위스와 **캐나다**는 비의사(즉 임상간호사)가 직접적으로 환자의 죽음을 도울 수 있다.

많은 말기 환자 외국인, 특히 **독일**, **프랑스**, **영국**에서 온 외국인은 자살로 삶을 마감하기 위해 스위스를 찾는다.

1997년에 **오리건주**는 미국에서 처음으로 의사조력자살을 합법화하였다. 그리고 나서 1,600명 이상의 오리건 주민이 자신의 삶을 마감하기 위해 이 법을 사용하였다.

(Rada, 2021; MP, 2020; ProCon, 2020; Quill & Battin, 2020; WPR, 2020c; OHA, 2019; Pesut et al., 2019; Rodriguez, 2019; Span, 2019)

것을 자주 자랑스러워한다. 비히스패닉계 백인의 경우에는 노령에 이른다는 것 그 자체가 성공의 형태는 아니기 때문에 노화에 대한 그들의 태도는 더 부정적인 것 같다. 또 다른 가능한 설명은 흑인 노인은 많은 젊은 흑인의 자살을 촉진했던 분노감을 줄이면서 성공적으로 극복해왔기 때문일 수 있다.

요약

자살은 연령과 관련이 있는가

자살의 가능성은 연령에 따라 달라진다. 과거 수십 년 동안 아동 자살이 증가하고 있지만 아동에서 자살은 흔한 일은 아니다. 청소년기의 자살은 임상적인 우울, 분노, 충동성, 중요한 스트레스 및 청소년 생활 그 자체와 관련이 있다. 청소년의 자살시도는 다양하다. 아메리카 원주민 10대의 자살률은 비히스패닉계 백인 10대 자살률의 무려 2배이며 흑인, 히스패닉계 및 아시아계 미국인 10대 자살률의 무려 3배이다.

서구사회에서 노인은 대부분의 다른 연령집단보다 자살할 가능성이 더 높다. 건강, 친구, 통제 및 지위의 상실은 노인에게 절망감, 외로움, 우울 및 불가피함의 감정을 야기할 수 있다.

치료와 자살

자살하고 싶어 하는 사람들의 치료는 두 가지 주요 범주, 자살을 시도한 이후의 치료와 자살예방으로 나눌 수 있다. 자살하거나 시도를 한 사람의 친척과 친구들에게도 치료가 유익할 수 있다. 실제로 자살로 인한 사망, 또는 자살시도 후 상실감, 죄책감 또는 분노감은 강렬할 수 있다. 그러나 여기에서는 자살하려는 사람의 치료만을 다루었다.

자살시도 이후에 어떤 치료를 실시하는가

자살시도 이후 대부분의 사람들은 의학적 치료가 필요하다. 미국에서 50만에 가까운 사람들은 매년 스스로에게 해를 입힌 결과로 병원에 입원하고 이 수치는 계속 늘고 있다(Kalb et al., 2019). 일부 사람들에게는 심각한 상처, 뇌 손상, 또는 다른 의학적 문제가 남는다. 일단 신체적인 손상을 치료하면 심리치료나 약물치료가 시작되고, 이는 외래나 입원 형태 모두 가능하다. 안타깝게도 자살을 시도한 이후에도 많은 사람이 체계적인 후속 치료를 받지 못한다(Hawton et al., 2020; Bridge et al., 2019).

자살시도를 한 사람을 위한 치료목표는 살아 있게 하는 것, 심리적 고통을 감소시키는 것, 자살하려는 마음을 먹지 않도록 돕는 것, 치명적인 자살 수단에 접촉하지 못하게 하는 것, 희망을 주는 것과 그들에게 스트레스를 다룰 수 있는 더 좋은 방법 안내하는 것 등이 있다(Hawton et al., 2020; Sun et al., 2018). 연구에 따르면 자살시도 이후 치료를 받은 사람들은 치료를 못 받은 사람보다 추후에 자살시도와 사망에 이를 위험이 낮아진다(Kennebeck & Bonin, 2020, 2019; Schreiber & Culpepper, 2020). 약물치료, 정신역동치료, 인지행동치료, 집단치료 및 가족치료를 포함한 다양한 치료가 실시되고 있다(King, 2021).

연구에 의하면 인지행동치료가 특히 도움이 되는 치료법이 될 수 있다(Bernecker et al., 2020; Sinyor et al., 2020). 내담자가 자살을 생각하게 되면 인지행동 접근에서는 고통스러운 생각, 무망감, 이분법적 사고, 빈약한 대처 기술, 취약한 문제해결 기술, 그 외에도 자살을 생각하는 사람을 특징지을 만한 인지행동적 특징을 인식한 다음 바꾸는 데 초점을 둔다. 마음챙김 기반 인지행동치료의 원리를 적용하여(53~55쪽, 204쪽 참조), 치료자는 내담자가 고통

흥미로운 이야기

지난 10년간 있었던 유명 음악가의 자살

데이빗 버만, 싱어송라이터/시인(2019)

구하라, 가수(2019)

설리, 가수/배우(2019)

아비치, 디제이/전자음악가(2018)

스콧 허친슨, 싱어송라이터(2018)

체스터 베닝턴, 싱어송라이터(2017)

트리스 코넬, 싱어송라이터/뮤지션(2017)

민디 맥크레디, 가수(2013)

밥 웰치, 기타리스트/싱어송라이터(2012)

로니 몬트로스, 기타리스트(2012)

자살예방 프로그램 자살 위험이 높은 사람을 식별하고 그들에게 위기중재를 제공하기 위한 프로그램

위기중재 심리적 위기에 처한 사람들이 자신의 상황을 좀 더 정확하게 보고 더 나은 의사결정을 하고 좀 더 건설적으로 행동하며 결국 위기를 극복할 수 있도록 돕는 치료적 접근

스러운 생각과 그 생각 속에서 느끼는 감정을 없애버리려고 하기보다 받아들일 수 있도록 안내한다(Raj et al., 2020). 이런 수용은 심리적 불편감에 대한 내담자의 내성을 증진시킬 것으로 예상된다. 이런 치료적 특징은 새로운 유행의 인지행동치료인 **변증법적 행동치료**(dialectical behavior therapy, DBT)에서 특히나 두드러지는데, DBT는 자살사고 및 자살시도를 한 사례에서 사용되는 빈도가 점점 증가하고 있다(Hawton et al., 2020). DBT에 대해서는 제13장에서 더 자세히 다룰 것이다.

자살예방은 무엇인가

과거 반세기 동안 전 세계적으로 자살치료에서 자살예방으로 초점이 옮겨갔다. 어떤 점에서 이러한 변화는 정말로 적절한데, 많은 잠재적인 자살 희생자를 살릴 수 있는 마지막 기회는 첫 자살시도 전이다.

만약 친구나 친척에게 자살 의도가 있다는 의심이 든다면 어떤 행동을 취할 수 있을까? 이런 행동이 효과가 없다면 무엇을 할 것인가?

시초는 1953년 영국의 사마리탄즈(Samaritans)라고 불리는 **자살예방 프로그램**(suicide prevention program)인데, 미국의 첫 번째 자살예방 프로그램은 1955년 로스앤젤레스에서 시작되었다. 현재 미국과 영국에는 수백 개의 자살예방센터가 있다. 또한 현재 많은 정신건강센터, 병원 응급실, 교회 상담센터 및 독극물 통제센터가 자살예방 프로그램을 시행한다.

미국에는 24시간 전화 서비스인 **자살상담전화**가 수백 개 있다. 전화를 건 사람들은 상담자, 대개는 준전문가들과 접촉할 수 있다. **준전문가**는 공식 학위는 없으나 상담 훈련을 받은 사람들로 정신건강 전문가의 지도감독하에 서비스를 제공한다(McKeon, 2021).

자살예방 프로그램과 상담전화는 자살하려는 사람을 **위기**에 처한, 즉 심각한 스트레스에 처해 있고 이에 대처할 수 없으며 위협받거나 상처받았다고 느끼며 자신의 상황이 변화 불가능하다고 해석하는 사람으로 간주하고 이에 따라 반응한다. 따라서 이런 프로그램은 **위기중재**(crisis intervention)를 제공한다. 즉 전문가들은 자살하려는 사람들이 상황을 더 정확하게 보도록, 더 좋은 결정을 하도록, 더 건설적으로 행동하도록, 그리고 위기를 극복하도록 돕는다. 위기는 어느 때든지 발생할 수 있으므로 센터는 상담전화를 광고하고 예약 없이 찾아오는 사람들도 환영한다. 또한 점점 더 많은 센터가 문자 메시지, 인터넷 채팅과 같은 매체를 이용한 서비스를 제공한다(McKeon, 2021; Predmore et al., 2017).

비영리 서비스인 위기문자상담라인(Crisis Text Line)은 2013년부터 미국 전역의 상담전화와 협약을 맺고 문자 상담을 제공하고 있다(Szlyk, Roth, & García-Perdomo, 2020). 첫 반년 동안에는 제한적인 광고만 했는데도 1만 9,000명의 10대와 100만 통의 문자를 주고받았다. 그리고 그때 이후로 이용은 더 늘어나서 1억 2,900만 문자에 이르고 있다(Womble, 2020). 앞에서 언급했듯이 페이스북, 레딧, 구글은 자살하고 싶어 하는 사용자 및 친구들을 이들의 친척들과 연결해주는 서비스를 운영하고 있다.

일부 예방센터와 전화상담은 자살하려는 특정 집단에게 관심을 보인다. 예를 들면 트레버라이프라인(TrevorLifeline)은 자살을 생각하는 LGBTQ 10대가 미국 전역에서 이용할 수 있는 24시간 상담전화이다. 이 전화상담은 트레버 프로젝트(Trevor Project)가 제공하는 몇몇 서비스 중 하나로, 이곳은 LGBTQ 10대에게 지지, 지도, 정보를 제공하고 수용을 촉진하기 위한 광범위한 조직이다.

현재 자살예방은 예방센터나 상담전화뿐만 아니라 기존 치료자의 치료실에서도 시행된다(Hawton et al., 2020). 자살 전문가는 내담자가 치료를 찾는 이유가 다양할지라도 모든 치료

자가 내담자의 자살사고 징후를 찾고 다룰 것을 권한다. 이를 염두에 두고 치료자가 그들이 익숙하게 하던 상담 작업 중에 자살사고와 행동을 효과적으로 밝혀내고 평가하고 예방하며 치료할 수 있도록 돕는 많은 지침을 개발하였다.

비록 치료자와 예방센터마다 사용하는 특정 기법이 다를지라도 로스앤젤레스 자살예방센터에서 최초로 개발한 접근은 많은 임상가와 단체의 목표와 기법을 반영하고 있다. 자살하려는 사람이 센터에 처음 연락을 하면, 그때 상담자가 해야 하는 과제는 다음과 같다.

Spencer Platt/Getty Images

자살과 함께 일하기 뛰어내려 죽으려고 브루클린 다리에 오르던 한 젊은 남자를 경찰이 붙잡고 있다. 일반적으로 전 세계의 경찰 부서에서는 경찰관이 자살하는 사람을 돕는 기술을 습득하도록 특별한 위기 개입 훈련을 경찰관에게 제공한다.

긍정적인 관계 확립하기 전화를 건 사람들이 상담자에게 털어놓고 상담자의 제안을 따르게 하기 위해서는 상담자를 신뢰해야 하기 때문에 상담자는 긍정적이고 편안한 말투로 대화하려고 노력해야 한다. 상담자는 자신이 듣고 있고 이해하고 있고 관심이 있으며 비판단적이며 도움을 줄 수 있다는 것을 전달한다.

문제를 이해하고 명료화하기 처음에 상담자는 전화를 건 사람의 위기를 전체적으로 이해하려고 노력해야 한다. 그런 다음 그 사람이 위기를 분명하고 건설적인 용어로 볼 수 있도록 돕는다. 특히 상담자는 전화를 건 사람이 주요 안건과 자신이 겪고 있는 위기의 단기적인 특성을 볼 수 있도록 그리고 자살의 대안을 인식하도록 돕는다.

자살의 잠재성 평가하기 로스앤젤레스 자살예방센터의 위기작업가들은 전화를 건 사람의 자살 잠재성을 측정하기 위해서 종종 **치명성 척도**(lethality scale)라고 하는 질문지를 작성한다. 이 질문지는 전화를 건 사람이 겪는 스트레스의 정도, 관련된 성격 특성, 자살 계획의 구체성, 증상의 심각성 및 전화를 건 사람이 이용할 수 있는 대처 자원을 판단하는 것을 돕는다.

전화를 건 사람의 자원을 평가하고 동원하기 자살하려는 사람이 자신을 쓸모없고 무력하고 혼자라고 생각할지라도 이들은 흔히 친구와 친척을 포함해 많은 강점과 자원을 갖고 있다. 상담자가 할 일은 이들이 가진 자원을 인식해서 알려주고 그 강점과 자원을 활성화하게 하는 것이다.

계획 공식화하기 위기작업자와 전화를 건 사람이 함께 행동계획을 세운다. 본질적으로 그들은 위기에서 벗어나는 방법인 자살행동의 대안에 대해 동의한다. 대부분의 계획은 며칠 또는 몇 주 뒤에 센터에서 직접 만나거나 전화로 추후 상담회기를 갖는 것을 포함한다. 또한 전화를 건 사람들은 각각의 계획을 실행에 옮기고 자신의 개인적인 생활에서 어떤 변화를 이루어낼 것을 요구받는다. 상담자는 흔히 전화를 건 사람과 **자살방지 서약**, 즉 자살을 시도하지 않겠다는 약속을 하고 또는 전화를 건 사람이 다시 자살을 고려한다면 계약을 재확립하기 위한 최소한의 약속에 대해 협상한다. 이러한 계약이 널리 실시되고 있지만 이 계약이 유용한지는 최근 몇 년 동안 의문시되어 왔다(Schreiber & Culpepper, 2020). 덧붙여 전화를 건 사람이 자살시도 중에 있다면 상담자는 그들의 소재를 찾고 의학적인 도움을 즉

흥미로운 이야기

죽음을 초래하는 접근

- 미국에서 총기와 관련된 자살은 다른 선진국보다 11배나 많다.
- 자살로 사망한 사람들이 집에 총기류를 보유하고 있을 확률은 자살에서 살아남은 사람들보다 최소 2배 정도 더 높다.
- 총기가 있는 집에 사는 10대의 자살률은 4~10배 더 높다.

(Kennebeck & Bonin, 2020, 2019; Schreiber & Culpepper, 2020; Dempsey et al., 2019)

흥미로운 이야기

추가적인 위험

경찰관 중에 매해 임무 중에 죽는 것보다 자살로 죽는 경우가 더 많다(Barr, 2020).

각 제공하려고 노력한다.

비록 위기중재가 일부 자살하려는 사람에게는 충분한 치료가 될 수 있지만 대부분의 사람들에게는 장기 치료가 필요하다. 만일 위기중재센터가 이런 종류의 치료를 제공하지 않는다면 상담자는 내담자를 다른 기관에 의뢰한다.

그러나 자살예방을 돕는 또 다른 방법은 대중이 치명적이지만 흔한 자살 수단에 접근하는 것을 줄이는 것인데, 이를 위한 방법으로는 화기관리, 안전한 약물치료, 다리에 접근을 어렵게 하기, 자동차 배기가스 규제 등이 있다(McCourt, 2021; Hawton et al., 2020). 예를 들면 1990년대 캐나다는 특정 화기의 이용 가능성을 제한하는 법을 통과시켰다. 그 이후에 화기를 이용한 자살의 감소는 캐나다 전체에서 나타났다.

자살예방 프로그램은 작동하는가

연구자가 자살예방 프로그램의 효과를 측정하는 것은 어려운 일이다. 그러나 일반적으로 연구자는 그 프로그램이 효과가 있을 것이고 널리 사용되어야 한다는 점을 밝혔다(McKeon, 2021; Hofstra et al., 2020). 많은 자살예방 프로그램이 있는데 각 프로그램은 고유한 절차를 갖고 있으며 적용 대상의 인원 수, 연령 등과 같은 특성도 다르다. 높은 고령층 비율 또는 많은 경제적 문제와 같이 자살 위험 요인이 큰 지역사회는 지역예방센터가 효과가 있느냐의 문제와 상관없이 다른 지역사회보다 지속적으로 더 높은 자살률을 보일지도 모른다.

자살예방센터가 지역사회의 자살을 감소시키는가? 임상 연구자들도 아직 모른다(Hawton et al., 2020). 지역사회 예방센터 수립 전후의 지역 자살률을 비교한 연구는 서로 다른 결과를 내놓았다. 지역사회의 자살률이 감소한 곳도 있고 변화가 없었던 곳도 있으며 여전히 증가한 곳도 있다. 물론 지역사회의 자살률이 증가했더라도 더 큰 단위의 사회가 보이는 전반적인 자살행동 증가보다 낮은 수준이라면 긍정적인 영향을 의미하는 것이라 볼 수 있다.

자살하려는 사람들은 예방센터에 연락을 하는가? 분명한 점은, 낮은 비율만이 연락을 한다는 점이다(Lewitzka et al., 2019). 반면에 자살예방 프로그램은 전화를 거는 고위험군의 자

Kevin Mazur/Getty Images for NARAS

생명을 살리는 공연 2018년 그래미상 시상식에서 래퍼 로직(가운데)은 싱어송라이터 칼리드와 알레시아 카라가 함께 작업한 자신의 노래 '1-800-273-8255'라는 노래를 불렀다. 이 무대에는 자살의 영향을 받은 사람들이 함께했다. 이 노래의 제목은 국가자살예방협회의 전화번호이다. 이 무대가 펼쳐진 후 몇 시간 동안 자살예방 기관에 도움을 요청하는 전화를 걸거나 해당 기관의 웹페이지에 방문하는 양이 3배까지 늘었다. 미국과 캐나다의 자살예방 직통 전화번호는 2023년까지 988번으로 간편화될 예정이다.

살 수치를 줄이고 있는 것으로 보인다. 여전히 시사점이 큰, 초기 연구에서 로스앤젤레스 자살예방센터에 전화한 8,000명의 고위험군에 속하는 사람들을 조사했다(Farberow & Litman, 1970). 유사한 고위험집단에서 흔히 발견되는 자살률이 6%인 것에 비해 로스앤젤레스 자살예방센터에 전화한 사람의 약 2%가 이후에 자살을 했다. 분명히 자살을 생각하는 사람들에게 센터를 더 알릴 필요가 있으며 이들이 센터를 쉽게 이용할 수 있도록 해야 한다. 소셜미디어, 텔레비전, 라디오, 광고판에 광고와 홍보가 늘어나는 것은 이런 방향으로의 변화를 의미한다.

자살예방 프로그램에서 핵심적으로 겪는 어려움은 그런 프로그램이 자살 위험의 정확한 평가에 의존할 수밖에 없는데 정확한 평가가 어렵다는 점이다(King, 2021; Kessler et al., 2020). 자살 의사가 있는 사람들이 꼭 전문가에게 와서 자신의 진짜 감정에 대해 말하는 것은 아니다(McKeon, 2021). 이런 마음으로 어떤 연구자들은 구두 자기보고에 덜 의존하고 비언어적 행동, 심리생리적 측정, 뇌 스캔과 같은 방법을 사용하는 자살 평가 도구를 개발하고 있다.

이러한 평가적 접근법 중에서 연구자 Matthew Nock이 개발한 '자해 암묵 연합 검사(Self-Injury Implicit Association Test)'라는 것이 있다. 사람들에게 자살시도 계획이 있는지 물어보는 것 대신 이 검사에서는 다양한 자살 관련 단어(예 : '죽은', '생명 없는', '자살')와 자신과 관련된 단어(예 : '나', '나 자신', '내 것')나 자신과 관련되지 않은 단어(예 : '그들', '그들을', '다른 사람')를 짝짓도록 지시한다. 자살시도의 의도가 있는 사람들은 자살 관련 단어와 자신과 관련된 단어를 짝지을 때 더 빨리 반응했다. 여러 연구에서 전통적인 자기보고식 평가 척도 보다 이 검사가 과거 및 미래의 자살행동을 더 정확하게 탐지하고 예측했다(Steele et al., 2020; Glenn et al., 2019; Barnes et al., 2017). 연구에 따르면 자살 관련 단어와 자신 관련 단어를 더 빨리 짝짓는 것은 그 사람의 섬엽, 전전두피질에서 증가된 활동과 관련이 있는데, 이 부분은 뇌의 우울 관련, 불안, 스트레스 회로의 중요 부분이다(Ballard et al., 2019).

그렇지만 자살 평가에 대한 유망한 접근법으로는 센서가 달린 웨어러블 기기를 포함한 휴대전화 서비스를 이용하여 자살 의도가 있는 사람들의 일상 생활을 모니터링하는 방법을 들 수 있다. 제2, 3장에서 살펴보았듯이 휴대전화 서비스는 개인의 기분 상태나 내적 사고 내용에 대해 주기적으로 즉각 보고할 수 있게 하고 웨어러블 기기를 이용해 심장박동이나 관련된 다른 심리생리학적 과정을 측정할 수 있게 한다. 자살 위험을 평가하기 위해 이런 기술을 사용하는 것은 여전히 초기 단계에 머물러 있지만 최근의 연구에 따르면 이런 종류의 휴대전화 사용이 앞으로는 정말 중요한 역할을 하게 될 것이다(Hawton et al., 2020; Jaroszewski et al., 2019; Kleiman et al., 2019). 자해 의도는 날마다 또는 시간마다 변동을 보일 수 있기 때문에 기술 기반의 전략을 사용하여 자살 의도가 있는 개인의 위험 인자의 변화(예 : 목소리 톤, 수면의 변화, 신체적 활동 수준)를 감지하는 것이 자살 평가의 중요한 정보를 제공해줄 수 있다.

흥미로운 이야기

트위터 주의

많은 사람이 자신의 자살의도를 트위터에 남긴다. 이런 트윗은 모두 심각하게 다루어져야 한다. 그러나 연구에 따르면 단어 수가 많거나 1인칭을 많이 사용하거나 죽음에 대한 언급이 더 많을수록 더욱 주의를 두어야 한다(O'Dea et al., 2018).

자살과 관련된 영역에서는 더 정확한 평가 도구와 더 효과적인 개입 방법이 개발되기를 기다리고 있지만 많은 이론가는 자살에 대한 대중적 교육이 최상의 예방법이라고 믿고 있고 실제로 많은 **자살교육 프로그램**이 생겼다. 프로그램은 대부분 학교에서 시행되며 교사와 학생에게 집중되어 있다(AFSP, 2020b; Hawton et al., 2020). 힘든 사람들과 이들의 가족 및 친구를 대상으로 자살에 관한 교육을 제공하는 온라인 사이트가 많이 늘어나고 있다. 다양한 프로그램과 사이트는 모두 수십 년 전에 자살 연구의 선구자 Shneidman이 했던 다음 말에 동의한다.

왜 일부 학교에서는 특히 소속 학생이 자살을 시도한 적이 한 번도 없을 경우 더욱 자살교육 프로그램을 제공하는 것을 꺼릴까?

> 자살예방의 일차적인 목적은 교육에 있다. 서로에게 그리고 … 대중에게 자살은 누구에게나 일어날 수 있으며 언어적·행동적 단서가 있다는 것과 … 도움을 줄 수 있다는 것을 … 가르치는 것이 방법이다.
> 최종적으로 자살예방은 모든 사람과 관련된 일이다.
>
> (Shneidman, 1985, p. 238)

요약

치료와 자살

치료는 자살시도 이후에 이어질 수도 있다. 그렇게 될 때 치료자는 자살하지 않으려는 마음 상태를 갖도록 그리고 스트레스를 다루고 문제를 해결하는 더 좋은 방법을 개발하도록 돕고자 한다.

지난 반세기 동안 자살예방으로 초점이 옮겨졌다. 자살예방 프로그램은 24시간 상담전화와 준전문가들이 근무하는 방문센터를 포함한다. 최근의 많은 센터는 문자 메시지와 인터넷 채팅을 이용한 서비스도 제공한다. 자살한 사람과 첫 연락이 이루어지는 동안 상담자는 긍정적인 관계를 확립하고 문제를 이해하며 명료화하고 자살 가능성을 평가하며 전화 건 사람의 자원을 평가하고 동기화하며 위기 극복을 위한 계획을 세우려고 노력한다. 이러한 위기중재에도 불구하고 대부분의 자살하려는 사람들은 장기치료를 필요로 한다. 자살예방 효과를 증진하기 위해 새롭고 덜 지시적인 평가 기술이 개발되었다. 예방 분야의 더 큰 시도로 대중을 위한 자살교육 프로그램이 증가하고 있다.

심리학적, 생물학적 통찰이 뒤쳐지다

한때 자살은 대중이 거의 인식하기 어려우며 전문가도 거의 연구하지 않는 불가사의하고 감춰진 문제였으나 현재에는 많은 관심을 받고 있다. 지난 50년 동안 특히 연구자들은 이 생사의 문제에 대해서 많은 것을 배웠다.

이 책에서 다루는 대부분의 다른 문제와는 대조적으로 자살은 다른 어떤 모델보다도 사회문화적 모델로 설명되어 왔다. 예를 들면 사회문화 이론가들은 사회변화와 스트레스, 국가와 종교적 소속감, 결혼 상태, 성별, 인종 및 대중매체의 중요성을 강조하였다. 심리학과 생물학 연구자들이 수집한 통찰과 정보는 이에 비해 더 제한적이다.

사회문화적 요인은 자살의 일반적인 배경과 촉발 요인을 확실히 밝혔지만 어떤 사람이 자살할 것인가는 예측하지 못한다. 임상가들은 아직 왜 어떤 사람은 자살을 하고 어떤 사람은 같은 환경에서도 자신의 문제를 다루기 위한 더 좋은 방법을 찾으려고 하는지 완전히 이해하지 못하고 있다. 만일 임상가들이 자살을 진정으로 설명하고 이해할 수 있으려면 심리학적·생물학적 통찰은 사회문화적 통찰을 따라잡아야 한다.

동시에 증가하는 자살에 대한 연구를 통해 분명한 것을 알 수 있는데, 이 중에서 한 가지는 임상가들은 이 문제와 맞서 싸우기 위해 대중과 함께하려 한다는 점이다. 임상가들은 자살에 대한 대중교육의 확대, 즉 젊은이와 노인 모두에게 초점을 맞춘 프로그램을 요구하고 있는 중이다. 현재의 개입이 자살에 대한 더 나은 이해와 보다 성공적인 개입으로 나아갈 것을 기대하는 것은 합리적이다. 이 목표는 모든 사람에게 중요하다. 자살 그 자체가 흔히 외롭고 절망적인 행위이지만 자살의 영향은 사실 매우 광범위하다.

흥미로운 이야기

추가적인 처벌

19세기까지 프랑스와 영국에서 자살자의 시체는 때때로 범죄자가 사형장에 끌려가는 것처럼 머리를 아래로 한 형태로 끌려 나왔다(Cusack, 2018; Wertheimer, 2001).

핵심용어

무망감
반의도성 자살
비자살적 자해
위기중재
이분법적 사고
자살
자살예방 프로그램
자살의 대인관계 이론
준자살행위
회고분석

속성퀴즈

1. 자살과 반의도성 자살을 정의하라. 자살을 시도하는 네 부류의 사람들을 정의하라. 비자살적 자해란 무엇인가?
2. 자살을 연구할 때 연구자들은 어떤 기술을 사용하는가?
3. 자살에 대한 통계는 국가, 종교, 성별, 결혼 상태, 인종에 따라 어떻게 다른가?
4. 자살과 관련 있는 즉각적인 스트레스원과 장기적인 스트레스원에는 어떤 종류가 있는가?
5. 자살행동을 유발하는 조건이나 사건은 어떤 것이 있는가?
6. 정신역동, 사회문화(Emile Durkheim과 Thomas Joiner의 연구 포함), 생물학 이론가들은 자살을 어떻게 설명하는가? 그리고 그들의 이론은 얼마나 잘 지지되는가?
7. 어린이, 청소년, 노인의 자살 위험, 자살률, 자살의 원인은 무엇인지 비교해 보라.
8. 청소년과 초기 성인기의 높은 자살시도율에 대해 이론가들은 어떻게 설명하고 있는가?
9. 자살을 시도한 사람이 자살시도 후에 받을 수 있는 치료의 특징과 목표는 어떤 것인지 설명하라. 이런 사람들은 자주 이런 치료를 받는가?
10. 자살예방 프로그램의 원리를 설명하라. 이런 프로그램에서 상담자는 어떤 과정을 이용하는가? 이런 프로그램은 얼마나 효과적인가?

CHAPTER

8

신체 증상을 특징으로 하는 장애

주제

수요일이다. 오늘은 중요한 날이다. 11시 30분을 시작으로 역사와 물리학 중간고사가 연거푸 있다. 3시 30분에는 심리학 구두 발표가 있다. 재렐은 오늘을 디데이라 칭하며 지난 몇 주를 준비했다. 전날 새벽 3시 30분까지 자지 않고 공부하며 문제를 정의했다. 잠깐 잔 듯했는데 벌써 아침 9시 30분이었고 죽음의 날은 시작되었다.

깨자마자 재렐은 위장에 심한 통증을 느꼈다. 윙윙하는 울림, 현기증, 전신 통증까지 느꼈다. 이제부터 마주할 일들을 생각하면 놀랄 만한 일도 아니다. 첫 번째 시험은 약간의 불안을 가져올 것이고, 두 번째 시험과 뒤이을 발표는 아마도 엄청난 불안을 가져올 것이다.

하루를 시작하려 함에 따라 재렐은 이것이 단순한 가슴 두근거림 증상 이상일지도 모른다는 생각이 들기 시작하였다. 가슴 통증은 곧 경련으로 변했고 현기증은 어지럼증이 되었다. 간신히 넘어지지 않고 화장실에 갈 수 있었다. 아침밥 생각이 역한 기운을 만들었다. 어떤 증상도 잠재울 수 없었다.

재렐은 걱정하기 시작했고 심지어 공포까지 느꼈다. 이는 오늘 할 일을 마주하는 최선의 방략은 아니었다. 두려움을 떨치려 했으나 증상은 사라지지 않았다. 결국 의사에게 가보라는 룸메이트의 권유에 설득당했다. 10시 30분 첫 시험 한 시간 전, '학생 건강'이라 부르는 대형 벽돌 건물로 들어갔다. 겁쟁이 같아 부끄러웠지만 이것 말고 할 수 있는 일이 무엇이 있겠는가? 이런 상태에서 2개의 시험을 참고 치르는 것은 자신이 바보라는 사실밖에는 아무것도 보여주지 못할 것이다.

심리적 요인은 다양한 방식으로 신체적 질병에 기여할 수 있다. 재렐의 의사는 몇 가지 가능성을 골라내야 한다. 시험을 피하기 위해 통증과 어지럼증을 거짓으로 꾸며냈을 가능성이 그 하나이다. 또 다른 가능성은 자신의 병을 상상해냈을 경우이다. 말하자면 자신을 속이는 경우이다. 이도 아니면 통증과 어지럼증에 과대 반응했을 가능성이다. 더불어 재렐의 증상은 스트레스에 의해 촉발된 진짜이면서도 심각한 증상일 수 있다. 중요한 시험 전 느끼는 압박과 같이 극심한 압박을 느낄 때면 위액 분비가 왕성해져 장을 자극하게 되고 혈압 또한 높아져 어지럼증을 느낄 수 있다. 마지막으로 유행성 감기로 컨디션이 안 좋았을 가능성이다. 순수한 의학적인 문제라도 심리적 요인과 연관될 수 있다. 시험, 발표 준비로 몇 주를 걱정했다면 재렐의 몸은 약해졌을 것이고, 약해진 몸은 감기 바이러스와 싸울 힘을 약화시켰을 수 있다. 진단이 무엇이건 간에 재렐의 마음 상태는 몸 상태에 영향을 미쳤다. 심리적 요인의 역할에 대한 의사 견해가 재렐이 받을 치료의 형태를 결정할 것이다.

이 책 전반에 걸쳐 심리장애가 신체적 원인을 가짐을 빈번히 관찰하였다. 예를 들어 신경전달물질의 비정상적 활동은 범불안장애, 공황장애, 외상후 스트레스장애에 기여한다. 그렇다면 반대로 신체적 질환이 심리적 원인을 가질 수 있다는 주장은 과연 놀랄 만한 주장인가? 오늘날 임상가들은 기원전 4세기의 소크라테스의 주장에서 지혜를 찾을 것이다. "영혼 없이 몸만 치료해서는 안 된다."

심리적 요인이 신체적 질병에 기여한다는 생각은 고대로 거슬러 올라갈 수 있다. 하

흥미로운 이야기

추가된 통증

32%	저소득층 중 만성 무릎·다리 통증을 가진 비율
19%	고소득층 중 만성 무릎·다리 통증을 가진 비율
37%	저소득층 중 만성 목·허리 통증을 가진 비율
26%	고소득층 중 만성 목·허리 통증을 가진 비율

(출처 : Anson, 2017)

지만 20세기 이전에는 소수의 사람만이 이러한 주장을 펼쳤다. 이 주장은 특히 의학이 자연과학이 되기 시작한, 그리고 과학자들이 객관적 '사실' 추구에 헌신하던 르네상스 시대에는 인기가 없었다. 당시 정신은 성직자나 철학자의 영역이었지 물리학자나 과학자의 영역이 아니었다. 이러한 견해는 17세기에 이르러 심화되었다. 프랑스 철학자 르네 데카르트는 정신, 영혼을 신체와 완전히 분리된 것으로 보는 **심신 이원론**을 주장하기에 이르렀다(Sharpe & Walker, 2020). 하지만 20세기에 진행된 많은 연구는 스트레스, 걱정, 무의식적 욕구와 같은 심리적 요인이 많은 방식으로 신체 질병에 기여할 수 있음을 의학, 임상 연구자들에게 보여주었다.

DSM-5는 신체 증상이나 신체 증상에 대한 걱정이 장애의 핵심이 되는 여러 심리장애를 포함시키고 있다. 여기에는 환자가 의도적으로 신체 증상을 만들거나 꾸미는 **인위성장애**, 수의적인 운동, 감각 기능에 영향을 미치는 의학적으로 설명되지 않는 신체 증상을 특징으로 하는 **전환장애**, 개인이 신체 증상에 대해 지나치게 걱정하고, 고통받고, 장해를 경험하는 되는 **신체증상장애**, 건강 염려적 개인이 신체 증상의 부재에도 불구하고 심한 병에 걸린 것이 분명하다고 집착하게 되는 **질병불안장애**, 심리적 요인이 개인의 일반적 건강 상태에 부정적 영향을 미치는 **의학적 상태에 영향을 주는 심리적 요인**이 포함되어 있다. ■

인위성장애

재렐처럼 신체적으로 아프게 된 사람들은 의사를 찾아간다. 하지만 의사는 증상의 기질적 원인을 찾을 수 없고, 그래서 다른 요인이 개입된 게 아닌가 의심할 수 있다. 아마도 환자는 꾀병을 부리고 있을 수 있다. 즉 재정적 보상 혹은 직장 휴가 같은 외적 이득을 얻기 위해 의도적으로 병을 꾸며냈을 가능성이다(Chafetz, Bauer, & Haley, 2020). 예를 들어 중간고사를 피하기 위해 일부러 증상을 만들어내었다면 재렐은 꾀병을 부리는 것으로 볼 수 있다.

또 다른 가능성은 환자가 되고픈 희망으로 의도적으로 신체적 증상을 만들고 가장했을 가능성이다. 말하자면 아픈 역할 그 자체가 아픈 이유라 할 수 있다(Merten & Merckelbach, 2020). 의사는 여러 가능성 속에서 환자가 **인위성장애**(factitious disorder)를 나타내는지 결정할 것이다(표 8.1 참조). 한 예로, 균혈증을 나타내는 환자인 아디아의 증상을 살펴보자. 이 병은 혈액 속에 병균이 있는 상태로 치료를 받지 않으면 패혈증이라는, 목숨에 영향을 주는 매우 위험한 상태로 이어질 수 있다. 다음 글을 읽어보면 알게 되겠지만, 환자의 개인 정보를 다루는 방식에서 아디아의 의료 팀은 문제가 있다 하겠지만, 이 사례 자체는 인위성장애의 특징을 잘 보여주는 예라 하겠다.

아디아는 재발하는 요로감염증과 균혈증의 검사를 위해 의학센터에 의뢰되었다. 수포로 인한 피부 병변도 있었다. 다양한 검사 결과, 비뇨생식관에는 문제가 없는 것으로 확인되었다.

아디아의 설명되지 않는 증상을 보고 의료 팀 중 한 의사는 아디아가 증상을 만들어낸 것이 아닌가 의심했다. 그래서 아디아의 개인 소지품을 몰래 들여다보기로 결정했다.

아디아가 X-레이를 찍는 동안 가방을 뒤졌다. 가방에는 세균 집단을 배양하는 배양접시가 들어 있었고, 이와 더불어 주삿바늘, 주사기, 지혈대가 있었다. 배양접시는 교체되어 있었다. 그날 저녁 아디아는 세균을 몸에 주입해서 자신에게 해를 입힌 것은 아닌지 조사받았다. 아디아는 아니라고 말했고 병에서 낫고 싶다고 했다. 이에 의사는 부인할 수 없는 증거가 당신 가방에서 나왔노라고 말했다. 이 말에 아디아는 자신의 가방을 열어 의사가 그 안을 들여다볼 수 있게 했다. 의사가 보았던 물건들은 더 이상

인위성장애 이 장애를 가진 개인은 의도적으로 신체 증상을 만들어내거나 꾸미는데, 전형적으로 환자 역할을 하고자 하는 의도로 증상을 만들어내거나 꾸민다.

거기에 없었다. 자신의 말이 사실임을 더 확실히 보여주고자 아디아는 가방을 탈탈 털었다. 가방에서 주삿바늘과 주사기 하나가 떨어져 나왔다. X-레이를 찍고 돌아온 후 아디아는 누군가가 자신의 가방을 뒤졌음을 간파했다. 그래서 물건들을 치웠건만 이것들은 간과하고 말았다. 아디아는 자기 가방을 뒤진 것에 대해 화를 냈으나 겉으로는 그다지 화난 듯 보이지 않았다. 정신과 의사를 만나보라는 조건에는 동의했으나 여전히 스스로 몸에 세균을 주입한 것에 대해서는 부인했다.

다음 날 아디아는 울면서 세균물질을 가방에 넣어두었었다고 고백했다. 하지만 그건 자신의 피부 수포에서 균을 흡입하여 배양하기 위한 용도였다고 주장했다. 아디아는 여전히 세균을 자신에게 주입했다는 사실에 대해 부인하고 있었고, 의사들이 계속 자신의 의과적 문제의 원인을 찾아주기를 원했다.

(Savino & Fortran, 2006, pp. 201–202)

인위성장애는 **뮌하우젠증후군**(Munchausen syndrome)이라고도 알려져 있다. 장애 명칭은 18세기 유럽 내 여관들을 전전하며 자신의 군대 모험담을 꾸며대고 다녔던 기병대 장교 폰 뮌하우젠 남작의 이름에서 유래했다(Prabhu et al., 2020). 인위성장애를 가진 사람들은 병의 모습을 갖추기 위해 극단으로 치닫곤 한다(APA, 2013). 많은 사람이 은밀하게 약을 복용한다. 어떤 이는 앞서 기술한 아디아처럼 출혈, 감염, 기타 문제를 유도하기 위해 약을 주사한다(Vella, 2020). 다른 이는 만성 설사를 유도하기 위해 완하제를 사용한다(Wald, 2021). 고열은 특히 만들어내기 쉽다. 장기간 의문의 고열을 보이는 환자들을 대상으로 한 한 연구에서 9%가 종국에는 인위성장애 진단을 받았다(Irwin & Bursch, 2019).

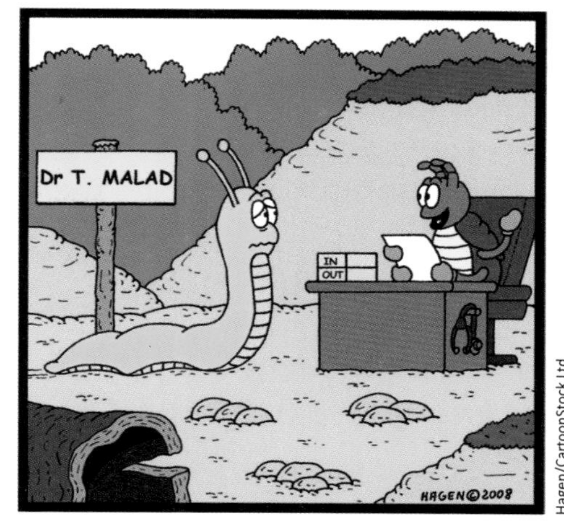

"걱정하지 마세요. 아침에 몸이 굼뜨다고 느껴지는 건 당신에게 아주 정상적인 반응입니다."

인위성장애 환자는 보통 가장하려는 질병에 대해 철저히 연구하며 의학에 대한 지식도 남다르다. 고통스러운 검사나 치료를 받기 기꺼워하며 심지어 수술까지도 기꺼이 받는다. 증상이 인위성이라는 증거에 대질되면, 이들은 전형적으로 이러한 추궁을 부인하고 병원을 떠난다. 그러고는 같은 날 다른 병원에 들어간다(Stacey, 2020).

문제의 본질을 숨기는 환자의 특성으로 인해 임상 연구자들은 인위성장애 유병률 파악에 어려움을 겪어왔다(Chafetz et al., 2020). 전반적으로 인위성장애는 남성보다 여성에게서 더 흔하다. 하지만 중증 사례는 남성에게서 더 흔하다. 장애는 흔히 초기 성인기에 시작된다.

인위성장애는 (1) 어려서 의학적 문제로 큰 치료를 받았던 사람, (2) 의료업계에 원한을 가진 사람, (3) 간호사, 실험실 기사, 의료 보조로 일했던 사람에게서 더 흔하게 보이는 것 같다(Carnahan & Jha, 2020; Jimenez et al., 2020). 상당수가 빈약한 사회적 지지 체계 안에 있는데, 소수만이 사회관계나 가족생활을 유지하고 있다(Irwin & Bursch, 2019).

임상 보고들이 우울, 아동기 비지지적 부모, 관심이나 사회적 지지에 대한 극단적 요구와 같은 요인을 인위성장애의 원인으로 지목하고는 있으나, 정확한 원인에 대해서는 아직 알려져 있지 않다(Carnahan & Jha, 2020; Jimenez et al., 2020). 인위성장애를 위한 효과적 치료법 또한 개발되고 있지 못하다.

심리치료사와 개업의들은 인위성장애 환자가 자신의 시간을 낭비하게 한다고 느끼고 이들에 대한 짜증과 분노의 감정을 보고한다. 하지만 인위성장애 환자는 문제에 대한 통제감 상실을 느끼며, 흔히 큰 고통도 경험한다.

유사한 형태로 **대리인에 의한 뮌하우젠증후군**이라 알려진 타인이 부여한 인위성장애가 있다. 여기서 부모나 양육자는 의도적으로 자녀의 신체적 병을 만들어내고, 이로 인해 자녀는 고통스러운 진단검사, 약 복용, 수술을 반복적으로 경험한다(Dimsdale, 2020)(표 8.1 참조). 아이가 부모로부터 격리되어 타인의 보호하에 놓이면 아이의 증상은 사라진다(**심리전망대** 참조).

표 8.1

진단 체크리스트

스스로 부여한 인위성장애

1. 외부적 보상이 없음에도 불구하고 신체적 혹은 심리적 증상을 허위로 변조하거나 상처나 병을 허위로 만들어냄
2. 자신을 아픈, 손상된 혹은 부상당한 것으로 제시

타인이 부여한 인위성장애

1. 외부적 보상이 없음에도 불구하고 다른 사람에게 신체적 혹은 심리적 증상을 허위로 변조하거나 상처나 병을 허위로 만들어냄
2. 다른 사람(희생자)을 아픈, 손상된 혹은 부상당한 것으로 제시

출처 : APA, 2013.

심리전망대

대리인에 의한 뮌하우젠증후군

이제 여덟 살인 탄야는 지난 5년간 127번 입원했고, 담낭 제거술에서 장 질병 상태를 미리 알아보기 위한 예비수술에 이르기까지 28번의 서로 다른 의학적 절차를 거쳤다. 두 달 전 탄야의 어머니는 아동을 위험에 빠트렸다는 혐의로 체포되었다. 탄야의 할머니가 조심스럽게 어머니의 체포 사실에 대해 말하자('엄마가 멀리 갔다'고 표현하자) 탄야는 동요하고 혼란스러워했다.

"엄마가 너무 보고 싶어요. 엄마는 세상에서 가장 좋은 사람이에요. 엄마는 병원에서 항상 나와 함께 있어 주었어요. 사람들은 엄마가 날 아프게 만들었고 내 튜브에 나쁜 것을 넣었다 말해요. 하지만 엄마가 날 아프게 할 이유가 없잖아요."

요양 중인 환자 프랭크 홀(1867) 작품

탄야와 같은 사례는 대중을 경악하게 만들었고 **대리인에 의한 뮌하우젠증후군**에 대한 관심을 불러일으켰다. 장애의 원인은 아동에게 신체 증상을 야기하기 위해 온갖 방법을 사용하는 양육자이다. 예를 들면 신체적 문제를 야기하기 위해 양육자는 아동에게 약을 주거나, 약을 먹여 위해를 가하거나, 아동의 음식 공급관을 더럽히거나, 심지어는 아동을 질식시키는 방법을 쓴다(Roesler & Jenny, 2020). 거의 모든 형태의 병이 아동에게 나타날 수 있으나 그중 가장 흔한 증상은 출혈, 경련, 천식, 혼수상태, 설사, 구토, '우발적' 독극물 중독, 감염, 고열, 유아돌연사증후군이다.

대리인에 의한 뮌하우젠증후군 희생자의 6~10%에 이르는 사람은 유도된 증상으로 인해 사망하고, 생존자 중 일부는 영구적인 신체 변형이나 손상을 갖게 된다(Kugler, 2019; Braham et al., 2017). 심리, 교육, 신체 발달에도 영향을 받는다(Ban & Shaw, 2019).

증후군은 진단하기가 매우 어렵고, 임상가들이 생각하는 것보다 훨씬 더 흔할지도 모른다(Bursch, 2020). 부모(흔히 어머니)는 자녀에게 지극정성인 것처럼 보여 남들은 그 부모를 동정하고 존경하기까지 한다(Dimsdale, 2020). 그러나 아동과 부모가 분리되면 아동의 신체적 문제는 사라진다. 대부분 아픈 아동의 형제자매도 희생자가 된다(Braham et al., 2017).

자녀에게 대리인에 의한 뮌하우젠증후군을 유도하는 부모를 사회는 치료해야 하는가, 아니면 처벌해야 하는가?

도대체 어떤 부모가 자녀에게 이 같은 고통과 병을 주는 것인가? 전형적인 뮌하우젠 부모는 정서적으로 요구적이며, 관심을 갈망하고, 아픈 자녀를 헌신적 돌봄으로써 사람들이 주는 칭찬을 갈망한다(Bursch, 2020). 부모는 의료체계 밖에서는 이러한 지지를 거의 받고 있지 못한 상태에 있다. 종종 뮌하우젠 양육자는 어떤 종류든 의학적 배경을 가지고 있다. 일부는 그 자신이 의학적으로 설명할 수 없는 신체적 문제를 가지고 있다(Roesler & Jenny, 2020). 뮌하우젠 양육자는 전형적으로 자신의 행동을 부인한다. 심지어 명백한 증거가 있는 상태에서도 부인하며, 자신의 문제에 대해 치료받기를 거부한다.

치안당국은 대리인에 의한 뮌하우젠증후군을 범죄로 간주하고 접근한다. 즉 치밀히 계획된 아동학대의 형태로 말이다(Kugler, 2019). 치안당국은 아동을 부모로부터 격리시킬 것을 요구한다. 동시에 이런 일탈적 행동에 의존하는 부모는 심각한 정신적 장애가 있으며 임상적인 도움이 절실히 필요한 상태에 있다고 믿는다(Sanders & Bursch, 2020). 치료는 많은 경우, 특히 중등도나 경도의 문제를 가진 부모가 가족에게 되돌아갈 수 있게 한다(Roesler & Jenny, 2020). 현재 연구자 및 임상가들은 문제의 부모와 어린 희생자를 돕기 위해 장애 관련 이해의 증진과 효과적 치료법 개발에 노력하고 있다.

요약

인위성장애

인위성장애를 가진 사람은 환자 역할을 맡기 위해 신체적 장애를 꾸며내거나 유도한다. 타인에게 부여된 인위성장애라는 관련된 유형에서 부모는 자녀에게 신체적 병을 허위로 만들어내거나 유도한다.

III 전환장애와 신체증상장애

신체적 질병이 개인에게 과도하게 영향을 미칠 때, 뚜렷한 의학적 원인이 없을 때, 혹은 그 질병과 관련해 알려진 것과 일치하지 않을 때, 의사는 **전환장애**나 **신체증상장애**를 의심하게 된다. 브라이언의 처지를 살펴보자.

전환장애 수의적 운동 기능 손상 혹은 감각 기능 손상이라는 신체 증상을 특징으로 하는 장애로, 증상 양상은 잘 알려진 의학적 장애의 증상 양상과 일치하지 않는다. '기능성 신경학적 증상장애'라고도 한다.

브라이언은 아내 헬렌과 요트를 타며 토요일을 보내고 있었다. 물살은 거셌으나 이들 기준에서는 안전한 수위라 할 수 있었다. 둘은 멋진 시간을 보내고 있었고, 그래서 하늘이 어두워지고 바람이 거세지며 요트가 통제하기 어려운 지경에 이르고 있음을 눈치채지 못했다. 몇 시간의 항해 후 브라이언과 헬렌은 자신들이 물가에서 멀리 떨어져 거세고 위험한 폭풍 한가운데 놓여 있음을 알게 되었다.

폭풍은 곧 그 세를 키웠다. 강한 바람과 거친 파도 속에서 브라이언은 요트를 통제하기가 어려웠다. 부부는 구명조끼를 입으려 했다. 하지만 채 다 입기도 전에 배는 전복되었다. 수영을 잘하는 브라이언은 전복된 요트로 수영해 와서 요트의 가장자리를 잡음으로써 목숨을 구할 수 있었다. 하지만 헬렌은 거친 파도를 넘어 요트까지 수영해 올 수 없었다. 공포에 질려 그리고 이 상황을 믿을 수 없다는 표정으로 브라이언은 헬렌을 보았고, 헬렌은 곧 브라이언의 시야에서 사라졌다.

얼마 후 폭풍이 누그러졌다. 브라이언은 전복된 요트를 간신히 바로 세운 후 이를 타고 해안가로 돌아왔다. 결국 안전하게 도착했지만, 폭풍의 상처는 이때부터 나타나기 시작했다. 해안 경비대가 발견한 헬렌의 시체, 친구들과의 대화, 자책, 비탄, 그리고 그 이상의 것으로 인해 이후의 날들은 고통과 공포로 채워졌다. 사고는 공포와 더불어 심각한 신체적 장애를 브라이언에게 남겼다. 브라이언은 제대로 걸을 수 없었다. 해안으로 돌아왔을 때 그는 처음 자신이 걸을 수 없음을 깨달았다. 달려가 도움을 요청하려 했으나 발이 움직이지 않았다. 해안가 식당에 도달할 무렵 그가 할 수 있었던 일의 전부는 기어가는 것이었다. 두 사람이 그를 부축해 의자에 앉혔다. 무슨 일이 발생했는지에 대한 그의 설명이 끝나고 경찰이 호출된 후에야 브라이언은 병원으로 옮겨졌다.

브라이언과 병원 의사들은 브라이언이 발을 움직이지 못한 이유를 사고 중 다쳤기 때문으로 인식했다. 하지만 병원에서의 검사는 어떤 기질적 원인도 찾아내지 못하였다. 뼈가 부러진 곳도 없었으며 척추의 손상도 없었다. 어떤 것도 심각한 장애를 설명할 수 없었다.

다음 날 다리는 마비 수준에까지 이르렀다. 다리 손상의 본질을 정확히 밝혀낼 수 없었기 때문에 의사들은 그의 활동을 최소화하기로 결정했다. 경찰과 오랫동안 이야기하는 것도 허용되지 않았다. 장인, 장모에게 딸의 죽음을 알리는 것도 자신이 아닌 타인을 통해야 했다. 유감스럽게도 아내의 장례식에 참석하는 것조차 허용되지 않았다.

미스터리 같은 현상은 이후 몇 주에 걸쳐 심화되었다. 마비 증세가 계속됨에 따라 브라이언은 사회적으로 철회되었고, 가족이나 친지를 만날 수 없었으며, 아내의 죽음과 관련해 처리해야 할 사무를 볼 수 없었다. 직장에 다시 나갈 수 없었고 자신의 삶을 정상으로 돌릴 수도 없었다. 브라이언의 마비는 그를 자기 몰두와 감정 고갈 상태에 이르게 했고, 과거를 돌아보거나 미래로 나아가지도 못하게 하였다.

전환장애

결국 브라이언은 **기능성 신경학적 증상장애**(functional neurological symptom disorder)라고도 하는 **전환장애**(conversion disorder) 진단을 받았다(표 8.2 참조). 전환장애를 가진 사람들은 수의적 운동 기능 혹은 감각 기능에 영향을 주는 신체적 증상을 나타내지만 이들 증상은 알려진 의학적 질환과는 일관되지 않는다(APA, 2013). 간단히 말해 이들은 신경학적 근원이 없으나 신경학적 증상과 같은 모양새의 증상(예 : 마비, 실명, 감정 상실)을 경험한다.

전환장애는 순수한 의학적 문제와 구별하기 어려우며, 이는 의사에게조차 그렇다(Stone & Sharpe, 2020c). 실상 전환장애 진단이 실수이고 환자의 문제가 탐지되지 않은 신경학적 혹은 의학적 원인 때문일 가능성도 있다(Stone & Sharpe, 2020a). 전환장애가 '순수한' 의학적 질환과 매우 유사하기 때문에 의사는 이 둘의 구분을 위해 종종 의학적 증상 모습에서의 특이성에

표 8.2

진단 체크리스트

전환장애
1. 수의적 기능 혹은 감각 기능에 영향을 미치는 하나 또는 그 이상의 증상이나 결핍이 존재해야 함
2. 증상은 알려진 신경학적 혹은 의학적 질환과 일치되지 않거나 양립 불가능함
3. 심각한 고통이나 장해를 경험

출처 : APA, 2013.

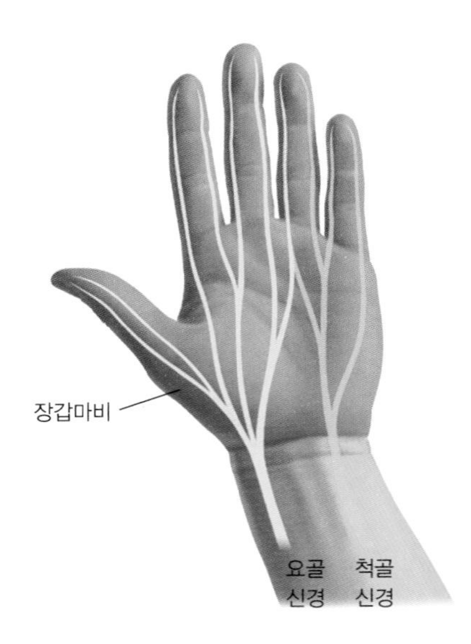

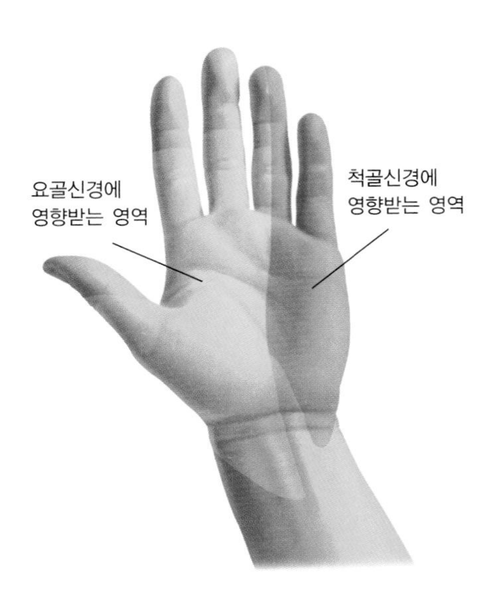

그림 8.1

장갑마비

장갑마비라는 전환 증상(왼쪽)에서는 손가락 끝에서 손목에 이르는 손 전체 영역이 마비가 된다. 반대로 척골신경의 실제적인 손상(오른쪽)은 넷째 손가락과 새끼손가락, 그리고 그 위의 손목과 팔 부분의 마비를 초래하고 요골신경의 손상은 넷째, 셋째, 둘째, 첫째 손가락의 일부와 그 위의 팔 부분까지의 감각 손실을 초래한다. (출처 : Gray, 1959)

의존한다. 예를 들어 전환장애의 증상은 신경계의 작동 방식과 상충되는 방식으로 작동하곤 한다. **장갑마비**(glove anesthesia)라고 부르는 전환장애에서 마비는 손목에서 급작스럽게 시작되어 손가락 끝으로 고르게 퍼져 나간다. 하지만 그림 8.1에서 보는 바와 같이 진짜 신경학적 손상은 급작스럽게 시작되거나 마비가 손가락 끝으로 고르게 퍼져 나가는 경우가 드물다.

전환장애에서의 신체적 영향은 대응되는 의학적 문제에서의 신체적 영향과는 다를 수 있다(Stone & Sharpe, 2020a, 2020c). 예를 들어 허리 밑부분의 마비 혹은 양측 하지마비(paraplegia)가 척수 손상으로 야기되었을 때는 이에 대한 물리치료가 행해지지 않으면 다리 근육이 위축되거나 쇠약해진다. 반면 전환장애로 마비를 경험하는 사람들은 흔히 **위축**(atrophy)을 경험하지 않는다. 아마도 그들은 자신이 근육을 사용하고 있다는 사실을 인식하지 못한 채 근육을 사용하고 있을지도 모른다. 이와 유사하게 전환장애의 결과로 눈이 보이지 않는 사람은 기질적으로 눈이 보이지 않는 사람보다 사고를 더 적게 당한다. 이는 물론 자신은 인지하고 있지 않지만, 전환성 실명을 보이는 사람이 어느 정도 시력을 가지고 있음을 보여주는 증거이다.

인위성장애를 가진 사람과는 달리 전환장애를 가진 사람은 의식적으로 증상을 원하거나 의도적으로 증상을 만들어내지 않는다. 브라이언처럼 이들은 거의 항상 자기 문제를 순수하게 의학적인 것이라 믿는다. 이러한 장애 유형은 심리적 욕구나 갈등이 신경학적 증상과 유사한 증상으로 전환된다는 임상 이론가들의 믿음 때문에 '전환'장애라 불리고 있다(Cretton et al., 2020). 비록 일부 이론가는 장애에서 전환이 여전히 작동하고 있다고 믿지만 다른 이들은 이후 살펴볼 대안적 설명을 선호한다.

전환장애는 흔히 후기 아동기와 초기 성인기 사이에 시작된다. 여성이 남성보다 적어도 2배 정도 흔하게 진단된다(de Vroege et al., 2020). 증상은 극심한 스트레스 동안 갑자기 시작되는 경향이 있다(Stone & Sharpe, 2020b). 모든 경우는 아니지만 때에 따라서 전환장애는 몇 주의 일이기도 하다. 전환장애를 발달시키는 사람에게서 피암시성이 높음이 연구를 통해 시사되기도 하였다(Wieder et al., 2020)(**마음공학** 참조). 예를 들어 전환장애 환자 중 많은 이가 최면 절차에 쉽게 영향받는다. 전환장애는 아주 드물게 발생하는 것으로 여겨지는데, 500명당 1~5명 정도가 이 장애를 발달시킨다(de Vroege et al., 2020; Stone & Sharpe, 2020b, 2019).

신체증상장애

신체증상장애(somatic symptom disorder)를 가진 사람은 현재 경험하는 몸의 증상을 지나치게 고통스러워하고, 증상에 대해 심하게 근심·걱정한다. 또한 삶이 이러한 증상으로 크게 와해되었다고 근심·걱정한다(APA, 2013)(표 8.3 참조). 증상은 장기간 지속되지만 전환장애에서 보이는 것보다 덜 극적이다. 어떤 경우는 신체 증상에 대해 알려진 원인이 없다. 다른 경우에는 원인을 찾을 수 있다. 두 경우 모두 개인의 걱정이 경험되는 신체 문제의 심각도에 비해 과도하게 크다.

신체증상장애 현재 경험하는 신체 증상 때문에 극도로 고통받고 근심하고 불안해하며, 이로 인해 삶이 와해된 특징을 보이는 장애

정신력이 달린 문제 심리적 과정의 힘을 보여주는 또 다른 예이긴 하지만, 전환장애와 신체증상장애의 반대 경우는 사람들이 통증이나 신체적 증상을 오히려 '무시'하는 경우이다. 이 사진은 생선을 매달 듯 등에 갈고리를 끼워 자신을 매단 채 구경꾼들에게 미소를 지어 보이는 런던의 한 행위예술가의 모습을 담고 있다. 그녀의 퍼포먼스는 2008년 상어에 대한 잔혹 행위 종결을 촉구하는 시위의 일환으로 진행된 것이다. 수프와 다른 상품 생산에 사용될 상어 지느러미를 얻기 위해 꼬리를 자르고 몸체를 바다로 되던지는 상어에 대한 무자비한 관행을 종식시키기 위한 시위의 일환으로 진행된 공연이었다.

두 유형의 신체증상장애가 특별한 관심을 받고 있다. 하나는 **신체화 유형**(somatization pattern)이라 불리는 신체증상장애로, 개인은 많고 다양한 신체 증상을 경험한다. 다른 것은 **통증 우세 유형**(predominant pain pattern)이라고 하는 신체증상장애로, 여기서의 주된 신체적 문제는 통증의 경험이다.

신체화 유형 실라는 다양한 증상으로 전문의를 당황하게 하였다.

실라는 17세 이후로 줄곧 복부 통증이 있었다고 보고하였다. 복부 통증의 원인을 파악하기 위해 의사들은 수술을 권했고, 탐색적 수술은 어떠한 진단도 내놓지 못하였다. 실라는 과거 여러 번 임신을 했었고, 임신 때마다 심한 입덧, 구토, 복부 통증을 경험하였다. 결국 '기울어진 자궁'으로 자궁적출술을 받았다. 40세 이후로는 현기증과 혼절을 경험하였는데, 이들 증상에 대해 의사들은 다발성 경화증이나 뇌종양을 의심하기도 했다. 사지 약화, 흐린 시야, 소변보기 어려움으로 인해 상당 기간 자리에 몸져누웠다. 43세 때 복부 팽만과 다양한 음식에 대한 알레르기(과민성) 문제를 호소하였고, 증상은 틈새 탈장으로 진단되어 치료되기도 했다. 신경학적 문제, 고혈압 문제, 신장 문제의 정밀검사를 위해 추가적으로 입원했었고, 검사 결과는 어떤 확정적 진단도 내놓지 못하였다.

(Spitzer et al., 1994, 1981, pp. 185, 260)

실라처럼 신체화 유형의 신체증상장애를 가진 사람은 기질적 근거가 거의 없거나 아예 없는 장기간 지속되는 많은 신체적 문제를 가지고 있다. 이 같은 유형은 1859년 Pierre Briquet에 의해 처음으로 기술되어 **브리케증후군**(Briquet's syndrome)이라고도 한다. 환자의 질병은 통증 증상(예 : 두통이나 가슴 통증), 소화기계 증상(예 : 구토나 설사), 성적 증상(예 : 발기부전이나 월경 문제), 신경학적 증상(예 : 이중 시각이나 신체 마비)을 포함한다.

신체화 유형의 신체증상장애를 가진 사람은 안도감을 얻기 위해 여러 의사를 찾아다닌다. 이들은 흔히 자신의 증상을 극적이고 과장된 용어를 사용하여 표현하곤 한다. 대부분은 불안과 우울을 경험한다(Colak et al., 2021; Cao et al., 2020). 이 유형은 증상이 변동하며 보통 수년간 지속되는데, 치료 없이는 좀처럼 증상이 완전히 사라지지 않는다.

표 8.3

진단 체크리스트

신체증상장애
1. 개인에게 고통을 야기하거나 개인의 일상생활 영위를 심각하게 방해하는 하나 혹은 그 이상의 신체적 증상의 존재
2. 아래의 형태로 나타나는 신체 증상(들)과 관련한 지나친 사고, 감정, 행동 혹은 이와 관련한 건강염려 (a) 증상의 심각성에 대해 지나치게 그리고 지속적으로 생각함 (b) 건강 혹은 증상에 대해 지속적으로 그리고 높게 불안해함 (c) 증상이나 건강을 염려하는 데 지나친 시간과 에너지를 사용함
3. 증상은 반드시 연속적으로 나타날 필요는 없지만 적어도 6개월은 지속되어야 함

출처 : APA, 2013.

흥미로운 이야기

진단상의 혼란

과거에는 편타성 외상(목뼈 손상)을 심리적으로 초래된 상태로 오진단하곤 하였다.

특정 연도 내 미국에 사는 사람들 중 4%가 신체화 유형을 경험하며, 남성보다 여성에서 더 흔하다(D'Souza & Hooten, 2020b; Levenson, 2020b). 신체화 유형의 신체증상장애는 흔히 가족 내에서 유전되는데, 신체화 유형을 가진 여성의 가까운 여성 친척 중 20%가 신체화 유형을 발달시킨다. 장애는 청소년기와 초기 성인기에 주로 시작된다.

통증 우세 유형 신체증상장애의 주된 특징이 통증이라면, 그 개인은 통증 우세 유형을 가졌다고 볼 수 있다. 전환장애나 또 다른 형태의 신체증상장애 환자도 통증을 경험할 수 있으나, 이 유형에서는 통증이 핵심 증상이다. 통증의 원천은 알려졌거나 알려지지 않았을 수 있다. 어떤 경우라도 통증으로 야기된 걱정과 장해는 통증의 심각도와 중요성에 비해 훨씬 크다.

정확한 유병률이 알려지지는 않았지만, 이 유형은 꽤 흔한 것으로 보인다(Levenson, 2020b). 장애는 어느 연령에나 시작될 수 있고, 여성이 남성보다 장애를 경험할 확률이 더 높다. 흔히 장애는 사고 후나 실제 통증을 야기하는 질병 중에 발달하게 되지만, 그 이후에는 자신만의 장애로 발전한다. 36세 여성인 로라는 유육종증(림프절, 폐, 뼈, 피부에 육종 같은 것이 생기는 질환)이라는 결핵성 질환의 흔한 증상을 넘어서는 통증을 보고하였다.

> 수술 전 관절 통증은 거의 없었다. 관절 통증은 그다지 나를 괴롭히지 않았다. 하지만 수술 후 가슴과 갈비뼈에 심한 통증이 생겼다. 통증은 이전에는 없었던, 수술 후 새롭게 나타난 문제였다. 나는 11시, 12시, 1시 같은 한밤중에 응급실에 가곤 했다. 처방된 약을 먹었고 다음 날이면 아픈 것이 멈췄다. 같은 문제를 호소하기 위해 그리고 무엇이 잘못됐는지 알아내기 위해 다른 여러 의사를 찾아갔다. 하지만 그들은 문제가 무엇인지 알아내지 못했다.
>
> 혼자 외출 시 혹은 남편과 함께 외출 시 우리는 어딜 가서든 빨리 나와야만 한다. 나의 통증 때문이다. 어떤 이유인지는 모르지만 가슴이 아파왔기 때문에 나는 어떤 것도 할 수가 없었다. 두 달 전 의사가 나를 검사하였고, 또 다른 의사는 내 X-레이 사진을 검토하였다. 의사들은 유육종을 시사하는 어떠한 증후도 찾아내지 못했다고 말했다. 또한 의사들은 자신들이 지금 통증이 유육종과 관련되었는지 알아보기 위해 혈액과 다양한 것을 검토하고 있다고 말했다.
>
> (Green, 1985, pp. 60–63)

무엇이 전환장애와 신체증상장애를 야기하는가

전환장애와 신체증상장애는 여러 해 동안 **히스테리성 장애**로 불렸다(Stone & Sharpe, 2020c). 히스테리성 장애라는 명칭은 지나치고 통제되지 않은 감정이 신체 증상에 기저한다는 지배적 믿음을 전달하려는 의도를 담고 있다.

19세기 말의 Ambroise-Auguste Liébault와 Hippolyte Bernheim의 활동은 심리적 요인이 히스테리성 장애의 뿌리라는 주장을 확산시키는 데 일조하였다. 이들은 정신장애의 연구와 치료를 위해 파리에 낭시 학파를 설립하였다. 거기서 최면적 암시로 정상인에게 실청, 실명, 마비와 같은 히스테리성 증상을 만들어낼 수 있었고, 또한 같은 방법을 사용하여 이를 제거할 수 있었다(제1장 참조). 최면적 암시가 신체적 역기능을 만들거나 없앨 수 있음에 기초하여 이들은 히스테리성 장애가 심리적 작용으로 인해 야기될 수 있다고 결론 내렸다.

우리사회에서 '히스테리'와 '히스테리성'이란 용어는 왜 이렇게 부정적으로 해석되는 것일까?

전환장애와 신체증상장애에 관한 오늘날의 선도적 설명은 정신역동, 인지행동, 다문화 모델로부터 나왔다. 하지만 어떤 모델도 충분한 경험적 지지를 받고 있지 못하며, 장애는 잘 이해되고 있지 못하다(Levenson, 2020b).

마음공학

사회매체가 '집단 히스테리'를 퍼트릴 수 있는가?

특별한 원인 없이 수많은 사람이 심리적 혹은 신체적 병을 함께 나타내는 집단 히스테리 혹은 집단 심인성 질환이라고도 불리는 집단 광기가 중세에 창궐했다는 내용을 우리는 제1장에서 읽었다(9~10쪽 참조). 2020년, COVID-19 팬데믹 초반기, 일부의 사람들은 바이러스에 감염될까 두려워 자발적으로 자신을 격리하고 나갈 때마다 장갑과 마스크를 썼던 일단의 사람들을 지칭해 이 용어를 쓰는 실수를 범하였다(Gowen, 2020). 하지만 이들은 집단 히스테리를 보인 것이 아니었다. 종국에는 특별 대책을 요하는 진짜 의학적 문제를 다른 사람들에 비해 너무 일찍 발견한 것 뿐이었다.

하지만 집단 히스테리의 사례는 오늘날 자주 발생하고 있다. 흔한 예로 콘서트장에서 선망하는 가수가 공연을 하는 동안 수많은 광팬들이 기절하거나 몸을 떨거나 경련을 일으키며 극단적 정서를 표출하고 자제력을 잃는 모습을 종종 볼 수 있는 데, 이를 집단 히스테리라 할 수 있다. 이와 유사하게 우리는 의학적 원인이 없는 신비한 병의 창궐을 주기적으로 목격하고 있다. 사실상 이런 병의 창궐이 증가하고 있는 상황이다(Nelson, 2019). 현대의 대부분의 임상가들은 이런 집단 히스테리를 일종의 전환장애로 간주하고 있다.

뉴질랜드의 사회학자인 로버트 바돌로매(Robert Bartholomew, 2020b, 2018, 2014)는 400년도 더 전에 나타났던 집단 심인성 질환에 대해 연구했는데, 그는 사회매체가 현재 이 질환 증가의 주요 원인이라는 주장을 펼쳤다. 2011년 뉴욕 르로이에서의 집단광기의 창궐은 사회매체의 이 같은 역할을 보여준다(Nelson, 2019). 2011년, 한 지역 고등학교의 학생이 얼굴 경련을 나타내기 시작했다. 수 주 후 다른 학생들도 유사한 증상을 보이기 시작했고, 결국 같은 학교 18명의 소녀가 이 증세를 나타내게 되었다. 확실히 심각한 틱 증상을 나타내는 소녀의 유튜브 영상을 본 후 수많은 10대가 틱 증상을 보이기 시작했다. 의사들은 이를 집단 심인성 질환의 한 예라 결론지었다.

Jim Sugar/Getty Images

현대의 집단 광기? 이 열성 팬들은 해리 포터 책이 자정에 출간되기가 무섭게 극도의 흥분과 자제력 부족으로 반응하고 있다. 이들이 보이고 있는 반응은 집단히스테리라 불리는 집단 반응이다.

사회매체의 역할을 보여주는 르로이 사례의 또 다른 범상치 않은 측면은 18개 고등학교 소녀들과 더불어 이 소녀들과 전혀 관련도 없는 35세 여성이 같은 시기 같은 증상을 보이기 시작했다는 점이다. 이 여성은 페이스북에서 이 사례를 처음 접했다고 진술했다.

이 사례는 최근의 다른 사례들의 귀감이 된다(Ayehu et al., 2018). 예를 들어 2013년 매사추세츠주 댄버스에서 창궐했던 10대들의 딸꾹질과 음성틱 사례, 기질적 원인이 없는 중증 소화기 증상을 앓았던 400명의 방글라데시 의류 직공의 사례가 여기에 포함된다. 이들 혹은 다른 사례에서 증상은 부분적으로 사회매체 때문에 퍼지게 된 듯하다.

바돌로매는 집단 히스테리가 사회매체의 힘으로 앞으로 더 많아질 것이고 광범위해질 것이며 심각해질 것이라 믿는다. "먼 과거에는 집단 심인성 질환의 치료를 위해 지역 성직자들이 소환되어 힘든 일에 직면했으나 이들은 한 가지 점에서 다행스러웠다. 이들은 스마트폰, 트위터, 페이스북과 싸울 필요가 없었다"라고 바돌로매는 말한다(Bartholomew, Wessely, & Rubin, 2012).

정신역동적 관점 제1장에서도 읽었듯이 Freud의 정신분석 이론은 히스테리성 증상을 설명하기 위한 Freud의 노력으로부터 시작되었다. 실제 Freud는 의학적 문제를 가진 사람을 치료하듯 진지한 태도로 히스테리성 증상을 가진 사람을 치료했던 그 당시 몇 안 되던 임상가 중 한 사람이었다. 파리에서 최면에 대해 연구한 후 Freud는 선배 의사인 Josef Breuer(1842~1925)의 일에 관심을 갖게 되었다. Breuer는 히스테리성 청각상실, 비체계적 언어, 마비 등의 증상을 경험하던 안나 O라는 여성의 치료에 최면을 성공적으로 사용하였다(Ellenberger, 1972).

Hero Images/Getty Images

엘렉트라콤플렉스가 엇나가다 Freud는 히스테리성 장애가 초기 아동기 아버지에 대한 애정을 표현한 딸에게 부모가 반복적으로 처벌하는 식의 과한 반응을 보인 결과로 나타난다고 주장하였다. 이런 경험을 가진 아이는 성인기에 들어 성적 억압을 보일 수 있으며, 성적 감정을 신체적인 병으로 전환할 수 있다.

Freud(1894)는 안나의 사례 그리고 기타 유사한 사례를 근거로 히스테리성 장애란 기저의 정서적 갈등이 신체적 증상 및 신체적 근심으로 **전환**된 것이라 믿게 되었다(Peeling & Muzio, 2020).

히스테리성 장애 환자 대부분이 여성임을 관찰한 Freud는 히스테리성 장애의 설명을 **남근기**(3~5세)에 있는 소녀의 욕구에 맞추었다. 남근기에 해당하는 삶의 시기 동안 소녀들은 **엘렉트라콤플렉스**라 부르는 욕망의 형태를 발달시킨다고 Freud는 믿었다. 이 시기 소녀는 아버지에 대한 성적 감정을 경험함과 동시에 아버지의 애정을 얻기 위해 어머니와 경쟁해야 함도 알게 된다. 하지만 어머니가 자신보다 더 강함과 아버지에 대한 성적 감정이 문화적 금기임을 깨닫고, 소녀는 자신의 성적 감정을 억압하고 아버지에 대한 이전의 욕망을 물리친다.

만약 부모가 소녀의 성적 감정에 과잉 반응하게 되면, 예를 들어 강한 처벌로 반응한다면, 엘렉트라 갈등은 해결되지 못하고 소녀는 이후의 삶에서 성적 불안을 반복해서 경험하게 될 것이라고 Freud는 생각했다. 성적 감정이 촉발될 때마다 여성은 이 감정을 자신으로부터 그리고 타인으로부터 감추고자 하는 무의식적 욕구를 경험하게 되고, 어떤 여성은 촉발된 성적 감정을 신체적 증상으로 전환함으로써(물론 의식하지 못한 상태에서) 자신이나 타인이 이를 눈치채지 못하게 한다. 이것이 Freud의 히스테리성 증상 발달에 대한 설명이다.

오늘날의 정신역동 이론가 대부분은 전환장애와 신체증상장애에 관한 Freud의 설명 일부에 이의를 제기한다. 하지만 이들도 환자가 아동기에 뿌리를 둔 무의식적 갈등을 가지고 있으며, 이 무의식적 갈등이 불안을 야기하기 때문에 이를 '좀 더 견딜 수 있는' 신체적 증상으로 전환한다는 주장에는 동의한다(Cretton et al., 2020).

정신역동 이론가들은 전환장애와 신체증상장애에 일차적 이득과 이차적 이득이라는 두 가지 기제가 작동하고 있다고 주장한다. 히스테리성 증상이 내적 갈등의 의식화를 방해할 때 사람들은 **일차적 이득**(primary gain)을 얻는다. 예를 들어 분노를 표출할까 봐 무의식적으로 두려워하는 남자는 언쟁 중 전환성 팔마비 증상을 발전시킬 수 있다. 여기서 팔의 마비는 남자의 분노 감정이 그의 의식에 와닿는 것을 막는다. 반면 히스테리성 증상이 하기 싫은 활동의 면제나 외부의 관심을 가져올 때 사람들은 **이차적 이득**(secondary gain)을 얻게 된다. 예를 들어 전환성 마비가 병사의 참전 의무를 면제해주거나 전환성 시각 상실이 연인과의 헤어짐을 막을 때 이차적 이득이 작동하고 있는 것이다. 요트 사고로 아내를 잃은 브라이언의 사례에서도 이차적 이득이 작동하고 있는 것으로 보인다. 전환성 마비 증상으로 인해 그는 사고 후 그가 감수해야 할 수많은 고통스러운 의무(아내의 장례식에 참석하는 것, 직장에 복귀하는 것)를 수행하지 않아도 되었다.

일차적 이득 정신역동 이론에서 말하는 개념으로, 신체적 증상이 개인의 내적 갈등 인식을 막는 이득을 창출해내는 것

이차적 이득 정신역동 이론에서 말하는 개념으로, 신체적 증상이 타인으로부터 친절함을 유발하거나 원치 않는 활동을 피할 핑계를 만들어내는 이득을 창출해내는 것

인지행동적 관점 인지행동 이론가들은 전환장애와 신체증상장애의 설명을 돕기 위해 신체적 경계, 보상, 의사소통 기술에 주목한다.

신체적 경계(somatic vigilance)와 관련하여 인지행동 이론가들은 어떤 이는 다른 이보다 신

체에 더 집중하는 경향이 있다고 주장한다. 이들에 따르면 이런 특성이 이들로 하여금 신체적 불편감에 더 집중하게 하고, 이에 대한 반응으로 더 크게 각성하게 하며, 이를 더 걱정하게 만든다고 한다. 이 개념은 공황장애와 관련이 있는 개인의 신체 감각에 대한 주의 초점 특성인 **불안 민감성**(anxiety sensitivity) 개념과 유사하다(132쪽 참조). 전환장애와 신체증상장애에 관한 신체적 경계의 설명과 일관되게 연구자들은 신체적 경계 특성이 높은 이들이 신체적 경계 특성이 낮은 이들보다 통증과 통증 관련 불안을 더 자주 경험함을 발견하였다(Burton et al., 2020; D'Souza & Hooten, 2020b).

보상(reward)과 관련해서 인지행동 이론가들은 전환장애와 신체증상장애에서의 신체적 증상이 장애를 보이는 사람들에게 보상을 가져다준다고 주장한다(표 8.4 참조). 장애를 가진 개인은 증상으로 인해 불쾌한 관계로부터 해방될 수도 있고 타인의 관심을 받을 수도 있다(Levenson, 2020b). 보상을 얻게 되면 개인은 이를 학습하게 되어 더 많은 증상을 보이게 된다. 또한 인지행동 이론가들은 병에 대해 잘 아는 사람이 병과 관련한 신체 증상을 더 쉽게 채택할 것이라고 주장한다. 사실상 연구들은 많은 환자가 자신, 친척, 혹은 친구가 유사한 의학적 문제를 가진 후에야 신체 증상을 발달시킴을 발견하였다(Stone & Sharpe, 2020a, 2020b).

확실히 보상에 대한 인지행동 이론 초점은 정신역동에서의 이차적 이득과 유사하다. 주된 차이는 정신역동 이론가들은 이득을 정말 이차적인 것(이차적 이득은 기저한 갈등이 장애를 만들어낸 이후에야 나타나기 때문)으로 보는 반면, 인지행동 이론가들은 이득을 장애 발달의 일차적 원인으로 본다는 데 있다.

정신역동 이론의 설명에서와 마찬가지로 전환장애와 신체증상장애에 대한 보상 이론의 설명도 경험적 지지를 거의 받고 있지 않다. 이러한 관점은 임상 사례 보고에서도 단지 간간이 지지되고 있을 뿐이다. 많은 사례에서 장애로 인한 고통과 혼란은 증상이 가져다주는 보상보다 훨씬 큰 것으로 보인다.

의사소통과 관련해서는 몇몇 인지행동 이론가들은 전환장애와 신체증상장애가 자기표현의 한 형태라 주장한다. 말하자면 감정을 표현하는 데 어려움이 있는 사람에게 자기를 표현하는 다른 수단을 제공한다는 것이다(Peeling & Muzio, 2020). 인지행동 이론가들은 정신역동 이론가들과 마찬가지로 이들 장애 환자의 감정이 신체적 증상으로 전환되었다고 주장한다. 하지만 전환의 목적은 불안으로부터 자신을 방어하려는 데 있는 것이 아니라, 자신이 잘 알고 편

흥미로운 이야기

진단적 논쟁

의학적 문제로 신체적 증상을 가진 경우라 할지라도 이 문제를 과도하게 걱정하거나 이로 인해 큰 혼란을 경험하고 있다면 DSM-5의 '신체증상장애'로 진단될 수 있다. 한편 전문가들은 암, 심장질환, 기타 심각한 질환으로 이해할 만한 수준의 혼란을 보이는 환자가 혹시나 신체증상장애로 오진단될까 봐 걱정한다.

표 8.4

신체적 증상을 가지는 장애

장애	증상의 자발적 통제가 가능한가?	증상이 심리사회적 요인과 관련되었는가?	명백한 목표가 있는가?
꾀병	예	아마도	예
인위성장애	예	예	아니요*
전환장애	아니요	예	아마도
신체증상장애	아니요	예	아마도
질병불안장애	아니요	예	아니요
정신생리성 장애	아니요	예	아니요
신체질병	아니요	아마도	아니요

* 의학적 관심을 제외하고는 없음

흥미로운 이야기

그들의 진술

"머리에 이상이 있기보다는 몸에 이상이 있는 편이 낫습니다."

실비아 플라스의 *벨 자*(The Bell Jar) 중

안해하는 '신체적 언어'로 분노, 두려움, 우울, 죄책감, 질투심 등의 극단적 감정을 소통하려는 데 있다고 이들은 주장한다.

이러한 견해에 따르면 자신의 감정을 인식하거나 표현하는 데 큰 어려움이 있는 이들이 전환장애와 신체증상장애를 발달시킬 우선적 후보가 될 수 있다(Kaplan, Privitera, & Meziane-Tani, 2021; Levenson, 2020b). 또한 이전에 신체적 병을 앓아본 경험으로 신체적 증상 언어를 '알게' 된 이들도 이러한 장애 발달의 후보가 될 수 있다. 아동도 후보가 될 수 있다. 아동은 감정을 언어로 잘 표현하지 못하기 때문에 소통의 방식으로 신체적 증상을 발전시킬 가능성이 특히 크다(Burton et al., 2020). 하지만 인지행동적 관점도 다른 관점과 마찬가지로 광범위하게 검증되거나 경험적으로 지지되고 있지 못하다(Stone & Sharpe, 2019).

다문화적 관점 서구의 임상가 대부분은 개인적 고통에 신체 증상을 발전시키거나 신체 증상에 과도하게 초점을 두는 방식으로 반응하는 것을 부적절한 것으로 인식하고 있다. 이것이 전환장애와 신체증상장애가 DSM-5에 포함되게 된 이유 중 하나이다. 하지만 일부 이론가는 이런 입장이 서구의 편견을 반영한 것이라 생각한다. 즉 신체적 증상을 감정을 다루는 **열등한** 방식으로 보는 편견 말이다(Canna & Seligman, 2020; Krupić et al., 2019).

개인적 고통을 신체적 증상으로 변형하는 것은 비서구 문화에서는 사실상 정상적인 것이다(Levenson, 2020b). 비서구 문화에서는 신체적 증상 형성이나 호소가 인생 스트레스에 대한 사회적으로나 의학적으로 용인된 옳은 반응, 낙인을 덜 받는 반응으로 간주되고 있다. 중국, 일본, 아랍 국가를 포함한 비서구사회의 의학 환경에서 스트레스로 야기된 신체 증상의 비율이 높게 보고되고 있다(MHN, 2020g; Lowe & Gerloff, 2018). 라틴계 국가의 사람들도 수많은 신체 증상을 보이고 있는 것으로 파악된다. 미국 내에서조차 남아메리카 문화권의 사람들은 다른 문화권의 사람들보다 스트레스에 직면하여 더 많은 신체적 증상을 나타내었다(Lara-Cinisomo, Akinbode, & Wood, 2020; Zvolensky et al., 2019).

다문화적 발견으로부터 우리가 배운 것은 스트레스에 대한 신체적 반응이 스트레스에 대한 심리적 반응보다 더 우수하다 혹은 덜 우수하다 그런 것이 아니다. 오히려 우리가 배운 것은 인생 사건에 대한 개인의 신체적·심리적 반응 모두가 그 개인이 살고 있는 문화에 의해 영향을 받는다는 사실이다. 이 점을 간과하면 자동 반사적인 오낙인 혹은 오진단으로 갈 가능성이 있다.

전환장애와 신체증상장애는 어떻게 치료되는가

전환장애와 신체증상장애를 가진 사람은 심리치료를 최후의 수단으로 찾곤 한다(Levenson, 2020c). 그들은 자신의 문제가 순전히 의학적인 것이라 믿어 처음에는 이와 다른 설명이나 제안을 하면 거부한다. 환자의 증상과 걱정이 심리적 원인 때문인 것 같다고 의사가 말하면, 그들은 다른 의사를 찾아간다. 하지만 결국에는 심리치료, 향정신병 약물치료 혹은 그 둘 모두를 받기로 합의한다.

많은 치료자는 이들 장애의 **원인**(외상 혹은 신체적 증상과 연결된 불안)에 초점을 두고 통찰, 노출, 약물치료를 적용한다. 예를 들어 정신역동 치료자는 신체 증상 환자가 자기 내부의 두려움을 의식하고 해결하도록 도와 결과적으로 불안을 신체 증상으로 전환할 필요를 감소시킨다(Cretton et al., 2020). 반면 인지행동 치료자들은 노출치료를 이용한다. 치료자는 신체 증상을 처음으로 나타나게 한 끔찍한 사건의 세부 특성을 파악하여 이를 환자에게 노출한다.

반복 노출을 통해 환자는 이런 단서에 덜 불안하게 되고 결과적으로 고통스러운 사건에 신체적 경로(신체적 증상)를 통하기보다는 직접적으로 대면할 수 있게 된다(Axelsson et al., 2020; Ganslev et al., 2020). 생물학적 치료자들은 전환장애 환자와 신체증상장애 환자의 불안과 우울을 감소시키기 위해 항우울제를 사용한다(Levenson, 2020c).

다른 치료자들은 전환장애와 신체증상장애의 원인보다는 교육, 강화, 인지재구성과 같은 기법을 사용하여 신체 증상을 다루려고 한다. 교육을 사용하는 치료자는 환자에게 정서적 지지를 제공하고 증상이 곧 사라질 거라는 희망을 심어주면서 환자에게 장애에 대해 설명해준다. 강화를 사용하는 치료자는 환자의 '아픈' 행동에 대한 보상을 제거하고 건강한 행동에 대한 보상을 증가시킨다. 인지재구성(cognitive restructuring)을 사용하는 치료자는 신체 증상이나 병의 본질과 원인을 달리 생각해보도록 내담자를 안내한다. 연구자들은 이들 접근이 전환장애와 신체증상장애에 미치는 효과를 아직 완전히 평가하고 있지 못하다. 하지만 일부 진행된 연구는 이런 접근이 유용한 개입임을 보여준다(D'Souza & Hooten, 2020b; Peeling & Muzio, 2020). 치료의 유용성은 항우울제의 경우에도 해당하는데, 항우울제의 사용은 때때로 이들 장애를 가진 사람들의 신체 증상 경감과 불안감 및 우울감 경감에 도움을 주는 것으로 보고되고 있다.

"넘어져 무릎을 다치게 해봐. 그런 다음에야 넌 나한테 통증에 대해 말할 수 있어."

요약

전환장애와 신체증상장애

전환장애는 수의적 운동 기능 및 감각 기능에 영향을 주는 신체적 증상을 특징으로 하지만, 이들 증상은 알려진 의학적 질환과는 일관되지 않는다. 진단가들은 때때로 환자의 의학적 모습에서 이상한 점을 관찰함으로써 전환장애를 '순수한' 의학적 문제와 구별한다. 신체증상장애에서 사람들은 자신이 현재 경험하는 신체 증상으로 인해 과도하게 고통받고, 과도하게 걱정하고 불안해하며, 일상생활에 크고 과도한 방해를 받는다.

Freud는 전환장애와 신체증상장애의 초기 정신역동적 관점을 발달시켰다. Freud는 기저의 정서적 갈등이 신체적 증상으로 전환된 것이 전환장애와 신체증상장애라 주장하였다. 인지행동 이론가들은 신체적 증상이 전환장애나 신체증상장애를 가진 사람에게 보상을 가져다주고, 이러한 강화가 증상 유지를 돕는다고 주장한다. 일부 인지행동 이론가는 전환장애와 신체증상장애가 일종의 의사소통 방법이라 제안한다. 즉 장애를 가진 사람은 정서를 신체적 증상을 통해 표현한다고 주장한다. 전환장애와 신체증상장애의 치료는 통찰, 노출치료, 약물치료를 포함하고 있으며, 교육, 강화, 인지재구성과 같은 기법을 사용한다.

질병불안장애

건강염려증으로도 알려진 질병불안장애(illness anxiety disorder)를 가진 사람은 건강에 대한 만성적 불안을 경험하며, 신체 증상의 부재에도 불구하고 심각한 의학적 질병을 가졌다고 혹은 발전시키고 있다고 믿는다(표 8.5 참조). 질병불안장애 환자는 질병 징후를 찾기 위해 몸 상태를 반복적으로 체크하고 다양한 신체적 사건을 심각한 의학적 문제의 징후로 오해석한다. 전형적으로 신체적 사건은 일상적 기침, 상처, 발한과 같은 정상적인 몸의 변화에 불과하다. 친

질병불안장애 신체적 증상이 없음에도 '심각한 병에 걸린 것은 아닐까?' 혹은 '그런 병에 걸리면 어떡하나?' 하는 생각에 몰두하고 그럴 가능성에 만성 불안을 보이는 장애

표 8.5

진단 체크리스트

질병불안장애
1. 심각한 질병을 가졌거나 심각한 질병에 걸렸다는 생각에 사로잡혀 있음. 실제 이들은 신체 증상이 없거나 기껏해야 경미한 신체 증상을 가지고 있음
2. 건강에 대한 걱정이 쉽게 촉발됨
3. 지나치게 많은 건강 관련 행동(예 : 몸에 계속 집중) 혹은 역기능적 건강 회피 행동(예 : 병원 가는 것을 회피)을 보임
4. 걱정이 일정 수준으로 적어도 6개월 이상 지속됨

출처 : APA, 2013.

구, 친척, 의사가 뭐라고 말하든 간에 이들은 이러한 오해석을 계속적으로 한다. 일부는 자신의 걱정이 지나침을 인식하고 있지만 많은 이들은 이를 인식하지 못한다. COVID-19 팬데믹 동안 진행된 연구에서 질병불안장애 증상을 가진 사람이 그렇지 않은 사람보다 바이러스 감염을 지나치게 걱정할 확률이 더 높았는데(Wheaton, Messner, & Marks, 2021), 이러한 발견은 놀랄 만한 일이 아니다.

질병불안장애는 어느 때라도 시작될 수 있지만 초기 성인기에 가장 빈번하게 시작되고, 남성과 여성에게서 동등하게 발생한다. 전체 인구의 1% 이하가 이 장애를 경험한다(French, 2020). 의사들은 이러한 사례를 다수 보았다고 보고한다. 일차 진료 의사에게 진찰된 환자의 3%가 이 장애를 보인다. 증상은 여러 해에 걸쳐 증가하고 감소하는 양상을 보인다.

전형적으로 이론가들은 다양한 불안관련 장애를 설명하는 방식으로 질병불안장애를 설명한다(제4장 참조). 예를 들어 인지행동 이론가들은 (1) 질병에 대한 두려움이 고전적 조건형성이나 모델링을 통해 습득되고, (2) 질병불안장애를 가진 사람이 신체적 단서에 너무 민감해하거나 위협받아 이 단서를 잘못 해석하게 된다고 믿는다(Barthels, Horn, & Pietrowsky, 2021; Arnáez et al., 2020).

질병불안장애를 가진 개인은 흔히 강박장애에 적용되는 치료를 받는다(136~139쪽 참조). 예를 들어 연구는 질병불안장애 환자가 강박증에 효과적인 항우울제로 치료받았을 때 상당한 호전이 있었음을 보여준다(French, 2020). 또한 환자의 다수는 **노출 및 반응 방지**(exposure and response prevention)의 인지행동적 접근으로 치료되었을 때 호전을 보였다(Levenson, 2020a). 이 접근에서 치료자는 신체적 변화를 환자에게 반복적으로 지적하는 노출을 실시하는 동시에 환자의 일상적인 의학적 관심 추구 행동을 제지하는 반응 방지를 실시한다. 또한 인지행동 치료자는 환자가 질병을 유지시키는 질병 관련 신념을 찾고 도전하고 변화시킬 수 있도록 돕는다.

흥미로운 이야기

이상한 우연

1967년 2월 17일, 프랑스 배우 겸 극작가 몰리에르는 '상상으로 앓는 사나이(Le Malade Imaginaire)'를 연기하던 중 무대에서 쓰러져 사망했다.

요약

질병불안장애

질병불안장애를 가진 사람들은 건강에 대한 만성적 불안을 경험하며, 신체 증상의 부재에도 불구하고 심각한 의학적 질병을 가졌거나 발전시키고 있다는 생각에 몰두한다. 이론가들은 불안장애를 설명하는 방식으로 질병불안장애를 설명한다. 질병불안장애 치료를 위해 강박장애를 위해 개발된 약물 및 인지행동적 접근이 사용되고 있다.

정신생리성 장애 : 의학적 상태에 영향을 주는 심리학적 요인

90년 전 임상가들은 생물학적·심리학적·사회문화적 요인의 **상호작용**으로 야기되거나 악화되는 일군의 신체적 질환을 발견하였다(Bott, 1928). DSM의 초기 판들은 이러한 질환을 **정신생리성 장애**(psychophysiological disorder) 혹은 **정신신체성 장애**(psychosomatic disorder)라 명명하였다. 하지만 DSM-5는 이들을 **의학적 상태에 영향을 주는 심리학적 요인**(psychological factors affecting other medical condition)이라 명명하고 있다(표 8.6 참조). 이 장에서는 '정신생리성'이라는 더 잘 알려진 용어를 사용할 것이다.

정신생리성 장애 생물학적·심리학적·사회문화적 요인이 상호작용하여 신체 질환을 야기하거나 악화시키는 장애. '의학적 상태에 영향을 주는 심리학적 요인'이라고도 한다.

심각한 의학적 증상과 상태가 정신생리성 장애에 개입되어 있다는 사실과 장애가 종종 심각한 신체적 손상을 일으킨다는 사실을 인식하는 것은 중요하다. 정신생리성 장애는 주로 심리적 요인에 의해 설명되는 인위성장애, 전환장애, 질병불안장애와는 다르다.

전통적인 정신생리성 장애

1970년대 이전 임상가들은 극소수의 질환만이 정신생리적이라 믿었다. 이러한 장애 중 가장 잘 알려져 있고 가장 흔한 것이 위궤양, 천식, 불면증, 만성 두통, 고혈압, 관상동맥 심장질환이다. 그러나 최근 연구에서는 세균성 혹은 바이러스성 감염을 포함하는 많은 다른 신체적 질환도 심리사회적 요인과 신체적 요인의 상호작용으로 야기될 수 있음이 시사되고 있다. 전통적인 정신생리성 장애를 먼저 살펴보고, 다음으로 후자의 범주에 속하는 새로운 질환을 살펴보겠다.

위궤양(ulcer)은 위장 내벽이나 십이지장 내벽에 형성된 손상(구멍)으로, 위쓰림이나 통증, 간헐적 구토, 위출혈 등을 일으킨다. 미국 내 2,500만 명 이상이 그들의 생애 어느 순간에 이 장애를 앓게 된다고 하며, 매년 6,500명이 이 장애로 죽는다고 한다(Vakil, 2020a). 위궤양은 종종 환경적 압박, 강렬한 분노나 불안과 같은 스트레스 요인과 *H. pylori* 세균 같은 생리적 요인의 상호작용으로 야기된다(Gillson, 2020; Vakil, 2020b).

천식(asthma)은 신체의 공기 통로(기도와 기관지)를 정기적으로 좁혀 공기가 폐로 들어가고 나오는 것을 어렵게 한다. 결과로 나타나는 증상은 숨 가쁨, 쌕쌕거림, 기침, 끔찍한 숨 막힘 등이다. 미국 내 거의 2,500만 명이 현재 천식으로 고통받고 있으며(CDC, 2020d), 대부분은 아동기나 초기 청소년기에 처음 천식 발작을 경험한다. 천식 사례의 70%는 환경적 압박이나 불안과 같은 스트레스 요인과 특정 물질에 대한 알레르기, 느리게 작동하는 교감신경계, 약화된 호흡계 같은 생리적 요인의 상호작용이 원인인 것으로 파악되고 있다(Lacwik et al., 2021; Fanta, 2020; Wenzel, 2020).

수면을 이루거나 유지하는 데 어려움을 느끼는 **불면증**(insomnia)은 매년 미국 인구의 3분의 1을 괴롭힌다(Judd & Sateia, 2020). 비록 대부분은 며칠 밤 지속되는 일시적인 불면증 발작을 경험하긴 하지만, 인구의 10%는 몇 달이나 몇 년간 지속되는 만성적 불면증을 경험한다(**정보마당** 참조). 만성 불면증 환자는 자신을 거의 계속 깨어 있는 것으로 느낀다. 이들은 낮에 심한 졸림을 경험하며 그 때문에 기능에도 어려움을 겪는다. 이들의 문제는 높은 수준의 불안, 우울과 같은 심리사회적 요인과 과민한 각성체계 혹은 특정 의학적 질환과 같은 생리적 문제의 결합으로 야기될 수 있다(de Silva & Neto, 2021; Bonnet & Arand, 2020, 2019).

만성 두통은 빈번하고 강한 머리나 목 쪽 통증으로 특징지어지는데, 이러한 통증은 또 다른 신체적 장애로 야기되는 것이 아니다. 크게 두 종류가 있다. **근수축성 두통**(muscle contraction headache) 혹은 **긴장성 두통**(tension headache)은 머리 뒤나 앞쪽의 통증과 목 뒤의 통증으로 특징지어진다. 이러한 통증은 두개골을 둘러싼 근육들이 조여져 혈관을 좁히면서 일어난다. 약 4,500만 명의 미국인이 이 두통으로 반복적으로 고통을 받고 있다(NHF, 2020a).

편두통(migraine headache)은 극도로 고통스럽고 간혹 마비에 가까운 상태로까지 이끄는 두통으로, 머리의 한편에 나타나며, 때때로 어지럼증, 메스꺼움, 구토를 동반한다. 몇몇 의학

표 8.6

진단 체크리스트

의학적 상태에 영향을 주는 심리학적 요인
1. 일반적인 의학적 상태가 존재
2. 심리적 요인이 다음의 방법으로 의학적 상태에 부정적 영향을 미침 ■ 의학적 상태의 진행 과정에 영향을 줌 ■ 의학적 상태의 치료를 방해함 ■ 부가적인 건강 위험을 제공 ■ 의학적 상태를 촉발하거나 악화시킴으로써 기저한 병적 생리에 영향을 줌

출처 : APA, 2013.

수면을 연구하다 이 5세 소년은 수면 중 생리적 활동을 측정하는 절차인 수면다원검사를 위해 모니터에 연결되고 있다. 이 측정을 통해 수면 중 뇌, 눈, 폐, 심장의 활동이 측정될 것이다.

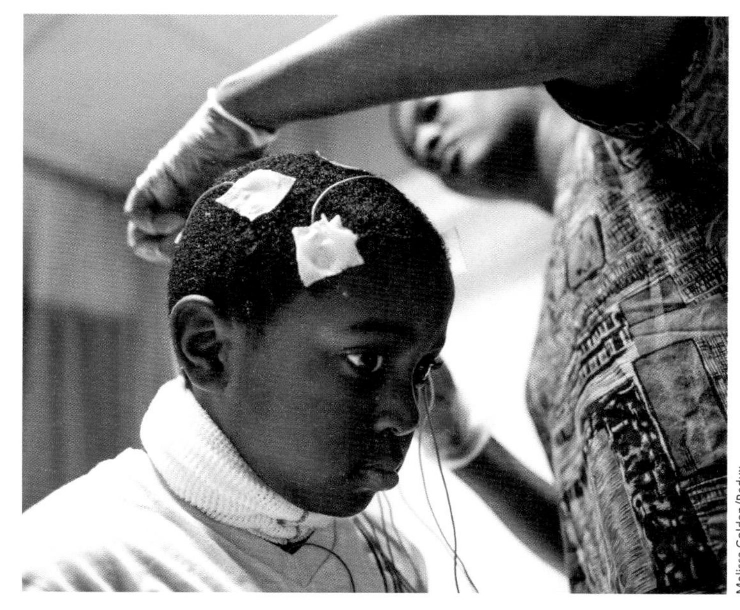

Melissa Golden/Redux

자는 편두통이 두 단계를 통해 발전한다고 주장한다. 즉 (1) 뇌의 혈관들이 좁아져 뇌 부분으로의 혈액 흐름이 감소하고, (2) 같은 혈관들이 나중에 팽창하여 이 혈관들을 통한 혈액의 흐름이 빨라지게 되며, 이는 많은 뇌신경세포(뉴런)의 종말을 자극하여 통증을 일으킨다. 미국 내 3,000만 명 정도가 매년 편두통으로 고생하고 있다(NHF, 2020a).

연구는 만성 두통이 환경적 압박, 일반적 무기력·분노·불안·우울의 감정과 같은 스트레스 요인과 신경전달물질 세로토닌의 비정상적 활동, 혈관 문제, 근육 약화와 같은 생리적 요인 간의 상호작용으로 야기됨을 시사하고 있다(McNeil, 2021; NHF, 2020b).

고혈압(hypertension)은 만성화된 높은 혈압 상태를 말한다. 말하자면 심장에 의해 동맥에 내뿜어지는 혈액은 동맥 내벽에 너무나도 큰 압력을 만들어낸다. 고혈압은 겉으로 드러나는 증상이 거의 없으나, 전체 심혈관계의 적절한 기능 수행을 방해하여 결과적으로 뇌졸중, 심장질환, 신장질환 발생의 위험을 크게 증가시킨다. 미국 내 7,700만 명이 고혈압을 앓고 있고, 수천 명이 매년 고혈압으로 사망하고 있으며, 수백만 명은 고혈압으로 야기된 질병으로 사망하는 것으로 추산되고 있다(Egan, 2020). 모든 사례의 10% 정도는 생리적 이상만으로 야기되고 있다. 나머지는 심리사회적 그리고 생리적 요인이 결합되어 나타나게 되는데, 이를 **본태성 고혈압**(essential hypertension)이라 한다. 본태성 고혈압의 주된 심리사회적 원인에는 지속되는 스트레스, 환경적 위험, 분노나 우울이라는 일반적 감정이 포함된다. 생리적 요인에는 비만, 흡연, 낮은 신장 기능, 혈관 내 접착 단백질인 **콜라겐**의 비정상적으로 높은 비율이 포함된다(Tofler, 2021; Basile & Bloch, 2020).

관상동맥 심장질환(coronary heart disease)은 심장을 둘러싸고 있는 혈관으로 심장 근육에 산소를 운반하는 역할을 하는 **관상동맥**이 막힘으로써 야기된다. 이는 관상동맥 폐색과 **심근경색**(심장 발작)을 포함하는 여러 심장 문제를 지칭하는 용어이다. 미국 내 2,800만 명 이상이 현재 관상동맥 심장질환을 가지고 있다. 관상동맥 심장질환은 미국 남성과 여성 모두에서 사망원인 1위를 차지하며, 64만 7,000명이 매년 이 병으로 사망한다(AHA, 2020; CDC, 2020l). 다른 심장 관련한 질환을 첨가하면 사망자 수는 현격히 더 증가한다. 중년 남성의 절반가량이 그리고 중년 여성의 3분의 1이 사는 동안 어느 한 시점에 이 질환을 발전시킨다. 관상동맥 심장질환 사례의 대부분은 직장에서의 스트레스나 높은 분노 혹은 우울과 같은 심리사회적 요인과 높은 수준의 콜레스테롤, 비만, 고혈압, 흡연, 운동 부족과 같은 생리적 요인의 상호작용과 관련되어 있다(Karlsen et al., 2021; Hennekens, 2020).

어떤 요인이 정신생리성 장애에 기여하는가 지난 수년간 임상가들은 정신생리성 장애의 발달에 기여할지도 모르는 수많은 변인을 찾아내었다. 이들 변인은 생리적·심리학적·사회문화적 요인으로 묶일 수 있으나, 각 범주의 변인은 서로 상호작용하여 인생 스트레스, 특히 만성 인생 스트레스에 정신생리성 장애로 반응하게 만든다(Young et al., 2020).

생리적 요인 뇌가 신체 기관을 활성화하는 방법 중 하나가 중추신경계를 신체 기관에 연결하는 신경섬유의 망인 **자율신경계**(ANS)를 작동시키는 것이라는 사실은 제5장에서 이미 살펴보았다. 이 체계의 결함은 정신생리성 장애 발달에 기여하는 것으로 알려져 있다(Seiler, Fagundes, & Christian, 2020; von Rosenberg, Hoting, & Mandic, 2019). 예를 들어 누군가의 자율신경계가 너무 쉽게 자극받는다면 많은 사람이 경미한 스트레스라 생각할 만한 상황에 그 개인은 과민하게 반응할지도 모르며, 이러한 자율신경계의 과민성은 특정 기관을 손상시켜 결과적으로 정신생리성 장애를 야기할 수 있다. 다른 더 구체적인 생물학적 문제도 정신생리성 장애 발달에 기여할 수 있다. 약한 소화계를 가진 사람은 위궤양에 걸리기 쉬울 것이고, 약한 호흡계를 가진 사람은 천식에 걸리기 쉬울 것이다.

유사한 맥락에서 어떤 사람은 정신생리성 장애 발달 가능성을 높이는 특정 선호하는 생물학적 반응이 있을 수 있다. 어떤 사람은 스트레스에 대한 반응으로 땀을 흘린다. 어떤 사람은 스트레스에 대한 반응으로 배앓이를 한다(Barrientos et al., 2020)(그림 8.2 참조), 유사하게 어떤 사람들은 스트레스 상황에서 순간적인 혈압 상승을 경험할 확률이 다른 사람들보다 유의하게 더 높은 것으로 나타났다(Guo et al., 2020). 이러한 사람은 아마도 고혈압을 발전시킬 경향이 더 높을 것이다.

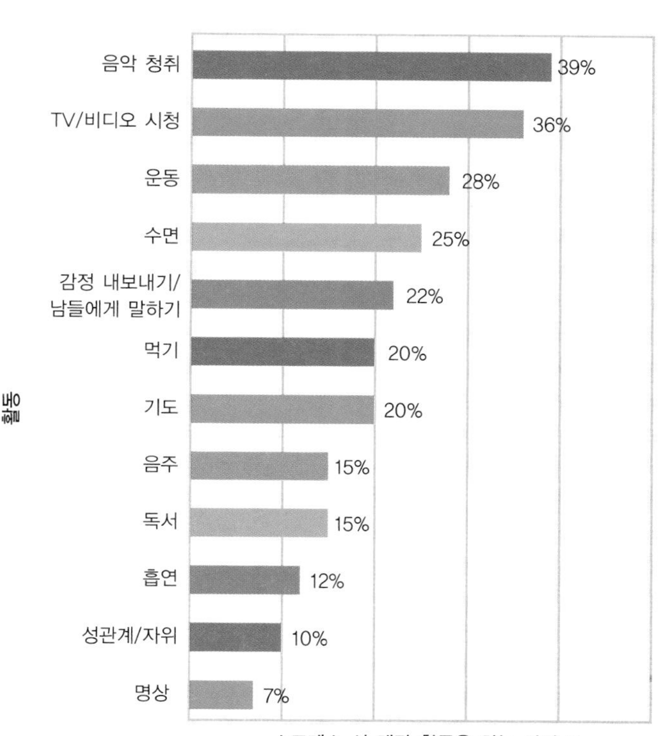

그림 8.2

스트레스를 줄이기 위해 무엇을 하는가?
6,700명의 미국 성인을 대상으로 설문을 실시한 결과 사람들은 스트레스감을 줄이기 위해 음악을 듣거나 TV나 비디오를 보는 것으로 나타났다. (출처 : Everyday Health, 2018)

심리학적 요인 이론가들은 특정 욕구, 태도, 감정, 대처 양식이 사람들을 스트레스원에 반복적으로 과민하게 반응하게 만들어 결과적으로 정신생리성 장애 발달의 가능성을 높인다고 제안한다. 예를 들어 연구자들은 **억압적 대처 양식**(불편함, 분노, 적대감을 표현하는 것을 꺼리는 대처 양식)을 가진 남성이 스트레스를 느낄 때 혈압과 심장 박동률의 급속한 상승을 보임을 발견하였다(Mamilla et al., 2019; Howard, Myers, & Hughes, 2017).

정신생리성 장애 발달에 기여하는 또 다른 성격 양식은 **A 유형 성격**(Type A personality style)이다. 이 개념은 2명의 심장병 전문의 Meyer Friedman과 Ray Rosenman(1959)이 소개하였다. A 유형 성격을 가진 사람은 항상 화가 나 있고, 냉소적이며, 의욕이 넘치고, 참을성이 없고, 경쟁적이며, 야심에 차 있다. Friedman과 Rosenman에 따르면 이들은 계속적으로 스트레스를 만들고 종종 관상동맥 심장질환을 이끄는 방식으로 세상과 소통한다. 반면 **B 유형 성격**(Type B personality style)을 가진 사람은 편안하고, 덜 공격적이며, 시간에 덜 압박받는다. 이러한 특징은 B 유형 성격을 가진 사람이 심혈관 퇴화를 덜 경험하도록 만들 것이다.

A 유형 성격과 관상동맥 심장질환의 관련성은 모든 연구는 아니지만 여러 연구를 통해 지지되고 있다. 3,000명 이상을 대상으로 한 잘 알려진 연구에서 Friedman과 Rosenman(1974)은 40~50대 건강한 남성을 A 유형과 B 유형 성격 범주로 구분한 뒤, 이들의 건강을 8년 동안 추적하였다. 연구 결과 A 유형 성격 남성이 B 유형 성격 남성보다 관상동맥 심장질환을 2배 이상 더 많이 발달시켰다. 이후의 많은 연구는 이러한 관계가 여성에서도 나타남을 발견하였다(Sahoo et al., 2018).

최근 연구는 A 유형 성격과 심장질환의 관계가 이전 연구에서만큼 강하지 않을 수 있음을 지적한다. 그러나 이 연구들조차 A 유형 성격 양식을 구성하는 몇 가지 특성, 특히 적대감, 완벽주의, 시간 조급성이 심장질환과 강하게 관련될 수 있음을 시사한다(Tofler, 2021, 2020; Hamieh et al., 2020).

사회문화적 요인 : 다문화적 관점 불우한 사회적 상황은 정신생리성 장애를 발생시키는 기반이 된다. 이러한 상황은 앞서 논의한 생물학적 요인과 성격적 요인을 촉발하고 이들과 상호작용하는 만성적 스트레스를 만들어낸다. 부정적인 사회적 상황 중 대표적인 것이 가난이다. 연구

A 유형 성격 적대성, 냉소성, 의욕 넘침, 성급함, 경쟁, 야망으로 특징지어진 성격 패턴

B 유형 성격 긴장이 적고 덜 공격적이며 시간에 대해 덜 걱정하는 성격 패턴

수면과 수면장애

수면은 변화된 의식, 수의적 몸 기능의 정지, 근육 이완, 환경 자극에의 감소된 지각으로 기술될 수 있는 자연 발생 상태이다. 연구자들은 수면의 단계, 주기, 뇌파, 기제에 관한 많은 정보를 얻었으나 수면의 목적에 대해서는 정작 충분히 이해하고 있지 못하다. 우리가 아는 것은 생존하기 위해 그리고 적절하게 기능하기 위해 인간과 동물은 잠이 필요하다는 사실이다.

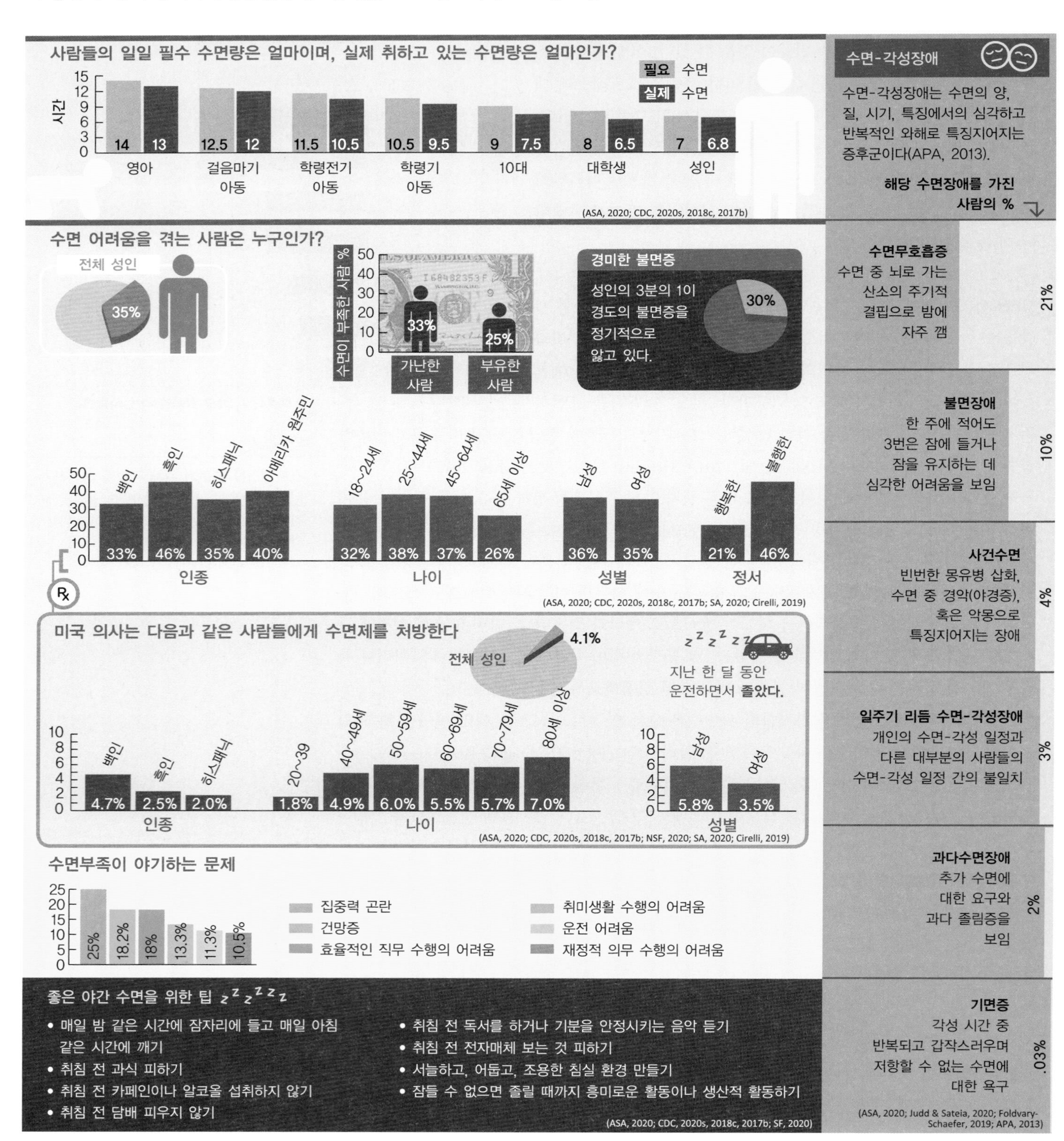

에서 가난한 사람은 부유한 사람보다 더 많은 정신생리성 장애를, 더 나쁜 건강을, 더 안 좋은 건강 결과물을 나타내는 것으로 밝혀졌다(CDF, 2020; HP, 2020b). 이러한 관계가 나타난 한 분명한 이유는 가난한 사람이 부유한 사람보다 전형적으로 더 높은 비율의 범죄, 직장 불만족, 실업, 과밀집, 기타 부정적 스트레스를 경험하기 때문이다. 또한 가난한 사람은 전형적으로 열악한 건강관리를 받는다.

흥미로운 이야기

안도감을 찾다

연구에 따르면 가정의가 관리하는 환자 중 17%가 기질적 원인이 없는 신체 증상을 보인다(Greenberg, 2016).

인종과 정신생리성 혹은 다른 건강 문제와의 관계는 복잡하다. 방금 논의된 경제적 추세로 예상할 수 있듯 흑인 미국인은 비히스패닉계 백인 미국인보다 정신생리성 문제를 더 많이 보인다. 한 예로 고혈압, 당뇨, 천식 비율이 백인 미국인보다 흑인에서 더 높았다(OMH, 2020, 2019a, 2018). 또한 흑인은 백인보다 심장질환과 뇌졸중, HIV/AIDS, COVID-19로 사망할 확률이 높다. 확실히 경제적 요인이 이러한 인종적 차이를 설명해준다. 많은 흑인이 가난 속에 살고 있고, 가난은 다시 좋지 못한 건강 결과로 이어지게 하는 높은 비율의 범죄와 실업에 노출되게 만든다(Quan et al., 2021; PUSA, 2020).

하지만 연구는 흑인 미국인의 높은 정신생리성 혹은 의학적 장애 비율이 경제적 요인 이외의 다른 요인에 의한 것임도 시사하고 있다. 비히스패닉계 백인의 경우 29%에서 고혈압이 나타나는 데 반해 흑인의 경우는 43%에서 고혈압이 나타남을 기억하라(OMH, 2020). 물론 이러한 차이가 다시 경제적 요인과 관련될 수 있겠지만, 흑인에게서 나타나는 특정 생리학적 경향성이 고혈압의 발생 위험을 증가시켰을 가능성도 배제할 수 없다. 혹은 인종차별의 반복적 경험이 흑인의 혈압을 증가시키는 특별한 스트레스가 되었을 수도 있다(그림 8.3 참조). 연구는 한 해 동안 더 많은 차별을 경험한 사람에서 일일 혈압 상승률이 더 높았고 일생에 걸쳐 더 많은 차별을 경험한 흑인에서 중년과 노년에 고혈압 문제가 있을 확률이 더 높았음을 발견하였다(Davis, 2020; HP, 2020c).

흑인이 보여주는 건강 관련한 그림을 통해 우리는 비슷한 그림이 히스패닉계 미국인에게서도 나타나리라 예상해볼 수 있다. 높은 비율의 히스패닉계 사람들이 가난 속에 살고 있고, 차별에 노출되어 있으며, 높은 범죄와 실업을 경험하고 있고, 열악한 건강관리를 받고 있다(Davis, 2020; PUSA, 2020). 그러나 이러한 불이익에도 불구하고 히스패닉계 사람들의 건강은 평균적으로 비히스패닉계 백인이나 흑인과 비교해 비슷하거나 어떤 때는 더 낫다(Stickel et al., 2019). 히스패닉계 사람들은 고혈압을 앓는 비율이 낮으며 더 오래 산다.

경제적 불이익에도 불구하고 히스패닉계 사람들이 보이는 상대적으로 좋은 건강 상태를 지칭하여 임상계에서는 '히스패닉의 건강 패러독스'라 부르고 있다. 연구자들은 이 양상에 의아해하고 있지만 몇 가지 설명이 제안되었다(Abraído-Lanza, Mendoza-Grey, & Flórez, 2020; Lee, 2020). 그중 하나가 히스패닉계 사람들의 사회관계, 가족 간 지지, 신앙심에 대한 강조가 이들의 건강 탄력성 증가에 기여한 것이 아닌가 하는 설명이다. 히스패닉계 사람들이 더 나은 건강 결과를 보일 만한 생리학적 경향성을 지니고 있는 것은 아닌가 하는 설명도 히스패닉의 건강 패러독스에 대한 설명으로 제기되고 있다.

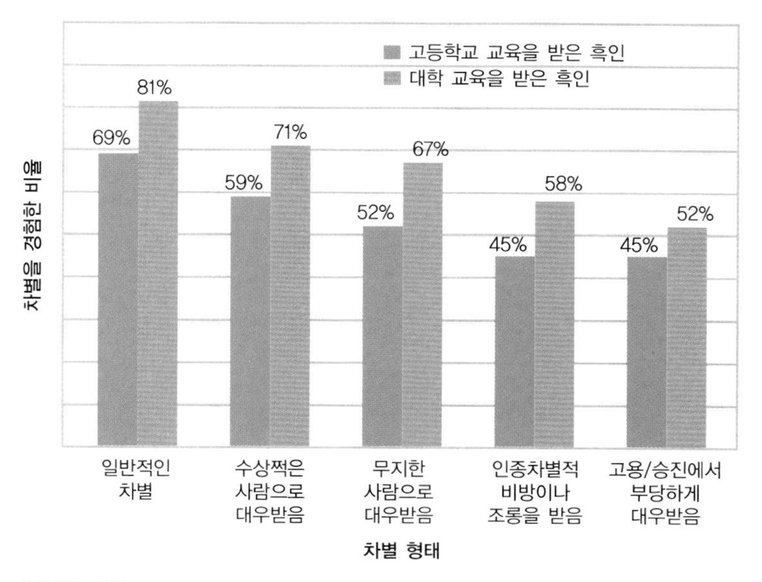

그림 8.3

더 많은 교육, 더 많은 차별

미국 흑인 성인을 대상으로 한 대규모 연구에서 응답자 대다수는 적어도 가끔은 인종차별을 경험했다고 말했다. 게다가 대학 교육을 받은 응답자가 고등학교 교육을 받은 응답자보다 인종차별을 더 많이 경험했다고 보고하였다. (출처 : Pew Research Center, 2019a)

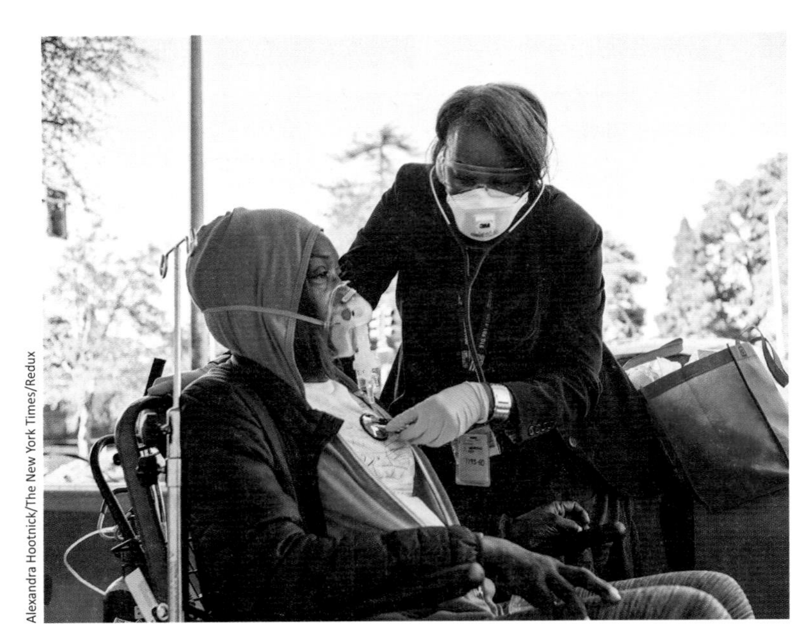
Alexandra Hootnick/The New York Times/Redux

흔치 않은 위험 COVID-19 창궐기, 캘리포니아 오크랜드의 한 의료 시설 외부에서 호흡기 의사가 한 여성에게 산소를 공급하고 있다. 흑인은 백인보다 COVID-19, 고혈압, 천식, 심장질환, HIV/AIDS의 비율이 더 높다. 이 같은 인종 격차의 원인으로 가난과 맞물린 생활 상황, 생활 스트레스, 낮은 의료서비스 접근성이 논의되고 있다.

새로운 정신생리성 장애

확실히 생물학적·심리학적·사회문화적 요인은 함께 결합하여 정신생리성 장애를 생성하는 것 같다. 이러한 요인의 상호작용은 현재 예외 없이 신체 기능의 **법칙**으로 간주되고 있다(Cazassa et al., 2020). 시간이 지나면서 더 많은 질환이 고전적 정신생리성 장애 목록에 추가되고 있고, 연구자들은 심리사회적 스트레스와 넓은 범위의 신체적 질환 간의 관계를 찾아내고 있다. 이들의 관계가 어떤지 먼저 살펴본 다음 **정신신경면역학**, 즉 스트레스와 신체 면역체계 질환을 연결하는 연구 분야에 대해 살펴보자.

신체질환이 과연 스트레스와 관련된 것인가 1967년, Thomas Holmes와 Richard Rahe는 사회재적응평정척도(Social Readjustment Rating Scale)를 개발하였는데, 이 척도는 사람들이 삶에서 경험하는 다양한 스트레스에 일정 수치를 부여한다(표 8.7 참조). 많은 수의 참가자 응답으로부터 척도상 가장 큰 스트레스가 되는 사건이 배우자 죽음이라는 사실이 밝혀졌고, 따라서 척도는 이에 100점의 **생활변화지수**(life change unit, LCU)를 부여한다. 척도상 비교적 낮은 스트레스에 해당하는 항목은 직장에서의 은퇴(45LCU)이고, 가벼운 법 위반은 이보다 스트레스 정도가 더 낮다(11LCU). 이 척도를 통해 연구자들은 일정 기간 동안 개인이 직면한 스트레스의 총량을 측정할 수 있다. 예를 들어 어떤 여성이 1년 동안 새 사업을 시작하였고(39LCU), 아들을 대학에 보냈으며(29LCU), 새집으로 이사했고(20LCU), 친한 친구의 죽음을 경험하였다(37LCU)고 하자. 이 여성의 한 해 동안의 스트레스 총량은 125LCU이고, 이는 1년 동안 경험하기에는 상당한 양의 스트레스이다.

결혼, 이사 및 기타 긍정적 사건은 왜 스트레스 척도에 포함되는가?

Holmes와 Rahe(1989, 1967)는 이 척도를 이용하여 인생 스트레스와 질병 발생 간의 관계를 검토할 수 있었다. 이들은 병에 걸린 사람이 병에 걸리기 전 한 해 동안의 LCU 점수가 건강한 사람의 대응되는 기간 동안의 LCU 점수보다 훨씬 더 높음을 발견하였다. 1년 총생활변화지수가 300LCU 이상이었던 개인은 심각한 건강 문제를 발달시킬 가능성이 특히 컸다.

사회재적응평정척도나 이와 유사한 도구를 사용한 연구에서 여러 종류의 스트레스를 다양한 신체적 상태(참호성 구강염, 상기도 감염에서 암에 이르는)와 연결시켰다(Johnson et al., 2020). 전반적으로 삶의 스트레스가 클수록 병의 위험은 증가하였다. 연구자들은 외상 스트레스와 죽음의 관계도 발견하였다. 한 예로 배우자를 잃은 사람은 배우자 애도 기간 동안 사망할 위험이 증가하였다.

Holmes와 Rahe가 개발한 사회재적응평정척도의 단점은 다양한 인구집단의 특수한 생활 스트레스 반응을 고려하지 않았다는 점이다. 예를 들어 Holmes와 Rahe는 척도 개발 과정에서 주로 비히스패닉계 백인을 표본으로 사용하였다. 반응자 중 흑인이나 히스패닉은 거의 없었다. 하지만 백인과 소수인종 집단의 인생 경험은 종종 몇 가지 방식에서 서로 다르기 때문에, 인생 사건에 대한 스트레스 반응도 차이를 보일 수 있다. 이 질문의 탐색을 위해 진행된 연구에서 인종집단 간 스트레스 반응에서 정말 차이가 있음이 드러났다(APA, 2020g). 연구 하나

흥미로운 이야기

짧은 평가

22% 의사 방문이 10분이었던 가정의학과 환자의 비율

33% 의사 방문이 20분이었던 가정의학과 환자의 비율

(출처 : *Statista*, 2020b, 2019c)

표 8.7

스트레스가 되는 생활 사건

성인 : 사회재적응평정척도*	학생 : 대학생 스트레스 질문지†
1. 배우자 사망	1. 사망(가족 구성원이나 친구)
2. 이혼	2. 시험이 많음
3. 부부 별거	3. 기말고사 기간
4. 수감	4. 대학원 지원
5. 가까운 가족 구성원의 죽음	5. 범죄의 희생자
6. 개인적 사고나 질병	6. 모든 수업 과제의 마감일이 같은 것
7. 결혼	7. 남자/여자친구와 헤어짐
8. 직장 해고	8. 남자/여자친구가 다른 사람과 몰래 사귀는 것을 알았을 때
9. 결혼 갈등의 중재 상황	9. 맞춰야 할 마감일이 많을 때
10. 은퇴	10. 재산을 도난당함
11. 가족 구성원의 건강상 변화	11. 힘든 한 주를 보냄
12. 임신	12. 준비되지 않은 상태로 시험 보기

*전체 척도는 43개 항목으로 구성됨
출처 : *Journal of Psychosomatic Research*, Vol. 11, Holmes, T. H., & Rahe, R. H., The Social Readjustment Rating Scale, 213–218, Copyright 1967, with permission from Elsevier.

†전체 척도는 83개 항목으로 구성됨
출처 : Crandall, C. S., Preisler, J. J., & Aussprung, J. (1992). Measuring life event stress in the lives of college students: The Undergraduate Stress Questionnaire (USQ). *Journal of Behavioral Medicine*, 15(6), 627–62.

는 흑인 및 히스패닉 교사와 백인 교사를 비교하였는데, 흑인 교사와 히스패닉계 교사는 백인 교사와는 매우 다른 방식으로 직업 스트레스(예 : 과중한 업무, 관리자 압력)를 지각하였고 거기에 반응하였다(Rauscher & Wilson, 2017).

마지막으로 대학생들은 사회재적응평정척도에 포함된 스트레스와는 조금 다른 스트레스에 직면하는 것 같다. 부부간 갈등, 해고, 구직과 같은 스트레스 대신 대학생들은 룸메이트와의 갈등, 낙제, 대학원 지원과 같은 스트레스에 직면하고 있다. 대학생의 인생사를 제대로 측정할 수 있는 도구를 사용하게 된 후에야(표 8.7 참조), 연구자들은 대학생 집단에서도 스트레스 사건과 질병 간의 예상했던 관계를 발견할 수 있었다(Chmitorz et al., 2020; Wu et al., 2020).

정신신경면역학 스트레스 사건은 어떻게 바이러스성 혹은 세균성 감염을 야기하는가? **정신신경면역학**(psychoneuroimmunology)이라 불리는 학문 영역의 연구자들은 심리사회적 스트레스, 면역체계, 건강의 관계를 밝힘으로써 이런 질문에 대답하려 한다.

면역체계(immune system)는 **항원**(antigen, 세균·바이러스·곰팡이·기생충 같은 외부 침입자)과 암세포를 찾아내고 파괴하는 신체 활동 및 세포의 연합망이다. 면역체계에서 가장 중요한 세포는 수십억 개의 림프구이다. **림프구**(lymphocyte)는 백혈구 세포로, 림프계와 혈류를 통해 순환한다. 항원에 의해 자극되면 림프구는 몸이 침입자를 퇴치할 수 있도록 활동을 개시한다.

헬퍼 T 세포(helper T-cell)라 불리는 림프구집단은 항원을 찾아낸 후 증식하여 다른 종류의 면역 세포의 생성을 촉발한다. **자연 살해 세포**(natural killer cell)라는 또 다른 림프구집단은 바이러스에 이미 감염된 몸 세포를 찾아내어 파괴함으로써 결과적으로 바이러스 감염 전파를

정신신경면역학 스트레스, 몸의 면역 체계, 병의 관계를 연구하는 학문 분야

면역체계 항원과 암 세포를 찾아 파괴하는 우리 몸의 세포 및 활동의 네크워크

항원 세균이나 바이러스와 같은 우리 몸의 외부 침입자

림프구 림프계와 혈류를 순환하는 백혈구로, 몸이 항원과 암세포를 찾아 파괴하는 일을 돕는다.

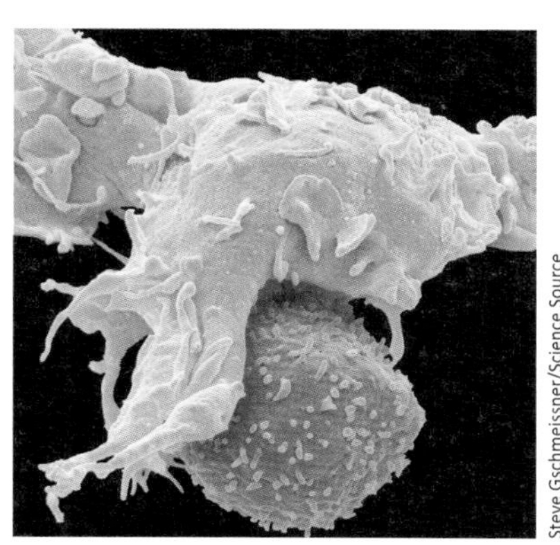

Steve Gschmeissner/Science Source

최일선의 방어 항원이 몸에 침입하면 면역계에서는 '대식 세포'가 가장 먼저 경계 신호를 발동하여 항원의 침입 사실을 림프구에 알린다. 대식 세포는 큰 백혈구 세포로 항원을 에워싸고 삼킨 후 절단된 조각을 림프구에게 전달한다. 여기 대식 세포(분홍색)가 헬퍼 T 세포(녹색)에게 항원 조각을 넘기고 있다.

막는 데 도움을 준다. B 세포(B-cell)라는 세 번째 림프구집단은 항체를 생성한다. 항체는 항원을 인식하여 이에 결합하며, 항원을 파괴의 대상으로 표식하고 항원이 감염을 일으키는 것을 저지하는 단백질 분자이다.

다양한 요인이 면역계의 효과적 작용에 영향을 준다. 예를 들어 수면부족과 빈약한 식사는 면역계 반응을 느리게 한다. 나이도 마찬가지이다. 노인은 젊은이보다 림프구 수가 현저히 적어 면역계 활동이 느리고, 이는 유행성 감기, 폐렴, COVID-19와 같은 바이러스성 감염 및 기타 치명적 의학질환의 극복을 방해한다(Bajaj et al., 2021; Begley, 2020).

또한 연구자들은 스트레스가 림프구의 활동 및 다른 면역계 활동을 심각하게 방해함을 알게 되었다. 림프구의 활동을 느리게 하여 결과적으로 개인의 바이러스성 혹은 세균성 감염의 취약성을 증가시킨다는 것이다(Burton et al., 2020; Seiler et al., 2020). 기념비적인 연구에서 오스트레일리아 뉴사우스웨일스주의 Roger Bartrop과 동료들(1977)은 배우자가 8주 전에 사망한 26명의 연구 참가자의 면역체계와 배우자가 사망하지 않은 26명의 통제집단 연구 참가자의 면역체계를 비교하였다. 배우자 사망 참가자가 통제집단 참가자보다 림프구 기능이 더 낮았음이 혈액 샘플 분석을 통해 드러났다. 장기간 스트레스에 노출된 사람의 둔화된 면역 기능은 다른 연구에서도 발견되었다(Seiler et al., 2020). 예를 들어 연구자들은 알츠하이머병을 가진 친척을 계속 간호해야만 하는 도전에 직면한 사람이 약한 면역 기능을 보였음을 발견하였다(Allen et al., 2017).

이러한 스트레스에 관한 연구들은 놀랄 만한 이야기를 하는 것처럼 보인다. 건강한 사람이 흔치 않은 수준의 스트레스를 경험하게 되면 표면상 건강 상태를 유지하는 듯하나, 그 경험은 면역체계의 활동을 느리게 하여 결과적으로 병에 대한 취약성을 높인다. 스트레스가 질병과 싸우는 인간의 능력에 영향을 준다고 한다면 연구자들이 반복해서 스트레스와 다양한 질환 간 관계를 발견하게 됨은 어찌 보면 당연하다(Cazassa et al., 2020). 하지만 왜 그리고 언제 스트레스가 면역체계 기능을 방해하게 되는가? **생화학적 활동**, **행동 변화**, **성격 양식**, **사회적 지지**를 포함한 여러 요인이 스트레스가 면역체계를 둔화시킬지 여부에 영향을 준다.

생화학적 활동 제5장에서도 살펴보았듯이 스트레스는 2개의 스트레스 경로를 통해 뇌와 몸 전역에 각성 상태를 야기한다(147~148쪽 참조). 하나는 **교감신경계**인데, 교감신경계는 여러 기능 중에도 **노르에피네프린**이라는 신경전달물질의 방출을 촉발하는 대표적 기능을 가지고 있다. 각성 창출의 기능 외에도 노르에피네프린의 장시간 방출은 면역체계에 부정적 영향을 미친다. 연구에 따르면 스트레스가 장시간 지속되면 노르에피네프린은 결국 특정 림프구의 수용체로 이동하여 활동을 멈추라는 **억제성 메시지**를 전달하게 되고, 이는 면역 기능의 둔화로 이어진다고 한다(Young et al., 2020).

또 다른 뇌-신체 스트레스 경로는 **시상하부-뇌하수체-부신 축**(HPA axis)이다. 이 경로의 기능 중 하나는 **코르티솔**과 다른 스트레스 호르몬의 방출을 촉발하는 기능이다. 코르티솔 및 기타 스트레스 호르몬의 장시간 방출은 신체를 각성시킬 뿐 아니라 면역체계의 기능을 둔화시킨다. 노르에피네프린의 경우에서처럼 스트레스가 장시간 지속되면 스

궁극의 신체-마음 연결? 드물기는 하지만 '급사'는 사랑하는 이를 잃은 사람, 극도의 위험이나 지위 상실을 경험한 사람에게서 발생하기도 한다(Engel, 1971, 1968). 2017년, 전설적인 무비 스타 데비 레이놀즈(오른쪽)는 배우이자 작가이던 딸 캐리 피셔(왼쪽)가 사망한 지 딱 하루 만에 사망했다. 레이놀즈의 아들에 따르면 엄마는 "캐리와 함께이고 싶어"라고 하시고 눈을 감고 잠에 드셨다고 한다.

트레스 호르몬은 특정 림프구에 위치한 수용체로 이동하여 억제성 메시지를 주고, 이는 다시 림프구 활동의 둔화로 이어진다(Seiler et al., 2020).

최근 연구는 노르에피네프린과 스트레스 호르몬의 또 다른 기능이 사이토카인의 생산 촉진에 있음을 시사하고 있다. **사이토카인**(cytokines)은 신체 전역에 있는 수용체와 결합하는 단백질이다. 면역체계의 또 다른 주전 선수라 할 수 있는 사이토카인은 중등도의 스트레스에서는 감염과의 싸움을 돕는다. 하지만 스트레스가 계속되고 더 많은 노르에피네프린과 스트레스 호르몬이 방출되면 사이토카인의 증산과 전파는 몸 전역에 만성 염증을 일으킨다. 그리고 이러한 염증은 때때로 심장질환, 뇌졸중, 기타 질환의 발달에 기여하게 된다(Chow & Chin, 2020).

행동 변화 스트레스는 면역체계에 간접적으로 영향을 미치는 일련의 행동 변화를 촉발한다. 스트레스하에서 어떤 사람은 불안해지거나 우울해지며, 불안장애나 기분장애를 발달시킨다. 그 결과 잘 자지도 잘 먹지도 못하며, 적게 운동하고, 담배와 술을 더 하게 된다. 이런 행동은 면역체계의 기능을 둔화시키는 것으로 알려진 대표적 행동이다(Martens, Destoop, & Dom, 2021; Venter et al., 2020).

성격 양식 연구에 따르면 인생 스트레스에 긍정적 태도, 건설적 대처, 탄력성을 가지고 반응하는 사람은, 말하자면 도전을 환영하며 기꺼이 매일의 문제나 어려움에 대처하고자 하는 사람은 더 나은 면역 기능을 경험하며 질병과의 싸움에서도 더 잘 준비되어 있다고 한다(Lupe, Keefer, & Szigethy, 2020). 한 예로 탄력적인 개인은 스트레스 사건에도 건강을 유지하고 있었던 반면 덜 탄력적인 개인은 병에 취약하였다(Asensio-Martinez et al., 2019). 이와 유사하게 절망감이 매우 컸던 남성은 심장병 및 기타 질환으로 인한 사망이 평균보다 높았다(Gruber & Schwanda, 2020). 또한 몇몇 연구는 영적인 사람이 영적 신념이 없는 사람보다 더 건강한 경향이 있음을 시사하고 있으며, 이 중 몇 개의 연구는 영성을 더 나은 면역체계 기능과 연결시키고 있다(Ransome, 2020).

이에 더해 연구자들은 특정 성격 특질이 암에 효과적으로 대처하는 능력과 관련이 있음을 발견하였다. 예를 들면 무기력한 대처 양식을 보이고 감정(특히 분노)을 쉽게 표현하지 못하는 암 환자는 감정을 잘 표현하는 암 환자보다 병에 직면하여 더 낮은 삶의 질을 경험하였다(Giulietti et al., 2020; Langford et al., 2020). 몇몇 연구자는 성격과 암 회복 사이에 관계가 있다는 주장을 펼치고 있지만 아직까지 연구로 명확히 지지되고 있지는 않다.

사회적 지지 마지막으로 사회적 지지가 적고 외로운 사람은 외롭지 않은 사람보다 스트레스에 직면하여 더 낮은 면역 기능을 보이는 것 같다(Smith et al., 2020). 한 선구적인 연구에서 의대생들이 UCLA 외로움척도(UCLA Loneliness Scale)에서의

지지의 힘 매년 전 세계적으로 열리는 5킬로미터 달리기인 '치유를 위한 수산 코멘 달리기' 행사에서 암 생존자들이 서로의 손을 잡고 있다. 이 행사는 기금 마련과 암에 대한 의식 향상만을 목적으로 한 것이 아니다. 암 생존자 서로가 서로에게 격려가 되도록 하는 행사이다. 사회적 지지는 면역체계에 긍정적 영향을 주고 다양한 질병의 회복에 도움이 된다고 밝혀지고 있는데, 행사는 이 결과를 적용하여 사회적 지지를 촉진하고 있다.

Helen H. Richardson/The Denver Post via Getty Images

행동의학 의학적 문제를 치료하고 예방하기 위해 심리적 개입과 신체적 개입을 결합시킨 영역

이완훈련 내담자에게 의지대로 긴장을 이완할 수 있게 가르치는 절차로, 이를 통해 내담자는 스트레스 상황에서 자신을 진정시킬 수 있게 된다.

점수로 높은 외로움집단과 낮은 외로움집단으로 구분되었다(Kiecolt-Glaser et al., 1984). 높은 외로움집단은 기말고사 동안 더 낮은 림프구 반응을 보였다.

또 다른 연구는 사회적 지지와 친애가 스트레스, 낮은 면역 기능, 그리고 이어지는 질병으로부터 개인을 보호하고 질병이나 수술로부터의 회복을 빠르게 함을 발견하였다(Levenson, 2020d). 유사한 결과가 다른 연구에서도 발견되었는데, 특정 형태의 암을 가진 환자 중 사회적 지지를 받았거나 지지적 치료를 받았던 이들은 이런 지지가 없었던 이들보다 더 나은 면역 기능을 보였고 더 성공적인 회복을 보였다(Seiler et al., 2020).

흥미로운 이야기

유머처방

우스운 비디오 시청 후 비디오를 보면서 웃었던 연구 참가자들에게서 스트레스 감소와 자연살해 세포 활동의 증가가 나타났다(Radcliff, 2017; Bennett, 1998).

요약

정신생리성 장애 : 의학적 상태에 영향을 주는 심리학적 요인

정신생리성 장애라 흔히 알려진 다른 의학적 상태에 영향을 주는 심리학적 요인은 생물학적, 심리적, 사회문화적 요인이 서로 상호작용한 결과 야기되는, 혹은 악화되는 신체적 질병을 말한다. 정신생리성 장애와 관련된 요인으로는 자율신경계 혹은 특정 기관의 결함과 같은 생물학적 요인, 특정 욕구, 태도, 혹은 성격 양식과 같은 심리적 요인, 부정적 사회적 상황과 문화적 압력 같은 사회문화적 요인이 있다.

여러 해 동안 임상 연구자들은 위궤양, 고혈압과 같은 몇 가지 신체장애만을 정신생리적인 것으로 구분하였다. 최근에는 많은 다른 정신생리성 장애가 규명되고 있다. 참으로 과학자들은 많은 신체적 질병을 스트레스와 연관시키고 있고 정신신경면역학이라 부르는 새로운 학문 영역도 발전시켰다. 스트레스는 림프구 활동을 둔화시켜 스트레스 시기 동안 면역체계가 신체 질병으로부터 자신을 보호하는 과정을 방해한다. 면역 기능에 영향을 주는 것으로 보이는 요인으로는 노르에피네프린과 코르티솔 활동, 행동 변화, 성격 양식, 사회적 지지가 있다.

신체장애를 위한 심리치료

임상가들은 스트레스와 심리적·사회문화적 요인이 신체적 장애의 발달에 기여할 수 있음을 알게 되었다. 이에 따라 임상가들은 더 많은 의학적 문제에 심리치료를 적용하고 있다. 흔히 사용되는 개입으로는 이완훈련, 바이오피드백, 명상, 최면, 인지행동적 개입, 지지집단, 정서 지각과 표현을 증진시키는 치료 등이 있다. 의학적 문제의 치료와 예방을 위해 심리적 접근과 신체적 접근을 결합하고 있는 치료 분야를 **행동의학**(behavioral medicine)이라 한다.

Walt Disney Pictures/Photofest

B 유형 성격의 바다거북 사람들은 A 유형의 성격은 잘 찾아내나 B 유형의 성격은 잘 찾아내지 못한다. '니모를 찾아서(Finding Nemo)'라는 애니메이션 영화의 그 성격 좋고 편안한 바다거북 크러시의 세상으로 들어가보자. '지당한'과 '녀~~석'이란 단어를 반복적으로 사용하며 크러시는 항상 자신만의 속도로 바닷물과 파도의 흐름에 자신을 맡긴다.

이완훈련

제4장에서 보았듯이 치료자는 내담자가 자신의 의지대로 근육을 이완할 수 있게 훈련한다. 이 **이완훈련**(relaxation training)에 내재한 중요한 원칙은 신체적 이완이 심리적 이완을 가져올 것이라는 점이다. 점진적 근육이완 훈련이라 불리는 이완훈련의 한 방식은 내담자에게 개별 근육군을 찾아 이들 근육을 반복적으로 긴장 및 이완하도록 하여 종국에는 몸 전체의 이완을 가져오도록 훈련시키는 방식이다. 계속 연습하여 내담자는 깊은 근육 이완 상태로 나아갈 수 있다. 이완훈련의 공포증 및 다른 불안장애에의 효과에 기반하여 임상가들은 이완훈련이 스트레스와 관련된 의학적 질환을 예방하고 치료하는 데 도움이 될 거라 믿는다.

이완훈련은 흔히 약물치료와 결합하여 고혈압 치료에 사용되고 있다. 또한 이완훈련은 신체증상장애, 두통, 불면증, 천식, 당뇨, 통증, 특정 혈관장애, 항암 치료의 부작용 등을 다루는 데 약간의 도움을 주었다(Seiler et al., 2020; Wong, 2020).

바이오피드백

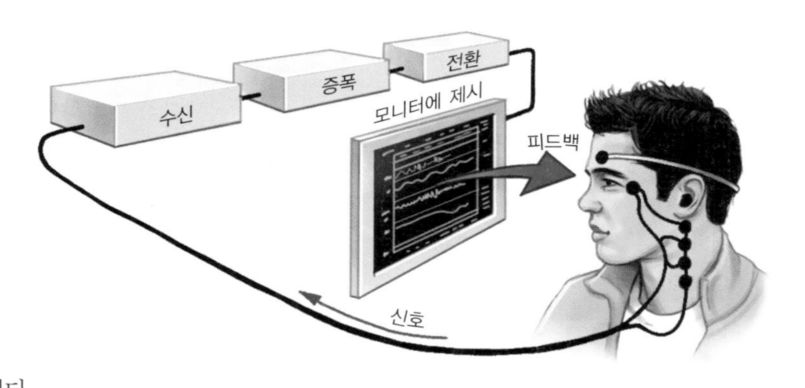

그림 8.4

바이오피드백 치료

바이오피드백 기계는 중증 두통 환자의 이마 근육의 근긴장 정보를 기록한다. 이 기계는 환자가 보고 자신의 긴장 반응을 줄일 수 있도록 근긴장도 정보를 받아 증폭하고 전환하여 결과를 시각적으로 보여준다.

바이오피드백(biofeedback) 접근에서 치료자는 내담자의 심박/근긴장도 같은 생리적 과정 통제를 훈련시키기 위해 몸으로부터 나온 전기 신호를 이용한다. 이 개입에서 내담자는 신체 활동에 대한 계속적인 정보를 제공하는 기계 모니터에 연결된다. 모니터로부터 나오는 신호 정보에 주의를 기울임으로써 내담자는 점차적으로 자신의 신체 활동을 조절하는 법을 배우게 된다. 심지어 불수의적인 생리 과정으로 보이는 신체 활동조차도 조절하는 법을 배우게 된다.

가장 널리 사용되는 바이오피드백 접근은 **근전도계**(electromyography, EMG)라 하는 기계를 사용한다. 이 기계는 근긴장도에 대한 정보를 제공한다. EMG 절차에서 전극들은 근육 긴장에 동반되는 아주 미세한 전기적 활동을 탐지할 수 있는 근육에, 특히 이마 근육에 부착된다(그림 8.4 참조). 그러면 이 기계는 근육으로부터 온 전기 에너지 혹은 **전위**(potential)를 이미지(예 : 모니터에 그려지는 선)나 소리 톤(근긴장도의 변화는 소리의 높낮이로 표현)으로 전환한다. 이렇게 내담자는 자기 근육의 긴장과 이완을 눈으로 보거나 귀로 들을 수 있게 되는 것이다. 여러 번의 시행착오를 통해 개인은 수의적으로 근육 긴장을 낮추는 기술을 숙련하게 된다.

한 고전적 연구에서 (부분적으로 턱 근육 긴장에 의해 야기된) 안면통증을 호소하는 16명의 환자 치료를 위해 EMG 피드백 절차가 사용되었다(Dohrmann & Laskin, 1978). 소리의 높낮이와 크기의 변화는 근긴장 정도의 변화를 보여주었다. EMG 피드백을 반복적으로 들은 후 16명의 연구 참가자는 턱 근육을 자유자재로 완화시키는 법을 배우게 되었고 이후 얼굴 통증의 감소도 보고하였다.

EMG 피드백은 두통의 치료는 물론 뇌졸중이나 사고로 발생한 근육장애의 치료에도 성공적으로 사용되고 있다. 다른 형태의 바이오피드백 훈련 역시 심장 박동의 불규칙성, 천식, 고혈압, 말더듬, 통증 등의 치료에 일정 부분 도움이 되는 것으로 보고되고 있다(Tofler, 2021; Strada & Portenoy, 2020).

명상

명상은 고대로부터 수행되어 왔다. 하지만 신체 고통 완화에 대한 명상의 효과를 서구 건강관리 전문가들이 인식하게 된 것은 비교적 최근의 일이다. **명상**(meditation)은 주의를 자신의 내부로 향하게 하는 기법으로, 이는 의식 상태의 변화와 스트레스원에 대한 일시적 무시를 가능하게 한다. 가장 흔한 방법으로 명상가는 조용한 장소에서 편안한 자세를 취한 후 주의를 모으는 데 도움이 되는 **만트라**(mantra)라는 주문을 외거나 생각하면서 자신의 마음을 외부의 사고나 근심으로부터 멀어지게 한다. 정기적으로 명상을 수행하는 사람은 평안, 집중, 창의성을 느낀다고 보고한다(Gal, Stefan, & Cristea, 2021; Yela et al., 2020). 명상은 통증 관리와 고혈압, 심장 문제, 천식, 피부질환, 당뇨, 불면증, 바이러스성 감염 치료에 사용되고 있다(Huberty et al., 2021; Strada & Portenoy, 2020).

최근 의사들은 다양한 의학적 문제의 치료를 위해 심리적 개입을 처방하고 있지만 많은 환자는 이에 저항하고 있다. 왜 그럴까?

극심한 통증으로 고생하는 환자에게 사용되는 명상법 중 하나는 **마음챙김 명상**이다(Stefan & David, 2020). 제2장과 제4장에서 살펴보았듯이 마음챙김 명상가는 명상 중 자신의 마음속

바이오피드백 순간마다 나타나는 몸의 생리적 반응 정보를 내담자에게 제공하는 기법으로, 정보를 통해 내담자는 자신의 생리적 반응을 수의적으로 조절하는 법을 배우게 된다.

근전도계(EMG) 몸의 근긴장도에 대한 피드백을 제공하는 장치

격리 스트레스를 해소하는 방법 사회적 격리가 COVID-19의 확산을 막기 위한 방법으로 마련되었으나, 이는 심리적 어려움과 또 다른 의학적 문제의 위험을 높이는 스트레스를 만들어내고 있다. 이 같은 위험을 줄이고자 독일의 한 남성은 자기 아파트 거실 지붕보에 등산 장비를 부착하여 지붕타기를 하고 있고(왼쪽), 뉴저지의 한 여성은 자택 격리 시간 동안 요가와 좋아하는 TV 드라마 시청을 하고 있다(오른쪽).

을 흐르는 감정, 사고, 감각에 주의를 기울인다. 감정, 사고, 감각에 주의를 기울이되 사심 없이, 객관성을 가지고, 그리고 무엇보다도 가치 판단 없이 한다. 단지 그것들을 마음속에 인지하면서, 그러나 통증 감각을 포함한 감정이나 사고에 가치 판단을 하지 않음으로써, 명상가는 감정 및 사고에 이름 붙이기를 덜하고, 이것에 고착되거나 부정적으로 반응하기를 덜하게 된다.

최면

제1장에서 보았듯이 최면가는 **최면요법**을 받는 개인에게 수면 상태와 같은 암시 상태를 유도한다. 이러한 상태에서 개인은 평상시와는 다른 방식으로 행동하거나, 흔치 않은 감각을 경험하거나, 잊었던 사건을 기억하거나, 기억하는 사건을 잊도록 요구받는다. 훈련을 통해 몇몇 사람은 자기 스스로 최면 상태에 이르도록 할 수도 있다(**자기최면**). 최면은 현재 심리치료를 보조하기 위해 사용되고 있으며, 또한 많은 신체적 상태의 치료를 돕는 데 사용되고 있다.

최면은 특히 통증 통제에 도움을 주는 것으로 보인다(McKernan et al., 2020). 한 선도적인 사례 연구는 최면 상태에서 치과 수술을 받은 환자를 기술하고 있다. 최면 상태가 유도된 후 환자는 치과 의사로부터 현재 즐겁고 편안한 상황에서 비슷한 수술을 성공적으로 받았던 친구의 경험담을 듣고 있다는 암시를 받았다. 암시 후 치과 의사는 25분간의 수술을 성공적으로 수행할 수 있었다(Gheorghiu & Orleanu, 1982). 최면만으로 마취되어 수술을 받을 수 있는 사람은 몇 안 되지만 화학 마취제와 함께 사용하면 최면은 확실히 많은 사람에게 도움을 주는 것 같다(Tezcan et al., 2021). 최면은 통증 통제를 넘어 피부질환, 천식, 불면, 고혈압, 사마귀, 그리고 다른 형태의 감염 증상의 치료를 돕는 데 성공적으로 사용되고 있다(Shi et al., 2021; Otte et al., 2020).

인지행동적 개입

신체적 질환을 앓고 있는 사람들은 치료의 일부로 병과 관련한 새로운 태도나 인지적 반응을 보이도록 교육받고 있다(Hauer & Jones, 2020; Koffel, Amundson, & Wisdom, 2020). 예를 들어 자기 지시 훈련(self-instruction training) 혹은 **스트레스 면역 훈련**(stress inoculation training)이

라 부르는 접근은 환자의 통증 대처에 도움을 주는 것으로 보고되고 있다(Sterling et al., 2019; Meichenbaum, 2017, 1993, 1975). 이 훈련에서 치료자는 통증 삽화 중 계속해서 나타나는 불쾌한 사고('오, 안돼, 통증을 견딜 수 없어' 같은 소위 부정적 자기 진술)를 확인하고 이를 제거하도록, 그리고 불쾌한 사고를 **대처하는 자기 진술**(예 : '통증이 오면 잠깐 숨을 멈춰라', '해야 할 일에 계속 주의를 집중하라')로 바꾸도록 내담자를 훈련한다.

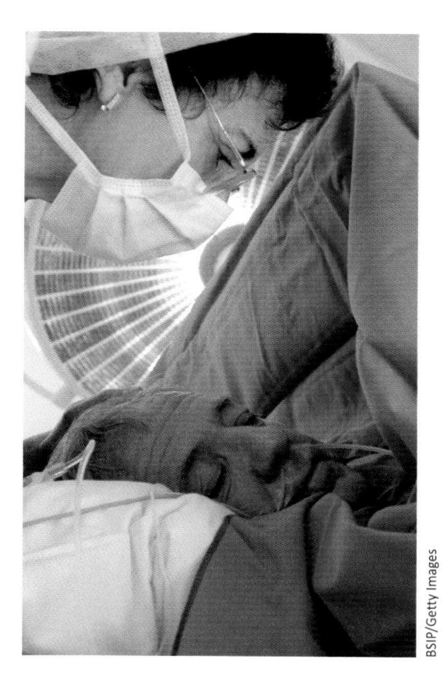

최면요법 최면은 의학 절차에서 널리 사용되고 있다. 특히 통증의 감소와 통제에 널리 사용된다. 벨기에 리그대학병원센터에서 한 마취의가 큰 수술을 받아야 하는 환자에게 최면을 걸고 있다. 많은 병원 수술에서 전신마취보다 최면과 부분마취를 결합한 방법이 쓰이고 있다.

지지집단과 정서 표현

만약 불안, 우울, 분노 등이 개인의 신체적 질병에 기여한다면 불안, 우울, 분노 등의 부정적 정서를 감소시키는 치료는 신체적 질병 감소에 도움이 되어야 한다. 의학적 질환을 가진 사람들이 지지집단이나 자기 정서 및 욕구를 더 잘 인식하도록 돕는 치료로부터 이득을 얻었다는 연구 결과는 놀랄 만한 일이 아니다(Dimopoulos et al., 2021; Plinsinga et al., 2019). 과거와 현재 자신을 괴롭히는 감정을 이야기하거나 적는 것이 개인의 심리적 기능에 도움이 되는 것처럼 연구들은 과거와 현재 자신을 괴롭히는 감정을 이야기하거나 적는 것이 개인의 건강 증진에 도움이 될 수 있다고 제안한다(Maslej et al., 2020; Pennebaker, 2018). 한 연구에서 천식 및 류마티스성 관절염 환자들은 지난 며칠 동안 발생한 스트레스 사건에 대한 자신의 생각과 감정을 적었고, 이렇게 생각과 감정을 적어본 환자들은 천식과 관절염 증상에서 지속적인 호전을 보였다. 유사하게 스트레스 관련 글쓰기는 HIV(인간면역결핍 바이러스) 감염 환자와 암환자에게 도움이 되었다.

사회적 거리두기, 격리, 시설 수용과 같은 전염병/팬데믹 전파 방지 전략이 어떻게 의학적 질환에 대항하는 사람들의 능력을 저해하는가?

통합하기

다양한 심리 개입이 신체 문제의 치료에 동등하게 효과적임이 밝혀졌다(Sawni & Breuner, 2017). 예를 들어 이완훈련과 바이오피드백 훈련은 고혈압, 두통, 천식의 치료에 동등하게 효과적이었다(위약조건보다 더 효과적이었다). 심리 개입은 사실상 다른 심리 개입 혹은 의학 치료와 결합되었을 때 큰 효과를 나타낸다(Seiler et al., 2020). 약물에 지지집단, 마음챙김 훈련, 이완훈련과 같은 심리치료를 결합한 접근이 약물 단독보다 관상동맥 심장질환 환자의 치료나 기타 관련 의학적 문제를 가진 환자의 치료에 종종 더 큰 효과를 나타내고 있다(Tofler, 2021, 2020, 2019; Allan, 2020).

확실히 신체질환의 치료는 극적인 변화를 보이고 있다. 의학적 치료가 여전히 지배적인 위치에 있으나 오늘날의 의사들은 몇백 년 전의 의사들이 가지 않았던 영역으로까지 그 치료 영역을 넓히고 있다.

요약

신체장애를 위한 심리치료

행동의학은 의학적 문제의 치료와 예방을 위해 심리적 개입과 신체적 개입을 결합한다. 이완훈련, 바이오피드백 훈련, 명상, 최면, 인지행동적 기법, 지지집단, 정서와 욕구에 대한 의식과 표현을 높이는 치료와 같은 심리적 접근이 다양한 의학적 문제의 치료에 점점 더 많이 포함되고 있다.

이상심리학의 경계를 넓히며

몸의 병이나 신체질환은 한때 이상심리학 영역 밖의 것으로 간주되었으나 이제는 당당하게 이상심리학 영역에 속하는 문제가 되었다. 신체적 요인이 정신적 기능 이상에 기여하는 요인으로 간주된 것처럼 심리적 사건도 이제는 신체적 기능 이상에 기여하는 중요한 요인으로 간주되고 있다. 사실상 오늘날의 많은 임상가는 심리적 그리고 사회문화적 요인이 거의 모든 신체질환 발생과 경과에 어느 정도 기여한다고 믿고 있다.

이런 관계에 헌정된 연구의 수가 지난 40년간 꾸준히 증가하였다. 스트레스와 신체 질환 간 희미한 관계로 보였던 것들이 이제는 많은 변인의 복잡한 상호작용으로 이해되고 있다. 삶의 변화, 개인의 특정 심리적 상태, 사회적 지지, 생화학적 활동, 면역체계의 둔화 같은 요인 모두가 한때 순수하게 신체적이라 간주되던 질병의 발전에 기여하는 것으로 인식되고 있다.

최근 이상심리학 분야의 발전에서 가장 흥미로운 점 중 하나는 사회적 환경, 뇌, 신체 나머지 부분의 상호관계를 강조한다는 점이다. 연구자들은 정신장애가 사회문화적·심리학적·생물학적 요인이 모두 고려되었을 때 비로소 가장 잘 이해되고 가장 잘 치료됨을 반복적으로 목격하였다. 이제 이들은 이러한 상호작용이 의학적 문제의 설명에도 도움이 됨을 안다. 뇌는 우리 몸의 일부이고 뇌와 몸은 모두 사회적 맥락의 일부임을 우리는 안다. 좋을 때나 궂은 때나 이 셋은 서로 얽혀 있다.

핵심용어

근전도계(EMG)
림프구
면역체계
바이오피드백
신체증상장애
이완훈련
이차적 이득
인위성장애
일차적 이득
전환장애
정신생리성 장애
정신신경면역학
질병불안장애
항원
행동의학
A 유형 성격
B 유형 성격

속성퀴즈

1. 인위성장애, 전환장애, 신체증상장애의 증상은 무엇인가?
2. 임상가들은 전환장애를 '순수한' 의학적 문제와 어떻게 구별하고 있는가? 신체증상장애의 두 유형은 무엇인가?
3. 전환장애와 신체증상장애의 선도적 설명과 치료에는 무엇이 있는가? 이들 설명과 치료는 경험적으로 얼마나 잘 지지되고 있는가?
4. 질병불안장애의 증상, 원인, 치료는 무엇인가?
5. 위궤양, 천식, 불면증, 두통, 고혈압, 관상동맥 심장질환을 일으키는 특정 원인은 무엇인가?
6. 어떤 종류의 생물학적, 심리학적, 사회문화적 요인이 정신생리성 장애의 발달에 기여하는 것으로 보이는가?
7. 생활 스트레스와 신체적 질환에 어떤 종류의 관계가 발견되고 있는가? 어떤 측정 도구가 연구자들의 이 관계 연구에 도움을 주었는가?
8. 스트레스, 면역체계, 신체적 질환의 관계에 대해 기술하라. 다양한 종류의 림프구의 역할에 대해 설명하라.
9. 스트레스 상황에서 개인의 생화학적 활동, 행동 변화, 성격 양식, 사회적 지지가 어떻게 이들의 면역체계 기능에 영향을 주는지 논하라.
10. 어떤 심리치료가 신체질환 치료에 도움을 주기 위해 사용되고 있는가? 각각의 심리치료는 어떤 특정 질환 치료에 적용되고 있는가?

섭식장애

CHAPTER 9

주제

15세의 샤니는 아무도 없는 부엌으로 가서 빵 한 조각을 꺼내 구웠고, 버터를 바른 다음 숨을 깊게 내쉰 후 한 입 깨물었다. 죄책감. 깨문 빵을 쓰레기통에 내뱉고 나머지도 버린 후 부엌을 나갔다. 몇 초 후 토스트가 그리웠고, 쓰레기통으로 돌아가 뚜껑을 열고 잔재를 살폈다. 빵 조각을 발견하고 먹을 것인가 말 것인가 잠시 고민했다. 빵 조각을 코 가까이 대고 녹아내린 버터의 향을 맡았다. 죄책감. 버린 것에 대한 죄책감. 그것을 갈망한 것에 대한 죄책감. 맛본 것에 대한 죄책감. 다시 쓰레기통에 던져버린 후 부엌을 나섰다. '아닌 건 아니야!'라고 자신에게 말해본다. 아닌 건 아니야.

… 음식에 있어 완벽한 날을 보내려고 제아무리 노력했건만 매일 그리고 매 순간 죄책감을 느낀다. 굶는 행동을 영속화시키는 것은 다름 아닌 이 죄책감으로부터 탈출하고 싶은 욕구 때문이다.

시간이 지남에 따라 좀 더 자세한 '할 수 있는 것'과 '할 수 없는 것'의 목록을 작성할 수 있었다. 이것은 내가 먹어도 되는 것과 먹어서는 안 되는 것을 좌우한다. 이것이 내가 사는 방식이 되었다. 나의 매뉴얼. 나의 청사진. 하지만 이것은 그 이상의 역할을 한다. 삶이 통제하에 있다는 잘못된 확신을 준다. 나는 모든 것을 잘 관리하고 있다. 왜냐하면 나는 무엇을 하고 무엇을 하지 말아야 할지를 알려주는 목록을 가지고 있기 때문이다.

처음에는 굶기가 매우 어려웠다. 굶는 것은 선천적 행동이 아니었다. 하루하루가 지나면서 나는 서서히 또 다른 세계로 유혹되어 갔다. 도전이 큰 만큼 보상이 큰 그런 세계로….

그해 여름, 체중이 엄청 줄었음에도 불구하고 엄마는 먹겠다는 내 맹세를 믿고 다른 15세 소녀들과 여름캠프에 가는 것을 허락하셨다. 하지만 캠프에 도착하자마자 난 엄마와의 맹약을 깼다. 아침 식사 시간 다른 소녀들이 시리얼, 빵, 잼, 땅콩버터를 위해 식당으로 달려갈 때 난 두려움에 휩싸여 홀로 앉아 있었다. 봉지 속에서 흰 빵 하나를 꺼내 마치 책 페이지에 표시를 하듯 빵 한 모퉁이를 뜯어 면봉 솜 크기로 땅콩버터와 젤리 한 방울을 발랐다. 그것이 내 아침이었다. 매일, 그리고 3주 동안.

학교에 돌아오자마자 내게 '수용소 캠프 희생자'라는 명칭이 붙었다. 학교로 돌아온 이후 몇 달 동안 사람들은 보관용 팩을 진공시켜 부피를 쪼그라트리듯 내 몸이 수축되어가는 것을 목격했다. 최저 체중 상태에서 엉덩이뼈는 손가락 관절처럼 불쑥 튀어나왔고, 허리벨트는 구멍을 추가하느라 벨트 뒷부분이 너무 늘어져 벨트를 아예 할 수 없었다. 신발은 발에 비해 너무 커져버렸고 발목은 너무 얇아 한번에 양말 세 컬레를 신고도 신발에서 빠져나왔다. 바지도 너무 헐렁해져 양쪽을 핀으로 고정시켜 내려가지 않도록 해야 했다.

집에서의 상황은 더 최악이었다. 나는 문을 잠가 그 누구도 방에 들어오지 못하게 했다. 그리고 매일 엄마와 소리를 지르며 싸웠다. 엄마는 "우리 몸은 연료로 음식을 필요로 해"라며 회유하려 하였고 난 "배고프지 않아" 하며 응수했다.

지난 아홉 달 나 자신을 아사 상태로 만들고 있는 동안, 엄마는 간섭이 금지된 채 내 곁에 그저 머물고만 있었다. 무슨 일이 일어나고 있는지 엄마도 몰랐고 나도 몰랐다. 엄마는 순진하고 부드럽고 친절하며 사랑스럽던 한 소녀가 철회되고 사악하고 공격적이며 반항적인 청소년이 되어 가는 장면을 목격했다. 이를 멈추기 위해 엄마가 할 수 있는 일은 하나도 없었다.

(Raviv, 2010)

항상 그랬던 것은 아니었지만 오늘날의 서구사회는 마른 것과 건강, 아름다움을 동격화한다. 사실상 미국에서 날씬함은 국가적인 강박사고가 되고 있다. 우리 대부분은 음식의 맛과 영양학적 가치에 몰두하는 것만큼이나 먹는 양에 대해서도 몰두한다.

흥미로운 이야기

성스러운 제한

중세 성인의 제한된 섭식, 금식, 토해내기는 칭송을 받았고 심지어는 기적으로 간주되기까지 하였다. 시에나의 캐서린은 음식을 역류시키기 위해 잔가지를 목구멍으로 밀어넣었다. 우아니의 마리와 나사렛의 베아트리체는 고기 냄새만으로도 토할 수 있었다. 리에티의 콜롬바는 절식으로 죽었다(Brumberg, 2000).

따라서 체중 증가에 대한 병적 두려움을 핵심으로 하는 두 종류의 섭식장애가 지난 30년에 걸쳐 증가하였음을 목격함은 그리 놀랄 만한 일이 아니다. 샤니와 같은 **신경성 식욕부진증** 환자는 아주 말라야 할 필요가 있다고 확신하며, 그래서 굶어 죽을 수 있을 만큼 많은 양의 몸무게를 뺀다. **신경성 폭식증** 환자는 빈번히 폭식을 한다. 폭식 중 이들은 아주 많은 양의 음식을 먹는데, 이 섭식행동은 통제가 불가능하다. 그런 다음 체중 증가를 막기 위해 구토나 다른 극단의 조치를 취하도록 자신을 강요한다. 반복적인 폭식은 하지만 구토나 다른 보상행동을 강요하지 않는 특징을 보이는 섭식장애인 **폭식장애** 또한 증가 추세에 있다. 폭식장애를 보이는 사람들은 신경성 식욕부진증이나 신경성 폭식증을 보이는 사람들만큼 체중 증가를 두려워하지는 않지만 이들 장애에서 보이는 다른 많은 특징을 공유한다(NIMH, 2020k, 2017c).

신경성 식욕부진증 과도한 날씬함의 추구와 지나친 체중 감소를 특징으로 하는 장애

뉴스매체는 섭식장애에 관한 많은 사례를 기사화하였다. 대중의 관심이 증가한 이유 중 하나는 이 행동이 낳는 끔찍한 의학적 결과 때문이다. 대중은 인기 가수이자 연예인인 카렌 카펜터가 신경성 식욕부진증과 관련된 의학적 문제로 사망한 1983년에 이러한 끔찍한 의학적 결과를 처음 의식하게 되었다. 32세의 소프트록음악 오누이 듀엣 카펜터스의 리드 싱어인 카렌은 막대한 성공을 거두고 있었고 젊은 여성들의 건강한 모델로서 많은 이들로부터 존경을 받고 있었다. 대중의 관심이 증가한 또 다른 이유는 다른 연령대, 성별과 비교하여 청소년기 소녀와 젊은 성인 여성 사이에서 신경성 식욕부진증과 신경성 폭식증의 유병률이 과도하게 높다는 점 때문이다(NIMH, 2020k, 2017c). ■

신경성 식욕부진증

15세의 샤니는 신경성 식욕부진증(anorexia nervosa)의 많은 증상을 보이고 있다(APA, 2013). 그녀는 의도적으로 심각하게 낮은 체중을 유지하며 과체중이 될까 몹시 두려워하고 체중과 체형에 대해 왜곡된 시각을 가지고 있으며 자기 평가에서 체중과 체형에 지나치게 영향을 받는다(표 9.1 참조).

샤니와 같은 신경성 식욕부진증 환자의 적어도 절반은 음식 섭취를 제한함으로써 몸무게를 줄인다. 이 형태를 **제한형 신경성 식욕부진증**(restricting-type anorexia nervosa)이라 부른다. 이들은 우선적으로 단 것과 지방이 많은 스낵류의 섭취를 줄인다. 그런 다음 다른 음식의 섭취도 줄인다. 결국 제한형 신경성 식욕부진증 환자는 음식에서의 다양성이 거의 없어지게 된다. 하지만 다른 이들은 음식을 먹고 난 후 토함으로써 혹은 설사제나 이뇨제를 남용함으로써 몸무게를 뺀다. 이들은 폭식을 하기도 한다. 이런 형태를 **폭식/제거형 신경성 식욕부진증**(binge-eating/purging-type anorexia nervosa)이라 부른다. 이 형태의 신경성 식욕부진증은 신경성 폭식증 부분에서 좀 더 자세히 살펴보도록 하겠다.

신경성 식욕부진증의 75%는 성인 여성과 여성 청소년에서 발생한다(ANAD, 2020a). 장애는 어느 연령에서나 나타나지만, 절정의 발병 시기는 14~20세 사이이다. 서구사회 사람들 중 대략 0.6%는 일생 중 어느 한 시점에서 이 장애를 발달시키고 더 많은 사람은 장애의 증상 중 일부를 나타낸다(Halmi, 2020; NEDA, 2020; NIMH, 2020k, 2017c).

전형적으로 이 장애는 약간 과체중에 있거나 정상 체중에 있던 개인이 다이어트를 시작하게 된 후 발병하는 경향이 있다(Mitchell & Peterson, 2020). 신경성 식욕부진증으로의 급격한 발달은 부모의 별거, 객지로 나감, 실패 경험과 같은 스트레스 사건 뒤에 일어난다(Moreno-Encinas et al., 2020). 대부분은 회복하지만, 이 중 6%는 기아로 야기된 의학적 문제로 혹은 자

표 9.1

진단 체크리스트

신경성 식욕부진증
1. 영양물의 순섭취가 제한적이며 이러한 제한적 섭취가 심각하게 낮은 체중을 낳음
2. 저체중임에도 불구하고 체중 증가에 대한 극심한 두려움이 있음
3. 신체를 왜곡하여 지각하고, 체중과 체형이 자기 평가에 지나친 영향을 미치며, 체중 미달의 심각함을 지속적으로 부정

출처 : APA, 2013.

살로 사망한다(Fairburn & Murphy, 2020). 신경성 식욕부진증 환자의 자살률은 일반 인구의 자살률보다 5배나 높다(Halmi, 2020).

실험실 단식 반기아 다이어트에 6개월간 놓인 36명의 양심적 병역거부자는 신경성 식욕부진증과 신경성 폭식증에서 보이는 많은 증상을 발전시켰다(Keys et al., 1950).

임상적 모습

마르는 것이 신경성 식욕부진증 환자의 주요 목표이지만, 이들에게 동기를 제공하는 것은 두려움이다. 신경성 식욕부진증 환자는 비만이 되는 것, 먹고자 하는 욕망에 굴복하는 것, 몸의 크기와 체형에 대한 통제력을 잃는 것을 두려워한다. 마름에 대한 몰두와 고도의 음식 섭취 제한에도 불구하고 신경성 식욕부진증 환자는 **음식에 집착한다.** 음식에 대해 생각하고 읽는 데 그리고 식사 제한을 위한 계획을 세우는 데 상당한 시간을 쏟는다(Ekern, 2020; Klein & Attia, 2019). 음식 이미지와 먹는 것으로 가득 찬 꿈을 꾼다고 보고하는 이도 많다.

음식에 대한 집착은 사실 음식 결핍의 원인이 아니라 결과이다. 1940년대 진행된 유명한 '단식 연구(starvation study)'에서 정상 체중에 있는 36명이 6개월 동안의 반기아 다이어트 연구에 자원했다(Keys et al., 1950). 연구 종결 후 연구 자원자들은 신경성 식욕부진증 환자처럼 음식과 섭식에 집착하게 되었다. 이들은 식단을 계획하고 음식에 대해 이야기하며 요리책과 요리법을 연구하고 이상한 방식으로 음식을 섞고 꾸물거리며 식사를 하는 데 매일 많은 시간을 썼다. 생생한 음식 꿈을 꾼 사람도 있었다.

또한 신경성 식욕부진증 환자는 **왜곡된 방식**으로 생각한다. 자신의 체형을 부정적으로 평가하고 자신을 매력적이지 않다고 생각한다(Klein & Attia, 2019). 게다가 이들은 자기 몸의 실제 크기를 과대 추정하는 경향이 있었다(Artoni et al., 2020). 물론 서구 여성들이 자기 몸 크기를 과장하는 경향이 있긴 하지만, 신경성 식욕부진증 환자의 경우는 이러한 경향이 특히 더하다. 섭식장애의 고전 서적 중 하나에서 이 분야 개척자인 Hilde Bruch는 한 23세 환자의 자기지각을 회상하고 있다.

> 저는 매일 네 번에서 다섯 번 정도 전신거울을 보는데, 거울 속에 비춰진 제 모습이 썩 말라 보이진 않습니다. 며칠 엄격한 다이어트를 하고 나면 몸매가 그럭저럭 볼만은 하지만, 보통은 너무 뚱뚱하다고 생각합니다.
>
> (Bruch, 1973)

몸 크기를 과장하는 경향은 실험실에서도 검증되고 있다(Artoni et al., 2020; Klein & Attia, 2019). 유명한 평가 기법에서 연구 참가자들은 조정 가능한 렌즈를 통해 자신의 사진을 살펴본다. 연구 참가자는 실제 자기 몸 크기와 맞는 이미지가 나타날 때까지 렌즈를 조정하도록 요구받는다. 이미지는 실제 체형보다 20% 더 마른 것부터 20% 더 뚱뚱한 것까지 있다. 한 연구에서 신경성 식욕부진증 환자의 절반 이상이 자기 몸 크기를 과장하였다. 이들은 자신의 실제 크기보다 더 큰 이미지가 나타났을 때 렌즈 조정을 멈추었다.

신경성 식욕부진증에서의 왜곡된 사고는 부적응적 태도와 오지각의 형태로 나타나기도 한다(Yager, 2020a, 2020b). 신경성 식욕부진증 환자는 보통 '나는 모든 면에서 완벽해야 해', '덜 먹으면 더 나은 사람이 될 거야', '안 먹으면 죄책감도 없을 거야' 등의 신념을 나타낸다.

예술적 전시 섭식장애는 많은 소설, 영화, 비디오, TV 드라마, 기타 예술 형식에서 소재로 다루어졌다. 가장 최근의 것으로는 소설 '먹지 않았던 그 해(The Year I Didn't Eat)'가 있다. 이 소설은 섭식장애가 14세 소년의 삶에 준 정서적 충격에 대해 이야기하고 있다.

신경성 식욕부진증 환자는 우울, 불안, 낮은 자존감, 불면증 혹은 다른 수면장애 같은 심리적 문제를 보인다(Munn-Chernoff et al., 2021; Marzola et al., 2020). 다수는 물질남용 문제로 힘들어한다. 강박 형태를 보이기도 한다. 음식 준비를 위한 경직된 규칙을 만들기도 하고, 음식을 특정 모양으로 자르기도 한다. 좀 더 광범위한 강박 형태도 흔하다(Bang et al., 2020). 운동을 강박적으로 하는 이들도 많은데, 이들은 다른 활동보다 운동을 최우선시한다(Ioannidis et al., 2021). 몇몇 연구에서 신경성 식욕부진증 환자와 강박증 환자는 강박사고와 강박행동에서 똑같이 높은 점수를 기록하였다(NEDA, 2020). 마지막으로 신경성 식욕부진증 환자는 완벽주의 성향을 보이는데, 이 특징은 전형적으로 신경성 식욕부진증 발병에 선행한다(Halmi, 2020).

의학적 문제

신경성 식욕부진증의 단식 습관은 의학적 문제를 야기한다(McElroy et al., 2020; Mehler, 2019a, 2019b). 여성에게는 월경주기가 부재하는 **무월경**(amenorrhea)이 나타난다. 다른 신체적 문제로는 낮아진 체온, 낮은 혈압, 전신 부종, 골밀도 감소, 느린 심박 등이 있다. 신진대사 불균형 및 전해질 불균형이 일어날 수도 있는데, 이는 심부전 혹은 순환 허탈(circulatory collapse)을 야기해 사망으로 이끌 수 있다. 신경성 식욕부진증 환자의 부족한 영양은 피부 거침·건조·갈라짐, 손톱 깨짐, 손과 발의 냉기·푸름 등을 야기할 수 있다. 어떤 이는 머리카락이 빠지고 어떤 이는 몸통·손발·얼굴에 **솜털**(lanugo, 신생아의 피부를 덮은 가늘고 실크 같은 털)이 자라기도 한다. 이 장을 처음 열었던 젊은 여성 샤니는 장애가 진행됨에 따라 자기 몸이 어떻게 악화되었는지 다음과 같이 회상한다. "옷을 아무리 겹쳐 입어도 항상 춥다는 사실을, 젖거나 감을 때마다 머리카락이 한 웅큼씩 빠진다는 사실을, 월경이 멈췄다는 사실을, 똑바로 누울 때 허리뼈가 닿아 아프고 마루에 앉을 때 꼬리뼈가 아프다는 사실을 그 아무도 몰랐다"(Raviv, 2010).

요약

신경성 식욕부진증

날씬함이 국가적 강박사고가 되어감에 따라 섭식장애 비율이 증가하고 있다. 신경성 식욕부진증을 가진 사람은 극도의 마름을 추구하며 위험한 정도로 많은 체중을 감량한다. 이들은 제한형 신경성 식욕부진증 유형 혹은 폭식/제거형 신경성 식욕부진증 유형을 따를 수 있다. 신경성 식욕부진증의 핵심 특성은 마름에 대한 욕구, 체중 증가에 대한 강한 공포, 왜곡된 신체 지각 및 다른 인지적 혼란이다. 대부분의 환자는 무월경을 포함한 다양한 의학적 문제를 발전시킨다. 인구 중 대략 0.6%가 사는 동안 어느 한 시점에 이 장애를 발전시킨다. 사례의 75%가 성인 여성이나 여성 청소년에서 발생한다.

신경성 폭식증

무월경 생리주기가 없는 상태

신경성 폭식증 잦은 폭식 후 체중 증가를 피하기 위해 스스로 유도한 구토나 다른 극단적 보상 행동을 보이는 장애. '폭식/제거형 증후군'이라고도 한다.

폭식 먹는 행동에 대한 통제를 상실한 삽화로, 먹는 동안 개인은 엄청나게 많은 양의 음식을 먹는다.

폭식/제거형 증후군(binge-purge syndrome)으로 알려진 **신경성 폭식증**(bulimia nervosa)을 가진 사람은 통제 불가능한 과식 혹은 **폭식**(binge)의 삽화를 반복적으로 나타낸다. 폭식 삽화는 제한된 시간(보통 두 시간) 동안 일어나며, 이 시간 동안 보통 사람이 먹는 양보다 분명하게 더 많은 양을 먹는다(APA, 2013). 게다가 신경성 폭식증 환자는 강제적 구토, 설사제·이뇨제·관장약의 남용, 과도한 운동 같은 부적절한 **보상행동**을 반복적으로 행한다(표 9.2 참조). 신경성 폭식증에서 회복한 린지는 장애가 있었던 기간 중 어느 아침을 다음과 같이 기술한다.

오늘 나는 정말 잘할 것 같다. 이는 사전에 정해놓은 양만 먹고, 허용된 양 이상은 한 입도 더 먹지 않았음을 의미한다. 더그보다 더 먹지 않으려고 매우 열심히 그를 관찰한다. 나는 그의 몸을 보고 판단한다. 긴장이 쌓여감을 느낄 수 있다. 더그가 서둘러 떠나길 바란다. 그래야 나도 내 일을 할 수 있을 것이다.

그가 집을 나서서 문을 닫는 순간, 나는 오늘 해야 할 목록 중 하나를 하려고 한다. 솔직히 나는 이것들 모두가 싫다. 구멍으로 기어들어 갔으면 한다. 어떤 것도 하기 싫다. 먹고만 싶다. 나는 혼자이고 겁나며, 잘하지도 못한다. 뭘 해도 제대로 못한다. 통제도 안 된다. 오늘 제대로 할 것 같지 않다. 나는 이것을 안다. 오랫동안 이렇게 해왔기 때문이다.

아침에 먹은 시리얼을 기억한다. 화장실로 가서 체중계에 올라선다. 항상 같은 수치를 가리키건만 나는 여기에 머무르고 싶지 않다. 더 날씬해지고 싶다. 거울을 본다. 허벅지가 추하고 기형적으로 생겼다고 생각한다. 거울에서 서양배 체형을 한 뚱뚱하고 어설픈 한 겁쟁이를 본다. 내가 보는 것에는 항상 뭔가 잘못된 것이 있다. 좌절하고, 이런 내 몸에 얽혀 꼼짝달싹 못 할 것 같고, 뭘 해야 할지도 모르겠다.

냉장고 앞으로 간다. 거기에 무엇이 있는지 정확히 안다. 어제 저녁에 만들어놓은 브라우니부터 시작한다. 항상 단 것부터 시작한다. 처음엔 없어진 티가 안 나도록 조심하면서 먹는다. 하지만 식욕이 너무 좋아 브라우니 한 판을 더 먹기로 마음먹는다. 쿠키가 절반 정도 채워진 봉지가 화장실에 있음을 안다. 어제 저녁 거기에 던져놓았다. 그것을 찾아 먹어치웠다. 우유도 조금 마셨다. 우유는 토할 때 음식의 역류를 부드럽게 해줄 것이다. 큰 유리컵을 비운 후 얻는 포만감을 좋아한다. 빵 6조각을 꺼내 오븐에 넣고 빵 한 면을 구운 후 다른 면으로 뒤집었다. 빵에 버터를 바르고 다시 오븐에 넣어 버터가 부글부글 끓을 때까지 구웠다. 빵 6조각 모두를 접시에 담아 TV 앞으로 가다가 부엌으로 다시 돌아가 시리얼 한 그릇과 바나나도 함께 가져왔다. 마지막 빵 조각을 먹어치우기 전, 나는 다시 빵 6조각을 더 준비하고 있었다. 거기에 덧붙여 브라우니도 5개, 그리고 아이스크림, 요구르트, 혹은 코티지 치즈를 큰 밥그릇에 담아서 두 그릇 정도 더 먹은 것 같다. 위장이 갈비뼈 밑으로 아주 큰 볼 모양으로 팽창되었다. 이제 곧 화장실로 가야만 함을 안다. 하지만 가능한 이를 지연시키고 싶다. 지금 나는 모든 것이 다 구비된 낙원에 있는 것 같다. 위장의 압박을 느끼면서, 그리고 방을 들락날락 천천히 거닐면서 나는 기다리고 있다. 시간은 간다. 시간은 가고 있다. 이제 곧 그 시간이 될 것이다.

청소하고 정리하면서 각 방을 목적 없이 돌아다녔다. 마지막이 화장실이다. 발에 힘을 주고 머리카락을 뒤로 넘기고 목구멍에 손가락을 넣어 두 번 쳤다. 음식 무더기가 넘어왔다. 세 번, 네 번, 그리고 또다시 음식 무더기가 토해졌다. 나는 이 모든 것이 토해져 나오는 것을 보았다. 브라우니를 보았다. 기뻤다. 이것은 특히나 살을 찌게 하는 음식이니까…. 위를 비우는 리듬이 끊어졌고 머리가 아프기 시작했다. 어지럽고 뭔가 빈 듯하고 힘이 없는 것을 느끼며 일어섰다. 이 모든 삽화는 한 시간 정도 걸렸다.

(Hall & Cohn, 2010, p. 1)

인구의 대략 1%가 사는 동안 어느 시점에서 신경성 폭식증을 발달시킨다(Copper & Mitchell, 2020; McElroy et al., 2020)(표 9.3 참조). 신경성 식욕부진증처럼 신경성 폭식증도 주로 여성에게서 나타나는데, 사례의 75%가 여성이다(ANAD, 2020a; NIMH, 2020k,

표 9.2

진단 체크리스트

신경성 폭식증

1. 반복적 폭식행동 삽화가 있음
2. 체중 증가를 억제하기 위해 반복적이고 부적절한 보상행동을 보임
3. 폭식행동과 부적절한 보상행동 모두 평균적으로 적어도 1주에 한 번 이상 3개월 동안 일어나야 함
4. 체중과 체형이 자기평가에 지나치게 큰 영향을 미침

출처 : APA, 2013.

흥미로운 이야기

패션계의 사이즈 줄이기

1968년 보통의 패션모델은 전형적 여성과 비교할 때 8% 정도 더 말랐었다. 2016년 모델들은 전형적 여성보다 32% 더 말랐다(Firger, 2016).

표 9.3

섭식장애의 비교

	평생 유병율	여성의 비율	전형적인 발병 연령	치료를 받는 비율	치료 후 성공적인 장기 회복 비율
신경성 식욕부진증	0.6%	75%	14~20세	34%	75%
신경성 폭식증	1.0%	75%	15~20세	43%	75%
폭식장애	2.8%	64%	22~30세	44%	60%

출처 : ANAD, 2020a; Cooper & Mitchell, 2020; Halmi, 2020; NEDA, 2020; NIMH, 2020k, 2017c; Yager, 2020a, 2020b, 2019; Crow, 2019; Engel et al., 2019; Klein & Attia, 2019; Mitchell, 2019; Sysko & Devlin, 2019a, 2019b.

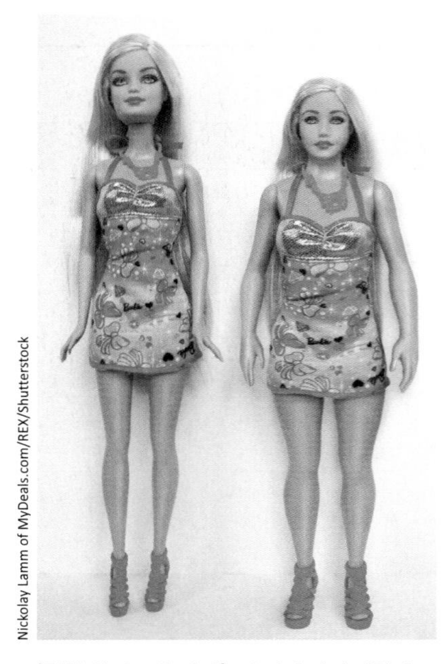
Nickolay Lamm of MyDeals.com/REX/Shutterstock

'정상 사이즈의 바비' 수년간 바비 인형의 초슬림 사이즈와 비율은 여성에게 아주 어린 연령부터 달성할 수 없는 이상을 갖게 만들었다. '평균이 아름다운 것이다'라는 메시지를 전달하기 위해 예술가 니콜레이 램은 보건 공무원들이 19세 여성의 평균 사이즈로 제시한 사이즈의 바비 인형(오른쪽)을 제작했다. 정상 사이즈의 바비는 고전적 바비보다 키가 더 작고 굴곡이 있으며 가슴이 더 컸다.

2017c). 청소년기나 성인 초기에 시작되고(15~20세 사이에 가장 흔히 시작된다), 주기적인 완화를 거치면서 흔히 몇 년간 지속된다. 신경성 폭식증 환자의 체중은, 그 범위 내에서 뚜렷한 변동을 보이기도 하지만 흔히 정상 범위에 머물러 있다. 하지만 신경성 폭식증 환자의 일부는 심하게 저체중이 되어 결국에는 신경성 폭식증 대신 신경성 식욕부진증 진단 준거를 만족하기도 한다.

많은 10대와 젊은 성인은 주기적으로 폭식을 하거나 친구나 매체로부터 전해 들은 후 구토, 설사제 사용을 실험해보기도 한다. 국제 연구에 따르면 학생의 25~50%가 주기적으로 폭식 혹은 자기 유도 구토를 하고 있다(Ekern, 2020). 하지만 이 중 일부만이 신경성 폭식증 진단을 만족한다. 몇몇 서구 국가에서 진행된 조사에서 여성 청소년 중 5%만이 완전한 증후군을 발달시킴을 보고하였다(NEDA, 2020; Engel, Steffen, & Mitchell, 2019). 대학생 사이에서는 이 비율이 특히 더 높을 수 있다(Caceres, 2020).

폭식

신경성 폭식증 환자는 한 주 동안 다수의 폭식 삽화를 가지고 있다. 대부분의 경우 폭식은 은밀히 행해진다. 개인은 아주 빠른 시간 안에 엄청난 양의 음식을 거의 씹지 않고 먹어치운다. 흔히 아이스크림, 도넛, 샌드위치와 같은 달고 부드러운 질감의 고칼로리 음식을 먹어치운다. 음식은 거의 음미되지도 않는다. 폭식자는 한 삽화 동안 평균 2,000~3,400칼로리를 먹는다(Fairburn & Murphy, 2020; Engel et al., 2019). 일부는 한 삽화 동안 1만 칼로리를 먹어치우기도 한다.

폭식에 앞서 보통 극도의 긴장감이 나타난다(Lutz et al., 2021). 짜증이 나고, '현실감이 없어지며', 금지된 음식을 탐하는 자신의 욕구에 무력함을 느낀다. 폭식 동안 개인은 먹는 것을 멈출 수 없음을 느낀다(APA, 2013). 견딜 수 없는 긴장을 완화시켜줬다는 점에서 폭식은 그 자체 쾌락으로 경험되지만, 폭식 후에는 몸무게가 불지도 모른다거나 발각될지도 모른다는 두려움과 함께 극도의 자책, 수치심, 죄책감, 우울이 뒤따른다(Blythin et al., 2020).

보상행동

폭식 후 신경성 폭식증 환자는 폭식의 효과를 보상하거나 없애려고 노력한다. 예를 들면 많은 이들은 구토에 의지한다. 하지만 구토는 폭식 동안 섭취한 칼로리의 절반도 흡수를 방해하지 못한다. 또한 반복적 구토는 포만감을 느끼는 능력에 영향을 주는데, 이는 더 큰 허기짐을 유발하여 결과적으로 더 빈번하고 더 심각한 폭식으로 이끈다. 유사하게 설사제나 이뇨제의 사용도 폭식으로 인한 칼로리의 섭취를 원점으로 돌리지는 못한다(Mitchell, 2019).

구토와 기타 다른 보상행동은 포만으로 인한 불쾌감을 잠시 완화하거나 폭식에 결부된 불안 혹은 자기혐오감을 잠시 낮출 수 있다. 하지만 시간이 지남에 따라 구토가 더 많은 폭식을 허용하고, 폭식이 다시 더 많은 구토를 요구하는 악순환 고리가 형성된다. 이 순환은 결국 신경성 폭식증 환자에게 무력감과 자기혐오를 느끼게 만든다(Engel et al., 2019). 대부분은 자신이 섭식장애를 가지고 있음을 잘 알고 있다. 앞서 예로 살펴보았던 여성 린지는 기숙학교에 있던 청소년 시절 폭식, 구토, 자기혐오 패턴이 어떻게 자신을 장악하게 되었는지 잘 기억하고 있다.

폭식하고 설사제를 사용하는 사람들의 인생 영역에는 섭식과 음식 영역 외에 또 무엇이 있을까?

내가 처음으로 손가락을 목 속에 넣게 되었던 때는 학교에서의 마지막 주 동안이었다. 나는 불그스름한 얼굴과 부은 눈을 한 채 화장실을 나오는 한 소녀를 보았다. 그녀는 언제나 자신의 몸무게에 대해 이야기했고 몸매가 나쁘지 않은데도 왜 다이어트를 해야만 했었는지를 이야기했다. 나는 즉각적으로 그녀가 무엇을 하였는지 알았고, 나도 그렇게 해야만 했다….

나의 하루는 기숙사 1층에서 뷔페 형식으로 나오는 아침을 먹는 것으로 시작된다. 어떤 음식이 토할 때 쉽게 나오는지 알았다. 아침 기상 후 나는 30분 안에 잔뜩 먹고 토한 후 수업에 갈 것인지 아니면 과식하지 않고 온종일을 버틸 것인지를 결정해야만 했다. … 사람들은 식사 때 내가 엄청난 양의 음식을 먹고 있음을 눈치 챌 것이다. 하지만 그들은 내가 운동선수이기 때문에 섭취한 칼로리를 운동으로 다 소모해버렸다고 생각할 것이다. 일단 폭식이 시작되면 배가 임신한 것처럼 보일 때까지, 그리고 더는 삼킬 수 없을 때까지 계속해서 먹는다.

그해가 9년간의 나의 강박적 먹기와 토하기의 시작이었다. … 나는 누구에게도 내가 무엇을 하고 있는지 말하기 싫었고, 그렇다고 하던 행동을 멈추고 싶지도 않았다. 사랑 혹은 기타 생각을 분산시키는 일들이 때때로 음식에 대한 갈망을 누그러뜨리기도 했지만, 나는 언제나 음식으로 다시 돌아갔다.

(Hall & Cohn, 2010, p. 55)

신경성 식욕부진증에서와 같이 폭식 패턴은 집중적인 다이어트를 하는 동안 혹은 한 후에(특히나 다이어트를 통해 성공적으로 체중을 감량했거나 가족, 친구들로부터 칭찬을 받았던 경우) 시작되는 경향이 있다(NEDA, 2020). 동물 연구와 인간 연구 모두에서 매우 엄격한 다이어트에 놓였던 정상 연구 참가자들이 폭식 경향을 발전시킴이 발견되었다. 예를 들어 앞서 기술한 '기아 연구'에서 참가자 중 일부는 정상 섭식으로 돌아가도록 허용되었을 때 폭식하였고, 이 중 다수는 많은 음식을 섭취한 후에도 계속 배고파했다(Keys et al., 1950).

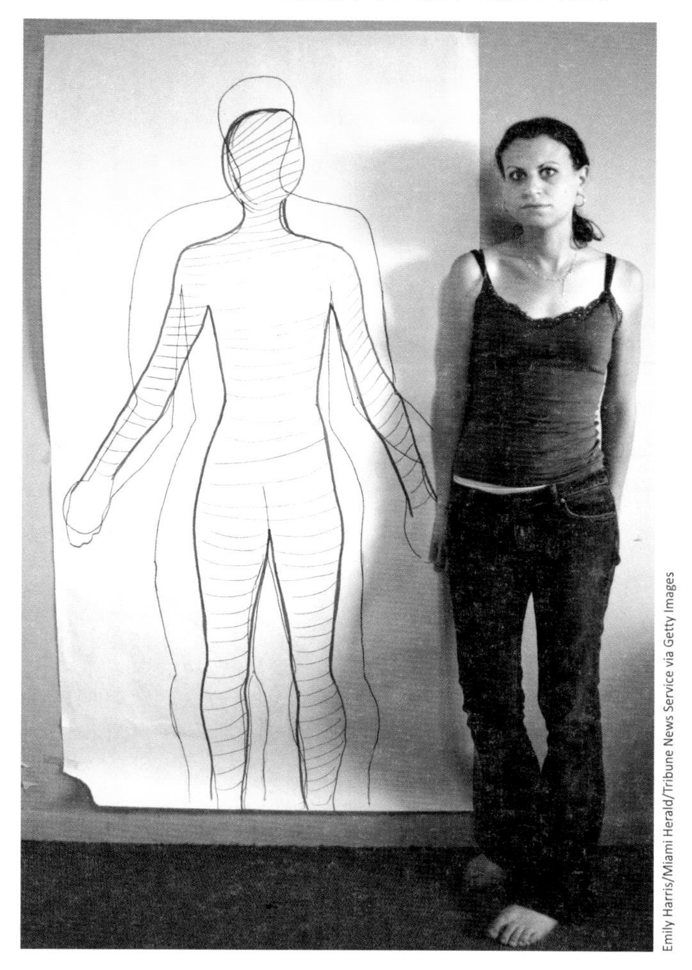

Emily Harris/Miami Herald/Tribune News Service via Getty Images

왜곡된 신체 지각 평가 기법이면서 치료 기법인 '몸 따라 그리기(body tracing)'에서 사람들은 내 몸 크기라 생각하는 이미지를 그린다. 섭식장애 환자처럼 이 여성의 자기 그림(바깥 검은색 선)은 실제 자기 몸(보라색 선)보다 더 크다.

신경성 폭식증 대 신경성 식욕부진증

신경성 폭식증은 여러 면에서 신경성 식욕부진증과 유사하다. 두 장애 모두 비만이 될까 두려워하고, 날씬해지길 원하며, 음식·체중·외모에 몰두하고, 우울·불안·강박·완벽 욕구로 분투하는 사람들이 일정 기간의 다이어트를 거친 후 시작된다는 특징이 있다(Cooper & Mitchell, 2020; McElroy et al., 2020). 신경성 폭식증이나 신경성 식욕부진증을 가진 사람은 자살시도를 하거나 사망할 위험이 높다. 약물 남용이 각 장애에 동반되기도 하는데, 이는 아마도 다이어트 약의 과다 복용에서 시작되는 것 같다(Munn-Chernoff et al., 2021). 각 장애를 가진 사람들은 실제 체중이나 체형과 상관없이 자신이 실제보다 더 무겁고 크다고 믿는다(**정보마당** 참조). 또한 이 두 장애 모두 섭식에 대한 왜곡된 태도를 특징으로 한다.

하지만 이 두 장애는 중요한 측면에서 서로 다르다. 비록 각 장애를 가진 사람들 모두가 남들이 나를 어떻게 생각할까 걱정하지만, 신경성 폭식증을 가진 사람이 신경성 식욕부진증을 가진 사람보다 남을 기쁘게 하고, 그들에게 매혹적으로 보이며, 친밀한 관계 형성을 더 걱정하는 모습을 보인다(Zerbe, 2017, 2010, 2008). 또한 신경성 폭식증 환자는 신경성 식욕부진증 환자보다 성적으로 더 적극적인 경향이 있

신체 불만족

자신의 체중과 체형을 부정적으로 평가하는 사람들은 **신체 불만족**을 경험한다. 소녀와 성인 여성의 83% 정도가 자신의 신체에 대해 만족하지 못하고 있는 데 반해, 소년과 성인 남성에서는 74%가 그러하다(Cass et al., 2020; MHN, 2020a, 2020b; Ipsos, 2018). 신체 불만족 여성의 대다수는 자신을 과체중이라 믿는다. 반대로 신체 불만족 남성의 경우 절반은 자신을 과체중이라, 절반은 자신을 저체중이라 생각한다. 신체 불만족과 가장 깊게 관련된 요인에는 완벽주의와 비현실적 기대가 있다. 신체 불만족은 다이어트와 섭식장애 발달을 설명하는 가장 강력한 예언자이다.

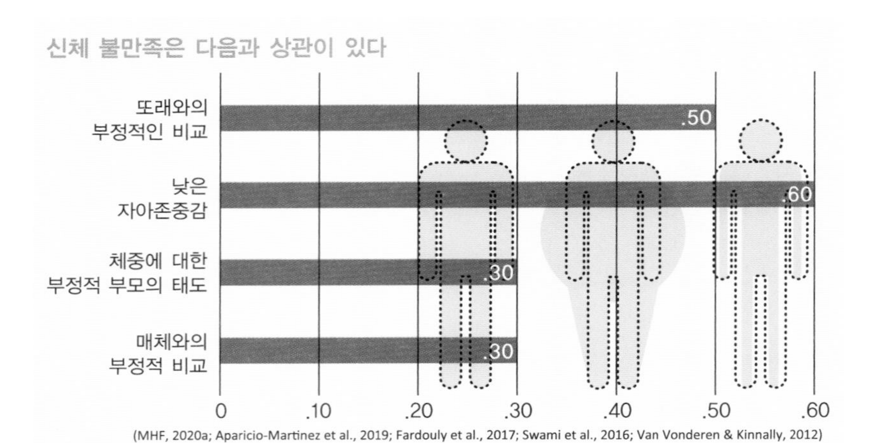

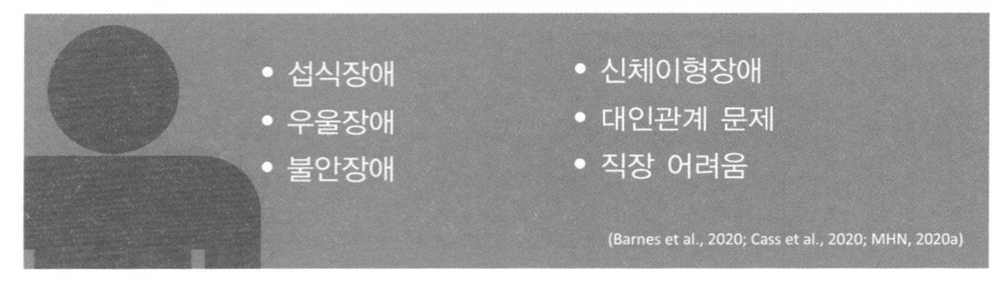

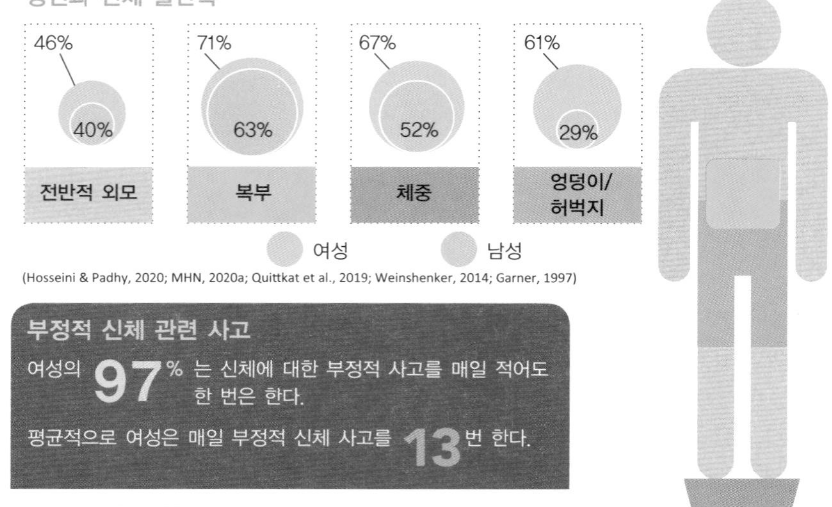

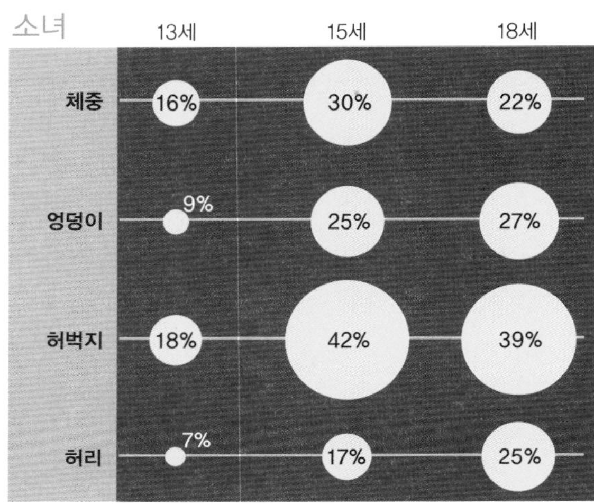

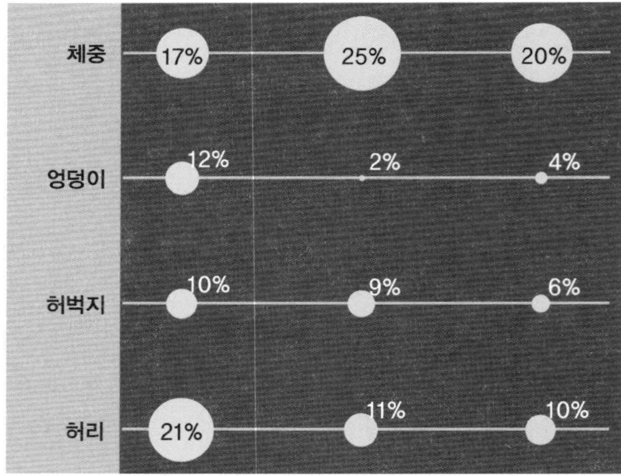

사회매체와 신체 불만족

- 10대 소녀가 소셜미디어에서 더 많은 시간을 보낼수록 이들의 신체 불만족도는 더 높다.
- 대부분의 10대는 소셜 네트워크 사이트가 자신의 신체 자신감을 손상시킨다고 말한다.

(MHF, 2020a; MHN, 2020a, 2020b; Rodgers et al., 2020; Hosseini & Padhy, 2019; Dove, 2016; Kim & Chock, 2016)

다(Fairburn & Murphy, 2020). 특히 문제가 되는 것은, 신경성 폭식증 환자에서 신경성 식욕부진증 환자보다 기분 변화의 긴 과거력이 있을 확률이 높고, 더 쉽게 좌절하거나 지루해하며, 자신의 충동이나 강한 정서를 통제하거나 효과적으로 처리하는 데 어려움이 더 크다는 점이다(Legg & Turner, 2021; Engel et al., 2019). 이들의 3분의 1 이상이 성격장애의 특징을 보이는데, 특히 제13장에서 더 자세히 살펴볼 경계성 성격장애의 특징을 보인다(NEDA, 2020).

또 다른 차이는 이 두 장애에 동반되는 의학적 합병증의 특성에서 나타난다(Mitchell & Zunker, 2020). 신경성 폭식증 여성의 절반만이 무월경 문제를 보이거나 불규칙한 월경주기를 보이지만, 신경성 식욕부진증 여성은 거의 모두가 월경 관련 문제를 보인다. 반면 반복적인 구토는 치아와 잇몸을 염산으로 침식시키며, 이는 신경성 폭식증 여성의 일부에게 치아의 에나멜층 붕괴나 치아 손실과 같은 심각한 치과적 문제를 경험하게 한다. 만성 심혈관계 질환도 신경성 폭식증 환자에서 드물지 않다(Tith et al., 2020). 더욱이 거듭되는 구토나 만성적 설사(설사제 사용으로 인한)는 심각한 칼륨 결핍을 야기할 수 있는데, 칼륨 결핍은 신체 약화, 장 문제, 신장질환, 심장 손상 등의 문제로 이어질 수 있다.

요약

신경성 폭식증

신경성 폭식증을 가진 사람은 빈번히 폭식을 하며 그 후 구토를 유도하거나 다른 부적절한 보상행동을 취한다. 인구의 1% 정도가 살면서 신경성 폭식증을 나타낸다. 폭식은 증가하는 긴장에 대한 반응으로 나타나며 죄책감과 자책감이라는 감정을 수반한다. 보상행동은 처음에는 포만이라는 불편감의 순간적 완화에 의해 혹은 불안, 자기혐오, 폭식에 결부된 통제 상실감의 감소에 의해 강화된다. 하지만 시간이 지남에 따라 자신에 대해 혐오를 느끼고 우울해지며 죄책감을 갖게 된다. 신경성 폭식증 사례의 대략 75%는 성인 여성과 여성 청소년에서 나타난다.

폭식장애

폭식장애 빈번한 폭식을 특징으로 하나 극단적 보상행동은 보이지 않는 장애

신경성 폭식증을 보이는 이들처럼 **폭식장애**(binge-eating disorder)를 보이는 이들은 반복적으로 폭식을 하며 폭식 동안 먹는 행위에 대한 통제감을 상실한다(APA, 2013). 하지만 이들은 부적절한 보상행동을 보이지는 않는다(표 9.4 참조). 폭식장애 환자의 절반 정도가 반복적인 폭식의 결과 과체중 혹은 비만 상태에 있다(Cooper & Mitchell, 2020; Yager, 2020a, 2019).

비록 2013년 DSM-5가 출간되기까지 공식적인 임상적 진단으로 인정되지 못했지만, 폭식장애는 과체중 사람들에게 흔한 유형으로 60년 전에 처음 인지되었다(Stunkard, 1959). 하지만 과체중인 사람 모두가 이러한 반복적 폭식행동을 보이는 것은 아님을 주목할 필요가 있다. 이들의 체중은 반복적인 과식 그리고/또는 생물학적·심리적·사회문화적 요인의 복합 작용으로 나타난 결과이다(ANAD, 2020a).

인구의 약 2.8%가 폭식장애를 보이는데, 이로써 폭식장애가 섭식장애 중 유병률이 가장 높은 장애임을 알 수 있다(Halmi, 2020; NEDA, 2020; Sysko & Devlin, 2019a, 2019b). 다른 섭식장애와 마찬가지로 폭식장애에서도 여성의 비율이 남성보다 더 높다. 장애를 가진 이의 64%가 여성이다. 폭식장애에 특징적인 폭식은 신경성 폭식증에서 보이는 폭식과 유사하다. 특히 섭취되는 음식의 양과 폭식 동안 경험되는 통제 상실감에서 두 장애는 유사하다. 게다가 신경성 폭식증이나 신경성 식욕부진증을 가진 사람과 마찬가지로 폭식장애를 가진 사람은

표 9.4

진단 체크리스트

폭식장애
1. 반복하여 발생하는 폭식 삽화
2. 폭식 삽화는 다음 중 3개 이상과 관련되어야 함 ■ 흔히 빨리 먹음 ■ 배가 고프지 않는데도 많은 양을 먹음 ■ 불편할 만큼 배가 부를 때까지 먹음 ■ 창피하여 혼자 먹음 ■ 폭식 삽화 후 자기 혐오감, 우울감, 혹은 심한 죄책감을 느낌
3. 폭식과 관련한 심각한 고통
4. 폭식은 평균 한 주에 적어도 한 번 나타나야 하고, 3개월간 지속되어야 함
5. 부적절한 형태의 보상행동이 나타나지 않음

출처 : APA, 2013.

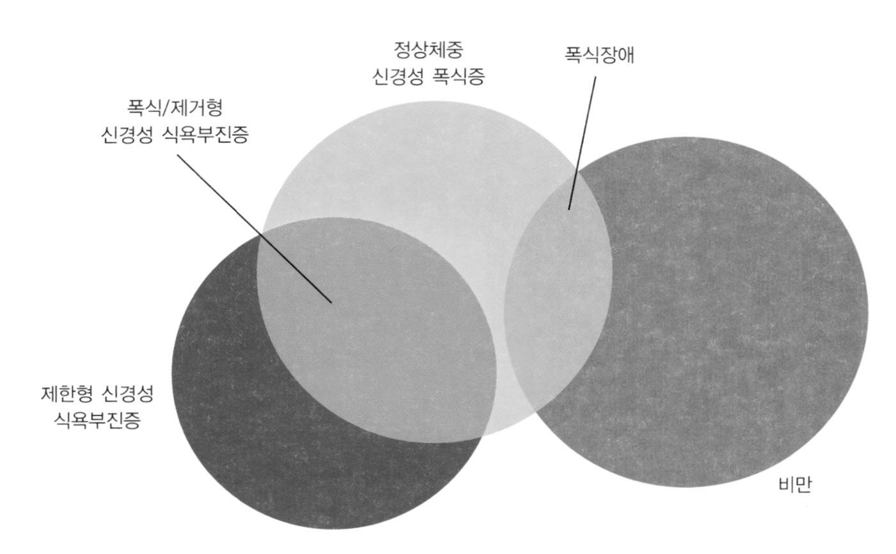

그림 9.1

신경성 식욕부진증, 신경성 폭식증, 비만 사이의 중첩 패턴

신경성 식욕부진증 환자의 일부는 폭식을 하고 체중 감량을 위해 토하고, 비만인 사람 중 일부는 폭식을 한다. 하지만 신경성 폭식증 환자의 대부분은 비만하지 않으며, 대부분의 과체중 사람은 폭식을 하지 않는다.

음식·체중·외모에 집착하고, 체중, 체형을 자기 평가의 기초로 삼으며, 몸의 크기를 왜곡하여 지각하고, 심각한 신체 불만족을 경험하며, 우울·불안·자기혐오·완벽주의와 사투하고, 약물남용을 보인다(Quellet-Courtois, Aardema, & O'Connor, 2021; ANAD, 2020a; Sysko & Devlin, 2019a, 2019b).

반면 폭식장애를 가진 사람은 신경성 식욕부진증이나 신경성 폭식증을 가진 사람처럼 마름에 집착하지 않는다. 물론 이들도 자신의 섭식을 제한하길 원하기는 하지만 말이다(그림 9.1 참조). 인지적인 영역에서 이들은 다른 섭식장애를 가진 이들보다 많은 양의 음식을 적당한 혹은 보통의 양이라고 지각할 가능성이 높다(Chao et al., 2019). 또한 다른 섭식장애와는 달리 폭식장애가 항상 극단적 다이어트의 노력에서 시작되는 것도 아니다. 전형적으로 폭식장애의 초발 연령은 다른 섭식장애보다 더 늦다. 대부분이 20대에 처음 발병한다(NEDA, 2020). 폭식장애로 발전할 위험이 큰 집단은 **음식 불안정성**(food insecurity) 속에서 사는 사람들이다. 말하자면 재정적 어려움 때문에 필요한 음식에 대한 접근이 제한되고 불분명하며 믿을 수 없는 상태를 경험한 사람들이다(Lydecker & Grilo, 2019; Rasmusson et al., 2019).

폭식장애를 가진 사람은 특정 의학적 문제를 발달시킬 위험이 높다. 지나치게 많은 체중을 뺀 것도 아니고 건강에 해로운 보상행동을 한 것도 아니기 때문에 이들의 의학적 문제는 신경성 식욕부진증이나 신경성 폭식증에서의 의학적 문제와는 다르다(Mitchell & Zunker, 2020). 비만 문제를 가진 폭식장애 환자는 다른 과체중자처럼 일반 인구보다 당뇨병, 고혈압, 심장질환, 고콜레스테롤, 뇌졸중에 걸릴 위험이 높다(Perreault & Laferrère, 2020). 비만을 동반하지 않은 폭식장애 환자조차 관절 통증, 두통, 위장장애, 숨가쁨 등의 특정 건강 문제를 발달시킬 수 있다(Mitchell & Zunker, 2020). 게다가 폭식장애를 가진 사람은 자신의 건강 상태를 대체로 좋지 못하다고 표현한다.

요약

폭식장애

폭식장애를 가진 사람은 빈번한 폭식 삽화를 보이지만 부적절한 보상행동을 보이지는 않는다. 과체중자의 대부분이 폭식장애를 가지고 있지는 않지만, 폭식장애를 가진 사람의 많은 수는 과체중이 된다. 인구의 대략 2.8%가 사는 동안 폭식장애를 발전시킨다. 이 장애를 가진 사람의 64%는 여성이다.

무엇이 섭식장애를 야기하는가

오늘날 대부분의 이론가와 연구자는 섭식장애를 설명하기 위해 **다차원 위험 이론**(multidimensional risk perspective)을 사용한다. 즉 섭식장애로 발달할 위험을 높이는 여러 핵심 요인을 찾고 있다(Stice, Johnson, & Turgon, 2019). 위험 요인이 많을수록 개인이 섭식장애를 발달시킬 확률은 더 높아진다. 섭식장애의 다차원 위험 이론은 발달정신병리학 이론만큼 구체적이지는 않지만 이 이론과 많은 원칙을 공유한다. 말하자면 발달 도상에서 섭식장애의 위험 요인이 펼쳐지게 되며, 이들 요인의 상호작용이 핵심이 되고, 서로 다른 위험 요인과 이들의 조합이 같은 섭식장애로 귀결될 수 있다는 원칙을 공유한다. 앞으로 살펴보겠지만 인용되고 연구된 요인의 대부분은 신경성 식욕부진증과 신경성 폭식증과 관련되어 있다. 보다 최근에 규명된 임상적 증후군인 폭식장애는 현재에 와서야 널리 연구되고 있다.

흥미로운 이야기

왕족의 폭식증

헨리 8세의 둘째 부인이던 앤 불린은 영국의 여왕으로 지내는 3년 동안 식사나 만찬 중 구토를 했다. 여왕은 토할 것 같은 낌새가 나타나면 시녀에게 천을 들어 가리도록 시켰다(Shaw, 2004).

정신역동적 요인 : 자아 결핍

섭식장애 연구 및 치료의 선구자인 Hilde Bruch는 이 장 초반에서 언급되었다. Bruch는 섭식장애의 정신역동 이론을 발전시켰다. 그녀의 주장에 따르면 문제가 있는 부모-자녀 상호작용이 아동에게 심각한 **자아 결핍**(낮은 독립감과 통제감 포함)과 **지각적 혼란**을 유도하고, 이 둘이 함께 섭식장애 탄생에 일조하게 된다고 한다(Treasure & Cardi, 2017; Bruch, 2001, 1991, 1962).

Bruch에 따르면 부모는 자녀에게 효율적 혹은 비효율적으로 반응할 수 있다고 한다. **효율적 부모**는 자녀가 배고파서 울면 음식을 주고 두려워서 울면 위로를 주는 식으로 자녀의 생물학적·정서적 욕구를 정확히 파악하여 돌본다. 반대로 **비효율적 부모**는 자녀의 욕구에 대응하는 데 실패하는데, 이들은 자녀의 실제 상태에 대한 관찰 없이 아이의 배고프고 춥고 피곤한 상태를 제 나름대로 판단하여 결정한다. 배고프기보다는 불안할 때 아이에게 밥을 줄 것이고 불안하기보다는 피로할 때 아이에게 위로를 줄 것이다. 이러한 부모의 보살핌을 받은 아동은 성장하면서 혼란을 경험할 것이고, 자신이 내적 욕구에 대해 잘 인식하지 못할 수 있다. 이들은 자신의 배가 고픈지 부른지 알지 못하고 자신의 감정 상태도 알아차리지 못할 것이다.

자신의 내적 신호에 의존할 수 없기 때문에 이런 아동은 대신 부모와 같은 외적 지침에 의존하게 된다. '모범적인 아동'처럼 보이나 이들은 실상 자립성을 키우지 못하고 "자신의 행동·욕구·충동을 통제한다거나 자기 몸을 자기가 소유한 것 같은 느낌을 경험하지 못한다"(Bruch, 1973, p. 55). 청소년기는 독립성을 높이고자 하는 기본 욕구가 증가하는 시기지만, 이들은 이를 성취하지 못한다. 무기력감을 극복하기 위해 대신 체구, 체형, 식습관을 지나치게 통제하고, 이로부터 통제감을 얻으려 한다. Bruch의 환자인 18세의 헬렌은 이러한 욕구와 노력을 다음과 같이 기술하고 있다.

Monika Skolimowska/picture-alliance/dpa/AP Images

소셜미디어 봉사활동 한 젊은 여성이 인스타그램 스타 아말리에 리의 프로파일을 연구하고 있다. 아말리에 리는 2013년 병원에 입원한 이후 자신의 신경성 식욕부진증 회복의 여정을 기록으로 올리기 시작했다. 팔로워가 10만에 이르는 리의 게시에는 호전을 드러내는 사진, 어려움에 대한 솔직한 기술, 희망적인 메시지, 음식에 관한 정보 등이 포함되어 있다.

> 남들이 나에게 기대하는 바대로 살지 못할까 봐 두렵다. 가장 큰 두려움은 내가 단지 평범하거나 보통일까 봐, 즉 충분하지 않을까 봐이다. 나의 특이한 다이어트는 이러한 불안과 함께 시작되었다. 나는 나 자신을 통제할 수 있고 나 자신이 무엇인가 할 수 있음을 보여주고 싶다. 다이어트의 특이한 측면은 이것이 나에 대한 긍정적 평가를 가능하게 하고 '나도 무엇인가를 할 수 있어'라는 유능감을 갖게 한다는 것이다. 이것은 나로 하여금 '남들이 못하는 그 무엇인가를 난 할 수 있어'라고 느끼게 한다.
>
> (Bruch, 1978, p. 128)

임상적 보고나 연구는 Bruch의 이론을 지지하는 결과를 일부 내놓고 있다. 임상가들은 신경성 식욕부진증이나 신경성 폭식증을 앓는 청소년의 부모에게서 자녀의 욕구 정의를 자녀가 하도록 두기보다 자신들이 하는 경향이 있음을 발견하였다(MHN, 2020a; Ihle et al., 2005). Bruch는 신경성 식욕부진증으로 진단된 51명 아동의 어머니와 인터뷰하였는데, 이 중 많은 이가 어린 자녀의 욕구를 예견하여 자녀를 '배고프게' 두지 않았음을 자랑스러워하였다(Bruch, 1973).

섭식장애 환자가 정서적 단서와 같은 내적 단서를 부정확하게 지각한다는 Bruch의 믿음도 연구를 통해 지지되고 있다(Quellet-Courtois et al., 2021). 예를 들어 섭식장애를 가진 연구 참가자는 불안이나 혼란스러움을 경험할 때 이를 배고픔으로 잘못 인식하고, 배고플 때의 대처, 즉 먹기로 대처한다. 마지막으로 연구들은 섭식장애 환자가 타인의 의견, 희망, 관점에 지나치게 의존한다는 Bruch의 주장을 지지하고 있다(Kuipers, van der Ark, & Bekker, 2020; Treasure & Cardi, 2017)(마음공학 참조).

인지행동적 요인

섭식장애에 대한 Bruch의 설명을 자세히 살펴보면 여기에 몇 가지 **인지행동적** 사고가 포함되어 있음을 알 수 있다. 예로 Bruch는 비효율적인 부모 양육의 결과 섭식장애 환자는 자신의 내적 감각이나 욕구를 부적절하게 명명하고, 삶에 대한 통제감을 거의 느끼지 못하며, 이에 대한 반작용으로 자신의 체구, 체형, 식습관에 통제를 가하길 원한다고 주장하였다. 인지행동 이론가는 이러한 결핍이 섭식장애의 핵심을 이루는 광범위한 인지적 왜곡에 기여한다고 주장한다. 말하자면 신경성 식욕부진증이나 신경성 폭식증 환자는 거의 전적으로 체형과 체중, 그리고 체형과 체중을 통제할 수 있는 자신의 능력에 기초하여 자신을 평가한다(Cooper & Mitchell, 2020; Mitchell, 2019). 인지행동 이론가는 이러한 '핵심 병리'가 체중을 빼려는 반복적인 노력과 체형·체중·섭식에 대한 지나친 몰두를 포함하는 섭식장애의 다른 모든 특징을 야기한다고 말한다.

왜 그처럼 많은 서구의 소녀나 여성들이 섭식이나 외모 문제로 분투하고 있는가?

이 장 초반에서 살펴봤듯이 연구들은 섭식장애 환자가 정말 이러한 인지적 결핍을 보임을 보여준다(Quellet-Courtois et al., 2021; Klein & Attia, 2019). 물론 이 연구들이 인지적 결핍이 섭식장애의 원인이라는 확신을 주고 있지는 못하지만 말이다. 하지만 많은 인지행동 치료자는 이러한 가정으로부터 출발하여 치료를 진행하고 있으며, 내담자의 인지 왜곡과 이에 동반하는 행동의 교정을 치료의 목표로 삼고 있다. 앞으로 살펴보겠지만 이러한 종류의 인지행동치료는 섭식장애의 치료에서 가장 널리 사용되고 있다.

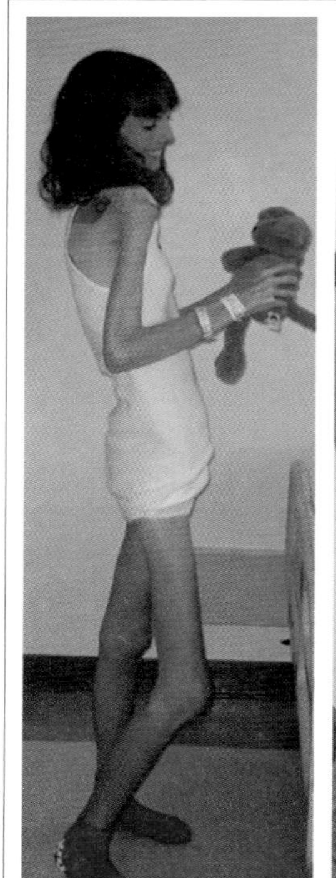

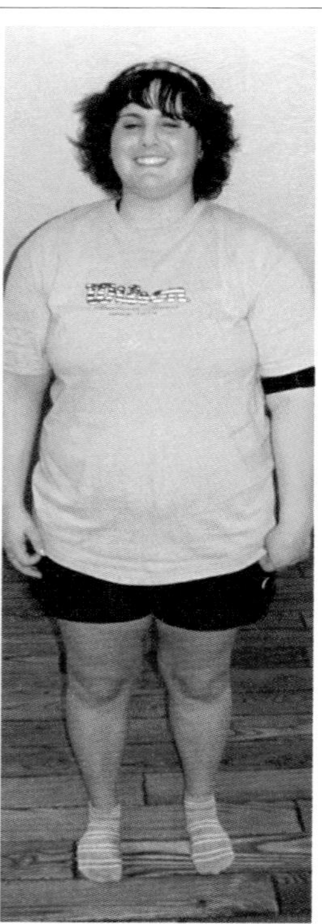

Splash News/Burgunder/Newscom

다중 섭식장애 정신건강 운동가 브리트니 버건더는 회고록인 '숫자에서의 안전 : 25에서 100킬로그램으로(Safety in Numbers: From 56 to 221 Pounds)'에서 자신의 섭식장애와의 긴 싸움을 묘사하고 있다. 현재는 회복하여 정상 체중(가운데)에 있으나, 브리트니는 20세에는 신경성 식욕부진증으로 거의 사망할 뻔했고(왼쪽), 이후 몇 년은 폭식장애로 고생을 하였다(오른쪽).

우울

섭식장애를 앓는 많은 사람들, 특히 신경성 폭식증을 앓는 많은 사람이 우울 증상을 경험한다(ANAD, 2020a). 이 같은 발견으로 몇몇 이론가는 기분장애가 섭식장애의 기초라고 제안한다.

이들의 주장은 여섯 가지 증거로 지지된다. 첫째, 섭식장애 환자 중 주요우울장애 진단을 만족하는 사람의 비

마음공학

섭식장애, 인터넷의 다크웹과 만나다

정신건강 임상가와 연구자는 개인과 직접, 온라인에서, 그리고 저널과 책에서 심리장애와 힘겨운 싸움을 한다. 그러나 불행히도 오늘날에는 이런 정신건강 전문가의 일에 대항하는 또 다른 힘, 보다 부정적인 힘이 있다. 가장 대표적인 것이 소위 다크웹이라 불리는 힘으로, **다크웹**(dark web)은 임상 사회나 일반 사회가 비정상적이라(abnormal) 혹은 파괴적이라 간주하는 행동을 장려하는 인터넷 사이트나 소셜미디어 커뮤니티를 말한다. **친거식증 사이트**(pro-anorexia site)와 **친거식증 커뮤니티**(pro-anorexia community)가 이런 현상의 대표적인 예이다.

Jean Claude Moshetti/REA/Redux

'Dying to Be Thin(죽을 만큼 날씬해지기)'과 'Starving for Perfection(완벽하기 위해 굶기)' 같은 이름의 친거식증(혹은 프로아나, pro-Ana) 인터넷 사이트와 온라인 커뮤니티가 수백에 이른다고 추산되고 있다(Gerrard, 2020). 이러한 사이트나 커뮤니티는 신경성 식욕부진증(그리고 신경성 폭식증)을 심리장애로 보기보다는 삶의 양식으로 보고 있다. 다른 사이트나 커뮤니티는 거식증적 특징을 가진 사람을 비판단적으로 보는 사이트나 커뮤니티로 자신들을 소개하고 있다. 두 형태 모두 인기가 높으며, 친거식증 특성의 웹사이트나 커뮤니티의 수는 '친회복(pro-recovery)' 특성의 웹사이트나 커뮤니티의 수보다 많다.

이들 사이트의 이용자(방문자와 멤버)는 굶을 수 있는 방법과 체중 감소를 가족, 친구, 의사에게 숨기는 방법에 대한 팁을 교환한다(AAC, 2020; Gerrard, 2020). 이들 플랫폼은 기아 다이어트에 대한 성원 및 피드백을 제공하고 있기도 한다. 수많은 사이트가 좌우명, 정서 메시지, 극도로 마른 여배우나 모델의 사진과 비디오를 '마름의 영감'으로 제공한다.

제7장에서 읽은 자살을 옹호하는 친자살 웹사이트나 온라인 커뮤니티와 마찬가지로, 프로아나 운동과 프로아나 메시지는 인터넷과 소셜 매체 도처에서 발견하고 확인할 수 있다. 예를 들어 웹 포럼과 챗집단에서 그리고 인스타그램, 페이스북, 텀블러, 유튜브, 비메오와 같은 소셜 네트워크에서 발견하고 확인할 수 있다(AAC, 2020). 대부분의 소셜 네트워크는 프로아나 자료와 프로아나 집단의 색출 및 제거를 위해 노력하고 있다(Kersten, 2020). 한 예로 몇 년 전 인스타그램은 자해를 찬미하는 해시태그를 금지시켰고, 이런 계정에 대해 계정을 무력화시킬 거라 경고하였다. 하지만 이런 노력에도 불구하고 이들 온라인 커뮤니티와 프로아나 메시지는 넘쳐나고 있다.

섭식장애를 부추기는 것 외에도 프로아나 사이트는 어떤 방식으로 사이트 정기 방문자들에게 해를 줄 수 있는가?

연구에 따르면 프로아나 사이트와 커뮤니티에 정기적으로 접속하는 사람은 잦은 방문으로 인해 높은 수준의 신체 불만족과 우울을 보였으며, 다이어트 행동이 증가했고, 더 많은 섭식행동 문제를 보였으며, 더 많이 자해를 시도하였다(Jennings et al., 2020; Yom-Tov et al., 2018, 2016). 이러한 결과는 전문가와 부모 모두를 걱정시키고 있다.

많은 사람은 프로아나 사이트가 취약한 사람을 매우 위험하게 만든다고 걱정하고 있으며, 이런 사이트의 금지를 위해 보다 적극적인 노력을 기울일 필요가 있다고 주장한다(AAC, 2020; Kersten, 2020). 하지만 또 다른 이들은 온라인 커뮤니티의 잠재적인 위험에도 불구하고 이들 사이트가 침해되어서는 안 될 기본 자유, 예를 들면 언론의 자유, 자신에게 해를 줄 자유까지도 대변한다고 주장한다.

율이 일반 인구 중 주요우울장애 진단을 만족하는 사람의 비율보다 더 높았다. 둘째, 우울을 유발할 만한 상황을 경험했을 때 섭식장애 환자의 이상섭식 성향이 더 강화됨이 보고되었다. 한 예로 COVID-19 팬데믹으로 사회적 격리가 증가한 시기 동안 섭식장애 환자의 증상은 훨씬 악화되었다(Brown et al., 2021). 셋째, 섭식장애를 가진 사람이 섭식장애가 없는 사람보다 친척 중 기분장애를 앓는 비율이 더 높아 보인다. 넷째, 우울장애를 가진 사람은 다른 사람보

흥미로운 이야기

다이어트 산업

미국인들은 체중 감량을 위한 음식, 상품, 서비스에 매년 720억 달러를 쓰고 있다(Business Wire, 2020, 2019).

다 섭식장애를 앓는 비율이 더 높았다(Tebeka et al., 2021). 다섯째, 곧 살펴보겠지만 섭식장애 환자 대다수의 뇌 회로에서 관찰되는 역기능이 우울장애 환자의 뇌 회로에서도 관찰되었다. 마지막으로 섭식장애 환자가 우울을 감소시키는 항우울제의 도움을 받고 있다는 것이다. 물론 이러한 발견은 우울이 섭식장애의 유발을 도왔음을 시사할 수도 있지만 다른 설명도 가능하다. 예를 들어 섭식장애를 가졌다는 사실에서 오는 압박과 고통이 기분장애를 야기했을 가능성이다.

생물학적 요인

생물학 이론가는 특정 유전자가 일부 사람을 섭식장애에 더 취약하도록 만드는 것이 아닌가 의심한다(Hubel, Bulik, & Breen, 2020; Mitchell & Peterson, 2020). 이런 생각과 일관되게 섭식장애 환자의 친척은 다른 이들보다 섭식장애를 나타낼 확률이 6배나 높았다. 또한 일란성 쌍생아 중 1명이 신경성 식욕부진증을 가지면, 사례의 70%에서 나머지 1명도 신경성 식욕부진증을 발전시켰다. 반면 유전적으로 일란성 쌍생아보다 덜 유사한 이란성 쌍생아는 사례의 20%에서만 이런 공병이 나타났다. 신경성 폭식증에서도 유사한 경향이 나타났다. 한 일란성 쌍생아가 신경성 폭식증을 가지면 사례의 23%에서 나머지 쌍생아도 신경성 폭식증을 보인 반면, 이란성 쌍생아에게서는 그 비율이 9%에 머물렀다(Bulik, Blake, & Austin, 2019; Kendler et al., 2018, 1995, 1991).

연구자들의 관심을 끄는 생물학적 요인 중 하나는 섭식장애 환자의 역기능적 **뇌 회로**의 역할이다(Hebebrand, Antel, & Herpertz-Dahlmann, 2020; Kurniadi et al., 2020; Olivia et al., 2020). 이 책 전반에서 읽은 바 있지만, 뇌 회로는 특정 뇌 구조와 더불어 이들과 함께 작동하는 연결 경로로 구성된 조직망을 의미한다. 이 조직망은 특정한 행동적, 인지적 혹은 정서적 반응을 야기하기 위해 서로가 서로를 촉발한다(40~41쪽 참조). 연구는 불안, 강박, 우울 장애와 관련이 있는 회로가 섭식장애 환자에서 어느 정도 역기능적으로 작동함을 보여주고 있다(Kurniadi et al., 2020; Mele et al., 2020; Donnelly et al., 2018). 예를 들면 섭식장애 환자에서는 **뇌섬엽**(insular, 공포 회로 내 뇌 구조)이 비정상적으로 크고 활동적이었고, **안와전두피질**(orbitofrontal cortex, 강박 회로 내 뇌 구조)이 흔치 않게 컸으며, **선조체**(striatum, 강박 회로 내 또 다른 뇌 구조)가 과활동적이었고, **전전두엽피질**(prefrontal cortex, 공포, 강박, 우울 회로 내 뇌 구조)이 매우 작았다. 유사하게 섭식장애 환자에서는 세로토닌, 도파민, 글루타메이트(이들 뇌 회로에서 핵심적 역할을 하는 신경전달물질)의 활동이 비정상적이었다(Hebebrand et al., 2020; Boehm et al., 2019). 이 같은 발견에 기초해 일부 연구자는 다양한 뇌 회로 간 혹은 회로 내 역기능이 섭식장애 발달에 기여한 것으로 믿고 있다.

마지막으로 많은 생물학적 연구자는 몸의 여러 기능을 조절하는 뇌 영역인 **시상하부**(hypothalamus)에 초점을 두며, 이를 통해 섭식장애를 설명하고 있다(Hebebrand et al., 2020; Marino et al., 2020). 시상하부는 쾌락과 보상 경험을 주관하는 뇌의 영역으로, 이 영역이 식욕 통제와 음식 섭취 욕망을 조절하는 데 도움을 준다는 사실은 놀랍지 않다. 연구자들은 섭식행동을 통제하는 시상하부 내 두 영역을 찾아냈다. 하나는 **외측시상하부**(lateral hypothalamus, LH)인데, 이 영역이 활성화되면 배고픔을 유발한다. 실험실 동물의 LH가 전기적으로 자극되었을 때, 그 동물은 얼마 전에 먹었음에도 불구하고 또 먹었다. 또 다른 영역은 **복내측시상하부**(ventromedial hypothalamus, VMH)인데, 이 영역이 활성화되면 배고픔이 감소된다. VMH가 전기적으로 자극되었을 때 실험실 동물은 먹는 것을 중단했다.

시상하부 섭식, 배고픔을 포함한 다양한 신체 기능을 조절하는 뇌의 구조

외측시상하부(LH) 활성화되면 배고픔을 유발하는 뇌의 영역

복내측시상하부(VMH) 활성화되면 배고픔을 감소시키는 뇌의 영역

시상하부 영역과 관련된 뇌 구조는 뇌와 몸으로부터 나온 화학물질에 의해 활성화되는데, 이런 화학물질은 그 개인이 지금 먹고 있는가 아니면 굶고 있는가의 상태에 따라 다르다. 이런 뇌 화학물질 중 하나가 자연 식욕 억제제인 **글루카곤유사펩티드-1**(GLP-1)이다(Hengist et al., 2020; Thom et al., 2020). 한 연구팀이 GLP-1을 모아 쥐의 뇌에 투입하였는데, 이 화학물질은 시상하부에 있는 수용기로 이동하여 쥐의 먹는 행동을 감소시켰다. 심지어 처치에 앞서 24시간 동안 굶었던 쥐의 먹는 행동까지도 감소되었다. 반대로 시상하부 내 GLP-1의 수용을 차단하는 물질을 '배부른' 쥐에게 투여했을 때 이 쥐들의 음식 섭취는 2배 이상 증가하였다.

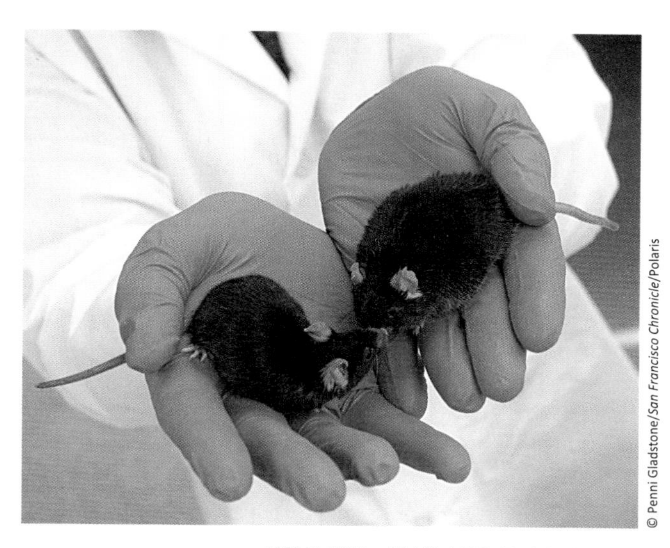

실험실 비만 생물학자들은 특정 유전자가 일부 사람을 섭식장애에 더 취약하게 만든다고 믿고 있다. 이러한 견해를 검증하기 위해 연구자들은 돌연변이(유전자가 변형된) 쥐, 즉 특정 유전자가 없는 쥐를 만들었다. 왼쪽의 쥐는 비만 형성을 돕는 유전자가 소실되어 있어 날씬하다. 반대로 오른쪽의 쥐는 이 유전자를 보유하고 있어 비만이다.

연구자 중 일부는 시상하부, 관련된 뇌 영역, GLP-1과 같은 화학물질이 모두 함께 작용하여 몸에서 '체중 조절 장치'를 형성한다고 믿는다. 이 체중 조절 장치가 개인에게 **체중 결정점**(weight set point)이라는 특수한 체중 수준을 유지하게 한다. 유전과 인생 초기의 섭식 행위가 개인의 체중 결정점을 결정하는 것으로 보인다(Liao et al., 2020). 개인의 체중이 자신의 특정 결정점 이하로 떨어지면 LH와 다른 뇌 영역이 활성화된다. 체중 결정점 이론에 따르면 사람들이 다이어트를 해서 체중이 체중 결정점 이하로 떨어지면, 이들의 뇌는 소실된 체중을 회복하려고 노력한다. 시상하부 및 이와 관련한 뇌 활동은 음식에 대한 집착과 폭식의 욕구를 생성한다. 몸의 **대사율**(metabolic rate)을 변화시키기도 하는데, 이를 통해 살빼기는 더 어렵고 적은 양을 먹더라도 살찌우기는 더 쉽게 된다(Hebebrand et al., 2020; Liao et al., 2020). 일단 뇌와 몸이 이런 방식으로 체중을 증가시키는 음모를 도모하기 시작하면, 다이어트를 한 사람은 실제적으로 자신과의 싸움에 돌입한다. 어떤 이는 내부의 자동 조절기를 끄고 자신의 섭식을 완전히 통제하려 한다. 이러한 사람은 제한형 신경성 식욕부진증의 경로로 가게 된다. 다른 이는 폭식/제거형으로 가거나 폭식만 하는 형태로 가게 된다. 체중 결정점 설명이 임상 분야에서 상당한 논쟁을 불러일으키고는 있으나, 이 설명은 이론가나 임상가에게 여전히 널리 받아들여지고 있다.

사회적 압력

섭식장애는 세계 다른 어느 지역보다 서구사회에서 흔하다. 많은 이론가는 여성의 매력에 대한 서구의 기준이 섭식장애의 출현에 부분적으로 책임이 있다고 믿는다(NEDA, 2020). 여성의 미에 대한 서구의 기준은 역사를 통해 변화하고 있는데, 최근 60년 동안 나타난 주목할 만한 변화는 마른 여성에 대한 선호이다. 20세기 후반부에 진행된 몇몇 선도적인 연구들에서 **플레이보이**(Playboy) 잡지의 누드모델들과 미국 미인대회 여성들의 체중, 가슴둘레, 엉덩이둘레가 연도별로 추적되었는데, 그 결과 이 여성들의 체중, 가슴둘레, 엉덩이둘레의 평균값은 매년 꾸준히 감소하고 있었고 이런 추세는 현 세기에도 계속되고 있었다(Gilbert et al., 2005; Garner et al., 1980).

마름은 연기자, 패션모델, 특정 운동선수와 같은 하위 문화에서 특히 높게 평가되는데, 이런 이유로 이 집단에 속한 사람들은 체중을 특히 더 걱정하고/하거나 체중으로 비난받을 가능성이 높다. 예를 들어 유명 가수이자 래퍼인 케샤는 섭식장애 입원치료 프로그램을 마친 후 최근 "음악 산업은 신체가 어떻게 보여야 하는지에 대한 비현실적 기준을 설정하고 있고 이 때문에 제 몸에 대해 지나치게 비판적이 되기 시작했습니다"라고 기술했다(Sebert, 2014).

체중 결정점 유지하도록 경향화된 개인의 체중 수준으로 시상하부에 의해 주로 통제된다.

Catherine Wylie/Press Association via AP Images

i-Images/Polaris

광고와 싸우는 캠페인 2015년 체중 감량 회사인 프로테인월드는 런던에 "해변가 남성 여러분, 준비되셨나요?"라고 묻는 마른 여성모델이 주인공인 광고를 전시했다. 이 광고(왼쪽)는 섭식장애 발달에 기여하는 '다른 체형은 열등하다'는 메시지를 암시한다는 이유로 크게 비난받았다. 한편 플러스 사이즈 패션 브랜드인 심플리비는 "모든 체형은 해변가 남성을 준비시킨다"라고 말하는 큰 체형의 여성 모델(오른쪽)을 주인공으로 한 광고를 게시하며 프로테인월드 광고에 응수했다.

연구는 연기자, 모델, 운동선수가 다른 사람보다 신경성 식욕부진증과 신경성 폭식증에 실제 더 취약함을 발견하였다(Caceres, 2020). 사실상 최근 몇 년 사이 이 분야의 많은 유명 젊은 여성이 자신의 섭식이 비정상적임을 공개적으로 인정했다. 미국 대학 운동선수를 대상으로 한 설문에서 여성 운동선수의 9% 이상이 섭식장애를 앓고 있었고, 또 다른 33%는 섭식장애 위험을 높이는 섭식행동을 보이고 있었다(Levine, 2020; NEDA, 2020).

마름에 대한 태도가 경제 계층 간 섭식장애 비율에서의 차이를 설명하는 데 도움을 주기도 한다. 20세기 대부분, 높은 사회경제적 위치에 있는 여성은 낮은 사회경제적 위치에 있는 여성보다 마름과 다이어트에 더 많은 걱정을 표현하였다(Margo, 1985). 일관되게 섭식장애는 사회경제척도에서 높은 점수를 받은 여성에게서 더 흔하였다(Foreyt et al., 1996). 그러나 최근 다이어트와 마름에 대한 집착은 사회경제적 계층 모두에서 어느 정도 증가하였고, 이는 섭식장애 유병률의 증가와 일맥상통한다. 몇몇 연구에 따르면 낮은 소득 가정에서 온 10대 여성이 부유한 가정의 10대 여성보다 폭식할 가능성이 더 높았고 신경성 폭식증과 폭식장애를 보일 가능성도 더 높았다(NEDA, 2020).

서구사회는 마름을 찬미할 뿐 아니라 과체중을 폄하하는 분위기까지 조성하고 있다(Cohen & Shikora, 2020). 민족, 인종, 성별에 근거한 비방은 사회적으로 용납되지 않는 반면, 과체중에 대한 잔인한 농담은 웹, TV, 영화, 책, 잡지에서 사람들의 일반적인 생각인 양 자주 나오고 있다. 연구에서는 과체중 사람에 대한 편견이 깊이 뿌리내려져 있음을 보여주었다(Tomiyama et al., 2018). 예비 부모에게 통통한 아이, 중간 체중의 아이, 마른 아이의 사진을 보여주었는데, 예비 부모는 통통한 아이를 가장 덜 친근하고, 덜 활동적이며, 덜 지적이고, 덜 바람직한 아이로 평가하였다. 또 다른 연구에서 학령 전 아동에게 통통한 헝겊인형과 마른 헝겊인형을 주고 이 중에서 하나를 고르라고 지시하였다. 아이들은 그 이유는 답하지 못했지만, 마른 인형을 골랐다. 60%의 초등학교 여학생이 자신의 체중에 대해 그리고 과체중이 되는 것에 대해 과도한 걱정을 나타냈다는 사실, 그리고 섭식장애로 발달한 12세 미만 여자 아동의 수가 증가하고 있다는 사실은 놀랄 만한 일이 아니다(Ekern, 2020; NEDA, 2020).

모델
에이전시

Mike Artell/CartoonStock Ltd.

"모델로서 가능성이 있지만 살은 좀 뺄 필요가 있네요."

이러한 경향과 일관되게, 청소년과 젊은 성인을 대상으로

Carl De Souza/AFP via Getty Images

Jonathan Ferrey/Getty Images

"스포츠를 위해 몸을 바꿨어요" 미국에서 각광받고 있는 두 육상 스타인 로렌 프레시먼(왼쪽)과 메리 케인(오른쪽)은 최근 자신들의 비정상적 섭식, 건강하지 못한 방식의 체중 감량, 선수로서의 성공을 위한 과한 훈련 등을 고백했다. "스포츠를 위해 몸을 바꿨어요. 다른 소녀들은 결코 하지 말아야 합니다"라는 사설에서 프레시먼은 여성 운동선수들이 신체 손상, 강압적인 코칭, 몸 굴욕이라는 위험 상황에 놓여 있다고 말하였다.

한 조사들에서 섭식장애와 신체 불만족이 소셜 네트워크, 인터넷 활동, TV 시청과 직접적으로 관련되어 있었다(Ioannidas et al., 2021; Latzer, Katz, & Spivak, 2011). 조사들은 사회 매체에서 더 많은 시간을 보내는 응답자가 섭식장애를 보이고, 부정적 신체 이미지를 가지며, 역기능적 방식으로 섭식을 하고, 다이어트를 원할 가능성이 더 높음을 발견하였다(그림 9.2 참조). 유사한 양상이 패션과 음악 웹사이트에서 더 많은 시간을 보내는 이들과 수다, 레저 관련 TV 프로그램을 더 많이 시청하는 이들에게서도 발견되었다. 그리고 한 연구에서는 소녀의 69%가 잡지와 소셜미디어에서 본 여성 사진이 이상적인 몸매에 대한 자신의 생각에 영향을 주었고 체중을 빼고자 하는 바람을 만들었다고 응답했다(NEDA, 2020).

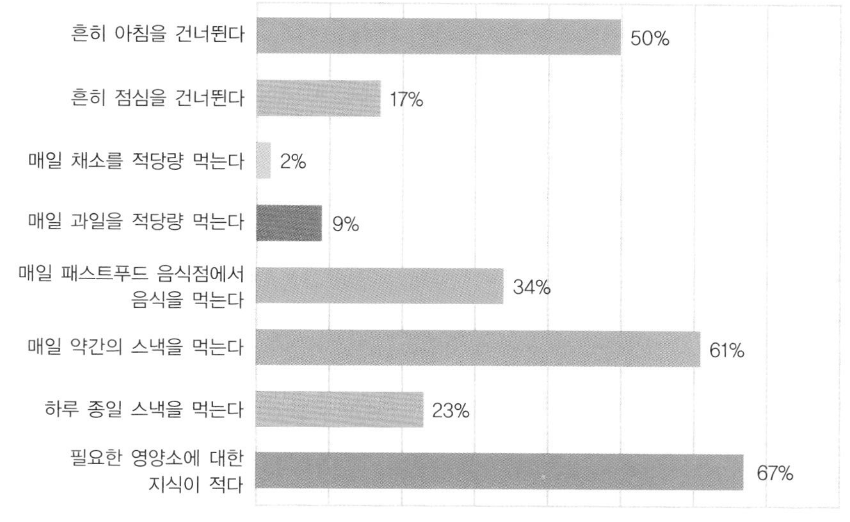

그림 9.2

10대의 섭식은 어떠한가?

10대의 섭식 습관은 딱히 건강하다 할 수 없고, 연구에 따르면 오히려 좋지 않은 상태이다. 사실상 대다수의 청소년은 영양소를 잘 갖춘 음식을 섭취하고 있지 않은 것으로 보인다. (출처 : Demory-Luce & Motil, 2020; Lehman, 2016; CDC, 2015; Johnson, 2011; Sebastian et al., 2010)

새로운 역할 모델 가수인 리조가 2019년 타임(Time)지의 올해의 연예인으로 등극한 데에는 단지 그녀의 비범한 재능만이 역할을 한 것은 아니었다. 몸에 대한 긍정성과 자기신뢰가 큰 몫을 했다. 많은 팬과 임상가, 사회평론가는 신체에 대한 타협하지 않는 자기위안과 타인의 비판에 굴하지 않는 단호한 거부 덕분에 그녀가 모든 크기와 연령의 사람들의 역할 모델이 되게 되었다고 생각한다.

Steven Ferdman/Getty Images

가족 환경

가족은 섭식장애 발달과 유지에서 중요한 역할을 하는 것 같다(Halmi, 2020). 신경성 식욕부진증 혹은 신경성 폭식증 환자 가족의 절반 정도에서 마름, 외모, 다이어트를 강조하는 과거력이 발견되었다. 사실상 이 가족의 어머니는 다른 가족의 어머니보다 더 다이어트를 하고 더 완벽주의적인 경향이 있었다(Halmi, 2020; NEDA, 2020). 16세인 티나는 자신의 섭식장애의 뿌리를 다음과 같이 기술하고 있다.

> 아이였을 때, 한 6세 때인가 7세 때인가, 엄마와 난 항상 함께 약국에 갔다. 엄마는 몸이 거대했고 체중 빼는 법에 관한 온갖 책과 잡지를 샀다. 함께 대화할 때마다, 예를 들면 학교에서 돌아와 엄마랑 이야기할 때 우리의 주제는 항상 다이어트나 몸무게를 어떻게 뺄 것인가였다. … 동반자가 되어주기 위해 나도 엄마와 함께 다이어트를 하곤 했다. … 내 섭식장애는 엄마 문제에 대한 치료제가 되었다. … 내가 거식증(신경성 식욕부진증)에 걸린 후로는 다이어트에 관한 우리의 대화가 종식되었다. 이제는 도대체 무슨 대화를 나누어야 할지 모르겠다.
>
> (Zerbe, 2008, pp. 20–21)

가족 내 비정상적인 상호작용과 의사소통 또한 섭식장애 발달의 기반이 될 수 있다. 가족체계 이론가들은 섭식장애를 발달시키는 사람의 가족이 처음부터 역기능적인 경향이 있으며, 가족 구성원 중 한 사람의 섭식장애는 개인 문제가 아닌 가족의 문제를 대변한다고 주장한다. 예를 들어 영향력 있는 가족 이론가인 Salvador Minuchin은 **밀착된 가족 패턴**(enmeshed family pattern)이 섭식장애를 야기한다고 믿었다(Villines, 2019b; Minuchin et al., 2017, 2006).

밀착된 가족 패턴에서 가족 구성원은 다른 구성원의 일에 지나치게 관여하고 다른 이의 삶에 지나치게 관심을 둔다. 긍정적 측면에서 밀착된 가족은 애정이 넘치고 충성스럽다. 부정적 측면에서 이들은 서로 들러붙고 의존감을 조장한다. 부모는 자녀의 삶에 지나치게 관여하여 자녀에게 개별성과 독립성을 키울 여지를 주지 않는다. Minuchin은 청소년기가 이 밀착된 가족에게 있어 특히 문제가 될 수 있다고 주장한다. 청소년이 보이는 독립성에 대한 정상적 욕구는 가족의 조화와 친밀감을 위협한다. 이에 대한 반응으로 가족은 자녀가 '아픈' 역할을 떠

밀착된 가족 패턴 가족체계 중 한 유형으로 이 체계의 구성원들은 다른 가족원의 일에 지나치게 간섭하고 관여하며 이들의 안위를 과도하게 걱정하는 특성을 보인다.

맡도록 은근히 강요할 수 있다. 즉 섭식장애나 다른 질환을 발달시키도록 하는 것이다. 자녀의 장애는 가족 내 조화를 유지할 수 있게 한다. 아픈 자녀는 가족을 필요로 하고 가족 구성원들은 자녀를 보호하기 위해 단합한다. 몇몇 연구는 가족체계 이론이 내놓은 설명을 지지한다(MHN, 2020e; Cerniglia et al., 2017). 하지만 연구들은 특정 가족 유형이 일관되게 섭식장애 발달에 기여하고 있음을 보여주고 있지는 못한다.

흥미로운 이야기

가족 검사

가족으로부터 체중과 관련해 놀림을 받은 청소년은 놀림을 받지 않은 청소년보다 5년 이내에 과체중이 될 확률이 2배, 폭식자가 되고 극단적 체중조절 전략을 사용할 확률이 1.5배 높았다(NEDA, 2020; Neumark-Sztainer et al., 2007).

다문화적 요인 : 인종적 혹은 민족적 차이

21세기 이전에 진행된 연구들에서는 미국 내 소수인종 여성의 섭식행동, 신체 만족도, 체중 목표가 백인 여성의 섭식행동, 신체 만족도, 체중 목표보다 훨씬 더 건강한 것으로 나타나고 있다(Lovejoy, 2001; Cash & Henry, 1995; Parker et al., 1995). 하지만 지난 20년 동안의 연구들은 미국 내 소수인종의 젊은 여성이 백인과 동등한 수준의 신체 불만족을 나타내고 있으며, 심지어는 비정상적 섭식행동(특히 폭식)을 더 많이 취하고 있고 폭식장애를 포함한 섭식장애의 유병률도 더 높음을 시사하고 있다(Goode et al., 2020; Halmi, 2020; NEDA, 2020). 또한 섭식장애는 미국 아시아계 여성 사이에서 증가하고 있는 추세이다(Javier & Belgrave, 2019). 이러한 변화는 많은 소수인종 집단 여성이 보여주는 문화 적응과 부분적으로 관련이 있는 것 같다(Warren & Akoury, 2020; Ford, 2000). 한 연구는 백인이 주를 이루는 미국 대학의 흑인 여성과 흑인이 주를 이루는 미국 대학의 흑인 여성을 비교하였다. 백인이 주를 이루는 대학의 흑인 여성이 흑인이 주를 이루는 대학의 흑인 여성보다 우울 수준이 더 높았고 섭식 문제가 더 많았다.

과거에는 왜 소수인종 여성들의 섭식행동이 더 건강했는가? 이러한 추세는 왜 변하게 되었는가?

임상 전문가들은 이 같은 변화하는 인종적, 민족적 경향을 눈치 채는 데 느린 것 같다. 예로 한 연구에서 임상가들은 인종·민족이 다른 여성이 비정상적 섭식 증상을 동일하게 나타내는 사례 연구를 제시받았다. 사례의 주인공이 백인이 아닌 흑인이거나 히스패닉일 때 임상가들은 사례 여성의 증상을 문제로 평가할 가능성이 낮았고 치료 권유도 적었다(NEDA, 2020; Gordon et al., 2006). 이런 결과를 고려해보면 미국에서 유색인종이 섭식장애로 치료받을 확률이 백인보다 낮다는 사실은 놀랄 만한 일이 아니다(Halmi, 2020; NEDA, 2020).

다문화적 요인 : 성별 차이

비록 남성도 여성처럼 건강하지 못한 방식으로 섭식할 수는 있으나, 남성은 보고된 신경성 식욕부진증과 신경성 폭식증의 단 25%만을 설명하고 있다(ANAD, 2020a). 이 같은 놀랄 만한 성차의 원인은 아직 완전히 밝혀지지 않았지만, '매력'에 대한 서구사회의 이중적 기준이 적어도 한몫을 한 것 같다. 우리 사회의 날씬한 외모에 대한 강조는 남성보다는 여성을 더 겨냥하고 있다. 일부 이론가들은 이러한 차이가 여성을 다이어트하게 만들고 섭식장애에 취약하게 만든다고 믿는다. 남자 대학생을 대상으로 한 설문에서 다수가 이상적인 남성의 몸으로 '근육질의 강하고 넓은 어깨'를 선택하였고, '마르고 가늘고 약간 저체중'을 이상적인 여성의 몸으로 묘사하였다(Baker & Blanchard, 2018; Mayo & George, 2014).

신경성 식욕부진증과 신경성 폭식증 발생에서 남녀 간 차이가 나타나는 두 번째 이유는 남녀가 선호하는 체중 감소 방법이 다르기 때문이다. 몇몇 임상 관찰과 연구에 따르면 남성은 체중 감소를 위해 주로 운동을 하는 반면, 여성은 다이어트를 하였다(NEDA, 2020; Thackray et al., 2016). 앞에서도 살펴봤듯이 다이어트는 흔히 섭식장애 발병에 선행한다.

그렇다면 왜 일부의 남성은 신경성 식욕부진증이나 신경성 폭식증을 발달시키게 되는 것

Chris Moore/Catwalking/Getty Images

다양성을 끌어안다? 극도의 마름에 대한 서구적 이상은 국적이나 문화와 상관없이 패션모델의 기준으로 자리해왔다. 심리학자들은 에티오피아의 리야 케베데(사진)나 수단의 알렉 웩과 같은 슈퍼모델의 성공이 아프리카 국가들에서 더 마른 체형의 이상형을 추구하게 만들고 더 많은 섭식장애를 양상할까 봐 걱정하고 있다.

인가? 수많은 사례에서 장애는 특정 **직장 혹은 스포츠**에서의 **요구사항** 및 압력과 관련이 있었다(NEDA, 2020; Cottrell & Williams, 2016). 한 연구에 따르면 섭식장애를 가진 남성의 37%가 체중 조절을 요하는 직업을 가지고 있거나 스포츠를 하고 있었다. 반면 섭식장애를 가진 여성에 있어서는 13%만이 이러한 직업 및 스포츠와 관련이 있었다. 남성 섭식장애의 높은 비율이 기수, 레슬링 선수, 장거리 달리기 선수, 보디빌더, 수영 선수에게서 발견되고 있다.

섭식장애를 발달시키는 또 다른 종류의 남성은 여성과 마찬가지로 **신체 이미지**가 핵심적인 것으로 보인다(Linardon et al., 2020). 대부분은 근육질의 넓은 어깨를 가진 전형적인 남성 이상형보다 이상적인 여성 몸매처럼 '마르고, 근육이 잘 형성되고, 날씬한' 체형을 원한다고 보고하고 있다. 섭식장애를 가진 남성의 42%는 동성애자이고, 대다수는 아니라 할지라도 많은 이가 매우 마른 몸을 이상형으로 여기고 있음이 연구를 통해 드러나고 있다(NEDA, 2018).

남성의 섭식장애 유병률이 최근 증가 추세인 이유는 무엇이라고 생각하는가?

또 다른 많은 이들은 성격이 좀 다른 역기능적 섭식이라는 덫에 걸려 있는 것으로 보인다. 자신을 아주 마르다 여기는 젊은이 중 일부는 **근육질을 지향하는 섭식장애 행동**(muscularity-oriented disordered eating behavior)을 행하고 있다. 이 섭식장애 행동은 체중을 불리고 몸을 '근육질로 키우기 위해' 지나치게 먹는다. 이 형태는 미국 흑인 젊은이 사이에서 특히 흔하다(Nagata et al., 2020). 어떤 경우 이 형태는 **근육이형증**(muscle dysmorphia) 혹은 **반전된 신경성 식욕부진증**(reverse anorexia nervosa)이라 불리는 장애로까지 진전되는데, 이 장애는 근육질임에도 불구하고 자신이 뼈만 앙상하고 왜소하다고 보며, 그래서 지나친 근육 운동이나 스테로이드 남용, 다른 극단적 방법을 통해 몸을 '완벽'하게 만들려고 노력한다(Cooper et al., 2020). 근육이형증에 걸린 개인은 전형적으로 자기 몸에 대해 수치심을 느끼고 있고, 이 중 많은 이가 우울, 불안, 자기 파괴적 강박행동의 과거력을 가지고 있다. 이 중 3분의 1은 폭식행동을 보인다.

BEI/REX/Shutterstock

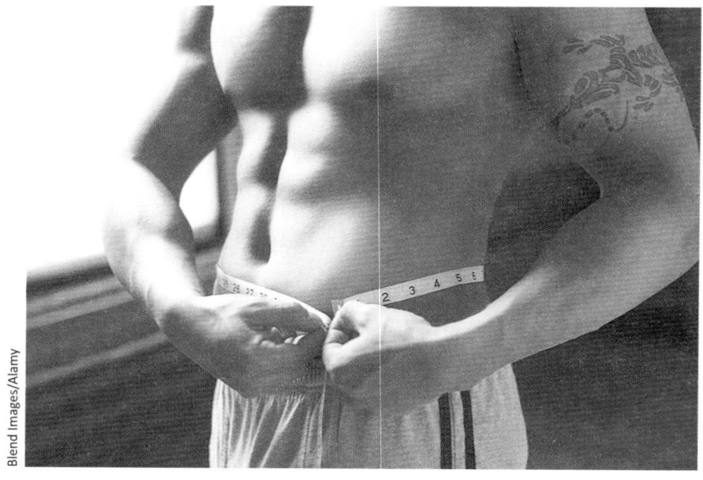

Blend Images/Alamy

여성만을 위한 것이 아니다 오늘날 섭식장애를 발달시키는 남성의 수가 증가하고 있다. 이 중 일부는 극도의 마른 체형을 열망하여 신경성 식욕부진증이나 신경성 폭식증으로 발전한다. 가수 제인 말리크(왼쪽)는 소년 밴드인 원디렉션의 멤버였던 시절, 이런 섭식 패턴에 빠졌다고 고백했다. 다른 남성들은 보디빌더에서 보이는 초근육질의 몸매(오른쪽)를 원해 '근육이형증'이라 불리는 장애로 발전하기도 한다.

요약

무엇이 섭식장애를 야기하는가

대부분의 이론가는 다차원 위험 이론을 이용하여 섭식장애를 설명하고 있으며, 몇몇 주요 기여 요인을 찾아내었다. 이러한 요인에는 자아 결핍, 인지적 요인, 우울, 역기능적 뇌 회로, 시상하부의 문제적 활동, 몸의 체중 결정점과 같은 생물학적 요인, 사회의 마름에 대한 강조와 비만에 대한 편견, 가족 환경, 인종적·문화적 차이, 성 차이가 있다.

흥미로운 이야기

초기 출판

최초의 다이어트 서적은 1800년대 중반 영국에서 처음 출간되었다(Herman, 2015).

섭식장애는 어떻게 치료되는가

섭식장애를 위한 오늘날의 치료는 두 가지에 목표를 두고 있다. 첫째는 위험한 섭식 패턴을 가능한 한 빨리 수정하는 것이다. 둘째는 섭식 문제로 이끌고 이를 유지시키는 광범위한 심리적·상황적 요인을 다루는 것이다. 가족과 친구들도 이 장애를 극복하는 데 중요한 역할을 할 수 있다.

신경성 식욕부진증의 치료

신경성 식욕부진증 환자의 3분의 1 정도가 치료를 받는다(NIMH, 2020k, 2017c). 신경성 식욕부진증 치료의 즉각적 목표는 문제를 가진 이들로 하여금 잃었던 체중을 회복하고, 영양 부족 상태를 벗어나며, 다시 정상적으로 먹도록 돕는 데 있다(McElroy et al., 2020). 이 목표가 이루어지면 다음으로 치료자는 개입에서 얻은 이득의 유지를 위해 환자가 심리적 그리고 가족적 변화를 갖도록 도와야 한다.

어떻게 하면 적절한 체중과 정상적인 섭식으로 돌아갈 수 있을 것인가 신경성 식욕부진증 환자가 조속한 시일 안에 체중을 회복하고 건강 상태를 찾을 수 있도록 다양한 치료 방법이 사용되고 있다. 이 단계를 **영양학적 재활**(nutritional rehabilitation)이라 부른다(McElroy et al., 2020; Steinglass, 2019). 과거에는 치료가 거의 전적으로 병원에서 이루어졌지만, 이제는 치료가 낮 병원이나 외래 진료 환경에서도 흔히 이루어지고 있다.

생명을 위협하는 사례에서 임상가는 먹기를 거부하는 환자에게 **튜브를 통한 급식**(관급식)이나 **정맥 내 영양 보급**(정맥급식)을 시행하기도 한다(Mitchell & Peterson, 2020). 불행히도 이와 같은 강제력의 사용은 내담자에게 치료 팀에 대한 불신을 만들 수 있다. 반대로 행동적 체중회복 기법을 사용하는 임상가는 적절하게 먹거나 체중을 불릴 때 환자에게 보상하고, 부적절하게 먹거나 체중을 증량시키지 못할 때 보상하지 않는 방법을 쓴다.

영양학적 재활 접근으로 최근 가장 큰 인기를 얻고 있는 것은 지지적 간호(supportive nursing care), 영양상담, 고칼로리 식이요법을 한데 묶은 것이다. 이 기법에서 간호사와 다른 치료진은 환자의 하루 열량 섭취량이 2,500~3,000칼로리가 되도록 이들의 음식을 몇 주에 걸쳐 **점진적으로** 증량한다(Grubiak, 20019). 간호사는 환자에게 프로그램에 대한 교육을 실시하고, 이들의 향상 정도를 추적하며, 격려

영양 더하기 교육 섭식장애 치료 클리닉에서 한 여성이 식사를 하면서 영양 상담과 교육을 받고 있다. 이런 접근이 항상 치료에 들어가는 것은 아니다. 이 여성의 경우는 체중 증량을 위해 영양 상담 및 교육과 더불어 튜브를 통한 영양소 공급도 함께 받고 있다.

Mauro Fermariello/Science Source

동기강화상담 공감과 질문식 검토의 방법을 사용하는 치료로, 이를 통해 내담자는 자기 문제의 심각성을 인식하고 생산적 선택과 행동 변화에 전념할 동기를 얻게 된다.

를 제공하는 동시에 체중 증가가 환자 통제하에 있고 비만으로 가지 않을 것임을 충분히 인식할 수 있게 돕는다. 더불어 몇몇 프로그램에서 간호사는 공감과 질문식 검토를 결합한 **동기강화상담**(motivational interviewing)을 시행한다. 이 질문 기법을 통해 치료사는 내담자가 심각한 섭식 문제를 가지고 있음을 인식하게 하고 삶에 대한 건설적 선택과 행동 변화를 꾀하도록 돕는다(Yager, 2020b, 2019; Zhu et al., 2020). 영양학적 재활 프로그램에 있는 환자가 8~12주 사이에 필요한 만큼의 체중을 증량시키고 있음이 보고되고 있다.

어떻게 하면 성취한 변화를 지속시킬 수 있겠는가 신경성 식욕부진증 치료에서 대부분의 사람들은 짧은 기간에 성공적 체중 증량을 이룬다. 하지만 임상 연구자들은 기저에 있는 환자의 심리적 문제가 해결되어야만 치료 효과가 유지될 수 있음을 발견하였다(McElroy et al., 2020; Murray et al., 2019). 이런 광범위한 목표를 성취하기 위해 치료자는 교육, 심리치료, 가족치료를 혼합한 방법을 사용하고 있다(Mitchell & Peterson, 2020). 환자가 이런 방법에 반응하지 않을 때는 향정신병 약물, 특히 항정신병 약물이 사용되기도 한다. 연구는 이런 약물이 체중 증량에는 도움이 될 수 있으나 식욕부진증과 관련된 인지적·정서적 증상에는 별다른 효과가 없음을 시사한다(Hay, 2020; McElroy et al., 2020).

인지행동치료 행동적 개입과 인지적 개입의 결합이 대부분의 신경성 식욕부진증 치료 프로그램에 포함되고 있다. 이러한 기법은 환자에게 제한된 섭식을 계속하도록 만드는 자신의 행동과 사고 과정이 무엇인지 깨닫게 하고 이를 변화시키도록 돕는 방향으로 고안된다(Cooper & Mitchell, 2020; Hay, 2020). 행동적 측면에서 환자는 전형적으로 자신의 감정, 배고픔의 수준, 음식 섭취를 감찰하고(일기를 쓰기도 한다) 이들 변인 간 관계성을 알아차리도록 요구된다. 인지적 측면에서 환자는 자신의 '핵심 병리'를 찾는 법을 배운다. 즉 환자는 '나는 체형과 체중으로 평가되어야만 해' 혹은 '나는 신체적 특징을 통제하는 능력으로 평가되어야만 해'와 같은 자기 안에 깊숙이 자리한 부적응적 신념을 찾는 법을 배운다. 환자는 또한 스트레스에 대처하고 문제를 해결하는 대안적 방법을 배우기도 한다.

표 9.5

섭식장애검사의 샘플 문항

각 문항에 대해 문항이 얼마나 당신에게 해당하는지 항상, 자주, 보통, 때때로, 좀처럼, 결코 중에서 고르시오.						
항상	자주	보통	때때로	좀처럼	결코	나는 화가 날 때 먹는다.
항상	자주	보통	때때로	좀처럼	결코	나는 먹을 때 포식한다.
항상	자주	보통	때때로	좀처럼	결코	나는 다이어트에 대해 생각한다.
항상	자주	보통	때때로	좀처럼	결코	나는 내 허벅지가 아주 두껍다고 생각한다.
항상	자주	보통	때때로	좀처럼	결코	나는 과식 후에 죄책감을 아주 많이 느낀다.
항상	자주	보통	때때로	좀처럼	결코	나는 몸무게가 느는 것이 두렵다.
항상	자주	보통	때때로	좀처럼	결코	나는 내가 배가 고픈지 아닌지에 대해 혼동된다.
항상	자주	보통	때때로	좀처럼	결코	나는 체중을 줄이기 위해 토해볼까 생각한다.
항상	자주	보통	때때로	좀처럼	결코	나는 내 둔부가 너무 넓다고 생각한다.
항상	자주	보통	때때로	좀처럼	결코	나는 남이 안 보는 데서 먹거나 마신다.

출처 : Cooper & Mitchell, 2020; Clausen et al., 2011; Garner, 2005; Garner, Olmsted, & Polivy, 2004, 1991, 1984.

인지행동적 접근을 사용하는 치료자는 신경성 식욕부진증 환자가 자신의 독립성에 대한 욕구를 인식하도록 돕고 더 적절하게 자기를 통제할 수 있도록 가르친다(Cooper & Mitchell, 2020; Pike, 2019). 또한 치료자는 환자가 자신의 내적 감각과 감정을 더 잘 알아차리고 이를 신뢰하도록 가르친다. 마지막으로 인지행동 치료자는 신경성 식욕부진증 환자가 자신의 섭식과 체중에 대한 태도를 변화시킬 수 있도록 돕는다(표 9.5 참조). 치료자는 '난 항상 완벽해야만 해' 혹은 '체중과 체형이 내 가치를 결정해'와 같은 부적응적 가정을 찾고 도전하며 변화시키도록 환자를 이끈다. 치료자는 환자에게 신경성 식욕부진증의 특징적인 체형 왜곡에 대해 교육하고 환자 자신의 체구 평가가 정확하지 않음을 깨닫게 할 수도 있다(Artoni et al., 2020). 비록 체형에 대한 자신의 평가가 정확하지 않다는 사실까지는 배우지 못한다 하더라도 내담자는 "난 이 장애의 핵심이 체구에 대한 잘못된 지각이라는 점을 잘 알고 있어. 그러니 실제 크기와 상관없이 살쪘다 생각할 수 있지 않겠어"라고 말하는 그런 수준까지는 나아갈 수 있다.

연구에 따르면 인지행동 기법은 정신역동치료, 심리교육, 혹은 지지치료 단독보다 신경성 식욕부진증 치료에서 더 효과적이라 한다(Hay, 2020; McElroy et al., 2020; Pike, 2019). 인지행동치료는 재발 방지에 특히 성공적인데, 환자가 회복된 후 적어도 1년 후에도 효과가 유지된다고 한다. 제6장에서도 읽은 바 있듯 이를 **유지** 혹은 **예방** 치료 전략이라 한다(190, 204쪽 참조). 동시에 인지행동적 접근은 다른 접근에 의해 보강되었을 때 최고의 효과를 낸다는 사실이 연구를 통해 시사되고 있다. 특히 가족치료가 신경성 식욕부진증 치료에 포함되곤 한다.

가족의 상호작용 변화시키기 가족치료는 신경성 식욕부진증 치료, 특히 아동·청소년의 신경성 식욕부진증 치료에서 중요한 부분을 차지할 수 있다(Cooper & Mitchell, 2020; Mitchell & Peterson, 2020). 다른 가족치료 상황에서와 마찬가지로 치료자는 가족 전체를 만나 문제되는 가족 유형을 지적하고 가족 구성원들이 적절하게 변화할 수 있도록 돕는다. 특히 가족 치료자는 신경성 식욕부진증 환자가 밀착된 가족 내에서 다른 가족 구성원들의 감정과 욕구로부터 자신의 감정과 욕구를 분리할 수 있도록 돕는다. 신경성 식욕부진증의 발달에 가족이 어떤 역할을 담당하는지에 관해 아직 명확히 밝혀지지는 않았지만, 연구는 가족치료(혹은 적어도 부모상담)가 이 장애의 치료에 도움이 될 수 있음을 강하게 시사하고 있다(Lock & Nicholls, 2020; Mitchell & Peterson, 2020).

운동의 시작 체형에 대한 책임 있는 광보를 해 보자는 노력이 2007년 처음 나왔다. 2007년, 의류 브랜드 놀리타는 극도의 마름에 대항하는 사회 캠페인을 벌이기 시작했다. 이 업체의 광고판 중 하나는 '신경성 식욕부진증 반대'라는 글귀 아래 앙상한 누드의 몸을 내보이고 있는 여성을 담고 있다. 이 광고판의 모델이었던 이사벨 카로는 이후 신경성 식욕부진증의 합병증으로 사망했다.

Reuters/Stefano Rellandini

신경성 식욕부진증의 여파는 무엇인가 신경성 식욕부진증의 평생지속기간의 평균은 6년이다(Yager, 2020a, 2019). 회복으로의 길이 어렵긴 하지만 보통 인지행동치료를 기본으로 놓고 진행하는 복합 치료는 신경성 식욕부진증 환자의 태도와 견해를 크게 변화시킨다. 개인에 따라 장애의 진행 경로와 결과가 다르긴 하지만, 연구자들은 여기에서 특정 경향을 찾아내고 있다.

앞서 살펴봤지만 긍정적인 면으로는 일단 치료가 시작되면 체중이 빠르게 회복되고, 치료 이득이 몇 년이고 지속될 수 있다는 점이다. 초기 회복 몇 년 후의 인터뷰에서 환자의 75%가 계속 호전(완전 회복 혹은 부분 회복)을 보였다(Klein & Attia, 2019).

또 다른 긍정적 보고는 신경성 식욕부진증 여성 대부분에서 체중이 다시 증가했을 때 월경이 다시 시작되었고, 기타 다른 의학적 호전도 뒤따랐다는 사실이다(Mehler, 2019a, 2019b). 덧붙여 고무적인 사실은 신경성 식욕부진증으로 인한 사망률이 떨어지는 듯하다는 것이다. 빠른 진단과 더 안전하고 더 빠른 체중회복 기법이 이러한 추세를 설명한다. 사망은 흔히 자살, 기아, 감염, 위장 문제, 혹은 전해질 불균형으로 야기된다.

부정적인 면으로는 신경성 식욕부진증 환자의 적어도 20%가 여러 해 동안 심각한 문제 상태에 있었다는 점이다(Dobrescu et al., 2020). 게다가 회복이 일어났을 때 그 회복이 항상 영구적인 것은 아니라는 점이다. 거식행동은 회복된 환자의 적어도 3분의 1에서 다시 나타나는데, 이는 흔히 결혼, 임신, 혹은 재정착과 같은 새로운 스트레스에 의해 촉발되곤 한다(Steinglass et al., 2020; Stice et al., 2017, 2013). 몇 년이 흐른 후조차 회복된 많은 사람은 계속 자신의 체중과 외모를 걱정하였다(Klein & Attia, 2019). 일부는 계속 식사량을 어느 정도 제한하고 있었다.

신경성 식욕부진증으로 고생하는 이들의 절반가량은 치료 몇 년 후에도 심리적 문제, 특히 우울, 강박, 사회불안을 계속적으로 경험한다. 이러한 문제는 치료 종료 시 정상 체중에 도달하지 못했던 이들에게서 특히 흔하였다(Steinglass, 2019).

신경성 식욕부진증과 신경성 폭식증에서 회복한 사람 중 일부는 왜 회복한 후에도 재발에 취약한 것인가?

체중 손실이 클수록 그리고 치료에 더 늦게 들어갈수록 회복률은 낮아진다(Klein & Attia, 2019; Zerwas et al., 2013). 장애 발발 전 심리적 혹은 성적 문제를 가졌던 사람은 이런 과거력을 갖지 않았던 이들보다 더 낮은 회복률을 보이는 경향이 있다. 가족관계나 대인관계에 문제가 있었던 사람은 긍정적 치료 효과가 낮다. 어린 환자가 나이 든 환자보다 더 나은 회복률을 보이는 것 같다.

신경성 폭식증의 치료

신경성 폭식증 환자의 대략 43%가 치료를 받는다(NIMH, 2020k, 2017c). 이 장애의 치료 프로그램은 흔히 섭식장애 클리닉에서 제공된다. 프로그램은 (1) 신경성 폭식증의 경우 폭식/제거 패턴을 없애고 좋은 섭식 습관을 확립하도록 돕는 영양학적 재활과, (2) 폭식 패턴에 내재한 원인을 제거하기 위한 여러 치료의 결합으로 구성되어 있다(McElroy et al., 2020; Crow, 2019). 이 프로그램은 치료뿐만 아니라 교육도 강조한다. 인지행동치료와 항우울제 치료가 신경성 폭식증에 특히 도움이 되는 것으로 알려져 있다(Cooper & Mitchell, 2020; McElroy et al., 2020).

인지행동치료 신경성 폭식증 환자를 치료할 때 인지행동 치료자는 신경성 식욕부진증 환자에게 적용하던 많은 기법을 사용한다. 그러나 치료자는 여기에 폭식증만의 독특한 특징인 폭식행동과 제거행동을 다루는 기법과 장애에 작용하는 특징적 사고를 다루는 기법을 추가적으로 포함시킨다.

치료자는 신경성 폭식증 환자에게 섭식행동, 배고픔과 포만의 감각 변화, 감정의 오르내림을 일기로 기록하도록 지시하곤 한다(Mitchell, 2019). 이것은 환자에게 자신의 섭식 패턴을 좀 더 객관적으로 보고 폭식 욕구를 촉발하는 정서와 상황을 인지하도록 돕는다. 스마트폰 앱은 하루의 이런 변화를 기록하는 데 특히 도움이 되고 있다.

한 팀의 연구자들이 온라인 일기 쓰기의 효과를 연구하였다(Shapiro et al., 2010). 31명의 신경성 폭식증 환자를 대상으로 하였는데, 12주 인지행동치료 프로그램에 참가하였던 환자들은 저녁마다 자신의 폭식 및 제거 욕구와 삽화를 보고하는 문자를 치료자에게 보냈다. 그러면 환자는 그날의 목표 성취에 대한 강화와 격려를 포함한 피드백 메시지를 받았다. 치료 종결 시점에서 참가자들은 폭식, 제거, 다른 폭식 증상, 우울감에서 유의한 감소를 나타내었다.

인지행동 치료자는 폭식/제거 패턴을 깨기 위해 **노출 및 반응 방지**의 행동 기법을 사용하기도 한다. 제4장에서도 읽었듯이 이 접근은 불안을 증가시키는 상황에 사람들을 노출시키고, 그 상황이 더 이상 해가 되지 않아 강박행동을 수행할 필요가 없을 때까지 강박 반응을 수행하지 못하도록 제지한다. 신경성 폭식증의 경우 치료자는 환자에게 특정 종류의 음식을 일정 양만 먹도록 요구하며, 먹는 것이 해가 안 되고 심지어 되돌릴 필요가 없는 건설적 활동이라는 것을 보여주기 위해 토하는 것을 막는다(Butler & Heimberg, 2020; Mitchell, 2019). 전형적으로 치료자는 환자가 금지된 음식을 먹는 동안 환자와 함께 앉아 있고, 음식을 토하려는 욕구가 지나갈 때까지 환자 곁을 지키는 역할을 한다. 이 치료는 섭식과 관련한 불안, 폭식, 구토 감소에 효과적인 것으로 보고되고 있다.

행동적 기법에 더하여 인지행동 치료자의 주된 초점은 음식, 섭식, 체중, 체형에 대한 부적응적인 태도를 인식하고 변화할 수 있도록 신경성 폭식증 환자를 돕는 데 있다. 치료자는 폭식 충동에 선행하는 부정적 사고(예 : '나는 날 통제할 수 없어', '난 또 포기할 거야', '난 뚱뚱해 보여')를 찾고 도전하도록 이들을 교육한다. 치료자는 또한 환자가 자신의 완벽주의적인 기준, 무기력감, 낮은 자기 개념을 인식하고 여기에 의문을 던지며, 결국에는 이것을 변화시키도록 인도한다(**최신 동향** 참조). 인지행동치료는 환자의 75%가 폭식과 제거행동을 멈추거나 줄이도록 도왔다(Cooper & Mitchell, 2020; McElroy et al., 2020).

© Mark Avery/The Orange County Register/ZUMA Press

위험한 직업 어떤 직업은 마름을 극도로 신봉하여 섭식장애로 발달할 위험이 특히 크다. 유명 발레리나 제니퍼 링거(사진은 호두까기인형 공연 모습)는 그녀의 자서전인 '춤추다(Dancing Throughout)'에서 뉴욕시 발레단의 메인 댄서로 경력을 키워가기 전 그리고 키워가는 동안 해왔던 건강하지 못한 다이어트, 폭식, 과도한 운동과 낮은 자기가치감, 섭식장애와의 사투를 묘사하고 있다.

다른 형태의 심리치료 신경성 폭식증에 대한 인지행동치료의 효과 때문에 인지행동치료는 다른 치료가 고려되기 전에 주로 먼저 시도된다. 만약 환자가 인지행동치료에 반응하지 않으면, 촉망받기는 하지만 그래도 덜 인상적인 접근을 시도한다(McElroy et al., 2020; Crow, 2019). 흔한 대안 중 하나는 대인관계 기능의 향상을 돕는 **대인관계치료**(interpersonal psychotherapy)이다(Cooper & Mitchell, 2020). **정신역동치료**도 신경성 폭식증 사례에서 사용되고 있지만 상대적으로 적은 수의 연구만이 치료 효과를 검증하며 지지하고 있다(Wooldridge, 2018). 다양한 형태의 심리치료(인지행동치료, 대인관계치료, 정신역동치료)는 **가족치료**에 의해 흔히 보강된다(Spettigue et al., 2020).

인지행동치료, 대인관계치료, 정신역동치료는 각각 개인치료 형태나 집단치료 형태로 제공될 수 있다. 자조집단을 포함한 집단치료 형태는 신경성 폭식증 환자에게 경험과 근심을 공유할 기회를 제공한다. 집단 구성원은 자신이 가진 장애가 이상하거나 수치스럽지 않다는 사실을 배우게 되고 솔직한 피드백과 통찰과 함께 사회적 지지까지도 받게 된다. 집단치료에서 환자는 타인을 기쁘게 하지 못할까 혹은 남들에게 비판을 받을까 하는 기저의 두려움을 다룰 수도 있다. 연구는 집단치료 형태에서 신경성 폭식증 환자의 75% 정도가 적어도 어느 정도의 효과를 얻고 있음을 시사하고 있다(Mitchell, 2019; Neyland & Bardone-Cone, 2019).

흥미로운 이야기

유명인의 섭식장애

테일러 스위프트, 가수
케샤, 가수
가보리 시디베, 배우
데미 로바토, 가수
제인 말리크, 가수
카밀라 멘데스, 배우
자밀라 자밀, 배우
레이디 가가, 가수/작사가
켈리 클락슨, 가수
엘튼 존, 가수

항우울제 약물치료 지난 15년간 항우울제가 신경성 폭식증 치료에 도움을 주기 위해 사용되었다. 신경성 식욕부진증과 대조적으로 신경성 폭식장애 환자는 흔히 항우울제로부터 상당한 도움을 받는다(McElroy et al., 2020). 연구에 따르면 항우울제는 폭식증 환자의 40% 정도에 도움을 주는 것으로 알려져 있는데, 환자의 폭식을 평균 67% 정도, 구토를 56% 정도 감소시켰다. 연구에서는 항우울제가 심리치료, 특히 인지행동치료보다 덜 효과적임을 시사하고 있다. 하지만 인지행동치료와 약물치료가 결합된 경우에는 각 치료를 단독으로 사용한 경우보다 효과가 더 큰 것으로 보고되고 있다(Crow, 2019).

신경성 폭식증의 여파는 무엇인가 신경성 폭식증의 평생지속기간의 평균은 6년이다(Yager, 2020a, 2019). 치료되지 않은 상태로 두면 신경성 폭식증은 더 지속될 수 있는데, 어떤 경우는 일시적으로 좋아졌다가 다시 나빠지기도 한다. 하지만 치료는 환자의 40% 정도에서 즉각적이고 유의한 호전을 낳기도 한다. 폭식과 제거행동이 없어지거나 크게 줄고, 적절하게 먹으며, 정상 체중을 유지하게 된다(Mitchell, 2019; Isomaa & Isomaa, 2014). 또 다른 40%는 중간 정도의 호전을 보이는데, 적어도 일부가 폭식과 제거행동의 감소를 나타낸다. 치료 종결 후 수년이 지난 시점에서 이루어진 추후 연구에서 신경성 폭식증 환자의 75%가 완전히 회복되었거나 부분적으로 회복되었다(Engel et al., 2019).

재발은 치료에 성공적으로 반응한 사람에게조차 문제가 될 수 있다. 연구에 따르면 신경성 폭식증에서 회복된 사람의 31%가 2년 이내에 재발한다고 한다(Muhlheim, 2020). 신경성 식욕부진증과 마찬가지로 재발은 시험, 직업 변화, 결혼, 이혼과 같은 새로운 삶의 스트레스로 인해 촉발되곤 한다. 재발은 치료 전 신경성 폭식증 역사가 길었던 사람, 장애 기간 중 구토를 더 자주 하던 사람, 치료 막바지에도 여전히 구토를 하던 사람, 약물남용의 과거력이 있는 사람, 치료 후 계속 홀로였거나 남을 믿지 못하던 사람에게서 더 잘 나타났다(Engel et al., 2019; Vall & Wade, 2015).

폭식장애의 치료

폭식장애의 평생지속기간의 평균은 14년이다(Yager, 2020a, 2019). 장애를 가진 사람 중 대략 44%가 치료를 받는다(NIMH, 2020k, 2017c). 폭식장애의 핵심이 폭식인 까닭에(제거행동 없는 폭식) 오늘날의 폭식장애를 위한 치료는 신경성 폭식증을 위한 치료와 유사하다. 특히 인지행동치료, 다른 형태의 심리치료, 그리고 때에 따라서 항우울제 약물이 폭식 패턴을 줄이거나 제거하고 체중과 체형에 대한 과도한 걱정과 같은 와해된 사고를 변화시키기 위해 제공되고 있다(Cooper & Mitchell, 2020; Scott, 2020). 연구에 따르면 심리치료가 일반적으로 항우울제보다 더 효과적인 것으로 보고되고 있다.

'간헐적 단식'(주기적 혹은 격일제 단식)은 체중 감량 기법으로 현재 유행을 타고 있다. 이 기법이 섭식장애 발달의 가능성을 높일 것인가?

다양한 개입이 적어도 단기적으로는 효과가 있는 것으로 보인다. 60%의 환자가 치료 종결 시 더 이상 폭식장애 진단을 만족하지 않았다(McElroy et al., 2020; Sysko & Devlin, 2019a, 2019b). 초기 치료 효과가 여러 해 지속되는 것으로 보인다. 하지만 회복된 이의 3분의 1 정도만이 추후 연구에서 완전 호전 상태를 유지하고 있었다. 다른 섭식장애에서와 마찬가지로 폭식장애에서 회복되었던 많은 사람이 계속해서 상대적으로 높은 재발 위험을 가지고 있다. 명확하지 않은 몇몇 이유로 폭식장애를 가진 미국 흑인은 백인보다 치료 결과가 더 좋다(Lydecker et al., 2019).

폭식장애 환자의 대부분은 과체중인데, 이 문제는 과체중을 위한 부가적 개입을 요구한다.

최신 동향

몸을 수치스럽게 생각하는 사람들은 창피한 줄 알아라

도대체 무슨 일이 있었던 거지? 백업 가수들을 다 잡아먹었나? 유명 가수의 체중에 관한 수천의 잔인한 비방 트윗이 매일 소셜미디어를 통해 쏟아져 나오고 있다. 이는 과체중이나 비록 덜 빈번하지만 과소체중을 공적으로 비난하는 행동인 **몸 굴욕**(body shaming)의 좋은 예라 할 수 있다.

몸 굴욕은 사실상 19세기 중반 이후부터 줄곧 우리와 함께 있었다(Herman, 2015). 새롭다고 할 수 있는 것은 이러한 관행의 양이다. 트윗, 소셜 네트워크, 게시판, 도발적 웹사이트, 독선적 토크쇼 등은 외모 비방을 포함한 잔인한 언급을 전달하는 수많은 플랫폼을 제공하고 있다(Fuller, 2020).

물론 유명인의 몸 굴욕이 가장 큰 관심을 받고 있지만 이런 종류의 비방은 작은 집단 안에서 그리고 매일의 삶 속에서 몸 굴욕이라는 도살 행위를 가능케 했다. 10대 여아 중 94%라는 충격적 비율이, 그리고 10대 남아 중 64%가 몸 굴욕을 당했음이 조사를 통해 밝혀졌다(Miller, 2016).

몸 굴욕은 굴욕의 희생자에게 크나큰 개인적 고통을 야기할 수 있다(Frisén & Berne, 2020; Chomet, 2018). 거기다 이러한 관행은 다른 요인과 더불어 사람들의, 특히 여성의 신체 불만족과 비정상적 섭식행동 증가에 기여하는 것 같다(ANAD, 2020b; Engeln, 2020; Vogel, 2019).

좋은 소식은 이와는 반대의 추세가 우리 사회에서 일어나고 있다는 사실이다. 임상가와 교육자를 포함한 수백만 사람의 걱정과 분노가 결연한 투쟁 의지와 더불어 부상하고 있다. 유사하게 수백만의 영향력 있는 유명인이 가해자들을 향해 소리를 내고 있다. 지난 몇 년간 유명인들이 몸에 대한 부정적 트윗이나 게시에 대해 다음과 같은 소신적 메시지로 대응하고 있다.

Timothy A. Clary/AFP/Getty Images

조롱을 하는 이들에 대한 대응 레이디 가가가 2017년 수퍼볼 게임의 하프타임 공연을 마친 후 많은 관객은 군살이 있는 배를 내보인 레이디 가가를 비난하는 소셜미디어 메시지들을 올리기 시작했다. 이에 대해 슈퍼스타 가가는 다음과 같이 응수했다. "전 제 몸이 자랑스러워요. 당신들도 당신의 몸을 사랑해야 합니다."

"자연스러운 몸에서 아름다움을 보고 음미하는 것은 남녀 모두에게 있어 중요하다."

– 가수 비욘세

"당신이 당신 자신이 되는 것을 제지하거나 모욕하도록 내버려두어서는 안 된다."

– 가수 리조

"난 내 가치를 가슴 크기로 평가하는 사람이 아니다."

– 배우 크리스틴 벨

"난 건강하고 행복해. 만약 당신이 자신의 체중을 싫어한다면 당신은 단연코 건강하거나 행복한 사람이 아니야."

– 가수 데미 로바토

"큰 배와 셀룰라이트를 가졌지만 난 여전히 사랑받을 자격이 있어."

– 코미디언 에이미 슈머

"사람들이, 몸이 날 수치스럽게 하지만 … 결국 난 충분히 훌륭해."

– 모델 애슐리 그레이엄

이러한 언급은 유명인이 게시하는 모욕 대응 메시지 중 일부이다. 이런 반응에 내포된 자기수용, 독립적 사고, 신체 만족이 몸 굴욕 메시지보다 독자에게 더 큰 영향을 미칠 날이 올 것이다.

체중 문제는 비록 폭식이 줄거나 없어졌다 하더라도 증상의 장기 호전에 방해 요인이 되곤 한다(McElroy et al., 2020). 중증 폭식장애 입원 환자를 대상으로 진행한 연구에서 환자의 36%가 입원한 지 12년이 되었음에도 여전히 심각한 과체중 상태에 있었다(Fichter et al., 2008).

Jeff Kravitz/Getty Images

위험한 여행으로 다시 돌아가다 배우겸 모델인 조 크라비츠가 영화 '더 로드 위드인(The Road Within)'에서 거식증에 걸린 여성을 연기하기로 동의했을 때 그녀는 과거 섭식장애를 앓았던 경험이 도움이 될 거라 믿었다. 하지만 영화를 위해 40킬로그램까지 감량하게 되자 '옛날 일이 재점화되었고' 한번 시동 걸린 체중 감량을 끝내는 것이 큰 어려움으로 다가왔다(Takeda, 2015).

요약

섭식장애는 어떻게 치료되는가

신경성 식욕부진증 치료의 첫 번째 단계는 칼로리 섭취를 증가시키고 체중을 빠르게 회복시키는 것이다. 이러한 개입을 영양학적 재활이라 한다. 두 번째 단계는 기저에 자리한 심리적 그리고 가족적 문제를 다루는 것이다. 이를 위해 흔히 교육, 인지행동적 접근, 가족치료를 혼합하여 사용한다. 성공적 치료를 받은 사람의 75%가 치료 몇 년 후에도 완전 혹은 부분 회복 상태를 유지하고 있다. 하지만 일부는 재발을 보인다.

신경성 폭식증 치료의 초점은 먼저 폭식/제거 패턴을 종식시키는 데 있으며(영양학적 재활), 다음으로 장애에 기저한 원인을 다루는 데 있다. 흔히 몇 가지 치료적 전략이 결합되는데, 교육, 심리치료(특히 인지행동치료), 때에 따라서는 항우울제 등이 결합된다. 치료를 받은 신경성 폭식증 환자의 75% 정도가 종국에는 완전히 회복되거나 부분적으로 회복된다. 재발이 문제가 될 수 있고 이는 새로운 스트레스에 의해 촉발될 수 있지만, 치료는 많은 신경성 폭식증 환자에게 지속되는 심리적·사회적 기능 향상을 가져다준다. 신경성 식욕부진증에 사용되는 유사한 치료 프로그램이 폭식장애 환자에게 제공되고 있다.

유사한 치료가 폭식장애 환자를 돕는 데 사용되고 있다. 그러나 폭식장애 환자의 일부는 과체중 문제를 다룰 추가적 개입을 필요로 한다.

섭식장애의 예방 : 미래의 물결

많은 임상 이론가는 연구자들이 섭식장애 예방 프로그램 개발에 보다 매진해야 한다고 주장한다(Halmi, 2020). 이런 예방 프로그램 중 하나가 몸 **프로젝트**(Body Project)라는 프로그램이다. 이 프로그램은 심리학자인 Eric Stice, Carolyn Black Becker와 동료들이 개발하였다(Stice et al., 2020; Stice, Johnson, et al., 2019; Stice, Yokum, et al., 2019; Becker et al., 2017). 섭식장애 발달의 위험을 높이는 핵심 요인에 기초를 두고, 몸 프로젝트는 여자 고등학생과 대학생에게 총 4주의 집단 회기를 제공한다. 이 집단 회기에서 집단원들은 다양한 활동(말하기/토론 활동, 글쓰기 활동, 역할극 활동, 행동적 활동)을 통해 서구사회의 극도의 마름을 이상화하는 사고를 비판하도록 인도된다. 참가자들은 자신의 몸을 수용하도록 하는 활동, 극도의 마름을 신봉하는 것과 반대되는 섭식활동, 동기강화 기법, 기술강화 훈련, 사회적 지지 활동을 시도한다.

고무적이게도 몸 프로젝트 예방 훈련은 연구에서 좋은 효과를 내고 있다(Halmi, 2020; Stice et al., 2020; Stice, Johnson, et al., 2019; Stice, Yokum, et al., 2019). 교육만으로 구성된 예방 훈련을 받은 젊은 여성이나 예방 훈련을 받지 않은 젊은 여성에 비해 몸 프로젝트 참가 여성은 프로그램 종결 1년 후 혹은 그 이상의 시간이 지나 진행된 추후 연구에서 더 적은 섭식장애 발달, 좀 더 현실적이고 건강한 외모에 대한 이상, 더 적은 역기능적 섭식 태도와 행동, 더 높은 신체 만족도와 긍정 정서를 나타내었다.

확실히 이 프로그램은 유망하고 중요하다고 할 수 있다. 몸 프로젝트의 형태이든 아니면 다른 형태의 프로그램이든, 예방 프로그램은 섭식장애 극복에서 임상 영역의 노력이 절실히 필요함을 전달하고 있으며 또 앞으로 실제 더 증가할 것이다.

핵심용어

동기강화상담
무월경
밀착된 가족 패턴
복내측시상하부(VMH)
시상하부
신경성 식욕부진증
신경성 폭식증
외측시상하부(LH)
체중 결정점
폭식
폭식장애

속성퀴즈

1. 신경성 식욕부진증과 신경성 폭식증의 증상 및 주요 특징은 무엇인가? 신경성 식욕부진증 환자와 신경성 폭식증 환자는 어떤 면에서 유사한가? 이들은 어떻게 다른가?
2. 폭식장애의 증상과 주요 특징은 무엇인가? 이 장애는 신경성 폭식증과 어떻게 다른가?
3. Hilda Bruch는 부모가 아이의 내적 욕구와 정서에 적절히 주의를 주지 못할 경우 자녀가 이후 섭식장애를 발달시킬 수 있다고 주장하였다. Bruch는 부모의 행동이 어떻게 자녀의 섭식장애로 이어진다고 설명하고 있는가?
4. 개인의 뇌 회로, 시상하부, 체중 결정점이 섭식장애 발달에 어떻게 기여하는가?
5. 사회문화적 압력과 요인이 섭식장애 발달의 초석이 된다는 것을 보여주는 증거는 무엇인가?
6. 임상가들이 신경성 식욕부진증 환자를 치료할 때 이들의 단기 목표와 장기 목표는 무엇이어야 할까? 이들 목표를 이루기 위해 임상가는 어떤 접근을 사용하는가?
7. 신경성 식욕부진증 환자는 장애에서 얼마나 잘 회복되는가? 어떤 요인이 이들의 회복에 영향을 주는가? 어떤 위험이나 문제가 회복 이후에도 지속될 것인가?
8. 신경성 폭식증 치료의 주요 목표와 접근은 무엇인가? 이 접근은 얼마나 성공적인가? 어떤 요인이 신경성 폭식증 환자의 회복에 영향을 미치는가? 어떤 위험이나 문제가 회복 이후에도 지속될 것인가?
9. 폭식장애의 치료는 신경성 폭식증의 치료와 어떻게 유사하고 어떻게 다른가?
10. 몸 프로젝트와 같은 섭식장애 예방 프로그램의 주요 특징은 무엇인가?

물질사용 및 중독 장애

CHAPTER 10

주제

- 진정제
  - 알코올
  - 진정 수면성 약물
  - 아편유사제
- 각성제
  - 코카인
  - 암페타민
  - 자극제사용장애
- 환각제, 대마초, 혼합물질
  - 환각제
  - 대마초
  - 혼합물질
- 무엇이 물질사용장애를 일으키는가
  - 사회문화적 관점
  - 정신역동적 관점
  - 인지행동적 관점
  - 생물학적 관점
  - 발달정신병리학적 관점
- 물질사용장애는 어떻게 치료하는가
  - 정신역동치료
  - 인지행동치료
  - 생물학적 치료
  - 사회문화적 치료
- 기타 중독장애
  - 도박장애
  - 인터넷사용장애와 인터넷게임장애
- 익숙한 이야기를 새로 살피기

"나는 던컨입니다. 나는 알코올중독자입니다." 청중들은 이 익숙한 단어에 자세를 바로잡았다. 익명의 알코올중독자모임(AA)에서 또 하나의 죽음과 부활의 역사가 곧 시작될 것이기 때문이다….

"처음 술을 마신 것은 열다섯 살 생일이 막 지났을 무렵입니다. 다들 그랬겠지만… 기적 같았어요. 맥주가 목으로 조금 넘어가니까 세상이 달라지더라구요. 나는 더 이상 찌질이가 아니었어요. 주변의 누구와도 떠들 수 있었어요. 여자들요? 하, 맥주 몇 잔만 마시면 내가 원하는 어떤 여자도 가질 수 있을 것 같은 느낌, 아시잖아요…."

"지금 돌이켜보면 고등학생 시절, 그리고 대학에 갔을 때 음주 문제가 있다는 것이 명확해졌지만, 그때는 그렇게 생각하지 않았어요. 결국은 다들 마시고 술에 취하면 멍청한 짓들을 했지만, 나만은 다른 줄 알았어요.… 필름이 끊긴 적이 없고 며칠 동안은 술을 마시지 않고 지낼 수 있다는 사실로 내가 모든 것을 통제할 수 있다고 생각했어요. 그런 식으로 흘러가다가 어느 날 보니 자꾸 더 많이, 더 많이 마시고 있는 나를 발견하게 되었고, 3학년이 되어서는 술로 인해 고통받게 되었지요."

"고등학교 시절부터 친구였던 룸메이트가 제 술버릇에 대해 잔소리를 하기 시작했어요. 그 친구는 내가 밤을 꼬박 새고 다음 날 종일 잠을 자면서 수업에 빠지는 것뿐 아니라, 다른 친구들이 내 이야기를 하는 것이나 내가 파티에서 한 바보 같은 짓들을 듣게 되었지요. 그 친구는 내가 술 마신 다음 날 얼마나 불안정한지, 술을 많이 마시면 어떻게 되는지를 다 보았지요. 거의 제 머릿속에 들어왔다 나갔다고 해도 될 정도일 거예요. 내가 방 안에 늘어놓은 술병의 개수도 알고 술 마시고 흥청거리느라 내 학점이 어떻게 되어 가고 있는지도 잘 알았지요…. 저는 친구를 잃고 싶지는 않았기 때문에, 또 부분적으로는 제 룸메이트 걱정 때문에 음주를 절반 이하로 줄였어요. 주말에만, 그것도 밤에만 술을 마셨지요…. 그 덕에 대학생활을 끝마쳤고 로스쿨도 가게 되었지요…."

"법학 학위를 받은 직후에 첫 번째 아내와 결혼을 했어요. … 술 마시기 시작한 이후 처음으로 아무 문제도 없던 시절이지요. 한 방울도 마시지 않고 몇 주를 보냈어요. … 결혼생활은 둘째와 셋째를 낳게 되면서 점차 불행해졌어요. 나는 경력과 성공을 굉장히 중시하는 사람이다 보니 집에서 가족과 거의 시간을 보내지 않았지요…. 여행도 많이 다녔고, 여행 중에 자극을 줄 만한 사람도 많이 만났어요. 그러니 집에서는 낮잠만 자게 되고 지겨운 아내와 아이들은 별로 재미가 없었어요. 음주습관도 나빠지기 시작했지요. 길에서도 마시고 멀지 않은 곳에 있으면 점심에도 마시면서 즐김으로써 집에서 머리 복잡하게 하는 것들을 잊으려 했어요. 아마도 괜찮은 위스키를 일주일에 한 갤런씩은 마셨을 거예요."

"그러다 보니 술 때문에 결혼생활과 직장생활이 모두 영향받기 시작했어요. 술에 잔뜩 취한데다가 아내와 자녀들에 대한 책임을 다하지 못했다는 죄책감에 눌려 오히려 신체적으로 거칠게 대하기도 했지요. 가구를 때려 부수고 물건들을 집어던지고 나서 차를 몰고 밖으로 나가기도 했어요. 차 사고가 나서 면허도 2년 동안 박탈당했지요. 그중에서도 최악인 것은 그것을 끊고자 했을 때였습니다. 나는 완전히 끌려들어 가서 아무리 노력해도 술을 끊을 수 없었고 금단 증상에 시달리기 시작했어요. … 토하면서 몸이 떨려 앉을 수도 누울 수도 없는 상태가 며칠씩 계속되곤 했지요."

"그러다가 4년 정도 전에 삶이 온통 폐허가 된 채 아내와 자녀들이 모두 나를 포기해버렸고, 직장도 없이 내 운이 다해가던 시점에서 AA와 만나게 되었습니다. … 이제 2년여 동안을 술을 마시지 않고 있으며, 행운과 지지 속에서 잘 버티고 있습니다…."

(Spitzer et al., 1983, pp. 87–89)

Matt Manley

물질중독 물질 섭취 동안 혹은 직후에 발생하는 일시적인 바람직하지 않은 행동이나 심리적 변화의 총체

물질사용장애 반복적인 물질사용으로 인한 부적응적인 행동과 반응 패턴을 말하며, 물질에 대한 내성과 금단 증상을 포함한다.

내성 원하는 효과를 얻기 위해 뇌와 신체가 더 많은 양을 필요로 하게 되는 것

인간은 매우 다양한 음식과 음료를 즐긴다. 지구 상의 어떤 물질도 언제 어디선가 누군가는 먹어보았을 것이다. 그러다 보니 어떤 물질은 우리의 뇌와 신체에 의학적이든 쾌락적이든 뭔가 흥미로운 효과를 갖고 있다는 것도 발견하게 되었다. 우리는 두통을 잠재우기 위해 아스피린을 먹거나, 감염을 치료하기 위해 항생제를 쓰고, 안정시키기 위해 진정제를 사용한다. 아침에는 커피를 마시고 친구와 휴식을 취하며 와인을 마신다. 긴장을 풀기 위해 담배를 피우기도 한다. 하지만 우리가 사용하는 물질 중 다수는 해가 되기도 하고 우리의 행동이나 감정을 혼란스럽게 한다. 이런 물질의 남용은 사회적으로도 큰 문제가 된다. 약물남용으로 비롯된 범죄, 실직으로 인한 생산성의 감소, 건강 관리 등에 소요되는 사회적 비용은 미국에서만 연간 7,400억 달러에 달한다(NIDA, 2020e).

우리 사회에는 입수 가능한 물질이 수없이 많을 뿐만 아니라 새로운 물질이 거의 매일 도입되고 있다. 자연에서 수확되는 것도 있고, 천연물질에서 유래하는 것도 있으며, 실험실에서 생산되는 것도 있다. 항불안제와 같이 합법적으로 사용하기 위해서는 의사의 처방이 필요한 것도 있다. 하지만 헤로인처럼 어떤 상황에서도 불법적인 것도 있다. 1962년에는 미국에서 겨우 400만 명이 마리화나나 코카인, 헤로인, 또는 다른 불법물질을 사용했다. 오늘날 그 수는 1억 3,500만 명 이상으로 증가했다(SAMHSA, 2021a, 2019b). 한 달에 3,200만 명이 불법물질을 사용한다. 10대의 거의 4분의 1이 불법 약물을 사용한다고 볼 수 있는 수치이다.

약물은 음식 이외에 우리의 신체나 정신에 영향을 미치는 모든 물질이라 정의할 수 있다. 약물이 꼭 불법적인 것만 의미하지는 않는다. '물질(substance)'이라는 용어는 이제 종종 '약물(drug)'을 대신하여 사용된다. 이는 부분적으로는 사람들이 알코올이나 담배, 카페인을 약물이라 생각하지 않기 때문이기도 하다. 알코올이든 코카인, 마리화나 또는 어떤 약물이든 간에 물질이 몸속으로 들어오면 엄청난 양의 강력한 분자가 혈관을 타고 뇌로 들어온다. 한번 뇌 속으로 들어오면 이 분자들은 연속적인 생화학적 현상을 통해 뇌와 신체의 일상적인 작용에 혼란을 일으킨다. 물론 물질남용은 다양한 기능에 이상을 유발한다.

물질은 행동이나 감정, 사고에 **일시적** 변화를 유발할 수 있는데, DSM-5에서는 이러한 변화들의 군집을 가리켜 **물질중독**(substance intoxication)이라고 한다. 던컨의 예에서와 같이 과도한 양의 알코올은 **알코올중독**으로 이어져 일시적인 판단력 상실, 기분 변화, 짜증, 발화 지연, 부조화 등의 상태를 유발한다. 이와 유사하게 LSD와 같은 마약은 **환각증**이라고도 불리는 **환각제중독**을 일으키는데, 이는 주로 지각적 왜곡과 환각을 경험하게 한다.

어떤 물질들은 **장기적** 문제를 유발한다. 주기적으로 물질을 취하게 되면 그것들이 부적응적인 행동 패턴을 발달시켜 신체의 물리적 반응에 변화가 생긴다. **물질사용장애**(substance use disorder), 즉 물질의 반복 사용에 의해 야기되는 부적응적인 행동과 반응 패턴을 발달시킨다(APA, 2013). 물질사용장애가 되면 특정 물질을 갈망하여 그것에 지나치게 만성적으로 의존하게 되어 가족과 사회적 관계, 직업 기능 등에 문제가 발생하고 자신과 타인을 위험에 빠지게 한다(표 10.1 참조). 대부분의 경우 이런 장애를 가진 사람들은 그 물질에 신체적으로 의존하게 되어 그 물질에 대한 내성이 발달하고 **금단** 반응을 경험하게 된다. **내성**(tolerance)이 생기면 원하는 정 도의 효과를 유지하기 위해 점차 더 많은 양의 물질이 필요하게 된

표 10.1

진단 체크리스트

물질사용장애

1. 물질을 부적응적인 방식으로 사용하여 심각한 손상이나 고통에 이르는 것
2. 지난 12개월 내에 다음 증상 중 2개 또는 그 이상이 나타나는 경우
   - 약물을 종종 대량으로 사용
   - 약물사용에 대한 지속적인 갈망 또는 약물을 줄이거나 조절하려는 노력의 실패
   - 약물을 얻거나 사용하거나 그 영향으로부터 회복되는 데 과도한 시간을 사용
   - 중요한 역할 수행에 실패
   - 약물로 인해 발생되는 지속적인 사회적 또는 대인관계의 문제에도 불구하고 지속적으로 약물을 사용
   - 중요한 활동이 감소
   - 약물을 사용하면 신체적인 위험이 발생하는 상황에서도 지속적으로 약물을 사용
   - 약물사용이 신체적·심리적 문제를 악화시킨다는 것을 알면서도 지속적으로 약물을 사용
   - 약물사용에 대한 갈망 또는 강한 욕구
   - 내성
   - 금단 반응

출처 : APA, 2013.

다. **금단**(withdrawal) 반응은 갑자기 약물을 끊거나 줄였을 때 불쾌하거나 심지어는 위험한 증상(예 : 경련, 불안 발작, 발한, 오심 등)이 나타나는 것이다. 익명의 알코올중독자모임(Alcoholics Anonymous, AA)에서 자신의 문제를 이야기했던 던컨은 **알코올사용장애**라는 물질사용장애의 한 형태에 빠져 있었던 것이다. 대학생 때와 변호사 시절, 알코올은 그의 가족, 사회, 학업, 직업에 손상을 일으켰다. 그는 오랜 기간 내성이 발달하여 술을 끊고자 했을 때는 구토나 떨림이 발생하는 금단 증상을 경험하였다.

미국에서는 한 해 모든 10대와 성인의 7.4%인 2,000만 명 이상이 물질사용장애를 보이고 있다(SAMHSA, 2021a, 2019b). 아사아계 미국인의 비율이 가장 낮고(4.8%), 히스패닉, 비히스패닉계 백인, 흑인의 비율이 6.9~7.7%의 비율을 보이고 있다(그림 10.1 참조). 물질사용장애를 보이는 사람의 18.4%만이 정신건강 전문가로부터 치료를 받고 있다.

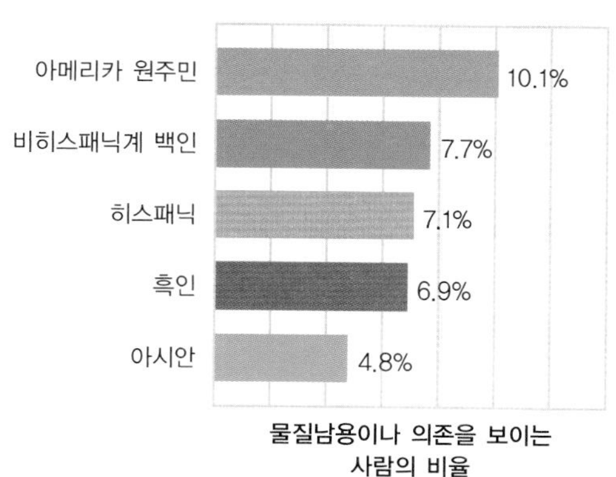

그림 10.1

인종/민족에 따른 물질사용장애의 차이
미국에서는 아메리카 원주민이 다른 인종이나 문화권에서 온 사람보다 물질남용이나 의존에 더 많이 빠지는 경향이 있다. (출처 : SAMHSA, 2021a, 2019)

사람들이 오용하는 물질은 **진정제**, **각성제**, **환각제**, **대마초** 등 몇 가지 범주로 나뉜다. 각각의 범주는 다양한 방식으로 나뉘어진다. 입이나 코로 들이마시기도 하고 삼키거나 주사로 맞기도 한다. 앞으로 살펴보겠지만 약물은 그 자체의 영향뿐 아니라 몸에 흡수되는 방식으로 인해 우리 몸에 심각한 신체적 문제를 일으키기도 한다. 특히 만성적인 사용자에게서는 그러한 문제가 더 심해진다. 예를 들어 규칙적으로 흡연을 통해 흡입하는 사람은 폐에 문제가 발생할 것이다.

이 장에서는 가장 문제가 되는 물질과 그 물질들이 유발하는 비정상적인 사용 패턴을 다룰 것이다. 덧붙여 후반부에서는 DSM-5에서 부가적인 중독장애라 언급한 문제인 **도박장애**에 대해 다룰 것이다. 물질사용장애와 더불어 도박장애를 언급하는 것은, DSM-5의 관점이 도박장애가 중독적인 증상을 보일 뿐 아니라 물질사용장애와 상당한 공통점을 가지고 있다는 것을 제시하는 것이다. ■

진정제

진정제는 중추신경계의 활동을 늦추는 물질이다. 진정제는 긴장과 억제를 감소시키고 판단, 운동 활동, 집중을 방해한다. 진정제로 가장 많이 사용하는 세 가지는 **알코올**, **진정 수면성 약물**, **아편유사제**이다.

알코올

세계에서 20억 명 이상이 **알코올**(alcohol)을 사용하는 것으로 추정된다(Flor & Gakidou, 2020). 미국에서는 인구의 절반 이상이 알코올이 함유된 음료를 종종 마신다(SAMHSA, 2021a, 2019b). 맥주, 와인, 독주의 구입에 미국에서만 한 해 최소 수백 억 달러가 사용된다.

사람들이 한 번에 다섯 단위(잔) 이상의 술을 마시면 이를 **폭음**이라 한다. 11세 이상의 25%가 매달 폭음을 하는 것으로 조사되었다(SAMHSA, 2021a, 2019b). 11세 이상의 약 6.5%가 한 달에 적어도 다섯 번 폭음을 한다. 그들은 과음자로 간주된다. 과음자는 남성이 여성보다 2배 많은 비율을 보인다.

모든 알코올 음료는 **에틸알코올**을 함유하고 있는데, 이것은 위와 장 사이에서 피에 빠르게 흡수되는 화학물질이다. 에틸알코올은 혈관에서 중추신경계(뇌와 척수)로 전달되면 곧 효과를 나타내기 시작하여 중추신경계에서 다양한 뉴런이 결합하여 시행하는 기능들을 진정시

금단 약물을 정기적으로 사용하던 사람이 약물을 끊거나 용량을 줄일 때 발생할 수 있는 불쾌한, 종종 위험한 반응

알코올 맥주, 와인, 고량주 등을 포함하여 에틸알코올이 들어간 모든 음료

흥미로운 이야기

위험한 운동선수

대학의 운동선수(남녀 모두)는 다른 대학생에 비해 음주, 과음, 폭음을 더 하는 경향이 있다 (CR, 2020; Taylor et al., 2017).

키고 지체시킨다. 에틸알코올이 결합되는 중요한 뉴런들은 GABA 신경전달물질을 받는 곳과 같은 곳이다. 제4장에서 보았듯이 GABA가 일정한 뉴런에 전달되면 이는 **억제성** 메시지, 즉 특정 뉴런의 발화를 중지하는 메시지를 전달한다. 따라서 알코올이 이들 뉴런의 수용체에 결합되면 GABA가 뉴런을 억제하는 것을 돕게 되어 음주를 한 사람이 편안함을 느끼게 된다(Hoffman & Weinhouse, 2020).

처음에는 에틸알코올이 판단과 억제를 통제하는 뇌의 영역을 진정시키기 때문에 사람들은 점점 긴장이 풀려 말이 많아지고 더 친해진 것처럼 느끼게 된다. 내적 통제가 깨질수록 사람들은 편안해지고 자신감도 생기고 행복한 느낌이 든다. 더 많은 알코올이 흡수되면 이는 중추신경계의 다른 영역까지도 지체시켜, 음주한 사람이 건전한 판단을 하지 못하고 부주의하며 일관성 없는 말을 하게 되고 기억력도 약해지게 한다. 많은 사람이 매우 감정적이 되어 목소리가 높아지거나 공격적이게 된다.

사람이 음주를 계속하면 운동장애가 증가하며 반응시간이 길어진다. 사람들은 서거나 걷기 힘들어 휘청거리고 간단한 활동도 어설퍼진다. 물건을 떨어뜨리거나 문이나 가구에 부딪히고 거리 판단에 오류가 생긴다. 시야가 흐려지는데, 특히 주변시야가 약해지고 청력에도 문제가 발생한다. 그 결과 과음을 한 사람은 운전이나 간단한 문제해결 상황에서도 큰 어려움을 겪게 된다.

에틸알코올의 효과가 나타나는 정도는 **혈중 농도**에 따라 결정된다. 따라서 동일한 양의 알코올이라도 체중이 많이 나가는 사람은 적게 나가는 사람보다 효과가 더 적게 나타난다. 혈중 농도는 성별에 따라서도 차이가 있다. 여성은 알코올이 혈액으로 들어가기 전에 위에서 분해시키는 **알코올 탈수소효소**(alcohol dehydrogenase)가 더 적다. 따라서 여성은 동일한 양의 알코올을 섭취해도 남성보다 더 쉽게 신체적, 심리적 손상을 입을 수 있다(Mukamal, 2020).

손상의 수준 역시 혈중 에틸알코올 농도와 밀접한 관련이 있다. 알코올 농도가 전체 혈액의 0.06%가 되면 긴장이 풀리고 편안한 느낌이 든다. 하지만 0.09%를 넘으면 주취의 선을 넘게 된다. 만약 농도가 0.55%까지 가면 그 음주자는 아마 사망할 것이다. 대부분의 사람은 여기까지 마시기 전에 정신을 잃게 될 것이지만, 미국에서는 한 해 1,000명 이상이 혈중 알코올 농도가 너무 높아 사망에 이른다(Monico, 2020; Mukamal, 2020).

알코올의 영향 시뮬레이션해보기 16세 학생이 유사 알코올장애를 발생시키는 고글을 쓴 채로 장애물 코스길을 비틀거리며 헤쳐 나간다. 이 활동은 DUI의 일부로, 이 학생이 다니는 뉴멕시코고등학교에서 진행한 예방 프로그램이며 알코올이 시각과 균형에 미치는 영향을 실제로 체험해보도록 구성되었다.

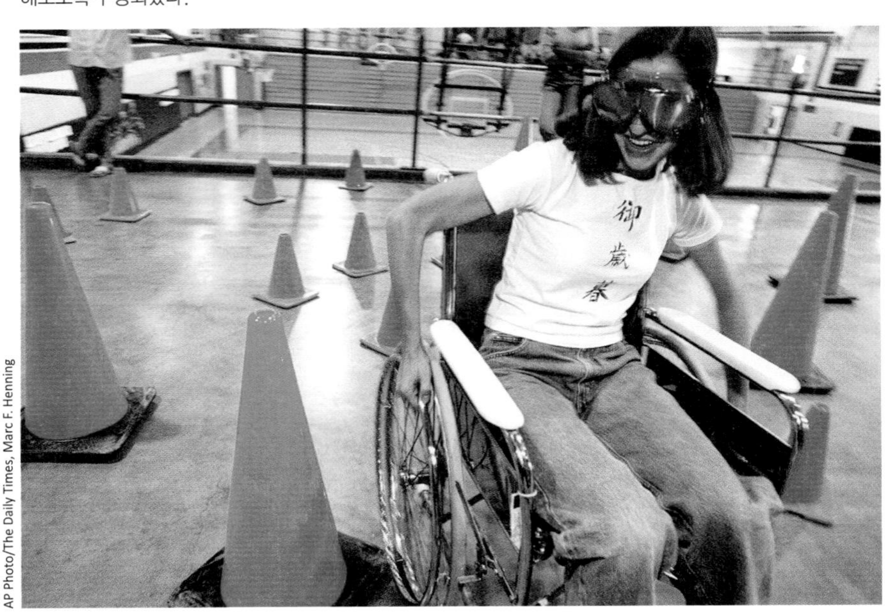

AP Photo/The Daily Times, Marc F. Henning

알코올의 효과는 혈중 농도가 낮아져야만 가라앉는다. 알코올 대부분은 간에서 이산화탄소와 물로 분해되거나 대사되어 호흡과 배설물로 배출된다. 이 **신진대사**의 평균율은 시간당 7g 정도 되지만, 개인의 간이 처리하는 속도에 따라 다르다. 따라서 '술에서 깨는' 시간은 사람마다 다르다. 일반적인 믿음과는 달리 시간과 대사를 통해서만 술에서 깰 수 있다. 블랙커피 마시기, 찬물을 얼굴에 끼얹기, '냉정해지려고 노력하는 것' 등으로는 이러한 과정을 촉진시킬 수 없다.

알코올사용장애 합법적이기는 하지만 알코올은 사실상 가장 위험한 기분전환 약물 중 하나이고, 그 영향은 일생 지속될 수 있다. 사실상 중학생의 약 25%가 어느 정도의 음주를 인정하며, 고등학교 상급생의 29%는 매달 술을 마시고(대개 취할 때까지), 2%는 매일 술을 마신다고 보고한다(Johnston et al., 2020; Miech et al., 2019). 알코올 오용은 대학에서도 주요한 문제이다(심리전망대 참조).

진전섬망(DT) 알코올의존인 사람에게서 경험되는 극적인 금단 증상. 혼란과 의식의 혼탁, 두려운 환시 등이 나타난다.

미국에서는 한 해 11세 이상의 5.4%가 **알코올중독**이라고 알려진 **알코올사용장애**(alcohol use disorder)를 보이고 있다(SAMHSA, 2021a, 2019). 10대에서는 2.3%이다. 남성이 여성보다 2배 이상 많다.

알코올중독의 현재 유병률은 백인 약 5.7%, 히스패닉계 미국인 5.3%, 흑인 4.5%로 나타난다(SAMHSA, 2021a, 2019). 아메리카 원주민들, 그중 특히 남성은 다른 어떤 집단보다 알코올사용장애 비율이 가장 높다. 구체적인 유병률은 아메리카 원주민 보호구역 공동체마다 광범위하게 차이가 있지만, 전체적으로는 7.1%에 달하는 사람들이 알코올중독을 경험한다. 일반적으로 미국 및 다른 곳에 사는 아시아인들은 다른 문화권보다도 알코올중독 비율이 낮다(3.8%). 이 중 무려 절반에 해당하는 사람들이 알코올을 분해하는 데 필요한 화학물질인 알코올 탈수소효소가 결핍되어 있어서 약간의 알코올 섭취에도 매우 부정적으로 반응할 수 있다. 이는 결과적으로 알코올의 과도한 사용을 예방해준다(Cook et al., 2020; Jiang et al., 2020).

다른 인종이나 문화 집단에 비해 미국인들의 알코올 관련 장애 비율이 높은 이유는 무엇이라고 생각하는가?

징후 일반적으로 알코올사용장애가 있는 사람들은 다량의 알코올을 정기적으로 섭취하고, 알코올을 마시지 않으면 불안해할 만한 일들을 알코올의 힘을 빌려 해내곤 한다. 그러나 결국엔 음주가 그들의 사회적 행동이나 사고력, 업무 능력을 방해하게 된다. 그들은 가족이나 친구들과 다투게 되고 업무에서 반복적으로 실수를 하여 심지어 실직하기도 한다. 만성 폭음자들의 MRI 검사 결과를 보면, 뇌의 여러 구조에서 손상이 나타나고 그 결과 단기기억, 사고의 속도, 주의력, 균형 감각 등에 장애가 발생한다(Tetrault & O'Connor, 2020).

개개인을 살펴보면 사람들의 알코올중독 패턴은 각기 다르다. 어떤 사람들은 매일 다량의 술을 마셔 중독될 때까지 지속한다. 다른 사람들은 몇 주나 몇 달 동안 폭음을 한다. 그들은 며칠간 중독되어 있다가 나중에는 그 기간 동안의 일을 모두 기억하지 못하게 되기도 한다. 또 다른 사람들은 주말이나 저녁 또는 그 두 경우 모두에만 제한적으로 과음을 한다.

내성과 금단 많은 사람의 알코올사용장애에는 내성과 금단 반응의 증상이 포함된다(Hoffman & Weinhouse, 2020). 신체적으로 알코올에 대한 내성이 생겨서 원하는 효과를 느끼려면 더 많은 양을 마셔야 한다. 술을 마시지 않게 되면 금단 증상을 겪는다. 몇 시간 내에 손과 혀, 눈꺼풀이 떨리기 시작하고 기운이 빠지며 메스꺼움을 느끼게 된다. 땀을 흘리고 구토하고 심장은 빠르게 뛰며 혈압이 상승한다. 또한 불안, 우울, 불면, 짜증이 나타난다(APA, 2013).

알코올사용장애가 있는 사람 가운데 일부는 **진전섬망**(delirium tremen, DT)이라고 하는 특히 극적인 금단 증상을 겪는다. 진전섬망이 발생하면 술을 끊거나 줄인 후 3일 내에 무서운 환시가 나타난다. 어떤 사람들은 작고 끔찍한 동물이 쫓아오거나 그들이 자신의 몸을 기어다니는

예측력 저하 레스댄유씽크(LessThanUThink)라는 알코올교육 프로그램의 하나로, 대학생들이 맥주병에 300ml의 물을 따르는 것을 시도하고 있다. 사진 속의 이 학생은 다른 학생들과 마찬가지로 자신이 300ml보다 훨씬 많이 따랐다는 사실에 놀라고 있다.

© Jebb Harris/The Orange County Register/ZUMAPRESS.com

심리전망대

대학생 폭음 : 방과 후의 위기

폭음, 즉 짧은 시간에 많은 양의 알코올을 마시는 행위는 다른 곳에서와 마찬가지로 대학 캠퍼스에서도 심각한 문제이다. 연구에 따르면 대학생의 38%가 한 달에 한 번은 폭음을 했고, 그중 3분의 2는 한 달에 여섯 번 이상의 폭음을 한다(SAMHSA, 2021a, 2019; NIAAA, 2020). 아직도 많은 사람이 음주가 대학생활의 일부라고 생각한다. 하지만 다음 통계를 살펴보자.

- 대학 내에서 체포되는 사건의 대부분은 알코올과 관련이 있다.
- 대학 내 성폭행 사건의 절반 이상은 알코올의 대량 섭취와 얽혀 있다.
- 학업 중도 탈락에 적어도 25%에 알코올이 중요한 요인으로 작용한다.
- 매년 약 70만 명의 학생이 음주한 학생으로부터 신체적 폭력 또는 정신적 충격을 당한다.
- 대학생 절반은 술을 마시는 주된 이유가 '취하기 위해 마시는 것'이라고 말한다.
- 폭음은 주로 정서, 기억, 뇌 및 심장 기능에 영향을 길게 미친다.
- 대학생의 폭음으로 인해 매년 2,000명이 사망한다.
- 여성 대학생 폭음자 수는 지난 10년간 3분의 1이 더 증가하였다.

(CDC, 2020v, 2018b, 2017a, 2016; NIAAA, 2020; Patrick et al., 2020; Nourse et al., 2017)

© Andrew Lichtenstein/Sygma via Getty Images

한계실험 대학 축제에서 찍은 이 사진에서와 같은 폭음이 최근 수많은 사망사고의 원인이 되었다.

이러한 연구 결과는 일부 교육자들이 폭음을 정규 대학생들의 '제1의 공중보건 위험 요소'로 설명하게 하였고, 연구자와 임상가들의 관심을 끌었다. 연구자들은 미국 대학 캠퍼스 학생 10만 명의 조사자료를 수집하였다(CDC, 2020v, 2018b, 2017a; NIAAA, 2020; Kessler & Kurtz, 2019). 다른 많은 유용한 정보와 더불어 조사 결과는 사교클럽이나 여학생 기숙사에 살며, 파티 중심의 생활방식을 추구하고, 물질오용과 같은 고위험행동에 결부되어 있는 사람들이 폭음을 많이 한다는 것을 보여주었다. 이 조사는 또한 고교시절 폭음을 한 학생이 대학에서도 폭음할 가능성이 큰 것으로 밝혔다.

이러한 과정을 변화시키기 위한 노력이 시작되었다(DiGuiseppi et al., 2020; Kessler & Kurtz, 2019). 그 예로 많은 대학은 물질 반입 금지 기숙사를 시행하고 있다. 연구 결과 이러한 기숙사에 사는 학생의 폭음 비율은 다른 자유로운 기숙사에 사는 학생의 절반에 불과했다. 이러한 연구는 기대할 만한 결과를 낳고 있다. 하지만 임상 현장에 있는 대부분의 사람들은 우리가 이 중요한 사회적 문제를 이해하고 예방하고 치료하기 위해서 더 많은 노력을 기울여야 한다고 말한다.

것, 춤추는 물체가 보이는 것 등을 경험한다. 몸이 떨리고 땀이 많이 나는 증상도 흔하다. 대부분의 다른 알코올 금단 증상과 마찬가지로 진전섬망은 2~3일간 지속된다. 하지만 진전섬망과 같은 심한 금단 반응을 보이는 사람은 뇌전증 발작, 의식상실, 뇌졸중 또는 사망에 이르게 될 수도 있다. 오늘날에는 의학적 조치를 통해 이러한 극단적인 반응은 예방하거나 감소시킬 수 있다.

알코올중독의 개인적, 사회적 영향은 어떠한가 알코올중독은 수백만의 가정, 사회적 관계, 직장생활을 파괴한다(Mukamal, 2020). 의학적인 치료, 생산성의 상실, 죽음으로 인한 손실의 사회적 비용은 매년 수십억 달러에 달한다. 알코올중독은 미국 내의 자살, 살인, 폭행, 강간,

사고사의 3분의 1 이상과 관련 있다(NSC, 2020a; Orpana et al., 2020). 한 해 음주운전이 1만 명의 사망을 유발한다. 전체 성인의 8% 이상이 지난 1년에 적어도 한 번 이상 음주운전을 한 적이 있다(SAMHSA, 2021a, 2019; CDC, 2020m). 이것은 엄청난 숫자이기는 하지만, 그나마 지난 수십 년간 현저하게 감소한 것이다.

알코올중독은 이 장애를 가진 사람들의 자녀 2,700만 명에게 심각한 결과를 초래한다(AAMFT, 2019). 이들의 가정은 다른 가정보다 갈등이 많고 자녀들은 성폭력 및 다른 학대를 경험하기 쉽다. 그 결과 이러한 아동에게서 심리적 문제가 발생할 비율이 높다(Gaba, 2019). 많은 아동에게서 낮은 자존감, 의사소통 기술 부족, 사회적 결핍, 결혼생활 곤란이 발생한다.

장기간 과음은 또한 사람의 신체적 건강을 심각하게 훼손할 수 있다(Mukamal, 2020). 간에 무리를 주면 **간경화**라는 돌이킬 수 없는 질환이 발생하는데, 간경화가 발생하면 간에 상처가 생기고 기능이 약화된다. 한 해 알콜 관련 간경화로 죽는 사람이 2만 3,000명 이상이다(CDC, 2020b). 알코올사용장애는 심장 기능도 손상시키고 암이나 박테리아 감염, AIDS를 퇴치하는 면역체계를 약화시킨다.

장기간의 과음은 중요한 영양 문제의 원인이 되기도 한다. 알코올은 포만감을 주어 식욕을 감소시키지만 그 안에 영양가는 없다. 그래서 장기간 음주를 하는 사람들은 영양 결핍이 발생하고 허약해져서 질병에 취약해진다. 비타민과 미네랄 결핍 역시 문제를 유발한다. 예를 들어 알코올과 관련하여 비타민 B1(티아민) 결핍이 발생하면 **코르사코프증후군**(Korsakoff's syndrome)이 생길 수도 있다(Mukamal, 2020).

여성이 임신 중에 음주를 하면 태아는 위험에 빠지게 된다(Chang, 2020). 임신 중에 과도한 음주를 하게 되면 **태아알코올증후군**(fetal alcohol syndrome)에 걸린 아기를 낳게 된다. 이런 아이들은 지적장애, 과잉행동, 머리와 얼굴의 변형, 심장 기형, 성장 지연 등을 보인다(CDC, 2020j; Weitzman & Rojmahamongkol, 2020a, 2020b). 전체 인구에서 1,000명 중 1명이 이러한 병을 가지고 태어나는데, 문제성 음주를 보이는 여성에게서는 1,000명 중 50명으로 그 비율이 상승한다. 만일 모든 알코올 관련 선천성 결함(**태아알코올스펙트럼 증후군**이라고도 한다)의 수를 포함하면, 그 비율은 과음 여성 1,000명당 출산 수는 80명 이상이 된다. 게다가 임신 초기의 과음은 종종 유산으로 이어진다. 조사에 의하면 임신한 미국 여성의 9.9%가 조사 전 한 달 사이에 술을 마셨고, 임신 여성의 4.7%가 폭음 경험을 가지고 있었다(SAMHSA 2021a, 2019b).

진정 수면성 약물

진정 수면성 약물(sedative-hypnotic drug), 즉 **항불안제**(anxiolytic drug)라 부르는 이것은 안정감을 주고 졸음을 야기한다. 소량의 복용으로도 진정 효과를 준다. 다량 복용 시 최면제 혹은 졸음유도물질로 작용한다. 미국 인구의 6분의 1인 4,600만 명의 성인과 청소년이 지난 한 해 동안 진정 수면성 약물을 복용한 경험이 있다(SAMHSA 2021a, 2019b). 20세기 전반기 동안 **바비튜레이트**(barbiturate)라고 불리던 약물은 가장 널리 처방되었던 진정 수면성 약물이었다. 어떤 의사들은 아직도 이를 처방하지만, 이제는 대개 더 안전하고, 중독이나 내성, 금단 증상이 나타날 가능성이 더 적은 약물인 **벤조디아제핀**(benzodiazepine)으로 대체되고 있다.

제4장에서 언급한 것처럼 벤조디아제핀은 1950년대 개발된 항불안제로서 가장 상용화된 진정 수면성 약물이다. 자낙스, 아티반, 바리움은 임상적으로 사용되고 있는 수십 종의 이런 약물 중 3개에 지나지 않는다. 미국 성인과 청소년의 약 11%인 거의 3,100만 명에 달하는 사

태아알코올증후군 임신부의 임신 중 과도한 알코올 섭취로 인해 태아에게 나타나는 정신적·신체적 문제

진정 수면성 약물 적은 용량으로도 불안을 감소시키고, 많은 용량을 사용하면 수면 효과가 있다. '항불안제'라고도 한다.

바비튜레이트 가장 흔한 항불안제로, 자낙스가 포함된다.

벤조디아제핀 아편, 아편에서 유래한 약물, 유사한 합성 약물들

흥미로운 이야기

가족에서의 피해자

10% 이상의 아동이 알코올 문제가 있는 부모와 살고 있다(NIAAA, 2020).

아편유사제 아편 또는 아편 추출 마약으로 모르핀, 헤로인, 코데인 등이 포함된다.

아편 높은 중독성을 가진 물질로 양귀비의 꽃봉오리에서 추출한다.

모르핀 높은 중독성을 가진 아편 추출 물질로 진통 효과가 탁월하다.

헤로인 아편 추출 물질 중 가장 중독성이 강한 약물 중 하나

람이 지난 한 해 동안 벤조디아제핀을 투약한 경험이 있으며, 이는 지난 20년 사이 급격히 증가한 것이다(SAMHSA, 2021a, 2019b). 알코올이나 바비튜레이트와 같이 이 약물들도 GABA를 받아들이는 뉴런의 수용체에 붙어 그 뉴런에서의 GABA 활동을 증가시킴으로써 사람들을 진정시킨다(Tietze & Fuchs, 2020). 벤조디아제핀은 다른 진정 수면성 약물과 달리 졸음을 유발하지 않고도 불안을 경감시킨다. 또한 호흡을 늦출 가능성이 적기 때문에 과다 복용으로 인한 수면 중 사망 또한 적다.

벤조디아제핀은 처음 발견되었을 때 양에 구애받지 않고 처방해도 충분히 안전하고 효과적인 약으로 여겨져 사용이 크게 확대되었다. 하지만 결론적으로 많은 용량의 약물을 복용하는 것은 바비튜레이트처럼 중독을 유발하고, 약물에 대한 갈망과 내성, 금단 현상을 특징으로 하는 패턴인 **진정수면제사용장애**(sedative-hypnotic use disorder)를 초래한다는 것이 밝혀졌다(Park, 2020). 1년의 기간 동안 전체 미국 성인 인구의 0.3%가 이 장애를 보인다(SAMHSA, 2021a, 2019b). 뿐만 아니라 연구에 따르면 노인에 의한 벤조디아제핀의 장기 사용은 지능 저하, 혼동, 기억력 손실과 같은 심각한 인지적 손상을 유발한다(Liu et al., 2020; He et al., 2019). 이러한 반복적인 발견에도 불구하고 요양원에 있는 노인의 40%를 포함한 전체 노인의 17%는 벤조디아제핀 투약을 여전히 처방받고 있다.

노인에게 인지적 위험을 초래함에도 불구하고 왜 요양원에서 벤조디아제핀을 계속해서 사용한다고 생각하는가?

아편유사제

아편유사제(opioid)는 양귀비의 수액에서 추출된 아편과 아편에서 추출된 헤로인, 모르핀, 코데인 및 유사한 **합성 마약**(실험실에서 조합된 것) 등을 말한다. **아편**(opium) 자체는 수천 년 동안 사용되어 왔다. 과거에는 질병을 위한 치료제로 널리 사용되었는데, 그 이유는 아편이 신체적·정서적 고통을 줄여주기 때문이다. 그러나 결국 의사들은 아편이 중독성을 가지고 있다는 것을 발견하였다.

1804년 **모르핀**(morphine)이라는 새로운 물질이 아편에서 추출되었다. 모르핀이라는 이름은 모르테우스라는 그리스 잠의 신에서 유래하였는데, 이 물질은 아편보다 고통을 경감시키는 효과가 뛰어났고, 처음에는 안전한 것으로 생각되었다. 하지만 더 광범위하게 사용되면서 이 약물 또한 중독성이 있다는 것이 밝혀졌다. 남북전쟁 당시 부상당한 많은 미국 병사들이 모르핀을 공급받았는데, 이로 인해 모르핀 의존은 '군인병(soldier's disease)'이라고 알려졌다.

1898년 모르핀은 **헤로인**(heroin)이라는 다른 진통제로 대체되었다. 몇 년 동안 헤로인은 매우 대단한 약으로 인식되었으며 기침약을 비롯한 여러 의학적 목적으로 상용되었다. 그러나 결국 의사들은 헤로인이 이전의 다른 약물들보다 더 강력한 중독성을 가지고 있다는 것을 알게 되었다. 그리하여 1917년 미국 국회는 아편으로부터 얻는 물질은 모두 중독성이 있다고 결론 내렸고, 아편유사제는 의학 목적으로 사용되는 것을 제외하고는 불법임을 법으로 통과시켰다.

아편에서 추출된 또 다른 약물들과 앞서 언급한 실험실 제조 약물인 **메타돈** 등의 아편유사제 합성 마약 역시 발달하였다. 자연적 생성이든 실험실 합성품이든 상관없이 이런 다양한 아편유사제 물질을 통칭하여 **마취제**(narcotic)라고 부른다. 각각의 약품은 강도와 반응 속도 및 내성 정도가 다르다. 모르핀과 **코데인**, **옥시코돈**(옥시콘틴과 퍼코셋의 핵심 재료)은 고통 완화를 위해 처방되곤 하는 의료용 마약이다(Olfson et al., 2020). 11세 이상 미국인 8,600만 명 이상이 지난 한 해 동안 의료용 마약을 투약하였다. 그들 중 12%는 이 약물들을 불법으로 투약하였다. 불법이라 함은 의사의 처방이 없거나 처방보다 많이, 또는 자주, 혹은 길게 투약한 것

을 말한다.

대부분의 아편제는 담배처럼 피우거나 숨을 들이키는 방법, 코로 들이마시는 방법, 피부에 주사하는 방법, 많은 진통제처럼 알약이나 물약의 형태로 삼키는 방법 등으로 사용된다. 주사를 하는 경우에는 피부 바로 아래에 넣는 방법(물집처럼), 근육에 놓는 방법, 정맥에 직접 놓는 방법 등이 있다. 주사법은 매우 빠른 반응을 일으켜 따뜻한 느낌의 경련과 함께 극치감을 유발하는데, 이때의 극치감은 흔히 오르가슴에 비교된다. 그 직후에는 몇 시간 동안 '뿅 간다(high)' 또는 '깜빡한다(nod)' 등의 즐거운 느낌이 이어진다. 그 시간 동안 마약을 사용하는 사람은 이완되고 행복감을 느껴 음식이나 성행위를 비롯한 다른 신체적 요구에 무관심해진다.

아편과 같이 잘 통제된 상황에서는 유용하지만 과도하게 사용하거나 통제를 벗어나면 위험해지는 다른 물질이나 활동으로는 또 어떤 것이 있을까?

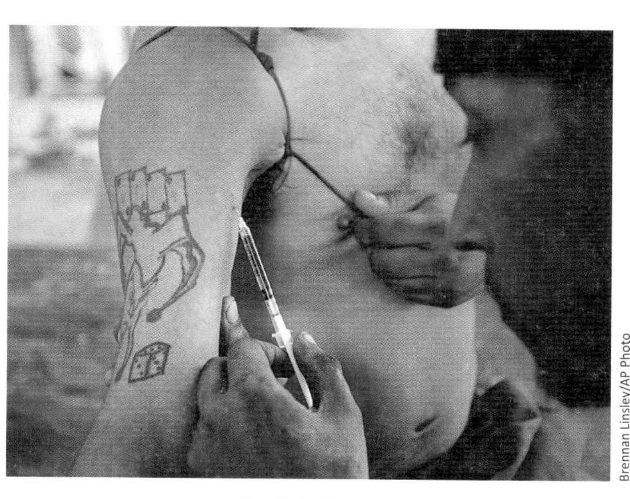

헤로인 주사 아편류의 마약은 구강·코를 통한 흡입, 피하주사, 정맥주사 등을 통해 사용한다. 사진은 어떤 중독자가 헤로인을 주사하는 장면으로 푸에르토리코의 산후안 시내에서 촬영된 것이다.

아편유사제는 중추신경계를 억압하여 이러한 효과를 만들어내는데, 특히 감정 조절 중추에 영향을 미친다. 이 약물들은 고통을 완화시키고 감정적 긴장을 감소시키는 신경전달물질인 **엔도르핀**(endorphin)을 보통 수용하는 뇌 수용체 자리에 부착한다(Stolbach & Hoffman, 2020). 이 수용체 자리에 있는 뉴런이 아편유사제를 받아들이면 마치 엔도르핀이 분비되었을 때 받는 감정과 같은 만족감과 안정적인 감정을 느끼게 된다. 하지만 아편유사제는 고통과 긴장을 감소시키는 것뿐 아니라 구토와 홍채 축소를 일으키며 변비도 유발한다. 뇌에서 엔돌핀을 분비할 때와 같은 신체 반응이 일어나는 것이다.

아편계사용장애 아편계 약물을 반복적으로 몇 주간만 사용하면 곧바로 **아편계사용장애**(opioid use disorder)에 빠지게 된다. 이런 경우 아편유사제는 사회적·직업적 기능을 심각하게 저해한다. 대부분 헤로인 남용은 의존을 유발하고, 곧 삶의 중심이 헤로인이 되어 내성이 생기며, 만약 복용을 중단하면 금단 증상을 경험하게 된다(Sevarino, 2020, 2019; Strain, 2020a). 처음의 금단 증상은 불안, 불안정, 발한, 격한 호흡 등이고 더 진행되면 경련, 통증, 발열, 구토, 설사, 식욕 감퇴, 고혈압 등으로 인해 최대 6.8kg의 체중 감소를 보인다(체액의 상실이 원인). 이러한 증상은 일반적으로 3일 동안 최고조에 이르고, 이후 점차 잦아들다가 8일째가 되면 사라진다. 금단 증상을 겪는 사람은 증상이 없어질 때까지 기다리거나, 다시 아편제를 복용하는 것으로 금단 증상을 없애는 둘 중 하나의 선택을 한다.

아편계 약물에 의존하게 된 사람은 금단 현상을 피하기 위해 금세 약물을 다시 필요로 하게 되고, 안정감을 위해 계속적으로 약물 사용량을 늘린다. 약에 의한 순간적인 황홀감은 점점 강렬하게 느껴지지 않게 되고, 중요하지도 않은 것이 된다. 헤로인 사용자들은 시간의 대부분을 그다음 복용을 계획하는 데 쓰는데, 비용이 많이 드는 그 '습관'을 유지하기 위해 많은 경우 절도 등의 범죄행위에 의존하게 된다(Thomas, 2019).

조사에 따르면 미국 성인과 청소년 중 약 0.7%인 총 200만 명이 지난 1년 이내에 아편계사용장애를 보인다(SAMHSA, 2021a, 2019b). 이런 사람들의 대다수(75%)는 옥시코돈과 모르핀 같은 처방 진통제에 중독된다(그림 10.2 참조). 아편계사용장애가 있는 약 25%의 사람들(50만 명)은 헤로인에 중독된다. 이러한 약물의존율은 1980년대에 상당히 감소하였으나 1990년대 초반에 상승하였고, 1990년대 후반에 들어 줄었다가 2000년 이후 다시 증가하고 있다.

엔도르핀 통증과 정서적 긴장을 완화시키는 신경전달물질

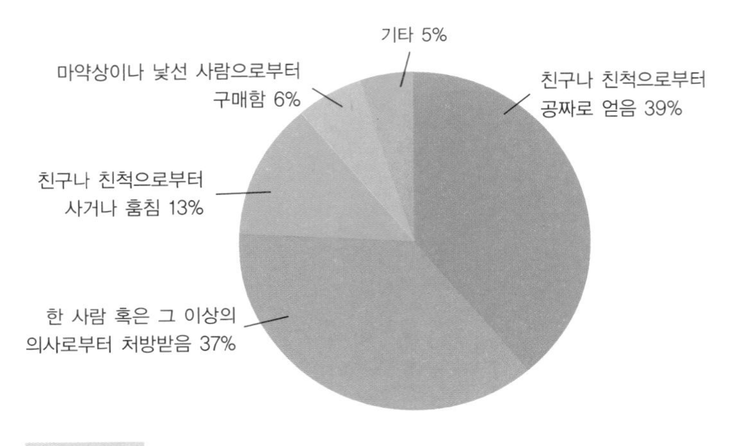

그림 10.2

비의료용 진통제를 어디에서 얻을까? 약 39%가 친구나 친척으로부터 공짜로 약물을 구했고, 37%가 의사에게서 구했다. 6%만이 약물을 마약상에게서 구입했다. (출처 : SAMHSA, 2021a, 2019b)

10대를 포함하여 지난 10여 년간 아편계 약물의 사용 비율과 사망률이 급격하게 증가한 것을 가리켜 많은 임상가는 '아편 유행(opioid epidemic)'이라 부른다. 이러한 급격한 증가는 2018년과 2019년 정부가 새로운 기금을 마련하여 제약회사나 임상적 치료 프로그램을 제공하는 다양한 회사의 처방 및 법적 문제점을 더 잘 감독할 수 있게 함으로써 다소 감소하는 것처럼 보였다(CDC, 2020i, 2020p; NIDA, 2020b). 하지만 2020년 COVID-19가 발생하면서 아편유사제사용장애는 다시 증가하고 있다. 실직, 사회적 상호작용의 감소, 마약 검사의 감소, 대면 치료의 감소 등이 증가의 이유가 된다.

아편유사제 사용의 위험 요소는 무엇인가 아편유사제 복용의 가장 즉각적인 위험 요소는 과다복용으로, 뇌의 호흡 중추를 막아 대개 호흡마비를 일으킴으로써 죽음에 이르게 한다(Coffin, 2020). 사망에 이르는 경우는 수면 중처럼 의식적으로 호흡에 발생하는 문제에 대처할 수 없는 상태일 때 발생하곤 한다. 얼마 동안 헤로인이나 진통제를 복용하지 않다가 다시 헤로인을 복용하는 사람은 그 전에 마지막으로 먹었던 용량을 복용하는 치명적인 실수를 하기도 한다. 그러나 한동안 그 약물이 몸에 없었기 때문에 그들의 몸은 많은 용량을 감당하지 못한다. 지난 20년간 아편계 약물의 과다복용을 사망에 이른 사람의 숫자는 400% 증가하였다. 현재는 미국에서만 매년 약 1만 5,000명이 헤로인 과다복용으로 사망하고, 헤로인보다 20~35배 강한 진통제인 펜타닐을 비롯한 진통제 과다복용으로 3만 7,000명이 사망한다(Niles et al., 2021; CDC, 2020i; NIDA, 2020b). COVID-19 감염병 시기를 지나며, 하나 또는 다수의 아편유사제 과다복용으로 인한 사망자 수는 이 시기의 아편계사용장애의 사례 수 증가와 마찬가지로 현저하게 증가하였다(CDC, 2020p). 몇몇 연구에 의하면 치료하지 않은 아편계사용장애 환자의 사망률은 다른 사람의 63배에 달했다(Strain, 2020a).

아편유사제 복용자는 다른 위험 요소에도 쉽게 빠진다. 길거리 마약상들은 종종 아편유사제에 값싼 마약이나 청산가리, 배터리액 등 다른 치명적인 물질을 함께 섞는다. 그뿐만 아니

Reuters/Rick Wilking/Newscom

대중적 문제 아편계 진통제 처방에 의한 중독이 아편계사용장애의 75%에 해당한다. 이 문제에 대한 대중의 인식을 높이기 위해 뉴햄프셔에서 열린 2020 캠페인에서 아편계 처방약병으로 만들어진 조각상이 세워져 있다.

Mark Ralston/AFP/Getty Images

치명적인 효과 2016년, 음악계 거장 프린스가 매우 강력한 처방 진통제인 아편계 약물 펜타닐 과다복용으로 사망했다. 프린스의 죽음 직후 팬들은 미네소타에 있는 그의 거주지 인근에 그의 노래인 'Let's go Crazy' 중 이 상황에 적합한 가사 일부를 붙여놓았다.

라 아편유사제 투약에 사용되는 더러운 바늘과 소독되지 않은 장비로 인해 AIDS나 C형 간염, 피부 농양 등이 전염된다(Strain, 2020a). COVID-19 초기 작업 중단과 사회적 거리두기 정책에 따라 다수의 노숙인 물질중독자들이 지역사회 활동가로부터 청결한 주사기를 지원받지 못한 채 몇 달씩 지내면서 이러한 문제는 더 악화되었다(J. Hoffman, 2020).

요약

물질오용과 진정제

특정 물질(마약)의 반복적이고 과도한 사용은 물질사용장애를 초래할 수 있다. 장기간 고용량의 사용은 물질남용이나 물질의존으로 이어진다. 마약에 의존하게 된 사람들은 내성이 생기고 마약을 복용하지 않으면 불쾌한 금단 증상을 경험하게 된다.

진정제는 중추신경계의 활동을 저하시키는 물질이다. 이러한 물질의 반복적이고 과도한 복용은 남용이나 의존으로 이어진다. 알코올 음료는 에틸알코올을 함유하는데, 에틸알코올은 혈관을 타고 중추신경으로 흘러가 기능을 저하시킨다. 혈중 알코올 농도가 0.09% 이상이 되면 알코올중독이 일어난다. 뇌 속에서의 다른 활동으로 알코올은 중요한 곳에서 GABA의 활동을 증가시킨다. 바비튜레이트와 벤조디아제핀과 같은 진정 수면성 약물은 이완감과 졸음을 일으킨다. 이러한 약물들 역시 GABA의 활동을 증가시킨다. 아편유사제에는 아편과 기타 아편 추출물, 예를 들면 모르핀, 헤로인 및 실험실 합성 아편이 있다. 이들은 긴장과 통증을 완화시키고 다른 반응을 불러일으킨다. 아편유사제는 대개 엔도르핀 수용기에 접합한다.

Stringer/EPA/Newscom

더욱 순수하게 추출된 혼합물 남아프가니스탄산 양귀비 등에서 얻을 수 있는 헤로인은 점차 순수하게 추출되고 효과도 강해지고 있다.

각성제

각성제는 **중추신경계**의 활동을 증진하는 물질이며, 혈압과 심박 수 상승, 각성도 상승, 급박한 행동과 사고를 초래한다. 문제가 되는 각성제 중 하나는 **니코틴**인데, 니코틴은 흔히 일반적인 담배나 전자담배를 통해 흡수된다. 니코틴 자체뿐 아니라 두 가지 물질이 건강에 심각한 문제를 일으킨다(**정보마당** 참조). **카페인**도 다른 각성제 중 하나로 커피, 차, 콜라, 에너지드링크, 초콜릿 및 일부 약물에 포함되어 있다. 세계 인구의 90%가 매일 카페인을 소비하고 있으며, 카페인 역시 과도하게 사용하면 중독, 금단을 비롯한 의학적 문제를 일으킨다(Bordeaux &

코카인 코카나무에서 얻는 중독성 각성제. 자연 상태에서 얻는 각성제 중 가장 강력하다.

Lieberman, 2020). 사회에서 가장 문제가 되는 각성제는 **코카인**과 **암페타민**이다.

코카인

코카인(cocaine, 남아메리카에서 발견되는 코카나무의 주요 활성 성분)은 현재 알려진 가장 강력한 천연 각성제이다(AR, 2020; Nelson & Odujebe, 2019). 이 약물은 1865년에 처음 식물에서 추출되었다. 하지만 남아메리카 원주민들은 약물이 제공하는 에너지와 각성 때문에 선사시대부터 코카 잎을 씹어왔다. 가공된 코카인(**염산염 가루**)은 무취에 백색인 솜털 같은 가루이다. 이것은 주로 여가용(쾌락적 이유)으로 코의 점막을 통해 흡입된다. 일부 이용자들은 정맥주사를 놓거나 파이프 혹은 담배 안에 넣어 흡연함으로써 더 강력한 효과를 선호하기도 한다.

수년간 사람들은 코카인이 중독과 가끔 일어나는 일시적인 정신 이상 이외에는 별다른 문제를 일으키지 않는다고 믿었다(표 10.2 참조). 연구자들이 코카인의 여러 문제를 식별한 것은 최근의 일이다. 연구자들은 사회에서 약물의 인기 및 약물 이용과 관련된 문제의 급격한 증가가 목격된 후에 문제점을 통찰하게 되었다. 1960년대 초 미국에서 대략 1만 명의 시민이 코카인을 복용했다. 오늘날 4,000만 명이 시도해봤으며, 거의 200만 명이 현재 복용 중이다. 이 중 대부분은 10대이거나 젊은 성인이고, 그나마 다소 감소한 숫자이다(SAMHSA, 2021a, 2019b; Schneider et al., 2019).

코카인은 행복감과 자신감이 생기는 황홀감(rush)을 일으킨다. 많은 용량을 복용할 경우 이러한 황홀감 때문에 거의 헤로인에 의해 유발되는 오르가슴에 다다를 수 있다. 처음에 코카인이 중추신경계의 상위 중추들을 자극하면, 복용자는 흥분과 활기를 느끼고 말이 많아지며 황홀감이 생긴다. 많이 복용할수록 중추신경계의 다른 중추들을 자극해, 맥박이 빨라지고 혈압이 오르며 호흡이 빠르고 깊어지고 높은 각성 수준을 느끼게 된다.

코카인은 대개 두뇌 전반에 걸쳐 핵심 뉴런에 있는 신경전달물질인 **도파민**의 공급을 증진함으로써 이런 효과를 일으킨다(Lewis et al., 2020). 과다한 도파민이 중추신경계를 통해 수용 뉴런으로 이동하여 그것들을 과다 자극한다. 코카인은 두뇌의 일부 영역 내에서 신경전달물질인 **노르에피네프린**과 **세로토닌**의 활동성을 증진하는 것으로 나타났다.

고용량의 약물은 **코카인중독**을 일으키는데, 이 중독의 증상에는 취약한 근육 조절, 과장, 잘못된 판단, 분노, 공격, 강박적 행동, 불안, 혼란이 있다(Nelson & Odujebe, 2019). 몇몇 사람

표 10.2

약물남용의 결과와 위험

	잠재적 중독 상태	잠재적 의존 상태	장기 손상 또는 죽음	극심한 사회경제적 결과의 위험	심한 장기적인 정신적 행동 변화의 위험
아편유사제	상	상	중	상	하~중
신경안정제					
바비튜레이트	중	중~상	중~상	중~상	하
벤조디아제핀	중	중	하	하	하
각성제(코카인, 암페타민)	상	상	중	하~중	중~상
알코올	상	중	상	상	상
대마	상	하~중	하	하~중	하
합성 마약	상	상	상	상	상

출처 : Gorelick, 2020b; Mukamal, 2020; Park, 2020; Strain, 2020a; Boyer et al., 2019; Wang, 2019.

들은 환각이나 망상을 경험하거나, **코카인으로 인해 유발된 정신증**이라 불리는 환각과 망상이 동시에 일어나는 현상을 경험한다.

약물순화법 가공된 코카인으로부터 순수한 코카인 알칼로이드를 분리하거나 유리시켜서 불꽃의 열로 증발시킨 다음 파이프를 통해 들이마시는 것

농축 코카인 순화법을 사용하여 곧 피울 수 있도록 만들어진 강력한 코카인 덩어리

> 한 젊은 청년이 코카인을 순화시켜 흡입한 후 자신의 옷장으로 가서 옷을 꺼냈다. 그런데 셔츠가 그에게 물었다. "뭘 원하는 거야?" 그는 겁이 났다. 그래서 문으로 뛰어가자 곧 "저리 가!"라고 문이 그에게 소리쳤다. 곧 그는 소파가 자신에게 말하는 것을 들었다. "앉기만 해봐, 엉덩이를 차줄 테니까!" 그는 강한 공포와 심한 불안을 느끼며 순간적으로 공황 상태에 빠졌다. 그래서 그는 바로 도움을 받을 수 있는 병원으로 달려갔다.
>
> (Allen, 1985, pp. 19–20)

코카인의 자극적 효과가 가라앉을 때 복용자는 우울증과 유사한 절망, 흔히 말하는 두통, 현기증, 졸도를 겪게 된다(ADF, 2020). 약의 부작용은 가끔 복용하는 사람에게서는 보통 24시간 이내 사라지지만, 고용량을 복용한 사람들에게서는 오래 지속된다. 이런 사람들은 마비, 깊은 수면 혹은 일부의 경우 혼수상태에 빠질 수 있다.

코카인 섭취 먼 과거에는 코카인이 고가인 탓에 이용과 영향이 제한적이었다. 또한 코카인은 일반적으로 흡연이나 주사보다 덜 강력한 효과를 내는 방식인 흡입을 통해 복용되었다(ADF, 2020). 하지만 1984년 이후 더 새롭고 강력하며 때로는 값싼 형태의 코카인이 이용되면서 이 약물의 사용이 많이 늘어났다. 요즘에는 많은 사람이 약물순화법이라는 방법을 통해 코카인을 흡입하는데, **약물순화법**(freebasing)이란 가공된 코카인으로부터 순수한 코카인 알칼로이드를 화학적으로 분리하거나 유리시켜서 불꽃의 열로 증발시킨 다음 파이프를 통해 들이마시는 것이다.

수백만 명의 사람이 가열하면 공 모양의 결정체가 되는, 순도를 높인 코카인이라는 강력한 형태인 **농축 코카인**(crack)을 이용한다. 이것은 특수한 파이프로 흡연하며, 흡입할 때 우지직(cracking) 소리가 난다(이러한 소리 때문에 crack이란 이름이 붙었다). 그 이전에는 너무 비쌌던 농축 코카인은 1980년대에 저렴해져서 이전에는 코카인을 구입할 여유가 없던 사람들인 주로 도시 빈민 지역의 사람들 사이에서 농축 코카인이 유행하게 되었다(Turner, 2017). 지난 20여 년간은 농축 코카인의 사용량이 다시 줄어들었지만, 그래도 한 해 11세 이상의 0.3%인 80만 명이 코카인을 사용하고 있다(SAMHSA, 2021a, 2019b).

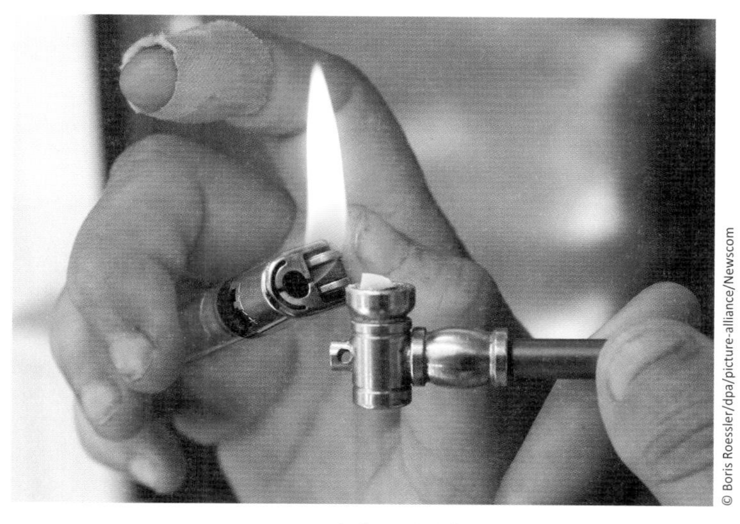
© Boris Roessler/dpa/picture-alliance/Newscom

농축 코카인 흡연 약물순화법을 사용하여 곧 피울 수 있도록 만들어진 강력한 코카인 덩어리인 농축 코카인을 크리스털 구 안에서 가열하여 농축 코카인 파이프를 통해 피우고 있다.

코카인은 어떤 위험성이 있는가 코카인이 행동과 인지, 감정에 미치는 유해한 영향과 별개로, 이 약은 심각한 신체적 위협을 야기한다(Morgan, 2020). 미국에서는 점점 더 강력한 형태의 약물을 이용하게 되어, 코카인과 관련해 응급실로 가게 되는 횟수가 지난 40년간 약 125배 이상 늘어나게 되었다(Richards & Le, 2020).

코카인 사용에 따른 가장 큰 위험은 과다 사용이다(Nelson & Odujebe, 2019). 과다 사용은 뇌의 호흡 중추에 강력한 영향을 미치는데, 처음에는 호흡 중추를 자극하다가 점차 이를 저하시켜 호흡이 멈출 정도까지 이른다(Mechem, 2020). 코카인은 치명적인 심장 불규칙성(부

흡연, 담배, 그리고 니코틴

11세 이상의 전체 미국인 중 약 **22%**가 규칙적으로 담배를 피우며, 그 수는 총 **5,900만** 명에 이른다(SAMHSA, 2021a, 2019b). 마찬가지로 11세 이상에 해당하는 세계 인구의 **20%**가 규칙적으로 담배를 피우는데, 이는 총 **11억** 명이다(WHO, 2021b, 2019b).

미국의 흡연자는 누구일까?

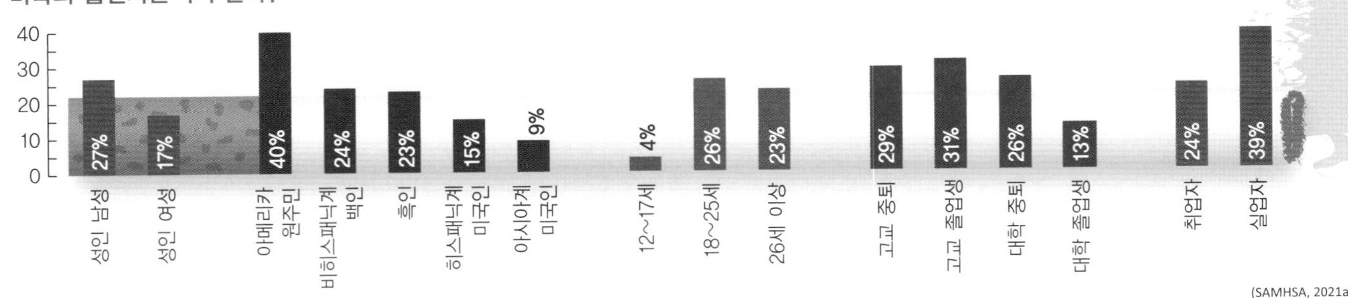

(SAMHSA, 2021a, 2019b)

흡연과 건강

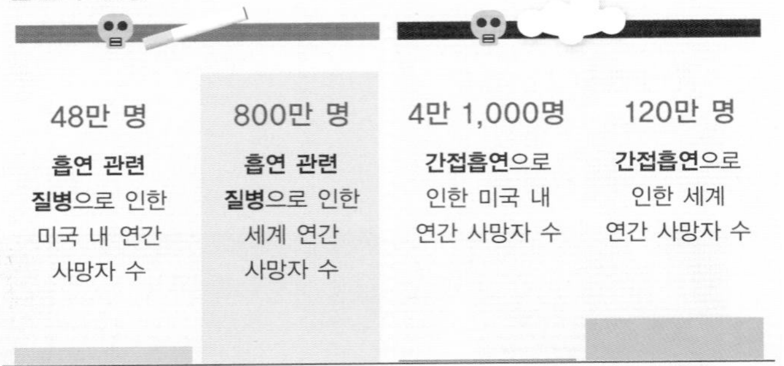

(WHO, 2021, 2019a; CDC, 2020t, 2018d)

사람들은 왜 담배를 계속 피우는 걸까?

75%의 흡연자들은 담배 안에 있는 활성물질인 **니코틴**에 중독되었기 때문에 담배를 계속 피운다(WHO, 2020f, 2019b). 중추신경계는 뇌 안의 동일한 신경전달물질과 보상센터에 영향을 주는데, 니코틴은 이러한 중추신경계를 각성시키는 물질이다. 이것은 암페타민과 코카인 같은 마약과 헤로인만큼 중독성을 갖고 있다. 니코틴에 중독된 흡연자들은 **담배사용장애**(tabacco use disorder)가 있다고 전해진다.

담배사용장애가 있는 미국 흡연자 수 : 4,700만 명

담배사용장애가 있는 전 세계적 흡연자 수 : 16억 명

17.2%

25.4%

전체 인구 (11세 이상)

(SAMHSA, 2021a, 2019b; WHO, 2021b, 2019b; HHS, 2020)

금연하기

매년 더욱 많은 사람들이 금연하기 위해 노력한다. 한 가지 이유는 많은 연구들이 흡연으로 인한 심각한 건강상의 위험을 증명해왔기 때문이다(Munafo & Grabski, 2020). 또 다른 이유는 흡연의 위험을 널리 퍼뜨린 보건기관들의 적극적인 활동 덕분이다. 흡연에 대한 사회적 용인도가 감소함에 따라 흡연습관을 끊을 수 있도록 도와주는 상품과 기술 시장이 등장하기 시작했다.

알아채기

흡연이 나쁘다고 생각하는 청소년

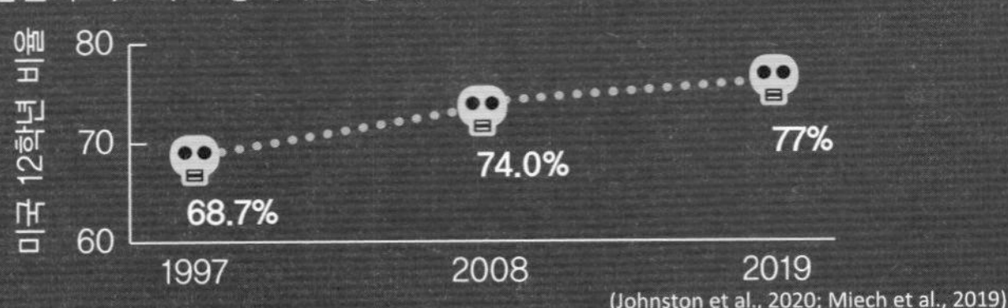

(Johnston et al., 2020; Miech et al., 2019)

쉽게 접할 수 있는 금연보조기구

- **니코틴 껌** — 씹을 때마다 니코틴이 나온다.
- **니코틴 패치** — 피부를 통해 니코틴을 흡수한다.
- **니코틴 사탕** — 입안에서 분해되면서 니코틴이 나온다.
- **코에 뿌리는 스프레이** — 콧구멍 안에 액상 니코틴을 분출시킨다.
- **항정신병 약물(바레니클린, 부프로피온, 노르트립틸린)** — 니코틴 갈망을 줄여준다.
- **자가도움집단** — 심리적 지원을 제공한다.
- **행동상담** — 대안적 행동 교육

(CDC, 2020t, 2018d; Munafo & Grabski, 2020; Park, 2020)

금연을 위한 시도

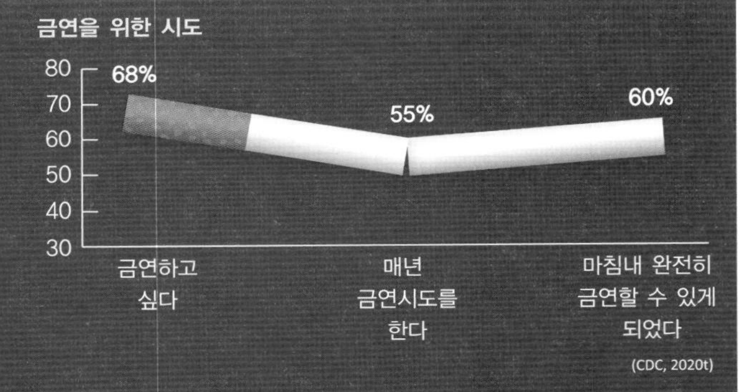

(CDC, 2020t)

알고 있었나요?

- 니코틴은 헤로인, 알코올, 코카인보다 중독성이 더 강하다.
- 담배에는 7,000종의 화학물질이 있고, 그중 수백 가지는 유해하다.
- 흡연은 신체의 대부분 기관에 해롭다.
- 흡연자의 기대수명은 비흡연자보다 13년이 적다.
- 세계의 흡연자 수는 11억 명이다.
- 매년 전 세계에서 6조 5,000억 개의 담배가 팔린다.
- 매일 미국에서 3,200명이 태어나서 처음으로 담배를 피우기 시작한다.

(ADHS, 2020; JHM, 2020; Martin, 2020, 2019; Statist, 2020a)

정맥) 혹은 호흡이나 심장 기능이 갑자기 멈추게 되는 뇌 발작도 야기할 수 있다(Morgan, 2020). 미국에서 한 해 코카인 과다 사용으로 사망하는 사람은 1만 6,000명이 넘어 치사율은 10여 년 전보다 급격히 증가하고 있다(Volkow, 2020b). 다른 위험성으로, 임신부가 코카인을 사용하면 유산의 위험성이 높아지고, 아이에게 영향을 미쳐 면역 기능, 주의력 수준, 학습, 갑상선 크기, 도파민과 세로토닌 활동 등에 비정상을 유발한다(Jansson, 2020).

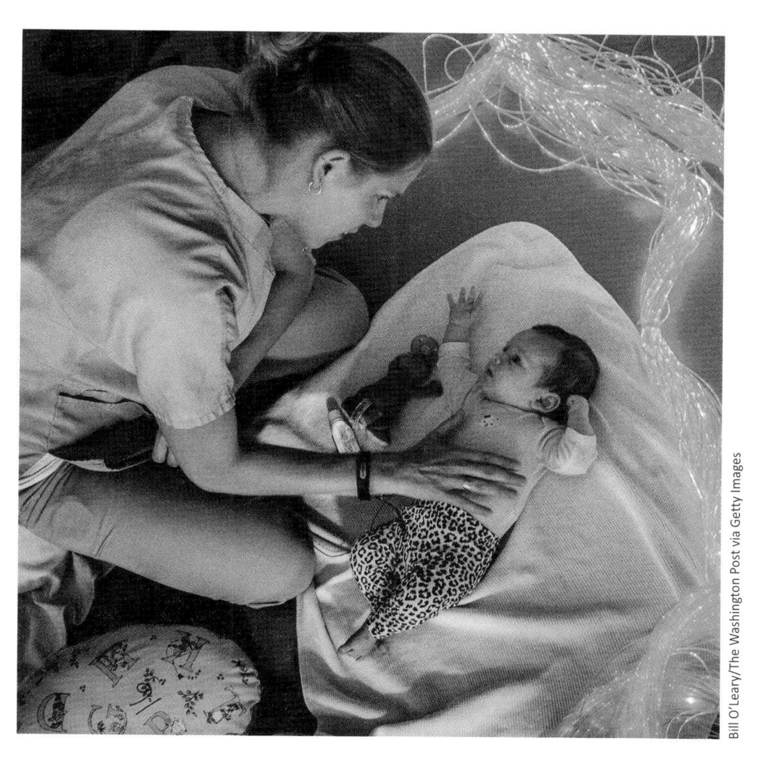
Bill O'Leary/The Washington Post via Getty Images

출생 시부터의 중독 임신 중 아편계나 각성제 사용장애가 있던 어머니의 아기들은 약물중독을 포함한 심각한 신체적, 심리적 문제를 가지고 태어난다. 여기 신생아의 헤로인, 메타돈 개입에 특화된 한 소아과에서 놀이치료사가 그러한 문제가 있는 신생아를 검진하고 있다.

암페타민

암페타민(amphetamine)은 실험실에서 제조되는 각성제이다. 몇몇 일반적인 예로, 암페타민(벤제드린), 덱스트로암페타민(덱세드린), 또는 그 둘의 조합(애더럴)이 있다. 1930년대에 천식을 치료하기 위해 처음 생산된 암페타민은 체중 감량을 시도하던 사람, 여분의 에너지 격발을 원하는 운동선수, 각성 상태를 유지해야 하는 군인, 트럭 운전수, 파일럿, 밤새 시험공부를 하는 학생들 사이에서 인기를 끌었다. 이제 의사들은 이 약의 위험성, 특히 오용되었을 때의 위험성을 알기 때문에 엄격히 처방하고 있다. 제14장에서 소개된 주의력결핍 과잉행동장애(ADHD)는 지금도 흔하게 처방되는 암페타민 및 관련 각성제들이 처방되는 장애이다.

암페타민 오용은 특히 대학생들에게서 흔히 나타난다. 대학생 10명 중 1명이 지난 1년 사이 학업성적을 높이거나 식욕을 감퇴시키기 위해, 또는 좋은 기분을 위해 처방 없이 암페타민이나 기타 각성제를 사용했다고 보고한다(Molina et al., 2020). 이런 학생들은 대개 ADHD로 자신이 처방받은 약물을 나누거나 팔거나 유통시키는 친구로부터 약물을 얻는다. 이런 위험한 행동을 임상가들은 각성제 빼돌리기(stimulant diversion)라 부르곤 한다(Faraone et al., 2020; Molina et al., 2020).

암페타민은 대개 알약이나 캡슐 형태로 복용하지만, 몇몇 사람들은 빠르고 강력한 효과를 위해 정맥으로 주사하거나 흡연, 코로 들이마시는 등의 방법을 사용한다. 코카인과 마찬가지로 암페타민은 소량을 복용할 경우 에너지와 경각심을 높이고 식욕을 떨어뜨리며, 고용량 복용 시 황홀감·중독·정신병을 일으키고, 약이 몸에서 빠져나가면 정서적 쇠퇴를 일으킨다. 또한 코카인과 같이 암페타민은 두뇌 전반에 걸쳐 신경전달물질인 도파민, 노르에피네프린, 세로토닌의 분비를 증가시킴으로써 중추신경계를 자극한다. 다만 암페타민의 작용은 코카인의 작용과 다소 다르다(Mullen, Richards, & Crawford, 2020).

독특한 효과와 중독성을 가진 암페타민의 일종인 **메스암페타민**(methamphetamine)[일명 메스, 또는 크랭크(심술쟁이)]은 최근 10여 년 사이에 인기가 급상승하여 주의를 요한다. 미국 내 11세 이상인 사람 전체의 약 5.4%(거의 1,500만 명)가 이 각성제를 적어도 한 번은 사용하였고, 한 해 약 0.7%(190만 명)가 이것을 사용한다(SAMHSA, 2021a, 2019b). 11세 이상의 약 0.4%가 현재 메스암페타민사용장애(methamphetamine use disorder)로 보여진다. 이것은 결정체의 형태(이 때문에 길거리에서는 아이스나 크리스털 메스라고도 부른다)이고, 흡연을 통해 사용한다.

암페타민 실험실에서 조제된 각성제

메스암페타민 강한 암페타민류의 마약으로 인기가 급격히 높아져 근래 주요한 건강과 법적 문제가 발생하고 있다.

메스암페타민 의존 : 전 세계적 확산 이 여성의 위 사진은 36세에 찍었고 아래 사진은 40세에 찍었다. 메스암페타민 중독 4년 만에 나타난 노화를 보여주는 이 광고의 효과는 강력하다.

미국에서 대부분의 메스암페타민은 작은 이동식 '스토브탑(stovetop) 실험실(RV나 SUV 차량)'에서 만들어지며, 이것은 보통 며칠간 외딴 지역에서 작업하다가 나중에 안전한 지역으로 옮긴다(Boyer, Seifert, & Hernon, 2019). 이러한 실험실은 1960년대 이래 있었지만, 2000년대 이후 개수, 생산량, 당국에 의한 압수량이 8배나 늘어났다. 건강과 관련된 주요 문제는 이것들이 위험한 연기와 잔여물을 배출한다는 것이다.

언론에서 처음 메스암페타민 결정체 흡연의 위험에 관해 보도한 1989년 이래로 이용률이 급격히 증가했다. 최근까지 미국 서부 지역에서 이 약이 더 널리 사용되었지만, 이제 동부로도 확산되고 있다. 이에 따라 전국에 걸쳐 메스암페타민과 관련한 응급실 방문 횟수가 늘어나고 있으며, 입원 인원도 15%에서 최근 24%로 증가하여 약물 관련 치료 프로그램에 참여하는 입원 환자의 가장 중요한 원인이 되고 있다(SAMHSA, 2021a, 2019b; Jones et al, 2020).

현재 메스암페타민 복용자의 대략 42%가 여성이다(SAMHSA, 2021a, 2019b). 이 약물의 사용법은 나라마다 다르다. 호주는 메스암페타민 의존 비율이 세계에서 가장 높은데, 특히 노숙자나 토착원주민에게서 많이 발견된다(Mercer, 2019; Peacock et al., 2018). 미국에서도 다양한 범위의 사람에게서 발견되는데, 소위 오토바이족에서부터 도시의 게이 공동체에서도 사용되며, '클럽약물'으로 널리 사용되고 있다. 클럽약물이란 밤새 댄스파티나 '난장판 파티(rave)'에서 흔히 쓰이는 약을 말한다(NIDA, 2019a).

메스암페타민을 사용하는 사람들은 약물의 효과인 각성, 주의력 상승, 탈억제 등에 매료되지만 곧 이 강력한 약물이 자신의 신체적, 정신적, 사회적 삶에 심각한 부정적 영향을 미친다는 것을 알게 된다(Richards, 2020; Paulus, 2019). 예를 들어 만성적인 메스암페타민 사용자들은 피부가 찢어지거나 이가 빠지는 상태[메스 마우스(meth mouth)라고도 한다]를 경험할 수 있다. 많은 장기 사용자는 인지 기능이나 의사결정 기술의 저하를 경험한다(Fitzpatrick et al., 2020). 어떤 사용자들은 신경종말(nerve ending)에 심각한 손상이 발생하는 **신경독성**(neurotoxicity)을 경험하게 된다. 메스암페타민 사용자의 3분의 1에서는 편집증, 망상, 환각이 발생하고 그중 일부는 이러한 증후군에서 회복되지 못한다(Yasaei & Saadabadi, 2020).

자극제사용장애

코카인이나 암페타민을 정기적으로 사용하는 것은 **자극제사용장애**(stimulant use disorder)로 이어질 수 있다. 자극제는 한 사람의 생활을 지배하고 되고, 그 사람은 매일 대부분의 시간을 약물의 효과 아래 지내며, 사회적 관계와 직장에서 기능하는 것이 불량할 수 있다. 또한 정기적 자극제 사용은 단기기억이나 주의력에 문제를 일으킬 수 있다. 사람들은 이 약물에 대한 내성과 금단 증상도 생길 수 있는데, 원하던 효과를 얻기 위해 더 높은 복용량을 투여하게 될 것이고, 복용을 멈추는 순간 깊은 우울과 피로감, 불면, 짜증, 불안을 겪게 될 것이다(Hartney, 2020; Mullen et al., 2020). 이들 금단 증상은 약물사용이 끝난 후에도 수 주 또는 심지어 수개월 지속될 수 있다. 한 해에 11세 이상 모든 사람의 0.4%(100만 명)가 코카인을 중심으로 하는 자극제사용장애를 보이며, 0.6%(160만 명)가 메스암페타민이나 기타 암페타민계 물질을 중심으로 하는 자극제사용장애를 보인다(SAMHSA, 2021a, 2019b).

흥미로운 이야기

안좋은 나이

신기한 우연의 일치일지 몰라도 몇몇 록스타이자 약물 남용자였던 사람들은 27세에 세상을 떠났다. 지미 헨드릭스, 짐 모리슨, 재니스 조플린, 커트 코베인, 브라이언 존스, 에이미 와인하우스 등이다. 그래서 이들을 27 클럽이라고 부르기도 한다.

요약

각성제

코카인, 암페타민, 카페인, 니코틴을 포함하는 각성제는 중추신경계의 활동을 증진하는 물질이다. 코카인과 암페타민의 비정상적 사용은 자극제사용장애를 초래할 수 있다. 각성제는 뇌 안의 도파민, 노르에피네프린, 세로토닌의 활동을 증진하며 그 효과를 일으킨다.

흥미로운 이야기

유명한 제목

물질사용은 음악에서 흔한 주제이다. 다음과 같은 노래들이 있다. 퓨처스의 'Move That Dope', 에이미 와인하우스의 'Rehab', 롤링 스톤즈의 'Sister Morphine', 에릭 클랩튼의 'Cocaine', 에미넴의 'Drug Ballad', 릴 킴의 'Drugs', 미시 엘리엇의 'Pass That Dutch' 등이 있다.

환각제, 대마초, 혼합물질

다른 종류의 물질들은 사용하는 사람이나 사회에 문제를 일으킬 수 있다. 환각제는 망상, 환각 및 다른 감각 변화를 가져온다. 대마초는 감각 변화를 일으키는 한편, 신경안정제나 자극제 효과 또한 가지고 있어서, DSM-5에서는 이를 환각제와는 다르게 취급하고 있다. 한편 많은 사람이 이런 물질을 혼합하여 복용하기도 한다.

환각제

환각제(hallucinogen)는 사람의 정상적인 감각적 인지 능력을 상승시키는 효과부터 환상이나 환각을 불러일으키는 효과에 이르기까지 감각적 인지에 매우 강력한 변화를 가져오는 물질이다. 그 느낌은 정상을 벗어난 흥분을 가져오기 때문에 이러한 흥분 상태를 '여행(trip)'이라고 부르기도 한다. 이 여행은 짜릿할 수도 있고 무서울 수도 있는데, 사람의 마음이 약물과 어떻게 교감하느냐에 따라 달라진다. 이런 약물로는 LSD, 메스칼린, 실로시빈, MDMA(엑스터시) 등이 있다. MDMA는 기술적으로는 암페타민과 비슷한 각성제이지만 환각 효과를 유발하기 때문에 미국 보건국에서는 환각제로 분류하였다. 많은 환각제는 식물이나 동물에서 유래하지만 실험실에서 합성하여 만들어지는 것도 있다.

LSD **LSD**(lysergic acid diethylamide, 리세르그산 디에틸아마이드)는 가장 유명하고 강력한 환각제로, 스위스의 화학자 Albert Hoffman이 1938년에 맥각알칼로이드(ergot alkaloid)라는 자연 발생 물질로부터 만들었다. 사회적 반항과 실험의 시대였던 1960년대에는 수백만 명의 사람들이 새로운 경험을 하기 위한 방법으로 마약을 택했다. LSD를 복용하면 2시간 안에 환각증(hallucinosis)이라고 하는 환각제중독 상태에 이른다. 심리 상태가 변화하고 신체적 증상을 동반하는데, 일반적으로 인지 감각이 강렬해지고, 특히 시지각이 강해진다(Holze et al., 2020). 작은 세부사항에 집착하게 되는데, 예를 들면 피부의 모공이라든지 풀밭의 풀 잎사귀 하나하나에 집착한다. 색상이 강렬해 보이거나 보라색이 드리운 것 같아 보인다. 사람들은 사물이 왜곡되어 보이거나 움직이는 것처럼 보인다든지, 숨을 쉬거나 모양이 달라 보이는 환상을 겪을 것이다. LSD를 복용하면 환각 증상도 겪을 수 있는데, 실제로는 존재하지 않는 사람이나 물건, 모양이 보이는 것으로 느껴진다.

LSD는 강한 감정을 유발하여 기쁨이나 불안, 우울을 유발할 수 있다(Holze et al., 2020). 시간 감각이 드라마틱하게 느려질 수 있다. 오랫동안 잊었던 생각이나 감정이 떠오르기도 한다. 이런 모든 효과는 사용자가 완전히 깨어 있고 각성한 상태에서 발생하며 약 6시간이 지나면 사라진다. LSD는 주로 세로토닌이라는 신경전달물질의 수용기에 부착하여 신경전달물질이 그곳에서 작용하는 것을 변화시킴으로써 이러한 증상을 유발한다(Delgado, 2020). 정상 상태에서 이 뉴런은 뇌가 시각 정보를 전달하고 감정을 조절하는 일을 도와준다. 따라서 LSD가

환각제 지각이 강해지고 헛것이나 환각을 경험하는 등 감각 지각에 주로 강력한 변화를 유발하는 물질

LSD(리세르그산 디에틸아미드) 맥각알칼로이드에서 추출된 환각물질

MDMA 각성제이지만 환각 효과도 있는 약물이어서 주로 환각제로 분류된다. '엑스터시'라고도 한다.

이러한 뉴런과 결합함으로써 시각적이고 감정적인 다양한 증상을 만들어내는 것이다.

11세 이상의 미국인 중 약 10%가 살아오면서 LSD 또는 다른 종류의 환각제를 사용한 적이 있는 것으로 나타났다. 0.2% 정도인 45만 8,000명은 현재도 사용 중인 것으로 조사되었다(SAMHSA, 2021a, 2019b). LSD 사용자 중 물질사용장애 발생은 적지만(LSD는 복용한다고 해도 내성이 생기지 않고 복용 중단에 따른 금단 현상이 없다고 알려져 있다), 한 번 사용하는 사람이나 장기간 사용하는 사람 모두에게 위험한 약이다. 아무리 적은 양이라도 일단 복용하게 되면 그 효과는 무척 강해서 인지, 감정, 행동에 상당한 반응이 일어난다(Haden & Woods, 2020). 때로는 그 반응이 극단적으로 불쾌하게 나타나기도 하는데, 소위 '공포 여행(bad trip)'이라 일컫는다. 예를 들어 당시 정말 많은 사람이 마약을 모든 문제에서 벗어나게 해주는 환각제로 생각했던 1960년대에, LSD를 복용한 젊은 여성의 이야기를 목격해보자. 이 개인 사례를 통해 마약의 어두운 면에 대해 배우는 것을 목적으로 두고 말이다.

> 21세의 여성이 연인과 함께 병원에 입원했다. 이 여성의 애인은 LSD를 복용한 경험이 있었는데, 그는 이 여성에게 LSD를 복용하면 성적으로 자유로움을 느끼게 된다고 했다. 이 여성이 200마이크로그램의 LSD를 복용하고 나서 30분이 흐르자 벽에 붙어 있던 벽돌이 나왔다 들어갔다 하며 조명이 이상하게 느껴지기 시작했다. 자신이 앉아 있던 의자, 혹은 같이 있던 연인의 몸이 자신의 몸과 구별되지 않는다는 걸 알게 되자 두려워졌다. 그 여성은 원래의 자신으로 돌아갈 수 없다는 생각에 사로잡혔고 두려움이 점점 커졌다. 병원에 입원하던 시점에 그녀는 지나치게 과장된 행동을 보였고, 부적절하게 웃어댔다. 그녀의 말은 앞뒤가 맞지 않았고 불안정했다. 이틀이 지나자 이런 반응이 사라졌다.
>
> (Frosch, Robbins, & Stern, 1965)

LSD는 약물의 효력이 장기적일 수 있다는 데 또 다른 문제가 있다. 어떤 사람의 경우 정신병이나 기분장애, 또는 불안장애 등으로 발전한 경우가 있다. 또한 LSD의 효력이 다 떨어진 이후에도 감각과 감정에 변화가 다시 일어나는, 이른바 **플래시백** 현상이 나타나기도 했다. 플래시백 현상은 LSD를 마지막으로 복용한 후 며칠, 심지어는 몇 달이 지난 후에도 일어났다(Delgado, 2020).

약물 효과 사진에서 보이는 이 커플은 MDMA 섭취 후 바로 기분과 에너지, 행동의 변화를 보였다.

Scott Houston/Polaris

MDMA 엑스터시 또는 몰리(Molly)라고 흔히 알려진 **MDMA**(3,4-methylenedioxymethamphetamine, 3,4-메틸린디옥시메스암페타민)는 1920년대에 개발되었고 현재도 지난 25년간 클럽 약물로서 명맥을 이어가고 있다(Mead & Parrott, 2020). 오늘날에도 사용자들은 매주 수천, 수만 회를 사용하고 있다(Johnston et al., 2020; Miech et al., 2019). 11세 이상 미국인 중 2,000만 명 이상이 일생 동안 한 번 이상 MDMA를 사용해보았고, 한 해 250만 명이 이를 사용한다(SAMHSA, 2021a, 2019b). 고등학생의 약 2.2%가 지난 한 해 동안 이를 사용했다고 대답했다.

엑스터시는 각성제이면서 환각제이다. 엑스터시는 많은 파티 참가자들의 기분을 좋게 해주고 에너지를 높여 댄스와 파티를 더욱 즐길 수 있게 해준다. 또한 엑스터시는 사용자들 간의 강한 애착과 연결감을 느끼게 한다.

LSD와 마찬가지로 엑스터시 사용자들은 물질사용장애로 발전하지는 않는 경향이 있다. 하지만 엑스터시는 반복적으로 사용하면 위험하다(R. Hoffman, 2020; Mead & Parrott, 2020). 심리적으로 엑스터시는 즉각적인 우울, 불안, 기억력 장애를 유발할 수 있다. 신체적으로는 근육 긴장, 오한, 심장 박동 및 혈압의 증가, 발한, 발열발작을 일으키고 장기적으로는 간손상을 일으킨다.

MDMA는 뇌 속의 신경전달물질인 **세로토닌**과 약간의 **도파민** 분비를 갑자기 증가시키는데, 그러고 나면 신경전달물질이 고갈되고 만다(Mead & Parrott, 2020). 엑스터시가 신경전달물질에 미치는 영향을 통해 심리적 효과 및 이와 관련된 문제의 이유를 명확히 알 수 있다.

댄스 파티에서 종종 사용되는 다양한 클럽약물(예 : 엑스터시)은 왜 빠르게 유행했다가 사라지곤 할까?

대마초

대마(cannabis sativa)는 세계 곳곳의 기후가 따뜻한 지역에서 자라나는 식물이다. 여러 종류의 대마 계열 식물로부터 만들어지는 약들을 통칭하여 **대마초**(cannabis)라 부른다. 가장 강력한 것이 해시시이다. 이보다 약한 것 중에 가장 많이 사용되는 것이 **마리화나**(marijuana)인데, 대마의 싹과 으깨인 잎사귀, 꽃이 핀 봉우리를 혼합하여 만든다. 약 1억 2,400만 명(45%)의 청소년과 성인이 일생에 한 번 이상 마리화나를 피우고, 약 2,800만 명(10%)이 적어도 한 달에 한 번은 마리화나를 피운다(SAMHSA, 2021a, 2019b). 점점 더 많은 사람이 대마를 소위 식용 대마, 또는 식용(edible)이라고 불리는 음식물을 통해 섭취한다.

취하는 맛 식용 대마가 네바다주의 한 대마판매소에 진열되어 있다. 네바다주는 오락용, 의료용 마리화나가 모두 합법이다. 식용 대마는 담배로 피울 때보다 신체에 흡수되는 속도가 느리지만, 인기는 점차 상승하고 있다.

담배처럼 흡연하거나 먹을 경우 대마는 환각적 효과와 신경안정제적 효과 그리고 자극적인 효과가 혼합되어 나타난다. 적은 양을 흡입하면 즐겁고 몸이 완화되는 느낌이 들며, 아주 조용해지거나 혹은 말이 많아진다. 그러나 어떤 사람은 초조해지고 의심이 많아지며 화가 나기도 하는데, 특히 불쾌한 기분이나 기분 나쁜 분위기에서 흡연한 경우에 그러하다. 사용자들은 대부분 인지력이 날카로워지는 것을 느끼며 주위의 소리나 영상이 확대되는 환상을 경험한다고 말한다. 시간이 느려지고, 거리와 크기도 실제보다 더 크게 느껴진다. 이렇게 대체로 '흥분되게(high)' 느껴지는 것을 전문용어로 **대마초중독**(cannabis intoxication) 현상이라고 한다. 눈이 충혈되고 심장 박동이 빨라지고 혈압이 상승하며, 식욕이 지나치게 많이 생기고 입안이 마르고 어지러움증을 느끼는 등의 신체적 변화가 생긴다. 어떤 사람은 졸리기도 하고 잠이 들기도 한다.

많은 양을 사용하면 시각적으로 이상한 것을 보게 되고, 신체의 이미지가 변하면서 환각을 경험한다. 대마초 사용자는 정신이 혼란해지거나 충동적이 된다. 어떤 이는 다른 사람이 자신을 해치려 한다고 두려워한다. 대마초의 효력은 피운 경우 2~6시간, 먹은 경우 12시간 정도 지속된다. 그러나 기분의 변화는 이보다 더 오래 지속되기도 한다.

각각의 대마는 각기 다른 다양한 효력이 있다. 효력은 식물이 자라는 기후와 그것이 준비되는 방식, 보관 방법과 지속기간에 크게 영향을 받기 때문에 이들 약물 각각은 다양한 강도를 가진다. 대마초의 독특한 효과(취하는 정도와 지각, 정서, 인지적 반응)는 대마에 함유된 수백 가지 활성 화학물(active chemical) 성분 중 **테트라하이드로칸나비놀**(tetrahydrocannabinol, THC) 성분에 의한 것이다. THC 성분이 높게 함유될수록 효과는 더욱 강하다. 대개 이 성분은 해시시에는 많지만 마리화나에는 적다.

THC는 먹을 때보다 흡연할 때 몸에 더 빨리 흡수된다. 그러므로 마리화나 흡연자들은 이를 먹는 사람들보다 더 빠른 효과를 경험한다. 동시에 THC를 먹는 경우에는 흡수가 느리기 때문에 이를 흡연으로 마시는 경우보다 효과가 오래 지속된다(Volkow & Baler, 2019).

대마초 대마(삼)에서 얻는 약물. 환각, 억제, 흥분 효과를 혼합적으로 유발한다.

마리화나 대마류의 마약 중 하나로 꽃봉오리, 잎에서 추출한다.

테트라하이드로칸나비놀(THC) 대마초 물질의 주요 활성 성분

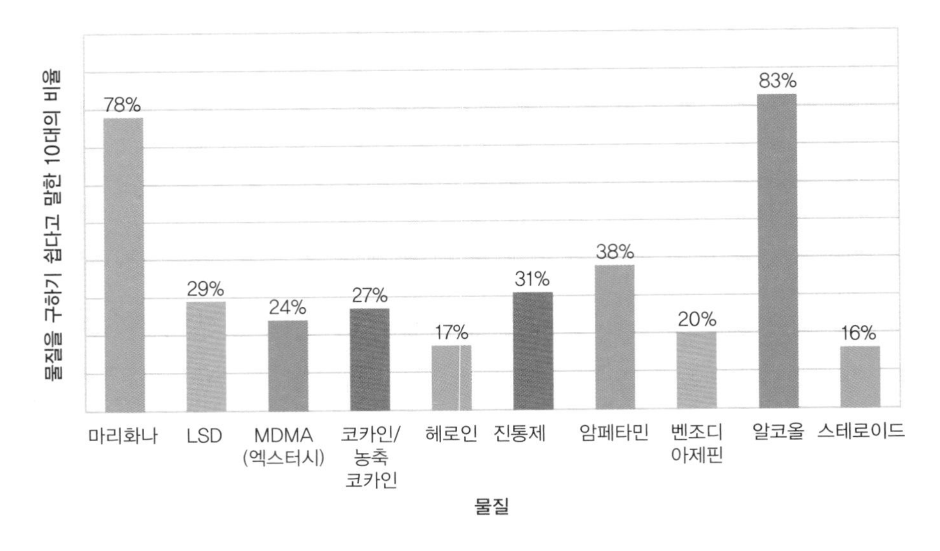

그림 10.3

10대는 얼마나 쉽게 약물을 구할까?
미국의 고3 학생 대부분은 알코올과 마리화나를 구하기 쉽다고 말했고, 4분의 1 이상은 암페타민, 아편제 약물, LSD, 코카인을 구하기 쉽다고 대답하였다. (출처 : Johnston et al., 2020; Miech et al., 2019)

대마사용장애 1970년대 초까지 대마초를 약하게 하여 만든 마리화나는 **대마사용장애**(cannabis use disorder)로 이어지는 경우가 드물었다. 그러나 요즘은 많은 사람이 쉽게 마리화나를 피우거나 먹을 수 있으므로 내성이나 금단 증상이 발생하고 사회적, 직업적(또는 학업적) 손상을 경험하며 대마사용장애로 발전하게 된다(Gorelick, 2020a, 2020b)(그림 10.3 참조). 미국인 중 약 440만 명(11세 이상의 1.6%)이 한 해 대마사용장애를 보인다(SAMHSA, 2021a, 2019b). 특히 18세에서 25세 사이에 더 많은데, 그들에게서는 연간 발생률이 6%에 달한다.

그러면 왜 지난 수십 년간 더 많은 마리화나 사용자들이 대마사용장애를 발달하게 된 것일까? 가장 큰 원인은 약물이 달라졌기 때문이다. 현재 미국 어디에서나 쉽게 구할 수 있는 마리화나는 1970년대 초에 사용했던 마리화나에 비해 4배 정도 더 강하다. 오늘날 마리화나의 주요 성분인 THC 평균 함유율은 15% 이상인 데 비해, 과거 1970년대에 사용했던 마리화나에는 THC가 2%에 불과했다(EPR, 2020). 요즘 마리화나는 매우 덥고 건조한 기후에서 재배되는데, 이로 인해 THC 함유율이 더 증가하였다. 전자담배로 사용할 때의 THC 수준은 오히려 더 높다(**최신 동향** 참조).

마리화나의 원료 마리화나는 대마의 잎에서 추출된다. 이 식물은 한해살이로 1~4.5미터 높이로 자라고 다양한 고도, 기후 및 토양에서 자랄 수 있다.

Adam Glanzman/The New York Times/Redux

마리화나는 위험한가 과학자들은 마리화나 사용이 위험할 수 있다는 사실을 알아냈다(LaFrance et al., 2020). 때로는 환각제 복용과 유사한 공황 상태를 유발하는가 하면, 어떤 사람은 정신이 이상해지는 것 같은 두려움을 느끼기도 한다. 마리화나를 피운다면 이런 반응은 마리화나의 다른 효과들과 함께 2~6시간이면 사라진다. 마리화나를 먹는다면 이런 공황과 같은 반응은 대개 12시간 정도가 지나 사라진다.

마리화나의 사용은 인지 기능과 복잡한 감각운동 작업의 수행을 방해하므로 많은 자동차 사고를 유발한다(SAMHSA, 2020a; Wang, 2019). 실제로 매년 4.6%의 성인이 한 번 이상 마리화나를 비롯한 대마제에 취한 채로 운전을 한다(SAMHSA, 2021a, 2019b). 더욱이 대마의 영향하에서는 아무리 열심히 집중하려 노력해도 정보를 제대로 기억할 수 없다. 특히 최근에 배운 것을 기억하기 어려운데, 이 때문에 심한 흡연자는 학업이나 일에 심각한 어려움을 겪는다(Gorelick, 2020c, 2020d).

주기적으로 마리화나를 사용하는 사람은 장기적으로 볼 때 건강에 문제가 생길 수 있다(Gorelick, 2020c, 2020d; NIDA, 2020c). 예를 들면 간질환이 발생할 수 있다. 이 쟁점에 대해 상당한 논란이 있기는 하지만 말이다. 마리화나 흡연자는 담배 흡연자와 비교하면 폐에서 공기를 빼내는 기능이 더욱 감퇴될 수 있다는 몇 개의 연구 보고가 있다. 또 다른 문제는 인간의 생식 기능에 관련한 것이다. 1970년대 후반부터 나온 몇 가지 연구 결과에 따르면 마리화나 상습 흡연자는 남성의 경우 정자 수가 감소했고, 여성인 경우 비정상적 배란이 발견됐다.

일반 대중을 대상으로 마리화나의 반복적 사용이 몸에 해롭다는 사실을 지속적으로 교육해왔다. 이러한 노력은 1980년대에 효과가 나타났다. 고등학교 상급생 중 마리화나를 흡연하는 학생의 비율이 하루 기준 1978년 11%에서 1992년에는 2%로 감소했다. 하지만 오늘날 고등학교 상급자 중 매일 마리화나를 흡연하는 학생의 비율은 6.4%에 이른다. 또한 70%의 학생은 마리화나를 규칙적으로 흡연하면 몸에 해롭다는 사실조차 믿지 않는 것으로 나타났다(Johnston et al., 2020; Miech et al., 2019).

Miguel Schincariol/AFP/Getty Images

창의적인 시위 브라질에서 마리화나의 의료용, 오락용 모두에 대한 합법화를 요구하기 위해 거대한 아편(또는 마리화나)담배 모형을 들고 행진하고 있다.

대마초와 사회 : 불안한 관계 과거 몇 세기 동안 대마초는 의학에서 존경받을 만한 역할을 감당해왔다. 2000년 전 중국인은 외과 수술 시 마취제로 대마초 사용을 권장했다. 다른 지역에서는 콜레라, 말라리아, 감기, 불면증, 류머티즘의 치료제로도 사용되었다. 20세기 초 대마초가 주로 마리화나의 형태로 미국에 유입되자, 과거에 그랬던 것처럼 처음에는 다양한 의료 목적으로 마리화나를 사용했다. 그러나 얼마 지나지 않아 더 효과가 좋은 약들이 대마초를 대신하더니, 대마초에 대한 호의적인 시선에 변화가 생기기 시작했다. 마리화나는 쾌락을 가져오는 약으로 사용되었고, 불법 유통이 법적으로 문제가 되기에 이르렀다. 정부 당국은 이 약물이 대단히 위험하다고 못 박고, 이 '살인 잡초'를 법으로 금지시켰다.

1980년대에 과학자들은 THC를 측정하는 기술과 대마초로부터 순수한 THC를 추출하는 방법을 개발했다. 이들은 THC의 형태를 연구소에서 합성하여 만들었다. 이것은 대마초를 의학 목적으로 사용하는 데 있어 새로운 단계로 가는 문을 열게 한 발견이었다. 예를 들면 심각한 안구 질병인 녹내장 치료에 활용하였다(Sulak, 2021). 또한 만성적 통증이나 천식을 가진 환자에게 활용했고, 화학요법치료 중인 암 환자의 메스꺼움과 구토를 경감하는 데 효과가 있었다. 또한 에이즈 환자의 식욕을 불러일으키는 등 몸무게가 감소하는 환자를 돕는 데 효과가 있었다.

이런 과학적 발견에 힘입어 몇몇 이익집단은 1980년대 후반 마리화나의 사용을 **의학적으로 합법화**하자는 캠페인을 벌이기 시작했다. 마리화나는 실험실에서 개발된 THC 캡슐보다 훨씬 빠르게 두뇌와 신체에 작용이 가능하기 때문이다. 정부는 현재처럼 순수 THC를 처방하는 방식만으로 모든 의학적 기능을 하기에 충분하다고 말하면서, 이러한 움직임을 일축했다. 그러나 의료용 마리화나 지지자들이 단호하게 밀고 나갔고, 결국 2009년 미국 법무부 장관은 연방 검사들에게 주의 법률을 준수하고 있는 의학적 마리화나 사용자나 돌보미들을 기소하지 말라고 지시하였다. 현재 35개 주와 주에 속하지 않은 지방자치단체인 워싱턴 D.C., 괌, 푸에르토리코는 의료 목적으로 마리화나가 사용되는 것에 동의했고, 몇몇 다른 주가 추가로 이 법안의 승인을 기다리고 있다(WPR, 2020e). 의료용 마리화나는 10개 이상의 나라에서 합법화되었다(Gorelick, 2020c, 2020d).

의료용 마리화나 영역에서의 발전에 힘입어 최근에 마리화나의 오락적 사용에 대한 합법화 요구 운동이 엄청난 추진력을 얻고 있다. 사실상 2012년부터 15개 이상 주의 시민들은 마리화나의 자유로운 이용을 합법화하기 위해 투표를 해왔다(WPR, 2020f). 또한 최근 여론조사에 따르면 67%의 미국 국민들이 어떤 목적이든 간에 마리화나가 합법화되어야 한다고 생각하는 것으로 밝혀졌으며, 이는 1969년의 12%, 2010년의 41%를 뛰어넘은 수치이다(Pew Research Center, 2019f). 어떤 나라들은 미국보다 더 빠른 행보를 보인다. 예를 들어 캐나다는 의료용 목적의 마리화나를 2017년에, 오락적 사용의 마리화나를 2018년에 완전히 합법화하였다.

혼합물질

사람들은 때로 하나 이상의 약물을 동시에 복용하기도 한다. 이런 패턴을 일컬어 **복합물질 사용**(polysubstance use)이라고 한다(Votaw et al., 2020). 서로 다른 약물이 동시에 신체에 들어가면 상호작용을 통해 약물의 효과가 증폭될 수 있다. 이러한 복합 효과를 **동반상승 효과**(synergistic effect, 또는 시너지 효과)라고 부르는데, 따로따로 복용한 각 약물의 효과를 모두 합한 것보다 더욱 강해진다. 두 가지 약물을 아주 적은 양만큼씩 서로 섞으면 신체에 엄청난 화학적 변화를 일으킬 수 있다.

유사한 효과를 가지는 약물을 두 가지 혹은 그 이상 혼합할 경우 동반상승 효과를 볼 수 있다. 예를 들어 신경 억제 효과가 있는 알코올, 벤조디아제핀, 바비튜레이트, 아편유사제를 혼합하면 중추신경계를 심하게 억제하는 효과를 나타낸다. 매우 적은 양일지라도 혼합하여 복용하면 극도의 중독 증세, 혼수상태를 보이고 심지어는 죽음에 이르게 된다. 예를 들어 어떤 젊은 사람이 파티에서 술(알코올)을 마시고, 잠시 후 잠드는 데 도움이 되는 적당량의 바비튜레이트를 복용했다고 하자. 자신은 자제력 있는 훌륭한 결정을 내렸다고 믿겠지만, 그는 결코 깨어나지 못할 것이다.

다른 종류의 동반상승 효과가 있는데, 반대 효과를 가지는 약물을 혼합할 경우이다. 예를 들어 각성제는 간이 바비튜레이트와 알코올을 분해하는 것을 방해한다. 따라서 바비튜레이트 또는 알코올과 코카인 또는 암페타민을 혼합 복용하면 유독한 정도, 심지어는 신체에 치명적인 정도의 신경억제물질을 생성한다. 학생이 밤늦도록 공부하려고 암페타민을 복용하고서 잠자는 데 도움이 되는 바비튜레이트를 복용하는 행위는 자기도 모르는 사이에 자신을 심각한 위험에 빠뜨리는 행동이다.

매년 수만 명의 사람들이 다중 약물 복용에 따른 응급상황으로 병원에 입원한다. 이들 중 몇천 명은 사망한다(SAMHSA, 2021a, 2019b). 부주의나 무지가 원인이 되기도 한다. 그러나 때로 어떤 사람들은 시너지 효과를 즐기려고 일부러 약물을 다중으로 복용하기도 한다. 실제로 불법 약물을 한 가지라도 사용해본 사람은 다른 약물을 어느 정도까지는 함께 사용하고 있는 것으로 나타났다(Fernández-Calderón et al, 2020). 사실상 불법 약물을 사용하는 대부분의 사람들은 다른 종류의 약물도 어느 정도 사용하곤 한다.

동반상승 효과 약리학에서 하나 이상의 약물이 신체에 동시에 작용하여 효과가 증대되는 것으로, '시너지 효과'라고도 한다.

최신 동향

전자담배 : 새로운 기기, 새로운 문제

2007년, 니코틴을 흡입할 수 있는 새로운 기기가 미국에 소개되었다. **전자담배** 또는 **e-담배**라는 것이다. e-담배는 배터리를 이용한 기화기를 통해 사용자가 증기를 들이마시는 것으로 담배연기를 대신하는 것이다. 이 기계는 니코틴을 함유한 용액을 증발시켜 사용자가 들이마실 수 있도록 한다.

새로운 가게 10대들이 전자담배 가게에서 전자담배를 피우고 있다. 전자담배 가게에서는 흡연자들이 모여 담배를 함께 피우거나 신상품을 시연해볼 수 있으며, 미국을 비롯한 전 세계에 그 숫자가 급격히 늘고 있다

AleksandrYu/Getty Images

전자담배가 소개된 후 니코틴을 제공하는 기계로서의 유용성으로 인해 많은 사람들, 특히 10대에게서 사용량이 증가했다(Wolf & Rock, 2020). 평균적으로 10대의 전자담배 사용량은 매년 50%씩 증가한다(Johnston et al., 2020; Miech et al., 2019). 현재는 고등학교 3학년 학생의 26%가 매일 전자담배를 사용하는데, 이는 6%가 담배를 통해 흡연하는 것과 대조적이다.

사람들이 전자담배를 피우는 것에는 많은 이유가 있다(JHM, 2020). 많은 사람은 사과나 수박 같은 전자담배 첨가향을 좋아한다. 다른 사람들은 연기가 없어서 냄새가 나지 않고, 흡연자라는 낙인이 찍히지 않기 때문에 선호한다. 조사에 따르면 10대는 이것이 모험적인 행위라고 느끼는 경우가 61%, 친구와 즐거운 시간을 제공해준다고 생각하는 경우가 38%, 그저 편안하게 해준다고 생각하는 경우가 37%이다(Johnston et al., 2020; Miech et al., 2019). 전자담배가 급속히 퍼지게 되는 세 가지 큰 이유는 다음과 같다. 전자담배는 안전하고 중독적이지 않고 담배를 통한 흡연을 감소시킬 수 있다는 것이다. 하지만 연구 결과에 따르면 이러한 믿음은 사실이 아니다.

사람들에게 가장 많이 퍼져 있는 믿음은 전자담배가 흡연을 통한 담배에 비해 덜 위험하다는 것인데, 흡연을 통한 담배만이 심장, 폐, 간질환, 암, 조기사망과 연결되어 있다고 생각한다. 오늘날 10대의 82%는 전자담배를 안전하다고 믿지만 흡연을 통한 담배는 24%만이 안전하다고 믿고 있다(Johnston et al., 2020; Miech et al., 2019). 사실상 연구에 의하면 니코틴을 전자담배로 피운다고 해서 흡연을 통해 담배를 피우는 것과 관련된 건강 문제의 횟수나 범위나 심각성은 줄어들지 않는다(Munafo & Grabski, 2020). 하지만 전자담배를 들이마실 때 발생하는 니코틴은 암, 신장질환, 간질환의 위험성을 증가시키는 독성 화학물질을 분명히 포함하고 있다(JHM, 2020). 예를 들면 전자담배에 추가된 첨가향은 특정 폐질환을 발생시킬 수 있다.

두 번째로 인기 있는 믿음은 전자담배의 니코틴은 흡연을 통한 니코틴보다 덜 중독적이라는 것인데, 연구는 이 믿음을 강력하게 부정한다. 니코틴은 매우 강력한 중독물질이고, 이것을 사용하면 물질사용장애가 생기는데, 이러한 결과는 전자담배를 통하든 흡연을 통하든 마찬가지이다(JHM, 2020).

세 번째로 인기 있는 믿음은 전자담배는 흡연을 통한 담배를 줄이거나 멈추는 데 도움이 된다는 것인데, 이 역시 연구에서는 부정되는 사실이다. 연구에 의하면 흡연을 피하기 위해 전자담배로 니코틴을 흡입하는 사람은 실제로 전자담배를 계속 피우게 되고 흡연 또한 지속하게 된다(JHM, 2020).

전자담배에 관한 이야기는 몇 년 전부터 좀 더 복잡하고 위험한 문제가 되었다. 가내수공업자들과 전자담배를 피우는 사람들은 전자담배 기기에 대마에 포함된 주요 향정신성 약물인 THC를 넣을 수 있도록 변형하였다(JHM, 2020; Meier et al., 2019). 그때부터 전자담배를 통해 대마를 피우는 것을 흔히 '대빙(dabbing, 멋있게 팔을 펴는 동작을 지칭하는 힙합 용어)'이라고 부르게 되었고, 그 사용량은 10대들 사이에서 급격히 증가하였다. 오늘날 고등학생의 14%가 전자담배를 통해 대마를 흡입한다(Johnston et al., 2020; Meich et al., 2019). 나아가 전자담배를 통한 대마 흡입 시 THC 수준은 일반적으로 마리화나를 피울 때의 수준보다 훨씬 높아서 대마사용장애가 될 가능성 역시 매우 증가한다(Gentzke et al., 2019).

THC에 의한 중독 가능성 이외에도 전자담배를 통한 대마의 흡입으로 인해 몇몇 중요한 의학적 문제가 발생한다. 특히 수천 명의 사람에게서 EVALI라고 하는 폐 손상이 발견되는데, 상대적으로 젊은 사람에게서 EVALI 관련된 사망이 많이 보고되고 있다(CDC, 2020a).

니코틴과 대마를 흡입하는 도구로서의 전자담배 이야기는 분명하게도 더 진행될 것이다. 전자담배는 많은 사용자에게 매력적이지만, 매년 증가하는 연구의 증거들은 그 한계점과 위험성을 말하고 있다. 이런 유형의 약물 전달체계는 더 인기를 끌고 있으며 그 경향성은 젊은 사람들에게서 더 크다.

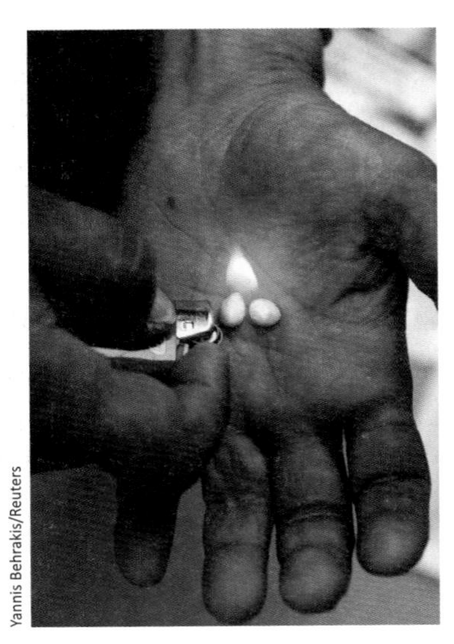
Yannis Behrakis/Reuters

만들기는 쉽고, 먹으면 위험하고 그리스의 한 마약사용자가 코카인과 헤로인을 섞어서 스피드볼이라 불리는 혼합물을 만들고 있다. 손에 들고 있는 핑크색 약이 헤로인을, 하늘색 약이 코카인을 함유하고 있다. 스피드볼은 많은 혼합 약물로 인한 사망과 관련되어 있다.

요약

환각제, 대마초, 혼합물질

LSD와 같은 환각제는 주로 감각지각에 강력한 변화를 유발한다. 지각이 강화되고 환영과 환상이 나타난다. LSD는 세로토닌과 같은 신경전달물질의 방출을 방해하는 효과를 일으킨다. 각성제인 MDMA는 환각 효과도 발생시키기 때문에 대개는 환각제로 분류된다.

대마초에서 얻는 '대마'의 가장 흔한 형태는 테트라하이드로칸나비놀(THC) 성분으로서, 과거에 비해 효과가 더 강해지고 있다. 대마는 중독을 유발하고 규칙적으로 과도하게 사용하면 남용과 의존에 빠지게 된다.

많은 사람이 한 번에 하나 이상의 약물을 사용하는데, 이러한 경우 약물은 상호작용을 일으킨다. 둘 이상의 약물을 동시에 사용(혼합물질 사용)하는 경향은 점차 증가한다.

무엇이 물질사용장애를 일으키는가

임상 이론가들은 사람들이 왜 물질사용장애를 일으키는지에 대한 사회문화적·심리학적·생물학적 설명을 찾고자 노력해왔다. 하지만 어떠한 설명도 한 가지로서는 광범위한 지지를 얻지 못했다. 다른 여러 장애처럼 과도하고 장기적인 약물 복용은 점차 이런 요소의 조합에 의한 결과로 여겨지고 있다.

사회문화적 관점

여러 사회문화 이론가들은 사람들이 스트레스를 받는 사회경제적 조건하에서 살 때 물질사용장애에 빠진 가능성이 가장 크다고 제안한다. 연구에 따르면 사회경제적 수준이 낮은 사람이 다른 계층보다 물질사용장애의 비율이 더 높다. 직장이 없는 사람의 비율이 높은 지역에서 알코올이나 아편계 사용장애의 발생률이 높다(Thomas, 2020). 같은 맥락에서 실업 상태인 사람의 23%가 불법 약물을 사용하는 것에 반해, 전일제 근무자는 13%, 시간제 근로자는 15%가 불법 약물을 사용한다(SAMHSA, 2021a, 2019b).

사회문화 이론가들은 각기 다른 종류의 스트레스를 많이 겪는 사람에게서 물질사용장애가 나타날 가능성이 커진다고 보았다. 한 예로 히스패닉계와 흑인, LGBTQ로 이루어진 다양한 연구에서 특히나 극심한 차별 환경에서 살거나 종사하는 실험 참가자들의 물질사용장애 비율이 훨씬 더 높음을 찾아볼 수 있었다(Mattingly et al., 2020; Slater et al., 2017).

그런데 다른 사회문화 이론가들은 물질사용이 가치 있는 것으로 평가되거나 적어도 용인되는 사회적 혹은 가정적 환경에 있을 때 물질사용장애가 생기기 쉽다고 제안한다. 연구원들은 알코올 문제는 부모와 친구가 음주하는 10대는 물론, 가족 환경이 스트레스를 받거나 지원을 받지 못하는 10대들 사이에서 더욱 흔하다는 점을 발견했다(Gallegos, et al., 2021; Thomas, 2020). 또한 일반적으로 오직 명확한 한계선이 유지되는 경우에만 음주가 허용되는 집단인 유대인과 개신교인 사이에서는 알코올남용 비율이 낮았지만, 평균적으로 명확한 한계선을 정하지 않은 아일랜드인과 동부 유럽인들 사이에서는 알코올중독 비율이 높았다(Ritchie & Roser, 2019).

인종, 종교, 국적에 따라 알코올중독의 유병률이 달라지는 이유를 어떤 요인으로 설명할 수 있을까?

정신역동적 관점

정신역동 이론가들은 물질사용장애가 있는 사람들에게는 어린 시절에 기인하는 강력한 의존성 욕구가 있다고 믿는다(Potik, 2020). 이들은 부모가 양육(돌봄)에 대한 어린 아동의 욕구를 만족시키지 못할 경우 아동은 도움과 편안함을 줄 타인에게 과도하게 의존한 채 성장할 수 있으며, 어린 시절 결핍된 양육을 찾으려 한다고 제안한다. 만일 외부 지원에 대한 이러한 탐구가 약물에 대한 실험을 포함한 경우 그 사람은 약물에 대한 의존적 관계를 형성하게 될 것이다.

몇몇 정신역동 이론가들은 특정한 어떤 사람들은 약물중독에 걸리기 쉬운 상태인 **물질남용 성격**을 발달시킴으로써 어린 시절의 상실에 반응한다고 믿는다. 성격검사와 환자면담, 심지어 동물연구를 통해 실제로 약물을 남용하거나 의존하는 사람들은 다른 사람들에 비해 좀 더 의존적·반사회적·충동적이고 새로운 자극을 추구하며 우울한 상태인 것으로 나타났다(McGuire et al., 2021; Duncan, 2020). 하지만 이런 발견사항은 상관적(correlational)이며(적어도 인간에 관한 연구에서만큼은) 이런 성격의 특성이 장기 약물 복용을 유도하는지 아니면 약물 복용 때문에 사람들이 의존적·충동적이게 되는지를 명확히 밝히지 못한다.

더 명확한 인과관계를 규명하려 한, 한 선구적이며 종단적인 연구는 알코올중독이 아닌 대규모 젊은 남성집단의 성격 특성을 측정하고 각 남성의 발달 상태를 추적했다(Jones, 1971, 1968). 몇 년 뒤 중년에 알코올 문제가 심해진 남성의 특징과 그렇지 않은 사람들의 특징을 비교하였다. 알코올 문제가 심해진 남성들은 10대에 더 충동적이었으며 중년이 되어도 계속 충동적이었는데, 이런 결과는 충동적인 남성이 알코올 문제가 심해지기 쉽다는 점을 시사한다. 이와 마찬가지로 한 실험실 연구에서 '충동적인' 쥐(일반적으로 자신의 보상을 지연하기 어려워하는 쥐)는 다른 쥐보다 알코올을 제공하면 더 많이 마시는 것으로 확인되었다.

이런 노선의 주장이 지닌 주된 약점은 물질사용장애와 관련된 광범위한 성격의 특질이다. 다양한 연구에서 다양한 '핵심적' 특징을 지적한다. 약물중독인 사람 중 일부는 의존적이며, 다른 이들은 충동적이고, 또 다른 이들은 반사회적인 탓에, 연구원들은 현재 어떤 한 성격 특질이나 성격이 물질관련장애에서 두드러지게 나타난다는 결론을 내리지 못했다(Soe-Agnie et al., 2020).

인지행동적 관점

인지행동 이론가에 따르면 **조작적 조건형성**은 물질사용장애에서 핵심적 역할을 할 수 있다. 이들은 약물로 인한 일시적인 긴장 완화나 정신의 각성은 보상 효과를 나타내며, 따라서 사용자는 다시 그런 반응을 찾게 될 가능성이 커진다고 주장한다(Duncan, 2020; Simpson et al., 2020). 유사하게 보상 효과로 인해 약물 복용자들은 고용량을 시도하거나 더 강력한 흡입 방법을 시도하게 될 수 있다. 이러한 조건화에 더해 인지행동 이론가들은 결국 약물이 보상을 줄 것이라는 기대감을 일으키며, 이 기대감으로 인해 긴장이 될 때 약물의 양을 늘릴 동기가 된다고 주장한다(Duncan, 2020).

이러한 인지행동적 관점을 바탕으로 여러 연구에서 많은 사람이 실제로 긴장을 느낄 때 더 많은 알코올이나 헤로인을 찾는다는 점을 발견했다(Strain, 2020a; Frone, 2016). 한 연구에서 참가자들이 어려운 철자 바꾸기 과제를 수행할 때, 연구원들이 심어놓은 연구관계자는 불공정하게 그들을 비판하고 비난했다. 그런 다음 참가자들에게 '알코올 음미 과제'

흥미로운 이야기

그들의 진술

"그는 와인의 첫 한 모금이 준 기분을 아직도 기억하고 있다."

다이앤 하먼의 *Blue Coyote Motel* 중

슈퍼스타의 압박감 래퍼이자 음악가인 맥 밀러는 물질사용장애와의 투쟁을 숨기지 않았다. 공연, 창작, 최고의 자리를 얻기 위한 압박감이 약물사용의 일부 원인이 되었다. 밀러는 2018년 펜타닐(진통제), 코카인, 알코올, 벤조디아제핀을 섞어 섭취한 후 약물 과다복용으로 사망하였다.

Kevin Mazur/Getty Images

흥미로운 이야기

미국 길거리에서 볼수 있는 약물에 대한 표현

알코올	booze, brew
코카인	blow, Charlie, rock, snow
헤로인	black tar, horse, smack
마리화나	grass, Mary Jane, reefer, weed
암페타민	bennies, speed, uppers
MDMA	Ecstasy, Molly, X, beans
메스암페타민	meth, crank, crystal, ice
진통제	Oxy, Percs, Vikes

에 참가하여 알코올 음료를 비교하고 평가하도록 요청했다. 그러자 비판을 받지 않은 통제군 참가자보다 비판을 받은 참가자들이 음미 과제를 수행하는 동안 더 많은 알코올을 섭취했다.

어떤 의미에서는 인지행동 이론가들은 많은 사람이 긴장을 느낄 때 자신을 '치유'하기 위해 약을 복용한다고 주장한다. 만일 그렇다면 불안, 우울이나 기타 그런 문제를 겪는 약 20%의 성인이 물질사용장애를 보인다는 것은 놀랄 만한 수치가 아니다(SAMHSA, 2021a, 2019b; Sinclair & Lingford-Hughes, 2020).

많은 인지행동 이론가들은 **고전적 조건형성**도 이들 장애에서 역할을 할 수 있다고 제안했다(Duncan, 2020; MHN, 2020d). 제2장과 제4장의 내용을 상기해보면 고전적 조건형성은 시간적으로 근접하게 나타나는 2개의 자극이 한 사람의 정신에 연결되어 결국에는 각 자극에 비슷하게 반응하게 됨으로써 일어난다. 약물이 섭취되는 시기의 환경에 존재하는 대상이나 단서들은 고전적 조건형성된 자극으로 작용하여, 약물 자체에 의해 일어난 것과 일부 동일한 만족을 생성하게 된다. 피하 주사기, 약물 동료(drug buddy, 역자 주 : 함께 약을 복용하는 자), 정기적인 공급자를 보는 것만으로 헤로인이나 암페타민을 남용하는 사람들은 편안함을 느끼며, 금단 증상이 완화되는 것으로 알려져 있다. 마찬가지로 금단으로 고통받는 시기에 존재하는 사물이 금단과 유사한 증상을 일으킬 수 있다. 과거에 헤로인에 의존했던 한 남성은 과거에 금단을 겪었던 인근 지역으로 돌아갈 때면 메스꺼움이나 다른 금단 증상을 겪으며, 이런 반응으로 인해 그는 다시 헤로인을 복용하게 되었다. 고전적 조건형성이 물질사용장애의 특정 사례나 측면에서 작용하는 것은 틀림없지만, 연구를 통해 그것이 이런 장애의 핵심적 요소라는 점은 광범위한 지지를 받지 못하고 있다.

생물학적 관점

최근 몇십 년 동안 연구자들은 생물학적 요인이 약물 오용에 중요한 역할을 한다는 것을 알게 되었다. **유전적 소인**, **신경전달물질**, **뇌의 보상 회로** 등이 이러한 설명에 방향을 제시한다.

유전적 소인 쌍생아 연구는 사람들이 약물 오용에 대한 유전적 소인을 타고날 수 있다고 제시한다(Duncan, 2020; NIDA, 2020a, 2019b). 많은 연구가 일란성 쌍생아 집단에서 50%의 알코올중독 일치율을 발견했는데, 이는 만일 일란성 쌍생아 중 한쪽이 알코올중독을 보일 경우 다른 50% 역시 알코올중독을 보였다는 의미이다. 같은 연구에서 이란성 쌍생아는 이런 비율이 단지 30%에 불과했다. 하지만 앞에서 읽었다시피 이런 결과들은 다르게 해석될 수 있다. 그 한 예로 2명의 일란성 쌍생아가 받은 양육이 2명의 이란성 쌍생아가 받은 양육보다 더 비슷할 수 있다.

출생 직후 입양된 사람들의 알코올중독에 관한 연구에서 유전자가 물질사용장애와 관련하여 역할을 할 수도 있다는 점이 명확히 나타났다(Duncan, 2020). 이런 연구에서는 생물학적 부모가 알코올남용인 경우와 생물학적 부모가 알코올남용이 아닌 경우의 입양아들을 비교하였다. 생물학적 부모가 알코올에 의존적인 사람들은 일반적으로 생물학적 부모가 알코올에 의존적이지 않은 경우보다 성인기가 되어 높은 비율의 알코올남용 형태를 보였다.

유전적 연동 전략 및 **분자생물학** 기법은 유전학적 설명을 뒷받침하는 좀 더 직접적인 증거를 제시한다(Peng, Wilhelmsen, & Ehlers, 2021; Le Strat et al., 2020). 한 연구에서는 알코올, 니코틴이나 코카인 의존성을 지닌 대다수 연구 참가자들에게서 소위 **도파민-2(D2) 수용체 유전자**의 비정상적 형태가 발견된 반면, 비의존적 환자에게서는 20% 미만이 발견되었다(Blum et al., 2020, 2018, 2015, 1990). 그 밖의 여러 연구에서는 다른 유전자들을 물질사용장애와 연관 지었다(Peng et al., 2021; Aroche et al., 2020).

Photo by Bob MacDonnell, courtesy Connecticut College

마약 쿠키? 코네티컷대학 연구자들은 쥐의 실험실 유도 오레오 쿠키(특히 중간의 크림)에 대한 중독이 실험실 유도 코카인과 모르핀에 대한 중독만큼 여러 가지 면에서 강하게 나타나는 것을 발견했다. 이 연구는 "지방과 당 함유량이 높은 음식이 중독성 약물과 같은 위치에, 그리고 같은 방식으로 뇌를 각성시킨다"는 떠오르는 학설을 검증하기 위해 수행되었다.

신경전달물질 지난 수십 년간 연구자들은 약물 내성과 금단 증상에 관하여 신경전달물질에 초점을 두어 설명하였다(Duncan, 2020; Kosten et al., 2011, 2005). 그들은 특정 약물을 섭취했을 때 일반적인 목표는 진정시키고 통증을 완화하며 기분을 고조시키거나 경계심을 높이는 특정 신경전달물질의 활동성을 증가시킨다는 것에 동의하였다. 약물을 계속 복용할 경우 두뇌는 뚜렷하게 조정되고 신경전달물질 고유의 생성을 줄인다. 약물이 신경전달물질의 활동성이나 효율성을 증진하기 때문에 두뇌에 의한 신경전달물질 분비의 필요성이 낮아진다. 약물 섭취량이 증가할수록 신체의 신경전달물질 생산량은 계속 감소하여 일정 효과에 도달하기 위해 점점 더 많은 약물을 필요로 하게 된다. 이런 식으로 약물 복용자는 약물에 대한 내성을 키워 편안함이나 경계심을 느끼기 위한 고유의 생물학적 과정보다는 약에 대한 의존성이 더욱 심해진다. 만일 약물을 갑자기 중단하면 신경전달물질의 자연적 공급이 일정 시간 낮아져 금단 증상을 일으키게 된다. 금단은 뇌에서 신경전달물질을 정상적으로 생산할 때까지 지속된다.

어느 정도는 어떤 약물을 사용하는지에 따라 영향을 받는 신경전달물질이 좌우된다(Kashem et al., 2020; Linnet, 2020). 반복적이고 과도하게 알코올이나 벤조디아제핀을 이용하면 뇌에서 신경전달물질 GABA를 덜 생산하게 될 수 있으며, 아편유사제를 정기적으로 이용하면 뇌의 엔도르핀 생산성이 떨어지고, 코카인이나 암페타민을 정기적으로 이용하면 뇌의 도파민 생산성이 떨어진다. 또한 연구원들은 THC와 매우 유사한 작용을 하는 아난다미드라 부르는 신경전달물질을 식별했다. 대마초를 과다 복용하면 이런 신경전달물질의 생산성이 떨어질 수 있다.

뇌의 보상 회로 물질남용에 대한 신경전달물질 중심의 설명은 약물을 정기적으로 복용하는 사람들이 어째서 내성과 금단 반응을 경험하는지를 설명하는 데 도움을 준다. 하지만 어째서 약물이 그렇게 보상을 하며 특정 사람들이 우선적으로 약물에 의지하게 되는 걸까? 뇌영상 연구는 특정 뇌 회로의 작동을 지적함으로써 이를 설명하고자 한다. 뇌 회로는 신경전달물질이 작동하는 경로를 말한다. 앞에서 읽었듯이 두뇌 회로는 뇌 구조 안에서 함께 작동하는 연결망으로 독특한 행동적, 인지적, 정서적 반응을 일으킨다. 물질남용과 관련이 있는 회로는 **보상 회로**(reward circuit)로, 보상 중추(reward center)나 쾌락 경로라고도 한다(Volkow, 2020a; Volkow et al., 2019, 2016).

물질을 소화시켜 음식이 약물이 되면 그 물질은 뇌의 보상 회로를 활성화시킨다. 이 회로는 뇌 구조 중 중뇌의 복측피개 영역(ventral tegmental area), 복측선조체(ventral striatum)라고도 하는 측좌핵(nucleus accumbens), 전전두엽(prefrontal cortex)이 중심이다(그림 10.4 참조). 이 회로에는 편도체와 해마 및 몇몇 다른 구조도 연결되어 있다(Oh et al., 2021; Duncan, 2020; Rappaport et al., 2020). 이 보상 회로의 가장 중요한 신경전달물질은 도파민이다. 도파민이 활성화될 때 쾌감을 느낀다. 음악은 보상 회로의 도파민을 활성화할 수 있다. 안아주거나 칭찬

보상 회로 도파민이 풍부한 뇌 경로 중 하나로, 활성화되면 쾌락을 느낀다.

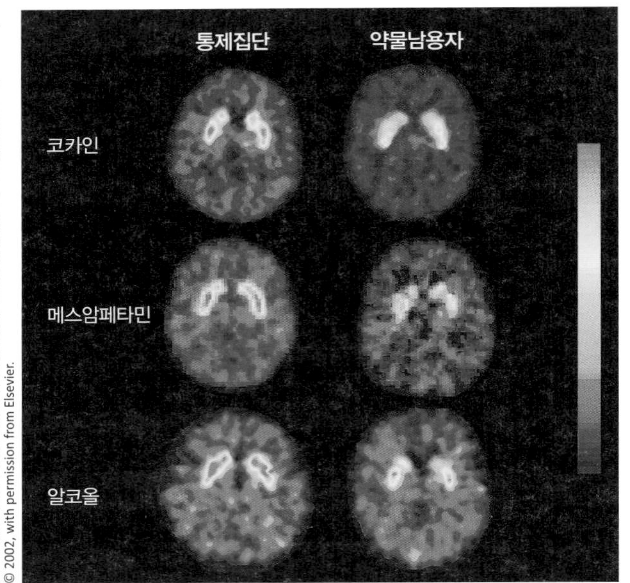

보상결핍증후군의 희생자? 이론가들은 약물의존이 된 사람들의 뇌에서 보상센터가 인생사에 의해 부적절하게 활성화되는 것을 의심한다. 이런 현상을 '보상결핍증후군'이라 부른다. 빨간색과 주황색은 뇌의 활동이 증가되어 있음을 뜻하는데, 이 PET 결과를 보면 약물사용 이전에는 중독자(오른쪽)의 보상센터가 비중독자(왼쪽)보다 덜 활성화되어 있음을 알 수 있다(Volkow et al., 2016, 2004, 2002).

하는 말도 활성화시킬 수 있으며 약물도 그러하다. 다른 신경전달물질들도 보상 중추에서 중요한 역할을 할 수 있지만 도파민이 일차적인 역할을 한다.

특정 약물은 보상 회로를 직접 자극한다. 코카인과 암페타민이 도파민의 활동성을 직접 증진한다는 점을 기억하자. 다른 약물들은 간접적 방식으로 자극하는 것으로 보인다. 알코올, 아편유사제와 대마초에 의해 촉발된 생화학적 반응은 아마도 일련의 화학적 사건을 일으켜, 결국 보상 회로 내 도파민 활동성을 증가시키고, 나아가 회로 구조 간의 과도한 교류(다시 말하면 상호연결성의 증가)를 일으키기도 한다(Duncan, 2020; Volkow et al., 2019, 2016). 어떤 연구자들은 심지어 약물이 이 보상 회로를 반복적으로 자극하고, 결국 보상 회로가 물질에 과민반응을 보이게 된다고도 믿는다. 즉 보상 회로의 뉴런은 그 물질들에 의해 자극되었을 때 더 쉽게 발화하며, 나중에 그 물질들에 대한 욕구를 증가시키는 원인이 된다. 이를 **보상-민감화 이론**(incentive-sensitization theory)이라 한다(Lin et al., 2020).

그러나 다른 이론가들은 약물을 남용하는 사람들이 일반적인 **보상결핍증후군**(reward deficiency syndrome)에 시달리는 것으로 의심한다. 즉 이들의 보상 회로가 삶의 일반적인 사건으로는 쉽게 활성화되지 않아서 약물에 의존해 이 쾌락 경로를 자극하는데, 특히 스트레스 상황에서 더 그렇게 된다는 것이다(Gondre-Lewis, Bassey, & Blum, 2020). 비정상 D2 수용체 유전자의 이상 형질과 같은 비정상 유전자 등이 이 증후군의 가능한 원인으로 인용되고 있다(Blum et al., 2019).

발달정신병리학적 관점

수년 동안 여러 가지 요인이 물질사용장애의 원인이 된다는 것이 밝혀졌지만 하나의 요인이 전적으로 이 장애를 예측하거나 설명해주지 못했다. 그래서 다른 심리장애와 마찬가지로 다

그림 10.4

쾌락 경로

뇌의 보상 회로(왼쪽 그림의 전전두엽, 측좌핵, 복측피개 영역 포함)의 만성적인 기능저하로 물질사용장애가 발생할 수 있다. 오른쪽 그림은 보상 반응을 생성하기 위한 보상 회로의 구조와 그 상호작용을 보여준다. 각 구조에서 나온 긴 축색이 섬유와 같은 경로를 만들어 회로의 다른 구조에 도달한다.

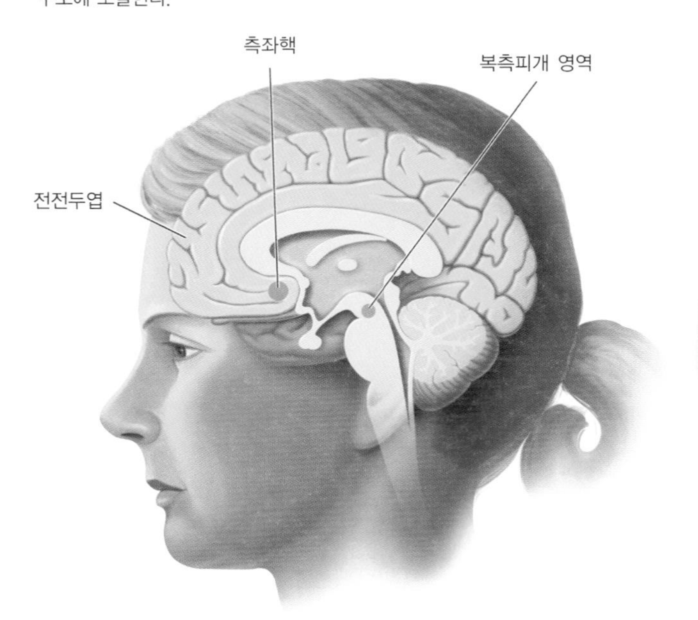

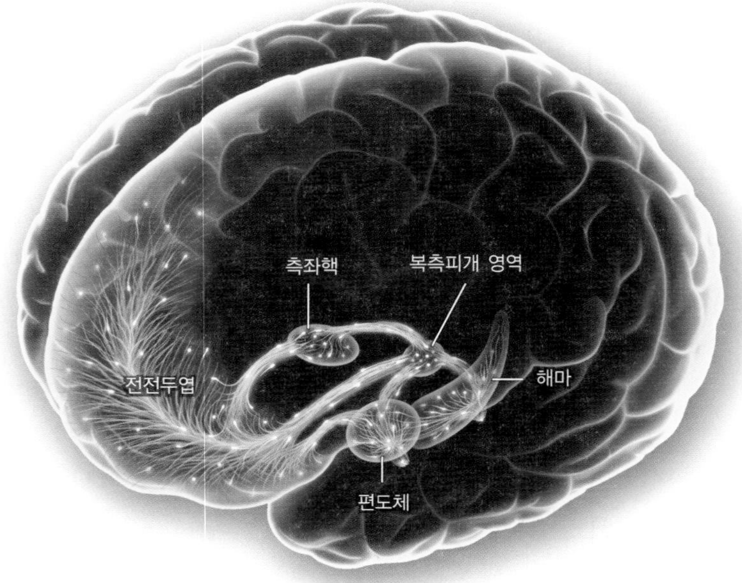

수의 물질사용에 대해 이론가들은 각 모델에서 밝혀진 변인을 통합하고자 노력해왔다. 발달정신병리학 이론가들도 이러한 노력을 했다.

발달정신병리학적 관점에 의하면 물질사용장애가 발생하는 경우는 종종 유전된 사전경향성에서 시작한다. 사전경향성의 주된 요소는 최적화가 덜 이루어진 뇌의 보상 회로와 이 장의 초반에 언급된 몇몇 부정적인 특성을 주된 요인으로 하는 기질(temperament)의 문제이다. 발달정신병리학자들은 이러한 기질을 가진 사람이 아동기의 지속적인 스트레스, 부적절한 양육(예 : 약물남용에 대한 모델링), 만족스러웠던 물질사용 경험, 마약을 사용하는 또래집단 관계 등을 경험하고, 이후 중요한 성인기 스트레스 요인을 경험하게 되면서 물질사용장애라는 결과를 낳게 된다고 제안한다(Gallegos et al., 2021; Farnicka & Bettin, 2019; Zucker et al., 2016). 하지만 아동기와 청소년기에 다룰 만한 역경을 경험한 사람은 이런 바람직하지 않은 기질이나 스트레스, 부정적인 가족관계나 또래관계를 이겨내는 데 도움이 되는 수준의 회복력을 발달시키기도 한다(VanMeter & Cicchetti, 2020; Rothenberg et al., 2019).

간단히 말하면 발달정신병리학적 관점은 왜 이 장에서 다룬 많은 요인이 어떤 경우 물질사용장애 발생을 초래하고 어떤 경우는 그렇지 않은지를 이해하는 틀을 제시한다. 나아가 발달정신병리학적 관점은 물질남용 연구 문헌들의 모순적으로 보이는 듯한 사실에 대한 설명도 제공할 수 있다. 예를 들어 앞서 논의했던 물질남용 성격을 생각해보자(335쪽 참조). 의존, 반사회성 경향, 충동성, 새로움 추구, 위험 추구, 우울 등의 많은 성격 특성이 물질사용장애와 연결되어 있지만, 또 다른 연구는 또 다른 특성을 이 장애와 연관이 있다고 말한다. 그러나 발달정신병리학자에 따르면 이러한 결과들은 서로 갈등관계가 아니다.

발달정신병리학 이론가들은 두 가지의 매우 다른 기질이 후기 물질사용장애로 진행될 수 있다고 주장한다. 하나는 **탈억제**(disinhibited) 기질로 **외현화**(externalizing) 기질이라고도 불린다. 이 기질은 충동성, 공격성, 과잉반응, 참을성 부족, 낮은 좌절 감내력, 부주의를 특징으로 한다(Cicchetti & Handley, 2019; Zucker et al., 2016). 이 기질이 있는 사람들은 자신의 행동을 조절하는 것에 어려움이 있어서 초기에 가족 간의 갈등이나 행동 문제, 학교 적응의 어려움 등이 증가하고, 그 결과 사회적 문제, 바람직하지 않은 친구들과의 관계 형성, 반복적인 약물 사용을 하는 또래들로부터의 보상 등을 거쳐 결국 물질사용장애에 이르게 된다. 실제로 많은 물질사용장애 사례에서 이 군집과 그 연속적인 변인들이 선행하고 있음을 확인하는 연구가 있다(Cicchetti & Handley, 2019; Chassin et al., 2016).

반대로 발달정신병리학적 관점에 따르면 **억제**(inhibition)와 **부정 정서**(negative affectivity) 기질을 가진 사람들로, 흔히 다양한 불안, 우울, 부정적 사고, 의존성을 특징으로 하는 **내재화**(internalizing) 기질로 시작하는 경우가 있다. 이 기질은 발달 과정에서 걱정과 슬픔, 낮은 자존감, 무력감, 대인관계에서의 거절감 등에 영향을 미친다. 이들은 알코올이나 마약이 감정적 고통을 감소시켜주고 번민을 잠잠하게 해주며 대인관계 어려움을 견뎌내는 데 도움을 주기 때문에 사용하게 된다(그림 10.5 참조). 이 군집과 그 연속적인 변인들 역시 물질사용장애로 이어진다는 연구가 있다(Cicchetti & Handley, 2019; Chassin et al., 2016).

다른 기질이 각기 다른 환경과 상호작용하고 촉진하여 물질사용장애를 유발할 수 있다는 이러한 생각은 발달정신병리학적 관점의 중요한 개념과 일치한다. 이는 **동등결과성**이라는 개념으로 각기 다른 발달 경로가 같은 심리장애에 도달할 수 있다는 것이다(72~73쪽 참조). 간단히 말하면 물질사용장애의 주요 요소를 확인하는 것은 통합적인 설명의 일부분일 뿐이라는 것이다. 이러한 요인이 언제 어떻게 상호작용하는지를 밝히는 것도 필요하다.

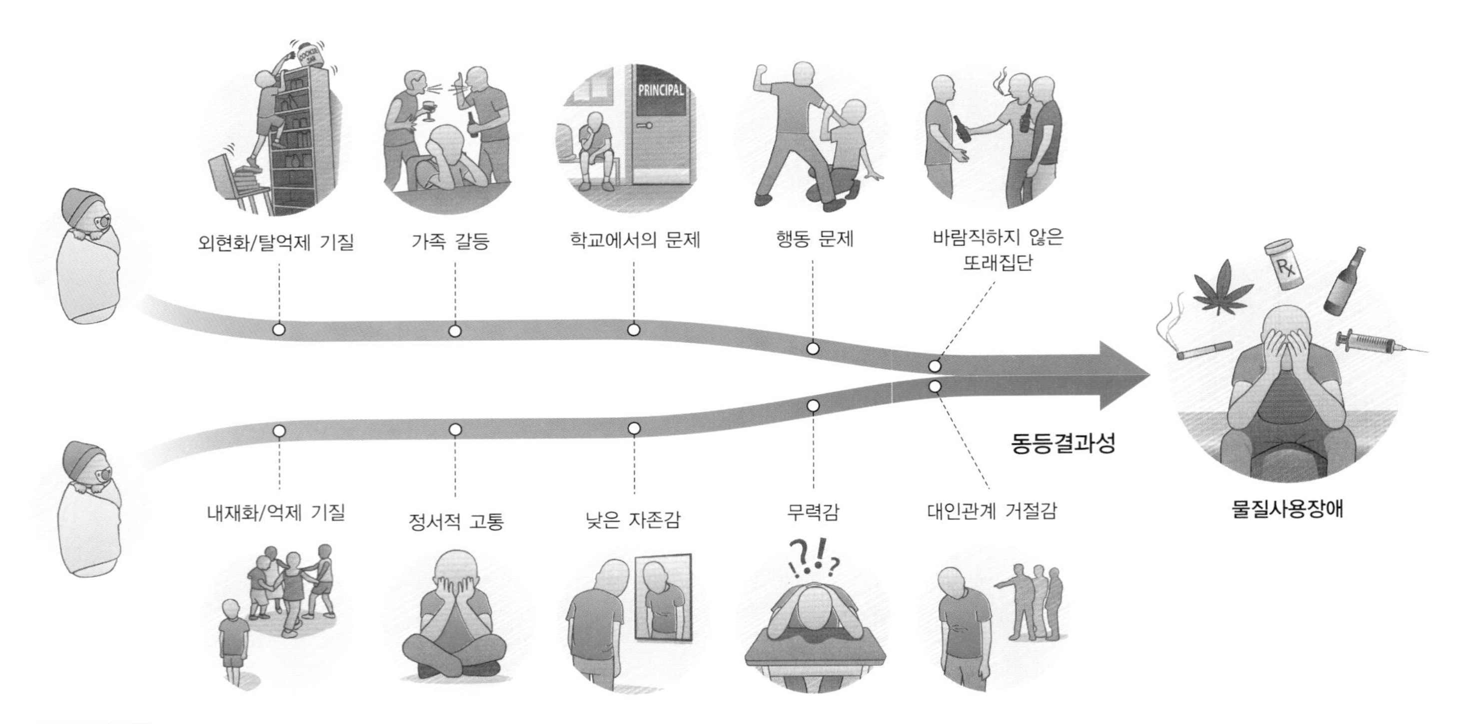

그림 10.5

물질사용장애의 발달

동등결과성의 원칙에 따라 두 사람은 다른 부정적인 요인을 경험하지만 둘 다 물질사용장애에 도달한다. 한 사람은 외현화(탈억제) 기질로 가족 갈등, 학교 적응의 어려움, 행동 문제, 바람직하지 않은 또래집단이 물질사용장애에 기여한다. 다른 사람은 내재화(억제) 기질, 정서적 고통, 낮은 자존감, 무력감, 대인관계 거절감이 상호작용하여 물질사용장애가 된다.

요약

무엇이 물질사용장애를 일으키는가

물질남용과 의존에 대한 몇 가지 설명이 제시되었다. 사회문화적 관점에 따르면 약물남용을 할 가능성이 가장 큰 사람들은 스트레스를 받는 사회경제적 상황에서 살거나 가족이 약물복용을 가치 있게 여기거나 수용하는 자들이다. 정신역동적 관점에서 약물남용에 의존하는 사람들은 어린 시절 삶의 단계에서 비롯된 과도한 의존 욕구를 지닌다. 일부 정신역동 이론가들은 특정한 사람들이 약물남용 성격을 지녀 쉽게 약물을 복용하게 된다고 믿는다. 선도적인 인지행동적 관점에서는 약물복용이 긴장을 감소시킴으로써 강화되고, 이러한 긴장 감소는 약물이 편안하게 해주고 도움을 줄 것이라는 기대감을 유발한다고 주장한다.

여러 생물학적 설명은 쌍생아, 양자, 유전 연구에 의해 뒷받침되고 있으며, 사람들이 약물의존을 하게 되는 고유의 특성을 물려받을 수 있는 것으로 제시한다. 여러 연구원들 역시 약물 내성과 금단 증상은 과다하고 만성적인 약물복용 중 뇌에서 특정한 신경전달물질이 감소하여 일어날 수 있다고 배웠다. 생물학적 연구에서는 여러 약이, 아마도 모든 약이 결국 뇌의 보상 회로 내 도파민의 활동성을 증진하게 된다고 주장한다.

발달정신병리학 이론가들은 유전적으로 전달된 생물학적 사전경향성과 기질적 사전경향성이 생활스트레스, 좋지 않은 양육 그리고/또는 다른 환경적 요소와 상호작용하여 물질사용장애를 유발할 수 있다고 제안한다.

물질사용장애는 어떻게 치료하는가

물질사용장애를 치료하기 위해서 몇몇 사회문화적 치료법과 함께 정신역동적, 인지행동적, 생물학적 접근법이 사용되었다. 이러한 다양한 접근법은 종종 치료자가 내담자의 동기를 높이도록 도와 내담자가 건설적인 선택과 행동의 변화를 일으키도록 하는 **동기강화상담**(302쪽 참조)과 함께 사용한다(Steele et al., 2020). 치료법들은 간혹 성공적이기도 했지만, 대체적으로는 중등도의 효과를 보인다(Strain, 2020a, 2020b; Peavy, 2019). 다양한 개입은 외래나 입원 또는 이 둘의 조합을 통해 제공된다.

흥미로운 이야기

죽음을 찾아서

2020년, 미국에서 8만 1,000명 이상이 약물 과다복용으로 사망하였다(CDC, 2020p). COVID-19 이전인 2019년에는 이러한 사망이 6만 7,000건이었다(CDC, 2020i).

정신역동치료

정신역동 치료자는 우선 내담자의 물질사용장애 발생에 영향을 미친 잠재적 욕구와 갈등을 찾아내고 작업하도록 안내한다(Potik, 2020). 그러고 나서 치료자는 내담자가 자신의 물질 관련 생활방식을 변화시키도록 도움을 준다. 이런 접근법은 자주 적용되긴 하지만, 효과가 높은 것으로 확인되지는 않았다(van den Brink & Kiefer, 2020; Coriale et al., 2018). 누군가가 약물을 하지 않게 하려면 물질사용장애 자체를 엄격히 구분하여 치료의 직접적인 목표로 삼아야 한다. 정신역동치료는 다차원 치료 프로그램에서 다른 접근법들과 결합될 경우 좀 더 도움을 주는 경향이 있다.

흥미로운 이야기

판매량 상승

COVID-19 팬데믹이 처음 시작된 이래 미국의 맥주 판매량은 가파르게 상승하여 44%가 증가하였다(Valinsky, 2020).

인지행동치료

물질사용장애에 대한 인지행동치료는 내담자가 물질오용 패턴에 기여하는 행동과 생각을 확인하고 변화시킴으로써 그들을 돕는다. 선도적인 인지행동적 개입법으로는 **혐오치료, 유관성 관리, 재발방지 훈련, 수용전념치료(ACT)** 등이 있다.

흥미로운 이야기

진단적 논쟁

DSM-5는 이전에는 별개의 진단이었던 '약물남용'과 '약물의존'을 '물질사용장애'라는 하나의 범주로 통합하였다. 이를 비판적으로 보는 사람들은 임상가가 약물을 사용하는 사람과 약물에 의존하는 사람의 각기 다른 예후와 필요한 치료 요소를 인식하고 설명하지 못하게 될 것이라고 걱정한다.

혐오치료 **혐오치료**(aversion therapy)는 고전적 조건형성의 원칙을 기반으로 널리 활용된다. 내담자가 마약을 투약하는 순간에 반복적으로 불쾌한 자극(예 : 전기충격)을 받게 된다. 반복적인 짝지은 학습을 한 후에는 약물 자체에 부정적으로 반응하게 되며 약물에 대한 갈망이 사라진다.

혐오치료는 다른 물질사용장애보다는 주로 알코올중독 치료에 더 많이 적용된다. 이런 치료의 하나를 예로 들면, 음주행동을 약물로 유도한 구토 및 메스꺼움과 결합한다(Elmer, 2019; Elkins et al., 2017). 메스꺼움과 알코올을 짝짓는 것은 알코올 자체에 대한 부정적인 반응을 생성할 것으로 예측된다. 또 다른 혐오치료의 예로는 알코올중독이 된 사람들에게 음주를 하는 동안 극단적인 짜증, 혐오스러운 장면, 무서운 장면 등을 상상하도록 한다. 상상한 장면과 알코올의 결합으로 알코올에 대한 부정적인 반응을 일으킬 것으로 예상된다. 치료자가 내담자에게 상상하도록 유도하는 장면은 다음과 같다.

> (맥주, 위스키 등을) 시음하는 장면을 생생히 상상해보십시오. 그것을 맛보며 정확한 맛, 색, 농도를 포착하세요. 당신의 모든 감각을 이용하세요. 술을 맛본 후 유리잔에 뭔가 작고 하얀 부유물을 보게 되는데, 그게 현저히 눈에 띕니다. 주의 깊게 살피기 위해 몸을 굽히고 코를 유리잔에 대면 당신이 정확히 기억하는 술의 냄새가 코로 들어옵니다. 이제 당신은 유리잔 안에 무엇이 있는지 살펴봅니다. 술 표면에 몇 마리의 구더기가 떠다닙니다. 당신이 지켜보자 한 마리가 가까스로 유리잔에 붙어 꿈틀대다가 기어 나옵니다. 처음에 생각했던 것보다 더 많은 역겨운 생명체들이 유리잔에 있습니다. 당신은 그것 중 몇몇을 이미 삼켰고 입 안에서 그것들의 맛을 느끼게 됩니다. 당신은 큰 고통을 느끼며 절대로 유리잔을 만지거나 마시지 않으려 합니다.
>
> (Clarke & Saunders, 1988, pp. 143–144)

약물사용에 대한 혐오치료는 이것이 온전한 형태의 치료일 때만 성공적인 것으로 나타났다(Elmer, 2019; Elkins et al., 2017). 이 접근의 주된 문제는 대상자들이 스스로를 많은 회기에서 불쾌한 절차에 참여하도록 동기화되어야 한다는 것인데, 그것을 하려는 사람이 많지 않다.

혐오치료 내담자가 마약 섭취와 같은 바람직하지 않은 행동을 할 때 불쾌한 자극을 반복적으로 제시하는 치료

유관성 관리 코카인과 다른 몇몇 약물을 남용하는 사람들에 대한 단기 치료에 효과적인 행동

재발 재발은 모든 물질사용장애에서 공통적인 현상이다. 유명한 가수인 데미 로바토는 6년간 약물사용을 중단하였으나 2018년에 재발하여 치사량에 가까운 과다복용을 하였고, 결국 입원치료가 연장되었다. 사진에 있는 것처럼 로바토는 2020년 그래미상 시상식에서 'anyone'이라는 노래를 감동적으로 불렀다. 이 노래는 로바토가 과다복용 사건 직전에 무망감을 느꼈던 것을 노래로 만든 것이다.

적 접근법은 **유관성 관리**(contingency management)인데, 이것은 소변검사에 마약 성분이 검출되지 않으면 인센티브(예 : 현찰, 바우처, 상, 특권)를 제공하는 형태로 진행된다(Bach et al., 2020). 핵심은 대개 8~16주 동안 진행되는 이 절차가 의존하는 물질의 사용을 끊는 것을 강화해야 한다는 것이다.

연구에 따르면 유관성 관리 프로그램은 다른 어떤 프로그램보다 높은 참여를 보인다(DeFulio et al., 2021). 하지만 이 프로그램은 더 큰 치료적 접근의 하나로 활용되지 않으면 일정 기간 동안 약물을 삼가도록 돕는 중간 정도의 효과를 보이는 것이 최대한이다(Stitzer, Cunningham, & Sweeney, 2019; Stitzer, Sweeney, & Cunningham, 2019). 혐오치료와 더불어 가장 큰 한계는 사람들이 불쾌함이나 어려움에도 불구하고 지속할 만한 동기가 있을 때만 효과적이라는 사실이다.

재발방지 훈련 약물오용에 대한 가장 유망한 인지행동치료적 접근 중 하나는 **재발방지 훈련**(relapse-prevention training)이다. 이 접근법의 전반적인 목표는 내담자가 물질관련 행동을 통제하게 하는 것이다. 목표에 도달하기 위해 내담자는 고위험 상황을 식별하고, 그 상황에서 직면하게 되는 결정의 범위를 평가하며, 자신의 역기능적 생활양식을 변화시키고, 잘못과 실수에서 배우도록 교육받는다.

몇몇 전략이 알코올사용장애의 재발방지 훈련에 전형적으로 포함되어 있다. (1) **치료자는 음주를 지속적으로 추적한다.** 음주 시간, 장소, 감정, 신체적 변화, 다른 상황을 기록함으로써 사람들은 과음할 위험이 있는 장소의 상황에 대해 보다 분명하게 알 수 있다. (2) **치료자는 위험한 상황이 일어났을 때 사용하는 대처 전략을 내담자에게 가르친다.** 예를 들면 내담자는 자신의 주량을 확인하는 법, 술을 간격을 두고 마시거나 조금씩 마시는 등 빈도를 감소시키는 것, 근육이완 기법이나 자기주장 훈련, 술을 마실 만한 상황에서의 대처행동 등을 배운다. (3) **치료자는 미리 계획을 세우도록 가르친다.** 예를 들면 내담자는 몇 번 음주하는 것이 적절한지와 무엇을 마실 것인지, 그리고 어떤 상황에서 마실 것인지 등을 미리 결정해볼 수 있다.

재발방지 훈련은 몇몇 사람들의 중독 및 폭음의 빈도수를 낮추게 한다는 것이 밝혀졌다(Guenzel, 2020; Nadkarni at al., 2020). 이 접근법은 일부 대마나 코카인 남용 사례에도 성공적으로 적용되었다.

수용전념치료 물질사용장애의 경우 사용되던 인지행동치료의 또 다른 형태는 **수용전념치료**(ACT)이다. 제2장과 제4장에서 다루었던 것처럼 ACT 치료자는 마음의 단순한 사건 같은 생각을 받아들이고 그들이 일으키는 사고의 흐름을 알아채도록 도와주는 마음챙김 기반 접근을 사용한다. 이를 물질사용장애가 있는 사람들에게 접목하면 약물에 대한 갈망과 불안, 우울한 생각을 인식하고 수용하는 능력을 기르는 것이다. 이러한 사고를 없애기보다는 받아들임으로써 내담자는 약물을 찾아내 그들에게 쉽게 영향을 미치지 못할 것이고 그들 자신에 의해 망가지지 않게 될 것으로 예상된다. 연구에 따르면 수용전념치료는 위약보다 효과적이고, 물질사용장애를 위한 다른 인지행동치료와 유사하거나 종종 그 이상의 효과를 보인다. 많은 경우 ACT는 재발방지 훈련이나 다른 인지행동적 개입과 함께 사용하면 하나만 사용할 때보다 더 성공적이다(Bowen et al. 2021; Dingle & Bowen, 2021).

재발방지 훈련 알코올남용 치료적 접근으로 환자가 위험한 상황과 그에 대한 반응을 미리 계획하는 것

생물학적 치료

생물학적 접근법은 사람들이 약물을 끊거나 줄이거나 단순히 현재 상태를 유지하여 향후 약물사용이 증가하지 않도록 하기 위해 사용한다. 다른 형태의 치료처럼 생물학적 치료만으로 장기적 개선을 이루는 경우는 드물지만, 다른 접근법과 결합될 경우 도움을 줄 수 있다.

해독 **해독**(detoxification)은 체계적으로 의학적 감독을 받는 약물 중단이다. 외래 환자를 기준으로 몇몇 해독 프로그램이 제공되었다. 다른 해독들은 병원과 진료소에서 시행되며, 개별적·집단적 치료, 즉 인기를 끈 '풀서비스' 기관 차원의 접근법이 포함될 수 있다. 한 가지 해독 접근법은 내담자에게 약물을 서서히 중단하게 하고, 완전히 끊을 때까지 용량을 서서히 줄이는 것이다. (의학적으로 주로 선호되는) 두 번째 해독 전략은 내담자에게 금단 증상을 줄이는 다른 약을 제공하는 것이다(Sevarino, 2020, 2019). 예를 들어 항불안제는 때때로 진전섬망과 발작 같은 심각한 알코올 금단 반응을 완화하기 위해 이용된다. 해독 프로그램은 동기부여된 사람들이 약물을 끊는 것에 도움이 되는 것 같다. 하지만 성공적인 해독 후 후속 치료 형태인 심리적·생물학적·사회문화적 치료를 받지 않은 사람들의 재발 비율은 높은 경향이 있다(Strain, 2020a, 2020b).

위기 상황이라면 2017년 뉴욕 보건국에서는 '나는 생명을 구했다'라는 공공 인식 캠페인을 진행했는데, 이는 아편계 과다복용이 있을 경우를 대비하여 길항약물인 '날록손'을 가지고 다니는 것이다. 이 캠페인은 '날록손'을 사용하여 친구나 친척의 생명을 구했던 사람들의 실화를 바탕으로 한 강력한 포스터를 사용했다. 이 약은 미국 시내 약국에서 구입 가능하다.

길항약물 성공적으로 약을 중단한 후 사람들은 만성적인 사용으로 되돌아가지 말아야 한다. 이런 유혹에 저항하도록 돕기 위해 물질사용장애가 있는 몇몇 사람들에게 **길항약물**(antagonist drug)을 제공하는데, 이것이 중독성 약물의 효과를 차단하거나 변화시킨다(Strain, 2020b). 예를 들어 디설피람(안타부스)은 주로 알코올로부터 멀어지려는 사람들에게 제공된다. 이런 저용량의 약 자체로는 부정적인 효과를 거의 내지 않지만, 이것을 복용하면서 음주하는 사람은 강렬한 메스꺼움, 구토, 홍조증, 빠른 심박 수, 현기증, 기절을 겪을 것이다. 디설피람을 복용한 사람들이 음주를 할 가능성이 적은 이유는 한 번만 음주를 해도 끔찍한 반응을 겪게 된다는 걸 알기 때문이다. 디설피람은 도움이 된다는 점이 입증되었지만, 처방받은 대로 디설피람을 복용하기로 동기부여를 받은 사람들의 경우에만 도움이 된다. 디설피람과 함께 몇몇 다른 길항제 약물이 현재 시험 중이다.

아편유사제를 중심으로 한 물질사용장애의 경우 **날록손**(naloxone)과 같은 몇몇 아편제 길항약물이 이용되고 있다(Strain, 2020b). 이런 길항약물은 뇌 전역에 걸쳐 엔도르핀 수용체에 부착되어 있으며, 아편유사제가 일반적인 효과를 내지 못하도록 한다. 황홀감이나 고양감이 없다면 지속적 약물사용은 의미가 없어진다. 더욱이 아편유사제 과다사용이 있는 경우 길항약물은 엔도르핀 수용기를 차단하여 호흡 억제와 같은 치명적인 효과를 되돌릴 수 있어 생명을 구할 수 있다. 연구에 따르면 아편제 길항약물이 알코올이나 코카인 사용장애에도 유용할 수 있다(van den Brink & Keifer, 2020; Cao et al., 2019).

해독 체계적이고 의학적인 감독하에서의 약물 중단

길항약물 중독성이 있는 약물의 영향을 막고 변화시켜주는 약물

날록손 널리 사용되는 아편유사제 길항약물

메타돈 유지 프로그램 헤로인 의존에 대한 치료적 접근으로 내담자는 대체 약물인 메타돈을 합법적이고 의학적인 감독하에 처방받는다.

약물유지치료 약물 관련 생활양식은 약물의 직접적인 효과보다 더 큰 문제일 수 있다. 예를 들어 헤로인 중독에 의한 대부분의 피해는 과다 용량, 소독하지 않은 바늘, 이에 수반되는 범죄생활에서 비롯된다. 요컨대 임상가들은 헤로인중독을 치료하기 위해 1960년대에 **메타돈 유지 프로그램**(methadone maintenance program)이 개발되었을 때 매우 열광하였다(Dole & Nyswander, 1967, 1965). 이 프로그램에서는 중독된 사람들에게 헤로인의 대체물이나 작용제로 실험용 아편유사제 메타돈을 제공하였다. 그 후 이들은 메타돈에 의존하게 되었지만, 이들의 새로운 중독은 안정된 의학적 감독하에서 유지되었다. 헤로인과 달리 메타돈은 입으로 복용하기 때문에 바늘의 위험을 제거하게 되고, 하루에 한 번만 복용하면 되었다.

처음에 메타돈 유지 프로그램은 매우 효과적인 것처럼 보였고 미국, 캐나다, 영국 전역에서 실시되었다. 하지만 1980년대에 메타돈 자체의 위험성 때문에 이런 프로그램의 인기는 떨어졌다. 많은 임상가는 한 중독을 다른 중독으로 대체하는 게 물질사용장애에 대한 수용 가능한 '해법'이 아니라는 생각을 하게 되었으며, 중독이 있는 많은 이들은 메타돈중독이 단순히 자신의 원래 중독을 악화시키는 추가적인 약물 문제를 일으켰다고 불평하였다(Seligman, Cleary, & Berghella, 2020).

왜 헤로인(영국)이나 헤로인 대체물(미국)을 의학적 감독하에 법적으로 활용하는 경우에도 종종 약물 문제를 막는 것이 어려울까?

이런 우려에도 불구하고 메타돈, 또는 또 다른 아편유사제 대체 약물을 통한 유지치료는 최근 임상가들 사이에서 다시 관심을 끌었는데, 그 부분적인 원인은 새로운 연구 근거(Strain, 2020b)와 정맥을 통한 약물중독자와 그들의 성적 파트너 및 아이들 사이에서 C형 간염 바이러스와 HIV 바이러스가 급속하게 확산되었기 때문이었다(Frimpong et al., 2020). 오늘날 수천 명의 임상가는 미국 전역에 걸쳐 메타돈 치료를 제공한다.

다른 아편계 대체 약물인 **부프레노르핀**(buprenorphine) 역시 지난 십여 년간 유지치료를 위해 사용되었다(Seligman, Rosenthal, & Berghella, 2020). 메타돈과 마찬가지로 이 약물도 그 자체로는 헤로인이나 진통제 등에 대한 안전한 대체제로서 기능한다. 하지만 연구에 의하면 부프레노르핀은 메타돈보다 덜 강력한 대체제이지만 내성이 적고 금단 반응이 적다(Seligman, Cleary et al., 2020; Seligman, Rosenthal et al., 2020; Strain, 2020b). 이런 이유로 인해 부프레노르핀은 고도로 구조화된 클리닉 프로그램보다는 내과의가 진료실에서 처방할 수 있도록 법으로 허가하게 되었다.

마약은… 의학적 관리하에서 메타돈은 안전한 의학적 관리하에서 사용하지 않으면 다른 마약과 마찬가지로 위험한 약물이다. 메타돈 치료 시설에서 일하는 이 간호사는 내담자에게 투여할 메타돈을 준비하고 있다.

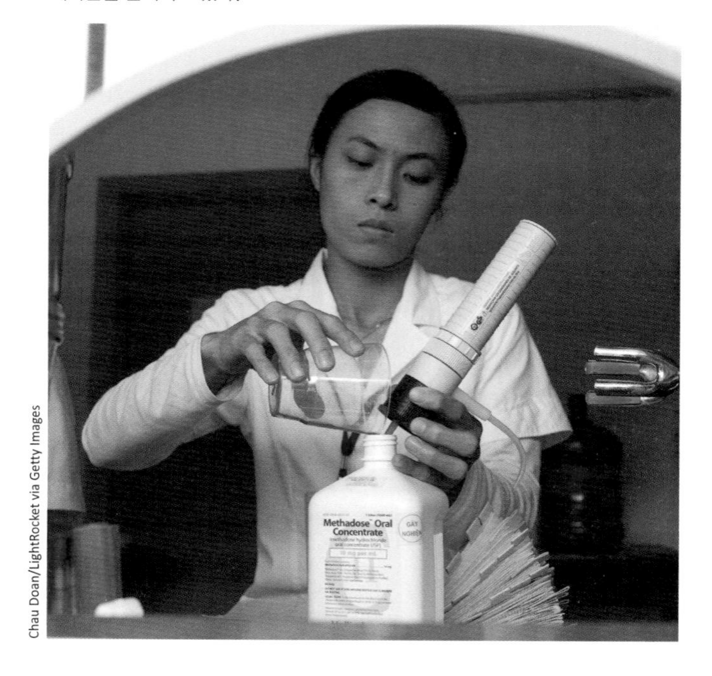

Chau Doan/LightRocket via Getty Images

물질사용장애 치료법은 대부분 COVID-19 대유행에 여러 가지로 영향을 받았지만 약물유지치료에 미친 영향은 특별했다(J. Hoffman, 2020; Sganga, 2020). 예를 들어 대유행 이전에는 메타돈 치료를 받는 환자는 치료의 초기 3개월간은 일주일에 6일 동안 보고를 해야 했다. 이런 연방 규정은 이들이 임상적으로 향상될 시간을 갖는 것, 적절한 용량의 메타돈을 받는 것, 삶의 구조를 세우는 것 등에 도움이 되기 위함이었다. 하지만 COVID-19의 확산을 막기 위해 재택 처방이 시작되면서 연방 정부는 메타돈 규정을 완화해야만 했다. 안정적이라고 보여지는 환자들은 매일 클리닉에 들를 필요가 없이 메타돈의 분배 수량을 증량하도록 허락한 것이다. 많은 환자가 이 개정된 지침을 잘 지키지 않아 이전보다 더 많은 재발이나 과다 사용이 발생하게 되었다. 유사하게 의사 처방의 부프레노프린 치료 역시 매일 방문할 것을 요구하지 않으면서 의사는 그들의 잦은 방문, 소변검사, 상담으로부터 휴식을 취하게 되었지만 결과적으로 재발과 과다사용의 가능성은 증가하였다.

익명의 알코올중독자모임(AA) 알코올남용이나 의존인 사람들을 위해 지지와 지도를 제공하는 자조집단

사회문화적 치료

앞에 설명한 바와 같이 사회문화 이론가들(가족-사회 이론가와 다문화 이론가 모두)은 심리적 문제가 사회적 환경에서 등장하며 사회적 맥락에서 가장 잘 치료되는 것으로 믿는다. 세 가지 사회문화적 접근법인 (1) **자조 프로그램**, (2) **문화·성별 민감 프로그램**, (3) **공동체 예방 프로그램**은 사람들이 물질사용장애를 극복하도록 도와주는 데 사용된다.

자조 및 거주치료 프로그램 물질사용장애가 있는 많은 사람은 전문적 지원 없이 서로의 회복을 돕기 위해 집단을 조직했다(Saitz, 2020). 약물자조운동은 1935년, 알코올중독을 겪던 오하이오주의 남성 2명이 만나 대안적 치료 가능성에 대해 열띤 논의를 벌이면서 시작되었다. 최초의 논의를 통해 다른 이들이 인도되어 결국 자조집단이 형성되었으며, 이 집단의 회원들은 알코올 관련 문제를 논의하고 생각을 교류했으며 지원을 제공했다. 이 조직은 **익명의 알코올중독자모임**(Alcoholics Anonymous, AA)으로 알려지게 되었다.

오늘날 AA는 전 세계적으로 11만 8,000개 집단에 속한 200만 명 이상의 사람들로 구성되어 있다(AA, 2020). AA는 윤리적·정신적 지침과 함께 또래 지원을 제공하여 사람들이 알코올중독을 극복하도록 돕는다. 다양한 사람들이 AA의 다양한 측면이 도움이 된다는 점을 명확히 발견했다. 몇몇 사람들에게 그것은 또래 지원이 되고, 다른 이들에게는 영적인 차원이 된다. 회의는 정기적으로 열리며 회원들은 서로 24시간 도움을 줄 수 있다.

이 조직은 생활지침을 제공함으로써 회원들이 '하루 한 번 삼가고', 자신들은 병이 있고 알코올 앞에 무력하며 정상적인 삶을 살려면 음주를 완전히 영원히 중단해야 한다는 생각을 '사실'로 받아들이도록 촉구한다. AA는 알코올을 질병으로 보고 "한 번 알콜중독자는 영원한 알콜중독자이다"라는 태도를 가지고 있다. 관련된 자조조직인 **알코올중독자구제회**(Al-Anon)

Ilana Panich-Linsman/The New York Times/Redux

집단 요인 테네시의 물질사용장애 치료센터에서 내담자가 집단치료 회기 동안 어깨동무를 하고 있다. 집단치료적 접근과 관계형성은 입원이나 외래에서, 전문적이든 자조집단이든, 심리사회적이든 생물학적이든 대부분의 약물사용에 대한 치료에서 중요한 역할을 한다.

흥미로운 이야기

약물로 인해 사망한 유명인

맥 밀러, 가수이자 래퍼(혼합약물, 2018)

톰 페티, 가수이자 싱어송라이터(혼합약물, 2017)

릴 핍, 래퍼(혼합약물, 2017)

프린스, 가수이자 싱어송라이터(아편, 2016)

코리 몬테이스, 배우(혼합약물, 2013)

휘트니 휴스턴, 가수(코카인과 심장병, 2012)

에이미 와인하우스, 가수(알코올 독성, 2011)

마이클 잭슨, 공연가이자 작곡가(혼합약물, 2009)

와 알라틴(Alateen)은 알코올중독에 걸린 사람들과 함께 살며 돌봐주는 사람들을 지원한다. 마약 중지, 코카인 중지와 같은 자조 프로그램은 다른 물질사용장애를 위해 개발되었다(Farrell, Larance, & Breen, 2020; Peavy, 2019).

AA의 금주 목표는 재발방지 훈련과 물질남용의 몇몇 중재의 통제된 음주 목표에 직접적으로 반대한다는 것에 주목할 가치가 있다(342쪽 참조). 연구에 의하면 통제된 음주와 금주는 둘 다 치료 목표에 다다르는 데 유용했지만, 각각의 음주 문제 속성에 따라 그 결과는 달랐다(van den Brink & Kiefer, 2020; von Greiff & Skogens, 2020). 연구에 의하면 절제는 장기간의 알코올사용장애인 사람에게는 보다 적절한 목표가 될 수 있지만 아직 내성과 금단 반응이 없는 젊은 음주자에게는 통제된 음주가 더 효과적일 수 있다.

여러 자조 프로그램들이 데이톱사마리아인빌리지와 포닉스하우스 같은 **거주치료센터**(residential treatment center)나 **치료공동체**(therapeutic community)로 확대되었는데, 이곳에서는 과거 약물에 중독되었던 사람들이 약물이 없는 환경에서 생활하고, 일하며, 어울리는 동시에 개인·집단·가족치료를 받고, 다시 공동체 생활로의 복귀를 시도하고 있다(Saitz, 2020).

자조적·요양적 치료 프로그램이 유지된다는 증거는 대체로 개인적 증언의 형태로 나타난다. 수만 명의 사람들은 자신의 삶이 호전된 점을 통해 이런 프로그램을 기억하고 그것들을 신뢰한다는 점을 밝혔다. 프로그램에 관한 여러 연구 역시 긍정적 결과가 나타났지만 그 수는 제한적이다(Holtyn et al., 2021; Kelly, Humphreys, & Ferri, 2020).

문화·성별 민감 프로그램 물질사용장애가 있는 많은 사람은 빈곤하고 폭력적인 환경에서 생활하는 듯하다. 오늘날 점점 더 많은 치료 프로그램이 빈곤하고 무주택자이며 소수민족 집단 구성원들이 직면한 특수한 사회문화적 압박을 인지하려 노력하고 있다(APA, 2020c; Upshur et al., 2018). 내담자의 삶의 문제를 인지한 치료자는 종종 재발을 유도하는 스트레스를 더욱 잘 다룰 수 있다.

이와 마찬가지로 치료자는 여성이 종종 남성에게 고안된 치료와는 다른 치료법을 필요로 한다는 점을 자각하게 되었다(Guttmacher Institute, 2020b; Grella, 2018). 여성과 남성은 종종 약물에 대해 서로 다른 심리적·신체적 반응을 한다. 또한 물질사용장애가 있는 여성에 대한 치료는 성적 학대의 영향, 약 복용 중 임신할 가능성, 양육으로 인한 스트레스, 임신 중 약물 남용으로 인한 범죄 기소의 두려움 때문에 복잡해질 수 있다. 그래서 이런 장애를 지닌 많은 여성은 더욱 편안한 상태에서 성별 인지 클리닉이나 거주 프로그램에 도움을 요청하며, 이러한 몇몇 프로그램을 통해 아이들은 회복 중인 어머니와 함께 살 수 있다.

공동체 예방 프로그램 물질사용장애에 대한 가장 효과적인 접근법은 아마도 장애를 예방하는 것이다. 여러 학교에서 최초의 약물 예방 노력이 시행되었다. 오늘날 이러한 프로그램이 직장, 활동 중심지, 그 밖의 공동체 환경, 심지어 미디어에서 제시되고 있다(SAMHSA, 2021a, 2019b; Tremblay et al., 2020). 약 11%의 청소년이 지난 한 해 사이에 학교 외부에서 마약 예방 프로그램에 참여한 적이 있다. 1년 이내에 대략 71%의 청소년이 물질사용 예방 메시지를 보거나 들었다. 그리고 약 57%의 청소년이 지난해에 자기 부모에게 알코올과 다른 약물의 위험성에 관해 이야기했다.

어떤 예방 프로그램은 완전한 절제 모델에 기초를 두고 있는 반면 다른 프로그램은 책임 있는 사용을 가르친다. 어떤 것은 약물사용을 방해하는 방법을 찾으려 하고, 다른 프로그램은

인기 연예인이 과거의 약물남용에 대해 인정하는 것이 사람들의 약물남용 치료에 참여하고자 하는 의지에 어떤 영향을 미치게 될까?

거주치료센터 이전에 약물의존이었던 사람들이 약물이 없는 환경에서 치료를 받으면서 생활하고, 일하고, 사회화할 수 있도록 하는 장소. '치료공동체'라고도 한다.

Michael Caterina/South Bend Tribune via AP

마약 냄새 학교, 공항, 창고 등의 장소에서 탐지견이 마리화나, 코카인, 아편계 등의 약물 냄새를 맡고 있다. 여기 인디애나주의 사우스벤드에 있는 고등학교에서 탐지견 잭스와 경찰이 작업을 하고 있다. 잭스는 이 지역의 학교를 2018년부터 순회하고 있다.

약물에 대한 최초 경험 나이를 늦추려는 시도를 한다. 프로그램은 무엇을 전달하고자 하는가, 약물사용의 대안을 가르치는가, 잠재적인 사용자의 심리 상태를 바꾸는가에 따라 내용이 달라질 수 있다.

예방 프로그램은 개인(예 : 불쾌한 약물 효과 교육), 가족(예 : 보육 기술 교육), 또래집단(예 : 또래의 압력에 대한 저항 교육), 학교(예 : 약물 정책에 대한 확고한 집행 준비), 혹은 크게는 공동체에 초점을 맞출 수 있다(Dickerson et al., 2020; Biglan & Van Ryzin, 2019). 가장 효과적인 예방 노력은 이런 몇몇 영역에 초점을 맞추어 사람들의 삶의 영역에서 약물남용에 관한 일관된 메시지를 전달한다. 취학 전 아동을 위해 몇몇 예방 프로그램이 개발되었다.

오늘날 2개의 선도적 공동체중심 예방 프로그램은 트루스(Truth, www.truth.com)와 어보브디인플루언스(Above the Influence)이다. 트루스는 특히 젊은 층을 대상으로 소셜미디어, TV, 잡지에 매력적인 광고를 하는 금연 캠페인이다. 어보브디인플루언스는 10대들이 남용하는 다양한 물질에 초점을 맞추는 유사한 광고 캠페인이다. 본래 미국의 국립 약물 조절 정책에 의해 만들어졌던 어보브디인플루언스는 2014년 민간의 비영리 프로그램으로 전환되었다. 이러한 지역사회 중심의 예방 프로그램에는 많은 지지자가 있다. 하지만 이런 프로그램이 약물사용에 대해 잘못 알려진 것을 방지하는 효과를 명확하게 하는 연구 설계에는 어려움이 있다.

요약

물질사용장애는 어떻게 치료하는가

물질사용장애에 대한 치료는 몇몇 접근을 조합하여 활용한다. 정신역동치료는 내담자가 약물을 이용하는 잠재적 욕구와 갈등을 인식하고 수정하는 데 사용된다. 인지행동치료에는 혐오치료, 유관성 관리, 재발 방지 훈련, 수용전념치료가 포함된다. 생물학적 훈련에는 해독, 길항약물, 약물유지치료가 있다. 사회문화적 치료는 자조집단(예 : AA), 거주치료 프로그램, 문화·성별 민감 프로그램, 공동체 예방 프로그램으로 사회적 맥락을 통한 물질사용장애 치료이다.

기타 중독장애

도박장애 광범위한 생활 문제를 야기하는 지속적이고 반복적인 도박행위를 보이는 장애

이 장의 서두에서 말했듯이 DSM-5에서는 물질사용장애와 함께 중독장애로 **도박장애**를 거론하고 있다. 이것은 DSM의 이전 판에서는 물질남용만 언급됐던 중독의 개념이 크게 확장된 것을 나타낸다. 본질적으로 DSM-5는 사람들이 물질사용을 넘어서 행동과 활동에 중독될 수 있다는 것을 시사하고 있다.

도박장애

성인의 4%와 10대 및 대학생의 3~10%가 **도박장애**(gambling disorder)를 겪고 있다고 추산되고 있다(Black, 2020; Domino, 2020). 임상가들은 이 장애와 사회적 도박을 구분함에 있어 신중하다(APA, 2013). 도박장애는 도박에 쓰는 시간이나 돈의 양보다 행동의 중독성에 의해 정의된다. 도박장애가 있는 사람들은 도박에 정신이 팔려 있으며, 전형적으로 베팅하는 것에서 벗어나지 못한다. 돈을 반복적으로 잃게 되면 그 돈을 되찾으려는 노력으로 도박을 더 많이 하게 되며, 재정적 및 사회적·직업적·교육적·건강 문제에 직면하면서도 도박을 계속한다(표 10.3 참조). 도박은 사람들이 괴로울 때 더 자주하게 되며, 도박의 정도를 감추기 위해 거짓말하는 것은 흔한 일이다. 마지막으로 도박장애가 있는 많은 사람은 원하는 흥분에 도달하기 위해서 어느 때보다도 불어난 엄청난 양의 돈으로 도박할 필요가 있으며, 도박을 줄이거나 끊을 때 안절부절못하거나 짜증을 낸다. 이것은 물질사용장애에서 흔히 발견되는 내성과 금단 반응과 유사한 증상이다(APA, 2013).

도박장애에 대한 설명은 물질사용장애에 제공된 것과 흔히 유사하다(Singer et al., 2020). 예컨대 도박장애가 있는 사람들은 (1) 그 장애를 발전시키는 유전적 소인을 물려받았으며, (2) 도박을 할 때 뇌의 보상 회로에서 발생하는 도파민의 활동과 역기능을 경험하고, (3) 자신을 도박장애에 빠지기 쉽게 하는 충동적, 자극 추구적 성격을 비롯한 성격 양식이 있고, (4) 부정확한 기대와 자신의 감정 및 신체적 상태에 대한 잘못된 해석과 같이 반복적이며 인지적인 실수를 한다(Armstrong et al., 2020; Peters et al., 2020)고 밝힌 연구들도 있다. 그러나 이들 이론에 대한 연구는 위와 같은 설명을 아직까지는 잠정적인 것으로 남겨두면서 지금까지 제한되고 있다.

물질사용장애의 선구적 치료 중 몇몇은 도박장애에 사용하기 위해 적용되었다(Domino, 2020; Ford & Håkansson, 2020). 이들 치료법에는 재발방지 훈련과 같은 인지행동적 접근법과 아편제 길항약물 같은 생물학적 접근법이 포함되어 있다. 게다가 **익명의 알코올중독자모임**을 모델로 해서 만들어진 네트워크인 자조그룹 프로그램 **단도박모임**(Gamblers Anonymous)은 도박장애를 가진 수천 명의 사람들이 이용할 수 있다. 이 모임에 참가하는 사람들은 더 높은 회복률을 보이는 것 같다.

표 10.3

진단 체크리스트

도박장애

1. 다음 증상 중 4개 이상의 지속적이고 반복적인 문제성 도박 행위가 지난 12개월 동안 나타나는 경우
   - 만족스러운 흥분감을 얻기 위해 더 많은 돈을 도박에 쓰고자 하는 욕구
   - 도박을 줄이거나 멈추고자 할 때 불안감이나 짜증을 경험
   - 도박 조절에 대한 반복된 실패
   - 도박에 대한 빈번한 몰두
   - 스트레스를 받을 때의 빈번한 도박
   - 손해를 보상받기 위한 도박 장면으로의 빈번한 복귀
   - 도박의 양을 숨기기 위한 거짓말
   - 도박으로 인해 중요한 관계, 직업, 교육/경력에서의 기회가 위험에 빠지거나 상실
   - 도박으로 인해 야기된 경제적 문제를 해결하기 위해 다른 사람의 돈에 의존
2. 증상으로 인해 심각한 고통이나 손상을 경험

출처 : APA, 2013.

인터넷사용장애와 인터넷게임장애

과거에 의사소통과 네트워크, 쇼핑, 게임, 지역사회 참가와 같이 '현실 세계'에서 일어났던 활동을 인터넷에 의존하는 사람들이 증가함에 따라 새로운 심리적 문제, 즉 온라인에 접해 있어야 하는 통제불능의 욕구가 나타났다(Gregory, 2020; Li et al., 2020). 이 패턴은 여러 이름 중에서 **인터넷사용장애**와 **인터넷중독**으로 부르고 있다.

이 패턴을 보이는 사람들(적어도 전체 인구의 1%)에게 인터넷은 블랙홀이 되었다(Black,

2020). 그들은 깨어 있는 시간의 대부분을 문자, 트위터, 네트워크, 게임, 인터넷 검색, 이메일 보내기, 블로그 활동, 가상 세계 방문, 온라인 쇼핑, 또는 온라인 포르노 시청에 쓴다. 이 패턴의 구체적 증상은 외부 흥미에서 인터넷 사용이 불가능할 때 일어날 수 있는 금단 반응까지 확장된 형태로 물질사용장애와 도박장애에서 발견되는 증상과 비슷하다(APA, 2013).

비록 임상가와 미디어, 대중이 이 문제에 엄청난 관심을 보였지만, DSM-5는 이것을 장애로 열거하지 않았다. 오히려 **인터넷게임장애**(internet gaming disorder)라 부르는 패턴이 향후에 포함할지 여부에 대해 추가적으로 연구해야 할 것을 권하고 있다(Andreetta et al., 2020; Wong et al., 2020). 동시에 세계보건기구(WHO)는 실제로 '게임장애'를 국제질병분류 제11판(ICD-11)에 포함하였고, 이 체계는 북아메리카 이외의 대부분의 나라에서 사용되고 있다.

rez-art/Getty Images

도박 장소의 증가 이 여성은 크루즈 선상 위에서 휴가를 즐기는 동안 슬롯머신 게임을 하고 있는 중이다. 그녀에게는 무해한 즐거움을 주지만, 모든 사람에게 그런 것은 아니다. 몇몇 이론가는 도박장애의 확산에 따른 최근의 증가가 새로운 도박 장소, 특히 전국 곳곳에 지어진 많은 카지노의 폭발적 증가와 관련이 있다고 보았으며, 합법화와 온라인 도박의 확산 또한 관련이 있다고 보았다.

요약

기타 중독장애

DSM-5의 기타 중독장애는 도박장애를 물질사용장애와 함께 중독장애로 분류하였다. 도박장애의 치료에는 인지행동적 접근, 아편제 길항약물, 자조집단이 활용된다. 임상가들은 인터넷사용장애라는 중독적 패턴도 있음을 지목하였다. 나아가 인터넷게임장애는 다음 번 DSM 개편에 포함시킬 수도 있는 추가 연구 항목에 포함되어 있다.

익숙한 이야기를 새로 살피기

어떤 점에서 약물오용에 관한 이야기는 과거나 현재나 동일하다. 물질오용은 여전히 만연해 있어 흔히 유해한 심리적 장애를 일으킨다. 새로운 약물이 계속해서 나타나고, 대중은 순진하게 자신이 '안전하다'고 믿는 시대를 살고 있다. 다만 점진적으로 사람들은 이런 약물이 위험하다는 점을 알게 되었다. 그리고 물질관련장애에 대한 치료는 계속해서 단지 제한적인 효과만 내고 있다.

그러나 익숙한 이야기에서 새로 살펴볼 중요한 사항이 있다. 여러 연구원은 약물이 뇌와 몸에 작용하는 방식에 관해 더욱 명확히 이해하기 시작했다. 치료 과정에서 자조집단과 재활 프로그램이 늘어나고 있다. 그리고 사람들이 약물오용의 위험을 자각하게 하는 예방 교육 역시 확대되고 있으며, 일정 효과는 내는 듯하다. 이처럼 개선되는 한 가지 이유는 연구원들과 임상가들이 고립된 채 연구하기를 중단하고 자신들의 연구와 다른 모델에서 비롯된 연구 간의 교차점을 찾고 있기 때문이다.

하지만 중독 이야기의 또 다른 새로운 유형은, 물질만이 사람들을 중독에 걸리게 하는 유일한 것이 아니라는 점을 임상 분야에서 이제는 공식적으로 주장한다. 물질사용장애와 나란히 도박장애를 분류하고, 인터넷게임장애를 향후 포함시키는 것을 목표로 함으로써 DSM-5는 중독 패턴, 즉 이것들이 물질 유도성인지 또는 다른 종류의 경험에 의해 촉발되는 것인지의 여부에 대한 보다 넓은 견해와 아마도 보다 넓은 치료의 문을 열었다.

핵심용어

거주치료센터
금단
길항약물
날록손
내성
농축 코카인
대마초
도박장애
동반상승 효과
마리화나
메스암페타민
메타돈 유지 프로그램
모르핀
물질사용장애
물질중독
바비튜레이트
벤조디아제핀
보상 회로
아편
아편유사제
알코올
암페타민
약물순화법
엔도르핀
익명의 알코올중독자모임(AA)
재발방지 훈련
진전섬망(DT)
진정 수면성 약물
코카인
태아알코올증후군
테트라하이드로칸나비놀(THC)
해독
헤로인
혐오치료
환각제
LSD(리세르그산 디에틸아미드)
MDMA

속성퀴즈

1. 물질사용장애란 무엇인가?
2. 알코올은 뇌와 신체에 어떻게 작용하는가? 알코올남용의 문제점과 위험성은 무엇인가?
3. 바비튜레이트와 벤조디아제핀 남용의 양상과 문제점을 설명하라.
4. 다양한 아편유사제(아편, 헤로인, 모르핀)를 비교하라. 아편유사제의 사용은 어떤 문제점을 야기할 수 있는가?
5. 각성제 중 두 가지를 열거하고 비교하라. 이들의 생물학적인 작용과 그로 인해 발생할 수 있는 문제점을 각각 설명하라.
6. 환각제, 특히 LSD의 효과는 무엇인가?
7. 마리화나와 다른 대마계 약물의 효과는 무엇인가? 몇십 년 전보다 최근 마리화나가 더 위험한 것은 무엇 때문인가?
8. 혼합물질 사용의 독특한 문제는 무엇인가?
9. 물질사용장애의 대표적인 이론과 치료법을 설명하라. 이러한 이론과 치료법은 얼마나 잘 지지되고 있는가?
10. 도박장애는 DSM-5에서 왜 물질사용장애와 더불어 중독장애에 포함되어 있는가?

CHAPTER 11

성 장애와 성별 변이

주제

57세의 로버트는 발기가 되지 않아 아내와 성 치료(sex therapy)를 위해 찾아왔다. 6개월 전까지는 발기에 아무런 문제가 없었는데, 어느 날 저녁 외출에서 술을 조금 많이 마신 후 성관계를 가지려 한 이후로 발기에 문제가 생겼다. 처음에 그들은 로버트가 '조금 취한 것' 때문일 것이라고 생각했는데, 그 일이 있은 후 며칠 동안 로버트는 혹시 자신이 발기불능이 아닐까 하고 걱정하기 시작했다고 말했다. 그 일이 있은 이후로 성관계를 가지려 하자 로버트는 자신이 발기가 제대로 되는지 신경을 쓰느라 관계를 갖는 것에 집중할 수가 없었다. 역시나 로버트는 발기가 되지 않았고, 그와 아내는 매우 속상하였다. 그 후 몇 개월 동안 발기 문제는 계속되었다. 로버트의 아내는 더 속상해하며 좌절감을 느끼게 되었다. 그가 외도를 하는 것이 아닌가 하고 추궁하거나 자신이 더 이상 매력이 없는가 하고 생각하게 되었다. 로버트는 자신이 너무 나이 들어 그런가 하는 생각과 1년쯤 전부터 먹어온 고혈압 치료제가 발기에 문제를 일으키는지 생각하게 되었다. 로버트와 아내가 성 치료를 위해 찾아왔을 때는 두 달째 성관계를 시도하지 않았다.

성행동은 우리의 사적인 생각과 공적 논의의 큰 부분을 차지한다. 성적인 생각은 우리의 성장과 매일의 기능에도 중요한 부분을 차지한다. 성적인 활동은 기본 욕구를 충족시키는 데에도 큰 연관이 있으며, 성기능은 자존감과도 연관이 있다. 대부분의 사람들은 다른 사람들의 이상한 성생활에 매료되며 자신의 성행동이 정상적인가 하는 걱정을 한다.

전문가들은 크게 두 가지 부류의 성적 장애가 있다고 말한다. 그것은 성기능부전과 성도착장애이다. **성기능부전**을 가지고 있는 사람들은 자신의 성적 반응에서 문제를 겪는다. 예를 들면 로버트는 발기장애라고 하는 기능장애를 가지고 있는 것인데, 이것은 성적 행동을 할 때 발기가 되지 않거나 발기를 유지하지 못하는 것을 말한다. **변태성욕장애**를 가지고 있는 사람들은 사회가 부적절하다고 생각하는 사물이나 상황에서 반복되는 극심한 성적 욕구를 느끼며 실제로 부적절한 행동을 보이기도 한다. 예를 들면 아동을 상대로 성적 흥분을 느낀다거나 낯선 사람들 앞에서 자신의 성기를 보이고 싶은 욕구를 느끼며 그 욕구에 따라 행동하는 경우도 있다.

앞으로 이 장을 나아가며 계속 보겠지만 성별의 차이 말고는 문화나 인종에 따른 성의 차이는 잘 알려져 있지 않다. 이러한 이해 부족은 정상적인 성적 패턴, 성기능부전, 그리고 변태성욕장애에서도 마찬가지이다. 오랜 기간 사람들은 자신과 다른 문화(또는 성별)집단에 대해 '만족할 줄 모르는', '성욕 과잉', '혈기 왕성', 이국적·열정적·복종적이라고 부르곤 했는데, 이러한 잘못된 고정관념은 객관적인 관찰이나 연구에 의한 것이 아니라 무지와 편견에 의해 생겨난 것이다(LeBeau, Carr, & Hart, 2020; McGoldrick et al., 2007). 실제로 성 장애 치료자들과 성 관련 연구자들도 최근에 문화나 인종의 중요성에 체계적으로 관심을 두기 시작하였다.

성 장애에 대해 살펴본 후 이 장에서는 논지를 **성에서의 변화**, 특히 **트랜스젠더의 기능**

흥미로운 이야기

중요한 구분

'성적 지향성'은 어떤 대상에 성적으로 매력을 느끼는가에 대한 문제이다. '성적 정체성'은 자기 자신에 대해 남성, 여성, 혼합된 성별, 둘 다 아닌 성별 등으로 생각하는 것이다.

에 대한 방향으로 옮기려 한다. 트랜스젠더는 **성 정체감**(자신의 성에 대한 개인적 경험)이 출생 시에 갖게 된 성별과 다르다는 느낌이 있다. DSM-5는 이들을 이상이라고 지칭하지 않는다. 하지만 **성별 불쾌감**이라는 진단적 범주를 두었고, 트랜스젠더는 자신들이 경험하는 성별로 인해 현저한 스트레스나 손상을 경험한다고 하였다. 앞으로 보게 되겠지만 DSM의 이 범주는 논쟁의 소지가 있다.

관례에 따라 성 장애와 성별에 대한 문제는 종종 같은 장에서 다루어지고, 이 책에서도 마찬가지이다. 하지만 섹스(sex)를 의미하는 성과 젠더(gender)를 의미하는 성은 다르다는 사실은 명백하다. 성기능은 성적인 영역에서 어떻게 반응하고 수행하는 것인가에 대한 문제라면 성 정체감은 자신을 남성, 여성, 둘 다 아닌, 또는 둘의 조합 등으로 생각하는 것과 관련된 문제이다. ■

성기능부전

성기능장애의 일종인 성기능부전(sexual dysfunction)은 중요한 성기능이 제대로 반응하지 않아 성관계를 즐기는 것을 불가능하거나 어렵게 만드는 것을 말한다. 연구에 의하면 전 세계 남성의 30%, 여성의 43%가 일생 중에 성기능부전을 겪는다고 한다(Snyder & Rosen, 2020). 성기능부전은 일반적으로 심한 심적 괴로움을 느끼게 하며, 흔히 성적 좌절감, 죄책감, 자존감 상실이나 대인관계에서의 문제를 발생시키기도 한다. 여기서 성기능부전은 치료받으러 오는 대부분의 커플인 이성애자 커플을 대상으로 서술할 것이다. LGBTQ인 사람들 역시 유사한 문제로 어려움을 겪을 수 있으며, 치료자는 대개 동일한 기법을 사용한다(Graham & Bancroft, 2020).

성행동의 비율에 대한 조사는 대개 인구조사에 기초하고 있다. 이러한 방식의 조사의 정확성에 영향을 미치는 요인은 무엇일까?

인간의 성적 반응은 네 가지 단계를 가진 주기라고 말할 수 있다. 이것은 **욕구기**, **흥분기**, **절정기**(오르가슴), **해소기**로 이루어져 있다(Shifren, 2020)(그림 11.1 참조). 성기능부전은 처음 3단계의 하나 이상에 영향을 미친다. 해소기는 절정 이후에 따르는 이완 그리고 흥분의 감소가 일어나는 단계이다. 어떤 성기능부전 환자들은 평생 동안 성기능부전을 가지고 있고, 다른 환자들은 정상적인 성기능을 가지고 있다가 성기능부전으로 진행되기도 한다. 일부의 경우 기능부전은 모든 성적 상황에서 나타나지만, 다른 경우에는 특정 상황에서만 나타난다.

그림 11.1

일반적인 성 반응주기

연구자들은 남성과 여성 모두에게서 비슷한 주기의 순서를 찾아냈다. 그러나 때로 여성은 오르가슴을 경험하지 못하기도 한다. 그런 경우에 해소기가 더 천천히 나타난다. 어떤 여성은 해소기 이전에 2번 이상의 오르가슴을 연속으로 경험하기도 한다. (출처 : Shifren, 2020; Snyder & Rosen, 2020; Kaplan, 1974; Masters & Johnson, 1970, 1966)

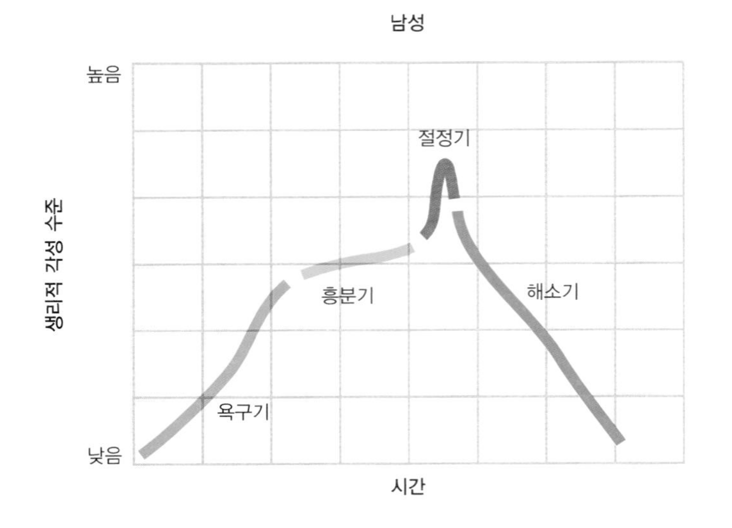

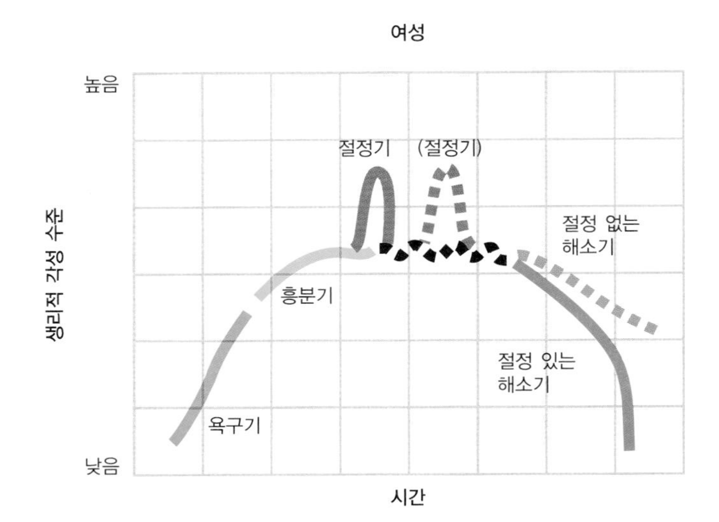

성욕장애

성 반응주기에서 **욕구기**(desire phase)는 성욕과 타인에 대한 성적 끌림, 그리고 많은 사람의 경우 성적 환상으로 이루어져 있다. 두 가지 성기능부전인 **남성성욕감퇴장애**와 **여성 성적 관심/흥분장애**는 욕구기에 영향을 미친다. 후자의 장애는 성 반응주기의 욕구기 및 흥분기 모두에 걸쳐서 일어난다. 연구에 따르면 성욕과 흥분은 여성의 경우 특히 고도로 겹치며 성욕 감정과 흥분 감정을 구분하는 데 어려움을 겪는 여성이 많기 때문에 DSM-5에서는 단일 장애로 간주되고 있다(APA, 2013).

"안돼, 자기야. 난 중성화를 했어."

많은 사람이 다른 사람에 대해 성적으로 끌리는 느낌이 없지만 그런 느낌이 없는 것에 대해 편안하고 자기 자신을 손상되거나 이상이 아닌 **무성**(asexual)적 이라고 여기는 사람들이 있다. 이들은 성욕장애로 진단하지 않는다. 또 다른 사람들은 다른 사람에게 성적 관심을 느끼지만 성욕 때문이 아니라 생활 양식의 하나로 성관계에 관여하지 않으려 하기도 한다. 이들 역시 성욕장애로 진단하지 않는다.

남성성욕감퇴장애(male hypoactive sexual desire disorder)가 있는 남성은 지속적으로 성관계에 흥미를 느끼지 못하거나 성욕이 매우 감소되어 스트레스를 경험하는 사람이다(표 11.1 참조). 그럼에도 그들은 막상 성관계를 가지게 되면 신체적 반응은 정상이거나 성관계에서 쾌락을 느끼기도 한다. 비록 대부분의 문화는 남성을 성관계라면 다 좋아하는 것처럼 묘사하기도 하지만, 많게는 전 세계 10~15%의 남성에게서 이 장애가 나타나며, 지난 10여 년 동안 치료를 찾는 남성의 수는 더 증가하였다(Khera, 2020a; Snyder & Rosen, 2020).

여성 성적 관심/흥분장애(female sexual interest/arousal disorder)를 가진 여성도 지속적으로 성에 대한 관심이 적거나 부족한 사람이다(표 11.1 참조). 게다가 이런 여성 중 많은 여성이 성 활동 중에 흥분을 거의 느끼지 않으며 에로틱한 신호에 흥분하지 않고, 극히 소수만이 성 활동 중에 성기 또는 성기 외적 감각 결핍을 경험한다(APA, 2013). 성적 관심과 흥분의 감퇴는 전 세계 여성의 26~43%에서 발견될 수 있다(Shifren, 2020). 이들의 약 3분의 1은 흥분 수준이 낮음으로 인해 현저한 스트레스를 받고, 그렇기 때문에 여성 성적 관심/흥분장애로 여겨진다.

사람의 성충동은 생물학적·정신적·사회문화적 요인의 조합으로 만들어지며, 어떠한 한 가지도 성욕을 감퇴시킬 수 있다.

성욕 감퇴의 생물학적 원인 성욕과 성 행태는 여러 가지 호르몬의 상호작용으로 생겨나는 것이며, 이러한 작용의 이상은 성욕을 감퇴시킬 수 있다(Bonert, 2020; Snyder & Rosen, 2020). 남성과 여성이 동일하게 **프로락틴**이라는 호르몬이 높거나, 남성 호르몬인 **테스토스테론**이 낮거나, 여성 호르몬인 **에스트로겐**이 높거나 낮으면 성욕 감퇴로 이어질 수 있다. 성충동 감퇴는 예컨대 특정한 피임약에 많이 함유된 에스트로겐 수치와도 연관이 있다. 그와 반대로 폐경 후의 여성이나 최근에 출산한 여성의 낮은 에스트로겐 수치에서도 연관성이 보인다.

임상 실습과 연구에서는 더 나아가 성충동이 일정한 종류의 진통제, 향정신성 의약품이나 코카인, 대마초, 암페타민, 헤로인과 같은 금지 약물 때문에도 감소될 수 있음을 보여준다

성기능부전 인간의 성적 반응주기 중 어떤 영역에서 정상적인 기능을 보이지 못하는 것으로 특징지어지는 장애

욕구기 성관계를 갖고자 하는 욕구, 성적 환상, 다른 사람에게 성적 매력을 보이는 등으로 구성된 성 반응주기의 단계

남성성욕감퇴장애 성적 관심의 지속적인 감소나 결여로 인해 저조한 성생활을 보이는 남성 성기능부전

여성 성적 관심/흥분장애 성에 대한 관심이나 성적 활동의 저하나 부족을 특징으로 하는 여성 성기능부전으로, 어떤 경우 성적 활동 시 제한된 흥분과 성적 감각을 보인다.

표 11.1

진단 체크리스트

남성성욕감퇴장애
1. 적어도 6개월 동안 성적 사고, 판타지, 욕구를 거의 또는 전혀 반복적으로 경험
2. 이에 대한 심각한 고통을 경험

여성 성적 관심/흥분장애
1. 적어도 6개월 동안 성적 관심과 흥분이 감소되거나 전혀 보이지 않아야 하며, 다음 중 적어도 세 가지에서 감소나 부재가 나타남 ■ 성적 관심 ■ 성적인 생각이나 판타지 ■ 성행위 시작 또는 수용 ■ 성관계 동안의 성적인 흥분이나 쾌감 ■ 성적인 자극에 대한 반응 ■ 성관계 동안의 성기나 성기 외적 감각
2. 심각한 고통을 경험

출처 : APA, 2013.

(Atmaca, 2020; Hirsch & Birnbaum, 2020, 2019a). 적은 양의 술은 사람의 억제력을 낮추기 때문에 성충동을 높일 수도 있지만, 많은 양은 오히려 성충동을 감퇴시킨다(Khera, 2020b).

장기적 신체질환 또한 성충동 감퇴로 이어질 수 있다(Dizon & Katz, 2020; Snyder & Rosen, 2020). 성욕 감퇴는 신체질환의 직접적인 결과일 수도 있지만, 그 질환에 의해 야기된 스트레스, 통증, 우울증과 같은 간접적 결과일 수도 있다.

성충동 감퇴의 심리적 원인 불안, 우울, 분노가 전반적으로 상승하면 남성과 여성 모두의 성욕은 감퇴된다(Nimbi et al., 2020, 2018; Shifren, 2020). 인지행동 이론가들이 주목하듯이 흔히 성욕 감퇴를 보이는 사람들이 가진 특정한 태도나 두려움, 기억이 기능장애의 원인이 된다. 예를 들면 성관계는 부도덕한 일이며 위험하다는 생각을 하는 것 등이다(Graham & Bancroft, 2020). 어떤 사람들은 자신이 성적 욕구를 통제하지 못하는 것이 두려워 전적으로 저항하기도 하며 어떤 사람들은 임신을 할까 봐 두려워하기도 한다.

몇 가지 특정한 심리장애 또한 성욕 감퇴로 이어지기도 한다. 가벼운 증상의 우울증도 성욕을 크게 저해할 수 있으며, 강박 증상을 가진 사람들은 타인의 체액이나 냄새를 극히 불쾌하게 느끼기도 한다(Snyder & Rosen, 2020).

성욕 감퇴의 사회문화적 원인 성욕 감퇴의 원인이 되는 태도, 두려움, 심리장애는 사회적 맥락 안에서 생겨나는 것이므로 사회문화적 요인 또한 성욕장애와 연관이 있다. 성욕이 감퇴된 많은 사람은 이혼, 가족의 사망, 직장에서의 스트레스, 불임 문제, 아이가 생기는 것과 같은 상황에 따른 압박을 느낀다(Nimbi et al., 2020; Shifren, 2020). 어떠한 사람들은 관계의 문제 때문이기도 하다. 관계가 행복하지 않은 사람들, 상대에 대한 애착이 없어진 사람들, 상대에게 잡혀 살아 무력함을 느끼는 사람들은 성에 흥미를 잃을 수 있다. 기본적으로 행복한 관계에 있는 사람들도 한쪽이 너무 미숙하고 성적으로 열정적이지 않다면, 다른 쪽이 성에 흥미를 잃을 수 있다(Graham & Bancroft, 2020; Snyder & Rosen, 2020). 또한 커플들은 친밀감에 대한 필요가 다를 때가 있다. 좀 더 개인적 공간을 원하는 쪽의 성욕이 그 거리를 지키기 위하여 감퇴할 수 있다.

성욕에 대한 상황적 요인이나 관계적인 문제는 COVID-19 유행기에 실시된 조사들에 잘 나타난다. 몇몇 조사에서는 적어도 25%의 사람이 감염병과 관련하여 친밀한 관계에서의 성적 욕구 감소를 경험하였는데, 특히 병원 관련 근로자에서는 이 비율이 65%에 달하였다(De Rose et al., 2021; Li et al., 2020). 다른 조사에서는 친밀한 관계에서 감염병으로 인한 관계 갈등의 증가가 34%에 달하였고, 그것이 성욕 수준의 감소나 성행동 빈도의 저하로 이어졌다는 것을 보고하였다(Luetke et al., 2020).

문화적 요인 또한 성욕 감퇴에 기여할 수 있다. 예를 들어, 어떤 남성들은 문화적 **이중 기준**(double standard)을 채택하고, 그로 인해 자신이 사랑하고 존중하는 여성에게 성욕을 느끼지 못하는 경우도 있다(Nimbi et al., 2020, 2018; Antfolk, 2017). 보다 일반적인 예로는, 우리 사회가 젊음과 성적 매력을 동일하게 여김으로 인해 중년 남성과 여성은 나이가 듦에 따라 파트너에 대한 자신이나 자신의 매력이 감소된다고 여겨 성적인 흥미가 감소되기도 한다.

성추행이나 성폭행의 트라우마는 특히나 성욕장애에서 발견되는 공포, 태도, 기억을 낳는다(Blais, 2021; O'Loughlin & Brotto, 2020). 성적 학대의 몇몇 생존자들 중에는 성에 혐오감을 느끼는 사람들이 있는데, 이러한 증세는 몇 년 심지어 몇십 년 동안도 지속될 수 있다. 몇

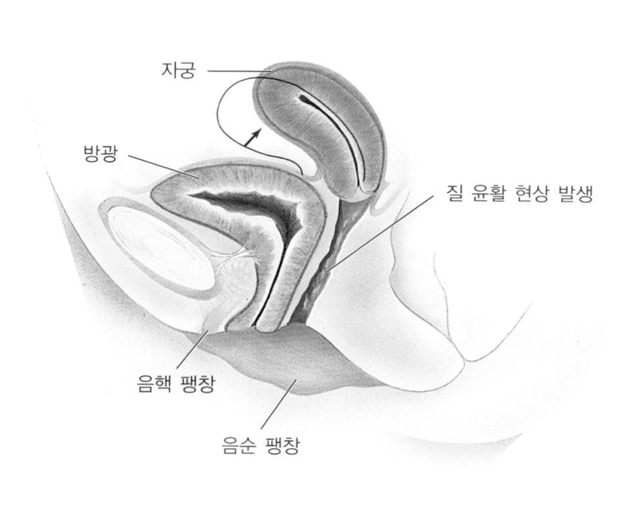

흥분

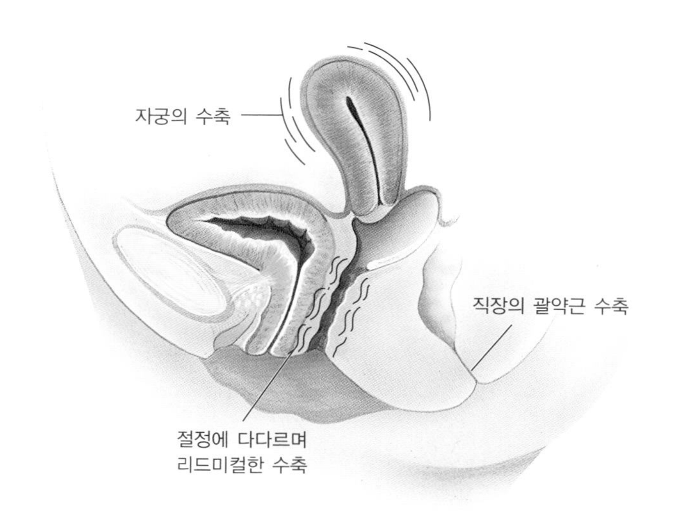

절정

그림 11.2

일반적인 여성의 생식기 해부도

성 반응주기의 단계마다 여성의 신체 구조에 변화가 발생한다. (출처 : Shifren, 2020; Hyde, 1990, p. 200)

몇 생존자들의 경우에는 예전에 성폭행을 당했던 기억이 성년이 되고 나서 하는 성행위 중 생생하게 떠오르기도 한다.

흥분장애

성적 반응주기에서 **흥분기**(excitement phase)는 골반 쪽 부위에 변화를 일으키며 전반적인 신체적 흥분, 심박동 수, 근육의 긴장, 혈압 상승, 호흡 속도의 증가 등이 특징이다. 남성에게서는 골반 쪽으로 피가 몰리는 것이 발기로 이어지고, 여성에게서는 음핵과 음순이 부풀며 질의 윤활로 이어진다(그림 11.2 참조). 앞에서 살펴봤듯이 여성 성적 관심/흥분장애에는 흥분기의 기능장애가 포함된다. 게다가 남성 장애(발기장애)에는 흥분기만의 기능장애가 포함된다.

발기장애 **발기장애**(erectile disorder)를 가지고 있는 남성은 성 활동 중 계속 발기가 되지 않거나 제대로 발기를 유지하지 못한다(표 11.2 참조). 이 문제는 이 장 맨 처음에 보았던 로버트를 포함한 전체 남성 인구 중 16% 정도에서 보인다(Snyder & Rosen, 2020). 카를로스 도메라도 발기장애를 가지고 있다.

카를로스 도메라는 30세의 의류 제조업자로서, 22세에 처음 아르헨티나에서 미국으로 왔다. 그는 … 필리스와 결혼하였고 그녀도 30세이다. 그들에게는 자녀가 없었다. 카를로스의 문제는 지난 1년 정도 제대로 발기가 되지 않거나 유지되지 않아 아내와 성관계를 갖지 못했다는 것이었다. 그리하여 그는 지난 5개월 정도 아내와의 모든 성적 접촉을 기피하였고, 단 두 번 짧게 사랑을 나누려 했으나 발기가 되지 않아 그만두었다.

도메라 부부는 한 달 정도 전에 서로 합의하여 별거하게 되었다. 이유는 성적인 문제로 인한 갈등과 그로 인해 더 이상 서로 편하게 느껴지지 않았기 때문이다. 서로 상대를 사랑하고 있다고 말하며 상대에 대한 염려를 보였지만 성적 문제를 해결할 수 있을지 확신을 갖지 못하였다.

카를로스는 전형적인 '라틴계의 마초(남성다움을 과시하는 남자)'로 보인다. 그는 남자라면 "언제나 쉽게 발기가 되어야 하며 언제든 사랑을 나눌 수 있어야 한다"고 믿고 있다. 그는 성적 기능을 제대로 '행하지' 못하였기 때문에 스스로를 굴욕적이고 무능력하다고 느꼈졌다. 그는 이 문제에 성관계뿐만 아니라 모든 애정 표현을 보이지 않는 것으로 대처했다.

필리스는 "그는 노력하지 않고 있어요. 나를 사랑하지 않는 건지, 그리고 나는 섹스도 애정도 없이

흥분기 골반 영역의 변화, 일반적인 생리적 각성, 심장 박동, 근육 긴장, 혈압, 호흡률의 증가를 보이는 성적 반응주기의 단계

발기장애 성행위 동안 발기의 시작 및 유지를 지속적으로 실패하는 성기능부전

표 11.2

진단 체크리스트

발기장애
1. 적어도 6개월 동안 발기와 발기의 유지에 상당한 어려움을 느끼고, 성관계 동안 발기 경직성이 이전 수준으로 나타나는 경우
2. 심각한 고통을 경험

출처 : APA, 2013.

그렇게 늘 기분이 안 좋은 걸 보며 살 수가 없어요"라고 말하였다. 그녀는 잠시 떨어져 있자고 말하였고 그는 기꺼이 동의했다. 하지만 최근에 그들은 일주일에 두 번 정도 만남을 갖고 있다고 말하였다.

그는 진찰 중에 자신의 발기 문제는 사업적으로 긴박했던 때와 비슷하게 나타났다고 말하였다. 몇 번 성관계를 '실패'한 후에 그는 자신을 '쓸모없는 남편'이라고 단정 지었고 그렇기 때문에 '완전한 실패자'라고 느꼈다. 사랑을 나누려는 시도의 불안감은 그가 상대하기에는 너무나 컸다.

(Spitzer et al., 1983, pp. 105–106)

카를로스와는 다르게 대부분의 발기장애는 50세 이상의 남성에게서 보인다. 이는 대부분 나이 들어 생기는 질병이나 질환 때문이다. 이 장애는 20대 남성에서는 8% 정도가 나타나지만 70대에서는 37%로 증가한다(Snyder & Rosen, 2020). 그뿐만 아니라 몇몇 설문조사에 의하면 절반 정도 이상의 성인 남성은 한 번쯤은 성관계에서 발기 문제를 겪은 적이 있다고 말하였다. 대부분의 발기장애는 생물학적·정신적·사회문화적 과정의 상호작용 때문에 생긴다.

생물학적 원인 남성성욕감퇴장애를 일으키는 것과 같은 호르몬의 불균형이 발기장애도 일으킬 수 있다(Snyder & Rosen, 2020). 하지만 발기장애의 경우 혈관 문제가 더 자주 연관되어 있다. 발기란 성기의 혈관에 피가 차오르며 일어나는 것이기 때문에 성기에 혈류가 흐르는 것을 방해하는 심장병, 동맥경화 같은 그 어떤 병도 발기장애로 이어질 수 있다(Salvio et al., 2021; Sauer & Kimmel, 2020). 당뇨병, 척수외상, 다발성 경화증, 신부전증 또는 투석치료의 결과로 인한 신경계의 손상 또한 발기장애의 원인이 될 수 있다(Dastoorpoor et al., 2021; Hackett, 2020). 게다가 남성성욕감퇴장애와 같이 특정 종류의 약물과, 알코올남용에서 흡연에 이르는 다양한 형태의 물질남용 또한 발기에 문제를 일으킬 수 있다(Atmaca, 2020; Hirsch & Birnbaum, 2020, 2019a).

혈액검사나 초음파검사와 같은 의료 방법이 발기장애의 생물학적 원인을 진단하기 위해 개발되었다. **야간 음경 팽창**(nocturnal penile tumescence, NPT), 즉 수면발기를 측정하는 방법이 발기장애의 신체적인 요인을 알아보기 위해 매우 유용하게 쓰인다. 남성은 대부분 **렘수면** 동안 발기가 일어나는데, 수면의 이 단계는 꿈을 꾸는 단계이다. 건강한 남성은 하룻밤 동안 두 번에서 다섯 번 사이의 렘 기간과 몇 번의 발기도 겪을 가능성이 있다. 자는 동안 발기가 비정상적이거나 일어나지 않는다는 것은 대부분(언제나 그런 것은 아니지만) 어떠한 신체적 문제를 뜻한다. 간단한 선별 장치(screening device)로는 잠들기 전 성기 부분에 얇은 끈 같은 것을 묶어두고 다음 날 아침에 그것이 끊어져 있는지를 확인하는 방법이 있다. 끈이 끊어져 있다는 것은 자는 동안 발기를 했음을 뜻한다. 끈이 끊어져 있지 않다는 것은 자는 동안 발기가 일어나지 않았다는 것을 뜻하고, 이는 그 사람의 일반적인 발기 문제에 신체적 원인이 있을 수 있음을 말한다. 최근 출시한 장치는 끈을 컴퓨터와 연결해 어느 때쯤 발기가 일어났는지 자세히 알아볼 수도 있다.

심리적 원인 남성성욕감퇴장애의 어떠한 심리적 원인도 흥분을 저해할 수 있으며 발기장애를 초래할 수 있다. 예컨대 심각한 우울증을 겪고 있는 남성 중 많게는 90% 정도가 일정한 정도의 발기장애를 경험한다(Snyder & Rosen, 2020; Yang et al., 2019).

야간 음경 팽창(NPT) 수면 중 발기

수행 불안 성행위 중에 경험하는 부적절한 수행에 대한 공포와 긴장

발기장애의 심리적 원인을 제대로 뒷받침한 설명 중 하나는 William Masters와 Virginia Johnson(1970)에 의해 개발된 인지행동 이론이다. 그들의 설명은 **수행 불안**(performance

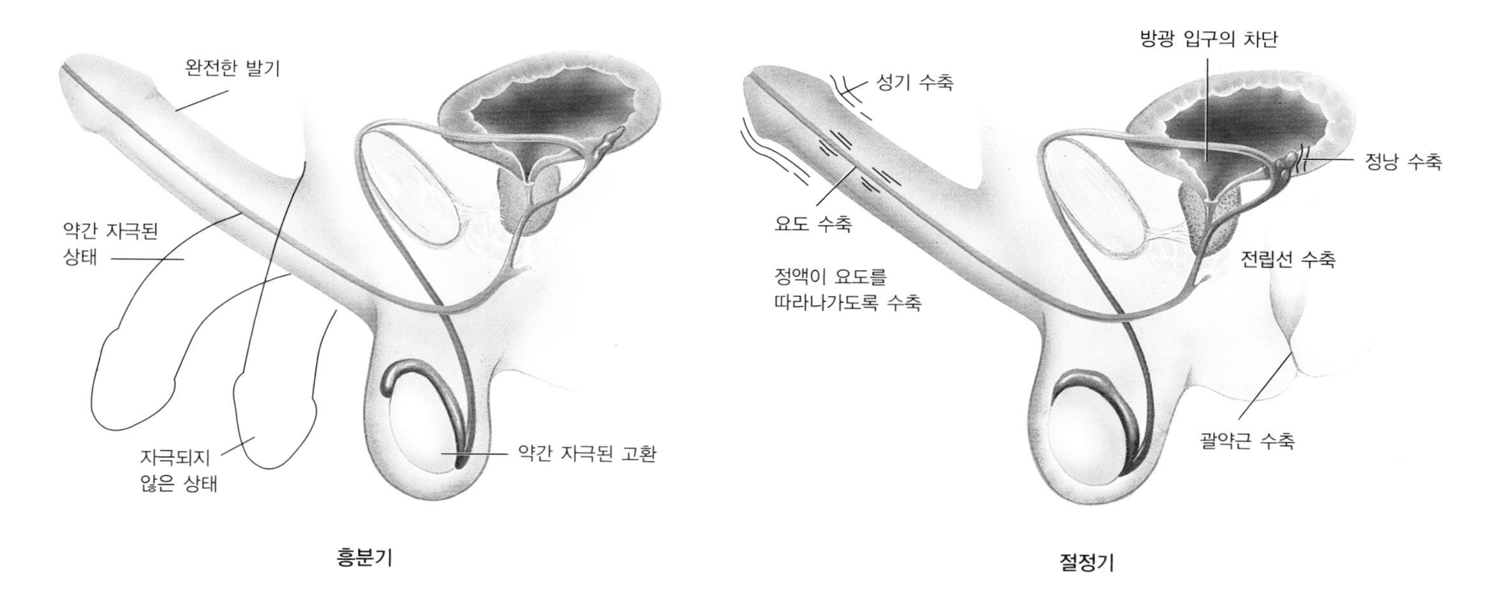

그림 11.3

일반적인 남성의 생식기 해부도

성 반응주기의 단계마다 남성의 신체 구조에 변화가 나타난다. (출처 : Snyder & Rosen, 2020; Hyde, 1990, p. 199)

anxiety)과 **관찰자 역할**(spectator role)을 강조한다. 남성이 어떠한 이유로든 발기에 어려움이 있으면 그는 발기 실패에 대한 두려움을 느끼며 성적 접촉에 맞닥뜨리는 것에 대한 걱정을 한다(Pyke, 2020). 편안한 마음으로 성적 쾌락의 느낌을 즐기기보다는 자신이 잘하고 있는가 하는 걱정과 절정에 도달해야 한다는 목적에 집중하느라 정작 성관계를 가지는 것에 대해서는 집중하지 못하는 것이다. 흥분한 참가자보다 관찰자 또는 심판이 되는 것이다. 어떠한 이유로 발기장애가 생겼든 간에 이 문제가 지속되는 이유는 자신이 계속 관찰자가 되기 때문이다. 이러한 악순환 때문에 처음 발기 문제의 원인은 실패에 대한 두려움보다 덜 중요해진다.

수행 불안이나 관찰자 역할로 설명될 수 있는 인생의 다른 영역의 문제도 있을까?

사회문화적 원인 남성성욕감퇴장애를 야기하는 모든 사회문화적 요인이 발기장애와 연관이 있다. 예를 들어 직업을 잃은 남성은 경제적 스트레스에 휩싸이게 되며 다른 남성보다 발기 문제가 생길 확률이 높아진다. 관계 스트레스 또한 이러한 기능장애와 연관이 있다(Blais, 2021).

오르가슴장애

성 반응주기 중 **절정기**(orgasm phase)에서는 사람의 성적 쾌락이 최고조에 달하고 성적 긴장이 풀리며 골반 쪽의 근육이 수축하고 느슨해지기를 반복한다(그림 11.3 참조). 남성은 정액을 사정하게 되며 여성은 바깥 세 번째 질 벽이 수축을 한다. 성 반응주기 중 이 단계의 기능장애에는 남성의 경우 **조기사정**(조루증)과 **사정지연**(지루증), 그리고 여성의 경우 **여성극치감장애**가 있다.

조기사정 레지날드는 전형적인 조기사정을 가지고 있는 많은 남성 중 하나이다.

20세의 학생인 레지날드는 조기사정으로 인해 여자친구가 성적으로 불만을 갖게 되었기 때문에 여자친구와 헤어진 후 치료를 받으러 왔다. 레지날드는 여자친구 이전에 한 사람과 성관계를 가진 경험이 있었는데, 고등학교 3학년 때의 일이었다. 고등학교 3학년 때 2명의 친구와 옆 동네로 운전을 하고 가서 성매매 여성을 찾았다. 그녀를 태우고 으슥한 곳으로 가서 친구들과 돌아가며 성관계를 가졌고, 한 사람이 관계를 가지는 동안 나머지는 자동차 밖에서 기다렸다. 그가 관계를 가지는 동안 성매매 여성과

관찰자 역할 성행위 중 수행과 즐거움이 감소될 정도로 자신의 성적 수행에 초점을 두는 것을 경험하는 마음의 상태

절정기 개인의 성적 쾌락의 절정과 성적 긴장감이 골반 부분에 수축되어 있던 근육을 리드미컬하게 풀어지게 하는 성적 반응주기의 단계

흥미로운 이야기

야간의 방문

사람들은 가끔 자는 동안에 오르가슴을 경험하기도 한다. 고대 바빌로니아 사람들은 이러한 야행성 오르가슴이 그들이 자는 동안 남자에게 다가오는 '밤의 하녀', 그리고 여자에게 다가오는 '밤의 작은 남자'에 의해 일어난다고 말했다(Kahn & Fawcett, 1993).

친구들이 모두 성화를 하며 빨리 끝내라고 재촉하였다. 경찰에게 발각되는 것도 문제였지만, 겨울이라 매우 춥기 때문이기도 했다. 현재의 파트너와 처음 성관계를 가졌을 때 레지날드에게 이전 경험이라고는 그렇게 전희도 없이 빨리 끝나버린 한 번의 성관계뿐이었다. 여성의 가슴을 애무하고 음부를 만지는 것과 그녀가 자신의 성기를 만지는 것에 너무 흥분되어 제대로 삽입하기 전에 사정을 하거나 삽입한 후 채 1분이 안 되어 사정을 하게 되었다.

조기사정(premature ejaculation, 이전에는 **조루**, 또는 **빠른 사정**이라 불렸다)을 겪고 있는 남성은 지속적으로 작은 성적 자극에도 오르가슴을 느끼며 삽입하기 전, 또는 삽입한 후 얼마 안 되어 자신의 의지와 달리 사정을 하게 된다(표 11.3 참조). 많게는 전 세계의 남성 중 30%가 때로는 빨리 사정을 한다(Snyder & Rosen, 2020). 전형적으로 지난 수십 년간 우리 사회의 성관계 기간은 길어졌고, 그로 인해 조기사정이 있는 남자들의 고충은 커져 갔다. 젊은 남성이라면 더욱 이런 증상에 괴로워하겠지만, 연구는 어떤 연령대의 남성도 고통을 느끼게 된다고 보고한다(Gillman & Gillman, 2019).

조기사정의 원인에 대하여는 심리학적, 특히 인지행동적 설명이 다른 이론들보다 널리 받아들여지고 있다. 예를 들어 이 기능장애는 젊은 사람에게도 흔한 것이며, 레지날드와 같이 경험이 적은 경우 단순히 어떻게 속도를 낮추고 흥분을 조절하여 사랑을 나누는 즐거움을 지속시킬 수 있는지 배우지 못했을 뿐이라는 것이다(Snyder & Rosen, 2020). 실제로 젊은 남성은 처음 성관계를 가질 때 조기사정을 하는 경우가 많다. 대부분의 남성은 더 많은 경험을 함에 따라 성적 반응의 조절과 통제를 배우게 된다(**정보마당** 참조). 어떤 연령대의 남성이라도 성관계를 가끔씩 가지면 사정이 빨라질 수 있다.

임상가들은 조기사정이 불안감과 연관이 있다고 말하며 청소년기에 (부모에게 들킬까 봐) 짧은 시간 안에 자위를 하던 경험과 자신의 성적 흥분도를 잘 알아차리지 못하는 것이 연관이 크다고 말한다. 하지만 이러한 이론을 지지하는 연구 결과는 명확하지 않다.

임상 이론가들 사이에는 다수의 조기사정 사례에서 생물학적 요인이 핵심 역할을 한다는 믿음이 증가하고 있다. 현재까지 수행된 제한된 연구에서 세 가지 신체적 원인이 드러났다(Fu et al., 2020; Erdogan et al., 2019; Roaiah et al., 2018). 한 이론은 이 기능장애를 가질 유전적 성향을 가지고 태어나는 사람들이 있다고 말한다. 실제로 한 연구에 의하면 조기사정으로 고생하는 작은 표본집단 중 남성의 91%에게 이 기능장애를 가진 일차 친척(first-degree relative, 역자 주 : 부모, 자녀 또는 형제자매)이 있다고 한다. 동물 연구에 근거한 두 번째 이론은, 조기에 사정하는 남성의 뇌에는 세로토닌 수용체가 과민하거나 활발하지 않다고 주장한다. 세 번째 설명은, 성기 부근이 다른 사람들보다 더 예민하거나 더 큰 신경 전도를 가지고 있다는 것인데, 이것을 지지하는 연구는 아직 일관성 있게 나타나지 않았다.

표 11.3

진단 체크리스트

조기사정
1. 적어도 6개월 동안 파트너와의 성행위 중 성행위 시작 1분 이내, 원하는 시점보다 이전에 사정이 일어남
2. 심각한 고통을 경험
사정지연
1. 적어도 6개월 동안 파트너와의 성행위 중 사정의 심각한 지연, 드묾 또는 부재를 보임
2. 심각한 고통을 경험
여성극치감장애
1. 적어도 6개월 동안 오르가슴의 심각한 지연, 드묾 또는 부재를 보이고, 이전 오르가슴 강도에 도달할 수 없는 경우
2. 심각한 고통을 경험

출처 : APA, 2013.

사전지연 **사정지연**(delayed ejaculation, 이전에는 **남성극치감장애** 또는 **남성극치감억제**라 불렸다)을 가지고 있는 남성들은 지속적으로 사정하지 못하거나, 파트너와의 성행위 중에 매우 늦게 사정한다(표 11.3 참조). 전 세계 남성 중 3~10% 정도가 이 장애를 가지고 있다(Meston & Stanton, 2020; Morgentaler et al., 2017). 이는 다음 사례의 존과 같이 불만감과 좌절감의 큰 원인이 된다.

38세의 판매 대리인인 존은 결혼 9년 차 남성이다. 32세의 아내가 주장해서 이 부부는 성관계 중 사정을 하지 못하는 그의 문제를 치료하기 위해 왔다. 결혼 초기에 아내는 오르가슴을 쉽게 느끼지 못하였고, 그가 사정을 오랜 시간 늦춰야 가능하다는 걸 깨닫게 되었다. 사정을 늦추기 위하여 정신적인 방해 방법을 사용하게 되었고 사랑을 나누기 전 정기적으로 대마초를 피우게 되었다. 초반에는 자신이 오랫동안 사정하지 않는 것을 매우 만족스럽게 느끼며 남성성의 표시라고 생각하였다.

첫 치료를 시작하기 3년 전쯤 외동아이가 태어났을 때부터 존은 사정을 하기 전에 발기가 사그라드는 것을 느끼게 되었다. 그의 아내는 다른 체위를 제안해보았지만 더 노력할수록 절정에 오르는 것은 더 어려워졌다. 그의 좌절감 때문에 부부는 아예 성관계를 갖는 것을 기피하게 되었다. 실패를 거듭할수록 존의 불안감은 더 커졌고, 문제의 해결 방법을 더더욱 찾을 수가 없었다.

(Rosen & Rosen, 1981, pp. 317–318)

흥미로운 이야기

그들의 진술

"발기는 주로 미나리, 갓, 크리몬, 파스닙, 국화, 순무, 아스파라거스, 설탕에 절인 생강, 도토리 가루, 바다조개, 물고기 등으로 인해 유발될 수 있다."

아리스토텔레스의 완벽한 걸작
(Aristotel's Compleat Master-Piece) 중

낮은 테스토스테론 수치, 특정 신경질환, 머리나 척수에 발생하는 외상도 남성의 사정을 방해할 수 있다(Dastoorpoor et al., 2021; Ko, Kim, & Lee, 2020). 교감신경을 둔화시키는 물질(예 : 술이나 고혈압 약, 특정 향정신약 등) 또한 사정을 하는 데 영향을 미칠 수 있다. 예를 들면 세로토닌을 향상시키는 특정 항우울제를 복용하는 남성 중 30%가 사정을 하는 데 영향을 받았다고 보고되었다(Atmaca, 2020; Hirsch & Birnbaum, 2020, 2019a).

사정지연의 대표적인 정신적 원인에는 수행 불안과 관찰자 역할을 하는 것, 그리고 발기장애에 수반되는 인지행동적 요인도 포함된다(Nimbi et al., 2020, 2018). 남성이 일단 오르가슴을 느끼는 것에 집중하게 되면, 자신이 하고 있는 성행위의 참가자가 되기보다 흥분되지 않은 채 자기 비판적이고 걱정 많은 관찰자가 되고 만다. 사정지연의 또 다른 정신적 원인은 예전에 자위를 하던 습관 때문일 수도 있다(Rustamov et al., 2019). 예를 들어 한평생 자위를 할 때 성기를 침대보나 베개 같은 것에 문지르던 사람은 그런 것이 없을 때 오르가슴을 느끼기 어려울 수 있다.

여성극치감장애 자넬과 아이삭은 3년 동안 관계를 가졌고, 그녀가 오르가슴을 느끼지 못해 성 치료를 받으러 왔다.

자넬은 단 한 번도 오르가슴을 느껴본 적이 없었지만, 아이삭의 걱정 때문에 최근까지 오르가슴을 느끼는 것처럼 속여왔다. 마침내 고민 끝에 그에게 사실대로 말하였고, 그들은 함께 치료받으러 왔다. 자넬은 엄격한 종교적 집안에서 자랐다. 그녀는 자라는 동안 단 한 번도 부모가 서로 입을 맞추거나 스킨십을 하는 것을 본 적이 없었다. 그녀는 7세쯤에 자신의 음부를 쳐다보는 것을 어머니께 걸려 매우 크게 혼이 난 적이 있었다. 그녀는 부모로부터 한 번도 성교육을 받은 적이 없었고 초경을 시작하였을 때 어머니는 이제 임신을 할 수 있으니 절대 남자와 입을 맞추거나 자신을 만지게 해서는 안 된다고만 말하였다. 어머니는 그녀가 데이트하는 것을 매우 엄격히 반대하였고 계속 "남자들이 원하는 건 단 하나야"라고 말하였다. 그녀의 부모는 비판적이며 그녀에 대한 기대치가 매우 높았지만(예 : 성적표에 올 A가 아니라 왜 B가 하나 있냐며 꾸중함), 그런 것을 제외하고는 다정하셨으며 부모에게 인정받는 것은 그녀에게 매우 중요한 일이었다.

여성극치감장애(female orgasmic disorder)가 있는 여성은 지속적으로 오르가슴에 도달하지 못하거나, 아주 낮은 강도의 오르가슴을 느끼거나 굉장히 지연되어 오르가슴을 느낀다(표 11.3 참조). 여성 중 21% 정도가 어느 정도 이 문제를 가지고 있는 것으로 보인다(Bradford, 2020, 2017; Shifren, 2020). 연구 결과에 따르면 10% 이상의 여성이 성관계를 가질 때나 혼

조기사정 남자가 삽입 직전이나 삽입과 동시에 또는 그 직후와 같이 본인이 원하기 전에 오르가슴에 도달하고 사정하게 되는 장애

사정지연 오르가슴에 도달하는 것을 반복적으로 실패하거나 정상적인 성적 흥분 후 오르가슴에 도달하는 데 지연시간이 길어지는 장애

여성극치감장애 여성이 오르가슴을 거의 경험하지 못하거나 반복적으로 매우 지연된 상태에서 갖게 되는 장애

생활 주기에 따른 성행동

성기능부전은 정의상 통상적인 성기능 패턴과 다르다. 그러나 성적 영역에서 '통상적'이라는 것은 어떤 의미인가? 지난 20년에 걸쳐 수행된 연구들에 의해 북아메리카의 '정상적' 집단의 성적 패턴에 대한 유용하며 때로는 괄목할 만한 정보가 풍부하게 제공되었다. 예상되겠지만 성행동은 종종 연령과 성별에 의해 차이가 난다.

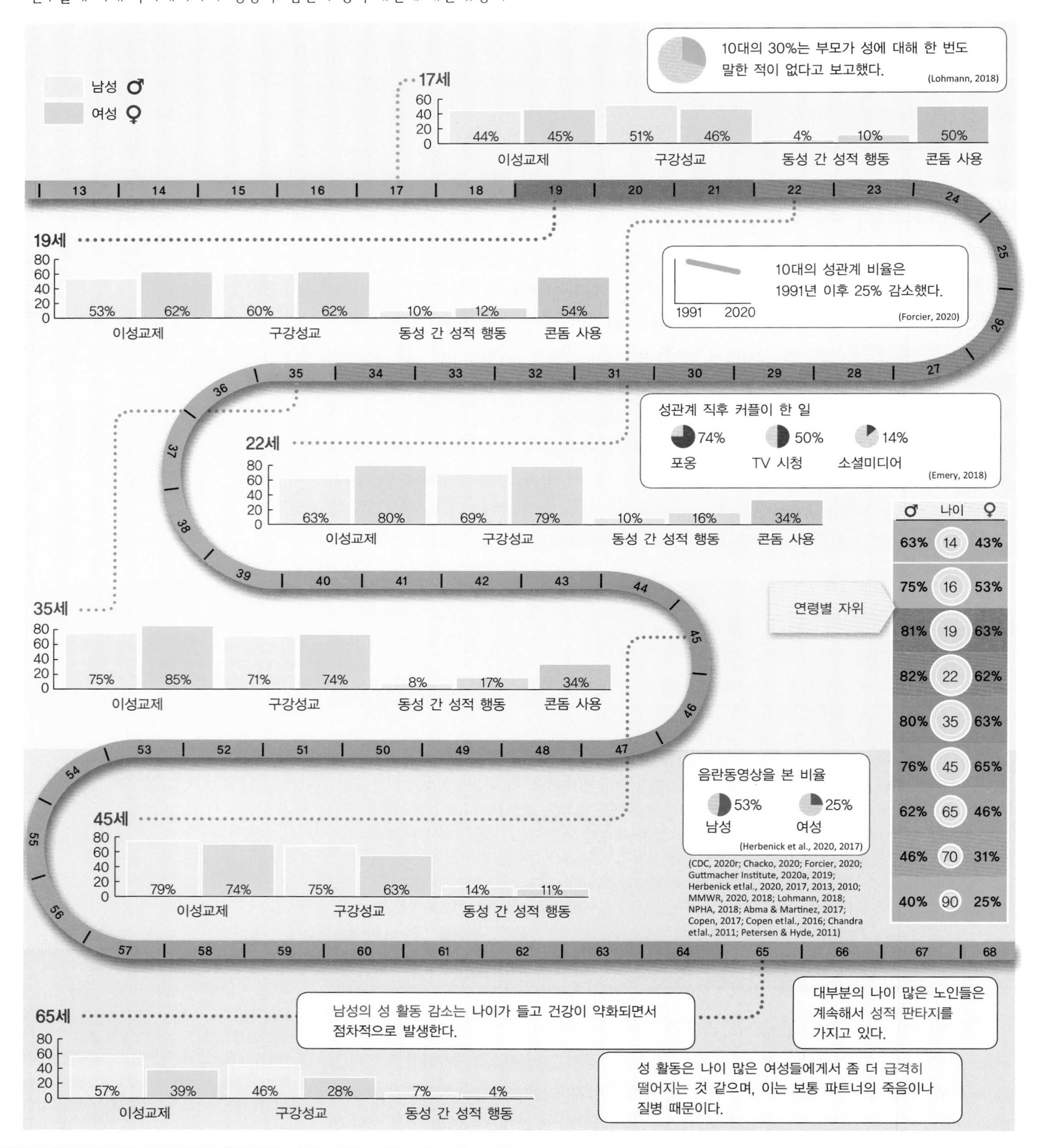

자서 단 한 번도 오르가슴을 느껴본 적이 없다고 말하였으며 그 이외의 9% 정도의 여성은 드물게 오르가슴을 느낀다고 말하였다. 한 연구에서는 여성극치감장애를 가진 참가자들에게 장애에 대한 느낌을 가장 잘 묘사하는 단어를 고르라고 했을 때, 참가자들의 3분의 2가 '좌절감'을 선택했다고 한다(Kingsberg et al., 2013).

50~70%의 여성은 성경험 시 정기적으로 적어도 꽤 오르가슴을 경험한다(Frederick et al., 2018; Mintz, 2018). 성적으로 주장적인 사람들이 보다 규칙적으로 오르가즘을 경험한다. 대부분의 임상가들은 오르가슴을 꼭 느껴야 정상적인 성기능을 가지고 있는 것은 아니라고 말한다(Shifren, 2020). 대신에 많은 여성이 상대가 직접적으로 음핵을 자극할 때 오르가슴을 느낀다. 초기 정신분석 이론에 의하면 성관계 중 오르가슴을 느끼지 못하는 것은 병적인 것이라고 여겨졌지만, 연구 결과들에 의하면 음핵의 자극에 의존하여 오르가슴을 느끼는 여성도 지극히 건강하며 정상이라고 밝혀졌다(Bradford, 2020, 2017). 나아가 많은 임상가들이 어떤 상황에서는 오르가슴을 이루는 것만이 수용할 만하고 정상적인 성생활이라고 정의하지는 않는다(Shifren, 2020).

생물학적·정신적·사회문화적인 요인이 여성극치감장애를 초래하기 위해 결합될 수도 있다. 흥분이 오르가슴에서 핵심 역할을 하기 때문에 흥분장애는 여성극치감장애를 설명하는 데 있어 두드러진 특징이다.

AP Photo/Shuji Kajiyama

털 고르기의 중요성 인간만이 성 반응주기에 따라 반응하는 것은 아니고, 성기능장애도 마찬가지이다. 일본의 한 온천에서 수컷 원숭이가 암컷 원숭이의 털을 빗어주고 있다. 이러한 털 고르기는 암컷 원숭이가 수컷과 성행동을 할 가능성을 3배 높여준다.

생물학적 원인 여러 가지 생리적 상태가 여성의 오르가슴에 영향을 미칠 수 있다. 당뇨는 흥분이나 질의 윤활, 또는 오르가슴에 지장을 초래하는 방식으로 신경계를 훼손할 수 있다. 오르가슴의 결핍은 가끔 다발성 경화증과 다른 신경질환, 그리고 남성의 사정에 지장을 초래할 수 있는 약물과 마약 등과도 연관이 있다. 그리고 대부분 폐경 후의 여성에게서 보이는 피부의 민감도나 음핵, 질 벽, 음순 구조의 변화 또한 연관이 있다(Atmaca, 2020; Hirsch & Birnbaum, 2020, 2019a).

심리적 원인 연구에 의하면 성적인 억제 수준이 높은 사람들이 특히 여성극치감장애를 경험하는 경향이 있다(Bradford, 2020, 2017; Graham & Bancroft, 2020). 이들은 본인의 성적인 수행에 대해 너무 걱정이 많고 부정적인 생각이 많아 성행위 도중 주의가 쉽게 분산된다.

우울증을 포함한 여성 성적 관심/흥분장애의 정신적 요인이 여성극치감장애를 야기할 수 있다(Shifren, 2020). 또한 정신역동 이론가들이나 인지 이론가들이 예측했을 것처럼 어린 시절의 트라우마와 관계의 기억이 오르가슴 문제와도 연관이 있다(O'Loughlin, Rellini, & Brotto, 2019). 다양한 연구에 따르면 어린 시절의 기억 중 의존할 수 있는 아버지, 어머니와의 긍정적인 관계, 부모 간의 애정, 어머니의 긍정적 성격과 어머니의 긍정적 감정 표현 등이 긍정적 오르가슴 결과의 예측변수라고 한다(Heiman 2007).

사회문화적 원인 오랜 시간 많은 임상가는 여성극치감장애의 이유를 사회가 반복적으로 여성은 자신의 성을 억압하고 부인해야 한다는 메시지를 주었기 때문일 것이라고 믿었는데, 이러한 메시지로 인해 종종 여성은 남성보다 '덜 허용적인' 성적 태도와 행동을 취했다. 사실 여성 흥분장애나 여성극치감장애를 가지고 있는 많은 여성이 엄격한 종교적 집안에서 자랐거나, 어

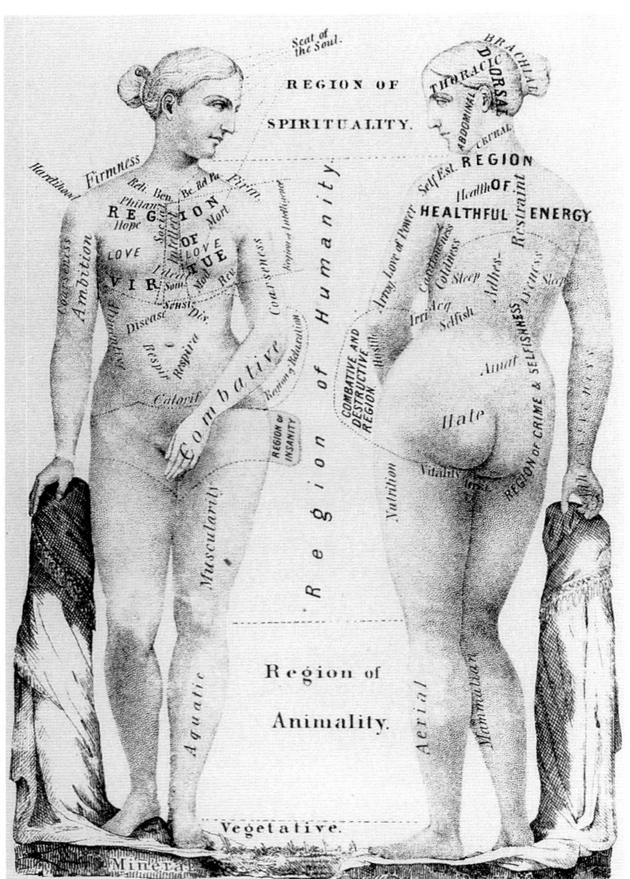

광기 영역 빅토리아 시기의 의학적 권위자들은 '지나친 욕망'이 여성을 미치게 할 수 있는 위험한 요소라고 묘사했다(Gamwell & Tomes, 1995). 이 그림은 19세기의 의학 교과서로, 여성의 생식기를 '광기 영역'이라고 이름 붙였다.

린 시절 자위를 하다 크게 혼났거나, 초경에 대한 준비가 전혀 없었거나, 청소년 때 이성과 데이트가 엄격히 제한되었거나, "착한 여자아이들은 그러지 않아"라는 말을 들었다고 말하였다(Bradford, 2020, 2017).

하지만 성적으로 제한되었던 역사는 성적으로 정상적인 기능을 가진 여성들 사이에서도 흔한 것이다. 또한 최근 여성의 성생활에 대한 문화적인 메시지는 더 긍정적으로 바뀌었으나 여성흥분장애나 여성극치감장애를 가지고 있는 여성의 수는 같은 것으로 나타났다. 그렇다면 왜 어떤 여성들은 그런 문제를 발생시키는데 다른 여성들은 그렇지 않은 것일까?

몇몇 이론가는 여성의 움직임이 성 장애의 임상적 관점을 밝히는 것에 도움이 된다고 믿는데, 어떻게 이런 것이 가능할까?

연구자들은 특별한 스트레스 사건이나 트라우마가 여성극치감장애의 특징이 되는 공포, 기억, 태도를 형성하는 데 영향을 미친다고 제안한다. 예를 들어 어린 시절 성추행을 당한 적이 있거나 성인이 되어 강간을 당한 적이 있는 많은 여성이 여성극치감장애를 가지고 있다(Blais, 2021; Hall & Binik, 2020; Hall, 2017, 2007).

또한 연구자들은 여성의 오르가슴 행동을 여성의 친밀한 관계의 일정한 특징과 연관 지었다(Shifren, 2020; Kingsberg et al., 2017). 연구 결과의 몇 가지 예를 보면, 오르가슴에 도달할 가능성은 첫 성관계를 가진 상대와 얼마나 감정적으로 연결되었나, 그 관계가 얼마나 지속되었나, 얼마만큼의 성적 쾌락을 느꼈나, 지금 상대의 몸에 얼마나 매력을 느끼는가, 관계에서의 행복이 어느 정도인가와 연결될 수 있다.

성교통증장애

어떤 성기능부전은 성교 중의 엄청난 신체적 불편, 즉 성 반응주기 중 어떠한 단계에도 완벽히 들어맞지 않는 장애로 특징지어진다. 집합적으로 **성기-골반통증/삽입장애**(genito-pelvic pain/penetration disorder)라고 하는 이 장애는 남성보다 여성에게서 더 많이 나타난다(Hellstrom & DeLay, 2019; Kingsberg & Spadt, 2019).

성기-골반통증/삽입장애 삽입 중 심각한 신체적 불편감을 호소하는 성기능부전

성기-골반통증/삽입장애를 가진 여성의 질 바깥쪽 3분의 1 정도에 있는 근육들이 비자발적으로 수축하여 남성의 성기가 질로 들어오는 것을 막는다(표 11.4 참조). 의료계에서 **질경련**(vaginismus)으로 알려진 이 문제는 부부의 성관계를 완전히 불가능하게 할 수도 있다. 이 문제에 대해 상대적으로 연구가 덜 되어 있지만, 추정에 의하면 모든 여성의 1% 미만이 질경련을 갖고 있다(Barbieri, 2019). 질경련이 있는 많은 여성은 성을 매우 즐기며, 강한 성충동이 있으며, 음핵의 자극으로 오르가슴에 달한다(Angin et al., 2020; Meana et al., 2017). 하지만 그들은 질에 삽입되는 것의 불편감을 두려워한다.

대부분의 임상가들은 성기-골반통증/삽입장애의 이 형태에 대한 인지행동 이론의 설명에 동의하는데, 이에 따르면 이 형태는 학습된 공포 반응이며, 성교가 고통스럽고 손상을 일으킬 것이라는 여성의 걱정으로 촉발된다. 여러 가지 요인이 이러한 두려움을 가지게 할 수 있는데, 예를 들면 성교에 대한 불안과 무지, 기술이 부족한 파트너에 의해 발생한 트라우마, 아동기나 성인기의 성적 학대 및 강간 등이다(Angin et al., 2020; Pulverman et al., 2019).

어떤 여성은 질 감염이나 요로 감염, 단순포진과 같은 부인과 질병이나 폐경의 신체에 대한 영향으로 인해 성기-골반통증/삽입장애가 발생할 수 있다(Barbieri, 2019; Kingsberg & Spadt, 2019). 이러한 경우 질경련증은 이 상태에 대한 치료를 받아야만 극복될 수 있다.

성기-골반통증/삽입장애를 가진 다른 여성은 자신의 질근육을 무의식적으로 수축하지는 않지만, 성관계 중 음부에서 큰 고통을 느낀다. 이것은 의학적으로 **성교통**(dyspareunia, '아픈 성교'를 의미하는 그리스어)으로 알려진 패턴이다. 설문조사에 의하면 14~16%의 여성에게서 어느 정도의 성교통이 나타난다. 성교통을 가진 여성은 성관계하는 것을 즐기며 정상적인 흥분을 느꼈던 사람들이지만, 예전에는 즐거웠던 일에 고통이 따라 이제는 성관계가 굉장히 제한되게 되는 것이다.

이러한 형태의 성기-골반통증/삽입장애의 원인은 대개 신체적인 것이다(Molin et al., 2020; Schneider et al., 2020). 가장 큰 이유는 출산 중에 생긴 외상 때문이다(예 : 질이나 골반의 인대). 회음부 절개술(출산을 쉽게 돕기 위해 질의 입구를 자르는 절개술)의 흉터 때문에도 통증을 느낄 수도 있다. 여성의 약 16%는 출산 후 1년까지 성교 중 격심한 질 또는 골반의 통증을 느낀다(Berens, 2020a, 2020b; Bertozzi et al., 2010). 또한 남성의 성기가 남아 있는 처녀막과 충돌할 때 통증을 느끼기도 하며, 질의 감염, 뻣뻣한 음모가 음순에 닿아 생기는 통증, 골반의 질환, 종양, 낭포 등도 고통을 가져올 수 있다. 질 세척에 쓰이는 화학약품이나 피임크림에 알레르기가 있는 경우, 콘돔의 고무나 여성용 피임기구(페서리, diaphragm), 정액의 단백질에 알레르기 반응을 일으키는 경우 고통이 따를 수 있다(Orr et al., 2020).

심리적인 요인(높아진 불안감이나 신체에 과민한 경우)이나 관계의 문제가 질경련의 원인이 될 수도 있지만, 심리사회적인 이유만으로 생기는 일은 드물다(Kingsberg & Spadt, 2019). 또한 남성의 1~5%가 성교 중 성기의 통증으로 고생하는 것도 사실이며, 그들 중 다수도 성기-골반통증/삽입장애로 진단된다(Hellstrom & DeLay, 2019).

표 11.4

진단 체크리스트

성기-골반통증/삽입장애

1. 적어도 6개월 동안 다음의 어려움 중 적어도 하나를 반복적으로 경험 ■ 성관계 동안 질 삽입의 어려움 ■ 삽입 또는 성관계 시도 시 질이나 골반에서의 심각한 고통 ■ 질 삽입이 질이나 골반 통증을 유발할 것이라는 심각한 공포 ■ 질 삽입 시 골반저근의 심각한 긴장이나 경직
2. 이로부터 심각한 고통을 경험

출처 : APA, 2013.

요약

성기능부전

DSM-5는 성 반응주기 중 욕구기에 해당되는 두 가지 기능장애를 목록에 두었다. 이는 남성성욕감퇴장애와 여성 성적 관심/흥분장애이다. 이러한 기능부전의 신체적 이유로는 호르몬의 불균형과 특정 약품, 의학적 질환이 있다. 정신적 그리고 사회문화적 원인은 특정한 것의 두려움과 상황적인 압박, 관계의 문제, 성추행이나 성폭행의 트라우마 등이다.

흥분기의 장애로는 발기부전, 즉 성행위 도중 반복적으로 발기를 하지 못하거나 발기를 유지하지 못하는 경우가 있다. 남성 발기장애의 생물학적 이유로는 호르몬 수준의 불균형과 골반의 문제, 의학적 문제, 특정 약품 등이 있다. 심리적, 사회문화적 이유로는 수행 불안과 관찰자 역할의 결합, 실업과 같은 상황적 스트레스, 관계의 문제 등이 있다.

절정기 장애인 조기사정은 부적절한 경험과 경험 부족 등의 인지행동적 원인으로 여겨진다. 극치감에 이르지 못하거나 너무 긴 지연이 발생하는 사정지연(지루증)에는 낮은 테스토스테론 수치와 같은 생물학적 요인이 있을 수 있으며, 신경질환, 특정 약품, 수행 불안과 관찰자 역할 등의 심리적 요인이 있다. 여성극치감장애는 여성 흥분장애와 같은 특정 약품이나 폐경 후 나타나는 변화 등의 신체적 요인이 있고, 심리적 요인으로는 어린 시절의 트라우마가 있으며, 관계 문제와 같은 사회문화적 요인도 있다.

성기-골반통증/삽입장애는 성교 중 심각한 고통을 동반한다. 성교통증장애의 하나인 질경련은 질의 비자발적 수축으로 인해 성기의 진입을 방해하는 것을 말한다. 질경련의 또 다른 형태는 성교 중 질이나 골반에 심각한 고통을 느끼는 것이다. 이 장애는 주로 여성에게서 나타나며 전반적으로 출산 중에 생기는 외상 등의 신체적 원인이 주가 된다.

흥미로운 이야기

그들의 진술

"당신은 당신의 가장 안전한 성적 파트너입니다."

뉴욕 보건국 COVID-19 권고, 2020

흥미로운 이야기

감염병의 영향

- COVID-19 감염병의 초기 몇 주간 많은 사람이 바이브레이터와 콘돔을 구입하여 온라인 구매의 30%가 증가하였다(Basu, 2020).
- 감염병으로 인한 재택 감금 기간 동안 온라인 음란물 사이트의 사용량은 12% 증가하였다(Lehmiller, 2020).

성기능부전의 치료

지난 50년간 성기능부전의 치료법에는 큰 변화가 있었다. 성기능부전 치료의 혁명은 1970년도에 William Masters와 Virginia Johnson의 대표작인 *Human Sexual Inadequacy*가 출간되면서 함께 시작하였다. 그들이 소개한 **성 치료** 프로그램은 더 많은 방면으로 진화하여, 현재는 여러 모델을 포함한 중재 방법이 사용되고 있는데, 이것은 특히 인지행동치료, 부부치료, 가족체계치료를 포함하고, 또한 수많은 성 특정적 기술과 함께 사용되고 있다. 성 치료의 목적은 내담자가 성적으로 더 잘 기능하고, 더 높은 수준의 성적 만족과 심리적 안녕을 성취하는 것이다(Graham & Bancroft, 2020; APA 2019a). 최근에는 생물학적 중재, 특히 약물치료가 치료 방법에 함께 포함되기 시작하였다

섹스(sex)는 인터넷에서 가장 흔하게 검색하는 단어이다. 왜 그렇게 인기 있는 검색어가 되었을까?

성 치료의 일반적인 특징은 무엇인가

현대의 성 치료는 단기간으로 교육적으로 짜여져 있으며, 대체로 15~20번의 회기로 이루어져 있다. 전체적인 성격적 문제보다는 특정 성 문제를 중심으로 치료가 이루어진다. 이전에 다룬 아르헨티나에서 온 발기장애를 가지고 있는 카를로스 도메라는 현대 성 치료의 여러 기술에 성공적인 반응을 보였다.

진단이 끝난 후에 정신과 의사는 도메라가 '회복할 수 있는 정신적' 성 문제를 가지고 있는 것이라고 부부를 안심시켰고, 그의 문제에는 여러 가지 원인이 있다고 말하였다. 우울증도 원인 중 하나이지만, 최근에는 불안감과 창피함, 높은 기준, 문화적·관계적 어려움 때문에 소통하는 것이 어색해지고 긴장감을 내려놓는 것이 불가능에 가까워진 것이다.

도메라는 충격을 받았고 의심에 차 있었지만 부부는 매주 치료를 받기로 하여 전형적인 첫 '과제'를 받았다. 과제는 서로 애무하는 듯한 마사지를 하는 것인데, 음부와 성기를 직접 자극하거나 행여 발기가 되더라도 성관계를 갖지 말라는 특정한 지시가 따랐다.

놀랄 것 없이 두 번째 치료를 찾아왔을 때 도메라는 조심스러운 미소를 지으며 '규칙을 위반'하고 성관계를 가지는 '부정행위'를 하였다고 말하였다. 이것은 1년 만에 처음 가진 성공적인 성관계였다. 그들의 성과와 행복은 치료자에게 인정되었지만, 치료자는 그들에게 갑작스러운 호전에는 더 심한 수행불안이 따를 수 있으며, 몇 주 후에 처음과 마찬가지로 다시 문제가 발생할 수 있다고 강하게 주의를 주었다. 치료자는 부부를 장난식으로 꾸짖으며 또다시 성적 접촉을 하되, 아무런 요구 없이 가볍게 성기에 자극을 주며 애무하며, 발기나 오르가슴에 대한 기대를 없애고, 또한 성관계를 피하라고 말하였다.

두 번째와 네 번째 주에 카를로스는 사랑의 장난을 하던 중 발기가 되지 않았지만, 치료를 하며 그에게 발기가 되든 안 되든 자기 자신을 받아들이고, 성관계를 하지 않아도 그러한 신체 접촉을 즐길 수 있도록 도와주었다. 아내도 그가 손이나 입으로 하는 자극으로 자신에게 쾌감을 줄 수 있으며 성관계를 가지는 것도 좋지만, 그가 편안해하는 한 이러한 다른 자극도 충분히 즐겁게 느낄 수 있다고 진심으로 믿을 수 있게 도와주었다. 카를로스는 자신이 가지고 있는 '남성'의 문화적인 이미지 때문에 힘들어했지만, 자신의 아내가 만족하는 것 같고 자신 또한 성관계를 갖지 않고 애무하는 방법을 즐기고 있다고 인정하였다. 그는 자신의 잠자리 기술이 '성공적'이라고 느낄 수 있게 격려받았고, 자신이 다른 많은 남편들보다 나은 것은 자신의 아내가 원하는 것을 들어주고 그에 대하여 반응하기 때문이라는 것을 인정하도록 격려받았다.

다섯 번째 치료를 받을 때 환자는 편한 마음으로 자신감 있게 성공적인 성관계를 가졌다고 말하였고, 아홉 번째 치료를 받을 때는 정기적으로 발기가 된다고 말하였다. 서로 동의하에 성관계를 가지거나 다른 성적 테크닉을 선택하여 오르가슴을 느낀다고 말하였다. 열 번째 치료를 마지막으로 치료는 끝이 났다.

(Spitzer et al., 1983, pp. 106–107)

흥미로운 이야기

그들의 진술

"어떤 밤에는 남편이 피곤하다고 말했고, 어떤 밤에는 아내가 책이나 읽고 싶다고 말했다. 또 다른 밤들에는 아무도 아무 말도 하지 않았다."

조안 디디온의 *Play It as It Lays* 중

카를로스 도메라의 치료에서 보았듯이 현대의 성 치료에는 여러 가지 원리와 기술이 포함되어 있다. 다음은 성 장애의 종류와 관계없이 거의 모든 성 치료에서 사용되는 것들이다.

Scott Hilburn/CartoonStock Ltd.

1. **진단(평가)과 문제의 개념화** 환자들은 대부분 우선 의료검사를 받고 난 후에 성적 이력에 대하여 면담을 한다. 이때 치료자는 환자의 지난 생활 사건에 대한 정보를 얻는 것에 초점을 두고, 특히 현재 일어나는 일 중 성 장애에 원인이 될 만한 것에 집중한다(Khera, 2020b). 때로 정확한 평가를 위하여 심리학자, 비뇨기과 전문의, 신경학자 등 여러 명의 전문가가 필요한 경우도 있다.
2. **상호 책임** 치료자는 **상호 책임**이라는 원리를 강조한다. 누가 실질적인 성 장애를 가지고 있는가를 떠나서 관계에 속한 두 사람 모두가 성 문제를 공유하고 있는 것이며, 따라서 두 사람 모두가 치료에 임하는 경우 결과가 더욱 성공적일 것이다(Shifren, 2020; APA, 2019a).
3. **성생활에 대한 교육** 성 장애를 가지고 있는 환자 중 대다수가 성활동의 생리학과 기술에 대하여 지식이 부족하다(Khera, 2020a). 그러므로 성 치료자가 이러한 주제에 대하여 의논하고 교육적인 책, 비디오, 인터넷 사이트 등을 권하기도 한다.
4. **감정 식별** 성 치료자는 환자들이 화난 감정을 과거의 성적 흥분과 향락을 계속해서 방해하는 사건과 연결하는 것을 식별하고 표현할 수 있도록 돕는다(APA, 2019a; Dubé et al., 2019).
5. **태도 변화** 인지행동치료의 근본 원칙을 따라 성 치료자는 환자들의 성적 흥분과 쾌락을 막고 있는 성적 신념을 조사하고 변화시킬 수 있도록 도와준다(Bradford, 2020; APA, 2019a). 이러한 잘못된 믿음 중 몇 가지는 우리 사회에 널리 퍼져 있으며 과거의 충격적 사건이나 가족의 태도, 그리고 문화적 생각에 의하여 생겨날 수도 있다.
6. **마음챙김** 인지행동치료의 적용 중 하나로 성 치료사들은 종종 내담자에게 **마음챙김** 훈련을 제공한다(55~56쪽 참조). 성적인 상황에서 마음챙김 기법을 적용하여 성관계를 하는 사이 마음속에 떠다니는 부정적인 생각과 감정을 알아차리고, 그런 생각을 버리거나 받아들여 더 나은 에로틱한 감정에 집중하게 하여 성적 활동을 촉진하게 한다(Graham & Bancroft, 2020; APA 2019a).
7. **수행 불안과 관찰자 역할 없애기** 치료자는 흔히 부부에게 **감각집중**(sensate focus), 즉 **비요구 쾌락**을 가르친다. 이것은 '애무'라고 하는 여러 가지 감각적 행동으로, 흥분을 방해하는 직접적인 성관계나 그에 대한 요구를 떠나 편안하게 서로의 몸을 애무하는 데 집중하며 성적 쾌락을 느낄 수 있도록 하는 것이다. 치료를 원하는 부부에게 처음에는 편안하게 성관계를 피하도록 지시했고, 신체 부위를 애무하고 키스하는 것으로 제한하고 가슴이나 성기(음부)를 제외하게 했다. 시간이 지나면 서로 더 큰 성적 쾌락을 주고받을 수 있게 되며 다시 성관계를 가질 수 있도록 나아간다(Boskey, 2020b; Khera, 2020a).
8. **원활한 성적 및 일반적인 의사소통 기술의 향상** 치료를 원하는 부부에게는 감각집중 기술을 사용하며 새로운 성 테크닉과 자세를 사용하도록 가르친다(Bradford, 2020; Shifren, 2020). 예를 들어 애무를 받는 사람이 상대방의 손의 속도, 세기, 그리고 성적 접촉을 원하는 부분으로 이끄는 체위를 시도한다. 또한 위협적이고 정보가 부족한 말투("그렇게

흥미로운 이야기

그리 멀리 떨어지지 않은…

이성애 커플에 대한 조사에서 여성은 전희에 19분이 필요한데 평균적으로 11분을 사용한다. 남성은 전희에 18분이 필요한데, 실제로는 13분을 사용한다(Castleman, 2017).

성 개척자들 William Masters와 Virginia Johnson은 사무실에서 한 부부와 함께 근무를 했다. 인간 성적 반응과 성기능부전의 치료에 대한 연구 분야에서 가장 중요한 인물인 이 2명의 연구자는 1967~1990년대까지 *Human Sexual Response*와 *Human Sexual Inadequacy*라는 두 권의 책을 쓰면서 연구를 수행하였다.

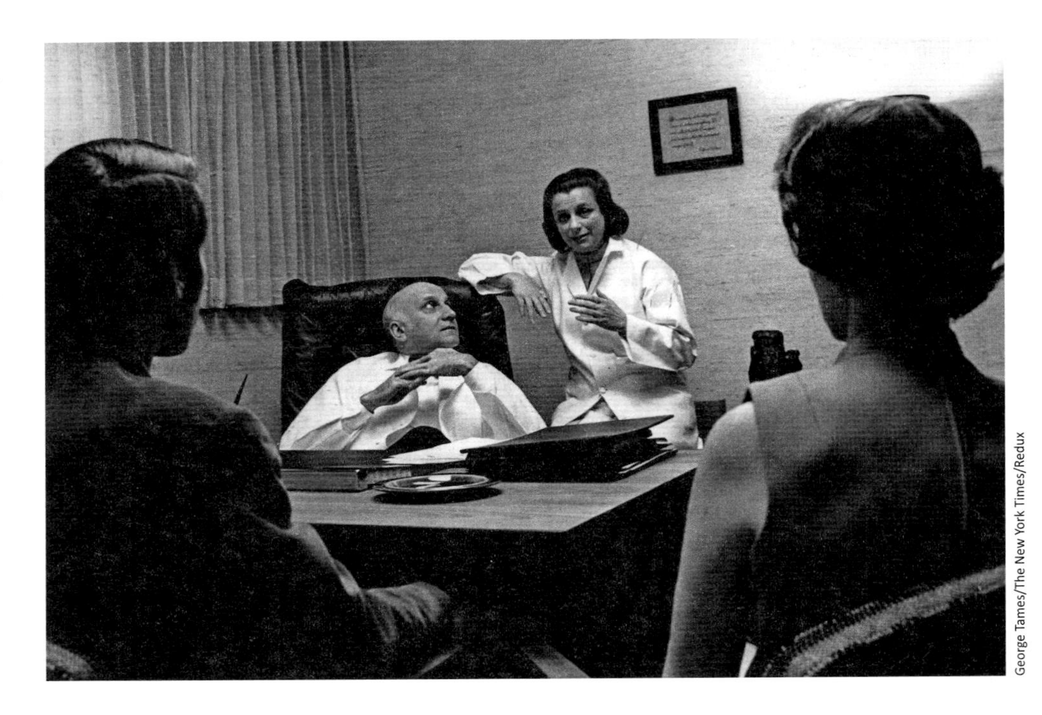
George Tames/The New York Times/Redux

만지면 전혀 흥분되지 않아요.")보다는, 위협적이지 않고 설명하는 말투("여기가 더 좋아요. 조금 약하게요.")로 서로에게 지시를 주는 것을 배운다. 그 이외에도 서로 의사소통을 어떻게 하는 것이 제일 좋은지에 대하여도 배운다(Khera, 2020b).

9. **파괴적인 생활방식과 부부 상호작용의 변화** 치료자는 부부에게 생활방식을 바꾸거나 관계에 파괴적인 효과를 초래하는 다른 상황들을 개선하기 위해 조치를 취하도록 격려하기도 한다. 예를 들어 간섭이 심한 가족 구성원과 거리를 두는 것이나 너무 요구가 큰 직장을 바꾸는 것 등이 있다. 비슷하게 만약 부부 사이에 일반적인 갈등을 겪고 있다면 성적 문제가 시작되기 전에 치료자가 그것을 개선할 수 있도록 돕는다(APA, 2019a).
10. **의료적이나 신체적 원인을 다루는 것** 신체적 활동에서의 조직적인 증가는 다양한 종류의 성기능부전을 가진 사람에게 도움이 된다는 것이 증명되었다(Khera, 2020a). 그리고 성기능부전이 질병, 외상, 약물, 물질남용과 같은 의료적인 이유로 생겨난 경우 치료자는 이러한 의료적 원인을 다루기 위하여 노력한다(Shifren, 2020; Korda et al., 2010).

각각의 기능부전에는 어떠한 치료 기법이 사용되는가

전형적인 성 치료의 요소 외에도 각 성기능부전에 해당되는 특정한 치료 기법 또한 더 나은 결과를 낳을 수 있다.

성욕장애 남녀의 성욕장애는 치료가 매우 어려운데, 원인이 너무나 다양하기 때문이다. 그렇기 때문에 치료자는 다양한 치료 기술을 섞어서 사용한다(Rice, 2020). **애정 자각**(affectual awareness)이라는 것이 있는데, 이 기법에서는 환자들이 자신의 성적 장면을 머릿속에 그려보며 성관계에 관한 불안감, 취약점, 또는 성에 대한 다른 부정적 감정이 있는가를 알아보는 것이다. 다른 치료법에는 **자기 지시 훈련**(self-instruction training)이라는 것이 있는데, 이것은 성관계에 관련된 자기 자신의 부정적 반응을 바꿀 수 있도록 돕는 것이다. 다시 말해 성관계를 가질 때 자신이 머릿속에 떠올리는 부정적 표현을 '대처할 수 있는 표현'으로 바꾸는 것이다.

흥미로운 이야기

초점의 분산

한 조사에 의하면 10명 중 1명이 성관계 도중 휴대전화를 체크한다(SC, 2018).

예를 들어 "나는 성관계를 즐길 수 있어. 그게 꼭 제어할 수 없게 된다는 것은 아니야"라는 식으로 말이다.

실데나필 성행위 도중 성기의 혈류량을 증가시켜 발기장애를 치료하는 데 사용하는 약물

치료자는 행동적 접근법을 사용하기도 하는데, 이것은 환자의 성충동을 고조시키기 위한 것이다. 환자에게 '욕구 일기'를 쓰라고 지시하기도 하는데, 여기에는 성적 생각과 느낌을 적고 성에 관한 책이나 성적인 내용을 담고 있는 영화를 보고 성관계에 대한 환상을 기록한다. 또한 함께 춤을 추거나 산책을 하는 등의 즐거운 활동도 권장된다. 성추행이나 어린 시절 성추행을 당한 경험으로 인한 성욕 감퇴에는 추가적인 치료 기법이 필요할 수 있다(Shifren, 2020; Hall, 2017, 2007). 환자가 더 이상 옛날의 성폭행 기억 때문에 두려움이나 긴장감이 들지 않을 때까지 옛 기억을 계속 상기시키거나 그 기억에 대하여 이야기하게 하고 생각하게 하는 방법을 사용하기도 한다. 이러한 치료 방법과 이들과 연관된 다른 정신적 접근법이 성욕감퇴장애를 가진 많은 남성과 여성에게 도움이 되고 있는 것은 명백한 사실이며, 많은 환자가 결국 다시 일주일에 한 번 이상의 성관계를 가지는 것이 가능해진다(Khera, 2020a).

마지막으로 생물학적인 개입으로 **호르몬**치료가 있는데, 이는 특히 여성의 문제가 자궁을 제거하였거나 인생의 후반기일 때 더 유용하다(Ingram et al., 2020; Molkara et al., 2020). 몇몇 약물은 이들 장애에 특정적으로 개발되기도 하였다(FDA, 2019).

발기장애 발기장애의 치료법은 남성의 수행 불안을 줄이는 것이나 자극을 높이는 것, 또는 이 두 가지 모두에 초점을 맞춰 행동적·인지적, 또는 관계 중재와 같은 여러 가지 방법을 함께 사용한다(Khera, 2020a). 치료의 한 기법으로 감각 집중 훈련 중에 **애가 닳게 하는 기술**(tease technique)을 시도하는 것이 있는데, 이것은 파트너가 남성을 계속 애무하고 발기가 되면 애무를 멈추고 발기가 멈출 때까지 기다리는 방법이다. 이 방법은 남성에게 수행해야 하는 부담감을 줄이고, 또한 부부에게 발기는 자극에 의해 자연스럽게 일어나는 것이며 얼마나 잘하느냐에 집중하지 않는 한 발기가 가능하다고 가르칠 수 있다. 또 다른 치료 방법으로는 손이나 구강 성교로 여성에게 오르가슴을 느낄 수 있게 하여 남성의 부담감을 줄이는 방법이 있다.

생물학적 접근법은 1998년도에 **실데나필**(sildenafil, 비아그라)이 발명되면서 가속도가 붙기 시작했다. 이 약물은 복용 후 한 시간 안에 남성의 성기에 혈액 공급을 증가하게 하여 성 활동 중 발기를 유지할 수 있게 하는 약이다. 비아그라 이후 **타다라필**(시알리스), **바데나필**(레비트라), **아바나필**(스텐드라)이라는 다른 세 종류의 발기부전 치료제가 승인되었다. 전체적으로 이 약물들이 발기장애 치료에 제일 많이 쓰이고 있다. 사용자 중 60~80% 정도가 효과적으로 발기를 다시 경험하여 위약집단의 21%보다 높은 효과를 보였다(Graham & Bancroft, 2020; Khera, 2020a)고 한다. 그러나 몇몇 연구에서는 이러한 발기 기능부전 약물 중 하나와 앞에서 언급한 심리학적 개입을 결합하는 것이 각각의 치료를 독립으로 사용하는 것보다 더 도움이 된다고 밝혔다.

세계 각국의 비아그라 카이로에 있는 제약 공장 기술자들이 이집트 약국에 유통 및 마케팅을 위해 수천 개의 비아그라 약을 분류하고 있다.

AP Photo/Amr Nabil

비아그라, 시알리스, 레비트라, 스텐드라가 개발되기 전에는 여러 가지 의료 시술이 발기장애를 치료하기 위해 사용되었다. 이런 시술들은 현재 '차선

Jon Hall/©Netflix/Courtesy: Everett Collection

고등학교식 성치료 넷플릭스 시리즈인 '오티스의 비밀 상담소(Sex Education)'에서 고등학생 오티스 밀번은 학급 친구들을 상대로 성관련 조언을 해주는 사업을 벌인다. 어머니가 면허가 있는 성 치료사인 밀번은 학교 화장실을 사무실로 사용하여 학생들에게 성적 수행 불안에 대해 알려준다.

책'으로 밀려나며 약품이 효과가 없거나 환자에게 위험한 경우에만 사용된다(Muncey et al., 2021). 이러한 치료에는 젤 좌제 삽입, 성기에 주사로 약물을 투여하기, 음경보형물의 수술적 삽입, **진공 발기 기계**(VED) 등이 있다. VED의 사용법은 원통을 성기 위에 올려 손으로 펌프질을 해서 원통의 공기를 빼면 성기에 피가 몰려서 발기를 일으키는 것이다.

조기사정 조기사정은 꽤 오랜 시간 행동치료로 인해 많은 호전을 보였다(Hall & Binik, 2020; Jensen et al., 2020). 하나의 방법으로 **멈춤-시작**(stop-start) 또는 **중단**, **절차**라는 것이 있는데, 남성이 고도로 흥분될 때까지 손으로 성기에 자극을 준다. 그 후 부부는 남성의 흥분이 가라앉을 때까지 기다렸다가 다시 자극을 준다. 이 순서를 마지막에 사정을 할 때까지 여러 번 반복한다. 이러한 방법으로 남성이 이전에 느꼈던 것보다 훨씬 오랜 시간 자극을 느낄 수 있게 하는 것이다. 이러한 방법은 결국 부부가 성기를 질에 삽입할 때까지 반복되며, 남성이 심하게 흥분할 때마다 성기를 위축시켜 진행을 멈추도록 한다. 임상 보고에 의하면 두 달에서 세 달 정도 이러한 방법을 사용하면 많은 부부들이 중간에 멈추지 않고도 성관계를 지속할 수 있다고 한다(Puppo & Sharif, 2017).

많은 의사는 조기사정을 SSRI(세로토닌 재흡수 억제제)로 치료하기도 한다. 이 약물이 성적 흥분이나 오르가슴을 낮추는 효과가 있기 때문인데, 이것이 조기에 사정하는 남성에게 도움이 될 수 있다는 이론이다. 많은 연구 결과에 따르면 이 접근법이 효과가 있는 것으로 나타났다(Graham & Bancroft, 2020; Jenkins et al., 2019). 이 방법의 효과는 이전에 언급된 생물학 이론과 같은데, 조기사정 남성의 뇌에 있는 세로토닌 수용체가 비정상으로 작동하기 때문이라는 것이다.

사정지연 사정지연 치료법에는 수행 불안을 줄이고 자극을 높이는 것이 포함되어 있다(Hall & Binik, 2020; Martin-Tuite & Shindel, 2019). 수많은 치료법 중 파트너를 앞에 두고 오르가슴을 느낄 때까지 자위를 하는 것과 자위를 하여 절정을 느끼기 바로 전에 파트너에게 삽입하여 성관계를 가지는 방법이 있다. 이 방법은 환자가 성관계 중 사정을 할 가능성을 크게 만든다. 그 후에는 환자가 자위를 하다 점점 더 이른 단계에서 삽입하도록 지시한다.

사정지연에 신경학적 손상이나 외상 같은 신체적 요인이 있는 경우 교감신경의 흥분을 돕기 위한 약이 함께 사용되기도 한다(Khera, 2020a; Otani, 2019). 그러나 이러한 약의 효과는 아직 체계적으로 많이 검증되지 않았다.

여성극치감장애 여성극치감장애의 특정 치료 방법으로는 인지행동적 기법과 자기 탐구, 신체에 대한 의식을 높이는 것, 지시된 자위 훈련 등이 있다(Bradford, 2020; Graham & Bancroft, 2020). 이러한 치료 방법은 어떠한 상황에서도 한 번도 오르가슴을 느껴본 적이 없는 여성에게 특히 유용하다. 호르몬치료와 실데나필(비아그라) 사용과 같은 생물학적 치료도 사용되었지만, 연구 결과 그런 중재는 지속적인 효과를 보이지 않았다(Molkara et al., 2020; Shifren, 2020).

지시된 자위(directed masturbation training)는 성적 상호작용 중에 어떻게 효과적으로 자위를 하여 절정에 달할 수 있는지 단계적으로 가르치는 것이다. 이러한 훈련은 도표와 읽기 자료, 개인적 자기 자극, 야한 자료와 환상, '오르가슴의 계기'(예 : 숨을 참거나 골반을 꼬집는 것)를 찾는 것, 상대와의 감각에 집중하는 것, 성교 중 음핵에 자극을 주는 체위를 취하는 것 등이 있다. 이러한 훈련은 굉장히 효과가 큰 것으로 보인다. 여성 환자 중 90% 이상이 자위 중 절정을 느끼고, 약 80% 정도가 상대와 애무를 하다가 절정을 느끼며, 약 30% 정도가 성관계 중 절정을 느낀다(Bradford, 2020; Graham & Bancroft, 2020).

앞에서 읽은 것처럼 여성이 성관계를 즐기면 성관계 중 절정을 느끼지 못하는 것만으로는 성기능부전이 아니다. 이러한 이유로 많은 치료자가 성관계 중 오르가슴을 느끼지 못한다고 찾아오는 환자에게 그것은 전혀 정상이라고 알려주는 것이 가장 현명하다고 생각한다. 그리고 원한다면 자신이나 파트너의 애무를 통해 향후 어떻게 오르가슴에 이를 수 있는지 가르쳐준다.

Adrian Lourie/Evening Standard/Redux

성적인 흥분을 높이기 '피코킹(peacocking, 공작새처럼 하기)'에는 엄청난 향수와 의상이 포함된다. 종종 스카프나 머리 염색, 피어싱과 같은 악세서리를 통해 허세스러운 모습을 연출하여 성적인 파트너에게 매력을 끌고자 한다. 이러한 전략은 수컷 공작이 밝고 아름다운 깃털을 부채처럼 펼쳐 짝짓기 상대에게 매력을 발산하는 것과 유사하기 때문에 이런 이름이 붙여졌다.

성기-골반통증/삽입장애 질의 근육이 비자발적으로 수축하는 것에 대한 특정 치료법으로는 대표적으로 두 가지 방법이 있다(Angin et al., 2020; Hall & Binik, 2020). 첫 번째로는 자신의 질을 수축하고 이완하는 연습을 통해 질의 움직임을 자발적으로 통제하도록 배우는 것이 있다. 두 번째로는 점진적·행동적 노출치료로 삽입에 대한 두려움을 극복하게 하는 방법이 있다. 예를 들어 집에서 스스로 점점 크기를 키우며 확장기를 삽입하여 결과적으로 상대의 성기를 삽입할 수 있게 하는 것이다. 여성 환자들 중 대부분이 결과적으로 고통 없이 성관계를 가질 수 있게 된다. 몇몇 의료 중재가 사용되고 있다. 예를 들어 여러 명의 임상 실험가들이 수축되어 삽입을 방해하는 질 근육에 보톡스를 투입하여 근육의 경련을 줄이는 것이다. 이러한 방식에 대한 연구는 전망이 밝다(Dick et al., 2020).

다양한 접근법이 성기-골반통증/삽입장애(성교 중 심각한 질 또는 골반 통증)의 다른 형태를 다루기 위해 사용되고 있다. 앞에서 읽었듯이 이 문제의 가장 큰 원인은 신체적인 것이다. 고통을 초래하는 흉터, 병변, 또는 감염 후유증이 그것이다. 원인이 알려져 있을 경우 통증 관리 시술(274~277쪽 참조)과 성 치료 기술 등이 사용될 수 있다. 예를 들어 부부에게 통증을 유발하는 곳에 압력이 가해지지 않는 체위를 가르쳐주는 것이다(Meana et al., 2017). 국소 크림부터 수술까지 의료 중재도 시도해볼 수 있지만, 오래된 성적 불안과 흥분 부족 문제를 개선하기 위해서는 다른 성 치료도 함께 행해져야 한다(Barbieri, 2019; Portman, Goldstein, & Kagan, 2019). 많은 전문가는 성기-골반통증/삽입장애의 두 형태를 평가하고 치료하는 것은 산부인과 의사, 물리치료자, 성 치료자 또는 다른 정신건강 전문가 등 전문가 팀이 맡아야 한다고 말한다(Shifren, 2020; Kingsberg & Spadt, 2019).

현재의 성 치료 경향은 어떠한가

현재의 성 치료자는 처음 Masters와 Johnson이 개발한 접근법을 훨씬 넘어선 방법을 사용하고 있다. '포괄성 확장(expanding inclusivity)'이라는 운동과 함께 오늘날의 성 치료사들은 결혼

지시된 자위 흥분감이나 극치감 문제가 있는 여성에게 효과적으로 자위를 하는 방법을 가르쳐 성교 중에 오르가슴에 도달할 수 있도록 하는 성 치료적 접근

성도착증 사람이 아닌 대상, 아동, 동의하지 않은 성인, 또는 고통이나 굴욕의 경험 등에 대한 반복적이고 강렬한 성적 욕구, 환상 및 성적 행동을 특징으로 하는 장애

변태성욕장애 성도착이 심각한 스트레스를 초래하며 사회적 직업 활동을 방해하고 자신이나 타인을 현재나 과거에 위험 상태로 몰아넣는 장애

하지 않았지만 함께 살고 있는 커플을 많이 상대한다. 또한 트랜스젠더와 논바이너리를 포함한 LGBTQ 내담자, 나이가 많은 환자, 의학적 질병이 있는 환자, 신체적인 장애가 있는 환자, 지적장애, 장기적으로 성 파트너가 없는 환자를 대상으로 한다(Agronin, 2021; APA, 2019a). 성 치료자는 또한 ICD-11에는 등재되었지만 DSM에는 아직 등재되지 않은 **지속적인 성적장애**(persistent sexuality disorder), **과다성욕**(hypersexuality), **강박적 성행동장애**(compulsive sexual behavior disorder) 또는 **성 중독**(sexual addiction)이라고 부르는 과도한 성욕에 예전보다 많은 관심을 둔다.

많은 성 치료자는 성욕감퇴장애와 남성 발기장애와 같은 성기능부전에 약물치료와 다른 의료 중재가 급증한 것에 대하여 많은 우려를 표명하고 있다(APA, 2019a). 그들이 우려하는 것은 많은 치료자가 심리적·생물학적·사회문화적 중재를 통합하지 않은 생물학적 중재만을 선택할 경우를 우려하는 것이다. 실제로 한 가지에만 집중한 치료법은 아마 성 문제 대부분의 복잡한 요인을 해결하지 못할 것이다. 성 치료자가 통합된 접근법을 사용하는 것의 이익을 깨닫는 데는 오랜 시간이 걸렸다. 새로 개발된 의료 중재는 이러한 것들을 유기하도록 진행되어서는 안 될 것이다.

요약

성기능부전의 치료

1970년대 William Masters와 Virginia Johnson의 책으로 인해 성 치료가 개발되었다. 오늘날 성 치료에는 인지적, 행동적, 부부간, 가족체계 등 여러 가지를 포함한 치료가 행해지고 있다. 일반적으로 치료는 자세한 진단(평가), 교육, 공동의 책임을 인정하는 것, 고정관념을 바꾸는 것, 감각에 집중하는 것, 의사소통의 개선, 부부치료 등을 포함하고 있다. 또한 각 성 장애에 해당되는 특정한 기술이 개발되었다. 생물학적 치료 또한 증가하고 있는 추세이다.

변태성욕장애

개인이 강렬한 성충동이나 환상을 반복적으로 가지거나, 물체나 통상적 성 규범 밖의 상황을 포함하는 성적 행동을 보이는 패턴을 **성도착증**(paraphilias)이라고 한다. 예컨대 사람이 아닌 물체 또는 수치심이나 고통을 느끼는 것에 성적 초점이 있는 것을 포함한다. 성도착증을 가진 사람 대다수가 성도착적 자극이 있거나 그것을 상상할 때 또는 그러한 행동을 하는 경우에만 흥분을 느낀다. 그 이외의 사람들은 스트레스가 심하거나 다른 특정 상황에만 성도착적 자극을 필요로 한다. 한 가지 성도착증이 있는 사람들 중 다수는 다른 종류의 성도착증도 있는 경향이 있다. 성도착적 음란물의 대규모 소비자 시장과 섹스팅이나 사이버섹스가 증가하는 추세로 인해 임상가는 성도착증이 사실은 흔한 것이라 여기게 되기도 한다.

DSM-5에 따르면 **변태성욕장애**(paraphilic disorder)는 성도착증이 사람들에게 중대한 고통이나 장애를 초래하거나 또는 성도착증의 만족으로 인해 그 사람이나 다른 사람이 해악을 받을 위험이 있을 때(현재 또는 과거에)는 진단이 내려져야 한다(APA, 2013)(표 11.5 참조). 예를 들어 아동과 성적 접촉을 하는 사람들은 그 행동에 의하여 괴로움을 느끼든 아니든 간에 소아성애장애라는 진단이 내려진다. 아동이나 동의하지 않은 성인을 포함한 변태

표 11.5

진단 체크리스트

변태성욕장애
1. 적어도 6개월 동안 일반적인 성적 규준 이외의 물체나 상황(인간이 아닌 물건, 성기가 아닌 신체 부위, 자신이나 타인의 고통이나 모욕, 아동이나 동의하지 않은 대상)에서 반복적이고 강렬한 성적 각성을 경험
2. 판타지, 욕구, 행동에서의 심각한 고통이나 손상 경험(몇몇 변태성욕장애, 예를 들면 소아성애장애, 노출장애, 관음장애, 마찰도착장애, 성적가학장애 등에서는 고통이나 손상이 없더라도 그 행위 자체가 장애가 있음을 나타냄)

출처 : APA, 2013.

마음공학

'섹스팅' : 병리학에서 존중으로

'섹스팅(sexting)'은 성적으로 노골적인 내용, 특히 사진이나 문자 메시지를 휴대전화나 다른 디지털 장치로 보내는 것이다. '섹스팅'이라는 용어는 2005년에 만들어졌다(Gasso et al., 2019). 초기에는 대부분의 임상 이론가들이 이를 이상행동으로 보았다. 섹스팅을 하는 사람의 약 15%가 자신의 성적인 사진을 동의하지 않은 낯선 사람에게 보낸다(Mori et al., 2020). 이들 중 다수는 자신의 성기를 다른 사람에게 보여주고 싶은 욕구에 따라 행동하는 성도착의 하나인 **노출장애** 기준에 부합한다. 다른 노출증처럼 이런 유형의 섹스팅은 종종 수신자에게 현저한 불편감을 유발한다.

하지만 지난 10년간 많은 섹스팅 행동의 맥락과 본질이 변화하였고, 이제는 섹스팅 자체의 문제로 보는 임상가가 대부분(전체는 아니지만)이다(Gasso et al., 2019; Krishna, 2019). 자신의 성적인 사진을 보내는 것은 많은 10대와 젊은이들이 관계에서 성적인 표현과 의사소통을 하는 데 광범위하게 사용되었던 방법에서 유래되었고, 이러한 발달 과정을 살펴보는 것은 섹스팅의 **정상화**(normailization)라 할 수 있다.

연구 결과들은 다양하지만 종합적으로 본다면 적어도 27%의 사람이 성적인 메시지를 보내고 적어도 35%의 사람이 성적인 메시지를 받는다(Mori et al., 2020). 연구자들은 그 특성과 원인 및 행동을 이해하기 위해 서둘러 자료를 모았다. 많은 부분이 아직 알려지지 않았지만, 현재까지 평균적으로 알려진 것은 사람들이 초기 청소년기에서 20대 후반에 이를 때까지 점점 많이 성적인 메시지를 보낸다는 것이다(Krishna, 2019). 나아가 연구자들은 섹스팅의 유형을 구분한다. 로맨틱한 관계 내에서와 로맨틱하지 않은 관계에서, 서로 헌신된 관계에서와 일상적인 관계에서, 초기 성인기(18~28세 사이)와 10대(12~17세)에서, 동의되지 않고 강압적인 상태에서와 동의한 상태에서가 다르다.

연구에 의하면 로맨틱하거나 헌신된 관계에서 섹스팅을 보내는 사람들이 로맨틱하지 않거나 일상적인 관계에서 섹스팅을 보내는 사람들에 비해 관계나 성적 만족도가 높다(Mori et al., 2020; Gasso et al., 2019). 전자는 우울이나 약물남용에서도 후자보다 낮은 수치를 보였다.

Lisa Werner/Alamy Stock Photo

유사하게 평균적으로 초기 성인기 관계에서 섹스팅을 보내는 사람들의 관계 만족도, 성적인 만족도 및 긍정적 정서 표현은 10대들보다 높았다(Gasso et al., 2020, 2019; Krishna, 2019). 연구자들은 청소년기보다 초기 성인기에서 이러한 행동을 더 많이 한다는 것도 밝혔다. 섹스팅을 보낸 경험은 초기 성인기 38%, 10대 15%였고, 받은 경험은 초기 성인기 42%, 10대 27%였다(Gordon, 2020a; Mori et al, 2020). 또한 초기 성인기인 사람들은 이러한 메시지를 보내는 것의 잠재적인 위험에 대해 더 조심스러웠고, 10대들에 비해 온라인상에서의 따돌림이나 희롱을 당하는 등의 상황에 좀 더 대비가 되어 있었다.

여러 관계에서 섹스팅이 긍정적인 요소를 보이기도 하지만, 여기에는 여전히 부정적인 결과와 위험성이 있다. 예를 들어 15%의 사람들은 동의하지 않은 상태에서 낯선 사람에게 섹스팅을 받는다. 나아가 섹스팅을 보내는 사람들에게 현저한 문제를 유발할 수 있는 몇 가지 위험한 일이 있다. (1) 분명한 성적 이미지(사진, 영상)를 보내는 10대는 아동 포르노 관련법을 위반하게 될 소지가 있다. 그들 스스로 이미지를 만들었다 할지라도 그들의 섹스팅은 법적인 문제를 야기할 수 있다. (2) 섹스팅을 받은 사람 중 약 10%는 자신이 받은 메시지를 보낸 사람의 동의가 없이 또 다른 사람에게 전송한다. 예를 들면 '리벤지 포르노'와 같은 것이다. (3) 인터넷에서는 완전히 삭제되는 것이 없다. 즉 섹스팅이 몇 년 후에 다시 돌고 돌아 그들의 직장에서의 안정성, 사회적 위치 등을 위협하는 영향을 미칠 수 있다. 이러한 섹스팅의 부정적인 결과들이 발생하면 정신건강 약화, 부끄럽거나 취약해진 듯한 감정, 사회적 위축, 낮은 자존감, 심지어는 자살사고와 같은 심각한 심리적인 스트레스가 발생할 수 있다. 많은 관계에서 섹스팅이라고 하는 행위가 긍정적인 가치를 보임에도 불구하고 섹스팅을 보내는 사람들이 주의하고 조심해야 한다는 사실은 명백하다(Mori et al., 2020; Gasso et al., 2019).

성욕장애를 가진 사람들은 부적절한 행동으로 발생한 법적 문제의 결과로 종종 임상가들의 주의를 끈다(Moser & Kleinplatz, 2020).

앞으로 살펴보겠지만 이론가들은 변태성욕장애의 원인으로 많은 것을 내놓았으나, 확증된 것은 많지 않다(Graham, & Bancroft, 2020). 또한 변태성욕장애의 치료법은 연구 결과에 의해 뒷받침되지 않거나 명확히 효과적으로 보이지 않는 경우가 많다(Fedoroff, 2020; Hucker,

물품음란장애 무생물 대상의 사용을 포함해서 강한 성적 흥분, 환상, 행동을 반복해서 보이는 변태성욕장애

2020). 심리적 그리고 사회문화적 치료법이 가장 오랜 시간 사용되었지만, 오늘날의 의학 전문가들은 생물학적 중재 또한 사용하고 있다.

일부 치료 전문가들은 **항안드로겐**이라 통칭하는 약물을 치료에 사용하는데, 이것은 남성 호르몬인 테스토스테론의 분비를 줄여 성충동을 감소시킨다(Fisher & Marwaha, 2020). 비록 항안드로겐을 사용하는 것이 변태성욕장애의 증세를 줄이는 데는 효과가 있지만, 많은 환자가 정상적인 성적 감정과 행동에도 지장을 받는 것으로 나타났다. 그렇기 때문에 항안드로겐은 주로 변태성욕장애가 자기 자신이나 타인에게 위험을 줄 수 있는 정도일 때 쓰인다. 또한 임상가들은 갈수록 SSRI, 즉 세로토닌을 활성화시키는 항우울제를 변태성욕장애를 가진 사람을 치료하는 목적으로 더 많이 처방하고 있다. SSRI가 다른 종류의 강박을 감소하는 데 도움이 되듯이 강박과 가까운 성적 행동을 줄일 수 있다고 기대하기 때문이다(Hucker, 2020; Krueger, 2020). 그리고 SSRI의 흔한 효과는 성적 흥분을 줄이는 것이다.

'주의(caution)'라는 단어는 다양한 변태성욕장애를 평가하기 전에 사용하기 적절하다. 성기능부전과 같은 이러한 장애의 정의는 그것들이 발생하는 특정한 사회 규범의 영향을 강하게 받는다(Moser & Kleinplatz, 2020)(**마음공학** 참조). 몇몇 임상가는 그들로 인하여 다른 사람들이 다쳤을 때를 제외하고, 적어도 몇몇 성도착 행동은 장애로 여겨서는 안 된다고 주장한다. 특히 성적 장애와 관련 있는 오점과 자신이 그러한 장애를 가지고 있다고 믿는 많은 사람의 자기혐오를 고려해볼 때, 우리는 이러한 꼬리표를 다른 사람들 또는 우리 스스로에게 적용하는 것에 대해 매우 주의해야 할 필요가 있다. 여러 해 동안 임상가들이 동성애를 변태성욕장애로 생각했으며, 남성 동성애자들을 반대하는 법과 치안 활동을 정당화시키기 위하여 그들의 판단이 사용되었다는 점을 명심해야 한다. 남성 동성애자 권익수호 운동으로 인해 동성애에 대한 사회의 이해와 태도가 변하자 임상가들은 공식적으로 동성애를 장애로 간주하지 않았으며 1987년이 되어서야 DSM에서 전적으로 제외시켰다. 그럼에도 불구하고 제1장에서 보았듯이 많은 임상가는 수년 동안 계속해서 동성애자의 성적지향을 고치기 위하여 **전환**(conversion), 또는 **회복**(reparative), **치료**(therapy)를 권고하였다. 그러는 동안 임상 영역은 관습적인 규범과 다른 개인적인 성적 행동 때문에 본의 아니게 수백만 명의 학대, 불안, 수치심을 야기했다.

물품음란장애

상대적으로 흔한 변태성욕장애 중 하나는 **물품음란장애**(fetishistic disorder)이다. 이 장애의 주요 특징은 무생물인 물체나 생식기가 아닌 신체 부위와 관련된 극심한 성적 충동, 성적 흥분을 일으키는 환상이나 행동을 말하며, 대체로 이외의 자극에는 반응하지 못하곤 한다(APA, 2013). 개인에게 현저한 스트레스나 손상을 유발하는 이러한 장애는 여성보다 남성에게서 훨씬 흔하게 나타나며, 대부분 청소년기에 처음 시작된다(Martin & Levine, 2018). 거의 모든 것이 성적 대상물(fetish)이 될 수 있는데, 여성의 속옷, 신발, 부츠 같은 것이 가장 흔하다. 이 장애가 있는 사람 중 일부는 원하는 물건을 가능한 한 많이 얻기 위해 훔치기도 한다. 그러한 물건은 만질 수 있거나, 냄새를 맡을 수 있거나, 자위를 하는 동안 어떠한 방법으로 입을 수 있거나 아니면 성관계를 가질 때 상대에게 입으라고 할 수도 있다(Grohol, 2019b). 다음 사례에 있는 10대인 제일렌에게서 이런 특징을 볼 수 있다. 그는 어머니 키아라에 의해 6개월 만에 물품음란장애가 발견되었다.

인터넷상의 채팅 그룹이나 성적인 자료는 심리적인 건강에 도움이 될까, 아니면 피해를 줄까?

키아라는 제일렌의 성적 취향이 여성의 신발이라는 것을 6개월 전에 처음 알게 되었다. 제일렌은 자주 집에서 보이지 않았는데, 어느 날 키아라는 그가 계단에 있는 것을 보았다. 그는 이웃집 여성의 신발을 가지고 있었다. 그 후 키아라는 제일렌이 자신의 존재를 눈치채지 못한 채 매료된 태도로 신발을 문지르고 냄새맡는 행동을 하는 것을 보았다. 키아라는 제일렌이 밖에 나가기 위해서가 아니라 이웃의 신발을 가져오기 위해 아파트 1층에 머무는 시간이 늘어나는 것을 보았다. 한 주가 지난 후 제일렌은 이웃집 여성이 짐을 나르는 것을 도와주면서 그녀의 집에 들렀다. 그리고 그 이웃은 자신의 신발이 없어졌다는 사실을 알았다. 키아라는 아들과 이야기를 나누려 했지만 그는 너무 감정적으로 흥분해서 대화를 거부했다. 몇 주 후 키아라는 자신의 신발도 없어졌다는 것을 알았다. 키아라는 한동안 제일렌을 추적했고, 그가 밤에 잠을 안 자고 깨어서 자신의 신발을 문지르고 냄새맡고 있는 것을 발견했다. 키아라는 그 행동이 성적인 의미인 것을 몰랐고, 단지 아들이 신발에 강박적인 관심을 보이고 있는 것이라고 생각했다. 하지만 어느 날 키아라는 욕실에 들어서다가 제일렌이 한 손에 그녀의 신발을 들고 문지르며 자위를 하고 있는 것을 보았다. 그 시점에서 그녀는 아들의 성적 취향이 신발이라는 것을 처음으로 알게 되었다. 곧 그녀는 아들의 휴대폰에서 몇몇 동영상을 찾을 수 있었다. 거기에는 젊은 여성들의 발과 신발이 녹화되어 있었고, 키아라의 맨발이 담긴 동영상도 있었다. 그런 동영상은 수십 개였고, 4개월 동안 모은 것이었다.

(Coskun & Ozturk, 2013, p. 199)

연구자들은 물품음란장애의 확실한 원인을 아직 찾지 못하였다(Fedoroff, 2020; Martin & Levine, 2018). 정신역동 이론가들은 물품음란장애가 일반적인 성적 접촉에 의해 유발된 불안을 회피하기 위한 방어기제로 나타난다고 보았다. 하지만 이 문제에 대한 정신역동치료는 그다지 성공적이지 못했다.

인지행동 이론가들은 물품음란장애가 고전적 조건형성에 의해 생겨난다고 보았다. 선구적인 행동주의적 연구 중 남성 참가자에게 나체인 여성의 슬라이드와 부츠 슬라이드를 함께 보여준 연구가 있었다(Rachman, 1966). 많은 시행 후 참가자들은 부츠 사진만 보아도 성적 흥분을 보였다. 만약 초기 성적 경험이 특정한 물체 앞에서 비슷하게 이루어졌다면, 이러한 것은 물품음란장애가 생길 수 있는 장이 될 수 있다.

인지행동 치료자는 때때로 물품음란장애를 **혐오치료**로 치료했다(Fedoroff, 2020; Krueger, 2020). 한 유명한 연구에서는 물품음란장애가 참가자들이 성적 흥분을 일으키는 물체를 상상할 때마다 참가자의 팔이나 다리에 전기충격을 가하였다(Marks & Gelder, 1967). 2주간의 지속적인 치료 후 모든 참가자가 적어도 조금의 호전된 증상을 보였다. 또 다른 혐오치료 방법인 **내재적 민감화**(covert sensitization)는 물품음란장애를 가진 사람들을 성적 흥분을 일으키는 물체와 혐오감을 일으키는 물체를 함께 상상하게 하여 더 이상 이전의 물체가 성적 흥분을 일으키지 않게 하는 것이다.

또 다른 물품음란장애의 인지행동치료법으로는 **자위 포만**(masturbatory satiation)이 있다(Fedoroff, 2020; Thibaut et al., 2016). 이 방법은 우선 내담자가 성적으로 적절한 대상을 상상하며 절정에 이를 때까지 자위를 하게 한 후, 물품음란의 대상이 되는 물체를 구체적으로 상상하며 재차 자위를 하고, 이러한 공상을 한 시간 동안 더 지속하게 하는 것이다. 이 방법은 환자가 지루함을 느끼게 하기 위함

로봇과의 섹스 섹스 로봇의 가능성에는 찬반 모두의 많은 토론거리가 있다. 섹스 로봇(또는 섹스봇, 로봇 섹스돌)의 기능은 아직 완벽하지 않지만, 제작자들은 완성도를 높여가고 있다. 여기 말과 표정 짓기가 가능한 하모니사의 한 섹스 로봇 상품의 뇌를 조절하고 있다.

Graham Walzer/The New York Times/Redux

복장도착장애 다른 성의 의복을 입는 것에 대하여 반복적이고 강렬한 성적 욕구, 환상, 행동이 나타나는 변태성욕장애

노출장애 자신의 성기를 다른 사람들에게 보여주는 것에 대한 욕구나 상상 또는 그러한 욕구로 인한 행동을 반복적으로 하는 변태성욕장애

이며, 이 지루함이 다시 그 물체와 연관 지어지도록 하려는 것이다.

복장도착장애

복장도착장애(transvestic disorder)가 있는 사람은 계속되는 강렬한 성적 흥분을 느끼기 위해 다른 성별의 옷을 입는다. 이것은 환상과 충동, 행동을 통해 표현된 흥분이다(APA, 2013). 성적 흥분을 위해 이런 행동을 하는 사람들(**복장도착증** 또는 **크로스드레싱**이라고도 한다) 중 복장도착의 욕구로 인해 현저한 스트레스나 손상을 경험하지 않는 사람은 복장도착장애 진단을 반드시 받지는 않는다. 복장도착장애를 가지고 있는 사람은 대부분 이성애인 남자이며, 아동기나 청소년 시기부터 여장을 하기 시작한다(Brown, 2019f). 평소에는 남성상을 지키며 행동하고 여장을 할 때는 대부분 혼자 있을 때이다. 적은 수의 남성이 여장을 하고 술집이나 사교클럽에 간다. 그중 일부는 여성의 속옷이나 스타킹을 제대로 된 남성 복장 안에 입고, 다른 몇몇은 화장부터 옷까지 여성의 복장을 한다. 일부 기혼남성은 아내를 복장도착에 참여시키기도 한다(Brown, 2019f).

이 장애는 가끔 **트랜스젠더**적 기능과 혼동되는 경우가 있는데, 이 장을 더 나아가면 보겠지만 두 가지 장애의 중복은 소수 사람들에게서만 나타나고 이들은 각기 다른 2개의 독립된 패턴이다. 구체적으로 보자면 복장도착장애는 다른 성별의 옷을 입을 때 성적인 각성이 발생하는 반면, 트랜스젠더적 기능은 자신의 실제 성별이 된다는 느낌과 관련된 것이다.

물품음란장애와 유사하게 인지행동치료 이론가들은 복장도착적 각성과 행동이 학습된 반응이며, 대개 고전적 조건형성에 의해 발생한다고 본다. 만약 초기 성적 경험이 호기심이든, 장난이든 간에 다른 성별의 옷을 입는 것이었다면 그 시기에 복장도착적 흥분이 형성되고, 향후 인생을 살며 관련된 반응을 하게 된다는 것이다. 하지만 이 설명은 임상 보고나 연구를 통해 그다지 지지되지는 않는다(Fedoroff, 2020; Anupama et al., 2016).

노출장애

노출장애(exhibitionistic disorder)가 있는 사람은 이상한 낌새를 못 채는 사람에게 자신의 성기를 노출하는 데서 반복적이고 강렬한 성적 흥분을 느끼는 사람으로, 그런 흥분은 이 사람의 공상이나 충동, 행동이 반영된 것이다(APA, 2013). 이들은 대부분 희생자와 성행위를 개시하기보다는 상대를 놀라게 하거나 충격을 주기 위하여 이러한 행동을 한다(Grohol, 2019a). 종종 노출장애가 있는 사람들은 특정한 장소나 시간에 노출을 하기도 한다. 2,800명의 남성을 대상으로 한 설문조사에 의하면 4.3%가 노출적인 행동을 한다고 대답하였다(Fedoroff, 2020; Långström & Seto, 2006). 하지만 여성들은 3분의 1에서 절반 정도가 노출을 하는 남성을 보거나 직접 맞닥뜨렸다고 말하였고, 이들은 플래셔(flasher, 역자 주 : 한국에서는 바바리맨)라고도 부른다(Marshall et al., 2008). 노출을 하고 싶은 충동은 자유시간이 생기거나 심각한 스트레스를 받을 때 더 심해진다.

대체적으로 이 장애는 항상은 아니지만 18세 이전에 증상이 나타나며 거의 남성들 사이에서 발견된다. 어떤 연구에 의하면 노출장애가 있는 사람은 대체적으로 타인과의 상호작용에 미숙하며, 친밀한 관계에 어려움을 느낀다고 말하였다(Seeman, 2020; Murphy & Page, 2006). 노출장애를 가지고 있는 환자 중 약 30%는 기혼이며, 다른 30%는 이혼하거나 별거 중이다. 그들은 파트너와의 성생활이 늘 만족스럽지는 않다고 말하였다(Brown, 2019a; Doctor & Neff, 2001). 이 장애가 있는 남성은 자신의 남성성에 두려움이나 의심을 가지고 있고, 그

중 몇은 소유욕이 강한 어머니와 강한 유대관계를 가지고 있다. 다른 변태성욕장애와 같이 노출장애의 치료는 대부분 혐오치료나 자위 포만, 사회 기술 훈련과 통찰적 치료가 사용된다(Krueger, 2020; Brown, 2019a).

관음장애

관음장애(voyeuristic disorder)가 있는 사람은 은밀히 타인이 벌거벗은 모습이나 옷을 벗는 모습, 성관계를 지켜보고 싶은 지속적이며 극심한 성적 흥분을 느낀다. 다른 변태성욕장애와 마찬가지로 이 흥분은 환상, 충동 또는 행동의 형태를 취한다(APA, 2013). 이 장애는 대부분 15세 이전에 발견되며 지속되는 편이다.

관음장애를 가진 사람은 때로 관음할 때나 그 후에 그 일을 상상하며 자위를 하기도 하지만, 그 사람과 직접적인 성관계를 가지려 하는 일은 드물다(Brown, 2019g). 이들은 흔히 상대의 취약성과 자신이 관찰되고 있다는 것을 알았을 때 상대가 느낄 수치심을 즐긴다(Fedoroff, 2020). 또한 발각될 수 있다는 위험이 흥분을 더하게 하는데, 아래 25세 샘이 면담에서 자신의 장애를 설명하는 것에서 이를 확인할 수 있다.

고디바 여사와 '피핑 톰' 전설에 의하면 고디바 여사는 남편 메르시아 백작이 가난한 사람들에게 세금을 부과하는 것을 막기 위해서 영국 코벤트리가를 벌거벗은 채로 말을 타고 지나갔다. 모든 마을 사람은 집안에 들어가서 셔터를 내리고 있도록 명령받았지만 톰이라는 재단사는 성적 호기심을 참을 수 없어서 셔터에 구멍을 뚫고 고디바 여사가 지나가는 것을 훔쳐보았다. 그 이후로 '피핑 톰(peeping Tom)'이라는 용어가 관음장애를 언급하는 말로 쓰이게 되었다.

> 나는 여자친구가 있지만 늘 좋기만 한 것은 아니에요. 처음엔 재미있지만 관계가 지속되면 지루해져요. 나는 다른 사람들을 볼 때의 그 흥분을 절대 그만둘 수 없어요.
>
> 가장 스릴 있는 것은 이웃집 여성이 남자친구와 성관계를 하는 것을 보거나, 다음 골목에 사는 조이가 옷 갈아입는 것을 보는 거예요. 그들은 커튼을 완전히 치지 않아서 적당한 위치에 서면 항상 방안을 들여다볼 수 있는 각도가 생기죠. 어떤 때는 발견하지 못했던 다른 사람에게서 기회를 찾으려고 돌아다니기도 해요.
>
> 나중에 생각해도 흥분이 되는데, 특히 내가 거의 잡힐 뻔한 경우에 더 흥분이 되요. 내가 잡힐 수도 있다는 것을 느낀 순간 심장이 뛰고 내 모든 것이 같이 질주하는 느낌이 들죠. 종종 나는 어떤 일이 있었는지를 기억하면서 세부사항을 추가로 채워넣기도 하는데, 특히 세부사항이 아슬아슬하게 사라졌거나 살짝 가려졌을 때는 더 좋아요. 물론 진짜 잡혔다면 끔찍했겠죠.

관음장애의 경험은 노출장애에서와 같이 성적 공상의 소재가 된다. 만약 파트너가 노출증적인 행동에 동의한다면 일반적인 성적 상호작용에서 실행될 수도 있다. 관음장애의 임상적인 문제는 상대의 사생활을 반복적으로 침해한다는 점에서 현저하다. 이 장애를 가지고 있는 환자 중 몇몇 사람은 정상적인 성관계를 가지기 힘들며, 나머지는 그들의 장애를 떠나 정상적인 성생활을 한다.

많은 정신역동 임상가는 관음장애가 있는 사람이 이러한 행동을 통해 상대에게서 우월감을 느끼고 싶어 하는데, 이것은 아마도 이성관계나 대인관계에서 수줍음을 느끼거나 미숙하기 때문이라 여긴다(Pfäfflin, 2016). 인지행동 이론가는 이 장애가 성적으로 흥분되는 장면을 엿본 기회에 의한 학습된 행동이라고 말한다(Fedoroff, 2020, Lavin, 2008). 만약 성적인 장면을 엿본 사람이 그 당시 자위를 하는 일이 몇 차례 반복된다면, 그들은 관음장애 패턴을 보일 수 있다.

관음장애 예상치 못한 사람이 옷을 벗는 것을 몰래 관찰하거나 성행위하는 것을 엿보는 것에 대한 반복적이고 강렬한 욕구가 있고, 그러한 욕망에 따라 행동하기도 하는 변태성욕장애

마찰도착장애 동의하지 않은 사람과 접촉하거나 비비는 것에 대한 반복적이고 강력한 성적 욕구, 환상, 행동이 나타나는 변태성욕장애

소아성애장애 사춘기 이전의 아동을 바라보고 만지고 성적인 행위를 하는 것에 대한 반복적이고 강렬한 성적 욕구나 환상이 있고, 그러한 욕구나 환상을 실행하기도 하는 변태성욕장애

마찰도착장애

마찰도착장애(frotteuristic disorder)가 있는 사람은 동의하지 않은 사람을 만지거나 비비는 데서 반복적이고 강렬한 성적 흥분을 느낀다. 이 흥분은 다른 변태성욕장애에서처럼 환상, 충동 또는 행동의 형태를 취할 수 있다. 마찰('문지르는 것'을 의미하는 프랑스어 frotter에서 유래)은 대부분 지하철이나 사람이 붐비는 길가 같은 혼잡한 장소에서 이루어진다(Bhatia & Parekh, 2020). 환자들은 거의 대부분 남성이며 자신의 성기를 피해자의 허벅지나 엉덩이에 비비거나 음부나 가슴을 움켜잡는 것을 즐긴다. 대체적으로 그러한 행동을 하며 피해자와 친밀한 관계에 있다고 상상한다. 이 성적 도착은 대부분 청소년기에 생겨나며, 대부분 누군가가 이러한 성적 마찰을 가하는 것을 보고 생겨난다. 25세 정도 이후가 되면 이러한 증상은 서서히 줄어들고 흔히 사라진다(APA, 2013).

소아성애장애

소아성애장애(pedophilic disorder)가 있는 사람은 신체적으로 성숙한 사람보다는 아동에게서 같거나 더 큰 성적 흥분을 경험한다. 이 흥분은 환상이나 충동, 행동을 통해 표현된다(APA, 2013). 이 장애를 가진 사람은 사춘기 전의 아동에게 매력을 느끼거나(고전적 유형), 사춘기 초기 아동(청소년애적 유형)이나, 둘 다(소아·청소년애적 유형)에서 매력을 느낀다. 이 중 일부는 아동 외설물을 보거나, 성적인 성향이 없는 아동 속옷 광고 같은 것을 보며 만족을 느낀다. 그 외의 사람들은 실제로 보거나 만지거나 애무하거나 성관계를 갖고 싶은 충동을 느낀다. 이 장애가 있는 사람들 중 일부는 아동에게만 성적 매력을 느끼고, 그 외의 사람들은 성인에게도 성적 매력을 느낀다(Hucker, 2020; Brown, 2019c). 증거에 의하면 3분의 2의 아동 피해자는 여성이다(NSOPW, 2020, 2018).

소아성애장애가 있는 사람들은 대부분 청소년 때 이런 패턴의 성욕을 발전시키게 된다(Fedoroff, 2020). 이 중 일부는 어린 시절 자신이 성적 학대를 당한 적이 있고, 많은 사람이 어린 시절 방치되었거나, 지나치게 처벌받아왔거나, 친밀한 관계를 형성하지 못한 경우가 많다(Leroux et al., 2020). 이 중 결혼을 하거나 결혼 후 성적 어려움을 겪거나 생활에서 다른 절망감을 느끼는 사람이 적지 않으며, 그러한 이유로 자신이 주인(master)이 될 상황을 찾는 것이다. 이러한 사람들은 대부분 사회적, 성적 기술이 미숙하고 자기통제나 계획 능력이 부족하며 정상적인 성적 관계를 갖는 것에 불안감을 느낀다(Gibbels et al., 2019; Massau et al., 2017).

분류 논쟁 일본 도쿄의 한 남자가 아동 중심의 성적인 분위기가 있는 애니메이션과 만화 포스터 광고를 보고 있다. 일본의 경우 '실제' 아동 포르노에 대한 소지는 불법이지만, '허구'의 아동 포르노는 합법이다.

Batchelder/Alamy Stock Photo

소아성애장애를 가진 사람 중 '아이의 동의를 구하면 성관계를 갖는 것이 괜찮다'라는 등의 잘못된 생각을 가진 사람들도 있다(Hucker, 2020; Geradt et al., 2018). 소아기호증이 있는 사람 중 성인-아동의 성적 접촉을 갖는 것을 아동 탓을 하거나 아동이 그러한 경험으로 이득을 얻었다고 말하는 사람들도 적지 않다.

비록 이 장애가 있는 사람 중 대다수가 이러한 감정은 잘못된 것이고 비정상적인 것이라고 여기지만, 성인과 아동이 성관계를 가지는 것이 용인되며 정상적이라고 생각하는 사람도 적지 않다.

어떤 사람들은 성행위에 대한 법적 동의와 관련된 법의 나이 규정을 폐지하려는 소아성애 단체에 가입하기도 한다. 인터넷은 이러한 개인들이 서로 소통하는 장을 열어 주었으며, 현재 소아기호증과 성인-아동 성관계를 가지는 것에 대한 웹사이트, 토론방, 대화방, 포럼, 게시판이 광범위하게 존재한다(Fedoroff, 2020).

연구에 의하면 소아성애장애가 있는 사람 중 대부분이 적어도 하나 이상의 심리적 장애를 가지고 있는 것으로 나타났다(Brown, 2019c). 최근에 몇몇 이론가에 의하면 소아성애장애가 편도체나 전두엽 활동에서의 불규칙한 패턴 등 뇌 구조 이상이나 생화학적 문제로 생겨날 수 있다는 제안을 하였지만, 이러한 장애는 아직 지속적인 연구 지지를 받지 못하였다(Kamenskov & Gurina, 2019; Ponseti et al., 2018).

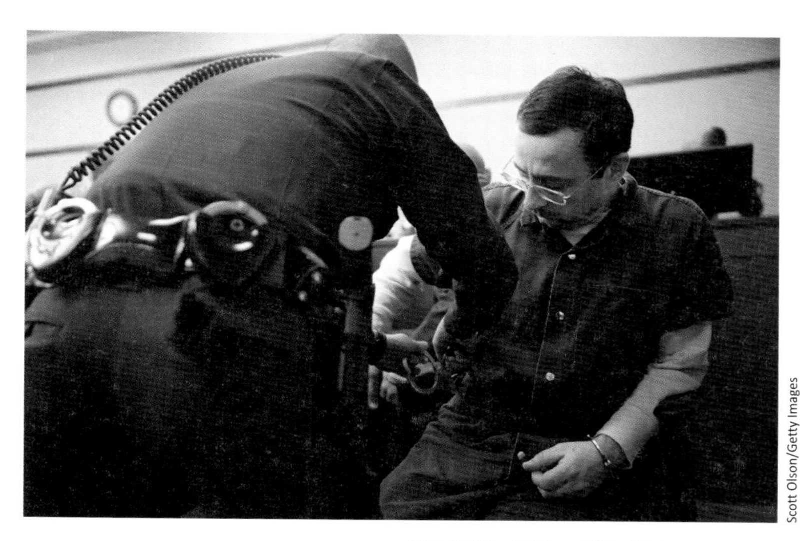

소아기호증, 학대, 그리고 정의 2018년, 전 미국 육상 팀 의사였던 래리 나사르는 자신이 관리하던 젊은 여성과 청소년에 대한 다수의 범죄와 미성년자 성폭행, 아동 포르노 문제 등으로 360년 징역을 선고받았다.

대부분의 소아성애적 범죄자들은 잡히면 수감되거나 강제로 치료를 받게 된다. 어쨌든 그들이 아동에게 어떠한 성적 접촉을 하게 되면 그것은 아동 성폭행이기 때문이다(Moser & Kleinplatz, 2020). 현재 미국 전역에서 이러한 성범죄자들이 사는 곳과 일하는 곳을 법집행기관과 대중에게 알리고 통제할 수 있게 도와주는 주거등록 및 지역사회 통지법이 많이 있다(NSOPW, 2020, 2018).

소아성애장애의 치료법에는 다른 변태성욕장애와 동일한 혐오치료, 자위 포만, 오르가슴 재교육, 인지행동치료, 항안드로겐 약물 등이 있다(Briken, 2020; Fisher & Marwaha, 2020). 이 장애에 많이 사용되는 것 중 하나인 인지행동치료에는 재발방지 훈련이 있는데, 이것은 물질사용장애의 치료에 재발을 방지하는 용도로 쓰이는 재발방지 훈련에서 비롯된 것이다(342쪽 참조). 이 접근법에서는 환자가 대체적으로 어떠한 상황(예 : 우울할 때나 생각이 삐뚤어졌을 때)에서 이러한 성적 환상과 행동이 일어나는가를 알아낸다. 그렇게 되면 환자는 이러한 상황을 더욱 적절하고 효과적으로 피하거나 그것에 대처할 수 있는 방법을 배운다. 재발방지 훈련은 항상 효과가 있는 것은 아니지만, 때때로 이것 및 다른 변태성욕장애를 치료하는 데 효과를 보인다(Fedoroff, 2020).

흥미로운 이야기

심화되는 문제

2019년, 기술회사들은 4,500만 개의 아동 성학대 피해 온라인 사진과 동영상이 존재하며, 이는 2018년의 2배라고 보고하였다(Keller & Dance, 2019).

성적피학장애

성적피학장애(sexual masochism disorder)가 있는 사람은 자신이 수치를 당하거나 구타를 당하거나 묶이거나 고통스러운 상황에서 반복적이고 격렬하게 성적 흥분을 느낀다(APA, 2013). 마찬가지로 이 흥분은 환상이나 충동, 행동의 형태를 취할 수 있다. 많은 사람이 자신의 의지와 다르게 성관계를 가지게 되는 것에 환상을 가지지만 환상에 의해 심하게 고통받거나 손상된 사람들만 이렇게 진단된다. 이 장애를 가진 일부 사람들은 스스로 피학적 충동에 따라 자신을 묶거나 핀으로 찌르거나 베거나 하는 행동을 하기도 한다. 다른 사람들은 성행위 상대에게 자신을 묶거나 저지하거나 눈이 보이지 않게 가리거나 엉덩이를 때리거나 매질하거나 채찍질하거나 때리고 전기충격을 가하거나 '핀으로 찌르거나' 수치심을 주도록 요구한다(APA, 2013).

성적 도착이나 성적피학장애를 가진 사람들의 욕구를 충족시켜주기 위하여 제품과 서비스 산업이 생겨났다. 다음은 이러한 욕망을 충족시켜주는 시설의 운영자로 일하는 34세 여성이 자신의 일에 대해 설명한 이야기이다.

성적피학장애 굴욕을 당하거나 맞거나 묶이거나 기타 고통을 당하는 것에 대하여 반복적이고 강렬한 성적 욕구나 환상, 행동이 나타나는 변태성욕장애

성적가학장애 타인에게 고통을 가하는 행위를 포함해 강한 성적 충동, 환상, 행동이 반복되는 변태성욕장애

> 저는 이곳을 찾아오는 사람들에게 각자가 원하는 종류의 고통을 각자가 원하는 방법으로 전해줘요. 저에게 왜 사람들이 고통을 원하는지는 묻지 마세요. 저는 심리학자가 아니니까요. 하지만 그들은 저희를 한번 찾아오면 다른 곳에는 가지 않아요. 제가 하는 것 중 제일 빠르고 효과가 있는 것은 유두에 옷핀을 꼽거나 고환에 핀을 찌르는 거예요. 몇 사람들은 자신의 피를 보고서야 만족하니까요….
>
> 고문을 하는 동안 대화는 계속돼요. … 저는 계속 남성에게 소리를 지르고, 그가 얼마나 쓸모없는 놈이며, 이 정도는 그에게 당치 않은 것이며, 더 나쁜 대우를 받아야 하며, 그리고 그가 지은 죄를 말하죠. 이 방법은 늘 통해요. 저기요, 저는 미치지 않았어요. 제가 무얼 하고 있는지 알아요. 저는 굉장히 강인한 척하지만, 사실은 여린 여자라고요. 하지만 상대의 건강 상태를 생각해야 해요. … 상대를 죽이거나 심장마비가 오게 하면 안 되니까요. … 상대를 죽게 한 다른 곳을 알고 있어요. 저는 단 한 번도 손님을 죽게 한 적이 없어요. 비록 제가 하는 '치료' 중에 죽기를 원한 손님들은 있지만요.
>
> (Janus & Janus, 1993, p. 115)

성적피학장애의 한 종류에는 **저산소음욕증**(hypoxyphilia)이라는 것이 있는데, 성적 쾌락을 증가시키기 위해 목을 조르는 (또는 상대에게 목을 졸라 달라고 하는) 것이다(Brown, 2019d). 그리고 실제로 의학 전문가들에 의하면 충격적인 숫자의 자가 자위 질식(autoerotic asphyxia)이 보고되는데, 대부분 남성 그리고 가장 어린 경우 10세의 남자아이들이 자위 중 죽음에 이를 수 있는 정도로 목을 매달거나 질식되게 하거나 자기 자신의 목을 조른다고 한다. 이러한 관행이 성적피학증장애로 분류되는 것에는 아직 논쟁이 있지만, 적어도 이것은 때때로 신체 결박을 동반한다(Dora, Mijas, & Dobroczynski, 2019).

대부분의 피학적 성적 환상은 어린 시절부터 시작된다. 하지만 나중에 나이가 들어서야 이러한 환상대로 행동하게 되며, 대부분 초기 성인기에 시작된다. 이 장애는 대체적으로 오랜 시간 지속된다. 이 중 몇 사람들은 시간이 경과함에 따라 또는 특정 스트레스기에 위험한 행동을 한다(Brown, 2019d; Frias et al., 2017).

대다수의 경우 성적피학장애는 고전적 조건형성의 행동주의적 과정에 의하여 생기는 것으로 보인다(Fedoroff, 2020; Wylie & Wylie, 2016). 한 고전적 사례 연구에서 한 10대의 남자아이가 팔이 부러진 후 의사가 마취 없이 팔을 맞추는 동안 매력적인 간호사가 어루만져준 경우가 있다(Gebhard, 1965). 그 소년이 그때 느꼈던 고통과 성적 흥분의 강력한 조합이 나중에 그의 성 피학적 충동과 행동의 원인이 되었다.

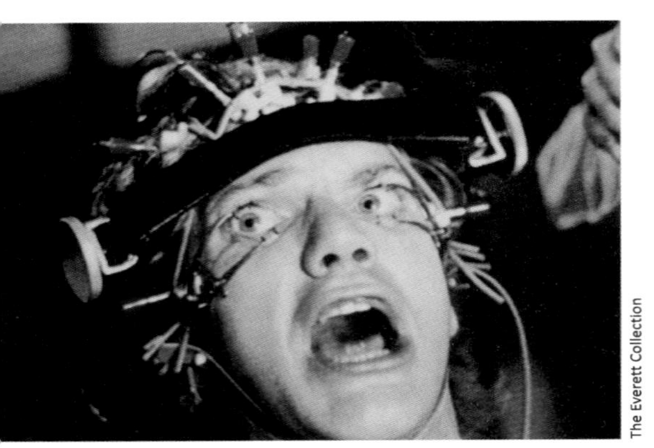
The Everett Collection

영화에서의 혐오치료 영화계의 가장 유명한 장면 중 하나로 알려져 있는 이 장면은 '시계태엽 오렌지'에서 성적가학장애인 알렉스가 고통스러운 위경련을 경험하는 동안 폭력적인 장면들을 억지로 관찰하도록 하는 것이다.

성적가학장애

성적가학장애(sexual sadism disorder)를 가지고 있는 사람은 대부분 남성이며 다른 사람에게 신체적 또는 심리적으로 고통을 줌으로써 지속적으로 또 강렬하게 성적으로 흥분된다(APA, 2013). 이 흥분은 피해자를 지배하거나 제압하거나 눈을 가리거나 베거나 목을 조르거나 불구로 만들거나 심지어 죽이는 행동 등 환상과 충동, 행동을 통해 표현될 수 있다(Longpré et al., 2020, 2018, 2017; Mokros et al., 2019). 사디즘(sadism, 성적 가학증)은 자신의 성적 욕구를 위해 다른 사람들을 고문한 것으로 유명한 마르키 드 사드(1740~1814)의 이름에서 유래하였다.

성 가학에 대한 환상을 가지는 사람들은 대부분 자신이 가학적 행동에 겁먹은 성적 희생자를 완전히 지배하고 있는 것을 상상한다. 성적가학장애를 가진 많은 사람이 동의를 얻은 상대와 이러한 가학적 행동을 보이며, 상대는 대부분 성적피학장애를 가진 사람들이다(Brown, 2019e). 하지만 가끔은 자신의 욕구를 동의하지 않은 희생자에게 내보이는 경우도 있

다. 예컨대 많은 강간범과 성적 살해를 하는 범인이 성적가학장애를 보인다. 모든 경우에 실제나 환상 속에서 피해자의 고통은 흥분의 핵심이다.

성 가학적 환상은 성적 피학증과 동일하게 어린 시절이나 청소년기에 처음 나타난다(Fedoroff, 2020; Thibaut et al., 2016). 성 가학적 행동을 하기 시작한 사람들은 대부분 초기 성인기에 나타난다(APA, 2013). 이러한 행동의 패턴은 장기적으로 나타난다. 성 가학적 행동을 하는 몇몇 사람들은 성 가학적 행동에서 같은 정도의 잔인함이 지속되기도 하지만, 대부분 시간이 갈수록 이러한 가학증은 점점 더 심각해진다(Mokros et al., 2019). 확실히 이러한 심각한 정도의 성적 가학증을 가진 사람은 타인에게 위험이 될 확률이 매우 높다.

S/M 축제 성적 가학과 피학(S/M)은 상황에 따라 대중에게는 두려움이나 놀람의 대상이 된다. 밝은 대낮, 샌프란시스코와 유럽의 연례 폴솜 거리 박람회에서 사람들을 초대하고 S/M 축제를 벌이며 그들의 특징적인 의상을 보여주기 위해 이 참가자들과 같이 사람들을 초대하고 있다.

일부 인지행동 이론가들은 고전적 조건형성 원리가 성적가학장애에서 작용한다고 말한다(Fedoroff, 2020; Akins, 2004). 사람이나 동물에게 아마도 고의가 아니게 고통을 주었을 때 10대는 극심한 감정과 성적 흥분을 느낄 수도 있다. 이러한 고통을 주는 행동과 성적으로 흥분이 되는 것이 연관되어 이러한 성적가학장애를 생기게 하는 것이다. 인지행동 이론가는 이러한 장애가 청소년들이 누군가 타인에게 고통을 주며 성적 흥분을 느끼는 것을 보고 모델링하며 생겨날 수 있다고 말한다. 우리 사회의 많은 인터넷섹스사이트나, 성적 잡지, 책, 비디오 등이 쉽게 이러한 모델을 접할 수 있게 한다.

정신역동과 인지행동 이론가들은 성적가학장애를 가진 사람들은 자신이 통제하고 지배하는 상황을 위해 누군가에게 고통을 주는 것이며, 이것은 속으로 성적 부족함을 느끼고 있기 때문일 수 있다고 말한다. 반대로 유능감은 그들의 성적 흥분을 증가시킨다(Fedoroff, 2020; Longpré et al., 2020; Marshall & Marshall, 2016, 2015). 다른 몇몇 생물학적 연구에 의하면 성적가학장애를 가지고 있는 사람들에게서 뇌 및 호르몬 이상이 발견되었다(Wuyts et al., 2020; Luo et al., 2017). 하지만 이 모든 설명은 철저히 조사되지 않았다.

인지행동 이론가들은 이 장애를 혐오치료로 치료해왔다(Krueger, 2020; Thibaut et al., 2016). 이 치료법에 대한 대중의 견해와 혐오감은 소설과 1971년도 영화인 **시계태엽 오렌지**(A Clockwork Orange)의 영향을 받았다. 이 영화 및 원작 소설은 난폭한 이미지를 계속 묘사하여, 한 가학적 소년이 이러한 영상을 접하면 메스꺼움을 느끼게 될 때까지 그에게 약물로 유도된 위경련을 겪는 것에 대해 묘사한다. 혐오치료가 성적가학장애에 효과가 있는지는 아직 확실하지 않다. 하지만 특정 형사 사건에서도 쓰이는 재발방지 훈련은 효과가 있는 것으로 보인다(Fisher & Marwaha, 2020).

요약

변태성욕장애

성도착은 반복적이고 강력한 성적인 욕구나 환상, 행동이 일반적인 성적 규준에 해당하지 않는 사물이나 상황, 즉 인간이 아닌 사물, 아동, 동의하지 않는 성인, 고통이나 모욕을 당하는 상황 등에서 나타나는 것으로 특징지어질 수 있다. 성도착이 큰 고통을 유발하거나 사회적·직업적 기능을 방해하거나 자신 또는 타인을 위험에 처하게 하는 경우 변태성욕장애 진단을 내릴 수 있다.

변태성욕장애에는 물품음란장애, 복장도착장애, 노출장애, 관음장애, 마찰도착장애, 소아성애장애, 성적피학장애, 성적가학장애가 있다. 성도착장애는 다양한 설명이 있지만 원인을 밝힌 연구는 아직 많지 않다. 혐오치료, 자위 포만, 재발방지 훈련 등의 다양한 치료법이 사용되고 있다.

성별 변이

시스젠더 자신의 정체성이 남성 또는 여성이라고 느끼고, 그 정체성이 자신에게 부과된 성별(출생 시 해부학적 성별)과 일치하는 사람

트랜스젠더 자신의 성별 정체감이 출생 시의 해부학적 성별과 다르다는 강한 느낌이 있는 사람

대다수의 아동과 성인은 자신을 여성이나 남성과 동일시하는데, 이것은 자신이 태어날 때의 성별인 **부과된 성별**(또는 출생 시의 해부학적 성별)과 일치하는 감정 및 정체감이다. 이러한 사람들을 **시스젠더**(cisgender)라 한다. 하지만 우리 사회는 이러한 성별 경험을 하지 않는 사람들도 있다는 것을 알고 있다. 예를 들면 **논바이너리**(nonbinary)가 있다. 이들은 자신을 남성이나 여성으로 정의하지 않고, 그 둘의 합이나 둘 다 아니라고 생각하는 사람들이다. 다른 용어로 **젠더 플루이드**(gender fluid)가 있다. 이들은 성별 정체감이 고정된 것이 아니고 시간에 따라 성별 특성이 각기 다른 정도로 섞인다고 생각하는 사람들이다. 나아가 사람들에게는 **간성**(intersex)이라 불리는 다양한 상태가 있다. 간성은 성기관, 생식기관, 성적 특성, 염색체, 호르몬 등이 모호하거나 일관성 없이 조합되어 태어난 사람들이다.

사회의 특별한 관심을 받아야 할 경험이나 요구가 있는 시스젠더가 아닌 사람들을 **트랜스젠더**(transgender)라고 부른다. 이들은 정해진 성별과 다른 **성별 정체감**(자신의 성별에 대한 스스로의 개인적 경험)을 갖는다. 세계 성인 인구의 0.6%인 2,500만 명 정도가 트랜스젠더인 것으로 추정된다(Elaut & Heylens, 2020; Tangpricha & Safer, 2020, 2019). 많은 트랜스젠더인 사람들은 호르몬치료나 수술 등의 개입을 통해 신체적 특징을 자신의 성별 정체감에 맞도록 변화시킴으로써 이상 수준의 스트레스나 손상을 경험하지 않고 자신의 성별 정체감에 맞게 살게 되었다. 하지만 많은 트랜스젠더는 불일치감이나 직장, 학교에서의 사회적 관계에서 손상을 경험함으로써 극심한 고통을 받고 있다. DSM-5는 후자의 사람들을 **성별 불쾌감**으로 범주화하였다.

DSM-5의 성별 불쾌감의 분류에 대해서는 논란이 많다. 많은 사람은 트랜스젠더 패턴이 병리적인 것이 아니라 성별 정체감을 경험하는 대안적인 방식을 반영하는 것이기 때문에, 현저한 불행함을 동반한다 하더라도 절대로 심리장애로 간주되어서는 안 된다고 주장한다. 사실상 이러한 관점은 임상 역역이나 사회에서 더욱 지배적인 관점이 되어가고 있다. 예를 들면 2017년 덴마크 의회는 트랜스젠더인 사람들이 더 이상 국가의 정신건강 체계에서 정신적 질병으로 간주되어서는 안 된다고 결정하였다. 그리고 2018년 세계보건기구는 분류체계를 개정하면서, ICD-11의 정신장애 목록에서 트랜스젠더 기능화를 제거하였다. 이러한 분위기에 따르면 DSM-5의 다음 개정판에서는 성별 불쾌감 범주도 사라질 것으로 보인다.

트랜스젠더 기능화(이상이 아닌 대안적 패턴)에 대해 알게 된 것과 성별 불쾌감(DSM-5에 따르면 이상 패턴)에 대해 알게 된 것의 구분을 돕기 위해 우선 트랜스젠더 기능화를 먼저 살펴보고 성별 불쾌감에 대해 살펴보도록 하겠다.

민감한 문제 출생 시 남성으로 부과된 한 5세 아이가 여성의 정체감을 가지고 여성의 옷을 입고 '그녀'라고 불러달라고 요청한다. 트랜스젠더로서의 느낌이 있는 아이들의 요구에 민감해져서 요즘에는 점점 더 많은 부모, 교육자, 임상가가 이러한 아이들에게 지지적이다.

Jim Wilson/The New York Times/Redux

트랜스젠더 기능화

주어진 성별 정체감에 대하여 많은 트랜스젠더인 사람들은 일차적 또는 이차적 성 특성(일부는 자신의 성기를 혐오한다)을 버리고 자신의 성별 정체감에 맞는 특성을 얻고자 한다(APA, 2013). **트랜스젠더 여성**(출생 시 남성으로 분류되었지만 자신의 정체성이 여성이라고 생각하는 사람)의 숫자는 **트랜스젠더 남성**(출생 시 여성

으로 분류되었지만 자신의 정체성이 남성이라고 생각하는 사람) 숫자의 약 2배이다(Nolan, Kuhner, & Dy, 2019).

종종 트랜스젠더라는 느낌은 아동기에 시작된다(Olson-Kennedy & Forcier, 2020). 트랜스젠더 성인과 마찬가지로 아동은 자신에게 부과된 성별에 불편감을 느끼고 다른 성별에 속하고 싶어 한다. 이런 아동기 패턴은 청소년기나 성인기에 사라질 수도 있지만 많은 사람은 트랜스젠더 성인이 된다(Elaut & Heylens, 2020). 그러므로 트랜스젠더 성인은 아동기에서부터 트랜스젠더의 느낌을 가지고 있었을 수 있으나, 트랜스젠더 느낌이 있었던 많은 아동 중 트랜스젠더 성인이 되지 않는 사람도 많다. 어머니들을 대상으로 한 조사에 따르면 어린 남자아이의 1%가 여자아이가 되고 싶어 하고, 여자아이의 4%가 남자아이가 되고 싶어 한다(Forcier & Olson-Kennedy, 2020a). 하지만 앞서 언급했듯이 성인의 0.6%만이 트랜스젠더이다. 이러한 변화는 많은 전문가들이 특별한 경우를 제외하고는 16세가 되기 전에는 어떠한 형태의 돌이킬 수 없는 신체적 개입을 하지 않도록 조언하는 이유이다(Endocrine Society, 2020, 2017). 반면 11세 이전의 어린 트랜스젠더인 사람들에게는 '사춘기 지연제(puberty blocker)'라고 불리는 이차 성징을 몇 년간 미루는 약물 적용을 고려할 수 있다(Chen et al, 2020; Olson-Kennedy & Focier, 2020).

> **흥미로운 이야기**
>
> **그들의 진술**
>
> "'네 자신이 되고 싶어 하는 그 사람은 진짜 네가 아니야'라는 말을 듣는 것이 트라우마였어요."
>
> 치료사 일라이자 C. 니얼리

트랜스젠더 기능화에 대한 설명 오늘날의 의학 및 심리학 이론가들은 유전적이거나 태내기에서의 생물학적 요인이 트랜스젠더 기능화에서 핵심적인 요인이라고 믿는다(Elaut & Haylens, 2020; Tangpricha & Safer, 2020, 2019). 유전적인 설명과 일치하게 트랜스젠더 기능화는 종종 가계를 따라 유전된다. 예를 들어 트랜스젠더의 형제자매는 시스젠더의 형제자매보다 트랜스젠더가 되는 경향성이 높고, 트랜스젠더인 사람의 일란성 쌍둥이는 트랜스젠더인 사람의 이란성 쌍둥이에 비해 일치율이 더 높다.

생물학 관련 연구자들은 트랜스젠더와 시스젠더인 사람들의 뇌를 조사하고 비교한 결과 흥미로운 점들을 발견했다(Baldinger-Melich et al., 2020; Elaut & Heylens, 2020). 남녀의 뇌는 대개 약간 다르다는 사실을 기억하면서, 연구자들은 트랜스젠더인 사람들의 뇌가 태어나면서 부과된 성별보다 자신이 동일시하는 성별의 뇌와 더 비슷하다는 것을 찾아냈다(Uribe et al., 2020; Mueller, De Cuypere, & T'Sjoen, 2017). 예를 들면 MRI 검사에서 한 연구 팀은 트랜스젠더 남성(출생 시 여성으로 부과되었으나 남성에 동일시)의 뇌 피질하 구조가 상대적으로 얇아서 시스젠더 남성의 뇌와 비슷하고, 트랜스젠더 여성(출생 시 남성으로 부과되었으나 여성에 동일시)의 뇌는 우뇌 피질 구조가 상대적으로 얇아서 시스젠더 여성의 뇌와 유사했다는 것을 발견했다(Uribe et al., 2020; Guillamon et al., 2016). 유사하게 다른 연구들도 트랜스젠더인 사람과 그들의 반대편 시스젠더의 뇌가 섬엽(insula), 전측대상피질, 시상하부, BST(bed nucleus of stria terminalis, 분계선 조침 상핵; 성별 기능화나 의식에 영향을 미치는 곳)와 같은 구조에서 비슷하다는 것을 발견하였다(Elaut & Heylens, 2020; Manzouri & Savic, 2019). 그리고 마지막으로 트랜스젠더인 사람들의 특정한 냄새, 소리, 시각자극, 기억자극에 대한 반응이 반대편 시스젠더와 유사하다는 연구들도 있다(Majid et al., 2020; Burke et al., 2018, 2016, 2014).

트랜스젠더인 사람들의 선택지 앞에서 읽었던 바와 같이 트랜스젠더인 사람에게는 종종 성별 정체성과 생물학적 절차에 따른 출생 시 해부학적 성별과의 불일치가 있다. 예를 들면 그

Dominique Charriau/Getty Images

떠오르는 직업 트랜스젠더 모델, 배우, 댄서라는 레이나 블룸의 경력은 최근 하늘 높은 줄 모르고 치솟고 있다. 칸 영화제 데뷔작인 영화 '진실과 거짓 사이(Port Authority)'에서 포즈를 취하고 있는 블룸은 2014년 사진 촬영회에서 자신의 성전환을 처음 공개하였다.

들 중 다수는 **호르몬 투여**를 통해 성적 특성을 바꾼다(Elaut & Heylens, 2020; Ferrando, Zhao, & Nikolavsky, 2020). 내과 의사는 트랜스젠더 여성에게 **항안드로겐**(남성 호르몬인 테스토스테론의 생성을 억제하는 약)과 여성 호르몬인 **에스트로겐**을 처방한다. 이렇게 하면 가슴이 발달하고 몸과 얼굴의 털이 줄어들며, 체지방의 분산이 달라진다. 어떤 환자들은 말하기 요법을 받으러 가서 훈련을 통해 테너 음성을 알토 음성으로 바꾸고, 어떤 사람들은 안면 여성화 시술(facial feminization procedure)을 받기도 한다(Ferrando & Thomas, 2021; Kim, 2020). 반대로 트랜스젠더 남성은 남성 호르몬을 투여하여 더 깊은 목소리, 근육 증가 및 얼굴과 몸의 털을 증가시키고자 한다.

호르몬 처방은 많은 트랜스젠더인 사람에게 자신에게 맞는 성별로서 만족스러운 삶을 살 수 있도록 해준다. 하지만 어떤 사람들에게는 이것만으로는 충분하지 않고, **성별 적합 수술**(gender-affirming surgery) 또는 **성별 재지정 수술**[(gender reassignment surgery, **성확정 수술**(gender confirmation surgery) 또는 **성전환 수술**(genderchange surgery)이라고도 한다]을 찾는다(Ferrando & Tomas, 2020; Ferrando et al., 2020). 이들 수술은 대개 1~2년간의 호르몬 처방 후에 진행된다. 트랜스젠더 여성의 경우 수술을 통해 안면 성형수술, 유방 확대술, 성기 재건술(남성 성기의 일부를 제거하고 남은 부분으로 음핵과 질을 만든다) 등의 과정을 거친다. 트랜스젠더 남성의 경우 수술에 양측 유방 절제술, 가슴 재건, 자궁제거술, 성기 재건술 여부 결정(온전하지는 않지만 기능적인 남성 성기를 형성하거나 실리콘 보형물로 유사하게 만든다) 등이 포함된다. 성기 재건은 다른 수술 절차에 비해 적게 실시되는데, 특히 트랜스젠더 남성에게서 그러하다.

Diana Mrazikova/VWPics/Redux

특별한 유대감 왼쪽의 64세 화니 산토스와 오른쪽의 28세 리암 듀란이 쿠바의 한 카페 행사장에서 만나고 있다. 많은 나이 차이에도 불구하고 그들은 친한 친구가 되었는데, 이는 부분적으로는 그들이 중요한 성별 정체감 경험을 공유하기 때문이다. 둘 다 트랜스젠더 남성이다. 쿠바에서 가장 나이 많은 트랜스젠더 남성으로 기록된 산토스는 5세에 처음으로 자신이 남자라는 것을 알았다고 말했다.

미국 성형외과학회(American Society of Plastic Surgeons, ASPS)에 따르면 성별 적합 수술은 매년 15%씩 증가한다(ASPS, 2020, 2019). 이러한 수술은 2018년 미국에서 9,600건이 시술되었다. 6,700건은 트랜스젠더 남성, 2,900건은 트랜스젠더 여성이었다. 몇몇 보험사들은 트랜스젠더인 사람에 대한 생물학적 치료(심지어는 비수술적인 것조차)에 대한 지급을 거부하였으나, 유사 사례가 증가하면서 현재는 보험사의 지급 배제는 금지되었다.

임상가들 사이에서는 성별 적합 수술이 트랜스젠더인 사람에게 적합한 선택지인지에 대해 논란이 있다. 하지만 이런 수술의 결과에 대한 연구는 대체적으로 긍정적인 결과를 보고한다. 다수의 연구 결과들을 볼 때 적어도 70%의 환자는 수술의 결과에 만족하고, 삶의 질 향상, 심리적 상태의 호전, 신체에 대한 만족 및 대인관계의 호전, 성기능의 향상 등을 보고한다(Ferrando & Thomas, 2020; Brändström & Pachankis, 2019). 하지만 어떤 조사들에서 성별 적합 수술을 시행한 의사들은 나중에 소수의 사람들이 수술받은 것을 후회했다고 보고하였다(Elaut & Heylens, 2020; Danker et al., 2018). 스웨덴에서의 장기 추적 연구에서는 수술을 받은 사람이 일반인에 비해 심리장애와 자살시도의 비율이 높았음을 발견하였다(Dhejne et al., 2011). 이런 논쟁은 수술적 개입 이전의 면밀한 선별 작업, 수술 이후 장기적 영향에 대해 충분히 이해할 수 있는 연구, 그리고 일반적으로는 트랜스젠더인 사람들에 대한 의학적, 임상적 돌봄이 필요하다는 것을 말해준다.

Mark Horton/Getty Images

음악은 계속된다 2012년 '어겐스트미!'라는 펑크록 밴드의 창시자이자 리드싱어는 자신이 로라 제인 그레이스라는 트랜스젠더 여성인 것을 밝혀 팬들을 놀라게 하였다. 전환 이후에도 이 가수의 앨범과 순회공연은 예술적으로도 상업적으로도 성공적이었다.

성별 불쾌감

연구에 의하면 트랜스젠더인 사람의 90%가 가정, 학교, 직장, 사회관계에서 특히 청소년기에 적어도 중등도 이상의 스트레스나 역기능을 경험한다(Lobato et al., 2019; Billard, 2018). 앞에서 읽었듯이 스트레스 수준이나 손상이 심각해지면 DSM-5는 이 패턴을 **성별 불쾌감**(gender dysphoria)이라 범주화한다. 아동, 청소년, 성인 중 이 장애에 해당하는 몇몇 사람들은 심각한 수준의 우울, 불안, 약물남용을 보이고 자살시도를 하기도 한다(Gunzmán-González et al., 2020; MHA, 2020c)(표 11.6 참조).

이런 우울한 내용은 문서로 정리되었지만 성별 불쾌감의 원인은 아직 정리하기 어렵다. 한편으로 많은 트랜스젠더인 사람들은 실제로 출생 당시의 해부학적인 성별 정체감과 자신의 성별 정체감의 불일치 사이에서 직접적인 스트레스를 경험한다고 보고한다. 그러나 다른 한편으로 심한 우울 반응이 트랜스젠더인 사람들이 직면해야 하는 엄청난 선입견 때문이라고 하는 연구도 있다. 미국과 다른 나라 조사에 따르면 90%의 트랜스젠더인 사람들이 학교나 직장이나 지역사회에서 시험을 당하거나 공격을 받았다(심지어 살해되는 경우도 있었다). 50%는 직장을 잃거나 고용되지 못하거나 승진에 실패하였다. 20%는 거주지 대여를 거절당했고, 30%는 빈곤 속에서 살았다(Rutherford-Morrison & Polish, 2020). 많은 사람이 낙인찍혔고, 사회적인 집단에서 추방되었으며, 적절한 건강상 돌봄(일반적인 돌봄, 성별에 맞는 돌봄)을 받지 못하였다(Forcier & Olson-Kennedy, 2020b; Seelman et al., 2018). 많은 임상가들이 DSM에서 성별불쾌감을 제거해야 한다고 말하는 이유가 바로 이것 때문이다. 이들 자신의 트랜스젠

트랜스젠더인 사람들을 정신적으로 병들었다고 낙인찍는 것은 그들에게 어떻게 해로울까?

성별 적합 수술 성기와 성별에 따른 특징을 바꾸어주는 수술적 절차. '성별 재지정 수술'이라고도 한다.

성별 불쾌감 자신의 태생적 성별에 대해 지속적으로 극도의 불편감을 느끼며 다른 성이 되기를 강력하게 바란다.

표 11.6

진단 체크리스트

청소년기와 성인기의 성별 불쾌감
1. 6개월 또는 그 이상 동안 개인의 성별과 관련된 감정 그리고/또는 행동이 태어날 때 부과된 성별과 달리 이상하고 다음의 증상 중 2개 또는 그 이상에서 해당됨 ■ 성별과 관련된 감정 그리고/또는 행동이 분명하게 자신의 일차 또는 이차 성적 특성과 반대됨 ■ 자신의 성적 특성을 제거하고자 하는 강한 욕구 ■ 다른 성별의 특징을 가지고자 하는 강한 욕구 ■ 다른 성별 구성원이 되고자 하는 강한 욕구 ■ 다른 성별의 구성원으로 대접받고자 하는 강한 욕구 ■ 자신이 다른 성별의 전형적인 감정이나 반응과 같다는 강한 확신
2. 심각한 고통이나 손상을 경험

출처 : APA, 2013.

더 관련 문제나 그에 따르는 불편감보다 사회의 트랜스젠더 개개인에 대한 반응이 심리적 고통에 더 큰 책임이 있다는 것이다. 사실 점점 더 많은 연구들은 트랜스젠더인 사람들이 자신의 정체성에 대해 가족과 친구로부터 지지를 받으면 정신건강 문제를 경험하는 빈도가 현저하게 낮아진다는 것을 발견한다(Herman, Brown, & Haas, 2019; Johns et al., 2018).

이것은 심리적인 고통 속에 있는 사람들은 도움을 필요로 하고, 실제로 성별 불쾌감이 있는 많은 사람이 심리치료를 받고 있다는 것을 말한다(Barbisan et al., 2020; Witcomb et al., 2018). 그들은 자신의 감정과 욕구에 대해서 점점 더 잘 알아가고 있다. 불안, 우울, 분노와 같은 감정을 줄이고, 자신의 자아상을 향상시키고, 성별 문제로 발생한 스트레스에 대처하며, 성별 정체감 이상으로 확장된 자기감을 발달시키는 것 등이다. 알려진 심리치료 중 어느 것도 한 가지만을 성별 불쾌감에 적용하지는 않는다. 또한 연구는 심리치료 하나만으로 성별 불쾌감이 있는 사람에게 일관되고 현저한 심리적 증상의 향상을 보일 것이라고 언급하지도 않는다.

성별 불쾌감이 있는 사람들의 심리적인 상태에 현저한 도움이 되는 두 가지 개입법은 이미 많은 트랜스젠더인 사람들이 실시하고 있는 생물학적인 처치이다(Wernick et al., 2019). 몇몇 장기 추적 연구를 포함한 28개의 연구 분석을 살펴보면 1,833명의 트랜스젠더인 사람들이 호르몬치료와 성별 적합 치료를 받았고, 그들 중 80%가 이 생물학적인 개입의 결과로 성별 불쾌감 증상에서의 현저한 호전을 경험했다는 것을 발견했다(Tangpricha & Safer, 2020, 2019; Bränström & Pachankis, 2019).

마지막으로 최근에 진행된 두 가지 긍정적인 발전으로 트랜스젠더 **교육** 프로그램의 성장과 트랜스젠더인 사람들을 위한 **지지** 프로그램의 증가가 있다(Boskey, 2020c; NCTE, 2020). 세계적으로 트랜스젠더 기능화에 대한 지식과 인식을 보다 확장하려는 노력이 있다. 수백 개의 교육 프로그램이 트랜스젠더 본인뿐만 아니라 건강 관련 전문가, 가족, 일반인을 대상으로 하여 학교나 직장에서 또는 인터넷을 통해서 제공된다. 유사하게 대면, 비대면의 수많은 지지 그룹이나 상호 간 도움을 주고받을 수 있는 집단이 존재하여 트랜스젠더인 청소년과 성인에게 사회적 지지, 조언 및 관련 정보를 제공하고 있다. 연구는 이러한 다양한 기여를 통해 트랜스젠더인 사람들이 성별 불쾌감이나 다른 종류의 심리적인 스트레스를 감소시키고 예방하는 것에 도움을 받을 것이라고 지적한다(Selkie et al., 2020; Johns et al., 2018).

요약

성별 변이

DSM-5는 트랜스젠더 기능화를 심리적인 문제로 고려하지는 않았지만, 자신에게 부과된 성과 자신의 성별정체감 사이의 불일치를 경험함으로써 현저한 스트레스나 손상을 경험하는 패턴에 대하여 성별 불쾌감이라는 범주를 남겨두었다. 아동기의 트랜스젠더와 같은 느낌과 생각은 청소년이나 성인기에 종종 사라지기도 하지만 어떤 사람들에게서는 트랜스젠더 성인이 될 때까지 그런 감정이 발달한다. 호르몬 치료는 자신에게 맞다고 생각하여 결정한 해당 성별로 살고자 하는 사람들에게 도움이 될 수 있다. 성별 적합 치료 역시 시행된다.

개인적 주제가 대중의 관심을 받다

이 장의 초반에서 우리는 성 장애와 성별 변이가 사실상 매우 다른 주제라고 언급했다. 하지만 이들은 두 가지 점을 공유한다. 두 영역 모두에서 지난 몇십 년간 상당한 양의 연구가 진행되었다는 점과 일반인을 대상으로 한 교육이 핵심적이라는 점이다.

성 장애 영역의 연구 결과 사람들은 성 장애가 더 이상 평생 동안 지속될 성적인 좌절이 아니라는 것을 알게 되었다. 성 장애에 대한 연구는 심리적·사회문화적·생물학적인 원인을 밝혀주고 있다. 성기능장애의 치료법에도 중요한 진전이 이루어지고 있다. 유사하게 성기능 장애에 대한 교육 역시 치료만큼이나 중요하다는 것이 명백하다. 심각하게 말하자면 성적인 통념이 종종 수치감, 자기 분노, 고립, 무망감과 같은 자신에 대한 느낌으로 발달하고, 결국 성적인 어려움을 초래하는 것이다. 그러므로 성기능에 대하여 인터넷, 책, TV, 라디오, 학교 프로그램, 집단 교육 등과 같은 방법을 통한 공공교육을 실시하는 것이 매우 중요한 임상적 초점이 된다

마찬가지로 성적인 다양성에 대한 연구의 증가에 따라 트랜스젠더인 사람들은 더 이상 혼란과 좌절 속에서 일생을 살아야만 하지 않을 수 있게 되었다. 게다가 임상 영역에서는 이제 트랜스젠더 기능화가 정신건강 문제가 아니라는 것을 명백하게 하였다. 마지막으로 성별 변이와 트랜스젠더 영역에 대한 대중의 교육이 중요하다. 이 영역에 대한 최근의 교육 프로그램 증가로 인해 이미 트랜스젠더인 사람들이 경험해왔던 차별, 낙인, 괴롭힘, 역경의 수준이 달라지기 시작했다. 더 많은 교육이 필요함은 명백하다.

핵심용어

관음장애
관찰자 역할
남성성욕감퇴장애
노출장애
마찰도착장애
물품음란장애
발기장애
변태성욕장애
복장도착장애
사정지연
성기-골반통증/삽입장애
성기능부전
성도착증
성별 불쾌감
성별 적합 수술
성적가학장애
성적피학장애
소아성애장애
수행 불안
시스젠더
실데나필(비아그라)
야간 음경 팽창(NPT)
여성극치감장애
여성 성적 관심/흥분장애
욕구기
절정기
조기사정
지시된 자위
트랜스젠더
흥분기

속성퀴즈

1. 성 반응주기 중 욕구기와 관련 있는 성 장애는 무엇인가? 그것은 얼마나 흔하고 원인은 무엇인가?
2. 여성 성적흥분장애 및 남성 발기장애의 증상과 유병률은 어떠한가? 이것은 성 반응주기의 어느 단계와 관련 있는가?
3. 남성 발기장애의 원인은 무엇인가?
4. 수행 불안과 관찰자 역할과 관련 있는 성 장애는 무엇인가?
5. 조기사정, 사정지연, 여성극치감장애의 증상, 비율, 주된 원인은 무엇인가? 이것은 성 반응주기의 어느 단계와 관련 있는가?
6. 성교 통증을 정의하고 설명하라.
7. 최근 성 치료의 일반적 형태는 어떠한가? 특정한 성 장애를 치료하기 위해 어떤 특정한 기법이 사용되고 있는가?
8. 대표적인 변태성욕장애를 열거하고 설명하라.
9. 혐오치료, 자위 포만, 오르가슴 재교육, 재발방지 훈련의 치료 기법을 설명하라. 이 기법들은 어떤 변태성욕장애에 사용하며 얼마나 성공적인가?
10. 트랜스젠더 기능화는 왜 더이상 정신장애로 생각되지 않고 성별 불쾌감은 왜 논쟁적인 진단 범주일까? 트랜스젠더인 사람에게 현재 적용 가능한 개입이나 선택지에는 어떤 것이 있을까?

CHAPTER 12

조현병

로라(40세) : 여행 중 독일에서 남편을 만났다. 그들은 결혼해서 남편이 사업하고 있는 프랑스의 작은 마을로 가서 살았다. 거기에서 1년을 살았는데 매우 불행했다. 마침내 로라와 남편은 미국으로 이민 가기로 하였다.

그들은 아이가 없었고 로라는 애완동물에 애정을 보였다. 개를 무척 사랑하였는데 개가 병이 나서 부분마비가 일어났고 수의사가 보기에는 회복 가능성이 없었다. 마침내 그녀의 남편은 아내에게 '개를 안락사해야 하지 않겠느냐?'는 말을 꺼냈다. 그 순간부터 로라는 좌불안석하고 초조해하며 우울해했다.

그 후부터 로라는 이웃에 대한 불만을 이야기하기 시작하였다. 아래층에 사는 여자가 벽을 두들겨서 괴롭다고 하였다. 남편의 말에 따르면 몇 차례 실제 그 여자가 문을 두들겼고 그 소리를 들었다고 하였다. 그렇지만 로라는 점점 더 신경을 쓰게 되었고 아래층 아파트에서 소리가 난다고 한밤중에 깨어나곤 하였다. 로라는 그 이웃에 대해 매우 흥분하고 화를 내었다. 시간이 지나면서 점점 더 힘들어하였다. 이제는 그 이웃이 자신이 하는 말을 다 녹음하고 있으며 아파트 내에 어떤 전선이 숨겨져 있다고 느끼기 시작하였다. '웃기는' 감각을 느끼기 시작하였다. 그녀가 설명하기 어려운 이상한 일이 많이 생겨났고 길거리에서 사람들이 자신을 우습게 쳐다보고 정육점에서 자신은 중간 줄에 서 있었는데도 주인이 의도적으로 자신에게는 맨 나중에 물건을 주었다고 했다. 며칠 지나는 동안 그녀는 사람들이 자신이나 자신의 남편을 해하려고 계획하고 있다고 느꼈다. 저녁에 텔레비전을 보면서 TV 프로그램에서 자신의 생활을 이야기한다는 생각이 더 분명해졌다. 그 프로그램에 나오는 사람들이 종종 자신의 생각을 그대로 반복하고 있었다. 그 사람들이 자신의 생각을 훔쳐가고 있었다. 경찰에 가서 알리고 싶었다.

(Arieti, 1974, pp. 165–168)

리처드(23세) : 고등학교때 리처드는 평범한 학생이었다. 졸업 후에 군대에 갔고 … 군대에서 제대한 후에 리처드는 그 시기를 인생에서 최악 중 하나로 기억하였다. 시간이 오래 흐른 후에도 낙담에 대한 두려움이 강하게 엄습하였다.… 군에서 제대하여 일상으로 돌아오고 2년 정도가 지난 후 자신감이 없다는 생각에 압도되어 직장을 그만두고는 어떤 직장도 가지려 하지 않았다. 거의 매일 집에만 있었다. 어머니는 그가 너무 게으르고 어떤 것도 하려 하지 않는다고 잔소리를 하곤 했다. 옷을 입고 벗고 자신을 관리하는 것이 점점 더 느려졌다. 집 밖에 나갈 때 보이는 모든 것에 '해석을 하도록' 강요받는 것같이 느꼈다. 집 밖에서 무슨 일이 일어나는지, 어디로 가는지, 어디에서 길모퉁이를 돌아가야 하는지 알지 못했다. 교차로에서 빨간불이 들어오면 그 방향으로 가지 말라는 의미로 해석되었다. 화살표를 보면 하나님이 그 방향으로 가라는 신호를 주신 것으로 해석해서 그 방향을 따라갔다. 망연자실하고 겁이 나서 집에만 있었고, 외출을 하면 자신이 할 수 없는 결정이나 선택을 해야 하기 때문에 나가는 것을 두려워하였다. 대부분의 시간을 집에만 있는 지경에 이르렀다. 그러나 집에 있는 동안에도 증상으로 고통받았다. 어떤 행동을 할 수 없었다. 할 수 있을 것 같은 행동도 넘을 수 없는 장애처럼 느껴졌는데 자신이 그것을 해야 하는지 말아야 하는지를 결정할 수 없기 때문이었다. 점점 더 일을 잘못하게 될까 봐 두려워졌다. 이러한 두려움 때문에 옷을 입거나 벗을 수도, 먹거나 하는 것도 할 수 없었다. 온몸이 마비되는 것 같아서 침대에 움직이지도 않고 누워 있었다. 점점 더 나빠져서 완전히 움직이지 않게 되어 결국 병원에 입원하게 되었다. 아무런 결정도 하지 못하고 갇혀 있는 것처럼 느꼈고 종종 동상처럼 며칠 동안이나 아무 말도 하지 않고 움직이지도 않았다.

(Arieti, 1974, pp. 153–155)

주제

표 12.1

진단 체크리스트

조현병

1. 아래 증상 중 최소 두 가지 이상이 지난 한 달 동안 의미 있는 정도로 나타남
   ■ 망상 ■ 환각 ■ 와해된 언어 ■ 광범위하게 와해되거나 긴장성 행동 ■ 음성 증상
2. 최소 한 가지 증상이 망상, 환각 혹은 와해된 언어로 나타나야 함
3. 발병 이전에 비해 기능 수준의 현저한 저하
4. 최소 1개월 동안 증상이 완전히 활성화된 형태로 나타나며 최소 5달 동안 일정 수준 기능 손상이 지속적으로 나타남

출처 : APA, 2013.

로라와 리처드는 각각 조현병 진단을 받았다(APA, 2013). **조현병**(schizophrenia)을 가진 사람들은 이전에는 잘 기능했거나 최소한 수용할 수 있는 수준이었지만 비정상적인 지각, 이상한 생각, 혼란스러운 감정 및 운동 이상 등의 고립된 상태로 악화된다. 로라와 리처드처럼 조현병을 가진 사람들은 현실과의 접촉이 상실되는 **정신증**(psychosis)을 경험한다. 이 장애를 가진 사람은 이전에 능력이 있었든지 최소한의 기능을 하고 살았는지와 상관없이 보편적이지 않은 지각, 이상한 생각, 파괴된 감정과 운동장애라는 고립된 황무지에서 도태되어 간다. 그들은 정신증을 경험하며 현실과의 접촉이 상실된다. 지각 능력과 환경에 반응하는 능력이 파괴되어서 가정에서, 친구들과의 관계에서, 학교에서, 혹은 직장에서 기능을 할 수 없게 된다(Holm et al., 2021). 환각(잘못된 감각 지각)이나 망상(잘못된 믿음)을 가지거나 자신만의 세계로 고립된다. DSM-5에서는 정신증 증상이 6개월간 혹은 그 이상 지속되고 직업, 사회적 관계와 자기관리 기능이 손상되면 조현병 진단을 내리도록 되어 있다(표 12.1 참조).

제10장에서 본 LSD 혹은 암페타민이나 코카인 등도 정신증을 일으킬 수 있다. 뇌손상이나 뇌 질환으로 일어날 수도 있다. 그리고 주요우울장애나 양극성장애와 같은 다른 심각한 심리학적 장애로 나타날 수도 있다. 그러나 가장 일반적인 정신증은 조현병에서 나타난다.

사실 DSM-5에 많은 조현병 유사 장애가 있으며 각각은 특정 기간 및 일련의 증상으로 구분된다(표 12.2 참조). 이러한 정신병적 장애는 모두 조현병과 유사하기 때문에 조현병과 함께 종합적으로 **조현병스펙트럼장애**라고 한다(APA, 2013). 조현병은 이러한 장애 중 가장 많이 발생한다. 임상 이론가들은 조현병에 대한 대부분의 설명과 치료법이 다른 장애에도 적용 가능하다고 믿는다(Stone, Faraone, & Tsuang, 2020).

전 세계 인구 100명 중 약 1명은 일생 동안 조현병을 앓고 있다(Fischer & Buchanan, 2020a; Hany et al., 2020). 미국의 320만 명을 포함하여 전 세계적으로 2,000만 명으로 추산되는 사람이 이 질병에 시달리고 있다(MHN, 2020f; WHO, 2019a). 동일한 수의 남성과 여성이 장애를 경험한다. 평균 발병 연령은 남성의 경우 23세이고, 여성의 경우 28세이다.

제7장에서 읽은 것처럼 이 장애가 있는 사람들은 일반 인구보다 자살을 시도할 가능성이 훨씬 높다. 조현병 환자의 25%가 자살을 시도하고 5%가 자살로 사망하는 것으로 추정된다

표 12.2

조현병스펙트럼장애 : 정신병적 장애 목록

장애	주요 특징	기간	평생 유병률
조현병	망상, 환각, 와해된 언어, 밋밋하거나 부적절한 정서, 긴장증과 같은 다양한 정신병적 증상	6개월 이상	1.0%
단기 정신병적 장애	망상, 환각, 와해된 언어, 긴장증과 같은 다양한 정신병적 증상	1개월 미만	미상
조현양상장애	망상, 환각, 와해된 언어, 밋밋하거나 부적절한 정서, 긴장증과 같은 다양한 정신병적 증상	1~6개월	0.2%
조현정동장애	조현병과 주요우울 삽화나 조증 삽화를 보임	6개월 이상	미상
망상장애	기괴하지 않으며 조현병에서 기인한 것이 아닌 망상이 지속됨. 피해, 질투, 과대망상, 신체적 망상이 일반적임	1개월 이상	0.1%
다른 의학적 상태로 인한 정신병적 장애	의학적 질병이나 뇌 손상에서 기인한 환각이나 망상 혹은 와해된 언어	최소 기간 없음	미상
물질/약물치료로 유발된 정신병적 장애	약물남용과 같이 물질로 인해 직접적으로 야기된 환각이나 망상 혹은 와해된 언어	최소 기간 없음	미상

출처 : APA, 2013.

(Dai et al., 2020; Fischer & Buchanan, 2020a, 2020b). 또한 이 장애가 있는 사람들은 신체적(종종 치명적인) 질병의 위험이 증가한다(Kurdyak et al., 2021; WHO, 2019a). 평균적으로 그들은 다른 사람들보다 10~20년 더 적게 산다. 이와 관련하여 7,000명 이상의 COVID-19에 걸린 사람들을 대상으로 한 최근 연구에서는 조현병 환자가 조현병이 없는 사람에 비해 바이러스에 걸려 사망한 비율이 2.7배가 되었다고 한다(Nemani et al., 2021). 실제로 조현병 환자의 치명 요소는 노인 환자에 이어 두 번째였다.

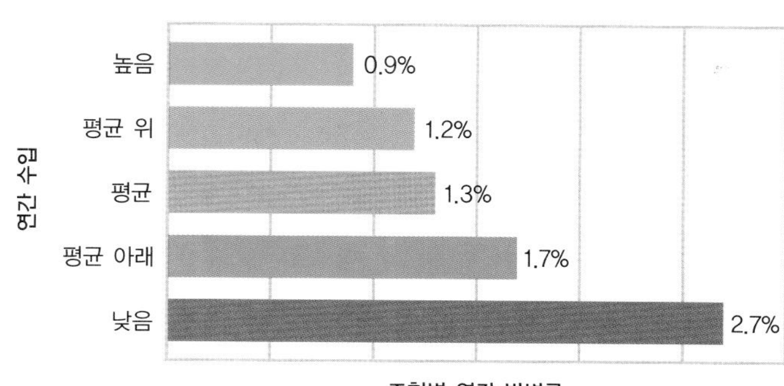

그림 12.1

사회경제적 계층과 조현병

다른 나라의 결과들과 동일하게 덴마크에서 시행된 연구에서 가난한 사람들이 부자인 사람들보다 조현병을 더 많이 앓는 것으로 나타났다. (출처 : Hakulinen et al., 2019)

조현병은 모든 사회경제적 집단에서 나타나지만 하위 계층에서 더 자주 발견된다(Hastings et al., 2019)(그림 12.1 참조). 이로 인해 일부 이론가들은 빈곤의 스트레스 자체가 장애의 원인이라고 생각하게 되었다. 그러나 조현병으로 인해 환자가 더 높은 사회경제적 수준에서 더 낮은 수준으로 떨어지거나 효과적으로 기능할 수 없기 때문에 가난한 상태로 남게 될 수 있다. 이것은 때때로 **하향 이동**(downward drift) 이론이라고 불린다. 사람들은 오랫동안 조현병에 큰 관심을 보였고, 조현병에 대한 우리의 강한 호기심을 탐구하거나 활용하는 연극과 영화에 몰려들었다. 하지만 앞으로 읽게 되겠지만 조현병을 앓고 있는 매우 많은 사람이 무시되고 그들의 필요는 전적으로 묵살된다. ■

조현병의 임상적 특성

조현병 증상은 환자마다 매우 다르고 유발 요인, 과정과 치료에 대한 반응이 모두 다르다. 사실 오늘날 수많은 임상가는 조현병이 실제로 공통적으로 몇 가지 특징을 공유하는 서로 다른 장애들의 집합이라고 믿는다(Fischer & Buchanan, 2020a, 2020b).

조현병 증상이란 무엇인가

앞에서 언급했던 로라와 리처드의 사례를 다시 생각해보면 두 사람은 모두 정상 기능이 저하되었고 세상사를 효과적으로 처리하지 못하게 되었다. 이들은 모두 조현병 증상 일부를 경험하였다. 이 증상은 **양성 증상**(사고, 정서, 행동의 과잉), **음성 증상**(사고, 정서, 행동의 결핍), **정신운동 증상**(특이한 운동이나 제스처)이라는 3개의 범주로 구분이 된다. 조현병을 가진 사람은 전형적으로 양쪽 증상을 모두 보이지만 일부는 양성 증상이 보다 우세하고 일부는 음성 증상이 우세하다. 또한 조현병 환자의 거의 절반은 기억 및 기타 인지 기능에 심각한 장애를 나타낸다(Allé et al., 2021).

조현병 비정상적 지각, 이상한 사고, 불안정한 정서와 운동 이상의 결과로 기능이 쇠퇴되는 정신장애

정신증 어떤 방식으로든 현실과의 접촉이 상실된 상태

양성 증상 정상적 사고, 감정 혹은 행동에 기이한 것이 덧붙여지거나 과한 조현병 증상

망상 반대되는 증거에도 불구하고 확고하게 유지하는 이상하고 그릇된 신념

양성 증상 **양성 증상**(positive symptom)은 '병리적으로 과도하거나' 괴상한 것이 그 사람의 행동에 덧붙여지는 것이다. 망상, 와해된 사고와 언어, 고양된 지각과 환각, 부적절한 정서가 가장 많이 나타나는 조현병 증상이다.

망상 많은 조현병 환자는 **망상**(delusion)을 발달시키는데, 그 생각을 진심으로 믿지만 실제로는 근거가 없다. 망상을 가진 사람은 그 생각으로 눈이 뜨이기도 하고 혼란감을 느끼기도 한다. 어떤 사람들은 삶과 행동을 지배하는 단일한 망상을 가지는 반면에 다른 사람들은 많은 망상을 가진다. 피해망상은 조현병에서

철학자 프리드리히 니체는 이렇게 말하였다. "개인의 광기는 드물지만, 집단, 정파, 나라와 시대에서 이것은 규범이다." 그가 의미한 것은 무엇인가?

가장 일반적이다(APA, 2013). 망상이 있는 사람은 자신이 음모에 빠져 있거나 차별받고, 감시당하고, 사기를 당하고, 위협받고, 공격받거나 고의적으로 희생이 된다고 믿는다. 로라는 자신의 이웃이 자신을 괴롭히려 하고 다른 사람들이 자신과 남편을 해하려 한다고 믿었다.

조현병을 가진 사람은 **관계망상**도 경험한다. 다른 사람의 행동이나 다양한 대상이나 사건에 특별하고 사적인 의미를 부여한다. 예를 들어 리처드는 거리 신호등의 화살표를 자신에게 주는 방향 지시로 해석한다. **과대망상**을 경험하는 사람은 자신이 위대한 발명가, 종교적 구원자 혹은 다른 특별한 힘을 가진 사람으로 믿는다. **통제망상**을 가진 사람은 자신의 감정, 사고와 행동이 다른 사람에 의해 지배된다고 믿는다.

공유 망상 둘 이상의 사람이 망상이나 환각을 공유할 때 '감응성 정신병(Folie à Deux)' 또는 '공유 정신병'이라고 한다. 이와 관련된 현상이 인터넷에서 일부 사람들이 일상생활에서 봤다고 하는 전설적인 '부기맨'인 슬렌더맨에 대한 수많은 사용자의 집착으로 나타나는 듯하다(사진 속 모습은 공상과학 전시회에서 가져온 것이다). 2명의 12세 소녀가 슬렌더맨을 달래고 감동을 주기 위해 동급생을 여러 번 찌른 끔찍한 사건이 있었다. 나중에 임상의들은 각 가해자가 조현병스펙트럼장애를 가지고 있다고 증언했다.

와해된 사고와 언어 조현병 환자는 논리적으로 사고할 수 없으며 특이한 방식으로 말한다. 이러한 **형식적 사고장애**(formal thought disorder)는 환자에게 큰 혼동을 일으키고 대화가 어렵게 만든다(Mutlu et al., 2021). 종종 그들은 **연상의 이완**, **신조어**, **보속성**, **음 연상**과 같은 양성 증상(병리적 과잉) 형태를 보인다.

가장 일반적인 형식적 사고 장애인 **연상의 이완**(loose association)이나 **탈선**(derailment)을 가진 사람은 이 주제에서 저 주제로 빠르게 왔다 갔다 하면서 자신의 불일치된 언어가 이해 가능하다고 믿는다.

> 문제는 곤충이다. 남동생이 곤충채집을 했다. 그의 키는 177.4cm이다. 사실 4는 내가 좋아하는 숫자이다. 나는 춤추고 그림을 그리고 텔레비전 보기를 좋아한다.

어떤 조현병 환자는 **신조어**를 사용하는데, 이는 오직 자신만이 의미를 아는 단어를 만든다. 예를 들면 다음과 같다. "나는 외국 대학에서 여기에 왔는데 아동 법조항을 통과시키기 위해 헌법수정 모든 조항에 '결조'를 가져야 한다. 이것은 '호진'법인데 어린이는 이 '강저'법을 가져야 한다"(Vetter, 1969, p. 189). 또 다른 사람은 형식적 사고장애인 **보속성**을 보이는데, 단어나 문장을 여러번 반복한다. 마지막으로 **음 연상**이나 **운율 연상**을 사용해서 사고하거나 표현하는 경우도 있다. 기분이 어떠냐고 질문하면 "글쎄요, 글씨요. 글리세린이요"라고 대답한다. 날씨에 대해 이야기하게 하면 "너무 날씨가 추워요. 있잖아요. 더워요. 귀여워요"라고 한다. 연구자들에 따르면 와해된 언어나 사고는 조현병이 완전히 발현되기 전에 나타난다(Fischer & Buchanan, 2020b).

고양된 지각과 환각 조현병을 앓는 사람의 지각과 주의력은 강해지는 것 같다(Zeljic et al., 2021). 자신 주변의 모든 시각과 소리가 모든 감각에 홍수처럼 몰려든다고 느낀다. 그래서 어떤 중요한 것에 주의를 기울이는 것이 거의 불가능하다. 이러한 문제는 장애가 발발하기 몇 년 전부터 나타나는 것 같다(Fischer & Buchanan, 2020a, 2020b). 이러한 문제가 조현병 환자에게 통상적으로 나타나는 기억 손상을 일으킬 가능성도 있다(Fett et al., 2019).

조현병에서 보이는 다른 종류의 지각 문제는 외부 자극이 없는데 발생하는 지각현상인 **환각**(hallucination)이다(**정보마당** 참조). 조현병에서 가장 보편적으로 나타나는 **환청**을 겪는 사람은 외부에서 사물의 소리와 사람 목소리를 듣는다. 목소리는 직접적으로 환청을 듣는 사람에게 명령을 내리거나 위험에 대한 경고를 주거나 옆에서 엿듣는 것같이 경험된다.

연구에 따르면 환청은 실제로 뇌에서 심각한 소리 신호를 방출하고 그것을 '듣고' 그 소리

형식적 사고장애 사고를 조직화하는 것과 산출해내는 것의 장애

연상의 이완 대화 중 주제가 이리저리 빠르게 이동하는 보편적인 조현병 사고장애. '탈선'이라고도 한다.

환각 외부 자극이 없음에도 시각, 청각과 다른 지각을 경험하는 것

환각

환각은 외부 자극이 없는 상황에서 장면, 소리, 냄새와 다른 지각을 경험하는 것이다.

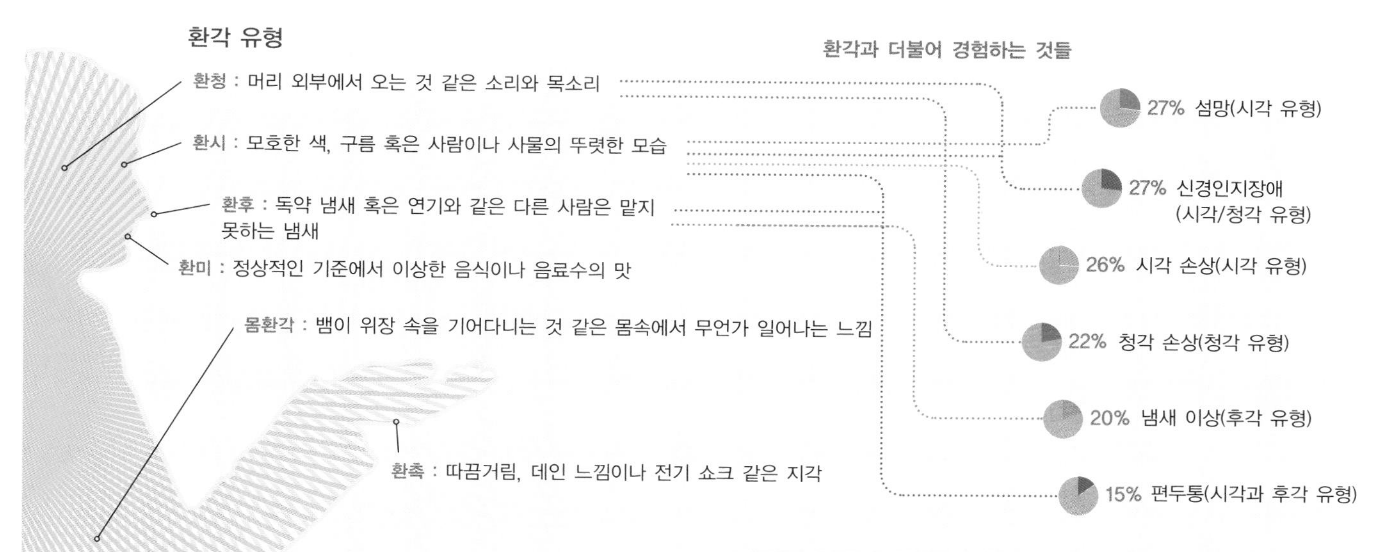

(O'Brien et al., 2020; Lynn, 2019; Pelak, 2019a; Villines, 2019a; Monson et al., 2018; Sacks, 2017, 2012; Mandal, 2014)

환각은 서로 다르다

착시 : 실제 지각에 대한 왜곡이나 오해석

상상 : 의도적 통제하에 있으며 실제 지각을 모방하는 것이 아님

꿈 : 수면 시 발생

거짓 환각 : 내적으로 발생한 것으로, 개인에게 비현실적인 것으로 인식되는 생생한 지각으로, 부분적으로는 의도적 통제하에 있음

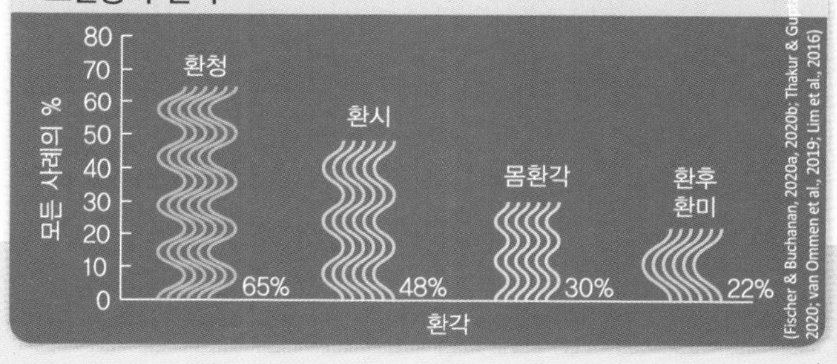

(Fischer & Buchanan, 2020a, 2020b; Thakur & Gupta, 2020; van Ommen et al., 2019; Lim et al., 2016)

환각이 '정상'일 수 있다

많은 사람이 장애나 약물복용과 무관하게 환각을 경험한다.
이러한 환각은

- 전체 인구의 10~15%에 영향을 미친다.
- 평균 3일에 한 번 일어난다.
- 2~3분 정도 지속된다.
- 그 시간의 60%는 통제할 수 있다.
- 오해석되지 않는다면 스트레스나 큰 문제를 일으키지 않는다.

(Thakur & Gupta, 2020; Lin et al., 2019a; Pelak, 2019b; Villines, 2019a; Sheikh, 2017; Daalman et al., 2011)

37% 최면환각
일부 사람들이 수면 상태에서 경험하는 기하학적 패턴, 표정이나 풍경

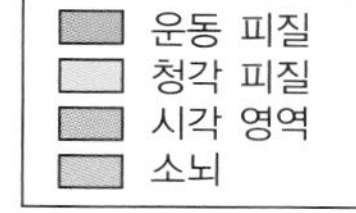

12.5% **반수각성 상태의 환각**
깨어 있는 상태에서 일부 사람들이 경험하는 기하학적 패턴, 표정 혹은 풍경

(Green, 2020; Pelak, 2019a; Soffer-Dudek, 2017; de Leede-Smith & Barkus, 2013)

환청에 대한 뇌 활동

일차 시각피질의 비정상적 활성화

자신이 **내면에서 만들어낸** 소리라는 것은 인식하지 못함

청각 영역과 교차 활성화되어 대부분의 사람들은 생각을 '말하는 목소리'로 경험함

생각을 언어화하는 것에 동반하여 속으로만 하는 **말소리 흐름**에 비정상적으로 주의를 기울임

청각 영역, 운동 영역, 시각 영역, 기저핵, 소뇌, 해마와 편도체를 포함하는 뇌 신경망의 활성화로 인한 음악 환각

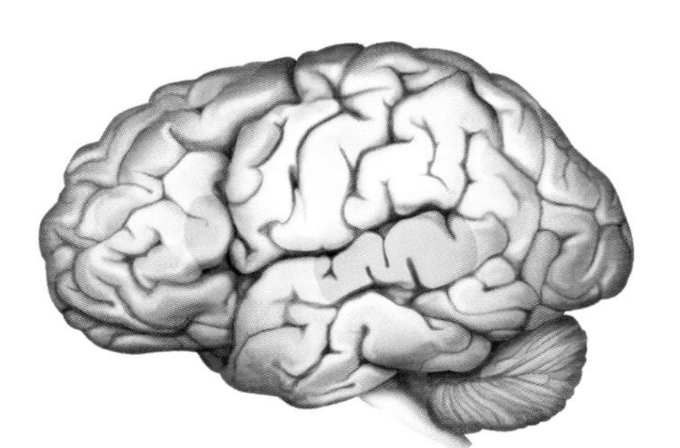

시대별 환각

고대 : 신이나 요정의 선물로 생각

18세기 이전 : 신이나 악마, 천사나 정령 같은 초자연적인 힘으로 발생

18세기 중반 : 뇌 중심부의 과잉 활동으로 발생

1990년대 : 피질과 피질하 구조 회로에서 기인

(Thakur & Gupta, 2020; Carota & Bogousslavsky, 2019; Lin et al., 2019; Pelak, 2019a, 2019b; Groopman, 2017; Sacks, 2017, 2012; Shergill et al., 2000)

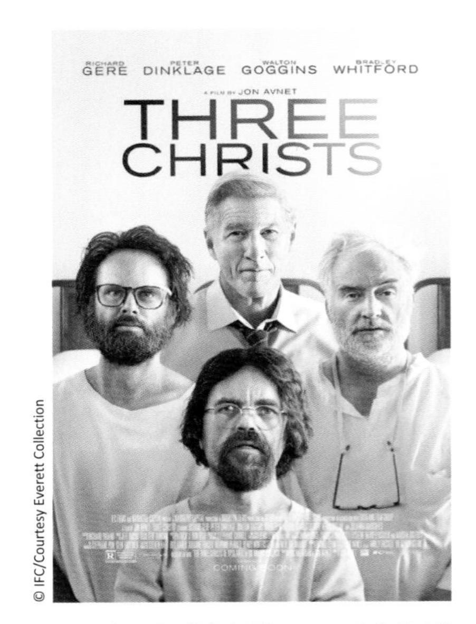

© IFC/Courtesy Everett Collection

그들이 모두 만난다면? 1959년에 심리학자 Milton Rokeach는 자신이 예수 그리스도라는 망상을 가진 세 사람의 상호작용을 관찰한 연구를 수행했다. Rokeach는 이 연구를 책으로 썼다. '쓰리 크라이스트(Three Christs of Ypsilanti)'는 나중에 연극, 두 편의 오페라 및 최근 영화로 각색되었다.

가 외부에서 온 것이라고 믿는 것이다(Yang et al., 2020). 일련의 연구에서 목소리를 내는 데 관련된 **브로카 영역**의 혈류를 측정하였다(Livet & Salomé, 2020; Cui et al., 2018, 2016). 연구자들은 환자들이 환청을 경험할 때 브로카 영역의 혈류가 더 많이 흐른다는 것을 발견하였다. 관련된 연구에서 6명의 조현병 남성에게 환청을 들을 때마다 단추를 누르게 하였다(Silbersweig et al., 1995). PET 스캔 결과 그들이 단추를 누를 때 청각 중추의 뇌 표면 근처의 활동이 증가되었다.

환각은 다른 종류의 감각도 포함할 수 있다. **환촉**(tactile hallucination)은 따끔거림, 타는 것 같은 느낌 혹은 전기 쇼크 같은 감각의 형태를 가진다. **몸환각**(somatic hallucination)은 위장 속에 뱀이 기어가는 것같이 무언가 몸속에서 일어나는 것처럼 느낀다. **환시**(visual hallucination)는 모호한 색을 지각하거나 구름이나 사람이나 사물에 대한 뚜렷한 모양 등을 지각한다. **환미**(gustatory hallucination)는 규칙적으로 자신의 음식이나 음료수에 이상한 맛이 난다고 느끼고 **환후**(olfactory hallucination)를 가진 사람은 다른 사람은 맡지 못하는 이상한 냄새를 맡는데, 독이나 연기 냄새 같은 것이다.

환각과 망상은 종종 함께 일어난다. 명령하는 목소리를 듣는 여성은 그 명령을 누군가가 자기 머릿속에 집어넣은 것이라는 망상을 가진다. 피해망상을 가진 남성은 침대나 커피에서 독극물의 냄새를 맡을 수도 있다. 하나의 증상이 다른 증상을 일으키는 것인가? 원인이 무엇이고 무엇이 먼저이건 간에 환각과 망상은 궁극적으로 서로 영향을 미친다.

> 소리가 들리는데 아파트 벽에서, 세탁기와 건조기를 통해 전해지는 것처럼 생각되었고 이 기계들이 서로 이야기를 하고 그것을 내게 이야기해주는 것 같았다. 정보 기관에서 내 아파트에 송수신기를 장치해 놓아서 나는 그들이 무슨 말을 하는지 들을 수 있고 그들은 내가 하는 말을 들을 수 있다고 느꼈다.
>
> (Anonymous, 1996, p. 183)

부적절한 정서 조현병을 앓고 있는 많은 사람은 상황에 맞지 않는 **부적절한 정서**(inappropriate affect)를 보인다(Fischer & Buchanan, 2020a). 끔찍한 뉴스나 침울한 이야기를 하면서 웃거나 행복한 상황에서 벌컥 화를 내기도 한다. 기분이 부적절하게 왔다 갔다 하기도 한다. 예를 들어 조현병에 걸린 남자는 아내와 부드러운 대화를 하다가 갑자기 음란스러운 말을 내뱉고 그녀가 이상하다며 불만을 늘어놓았다.

어떤 경우에는 이런 감정이 단지 이 장애의 다른 특징에 대한 하나의 반응일 수도 있다. 자신의 남편이 중병에 걸렸다고 하면서 웃는 조현병에 걸린 여자를 생각해보자. 그 여자가 진짜로 그 일을 기뻐하지는 않았을 것이다. 사실 그녀는 그 사실에 대해 이해하지 못했거나 듣지도 않았을 수 있다. 예를 들면 그 여자는 밀려드는 감정의 홍수 중 어떤 것에 반응하고 있는 것일 수 있다. 환청에서 들리는 농담 같은 것일 수도 있다.

부적절한 정서 상황에 맞지 않는 감정을 보이는 조현병의 증상

음성 증상 정상 사고, 감정이나 행동에 결핍을 보이는 조현병 증상

운동성 실어증 말이나 말 내용의 감소, 조현병 증상으로 '언어빈곤'이라고도 한다.

긴장증 특정 형태의 조현병에서 나타나는 정신운동 증상의 극단적 패턴으로, 긴장성 혼미, 경직이나 자세가 포함된다.

음성 증상

음성 증상(negative symptom)은 '병리적 결함'으로 한 개인에게 결핍된 특성이다. **언어빈곤**, **둔화되고 밋밋한 정서**, **동기 상실**과 **사회적 고립**은 조현병에서 일반적으로 나타난다. 이러한 결함은 한 개인의 삶과 활동에 많은 영향을 미친다.

언어빈곤 조현병을 앓고 있는 사람들은 종종 **운동성 실어증**(alogia) 혹은 **언어빈곤**(poverty of speech)을 보이는데, 말수나 말의 내용이 줄어든다. 이러한 형식적 사고장애 중 음성 증상을

보이는 어떤 사람들은 사고나 말하는 것 자체가 매우 적다. 또 다른 사람들은 말은 꽤 하지만 의미가 거의 전달되지 않는다.

제한된 정서 조현병을 앓는 많은 사람은 **둔화된 정서**를 보이는데, 대부분의 사람들에 비해 화, 슬픔, 기쁨과 다른 감정을 적게 나타낸다. 그리고 어떤 사람들은 **밋밋한 정서**(flat affect)라고 알려진 상태로, 정서를 거의 전혀 보이지 않는다. 이 사람들은 얼굴은 조용하고 눈 맞춤이 거의 없고 목소리는 단조롭다.

어떤 경우에는 둔화되거나 밋밋한 정서가 일반 사람들이 하는 감정을 **표현**하는 능력의 부재를 반영하기도 한다. 한 연구에서 참가자들에게 매우 감정적인 영화를 보여주었다. 조현병 참가자들은 다른 사람들보다 얼굴 표정이 더 적었는데, 긍정적·부정적 감정은 충분히 느꼈고 실제 피부 각성은 더 크게 나타냈다(Kring & Neale,1996). 사실 임상 분야에서 조현병을 가진 사람들이 내적인 정서를 경험할 뿐 아니라 높은 수준의 불안 및 우울과 씨름하고 있다는 점을 점차로 인식하고 있다(Siris & Braga, 2020a, 2020b).

흥미로운 이야기

그들의 진술

"그녀의 얼굴은 엄숙했고 감정을 줄 수도 받을 수도 없었다."

조현병을 앓고 있는 딸에 대한 어머니의 묘사, 1991

동기 상실 많은 조현병 앓는 사람들은 **무욕증**(avolition) 혹은 **무감동**(apathy)을 경험하는데, 일상적인 목표에 대한 에너지와 흥미가 소진되어 어떤 활동을 시작도 못 하거나 그 활동의 전체 과정을 쫓아가지 못한다. 이 문제는 특히 몇 년 동안 조현병을 앓은 사람들에서 보이는데, 마치 완전히 낡아 없어진 상태와 유사하다. 이 장애를 가진 사람들은 대부분의 것에 대해 **양가성**(ambivalence)이나 갈등하는 감정을 가진다. 앞에서 본 리처드의 경우 동기 상실과 양가성이 식사나 옷 입고 벗기가 너무도 하기 어려운 일이 되게 만든 것이다.

사회적 고립 조현병을 앓는 사람들은 사회 환경에서 고립되어 자신의 생각과 환상에만 빠져 있다. 생각이 비논리적이고 혼란되어 있어서 고립은 그들로 하여금 현실에서 더 멀리 떨어지게 만든다. 사회적 고립은 다른 사람의 욕구와 감정을 정확하게 인식하는 능력을 포함해서 사회 기술을 붕괴시킨다(Fischer & Buchanan, 2020a; Pillny, Schlier, & Lincoln, 2020).

정신운동 증상 조현병을 가진 사람들은 종종 **정신운동 증상**을 경험한다. 예를 들면 이상하게 움직이거나 반복해서 입을 씰룩이거나 이상한 자세를 취한다. 이러한 비정상적인 자세는 종종 나름의 목적(아마도 의례적 또는 마술적)을 가지고 있는 것 같다.

조현병의 정신운동은 **긴장증**(catatonia)이라고 하는 극단적인 형태를 지니기도 한다. **긴장성 혼미**로 인해 환경에 대해 반응하기를 멈추기도 하고 움직임 없이 있기도 하며 긴 시간 침묵하기도 한다. 리처드가 어떻게 며칠 동안 침대에서 움직이지도 않고 아무 말 없이 있었는지 생각해보자. **긴장성 강직**을 보이는 사람들은 몇 시간 동안 경직되고 똑바른 자세를 유지하며 움직이기를 거부한다. 다른 사람들은 **긴장성 자세**를 보이는데, 장시간 동안 괴상하고 우스꽝스러운 자세를

긴장성 자세 1900년대 사진 속의 환자들은 긴장성 자세를 포함한 긴장증적 특성을 보이고 있는데 오랜 시간 동안 괴상한 자세를 유지하고 있다.

George Etheredge/The New York Times/Redux

슬라이드 8년 동안 노숙자로 지내다가 46세에 건강 문제로 사망한 나케샤 윌리엄스를 추모하기 위해 2016년 뉴욕시의 불이 켜진 문 앞에 친구들이 모여 있다. 윌리엄스칼리지를 1993년 우수하게 졸업한 윌리엄스에게 잔인하게도 정신증 증상이 발병하였고, 이로 인해 그녀의 능력은 극도로 제한되었다. 그녀는 자신을 도우려는 지원 활동가들과 친구들의 도움을 완강하게 거절하였다.

취한다. 예를 들면 팔을 90도로 꺾거나 스쿼트 자세로 균형을 잡은 채 몇 시간을 있기도 한다. 마지막으로 **긴장성 흥분**을 보이는 사람들은 다양한 긴장증 형태를 보이는데, 흥분해서 움직이고 때로는 팔이나 다리를 거칠게 휘두른다.

조현병을 가진 사람의 약 10%는 어느 정도의 긴장증을 가지고 있다(Coffey, 2019). 다른 심각한 심리적 장애인 주요우울장애나 양극성장애도 이러한 증상을 경험할 수 있다.

조현병의 진행 과정은 어떠한가

조현병은 일반적으로 10대 후반에서 30대 중반에 처음으로 나타난다. 사례마다 진행 과정이 다르지만 많은 사람은 전구기, 활성기, 잔류기라는 3단계를 거치는 것 같다(Bartolomeo et al., 2020). **전구기** 동안 증상은 분명하지 않지만 기능 저하가 시작된다. 사회적으로 고립되며 모호하고 이상하게 이야기하면서 이상한 생각을 발달시키거나 정서 표현이 거의 없다. **활성기** 동안 증상이 나타나기 시작한다. 때때로 이 단계는 생활 스트레스로 촉발된다. 앞에서 기술한 로라의 경우에 직접적인 촉발 인자는 사랑하던 개를 잃은 것이었다.

조현병 앓는 많은 사람은 궁극적으로 **잔류기**에 들어서는데, 이때는 전구기와 유사한 기능 수준으로 돌아간다. 활성기의 강한 증상은 감소되지만 둔화된 정서와 같은 음성 증상은 남는다. 환자의 25% 혹은 그 이상이 조현병에서 완전히 회복되지만 대다수는 최소한 나머지 삶에서 몇 가지 잔류 문제는 지속해서 보이게 된다(Fischer & Buchanan, 2020b; MHN, 2020f). 재발은 스트레스로 더 잘 일어나는 것 같다(Murray et al., 2020).

조현병의 진행 과정을 예측하기 위해 몇 가지 개별 증상 패턴을 보는 것이 유용하다. 80~85%의 사례에서 망상, 환청과 명백한 형식적 사고장애와 같은 양성 증상(임상적 양상으로 **제1형 조현병 혹은 과잉 조현병**)이 주로 나타난다(Fischer & Buchanan, 2020a, 2020b; Crow, 2008, 1995, 1985, 1980). 15~20% 사례에서는 제한된 정서, 언어빈곤과 동기 상실의 음성 증상(임상 양상으로 **제2형 조현병 혹은 결핍 조현병**)을 주로 보인다. 제1형 환자는 통상 장애 이전 적응이 더 나았던 것으로 보이며, 특히 약물치료 이후에 효과를 보일 가능성이 더 크다(Correll & Schooler, 2020).

요약

조현병의 임상적 특징

조현병은 사고 과정 장애, 왜곡된 지각, 비정상적인 감정과 운동 비정상성의 결과로 기능이 저하되는 장애이다. 거의 전 세계 인구의 1%가 이 장애로 고통받는다. 이 장애는 3개로 구분된다. 양성 증상으로는 망상, 형식적 사고장애, 환각과 기타 지각장애와 주의장애, 부적절한 정서가 포함된다. 음성 증상에는 언어빈곤, 둔화되고 밋밋한 정서, 동기 상실과 사회적 고립이 포함된다. 이 장애는 또한 정신운동 증상이 포함되는데, 극단적인 형태는 긴장증이라고 불린다. 조현병은 보통 후기 청소년기 혹은 초기 성인기에 시작되며 전구기, 활성기, 잔류기의 3단계로 진행된다.

이론가는 조현병을 어떻게 설명하는가

많은 다른 장애와 마찬가지로 이론가들은 생물학적, 심리적, 사회문화적인 입장에서 조현병을 설명한다. 지금까지 생물학적 설명이 가장 많은 연구에서 지지되고 있다. 그렇다고 해서 심리적 요인과 사회문화적 요인이 이 장애를 설명하는 데 중요한 역할을 하지 않는다는 것은 아니다. 그보다는 **병적 소질-스트레스 관계**가 유효하다. 생물학적 성향을 가진 사람이 어떤 사건이나 스트레스가 있을 때 조현병을 일으킨다(Popovic et al., 2019). 유사하게 병적 소질-스트레스 관계는 다른 정신장애의 발병에도 영향을 미치는 것 같다(**심리전망대** 참조).

> **흥미로운 이야기**
>
> **그들의 진술**
>
> "만일 당신이 신에게 말한다면 당신은 기도하는 것이다. 만약에 신이 당신에게 말한다면 당신은 조현병을 가지고 있는 것이다."
>
> 임상 이론가 토머스 사즈

생물학적 관점

과거 몇십 년 동안 조현병에 대해 가장 각광받는 연구는 유전과 생물학적 연구일 것이다. 이 연구를 통해 이 장애가 생기는 데 유전과 뇌 활동이 주요 역할을 하며 치료를 통해 변화 가능하다는 점이 밝혀졌다.

> **유전 요소를 제외한다면 이 장애를 가진 사람들의 가계에서 높게 나타나는 조현병 발병률을 무엇으로 설명할 것인가?**

유전적 요인 병적 소질-스트레스 관점 원칙에 다르면 유전 연구자들은 어떤 사람은 조현병에 대한 생물학적 성향을 가지고 태어나며, 주로 후기 청소년기나 초기 성인기에 극심한 스트레스에 직면하면서 장애가 발병한다고 생각하고 있다. 유전적 관점은 (1) 조현병을 가진 사람의 친척, (2) 이 장애를 가진 사람의 쌍생아, (3) 조현병을 가진 사람 중 입양된 사람, (4) 유전 연계와 분자생물학 연구에 의해 지지되고 있다.

친지들이 취약한가 가계 연구를 통해 반복적으로 조현병(다른 정신장애도 마찬가지)은 이 장애를 가진 사람의 친지들에서 보다 더 많이 나타난다고 밝혀졌다(Hany et al., 2020). 조현병을 가진 사람들과 보다 가까운 친족관계일수록 이 장애가 생길 가능성이 더 높다(그림 12.2 참조).

일란성 쌍생아가 이란성 쌍생아보다 더 취약한가 가장 가까운 친족 관계인 쌍생아는 조현병 연구자가 특별히 관심을 가지는 연구 주제이다. 양쪽 쌍생아가 독특한 특성을 공유할 때 그들은 그 특성에 대한 일치(concordance)를 가진다고 한다. 유전적 요소가 조현병에서 작용한다면 일란성 쌍생아(모든 유전자 공유)는 이란성 쌍생아(일부 유전자만 공유)보다 이 장애에 대한 일치율이 더 높다. 이러한 예측은 연구를 통해 지속적으로 지지되고 있다(Hany et al., 2020; Gottesman, 1991). 일란성 쌍생아 중 한 사람에서 조현병이 발병하면 다른 한 사람에서 발병할 가능성은 48%가 된다. 이란성 쌍생아라면 다른 한 쪽에서 발병할 가능성은 17% 정도가 된다.

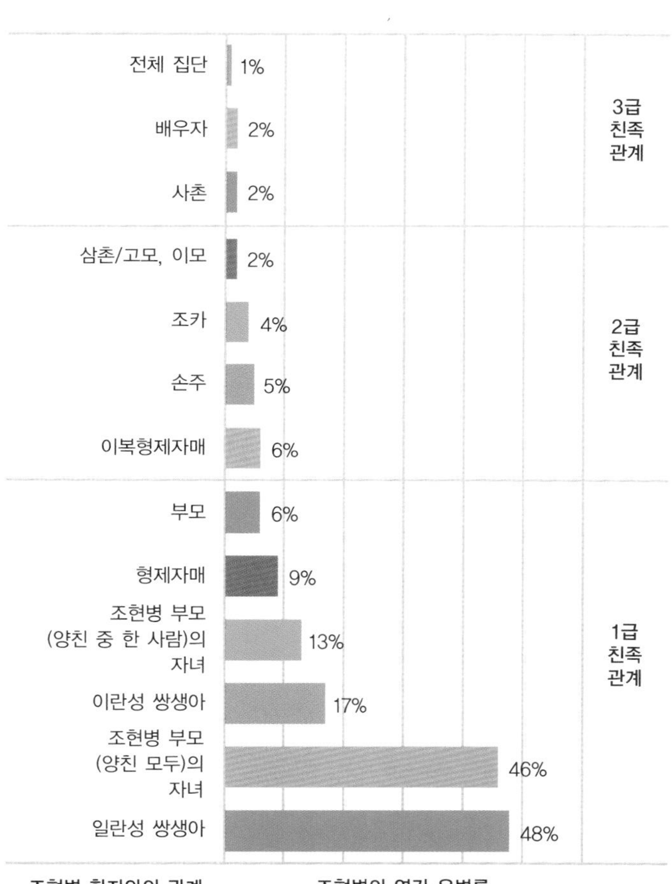

그림 12.2

가족 관련성

조현병 환자와 생물학적 관련성을 가진 사람은 평생 이 장애에 걸릴 가능성이 더 높다. 생물학적 관계가 가까우면(유전적 구성이 유사하면 할수록) 장애 발병 위험은 더 높아진다. (출처 : Fischer & Buchanan, 2020b; Hany et al., 2020; Henriksen et al., 2017; Gottesman, 1991, p. 96)

입양된 사람의 생물학적 친족은 취약한가 입양아 연구에서는 유아기 때 입양된 조현병 성인을

도파민 가설 조현병이 도파민 신경전달물질의 과다 활동으로 발생한다는 이론

항정신병 약물 전반적으로 혼란되거나 왜곡된 사고를 교정하는 데 도움이 되는 약물

페노티아진 최초로 효과가 있는 항정신병 약물이 된 항히스타민 약물

그들의 생물학적 친족 및 입양된 가정의 친지와 비교하였다. 생물학적 친족과는 따로 떨어져서 양육되었기 때문에 그들에게서 나타나는 유사한 증상은 유전적 영향을 시사해주는 것이 된다. 반대로 입양된 가정의 친지와의 유사성은 환경적 영향을 시사해주는 것이 된다. 반복해서 연구자들은 입양된 조현병 환자의 생물학적 친족이 입양된 가정의 친족에 비해 조현병 혹은 다른 조현병스펙트럼장애에 걸릴 가능성이 더 높다는 점을 발견하였다(Fischer & Buchanan, 2020b; Kendall, Walters, & O'Donovan, 2020).

유전 연계와 분자생물학 연구가 시사하는 것은 무엇인가 양극성장애(제6장 참조)에서와 같이 연구자들은 조현병의 유전적 요인을 정확히 찾아내기 위해 **유전 연계**와 **분자생물학** 연구를 진행한다. 이러한 연구 절차를 사용해서 염색체 1, 2, 6, 8, 10, 13, 15, 18, 20, 22와 X 염색체 유전자 결함이 조현병 발병의 병적 소질을 부여할 가능성이 있음을 밝혀냈다(Chien et al., 2020; Linton et al., 2020). 전체적으로 100개 이상의 특정 유전 부위와 조현병이 관련된 것으로 현재까지 밝혀졌다(Y. Ji et al., 2021; Mallet et al., 2020). 이러한 발견을 통해 조현병은 다른 장애와 마찬가지로 여러 유전 결함의 조합으로 나타나는 **다원발생적 장애**(polygenetic disorder) 가능성이 밝혀졌다(Werner et al., 2020).

유전 요소가 어떻게 조현병을 발현시키는가? 연구자들은 유전될 수 있는 두 가지 종류의 생물학적 비정상성을 말하는데, 이 두 가지는 **생화학적 비정상성**과 **역기능적 뇌 구조와 회로**이다.

"아직도 어디에서나 물방울 무늬가 보여요" 유명한 예술가인 쿠사마 야요이는 이 설치물에서 볼 수 있듯이 물방울 무늬와 무한 그물을 특징으로 하는 예술 작품을 창작해왔다. 점에 대한 집착은 관람객을 빨간 반점이 있는 풍선의 거울 복도에 몰입시킨다. 정신병원에서 살기로 선택한 쿠사마는 자신의 작업이 평생의 환각에서 영감을 받았다고 말한다. 그녀는 최근에 아직도 어디에서나 물방울 무늬가 보인다고 말했다.

© Nick Cunard/eyevine/Redux

생화학적 비정상성 수십 년을 지나면서 연구자들은 조현병을 설명하는 데 **도파민 가설**(dopamine hypothesis)을 발전시켰다. 신경전달물질인 도파민을 사용하는 어떤 뉴런이 너무 자주 점화되면서 너무 많은 메시지가 전달되어 이 장애의 증상이 발현된다(Correll & Schooler, 2020; Hany et al., 2020). 이 가설은 최근 몇 년 동안 도전받고 수정되었지만 여전히 조현병에 대한 생화학적 설명의 기초가 되고 있다. 이 가설을 이끄는 사건들의 사슬은 조현병 증상을 없애는 데 도움이 되는 **항정신병 약물**(antipsychotic drug)의 우연한 발견으로 이어졌다. 최초의 항정신병 약물인 **페노티아진**(phenothiazine)이 1950년대에 발견되었는데, 그 당시 연구자는 알레르기를 없애는 더 나은 **항히스타민** 약물을 찾던 중이었다. 페노티아진은 항히스타민제로서는 실패했지만 조현병 증상을 줄이는 데 효과가 있음이 드러나면서 임상가들은 폭넓게 이 약물을 처방하기 시작하였다(Jibson, 2020a).

연구자들은 초기 항정신병 약물이 심각한 근육 떨림을 자주 일으키고 그 증상은 신경학적 결함을 유발하는 질환인 **파킨슨병**의 핵심 증상과 동일하다는 것을 알게 되었다(Deik & Tarsy, 2020). 항정신병 약물의 예기치 않은 반작용이 조현병 생물학에 최초의 중요한 단서를 제공하였다. 이미 과학자들은 파킨슨병을 앓고 있는 사람들의 뇌 일정 영역에 도파민 신경전달물질이 비정상적으로 낮다는 것과 도파민 결핍이 통제 불가능한 흔들림의 원인임을 알고 있었다. 항정신병 약물이 조현병 환자에게 정신과적 증상이 없어지는 동안 파킨슨 증상을 일으

심리전망대

산후정신증 : 안드레아 예이츠의 사례

2001년 6월 20일, 아침 공영방송을 보던 사람들은 36세 안드레아 예이츠가 경찰차에 실려가는 것을 공포스럽게 지켜보았다. 단 몇 분 전에 그녀는 아이들이 제대로 발달하고 있지 않고 자신이 좋은 엄마가 아니라는 것을 깨달았다는 이유로 욕조에서 다섯 아이를 익사시켰다.

친족 살해 담당관인 에릭 멜은 그녀가 아이를 죽인 순서, 즉 처음에 3세 폴, 그다음에 2세 루커, 그 뒤로 5세 존, 그리고 6개월 된 마리를 두 번이나 차례로 이야기했다고 했다. 그녀는 7세 노아를 욕조에 끌어넣고 그 아이가 두 번이나 뛰어 올랐다는 것도 이야기했다. 나중에 그녀는 자신의 머리카락을 면도해서 반그리스도교의 상징인 666 형태를 머리에 새기고 싶었다고 의사에게 말했다(Roche, 2002).

이미 제6장에서 출산 직후 80% 정도의 어머니가 '산후우울감(baby blues)'를 경험하고 10~30%가 **산후우울증**의 임상적 증상을 경험한다는 것을 읽었을 것이다. 안드레아 예이츠의 경우를 통해 최근 대중에게 잘 알려진 다른 산후장애는 **산후정신증**이다.

산후정신증은 최근 출산한 어머니 1,000명 중 2명에게 영향을 준다(Forde, Peters, & Wittkowski, 2020). 이는 출산 후의 거대한 호르몬 변화로 일어나는 듯하다(Payne, 2019, 2018). 아이를 출산한 후 며칠 혹은 몇 달 동안 어머니는 망상(예 : 자신의 아이가 악마라고 확신), 환각(목소리가 들림), 극도의 불안, 혼란과 방향감 상실, 수면장애, 비논리적인 사고(예 : 자신이나 아이가 살해될 것 같은 생각) 등의 현실감을 상실한 양상을 보인다. 통상 치료는 항정신병 약물과 심리치료로 이루어지며 일반적으로 2주에서 12주 안에 유의한 진전을 보인다(Forde et al., 2020).

Photo Courtesy of Yates Family/Getty Images

비극적 가족 날짜가 표시되어 있지 않은 이 사진에서 안드레아 예이츠가 남편과 나중에 익사시킨 다섯 아이 중 4명과 포즈를 취하고 있다.

양극성장애, 조현병이나 우울증의 병력을 가진 여성은 특히 이 장애에 취약하다(Payne, 2019, 2018). 더욱이 이전에 산후우울증이나 산후정신증을 겪었던 여성은 연이은 출산 이후 이 장애를 일으킬 가능성이 더 높다(Forde et al., 2020). 예를 들어 안드레아 예이츠는 산후우울증 양상을 보였고 네 번째 아이를 낳은 이후 자살시도를 했었다. 그러나 그 당시 그녀는 항정신병 약물을 포함한 여러 약에 잘 반응하여 그녀와 남편은 다섯 번째 아이를 낳기로 결정하였다(Denno, 2017). 그녀가 심각한 산후 증상의 위험성이 있다는 경고를 받았음에도 그들은 증상이 생기더라도 여러 약을 복용하면 괜찮을 것이라 생각하였다(King, 2002).

다섯 번째 아이의 출산 후 실제로 정신병적 증상이 다시 시작되었다. 예이츠는 다시 자살시도를 하였다. 두 번이나 병원에 입원해서 다양한 약물로 치료했음에도 상태는 호전되지 않았다. 다섯 번째 아이인 메리가 태어나고 6개월 만에 그녀는 5명의 자녀를 모두 익사시켰다.

이 장애를 겪는 여성의 일부만이 실제로 자녀(치료받지 않은 환자의 4%) 또는 자신(환자의 5%)을 해치거나 죽이지만 예이츠의 사례는 끔찍한 결과가 발생할 수 있으며, 조기 발견 및 치료가 얼마나 중요한지를 깨닫게 해준다(Payne, 2019, 2018; O'Hara & Wisner, 2014).

2006년 7월 26일, 항소 법원에서 살인에 대한 초기 유죄 판결이 번복된 후 예이츠는 정신적 문제를 이유로 무죄 판결을 받고 주립정신병원으로 보내져 오늘날 계속 치료를 받고 있다.

킨다면 아마도 이 약물이 도파민 활동을 감소시킬 것이다. 과학자들을 더 나아가 도파민 활동을 낮추는 것이 조현병 증상을 없애는 데 도움이 된다면 조현병은 우선적으로 과도한 도파민 활동과 관련될 것이라는 논리를 세웠다.

1960년대 이후 연구에서 도파민 가설이 지지되고 명료화되었다. 예를 들면 파킨슨병을 앓

2세대 항정신병 약물 생물학적 작용이 1세대 항정신병 약물과 다른 새로운 항정신병 약물. '차세대 항정신병 약물'이라고도 한다.

는 어떤 사람은 도파민 수준을 올리는 약인 **L-도파**를 너무 많이 복용하게 되면 조현병 유사한 증상을 보였다(Hamadjida et al., 2018). L-도파는 표면적으로 도파민 활동을 증가시키는데, 그것이 정신증을 일으킨다. 제10장에서 본 바와 같이 중추신경계에 작용해서 도파민 활동을 증가시키는 **암페타민** 연구에서도 지지 증거가 나타났다. 임상 연구에서 고용량 암페타민을 복용한 사람은 조현병과 매우 유사한 증상인 **암페타민 정신증**을 나타냈다(Mullen, Richards, & Crawford, 2020).

연구자들은 도파민 수용기가 많은 뇌 영역에서 페노티아진과 다른 항정신병 약물이 다른 많은 수용기와 결합하는 것을 발견하였다(Jibson, 2020a). 표면적으로 약물은 도파민 길항제(도파민 수용기와 결합해서 도파민이 다른 것과 결합하는 것을 막아서 뉴런이 점화되는 것을 방해하는 약물)이다. 뇌에서 D1, D2, D3, D4, D5라고 불리는 다섯 종류의 도파민 수용기가 발견되었다. 페노티아진은 **D-2 수용기**와 가장 잘 결합한다(Goff, 2021; Longstreth & Hesketh, 2020). 이와 관련된 다른 연구들에서도 조현병에서 도파민 송신뉴런에서 다른 뉴런의 도파민 수용기로 메시지가 전달되는데, 특히 D-2 수용기로 전달된 메시지가 아주 쉽게 자주 전달됨이 지지되었다.

새로운 연구 결과를 살펴보면 도파민 가설에 문제가 있다. 가장 큰 도전은 전통적인 약물보다 더 효과적이라고 하는 **2세대 항정신병 약물**(second-generation antipsychotic drug)이라는 새로운 항정신병 약물의 발견과 함께 나타났다. 새 약물은 전통적인 항정신병 약물과 같이 D-2 도파민 수용기와만 결합하는 것이 아니고 D-1 수용기와도 결합하고 **세로토닌**, **글루타메이트**, **GABA**, 다른 신경전달물질 수용기와도 결합한다(Reid, 2021; Fischer & Buchanan, 2020b; Jibson, 2020b). 따라서 조현병은 도파민 활동과만 관련되는 것이 아니고 도파민과 다른 신경전달물질의 비정상적 활동이나 상호작용과 관련될 수 있다(Correll & Schooler, 2020).

역기능적 뇌 구조와 회로 이미 읽은 바와 같이 다양한 반응과 뇌 회로(함께 작용하고 서로 활성화를 촉진하며 특정 행동, 인지 혹은 정서를 유발하는 연결망)의 연구가 아직 충분히 이루어지지 않았지만 뇌 회로의 역기능이 조현병과 관련된다는 점이 밝혀지기 시작하였다(He et al., 2021; Bristow et al., 2020; Lopes-Aguiar et al., 2020). **조현병 관련 뇌 회로**를 구성하는 구조에는 여러 뇌 영역 중에서 전두엽피질, 해마, 편도체, 시상, 선조체와 흑질 등이 있다(그림 12.3 참조). 일단 이 회로의 구조 중 몇 개가 다른 장애에도 관여하는 뇌 회로의 일원이지만 조현병의 사례에서 그 구조가 전체적으로 이 장애의 독특한 문제가 되는 방식으로 기능하고 상호연결되어 있다.

조현병 관련 회로의 기능 문제는 '과잉 활동' 혹은 '과소 활동' 회로와 같은 광범위한 용어로 특징지울 수는 없다. 그러나 몇몇 연구에 따르면 이 회로는 실제로 조현병을 가진 사람에게서 비정상적으로 작동한다(Modinos et al., 2020; Han et al., 2017). 예를 들면 흑질과 전두엽 사이, 그리고 선조체와 시상 사이의 **상호연결성**(interconnectivity, 상호연결 흐름)이 비정상적으로 낮게 나타나는 데 반해 흑질과 선조체, 시상과 전두엽, 해마와 전두엽 간 상호작용은 비정상적으로 높게 나타난다(Diaconescu, Iglesias, & Stephan, 2020; Martino et al., 2018; Wang et al., 2017).

뇌 회로에 대한 초점은 여러 해 동안 독점적으로 조현병의 생물학적 설명을 차지했던 도파민 가설과 비등하다는 점을 기억하도록 하자. 결국 도파민 활동은 조현병 관련 뇌 회로 전역에 걸쳐 매우 뚜렷하며, 특히 흑질과 선조체 구조에서 그러하다(He et al., 2021; Correll &

흥미로운 이야기

의외로 흔한

살아가면서 때때로 한 가지 이상의 정신병적 증상을 경험하는 사람은 약 13~23%에 해당한다(Marder, 2020).

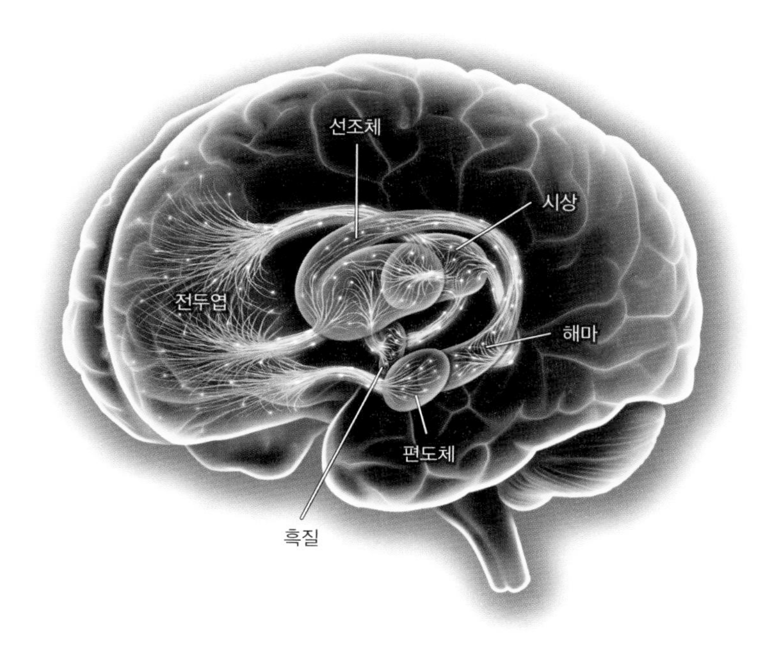

그림 12.3

조현병의 생물학

조현병과 연관된 뇌 회로에는 전두엽피질, 해마, 편도체, 시상, 선조체와 흑질(좌측)이 포함되어 있다. 오른쪽 그림에서 조현병을 가진 사람들에게 문제가 되는 이 회로의 구조가 어떻게 활동과 상호연결을 촉진하는지 보여주고 있다.

Schooler, 2020). 도파민 가설과 새로운 뇌 회로 관점의 핵심적인 차이는 조현병을 가속화하는 신경전달물질의 비정상적 활동을 더 광범위한 회로의 기능 문제의 일부로 본다는 것이다.

바이러스 문제 어떤 것이 조현병의 생화학적 이상과 구조적 이상을 일으키는가? 많은 연구는 유전 요소, 영양 불량, 발달 문제, 출산 시 문제, 면역 반응과 독성 등을 이야기한다(Fischer & Buchanan, 2020b; Hany et al., 2020). 덧붙여 어떤 연구자들은 뇌 이상이 출생 전 바이러스 노출 때문이라고 주장한다(DeLisi, 2021). 바이러스가 산모의 면역계 반응을 촉발함으로써 발달 중인 태아에게 전달되어 발달 중인 뇌로 침입하여 정상적 뇌 발달을 저해하는 것 같다.

바이러스 이론의 몇 가지 증거는 동물 연구에서 온 것이고 나머지 증거들은 대다수 조현병 가진 사람들이 겨울에 태어났다든지 하는 것과 같이 부수적이다. 조현병을 가진 사람의 겨울 출생률이 다른 사람에 비해 5~10% 높다(Hany et al., 2020). 이는 그 시기에 태아나 유아의 바이러스 노출이 증가되기 때문일 수도 있다. 보다 직접적인 증거를 보여준 연구가 있었는데, 조현병 환자의 어머니가 그렇지 않은 사람의 어머니보다 임신 당시 바이러스에 더 많이 노출되었을 가능성이 높다고 주장하였다(Fischer & Buchanan, 2020b).

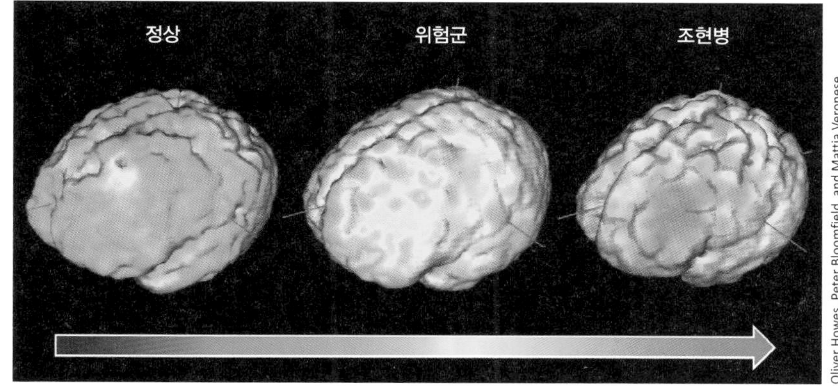

Oliver Howes, Peter Bloomfield, and Mattia Veronese

면역체계 관여 바이러스 감염과 면역체계를 강조한 설명에 부합되게 연구자들은 소교세포가 특히 조현병 환자의 뇌에서 활성화되어 있다는 점을 발견하였다. 소교세포는 뇌 면역세포로서 뇌의 감염과 염증을 막는 데 도움이 된다. 위의 PET 스캔 결과는 조현병 위험군 참가자의 소교세포 활동(주황색 부분)이 건강한 참가자보다 높게 나타났다. 조현병 참가자의 소교세포 활동은 여전히 더 높게 나타난다.

심리학적 관점

1950~1960년대에 조현병 연구자들이 유전과 생물학적 요인을 규명할 때 많은 임상가는 이 장애에 대한 심리학 이론을 폐기했다. 그러나 과거 몇십 년 동안 판도가 바뀌었고 심리학적 요소가 다시 조현병의 중요한 퍼즐 조각으로 고려되기 시작하였다. 가장 선도적인 이론은 정신역동과 인지행동적 관점이다.

조현병 유발 어머니 조현병을 유발한다고 보이는 어머니 유형으로, 통상 차갑고 지배적이며 자녀의 요구에는 관심이 없다고 본다.

부모와 가족의 삶이 조현병이라는 이유로 왜 그렇게 비난을 자주 받는가?

정신역동적 설명 20세기 중반에 정신역동적 임상가인 Frieda Fromm-Reichmann(1948)은 과거 Freud의 개념(1924, 1915, 1914)을 정교화하여 차갑고 제대로 양육하지 않는 부모가 조현병의 토대를 만든다고 하였다. 자신의 임상적 관찰을 근거로 이 장애를 보이는 사람의 어머니는 차갑고 지배적이며 아이의 욕구에는 무관심하다고 하였다. Fromm-Reichmann에 따르면 이 어머니들은 자기희생적으로 보일수 있지만 실제로는 자녀를 자신의 욕구를 충족시키기 위해 이용하는 것이라고 하였다. 과잉 보호와 거부를 통해 자녀를 혼란에 빠지게 하여 조현적 기능의 토대를 마련한다고 하였다. 그녀는 이러한 사람들을 **조현병 유발 어머니**[schizophrenogenic (schizophrenia-causing) mother]라고 불렀다.

Fromm-Reichmann의 이론은 어떤 연구로도 지지되지 못하였다(Hahn, 2020; Seeman, 2016). 조현병을 가진 사람의 대다수의 어머니는 조현병 유발에 대한 기술에 부합하지 않는다.

인지행동적 설명 인지행동 이론가들은 조현병이 어떻게 왜 발병하는지에 대해 두 가지 설명을 제공한다. 한 가지 설명은 주로 조현병을 가진 사람의 행동에 초점을 맞추어 **조작적 조건화** 원칙을 적용한다. 다른 설명은 이 사람들의 특이한 사고에 초점을 맞추고 **오해석**의 역할을 강조한다.

조작적 조건형성 앞서 읽은 바와 같이 조작적 조건형성은 빈번한 보상을 통해 행동 수행을 학습하도록 하는 과정이다. 조현병에 대한 조작적 설명은 어떤 혹은 다른 이유로 어떤 사람들은 아동기에 사회적 단서(예 : 다른 사람의 미소, 찡그림과 발언에 주의 두기와 같은 것)에 적절한 주의를 기울이는 것을 강화받지 못했다고 본다. 결과적으로 그러한 단서에 주의 기울이기를 멈추고 대신에 부적절한 단서(예 : 방 안 빛의 밝기, 새들이 날라가는 것 혹은 의미보다 단어 자체의 소리 등)에 초점을 둔다. 부적절한 단서에 주의를 둘수록 이들의 반응은 점점 더 괴상해진다(Catalano et al., 2020, 2018). 조현병에 대한 이러한 조작적 설명에 대한 지지 결과의 상당수가 부수적이어서 조작적 관점은 통상 조현병에 대한 부분적 설명에 그친다.

악마와 대니얼 존스턴 고(故) 싱어송라이터 대니얼 존스턴의 작품은 아웃사이더와 얼터너티브 음악 장르에 큰 영향을 미쳤다. 존스턴은 조현병과 양극성장애를 겪었고, 이러한 문제로 인해 여러 번 입원하였다. 그의 삶과 경력에 미친 장애의 영향은 다큐멘터리 '악마와 대니얼 존스턴(The Devil and Daniel Johnston)'에 기록되어 있다.

Jordi Vidal/Redferns via Getty Images

특이한 감각에 대한 오해석 조현병에 대한 오해석 설명은 환각과 관련된 지각 경험을 할 때 조현병을 가진 사람의 뇌가 실제로 이상하고 비현실적인 감각(생물학적 요소에 의해 촉발된 감각)을 발생시킨다는 점에서 시작된다. 그러나 인지행동적 설명에 따르면 장애는 개인이 자신의 비정상적 경험을 이해하려고 노력할 때 발생한다(Bergamin, 2020; Waters & Fernyhough, 2017). 목소리나 다른 문제 감각에 처음 직면하면 이를 친구나 친지들에게 물어본다. 당연히 친구와 친지들은 아니라고 하며, 결국에는 다른 사람들이 현실을 감추려고 한다는 결론에 이르게 된다. 모든 피드백을 거부하기 시작하면서 자신이 피해를 당한다는 신념(망상)을 키운다. 요약하면 이 이론은 조현병을 가진 사람은 '광기로 이어지는 합리적 경로'를 가진다고 한다(Zimbardo, 1976).

조현병을 가진 사람은 실제로 감각과 지각 문제를 가지는 것으로 연구되었다. 앞에서 본 바와 같이 상당수는 환각을 가지고 주의를 유지하는 데 어려움을 경험한다. 그러나 아직까지도 연구자들은 감각 문제에 대한 오해석이 실제로 조현병 증상을 일으키는지는 확신하지 못하고 있다.

사회문화적 관점

사회문화 이론가들은 정신장애를 가진 사람은 폭넓은 사회적·문화적 압력을 받음을 인식하고 있으며 **다문화적 요소, 사회적 낙인과 가족 문제**가 조현병을 일으킨다고 주장한다. 그러면서 아직까지도 어떤 인과관계가 있는지 정확하게 밝히지는 못하고 있다.

다문화적 요소 조현병 비율은 인종과 민족에 따라 다르게 나타난다. 특히 아프리카계 미국인과 비히스패닉계 백인 미국인 사이에서 그러하다(Bignall et al., 2019; Coleman et al., 2016). 아프리카계 미국인의 2.1%가 조현병으로 진단되는 데 비해 비히스패닉계 백인 미국인은 1.4%이다. 연구에 따르면 조현병을 가진 아프리카계 미국인이 주립정신병원에 과도하게 많다는 연구가 있다(Bignall et al., 2019; Durbin et al., 2014).

왜 아프리카계 미국인이 비히스패닉계 백인 미국인보다 조현병 진단을 더 많이 받는지는 분명하지 않다. 한 가지 가능성은 아프리카계 미국인이 이 장애에 보다 취약하다는 것이다. 다른 가능성은 다수 집단의 임상가들은 아프리카계 미국인을 진단하는 데 무의식적으로 편향된 진단을 내리거나 문화적 차이를 조현병 증상으로 잘못 읽어낼 수 있다는 것이다(Gara et al., 2019).

진단가의 편향이 인종과 문화에 관련된 조현병 진단 차이에 어떻게 기여하는가?

아프리카계 미국인과 비히스패닉계 백인 미국인의 차이에 대한 또 다른 설명은 경제적 영역에 있다(Gara et al., 2019). 평균적으로 아프리카계 미국인이 비히스패닉계 백인 미국인에 비해 가난할 가능성이 더 많고, 실제로 경제적 차이를 통제하고 나면 두 집단 간 조현병 비율이 근접해진다. 경제적 설명과 일치되게 히스패닉계 미국인들도 보통 비히스패닉계 백인 미국인에 비해 경제적으로 불리하고 아프리카계 미국인만큼 높지는 않지만 비히스패닉계 백인 미국인에 비해 조현병을 진단받을 가능성이 더 높다(Coleman et al., 2016).

조현병 비율은 이민자와 토착민에서도 유의한 차이가 나타난다(Eger et al., 2020; Fischer & Buchanan, 2020b). 여러 나라의 연구를 통해 토착민 집단에 비해 이민자 집단의 장애 유병률은 4배까지 높을 수 있고, 이러한 차이는 2세대까지 영향을 미친다. 이민자 집단과 조현병 관련성의 원인이 충분히 이해되지는 않았지만 몇 가지 설명이 제시된다. 첫째, 조현병이 인종이나 소수민족 집단과 같이 이민자 집단에서 과잉 진단될 수 있다. 둘째, 이민과 관련된 특별한 스트레스(예 : 이주 스트레스, 외부인이 되는 것, 차별받는 것)가 이주민들로 하여금 조현병이 발발하는 데 특히 취약하게 만들 수 있다. 후자의 설명과 동일하게 여러 나라의 연구에서 보다 많은 차별을 경험하는 이민자 집단에서 차별을 덜 받은 집단보다 조현병 발병률이 더 높게 나타났다.

사회적 낙인 많은 사회문화 이론가는 조현병의 특징은 진단 그 자체에서 영향을 받는다고 믿고 있다. 그들의 의견을 따르면 사회는 어떤 행동 규준에 순응하는 데 실패한 사람에게 조현병이라는 낙인을 부여한다. 일단 낙인이 부여되면, 그것의 적합성 여부와 상관없이 자기충족적 예언에 따라 많은 조현병 증상이 발현된다.

처음에 제시한 바와 같이 Rosenhan의 연구는 논란의 여지가 매우 많다. 의도된 설계는 어떤 종류의 윤리적, 법적, 치료적 우려를 유발할 수 있는가?

제2장에서 이미 진단적 낙인의 위험을 강조한 유명한 Rosenhan(1973)의 연구를 살펴본 바 있다(64쪽 참조). 이 연구의 저자들에 따르면 8명의 정상인(가짜 환자)이 여러 정신병원을 다니며 '공허한', '텅빈', '쿵쾅거린다'는 사람 목소리가 들린

Alessandra Montalto/The New York Times/Redux

영향력 있는 연구의 몰락 광범위한 조사 이후 기자이면서 작가인 Susannah Cahalan은 2019년 임상심리학 분야에서 가장 영향력 있는 연구 중 하나인 Rosenhan의 'On Being Same in insane Places(정신병원에 제정신으로 들어가기)'의 장점과 진실성에 도전하는 저서를 집필하였다.

다고 호소하였다. 이들은 신속하게 조현병으로 진단되었고 8명 모두 입원되었다. 그 이후 가짜 환자들의 증상을 모두 없앴음에도 불구하고 낙인을 벗고 병원에서 퇴원하는 데 많은 어려움이 있었다. 연구에 따르면 병원 직원들은 권위적이었으며 퉁명스러웠고 환자들을 잘 돌보지 않았다. 상호작용하는 데 충분한 시간을 사용하지 않았으며 이들을 없는 존재처럼 대했다. 또한 가짜 환자들이 기술하기를 자신들은 무력했고 지루했으며 피곤하고 아무런 흥미도 가질 수 없었다고 하였다.

이 연구가 출판된 이후 수십 년이 지났고 이러한 속임수 설계와 시사점은 많은 논쟁을 낳았으며 임상가와 연구자들에게 긍정적 감정과 부정적 감정을 모두 가지게 하였다. 2019년에 이러한 반응이 최고점에 도달하였는데, Susannah Cahalan이 Rosenhan의 연구 노트에 접근하고 면담을 진행하여 새로운 정보를 찾아낸 후 이 연구에 대한 책을 집필하였다. 이 책에서 Cahalan(2019)은 이 연구가 상세한 부분과 논점이 대체적으로 부정확하고 때로는 속인 부분이 있다는 내용을 작성하였다. 요점을 살펴보면 다음과 같다. (1) 연구에서 주장하는 것보다 가짜 환자가 실제로는 병원에서 임상가에게 자신의 증상을 보다 더 혼란스럽고 생생하게 보고하였다. (2) 가짜 환자는 실제로 병원에서 어떻게 행동해야 하는지 거의 훈련받지 못하였고 자기 마음대로 하였다. (3) 가짜 환자의 병원 경험은 연구에서 제시한 것보다 때로는 긍정적이었다. (4) 가짜 환자 중 병원에서 긍정적으로 경험한 사람 중 최소 한 사람은 연구에서 탈락되었다. (5) 연구 결과를 지지하는 가짜 환자 중 일부는 만들어진 것이었다. (6) 연구 자료와 출처는 전혀 공개되지 않았다.

하나의 이론이 주요 연구를 토대로 수립되었는데 그 연구에 대해 의구심이 일어난다면 그 이론의 장점을 제대로 평가하는 것은 어렵다. 이것이 현재 조현병의 사회적 낙인 이론의 지지자들이 처한 입장이다. 그러나 Rosenhan의 연구 이후 사회적 낙인에 대한 수많은 연구가 반세기 동안 시행되었고 이 연구의 결과를 종합해보면 조현병(그리고 다른 정신장애)의 낙인은 종종 강하고 부정적이며 오명이 되어 장애의 진행과 치료에 영향을 미친다(Fischer & Buchanan, 2020a).

가족 기능 앞에서 살펴본 바와 같이 Fromm-Reichmann이 주장한 차갑고 본인 위주인 **조현병 유발 어머니**는 연구에 지지되지 않았지만 조현병과 **가족 스트레스**는 자주 관련된다(Chien et al., 2020; Gurak & Weisman de Mamani, 2017, 2016). 특히 조현병을 가진 사람의 부모는 종종 (1) 갈등을 자주 일으키고, (2) 서로 의사소통하는 데 더 큰 어려움을 가지며, (3) 다른 부모에 비해 자녀에게 보다 비판적이고 과도하게 개입한다.

가족 이론가들은 오래전부터 특정 가족에서 **표출 정서**(expressed emotion)가 높게 나타난다고 인지하고 있었다. 즉 가족들이 자주 비난하고 서로 용납하지 않고 서로를 향해 분노를 표현하고 서로의 사생활에 개입한다. 조현병에서 회복된 사람들 중 이러한 가정에서 생활하는 사람은 표출 정서가 낮은 가정에서 생활하는 사람에 비해 재발할 가능성이 4배나 된다(Chien et al., 2020; Rashidpour et al., 2019). 이러한 사실은 가족 역기능이 조현병을 일으키고 유지한다는 것을 의미하는가? 꼭 그런 것은 아니다. 조현병을 가진 사람이 가족의 삶을 크게 파괴할 수도 있다(Bai et al., 2020). 이렇게 함으로써 그들 스스로 임상가들과 연구자들이 지속적으로 관찰해온 가족 문제를 일으킬 수 있다.

표출 정서 가정에서 표출되는 비난, 거부, 증오의 일반적 수준. 조현병에서 회복된 사람 중 가족에서 표출 정서 비율이 높으면 재발 위험성이 더 높은 것으로 간주된다.

발달정신병리학적 관점

다른 심리적 장애와 마찬가지로 발달정신병리학 이론가들은 이 장에서 논의된 요인을 통해 조현병을 유발할 수 있는 이유와 방법을 설명하기 위해 통합적이고 발달적인 틀을 제공한다. 이론가들은 조현병으로 가는 길은 유전적으로 가지게 된 장애에 대한 사전경향성으로 시작된다고 주장하는데, 사전경향성은 앞에서 살펴보았던 뇌 회로의 기능장애에 의해 나타난다(Addington et al., 2020; Walker et al., 2016). 이론가들은 더 나아가 발달 과정에서 이러한 유전적 소인을 가진 개인이 심각한 삶의 스트레스 요인, 어려운 가족 상호작용 및/또는 기타 부정적인 환경 요인을 경험할 경우 결국 조현병으로 이어질 수 있다고 주장한다(Myllyaho et al., 2021; Cullen et al., 2020).

물론 앞서 살펴본 것처럼 다양한 입장의 이론가들은 조현병에서 **병적 소질-스트레스 관계**가 작동한다고 제안했다. 즉 생물학적 취약성을 가진 사람이 삶에서 유의한 스트레스나 다른 부정적 사건을 경험하게 되면 이 장애가 발생한다고 보는 입장이다. 그래서 발달정신병리학적 관점에서는 조현병을 이해하는 완전히 새로운 방법을 제시하지는 않는다. 그러나 이러한 관점의 이론가들과 연구자들이 한 것은 병적 소질-스트레스 과정에 대해 보다 상세한 것을 제공한 것이다(Mittal & Walker, 2019). 특히 두 가지 핵심을 명료화하였다.

1. 조현병은 일반적으로 젊은 성인기에 장애가 실제로 발병하기 훨씬 전에 나타나기 시작한다. 이 장애가 있는 사람들이 생애 초기에 인지, 지각 및 주의력 문제를 나타내는 경우가 많다는 것을 이미 살펴보았다. 발달정신병리학 연구자들은 그러한 사람들이 초기 발달 전반에 걸쳐 사회적으로 더 위축되고, 불쾌하고, 불순종하며, 운동장애를 더 많이 갖는 경향이 있다는 것을 발견했다(Addington et al., 2020; Walker et al., 2016). 이러한 초기 문제 중 일부는 주로 개인의 유전적 소인에서 비롯되는 것으로 보이지만 연구에 따르면 어린 시절 스트레스, 가족 기능 장애 및/또는 어려운 사회적 상호작용의 반복적인 경험 때문일 수도 있다(Myllyaho et al., 2021; Salazar de Pablo et al., 2019).
2. 뇌 회로 기능장애가 나중에 조현병이 되는 사람들의 기능에 부정적인 영향을 미칠 수 있는 주요 방법 중 하나는 **시상하부-뇌하수체-부신**(HPA) **축** 작동에 미치는 회로의 영향을 통해서이다(148쪽 참조). 기억하는 바와 같이 우리가 스트레스를 받을 때마다 뇌의 시상하부는 이 뇌-신체 스트레스 경로를 활성화하여 차례로 코르티솔 및 기타 스트레스 호르몬의 분비와 광범위한 각성을 경험하게 한다. 발달정신병리학 연구자들에 따르면 조현병과 관련된 뇌 회로에 의한 기능장애가 스트레스 상황에서 HPA 축의 과잉반응을 이끌어낸다(E. Ji et al., 2021; Cullen et al., 2020; Walker et al., 2016, 2010, 2008). 이러한 만성적 과잉반응은 개인이 발달하는 동안 스트레스 요인에 매우 민감하고 불안하게 만든다. 그 개인은 나중에 스트레스에 직면하여 조현병을 발병할 경향성이 더 커진다(Murray et al., 2020).

발달정신병리학 연구자와 다른 연구자들은 과도하게 반응하는 HPA 축과 만성 스트레스 반응이 뇌 전체의 염증 증가를 특징으로 하는 역기능 **면역체계**의 발달로 이어진다는 것을 추가적으로 발견했다(그림 12.4 참조). 따라서 최근 몇 년 동안 수행된 수많은 연구에서 이 장애를 가진 사람의 뇌 전체에 만성 염증을 유발하는 단백질인 **전염증성 사이토카인**(189, 273쪽 참조)의 생성 및 확산 증가를 포함하여 조현병을 가진 사람에게서 심각한 면역체계 문제가 발견된 것은 놀라운 일이 아니다(Fischer & Buchanan, 2020b; Murray et al., 2020). 조현병의 병적 소질-스트레스 관점에 깊이를 더하는 것에 더불어 발달정신병리학적 관점은 이 장애를 다루

흥미로운 이야기

아버지의 영향

자녀가 태어났을 때 아버지 나이가 50세 이상인 사람은 보다 젊은 아버지의 자녀보다 조현병을 발생시킬 가능성이 크다. 이 현상은 양극성장애의 경우와 마찬가지로 노화 현상의 일환으로 나타나는 정자 세포 생성 과정의 유전적 돌연변이 증가로 설명할 수 있다(Fischer & Buchanan, 2020b; Kendall et al., 2020).

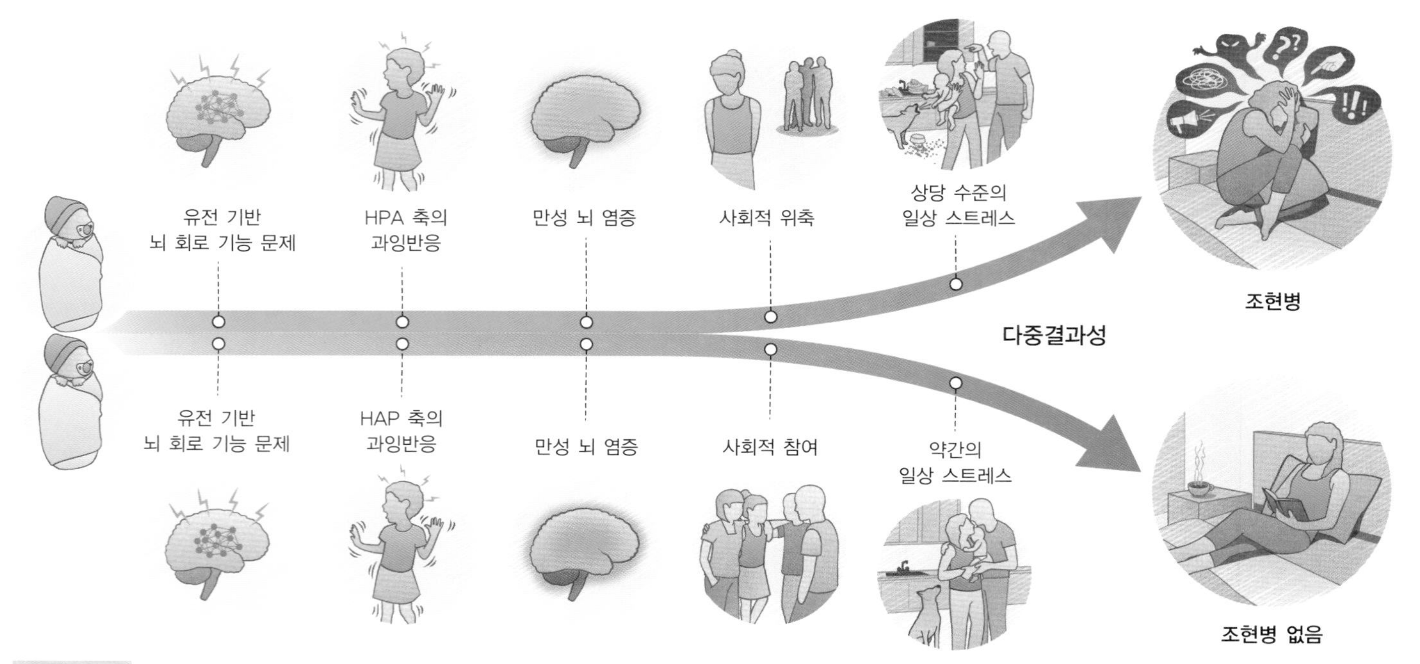

그림 12.4

조현병의 발달

발달정신병리학 이론가에 따르면 이러한 개인은 유사한 발달 위험 요인(뇌 회로 기능장애, HPA 축 과민반응 및 뇌 염증)에 도전을 받았음에도 불구하고 다중결과성을 보이며 다른 임상 결과로 이어진다. 첫 번째 사람은 점점 더 심한 사회적 위축과 상당한 삶의 스트레스를 경험하여 조현병의 토대를 마련하는 반면, 두 번째 사람은 사회적 참여를 하고 약간의 일상 스트레스(보호요인)를 경험하면서 심리적으로 건강한 상태를 유지한다.

는데 예방의 이점을 강조함으로써 중요한 기여를 하였다(Healy & Cannon, 2020). 이러한 관점에 따르면 이 장에서 논의된 각 요인(뇌 회로 기능장애에서 가족 역학, 스트레스 반응에 이르기까지)은 서로 영향을 미칠 수 있다. 과잉반응성 HPA 축이 아동을 스트레스에 특히 취약하게 만들 수 있는 것처럼 어린이의 회복력 및 대처 기술 습득도 HPA 축의 작동을 향상시킬 수 있다. 이 양방향 관계는 조현병에 걸릴 위험이 있는 어린이를 더 잘 식별하고 아동이 조현병에 걸리게 하는 요인을 역전시킬 수 있는 보다 강력한 예방 개입을 주장한다. 불행히도 다음 장에서 보게 되겠지만 오늘날 대부분의 조현병 접근법은 예방보다는 장애 발병 후 치료를 포함하고 있다.

요약

이론가들은 조현병을 어떻게 설명하는가

많은 이론가들은 조현병을 발생하는 병적 소질-스트레스 관계에서 생물학적 요소와 환경적 요소를 결합한다.

조현병의 생물학적 설명은 유전적, 생화학, 뇌 구조와 회로 및 바이러스 요소이다. 가장 우세한 생화학적 설명은 조현병 환자의 뇌에서 과도한 도파민 활동이 일어난다는 것이다.

조현병에 대한 주요 심리학적 설명은 정신역동과 인지행동 모델이다. 초기 정신역동적 설명 중 한 이론에서는 조현병 유발 어머니가 이 장애를 유발하는 데 기여한다고 주장하였다. 통상 심리학적 설명은 연구에 의해 강력하게 지지되지 않는다.

사회문화적 설명은 다문화 차이가 조현병의 비율과 특징 및 회복에 영향을 준다고 한다. 다른 사회문화적 설명에서 조현병이라는 낙인 자체가 장애 증상을 심화시킬 수 있다고 이야기한다. 또 다른 사회문화 이론가들은 조현병 원인으로 가족 역기능을 강조한다.

통합적 설명틀을 제공하는 발달정신병리학 이론가들은 인간의 발달 과정 전반에 걸쳐 심각한 생활 스트레스, 어려운 가족 상호작용 및 다른 부정적 환경 요소를 경험한다면 개인의 유전적 사전경향성(역기능적 뇌 회로와 과잉반응하는 HPA 축으로 구성)이 궁극적으로 조현병으로 이어질 수 있다고 주장한다.

흥미로운 이야기

잘못된 분열

대중적인 개념 오해에도 불구하고 조현병을 가진 사람들은 '분열' 혹은 다중 인격을 가지고 있지 않다. 이러한 패턴은 '해리성 정체성장애'에서 나타난다.

조현병과 기타 심각한 정신장애는 어떻게 치료하는가

조현병과 기타 심각한 정신장애에 대한 오늘날의 치료 상황은 어떤 사람들에게는 기적적인 승리로, 다른 사람들에게는 중간 정도의 성공으로, 또 다른 사람들에게는 가슴 아픈 실패로 보인다. 그것은 일반적으로 약물, 약물 관련 건강 문제, 손상된 생활방식, 희망과 좌절의 혼합으로 특징지어진다. 조현병 및 기타 심각한 정신장애를 앓는 수십만 명의 전형적인 여정을 겪은 캐시의 경우를 살펴보겠다. 확실히 조현병을 극복하기 위한 노력이 더 순조롭게 진행되는 환자가 있다. 그리고 스펙트럼의 반대편에는 결코 캐시의 성공적인 수준에 근접하지 못하는 심각한 정신기능장애에 맞서 싸우는 많은 사람이 있다. 그 중간 지점에 많은 캐시들이 있다.

> **흥미로운 이야기**
>
> **그들의 진술**
>
> "인간은 언제나 미칠 수 있으며 그 사람들을 치료할 수 있다고 생각하는 사람이 가장 미친 사람이다."
>
> 볼테르(1694~1778)

대학교 2학년 때 캐시의 정서적 문제는 악화되었고 리튬과 할돌이 처방되었다.

그 후로 16년 동안 캐시는 병원 입·퇴원을 반복하였다. 그녀는 '약 먹기를 정말 싫어했다.' 할돌 때문에 근육이 뻣뻣해졌고 침을 흘리게 되었으며 리튬은 그녀를 우울하게 만들었다. 그래서 종종 약을 끊어버렸다. 약을 끊자 보상반응이 나타나고 망가지기 시작하였다.

1994년 초에 15번째로 입원하게 되었다. 그녀는 만성 정신질환자의 모습이었으며 이따금 환청도 들었다. 칵테일 처방이 이루어졌는데 할돌, 아티반, 테크레톨, 할시온, 코젠틴이 포함되었고, 마지막 약은 할돌의 역겨운 부작용에 대한 해독제로 처방된 것이었다. 그해 봄에 병원에서 퇴원할 때 의사가 최근에 FDA 승인을 받은 항정신병 약물인 리스페달을 복용해보라고 하였다. "3주가 지난 후 정신이 맑아졌고 환청이 사라졌어요. 다른 약을 다 끊고 이 약만 복용했는데 계획을 짤 수 있었고 더 이상 악마와 대화하지 않게 되었어요. 예수님과 하나님이 그것을 몰아내기 위해 내 머릿속에서 전쟁을 하지 않게 되었어요." 그녀의 아버지는 이렇게 표현했다. "캐시가 돌아왔어요."

그녀는 학교에 복학했고 방송 관련 분야의 학위를 받았다. 1998년에 현재 함께 살고 있는 남자와 데이트를 시작하였다. 2005년에 시간제 일을 시작하였다. 여전히 사회보장 보험(Social Security Disability Insurance, SSDI)을 받고 있기는 하다. "나는 잘 나가는 여자예요"라고 농담을 하기도 한다. 여러 가지 이유가 있겠지만 그녀는 지금까지 많은 도움을 준 리스페달이 전일제 직업을 가지는 데 장벽이 된다고 믿었다. 그녀는 이른 정오까지는 매우 활력이 넘쳤으나 리스페달 때문에 너무 졸려서 아침에 일어나기가 힘들었다.

리스페달은 신체적인 문제를 발생시키기도 했다. "이런 저런 신체적 문제로 거의 할머니 수준이지요. 발, 신장, 심장, 비강의 문제와 체중 증가까지 모든 문제가 다 생겼어요." 그렇지만 그녀는 리스페달 없이는 제대로 살 수가 없다.

인생 여정 동안 그녀가 겪어온 약물의 역사는 이러했다. 끔찍했던 16년, 그 이후 리스페달로 인해 아주 잘 지내고 있는 14년. 그녀가 살아온 삶을 살펴보면 이런 질문을 하게 될 것이다. 이 이야기는 정신병을 치료하는 데 약물치료가 더 나은 삶을 만들어준다는 것인가, 아니면 더 나쁘게 만든다는 것인가? 캐시는 이 문제에 대해 정신과 의사가 결코 깊이 숙고하지 않는다고 생각한다.

(Whitaker, 2010)

캐시의 사례에서 보듯이 조현병은 치료하기 매우 어렵지만 과거에 비해 임상가들은 치료에서 훨씬 더 많이 성공하고 있다. 실제로 불안전하고 심지어 위험하기도 하지만 **항정신병 약물**에 대한 신뢰도 높아지고 있다. 약물치료는 조현병과 다른 정신장애를 가진 사람들이 사고하는 데 도움을 주어서 이전에는 거의 효과가 없던 심리치료에서 효과를 얻게 해주고 있다.

조현병을 가진 사람들의 곤경을 보다 더 잘 전달하기 위해 이번 장에서는 통상적 형식에서 벗어나 역사적 관점에서 치료를 논해보겠다. 시간이 흐르면서 치료가 어떻게 변화되는지를 살펴보는 것은 우리가 속성, 문제, 오늘날 접근에 대한 전망을 이해하는 데 도움이 된다. 과거 조현병 치료를 살펴보면서 '조현병'이라는 명칭이 20세기 즈음하여 정신병적 증상을 가진 대부분의 사람에게 붙여진 것이라는 점을 기억하는 것은 중요하다. 그러나 임상 이론가들은 정신과적 증상을 가진 상당수 사람들이 실제로 심각한 양극성장애나 주요우울장애를 보인다는 점과 과거 이런 사람들이 조현병으로 잘못 진단되었음을 깨달았다. 그래서 과거 조현병 치료, 특히 기관수용 치료의 실패에 대한 논의는 조현병으로 진단하였던 다른 정신장애에도 적용할 수 있다. 실제로 정신병적 특징을 포함한 어떤 장애도 치료가 만만치 않은 장애를 나타내며 지역사회 정신건강 운동과 같은 현재 치료 접근에 대한 어떤 논의도 다른 정신장애에 역시 적용될 수 있다.

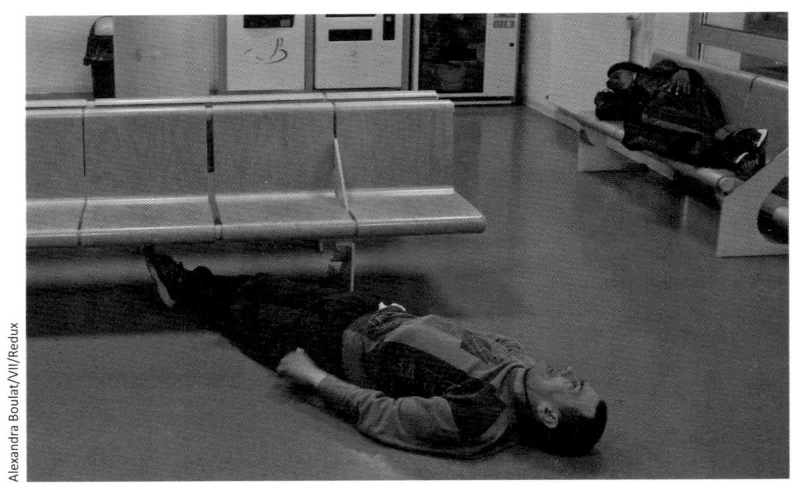

Alexandra Boulat/VII/Redux

갈 길이 멀다 프랑스 파리 인근 델라폰테인병원 응급실 대기실 바닥에 조현병을 앓고 있는 남성이 누워 있다. 이 환자의 어려운 상황은 다양한 효과적 중재의 발달에도 불구하고 심각한 정신장애를 가진 많은 사람에 대한 전반적인 치료가 바람직한 수준에 도달하기에는 많이 부족하다는 점을 상기시킨다.

과거의 기관수용 치료

20세기 중반을 넘어서 조현병으로 진단받은 대부분의 사람들은 공립병원에 **수용**되었다. 전통적인 치료법으로는 이 환자들을 치료할 수 없었기 때문에 이러한 조치의 일차적인 목표는 그 사람들을 가두어놓고 음식, 쉼터와 의복을 제공하는 것이었다. 환자들은 치료진을 거의 만나지 못하였고 대부분 방치되었다. 많은 환자가 학대를 받았다. 매우 이상하게도 이러한 일이 선의라는 분위기 속에서 전개되었다.

제1장에서 본 바와 같이 병원수용운동은 1793년도에 프랑스 의사인 Philippe Pinel이 라비세트르수용소에서 환자의 족쇄를 풀어주고 '도덕적 치료'를 실시하기 시작함으로써 시작되었다. 몇 세기 만에 처음으로 중증장애를 가진 환자들을 동정과 친절로 돌보아야 하는 인간으로 보기 시작하였다. Pinel의 생각이 유럽과 미국으로 퍼지면서 수용시설이 아니고 중증 정신장애인을 돌보기 위한 대형 정신병원이 설립되었다(Tartakovsky, 2018; Goshen, 1967).

새로운 정신병원은 보통 땅값과 인건비가 낮은 지역에 세워졌는데, 환자들이 일상의 스트레스로부터 보호받고 치료자와 가까운 곳에서 일할 수 있는 건강한 심리 환경을 제공하려는 의도였다. 미국의 각 주들은 개인적으로 치료비를 감당할 수 없는 환자들을 위해 **주립병원**(state hospital) 설립을 법으로 정하였다.

수용 생활 20세기 전반기 미국의 공립 정신병원을 연상하게 하는 장면으로, 이 환자들은 상하이의 과밀한 병동에서 모여 하루를 보낸다. 치료사 부족으로 인해 심리적 장애가 있는 중국인 중 소수만이 오늘날 적절한 전문 치료를 받고 있다.

John Stanmeyer/VII/Redux

그러나 결과적으로 주립병원 체계는 심각한 문제에 부딪혔다. 1845~1955년 사이에 거의 300개의 주립병원이 미국에 생겼고, 1845년의 하루 2,000명이었던 입원 환자 수가 1955년에는 60만 명에 이르렀다. 이렇게 팽창되면서 병동은 환자로 넘쳐났고 입원율은 올라갔으며 주 재정은 이를 감당할 수 없게 되었다.

공공 정신병원의 우선순위와 환자들이 받는 치료의 질은 110년 동안 변화되었다(D'Antonio, 2020; Bloom, 1984). 과밀과 부족한 의료진으로 인해 인도주의적인 치료보다는 명령을 수행하는 것이 더 중요해졌다. 수용소 시대로 돌아가서 어려운 환자들을 묶고 격리하고 처벌하였다. 개개인에 대한 관심은 사라졌다. 잘 치료가 되지 않은 환자들을 뒷켠에 있는 병동이나 만성 병동으로 보냈다. 이 병동 환자 대부분은 조현병으로 고통받고 있었다. 사실 뒷켠 병동은 무망감으로 가득 찬 인간 창고였다. 의료진은 어려운 환자를 다루는 데 구속복과 수갑에 의존하였다. 보다 '앞섰다고 한' 치료 형태로 현재는 악명이 높은 **엽 절제술** 같은 것이 있었는데, 이는 얼음송곳같이 생긴 기구를 두개골 측면이나 안와를 통해 뇌에 삽입해서 신경섬유를 자르거나 파괴시키는 방식이다 (Blomstedt, 2020).

조현병을 가진 사람들은 왜 자주 과밀 병동, 엽 절제술, 그리고 나중에는 시설 방출과 같은 끔찍한 치료의 희생양이 되는가?

주립병원 개별 주가 운영하는 미국 공공 정신병원

환경치료 기관이 환자가 자존감, 책임감 있는 행동과 의미 있는 활동을 촉진하는 환경을 만들어줌으로써 환자의 회복에 도움을 줄 수 있다는 믿음에 기초한 인본주의적 기관치료 접근

기관수용 치료 개선의 전환점을 맞이하다

1950년대에 임상가들은 몇 년 동안 수용시설에 거주했던 환자들에게 희망을 주었던 두 가지 접근을 발달시켰다. 하나는 인본주의 접근에 기초한 **환경치료**이고 다른 하나는 행동원칙에 기초한 **토큰 경제 프로그램**이었다. 이러한 접근은 특히 기관수용으로 인해 악화되는 문제 영역인 개인에 대한 보살핌과 환자의 자기상을 향상시키는 데 도움을 주었다. 이러한 접근이 많은 기관에서 적용되었고 이제는 기관치료의 규준이 되었다.

흥미로운 이야기

그들의 진술

"당신이 길거리에서 가장 정상으로 보이는 사람을 잡아 정신병원에 집어넣으면 몇 주 내에 그 사람은 미쳤다는 진단을 받게 될 것이다."

클레어 앨런의 *Poppy Shakespeare* 중

환경치료 인본주의 이론가들의 의견에 따르면 기관에 수용된 환자는 독립성, 책임감과 긍정적 자기 존중 및 의미 있는 활동에 참여할 기회를 박탈당하면서 기능이 도태되었다. **환경치료**(milieu therapy)의 전제는 기관은 생산적 활동, 자기 존중과 개인적 책임감을 제공하는 사회적 분위기 혹은 환경을 어느 정도 만들어내지 못하는 한 환자에게 도움을 제공할 수 없다고 본다.

이 접근의 개척자는 Maxwell Jones라는 영국 정신과 의사였다. 1953년도에 Maxwell Jones는 다양한 심리적 장애를 가진 환자 병동을 치료적 공동체로 전환하였고 병원에 최초의 환경치료를 적용하였다. 환자들은 '주민'으로 불렸으며 자신의 삶을 관리하고 의사결정 능력이 있는 것으로 간주되었다. 이들은 지역사회 관리에 참여하여 스태프의 일원으로 일하면서 규칙을 세우고 벌칙을 정한다. 분위기는 상호 존중하고 지지하며 개방되어 있다. 또한 환자들은 특별한 프로젝트를 하고 여가 활동을 즐긴다. 간단히 말하면 병동 밖의 생활과 유사하게 일상 시간을 계획한다.

환경치료 유형의 프로그램은 그 이후로 서구 세계 전역에 걸쳐 자리잡게 되었다. 장소마다 프로그램이 다르기는 하지만 최소한 스태프 일원들이 환자와 스태프 일원의 상호작용(특히 집단 상호작용)을 촉진하고 환자들이 능동적이며 자신이 이루고자 하는 기대를 높이도록 격려한다. 몇 년 동안의 연구를 통해서 보호를 주로 하는 병원에 비해 환경치료를 시행하는 병원에서 심각한 정신장애 환자들의 증상 회복률이 더 높음이 보고되었다 (Bhat et al., 2020; Smith & Spitzmueller, 2016). 그러나 많은 환자는 여전히 회복되지 못한 상태이고 퇴원 이후에는 집단 주거시설에서 살아야 한다.

이러한 한계에도 불구하고 환경치료는 많은 기관에서 지속적으로 시행되고 있으며 종종 다른 병원 치료와 결

환경치료 철학 환경치료 철학은 전 세계의 많은 치료 프로그램에 영향을 미치고 있다. 아르헨티나 부에노스아이레스의 보다정신병원에서 환자들, 치료자들과 자원봉사자들이 함께 탱고 워크숍을 열어 운동을 제공하는 것뿐 아니라 환자들에게 평등, 자존감과 역량을 심어준다.

Eitan Abramovich/AFP/Getty Images

토큰 경제 프로그램 행동 프로그램으로 바람직한 행동이 상품이나 특권 등과 교환되는 토큰 보상을 통해 체계적으로 강화되는 것

합하여 이루어진다. 더욱이 이 장 후반에서 기술하겠지만 오늘날 중증 정신장애인을 위한 반주거시설과 다른 지역사회 프로그램은 환경치료 원리에 맞추어 진행되고 있다.

토큰 경제 1950년대에 행동 이론가들은 병원에서 조작적 조건화를 체계적으로 적용하는 기법이 조현병이나 다른 중증 정신장애 환자의 행동을 변화시키는 데 도움이 될 수 있다는 것을 발견하였다(Glodowski et al., 2019; Ayllon & Michael, 1959). 이 기법을 적용한 프로그램을 **토큰 경제 프로그램**(token economy program)이라고 불렀다.

토큰 경제에서 환자들은 적절한 행동을 했을 때 보상을 받고 그렇지 않을 때는 보상을 받지 못하였다. 적절한 행동에 대한 즉각적인 보상은 나중에 음식, 담배, 병원에서의 특권과 다른 원하는 항목으로 교환할 수 있는 토큰이었고, 이렇게 토큰 경제가 형성되었다. 적절한 행동에는 자신을 잘 관리하거나 물건을 잘 관리해주는 것(예 : 침대 정리, 옷 입기), 직업 프로그램에 들어가는 것, 정상적으로 말하는 것, 병동 규칙 따르기와 자기 통제 보이기 등이 포함되었다. 연구자들에 의하면 토큰 경제는 정신병적 증상과 관련된 행동을 감소시키는 데 도움이 된다(Fiske et al., 2020).

토큰 경제의 효능에도 불구하고 일부 임상가들은 이 프로그램에서 일어나는 향상의 질에 의문을 제기하였다. 행동 치료자들이 환자의 정신병적 사고와 지각을 변화시키는 것인가 아니면 단지 정상행동을 모방하는 능력을 향상시키는 것인가? 이 논쟁은 존이라고 하는 중년 남성의 사례를 보면 알 수 있는데, 그는 자신이 미국 정부라고 하는 망상을 가지고 있었으며 말할 때마다 정부를 언급하였다. "만나서 반갑습니다. 우리 제도에 당신 같은 사람들이 필요합니다. 존의 몸속에서 우리는 모든 활동을 수행하고 있습니다." 존의 병동에서 토큰 경제가 시행되었을 때 의료진은 그의 망상과 관련된 대화를 목표로 하여 토큰을 얻으려면 자신을 적절하게 소개하도록 하였다. 몇 달 후 토큰 경제가 끝난 후 존은 정부에 대해 언급하기를 멈추었다. 이름을 물으면 '존'이라고 대답하였다. 의료진은 그의 향상에 기뻐하였으나 존은 상황에 대해 다른 시각을 가지고 있었다. 사적인 대화에서 존은 다음과 같이 말하였다.

> 우리는 지쳤다. 담배가 필요할 때마다 헛소리를 해야만 했다. "당신 이름이 어떻게 되죠? 누가 담배를 원하나요? 정부는 어디에 있나요?" 오늘 담배가 너무 피고 싶어서 멍청한 간호사인 심슨에게 갔고 그 여자는 협상을 시작했다. "담배를 원하면 이름을 말해요. 이름이 어떻게 되죠?" 물론 우리는 '존'이라고 대답했다. 우리는 담배가 필요했었다. 우리가 그녀에게 사실을 말하면 담배는 없다. 그렇지만 이런 어처구니없는 일에 쓸 시간이 없다. 우리는 국제 교육, 법령 개정, 난민 구제를 하느라 바쁘다. 그래서 이 사람들이 놀이를 지속하게 그냥 두었다.
>
> (Comer, 1973)

토큰 경제 프로그램은 이전만큼 보편적이지는 않지만 여전히 많은 정신병원에서 약물 및 많은 다른 지역사회 주거 프로그램들과 함께 사용하고 있다(Glodowski et al., 2019). 또한 이 접근은 정신지체, 비행과 과잉행동과 같은 다른 분야의 임상 문제 및 교육이나 기업 같은 다른 분야에도 적용되었다(Bonfonte, Bourret, & Lloveras, 2020; DeJager et al., 2020).

흥미로운 이야기

그들의 진술

"현실이 뭐가 그렇게 대단한데?"

조현병 환자, 1988

항정신병 약물

환경치료와 토큰 경제 프로그램은 조현병으로 진단된 사람들의 암울한 전망을 개선하는 데 도움이 되었지만 진정으로 이 장애 치료의 혁명은 1950년대 항정신병 약물의 발견으로 이루

어졌다. 이 약물은 많은 증상을 없애고 오늘날에는 거의 모든 치료의 일부가 되었다(Goff, 2021; Jibson, 2020a, 2020b).

살펴본 바와 같이 항정신병 약물의 발견은 알레르기를 퇴치하는 **항히스타민제**를 최초로 발견한 1940년대로 거슬러 올라간다. 프랑스 외과의사인 Henry Laborit는 항히스타민제의 하나인 **페놀티아진**이 수술 중 환자를 진정시키는 데 사용될 수 있다는 것을 발견하였다(Goff, 2020). 마침내 6명의 환자를 대상으로 페노티아진의 일종인 클로르프로마진을 시험하여 증상을 현격히 감소시킨다는 것을 알아냈다. 1954년에 클로르프로마진은 미국에서 소라진(Thorazine)이라는 상품명의 항정신병 약물로 판매 허가를 받았다.

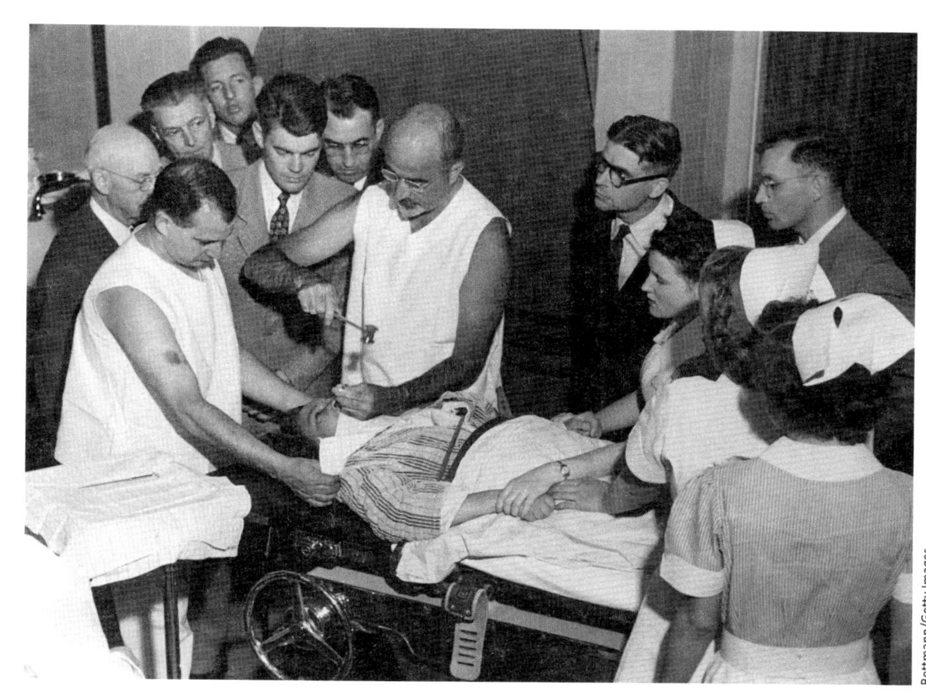
Bettmann/Getty Images

악명 높은 절차 항정신병 약물 이전에는 심각한 정신장애가 있는 사람에게 조잡한 생물학적 개입이 자주 사용되었다. 사진에서 영향력 있는 신경정신과 의사인 Walter Freeman은 1949년에 관심을 가진 구경꾼 앞에서 환자의 안와를 통해 뇌에 바늘을 삽입하여 엽 절제술을 수행하고 있다.

페놀티아진의 발견 이후 다른 종류의 항정신병 약물이 개발되었다. 1960년대, 1970년대, 1980년대에 개발된 약물은 최근에 개발된 **'2세대' 항정신병 약물**(혹은 '차세대' 항정신병 약물)과 구분하기 위해서 **'1세대' 항정신병 약물**이라고 칭한다. 1세대 약물은 신경과적 질환 증상과 유사한 비정상적 운동 반응을 발생시키기 때문에 **신경이완제**라고도 알려져 있다. 앞서 본 바와 같이 전형 약물은 신경전달물질인 **도파민**의 과도한 활동을 차단함으로써 부분적으로 정신병적 증상을 감소시킨다(Goff, 2021; Kidron & Nguyen, 2020).

항정신병 약물은 얼마나 효과적인가 항정신병 약물이 조현병으로 진단된 환자의 약 70%에서 증상을 감소시킨다는 연구가 반복적으로 보고되었다(Goff, 2021; Stroup & Marder, 2020). 더욱이 직접적인 비교에서 이 약물들이 심리치료, 환경치료나 전기충격요법과 같은 다른 치료를 단독으로 쓰는 것보다 조현병 치료에 효과적이었다.

약물로 도움을 받는 환자에서 약물치료 후 몇 주 내 효과가 나타나고 6개월 이내 증상 개선이 최대치에 이르게 된다(Jibson, 2020a, 2020b). 그러나 환자가 약물복용을 너무 조기에 멈추면 증상이 다시 시작된다(Goff, 2021; Lauriello, 2020). 항정신병 약물, 특히 1세대 약물은 밋밋한 정서, 언어빈곤과 동기 소실과 같은 음성 증상보다는 환청과 망상과 같은 조현병의 양성 증상을 보다 완벽하게 혹은 최소한 보다 빠르게 감소시킨다(Goff, 2021, 2020; Jibson, 2020a, 2020b).

1세대 항정신병 약물의 부정적 효과 정신병적 증상을 감소시키는 것뿐 아니라 1세대 항정신병 약물은 때때로 운동 저해 문제를 일으킨다(Goff, 2021; D'Souza & Hooten, 2020a). 뇌의 운동 활동 통제 영역인 추체외 회로 영역에 약물이 작용해서 발생하기 때문에 이 효과를 **추체외 회로 장애 효과**(extrapyramidal effect)라고 한다.

가장 일반적인 추체외 회로 장애 효과는 **파킨슨병 증상**인데, 신경과적 질환인 파킨슨병의 특징과 매우 유사한 양상을 보인다. 1세대 항정신병 약물치료를 받는 환자의 최소한 절반에

추체외 회로 장애 효과 몸을 심하게 흔들고 괴상하게 얼굴을 씰룩이며 몸을 비틀고 극도로 안절부절못하는 등의 비정상적 움직임을 보이며 1세대 항정신병 약물에 의해 종종 나타난다.

Xavier Rossi/Gamma-Keystone/Getty Images

약물혁명 1950년대 이후로 약물치료가 조현병이나 다른 중증 정신장애로 입원해 있는 환자 치료의 중심이 되었다. 약물치료는 몇 년이었던 입원 기간을 몇 달로 축소시켰다.

서 근육 경련과 근육 강직이 나타난다. 몸을 떨고 느리게 움직이며 발을 끌고 얼굴에 표정이 거의 나타나지 않는다(Marder & Stroup, 2020; Wyant & Chou, 2020). 어떤 환자들은 얼굴, 목, 혀, 등에 괴상한 움직임을 나타내고 많은 사람이 안절부절못하고 사지에 불편감을 경험한다.

대부분의 약물 부작용은 며칠 내 혹은 몇 주 내 나타나는 반면에 **만발성 운동장애**(tardive dyskinesia, 나중에 나타나는 운동장애를 의미)는 1세대 항정신병 약물을 복용한 이후 6개월 이상 지날 때까지 나타나지 않기도 한다(Deik & Tarsy, 2020; Liang & Tarsy, 2020). 이 증상에는 불수의적으로 씹기, 빨기, 입맛 다심과 팔과 다리나 전신의 갑작스러운 움직임 등이 포함된다. 장기간 1세대 약물을 복용하는 사람 중 15% 이상에서 어느 정도의 만발성 운동장애가 나타나며 약물복용이 길어질수록 위험도 더 커진다. 50세 이상 환자는 위험성이 더 큰데, 젊은 환자보다 3~5배 정도가 된다.

만발성 운동장애는 소거가 어렵고 때때로는 아예 불가능하다(Liang & Tarsy, 2020). 이 패턴을 감소시키는 데 도움이 되는 몇 가지 약물이 개발되었다(Marder et al., 2020). 더불어 어떤 비타민이 도움이 된다는 증거가 있기도 하다(Artukoglu et al., 2020).

오늘날 임상가들은 과거에 비해 1세대 항정신병 약물 처방에 대한 지식이 더 많고 더 잘 알고 있다(표 12.3 참조). 이전에 환자들이 이 약물로 증상이 좋아지지 않는다면 임상가들은 용량을 늘리려 하였으나 오늘날 임상가들은 동반상승 효과를 얻기 위해 다른 약을 추가하거나(다중약물요법), 그 약을 중단시키거나 다른 약으로 대체하거나 전체 약 처방을 모두 중지한다(Guinart & Correll, 2020; Takeuchi & Remington, 2020). 또한 오늘날 임상가들은 환자에게 가능한 최소 용량을 처방하며 환자가 정상적으로 기능한 후 몇 주 혹은 몇 달이 지나면 점차적으로 약물을 줄이거나 중단시킨다(Goff, 2021; Takeuchi et al., 2020). 그러나 어떤 환자는 아주 소량씩 감량만 가능해서 이런 경우에는 지속적으로 주의 깊게 모니터링하면서 고용량의 항정신병 약물을 사용한다(Glick et al., 2020).

과거 정신과 의사들이 항정신병 약물에 부작용을 보이는 환자에게 계속 고용량의 항정신병 약물을 투여한 이유는 무엇인가?

2세대 항정신병 약물 앞에서 본 바와 같이 2세대 항정신병 약물은 최근에 개발되었다. 가장 효과적이고 광범위하게 쓰이는 신약은 클로자핀(클로자릴), 리스페리돈(리스페달), 올란자핀(자이프렉사), 쿠에티아핀(세로켈), 지프라시돈(지오돈), 아라피프라졸(아빌리파이) 등이다. 이미 살펴본 바와 같이 이 약물들은 도파민 D-2 수용기가 적고 D-1 수용기와 세로토닌 수용기가 1세대 약물에 비해 더 많다(Goff, 2021, 2020; Deik & Tarsy, 2020)(400쪽 참조).

2세대 항정신병 약물은 최소한 1세대 약물 정도의 효과를 보이거나 그 이상의 효과를 보인다(Jibson, 2020b; Stroup & Marder, 2020). 클로자핀은 가장 효과 있는 약물이지만 다른 2세대 약물도 많은 사람에게 의미 있는 변화를 가져다주었다. 앞에서 언급한 캐시의 예를 들어보면, 그녀는 1세대 항정신병 약물에 거의 효과가 없이 몇 년을 보내다가 리스페리돈에 매우 잘 반응하였다. 1세대 약물과 달리 신약은 조현병 양성 증상을 감소시킬 뿐 아니라 음성 증상도

만발성 운동장애 오랜 기간 1세대 항정신병 약물을 복용한 환자들 일부에서 나타나는 추체외 회로 장애 효과

감소시킨다(Cerveri, Gesi, & Mencacci, 2019). 2세대 항정신병 약물의 다른 주요 이점은 일부 부작용이 있기는 하지만 추체외 회로 장애를 덜 일으키고 만발성 운동장애를 일으키지 않는 것 같다(D'Souza & Hooten, 2020a; Liang & Tarsy, 2020).

이러한 이점으로 인해 약물치료를 받는 조현병 환자의 절반 이상이 2세대 약물을 복용하고, 이 약물들은 이 장애의 일차적인 치료로 고려된다(Jibson, 2020b). 제6장에서 살펴본 바와 같이 많은 양극성장애나 다른 정신장애를 가진 환자들도 몇 가지 2세대 항정신병 약물로 도움을 받는 것 같다.

2세대 항정신병 약물도 심각한 부작용을 가지고 있다. 예를 들면 클로자핀을 복용한 사람 중 약 1~1.5%는 생명을 위협하는 수준으로 백혈구가 감소되는 **무과립구증**(agranulocytosis)을 겪는다(다른 2세대 약물은 이러한 부작용을 나타내지 않는다)(Goff, 2021; NIMH, 2020h). 따라서 클로자핀을 복용하는 환자는 잦은 혈액검사를 해서 무과립구증을 조기에 찾아내어 약 복용을 중지하도록 해야 한다(Freudenreich & McEvoy, 2020). 또한 연구에 따르면 이 약의 복용이 정신증을 감소시킴에도 불구하고 1세대 약물과 같이 만성 조현병을 가진 사람들에게서 삶의 질을 어느 정도는 변화시킨다(Goff, 2021; Brooks, 2019).

표 12.3

일부 항정신병 약물

일반명	상품명
1세대 항정신병 약물	
클로르프로마진	소라진
트리플루프로마진	스텔라진
플루페나진	프롤릭신
페르페나진	트리라폰
아세토페나진	틴달
클로르프로틱센	타락탄
티오틱센	나반
할로페리돌	할돌
록사핀	록시탄
피모자이드	오랩
2세대 항정신병 약물	
리스페리돈	리스페달
클로자핀	클로자릴
올란자핀	자이프렉사
쿠에티아핀	세로켈
지프라시돈	지오돈
아리피프라졸	아빌리파이
일로페리돈	파납트
루라시돈	라투다
팔리페리돈	인베가
아세나핀	사프리스

심리치료

항정신병 약물을 통해 사고와 지각 장애를 경감되면서 조현병을 가진 사람들은 자신의 장애에 대해 배울수 있게 되었고, 특히 적극적으로 치료에 임하고 보다 명료하게 생각하며 행동 변화를 가져올 수 있게 되었다(**마음공학** 참조). 가장 도움이 되는 심리치료 형태는 인지행동치료와 가족치료 및 사회치료라는 두 가지 사회문화적 개입이다. 종종 여러 접근을 혼합해서 사용한다.

인지행동치료 두 종류의 인지행동치료, 즉 (1) **인지교정**, (2) **환청 재해석과 수용**이 조현병 환자에게 현재 사용되고 있다.

인지교정 **인지교정**(cognitive remediation)은 조현병 환자에게 특징적으로 나타나는 인지손상에 초점을 둔 접근이다. 특히 주의력, 계획력, 기억력의 어려움을 가진다(Bowie et al., 2020; Cella et al., 2020). 내담자들에게 컴퓨터로 인지정보처리 과제를 부여하는데, 점차 난이도를 높여가도록 한다. 컴퓨터 화면에 번쩍이는 다양한 자극에 가능한 한 빠르게 반응하는 단순한 과제(주의 기술을 향상시키도록 고안된 과제)부터 시작할 수 있다. 이 과제에서 어느 정도 속도에 도달하게 되면 보다 복잡한 과제(단기기억 도전 과제 등)로 이동한다. 각 컴퓨터 과제에 숙달될수록 계획과 사회적 자각을 요구하는 컴퓨터 과제에 도달할 때까지 사다리를 계속 올라간다.

연구에 따르면 많은 조현병 환자에게 인지교정이 주의력, 계획력, 기억력과 문제해결력에 중간 정도의 향상을 가져오는데, 이 정도의 향상은 다른 치료의 효과를 능가하는 것이다(Seccomandi et al., 2021; Bustillo & Weil, 2019). 더불어 이러한 향상은 내담자의 일상생활과 사회적 관계에까지 영향을 미친다(Zhu et al., 2020).

환청 재해석과 수용 앞에서 기술한 바와 같이 조현병에 대한 인지적 설명은 이 장애를 가진 사람들이 생물학적으로 촉발된 감각으로 인해 실제로 목소리를 듣는다(혹은 다른 종류의 환

무과립구증 생명을 위협하는 수준의 백혈구 감소증. 2세대 항정신병 약물 클로자핀에 의해 나타나기도 한다.

인지교정 조현병을 가진 환자에게 특징적인 주의력, 계획력과 기억력 손상에 초점을 둔 치료

Mike Flanagan/CartoonStock Ltd.

각을 경험한다)는 점에서 출발하였다. 이 이론에 따르면 조현병으로 가는 여정은 개인이 이상한 감각 경험을 이해하려고 애쓰다가 그 목소리가 외부에서 오는 것이고 자신이 핍박받거나 어떤 다른 것이라고 잘못 결론을 내리면서 형성된다. 이러한 오해석이 바로 망상이다.

환각과 망상에 대한 시각을 가지면서 점점 더 많은 임상가들이 환각 경험에 반응하는 방법을 바꾸고 싶어 하는 조현병 환자에게 인지행동치료를 적용하기 시작하였다(Badcock, Graham, & Paulik, 2020; Maijer et al., 2020). 치료자는 그러한 경험을 보다 정확한 방식으로 해석하게 해주면 망상에 대한 오해석에서 오는 두려움과 혼란감으로 덜 고통받을 것이라고 믿는다. 그래서 치료자는 행동 기법과 인지 기법을 혼합해서 사용한다. 예를 들면 임상가는 환자들에게 환각의 생물학적 원인에 대해 교육한다. 또한 청각의 능력에 대한 잘못된 생각에 도전하여 재귀인하도록 가르쳐 보다 정확하게 자신의 환청을 해석하게 한다. 예를 들면 환자는 '그것은 실제 소리가 아닙니다. 제 병입니다'와 같은 대안적 결론을 적용할 수 있다. 이러한 인지행동적 기법은 종종 조현병 환자들이 자신의 환청을 보다 잘 통제하고 망상을 감소하도록 해준다(Turner et al., 2020).

수용전념치료(ACT)를 포함한 새로운 흐름의 인지행동치료는 환청에 대한 개인적 영향을 감

마음공학

환청에 얼굴을 달아주다

많은 치료자가 내담자의 심리적인 문제를 극복하는 데 **아바타 치료법**을 사용하고 있다. 가상현실 치료의 이러한 형태에서 치료자는 내담자가 컴퓨터로 만들어진 화면 속 가상 인물과 상호작용한다. 아마 아바타 치료의 가장 대담한 적용은 조현병 환자에게 사용하는 것일 듯하다. 임상 연구자 Julian Leff와 동료들은 그러한 사람들에게 특별한 가능성을 제공하는 접근법을 개발했다(Ward et al., 2020; Craig et al., 2018, 2016; Leff et al., 2014, 2013).

환청에 얼굴을 달아주는 것이 단기 혹은 장기적으로 어떤 부정적 결과를 가져올 수 있을까?

파일럿 연구를 위해 연구자들은 상상의 목소리(환청)로 괴로워하는 16명의 참가자를 선정했다. 각각의 경우에 치료자는 환자에게 야비하게 생긴 목소리와 외모를 가진 아바타를 보냈다. 아바타의 음성 높이와 외모는 환자가 환청에 대해 기술한 것과 상응하는 외모라고 생각하는 것에 근거해서 설계하였다(Huckvale, 2020).

치료자가 화면상의 아바타를 생성하는 동안 환자는 컴퓨터가 있는 다른 방에 혼자 있도록 하였다. 처음에는 아바타가 환자에게 온갖 인상을 썼고 화를 퍼부었다. 그런 다음 치료사는 환자에게 싸우라고 권유했다. "나는 참지 않을 것이다. 너는 말도 안 되는 것을 말하고 있고 나는 믿지 않는다. 나를 혼자 두고 너는 꺼져야 한다. 나에게 이런 고통은 필요하지 않다"(Ward et al., 2020; Rus-Calafell et al., 2015).

30분 동안 진행되는 7번의 회기 후에 파일럿 연구의 참가자 대부분은 환청의 빈도와 강도가 감소되었다고 느꼈고 이후에 듣게 되는 목소리에 덜 화나게 되었다고 보고했다. 참가자들은 또한 우울증과 자살사고가 감소되었다고 보고했다. 16명 중 3명이 실제로 회기 후 환청이 완전히 중단되었다고 보고했다. 이 유망한 결과는 더 많은 참가자가 참여한 후속 연구로 이어졌고 유사한 결과가 보고되고 있다(Huckvale, 2020; Ward et al., 2020). 그 연구의 종합적인 결과는 가상 세계에서 환청에 직면하는 것이 실제로 최소한 일부 조현병 환자에게는 도움이 된다는 점을 보여주고 있다.

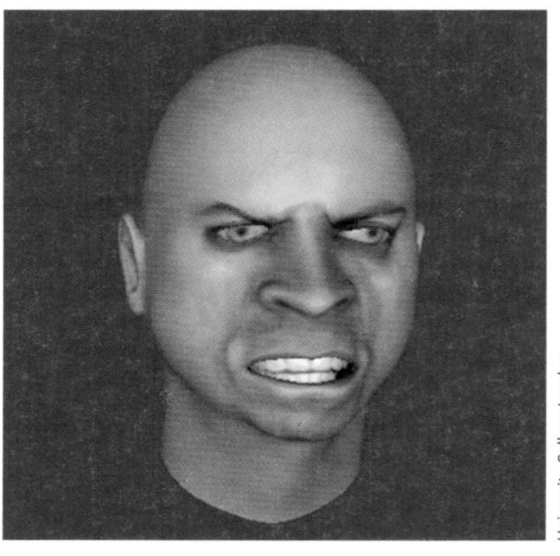
University College London

가상 목소리 이것은 임상 연구자인 Julian Leff와 동료들이 조현병 치료를 위해 개발한 아바타 가운데 가장 기분 나쁘게 생긴 아바타 중 하나이다.

소하는 방법으로 매우 유용한다. 제2장과 제4장에서 본 바와 같이 새로운 흐름의 인지행동 치료자는 치료의 가장 유용한 목표는 환자들이 자신의 문제가 되는 사고에 대해 판정하고 어떤 행동을 취하거나 변화시키려 하는 것보다는 흐름을 수용하도록 돕는 것이라고 믿는다. 예를 들어 치료자가 불안이 심한 환자로 하여금 자신의 생각을 넘는 걱정에 온 마음을 쓰도록 하고 그러한 부정적 사고가 실제로 해가 되는 사건을 일으키지 않는다는 점을 받아들이도록 돕는다(54~55쪽, 114쪽 참조). 조현병에서도 유사하게 새로운 흐름의 인지행동 치료자는 내담자로 하여금 환각과 삶의 사건이 뒤엉키지 않도록 환각에서 떨어져 나와 자신의 환각에 대한 편안한 관찰자가 되어 비정상적인 감각을 마음을 다해 그대로 수용하도록 돕는다(Yildiz, 2020; Stephanie et al., 2018).

연구들에 따르면 조현병에 여러 인지행동치료가 매우 유용하다(Liu, Li, & Hsiao, 2021; Turner et al., 2020). 이 치료를 받은 많은 환자는 환각으로 받는 스트레스가 감소되었고 망상이 줄었다고 보고하였다. 실제로 조현병 진단에서 벗어나는 사람도 있었다. 인지행동치료를 받는 조현병 환자들의 재입원률이 50% 감소되었다.

가족치료 조현병이나 다른 심각한 정신장애에서 회복된 사람의 50% 이상이 가족, 즉 부모, 형제, 배우자나 자녀와 함께 산다. 이러한 상황이 특정한 압력을 낳게 되는데, 가족 스트레스가 발병의 원인은 아닐지라도 집에서 가족의 반응과 행동은 환자의 회복에 크게 영향을 미친다(Worthington et al., 2020).

일반적으로 친지에 대해 긍정적인 감정을 가진 조현병 환자는 치료에 더 잘 반응한다(Bustillo & Weil, 2019). 앞에서 본 바와 같이 높은 수준의 **표출된 감정**, 즉 매우 비판적이고 감정적으로 과도하게 개입하고 분노하는 감정을 보이는 친지와 사는 환자는 보다 지지적인 친지와 사는 환자에 비해 재발률이 더 높다(O'Driscoll et al., 2019). 더욱이 그들 입장에서 가족 구성원들은 조현병 환자가 보이는 사회적 위축과 비정상적인 행동으로 인해 크게 흥분하기도 한다(Jones, 2020).

이러한 부분에 대해 임상가들은 보통 조현병 치료에 가족치료를 포함시키는데, 가족들에게 지침을 주고 훈련을 시키며 실제적인 조언과 장애에 대한 심리교육 및 정서적 지원과 공감을 제공한다(Goff, 2021). 가족치료에서 가족들은 보다 현실적인 기대를 발달시키고 보다 감내하며 죄책감을 덜 느끼고 기꺼이 새로운 형태의 의사소통을 시도하려 한다. 가족치료는 조현병 환자가 가족과의 삶에서 오는 압력에 대처하고 가족을 더 잘 이해하고 문제가 되는 상호작용을 피하도록 도와준다. 연구에 따르면 가족치료(특히 약물치료와 함께할 때)는 가족 내 긴장감을 줄여주면서 재발률을 감소시킨다(Worthington et al., 2020).

조현병과 다른 심각한 정신장애 환자 가족은 또한 **가족지지 집단**과 **가족 심리교육 프로그램**에 참여하여 힘을 얻고 조언을 받는다(NIMH, 2020h). 이러한 프로그램 속에서 가족은 유사한 상황에 있는 타인들과 만나서 서로 생각과 감정을 나누고 서로

가족 참여 연구에 따르면 조현병 환자는 가족에 대해 긍정적인 느낌을 받을 때 치료가 더 잘 이루어진다. 따라서 가족치료를 포함한 가족 참여는 이제 치료의 중요한 부분이 되었다. 이 사진에서 사랑하는 어머니 마리아 오르두나가 아들 알프레도의 아파트를 방문하여 아들을 쓰다듬고 있다. 알프레도는 조현병으로 인해 노숙, 빈곤 및 감옥생활을 겪었다.

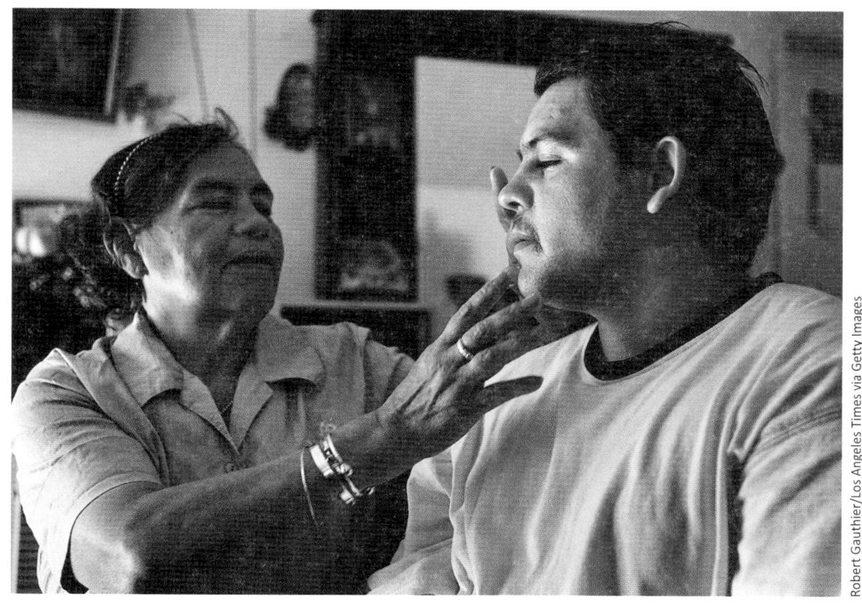

Robert Gauthier/Los Angeles Times via Getty Images

맞춤형 전문치료(CSC) 중증 정신장애를 가진 사람에 대한 치료 접근으로, 임상가들이 치료에서부터 약물 점검, 거주 지도와 직업 상담에 걸친 중재를 제공한다.

탈시설화 지역사회 프로그램으로 치료 가능하도록 장기간 시설에 수용되었던 많은 수의 환자들을 퇴원시키는 것

적극적 지역사회 치료 중증 정신장애를 가진 사람들에 대한 지역사회 접근으로, 다학제간 팀이 약물과 치료에서부터 주거와 직업 안내에 이르는 중재를 제공한다.

지지하며 심각한 정신 문제에 대해 배우게 된다.

맞춤형 전문치료 많은 임상의들은 조현병 환자에 대한 치료는 치료 외에 사회적, 개인적 문제 및 삶의 어려움을 해결해야 한다고 믿는다. 이러한 임상가들은 실용적인 조언을 제공하는데, 문제해결, 기억력 향상, 의사결정과 사회 기술에 대해 내담자와 작업하고, 내담자가 항정신병 약물을 올바르게 복용하고 있는지 확인하며, 직장, 재정 지원, 적절한 건강관리와 적절한 주거를 찾도록 도울 것을 권고한다(NIMH, 2020h).

이러한 실용적이고 적극적이며 광범위한 접근은 일반적으로 단독 치료자보다는 건강 전문가들이 팀으로 제공하기 때문에 종종 **맞춤형 전문치료**(coordinated specialty care, CSC)라고 한다. 특히 새로 발병한 조현병 환자에게 제공되며 가능한 한 신속하게 적용한다. 연구에 따르면 CSC는 실제로 환자들이 병원 밖 삶을 유지하는 데 도움이 된다(Jones et al., 2020; NIMH, 2020h).

지역사회 접근

조현병과 기타 중증 정신장애 치료에서 가장 광범위한 접근은 **지역사회 접근**이다. 1963년에 일부는 공립 정신병원의 열악한 상황에 대한 대응으로, 일부는 항정신병 약물의 발달로 인해 미국 정부는 환자들을 지역사회에서 치료하도록 명령을 내렸다. 의회는 심리적 장애가 있는 환자들에게 일련의 정신건강 서비스(외래치료, 입원치료, 응급치료, 예방치료와 사후 관리)를 집에서 멀리 떨어진 기관에서 받게 하기보다는 지역사회에서 받게 하는 **지역사회 정신건강 법령**을 통과시켰다. 이 법령은 다양한 심리장애를 목적으로 하였지만 조현병 환자, 특히 수년 동안 시설에 수용되어 있던 환자에게 가장 많은 영향을 미쳤다. 다른 나라에서도 유사한 지역사회 치료 프로그램을 곧이어 시행하였다.

이렇게 수십만의 조현병과 다른 만성 정신질환 환자들이 주립병원에서 지역사회로 탈출하는 **탈시설화**(deinstitutionalization)의 시대가 시작되었다. 1955년에는 60만 명의 환자가 주립병원에 수용되어 있었으나 오늘날에는 단지 3만 8,000~7만 5,000명의 환자가 이러한 시설에 수용되어 있다(BH, 2020; AHA, 2019a). 임상가들은 중증 정신장애에서 회복된 환자들이 지역사회 프로그램에서 매우 큰 도움을 얻는다는 것을 알게 되었다(Goff, 2021). 그렇지만 미국 전역의 이들에 대한 실제 지역사회 관리의 질은 적합하지 않다. 그 결과는 많은 환자에게 '회전문' 현상으로 나타났다. 지역사회로 퇴원하였다가 다시 몇 달 안에 병원에 재입원하고, 다시 퇴원했다가 다시 입원하는 것이 거듭 반복된다(Cahalan, 2020).

회전문 현상 자체가 조현병 환자의 증상과 외양을 어떻게 악화시키는가?

효과적인 지역사회 관리의 특징은 무엇인가 조현병이나 기타 중증 정신질환에서 회복된 환자는 약물치료, 심리치료가 필요하며 매일 생활 관리를 하도록 돕고 의사결정을 안내하고 사회기술을 훈련하며 주거 감독과 직업 상담이 필요하다. 이러한 종합 서비스를 **적극적 지역사회 치료**(assertive community treatment)라고 한다(Burns & Kendrick, 2020; NIMH, 2020h). 이러한 접근이 지역사회에 가능해질 때 조현병과 다른 중증 정신장애를 가진 거주민들은 그렇지 않은 지역사회에 사는 사람들보다 더 큰 진전을 보이고 입원이 줄어들며 보다 성공적으로 노숙자에서 벗어난다(NIMH, 2020h).

Jorge Sanz/SOPA Images/LightRocket via Getty Images

위험한 영향 COVID-19 대유행 동안 스페인의 발코니에서 소방관들이 정신병으로 고통받는 실종자를 수색하고 있는데, 나중에 인근 숲에서 안전하게 발견되었다. 연구에 따르면 전염병 및 유행병 기간 동안 조현병 환자는 증상과 관련하여 기능 저하, 혼란 증가, 자살 위험 증가를 경험하며 스트레스 상황에 대한 취약성이 증가하고 특별한 사회적 지지가 필요하게 되는데, 상대적으로 전화 사용, 문자, 줌과 소셜미디어를 적게 사용하였다(Brown et al., 2020).

효과적인 지역사회 관리 프로그램의 주요 특징은 (1) 맞춤형 서비스, (2) 단기 입원, (3) 부분 입원, (4) 관리형 주거, (5) 직업 훈련이다.

맞춤형 서비스 지역사회 정신건강 법령이 통과되자 중증 장애를 가진 환자에 대한 약물치료, 심리치료와 입원 환자 응급 관리 및 다른 지역사회 단체에 의해 제공되는 서비스와의 조정 등을 제공하는 치료 시설인 **지역사회 정신건강센터**(community mental health center)에서 지역사회 보살핌이 제공되었다. 지역사회 정신건강센터가 이용 가능하고 이러한 서비스가 제공될 때 조현병과 기타 중증 장애 환자들은 유의미한 진전을 나타냈다(Burns & Kendrick, 2020; Mueser, 2019). 맞춤형 서비스는 특히 **약물중독자**(mentally ill chemical abusers, MICA) 혹은 **이중 장애**라고 칭하는 패턴인 정신병적 문제와 약물사용 문제를 모두 보이는 내담자들에게 특히 중요하다(Campbell et al., 2020a, 2020b, 2018).

단기 입원 환자가 심각한 정신증 증상을 보일 때 현대 의사들은 항정신병 약물과 심리치료를 조합한 외래치료를 우선적으로 시도한다. 이 방법이 실패하면 몇 주간의 **단기 입원**을 하게 되는데, 통상 정신병원이나 종합병원 정신과 병동에 입원하게 되고 몇 달이나 몇 년이 아닌 몇 주간만 입원을 하게 한다(Burns & Kendrick, 2020; Tyler, Wright, & Waring, 2019). 환자의 증상이 개선되자마자 바로 **사후 관리**(aftercare)로 보내지며 추후 관리와 치료는 지역사회에서 하게 된다.

부분 입원 병원 입원과 외래치료 사이에서 환자가 원하는 것이 일치되지 않을 때 일부 지역사회는 **낮병원**(day hospital)이나 **주간 보호**(day center)를 제공한다. 그곳에서는 하루 종일 밤에 집에 돌아갈 때까지 프로그램이 진행된다. 주간 보호소에서는 환자에게 매일 활동을 관리해주고, 사회 기술을 향상시키는 프로그램과 치료를 제공한다. 주간 보호소에서 중증 정신장애에서 회복되는 사람은 병원이나 전통적인 외래치료에서 상당한 시간을 보낸 사람들보다 재발을 덜 하고 더 잘 기능한다(Burns & Kendrick, 2020; Mueser, 2019). 대중화된 다른 치료기관으로는 **준병원** 혹은 **주거위기센터**가 있다. 지역사회에 있는 집이나 기타 구조인데, 24시간

지역사회 정신건강센터 지역사회 내에서 심리적 문제에 대한 약물치료, 심리치료와 응급 관리를 제공하고 치료를 조정하는 치료 시설

사후 관리 지역사회에서 퇴원후 돌봄과 치료를 제공하는 프로그램

주간 보호 낮 동안만 병원과 같은 치료를 제공하는 프로그램. '낮병원'이라고도 한다.

Silvia Izquierdo/AP Photo

지역사회 정신건강 : 브라질 스타일 서로 다른 문화와 나라마다 중증 심리장애를 가진 사람들에게 접근하는 나름의 방법을 가지고 있다. 브라질 리오데자네이로의 정신병원 앞에서 매년 열리는 카니발 퍼레이드와 거리 파티에서 환자와 지역사회 구성원들이 함께 모여 춤을 추고 있다.

중증 정신장애 환자들을 관리해준다. 예전 같으면 주립병원에서 돌보았을 많은 환자가 준병원에 보내진다(Torrey, 2019).

관리형 주거 많은 사람은 입원이 필요하지 않지만 혼자 살 수 없거나 가족과 함께 살 수가 없다. **그룹홈**이나 위기 쉼터로 알려진 **거주치료시설**(halfway house)이 종종 개인을 돌본다(NAMI, 2020d). 이러한 주거지에는 12~24명 정도가 함께 산다. 함께 사는 관리인이 있는데, **준 전문가**로 외부 정신건강 전문가에게 훈련을 받고 지속적인 슈퍼비전하에서 일하는 사람들이다. 주거는 상호지지, 주거 책임과 자치를 강조하는 **환경치료** 철학에 따라 운영된다. 연구에 따르면 거주치료시설에서 많은 환자가 조현병와 기타 중증 장애에서 회복되고 지역사회에 적응하고 재입원을 피하게 된다(Mueser, 2019).

직업 훈련 취업은 수입, 독립, 자존, 다른 사람과 일하면서 받는 자극 등을 제공한다. 또한 매일의 삶에 동반자 의식과 질서를 부여한다. 이런 이유로 직업 훈련과 작업 배치는 중증 정신장애 환자에게 중요한 서비스이다(Wang et al., 2020).

이러한 장애에서 회복된 많은 사람은 보호작업장에서 직업 훈련을 받는다. **보호작업장**은 아직 경쟁적이고 복합한 직업에 준비가 되어 있지 못한 고용인들을 위한 지도감독형 작업장이다(Wang et al., 2020; Kern, 2019). 그러나 미국에서 직업 훈련이 중증 정신장애 환자들에게 언제나 가능한 것은 아니다. 중증 심리장애를 가진 사람들에게 대안 작업 기회로 **지지적 취업**이 있는데, 이는 직장과 상담사가 내담자의 지역사회 내 경쟁적인 직장을 찾는 데 도움을 주고 내담자가 고용된 동안 심리적 지원을 제공한다(NIMH, 2020h; Kern, 2019). 다른 보호작업장과 마찬가지로 지지적 취업 기회는 종종 단기적으로 제공된다. 중증 심리장애를 가진 사람의 20% 미만의 사람들이 경쟁적인 직업 시장에서 직장을 얻는다(Holm et al., 2021; Bustillo & Weil, 2019).

지역사회 치료는 어떻게 실패하는가 효과적인 지역사회 프로그램이 조현병 환자와 기타 중증 정신장애 환자의 회복에 도움이 된다는 점은 분명하다. 그렇지만 실제 필요한 환자의 절반 정도만이 적절한 지역사회 정신건강 서비스를 받고 있다(Vece, 2020). 사실 조현병 환자와 기타 정신장애 환자의 36%는 어떠한 치료도 받지 못하고 있다(NAMI, 2019a). 여기에는 **빈약한 서비스 조정**과 **서비스 부족**이라는 두 가지 원인이 있다.

빈약한 서비스 조정 지역사회의 다양한 정신건강 단체들 사이에 의사소통이 제대로 되지 않고 있다. 예를 들면 근처에 거주치료시설이 생겨도 지역사회 정신건강센터 치료자는 모르고 있을 수 있다. 게다가 지역사회 기관에서 환자가 동일한 직원과 지속적으로 관계를 맺지 못하기 때문에 지속적인 서비스를 받지 못한다. 또 다른 문제는 주립병원과 지역사회 정신건강센터의 의사소통이 빈약하다는 것인데, 특히 병원 퇴원시점에 그러하다(Burns & Kendrick,

거주치료시설 조현병이나 다른 중증 문제를 가진 사람들을 위한 주거 형태로, 종종 준 전문가가 배치된다. '그룹홈' 혹은 '위기 쉼터'라고도 한다.

2020; Torrey, 2019).

지역사회 치료자들의 대다수가 조현병 환자와 기타 중증 정신장애 환자의 **사례 관리자**(case manager)가 되었다는 점은 놀랄 일은 아니다(Bustillo & Weil, 2019; Schneeberger et al., 2017). 앞에서 언급한 사회 치료자들과 같이 그들은 치료와 조언을 제공하고 문제 해결과 사회 기술을 가르치며 적절하게 약을 복용했는지 확인하며 건강 관리에 필요한 사항에 지속적으로 주의를 기울여준다. 이밖에도 가용한 지역사회 서비스를 조정하며 내담자를 지역사회 내에서 안내해주고, 내담자의 법적인 권리가 보호받도록 도와주는데, 이 일이 아마도 가장 중요할 수 있다. 이제 많은 전문가는 효과적인 사례 관리가 지역사회 프로그램 성공의 핵심이라고 믿고 있다.

AP Photo/Lynsey Addario

수용 불가한 것을 바꾸기 그룹홈 거주자가 뉴욕 시위에서 조현병 환자를 위한 지역사회 주거 부족에 대해 시위하는 팻말을 들고 있다. 이러한 문제는 많은 사람이 노숙자가 되거나 죄수가 되게 만드는 이유 중 하나이다.

서비스 부족 중증 정신장애 환자에게 가용한 지역사회 프로그램(지역사회 정신건강센터에서 거주치료시설과 보고작업장에 이르기까지)이 매우 부족하다(AHA, 2019b). 게다가 일반적으로 지역사회 정신건강센터가 중증 장애 환자들에게 적절한 서비스를 제공하지 못하고 있다. 불안장애나 사회 적응 문제 등 장애가 덜한 사람들에게 노력을 기울이는 듯하다. 지역사회 정신건강센터에서 치료받는 환자의 소수만이 조현병이나 다른 정신장애 환자이다(Torrey, 2019).

중증 정신장애 환자에 대한 서비스 부족에는 많은 원인이 있다. 아마도 일차적인 문제는 경제적인 것이다. 실제 심리적 장애를 가진 사람이 사용할 수 있는 공공 기금은 과거보다 더 많다. 1963년에 한 지역에 사용된 예산은 10억 달러였지만, 2020년에는 공공 기금으로 거의 1,790억 달러가 정신장애 환자를 위해 매년 사용되고 있다(SAMHSA, 2020c, 2014; AHA, 2019b). 이러한 증액은 인플레이션과 실제 달러 가치를 계산해보면 그만큼은 많이 증액된 것은 아니지만 어쨌든 증액된 것이다. 그렇지만 추가 금액의 아주 일부만이 중증 정신장애 환자 지역사회 치료 프로그램으로 가게 된다. 그중 대대수가 약 처방, 사회보장 장애보험과 같은 매달 지급액, 요양소와 종합병원의 정신장애 환자에 대한 서비스, 장애가 경미한 사람에 대한 지역사회 서비스 등으로 사용된다(SAMHSA, 2020c, 2014). 또한 오늘날 중증 정신장애 환자를 위한 지역사회 치료 비용의 상당수가 연방정부보다는 주와 지방 정부에 귀속되고, 2020년 정신건강 돌봄에 총 430억 달러를 제공받은 지방 자원들은 도전 과제에 상시 대응할 수가 없다.

지역사회 서비스 부족과 사용 문제는 특히 흑인 미국인과 다른 소수집단에 영향을 미친다. 흑인 미국인은 비히스패닉계 백인 미국인에 비해 조현병 진단을 더 많이 받는다(403쪽 참조). 이 장애를 가진 흑인 미국인은 적절한 지역사회 돌봄을 덜 받고 인지행동치료, 가족치료 혹은 고비용의 2세대 약물 처방을 덜 받으며 병원 응급실에 더 자주 가거나 혹은 어떤 돌봄도 전혀 받지 못한다(AHRQ, 2019; OMH, 2019; Das-Munshi, Bhugra, & Crawford, 2018). 이러한 열악한 돌봄에 대해 다양한 설명이 인용되는데, 가난과 관련된 요소, 이동 수단 문제, 불충분한 건강보험, 정신건강 환경 내에서 편견과 차별 및 정신건강 서비스에 대한 소수집단의 부정적 태도 등이 포함된다(OMH, 2019; Shushansky, 2017).

사례 관리자 중증 정신장애 환자에게 치료, 조언, 약물 관리감독, 지역사회체계 안내와 환자 권리 보호 등 전반적인 서비스를 제공하고 조정하는 지역사회 치료자

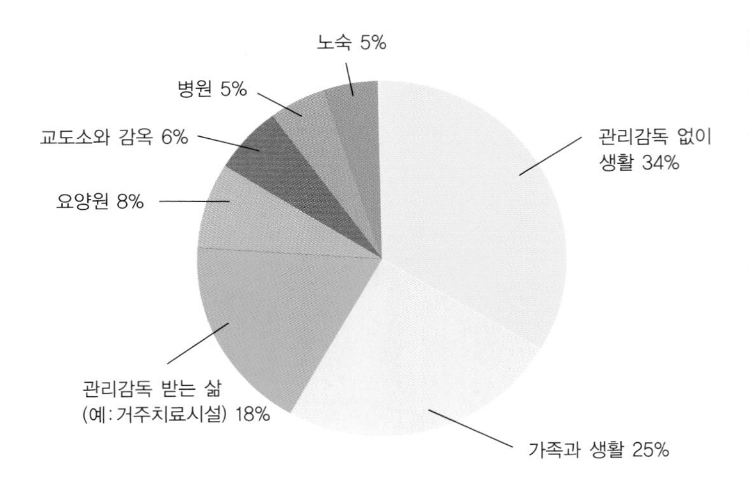

그림 12.5

조현병을 가진 사람들은 어디에서 사는가? 3분의 1 이상이 관리감독 없는 주거에서 살고 있으며 6%는 감옥에 있고 5%는 노숙자이다. (출처 : Torrey, 2019, 2001)

지역사회 치료가 충분하지 않으면 어떤 결과로 이어지는가 지역사회가 필요한 서비스를 제공하지 않고 가족이 개인적으로 치료를 감당한다면 조현병과 기타 중증 장애를 가진 사람은 어떻게 되는가?(그림 12.5 참조) 기술한 바와 같이 최소 36%가 전혀 치료를 받지 못하며 많은 사람은 주립병원이나 중소병원에서 단기간 치료를 받고 나면 조기에 퇴원을 하며 추후 치료가 없는 경우가 많다(NAMI, 2019a).

사람들이 생활하는 환경은 매우 다양하다(Torrey, 2019, 2001). 많은 조현병과 기타 중증 정신장애 환자들은 가정으로 돌아가서 약을 복용하고 정서적·재정적 지원을 받지만 이외의 치료 방법은 없다. 약 8%가 요양소나 휴양시설과 같은 대체 기관에 들어가서 요양 관리와 약물치료를 받고 있다. 18%의 환자는 훈련받지 않은 비전문가가 관리하는 사설 거주시설(위탁가정, 기숙사 및 유사 기관)에 배치되어 있다. 이러한 주거의 일부는 합법적인 '숙식과 돌봄' 시설로 하루 세끼의 식사를 제공하여 약물복용을 챙기며 최소 인력이 관리감독을 한다. 그러나 많은 기관이 최소한의 서비스도 제공하지 않는다.

조현병과 중증 정신장애 환자의 34%는 전혀 지도감독을 받지 않는 기관에서 생활한다. 그들 중 일부는 거의 혼자 생활하고 효과적으로 스스로 관리하고 잘 갖추어진 아파트를 유지하기까지 한다. 그렇지만 대다수가 실제로 독립적으로 생활할 수 없고 결국 가난하고 열악한 지역에 위치한 원룸 혹은 하숙을 전전하게 된다. 이들은 기준에 못 미치고 안전하지 못한, 증상을 악화시키는 환경에서 거주한다.

결론적으로 조현병과 중증 정신장애 환자 대다수가 노숙자가 된다. 미국 내 56만 5,000명에 이르는 노숙자가 있으며, 이 중 14만 명은 중증 정신장애인이며 대부분 조현병 환자이다(MIP, 2020a; NAMI, 2019a). 또 다른 44만 명이 넘는 중증 정신장애 환자들은 장애로 인해 법규를 어기면서 교도소에 수감되어 있다(Lyon, 2019; AJA, 2018). 미국 내 투옥되어 있는 사람의 약 20%가 조현병이나 다른 중증 정신장애를 겪고 있다. 특히 탈시설화와 지역사회 건강 운동은 이 사람들에게는 실패한 것이다.

지역사회 치료의 비전 매우 심각한 문제에도 불구하고 적절한 지역사회 관리는 조현병과 기타 중증 정신장애 환자들이 회복하는 데 커다란 잠재력을 갖고 있으며 임상가들과 많은 정부 관리들은 지속적으로 지역사회 치료가 보다 가용하도록 만들기 위해 압력을 가하고 있다.

게다가 전 세계적으로 더 나은 지역사회 치료를 하도록 압력을 가하는 많은 국가 이익단체들이 형성되었다. 예를 들어 미국의 **미국정신질환자연맹**(National Alliance on Mental Illness, NAMI)이 300명의 회원으로 1979년에 시작되었는데, 현재는 1,200개가 넘는 지부가 있으며 약 20만 명의 회원으로 확장되었다(NAMI, 2020a, 2020e). 중증 정신장애 환자, 특히 조현병, 양극성장애, 주요우울장애 환자의 가족으로 주로 구성되어 있으며, 회원들을 지원하고 입법부에 강력한 로비력을 발휘하고 있다. 이밖에도 조현병과 기타 중증 정신장애 환자들이 지역사회 정신건강센터에서 보다 잘 치료받을 수 있도록 압력을 행사한다.

오늘날 전 세계적으로 지역사회 관리는 중증 정신장애에서 회복되는 사람들을 치료하는 것이 가장 중요한 특징이다. 미국과 다른 나라들 모두에서 잘 조정된 지역사회 치료는 심각한 정신장애 문제를 해결하는 데 중요한 부분으로 간주되고 있다(Bustillo & Weil, 2019).

요약

조현병과 기타 심각한 정신장애는 어떻게 치료하는가

20세기 후반 이후 조현병과 기타 중증 정신장애의 주된 치료는 기관에 가두고 보호치료를 하는 것이었다. 1950년대에 환경치료와 토큰 경제 프로그램이라는 두 종류의 병원치료 접근이 발달되었다. 이 접근들은 치료에 많은 발전을 주었다.

1950년대 항정신병 약물의 발견은 조현병과 다른 정신병 치료에 혁신을 가져왔다. 오늘날에는 거의 모든 치료의 일부가 되었다. 이론가들에 따르면 1세대 항정신병 약물은 뇌의 과도한 도파민 활동을 감소시키도록 작용한다. 이러한 '전통적'인 항정신병 약물은 조현병의 음성 증상보다는 양성 증상을 보다 완벽하게 혹은 보다 빠르게 감소시킨다. 전통적인 항정신병 약물은 또한 운동장애와 같은 부작용도 일으킨다. 만발성 운동장애 같은 부작용은 오랫동안 항정신병 약물을 복용하는 사람의 10% 이상에서 나타나며 쉽게 소거되지 않는다. 최근 2세대 항정신병 약물이 개발되었는데, 이 약은 전통적인 약물보다 효과가 좋고 추체외 회로 장애 효과가 덜 나타난다.

오늘날 심리치료는 종종 항정신병 약물과 조합해서 성공적으로 사용되고 있다. 인지행동치료, 가족치료와 맞춤형 전문치료가 효과적이다. 가족지지 집단과 가족 심리교육 프로그램도 수적으로 증가되고 있다.

조현병과 기타 중증 정신장애 치료에서 지역사회 접근은 1960년대에 시작되었는데, 이 당시 주기관에 있는 수십만의 환자들이 지역사회로 쏟아져 나왔다. 효과적인 지역사회 프로그램의 주요 요소는 지역사회 정신건강센터, 단기 입원(사후 관리로 이어짐), 주간 보호소, 치료거주시설과 직업 훈련이다. 그러나 미국 전역의 조현병과 기타 중증 정신장애 환자를 위한 지역사회 관리의 수준과 기금은 충분하지 않아서 종종 '회전문' 양상으로 이어진다. 이 결과로 현재 이 장애를 가진 많은 사람이 노숙이나 감옥에 갇혀 있다.

흥미로운 이야기

교도소 인구 구성

- 교도소와 감옥에는 있는 조현병과 다른 중증 정신장애를 가진 사람이 병원이나 다른 치료 시설에 있는 환자들보다 더 많다.
- 시카고의 쿡카운티 감옥에 있는 수감자 중 6,000명이 정신건강 서비스를 필요로 한다. 오늘날 미국에서 가장 큰 정신병원인 셈이다.

(Binswanger & Elmore, 2020; Lyon, 2019)

중요한 교훈

좌절과 실패의 시간들을 보내고 임상가들은 정신증을 보이는 조현병과 다른 중증 장애에 대한 무기(약물, 병원 프로그램, 심리치료, 지역사회 프로그램)를 가지게 되었다. 항정신병 약물이 이 장애로부터 회복의 문을 연 것은 분명하지만 대부분 사례에서 회복 과정 중에 여러 종류의 치료를 필요로 한다. 각 개인의 특별한 요구에 부합하는 방식으로 다양한 접근이 결합되어야 한다.

조현병과 기타 중증 정신장애에 대해 연구하면서 임상가들은 중요한 교훈을 얻게 되었다. 생물학적 원인에 대한 증거가 아무리 많아도 심리장애에 대한 생물학적 접근에는 오류가 있다. 약리학적 발견을 토대로 수십만의 조현병과 기타 중증 정신장애 환자들이 1960년대에 지역사회로 돌아오게 되었다. 그 이후 이 사람들에 대한 심리적·사회문화적 욕구에는 거의 관심이 기울여지지 않고 병리적인 측면에만 과도하게 집중되었다. 임상가들은 이 교훈을 기억해야 하는데, 특히 오늘날처럼 약물치료가 심리적 문제의 유일한 치료로 의료보험과 정부의 우선순위가 매겨져 있는 상황에서는 더욱 그러하다.

조현병 환자에 대한 치료 그림은 반세기 동안 획기적으로 발전하였지만 여전히 갈 길은 멀다. 연구에 따르면 회복률은 (부분적으로든 완전한 회복이든) 획기적으로 높을 수 있다. 이러저러한 중증 정신장애를 가진 많은 사람이 효과적인 지역사회 중재를 거의 혹은 전혀 받지 못하고 더 심각하게는 수십만 명이 노숙자나 죄수가 된다는 것은 받아들이기 어렵다. 조현병과 다른 중증 장애 환자의 요구를 해결하는 것은 공무원과 임상가들에게 달려 있다.

핵심용어

거주치료시설
긴장증
도파민 가설
만발성 운동장애
망상
맞춤형 전문치료(CSC)
무과립구증
부적절한 정서
사례 관리자
사후 관리
양성 증상
연상의 이완
운동성 실어증
음성 증상
인지교정
적극적 지역사회 치료
정신증
조현병
조현병 유발 어머니
주간 보호
주립병원
지역사회 정신건강센터
추체외 회로 장애 효과
탈시설화
토큰 경제 프로그램
페노티아진
표출 정서
항정신병 약물
형식적 사고장애
환각
환경치료
2세대 항정신병 약물

속성퀴즈

1. 조현병이 무엇이며 유병률은 어떠한가? 사회경제 수준과 성별과의 관련성은 어떠한가?
2. 조현병의 양성 증상, 음성 증상, 정신운동 증상이 무엇인가?
3. 조현병의 유전, 생화학적, 뇌 구조와 바이러스와 관련성에 대해 설명하고 연구에서 어떻게 지지되고 있는지 논의하라.
4. 조현병 설명에서 정신역동, 인지행동, 다문화, 사회적 낙인과 가족와 관련하여 주요 특징은 무엇인가?
5. 20세기 조현병과 기타 중증 정신장애 환자에 대한 기관의 관리가 어떻게 되는지 기술하라. 토큰 경제와 환경치료 프로그램은 얼마나 효과적인가?
6. 항정신병 약물은 뇌에 어떻게 작용하는가? 1세대 항정신병 약물과 2세대 항정신병 약물은 어떻게 다른가?
7. 조현병 치료에서 항정신병 약물은 얼마나 효과적인가? 1세대 항정신병 약물의 부작용은 무엇인가?
8. 조현병이나 기타 정신장애 환자에게 도움이 되는 심리치료 기법은 어떤 것인가?
9. 탈시설화가 무엇인가? 조현병이나 기타 중증 정신장애 환자에게 도움이 되는 지역사회 관리의 결정적인 특징은 무엇인가?
10. 지역사회 정신건강 접근은 중증 정신장애 환자에게 충분하지 않다. 어떠한 상황이며 그 이유는 무엇인가?

성격장애

CHAPTER 13

주제

'기묘한' 성격장애

편집성 성격장애

조현성 성격장애

조현형 성격장애

'극적인' 성격장애

반사회성 성격장애

경계성 성격장애

연극성 성격장애

자기애성 성격장애

'불안한' 성격장애

회피성 성격장애

의존성 성격장애

강박성 성격장애

다문화적 요소 : 연구에서 무시되다

성격장애를 분류할 더 나은 방법이 있는가

성격과 성격장애의 빅 파이브 이론

'특별히 분류된 성격장애 특성' : DSM-5의 차원적 접근

성격장애가 재발견되고 재고되다

편집자 채용면접 당시 프레더릭은 말했다. "이 일은 개인 역량이 중요한 일 같습니다. 저는 특별한 재능을 가진 사람입니다. 이 자리에서 많은 일을 할 것이며 신문사와 저는 머지않아 이 도시 기자 정신의 기준이 될 것이라고 확신합니다. 1년 이내에 오스터먼포스트를 앞설 수 있을 것입니다." 채용 면접 위원들은 감명받았다. 프레더릭의 자신감은 강력했으며 그의 자신감과 담대함이 특히 갈채를 받았다.

몇 년 후 많은 사람이 프레더릭을 다르게 평가하였다. 그는 거만하고 이기적이며 차갑고 병적으로 자기중심적이며 다른 사람을 지치게 하였다. 편집자로서 일은 잘하였다(그가 생각하는 것만큼 대단한 것은 아니지만). 그러나 그의 업무 성과는 얼토당토않은 성격에는 못 미쳤다. 그의 상사, 후배, 동료들은 그의 교묘한 조작, 감정 폭발, 비난을 절대로 못 받아들임, 끊임없는 잘난 체와 거창한 계획에 진절머리를 냈다. 이제 프레더릭은 사람들의 눈 밖에 나버렸다.

확실히 프레더릭은 매력이 많았다. 다른 사람들이 어떻게 해야 자신을 중요하게 느끼는지, 언제 자신의 목적을 피력해야 하는지 잘 알고 있었다. 그래서 언제나 친구들과 추종자들이 따랐다. 그러나 실제 그들은 단지 지나가는 사람에 불과하였고, 프레더릭은 결국 그들에게 싫증을 내거나 자신의 이기적인 해석이나 원대한 계획 중 어느 한 가지라도 그들이 열정을 보이지 않으면 그들에게 배신감을 느꼈다. 혹은 그들이 무언가라도 프레더릭에게 줄 것이 있을 때까지만 관계를 맺었다.

똑똑하고 성공했음에도 프레더릭은 언제나 자신이 받는 것 이상을 받아야 한다고 느꼈다. 학교에서는 더 높은 성적, 직장에서는 더 큰 보상, 여자친구로부터의 더 큰 관심. 약간의 비판이라도 받으면 격노하였으며 그 비난은 자신의 우수한 지능, 기술이나 외모를 질투하는 것이라고 확신하였다. 얼핏 보기에 프레더릭은 사회적으로 많은 것을 하고 있는 것으로 보였다. 일상에서도 자신이 깊고 의미 있는 연애를 하고 있다고 느꼈으며 자신은 부드럽고 사려 깊으며 상대에게 헌신적이라고 생각했다. 그러나 프레더릭은 언제나 몇 주 혹은 몇 달이 지나지 않고 상대에게 싫증을 내었고 차갑거나 혹은 비열하게 변하였다. 종종 사귀는 사람이 있는 상태에서 다른 여성과 사귀기도 하였다. 헤어졌다고 해서(보통 불쾌하거나 때때로 아주 지저분하게 헤어졌는데) 결코 슬퍼하거나 후회하지 않았으며 이전 상대에 대해 거의 생각하지 않았다. 그는 언제나 자기밖에 없었다.

우리 모두는 하나의 **성격**(독특하고 지속적인 내적 경험과 외부 행동 패턴)을 가지고 있다. 우리는 예측 가능하고 일관된 방식으로 행동하는 경향이 있다. 종종 **성격 특성**이라고 불리는 이러한 일관성은 유전적 특성, 학습된 반응 혹은 이 두 조합의 결과이다. 우리의 성격은 또한 융통성이 있다. 경험에서 배운다. 주변 환경에 반응하면서 무엇이 더 효과적인지 알아내기 위해 다양한 반응을 시도한다. 이것이 성격장애를 가진 사람들이 갖지 못하는 유연성이다.

성격장애(personality disorder)를 가진 사람은 자기감, 정서경험, 목표, 공감 능력 및 친밀감 형성 능력 등이 손상된 매우 경직된 내적 경험과 외부 행동을 보인다(APA, 2013)(표 13.1 참조). 다르게 말해서 일반적으로 사람들에게서 기대되는 것과 달리 보다 극단적이고 역기능적인 성격 특성을 나타내며, 이것은 결국 자신이나 타인에게 심각한 어려움과 심리적 고통을 유발한다.

프레더릭은 이러한 장애를 가지고 있다. 그의 인생 대부분에서 자기애, 과대성, 감정 폭발과 무심함이 매우 심하게 나타나며 그의 기능을 지배하였다. 성격장애를 가진 사람

Matt Manley

표 13.1

진단 체크리스트

성격장애
1. 장기적으로 경직된 형태로 내적 경험과 행동에 광범위하게 걸쳐서 보이는 행동으로, 최소한 다음 중 두 가지 이상에서 역기능을 나타냄 ■ 인지 ■ 정서 ■ 사회적 상호작용 ■ 충동성
2. 드러나는 양상이 동일 문화에 속한 다른 사람과 현저히 다름
3. 현격한 스트레스 혹은 손상을 경험

출처 : APA, 2013.

의 경직된 특성은 종종 심리적 고통을 가져오고, 사회적 혹은 직업적 어려움으로 이어지기도 한다. 또한 이러한 장애는 타인에게도 고통을 줄 수 있다. 이는 프레더릭의 동료와 여자친구들이 혼란과 분란을 경험하는 것을 생각해보면 알 수 있다.

성격장애 일부는 아동기에 시작하지만 일반적으로는 청소년기나 초기 성인기에 드러난다. 이것들은 치료하기 가장 어려운 심리적 장애 중 하나이다. 이 장애를 가진 많은 사람은 자신의 성격 문제를 알지도 못하고 자신의 사고방식이나 행동이 경직되어 있다는 문제를 탐색하지도 못한다. 조사에 따르면 미국 전체 성인의 11%가 성격장애를 가지는 것으로 추정된다(Fariba, Gupta, & Kass, 2020; Skodol, 2018).

성격장애를 가진 사람들은 또 다른 병리를 가진다. 이 장의 후반부에서 보겠지만, 예를 들면 회피성 성격장애를 가진 사람은 모든 관계를 극도로 부끄러워하는데, 이런 사람은 사회공포증도 동시에 가지고 있다. 이러한 관계의 이유가 무엇이든 간에 연구에 의하면 성격장애의 존재가 심리적 문제를 성공적으로 회복할 기회를 어렵게 만든다고 한다(Ceresa et al., 2021; Mitra & Fluyau, 2020).

DSM-5는 10개의 성격장애를 구분해놓았다(APA, 2013). 이는 종종 3개의 집단 혹은 군집으로 구분한다. 기묘한 행동을 주 특징으로 하는 **군집**에는 **편집성**, **조현성**, **조현형** 성격장애가 포함된다. 두 번째 집단은 극적인 행동을 주 특징으로 하는데, **반사회성**, **경계성**, **연극성**, **자기애성** 성격장애로 구성된다. 마지막 군집은 높은 수준의 불안을 특징으로 하는데, **회피성**, **의존성**, **강박성** 성격장애를 포함한다.

이러한 10개 장애는 문제가 되는 성격 증상을 특징에 따라 집단으로 묶은 것이다. 예를 들어 앞으로 보게 될 **편집성 성격장애**는 다른 사람이 자신을 해칠 것이라는 근거 없는 의심을 가지고 친구를 의심하고 별것 아닌 사건에 위험한 의미를 부여하며 앙심을 품기도 하고 배우자를 끊임없이 의심하기도 한다.

DSM에 수록된 10개의 성격장애는 **범주적** 접근을 취하고 있다. 불을 켰다 껐다 하는 것처럼 이러한 접근은 다음과 같은 가정을 한다. (1) 문제가 되는 성격 특성은 있거나 없거나 둘 중의 하나이다. (2) 한 개인이 성격장애를 가지고 있거나 없거나 둘 중 하나이다. (3) 하나의 성격장애를 가진 사람은 그 외의 다른 성격 문제는 뚜렷하게 나타내지 않는다.

그러나 이러한 가정은 임상 현장에서 너무도 쉽게 모순에 부딪힌다. 사실 DSM-5에 있는 성격장애는 너무 많이 중복되어서 서로 구분하기 어렵고, 장애를 가진 사람을 진단하는 데 불일치가 일어나기도 한다. 진단가들은 특정한 사람은 하나 이상의 성격장애를 가지는 것으로 종종 결정 내린다(Mitra & Fluyau, 2020).

임상 장면에서 현재 범주를 줄이고 성격장애를 구분하는 다른 방법을 적용하자는 운동이 일어나고 있다. 이들은 성격장애는 기능장애 유형이 아니고 **정도**에 차이가 있으며 어떤 특성의 유무가 아닌 성격 특성의 심각도에 의해 분류해야 한다고 생각한다. 이를 **차원적** 접근이라고 한다(Bagby & Widiger, 2020). 차원적 접근에서 각각의 특성은 문제가 되지 않는 수준에서 매우 문제가 되는 수준까지 연속선을 이루고 있다. 성격장애를 가진 사람들은 일반적인 사람들에게서는 나타나지 않는 극단적인 문제 행동을 나타낸다.

범주적 접근에 문제가 있고 차원적 접근에 대한 기대가 커지면서 성격장애를 어떻게 분류할 것인가에 대한 DSM-5의 틀이 처음에는 매우 많이 변화되었었다. 거대한 차원적 체계가 제시되었는데, 성격장애를 분류하는 데 다른 많은 성격 문제를 함께 고려하도록 하여 임상가들이 각 문제 특징의 심각도를 평가하도록 하였다. 그러나 이러한 제안 자체가 임상 현장에

성격장애 개인이 속한 사회에서 기대하는 것과는 다르며 매우 경직된 패턴으로 내적으로 경험되기도 하고 외부 행동으로 나타나기도 하면서 기능장애를 일으킨다.

서 엄청난 비난과 염려를 불러일으켰고, 결국에는 DSM-5의 틀을 만들던 사람들이 마음을 바꾸어 기존의 10개 범주를 유지하게 되었다. 동시에 이들은 대안인 차원적 접근을 기술함으로써 미래에 이루어질 성격장애 분류의 방향에 대해 인식하고 있다. 이 장 대부분의 논의는 현재 사용되는 DSM-5의 10개 범주에 따라 이루어질 것이다. 그렇지만 이 장의 뒷부분에서는 DSM-5에 포함된 새로운 대안적 접근, 즉 차원적 접근에 대해 살펴보게 될 것이다.

이미 알고 있는 바와 같이 성격장애에 대한 진단이 너무 쉽게 남용되고 있다. 우리는 스스로나 우리가 알고 있는 사람들에 대해 이 장애를 끼워맞추기 쉬우며 우리 혹은 그들이 성격장애를 가지고 있다는 결론을 내리고 싶은 유혹을 느낄 것이다. 대부분의 경우에 그러한 해석은 틀리다. 우리는 모두 성격 특성을 가지고 있다. 잘 적응하지 못하고 고통을 주며 유연성이 결여되어 있을 경우에 한해서 우리는 진단을 고려할 수 있다. ■

편집성 성격장애 타인에 대한 불신과 의심 패턴을 주요 특징으로 하는 성격장애

왜 비전문적인 심리학에서는 성격장애에 특별한 관심을 두는가?

요약

성격장애와 DSM-5

성격장애를 가진 사람들은 지속적이고 경직된 내적 경험과 행동 패턴을 가지고 있다. 그들의 성격 특성은 그 문화에 속한 일반적인 사람들에 비해 매우 극단적이고 역기능적이기 때문에 주변과 심각한 문제를 일으킨다. 보통 성인의 11%가 이 장애를 가지고 있다고 본다. DSM-5에서는 10개의 서로 다른 성격장애를 구분한 범주적 접근을 사용한다. 더불어 DSM-5 연구자들은 성격장애 분류에 차원적 접근을 제안한다.

'기묘한' 성격장애

'기묘한' 성격장애 군집에는 편집성, 조현성, 조현형 성격장애가 포함된다. 이 장애를 가진 사람들은 전형적으로 괴상하거나 기이한 행동을 보이는데, 극도의 의심, 사회적 고립과 특이한 사고방식이나 지각방식과 같이 조현병에서 보이는 것과 유사하지만 그 정도로 심하지는 않다. 이러한 행동은 종종 개인을 고립시킨다. 어떤 임상가들은 이러한 성격장애가 실제로 조현병과 관련되어 있다고 생각한다. 직접적이든 아니든 기묘한 군집의 성격장애를 가진 사람은 종종 조현병 진단이 부가적으로 붙여지기도 하고 혹은 조현병을 가진 가까운 친척이 있기도 하다.

임상가들은 기묘한 성격장애의 증상에 대해 많이 연구하였지만, 원인이나 치료법을 성공적으로 밝혀내지는 못하고 있다. 사실 이 장애를 가진 사람들은 거의 치료를 받으려 하지 않는다.

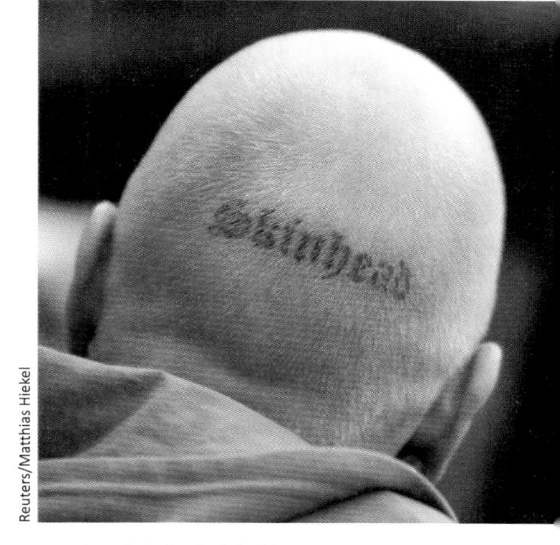

Reuters/Matthias Hiekel

증오는 하나의 장애인가? '스킨헤드'라는 문구를 뒤통수에 문신한 이 남자는 외국인과 자유주의자를 대상으로 신나치 범죄를 저질러 독일 법정에서 순서를 기다리고 있다. 임상가들은 종종 극단적 인종차별주의자를 만나게 된다. 특히 편집성, 반사회성과 다른 성격장애에서 특히 많이 나타난다. 임상 장면에서 일부는 극단적인 증오와 편견을 심리장애로 구분하려 한다.

편집성 성격장애

앞에서 기술된 것처럼 **편집성 성격장애**(paranoid personality disorder)를 가진 사람들은 다른 사람을 매우 불신하고 그들의 동기를 의심한다(APA, 2013). 그들은 모든 사람이 자신을 해치려는 의도를 가지고 있다고 믿기 때문에 가까운 관계를 피한다. 자신의 생각과 능력에 대해서는 과도하게 신뢰하는데, 이는 에두아르도 사례에서 살펴볼 수 있다.

유전공학 회사의 연구원인 에두아르도에게 현재 상황은 더 이상 참을 수 없는 수준이었다. 그는 주요 연구에서 연구 절차를 어겼다는 이유로 상사에게 심한 질책을 당하였다. 그는 이것이 어디에서 왔는지 알았다. 그는 질투심 많고 교활한 실험실 동료들에 의해 '쫓겨났다'. 그는 상사와 다른 3명의 연구실 연

구원과 면담을 요구했다.

회의 초반 에두아르도는 자신을 비난한 사람의 이름이 밝혀질 때까지 방을 나가지 않을 것이라고 고집을 부렸다. 그는 실제로 자신이 연구 설계의 주요 방법을 다르게 했다는 점은 인정했지만 재빠르게 실험실 동료들에게로 초점을 옮겼다. 그는 다른 연구자들이 자신의 미래지향적 아이디어에 겁을 먹었고, 자신을 몰아내려 했다고 주장했다. 그에 따르면 자신을 쫓아내려는 그들의 의도가 분명했는데 언제나 자신에게 차가웠으며 그들의 잘못을 고치려 하거나 건설적 비판을 하려고 할 때마다 매우 불쾌하게 대했다고 말했다. 그들은 항상 그를 비웃고, 등 뒤에서 욕하고, 이따금씩 자신의 노트를 복사하거나 없애려고 했다고 하였다.

다른 연구자들은 에두아르도가 그러한 의혹을 털어놓자 매우 놀랐다. 그들은 언제나 비우호적인 태도로 행동하는 것은 자신들이 아니고 에두아르도라고 지적했다. 그는 두 달 전부터 어느 누구와도 말하지 않았으며 정기적으로 대놓고 인상을 쓰거나 문을 심하게 닫는 등 사람들을 적대하였다고 하였다.

이어서 에두아르도의 감독관인 리사가 발언하였다. 그녀는 객관적인 입장에서 에두아르도의 비난은 사실이 아니라고 말했다. 첫째, 그의 동료 중 누구도 그에 대해 이야기하지 않았다. 그녀는 정해진 일과로 연구실 카메라로 촬영된 비디오를 검토하는데 그가 굶겨야 할 쥐에게 먹이를 주는 것을 알게 되었다. 둘째, 그녀는 사실을 말하는 것은 에두아르도가 아니고 동료들이라고 하였다. 사실 그녀는 에두아르도의 냉정하고 무관심한 태도에 대해 연구실 외부 사람들로부터 많은 불만을 들었다.

나중에 사무실에서 사적으로 리사는 에두아르도에게 그를 내보낼 수밖에 없다고 말했다. 에두아르도는 분노했지만 완전히 놀라지는 않았다. 과거 두 직장생활도 유사하게 매우 나쁘게 끝났었다.

어디서나 조심하고 위협을 경계하지만 에두아르도 같은 사람은 자신이 끊임없이 어떤 속임수의 목표물이 될 것이라고 생각한다(그림 13.1 참조). 그들은 어느 것에서나 '숨겨진' 의미를 찾는데, 보통 얕잡아 보거나 위협하는 의미로 해석한다(Cherry, 2020a; Skodol, 2020d). 한 연구에 따르면 역할 연기를 시켜보면 편집증을 가진 사람은 통제집단의 사람보다 다른 사람의 행동에서 악의적인 의도를 더 많이 읽어낸다(Turkat et al., 1990). 또한 역할 연기의 주제로 분노를 자주 선택한다.

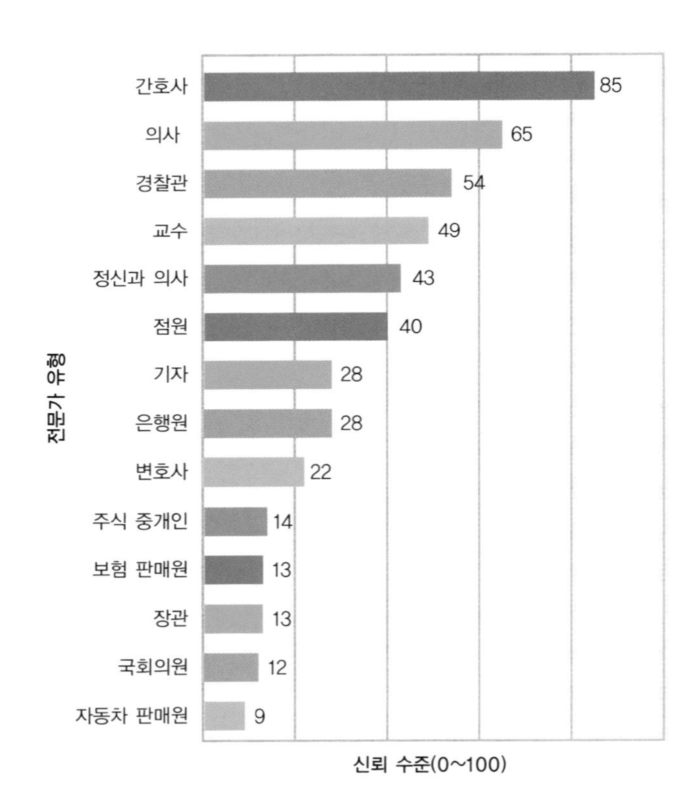

그림 13.1

누구를 신뢰하는가?

불신과 의심이 편집성 성격장애의 핵심이기는 하지만 이 장애를 갖지 않은 사람들도 놀라울만큼 의심을 가지고 있다. 다양한 조사를 통해 응답자 대다수가 자동차 판매원, 국회의원, 장관, 보험 판매원, 주식 중개인과 변호사를 믿지 않는다고 하였다. (출처 : Gallup Poll, 2020a)

편집성 성격장애를 가진 사람은 가까운 사람의 충성심이나 신뢰를 쉽게 의심하며, 차갑고 항상 거리를 둔다. 예를 들어 한 여성은 상처받는 것이 두려워 사람을 믿지 않기도 하고, 한 남편은 증거도 없이 아내가 의심된다고 주장하였다. 정확하지 않고 부적절하지만 그들의 의심은 망상이 아니고 그 생각들이 그렇게 괴상하거나 견고한 것이 아니어서 현실과 완전히 동떨어진 것은 아니었다(Bouthier & Mahe, 2019).

이 장애를 가진 사람은 특히 일과 관련하여 다른 사람의 약점과 실수에 비판적이다(Skodol, 2020d). 그러나 자신의 잘못은 인지할 수 없으며 비판에 매우 민감하다. 종종 자신의 삶에 문제가 생기면 타인을 비난하면서 반복적으로 앙심을 품기도 한다. 미국 성인의 4.4%가 이러한 장애를 경험하는 것으로 알려져 있으며, 여성에 비해 남성에게서 더 많이 나타난다(Alarcón & Palmer, 2020).

이론가는 편집성 성격장애를 어떻게 설명하는가 다른 성격장애와 마찬가지로 편집성 성격장애에 대해서는 체계적인 연구가 거의 없다. 이 장애에 대한 가장 오래된 설명은 정신역동 이론으로, 요구적인 부모와의 초기 상호작용 패턴에서 원인을 찾는데, 특히 거리감이 있고 경직된 아버지와 과도하게 통제하는 거부적인 어머니와 관련이 있다고 본다(Paris, 2018). (거의 모든 성격 이론에 대한 정신역동적 설명은 아동기 동안 반복된 양육 문제와 애정결핍이라는 동일한 방식으로 전개된다는 것을 보게 될 것이다.) 정신역동적 관점에 따르면 한 개인은 부모의 지속적인 비합리적 요구의 결과로 자신의 환경을 악의적인 것으로 보게 된다. 다른 사람을 불신하기 때문에 언제나 정신을 바짝 차리고 있어야 하며, 극단적인 분노 감정을 발달시키는 듯하다. 또한 자신의 감정을 타인에게 투사하고 그 결과로 피해의식이 증가한다. 유사하게 어떤 인지행동 이론가들은 편집성 성격장애를 가진 사람이 일반적으로 '사람들은 악하다', '사람들은 기회만 있으면 공격하려고 한다'라는 부적응적인 신념을 광범위하게 가지고 있다고 주장한다(Poggi, Richetin, & Preti, 2019; Beck, Davis, & Freeman, 2015).

생물학 이론가들은 편집성 성격장애는 유전적 소인이 있다고 가정한다(Cloninger, 2020). 한 초기 연구에서는 3,810명의 오스트레일리아 쌍생아를 대상으로 의심에 대한 자기 보고를 하게 하였는데, 한 쌍생아가 의심을 심하게 하면 다른 쌍생아도 의심을 한다고 하였다(Kendler et al., 1987).

편집성 성격장애의 치료 편집성 성격장애를 가진 사람은 전형적으로 자신을 도움이 필요한 사람으로 보지 않기 때문에 거의 치료를 받으러 오지 않는다(Skodol & Bender, 2019). 또한 치료를 받는 사람들도 환자는 약자라고 생각하며 치료자를 불신하고 그들에게 저항하려고 한다(Skodol, 2020d). 이 장애의 치료가 대부분의 다른 성격장애와 마찬가지로 효과가 제한적이고 변화가 더디게 일어난다는 것은 놀라운 일이 아니다.

관계를 가장 중시하는 정신역동 치료자인 대상관계 치료자는 환자의 분노를 과거의 것으로 보고 정신역동 기법을 적용하여 만족스러운 관계에 대한 그들의 깊은 바람이 어떻게 드러나는지 알아본다(Kernberg, 2020, 2018; Radcliffe & Yeomans, 2019). 인지행동치료가 편집성 성격장애 치료에 사용된다(Cherry, 2020a; Skodol, 2020d). 행동적 측면에서 치료자는 불안 감소 훈련을 통해 대인관계 문제해결 능력이 향상되도록 돕는다. 인지적 측면에서는 치료자가 내담자로 하여금 다른 사람의 말과 행동에 대해 더 현실적인 해석을 하도록 하며 다른 사람의 관점을 잘 깨달을 수 있도록 한다. 치료를 통해 제한적으로는 도움을 받는 듯하다(Newton-Howes & Mulder, 2020).

조현성 성격장애

조현성 성격장애(schizoid personality disorder)를 가진 사람은 지속적으로 사회적 관계를 피하기도 하고 (타인으로부터) 배제되기도 하며 감정 표현이 거의 없다(APA, 2013). 편집성 성격장애를 가진 사람과 같이 이 사람들은 다른 사람과 친밀한 관계를 맺지 않는다. 그러나 그들이 사회적 접촉을 피하는 이유는 불신이나 의심 같은 편집증과는 관련이 없고 실제로 혼자 있고 싶기 때문이다. 엘리의 사례를 보자.

조현성 성격장애 사회적 관계를 지속적으로 회피하고 감정 표현을 거의 하지 않는 것을 특징으로 하는 성격장애

엘리는 지역 기술훈련소에 다니는 학생이다. 지난 몇 년 동안 여러 가지 인터넷 인증 프로그램에 등록되어 있었고 또 다른 프로그램에 등록하려고 하였다.… 외톨이 특성상 엘리는 일반적인 사회관계를 좋아하지 않았으며 다른 사람들과 친밀한 관계를 맺으려는 욕구도 없었다. 엘리가 관계를 보는 방식은 그저 '내가 다니는 학교에 너도 왔다가 집에 가는구나' 하는 수준이었다.

통상 대부분 낮시간에는 잠을 잤고 저녁, 밤과 주말에는 컴퓨터 실습실에서 같은 반이 아닌 인터넷에서 만난 사람들과 '채팅'하며 시간을 보냈다. 채팅하던 사람들이 엘리를 만나고 싶어 했으나 언제나 거절했다. 채팅방에서 나누는 것 외에 그다지 상대에 대해 알고 싶은 것이 없다고 전달했다. … 그는 가족관계도 비슷하다고 말했다. 외향적인 남동생과 여동생이 있었는데 동생들은 엘리를 존중하는 것 같은데도 엘리는 별로 마음이 없었고, 몇 년 전에 가정을 떠난 아버지에 대해서는 최근에는 완전히 잊은 것 같았다.

심각한 수준의 사회적 관심 결여가 두드러졌는데 자기에 완전히 몰입된 행동이 자주 나타났다. 사회나 가족관계에서 아주 최소한의 역할만을 하였다. 점점 더 자신을 성공과 성취의 가능성으로부터 또는 타인으로부터 고립시켰다. 인생에는 아무런 사건도 없고 그저 고독의 시간만이 연장될 뿐이었다.

(Millon, 2011)

엘리와 같은 사람은 종종 '고독한 사람'으로 묘사되는데, 친구관계를 만들거나 유지하기 위해 노력을 기울이지 않고 성관계에도 관심이 없으며 심지어 가족에게도 무심하다. 다른 사람과 접촉이 거의 혹은 전혀 필요 없는 직업을 구한다. 필요할 때는 어느 정도 관계를 형성할 수 있지만, 혼자 있는 것을 좋아하며, 많은 사람이 혼자 산다. 당연히 이들의 사회 기술은 취약하다. 결혼을 하게 되면 친밀감 결여는 엘리의 사례처럼 부부나 가족관계에 문제를 일으키게 된다.

조현성 성격장애를 가진 사람은 주로 자신에게 초점이 맞추어져 있고 칭찬이나 비난에도 영향을 받지 않는다. 어떤 감정도 거의 나타내지 않으며 즐거움이나 분노도 거의 표현하지 않는다. 관심이나 수용의 필요성이 없어 보이며, 보통 차갑고 유머가 없거나 둔한 사람으로 보인다. 이 장애는 성인 전체의 4.9%에서 나타나는 것으로 추정된다(Alarcón & Palmer, 2020). 여성보다 남성에게서 약간 더 많이 나타나며 남성들이 이로 인해 더 많은 어려움을 겪는다.

이론가는 조현성 성격장애를 어떻게 설명하는가 많은 정신역동 이론가, 특히 대상관계 이론가는 조현성 성격장애는 충족되지 못한 접촉 욕구에 뿌리가 있다고 가정한다(Kernberg, 2020, 2018; Radcliffe & Yeomans, 2019). 이 장애를 가진 사람의 부모는 편집성 성격장애를 가진 사람의 부모처럼 자녀를 수용하지 않거나 심지어는 학대한다. 편집성 증상을 가진 사람은 주로 그러한 양육에 대해 불신감으로 반응하는 데 비해, 조현성 성격장애인 사람은 사랑을 주고받지 못하는 상태가 된다. 그들은 모든 관계를 회피하는 것으로 대처한다.

당연히 인지행동 이론가들은 조현성 성격장애를 가진 사람은 사고 결함을 가지고 있다고 가정한다. 이들의 생각은 모호하고 공허하며 환경을 살펴서 정확한 지각에 도달하는 데 어려움을 느낀다(Cherry, 2020d; Chadwick, 2014). 타인의 정서적 단서를 파악하지 못하여 정서에 반응할 수가 없다.

조현성 성격장애의 치료 이들의 사회적 고립은 조현성 성격장애를 가진 대부분의 사람들이 알코올중독과 같은 다른 장애로 인해 치료를 받기 전까지는 치료를 받지 못하게 한다. 이 내담자는 감정적으로 치료자와 떨어져 있으려 하며, 치료에 관심을 두지 않아서 치료에 제한이 있다(Skodol & Bender, 2019; Sperry, 2016).

인지행동 치료자는 때때로 이 장애를 가진 사람이 더 긍정적이고 만족스러운 사회적 상호작용을 하도록 도와줄 수 있다(Skodol, 2020e; Beck et al., 2015). 인지 기법에는 내담자에게 감정 목록을 생각하도록 하거나 즐거운 경험을 글로 적거나 기억하게 하는 방법이 포함된다. 행동 기법으로 치료자는 때때로 내담자에게 역할 연기, 노출 기법, 과제와 같은 도구를 활용해서 사회 기술을 가르친다. 집단치료는 안정된 환경 속에서 사회적 접촉을 제공하기 때문에 이 사람들이 참여하기를 거부하기는 하지만, 외적으로 볼 때는 유용하다(Cherry, 2020d). 조현성 성격장애를 가진 사람에게 약물치료는 제한적으로만 도움을 준다(Newton-Howes & Mulder, 2020).

Warner Bros/DC Comics/Kobal/REX/Shutterstock

다크나이트 최근 몇 년 동안 배트맨 시리즈는 지속적 관계를 형성하거나 유지할 수 없는 독선적인 외톨이를 범죄 전사로 묘사하였는데 이러한 묘사는 원작 만화의 표현에 충실한 것이었다. 예를 들어 2016년 영화인 '배트맨과 슈퍼맨 : 저스티스의 시작(Batman v Superman: Dawn of Justice)'에서 증오에 차 있고 슈퍼맨을 불신하는 비사회적 성격이 매우 명백하게 드러났다. 일부 임상 관찰자들은 배트맨이 조현성 성격장애 증상의 일부를 보인다고 주장했다.

조현형 성격장애

조현형 성격장애(schizotypal personality disorder)를 가진 사람은 광범위한 대인관계 문제를 가지는데, 친밀한 관계에 대한 극단적인 불편감, 기묘한 사고 및 지각 경험과 행동적 특이성이 특징적으로 나타난다(APA, 2013). 사람들이 가까이 있으면 불안해하며 고립되기를 좋아하고 친한 친구가 별로 없다. 41세 케빈의 사례를 통해 이 장애를 살펴보자.

케빈은 고등학교 졸업 후 20년간 창고빌딩 야간 경비로 일하고 있다. 성공한 전문 직업인인 부모는 주변과 단절되어 있고 어떠한 변화의 동기도 가지고 있지 않은 케빈의 삶에 대해 항상 염려하고 있다. 부모가 치료를 받게 하였고 케빈은 그저 하라는 대로 하였다. 그는 자신의 직업이 혼자서 조용한 공간에 있을 수 있어서 좋다고 했다. 텅빈 창고는 아무도 사용하지 않고 아무도 없어서 좋고 편하다고 했다.

면담을 하면서 케빈은 동떨어져 있었으며 상담자를 쳐다보지 않았고 묻는 말에 한 단어나 짧은 문장으로만 대답했으며 첫 번째 질문이 반복되거나 두 번째 질문을 할 때까지 가만히 있었다. 짧고 기묘한 대답을 했는데 거의 어떤 사람과도 관계를 맺지 않은 채 살고 있으며 남동생과만 주요 명절에 만나는 최소한의 관계를 가지고 있었다. 고등학교 때 함께했던 여학생에 대한 기억만을 가지고 혼자 살고 있는 것이었다. "졸업하고 나서는 한 번도 그녀를 만난 적이 없어요"라고 간략하게 말했다. 그러나 어떤 외로움도 보이지 않았으며 인생의 어떤 측면에 대해서도 전혀 감정이 없어 보였다.

케빈은 종종 자신의 마음과 신체가 분리되는 것 같았다. 마치 의식이 인격이 없는 혹은 정체감이 없는 인간 존재 위에 둥둥 떠 있는 것 같은 무존재감 혹은 비실제감을 느꼈다. 행동적으로는 충충하고 굼뜨고 표현이 없었다. 외부 세상에 대해 관심도 없고 무심하며 동기도 없고 둔감했다. 대부분의 사람들은 그를 이상한 사람이라고 여겼다. 배경 속에 파묻혀버렸거나 자기 속에 몰입해 있는 혹은 외부 세상을 잃어버린 사람같이 보였다. 이상한 '텔레파시'가 신비한 혹은 멀리 떨어진 타인과 의사소통을 가능하게 해주었다. 케빈은 너무 많은 자극에 직면하게 되면 간혹 와해돼버렸다. 완전히 사라져서 백지가 되어 의식을 잃고 외부 세상의 모든 압력을 차단해버렸다.

(Millon, 2011)

케빈의 경우처럼 조현형 성격장애를 가진 사람의 사고와 행동은 눈에 띄게 손상될 수 있다. 증상으로는 **관계 사고**(관련 없는 사건인데 자신과 중요한 방식으로 연결되어 있다고 믿는 것)와 **신체 환각**(외부적인 '힘'이나 존재를 감지하는 것과 같은 능력)이 포함된다. 이 장애를 가진 많은 사람은 자신이 특별한 초감각을 가지고 있다고 보며, 어떤 사람은 다른 사람을 조정하는 마술적 통제력을 가지고 있다고 믿는다. 조현형적 특성의 예를 들면 반복적으로 깡통을 일렬

조현형 성격장애 친밀한 관계에서 극도의 불편감을 느끼며 기이한 사고와 지각 및 특이한 행동을 특징으로 하는 성격장애

흥미로운 이야기

일반적 신념

자신이 비정상적인 경험을 한다고 생각하는 사람들이 모두 조현형 성격장애인 것은 아니다. 사실 조사에 따르면 성인의 46%가 악마, 유령, 뱀파이어 혹은 다른 초월적인 존재와 같은 초자연적 존재를 믿는 것으로 나타났다. 더욱이 성인의 18%는 자신이 보았거나 마주쳤다고 믿고 있다(Engle, 2020; Ballard, 2019; Austin, 2015).

로 줄을 맞추거나 옷장을 과도하게 정리하기도 하고, 이상한 옷차림을 하는 것 등이 있다. 이러한 사람의 정서는 부적절하고, 밋밋하거나 유머가 없다.

조현형 성격장애를 가진 사람은 종종 주의집중을 유지하는 데 어려움을 보인다. 이와 관련하여 이들의 대화는 보통 모호하고 연상이 이완되어 내용이 연결되지 않고 이리저리 흩어져 있다. 케빈처럼 목적 없이 표류하기도 하고 하는 일 없이 생산성 없는 삶을 살기도 한다. 자신의 능력 수준에 못 미치는, 부담이 없거나 다른 사람과 상호작용이 필요 없는 일을 선택하는 경향이 많다. 연구에 의하면 전체 인구 중 4% 정도가 조현형 성격장애를 가지고 있는 것으로 추정되며, 남성이 여성보다 약간 더 많다(Dong et al., 2021; Morin, 2020c).

이론가는 조현형 성격장애를 어떻게 설명하는가 조현형 성격장애 증상은 조현병과 매우 유사해서 연구자들은 두 가지 장애에서 유사한 요소가 작용하고 있다고 가정한다. 일련의 연구들이 이러한 기대를 지지해주고 있다(Attademo, Bernadini, & Verdolini, 2021). 예를 들면 조현병에서처럼 주의력과 단기기억 결함이 조현형 성격장애 발병에 기여하는 것도 알게 되었다(McGurk, 2019). 실제로 두 가지 장애를 가진 각각의 연구 참가자들은 선행자극이 모니터에 제시되고 사라진 직후에 시자극을 규명해내야 하는 **역행차폐** 과제 수행이 저조하였다. 두 장애를 가진 사람들은 처음에 온 자극을 억제하고 두 번째 오는 자극에 초점을 맞추는 데 어려움이 있었다. 마지막으로 연구자들은 이러한 성격장애를 도파민 신경전달물질 과활성화, 뇌실 확장, 측두엽 축소와 회백질 손실 등과 같은 조현병에서 발견된 것과 동일한 생물학적 요인과 관련짓기 시작하였다(Attademo et al., 2021; Fariba et al., 2020; Saunders & Pearce, 2020). 제12장에서 본 바와 같이 이러한 생물학적 요소는 유전적 기초를 가지고 있다는 증거가 있다(Docherty et al., 2020).

NBC NEWS

Sipa Press

성격장애를 가진 사람이 폭발할 때 2007년 영상을 통해 버지니아공과대학 학생 조승희는 자신이 살아오면서 당한 멸시를 알렸다. 이 영상을 만들어 NBC 뉴스에 보낸 후 그는 교정에서 총격을 가해 자신을 포함해서 32명을 죽이고 25명에게 부상을 입혔다. 대부분의 임상가들은 그가 한없는 분노와 증오, 극단적인 사회적 고립, 지속적인 불신, 이상한 사고, 위협하는 행동과 거만함, 타인을 무시하는 행동을 보인다고 하면서 반사회성, 경계성, 편집성, 조현성, 조현형, 자기애성 성격장애의 특징을 종합적으로 가지고 있다고 의견의 일치를 보았다.

이러한 결과들이 조현형 성격장애와 조현병의 밀접한 관련성을 시사해주고 있기는 하지만 성격장애는 기분장애와도 관련된다(Hadar et al., 2020; Boldrini et al., 2019). 성격장애를 가진 사람의 절반 정도가 삶의 어느 시점에서 주요우울장애 혹은 양극성장애를 경험한다(Skodol, 2020f; Rosell, 2018).

조현형 성격장애의 치료 조현형 성격장애의 치료는 편집성과 조현성 성격장애처럼 어렵다. 대부분의 치료자는 내담자가 자신의 생각과 힘의 한계를 인식하고 세상과 '다시 연결되도록' 도와야 한다는 점에 동의한다. 그래서 치료자는 예를 들면 시간엄수와 같이 분명한 한계를 설정하여 내담자가 자신의 관점이 아닌 치료자의 관점에서 보게 되는 지점을 인식하도록 돕는 작업을 한다. 다른 치료적 목표는 긍정적·사회적 접촉을 증가시키고 외로움을 덜어주며 과도한 자극을 줄여주어 그 사람이 자신의 개인적 감정을 좀 더 잘 인지할 수 있도록 돕는다(Skodol & Bender, 2019).

인지행동 치료자는 내담자들로 하여금 자신의 비정상적인 사고나 지각을 객관적으로 평가하도록 가르치고 부적절한 것을 무시하도록 한다(Cheli, 2020; Morin, 2020c). 치료자는 내담자의 괴상하거나 마술적인 예언을 추적해서 그것의 부정확함을 지적해준다. 내담자가 대화를 하면서 궤도를 벗어나기 시작하면 치료자는 그들이 말하려는 것을 요약해보라고 요청할 수도 있다. 또한 말하기 교습, 사회 기술 훈련과 옷 입기와 매너와 같은 특정 행동 기법을 내담자가 배워서 다른 사람들과 더 편안하고 잘 어울리도록 돕기도 한다(HMS, 2019; McGurk, 2019).

항정신병 약물을 조현형 성격장애를 가진 사람에게 처방하기도 하는데, 이 역시 조현병과의 유사성 때문이다. 낮은 용량의 약물이 어떤 사람에게는 사고 문제의 일부분을 감소시키면서 도움이 되기도 한다(Jones, Strassnig, & Harvey, 2020; Skodol, 2020f).

흥미로운 이야기

동물적 특성

거미와 새에서부터 사자와 코끼리에 이르는 모든 종류의 동물은 나름의 독특한 성격 특성, 행동과 선호를 가지고 있다. 예를 들면 양 중에서 일부는 리더이고 일부는 추종자이다. 유사하게 사슴은 두려움, 울음소리, 친밀함과 산만함 수준에서 개별 차이가 존재한다(Cherry, 2020c; Angier, 2010).

요약

'기묘한' 성격장애

DSM-5에 있는 이 세 가지 성격장애는 조현병처럼 심한 수준은 아니지만 조현병에서 보이는 기묘한 혹은 특이한 행동을 나타낸다. 편집성 성격장애를 가진 사람은 불신과 의심을 광범위하게 나타낸다. 조현성 성격장애를 가진 사람은 사회적 관계를 지속적으로 회피하며 정서 표현을 거의 하지 않는다. 조현형 성격장애를 가진 사람은 친밀한 관계에서 극도의 불편감을 느끼는 등 대인관계 문제를 가지며 매우 기이한 형태의 사고와 행동을 나타낸다. 이 세 가지 장애를 가진 사람은 통상 치료에 잘 반응하지 않으며 치료 성과도 기껏해야 중간 수준 정도이다.

'극적인' 성격장애

'극적인' 성격장애 군집에는 반사회성, 경계성, 연극성, 자기애성 성격장애가 포함된다. 이 문제를 가진 사람의 행동은 매우 연극적이고 정서적이며 변덕스러워 진정으로 마음을 주고 만족스러운 관계를 가지는 것이 거의 불가능하다. 이 성격장애는 다른 장애들보다 흔하게 진단된다. 반사회성과 경계성 성격장애가 좀 더 많이 연구되었는데, 이들이 다른 사람들과 많은 문제를 일으키기 때문이기도 하다. 기묘한 성격장애와 마찬가지로 이 장애의 원인은 잘 알려져 있지 않다. 치료 효과는 거의 없거나 중간 정도의 범위에 걸쳐 있다.

반사회성 성격장애

때때로 '사이코패스' 혹은 '소시오패스'라고 묘사되기도 하는 **반사회성 성격장애**(antisocial personality disorder)를 가진 사람은 지속적으로 다른 사람의 권리를 침해하고 무시한다(APA, 2013). 물질사용장애와는 별도로 이 장애는 성인의 범죄행동과 밀접하게 관련된다. DSM-5 기준에 따르면 이 진단에 해당하는 사람은 최소 18세 이상이어야 한다. 그러나 반사회성 성격장애를 가진 대부분의 사람은 15세 이전에 무단결석, 가출, 동물이나 사람에 대한 잔혹행동, 기물 파괴 등과 같은 비행 양상을 나타낸다.

반사회성 성격장애의 주요 연구자인 Robert Hare는 전문가로서 레이라는 죄수와 만났던 초기 경험을 다음과 같이 회상하였다.

> 1960년대 초반, 나는 브리티시컬럼비아교도소에 유일한 심리학자로 고용되었다. 사무실에 들어간 지 한 시간도 지나지 않아 첫 번째 환자가 방문하였다. 그는 키가 크고 날씬하며 검은 머리를 한 30대 남자였다. 그의 분위기는 들떠 있는 것 같았고 너무 직접적이고 강렬하게 쳐다보아서 이전에 만났던 사람인지 의심스러울 정도였다. 그 시선은 온화하지 않았다. 다른 사람들처럼 은근슬쩍 눈치를 보면서 부드러운 분위기를 만들려 하지도 않았다.
>
> 내 소개를 기다리지도 않고 레이라고 하는 수감자는 대화를 시작했다. "안녕하십니까, 박사님. 어떠세요? 봐요. 나는 문제가 있어요. 도움이 필요해요. 진심으로 당신과 함께 대화를 나누고 싶어요." …

반사회성 성격장애 다른 사람의 권리를 침범하고 무시하는 행동 패턴을 보이는 성격장애 그는 칼을 꺼내서 내 코 앞에 흔들어댔고 시종일관 강렬한 시선 접촉을 하면서 미소를 지었다. … 그는 내가 아니고 다른 수감자에게 쓸 것이라고 설명하였다.

첫 번째 만남에서부터 레이는 나의 교도소에서의 8개월을 참혹하게 만들었다. 그는 지속적으로 내 시간을 요구하였고 자신을 위해 이런저런 일을 하게 만들려고 조종하려는 시도가 끝이 없었다. 한번은 자신이 요리를 하고 싶다고 나를 설득하여 (대놓고 칼을 만들었던) 기계실에서 다른 곳으로 이동하도록 자신을 돕게 만들었다. … 내가 업무 이동을 하도록 제안하고 몇 달 후 레이가 밀주 제조의 핵심이라는 것이 밝혀져 그는 독방에서 한참을 보내야 했다.

'구멍(독방)'에서 나오자 레이는 아무 일도 없었던 것처럼 내 방에 나타났고 주방에서 자동차 정비소로 옮겨달라고 요청하였다. 나는 첫 번째 그의 업무 전환에서 경험한 아픔을 여전히 가지고 있었지만 결국에는 그에게 굴복하였다.

나는 심리학 박사과정을 위해 교도소를 떠나기로 하였고, 내가 떠나기 한 달 전쯤 레이는 내게 지붕공사 계약자로 일하는 우리 아버지로 하여금 자신에게 가석방 조건의 일환인 직업을 제공해주도록 요청해달라고 하였다. … 레이는 나뿐 아니라 모든 사람을 속이는 데 믿을 수 없을 만큼 놀라운 능력을 가지고 있었다. 그는 때때로 가장 경험이 많고 냉소적인 교도소 직원들까지도 일시적으로 무장해제시킬 수 있을 만큼 부드럽고 직접적으로 거짓말을 할 수 있었다. 내가 그를 만났을 때 이미 많은 범죄 기록을 가지고 있었다(그리고 이후에도 그는 많은 범죄를 저질렀다). 성인기 절반을 감옥에서 보냈고 그의 많은 범죄는 폭력적인 것이었다. … 그는 끊임없이 거짓말을 하였고 매사에 게으름을 부렸으며, 그의 거짓말을 자료를 통해 직면시켜도 조금도 개의치 않았다. … 최종적으로 나는 내 아버지 공장의 직업 훈련생이 될 수 없을 것이라고 레이의 요청을 거절하였는데, 내가 거절하자 그는 내가 동요될 정도로 무례하게 굴었다.

교도소를 떠나 대학으로 가기 전에 교도소 직원들이 기관 내 정비소에서 차를 정비하는 혜택을 나도 이용하였다. 레이는 내 덕분에(그는 고맙다고 말한 적이 없다) 여전히 거기에서 일하고 있었다. … 차 지붕에 온갖 물건들을 싣고 뒷자리 침대에 아기를 눕힌 채 아내와 나는 온타리오로 향하였다. … 나중에 중간 정도의 경사에 이르렀을 때 라디에이터가 끓어오르기 시작하였다. 자동차 수리공은 기화기의 플로트 체임버에서 볼베어링을 찾아냈고 라디에이터 호스 중 하나를 누가 일부러 손댄 흔적이 있다고 하였다. 이 문제는 쉽게 해결되었지만, 우리가 긴 언덕을 내려갈 때 더 큰 문제가 발생하였다. 브레이크 페달에 액체가 고이면서 맥없이 바닥으로 떨어져 버렸다. 브레이크 없이 긴 언덕에 걸쳐 있었다. 운이 좋게도 서비스센터에서 수리를 받았고 그곳에서 우리는 브레이크 선이 절단되어 천천히 누수가 일어난 것을 알게 되었다. 아마도 레이가 정비소에서 일한 것과 차를 정비받은 것은 우연의 일치였을 지도 모르지만 그렇지 않을 수도 있다.

(Hare, 1993)

레이처럼 반사회성 성격장애를 가진 사람은 반복적으로 거짓말을 한다(APA, 2013). 많은 사람이 직업을 유지할 수 없는데, 이들은 자주 결근하고 갑자기 일을 그만두기도 한다(Black, 2019). 보통 돈에 무심하며 종종 빚을 갚지 않는다. 충동적이어서 결과를 생각하지 않고 행동한다(Lykken, 2019; Stuppy-Sullivan & Baskin-Sommers, 2019). 또한 불안정하고 공격적이며 쉽게 싸움을 건다. 많은 사람이 이리저리 떠돌며 산다.

우리 사회의 다양한 기관들(정부, 기업, 과학, 종교)은 거짓말에 대해 어떻게 보는가? 그러한 관점은 개인이 하는 거짓말에 어떠한 영향을 미치는가?

무모함은 또 다른 일반적인 특징인데, 반사회성 성격장애를 가진 사람은 자신의 안전이나 다른 사람의 안전, 심지어 자신의 자녀의 안전도 고려하지 않는다. 그들은 자기중심적이며 친밀한 관계 형성에 어려움이 있다. 보통 다른 사람을 이용해서 개인적 이익을 취하는 요령을 터득한다. 자신이 일으킨 고통이나 손상에 대해 거의 신경 쓰지 않기 때문에 임상가들은 대체적으로 이들은 도덕적 양심이 결여되어 있다고 말한다(표 13.2 참조). 이들은 자신의 희생자들을 약하다고 생각하고, 사기당하고 강탈당하거나 신체적으로 해를 당할 만하다고 생각한다(최신 동향 참조).

표 13.2

미국의 연간 증오범죄

공격받는 집단	보고된 사건 수
인종/민족 집단	4,047
LGBTQ 집단	1,346
종교집단	1,419
장애인 집단	159

출처 : FBI, 2020c, 2019b.

조사에 따르면 미국 인구의 3.6%가 반사회성 성격장애 준거에 부합한다(Alarcón & Palmer, 2020; Fisher & Hany, 2019). 대략 남성에게서 여성의 4배 정도 더 많이 나타난다.

이 장애를 가진 사람들은 자주 체포되기 때문에 연구자들이 교도소에서 반사회적 패턴을 가진 사람을 관찰할 기회가 많다(Azevedo et al., 2020; Douglas, Vincent, & Edens, 2019). 사실 교도소에 있는 사람의 약 35%가 이 장애 진단 준거에 부합된다. 도시 감옥에 있는 남성 중에서 반사회적 성격을 가진 사람은 과거 폭력범죄로 체포되었던 경우가 매우 많다. 이 장애를 가진 많은 사람들의 범죄행동은 40세가 넘어서면 감소하지만, 일부는 평생 범죄 활동을 지속하기도 한다(Fisher & Hany, 2019).

연구들과 임상적 관찰을 통해서 보면 알코올중독과 물질사용장애가 다른 집단보다 반사회성 성격장애를 가진 사람에게서 더 높게 나타난다(Ellingson, Littlefield, & Verges, 2019). 실제로 반사회성 성격장애를 가진 사람의 80%에서 평생에 어느 시점에서든 물질사용장애를 나타낸다(Black, 2019). 일부 이론가들은 반사회성 성격장애와 물질사용장애가 깊이 자리잡고 있는 위험추구 성향과 같은 동일한 원인을 가지고 있음을 관찰하였다. 이와 일치되게 반사회성 성격장애를 가진 많은 사람은 도박장애도 나타낸다. 사실 성격장애는 도박장애를 가진 사람의 23%에서 나타난다(Black, 2019).

흥미로운 이야기

과거의 명칭

반사회성 성격장애는 19세기에는 '도덕적 광기'로 불렸다(Jones, 2017).

이론가는 반사회성 성격장애를 어떻게 설명하는가 반사회성 성격장애에 대한 설명으로 정신역동적, 인지행동적, 생물학적 모델이 있다. 연구자들에 따르면 많은 요소가 이 장애와 연관되어 있다고 하지만 완벽한 설명은 되지 않는다.

정신역동적 요소 다른 성격장애와 마찬가지로 정신역동 이론가들은 이 장애가 유아기 부모의 애정결핍에서 시작되어 기본적인 신뢰 상실로 이어진다고 하였다(Itzkowitz & Howell, 2019). 이런 관점에서 (반사회성 성격장애를 발달시키는) 어떤 아동은 초기 부적절감에 대해 정서적 거리두기로 반응하고 권력과 파괴를 사용해서 다른 사람과 연결을 꾀한다. 정신역동 이론을 지지하는 연구자들은 이 장애를 가진 사람이 다른 사람보다 아동기에 더 많은 스트레스를 받았고, 특히 가난, 가정 폭력, 아동 학대, 부모 갈등과 이혼이 있었다는 것을 발견하였다(Fariba et al., 2020; Fisher & Hany, 2019).

인지행동적 요소 인지행동 이론가들은 행동 요소와 인지 요소의 조합이 반사회성 성격장애에 영향을 미친다고 주장한다. 행동적 측면에서 많은 행동 이론가는 반사회성 증상이 **모델링**이나 모방을 통해서 학습된다고 하였다. 증거로 연구자들은 반사회성 성격장애를 가진 사람의 부모가 반사회성 성격장애를 가지고 있는 비율이 더 높다는 점을 지적하였다(Álvarez-García et al., 2019). 모델링에 대한 설명은 반사회성 성격장애를 가진 사람의 친구와 친지 연구에 의해 지지되고 있다. 예를 들면 한 연구자는 반사회적 동료에 끌리는 중학생이 또래에서 수용되기 위해 스스로 반사회적 행동에 참여한다는 점을 발견하였다(Juvonen & Ho, 2008).

Reuters/Stefano Rellandini

새로운 장애가 아니다 작업자가 이탈리아 토리노의 롬브로소박물관에 있는 밀랍으로 덮인 두상에 '아내 살인자'로 번역된 꼬리표를 부착하고 있다. 유럽 전역의 교도소에서 가져온 수백 명의 머리가 박물관 선반에 줄지어 있으며 각각 'Ladro'(도둑) 또는 'Omicida'(살인자)와 같은 꼬리표가 붙어 있다. 이 전시는 19세기 정신과 의사 Cesare lombroso의 잔인하지만 선구적인 범죄 및 관련 반사회적 행동의 본질에 대한 연구에서 나온 것이다.

최신 동향

대량학살 : 폭력은 어디에서 오는가?

2016년 6월 12일 오전 2시, 29세 남자가 플로리다 올랜도에 있는 게이클럽인 펄스에 들어가서 2개의 반자동 무기를 사용해 100명의 손님을 쏘았고 그중 49명이 죽었다. 테러리스트의 증오 공격으로 간주된 이 대량학살은 미국 역사에서 단일 사격수에 의한 가장 치명적인 사건 중 하나였다. 그러나 명확히 유일한 대량학살은 아니다. 올랜도 참극 이전에 많은 대량학살이 있었다. 사우스캐롤라이나의 찰스턴교회의 성경 모임 구성원들(2015), 코네티컷 뉴타운의 샌디훅초등학교의 학생들과 선생님들(2012), 콜로라도 오로라에서 배트맨 영화를 보던 관람객들(2012) 등이 있었다. 유사한 다른 대량학살이 뒤따라 나타났는데, 라스베이거스의 컨트리 음악 콘서트(2017), 플로리다 파크랜드의 마저리스톤먼더글라스고등학교(2018), 뉴질랜드 크라이스트처치에 있는 2개의 모스크(2019), 텍사스주 엘패소에 있는 월마트 매장(2019), 콜로라도 볼더의 식료품점(2021) 등이다.

이 숫자들은 무의미하다. 임상 분야는 개인이 대량 살인을 저지른 이유에 대해 다양한 이론을 제시했지만, 이를 밝힌 연구와 효과적인 개입법은 아직 없는 상태이다(Allely, 2020; Cowan & Cole, 2020).

대량학살에 대해 당신은 어떻게 생각하는가? 개념적으로 정의해보면 동일한 장소와 동일한 시간에 4명 이상이 살해되면 대량학살이라고 한다. 미연방수사국(FBI) 기록에 따르면 미국에서 대량학살은 2주에 한 번씩 일어나고 그중 75%는 단독범행이며 67%는 총을 사용하고 남성이 96%를 차지한다(Cowan et al., 2020; FBI, 2020b, 2020d; NCBH, 2019).

대중적 인식에도 불구하고 대량학살이 새로운 현상은 아님을 우리는 알고 있다. 대량학살은 정기적으로 몇 세기 동안 일어나고 있다(Bonn, 2020, 2019; Large & Nielssen, 2020). 그런데 새로운 것은 대중에 대한 대량총살이고(예 : 학교, 쇼핑몰, 작업장 등) 대량학살자의 출현이다(Allely, 2020; NCBH, 2019). 대량학살 사건마다 특정한 문제(종교적 혹은 인종적 증오감정)가 있기는 하지만 두 가지 일반적 패턴이 증가되고 있다(Ingraham, 2018; Abe, 2017; Knoll, 2010). 하나의 패턴은 소위 '코만도식(pseudocommando) 대량학살'과 같은 사건이 증가하고 있다는 것이다. 코만도식 대량학살은 "사전에 범행을 계획하고 무기를 장착한 채 대낮에 나타나 사람들을 죽인다. 탈출계획은 없으며 범행 중에 자신도 죽을 것이라 생각한다"(40%는 총격 이후 혹은 중간에 자살로 사망한다). 다른 패턴은 사람들을 무차별적으로 죽이는 '(스스로 자행하는) 무분별 학살'인데, 이 역시 증가하는 추세이다.

이론가들은 코만도식, 무분별 또는 다른 유형의 대량학살을 설명하는 데 여러 요인, 즉 총의 가용성, 따돌림, 약물남용, 폭력적인 매체나 비디오 게임의 노출, 가정 문제, 전염 효과를 꼽는다(Metzl, Piemonte, & McKay, 2021). 사실 총기 통제, 매체 폭력 등의 요인을 감안한다고 해도 대부분의 임상가를 포함하여 거의 모든 사람은 대량학살자들이 정신장애를 겪고 있다고 생각한다(Allely, 2020; Cowan & Cole, 2020; Large & Nielssen, 2020). 어떤 정신장애인가? 이에 대해서는 일치된 견해는 없지만, 아래 사항이 고려될 수 있다.

- 반사회성, 경계성, 편집성, 조현형 성격장애
- 조현병이나 심각한 양극성장애
- 간헐적 폭발장애, 즉 충동조절장애로서 반복적으로 나타나며 외부의 언어적 행동적 촉발에 의한 것이 아님
- 심각한 우울, 스트레스 및 불안 장애

몇몇 장애가 원인으로 제시되기는 하지만 대량학살에 대한 연구가 많지 않아 확실한 결과는 제시하지 못하고 있다. 한편 몇몇 변인이 여러 연구에서 공통적으로 제시되고 있는데, 스스로 핍박을 받았거나 학대를 받았다는 감정과 이에 대해 복수하고자 하는 욕망 등이 해당된다(Silva et al., 2021; NCBH, 2019). 사실 대량학살자들이 어떤 심리적 장애를 가지고 있든 이러한 감정에 의해 충동을 느끼게 된다. 많은 임상 연구자는 진단보다는 특정 감정을 찾아내고 이해하는 것에 초점을 맞추어야 한다고 반복적으로 점점 더 강력하게 주장한다.

확실히 임상 연구는 거대한 사회적 문제 영역으로 초점을 확대시켜야 한다. 대량학살자 중 소수만이 살아남기 때문에 연구하기가 어렵지만 임상 분야는 다른 어려운 영역에서도 유용한 자료를 찾아내왔다. 실제로 앞부분에서 언급한 끔찍한 사건 이후에 임상 연구자 사회에서 이에 대한 연구 및 참여가 매우 높아졌다.

Wang Ying/Xinhua News Agency/eyevine/Redux

상상할 수도 없는 2019년 월마트에서 23명이 사망하고 23명이 부상당한 총기난사 사건이 발생한 후 텍사스주 엘패소에서 직원과 희생자의 친구들이 기도와 철야 집회에 참여하고 있다. 이는 현대 미국 역사상 히스패닉계 미국인에 대한 가장 치명적인 공격으로 여겨진다.

HBO/Photofest

Niko Tavernise/© Warner Bros./Courtesy Everett Collection

유명한 소시오패스 텔레비전과 영화 관객들은 반사회성 성격장애 증상을 가진 캐릭터를 좋아한다. 전설적인 캐릭터인 조프리 바라테온(왼쪽)은 '왕좌의 게임(Game of Thrones)'에 나오는 비도덕적이고 잔인한 왕으로, 지난 10년간 가장 유명한 악당이다. 유사하게 악명높은 조커(오른쪽)는 2019년 '조커(Joker)'라는 영화에서 추가로 조현병을 공존병리로 가지고 있는 것으로 묘사되기는 했지만 1940년 만화에 처음 등장한 이래로 반사회적 특성을 보여왔다.

인지행동 이론가들은 이 장애를 설명하는 데 **조작적 조건형성**을 강조한다. 어떤 부모들은 무심결에 자녀의 공격행동을 강화함으로써 반사회적 행동을 가르친다고 하였다(Farrington & Bergstrom, 2019; Kazdin, 2005). 아동이 부모의 요구나 명령에 대해 잘못 행동하거나 폭력적으로 반응하면 부모는 평정을 잃게 된다. 별 의미를 두지 않고 그들은 자녀에게 완고함과 심지어 폭력을 가르치고 있는 것이다.

인지적 관점에서 인지행동 이론가들은 반사회성 성격장애를 가진 사람은 타인의 요구를 경시하는 태도를 가지고 있다고 본다(Patrick, 2019; Elwood, Poythress, & Douglas, 2004). 이러한 인생 철학은 우리가 인지하는 것보다 우리 사회에 더 많이 만연해 있다고 일부 학자들은 주장한다. 인지행동 이론가들은 나아가 이 장애를 가진 사람은 자신의 관점이 아닌 다른 사람의 관점을 수용하는 데 실제적인 어려움을 보인다고 주장한다(Patrick, 2019).

생물학적 요인 광범위한 연구를 통해 생물학적 요인이 반사회성 성격장애에서 주요한 역할을 한다는 점이 밝혀졌다. 먼저 이 장애에 대한 생물학적 사전경향성을 가지고 태어나는 사람들이 있다(Poore & Waldman, 2020; Waldman et al., 2019). 예를 들면 반사회성 성격장애를 가진 일란성 쌍생아의 67%가 동일한 장애를 보인다. 이는 이란성 쌍생아의 31%와 비교되는 결과이다. 유사하게 일부 유전 연구자들은 이 장애가 특정 유전자와 연결되어 있다고 주장한다(Cloninger, 2020; Black, 2019).

또한 연구자들은 반사회적인 사람, 특히 충동적이고 공격적인 사람은 다른 사람에 비해 낮은 세로토닌 활동을 보인다고 하였다(Sah et al., 2021; Yang & Raine, 2019). 이미 아는 바와 같이 충동성과 공격성은 모두 낮은 세로토닌 활동과 관련 있으며(236~237쪽 참조), 반사회성 성격장애를 가진 사람에게서 이러한 생물학적 요소가 존재한다는 것은 놀라운 일은 아니다.

다른 연구를 보면 이 장애를 가진 사람은 **전두엽**, **전대상피질**, **편도체**, **해마**, **측두엽** 기능 결함을 나타낸다고 한다. 다른 기능 중에서 뇌 구조는 사람들이 계획하고 현실적인 책략을 실행하도록 하며 동정·판단 및 공감과 같은 특성을 경험하게 한다(Kolla et al., 2021; Kaya, Yildirim, & Atmaca, 2020; Blair et al., 2019). 당연히 이런 특성은 반사회성 성격장애를 가진 사람에게

흥미로운 이야기

품성흡수

빅토리아 시대까지 많은 영국 부모는 아기가 젖을 먹을 때 성격과 도덕적 정직성을 흡수한다고 믿었다. 어머니가 양육할 수 없게 될 때 좋은 품성을 가진 유모를 찾는 것은 매우 중요한 일이었다(Asimov, 1997).

부족한 것들이다.

다른 일련의 생물학적 연구에 따르면 이 장애를 가진 연구 참가자들은 스트레스가 경고되거나 예측되는 상황에서 느린 자율신경계 각성과 EEG 서파와 같이 뇌와 신체 각성이 낮게 나타난다(Fariba et al., 2020; Thompson-Hollands et al., 2014). 아마도 낮은 각성 때문에 이 사람들은 위협이나 정서적 상황에서 쉽게 주의가 돌려지고 영향을 받지 않게 되는 것 같다. 이는 임상가들이 자주 관찰하는 현상, 즉 반사회성 성격장애를 가진 사람이 다른 사람보다 덜 불안해하고 부정적 인생 경험에서 학습하는 데 중요한 요소가 결여되어 있으며 다른 사람의 정서 단서로 주의를 돌리는 데 어려움을 보이는 것을 설명하는 데 도움이 될 수 있다(Black, 2019; Waller et al., 2019). 신체적 과소 각성으로 인해 반사회성 성격장애를 가진 사람이 다른 사람보다 쉽게 위험에 빠지고 아슬아슬함을 추구한다는 점은 생각해볼 만하다. 즉 그들은 흥분과 각성에 대한 필요성에 부응하기 위해 반사회적 활동에 이끌릴 수 있다.

사실 다양한 생물학적 요소는 밀접하게 연관되어 있다. 역기능적 뇌 회로에 대해 강조하는 흐름에 부합되게 많은 이론가는 반사회성 성격장애가 궁극적으로 앞에 언급한 구조들을 구성하는 뇌 회로의 기능 문제와 어떻게 관련되는지 탐색하고 있다. 회로의 구조 간 빈약한 의사소통(즉 빈약한 **상호연결성**)이 만성적으로 스트레스에 대한 낮은 반응을 야기할 수 있다. 여기에는 2개의 뇌-신체 스트레스 경로가 작동하는데, 하나는 **교감신경계**와 **시상하구-뇌하수체-부신 축**(HPA 축)으로, 이 경로들은 낮은 각성 상태, 취약한 스트레스 반응, 타인의 고통에 대한 빈약한 공감과 다른 반사회성 성격장애의 특징을 이끌어낸다(Blair et al., 2019; Yang & Raine, 2019; Glenn et al., 2017, 2015).

반사회성 성격장애의 치료 반사회성 성격장애를 가진 사람의 치료는 일반적으로 효과가 없다(Black, 2020b; Fisher & Hany, 2019). 치료의 주요 장애물은 양심 결핍과 변화에 대한 동기 부족이다. 치료를 받는 대부분이 고용주나 학교 혹은 법에 의해 강제적으로 오게 되고, 혹은 또 다른 심리적 장애가 발생했을 때 치료에 관심을 가지게 된다.

일부 인지행동 치료자는 반사회성 성격장애를 가진 사람들로 하여금 도덕적 주제나 타인의 요구에 대해 생각해보도록 이끌려고 노력한다. 그러나 연구에 따르면 이러한 접근은 그다지 효과가 없는 것으로 나타났다(Black, 2020b). 유사하게 수많은 병원과 교도소에서 이 장애를 가진 사람을 위해 다른 사람에 대한 책임감을 가르치는 구조화된 환경인 치료적 공동체를 만들려고 노력하였다(Polaschek & Skeem, 2019; Bressert, 2016). 어떤 환자들은 이러한 접근에서 도움을 받지만, 대부분은 그렇지 않다. 최근 몇 년 동안 임상가들은 반사회성 성격장애를 가진 사람을 치료하는 데 정신과적 약물, 특히 비전형 항정신병 약물을 사용하였다. 그러나 연구에 따르면 전반적으로 반사회적 패턴을 보이는 사람에게 약물치료는 지속적인 효과가 있지 않았다(Black, 2020b; Newton-Howes & Mulder, 2020).

Uma Sanghvi/ZUMA Press/Newscom

악성 나르시시즘 반사회적 행동은 2019년에 자살할 때까지 수십 년 동안 미성년자 여성에 대한 성적 조종, 학대 및 인신매매를 자행한 금융가 제프리 엡스타인의 사례를 통해 더 많은 관심을 받았다. 그의 부와 소아성애장애, 자기 몰두, 다른 사람에 대한 무시, 다른 사람을 통제하려는 욕망에 힘입어 엡스타인은 임상 영역에서 악성 자기애라고 불리는 반사회성, 자기애성, 편집성, 가학적인 특성의 유독한 조합을 나타냈다.

경계성 성격장애

경계성 성격장애(borderline personality disorder)를 가진 사람은 불안정성을 보이는데, 주요 기분의 변화, 불안정한 자기상과 충동성 등을 나타낸다(Fowler et al., 2021; APA, 2013). 이러한 특성들이 결합되어 관계를 매우 불안정하게 만든다. 달은 치료자가 기술한 바와 같이 첫 번째 치료 시간에 이러한 문제를 모두 드러냈다.

경계성 성격장애 대인관계 문제, 자기상과 기분에서 반복적인 불안정성을 보이며 충동 행동을 특징으로 하는 성격장애

달은 안정적으로 자기가치감과 자존감을 유지하지 못하는 것 같다. '남자를 붙들 수 있는' 자신의 능력에 대한 자신감은 '그녀의 평생의 사랑'과 이제 막 헤어졌기 때문에 낮은 수준에 있었다. 작년에만 그녀는 여섯 번의 '진지한 관계'를 가졌다고 고백했다.

… 각 사건의 시작은 '꿈이 이루어진 것'이었고 남자들은 모두 '매력적인 왕자'였다. 그러나 그녀는 하찮게 보이는 일을 놓고 격렬한 싸움의 폭풍우가 몰아치는 진통 속에 있는 자신을 변함없이 발견했다. 그녀는 '거기서 버티기'를 시도했지만 관계에 더 많이 투자할수록 파트너는 더 멀어지고 '악의적'이 되었다. 마침내 그들은 그녀를 버렸다….

그녀는 어깨를 으쓱했다. … 그녀의 자세는 거의 폭력적이었다. "아무도 나랑 자지 않았어요. 나는 내 입장을 고수했지요, 무슨 뜻인지 알기는 합니까?" 그녀는 마지막 6명의 애인 중 3명을 물리적으로 폭행하고 물건을 던졌으며, 통제할 수 없는 공격과 분노에 휩싸여 그들을 죽이겠다고 위협하기까지 했다고 인정했다. 무엇이 그녀를 그렇게 화나게 만들었을까? 그녀는 지금 기억하지 못한다….

그녀는 이러한 슬픈 상황에 대해 이야기하면서 자신의 특성과 행동에 대해 맹렬한 비난을 가하는 잘난체하는 허세와 자기 질책을 번갈아가며 하였다. 그녀의 감정은 단일 치료 회기에서 활기차고 환상적인 낙관주의와 억제되지 않은 우울 사이에서 격렬하게 움직였다.

1분 동안 그녀는 신경쓰지 않고 '드디어 자유로워졌다'('그것은 그들의 상실이다…')고 하며 세상을 정복한 것 같았다. 다음 순간, 그녀는 억제되지 않은 불안으로 과호흡을 하며, 공황발작에 가까운 상태를 보였다….

달은 '위험하고 아슬아슬하게 살기'를 좋아한다. 그녀는 가끔 마약을 하는데, '습관이 아니라 유흥거리일 뿐'이라고 나를 설득했다. 그녀는 쇼핑중독자이며 종종 빚의 늪에 빠졌다. 그녀는 세 번의 개인 파산을 겪었다. … 그녀는 또한 음식을 폭식하는데, 이는 특히 스트레스를 받거나 우울할 때 자주 발생하는 것으로 보였다.

그녀는 자살에 대한 침입적 사고 때문에 치료를 찾았다. 그녀는 종종 자해 및 자기훼손을 했다(그녀는 나에게 창백하고 패치가 있는 양쪽 손목을 보여주었는데 베인 것보다 긁힌 자국이 더 많았다).

(Vaknin, 2016, 2015)

달과 같이 경계성 성격장애를 가진 사람은 매우 우울했다가 불안하기도 하고 불안정한 상태가 몇 시간에서 며칠 혹은 그 이상 지속된다(표 13.3 참조). 쉽게 분노를 일으키는데, 때때로 신체적 공격이나 폭력이 나타나기도 한다(Kockler et al., 2020; Walker & Kulkarni, 2020). 그러나 이들의 충동적 분노는 종종 자신을 향하면서 자신에게 신체적 손상을 입힌다. 많은 사

표 13.3

성격장애 비교

	군집	유사장애	치료에 대한 반응
편집성	기묘한	조현병, 망상장애	약간
조현성	기묘한	조현병, 망상장애	약간
조현형	기묘한	조현병, 망상장애	약간
반사회성	극적인	품행장애	거의 없는
경계성	극적인	우울장애, 양극성장애	중간
연극성	극적인	신체증상장애, 우울장애	약간
자기애성	극적인	순환성장애(경도 양극성장애)	거의 없는
회피성	불안한	사회불안장애	중간
의존성	불안한	분리불안장애, 우울장애	중간
강박성	불안한	강박장애	중간

흥미로운 이야기

소셜미디어 행동

한 연구에 따르면 경계성 성격장애를 가진 사람의 대인관계 어려움이 소셜미디어로 확대된다. 경계성 성격장애 점수가 높으면 높을수록 다음과 같은 행동을 보인다.

- 소셜미디어에 보다 많은 포스팅을 한다.
- 더욱 자주 후회를 경험한다.
- 포스팅한 것을 보다 자주 수정하거나 지워 버린다.

(Ooi et al., 2020)

람이 깊은 공허감에 시달린다(Zandersen & Parnas, 2018).

경계성 성격장애는 복합적인 장애로서 임상 장면에서 더 흔하게 나타난다. 이 증상을 가진 사람의 85%가 평생 살아가면서 어느 시점에서 주요우울장애 혹은 섭식장애와 같은 다른 심리장애를 경험한다(Tong et al., 2021; Beeney et al., 2020). 이들의 충동적이고 자기파괴적인 행동은 약물남용에서 비행, 난잡한 성행위와 위험한 운전 등을 망라한다(Ghinea et al., 2020; Hüpen et al., 2020). 많은 사람이 소위 자해 혹은 자기손상 행동을 하는데, 신체를 훼손하거나 화상을 입히기도 하고 머리를 박기도 한다(Briones-Buixassa et al., 2021; Chartrand et al., 2020). 제7장에서 본 것과 같이 이러한 행동은 전형적으로 즉각적인 신체적 고통을 동반하며, 경계성 성격장애를 가진 사람은 종종 신체적 불편감이 정서적 고통을 덜어주는 것처럼 느낀다(Harned, Fitzpatrick, & Schmidt, 2020). 이는 정서적 흥분 상태에서 주의를 다른 곳으로 돌리게 해주어 '정서적 과부하' 상태에서 기운을 '차리게' 해주기도 한다. 많은 사람이 자신의 공허감, 무료함과 정체감 혼란과 같은 만성적 감정을 해소하려고 자신에게 해를 입히는 시도를 한다.

자살 위협과 시도도 많이 나타난다(Kuehn et al., 2020). 연구에 따르면 경계성 성격장애를 가진 사람의 70%가 최소 한 번 이상 자살시도를 하는데, 보통 10%는 실제 자살을 한다(Salters-Pedneault, 2020).

경계성 성격장애를 가진 사람들은 관계에서 심한 갈등을 자주 경험하는데, 이들은 남들과 항상 감정을 공유하지는 않는다(Skodol, 2021b). 단지 짧은 첫 만남 후에 다른 사람의 인격과 능력에 대해 이상화하기도 한다. 또한 관계에서 경계를 침범한다. 자신의 기대가 충족되지 않으면 쉽게 거부당했다고 느끼고 노여워하는데, 그러면서도 여전히 관계에 매달려 있다(Miano et al., 2017). 사실 이 장애를 가진 사람들은 버림받는 것에 대한 지속적인 두려움을 가지고 있으며 실제적인 혹은 상상 속의 버림을 받지 않기 위해 필사적인 노력을 기울인다(Skodol, 2021a). 때때로 이들은 파트너가 떠나지 못하게 하려고 신체를 훼손하거나 다른 자기 파괴적인 행동을 한다(Titus & DeShong, 2020).

경계성 성격장애를 가진 사람은 극적인 정체감 혼란을 경험한다. 자신에 대한 불안정감으로 인해 목표가 빠르게 변하고 열정적 우정과 성적인 지향성에 있어서까지 급속하게 변화가 일어난다. 때때로 자신의 생각이나 신체로부터 분리되거나 해리된 느낌을 가질 수 있다(Chung et al., 2020). 때로는 자신이 아무것도 아닌 것처럼 느껴지면서 앞에서 기술한 공허감에 빠진다.

조사에 따르면 전체 성인의 6%가 경계성 성격장애로 고통받고 있다(Skodol, 2021b; Chapman, Jamil, & Fleisher, 2020). 진단을 받은 환자의 75% 정도가 여성이다(Salters-Pedneault, 2020). 과정은 사람마다 다르지만 가장 일반적인 패턴은 젊은 시절에 불안정감과 자살 위험을 보이다가 나이가 들어가면서 나아진다.

공익 코미디언인 피트 데이비슨이 경력을 꽃피우면서 2014년 'SNL(Saturday Night Live)' 출연진으로 합류했을 때 그는 경계성 성격장애 진단을 받았다. 이 사실은 그의 팬(그리고 소셜미디어의 악플러)에게 큰 관심을 받았다. 데이비슨은 공개적으로 자신의 정신건강 문제와 자신이 치료를 받는다는 것을 이야기하였다.

Krista Schlueter/The New York Times/Redux

이론가는 경계성 성격장애를 어떻게 설명하는가 이론가는 경계성 성격장애를 설명하는 데 심리학적, 생물학적, 사회문화적 요소를 강조하였다. 또한 과거 몇 년에 걸쳐 이러한 요소가 어떻게 상호작용하여 이 장애를 야기하는지에 대한 생산적인 노력이 이루어졌다.

심리학적, 생물학적, 사회문화적 요소 경계성 성격장애를 가진 수많은 사람이 버림받음에 대한 두려움으로 심한 고통을 받기 때문에 **정신역동** 이론가들은 이 장애를 초기 부모관계에서 살펴보았다. 예를 들어 대상관계 이론가들은 초기에 부모로부터 수용받지 못하여 자존감 상실, 의존성 증가, 분리에 대한 대처 능력 부족 등이 나타난다고 가정하였다(Chapman et al., 2020; Kernberg, 2020, 2018). 연구를 통해 이 장애를 가진 사람의 초기 아동기는 이러한 관점에 일치한다는 점이 밝혀졌다. 많은 사례에서 이러한 사람의 부모는 이들을 돌보지 않았거나 거부하였으며 언어적으로 학대하거나 부적절하게 행동하였다(Marchetti et al., 2021; Kaess, 2020). 이들의 아동기는 종종 부모가 여러 번 바뀌거나 이혼, 죽음 혹은 신체적·성적 학대와 같은 외상으로 특징지어진다(Chapman et al., 2020; Walker & Kulkarni, 2020). 동시에 신체 학대, 성적 학대 혹은 심리적 학대를 당한 사람들 대다수가 경계성 성격장애로 이어지지 않았다는 것을 인지하는 것이 중요하다(Skodol, 2021b).

경계성 성격장애는 **생물학적** 요소와 연결되어 있다. 이 장애에 대한 생물학적 사전경향성이 유전된다는 지표가 있다. 예를 들면 쌍생아 연구에서 경계성 성격장애의 일란성 쌍생아의 35%에서 경계성 성격장애를 나타내는데, 이란성 쌍생아의 경우는 19%의 일치율을 보인다(Skodol, 2021b; Chapman et al., 2020). 유사하게 이 장애가 특정 유전자와 연관되어 있다는 연구도 있다(Arranz et al., 2021).

유전 연구 외에도 연구자들은 경계성 성격장애를 가진 사람, 특히 매우 충동적이어서 자살시도를 하거나 타인에게 매우 공격적인 사람은 뇌의 세로토닌 활동이 낮다는 것을 발견하였다(Chapman et al., 2020; Saunders & Pearce, 2020). 다시 한번 제6장과 제7장을 기억해보면 낮은 세로토닌 활동은 우울, 자살, 공격성과 충동성과 반복적으로 관련되어 있다(186~187쪽, 236~237쪽 참조).

경계성 성격장애는 또한 뇌 구조의 비정상적 활동과 관련되는데, 여기에는 편도체(과잉활동), 해마(과소활동), 전전두엽(과소활동)과 전두엽의 다른 구조(종합적으로 사람들이 계획을 세우고 정확한 판단을 하며 좋은 결정을 하고 자신을 통제하고 감정을 적절하게 표현하도록 도움)가 포함된다(Chapman et al., 2020; Khoury et al., 2019). 많은 이론가는 이러한 구조가 특정 뇌 회로의 구성 요소이고 각 구조에서 나타나는 문제가 실제로 전반적인 뇌 회로에 걸친 역기능(다시 말하면 취약한 상호연결)을 반영하며 빈번하게 정서적 폭발을 하고 충동적 행동을 하며 잘못된 판단과 나쁜 결정을 하게 한다고 믿고 있다(Paret & Schmahl, 2020; Zhuo et al., 2020).

마지막으로 **사회문화** 이론가는 경계성 성격장애가 특히 빠른 변화를 요구하는 문화에서 보다 잘 발생한다는 점을 주장하고 있다(Choudhary & Gupta, 2020; Fariba et al., 2020). 문화가 안정성을 상실하면 필수불가결하게 많은 구성원이 정체성 문제를 가지게 되며 공허감과 높은 수준의 불안 및 유기불안을 가지게 된다고 주장한다. 가족 단위는 해체되고 소속감이 사라진다. 오늘날 이러한 사회 변화는 이 장애가 증가되는 원인으로 설명할 수 있다(Paris, 2018, 2010).

통합적 설명 최근 몇 년 동안 두 가지 설명, 즉 **생물사회적** 설명과 **발달정신병리학적** 설명은 다

흥미로운 이야기

환기 신화

'김을 내뿜는 것'이 화를 줄인다는 개념과 달리 한 연구에서 화난 참가자는 잠시 동안 조용히 앉아 있던 성난 참가자보다 펀치백을 친 후 훨씬 더 공격적으로 행동했다(Salters-Pedneault, 2019; Bushman et al., 1999).

흥미로운 이야기

분노 경험

12% 자신의 화를 통제하기 어렵다고 보고한 성인 비율

28% 때때로 자신이 얼마나 화가 나는지 걱정된다고 말한 사람의 비율

45% 일할 때 규칙적으로 분노가 폭발한다고 말한 사람의 비율

50% 컴퓨터에 대고 소리지르고, 비명지르거나 컴퓨터를 때리는 행동을 한다고 말한 사람의 비율

(출처 : BAAM, 2020, 2017, 2016)

양한 요소가 어떻게 상호작용하면서 경계성 성격장애를 더 잘 설명할 수 있는지 조사하였다. 이미 아는 바와 같이 두 가지 설명은 양립 가능하고 종종 중복된다.

생물사회적 설명에 따르면 내부 충동(예 : 자신의 정서를 식별하고 통제하는 것의 어려움, 사회 기술 결함, 비정상적인 신경전달물질 활동)과 외부 충동(예 : 아동의 정서가 처벌되거나 무시되고 하찮은 것으로 여기지거나 존중되지 않는 환경)의 조합으로 이 장애가 발생한다(McQuade et al., 2021; Hope & Chapman, 2019). 예를 들면 부모가 자녀의 강렬한 감정을 불안정한 내적 상태의 진지한 표현으로 보기보다는 과장하거나 조정하려는 시도로 잘못 이해할 수 있다. 사회문화 이론에 따르면 아동이 자신의 감정을 식별하고 통제하는 데 내적인 어려움을 가지고 부모가 자녀로 하여금 자신의 강한 감정을 무시하도록 가르친다면 아동은 자신의 감정이 각성되었을 때 이를 어떻게 인식하고 통제하는지 그리고 정서적 불편감을 어떻게 감내해야 되는지 혹은 정서적 반응을 언제 신뢰해야 하는지를 결코 배우지 못한다. 사회문화 이론가들이 인용한 내적 요소와 외적 요소는 앞부분에서 매우 강조한 요소였다. 이 이론은 항상 그런 것은 아니지만 일부 연구에 의해 지지되었다(McQuade et al., 2021; Chapman, 2019).

경계성 성격장애에 대한 다른 통합적 설명인 발달정신병리학적 설명의 지지자들은 생물사회적 관점을 기반으로 세부사항을 추가한다. 생물사회 이론가와 마찬가지로 발달정신병리학자는 내적 요인과 외적 요인이 삶의 과정에서 상호작용하여 이 장애를 일으키는 데 기여한다고 본다(Luyten, Campbell, & Fonagy, 2020b). 이 이론가들은 유전에서 환경에 이르는 모든 요인에 관심을 가지고 있지만 초기 부모-자식 관계가 특히 경계성 성격장애 발달에 영향을 미친다고 믿는다. 정신역동 모델의 대상관계 이론가들과 마찬가지로 발달정신병리학자들은 초기 트라우마와 학대를 경험하고 부모가 현저하게 부주의하고 무관심하며 혼란스럽고 위협적이며 무시하는 아이들이 건강한 관계 형성에 심각한 결함을 가진 **와해된 애착 유형**을 가진 채 성인이 될 가능성이 있다고 주장한다(Sato, Fonagy, & Luyten, 2020; Fonagy & Luyten, 2018a, 2016). 즉 평생 동안 다른 사람에 대한 애착은 부모에 대한 문제적 애착과 유사할 것이며 불안, 정서적 불안정 및 불일치로 가득 차게 될 것이다.

공감 제로 심리학자 Simon Baron-Cohen은 자신의 책 '공감 제로(Zero Degrees of Empathy)'에서 '기묘'하고 '극적인' 성격장애를 가진 많은 사람(일반군의 다른 사람들도 마찬가지)은 전반적으로 공감이 결여되어 있다고 주장하였다. 2017년 영화 프로젝트 '다른 사람을 통해 자신을 보기(See Yourself in Others)'에서 배우는 머리에 거울이 달린 큐브를 쓰고 뉴욕시를 돌아다녔다. 행인들은 이 배우와 만나게 되면 거울 속에 비친 자신을 보게 되는데, 이는 보행자들로 하여금 '타인을 통해 자신을 보기'를 하면서 공감을 향상시키려고 고안한 연습이다.

초기 아동기가 트라우마와 부모와의 역기능적 애착으로 특징지어지는 개인이 매우 다행스럽게 초기 부정적 경험을 상쇄하는 데 도움이 되는 긍정적인 요인(예 : 긍정적인 유전적 소인, 긍정적인 삶의 사건, 민감한 역할 모델, 회복력을 구축할 수 있는 기회 등)을 경험하게 된다면 와해된 애착 유형의 발달을 피할 수도 있다(Luyten et al., 2020a, 2020b; Fonagy et al., 2017). 이러한 긍정적인 요인을 경험하지 못하는 사람은 발달정신병리학자가 말하는 경계성 성격장애의 고위험 후보자가 된다. 연구에 따르면 평균적으로 경계성 성격장애가 있는 사람은 와해된 애착 유형을 보이며 실제로 열악한 양육과 어린 시절 트라우마를 가지고 있다(Fariba et al., 2020; Sato et al., 2020).

Damon Winter/The New York Times/Redux

최근 몇 년 동안 발달정신병리학 이론가들은 경계성 성격장애의 핵심적인 심리적 결함이 **정신화** 능력 부족이라고 생각하게 되었다(Chapman et al., 2020; Luyten et al., 2020a,

2020b). **정신화**(mentalization)는 자신과 다른 사람의 정신 상태를 이해하는 사람의 능력, 즉 필요, 욕구, 감정, 신념, 목표를 인식하는 능력을 의미한다. 사람들이 효과적으로 정신화하면 다른 사람의 행동을 예측할 수 있고, 적절하고 신뢰할 수 있는 방식으로 다른 사람에게 반응할 수 있다. 이론가들은 유년기부터 와해된 애착 유형을 가진 사람의 정신화 능력이 약해지고 그에 따라 자신의 감정, 주의, 사고, 행동, 관계를 조절하는 능력이 떨어질 것으로 생각한다(Luyten et al., 2020a, 2020b). 이 개념과 일관되게 연구에서는 경계성 성격장애가 있는 사람에게서 정신화 기술이 부족하다는 것을 발견했다(Cyrkot et al., 2021; Jørgensen et al., 2021).

정신화 자신과 타인의 마음 상태를 이해하는 능력

변증법적 행동치료(DBT) 경계성 성격장애, 자살 의도 및 다른 심리적 문제(개별 회기와 집단 회기)에 적용되는 종합적 접근

경계성 성격장애에 대한 발달정신병리학적 설명은 여러 연구에서 열악한 부모-자식 애착과 와해된 애착 유형의 발달, 그리고 와해된 애착 유형과 경계성 성격장애 사이의 명확한 관계를 지속적으로 발견함에 따라 임상 분야의 많은 사람을 흥분시켰다(Luyten et al., 2020b; Bateman & Fonagy, 2016, 2012, 2010).

경계성 성격장애의 치료 심리치료는 실제로 경계성 성격장애를 가진 사람에게 어느 정도 치료 효과가 있다. 그러나 경계성 성격장애 환자의 의존과 분노를 공감하는 것과 이들의 사고방식에 도전하는 것 사이에서 균형을 잡는 것은 치료자에게 매우 어려운 일이다(Skodol, 2021a). 이 장애를 가진 내담자의 불안정한 대인관계 태도 역시 치료자들로 하여금 협력적인 치료관계를 수립하기 어렵게 만든다. 더욱이 경계성 성격장애를 가진 내담자는 내담자-치료자 관계의 경계를 침범할 수도 있다(예 : 치료자의 응급 전화번호를 덜 급한 상황에 사용하는 것과 같은 문제).

전통적인 정신분석 이론은 경계성 성격장애 환자에 대해 그다지 효과적이지 않았다(Keefe et al., 2020). 그러나 최근 정신역동 접근, 특히 **관계적 정신분석치료**(49~50쪽 참조)와 이와 관련된 **전이초점 심리치료**라고 하는 치료 접근은 보다 성공적이다. 이 방식에서 치료자는 보다 지지적인 자세를 취하며 치료자-환자 관계에서 일어나는 문제에 주로 초점을 맞춘다(Chapman et al., 2020; Newton-Howes & Mulder, 2020). 이 치료에서 치료자는 경계성 성격장애 내담자가 자신의 무의식적 갈등을 탐색하고 핵심적인 관계 문제, 취약한 자기감 및 외로움과 공허함에 주의를 기울이도록 공감적 환경을 제공한다.

지난 20여 년 동안 **변증법적 행동치료**(dialectical behavior therapy, DBT)라고 하는 경계성 성격장애 환자의 통합적 치료가 많은 연구에서 지지되어 현재 많은 임상 현장에서 치료로 선택되고 있다(Chapman & Dixon-Gordon, 2020; Linehan, 2020; Zeifman et al., 2020). DBT는 심리학자인 Marsha Linehan 박사가 개발한 치료법으로, 매주 개인 치료와 집단 기술 훈련 회기로 구성되며 약 1년 정도 진행된다. 경계성 성격장애의 모든 특성을 목표로 잡지만 DBT는 내담자의 자해와 자살시도에 특히 강조점을 둔다.

DBT의 개별 치료 회기에는 다른 장애에도 적용되는 많은 인지행동 기법이 포함되는데, 구체적으로 마음챙김 기술 훈련, 과제, 심리교육, 대처 및 관련 기술 교육, 치료자에 의한 모델링, 명확한 목표 환경, 적절한 행동 강화, 내담자 사고방식에 대해 내담자와 치료자가 함께 살펴보는 것 등이 포함된다.

일차적으로 인지행동적이지만, 개별 DBT 회기는 인본주의 접근과 현대 정신역동적 접근을 상당 부분 차용하고 있어서 내담자-치료자 관계 자체를 치료적 상호작용의 중심에 놓고 동시에 적절한 치료적 경계를 견고히 세우면서 내담자가 수용되고 타당성을 인정받는 환경을 제공한다. 실제로 DBT 치료자는 정기적으로 경계성 내담자와 그들이 경험하는 정서적 동

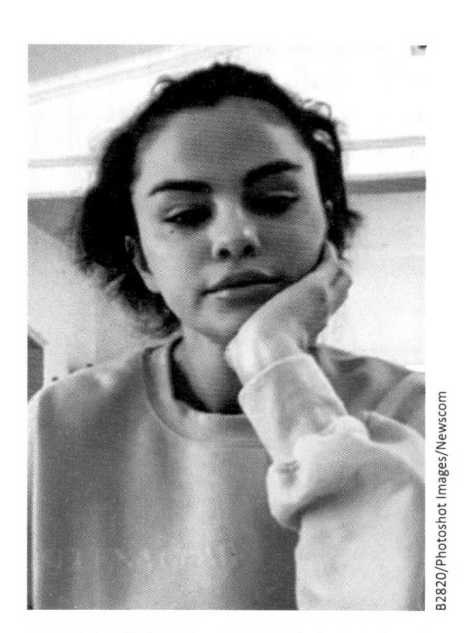

B2820/Photoshot Images/Newscom

영향력이 확대되다 최근 마일리 사이러스와 함께하는 '브라이트 마인디드(Bright Minded)'의 라이브 인터뷰에서 가수이자 여배우인 셀레나 고메즈는 변증법적 행동치료(DBT)가 자신의 불안과 우울과 싸우는 데 얼마나 도움이 되었는지 말했다. 처음에는 자살 충동과 경계성 성격장애의 경우에만 적용되었지만 DBT는 현재 다양한 심리적 문제에 사용된다.

흥미로운 이야기

그들의 진술

"솔직하게 그 당시에는 내가 나 자신을 치료하고 있음을 깨닫지 못했다. 그러나 수년간 필요로 했지만 얻지 못했던 것을 제공해주는 치료법을 개발한 것은 사실이다."

심리학자 마샤 리네한, 2011

요에 공감해주면서 내담자의 불평이나 요구 속에서 핵심이 되는 진리를 찾아내고 타당한 욕구를 표현하는 대안 방법을 모색한다(Chapman & Dixon-Gordon, 2020; Linehan, 2020).

DBT 내담자는 사회 기술 훈련집단에 참여할 수 있다. 거기에서 내담자는 안전한 환경에서 타인과 관계 맺는 새로운 방식을 훈련하며 동시에 다른 집단원들로부터 타당성을 검증받는 동시에 지지를 받는다.

경계성 성격장애에 대한 다른 치료법보다 DBT가 연구에서 더 많이 지지되었다(Chapman & Dixon-Gordon, 2020; Zeifman et al., 2020). DBT 치료를 받는 많은 내담자는 스트레스 감내력이 증가되었고 새롭고 더 적절한 사회 기술을 발달시켰으며 삶 속에서 좀 더 효과적으로 반응하며 보다 안정된 정체감을 발달시킨다(Chapman et al., 2020; Linehan, 2020). 또한 자해 행동이나 입원 횟수가 다른 치료를 받는 사람에 비해 훨씬 줄어들기도 한다. 또한 DBT 내담자는 이 치료에 더 많이 남아 있으며 화를 덜 내고 사회적으로 더 만족하며 직무수행이 향상되면서 약물남용도 감소된다(Fariba et al., 2020; Storebø et al., 2020).

항우울제, 항양극성 약물, 항불안제와 항정신병 약물도 경계성 성격장애를 가진 사람의 정서적·공격적 폭풍을 잠재우는 데 도움을 준다(Chapman et al., 2020; Newton-Howes & Mulder, 2020). 그러나 이 장애를 가진 사람의 수많은 자살시도를 감안해볼 때 외래 환자의 약물사용은 논쟁의 여지가 있다. 오늘날 많은 전문가는 경계성 성격장애 환자에 대한 약물치료는 반드시 심리치료적 접근과 함께 이루어져야 한다고 믿으며, 실제로 많은 내담자가 심리치료와 약물치료가 결합된 형태에서 도움을 받는 듯하다.

연극성 성격장애

예전에는 **히스테리성 성격장애**라고 불렸던 **연극성 성격장애**(histrionic personality disorder)를 가진 사람은 극히 감정적이어서 보통 '정서적으로 장전되어 있다'고 묘사되며 끊임없이 주목의 대상이 되기를 추구한다(APA, 2013). 이들의 과장된 기분과 결핍이 삶을 심각할 정도로 복잡하게 만든다. 루신다의 사례를 살펴보자.

이혼을 하게 되어 불행해진 루신다는 상담을 받기로 결정했다. 그녀는 속이 비치는 블라우스와 극히 짧은 치마를 입은 매우 도발적인 복장으로 첫 번째 회기에 도착하였다.

별거에 관해서 질문할 때 루신다는 처음에는 치료사에게 자신을 신디로 불러달라고 하였다. "내 가장 친한 친구들은 나를 그렇게 불러요. 그러면 나는 당신과 아주 좋은 친구가 될 수 있을 것이라는 생각이 들어요"라고 말했다. 그녀는 남편 모건이 갑자기 자신을 버렸다고 말했다. "아마 어떤 젊은 매춘부가 세뇌했을지도 모르지요." 그녀는 연극톤으로 자신들의 결별을 설명해나갔다. 5분 정도 동안 그녀의 목소리는 속삭이다가 고뇌의 울음 소리가 되었다가 또다시 속삭임으로 바뀌었다. 어떤 부분에서는 손을 극적으로 흔들어대다가 다른 부분에서는 아무 말도 안 하고 가만히 앉아 있었다. 그녀는 무대 중앙에 있는 것처럼 보였다.

루신다는 모건이 처음에 이혼을 원한다고 했을 때 뭐가 무엇인지 알 수 없었다고 말했다. 어쨌든 그들은 '믿지 못할 만큼 그리고 다시 없으리만큼' 친밀했고 그는 자신에게 너무 헌신적이었다고 했다. 처음에 그녀는 심지어 자신이 없어져버리겠다는 생각을 했다고 말했다. 그러나 많은 사람이 그녀가 강해지기를 원했다. 많은 사람이 그녀를 의지했는데, 특히 그녀의 '친애하는 친구들'과 여동생이 그러했다. 그녀는 그들 모두와 깊고 특별한 관계를 가지고 있다고 했다.

그녀는 치료사에게 모건이 없다면 정서적으로 그리고 다른 모든 면에서 자신을 보살필 사람이 필요하다고 말했다. 그녀는 치료사에게 자신이 30세 여성처럼 보이는지 물었다. 대답을 거부하자 그녀는 말했다. "선생님이 대답하면 안 되는 것을 알아요."

치료사가 모건과의 대화를 되짚어 살펴보려 시도하자 루신다는 "그런 학대받은 이야기를 우리가 해

연극성 성격장애 과도한 정서성과 관심 추구 패턴을 특징으로 하는 성격장애로서, 예전에는 '히스테리성 성격장애'라고 했다.

야 되는 건가요?"라며 모건은 어쨌든 결혼 생활하는 동안 그녀에게 부적절함과 가치 없음을 깨닫게 했고, 자신의 인생에서 좋은 모든 것은 그에게서 온 것이라고 말했다. 치료사는 이것이 그녀가 방금 모건과 결혼생활에 대해 말한 장미빛 그림과 모순된 것 같다고 말하자 그녀는 신속하게 주제를 바꾸었다.

회기가 끝나갈 때 치료사는 자신이 모건을 만나면 도움이 될 것 같다는 의견을 주었다. 그녀는 "그러면 남편은 경쟁자가 있다고 생각할 거예요"라면서 좋아했다.

며칠 후 치료사가 모건을 만났을 때 아주 다른 이야기를 들었다. 모건은 "나는 정말로 신디를 사랑했고 여전히 그렇습니다. 하지만 그녀는 언제나 자제심을 잃고 폭발을 해요. 내가 나쁘다거나 내가 그녀를 걱정하지 않는다고 말합니다. 그녀는 종종 나한테 직장에서 너무 많은 시간을 보낸다는 불평을 하고 일주일 30시간 이상을 절대로 일하지 말라고 강요하죠. 자신의 욕구를 만족시키기에 시간이 너무 적다고 해요. 나는 이제 더 이상 그녀와 인생을 함께할 수 없어요. 완전히 지쳐버렸어요."

모건은 또한 루신다는 친한 친구가 거의 없다고 했다. 그녀와 여동생은 한 달에 한 번 정도 전화를 하고 1년에 2번 정도 만난다고 했다. 그는 그녀가 사람들로부터 많은 관심을 받는다는 점을 인정했지만 "그녀가 어떻게 옷을 입고 얼마나 꾸준히 유혹하는지 보세요. 그렇게 하면 한동안 사람들의 관심을 끌고 사람들을 주변에 있게 하지요"라고 말했다.

연극성 성격장애를 가진 사람은 언제나 '무대 위'에 있는 상태로, 연극적인 제스처와 행동을 하며 거창한 언어로 자신의 일상을 기술한다. 다른 사람에게 매력적이고 인상적으로 보이기 위해 지속적으로 자신을 바꾼다. 최근 유행에 따라 자신의 외양을 바꿀 뿐 아니라 자신의 의견이나 신념도 바꾼다. 사실 이들의 말에는 상세한 부분과 본질이 빠져 있고 실제로 자신이 누군가라는 감각도 결여되어 보인다.

승인받고 칭찬받는 것이 이 사람들의 생명줄이다. 언제나 자신의 과장된 감정 상태를 지켜봐 줄 누군가가 있어야 한다. 허영심이 많고 자기중심적이며 요구적이고 오랜 시간 만족 지연을 하지 못하는 이들은 자신이 주목받지 못하게 되는 사소한 사건에 대해서도 과잉 반응한다. 어떤 사람은 다른 사람을 조종하려는 의도로 종종 자살시도를 하기도 한다(Bressert, 2016; APA, 2013).

연극성 성격장애를 가진 사람은 자신의 신체적 질환이나 피로감을 과장하면서 주의를 끌기도 한다. 또한 매우 친밀하게 행동하며 성적 유혹을 통해 자신의 목적을 달성하려고도 한다. 대부분은 자신의 외모가 어떻고 다른 사람들이 어떻게 지각하는지에 강박적으로 집착하면서 눈에 띄는 화려한 옷차림을 한다. 관계의 깊이를 과장해서 실제로는 그냥 아는 정도의 사람인데 자신과 그들이 친밀한 관계라고 생각한다(French & Shrestha, 2020).

이 장애는 남성보다는 여성에게서 더 많이 나타나는 것으로 알려져 있으며, 임상가들은 오랫동안 '히스테리적 아내'라고 기술해왔다(Novais et al., 2015). 그러나 연구에 의하면 과거 진단에서 성에 따른 편견이 있었음이 드러났다(APA, 2013). 연극적 특성과 반사회적 특성을 함께 가지고 있는 사람의 사례를 평가할 때 임상가들은 남성보다 여성에게 연극성 성격장애 진단을 더 많이 내렸다. 최근 통계에 따르면 성인의 약 2%가 이 성격장애를 가지고 있으며 여성이 진단받는 경우가 남성에 비해 더 많다(Alarcón & Palmer, 2020; French & Shrestha, 2020).

흥미로운 이야기

그들의 진술

"히스테리컬한 사람은 사물에서 너무 많은 의미를 찾는다. 우울한 사람은 너무 적은 의미를 찾는다."

미국 격언가 메이슨 쿨리

이론가는 연극성 성격장애를 어떻게 설명하는가 정신역동적 관점은 원래 히스테리 사례를 설명하기 위해 발달하였고(제8장 참조), 이 정신역동 이론가들이 여전히 연극성 성격장애에 강한 흥미를 가지고 있다는 것은 놀랄 만한 일은 아니다. 대부분의 정신역동 이론가에 따르면 이 장애를 가진 사람은 아동기에 차갑고 통제하는 부모 밑에서 사랑받지 못한다는 감정과 버

Anthony Smith/CartoonStock, Ltd.

려짐에 대한 두려움을 가졌다(Crisp & Gabbard, 2020; Fariba et al., 2020). 깊이 자리 잡은 상실의 두려움을 방어하기 위해 극적으로 행동하면서 다른 사람이 적극적으로 도와야 하는 위기 상황을 만들어내는 것을 학습한 것이다.

인지행동적 설명에서는 연극성 성격장애를 가진 사람에게서 보이는 본질 결여와 극도의 암시성에 대해 다루었다. 인지행동 이론에 따르면 이들은 자기 초점화되어 있고 감정적이기 때문에 전반적으로 세상에 대해 아는 바가 점점 더 적어진다. 결코 학습한 적이 없는 상세한 부분에 대한 기억 부재로 인해 이들은 세상에 대한 방향성을 얻으려면 육감이나 다른 사람에게 의존해야만 한다. 일부 인지행동 이론가들은 이 장애를 가진 사람이 자신을 스스로 돌보기에 무력하다는 생각을 가지고 있기 때문에 자신의 욕구에 부응해줄 다른 사람을 찾는다고 가정한다(Tartakovsky, 2020; Weishaar & Beck, 2006).

사회문화적, 특히 다문화 이론가는 연극성 성격장애는 부분적으로 문화적 규준과 기대에서 기인한다고 믿는다(Tripathi et al., 2019; Mulder, 2018). 최근까지 우리 사회는 소녀들이 자라면서도 여전히 어린아이 같음과 의존성을 유지할 것을 장려한다. 허영심 있고 극적이며 이기적인 이들의 성격은 실제로는 이미 사회가 규정한 여성성이 극대화된 것이라고 하겠다. 유사하게 일부 임상가들은 연극성 성격장애가 성적으로 드러내는 것을 장려하지 않는 아시아와 다른 문화에서는 더 적게 진단되고, 성적으로 드러내는 것에 관대한 문화에서 더 많이 진단된다고 주장한다(Choudhary & Gupta, 2020; Patrick, 2007; Trull & Widiger, 2003). 그러나 연구자들은 이 주장에 대해 체계적으로 연구하지는 않았다.

> **흥미로운 이야기**
>
> **허영심의 초상화**
>
> 1746년부터 1766년까지 덴마크를 통치한 왕 프레더릭 5세는 화가인 칼 필로에게 자신의 초상화를 최소 70번이나 그리게 했다(Shaw, 2004).

연극성 성격장애의 치료 이들이 나타내는 요구, 감정 폭발과 유혹 등으로 인해 연극성 성격장애를 가진 내담자와 작업하는 것은 매우 어렵다(French & Shrestha, 2020; Skodol & Bender, 2019). 또 다른 문제는 이들이 단지 치료자를 기쁘게 하려는 의도로 치료에서 중요한 통찰을 얻었거나 변화가 일어난 척한다는 점이다. 이러한 문제를 해결하기 위해서 치료자는 객관성을 유지하면서 엄격한 치료적 경계를 유지해야 한다.

인지행동 치료자는 이 장애를 가진 사람이 자신이 무기력하다는 신념을 바꾸고 더 나은 정확한 사고방식으로 문제를 잘 해결하도록 돕기 위해 애쓴다(Fariba et al., 2020; Davidson, 2018). 정신역동치료와 다양한 집단치료도 적용될 수 있다(Crisp & Gabbard, 2020; Caligor et al., 2018). 이러한 모든 접근에서 치료자는 궁극적으로 내담자로 하여금 극도의 의존성을 인지하고 내적 만족을 추구하고 더 잘 대처하여 좀 더 독립적이 되도록 돕는 데 목적을 둔다(French & Shrestha, 2020). 임상 사례 보고에 따르면 어떤 접근은 유용하기도 하다. 약물치료는 일부 환자가 경험하는 우울 증상을 완화하려는 목적 외에는 그다지 성공적이지 않다(Markovitz, 2018).

자기애성 성격장애

자기애성 성격장애(narcissistic personality disorder)를 가진 사람은 일반적으로 거드름을 피우며 많은 존중을 요구하고 다른 사람에게 공감하지 못한다(APA, 2013). 자신의 탁월한 성공, 권력 혹은 아름다움에 대해 확신하며 주변 사람들로부터 지속적인 관심과 칭송을 기대한다. 이 장

자기애성 성격장애 자기과시, 존경에 대한 욕구와 공감 결여의 광범위한 패턴을 특징으로 하는 성격장애

초반에서 살펴본 프레더릭이 그러한 사람이다. 다음 사례의 30세 된 예술가인 스티븐은 결혼하였으며 한 아이를 가지고 있다.

스티븐은 아내가 부부상담이 필요하다고 주장해서 치료자에게 왔다. 아내에 따르면 스티븐은 '이기적이고 자신의 일에만 빠져 있는' 사람이었다. 집의 모든 일은 '오직 그의 평안, 기분과 욕구에 따라 움직여야만 했다.' 그는 약간의 수입을 제외하면 결혼생활에 기여하는 바가 전혀 없다고 아내는 주장하였다. '보통'의 책임을 모두 게을리 하였으며 '허드렛일은 언제나 모두 그녀에게 던져졌다.' 그녀는 남편이 자신과 무언가를 나눌 수 있기를 원했다. 그러나 그는 '성장을 원하지 않았고 애정을 주는 방법을 몰랐다. 단지 좋을 때만 취하고, 그 이상도 그 이하도 아니었다.'

스티븐은 서글서글하고 자만하며 다소 다른 사람을 경시하는 젊은이의 모습을 가지고 있었다. 상업 작가로 취직하였으나 저녁시간과 주말에는 진지한 그림 그리기에 집중하기를 원했다. 창조적인 작업을 통하여 '스스로 충족하는 데' 자신의 모든 여가시간과 에너지를 쏟아야 한다고 주장하였다.

그는 대부분의 사람이 자신을 '다소 자기중심적이고 차갑고 속물 근성이 있다'고 본다는 점은 받아들였다. 그는 자신의 생각과 감정을 타인과 어떻게 나누어야 할지 모른다는 점도 인식하였으며 사람들보다는 자신에게 더 많은 관심이 있고 아마도 언제나 다른 사람과 함께하는 것보다 자기만의 '즐거움을 선호'한다는 점도 알고 있었다.

(Millon, 1969, pp. 261–262)

자기애성 성격장애를 가진 사람은 자신의 성취와 재능을 과장하면서 다른 사람이 자신을 우월하게 봐주기를 기대하고 거만해 보이기도 한다. 이들은 친구나 동료를 매우 고르며 자신의 문제는 특별한 것이어서 다른 '특별한' 상위 계층 사람만이 이해할 수 있는 것이라고 믿는다. 매력이 있어서 첫인상에 호감을 주는 경우가 많다. 그러나 결코 장기적인 관계를 맺지 못한다(Caligor & Petrini, 2018).

예술 위조, 보석 도둑 또는 특정 종류의 '사기' 예술가와 같은 오만한 사기꾼을 사람들이 종종 존경하는 이유는 무엇인가?

스티븐과 같이 자기애성 성격장애를 가진 사람은 다른 사람의 감정에 거의 관심이 없다. 많은 사람이 자신의 목적을 위해 다른 사람을 이용하고 아마도 부분적으로는 질투심에서 그럴 수도 있으며 동시에 다른 사람들이 자신을 시기한다고 믿는다. 일부 사람들은 화가 나거나 창피한 상황에서 경험하는 비난 혹은 좌절에 대해 거드름으로 반응한다(Mitra & Fluyau, 2020). 다른 사람들은 차가운 무심함으로 나타내기도 한다. 또 다른 사람들은 극단적인 비관주의와 우울감으로 가득 차 있기도 하다(Fjermestad-Noll et al., 2020). 이들은 기분 좋은 시기와 좌절감의 시기가 번갈아 나타난다.

성인의 약 6.2%에서 자기애성 성격장애가 나타나며 75%가 남성이다(Choi-Kain, 2020; Mitra & Fluyau, 2020). 자기애적인 행동과 사고는 10대에서 보편적으로 나타나는데, 이는 정상적인 반응이며 대부분 성인기 자기애로 이어지지는 않는다(마음공학 참조).

이론가는 자기애성 성격장애를 어떻게 설명하는가 다른 사람들보다 정신역동 이론가들이 자기애성 성격장애에 대한 이론을 잘 형성하고 있는데, 이들은 역시 차갑고 거부적인 부모에서부터 문제가 시작된다고 가정한다(Mitra & Fluyau, 2020; Miller et al., 2017). 이러한 배경을 가진 일부 사람들은 불만족스럽고 거부적이며 무가치하고 세상에 대해 경계하는 마음으로 방어하며 삶을 보낸다. 반복적으로 자신이 실제로는 완벽하고 이상적이라고 말하며 다른 사람들의 찬양을 촉구한다. 대상관계 이론가(관계를 강조하는 정신역동 이론가)는 과도한 자기상은 스스로 전적으로 충족이 되어 부모나 다른 누구와의 따뜻한 관계가 불필요하게 되는 것이라고 해석한다(Caligor & Stern, 2020; Kernberg, 2020, 2018). 정신역동 이론가의 이론을

마음공학

셀카 : 자기애적인가, 아닌가?

예술 세계에서 사람들은 수세기 동안 자화상을 그려왔다. 그러나 최근 몇 년 동안 디지털 기술은 자화상의 사촌격인 **셀카**의 시대를 열었다. 말하자면 모든 휴대전화 사용자가 셀카를 찍는다. 전체 63~82% 사람들은 자신의 사진을 포스팅하고 매일 9,300만 장의 자기 사진이 포스팅되며 모든 메시지 중에서 가장 많이 리트윗된다(Mason, 2020; Smith, 2020; Clement, 2018). 이 셀프 사진들로 인해 옥스퍼드 영어사전에서 'selfie'라는 단어는 '올해의 단어'로 선정되는 수준까지 되었다.

셀카 현상이 커짐에 따라 셀카에 대한 의견도 많아졌다. 사람들은 이를 좋아하거나 싫어하는 것 같다. 이것은 심리학 분야에서도 마찬가지이다. 일부 심리학자들은 셀카를 자기애적 행동의 한 형태로 간주하지만 다른 사람들은 이를 좀 더 긍정적으로 본다.

첫째, 부정적인 관점의 많은 사회문화 이론가들은 자기애성 성격장애와 사회적인 자기애 시대 사이에 관계가 있다고 본다(Boursier, Gioia, & Griffiths, 2020; Monacis et al., 2020; Paris, 2014). 그들은 사회적 가치가 주기적으로 붕괴되어 자아 중심적이고 물질주의적인 젊은 세대를 형성한다고 본다. 이 이론가 중 일부는 오늘날의 셀카 세대가 자기애의 현재 시대에 대한 완벽한 예라고 생각한다. 이 이론은 많은 지지를 얻었지만 연구에 의해 뒷받침되지는 않았다. 몇몇 연구 팀은 셀카 게시 숫자와 자기애성 성격 척도 점수에 전혀 관계가 없음을 발견했다(Boursier et al., 2020; Mervosh,2019). 다른 연구자들은 높은 자기애 척도 점수를 받은 사람이 평균적으로 셀카 찍기를 좋아한다는 점을 발견하였으나 실제로는 그렇지 않은 사람이 많았다(Campbell & Crist, 2020; Monacis et al., 2020). 또한 대부분 셀카를 게시하는 사람들의 자기애 척도 점수가 특별히 높게 나타나지는 않았다.

자기애적 관점에 의해 지지되지 않는다고 해서 셀카, 특히 반복된 셀카 행동이 완전히 문제없다는 것을 의미하지는 않는다. 영향력 있는 공학심리학자인 Sherry Turkle은 자신의 사진을 찍는 유사 반사 본능은 환경에 보다 깊이 몰입하고 일어나는 일을 깊이있게 경험하는 데 한계를 가져다준다고 하였다(Turkle, 2021, 2017, 2015, 2013). Turkle은 셀카를 끝없이 게시하는 사람은 비록 임상적 자기애의 수준까지는 아닐지라도 자신의 가치를 외부에서 확인받으려 한다고 하였다. 몇몇 연구(Boursier et al., 2020; Monacis et al., 2020; Reynolds, 2020)가 Turkle의 연구를 지지하고 있다. 셀카 중에서 68%가 게시하기 전에 수정을 한다는 것은 그리 놀랍지 않다(Almanza, 2020; Terán et al., 2019).

긍정적인 측면에서 살펴보면 많은 심리학자는 셀카 유행에 대한 비판과 우려가 과장되어 있다고 생각한다(Mervosh, 2019). 이들은 미디어 심리학자인 Pamela Rutledge(2013)의 의견에 동의하는데, 이에 따르면 셀카는 "과학 기술이 가능하게 해준 자기 표현의 불가피한 산물"로 보고 있다(Mason, 2020; Rutledge, 2013). 그녀는 셀카를 찍는 행동은 디지털 이전 세대 사람들에게 단지 혼란을 주는 것으로 생각했다. 또한 결론 내리기를, 디지털 세대의 사람들에게 셀카 유행은 정체감 탐색을 향상시켜주고 자신의 흥미를 찾는 데 도움이 되며 예술적 표현을 발달시키고 자신의 일상경험에 대한 의미 있는 내러티브 창출을 도우며, 보다 현실적인 신체상을 반영하는 데도 도움이 된다고 하였다(예 : 맨얼굴로 찍은 셀카 게시). 실제로 몇몇 연구에서 이러한 부분을 지지하고 있으며 더불어 셀카를 찍는 것의 긍정적 동기와 효과가 밝혀졌다(Mason, 2020; Reynolds, 2020).

간단히 말해서 앞서 읽은 다른 과학 기술 동향처럼 셀카 현상은 지금까지 심리학 연구자와 현장 전문가로부터 혼재된 평가를 받았다.

지지하는 연구가 보고되었는데, 학대받거나 부모가 다른 곳에 입양시키거나 이혼하거나 사망한 아동이 나중에 자기애성 성격장애를 발달시킬 위험성이 특히 높다고 하였다(Caligor & Petrini, 2018). 또한 일부 연구에서 이 장애를 가진 사람은 다른 사람이 자신에게 근본적으로 도움이 되지 않는다고 생각하며 다양한 척도 중에서 거부 점수와 수치심 점수가 상대적으로 높게 나타난다고 하였다(Fjermestad-Noll et al., 2020; Stanton & Zimmerman, 2018).

많은 인지행동 이론가는 자기애성 성격장애는 초기에 지나치게 부정적으로 대우받았다기보다는 지나치게 긍정적으로 대우받은 사람에게서 발생한다고 가정한다. 어떤 사람은 자신을 찬양하거나 맹목적으로 사랑하는 부모가 사소한 성취나 아무것도 아닌 것에 반복적으로 보상을 주면서 '자기 가치를 과대평가하도록' 가르칠 때 자신을 우위에 놓는 태도가 습득된다고 하였다(Mitra & Fluyau, 2020; Caligor & Petrini, 2018).

"때때로 당신은 이 결혼생활에서 자신이 유일한 나르시시스트인 것처럼 행동하는군."

마지막으로 많은 사회문화 이론가는 자기애성 성격장애와 '자기애의 시대'를 연관지어 이야기한다(Durvasula, 2019). 이들에 따르면 어떤 사회에서 가족 가치와 사회적 기준이 주기적으로 붕괴되면서 자기중심적이고 물질주의적인 젊은 세대가 나타나게 되었다. 특히 자기표현, 개인주의와 경쟁이 조장되는 서구사회에는 자기애의 세대가 나타날 소지가 더 높다(Vater, Moritz, & Roepke, 2018). 사실 인터넷으로 시행된 전 세계를 대상으로 한 연구에서 미국 답변자의 자기애 점수가 가장 높았으며, 그다음 순서가 유럽, 캐나다, 아시아, 중동이었다(Foster, Campbell, & Twenge, 2003).

현재 우리 사회가 자기애의 시대라는 것을 시사하는 최신 행동 경향(디지털 혹은 다른 어떤 것)에는 어떤 것들이 있는가?

자기애성 성격장애의 치료 자기애성 성격장애는 치료하기 가장 어려운 성격 패턴 중 하나이다. 내담자는 자신의 취약점을 인지할 수 없으며, 타인에 대한 자신의 행동을 평가할 수도 없고, 타인의 피드백을 받아들이지도 못한다(Weinberg & Ronningstam, 2020). 치료자에게 찾아오는 내담자는 다른 장애가 있기 때문인데, 우울증이 일반적이다(Mitra & Fluyau, 2020). 일단 치료에 들어와도 치료자가 자신의 우월감을 지지하도록 조정하려고 하기도 한다(Skodol & Bender, 2019). 또한 어떤 사람은 자신의 과장된 태도를 치료자에게 투사하여 치료자에 대한 애증의 태도를 발달시키기도 한다(Diamond & Hersh, 2020; Fjermestad-Noll et al., 2020).

정신역동 치료자는 이 장애를 가진 사람이 자신의 근본적인 불안정감과 방어를 인식하고 훈습하도록 돕는다(Crisp & Gabbard, 2020; Caligor et al., 2018). 인지행동 치료자는 이 내담자의 자기중심적 사고에 초점을 맞추는데, 다른 사람의 의견에 대해 초점의 방향을 다시 잡아 비판을 더 합리적으로 해석하도록 가르치고 공감 능력을 길러주고 전부 아니면 아무것도 아니라는 생각(all-or-nothing)을 교정해준다(King et al., 2020; Beck et al., 2015). 그러나 어느 접근도 확실하게 성공적이지는 않다(Mitra & Fluyau, 2020).

요약

'극적인' 성격장애

DSM-5의 네 가지 성격장애는 매우 극적이고 감정적이거나 불안정한 증상이 주 특징이다. 반사회성 성격장애를 가진 사람은 타인의 권리를 무시하고 침해하는 패턴을 보인다. 이 장애에 대한 설명에서 정신역동, 인지행동, 생물학적 요소를 강조하며 특히 뇌 회로의 역기능성이 점점 강조되고 있다. 효과적인 치료법은 알려져 있지 않다. 경계성 성격장애를 가진 사람은 불안정한 대인관계 패턴을 보이며 자기상과 기분도 불안정하고 극단적인 충동성을 동반한다. 이 장애에 대한 설명에서는 심리학적, 생물학적, 사회문화적 요소를 강조하며 특히 생물사회적 설명과 발달정신병리학적 견해와 같은 통합적 관점이 우세하

흥미로운 이야기

도난당한 시선

23 남성이 거울이나 창문을 통해 자신을 바라보는 횟수의 하루 평균

11 여성이 거울이나 창문을 통해 자신을 보는 횟수의 하루 평균

(출처 : Sitch, 2015)

회피성 성격장애 사회적 상황에서 지속적 불편함과 제한성, 부적절감에 압도되는 느낌, 부정적인 평가에 대한 극도의 민감성을 특징으로 하는 성격장애

다. 특히 변증법적 행동치료가 도움이 되고 증상을 개선시키는 것 같다. 연극성 성격장애를 가진 사람은 극단적인 감정과 관심추구 패턴을 보인다. 간혹 치료로 도움을 받은 임상 사례가 보고되고 있다. 마지막으로 자기애성 성격장애를 가진 사람은 과대성, 존경에 대한 요구와 공감 결여 패턴을 보인다. 이는 가장 치료하기 어려운 장애 중 하나이다.

'불안한' 성격장애

'불안한' 성격장애의 군집에는 회피성, 의존성, 강박성 성격장애가 포함된다. 이 패턴을 가진 사람은 보통 불안하고 겁먹은 행동을 나타낸다. 다른 모든 성격장애와 마찬가지로 연구에 의해 다양하게 지지되지는 못하고 있다. 동시에 이 장애에 대한 치료는 중간 정도 도움이 된다고 보는데, 다른 성격장애보다는 훨씬 나은 수준이다(Skodol & Bender, 2019).

회피성 성격장애

회피성 성격장애(avoidant personality disorder)를 가진 사람은 사회적 상황에서 매우 불편해하고 억제되어 있으며 부적절감에 압도되고 부정적 평가에 극도로 민감하다(APA, 2013). 거절에 대한 두려움이 너무 커서 거절당할 기회, 혹은 자신이 수용될 기회를 전혀 만들지 않는다.

말콤이 상담을 받으러 오게 된 것은 아마도 교수가 주관한 파티에서 다른 사람들과 전혀 어울릴 수 없는 자신을 자각하게 된 것이 계기가 된 것 같다. 컴퓨터과학 대학원 1학기생인 말콤은 아무 말도 못 하면서 새로운 학생이 들어와서 친밀하게 잘 어울리는 것을 지켜보았다. 절박하게 함께 어울리고 싶었지만 스스로 말하기를 '다른 사람과 어떻게 대화를 이어나가야 할지 정말 아무것도 모르겠고 넋이 나간 것 같았다'고 했다. 거기에서 빠져나가는 것만이 최선이라고 느꼈다. 그다음 월요일에 대학교 상담센터를 방문하였는데, 그날 오전 처음으로 강의를 하게 된 상황에서 살면서 겪어본 가장 최악의 상황을 겪어야만 했고 그제서야 자신이 여기에서 살아남기 위해서는 무엇이라도 해야 한다는 것을 깨닫게 되어 상담센터에 오게 되었다. 학부에 다닐 때는 컴퓨터 실습실에서 혼자 대부분의 시간을 새로운 프로그램을 만들면서 보냈고 아무도 자신을 쳐다보지 않고 판단하지도 않는 상황을 즐기면서 지냈다. 이제는 강의 보조를 해야 되는 상황에서 여러 명의 청중 앞에서 자신이 바보같이 되는 위험을 지속적으로 감내해야 된다는 것을 느꼈다.

과거 사적인 관계에 대해 묻자 모든 상호작용이 좌절과 염려의 원천이 되었다고 하였다. 대학에 들어가기 위해 집을 떠나는 순간부터 혼자 살았고 혼자서 일하고 다른 사람과 대화하는 것이 불가능하다고 느꼈다. 사람들이 거부할 것이라고 미리 예상하였고 이로 인해 강한 침울감을 경험하였다. 관계를 맺고 수용되기를 원하지만 말콤은 모든 정서적 관계로부터 안전 거리를 유지하였다. 지지받을 수 있는 원천인 다른 사람으로부터 거리를 유지하였다. 그는 비웃음을 당하게 되는 상황을 피하는 방법을 터득했고 다른 사람이 보이는 아주 사소한 화까지도 민감하게 지각하였다.

(Millon, 2011)

말콤과 같은 사람은 사회적 접촉을 적극적으로 회피한다. 이러한 고립의 중심에는 비판, 승인받지 못함이나 거부에 대한 두려움이 있고, 사회 기술 부족은 그만큼 심하지는 않다. 사회적 상황에서 자신 없어 하고 바보 같은 말을 하거나 얼굴이 붉어지거나 잘못 행동해서 난처하게 되는 것을 두려워한다. 친밀한 관계에서도 수치를 당하거나 비웃음당할 것을 두려워하면서 매우 조심스러워한다.

이 장애를 가진 사람은 자신이 다른 사람보다 못하고 다른 사람에게 매력적이지 않다고 여긴다. 새로운 상황에서 일어날 수 있는 어려움을 과도하게 생각하기 때문에 위험을 감수하거

흥미로운 이야기

수줍음 경보

미국 인구의 40~60%에 해당하는 사람들이 자신을 수줍어하는 사람으로 생각한다(Rettew, 2019).

나 새로운 활동을 시도하려 하지 않는다. 실제로는 친밀한 관계를 갈망하지만 친한 친구가 거의 없다. 따라서 자주 우울감과 외로움을 느낀다.

회피성 성격장애는 **사회불안장애**와 유사하고(제4장 참조) 이 장애 중 하나를 가진 대다수의 사람은 다른 장애도 경험한다(Frandsen et al., 2020). 수치당할 것에 대한 두려움과 자신감 부족을 공통적으로 가진다. 어떤 이론가들은 두 장애의 가장 중요한 차이는 사회불안장애를 가진 사람은 일차적으로 사회적 **환경**을 두려워하지만, 회피성 성격장애를 가진 사람은 친밀한 사회적 **관계**를 두려워하는 경향이 있다고 하였다. 그렇지만 다른 이론가들은 두 장애가 서로 동일한 정신병리를 반영하므로 합쳐야 한다고 생각한다.

성인의 2% 정도가 회피성 성격장애를 가지고 있으며 여성만큼 남성에게서도 흔하다(Alarcón & Palmer, 2020; Skodol, 2020a). 많은 아동과 10대가 다른 사람을 부끄러워하며 피하지만, 이는 일반적인 정상 발달의 일부일 뿐이다.

이론가는 회피성 성격장애를 어떻게 설명하는가 이론가들은 종종 회피성 성격장애가 불안장애와 유사한 원인, 즉 초기 외상, 조건화된 두려움, 좌절된 믿음 혹은 생화학적 비정상성을 가진다고 보고 있다. 그러나 사회불안장애를 제외하고는 불안장애와 성격장애를 직접적으로 연결한 연구는 없다. 회피성 성격장애에 대한 정신역동 및 인지행동적 설명이 임상가에게 가장 유명하다.

정신역동 이론가들은 주로 회피성 성격장애를 가진 사람이 일반적으로 느끼는 수치심에 초점을 둔다(Smith-Hanen, 2019; Lampe & Malhi, 2018). 일부는 배변 훈련과 같은 아동기 경험과 관련된 수치심에서 근거를 찾으려 한다. 부모가 배변 사건에 대해 반복적으로 벌을 주거나 비웃으면 아동은 부정적 자기상을 형성하게 된다. 이로 인해 삶 전반에 걸쳐서 사랑받지 못한다는 감정을 가지게 되고 타인의 사랑을 믿지 못하게 된다. 다른 정신역동 이론가들은 다양한 아동기 외상이 아동에게서 수치심과 불안정감을 야기할 수 있다고 주장한다. 특히 과도한 처벌, 거부 혹은 비웃음으로 아동을 다룰 때 더욱 그러하다.

유사하게 인지행동 이론가는 타인에게 판단받는 것에 대한 두려움에 초점을 두는데, 비판과 거부로 가득 찬 아동기를 보내면서 생겨나는 것으로 보았다(Skodol, 2020a). 이러한 아동기 경험을 가진 사람은 거부될 것이라 기대하고 자신의 기대에 맞추어 다른 사람의 반응을 오해석한다. 그 결과 긍정적 피드백도 평가절하하면서 회피성 성격장애의 토대가 되는 사회적 관계에 대해 두려움을 가지게 된다(Smith-Hanen, 2019; Lampe & Malhi, 2018). 몇몇 연구에서 이 장애를 가진 참가자에게 아동기를 회상하라고 했을 때 이들의 답변은 정신역동, 인지행동 이론을 지지하였다. 이들의 답변의 예를 보면, 비판받고 거부당하고 고립된 느낌과 부모로부터 거의 격려받지 못했고 부모의 사랑과 자부심을 거의 경험하지 못하였다(Cuncic, 2020c; Smith-Hanen, 2019).

마지막으로 인지행동 이론가는 회피성 성격장애를 가진 대부분의 사람이 정상적인 사회 기술 습득에

그저 단계에 지나지 않는다 파리의 7만 평 규모의 뤽상부르공원에서 학교 친구들과 어른들이 함께 노는 모습을 수줍은 아이가 멀리서 지켜보고 있다. 초기 기질은 종종 성인의 성격과 관련이 있지만 연구에 따르면 아동기의 일반적이고 정상적인 부분인 심한 수줍음이 성인기 회피성 성격장애를 예측하지 못했다.

Walter Pietsch/Alamy Stock Photo

실패함으로써 이 장애를 지속적으로 보인다고 한다. 이러한 입장을 지지하여 몇몇 연구에서는 실제로 회피성 성격장애를 가진 사람이 사회 기술 결함을 보인다고 하였다(Skodol, 2020a; Moroni et al., 2016). 그러나 대부분의 이론가는 이러한 사회 기술 결함은 수많은 사회적 상황을 피한 결과로 발달하게 된다는 데 동의한다.

회피성 성격장애의 치료 회피성 성격장애를 가진 사람은 수용과 애정을 기대하고 치료에 온다. 그러나 치료를 유지하기 위해서는 도전이 필요한데, 그로 인해 대다수가 회기에 오지 않기 시작한다(Skodol & Bender, 2019). 종종 이들은 치료자의 진실성을 의심하고 치료자가 거부할 것을 두려워한다(Sørensen et al., 2019).

신뢰를 형성하면 치료자가 회피성 성격장애를 가진 사람을 사회불안장애나 다른 불안장애를 가진 사람처럼 대하는 경향이 있다. 이러한 접근은 못 해도 중간 정도의 성공은 한다(Fariba et al., 2020). 정신역동 치료자는 내담자로 하여금 무의식적 갈등을 인식하고 해소하도록 돕는다(Cuncic, 2020c; Caligor et al., 2018). 인지행동 치료자는 불편한 신념과 사고를 변화시켜 자기상을 향상시키도록 돕는다(Fariba et al., 2020; Skodol, 2020a). 그들은 사회 기술 훈련과 사회적 접촉을 점차적으로 늘려가는 노출치료를 한다. 집단치료, 특히 인지행동 원칙을 따르는 집단은 내담자에게 사회적 상호작용을 연습할 기회를 부차적으로 제공해준다(Skodol, 2020a). 항불안제와 항우울제가 때때로 이 장애를 가진 사람의 사회불안을 감소시켜주는 데 도움이 된다(Newton-Howes & Mulder, 2020).

의존성 성격장애

의존성 성격장애(dependent personality disorder)를 가진 사람은 지속적이고 과도하게 보살펴줄 것을 요구한다(APA, 2013). 그 결과로 그들은 부모, 배우자나 다른 친밀한 관계에 매달리고 순종적이며, 분리되는 것을 두려워한다. 사소한 결정도 스스로 할 수 없을 만큼 남에게 의존한다. 루카스는 그러한 사례이다.

그래픽 보조 프로그래머인 루카스는 아버지와 함께 사는 42세 독신 남성이다. 그는 현재 극심한 우울증과 불안에 시달리고 있다. 이러한 감정은 그가 꿈의 여자이자 미래의 아내라고 생각했던 오레나와의 2년간의 관계를 끝냈을 때 시작되었다. 하지만 루카스의 아버지는 오레나를 좋아하지 않았고, 루카스가 그녀와 결혼한다는 생각도 확실히 좋아하지 않았다. 사실 그는 반대했다. 중년 아들이 꿈에 그리던 여자와 결혼하는 것을 막은 것이다.

속으로 루카스는 아버지에게 분노를 표출할 수 없다는 것을 알면서도 분노했다. 그는 단순히 (지금이든 앞으로도) 아버지가 그에게 화를 내거나, 그에게 실망하거나, 그에게 말을 하지 않거나, 지지하지 않는 위험을 감수할 수 없었다. 만약 그렇다면 그는 스스로를 지켜야 했고, 그것은 상상도 할 수 없는 일이었다. 어떤 면에서 그는 아버지가 옳을 수도 있다고 생각하기도 했다. 그는 항상 아버지의 조언과 결정을 따랐다. 그는 자신을 크든 작든 스스로 결정을 내리기에는 너무 부족한, 판단력이 좋지 않은 사람으로 생각했다.

그래서 결국 루카스는 아버지가 항상 해야 한다고 생각했던 대로 했다. 그는 오레나와 헤어졌다. 그는 오레나에게 상처를 주고, 그렇게 나약하고 자신의 꿈을 그렇게 쉽게 포기한 자신에 대해 부끄럽고 비판적이었다. 무력감을 느꼈지만 다른 조치를 취할 수 없었다.

루카스는 삶의 다양한 영역에서 특별한 성취를 이루지 못했다. 15년 동안 그의 직업은 그가 할 수 있는 것보다 적어도 두 단계는 낮았다. 수년 동안 승진 제안을 거부했고 다른 그래픽 디자인 회사의 제안에 반응하지 않았다. 이유는 항상 같았다. 그는 추가 책임, 특히 결정을 내리고 다른 직원을 이끄는 책임을 원하지 않았다. 그는 신뢰할 수 있고 열심히 일하는 것으로 간주되며 작업 환경에서 절대 변하지

흥미로운 이야기

수줍은 록

록 음악은 극도로 수줍어하고 과묵한 태도를 가진 스타의 영향을 많이 받았다.

- 수줍음이 많은 것으로 유명한 기타리스트 버킷헤드는 양동이를 머리에 쓰고 얼굴을 가린 채 연주한다.
- 고스팝 가수 뱅크스는 청중에게 등을 보이며 노래를 부르곤 했다.
- 얼터너티브록 밴드 마이블러디발렌타인은 종종 관객들에게 등을 보이며 연주하였고 쇼 중에 시선을 돌리거나 바닥을 쳐다보는 그들의 성향에 따라 '신발 응시(shoegaze)'라는 팝 운동을 주도했다.
- 초기 콘서트 중 포크 가수 캣파워는 관객들 앞에서 울거나 쇼 도중 무대 밖으로 뛰쳐나가곤 했다.

의존성 성격장애 집착하고 순종적이며 분리에 대한 두려움 및 보살핌에 대한 욕구를 특징으로 하는 성격장애

않는 고정된 존재였다.

사회생활도 마찬가지로 소박하고 단조로웠다. 오레나를 제외하고 그의 사회생활은 평생 친구 한 명밖에 없었다. 그들은 일주일에 3일 저녁 식사와 활동을 위해 함께 만난다. 친구가 약속을 취소하면 루카스는 실망감을 느꼈다.

자라면서 루카스의 누나, 어머니, 아버지는 항상 그를 아껴주고 보호해주며 그의 모든 필요를 충족시켰다. 아직도 그는 어린 시절 내내 두려워하고 주저하며 혼자서는 아무것도 하지 않으려 했던 것을 기억하고 있다. 누나가 나이가 들어서 독립을 하고 어머니가 돌아가신 후 그와 아버지만 남았다. 다른 도시에서 대학에 간다는 것은 상상도 할 수 없는 일이었다. 아버지는 이제 그의 인생에서 가장 중요한 사람이었다. 아버지는 약간의 횡포를 넘어서는 수준이었지만 루카스를 사랑하고 그를 보호하고 지도하여 가족 전통을 이어가기를 원했다.

타인에게 의지하는 것은 정상적이고 건강한 것이지만, 의존성 성격장애를 가진 사람은 아주 단순한 문제에도 지속적으로 도움을 요구하며 극도의 부적절감과 무력감을 나타낸다. 자신을 돌보지 못할 것이라는 두려움에 친구나 친척들에게 필사적으로 매달린다.

앞에서 본 바와 같이 회피성 성격장애를 가진 사람은 관계를 **주도**하는 데 어려움을 보인다. 이와 반대로 의존성 성격장애를 가진 사람은 **분리**에 어려움을 가진다. 이러한 사람은 완벽한 무력감을 느끼고 친밀한 관계가 끝나면 망연자실하면서 허전함을 메우기 위해 다른 관계를 곧바로 찾아나선다. 많은 사람이 신체적으로 심리적으로 자신을 학대하는 파트너와의 관계에 지속적으로 매달린다(Ploskin, 2020).

Bruce Eric Kaplan The New Yorker Collection/The Cartoon Bank

"내 자존감은 아주 낮아. 그저 그녀가 가는 곳을 따라다닐 뿐이야."

이 장애를 가진 사람은 자신의 능력과 판단에 대한 확신 결여로 인해 거의 다른 사람의 의견에 반대하지 않고 심지어 자신에게 중요한 결정도 남이 하게 한다. 어디에서 살지, 어떤 직업을 가질지, 어떤 이웃과 사귈지 결정하는 데 부모나 배우자에게 의존한다. 거부를 두려워하기 때문에 승인받지 못할까 봐 지나치게 민감하여 다른 사람의 바람이나 기대에 항상 맞추려 노력한다. 심지어 불쾌하거나 힘이 드는 업무를 자청하기도 한다.

의존성 성격장애를 가진 많은 사람은 불편감, 외로움과 슬픔을 느낀다. 종종 스스로를 싫어하기도 한다. 이들은 우울, 불안과 섭식장애에 취약하다(Skodol, 2020b). 분리불안과 무력감으로 인해 자살사고에 취약하게 되는데, 특히 관계가 끝나갈 때 그렇다(Bornstein, 2020, 2017).

연구에 따르면 전체 인구의 1%가 의존성 성격장애를 경험한다(Alarcón & Palmer, 2020; Skodol, 2020b). 몇 년 동안 임상가들은 남성보다 여성에게서 이러한 패턴이 더 많이 나타난다고 믿었다. 그러나 일부 연구에 따르면 이 장애는 남성에게서도 공통적으로 나타난다(APA, 2013).

이론가는 의존성 성격장애를 어떻게 설명하는가 정신역동적 설명에 따르면 이 성격장애는 우울증과 매우 유사하다. 예를 들면 Freud 학파 이론가들은 구강기에 해결되지 않은 갈등이 평생 동안 돌봄에 대한 욕구를 일으키게 만들어 의존성 성격장애 가능성에 취약하게 된다고 한다(Bornstein, 2020, 2017; Fariba et al., 2020). 유사하게 대상관계 이론가는 초기 부모 상실이

> **흥미로운 이야기**
>
> **그들의 진술**
>
> "인간 본성의 가장 깊은 원칙은 인정받는 것에 대한 갈망이다."
>
> 심리학자 윌리엄 제임스, 1896

나 거부가 정상적인 애착과 분리 경험을 방해하여 일부 아동이 평생 동안 지속적으로 유기불안을 가지게 된다고 하였다(Kernberg, 2020, 2018; Radcliffe & Yeomans, 2019). 반대로 다른 정신역동 이론가는 이 장애를 가진 사람의 많은 부모가 과도하게 개입하고 과잉보호하여 자녀의 의존, 불안정감과 분리불안을 증가시킨다고 하였다(Ploskin, 2020).

인지행동 이론가는 의존성 성격장애를 설명하는 행동적 요소와 인지적 요소를 모두 강조하였다. 행동적 입장에서 의존성 성격장애를 가진 사람의 부모는 무의식적으로 매달림과 '충성' 행동을 강화하고 동시에 독립적인 행동에 대해서는 사랑을 철회하는 식으로 처벌한다고 한다. 다른 측면에서 일부 부모의 의존행동이 자녀에게 모델이 된다고도 본다(Bornstein, 2020, 2017; Skodol, 2020b). 인지적 입장에서는 이 장애를 유발하고 지속하게 하는 두 가지 부적응적인 태도를 밝혔는데 다음과 같다. '나는 이 세상을 헤쳐가기에 적절하지 않고 무기력하다', '내가 대처하려면 보호해줄 사람을 찾아야 한다'. 양분(흑백)논리가 중요한 역할을 한다. '내가 의존하려면 나는 완벽하게 무력해야 한다', '내가 독립적이 되려면 나는 외로워야 한다'. 이러한 사고는 이들이 독립하려는 노력을 저해한다(Ploskin, 2020; Beck et al., 2015).

의존성 성격장애의 치료 치료에서 이 성격장애를 가진 사람은 보통 자신의 행복에 대한 모든 책임을 임상가에게 돌린다. 따라서 치료의 주요 과제는 내담자로 하여금 자신에 대한 책임을 스스로 감당하도록 돕는 것이다(Skodol & Bender, 2019). 배우자나 부모의 지배적인 행동이 내담자의 증상을 키우고 있기 때문에 일부 임상가는 부부치료나 가족치료를 권하거나 파트너나 부모와 분리해서 치료하기도 한다.

의존성 성격장애 치료는 적어도 중간 정도로는 효과적이다. 이 패턴에 대한 정신역동치료는 치료자에 대한 의존 욕구의 전이 등과 같이 우울한 사람에 대한 치료와 동일한 문제에 초점을 맞춘다(Bornstein, 2020; Caligor et al., 2018). 인지행동 치료자는 행동적 개입과 인지적 개입을 결합해서 내담자가 자신의 삶을 통제하도록 돕는다. 행동 목표로 치료자는 종종 내담자가 관계에서 자신의 생각을 더 잘 표현하도록 자기주장 훈련을 한다(Fariba et al., 2020). 인지적 목표로 치료자는 내담자가 자신이 무능하고 무력하다는 생각에 도전하도록 한다(Fariba et al., 2020; Beck et al., 2015). 회피성 성격장애와 같이 집단치료 형태도 도움이 될 수 있는데, 집단을 통해 내담자가 많은 동료의 지지를 받을 기회를 얻을 수 있다. 또한 집단원들이 서로 감정을 표현하고 문제를 해결하는 더 나은 방법을 연습하는 모델이 되어줄 수도 있다(Markovitz, 2018).

강박성 성격장애

강박성 성격장애(obsessive-compulsive personality disorder)를 가진 사람은 순서, 완벽, 통제에 너무 몰입되어 모든 융통성, 개방성, 효용성을 상실하게 된다(APA, 2013). 모든 것을 '정확하게' 하려는 염려로 인해 생산성이 저하된다. 조셉의 사례가 그러하다.

> 몇 달 동안 잠을 못 자고 움직이기도 어려워지고 업무 처리에서 우유부단함을 보여온 조셉은 치료를 받으라는 충고를 받았다. 처음 봤을 때 그는 극도의 자기 불신과 죄책감, 만성적 긴장과 확산된 불안을 보고하였다. 언제나 이런 증상을 경험해왔다는 것이 치료 초반에 밝혀졌다. 증상이 이전보다 더 두드러진 것뿐이었다.
>
> 갑작스럽게 불편감이 증가된 이유는 예정되어 있는 보직 때문이었다. 대학 행정부가 새롭게 바뀌었

강박성 성격장애 질서정연함, 완벽주의와 통제력에 과도하게 집중하면서 융통성, 개방성과 효율성을 상실하는 것을 특징으로 하는 성격장애

고 그는 학과장을 사임하고 일반 학과 교수로 돌아가도록 요청받았다. 자신이 수업 자료를 잘 정리할 지, 강의를 잘 진행할 수 있을지, 흥미롭게 강의할 수 있을지 염려하였다. 이러한 문제에 집착하면서 현재 책무에 집중하여 끝맺는 데 방해를 받는다고 하였다.

조셉은 자신에게 요구된 '강등'에 대해 새로운 대학 행정부에게 분노를 한순간도 표현하지 않았다. 반복해서 '그들의 판단이 합리적이었다'고 '완벽하게 확신한다'고 하였다. 그러나 그들과 대면하였을 때 그는 자신이 말을 더듬고 심하게 몸을 떨고 있는 것을 알았다.

조셉은 두 아들 중 둘째였고 형보다 세 살이 적었다. 아버지는 성공한 기술자였고 어머니는 고등학교 교사였다. 모두 '일 처리를 잘하고 질서정연하며 엄격한' 부모였다. 가정생활은 '매우 잘 계획되어 있었고' '주당, 하루에 할 일의 계획표가 붙어 있었다.' 그리고 '미리 1년이나 2년 후 휴가 계획이 세워져 있었다.' 조셉은 '착한 아이'가 되기로 했다. 꼼꼼하고 양심적이며 조직적이고 질서정연하여 완벽주의적인 부모에 어긋나는 아이가 되는 것을 피할 수 있었고, 때때로 부모로부터 좋은 평가를 받기도 하였다. 6~7세가 되기 전에 형과 싸웠던 일을 기억하였지만, 그는 '그 당시 분노를 자제하였고 부모를 다시는 난처하게 하지 않았다.'

(Millon, 2011, 1969, pp. 278–279)

흥미로운 이야기

그들의 진술

"우리 대부분은 30대가 되면 성격이 석고처럼 굳어져서 결코 다시는 부드러워지지 않을 것이다."

심리학자 윌리엄 제임스, 1887

규칙과 순서, 올바르게 일하는 것에 신경쓰느라 조셉은 더 큰 그림을 보는 데 어려움이 있었다. 과제에 직면할 때 강박성 성격장애를 가진 사람은 정리와 세부적인 것에 초점을 맞추어서 활동의 요점을 파악하지 못한다. 결과적으로 그들의 업무는 종종 계획보다 늦어지고(일부는 업무를 마치지 못하기도 한다) 여가 활동이나 우정을 등한시하곤 한다(Reddy, 2020).

이 성격장애를 가진 사람은 비합리적으로 높은 기준을 자신과 타인에게 부여한다. 이들의 행동은 양심 수준을 훨씬 능가한다. 자신의 수행에 결코 만족할 수 없지만, 일반적으로 다른 사람들은 너무 부주의하거나 능력이 부족하여 일을 제대로 하지 못한다고 확신하면서 협력하여 작업하거나 도움 구하기를 거절한다. 실수하는 것을 매우 두려워하기 때문에 결정 내리기를 주저한다(Reddy, 2020; Wheaton & Pinto, 2020).

이 사람들은 경직되어 있고 엄격한데, 특히 자신의 도덕·윤리와 가치에서 그렇다. 그들은 엄격한 개인적 기준을 가지고 살아가며 다른 사람을 평가하는 척도로 이를 사용한다. 이들은 정서를 표현하는 데 어려움을 가지며, 관계는 때때로 단조롭고 피상적이다. 또한 돈과 시간에 인색하다. 일부는 낡거나 소용없는 것을 버리지 못하기도 한다(Grant & Chamberlain, 2020, 2019).

연구에 의하면 전체 성인 인구의 7.9%가 강박성 성격장애를 보이는 것으로 알려져 있다(Alarcón & Palmer, 2020; Burkauskas & Fineberg, 2020). 남성이 여성보다 2배 정도 이 장애를 더 많이 나타낸다.

많은 임상가는 강박성 성격장애와 **강박장애**가 밀접하게 관련되어 있다고 믿는다. 분명히 두 장애는 몇 개의 특징을 공유한다. 더욱이 이 장애 중 하나를 겪는 많은 사람이 다른 장애 진단 준거에도 부합된다(Wheaton & Pinto, 2020). 그러나 성격장애를 가진 사람은 강박장애보다 주요우울장애, 불안장애나 물질사용장애를 겪을 가능성이 더 크다는 것은 주목할 만하다(Skodol, 2020c; Brakoulias et al., 2017).

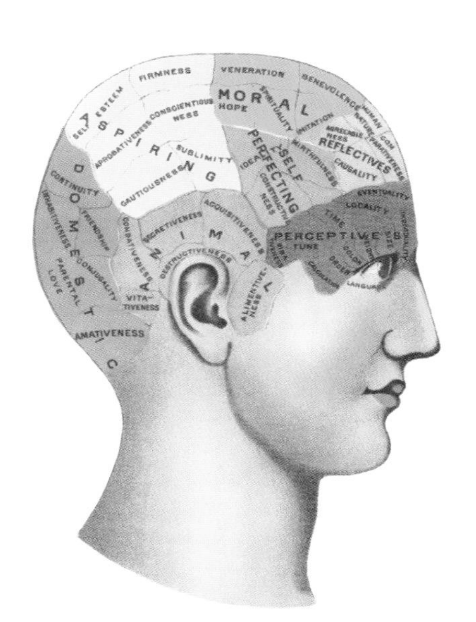

성격의 초기 용어 19세기의 인기 있는 골상학 이론에서 Franz Joseph Gall(1758~1828)은 뇌가 성격의 어떤 측면을 담당하는 별개의 부분으로 구성되어 있다고 제안했다. 골상학자들은 머리의 서로 접한 부분과 움푹 들어간 부분으로 성격을 평가하려고 했다.

이론가는 강박성 성격장애를 어떻게 설명하는가 두 장애 간의 연관성에 의심이 있기는 하지만, 강박성 성격장애에 대한 대부분의 설명은 강박장애 설명에서 많은 부분을 차용하고 있다. 다른 많은 성격장애와 마찬가지로 정신역동적 설명이 우세하고 연구 증거는 제한되어 있다.

Freud 학파 이론가들은 강박성 성격장애를 가진 사람은 **항문기 보유적**이라고 한다. 즉 항문

용변의 어려움 Freud에 따르면 배변 훈련은 종종 아동에게 분노를 야기한다. 부모가 너무 심하게 접근하면 아동은 항문기에 고착이 되어 인생 후반에 강박 성격에 취약하게 된다.

기 단계의 과도하게 엄격한 배변 훈련 때문에 이들은 분노에 가득 차 이 단계에 고착된 채 남아 있다. 분노를 통제하기 위해 배변 운동을 하려는 본능과 분노 두 가지 모두에 지속적으로 저항한다. 바꾸어 말하면 이들은 극도로 질서정연하며 자제되어 있고 대다수는 열정적인 수집광이기도 하다. 다른 정신역동 이론가는 통제와 독립에 대한 부모와의 초기 투쟁이 이 성격장애의 뿌리에 있는 공격 충동에 불을 붙인다고 주장한다(Coccaro, 2020; Fariba et al., 2020).

인지행동 이론가는 강박성 성격장애의 근원에 대해 거의 이야기하지 않았지만, 비합리적인 사고 과정이 이를 유지하도록 도모한다고 가정한다(Reddy, 2020; Weishaar & Beck, 2006). 예를 들면 이들은 실무율적인 논리를 강조하며, 이는 경직성과 완벽주의로 이어진다. 유사하게 이 장애를 가진 사람들은 잠재적인 실수나 오류로 인한 결과를 과장하는 경향이 있다고 한다.

강박성 성격장애의 치료 강박성 성격장애를 가진 사람은 일반적으로는 자신에게 무언가 잘못이 있다고 믿지 않는다. 그래서 이들은 다른 장애, 특히 불안이나 우울로 고통받지 않는 한 또는 누군가 자신과 친밀한 사람이 치료를 권유하기 전에는 치료를 받으려 하지 않는다(Pinto, 2020).

이 장애를 가진 사람은 종종 정신역동치료나 인지행동치료에 잘 반응한다(Fariba et al., 2020; Skodol & Bender, 2019). 정신역동 이론가는 전통적으로 이들이 기저에 깔린 감정과 불안정감을 인정하고 경험하며 수용하고 자신의 개인적 한계를 받아들이면서 위험을 감수하도록 도와주려고 노력한다(Caligor et al., 2018). 인지행동 치료자는 내담자가 자신의 이분법적인 사고, 완벽주의, 우유부단함, 인색함과 만성적 걱정을 변화시키도록 돕는 데 초점을 둔다(Pinto, 2020; Wheaton & Ward, 2020). 많은 임상가는 강박성 성격장애를 가진 사람은 강박장애를 가진 사람과 같이 세로토닌을 항진시키는 항우울제인 SSRI에 잘 반응한다. 그러나 연구는 이 문제에 대해 아직 깊이 있게 다루지 않았다(Ehsan & Grant, 2020).

요약

'불안한' 성격장애

DSM-5 성격장애 중 3개는 불안하고 두려워하는 행동 특징을 보인다. 회피성 성격장애를 가진 사람은 지속적으로 불편감을 느끼고 사회성 상황에서 제한되어 있으며 부적절감에 압도되고 부정적 평가에 극단적으로 민감하다. 의존성 성격장애를 가진 사람은 지속적으로 보살핌을 필요로 하며 복종적이고 매달리며 분리불안을 가지고 있다. 강박성 성격장애는 순서, 완벽주의와 통제에 너무 집착해서 융통성, 개방성과 효율성을 상실하게 된다. 여러 가지 치료 책략이 이 장애를 가진 사람에게 사용되고 있으며 약간에서 중간 정도까지에 효과가 있는 듯 하다.

다문화적 요소 : 연구에서 무시되다

DSM-5의 현재 기준에 따르면 성격장애로 진단된 패턴은 "개인의 문화에 대한 기대에서 현저하게 벗어나야 한다"(APA, 2013). 이 진단에서 문화의 중요성을 감안할 때 이러한 문제에 대해 다문화 연구가 거의 이루어지지 않고 있다. 임상 이론가는 의문을 가지고 있지만 이 영역에 문화적 차이가 있다는 증거는 거의 없다(Choudhary & Gupta, 2020; Fanti et al., 2019; Mulder, 2018).

연구자들은 왜 성격장애에서 문화, 인종, 성별에 따른 차이에 상대적으로 주의를 기울이지 않는가?

다문화 연구의 부족과 관련하여 특히 우려되는 부분은 극심한 기분 변화, 강렬한 분노의 폭발, 자해행동, 공허감, 관계 문제의 특징을 가지고 있는 경계성 성격장애이다. 많은 이론가는 성별 및 기타 문화적 차이가 이 장애의 발달과 진단 모두에서 특히 중요할 수 있다고 보고 있다.

이미 살펴본 바와 같이 경계성 성격장애 진단을 받는 사람 중 약 75%는 여성이다. 여성이 생물학적으로 질환에 더 취약하거나 진단 편견이 작용할 수도 있지만, 이 성별 차이는 대신에 많은 여성이 아동기에 겪는 비정상적인 외상의 반영일 수도 있다. 예를 들어 경계성 성격장애를 가진 사람의 어린 시절이 정서적인 외상, 희생양, 폭력, 학대, 때때로 성적 학대로 가득 차 있는 경향이 있음을 기억해보라. 많은 이론가는 이런 종류의 경험이 경계성 성격장애 발달의 전제 조건이며, 우리 사회의 여성이 특히 그러한 경험을 겪게 되는데 사실상 그 장애를 외상후 스트레스장애의 특별한 형태로 보고 치료되어야 한다고 주장한다(Walker & Kulkarni, 2019). 그러나 체계적인 연구가 없다면 이와 같은 대안적인 설명은 여전히 검증되지 않고 해당 치료법도 발달되지 않은 상태로 남게 된다.

digitalskillet/Shutterstock

너무 적은 관심 다문화 집단 사람들이 보여주듯이 우리는 다문화 국가와 세계에 살고 있다. 심리학 분야는 다양한 종류의 문화적 및 인종적 차이에 대해 상당히 많은 연구를 하였다. 그러나 임상 연구자들은 성격의 발달, 특징 및 치료에서의 다문화적인 차이에 대해 상대적으로 거의 주목하지 않고 있다.

이와 관련하여 일부 다문화 이론가는 경계성 성격장애는 한계에 도달해 있고 아무런 힘도 없으며 사회적으로 실패한 것 같은 지속적 감정에 대한 반응일 수 있다고 한다. 즉 그것은 심리적 요인보다 사회적 불평등(성 차별, 인종 차별, 동성애 공포증 포함)에 기인한 것일 수 있다(Carrasquillo, 2019; Sherry & Whilde, 2008). 그러한 가능성을 감안할 때 지난 10년 동안 경계성 성격장애에 대한 다문화 연구가 최소한 실시되었다는 것은 가장 환영할 만한 일이다(Choudhary & Gupta, 2020; Meaney et al., 2016).

성격장애를 분류할 더 나은 방법이 있는가

이 장 앞부분에서 기술한 바와 같이 DSM-5 성격장애 접근에 대한 주요 비판은 분류 체계가 성격을 차원이 아닌 범주를 사용하여 정의했다는 점이다. 오늘날 많은 이론가는 성격장애는 역기능의 유형보다는 정도에서 보다 큰 차이가 있다고 믿는다. 따라서 이 장애들은 주요 특징의 유무보다는 주요 성격 특성(혹은 차원)의 심각도에 따라 분류되어야 한다고 주장한다(van Dijk, Krueger, & Laceulle, 2021; Wright & Kaurin, 2020). 이러한 접근에서 각 주요 특성(예 : 불일치, 부정직, 자기몰입)은 정상과 비정상 간에 명백한 경계가 없이 연속선상에서 다양하게 나타날 수 있다. 성격장애를 가진 사람은 몇몇 주요 특성을 매우 심하게(일반집단에서는 흔하게 보이지 않는 정도) 보이는 사람이라고 하겠다(정보마당 참조).

역기능적인 만화 오늘날 애니메이션 영화 캐릭터는 종종 주요 성격 결함이나 장애를 나타낸다. '사우스파크(South Park)'에 나오는 꼬마들과 같이 문제적 특성을 '집단'으로 보일 수 있다. 일부 비평가들은 후자(특히 카트먼, 왼쪽에서 두 번째)가 만성적인 심술, 권위를 존중하지 않음, 불손, 다른 사람의 감정 무시, 전반적 양심 결핍과 문제 경향성 등을 보인다고 하였다.

Photo courtesy of Everett Collection

임상가들이 성격 문제를 가진 사람을 규명하는 데 도움이 되는 성격 차원에는 어떤 것이 있는가? 일부 이론가는 성격의 5요인 이론에서 규명된 차원에 비추어야 한다고 생각하는데, 이는 성격 이론가에 의해 가장 많이 연구된 차원 이론이다.

성격과 성격장애의 빅 파이브 이론

다양한 집단을 대상으로 수행된 많은 연구에 따르면 성격의 기본 구조는 신경증, 외향성, 경험에 대한 개방성, 친화성, 성실성의 5가지 '특성' 또는 요인으로 구성될 수 있다고 일관되게 제안되고 있다(Ackerman, 2020; Conway & Krueger, 2020). 흔히 '빅 파이브'라고 하는 이러한 각 요소는 여러 하위 요소로 구성된다. 예를 들어 불안과 적개심은 신경증 요인의 하위 요인이고, 낙관주의와 친절은 외향성 요인의 하위 요인이다. 이론적으로 모든 사람의 성격은 이러한 주요 특성의 조합으로 요약될 수 있다. 어떤 사람은 높은 수준의 신경증과 친화성, 중간 정도의 외향성, 낮은 성실성과 경험에 대한 개방성을 보이며, 대조적으로 다른 사람은 높은 수준의 친화성과 성실성, 중간 정도의 신경증과 외향성을 보이며, 경험에 대한 낮은 개방성을 보일 수 있다.

따라서 빅 파이브 모델의 많은 지지자는 성격장애가 있는 모든 사람을 다섯 가지 주요 특성에서 높음, 낮음, 중간으로 설명하고 성격장애 범주의 사용을 완전히 중단하는 것이 가장 좋을 것이라고 주장했다(Conway & Krueger, 2020; Widiger & Crego, 2019). 따라서 현재 회피성 성격장애 진단에 해당되는 특정 사람은 높은 정도의 신경증, 중간 정도의 친화성과 성실성, 새로운 경험에 대한 매우 낮은 정도의 개방성과 외향성을 보이는 것으로 설명할 수 있다. 유사하게 현재 자기애성 성격장애로 진단받은 사람은 빅 파이브 접근법에서 매우 높은 정도의 신경증과 외향성을 나타내고, 중간 정도의 성실성과 새로운 경험에 대한 개방성, 매우 낮은 정도의 친화성을 나타내는 것으로 설명할 수 있다.

흥미로운 이야기

예측한 대로

연구에 따르면 개를 좋아하는 사람은 고양이를 좋아하는 사람과 심리적으로 다를 수 있다(Cherry, 2020c; Gosling et al., 2015). 거의 5,000명의 참가자가 빅 파이브 성격 목록을 작성했다. 평균적으로 외향성, 친화성, 성실성에서 '개를 좋아하는 사람'이 '고양이를 좋아하는 사람'보다 높은 점수를 받았다. 대조적으로 고양이를 좋아하는 사람들은 내향성과 호기심(즉 경험에 대한 개방성)에서 더 높은 점수를 받았다.

'특별히 분류된 성격장애 특성' : DSM-5의 차원적 접근

성격장애에 대한 주요 5요인 접근은 현재 많은 연구가 이루어지고 있으며 일부 이론가는 미국과 세계적으로 공식적인 범주 접근으로 이를 사용하고자 한다(van Dijk et al., 2021). 대안으로 성격장애를 구분하는 데 DSM(미국에서 사용되는 분류체계)과 ICD(미국 외 대부분의 나라에서 사용하는 분류체계)는 나름의 차원적 접근을 발달시켰다. DSM 접근에서는 현재 차원 도식 제안의 형태로 제시하고 있는데, 궁극적으로 ICD-11은 공식적으로 이미 차원적인 접근을 취하고 있다(Bach & Simonsen, 2021).

성격장애에 대한 DSM-5에서 제안되는 차원적 접근을 보면 차원적 접근이 범주적 접근과 얼마나 다른지가 드러난다. 이러한 접근은 유의한 기능 손상을 나타내는 특성을 가진 사람에게 붙이는 **특별히 분류된 성격장애 특성**(personality disorder-trait specified, PDTS)이라고 하는 진단명으로부터 시작되고 있다(APA, 2013). 이 진단을 내릴 때 임상가들은 문제가 되는 특성들을 규명해서 목록을 만들고, 그로 인해 발생하는 문제의 심각도를 평정하게 된다. 이 제안에 따르면 PDTS 진단을 위한 5개 문제 특성군(**부정적 정서, 거리두기, 적대감, 무절제, 정신증**)이 있다.

- **부정적 정서** : 부정적 정서를 보이는 사람은 자주 그리고 강하게 부정적 감정을 경험한다. 특히 다음 특성 중 한두 가지를 나타낸다. **정서 불안정성**(불안정한 정서), **불안함, 분리불안, 경직성**(반복된 실패에도 불구하고 특정 행동을 반복함), **복종, 증오, 우울감, 의심, 강한 정서 반응**(정서적으로 각성되는 상황에서 과한 반응을 보임)
- **거리두기** : 거리두기를 보이는 사람은 다른 사람과 사회적 상호작용에서 위축되는 경향을 보인다. 다음 특성을 일부는 보일 수 있다. **제한된 정서 반응**(정서적으로 각성되는 상황에서 반응이 거의 없음), **우울감, 의심, 위축, 무감동**(사물에 대한 흥미나 기쁨을 느끼지 못함), **친밀감 회피**. 위 목록 중 '우울감'과 '의심'의 두 항목은 부정적 정서에도 동일하게 포함되어 있다.

특별히 분류된 성격장애 특성 DSM에 포함될 가능성에 대한 연구가 진행 중인 성격장애이다. 사람들은 한 가지 이상의 심각한 문제로 인한 특성의 결과로 기능에 심각한 장애가 있는 경우 이 진단을 받는다.

어둠의 3요소

과거 15년 동안 연구자들은 사회적으로 위해를 가하는 행동을 하는 데 힘을 모으는 '악의 있는' 특성의 3요소인 **어둠의 3요소**에 대해 연구해 왔다(Jonason et al., 2020; Paulhus & Williams, 2002). 이러한 특징(나르시시즘, 사이코패스, 마키아벨리즘)을 가진 사람은 자신의 이익을 위해 비밀리에 타인에게 해를 끼치는 경향이 있다. 이러한 특징 중 하나라도 가진 사람은 종종 다른 사람에게 위해를 가하거나 조종하거나 타인의 욕구를 무시한다. 그러나 세 가지 모든 특징은 특히 자기 몰입적이며 타인에게 심각한 문제를 일으킨다. 어둠의 3요소에서 높은 점수를 받은 사람은 성격장애를 보일 수 있지만 주관적 불편감이나 문제를 거의 경험하지 않고 적절하게 기능한다. 때로는 개인적, 사회적, 직업적 상황에서 매우 효율적으로 기능한다.

어둠의 3요소는 무엇인가?

나르시시즘
자기찬양
자기몰두
추앙 추구
특별한 대우 추구
과도하게 자격이 있는 것으로 느낌
만족 추구

사이코패스
냉담
무감각
반사회적
무공감
무자비
탈억제

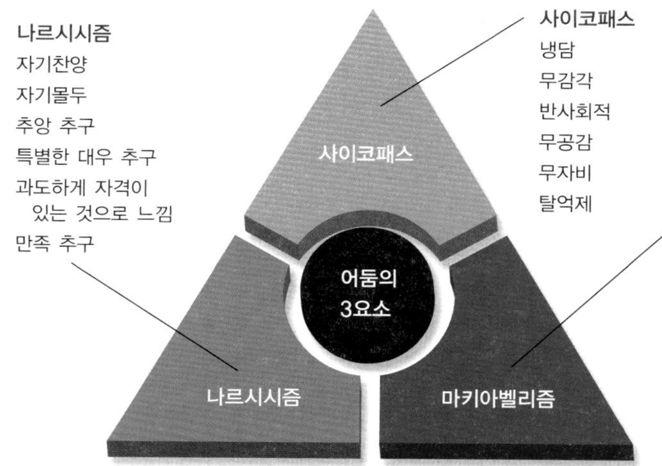

마키아벨리즘
조종하는
자기 이익
이중적인
냉소적인
부도적적인
개인 이익에 초점

(Lyons et al., 2021; Pilch, 2020; Somma et al., 2020; Heym et al., 2019; Jones & Paulhus, 2017; Muris et al., 2017)

어둠의 3요소를 가진 사람이 추구하는 것은 …

- **힘**
- **지위**
- **사회적 지배력**
- **즉각적 보상**
- **무제한의 개인적 이익**
- **전율**
- **약물 관련 고양감**

(Jonason et al., 2020, 2017a; Dåderman & Ragnestål-Impola, 2019; Jauk & Dieterich, 2019; Vedel & Thomsen, 2017)

어둠의 3요소가 삶의 모든 영역에 미치는 영향

개인적 상황

이 사람들은
뻔뻔하고 불유쾌하고 탐욕스러우며
의심이 많고 부정직하고 약물중독을 보이며
폭력적으로 운전하기 쉽다.

(Somma et al., 2020; Jauk & Dieterich, 2019; Jones & Paulhus, 2017; Muris et al., 2017; Sabouri et al., 2016; Furnham et al., 2013)

사회적 상황

이 사람들은
지배적이고 편견에 사로잡히고
비윤리적이고 집단 따돌림을 하며
외향적이고 공격적이며 무감각하기 쉽다.

(Lyons et al., 2021; Jonason et al., 2020; Somma et al., 2020; Dåderman & Ragnestål-Impola, 2019; Muris et al., 2017; Furnham et al., 2013)

어둠의 3요소

성적 상황

이 사람들은
빠른 만족을 추구하고 무분별한 성관계를 추구하며
폭력적 태도를 보이며 성적 기회주의자이고
더 많은 성관계 상대를 찾으며 불륜을 저지르고
타인의 파트너를 뺏기 쉽다.

(Jonason et al., 2020, 2017b, 2011, 2010, 2009; Lyons et al., 2020; Furnham et al., 2013; Whitbourne, 2013)

직장에서

이 사람들은
업무 관련하여 문제를 일으키고
매우 힘든 리더이거나 무자비하게 승진을 추구하며
남의 흉을 보고 성추행 문제를 일으키고 부하 직원의 성공을 방해하고
부하 직원의 복지를 방해하기 쉽다.

(Somma et al., 2020; Dåderman & Ragnestål-Impola, 2019; Jones & Paulhus, 2017; Volmer et al., 2016; Zeigler-Hill et al., 2016)

어떤 사람이 아둠의 3요소를 더 많이 보일 것 같은가?

남성 > 여성
비히스패닉 백인 미국인 > 인종적/민족적 소수
CEO/상급관리자 > 비관리직 종사자
인터넷 악성 댓글러 > 악의 없는 사용자

(Rogoza et al., 2020; Scott et al., 2020; Lopes & Yu, 2017; Muris et al., 2017; Vedel & Thomsen, 2017; Dahling et al., 2008; Twenge & Foster, 2008)

어둠의 3요소와 성공

이 사람들은
- **리더 자리에 앉기 쉽다.**
- **고연봉이기 쉽다.**
- **만족스러운 경력을 가지기 쉽다.**
- **능숙하게 협상을 잘한다.**

(Adam, 2019; Volmer et al., 2016; Lilienfeld et al., 2015; Spurk et al., 2015; Furnham et al., 2013)

> **흥미로운 이야기**
>
> **자신을 믿는 것, 다른 사람을 믿지 않는 것**
>
> 전국 설문 조사에 따르면 COVID-19 팬데믹 기간 동안 미국 전역 사람들의 86%는 자신이 옳은 일을 하고 있으며 좋은 결정을 내리고 있다고 믿었지만 46%만이 지역사회 이웃들도 그렇게 하고 있다고 믿었다(Pew Research, 2020b). 모든 나라 사람이 옳은 일을 하고 있다고 믿는 사람은 28%에 불과했다.

- **적대감** : 적대감을 보이는 사람은 다른 사람과 반대되는 방식으로 행동한다. 다음 특성 중 일부를 보인다. '증오'가 포함되는데 부정적 정서에도 중복되어 있다. **조작, 속임수, 과대성, 관심 추구, 냉정, 증오**
- **무절제** : 무절제를 보이는 사람은 충동적으로 행동하며 미래의 가능한 결과를 숙고하지 않는다. 다음 특성 중 일부를 보인다. **무책임, 충동성, 산만, 위험 추구, 미완성, 무질서**
- **정신증** : 정신증을 보이는 사람은 특이하고 기묘한 경험을 한다. 그들은 다음의 특성 일부를 나타낸다. **특이한 신념과 경험, 자기중심성, 인지적·지각적 조절 문제**(기묘한 사고 과정 혹은 감각 경험)

어떤 사람이 5개 군집 중 하나에서 유의미하게 손상이 되었다면 혹은 이 군집을 구성하는 25개 특성 중 단 하나에서라도 손상을 보인다면 그 사람은 **특별히 분류된 성격장애** 진단에 부합하게 된다. 그러한 경우 진단가는 어떤 특성이 손상되었는지 밝히게 된다.

예를 들어 452쪽에 기술된 42세의 불행한 그래픽 보조 프로그래머 루카스를 생각해보자. 평생 아버지, 어머니, 친구와 직장 동료들에게 극단적으로 의존했던 루카스의 인생을 살펴볼 때 DSM-5의 현재 범주적 접근에서 의존성 성격장애 진단에 부합된다. 그러나 대신에 DSM-5에서 연구 중인 차원적 접근을 사용해서 진단가는 루카스가 부정적 정서 특징군에 속하는 몇 개 특성이 손상되었음을 관찰할 수 있을 것이다. 예를 들면 루카스는 '분리불안'에 해당된다고 할 수 있다. 이 특성으로 인해 대학을 마치지 못하였고 혼자 살지 못하였으며 여자친구와 결혼도 못 하였고 아버지 의견에 반대하지도 못하였다. 승진도 하지 못하였으며 사회생활도 넓히지 못하였다. 더욱이 루카스는 '불안', '복종', '우울감' 특성에 문제가 있었다. 이러한 가정을 바탕으로 치료자는 그에게 **특별히 분류된 성격장애-분리불안, 불안, 복종과 우울에 문제가 있음**이라는 진단을 부여할 수도 있다.

차원적 접근에 따르면 임상가가 특별히 분류된 성격장애 진단을 부여할 때 이 사람의 각각의 특성에서 부여되는 역기능 정도를 평가해야 한다. 5점 척도를 사용하는데, '거의 혹은 전혀 손상되지 않음(0점)'에서 '극단적으로 손상됨(4점)'까지 평가한다.

다시 루카스의 사례를 보자. 루카스는 DSM-5에서 제안하는 25개 특성 중 대부분은 0점을 받을 것이고 불안과 우울은 3점, 분리불안과 복종은 4점을 받을 것이다. 모두 합치면 다음의 복잡하지만 정보가가 있는 진단을 내릴 수 있게 된다.

진단 : 특별히 분류된 성격장애
분리불안 : 4점
복종 : 4점
불안 : 3점
우울 : 3점
기타 특성 : 0점

성격장애에 대한 이러한 차원적 접근은 현재 DSM-5의 범주적 접근보다 훨씬 낫다. 그러나 임상 현장에서 활발하게 사용되기에는 아직 갈 길이 멀다. 많은 임상가는 이러한 변화가 진단가에게 너무 많은 재량권을 주게 되어 그들로 하여금 성격장애를 너무 넓게 진단하게 할 것이라고 생각한다. 또한 다른 사람들은 새롭게 제안된 체계에서 요구하는 사항이 너무 복잡하고

난해하다고 염려한다. 오직 시간과 연구만이 이 대안적인 체계가 실제로 성격장애를 진단하고 분류하는 데 유용한지를 결정할 수 있을 것이다(Pull & Janca, 2021).

흥미로운 이야기

그들의 진술

"우리는 평생 동안 우리의 성격을 만들어간다."

알베르 카뮈

요약

다문화적 요소와 차원적 분류

성격장애에 대한 증가하는 초점에도 불구하고 성별과 다른 다문화적 영향에 대한 연구는 상대적으로 많이 이루어지지 않았다.

DSM-5의 현재 범주적 접근에서 발생하는 심각한 문제를 감안하여 오늘날 많은 이론가는 성격장애는 차원적 접근으로 기술되고 분류되어야 한다고 믿고 있다. 따라서 DSM-5 연구자들은 소위 '특별히 분류된 성격장애 특성'이라는 차원적 접근을 발달시켰다. 이러한 접근에 대한 기술은 DSM-5의 이후 개선 작업에 반영하려고 연구 중이다.

성격장애가 재발견되고 재고되다

20세기 전반기 동안 임상가들은 우리가 성격이라고 부르는 독특하고 영속적인 패턴이 있다고 깊이 믿었고, 중요한 성격 특성을 정의하려고 하였다. 또한 사람들이 자신을 발견하고 반동을 발달시키는 상황 속에서 얼마나 쉽사리 변화되는지 발견하였다. 성격 개념은 적합성을 상실한 듯했으며, 한동안은 거의 그저 원을 그리며 맴도는 지겨운 단어가 되어 버렸다. 성격장애의 임상적 범주도 유사하게 거부되었다. 정신역동과 인본주의 이론가들이 임상 분야를 지배하면서 성격장애와 유사한 일련의 진단인 **신경증적 성격장애**가 유용한 임상적 범주로 간주되었다. 그러나 다른 모델의 영향력이 커짐에 따라 인기는 줄었다.

과거 25년 동안 성격과 성격장애에 대한 관심이 다시 크게 일어났다. 사례들 속에서 임상가들은 경직된 성격 특성이 주요한 문제가 된다고 가정하였다. 체계적인 연구를 바탕으로 새로운 객관적 검사를 개발하였고, 이 장애를 평가할 수 있는 면담 기법을 개발하였다(Milinkovic & Tiliopoulos, 2020; Hopwood et al., 2019). 아직까지는 반사회성 성격장애와 경계성 성격장애에 대한 연구만 많이 이루어졌다. 그러나 DSM-5 최신판에서 제안한 차원적 분류는 미래에 사용이 가능할 것인지에 대한 추가적인 연구가 진행 중이다. 이로 인해 임상가들은 몇 가지 중요한 문제에 더 나은 답을 얻게 되었다. 다양한 성격장애가 얼마나 흔한가? 현재 범주가 얼마나 유용한가? 이 장애들을 진단하는 데 차원적 접근이 얼마나 효과적인가? 어느 치료가 가장 효과적인가?

핵심용어

강박성 성격장애
경계성 성격장애
반사회성 성격장애
변증법적 행동치료(DBT)
성격장애
연극성 성격장애
의존성 성격장애
자기애성 성격장애
정신화
조현성 성격장애
조현형 성격장애
특별히 분류된 성격장애 특성
편집성 성격장애
회피성 성격장애

속성퀴즈

1. 성격장애란 무엇인가?
2. 각각의 성격장애에서 발생하는 사회적 관계 문제를 기술하라.
3. '기묘한' 성격장애의 세 가지는 무엇이며 각각의 증상은 무엇인가?
4. 편집성, 조현성, 조현형 성격장애의 주된 설명과 적용할 수 있는 치료법은 무엇인가?
5. '극적인' 성격장애는 무엇이며 각각의 장애 증상은 어떠한가?
6. 이론가들은 반사회성 성격장애와 경계성 성격장애를 어떻게 설명하는가? 이 장애들의 주요 치료법은 무엇이며 얼마나 효과적인가?
7. 연극성 성격장애와 자기애성 성격장애의 주된 설명과 치료법은 무엇인가? 이러한 설명과 치료법은 연구에 의해 얼마나 강하게 지지받고 있는가?
8. 회피성, 의존성, 강박성 성격장애를 포함하는 군집의 이름은 무엇인가? 이 장애에 대한 주된 설명과 치료법은 무엇이며, 어느 정도 연구에 의해 지지받고 있는가?
9. 성격장애를 진단할 때 임상가들이 부딪히는 문제는 무엇인가? 이 문제들의 원인은 무엇인가?
10. 성격장애를 규명하기 위해 가정된 두 가지 차원적 접근을 기술하라.

아동·청소년기 일반적 장애

CHAPTER 14

주제

카메론이 여덟 살이 되면서 어머니는 걱정하기 시작하였다. 선생님도 동시에 염려하기 시작하였다. 어머니와 교사 두 사람이 본 것은 슬프고 무언가를 상실한 작은 아이였다. 집에서 카메론은 그저 누워서 텔레비전만 보고 싶어 했다. 꼭 해야 할 일만 하고 부모의 질문에 겨우 몇 마디로만 대답했으며 자발적으로 하는 일은 거의 없었다. 먹으라고 해야만 먹었다. 좋아하는 아이패드에도 거의 흥미를 보이지 않았고 비디오 게임도 그만두었다. 더이상 친구들을 찾지도 않았다. 사실상 어머니가 집으로 데리고 가야만 했다. 아무것도 즐거워하지 않았다. 카메론은 두통에서 위통까지 몇 가지 신체적 문제가 있었는데 항상 그랬고 의사는 문제가 없다고 했다.

상황은 학교에서도 유사했다. 카메론은 순종적이고 고분고분했으며 선생님이 하라는 것은 다 했지만 슬퍼 보였고 즐겁지 않아 보였다. 학급 토론에는 거의 참여하지 않았다. 학교 매점이나 운동장에 갈 때는 다른 아이들과 함께 있기는 했지만 특별히 어느 누구와도 상호작용을 하지는 않았다. 학교 심리학자가 면담을 하면서 그가 시선접촉을 하지 않고 어떤 것도 이야기하지 않고 거의 웃지 않는다는 것을 발견하였다.

리키 스미스는 일곱 살이다. 클리닉에 처음 전화하면서 스미스 여사는 아들이 '통제 불능'이라고 말했다. 그녀는 리키가 '어디에서나' 그리고 '끊임없이 문제를 일으킨다'고 했다.

리키의 선생님은 항상 그에게 큰소리를 하였으며 어머니에게 메모를 보냈다. 리키는 처음에는 선생님이 왜 자신에게 소리 쳤는지 몰랐지만 대부분 주의를 기울이지 않았거나 학급 규칙을 따르지 않기 때문이었다고 말했다.

리키는 친구가 몇 명 있었지만 종종 혼자 있다고 말했다. 선생님이 주어진 과제를 다 마치라고 학교 생활의 대부분을 교실의 한 구석에서 보내게 했기 때문이다. 불행히도 과제는 거의 완료하지 못했다. 리키는 교실에서 지루하고 슬프고 피곤하고 화가 난다고 말했다. …

리키는 어머니가 소리를 많이 질렀다고 말했다. … 그는 아무도 자신에게 소리지르지 않고 '내가 원하는 어디든 갈 수 있는' 자전거를 타고 있을 때가 가장 행복하다고 말했다.

어머니는 리키가 교실에서 거의 참을성이 없었다고 말했다. … 무언가를 하도록 요청받으면 울고 발을 쿵쿵 울리며 교사에게 무례한 행동을 했다. … 그녀는 아들이 통상 집에서 '통제 불능'이라고 말했다. 아들은 그녀의 말을 듣지 았았고 자신이 원하는 것을 얻을 때까지 종종 집안을 뛰어돌아 다녔다. 그녀와 리키는 종종 숙제, 집안일, 나쁜 행동으로 인해 논쟁을 했다. … 게다가 리키는 종종 학교 교재 중 대부분을 잃어버렸다. 정리정돈을 하지 않았으며 장기적인 결과에 거의 주의를 기울이지 않았다. 아이는 또한 슈퍼마켓이나 교회와 같은 공공장소에서 적절하게 행동하는 데도 어려움을 보였다. … 리키가 학교에서 자리를 더 많이 이탈해서 끊임없이 주의를 주어야 했다.

(Kearney, 2013, pp. 62–64)

카메론과 리키는 모두 심리적 장애를 보이고 있다. 이들의 장애는 아동의 가족 결속을 방해하고 학업과 사회적 관계에도 어려움을 주는데, 각 장애에는 각각의 독특한 원인과 방식이 있다. **주요우울장애**에 부합하는 카메론은 복통 및 다른 신체질환과 함께 주로 슬픔, 걱정과 완벽주의로 고통받고 있다. 이에 비해 리키의 주요 문제는 **주의력결핍 과잉행동장애**(ADHD)에 부합하는, 집중하지 못하고 심하게 활동적이며 충동적인 것이다.

비정상적 기능은 삶의 어느 시점에도 나타날 수 있다. 그렇지만 어떤 비정상적 패턴은 특정 기간(예 : 아동기 혹은 노년기)에 시작하는 것 같다. 이 장에서는 아동기 혹은 초기

Matt Manley

청소년기에 시작하는 일반적인 장애에 대해 다룰 것이다. 다음 장에서는 노인에게서 더 보편적으로 나타나는 문제를 살펴볼 것이다. ■

아동기와 청소년기

사람들은 종종 아동기를 걱정이 없고 행복한 시절로 생각하지만, 그 시기는 두렵고 힘들 수도 있다. 실제로 모든 문화에서 아동은 새로운 사람이나 상황에 부딪힐 때 일종의 정서적·행동적 문제를 경험한다. 조사에 따르면 **걱정**은 보편적인 경험으로, 미국 아동의 절반 정도가 학교, 건강, 개인의 안정 등 다양한 걱정거리를 가지고 있다(David-Ferdon et al., 2021; CDC, 2020c). 야뇨, 악몽, 떼쓰기, 안절부절못함은 많은 아동이 경험하는 문제이다. 청소년 시기도 어려울 수 있다. 신체적·성적 변화, 사회 및 학업적 압력과 학교폭력, 개인적 회의와 유혹 등으로 인해 10대 청소년은 예민하고 혼란감과 위축감을 느낄 수 있다(Ashra et al., 2021).

아동·청소년 시기의 특별한 문제는 집단 따돌림이다(**정보마당** 참조). 전 세계적으로 집단 따돌림은 어린 조사 대상자들이 호소하는 인종차별, AIDS, 성이나 알코올에 대한 또래 압력보다도 가장 주요한 어려움이라고 반복적으로 보고되고 있다. 20% 이상의 학생이 자주 집단 따돌림을 당한다고 보고하였고, 50% 이상의의 학생이 최소 한 번은 피해를 입었다고 보고하였다(NBPC, 2020a; DTL, 2019). 집단 따돌림을 당하게 되면 일반적으로 수치심, 불안과 학교에 대한 혐오 혹은 삶의 불만족을 느꼈다고 하였다(Armitage et al., 2021). 극단적인 경우 자살을 시도하기도 하는데, 특히 신체적으로 괴롭힘을 당하거나 거의 매일 몇 달 이상 괴롭힘을 당하게 되는 경우에 그러하다(O'Reilly et al., 2021; Koyanagi et al., 2019). 더욱이 집단 따돌림의 심리적인 영향은 성인기까지 이어질 수 있다. 최근 기술 발전으로 인해 아동·청소년이 집단 따돌림을 당하는 방법이 더 다양해졌는데, 소위 **사이버 괴롭힘**이라고 하는 것으로, 이메일, 문자 등을 통해 괴롭히고 수치심을 주는 양상이며, 최근에 급증하고 있다(Eyuboglu et al., 2021; Craig et al., 2020).

소셜미디어에서 집단이 한 사람을 기피하는, 일종의 왕따 행위가 없어지고 있는가?

2020년의 COVID-19 팬데믹과 바이러스를 퇴치하기 위한 사회적 노력 속에서 아동·청소년의 어려움과 스트레스는 더욱 증가되었다. 팬데믹을 겪으면서 대부분의 젊은이는 집에서 가족과 지내야 했고 사회적 거리두기나 친구나 또래로부터 고립되었다. 대면 수업이 아닌 온라인으로 모든 학교 활동이 이루어졌으며 수면 패턴이 불규칙해지고 삶의 구조가 결여되며 경제적으로도 곤란을 겪었다(Glynn et al., 2021). 그리고 일부 아동과 청소년들은 부모의 음주, 정신병리와 학대를 견뎌내야 했다(Lee et al., 2021; Fegert et al., 2020; Ghosh, 2020). 이러한 비정상적인 환경은 젊은 사람들의 정서와 행동에 지대한 영향을 미쳤다. 조사에 의하면 팬데믹 기간 동안 초조(54%), 분노(47%), 걱정(47%), 슬픔(44%), 무감동(54%)을 경험한 아동의 숫자가 증가되었고, 이러한 부정적 감정의 강도도 증가되었다(Gindt et al., 2021; Zhou et al., 2020). 이러한 종류의 감정을 다루는 것은 특히 젊은 사람에게 문제가 되는데, 아동은 성인과 같은 대처 기술을 가지고 있지 않으며 이러한 감정을 조절할 능력도 없기 때문이다(Duan et al., 2020; Imran et al., 2020).

흥미로운 이야기

그들의 진술

"요즘 아이들은 버릇이 없다. 부모에게 대들고 음식을 게걸스럽게 먹고 교사를 괴롭게 한다."

소크라테스, 기원전 425

아동기의 다양한 문제와 스트레스를 넘어서 북아메리카 아동·청소년의 최소 4분의 1이 진단 가능한 심리적 장애를 경험하고 있다(Dalsgaard et al., 2020; Vasileva et al., 2020). 성인 심리장애의 대부분에서 여성의 수가 더 많지만, 아동에게서는 남자아이들이 더 많다. 더욱이 연구에 따르면 가난한 가정의 아동·청소년이 부유한 아동·청소년에 비해 심리적 문제를 발달

아동·청소년 집단 따돌림

집단 따돌림이란 다른 약한 사람을 협박하거나 상처를 입히거나 지배하기 위해 강제, 위협 또는 강요하는 행위를 말한다. 그것은 특히 어린이와 청소년 사이에서 일반적이다. LGBTQ 개인과 같은 특정 소수 그룹의 구성원은 왕따당할 가능성이 더 크다. 지난 10년 동안 임상가와 교육자들은 왕따가 이전에 생각했던 것보다 훨씬 더 일반적이며 해롭다는 것을 알게되었다.

집단 따돌림의 유형

물리적 — 구타, 밀기, 발걸기

언어 — 별명 부르기, 모욕하기 성적 묘사, 위협

관계/사회 — 나쁜 소문 내기, 이상한 이미지 올리기, 집단에서 밀어내기

집단 따돌림의 증가

10대에 집단 따돌림을 당한 경험이 있는 사람

50대 이상	50대 이하
39%	50%

(NBPC, 2020a; DTL, 2019; Harris Interactive, 2014; NFER, 2010)

집단 따돌림은 아래와 같은 행동을 보일 경향성이 있다.

- 반사회적 행동
- 학교 성적 저하
- 학교에 흉기 소지하고 감
- 학교 자퇴
- 음주
- 흡연
- 약물사용

(Hong et al., 2021; Morin, 2020a; CDC, 2019e; BSA, 2017)

집단 따돌림의 영향

- 우울
- 자살사고와 시도
- 불안
- 낮은 자존감
- 수면 문제
- 신체 증상
- 약물 사용과 남용
- 학교 문제 및/혹은 학교 공포
- 반사회적 행동

(Choi & Park, 2021; Hong et al., 2021; Malhi & Bharti, 2021; O'Reilly et al., 2021; NBPC, 2020a; Petrov, 2020)

학교 집단 따돌림

학교에서 많은 따돌림이 발생한다. 모든 학교 따돌림 중 약 **3분의 2**는 복도, 운동장, 화장실, 매점 또는 버스에서 발생한다. 교사가 있는 동안 교실에서 전체 **3분의 1**이 발생한다. 학교 폭력의 **30%**가 보고되지 않는 것으로 추산된다(NBPC, 2020a; CDC, 2019e; DTL, 2019; SB, 2019).

학교 집단 따돌림의 속성

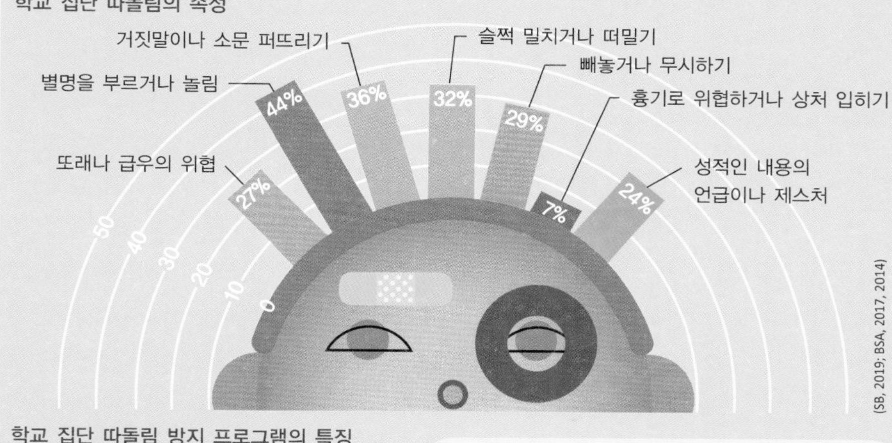

(SB, 2019; BSA, 2017, 2014)

학교 집단 따돌림 방지 프로그램의 특징

- 학생에 대한 지도감독 강화
- 집단 따돌림의 결과 전달
- 학교 전체에 집단 따돌림 방지책 마련
- 학교 직원, 부모와 전문가의 협업
- 집단 따돌림의 위험인자 규명

(CDC, 2019e, 2018a)

학교 집단 따돌림 방지 프로그램은 집단 따돌림을 25%까지 감소시킨다. (NBPC, 2020a)

사이버 괴롭힘

사이버 괴롭힘은 이메일, 문자 메시지, 웹 사이트 및 앱, 인스턴트 메시징, 채팅 또는 영상 또는 사진을 통해 발생한다. 모든 어린이와 청소년의 약 **37%**는 적어도 한 번은 온라인으로 괴롭힘을 당했다. 약 **21%**가 정기적으로 온라인으로 괴롭힘을 당하고 있다. 소녀는 소년보다 정기적으로 사이버 괴롭힘을 받는 확률이 **2배** 높다(NBPC, 2020a; Petrov, 2020; Skrba, 2020; CDC, 2019e; DTL, 2019).

좋아요

10대 때 왜 온라인에서 괴롭혔는가?

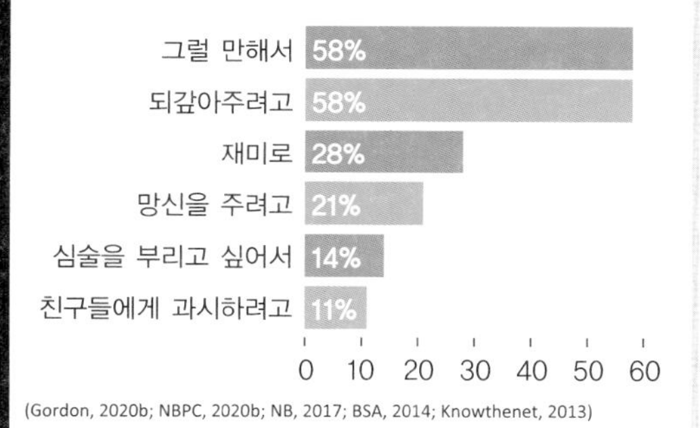

(Gordon, 2020b; NBPC, 2020b; NB, 2017; BSA, 2014; Knowthenet, 2013)

사회 대중 매체와 사이버 괴롭힘

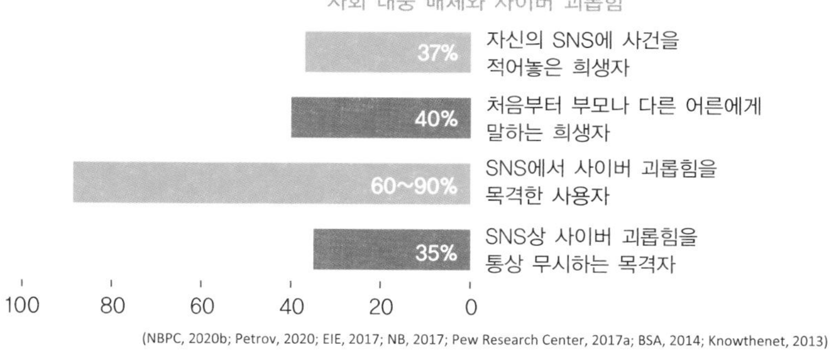

(NBPC, 2020b; Petrov, 2020; EIE, 2017; NB, 2017; Pew Research Center, 2017a; BSA, 2014; Knowthenet, 2013)

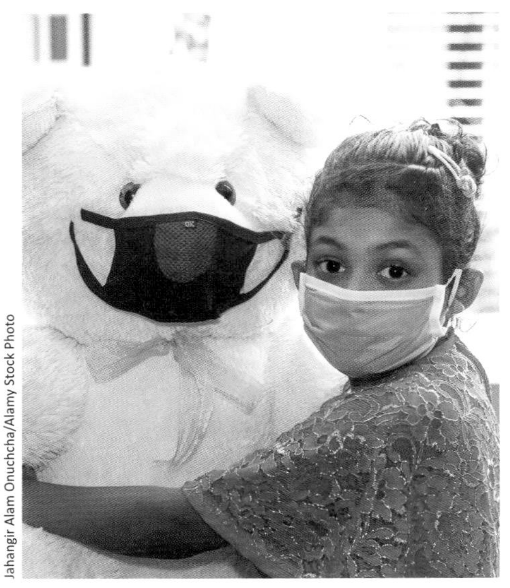

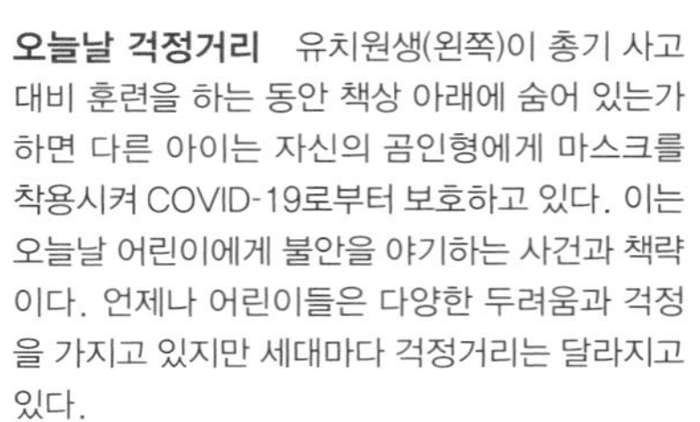
오늘날 걱정거리 유치원생(왼쪽)이 총기 사고 대비 훈련을 하는 동안 책상 아래에 숨어 있는가 하면 다른 아이는 자신의 곰인형에게 마스크를 착용시켜 COVID-19로부터 보호하고 있다. 이는 오늘날 어린이에게 불안을 야기하는 사건과 책략이다. 언제나 어린이들은 다양한 두려움과 걱정을 가지고 있지만 세대마다 걱정거리는 달라지고 있다.

시킬 가능성이 더 크며, 특히 공격성, 충동조절의 어려움, 규칙 위반, 충동성과 부주의와 같은 외현화 증상을 더 많이 나타낸다(Peverill et al., 2021).

아동기에 보이는 어떤 장애(아동기 불안장애, 아동기 우울, 파괴적 행동장애)는 분명하게 구분되기도 하지만, 성인기 장애도 유사하게 존재한다. 그러나 배설장애와 같은 다른 아동기 장애는 성인이 되면 사라지거나 아주 다른 형태로 변화된다. 또한 출생 시 혹은 아동기에 시작되어 평생 지속되는 장애도 있다. 여기에는 자폐스펙트럼장애와 지적장애가 포함된다.

이 장 전반에 걸쳐 아동·청소년기 장애를 학습하는 동안 COVID-19 팬데믹이 여러 장애의 속성과 유병률에 특별한 영향을 주었다는 점을 반드시 기억해야 한다. 이미 높은 비율을 가진 장애(특히 아동기 불안장애와 아동기 우울)는 팬데믹 동안 급격히 증가되었다(Gindt et al., 2021; Glynn et al., 2021; Xie et al., 2020). 더불어 기존에 가지고 있던 심리적 문제의 증상이 팬데믹을 거치면서 더 악화되기도 하였다(Breaux et al., 2021; Bobo et al., 2020; McGrath, 2020). 이러한 현상은 과거 감염병 유행과 팬데믹 상황에서 발견된 것과 일치하고 있다(Loades et al., 2020; Wang et al., 2020). 게다가 COVID-19로 인한 대면 수업 감소는 심리적 장애를 가지고 있는 젊은이들이 제대로된 치료와 지지를 받는 데 어려움을 야기하였다. 팬데믹 이전에는 심리적 개입이 필요한 청소년의 거의 60%가 학교의 정신건강 서비스로부터 일부 혹은 전적으로 도움을 받았으나 대면 수업이 불가능해짐으로 인해 서비스를 거의 이용할 수 없게 되었다(Golberstein, Wen, & Miller, 2020).

아동기 불안장애

아동기에 어느 정도의 불안은 정상적이다. 아동은 학교에 가기 시작하는 것과 같은 일상적인 사건에 겁을 먹기도 하고, 새집으로 이사하는 것과 같은 특별한 상황에서 겁을 먹기도 한다. 또한 세대마다 아동은 새로운 불안 원인에 직면하게 된다. 예를 들어 오늘날 아동은 반복적으로 집과 학교에서 인터넷과 사회연결망(SNS) 중독, 유괴, 약물, 테러 등의 위험에 대한 경고를 듣게 된다.

또한 부모의 문제 혹은 부적절함이 아동의 부적응에 큰 영향을 끼친다(Pelham et al., 2021). 예를 들어 부모가 높은 수준의 불안으로 반응하거나 아동을 과보호하게 되면 아동은 상대적으로 높은 불안을 가지고 세상에 반응하게 된다(O'Connor et al., 2020; Phillips, Norris, & Kendall, 2020). 그리고 부모가 이혼하거나, 심각한 병에 걸리거나, 오랫동안 자녀와 격리되어야 한다면, 아동기 불안이 초래될 수 있다. 이러한 환경 문제 외에도 일부 어린이는 불안한 기질을 띠기 쉽다는 유전과 태내기 문제를 다룬 연구가 있다(Faltyn et al., 2021; Strawn et al., 2020).

흥미로운 이야기

상담 부족 현황

미국은 현재 학생 464명당 1명의 학교상담사가 배정되어 있다. 권장 비율은 250명당 1명이다(ASCA, 2020).

일부 아동은 오랫동안 불안해하면서 쇠약해지고 일상생활과 자신의 능력을 적절하게 발휘하는 데 제한을 겪는다(Seidl et al., 2021). 이들은 불안장애를 겪고 있을 수 있다. 조사에 따르면 모든 아동과 청소년의 최소 25%가 불안장애를 나타낸다(Strawn et al., 2020; Bennett & Walkup, 2019).

일부 아동기 불안장애는 성인 증상과 유사하다. 예를 들어 아동기 특정공포증은 성인기 공포증과 동일하게 보고 다룬다. 실제로 많은 치료받지 않은 아동기 공포는 성인기까지 이어진다(Augustyn, 2019). 그러나 아동기 불안장애는 성인 불안장애와는 다른 특징을 나타낸다. 인지적 기능 면에서 아동의 역량을 벗어나는데, 특히 어린 아동은 불안장애를 인지적인 것보다는 칭얼대기, 수면 문제, 회피, 안절부절못함, 배앓이 장애와 같은 행동과 신체적 증상으로 주로 나타낸다(Roy & Comer, 2020; Whalen et al., 2017). 이들의 불안은 도대체 어떻게 살아야 하나와 같은 광범위한 염려보다는 유령이나 천둥과 같은 특정적이거나 때로는 상상의 대상과 사건에 초점이 맞추어져 있다(Strawn et al., 2020; Kendall et al., 2018). 유사하게 불안 증상은 미래에 일어날 사건에 대한 생각보다는 즉각적인 상황과 환경에 의해 촉발되는 경우가 꽤 된다.

분리불안장애 집, 부모 혹은 다른 애착 대상으로부터 분리될 때 극단적인 불안과 공황을 주요 특징으로 하는 장애

선택적 참묵증 다른 상황에서는 말을 할 수 있음에도 불구하고 말을 해야 되는 사회적 상황에서 말을 하는 데 실패하는 것을 주요 특징으로 하는 장애

분리불안장애와 선택적 함묵증

아동기 불안의 두 가지 형태인 분리불안장애와 선택적 함묵증은 최근에 특히 주목을 받고 있다. 이 두 가지 장애는 아동에게 정서적 고통을 일으키는가 하면 자녀를 돕고자 하는 부모에게 무력감을 느끼게 한다.

분리불안장애(separation anxiety disorder)는 제4장에서도 본 바와 같이 아동에게 가장 일반적인 불안장애 중 하나이다(108쪽 참조). 장애는 학교 가기 전에 시작하고 최소 전체 아동의 약 4% 정도가 경험한다(Strawn et al., 2020; Bennett & Walkup, 2019). 이 장애를 겪는 아동은 가정이나 부모나 애착 대상에게서 떨어질 때마다 극심한 고통을 경험하는데, 친구 집이나 생일파티 혹은 자기 집 침실 등 부모에게 떨어져 있는 어느 곳이라도 가기를 주저하거나 심하게 거부한다. 이 장애를 가진 아동은 떨어져 있는 동안 부모가 심하게 다치거나 죽거나 혹은 자신이 유괴당하거나 실종되어 다시는 부모를 볼 수 없게 될 것을 두려워한다. 아동의 분리불안장애는 등교 거부 형태로 나타나기도 하는데, 학교 가는 것을 두려워하고 종종 오랜 기간 집에 머무른다(Martin et al., 2020). 그러나 등교 거부의 많은 사례, 특히 후기 아동기에 나타나는 등교 거부는 사회적 혹은 학업 문제, 우울, 특정 대상이나 사람에 대한 두려움 혹은 반항욕구 등과 같은 분리불안 이상의 문제를 일으킨다.

말하기를 주저함 선택적 함묵증을 가진 아동은 학급과 다른 사회적 상황에서 말하는 데 실패한다. 종종 이 아이들은 귓속말을 사용하는데, 선생님에게 직접 하거나 중간에 누군가를 이용해서 중요한 메시지를 전달한다. 사진 속의 장애를 가진 아동이 플로리다국제대학 아동가족센터에서 상담자에게 귓속말을 하고 있다.

선택적 함묵증(selective mutism)에서 아동은 일관되게 어떤 사회적 상황에서 말하는 데 실패하지만 다른 곳에서 말하는 데는 전혀 어려움을 가지지 않는다(Furr et al., 2020; Lorenzo et al., 2020). 이 장애를 가진 아동은 집에서 가족과 있을 때는 말하기, 웃기, 노래하기에 전혀 문제가 없지만 교실과 같은 다른 핵심 상황에서는 어떤 말도 하지 않는다(표 14.1 참조). 어떤 아동은 1년 내내 학교에서 선생님이나 학급동료에게 한마디 말도 하지 않는다. 많은 아동이 반에 특별한 친구가 있어서 그 친구와는 교사 질문에 대한 답이나 화장실 의사

표 14.1

진단 체크리스트

선택적 함묵증
1. 다른 상황에서는 말하기에 전혀 문제가 없음에도 말을 해야 되는 특정 사회적 상황에서 일관되게 말을 하지 않음
2. 학업 혹은 사회적 저해
3. 증상이 1달 혹은 그 이상 지속되며 새로 한 학년의 첫 4주에 국한되지 않음
4. 증상은 자폐스펙트럼장애, 사고장애 혹은 언어나 의사소통 장애에서 기인한 것이 아님

출처 : APA, 2013.

표시 등 중요한 내용에 대해 귓속말로 의사소통을 한다. 학교에서 선택적으로 말을 하지 않는 아동이 종종 집에서는 수다쟁이라는 사실을 믿기 어려울 것이다. 전체 아동의 1% 정도에서 이 장애가 나타난다(Kovac & Furr, 2019).

많은 연구자에 의하면 선택적 함묵증은 **사회불안장애**의 초기 형태이며, 난처할 수 있거나 다른 사람들로부터 평가받게 되는 상황에 대한 염려가 인지 능력이 완전히 발달하기 이전에 나타나는 형태이다(125~126쪽 참조). 사실 모두는 아니지만 선택적 함묵증을 가진 아동은 나이가 들어서 사회불안장애를 발달시킨다(Muris & Ollendick, 2021; Kamani & Monga, 2020). 동시에 선택적 함묵증에 많은 독특한 특징이 있다. 예를 들면 이 장애를 가진 일부 아동은 의사소통과 언어 기술 발달에 유의한 지연을 나타낸다(Klein et al., 2019).

교육자와 임상가들은 평가 과정에서 아동이 말하기를 거부하면 아동의 능력을 과소평가할 수 있다. 이런 이유로 선택적 함묵증을 가진 일부 아동은 **지적장애**가 있는 것으로 잘못 분류되기도 한다(이 장 뒷 부분에서 다시 다룰 것이다). 다시 말하면 불안 문제가 아닌 지적 기능과 언어 발달에 초점을 둔 잘못된 개입을 할 수 있다.

아동기 불안장애의 치료

아동·청소년 불안장애의 높은 유병률에도 불구하고 3분의 2 정도의 불안장애 아동은 치료받지 않는다(Radez et al., 2021; ADAA, 2020a). 치료받는 아동은 주로 정신역동, 인지행동, 가족 및 집단 치료를 단독 혹은 병행해서 받는 것이 일반적이다. 각각의 접근은 어느 정도 효과가 있지만 인지행동치료의 효과를 입증한 연구가 가장 많다(Albano, 2021; Strawn et al., 2020; Comer et al., 2019). 이러한 치료는 제4장에서 본 바와 같이 성인 불안에 대한 접근과 유사하지만 당연히 아동의 인지 능력, 독특한 생활 환경과 아동의 삶에 대한 제한성 등을 감안해서 조절한다. 이밖에 임상가들은 불안한 아동을 치료하기 위해 심리교육, 부모교육과 학교 개입을 제공하기도 한다(Comer et al., 2021; Conroy et al., 2021; Yin et al., 2021).

임상가들은 또한 아동기 불안장애의 많은 사례에서 정신과적 약물을 사용하며 종종 심리치료와 병행해서 사용한다. 항불안제뿐 아니라 항우울제와 항정신병 약물도 처방한다(Strawn et al., 2020; Comer et all., 2019, 2011, 2010). 연구에 따르면 특히 항우울제는 심하게 불안한 아동에게 효과적이며 종종 인지행동치료 수준의 효과를 나타낸다(Creswell et al., 2020; Sanchez et al., 2019). 가장 대표적인 **아동·청소년 불안 다중 모형 연구**(CAMS)에서 임상가들은 미국 내에서 불안장애를 가진 500명의 아동·청소년을 치료하고 다양한 치료의 효과를 비교하였다. 연구 결과에 따르면 인지행동치료와 항우울제를 병행한 치료가 가장 효과적으로 매우 유의한 결과를 이끌어내었다. 불안한 아동·청소년의 약 80%가 상당한 임상적 개선을 보였다.

아동은 자신의 감정, 동기를 인지하고 이해하는 데 어려움을 가지기 때문에 많은 치료자, 특히 정신역동 치료자는 치료의 일환

절대로 너무 어리지 않아요! 심리적 문제 예방하기 위해 플로리다 마이애미에 있는 캠프허니샤인(Camp Honey Shine)에 참여한 아동이 스트레스를 다루는 마음챙김 명상과 다른 기법을 배우고 있다.

Al Diaz/Miami Herald/TNS via Getty Images

으로 **놀이치료**(play therapy)를 사용한다. 이 치료법에서 아이들은 장난감을 가지고 놀고 그림을 그리고 이야기를 만들어낸다. 그 과정 속에서 자신의 삶의 갈등과 이와 관련된 감정을 드러낸다고 본다(Kaduson & Schaefer, 2020). 치료 과정에서 치료자는 아동이 자신의 갈등을 훈습하도록 더 많은 놀이와 상상을 이끌어내고 아이들의 감정과 행동을 변화시킨다. 덧붙여 제2장에서 읽은 바와 같이 인본주의 치료자는 불안한 아동에게 **아동 중심 치료**를 시행하는데, 그 속에서 임상가들은 아동의 말에 귀를 기울이고 아동이 말하는 것을 반영하고 공감을 표현하고 무조건적인 긍정적 존중을 제공한다(Wonders, 2020).

놀이치료 그림, 놀이, 이야기 만들기 등을 통해 갈등 상황에서 경험하는 감정을 간접적으로 표현하도록 도와주는 치료 접근

아동기 우울과 양극성장애

이 장의 앞부분에서 설명한 카메론과 같이 아동의 2%와 청소년의 8%가 주요우울장애를 경험한다(ADAA, 2020a; CDC, 2020c). 청소년의 20%가 10대를 지나는 동안 최소 한 가지 우울 삽화를 경험한다. 또한 몇몇 임상가들은 아동도 양극성장애를 경험할 수 있다고 생각한다.

주요우울장애

아주 어린 아동은 임상적 우울을 일으키는 인지 능력(예 : 미래에 대한 지각)이 결여되어 있고, 이로 인해 아주 어린 연령에서 우울 발생률은 상대적으로 낮다. 예를 들면 우울한 성인에서 전형적으로 나타나는 무력감을 경험하기 위해서 아동은 미래에 대한 기대감을 지녀야 하는데, 7세가 되기 전까지 이 능력은 거의 발달되지 않는다.

그럼에도 불구하고 생활 환경이나 생물학적 성향의 문제가 심각하면 아주 어린 아동일지라도 심각한 수준으로 기분이 가라앉는 것을 경험한다(Beck et al., 2021; Bonin, 2019). 어린 연령의 우울은 부정적 생활 사건(특히 상실), 주요한 변화, 거부 혹은 지속적인 학대로 촉발된다(**심리전망대** 참조). 아동기 우울은 보통 두통, 복통, 안절부절못함, 장난감과 게임에 대한 흥미 없음으로 나타난다(ADAA, 2020c).

임상적 우울은 어린 아동보다 10대에게서 더 흔하다. 환경의 영향을 가장 많이 받는 청소년기는 힘들고 혼란스러운 시기이며 불안, 신체와 호르몬 변화가 극심하고 기분 변화가 잦고 관계가 복잡하며 새로운 탐색을 하는 시기이다. 어떤 10대에게 이러한 '정상적인' 청소년기 혼란이 임상적 우울과 교차되어 나타나기도 한다. 사실 제7장에서 본 바와 같이 자살사고와 시도는 특히 청소년기에 많다. 매년 6명 중 1명의 10대가 자살을 생각하는데, 우울이 이러한 생각과 시도를 하게 만드는 원인이다(AFSP, 2020a; AHR, 2020a; Nock et al., 2013).

흥미로운 것은 13세 이전에는 소년과 소녀 간 우울 발생률에 차이가 없지만 16세 소녀는 소년에 비해 2배 더 우울하다(Michelini et al., 2021; Twenge, 2020). 왜 이러한 성차 변화가 나타나는가? 몇 가지 요인이 제시되는데, 호르몬 변화를 포함한 이러한 성차에 대해 10대 소녀는 자신의 신체에 불만족하기 때문이라고 설명하기도 한다. 소년은 근육량이 늘고 다른 몸의 변화가 사춘기와 함께 나타나는데, 소녀는 사춘기 동안 그리고 사춘기를 지나면서 나타나는 체지방과 체중 증가를 혐오하게 된다. 여성미의 기준으로 과도하게 마른 체형을 요구함으로써 많은 청소년기 소녀는 자신의 몸에 갇혀 낮은 자존감과 함께 우울을 경험한다(Klein & Attia, 2019). 또한 제9장에서 본 바와 같이 많은 소녀가 섭식장애를 가진다.

흥미로운 이야기

그들의 진술

"젊은이들이 행복하다는 것도 착각이고 그들이 행복을 상실했다는 것도 착각이다."

극작가 겸 소설가 서머싯 몸

수년 동안 아동기와 10대 우울은 성인 우울에 효과적인 치료, 예를 들어 인지행동치료와 항우울제에 잘 반응할 것이라고 믿고 있었다. 그리고 실제로 많은 연구를 통해 이러한 접근의

The Washington Post/Getty Images

이별과 우울 어린 소년이 아프가니스탄으로 떠나는 파병군인인 아버지와 포옹하고 있다. 오랜 시간의 가족 간 이별은 종종 아동에게 우울을 야기한다. 임상 이론가들은 아프가니스탄과 이란 전쟁으로 남겨진 군인 가족의 수천 명의 아동에 대해 심각하게 생각하고 있다.

효과가 입증되었다(Frey et al., 2020). 임상가들은 종종 부모-자녀 관계의 개선을 목적으로 하고 아동의 대처 능력을 길러주는 가족에 초점화된 접근이 아동·청소년을 치료하는 데 성공적임을 발견하였다(Asarnow et al., 2020). 동시에 지난 수십 년 동안 우울한 젊은 사람에 대한 치료에 중대한 문제가 제기되었다. 일부 우울한 아동과 10대에게 항우울제가 위험할 수 있다는 사실이 밝혀졌다.

1990년대에 대부분의 정신건강의학과 전문의는 2세대 항우울제가 안전하고 효과적이라고 믿고 쉽사리 이들에게 항우울제를 처방하였다. 그러나 몇몇 임상 보고에 따르면 미국 식품의약국(FDA)은 2004년에 이 약물이 소수일지라도 실제로 아동·청소년에게, 특히 치료 초반에 자살행동 위험성을 높일 수 있다고 결론을 내렸다. 주무부서는 항우울제 용기에 이러한 경고를 알리는 '블랙박스'를 붙이도록 명령을 내렸다. 이러한 FDA의 명령에 대한 논쟁은 이후로 지속되고 있다(Moreland & Bonin, 2021; Spielmans, Spence-Sing, & Parry, 2020). 오늘날 대부분의 임상가들은 이 약물이 실제로 자살사고 위험성을 높이고 어린 환자의 2% 정도에서 자살시도를 한다는 것에 동의하고 있지만, 이 약을 복용한 아동·청소년의 대다수에서 자살에 대한 위험을 줄여주므로 전반적으로 이 약은 효과가 있으며 상대적으로 안전한 치료 방법이라고 결론을 내렸다(Moreland & Bonin, 2021, 2019; Xin et al., 2021; Koplewicz, 2020).

양극성장애와 파괴적 기분조절부전장애

1990년대 중반부터 임상 이론가들은 이전에는 성인기 장애라고 생각했던 양극성장애가 아동에게서도 많이 나타날 수 있다고 믿게 되었다(Birmaher, 2020, 2019). 미국 내 진단 패턴을 살펴보면 미국에서 양극성장애로 진단받고 치료받는 아동과 청소년의 수가 아주 어린 아동까지 포함하여 1994년에서 2003년 사이에 40배 늘었다(Hendrickson, Girma, & Miller, 2020; Moreno et al., 2007).

그러나 보다 면밀히 살펴보면서 많은 이론가는 이 수치가 아동 양극성장애 유병률의 증가를 반영한 것이 아니고 새로운 진단경향성을 반영한 것이라고 생각하고 있다. 문제는 이러한 새로운 진단경향성이 정확한가 여부이다. 많은 임상 이론가는 양극성장애 진단이 아동·청소년에게 과하게 적용되고 있다고 믿고 있다. 이들은 그 명칭이 갑작스럽게 행동이나 감정을 폭발시키고 공격적인 거의 모든 아동에게 적용된다고 주장하였다. 사실 우울에 동반하는 분노와 공격 증상이 양극성장애로 진단받는 대부분의 아동에게 나타나는 보편적인 모습이다(Hendrickson et al., 2020; Hernandez et al., 2017). 아동은 성인 양극성장애처럼 조증이나 기분 변화 증상이 두드러지지 않는다.

DSM-5 연구 팀은 아동기 양극성장애의 명칭은 사실 과거 몇십 년 동안에 지나치게 남용되어 왔다는 결론을 내렸다. 이 문제를 해결하기 위해 DSM-5에는 **파괴적 기분조절부전장애**(disruptive mood dysregulation disorder)라는 새로운 범주가 포함되었다. 이 범주는 심각한 분노 패턴을 가진 아동을 대상으로 한 것이다(표 14.2 참조). 이러한 아동은 앞으로는 이 진단을 더 많이 받게 될 것이며 아동 양극성장애 진단이 줄어들 것이다. 실제로 DSM-5 출간 이후 아

표 14.2

진단 체크리스트

파괴적 기분조절부전장애
1. 최소 1년 동안 대다수 또래와 다르게 상황에 매우 부적절한 심각하고 반복적인 감정폭발을 보임
2. 폭발이 일주일에 3회 이상, 2곳 이상의 서로 다른 장소에서 나타남(가정, 학교, 또래들과)
3. 폭발 사이 기간에 반복적으로 불안정하거나 화난 기분을 보임
4. 6~18세 사이에 최초 진단을 받음

출처 : APA, 2013.

심리전망대

아동 학대

너무 많은 아이들에게 영향을 미치고 그들의 심리적 발달에 엄청난 영향을 미치는 문제가 바로 **아동 학대**인데, 이는 아동을 괴롭히거나 파괴하려는 의도로 아동에게 성인이 신체적 또는 심리적으로 힘을 과도하게 사용하는 것을 말한다. 미국 아동의 최소 5~16%는 매년 신체적 학대를 겪고 있다(Boos, 2020a; Wherry, 2018). 설문 조사에 따르면 10명의 아동 중 1명은 차이거나, 물리거나, 치거나, 맞거나, 칼이나 총으로 위협을 받는 등 심각한 폭력의 희생자가 되고 있다. 사실 일부 연구자들은 신체적 학대와 방임은 아동의 주요 사망 원인이라고 믿고 있다. 전반적으로 소녀와 소년은 육체적으로 거의 동일한 비율로 학대당하고 있다. 그러한 학대가 모든 사회경제적 집단에서 발생하지만, 가난한 사람들 사이에서는 분명히 더 일반적이다(Holbrook & Hudziak, 2020).

학대자는 일반적으로 자녀의 부모이다(Christian, 2020). 임상 연구자들은 학대하는 부모가 종종 빈약한 충동 조절, 낮은 자부심, 더 높은 우울 수준, 부족한 양육 기술을 가지고 있음을 알게 되었다(Lane et al., 2021; Boos, 2020a, 2020b). 많은 사람이 자신도 아동기 때 학대당하였고 역할 모델이 없었다고 말한다(MacIntosh & Menard, 2021). 어떤 경우에는 부부간의 불화나 실업과 같은 스트레스 요인을 가지고 있다(Christian, 2020).

연구에 따르면 아동 학대의 희생자는 불안, 우울증, 야간 유뇨증, 학교에서의 수행 및 행동 문제와 같은 즉각적인 심리적 영향을 받을 수 있다고 한다(Yoon et al., 2021; Choi et al., 2020; WHO, 2020a). 그들은 또한 사회적인 수용의 결여, 청소년기와 성인기 동안의 체포 증가, 성인기에 더 많은 수의 의학적·심리적 장애, 보다 많은 알코올 및 기타 물질의 남용, 충동적이고 위험을 감수하는 행동의 증가, 범죄적 폭력의 위험 증가, 실업률 증가, 자살 증가 비율을 경험한다(Adams et al., 2021; Noll, 2021; Nishimi et al., 2020). 더욱이 학대받는 사람의 3분의 1 정도가 학대하거나 방임하거나 부적절한 부모가 된다(WHO, 2020a).

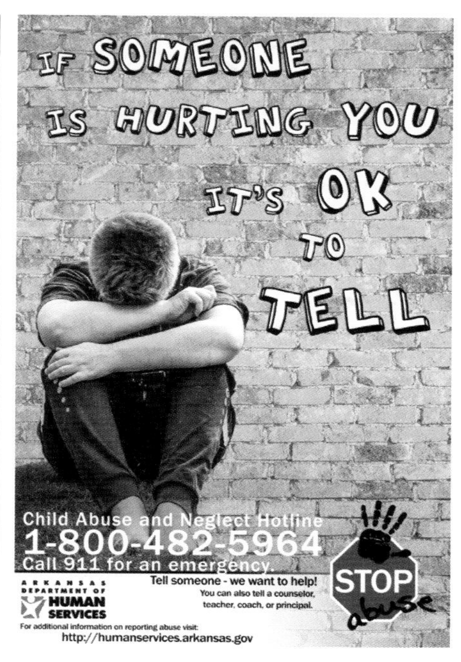

초기 탐지 아동 학대 신고를 촉진하는 많은 포스터 중 하나이다.

아동 학대의 두 가지 형태, 즉 심리적 및 성적 학대에 특별한 주의를 기울여보겠다. **심리적 학대**에는 심한 거부, 과도한 징계, 희생양과 조소, 고립, 심리적 문제를 가진 아동에게 도움 제공을 거부하는 것 등이 포함된다(Kosson et al., 2020; Renner et al., 2020). 아마도 모든 형태의 신체적인 학대와 방임이 같이 나타나기도 하고 종종 단독으로 발생하기도 한다. **아동 성적 학대**, 즉 성인이 성적 욕망을 충족시키기 위해 아동을 이용하는 것은 가정 외부 또는 내부에서 발생할 수 있다(Lu et al., 2020). 설문 조사에 따르면 여성의 20%와 남성의 9%가 어릴 때 성인과 성관계를 맺을 것을 강요받았으며, 대부분 부모 또는 양부모에 의한 것이었다(Basile et al., 2020). 아동 성적 학대는 사회경제적 계층, 인종, 민족 집단에 무관하여 모두에게 공통적으로 나타나는 것 같다.

아동 학대에 대한 다양한 치료법이 사용되고 있는데, 익명의 학부모모임(Parent Anonymous) 같은 치료 및 교육 집단도 포함된다. 이 치료법에서는 부모가 그들의 행동에 대한 통찰력을 발달시키고 학대를 대체할 수 있는 방안에 대한 교육을 제공하며 대처 및 양육 기술을 가르치는 데 도움을 준다(PA, 2020; WHO, 2020a). 또한 종종 가정 방문과 부모 교육 형태인 예방 프로그램의 효과가 유망한 것으로 나타났다(Lane et al., 2021; PCAA, 2020).

연구에 따르면 학대당한 아동의 심리적 필요를 가능한 한 조기에 발견해 내야 한다(WHO, 2020a; Hanson & Wallis, 2018). 임상가와 교사들이 매우 효과적인 **조기 탐지 프로그램**을 출범시켰는데, 이 속에는 (1) 모든 아동에게 아동 학대에 대해 교육하고, (2) 학대 상황을 피하거나 도망칠 수 있는 기술을 가르치며, (3) 아동이 학대를 당하면 다른 성인에게 알리도록 권장하고, (4) 학대는 절대로 그들 자신의 잘못이 아니라는 것을 확신시키는 내용이 포함된다.

동기 양극성장애 진단은 감소되었고 파괴적 기분조절부전장애 진단은 증가되었다(Le et al., 2020). 다시 말하면 새로운 범주는 나름의 비판거리를 가지고 있으며 타당성과 임상적 유용성은 여전히 심각하게 연구되고 있다(Evans et al., 2020).

이 논쟁의 결과는 중요한데, 특히 현재의 진단 흐름은 성인용 양극성장애 약물치료를 받는 아동의 증가를 동반하고 있어서 더욱 그러하다(Hendrickson et al., 2020; Duffy & Grof, 2018). 양극성장애로 치료받는 아동의 절반 정도가 항정신병 약물치료를 받으며, 3분의 1

파괴적 기분조절부전장애 심각한 수준의 반복적인 기분폭발을 특징으로 하는 아동기 장애로서, 지속적으로 불안정감이나 화난 기분을 동반한다.

은 기분안정제를 처방받고, 나머지 아동은 항우울제나 각성제를 처방받는다(Axelson, 2021a, 2021b; Fristad, 2021; Vallarino et al., 2015). 아동을 대상으로 한 이러한 약물 혹은 약물 병행 치료에 대해서는 상대적으로 아직 많은 검증이 이루어지지 않았다.

요약

아동기 불안장애, 우울장애와 양극성장애

정서와 행동 문제는 아동·청소년기에 흔한 문제인데, 미국의 아동·청소년 중 최소 20%는 진단받을 만한 문제를 가지고 있다. 아동 문제, 특히 집단 따돌림 문제는 심각하다.

불안장애는 특히 아동·청소년에서 흔하게 나타난다. 일부 문제(예 : 범불안장애와 사회불안장애 등)는 성인 장애와 유사하며 분리불안장애와 선택적 함묵증은 아동에서만 나타나는 형태이다.

아동의 2%와 청소년의 8%가 우울을 경험한다. 아동기 우울은 종종 짜증, 두통, 배앓이와 놀이 흥미 저하 등을 경험한다. 또한 과거 20년에 걸쳐 양극성장애로 진단받는 아동의 수가 급격하게 증가되었다. 이러한 진단은 DSM-5에 새로운 아동기 범주인 파괴적 기분조절부전장애가 추가되면서 다소 감소되었다.

적대적 반항장애와 품행장애

대부분의 아동은 가끔씩 규칙을 어기고 잘못된 행동을 한다. 그러나 지속적으로 극단적인 증오와 적대감을 보인다면 적대적 반항장애나 품행장애 진단에 부합하게 된다. **적대적 반항장애**(oppositional defiant disorder)를 가진 아동은 종종 논쟁적이고 반항하며 화를 내고 불안정하며 어떤 경우에는 적개심을 나타내기도 한다. 예를 들면 반복적으로 성인과 논쟁하고 어른이 지키라고 하는 규율을 무시하며 다른 사람을 고의적으로 화나게 하고 화를 많이 내며 증오심을 보인다. 아동의 11%가 적대적 반항장애 진단에 부합된다(Aggarwal, Lindegaard, & Marwaha, 2020). 이 장애는 사춘기 이전에는 소녀보다 소년에게서 더 흔하지만 사춘기 이후에는 성차가 사라진다.

품행장애(conduct disorder) 아동은 더 심각한 문제를 보이고 반복적으로 다른 사람의 기본 권리를 침해한다(APA, 2013). 이들은 종종 공격적이고 타인이나 동물에게 신체적으로 잔혹하게 하며, 의도적으로 타인의 기물을 파괴하고 학교를 결석하거나 가출한다(표 14.3 참조). 많은 아동이 훔치고 위협하거나 타인을 괴롭히고 절도, 서류 위조, 가택이나 차량 침입, 노상 강도 혹은 무장 강도와 같은 범죄를 저지른다. 나이가 들수록 강간이나 매우 드물지만 살인과 같은 신체 폭력 행위도 저지른다. 데렉이라고 하는 15세 소년의 임상 면담 요약에서 나타나는 품행장애 증상을 살펴보자.

4주 전 절도로 체포된 데렉과의 면담을 통해 데렉이 심각한 문제에 연루되었음이 드러났다. 데렉은 몇몇 친구들과 편의점에 들어가서 온갖 것을 훔쳐 차에 싣다가 잡혔다. 이와 비슷한 무리들과 CD 매장과 옷가게에서도 유사한 일을 자행했다. 데렉은 친구들이 가게에 자기만 남겨두고 도망가서 자기가 잡혔다고 친구들을 탓하였다. 그는 절도죄로 기소되었는데, 경찰이 그를 발견했을 때는 캔디바 3개와 감자칩 1봉지만 가지고 있었다. 데렉은 10대 중 하나가 던진 유리 상자 때문에 상점 직원이 다친 것에 대한 어떠한 염려나 도둑질에 대한 후회를 전혀 보이지 않았다. 점원의 부상에 대해 알려주었을 때 데렉은 "내가 하지 않은 일인데 내가 왜 신경을 쓰겠어요?"라고 하였다.

심리학자는 데렉에게 과거의 다른 법규 위반과 이 문제가 과거부터 있어 왔는지 질문하였다. 10개월 전 데렉은 유리창을 깨뜨리고 차를 부수는 등 학교 기물 파괴로 체포되었었다. 이 사건이 초범이었기

적대적 반항장애 아동기 장애로서, 아동은 분노와 악의에 차서 반복적으로 성인과 논쟁하고 성미를 부리며 욕설을 한다.

품행장애 아동기 장애로서, 아동은 반복적으로 다른 사람의 기본 권리를 침해하고 공격성을 나타내며 때때로 다른 사람의 재산을 파괴하고 도둑질하거나 가출한다.

때문에 6개월의 보호관찰 판결을 받았다. 이밖에도 데렉은 절도를 시도하고 주말에 마리화나를 사용하였으며 훔친 차로 돌아다니고 학교에 결석하였고 자기가 잡히지 않았다는 것에 대해 으쓱대며 자랑하였다. 데렉은 학기가 시작된 이래로 23일(50%)이나 학교를 빠졌다. 또한 이웃 아파트에 침입하였다. 데렉은 거의 모든 면담시간을 허세를 부리는 데 소요하였다.

(Kearney, 2016, pp. 87–88)

품행장애는 일반적으로 7~15세 사이에 시작된다(APA, 2013). 아동의 약 5~10%가 진단에 부합하며 이 중 4분의 3은 소년이다(Mohan & Ray, 2020; Scott & Palmer, 2020). 상대적으로 경미한 품행장애 아동은 종종 시간이 지나면 좋아지지만, 심각한 사례는 성인기까지 지속되고 반사회성 성격장애나 다른 심리적 문제로 이어진다(Mohan & Ray, 2020). 일반적으로 이른 나이에 품행장애가 발병할수록 예후가 좋지 않다. 연구에 의하면 품행장애를 보이는 아동의 80%는 처음에는 적대적 반항장애 패턴을 나타낸다(Aggarwal et al., 2020; APA, 2013). 품행장애 아동의 3분의 1은 이후에 바로 언급될 장애인 주의력결핍 과잉행동장애(ADHD)를 함께 보이기도 한다(Bonham et al., 2021; Hong & Comer, 2019).

일부 임상 이론가들은 실제로 몇 가지 종류의 품행장애가 있다고 생각하는데, 살펴보면 (1) **외현-파괴 유형**은 공개적으로 공격적이고 대립적인 행동을 나타낸다. (2) **외현-비파괴 유형**은 공개적으로 무례하기는 하지만 대립적인 행동은 보이지 않는다. (3) **내현-파괴 유형**은 타인의 소유물을 침해하고 침입하고 방화하는 것과 같은 비밀스러운 파괴행동이 특징적으로 나타난다. (4) **내현-비파괴 유형**은 학교에 무단결석하는 것과 같이 비밀스럽게 비공격적인 행동을 보인다(McMahon & Frick, 2019, 2007, 2005). 서로 다른 유형은 서로 다른 원인을 가지고 있는 것으로 보인다.

또한 다른 연구자들은 특정 사례의 품행장애에서 보이는 공격 유형을 구분하기도 한다. **관계 폭력**이라고 하는데, 이들은 사회적으로 고립되고 일차적으로 사회적으로 잘못된 행동, 즉 다른 사람에 대한 악담을 하고 헛소문을 퍼뜨리고 친구관계를 조종한다(Brandes et al., 2021; Ackermann et al., 2019). 관계 폭력은 소년보다는 소녀 사이에서 보다 많다.

많은 품행장애 아동은 학교를 중단하고 위탁가정에 가거나 감옥에 투옥된다(Kennedy, Detullio, & Millen, 2020). 8~18세 사이의 아동이 법규를 위반할 때 법률체제에서는 이를 **청소년 비행**이라고 부른다. 매년 체포되는 비행 청소년의 절반 이상은 이미 체포된 적이 있는 **재범자**들이다. 흑인 미국 청소년이 비히스패닉계 백인 미국 청소년에 비해 청소년 비행으로 더 많이 체포되고 감금되는 것 같다(DOJ, 2020; Manaba, 2020). 평균적으로 전자가 보다 더 많이 처벌을 받고 후자는 품행장애 혹은 다른 반사회적 행동으로 치료를 받게 되는 것 같다.

소녀의 비율이 높아지고 있지만 소녀보다 소년이 청소년 범죄에 더 많이 연류된다. 소녀는 마약사용과 성범죄 및 가출로, 소년은 마약사용 및 절도로 체포될 가능성이 높다. 중범죄로 체포된 10대의 수가 세기가 바뀌면서 3분의 1로 감소했다는 사실은 고무적이다(DOJ, 2020).

표 14.3

진단 체크리스트

품행장애
1. 다른 사람의 기본 권리나 연령에 맞는 주요한 사회적 규범이나 규칙을 위반하는 반복적이고 지속적인 행동 패턴을 보임
2. 과거 12개월 동안 아래 중 최소 3개 이상에 해당됨(최소한 1개는 6개월 내에 나타남) ■ 타인을 자주 괴롭히거나 위협함 ■ 신체적 싸움을 자주 일으킴 ■ 위험한 무기를 사용함 ■ 다른 사람에게 신체적으로 잔혹하게 함 ■ 동물에게 신체적으로 잔혹하게 함 ■ 피해자와 대면한 상태에서 도둑질을 함 ■ 다른 사람에게 성적 행위를 강요함 ■ 방화 ■ 의도적으로 다른 사람의 재산을 파괴함 ■ 다른 사람의 집, 건물, 차를 파괴함 ■ 다른 사람에게 자주 거짓말을 함 ■ 피해자와 대치하지 않은 상황에서 귀중품을 훔침 ■ 13세 이전부터 야간 통행금지에도 불구하고 자주 집에 들어오지 않음 ■ 최소 두 번 이상 가출함 ■ 13세 이전에 잦은 무단결석이 시작되었음
3. 심각한 장애를 초래

출처 : APA, 2013.

Lee Lorenz The New Yorker Collection/The Cartoon Bank

"대학에 지원할 때 이 일을 언급할 건가요?"

흥미로운 이야기

도움이 필요함

교정시설에 있는 아동과 10대의 약 70%는 최소 한 가지 이상의 정신건강 문제를 가지고 있다(NAMI, 2020c).

품행장애의 원인은 무엇인가

품행장애의 많은 사례, 특히 파괴적 행동을 특징으로 하는 사례는 유전적(Junewicz & Billick, 2020)이고 생물학적 요인(Carlisi et al., 2020)과 관련되며 이 중 몇 가지 요소는 반사회성 성격 장애와 연관되어 있다(435~438쪽 참조). 또한 많은 사례가 약물남용, 가난, 외상 사건과 또래 폭력이나 지역사회 폭력과 관련된다(Peverill et al., 2021; Mohan & Ray, 2020). 대부분의 품행장애는 부모-자녀 관계, 부적절한 양육, 가족 갈등, 부부 갈등 및 가족 간 증오와 관련된다(Dejko-Wanczyk, Janusz, & Józefik, 2020; Scott & Palmer, 2020). 이러한 아동은 부모로부터 거부당하거나 부모가 떠나거나 강압적이거나 학대하거나 부모로부터 적절하고 지속적인 지도감독을 받지 못한 경우가 많아 이러한 요소가 품행 문제를 야기한 것 같다(Gao et al., 2021). 부모가 반사회적일 때 이 장애에 더 취약해지고, 과도한 분노를 보이거나 약물과 관련되거나 기분장애 혹은 조현병을 가지고 있을 때도 그러하다(Pelham et al., 2021; Dejko-Wanczyk et al., 2020).

제2장에서 본 바와 같이(71~74쪽 참조) 발달정신병리학자들은 품행장애를 설명하면서 다양한 발달적 요소 간의 **상호작용**을 강조한다(Luyten et al., 2020a; Thapar & Riglin, 2020; Fonagy & Luyten, 2018a, 2018b). 한 연구의 예를 들면 학대받은 아이들이 모두 품행장애가 되는 것은 아니다. 왜 그러한가? 몇몇 연구에 따르면 학대받은 아이들은 특히 품행장애와 연관된 몇몇 유전자 중 하나인 **MAOA 유전자**(소위 '인간 전사 유전자')라고 하는 유전자 변이를 가지고 태어날 때 품행 문제로 발전되는 것 같다(Scott & Palmer, 2020; Ruisch et al., 2019). 한편 동일하게 학대를 받았지만 이러한 유전적 취약성을 가지고 있지 않은 아이들은 품행장애로 이어지지 않는 것 같다. 더욱이 학대받지 않는 한 유전적 변이를 가지고 있는 아동이 품행장애를 발달시킬 특별한 위험성을 가지고 있지는 않다. 요약하면 문제가 되는 MAOA 유전자 변이와 아동기 학대가 함께 있을 때 품행장애의 위험 요소가 되지만 이 중 하나만을 가지고 있는 경우는 이 장애를 발달시킬 가능성이 훨씬 적다고 하겠다.

임상가는 품행장애를 어떻게 치료하는가

공격행동은 연령에 따라 다르기 때문에 품행장애 치료는 13세 이전에 해야 가장 효과적이다(Fairchild et al., 2019; McMahon & Frick, 2019; Cornacchio et al., 2017). 몇 가지 치료법이 중간 정도의 성과를 보이지만 어느 치료법도 단독으로 이 어려운 문제에 대한 답을 주지는 못한다(Fairchild et al., 2019).

부모 관리 프로그램 품행장애에서 가족의 중요성을 고려하여 많은 치료자는 통상 **부모 관리 훈련**(parent management training)이라고 알려진 가족치료와 인지행동적 개입을 병합한 치료를 사용한다. 이 방법은 가족 기능을 향상시키고 부모가 원치 않는 행동에 대한 보상을 멈추고 적절한 행동에 대해 지속적으로 보상하는 방법을 배우도록 한다(Booker et al., 2020; Kazdin et al., 2018). 부모 관리 훈련은 품행장애 아동의 연령에 따라 다양한 형태로 이루어진다.

부모 관리 훈련의 한 형태인 **부모-자녀 상호작용 치료**(parent-child interaction therapy, PCIT)는 두 살 정도의 어린 아동에게 사용된다(Fleming et al., 2020; Elkins et al., 2017). 치료자는 부모에게 아동과 긍정적으로 상호작용하는 방법을 가르치고 적절한 한계를 설정하며 일관되게 행동하고 분명하고 구조화된 훈육을 하며 아동에게 적절한 기대를 설정하도록 한다. 이상적으로 이러한 노력은 부모-자녀 관계를 강화하고 부모의 태도를 향상시키며 부모의 통제를

부모 관리 훈련 품행장애에 대한 치료적 접근으로, 치료자는 가족과 인지행동치료 중재를 병합해서 가족 기능을 향상시키고 부모가 자녀를 보다 효과적으로 다룰 수 있도록 돕는다.

증가시키고 일관된 가정 환경을 길러주고 아동 행동의 긍정적 변화를 가져오게 한다. 어린 아동에 대한 가족 개입인 **비디오 모델링**에서는 비디오 도구를 사용해서 동일한 목표를 성취하도록 돕는다.

최근 연구자들은 심각한 품행장애 아동의 가정에 비디오 회의를 통해 부모-자녀 상호작용 치료를 성공적으로 제공하였다. 이러한 접근에서 iPCIT(인터넷으로 제공하는 부모-자녀 상호작용치료)에 의뢰한 부모는 웹캠을 사용해서 문제가 일어나면 치료자가 어디에 있든 상관없이 가정에서의 상호작용을 전송하고 치료자는 부모에게 블루투스 이어폰으로 부모를 코칭한다. 연구자들에 의하면 이러한 비디오 회의 기술은 클리닉에서 제공되는 부모-자녀 상호작용치료보다 더 나은 긍정적 향상을 가져온다(Fleming et al., 2020; Comer, Furr, Kerns, et al., 2017; Comer, Furr, Miguel, et al., 2017). 이미 대중화가 되어가던 이러한 접근은 가족들이 바이러스 확산을 막기 위해 집에서 생활하는 COVID-19 팬데믹 초기 단계에서 가파른 사용량 증가를 보였다(Gurwitch et al., 2020).

AP Photo/Charles Krupa

복합외상 보스턴의 많은 아동은 2013년 보스턴 마라톤 폭탄 사건 이후 외상후 스트레스장애 혹은 다른 심리적 문제를 겪고 있다. 이들의 장애는 폭탄으로 인한 폐해를 (직접 혹은 텔레비전을 통해) 목격하였을 뿐 아니라 폭발 사건 이후 며칠 동안 집집마다 경찰이 돌아다니며 수색하는 것을 관찰한 것에서도 촉발되었다. 이 사진에서 한 여성은 SWAT 팀이 수색을 하러 들어오자 아이를 안고 집에서 나오고 있다.

왜 어떤 아동은 치료자가 클리닉에서 치료할 때보다 가정에서 치료할 때 더 많이 좋아지는가?

품행장애를 가진 아동이 학교에 가면 치료자는 보다 직접적으로 **가족치료**에 부모와 자녀를 개입시키는데, 전체 가족이 문제행동을 정하고 협력하여 문제를 해결하는 데 참여하도록 한다(Scott & Palmer, 2020; Fairchild et al., 2019). 품행장애를 가진 더 어린 연령의 아동들에 대한 부모 관리 훈련과 같이 학령기 아동에게도 종종 성공적으로 사용된다.

많은 치료자는 아동의 학교, 사회생활과 지역사회에 개입하는 데 부모 관리 훈련을 보충해서 사용하는데, 이는 **다중체계치료**로 불리는 병행 중재법이다. 다중체계 치료자는 가족 역동을 다룰 뿐 아니라 아동이 품행장애 또래보다 모범적인 아동과 보다 많은 시간을 보내면서 역할 모델이 되도록 한다. 치료 목표에는 성적을 향상시키거나 직업 기술을 발달시키면서 동시에 스포츠, 학교 클럽 등 바람직하고 구조화된 활동에 참여하거나 주변 조직에 참여하는 것을 독려하는 것 등이 포함된다. 연구에 따르면 이러한 통합적인 접근은 작지만 오랫동안 지속되는 긍정적 효과를 가진다(Fairchild et al., 2019; Goulter et al., 2019).

아동 중심 치료 품행장애 아동에게 일차적으로 초점을 맞춘 치료, 특히 인지행동적 개입이 최근에는 성공을 거두었다(Booker et al., 2020; Greene & Winkler, 2019). **문제해결 기술 훈련** 접근에서 치료자는 아동에게 구조적인 사고와 긍정적 사회행동을 가르치는 데 도움이 되는 모델링, 연습, 역할 연기와 체계적 보상 등을 조합해서 사용한다. 치료 과정에서 임상가들은 아동과 게임을 하거나 과제를 풀고, 그들이 학습한 내용과 게임에서 배운 기술을 실제 상황에 적용하도록 도모한다.

또 다른 아동 중심 접근은 **대처 능력 프로그램**으로, 품행장애 아동은 집단 회기에 참여해서 자신의 분노를 더 효과적으로 관리하고 문제를 해결하며 사회 기술을 쌓고 목표를 설정하며 또래 압력에 대처하는 방법을 배우게 된다. 연구에 따르면 이러한 아동 중심 접근이 공격행동

Norma Jean Gargasz/Alamy Stock Photo

반사회적 행동과 법률 품행장애를 가진 많은 젊은이들은 법에 저촉되는 행동을 했을 때 소년훈련센터에 수감된다. 몇몇 센터의 나아진 상황에도 불구하고 프로그램에 참여하는 수감자는 더 나은 행동이나 정신건강을 위한 처방을 거의 받지 않고 그저 앉아서 아무것도 하지 않는 상태로 더 많은 시간을 보낸다.

을 감소시키고 청소년기의 약물사용을 예방한다(Helander et al., 2020; Muratori et al., 2019).

최근 품행장애 아동을 치료하는 데 약물치료가 사용되기도 한다. **신경흥분제** 약물이 가정과 학교에서 공격행동을 줄이는 데 도움이 되며, 특히 아동의 증상이 충동적이고 과잉행동을 보일 때 효과적이다(Pisano & Masi, 2020).

거주치료 지역사회 거주치료는 일부 아동에게 도움이 된다. 그러한 접근 중 하나인 **치료 위탁 보호**는 품행장애를 가진 비행 소년과 소녀를 소년사법제도에서 지역사회 위탁가정에 의뢰한다(Scott & Palmer, 2020; Fairchild et al., 2019). 이 체계 속에서 아동, 위탁 부모와 친부모가 훈련과 치료 중재를 받는데, 여기에는 양측 부모 모두에 대한 가족치료, 아동에 대한 개인 치료와 학교, 가석방 및 보호관찰관과의 회의가 포함된다. 또한 아동과 부모는 아동이 위탁 보호를 떠난 이후에도 지속적으로 치료와 도움을 받는다. 이러한 거주치료 형태와 반대로 **소년훈련센터**나 **소년원** 수감은 그리 성공적이지 않다(Fairchild et al., 2019). 사실 그러한 기관수용은 어린 범법자를 재사회하기보다는 비행행동을 강화하는 데 오히려 더 기여한다. 앞에서 언급한 바와 같이 반사회적 행동을 보인 미국계 흑인 아동은 유사한 반사회적 행동 패턴을 보인 미국계 백인 아동보다 이러한 센터에 들어갈 가능성이 보다 더 크다.

예방 품행 문제를 다루는 데 가장 기대가 큰 접근은 초기 단계 아동기에 시작하는 **예방** 프로그램이다(Scott & Palmer, 2020). 이 프로그램은 품행장애가 발달하기 전에 바람직하지 않은 사회적 환경을 변화시키려는 것이다. 젊은이에게 훈련 기회를 제공하고 여가시설과 건강 관리를 제공하여 가난에서 오는 스트레스를 경감시켜주며 부모의 아동 양육 기술을 향상시켜 준다. 이러한 모든 접근은 가족이 교육을 받고 함께할 때 가장 효과가 좋다.

배설장애

배설장애를 가진 아동은 반복적으로 옷이나 침대, 바닥에 대소변을 본다. 이들은 이미 신체 기능을 통제할 만한 연령에 도달해 있고 이들의 증상이 신체적 질환에 의해 일어나지는 않는다.

유뇨증

유뇨증(enuresis)은 반복적이고 불수의적으로(혹은 어떤 경우는 의도적으로) 잠자리나 옷에 소변을 본다. 전형적으로는 밤에 나타나지만, 낮에도 발생한다. 아동의 나이가 최소 5세는 되어야 이 진단을 내릴 수 있다(Tu, Baskin, & Arnhym, 2021; APA, 2013). 이 문제는 입원, 학교 입학이나 가족 문제와 같은 스트레스 사건에 의해 촉발된다. 어떤 경우에는 신체나 심리적 학대의 결과이기도 하다.

유뇨증의 발병률은 연령과 함께 감소한다. 5세 아동의 33%가 침대에 소변을 실수한 적이 있으며, 16%가 유뇨증 진단기준에 해당되는 데 비해 10세 아동은 5%, 15세가 되면 2% 이하

유뇨증 반복적으로 옷이나 잠자리에 소변을 보는 문제를 나타내는 장애

가 된다(Tu et al., 2021). 남자아이가 여자아이에 비해 2배 많다. 유뇨증은 전형적으로 가까운 친족(부모, 형제)이 동일한 장애를 가졌을 때 나타날 가능성이 크다.

이론가들에 따르면 매우 다양한 유뇨증의 원인이 있지만 한 가지 설명이 우세하지는 않다(Jorgensen et al., 2021; Gomez Rincon, Leslie, & Lotfollahzadeh, 2020). 많은 사례에서 치료 없이 스스로 교정되기도 한다. 그러나 특히 인지행동치료는 이러한 과정을 빠르게 해준다(Tu & Baskin, 2020). 널리 쓰이는 고전적 조건형성 접근인 **종소리와 전지 기법**을 살펴보면, 종과 전지가 표면이 금속으로 된 패드와 연결되어 있는 기구를 아동이 잘 때 아동 밑에 놓는다(Caldwell et al., 2020; Mowrer & Mowrer, 1938). 한 방울의 소변이라도 떨어지면 종이 울려서 아동은 젖기 시작하자마자 깨어난다. 이렇게 종소리(무조건 자극)가 방광이 꽉 차는 감각(조건 자극)과 연합되어 깨어나는 반응을 일으킨다. 나중에는 방광이 꽉 찼을 때만 아동이 잠을 깬다.

다른 효과적인 행동치료 기법은 **마른 침대 훈련**으로, 이 속에서 아동은 보존 통제 훈련을 받는데, 밤에 주기적으로 깨어 화장실에 가고 적절하게 보상을 받는다. 종소리와 전지 기법과 같은 이러한 행동 접근은 종종 효과를 본다.

흥미로운 이야기

그들의 진술

"이 아이는 별볼일 없을 것입니다."

프로이트가 8세 때 부모 침대에 소변 실수를 하자 그의 아버지 야곱 프로이트(1864)가 한 말

유분증

유분증(encopresis)은 반복해서 옷에 배변하는 것으로, 유뇨증보다는 덜 나타나며 연구도 잘 되어 있지 않다(Sood, 2021, 2020). 이 문제는 보통 깨어 있는 시간에 나타나며 밤 수면 중에 나타나지는 않는다. 보통 불수의적이고 4세 이후에 나타나며, 전체 아동의 약 1.5~4%(표 14.4 참조)에 영향을 준다. 이 장애는 여자아이보다는 남자아이에게서 더 흔하다.

유분증은 심각한 사회성 문제, 수치와 난처함을 일으킨다. 이 문제로 고통받는 아동은 보통 숨기려 하고 난처해질 수 있는 캠프나 학교와 같은 상황을 피하려 한다. 이 문제는 변비, 부적절한 배변 훈련이나 이 요소의 결합과 같은 생물학적 요인과 스트레스에서 기인한다(Sood, 2020). 지금까지 가장 흔한 원인인 변비는 전체 사례의 80%에 해당하는 요인이다. 신

유분증 반복적으로 옷과 같이 부적절한 곳에 변을 보는 아동기 장애

표 14.4

아동기 장애 비교

장애	아동 유병률	아동 내 유병률	우세 성별	가족력 영향	성인기 회복
분리불안장애	12세 이전	4~10%	여	있음	보통
선택적 함묵증	2~4세	1%	여	있음	자주
단극성 우울증	7세~청소년기	5~8%	여(13세 이후)	있음	자주
품행장애	7~15세	5~10%	남	있음	자주
유뇨증	5~8세	7%	남	있음	보통
유분증	4세 이후	1.5~4%	남	불분명	보통
주의력결핍 과잉행동장애(ADHD)	12세 이전	7~10%	남	있음	자주
자폐스펙트럼장애	0~3세	2%	남	있음	가끔
특정학습장애	6~9세	5~10%	남	있음	자주
지적장애	10세 이전	1%	남	불분명	가끔

출처 : Michelini et al., 2021; Sood, 2021, 2020; Tu et al., 2021; Augustyn, 2020; Baldor, 2020; CDC, 2020g; Hamilton, 2020a, 2020b, 2020c; Krull, 2020, 2019b; Mohan & Ray, 2020; Strawn et al., 2020; Bennett & Walkup, 2019; Kovac & Furr, 2019; von Hahn, 2019; APA, 2013.

체적 문제가 종종 이 장애와 관련되기 때문에 의학적 검사가 우선적으로 실시된다.

가장 일반적이고 성공적인 유분증 치료는 인지행동적 접근과 의학적 접근, 혹은 이 둘을 조합한 접근이다(Sood, 2021; Lomas Mevers et al., 2020). 또 다른 특징적인 치료 중에서 현장 전문가들은 아동에게 바이오피드백 훈련을 적용해서(275쪽 참조) 장이 꽉 차면 더 잘 탐지하도록 도와주고 고섬유소 섭취, 미네랄 오일, 변비약과 윤활제 등을 사용해서 정기적으로 장 기능을 자극하여 변비를 없애도록 해준다. 가족치료도 도움이 되는 것으로 입증되었다.

AP Photo/Katy Winn

오줌싸개 매우 유명한 코미디언인 사라 실버먼이 베스트셀러인 '오줌싸개(The Bedwetter)'라는 책을 들고 있다. 그녀의 일대기에 유뇨증과 다른 정서적 문제가 있었던 어린 시절 경험에 대해 상세히 기술하였다.

요약

적대적 반항장애, 품행장애, 배설장애

적대적 반항장애와 품행장애를 가진 아동은 규칙을 위반하고 매우 공격적으로 행동한다. 적대적 반항장애를 가진 아동은 반복적으로 성인과 논쟁하고 성미를 부리고 강한 분노와 적개심을 느낀다. 품행장애 아동은 더 심한 패턴으로 반복적으로 타인의 기본권을 침해하고 종종 폭력적이고 잔인해지며 의도적으로 기물을 파괴하고 훔치고 도망친다. 품행장애를 치료하는 임상가들은 부모-자녀 상호작용치료, 부모 훈련, 치료 위탁 보호, 문제해결 훈련과 대처 능력 프로그램과 같은 접근을 사용해서 치료한다. 많은 예방 프로그램이 개발되었다.

배설장애 아동(유뇨증과 유분증)은 반복적으로 적절하지 않은 장소에 소변을 보거나 배변을 한다. 종소리와 전지 기법과 같은 인지행동 접근이 유뇨증에 효과적인 치료법이다.

신경발달장애

출생 시 또는 어린 시절에 발생하는 개인의 행동, 기억력, 집중력 및/또는 학습 능력에 영향을 미치는 뇌 기능 장애 군집을 **신경발달장애**(neurodevelopmental disorder)라고 한다. 앞에서 본 바와 같이 많은 장애가 아동기에 처음으로 나타났다가 나이가 들어가면서 잠잠해진다. 그러나 신경발달장애는 종종 사람의 삶 전체에 중요한 영향을 미친다. 신경발달장애에 속하는 주의력결핍 과잉행동장애, 자폐스펙트럼장애와 지적장애를 가진 사람의 절반 이상이 성인기까지 특정 형태의 장애를 지속적으로 가지고 있다.

주의력결핍 과잉행동장애

주의력결핍 과잉행동장애(attention-deficit/hyperactivity disorder, ADHD)를 보이는 아동은 과제 수행에 어려움이 있고 과도하게 활동적이며 충동적으로 행동하거나 두 가지를 모두 나타내기도 한다(APA, 2013, 표 14.5 참조). ADHD는 이 장 앞부분 사례의 리키처럼 아동이 학교에 다니기 시작할 때부터 종종 나타난다. 8세 존도 그러하다.

존은 언제나 지치지 않고 돌진한다. 집에서도 쉽지 않고 점프하고 뛰고 하루 종일 기어올라다닌다. … 손 놀림은 어눌하고 자주 비틀거리고 넘어지고 걸어다닐 때 사람이나 물건에 부딪힌다. … 통상 강력하고 힘 있게 움직인다.

존은 인내심이 매우 부족하고 충동적인 아동이다. 게임할 때 순서를 기다리기 어려워하고 종종 지시를 다 듣기도 전에 행동으로 옮긴다. 매우 고집스럽고 원하는 대로 되지 않는 것을 견디지 못한다. 자주 다른 사람들의 대화를 방해한다.

집에서 장난감 가지고 노는 데 쉽게 지루해하고 한 가지를 끝마치기도 전에 다른 활동으로 옮겨간다. 또한 물건을 항상 잃어버린다.

존은 무례하고 급하고 불순종적이며 규칙을 지키지 않는다. 거짓말을 하고 때때로 다른 아이들에게

신경발달장애 ADHD, 자폐스펙트럼장애와 지적장애를 포함하여 출생이나 매우 이른 시기부터 시작된 뇌 기능 문제로 행동, 기억, 집중력과 학습 능력에 영향을 미치는 장애군

주의력결핍 과잉행동장애(ADHD) 주의집중의 어려움 혹은 과잉행동과 충동행동 혹은 두 가지 문제를 모두 다 가지는 것을 주요 특징으로 하는 장애

공격적이기도 하다. 다른 아이들은 존이 게임 규칙을 지키지 않고 속이며 자기가 지면 화를 내기 때문에 같이 놀지 않으려 하였다. 존은 강하게 자신의 감정을 표출하는데, 이때 존을 안정시키기는 어렵다. 과거 경험들이 존의 미래 행동에 영향을 주지는 않는 것 같다. 한편 모든 사람이 존에 대해 불만을 토로하였고, 존은 존대로 모든 사람이 자신을 책망할 때 부당하게 대우받는다고 느낀다. 그는 자존감이 낮은 아동으로, 가정과 학교에서 모두 부정적 비난과 거부를 경험한다.

(존의 선생님 말씀에 따르면) 존은 항상 서 있고 교실을 돌아다니며 친구들을 괴롭히고 수업을 망친다. 교실에서 손으로 책상을 두드리거나 이런 저런 소음을 발생시킨다. 활동과 관련된 예를 보면, 강제로 앉으라고 하면 자리에서 몸을 꿈틀거리고 손과 발을 만지작거리면서 매우 불편한 감정을 드러낸다. 과제나 시험에 통과하면 과도하게 흥분한다. 그렇지만 특히 글쓰기와 같은 지속적으로 흥미를 가져야 하는 과제를 해야 하는 상황이면 존은 좌절하면서 얼마 후 그만두어버린다. 쉽게 감정적이 된다. 짜증을 잘 내고 강렬하게 화를 분출한다. 거의 말을 듣지 않는다. 종종 팀으로 하는 게임에서 지면 친구들과 언쟁을 높이면서 게임을 그만둔다.

(Maniadaki & Kakouros, 2017, pp. 23-25)

존의 사례와 같이 ADHD 증상은 종종 서로 맞물려 있다. 주의 초점화의 어려움을 가진 아동은 동시에 여러 지시를 잘 듣고 과제를 끝내기도 전에 주의가 이리저리 분산된다. 또한 끊임없이 움직이는 아동은 과제를 수행하거나 적절한 판단을 하는 데 어려움을 보인다. 많은 경우 이 증상 중 하나가 다른 것들보다 더 두드러진다. ADHD 아동의 절반 정도가 학교 문제나 의사소통 문제를 나타내며 학교 공부를 잘하지 못하고 많은 수가 다른 아이들과 상호작용하는 데 어려움을 보이며 약 80%가 행동 문제가 있고 종종 아주 심각하기도 하다(Retz et al., 2021; Tenenbaum et al., 2019). 이러한 아동은 감정 통제에 심한 어려움을 가지며 일부는 불안이나 기분 문제를 가지고 있다(Shapero et al., 2021).

학령기 아동의 약 7~10%가 ADHD를 나타내며, 이 중 70%가 남자아이이다(Polanczyk, 2020; Krull, 2019a; APA, 2013). 일반적으로 장애는 아동기 전반에 걸쳐 지속된다. 많은 아동이 중기 청소년기에 이르면서 증상이 뚜렷이 감소된다. 그러나 증상 아동의 60%는 성인기까지 ADHD가 지속된다(Nylander et al., 2021; Bukstein, 2020, 2018). 안절부절못함과 과잉행동 증상은 성인 사례에서는 그리 두드러지지 않는다. ADHD가 있는 성인은 약물남용, 불면증, 위험한 성행위, 교통사고, 직업 변경 등의 비율이 평균보다 높으며, 소득이 낮은 경향이 있다(Sultan et al., 2021; Merrill et al., 2020).

ADHD는 평가하기 어려운 장애이다. 이상적으로 볼 때 아동의 행동이 정신진단 분류체계 준거에 맞으려면 여러 환경에 걸쳐 과잉행동과 부주의 문제가 나타나야 하기 때문에 여러 환경(학교, 가정, 친구관계) 속에서 관찰되어야 한다(Krull, 2019b). 더욱이 이 장애를 가진 아동은 종종 자신의 증상에 대해 잘 기술하지 않기 때문에 부모와 교사로부터 자료를 얻는 것이 중요하다. 마지막으로 진단적 면담, 평정척도와 심리평가 등이 ADHD를 평가하는 데 도움이 됨에도 불구하고 불행하게도 연구에 따르면 많은 아동이 정신건강 전문가가 아닌 소아과 의사나 가족 주치의로부터 진단을 받는데, 진단의 단지 3분의 1 정도만이 심리검사나 교육평가에 기초해서 이루어진다(Fresson et al., 2019).

ADHD의 원인은 무엇인가 오늘날 임상가들은 일반적으로 ADHD를 몇 가지 요인이 상호작용하는 장애로 생각한다. 예를 들면 생물학적 요인이 많은 사례에서 규명되었고 유전 연구를 통해 어떤 아동은 부주의, 충동성과 과잉활동성을 나타내는 소인을 가지는 것으로 나타났다(Li & He, 2021; Vainieri et al., 2021; Dolan et al., 2020).

표 14.5

진단 체크리스트

주의력결핍 과잉행동장애

1. 다음 중 한두 가지의 증상을 보임
   (a) 부주의에 관한 다음 증상 가운데 6가지(또는 그 이상) 증상이 6개월 동안 부적응적이고 발달 수준에 맞지 않는 정도로 지속됨 ■ 세부적인 것에 세밀한 주의를 기울이지 못하고, 부주의한 실수를 자주 함 ■ 과제나 놀이 시 지속적으로 주의집중하는 데 자주 어려움을 보임 ■ 다른 사람이 앞에서 말할 때 귀 기울여 듣지 않는 것처럼 보임 ■ 학교 활동이나 집안일, 숙제 등 해야 할 일에서 지시를 따르지 못하고 끝마치지 못함 ■ 과제나 활동을 체계적으로 조직하는 능력이 부족함 ■ 지속적인 정신적 노력을 필요로 하는 과제를 피하고 싫어하며 하기를 주저함 ■ 과제나 활동에 필요한 것들을 자주 잃어버림 ■ 외부 자극에 쉽게 주의가 분산됨 ■ 매일 하는 일상적인 활동을 자주 잊음
   (b) 과잉행동-충동에 관한 다음 증상 가운데 6가지(또는 그 이상) 증상이 6개월 동안 부적응적이고 발달 수준에 맞지 않는 정도로 지속됨 ■ 가만히 앉아 있기가 어렵고 손발을 계속 움직이거나 몸을 꿈틀거림 ■ 교실 혹은 유사한 장소에서 가만히 앉아 있지 못하고 일어나 돌아다님 ■ 장소에 적절하지 않게 과도하게 뛰어다니거나 기어오름 ■ 놀거나 여가 활동을 할 때 조용히 하는 데 어려움을 보임 ■ 마치 모터가 달려서 돌진하는 것처럼 계속적으로 움직임 ■ 말을 너무 많이 함 ■ 질문이 끝나기도 전에 대답을 불쑥 해버림 ■ 차례를 기다리지 못함 ■ 자주 다른 사람을 방해하거나 불쑥 끼어듦
2. 일부 증상이 12세 이전에 있었음
3. 증상으로 인한 장애가 두 가지 또는 그 이상의 장면에서 일어남
4. 유의미한 기능 손상을 경험

출처 : APA, 2013.

셧다운 ADHD와 기타 문제를 가지고 있는 이 아동은 과제에서 요구하는 내용을 수행하지 못한 채 따로 떨어져 책상에 머리를 숙이고 있다. 규칙에 따라 다른 학생들과 교실에서 분리되어 있다.

ADHD와 관련된 뇌 요인을 탐색하기 위해서는 정상인의 주의를 우선적으로 이해하는 것이 필요하다. 순간순간 주의를 형성하는 두 가지 보완적인 처리 과정이 존재한다(Nigg et al., 2020; Nigg, 2017, 2016). **제1유형 주의 처리 과정**은 갑작스러운 소리나 깜짝 놀라게 하는 정보 등 환경에서 예기치 않게 나타나는 것에 자신의 의도적 통제를 벗어나서 주의 초점이 맞춰지는 것이다. 이에 비해 **제2유형 주의 처리 과정**은 스스로 통제하는 정신 활동으로, 주의에 대한 의도적 초점을 포함한다. 환경에 적절히 주의를 맞추기 위해서는 제1유형과 제2유형 주의 처리 과정이 적절하게 상호작용을 해야 한다. 예를 들어 많은 상황에서 제2유형 주의 처리 과정은 제1유형 주의 처리 과정을 억제해서 우리가 목표를 성취할 수 있게 한다. 만일 당신이 책을 읽고 있을 때 갑자기 밖에서 천둥번개가 친다면 당신의 제1유형 주의 처리 과정은 자동적으로 당신의 주의를 예기치 않은 장면과 소리에 순간 초점을 맞출 것이다. 그러나 당신이 다시 책을 읽기 위해서는 외부의 날씨 상황으로부터 읽고 있던 책으로 주의를 돌려 제2유형 주의 처리 과정으로 의식적으로 전환하는 것이 필요하다.

ADHD에서 나타나는 주의 문제 증상은 통상 제1유형과 제2유형 주의 처리 과정 간 균형의 붕괴로 이해된다(Nigg et al., 2020; Nigg, 2017, 2016). ADHD를 가진 아동은 특히 제1유형 '비상 경고'를 뛰어넘어 제2유형 주의 처리 과정으로 들어가는 데 어려움이 있고, 그 결과 가정, 학교와 사회적 상황에서 성공적으로 주의를 의도적으로 재초점화하는 데 어려움을 보인다. 교실 밖에서 잔디 깎는 소리가 크게 나면 대부분의 학생은 방해에도 불구하고 교사에게 집중할 수 있다. 하지만 ADHD를 가진 아동은 교사로 다시 주의를 집중하도록 제2유형 주의 처리 과정을 사용하는 데 어려움을 가질 것이다.

뇌 영상 연구를 통해 **주의 회로**가 규명되었는데, 뇌 안의 많은 구조가 함께 작동하여 주의를 집중하고 제1유형과 제2유형 주의 처리 과정 간 적절한 균형을 유지한다. 뇌 회로에 대한 논의에서 이 회로 구조의 일부(예 : **전전두엽피질**, **전대상**, **선조체** 등)에 대해 읽었을 것이다. 대뇌 **부챗살**(corona radiata)과 **세로다발**(longitudinal fasciculus) 같은 다른 주의 뇌 회로 구조는 새로운 내용이며, 주의를 포함한 보다 협의의 행동과 인지 처리 과정 범위에 연결된다. 뇌 주의 회로와 ADHD의 연결에 대한 연구는 여전히 진행 중이지만 ADHD를 가진 사람들이 역기능적 주의 회로를 가지며 뇌 회로 전반에 걸친 **도파민** 신경전달물질의 비정상적 활동 등 회로 구조 사이의 빈약한 의사소통(잘못된 **상호연결**)을 보인다는 점은 밝혀졌다(Lin et al., 2021; Owens et al., 2021; Areal & Blakely, 2020). 이 사람들의 역기능적 주의 회로를 감안할 때 제2유형 주의 처리 과정은 단순히 제1유형 주의 처리 과정을 뛰어넘지 못하는 것 이상이다.

생물학적 요인에 덧붙여 ADHD는 높은 수준의 스트레스 및 가족 기능 문제와 연관되어 있다(Faltyn et al., 2021; Shapero et al., 2021). 실제로 몇몇 연구에 의하면 이러한 부정적 요소가 제2유형 주의 처리 과정의 효과적인 발달을 방해한다(Nigg et al., 2020; Nigg, 2017, 2016). 또한 사회문화 이론가들은 ADHD 증상과 ADHD 진단 그 자체가 대인관계 문제를 발생시키면서 나아가 아동에게 증상을 유발한다고 주장한다. 다시 말하면 과잉활동적인 아이들은 또래들, 부모와 교사에게 부정적으로 보여지는 경향이 있고 또래관계 손상을 가지고 있어서 그들 스스로 자신을 부정적으로 보게 된다(Celebi & Ünal, 2021; Cueli et al., 2020).

흥미로운 이야기

학업 수행

- ADHD를 가진 남자 고등학생의 7.5%가 낙제를 받았다.
- ADHD를 가진 남자 고등학생이 그렇지 않은 학생에 비해 3~8배 정도 더 많이 중퇴한다.

(출처 : ADDitude, 2020)

ADHD는 어떻게 치료하는가 ADHD 아동과 청소년 중 약 80%가 치료를 받는다(CDC, 2020h). 가장 일반적으로 적용되는 접근은 약물치료, 인지행동치료, 혹은 이 두 치료의 결합 형태이다(Guo et al., 2021; Pelham & Altszuler, 2020).

Laurence Griffiths/Getty Images

또 다른 종류의 시합 역사상 가장 많은 훈장을 받은 미국 체조선수인 시몬 바일스가 2016년 올림픽에서 19세의 나이로 평균대 경기를 펼치고 있다. 바일스는 자신이 ADHD를 앓고 있고 세계 반도핑연맹(World Anti-Doping Association, WADA)으로부터 면제를 받았다고 자랑스럽게 알렸다. 그녀는 트위터를 통해 ADHD를 앓고 있고 약물을 복용한다는 것은 부끄러워할 일이 전혀 아니라고 말한다.

약물치료 수백만 명의 ADHD 아동과 성인은 수십 년 동안 각성제로 사용된 **메틸페니데이트**(methylphenidate)나 다른 각성제로 치료받고 있다. 많은 제약회사에서 새로운 메틸페니데이트를 만들어내고 있지만 이 약은 여전히 리탈린이라는 이름으로 대중에게 알려져 있다. 연구가들이 ADHD 아동을 조용하게 하는 데 이 약이 효과가 있고, 이 약은 아동이 주의를 집중하고 복잡한 과제를 해결하고 학교 공부를 더 잘하며 공격성을 통제하는 데 도움이 된다는 것을 확인시켜줌에 따라 약의 사용은 엄청나게 증가되었다. 추정에 따르면 1990년 이후로 최소 3배는 증가한 것 같다(Campez et al., 2021; Krull, 2020). 이러한 증가는 학령 전기까지 확장되었다.

암페타민(애더럴) 처방이 ADHD 아동에게 지속적으로 증가하고 있고 실제로 성인 ADHD의 치료 약물로도 선택되지만, 메틸페니데이트가 ADHD 아동에게 가장 많이 사용되는 약물이다(Brent, Bukstein, & Solanto, 2020; Zuddas & Carucci, 2020). 전체적으로 미국에서 300만 명의 아동이 메틸페니데이트 혹은 암페타민 약물로 ADHD를 치료한다(CDC, 2020h). 메틸페니데이트와 암페타민은 모두 각성제임에도 불구하고 구조와 몇 가지 약효 면에서 약간의 차이가 있다.

메틸페니데이트와 암페타민의 광범위한 사용은 몇 가지 우려를 낳고 있다(Carucci et al., 2021; Krull, 2020; Zuddas & Carucci, 2020). 첫째, 많은 임상가는 이 약물이 과잉처방되는 것에 우려를 표현한다. 둘째, 연구를 통해 각성제 약물이 대다수 ADHD를 가진 사람들에게 안전하다고 하지만 일부에서 약물로 인해 경도 떨림, 틱, 성장 저해와 정신병적 증상 혹은 심장 문제를 야기할 수 있다. 셋째, 각성제는 제10장에서 공부한 바와 같이 오용되면 중독될 수 있다. 실제로 ADHD를 치료하는 데 사용되는 이 약물들은 10대와 젊은이 사이에서 오락적인 약물로 대중화되었다. 어떤 사람은 기분을 좋게 하기 위해 이를 흡입하고 또 다른 이들은 학교나 직장에서 자신의 수행을 증진시키기 위해서 혹은 정신이 명료한 상태로 있기 위해서 이 약물을 사용한다. 많은 젊은이가 각성제에 의존하고 있다.

인지행동치료와 병행치료 인지행동치료는 ADHD를 가진 사람에게 자주 사용된다(Barkley, 2020; Schatz et al., 2020). 많은 경우 부모와 교사는 자기통제 혹은 집중력을 유지하기 위해 아동을 체계적으로 강화하는 방법인 조작적 조건형성 원리를 어떻게 적용할 것인지를 배운다(Staff et al., 2021). 예를 들어 아동이 적절하게 주의를 기울이고 반응할 때마다 토큰을 받도록 하는 토큰 경제 프로그램을 설정한다. ADHD를 가진 많은 아동이 8주 하계 치료 캠프에 참여하여 교실과 동일하게 설정해놓은 환경 속에서 체계적인 인지행동치료 개입을 받는다(Low, 2021; Evans et al., 2019).

메틸페니데이트 ADHD를 치료하는 데 일반적으로 사용되는 각성제로, '리탈린'이라는 이름으로 더 잘 알려져 있다.

흥미로운 이야기

그들의 진술

"과잉활동을 보였던 어린 저에게 의사가 내린 약물처방을 거부하는 대신에 나를 찾아내도록 해주신 천국에 계신 엄마와 아빠에게 감사드린다."

토니상 수상 배우 겸 가수 오드라 맥도날드

ADHD를 가진 아동의 부모가 **부모 관리 훈련**을 받을 수도 있다. 이 훈련은 인지행동적 기법과 가족 개입을 병합해서 자녀를 보다 효과적으로 다룰 수 있도록 도와주는데, 품행장애 부모가 받는 훈련과 유사하다(Dale et al., 2021; Larsen et al., 2020). 또한 부모 관리 훈련과 조작 기법은 **학교 중재**와도 결합할 수 있다(Evans et al., 2019; Sanchez et al., 2018). 이러한 병합 프로그램인 **일상기록 카드**(Daily Report Card, DRC)에서 아동의 목표행동(예 : 교실에서 자리에 앉아 있기, 말할 때 손들기, '내적 언어' 사용하기)을 일상기록 카드에 상세하게 메모하여 하루 종일 교사에게 강화하게 한다. 충분한 정도의 목표행동이 이루어지면 나중에 집에서도 보상이 주어진다(Fabiano & Pyle, 2019; Cornacchio et al., 2017).

연구에 따르면 ADHD를 가진 아동이 약물치료와 인지행동치료를 병행했을 때 가장 효과적이다(Krull, 2020; Pelham & Altszuler, 2020). 연구에 따르면 약물치료와 인지행동치료를 병행하는 것은 바람직한데, 두 가지 치료를 받는 아동이 보다 저용량의 약물을 필요로 하며, 이것은 당연히 약물의 부작용을 덜 가지게 된다는 의미이다.

ADHD의 다문화적 요소 이 책 전반에 걸쳐 다양한 심리적 장애를 진단받고 치료받는 데 인종이 어떻게 영향을 미치는지 살펴보았을 것이다. 따라서 인종이 ADHD에도 영향을 미칠 것이라는 사실은 그리 놀랄 일이 아니다.

많은 연구에 따르면 주의와 활동성 문제를 가진 흑인 아동과 히스패닉계 미국인 아동은 유사한 증상을 가진 백인 아동에 비해 ADHD로 덜 평가되고 덜 진단되며 치료도 덜 받는 것 같다(Davis et al., 2021; Zablotsky & Alford, 2020). 더욱이 ADHD로 진단되어 치료받는 아동 중에서 소수인종의 아동은 백인 아동에 비해 ADHD 치료에 효과가 있다고 하는 각성제 약물이나 행동치료와 약물치료의 결합치료를 덜 받는다(Davis et al., 2021; Evans et al., 2019). 또한 약물처방 반응을 모니터링하기 위한 후속 처치를 받을 가능성도 적다.

부분적으로 이러한 인종 차이는 경제적 요인과 관련된다. 연구를 통해 지속적으로 가난한 아동이 부유한 아동에 비해 ADHD 진단을 덜 받고 효과적인 치료도 덜 받으며, 평균적으로 소수민족 가정은 백인 가정에 비해 수입이 더 적고 보험 혜택이 더 적다고 밝혀졌다. 일부 임상가들은 사회적 편견과 고정관념이 진단과 치료에서 인종 차이를 야기한다고 생각한다. 미국 사회는 종종 백인 아동이 나타내는 ADHD 증상을 의학적 문제로 간주하는데, 흑인 아동이나 히스패닉계 미국인 아동의 증상은 빈약한 양육, 낮은 지능, 약물사용이나 폭력 문제로 간주한다(Evans et al., 2019; Duval-Harvey & Rogers, 2010). 이 주장은 모든 증상이 동일할 때 교사가 백인 아동에게는 ADHD라고 결론을 내리지만, 흑인 아동이나 히스패닉계 미국인 아동은 다른 종류의 어려움으로 결론을 내린다는 사실로도 지지된다(Zablotsky & Alford, 2020; Alvarado & Modesto-Lowe, 2017).

이유(경제적 불이익, 사회적 편견, 인종에 대한 고정관념이나 다른 이유 등)가 어떻든 간에 소수인종 아동은 적절한 ADHD 진단과 치료를 덜 받는다. 오늘날 많은 임상 이론가는 ADHD가 일반적으로 과잉 진단되고 과잉 치료될 가능성에 대해 분명하게 경고하지만, 사회의 어떤 장벽으로 인해 실제로 아동이 과소 진단과 과소 치료를 받을 수 있다는 점을 인식하는 것도 중요하다.

자폐스펙트럼장애 타인에 대한 극단적인 무반응, 심각한 의사소통 결함과 지나친 반복적이고 경직된 행동, 흥미와 활동을 특징으로 하는 발달장애

자폐스펙트럼장애

자폐스펙트럼장애(autism spectrum disorder)는 타인에 대한 극도의 무반응 및 심각한 의사소통

결함과 지나치게 경직되고 반복적인 행동, 흥미와 활동을 특징으로 한다(APA, 2013)(표 14.6 참조). 이 증상은 아주 어린 나이에 나타나는데, 보통 3세 이전에 나타난다. 10년 전 이 장애는 어린이 2,000명 중 1명 정도의 비율로 나타난다고 하였다. 그러나 최근 자폐스펙트럼장애 진단이 꾸준히 증가하여 현재는 60명 중 1명 정도로 나타난다(Augustyn, 2020; Styles et al., 2020).

지난 10년 동안 자폐스펙트럼장애의 분류 기준에 상당한 변화가 있었다. 수년 동안 자폐장애 패턴은 **아스퍼거증후군** 같은 다른 자폐의 유사한 패턴과 구별되었다. 아스퍼거증후군이 있는 사람은 전형적인 자폐증과 유사한 증상을 보였지만 동시에 정상적인(또는 거의 정상에 가까운) 지적 능력, 적응력 및 언어 능력을 가졌다. 2013년 DSM-5의 입안자들은 자폐장애와 아스퍼거증후군이 더 이상 별개의 장애로 간주되어서는 안 된다고 결정하고 **자폐스펙트럼장애** 범주 아래 두 가지를 결합했다. 이후 아스퍼거증후군으로 진단받았던 사람들은 특히 고기능 자폐를 가진 것으로 분류되었다. 이 부분에서 읽게 될 임상적 특징, 원인, 치료 및 연구가 고기능 개인에게 항상 적용되는 것은 아니라는 점에 유의해야 한다.

© Robin Rayne Nelson/ZUMAPRESS.com

세상으로부터 차단되다 자폐스펙트럼장애를 가진 8세 아동이 야구연습장 그물에 있는 구멍으로 멍하니 쳐다보고 있다. 운동장에 있는 아이들이나 활동을 보고 있는 것은 아닌 것 같다.

특수교사인 디안젤로 여사가 제니를 작은 교실에서 5일 동안 관찰하였다. 제니는 다른 사람들, 특히 동급생에게는 반응이 없었으며 누구와도 거의 눈을 마주치지 않았다. 혼자 있을 때 제니는 보통 서서 목구멍에 손을 대고 혀를 내밀며 이상한 작은 소음을 냈다. 그녀가 혼자 남아 있게 되면 이는 몇 시간이고 지속되었다. 앉아 있을 때 제니는 의자를 앞뒤로 흔들었지만 절대 떨어지지는 않았다. 그녀의 운동 능력은 뛰어났으며 지시하면 크레용을 사용하고 종이로 만드는 것을 할 수 있었다. 그러나 그녀의 손재주는 공격할 때 보다 명확하게 나타났다. 제니는 종종 사람들의 장신구와 안경을 잡아서 방에 내던졌다. 디안젤로 여사는 제니가 새로운 사람이나 새로운 물건을 대할 때 가장 공격적으로 된다는 것을 알아챘다.

… 제니는 작게 소리만 낼 뿐 말을 하지는 않았다. 그녀는 다른 사람들과 의사소통하기 위해 노력하지 않았으며 종종 다른 사람들의 존재 자체를 잊어버렸다. … 표현력이 부족함에도 불구하고 제니는 다른 사람들의 간단한 요청을 이해하고 따랐다. 그녀는 점심을 먹거나 욕실을 사용하거나 교실에서 물건을 꺼내라고 했을 때 쉽게 따랐다. …

제니는 자신이 원하거나 필요로 하는 사진이 담긴 '그림책'을 가지고 있었다. … 책을 보여주고 짚어보라고 했을 때 제니는 자신이 원하는 것이 없으면 책을 책상 위에 밀어넣었고 무언가 원하는 것이 있으면 5개 사진 중 하나(도시락 상자, 쿠키, 물컵, 좋아하는 장난감, 화장실) 중 하나를 가리켰다.

부모는 제니가 항상 이런 식이었다고 하면서 어린 시절 문제의 예로 들었다. …두 사람은 제니가 다른 아기들과 다르게 안기기를 거부하였고 3세까지 말하지 못하였다고 했다. … 아이가 네 살이 되었을 때 현재 학교에 등록하였다.

(Kearney, 2016, pp. 125–126)

제니는 자폐스펙트럼장애 진단을 받았다. 모든 자폐증의 약 80%가 남자아이에게서 나타난다(Augustyn, 2020; Autism Speaks, 2020). 이 장애를 가진 아동의 90%가 성인기까지 심각한 장애를 나타낸다. 직장생활, 가정생활을 비롯하여 독립적인 생활을 유지하지 못한다(Howlin, 2021). 고기능 자폐 성인일지라도 친밀감과 공감을 보이는 데 문제가 있으며 흥미와 활동에

표 14.6

진단 체크리스트

자폐스펙트럼장애
1. 사회적 의사소통과 사회적 상호작용에서 지속적인 결함을 보이며 다음의 증상을 모두 가지고 있음 ■ 사회-정서적 상호작용 결함 ■ 사회적 상호작용에서 비언어적 의사소통 행동 결함 ■ 관계를 만들고 유지하는 능력 결함
2. 제한적이고 반복적이며 상동적인 행동이나 관심, 활동이 다음 항목 가운데 2개 이상 나타남 ■ 상동적 혹은 반복적인 언어, 동작 운동 혹은 대상의 사용 ■ 틀에 박힌 일이나 규칙에 지나치게 집착하거나 변화에 과도하게 저항함 ■ 매우 제한적이고 고정되어 있으며 비정상적인 흥미 ■ 감각 입력에 대한 과잉반응이나 과소반응, 혹은 환경 감각에 특이한 관심을 보임
3. 매우 어린 연령에 시작
4. 유의한 손상을 보임

출처 : APA, 2013.

Nicholas Kamm/AFP via Getty Images

상자 밖에서 생각하기 세계적으로 가장 유명한 10대 중 한 사람인 스웨덴 기후 활동가 그레타 툰베리가 2019년 백악관 밖 데모 인파 앞에서 연설하고 있다. 툰베리는 과거 아스퍼거 증상이라고 불렸던 고기능 자폐스펙트럼장애를 가지고 있다. 툰베리는 이 증상으로 인해 상자 밖으로 나와서 사물을 보는 것이 가능했으며 그래서 기후 문제를 보다 효과적으로 옹호할 수 있다고 믿는다.

도 제한이 있다.

반응과 사회적 상호작용 결핍(극단적인 냉담함, 타인에 대한 관심 결여, 낮은 공감 능력, 다른 사람과 관심을 공유하는 능력 부족)은 자폐의 주요 특징으로 오랫동안 알려졌다. 제니와 같이 이 장애를 가진 아동은 전통적으로 유아기 동안 부모에게 다가가지 않는다. 안아주면 등을 구부리고 자신의 주변에 누가 있는지 인지하지도 못하고 관심도 나타내지 않는다. 유사하게 또래 아이들과 다르게 놀이를 할 때 사회적 경험을 하지 않고 다른 사람들이 이들을 보는 것처럼 자신을 보지 못하며 다른 사람들을 흉내 내거나 비슷하게 하려는 욕구를 보이지 않는다(Augustyn & von Hahn, 2020).

의사소통 문제는 자폐에서 다양한 형태로 나타난다. 이 장애를 가진 아동의 절반 정도가 말을 하거나 언어 기술을 발달시키지 못한다(Reindal et al., 2021). 실제로 제니와 같이 최소 3분의 1은 몇 마디 말 이상은 하지 못한다(Autism Speaks, 2020). 말을 하더라도 경직되고 반복적인 언어 패턴을 보인다. 가장 일반적인 언어 문제 중 한 가지가 **반향어**인데, 다른 사람이 말한 문구를 그대로 따라한다. 동일한 억양으로 반복하지만 이해는 하지 못한다. 어떤 아동은 듣고 나서 며칠 동안 그 문장을 반복하기도 한다(지연 반향어).

비언어적 행동도 언어적 의사소통에서 특이하게 나타난다. 예를 들면 말할 때 적절한 음조를 사용하지 않는다. 자폐증이 있는 사람들의 얼굴 표정이나 신체 제스처가 적거나 거의 없는 것은 매우 흔하다. 또한 상당수가 상호작용할 때 눈맞춤을 유지하지 못한다. 예를 들면 제니는 '거의 누구와도 눈을 마주치지 않는다'고 사례에서 기술되었다.

자폐증이 있는 사람들은 또한 **매우 경직되고 반복적인 행동, 관심사 및 언어 패턴**을 넘어서는 활동을 광범위하게 나타낸다(Augustyn & von Hahn, 2020). 전형적으로 사물, 사람이나 일상의 사소한 변화에도 쉽게 흥분하고 반복적인 행동을 변화시키려는 시도에 저항한다. 예를 들어 제니의 특수치료사도 그녀가 새로운 사람이나 새로운 물건을 대할 때 가장 공격적이 된다는 것을 알아챘다.

유사하게 다른 자폐 아이들도 부모가 낯선 안경을 쓰거나 방의 의자 위치가 달라지고 혹은 동요의 단어가 바뀌면 분노발작을 일으키기도 한다. Kanner(1943)는 이러한 반응을 **상동 보속성**이라고 하였다. 더욱이 많은 자폐 아동은 플라스틱 뚜껑, 고무줄, 단추, 물과 같은 특정 사물에 강하게 애착되어 있다. 아이들은 이러한 물건을 모으고 가지고 다니고 계속해서 그 물건을 가지고 논다. 어떤 아이들은 움직임에 매료되어서 선풍기와 같이 빙빙 도는 물건을 몇 시간이고 지켜보기도 한다.

자폐를 가진 사람은 **운동 반응**도 비정상적이고 경직되며 반복적이다(Y. H. Lim et al., 2021). 뛰어오르고 팔을 펄럭이고 손과 손가락을 꼬고 흔들고 돌리고 얼굴을 찡그리는 등의 행동을 보인다. 이 행동은 **자기자극행동**으로 불린다. 어떤 아이들은 **자해행동**을 보이는데, 반복해서 벽에 머리를 쿵쿵 박거나 머리카락을 잡아당기거나 스스로 자신을 물어뜯는 등의 행동을 한다(Augustyn & von Hahn, 2020).

자폐스펙트럼장애 증상은 자극에 대한 매우 손상되고 모순된 반응 패턴으로 나타난다(Carroll et al., 2020; Gara et al., 2020). 때때로 자폐를 가진 사람은 시각 자극이나 소리에 과도하게 자극되어 이를 없애려고 애쓰는 것으로 보이기도 하고(과잉반응), 어떤 때는 자극이 충분하지 않아 스스로 자신을 자극하는 행동을 보이기도 한다(과소반응). 예를 들어 탄산수가 펑 하고 열리는 소리가 나도 이런 큰 소리에 반응하는 데 실패하기도 한다.

마음 이론 사람들이 전혀 알 수 없는 정보가 아닌 나름의 신념, 의도와 기타 정신 상태에 따라 행동한다는 인식

공동 주의 현재 환경 속 사물이나 사건에 대해 다른 사람과 초점을 공유하는 것으로, 동일한 사물에 주의를 주면서 시선 모으기, 가리키기, 참조 혹은 다른 언어적·비언어적 표식을 공유한다.

자폐스펙트럼장애의 원인은 무엇인가 자폐스펙트럼장애에 대한 다양한 설명이 있다. 이 장애는 사회문화적 설명이 강조되는 장애 중 하나이다. 사실 초기 이러한 설명은 연구자들로 하여금 잘못된 생각을 하게 만들었다. 생물학적·심리학적 영역의 좀 더 최근 연구를 통해 임상 이론가들은 인지적 문제와 뇌의 비정상성이 자폐의 일차적인 원인이라고 생각하게 되었다.

사회문화적 원인 처음에 이론가들은 역기능적 가족과 사회적 스트레스가 자폐의 원인이라고 생각했었다. 예를 들어 자폐가 처음 규명되었을 때 Kanner(1954, 1943)는 부모의 특정 성격이 발달에 부정적인 분위기를 조성하여 장애가 일어나게 한다고 하였다. 똑똑하지만 차가운 부모를 '냉장고 부모(refrigerator parent)'라고 하였다. 이러한 주장은 부모 자신의 자기상과 대중에 거대한 영향을 미쳤지만, 어떤 연구도 경직되고 차갑고 거부적이거나 손상된 부모가 문제라는 가설을 지지하지 못하였다(Augustyn, 2020; Lerner et al., 2018).

심리적 원인 어떤 이론가들에 따르면 자폐를 가진 사람은 정상적 의사소통과 상호작용을 불가능하게 하는 주요한 지각적·인지적 어려움을 가진다. 영향력 있는 설명 중 하나에 따르면 이 장애를 가진 사람은 마음 이론을 발달시키지 못한다. **마음 이론**(theory of mind)이란 사람들은 모르는 정보가 아닌 자신의 신념, 의도와 정신 상태에 의거해서 행동한다는 인식을 의미한다(Lecheler et al., 2020)(제13장 443쪽에서 논의한 정신화와 유사하다고 생각할 수도 있다).

3~5세가 되면 대부분의 아이들은 다른 사람의 입장을 고려할 수 있으며 그 사람이 무엇을 할지 예상하는 데 이를 사용할 수 있다. 어느 정도 다른 사람의 마음을 읽는 법을 배운다. 예를 들어 우리가 제시카가 그릇 안에 구슬을 넣는 것을 보고, 프랭크는 제시카가 낮잠을 자는 사이에 옆 방으로 구슬을 옮기는 것을 보았다고 하자. 제시카는 프랭크가 옮긴 것을 모르기 때문에 나중에 제시카가 그릇에서 구슬을 찾을 것이라는 점을 안다. 정상 아동은 제시카의 행동을 정확하게 예측할 것이다. 자폐를 가진 사람은 이렇지 않을 것이다. 이 사람은 구슬이 실제로 어디에 있는지 자신이 알기 때문에 제시카가 옆 방에 가서 찾을 것이라고 예상할 것이다. 이 사람에게 제시카의 정신 과정은 중요하지 않다.

연구에 의하면 자폐를 가진 사람이 이러한 제약을 가진 유일한 사람은 아닐지라도 이들은 일종의 '마음 맹목(mind-blindness)'을 가진다(Ellis et al., 2020; van Tiel et al., 2020). 따라서 이들은 다른 사람의 관점을 포함한 언어를 사용하고 가상극을 하거나 관계를 발달시키고 사람 간 상호작용에 참여하는 데 어려움을 가진다. 자폐를 가진 사람은 왜 이런저런 인지적 제약을 가지는가? 일부 이론가들은 이들이 적절한 인지 발달을 방해하는 초기 생물학적 문제를 겪는다고 믿는다.

자폐를 가진 사람들은 **공동 주의**(joint attention) 결함도 보이는데, 이는 마음 이론의 결함과 관련된 인지적 문제일 수 있다. 자폐를 가진 사람은 현재 주어진 환경 속에서 동일한 사물과 사건에 대해 다른 사람과 시선 모으기, 관찰 대상에 대해 참조하기, 가리키기 혹은 다른 행

Mohd Samsul Mohd Said/Getty Images

자폐적인, 예술적인 200여 명의 자폐증을 가진 아동이 참여한 말레이시아에서 열린 2019년 세계자폐인식의 날 기념식에서 자폐증을 가진 아동이 벽화 그리기를 즐기고 있다. 자폐를 가진 사람들의 시각적, 촉각적 미세운동 기술, 의사소통 능력과 자기상을 향상시키는 데 도움을 주는 교육 및 치료 프로그램으로 예술치료가 제공된다.

동을 통해 초점을 공유하는 데 큰 어려움을 가진다(Hampton et al., 2020; Zachor & Ben-Itzchak, 2020). 중증 자폐를 가진 사람이 다른 사람들 주변에 있을 때 그들은 단지 '공유된' 경험을 가지고 있지 않은 것이다.

왜 자폐를 가진 사람들은 이러한 인지적 문제를 가지는가? 대부분의 이론가들은 생물학적 원인이 적절한 인지발달과 기능을 저해한다고 본다.

생물학적 원인 몇 년 동안 연구자들은 어떤 생물학적 비정상성이 마음 이론의 결함과 다른 자폐 특징을 야기하는지 알아보려 노력하였다. 아직까지도 상세한 생물학적 설명을 발달시키지는 못하였으나 몇 가지 가능한 단서를 밝혀냈다. 첫째로 자폐를 가진 사람의 친척에 대한 조사에서 **유전적 요인**의 가능성이 제시되었다. 예를 들어 형제자매에서 자폐 유병률은 10~20%까지 나타나는데, 이는 정상집단에 비해 매우 높은 수치이다(Augustyn, 2020). 이 밖에 일란성 쌍생아에서 자폐 유병률은 60%가 된다. 유전 연구에 의해 다른 유전자와 결합하여 자폐스펙트럼장애의 가능성을 증가시키는 특정 유전자가 점차적으로 밝혀지고 있다(Carroll et al., 2020; Herrero et al., 2020).

어떤 연구에 의하면 자폐는 **태내기 문제**나 **출산 시 문제**와 관련 있다(Augustyn, 2020; Styles et al., 2020). 예를 들면 어머니가 임신 시 풍진(독일에서는 홍역)이 있을 때 장애가 생길 기회는 더 많아진다. 임신 전후에 독성 화학물질에 노출되거나 출산 시 합병증을 일으킬 수가 있다.

또한 연구자들은 자폐를 일으키는 특정 **생물학적 이상**을 규명하였다. 처음에 연구자들은 부분적으로 주의의 빠른 이동을 통제하는 데 도움을 주는 **소뇌**의 비정상적 활동이나 해부학적 문제가 이 장애의 원인이 될 것으로 보았다(Su et al., 2020). 소뇌의 비정상성은 여전히 자폐스펙트럼장애 발달에 기여 가능한 요인으로 간주되지만 과거 20여 년의 연구를 통해 **뇌량**, **전두엽피질**, **편도체**, **안와전두피질**, **대상피질**, **선조체**, **시상**을 포함하는 뇌 구조들과의 관련성이 밝혀졌다(Ayub et al., 2021; Herrero et al., 2020; Kuo & Liu, 2020). 이러한 뇌 구조의 어떤 이상이 장애의 원인으로 기여할 수 있다. 그러나 일련의 과학자들은 뇌 회로의 중요성을 특히 강조하면서 많은 이론가는 이들 구조 혹은 다른 뇌구조 간의 의사소통 결함(**상호연결성 결함**)이 자폐스펙트럼장애의 주요 단서가 될 것이라고 믿고 있다. 이러한 믿음은 자폐를 가진 사람들과 자폐적 행동을 보이는 동물 연구에서 여러 뇌 구조 간의 빈약한 상호연결(때로는 과잉 연결과 때로는 과소 연결)의 발견으로 지지되고 있다(Carroll et al., 2020; Su et al., 2020). 자폐 관련 뇌 회로 기능 문제가 이 장애의 주요 단서라고 결론을 내리고 싶지만 아직까지 이러한 회로의 존재 혹은 속성에 대해 충분한 연구가 확립되지 않았다.

마지막으로 과거 20년 동안 매우 많은 주목을 받았으나 밝혀지지 않은 자폐스펙트럼장애에 대한 생물학적 설명(MMR 백신)을 살펴보는 것도 의미가 있을 것이다. 1998년에 한 연구팀에 의해 **출생 후 문제**[홍역, 유행성 이하선염, 풍진 백신(MMR 백신)]가 일부 아동에게서 자폐 증상을 발생시킨다는 연구가 발표되었다(Wakefield et al., 1998). 특히 연구자들은 12~15개월 사이에 백신을 맞은 아동에게서 그러하다고 하였는데, 몸 전체에 홍역 바이러스가 증

흥미로운 이야기

놀라운 숫자

매일 약 100명이 미국에서 자폐스펙트럼장애로 진단된다(MGC, 2019).

AP Photo/Javier Galeano

동물과 연결 쿠바 하바나의 국립 수족관에서 치료사들은 정기적으로 돌고래, 바다거북, 바다사자를 쓰다듬어주고 만지는 시간을 마련한다. 이 시간은 자폐스펙트럼장애를 가진 많은 어린이와 지적장애가 있는 다른 어린이들이 보다 자발적이고 독립적이며 사교적이 되도록 도움을 준다.

가되고 강력한 위장장애를 유발하여 그것이 궁극적으로 자폐스펙트럼장애를 일으킨다고 하였다.

그러나 1998년 이후 시행된 모든 연구는 이 결과와 반대였다(Augustyn, 2020; DeStefano & Shimabukuro, 2019). 예를 들면 역학 연구에서 반복적으로 MMR 백신을 맞은 아동과 그렇지 않은 아동 간 자폐 유병률에 차이가 없었다. 또한 원래 연구를 다시 재검토한 결과 방법론적으로 문제가 있었고 실제 참가자의 의료기록 일부 사실에 오류가 있었으며 주요 연구자들의 이해충돌이 있었고 실제로 MMR 백신과 자폐스펙트럼장애 간 관련성을 시연해 보이는 데 실패하였다(*Lancet*, 2010). 이 연구를 출간한 란셋(*Lancet*)은 결과적으로 이 결과를 다시 추적하였다. 불행하게도 1998년도 연구에 대한 확실한 반박과 20년간의 근거에 대한 도전에도 불구하고 많은 걱정스러워하는 부모가 매우 심각한 질병 위험에 노출됨에도 자신의 아이에게 MMR 백신을 접종하는 데 주저하고 있다.

왜 많은 사람은 그렇게도 많은 반대 증거에도 불구하고 아직도 MMR 백신이 자폐스펙트럼장애를 일으킨다고 믿는가?

임상가와 교육자는 자폐스펙트럼장애를 어떻게 치료하는가 아직까지 자폐적인 패턴을 완전히 바꿀 수 있다고 알려진 치료는 없지만, 치료는 자폐를 가진 사람이 환경에 더 잘 적응하는 데 도움을 준다. 특히 도움이 되는 치료는 **인지행동치료**, **의사소통 훈련**, **부모 교육**과 **지역사회 통합치료**이다. 또한 정신과 약물과 특정 비타민이 다른 접근들과 함께 결합될 때 도움이 된다(D'Aló et al., 2021; Weissman, 2020).

인지행동치료 거의 50년 이상 인지행동치료는 자폐증 사례에 사용되었다. 특히 부정적이고 역기능적인 것을 줄이고 말, 사회 기술, 교실 활동, 자조 기술을 새로 혹은 적절하게 가르치기 위한 행동 중심의 중재가 많이 사용되었다. 가장 많이 사용되는 것은 모델링과 조작적 조건형성이다(Sarcia, 2021; Tseng et al., 2020). **모델링**에서 치료자는 바람직한 행동을 시연하고 이 장애를 가진 사람들이 흉내 내도록 한다. **조작적 조건형성**에서는 행동을 강화하는데, 먼저 학습해야 할 행동을 단계별로 잘라서 각 단계를 분명하고 일관되게 보상하여 (배워야 할) 행동을 완성한다. 세심한 계획과 실행을 통해 이 절차는 더 기능적인 행동을 창출해낼 수 있다.

선구자적인 장기 종단 연구에서 자폐증 아동의 두 집단을 비교했다(Rodgers et al., 2021;

Jahi Chikwendiu/The Washington Post via Getty Images

특별한 유대 함께하는 험난한 길을 감안할 때 자폐증을 가진 아이들과 부모 사이의 유대감은 종종 특별하게 친밀하고 강렬하다. 자폐증을 가지고 있으며 말을 하지 못하는 고르디 베일린슨은 버지니아주 헌든에 있는 아이성장치료센터(Growing Kids Therapy Center)에서 치료 회기 동안 손을 뒤로 뻗어서 아버지 얼굴을 만지고 있다.

Lovaas, 2003, 1987; McEachin et al., 1993). 19명은 집중행동치료를 받았고, 19명이 통제집단이었다. 아동이 3세 때 치료가 시작되었다. 7세가 되면서 행동집단은 학교 수행이 좋아졌고 지능검사에서도 통제집단보다 높은 점수를 나타냈다. 많은 아동이 정규교실에서 수업할 수 있게 되었다. 향상은 아동이 10대가 되었을 때까지도 유지되었다. 이러한 결과에 비추어 많은 임상가들은 자폐스펙트럼장애 치료에 조기 행동 프로그램을 선호하고 있다(Rodgers et al., 2021; Autism Speaks, 2020).

자폐스펙트럼장애 아동 치료 가운데 특히 행동치료는 아주 어린 나이에 개입을 시작할 때 가장 큰 효과를 얻는 것 같다(Tseng et al., 2020). 아주 어린 자폐 아동은 종종 집에서 치료를 시작해서 3세가 되면 집 밖에서 하는 특별 프로그램에 참여한다. 전통적으로 교육, 건강 혹은 사회복지기관 서비스는 3세까지 제공된다. 그 이후는 각 주의 교육부서가 어떤 서비스를 제공할지 결정한다.

최근 자폐 유병률 증가를 감안하여 특별시설을 갖춘 교실에서 자폐 아동을 훈련하고 교육하려 한다(Rudy, 2019; McLaughlin, 2017). 그러나 대부분의 지역은 자폐를 가진 학생의 욕구를 충족시킬 만큼 설비가 잘 갖추어지지 않았다. 교육과 치료가 결합된 특별학교에 다니는 학생이 가장 운이 좋은 학생이다. 이러한 학교에서 특별 훈련을 받은 교사가 아동이 세상과 상호작용하며 기술을 향상시키도록 돕고 있다. 기능이 좋은 자폐 아동은 낮 시간 중 최소 일부분이라도 일반 교실로 돌아가서 시간을 보내기도 한다(Weissman, 2019, 2018).

의사소통 훈련 집중행동치료가 시행된다고 해도 자폐를 가진 사람의 절반 정도는 말을 하지 못한다. 따라서 수화나 동시에 따라 하기 등과 같은 다른 형태의 의사소통을 가르쳐야 한다. 사물이나 요구를 대표할 수 있는 글자, 그림이나 상징을 사용하는 의사소통판이나 컴퓨터와 같은 **대체 의사소통체계**(augmentative communication system)를 사용하는 법을 배우기도 한다(White et al., 2021). 예를 들어 '배고프다'는 의미를 표현하기 위해 포크 그림을 가리키거나 '음악을 듣고 싶다'는 의미로 라디오를 가리킬 수 있다. 예를 들면 앞의 제니 사례에서 '그림책'을 사용했던 것을 기억해보라.

일부 자폐증 프로그램은 앞에서 읽은 인지 능력인 공동 주의 능력에 대한 작업을 통해 언어 및 의사소통 기술의 향상을 도모한다. 임상가는 개인이 다른 사람의 눈을 응시하고, 관찰된 대상을 참조하고, 대상을 가리키고, 다른 사람들과 공동 활동에 참여할 때 다른 '나눔' 행동을 수행하도록 가르친다. 연구에 따르면 특히 취학 전 아동기에 이러한 개입이 의사소통, 언어, 사회 발달 및 자폐증의 다른 특징을 개선하는 데 도움이 될 수 있었다(Landa, Frampton, & Shillingsburg, 2020; Raulston et al., 2020).

대체 의사소통체계 자폐스펙트럼장애, 지적장애 또는 뇌성마비가 있는 사람에게 의사소통판이나 컴퓨터에 있는 그림, 기호, 문자 또는 단어를 가리키도록 가르쳐 의사소통을 향상시키는 방법

지적장애(ID) 평균보다 훨씬 낮은 지적 기능과 적응행동을 특징으로 하는 장애. 이전에는 '정신지체'라고 하였다.

부모 교육 오늘날 치료 프로그램에는 다양한 방식의 부모 교육이 포함된다. 예를 들어 행동 프로그램에는 종종 부모가 행동 기법을 집에서 적용할 수 있도록 부모 교육이 포함된다(Dai et al., 2021; Johnson, Butler, & Scahill, 2019; Monz et al., 2019). 부모용 매뉴얼과 교사 가정 방문이 이 프로그램에 포함된다. 연구를 통해 훈련된 부모로 인해 얻는 행동적 이득이 교사가 하는 것과 유사하거나 도리어 크다고 밝혀졌다.

부모 교육 프로그램에 더하여 개인치료와 지지집단이 자폐 아동의 부모가 자신의 감정과 욕구를 더 잘 다루도록 돕는 데 사용될 수 있다(Mills et al., 2020; Da Paz & Wallander, 2017). 수많은 부모 연합과 단체가 정서적 지지와 실제적인 도움을 제공하고 있다.

지역사회 통합 오늘날 많은 자폐에 대한 학교 기반·가정 기반 프로그램은 자조 기술, 자기 관리 기술, 생활 기술, 사회 기술 및 작업 기술을 가능한 한 빨리 가르쳐 아동이 지역사회에 더 잘 적응하도록 돕는다(Styles et al., 2020; Tseng et al., 2020). 또한 많은 종류의 **그룹홈**과 **보호작업장**이 세심하게 운영되고 있어 자폐를 가진 청소년과 젊은이들이 이용할 수 있다. 그룹홈과 보호작업장, 그리고 관련 프로그램은 자폐를 가진 청소년과 젊은이들이 지역사회의 일원이 되게 하며 언제나 자녀를 돌보고 감독해야 하는 부모의 염려를 줄여준다.

AP Photo/Albuquerque Journal, Pat Vasquez-Cunningham

의사소통 배우기 인지행동 임상가와 교육자는 많은 자폐스펙트럼장애 아동에게 의사소통을 가르치는 데 성공한다. 여기에 음성 언어 전문가가 인지행동 기법과 의사소통판 사용을 결합해서 3세 아동에게 자신을 더 잘 표현하고 다른 사람을 더 잘 이해하는 법을 가르치고 있다.

지적장애

26세의 에디 머피를 통해 우리는 지적장애, 예전에는 정신지체라고 불렸던 진단에 대해 살펴볼 수 있다.

> 지적장애는 무엇인가? 말하기 어렵다. 추측컨대 사고하는 데 어려움을 가진 것을 의미하는 것 같다. 어떤 사람들은 특정 사람의 외양만 보고 지적장애인지 아닌지 구분할 수 있다고 한다. 그렇게 생각한다면 사물에 대해 깊이 탐색하고 사고하면서 얻게 되는 이점을 누리지 못하는 것이다. 그들이 어떻게 생겼고 어떻게 말하고 어떠한 검사 점수를 보였는지에 의해 사람을 판단하게 되면 사람 내면에 있는 것을 절대로 알지 못한다.
>
> (Bogdan & Taylor, 1976, p. 51)

성인기 에디에 대해 임상가들은 그의 지적 능력이 이전에 가정했던 것보다 더 높다는 것을 알게 되었다. 그러나 그동안 그는 아동기와 청소년기를 지적장애라고 불린 채 보냈으며, 그의 진술을 통해 이 장애로 진단된 사람들이 자주 직면해야 하는 어려움이 드러난다(McConkey et al., 2021).

2010년, 연방정부는 '로사법'이라고 알려진 법에 따라 모든 건강, 교육과 작업장의 정책에서 '정신지체'라는 용어를 '지적장애'라는 DSM-5 용어로 의무적으로 대체하였다. 지적장애를 가진 사람들은 매우 다양한데, 병원에 수용된 몸을 잘 가누지 못하는 아동, 특별 직업 프로그램에서 일하는 젊은이, 단순노동을 하면서 가족을 부양하는 성인 남녀가 모두 포함된다. 100명 중 1명 정도가 이 진단 준거에 해당한다(Lee, Cascella, & Marwaha, 2020; SO, 2020). 남성이 약 4분의 3이고 대다수가 경도 수준의 장애에 해당된다.

적응행동에 어려움이 있고 전반적인 **지능**이 평균에 훨씬 못 미치면 **지적장애**(intellectual disability, ID) 진단이 내려진다(APA, 2013). 낮은 지능지수(70 미만의 지능지수) 외에도 지적장애를 가진 사람은 의사소통, 가정생활, 자발성, 직업이나 안전과 같은 영역에서 큰 어려움을 보인다. 또한 증상이 18세 이전에 나타나야 한다(표 14.7 참조).

표 14.7

진단 체크리스트

지적장애
1. 추리, 문제해결, 계획, 추상적 사고, 판단, 학업, 경험 학습 등과 같은 지적 기능의 결함. 이는 임상적 평가와 개별 표준화 지능검사 모두에서 확인되어야 함
2. 가정, 학교, 일터, 지역사회 등의 여러 환경에서 의사소통, 사회참여, 독립생활과 같은 일상생활 활동 중 1가지 이상에서 적응 기능 결함을 보임. 동일 연령에서 기대되는 행동에 미치지 못하며 학교, 일터 혹은 독립생활을 하기 위해서는 지속적인 도움이 필요
3. 지적 및 적응 결함이 발달 시기에 시작(18세 이전)

출처 : APA, 2013.

지능지수(IQ) 이론적으로 개인의 전반적인 지적 능력을 나타내는 지능검사에서 산출된 점수

지능 평가하기 교육자와 임상가는 지능검사를 시행하여 지능을 평가한다(제3장 참조). 이 검사에는 다양한 질문과 지식, 추론 및 의사결정과 같은 지능의 여러 측면과 관련된 과제들이 포함된다. 한 가지 혹은 두 가지 이상의 기능 문제를 가지는 것이 반드시 낮은 지능을 나타내는 것은 아니다(**심리전망대** 참조). 개인의 전반적인 검사 점수 혹은 **지능지수**(intelligence quotient, IQ)는 전반적인 지적 능력을 반영하는 것으로 여긴다.

많은 이론가는 지능지수가 실제로 타당한지 의문을 가지고 있다. 실제로 우리가 측정하려는 것을 측정하는가? 지능지수와 학교 수행 간의 상관이 어느 정도 높은데(약 .50) 이것은 높은 지능을 가진 아동은 공부를 더 잘하지만 낮은 지능을 가진 많은 아동은 공부를 못한다는 것을 의미한다(McGowan & Hennessey, 2019; Sternberg et al., 2001). 동시에 상관관계가 완벽하지 않다는 것도 의미한다. 즉 어떤 아동의 학교 성적은 지능지수로 기대할 수 있는 것에 비해 높기도 하고 낮기도 하다. 더욱이 극단적으로 낮은 지능지수에 대해서는 지능검사가 정확하지 않아 심각한 수준의 지적장애를 가진 사람을 적절하게 평가하기가 어렵다.

또한 지능검사는 제3장에서 본 바와 같이 사회문화적 편향과도 관련된다. 중산층 가정에서 자란 아동은 검사에서 이득을 얻는데, 이 아동은 정기적으로 지능검사와 유사한 언어와 사고방식에 노출된다. 분명히 일종의 지적 능력을 필요로 하는 것임에도 불구하고 검사는 가난하고 범법 지역에 사는 사람의 생존에 필요한 '실제 상황'은 거의 평가하지 않는다. 또한 문화적으로 소수인 사람이나 영어가 모국어가 아닌 사람에게 이 검사는 불리하다.

지능검사가 평가하지 못하는 다른 종류의 지능이 존재하는가? 검사의 타당도와 유용성에 대해 시사하는 바는 무엇인가?

지능검사가 언제나 지능을 정확하고 객관적으로 측정하는 것이 아니라면, 지적장애 진단 또한 편향될 수 있다. 즉 어떤 사람은 검사의 결함, 문화적 차이, 검사 상황의 불편함 혹은 검사자의 편향 등으로 인해 편파된 진단을 받을 수도 있다.

적응 기능 평가하기 진단가는 지적장애를 진단할 때 지능지수 70점이라는 절단점에만 의존해서는 안 된다. 낮은 지능지수를 가진 사람 중에서도 스스로 삶을 꾸려가고 기능할 수 있는 사람이 있는가 하면 그렇지 않은 사람도 있다.

- **브라이언**은 저소득층 가정에서 태어났다. 그는 집과 지역사회에서 언제나 적절하게 기능해왔다. 어머니가 퇴근할 때까지 매일 혼자서 옷을 입고 식사하고 자신을 잘 관리하였다. 또한 친구들과도 잘 어울렸다. 그러나 학교에서 브라이언은 숙제를 하거나 모임에 참여하기를 거부하였고 교실에서 잘 수행하지 못하였으며 때때로 멍한 상태로 있기도 하였다. 교사가 학교 심리학자에게 그를 의뢰하였다. 지능지수 60이라는 판정을 받았다.

- **제프리**는 중산층 가정에서 태어났다. 언제나 발달이 늦었으며 앉고 서고 말하기가 모두 늦었다. 영아와 유아기 동안 특별 자극 프로그램에 참여하였고, 가정에서도 각별한 도움과 관심을 기울였다. 아직도 제프리는 혼자서 옷 입는 데 어려움이 있고 다치거나 길을 잃을까 봐 뒷마당에 혼자 둘 수가 없다. 학교 공부는 제프리에게 너무 어렵다. 담임교사는 천천히 해야 했고 개별적인 지시를 주어야만 하였다. 제프리는 6세 때 받은 지능검사에서 60점을 받았다.

브라이언은 학교 외의 환경에서는 잘 적응하는 듯하다. 그러나 제프리의 한계는 더 전반적이다. 낮은 지능지수 외에도 제프리는 집과 그 밖의 어느 곳에서도 어려움에 부딪친다. 따라서 지적장애 진단은 브라이언보다는 제프리에게 더 적절하다.

적응행동을 평가하는 몇몇 척도가 개발되었다. 그러나 여기에서도 몇몇 사람들은 척도에서 예측하는 것보다 훨씬 잘 기능하는가 하면 어떤 사람들은 그렇지 못하다. 그래서 지적장애를 적절하게 진단하기 위해 임상가들은 그 사람의 배경과 지역사회 기준을 고려하면서 각 개인을 일상 속에서 관찰해야 한다. 하지만 그렇다고 해도 임상가들이 특정 문화나 지역사회의 준거에 익숙하지 않으므로 이러한 판단은 주관적이 될 수 있다.

Diego Lima/AFP/Getty Images

장벽을 깨다 31세 노엘리아 가렐라(가운데)가 아르헨티나 코르도바에서 유치원생들에게 책을 읽어주고 있다. 그녀는 공립학교 교사로 일하는 세계에서 몇 안 되는 지적장애인 중 한 사람이다. 그녀가 어렸을 때 보육학교는 그녀를 '괴물'이라고 거부하였다.

지적장애의 특징은 무엇인가 지적장애의 가장 일관된 특징은 매우 늦게 학습한다는 것이다. 이 밖의 문제 영역으로는 주의, 단기기억, 계획 능력과 언어가 있다(Bertelli et al., 2021; Zagaria et al., 2021). 지적장애로 시설에 있는 사람들은 특히 이러한 어려움을 가지는 것 같다. 많은 기관에서 자극 없는 환경과 병원 직원들로만 이루어지는 최소한의 상호작용이 이러한 어려움을 심화시키고 있다. 전통적으로 지적장애를 **경도**(IQ 50~70), **중등도**(IQ 35~49), **중도**(IQ 20~34), **최중도**(IQ 20 미만)의 네 가지 수준으로 구분한다.

경도 지적장애 지적장애를 가진 모든 사람의 80~85%가 **경도 지적장애**(mild ID) 범주(IQ 50~70)에 해당한다. 때때로 이들은 학교 수업에서 도움을 받을 수 있고 성인이 되면 자립할 수도 있어서 '교육 가능 지적장애'라고도 한다. 경도 지적장애는 아동이 학교에 입학하여 평가받기까지는 잘 인지되지 않는다. 이 사람들은 어느 정도 일반적인 언어, 사회, 놀이 기술을 나타내지만 학업적·사회적 욕구가 점차적으로 증가되어 한계가 드러나는데, 이러한 스트레스 상황에서는 도움을 필요로 한다(Halstead, Stanley, & Greer, 2019). 흥미롭게도 경도 지적장애를 가진 사람의 지적 수행은 종종 나이가 들면서 향상되는 것 같다. 심지어 어떤 사람은 학교를 졸업할 때는 지적장애라는 낙인 자체에서 벗어나 지역사회에서 잘 기능하게 된다. 이들이 가지는 직업은 비숙련공이거나 중간 정도의 기술을 요하는 업무이다.

지적장애 연구는 사회문화적·심리적 측면에서 원인을 주로 연구하는데, 특히 아동기 동안 가난하고 자극이 없는 환경, 부적절한 부모-자녀 상호작용, 그리고 불충분한 학습 경험을 연구한다(Guralnick & Bruder, 2019; Pivalizza & Lalani, 2018). 이러한 관계는 충분한 환경과 결핍 환경을 비교하는 연구에서 관찰된다. 실제로 몇몇 지역사회 프로그램은 지능이 낮은 아동의 환경 촉진을 도모하기 위해 요원을 가정으로 파견하는데, 이들의 개입은 아동의 기능 향상에 기여하기도 한다. 지속적으로 운영되었을 때 이러한 프로그램은 개인의 이후 학교 수행과 성인 역할 향상에도 도움이 된다(Guralnick & Bruder, 2019; Ramey & Ramey, 2007, 2004).

사회문화적·심리적 요인이 경도 지적장애의 주된 원인이기는 하지만, 몇 가지 생물학적 요인도 최소한 영향을 미친다. 연구에서 보고된 예를 들면 어머니의 중등도 음주, 약물사용이나 임신기 영양불량이 아동의 지적 잠재력을 낮추기도 한다(Baldor, 2020). 유사하게 초기 아동기의 영양불량은 시간이 한참 지난 후에 섭식을 개선하면 부분적으로 약간은 개선된다고 해도 지적 발달을 해치게 된다.

흥미로운 이야기

가장 나쁜 단어

금세기 초반 일반인 대상의 설문 조사에 따르면 장애와 관련하여 가장 공격적인 단어는 '지체된'이었다. 이러한 이유로 연방 법에서 이 명칭을 '지적장애'로 변경하는 법안을 통과시켰다.

심리전망대

읽기와 '스기'와 '신수'

전체 아동 중 10~15%(여자아이보다는 남자아이에게서)는 학습, 의사소통이나 통합과 같은 영역에서 또래에 비해 늦게 발달하거나 기능이 부진하다(Hamilton, 2020a). 이 아동은 지적장애가 아니며 실제 매우 영리하기도 하지만 이러한 문제로 인해 학교 공부, 일상생활에 어려움이 있으며 어떤 경우에는 사회적 상호작용에도 영향을 받는다. 이러한 아동은 일종의 신경발달장애를 겪고 있는 것이다.

Marmaduke St. John/Alamy Stock Photo

난독증 극복하기 학습장애 전문가는 다중감각 접근을 사용하는데, 여기에는 컬러타일 조작, 디지털 도구, 종이와 연필로 하는 활동과 실전 전략 등이 포함된다. 난독증을 가진 아동이 특히 'length' 'strength'와 같이 소리를 내지 않는 묶음 단어를 읽고 쓰는 데 도움을 준다.

소위 **특정학습장애**라는 신경발달장애를 가진 아동은 읽기, 쓰기, 산수 혹은 수학적 추론 기술 습득에 유의미한 손상을 보인다(Kishore et al., 2021). 이러한 아동 중 일부는 읽고 있는 문장의 의미를 이해하는 데 어려움을 보이기도 하고 부정확하게 읽거나 느리게 읽기도 하고 또는 철자법 문제를 가지는데, 이는 **난독증**이라고 알려져 있다(Nora et al., 2021).

의사소통장애라고 하는 신경발달장애는 **언어장애**, **말소리장애**와 아동기 발병 **유창성장애**(말더듬)가 포함된다. 이러한 아동은 발성에서 유창성과 타이밍에 문제가 있으며 말할 때 어떤 소리를 반복하거나 길게 하거나 특정 소리를 불쑥 끼워넣는다. 또한 말을 마치기 전에 잠시 멈추거나 과도하게 근육을 긴장시키면서 말한다.

마지막으로 **발달성 협응장애**를 가진 아동은 운동 활동을 통합하는 능력이 매우 빈약하다(Smith et al., 2021). 이 장애를 가진 어린 아동은 손놀림이 투박하고 운동화 끈을 조이거나 단추를 채우거나 바지 지퍼를 올리는 기술을 매우 느리게 배운다. 이 장애를 가진 연령이 높은 아동은 퍼즐을 맞추고 모양을 만들고 공놀이를 하거나 그림이나 글자를 쓰는 데 큰 어려움을 보인다.

신경발달장애와 유전적 요소, 뇌의 비정상성, 감각 혹은 지각 기능 문제를 다른 여러 원인과 관련시킨 연구가 이루어졌다(Nora et al., 2021; Hamilton, 2020a, 2020b). 이 장애 중 일부는 특정 치료 접근에 잘 반응한다(Forsythe et al., 2021; Thapliyal & Ahuja, 2021). 예를 들어 읽기치료는 경미한 수준의 읽기장애에 매우 도움이 된다. 언어치료를 통해 말소리장애의 많은 사례가 완벽하게 치료되기도 하였다. 또한 다양한 장애가 어떠한 치료를 받지 않아도 성인기 전에 사라지기도 한다.

중등도·중도·최중도 지적장애 지적장애를 가진 사람의 약 10%는 **중등도 지적장애**(moderate ID)에 해당한다(IQ 35~49). 전형적으로 언어 발달과 학령 전기 놀이에서 결함을 분명히 보이기 때문에 경도 지적장애에 비해 이른 시기에 진단을 받는다. 중학교 시기가 되면 읽기와 셈하기 습득에서 현저한 저하를 보인다. 그러나 성인기가 되면 중등도 지적장애를 가진 사람은 어느 정도의 상호작용 기술을 습득하고 스스로 자신을 보살피고 직업 훈련이 가능하며 지도감독하에서 비숙련 혹은 반숙련 업무의 직장생활을 할 수 있다. 대부분 이러한 사람들은 지도감독을 받으면 지역사회에서 잘 기능한다(Matheis, 2019; Matson & Hong, 2019).

지적장애를 가진 사람의 약 3~4%는 **중도 지적장애**(severe ID)를 나타낸다(IQ 20~34). 전형적으로 유아기 동안 기본 운동과 의사소통에 결함을 나타낸다. 학교에 가서도 두세 단어만을 사용해서 말을 할 수 있다. 보통 세심한 지도감독을 필요로 하며 약간의 직업 훈련이 가능하기도 하고, 구조화된 보호작업장에서 아주 기초적인 일을 수행할 수도 있다. 이들은 대체적으로 말하는 것보다는 이해력이 더 높다. 대부분은 그룹홈이나 요양원 혹은 가족과 함께 주거하는 경우에는 지역사회에서 잘 기능할 수 있다(AAIDD, 2020; Carlon, Stephenson, & Carter, 2019).

지적장애의 약 1~2%는 **최중도 지적장애**(profound ID)에 해당된다(IQ 20 미만). 이 수준의 지체는 아주 어린 시기 혹은 태어날 때부터 알아차릴 수 있다. 훈련을 하면 걷기, 약간의 말하기, 스스로 먹기와 같은 기초 기술을 배우거나 조금 나아질 수 있다. 매우 구조화된 상황이 필요한데, 일대일 보호를 포함하여 밀착 지도감독과 세밀한 도움하에서 그나마 최대치까지 발달시킬 수 있다(AAIDD, 2020; Carlon et al., 2019). 중도와 최중도 지적장애는 종종 심각한 신체장애를 포함한 더 큰 증상군의 일부로 종종 나타난다. 신체적 문제는 종종 낮은 지적 기능보다도 더 문제가 되며 어떤 경우에는 매우 치명적일 수도 있다.

AP Photo/The Idaho Statesman, Kyle Green

더 높은 곳에 도달하다 오늘날 다운증후군 환자는 삶에서 많은 것을 배우고 성취할 수 있는 사람으로 본다. 다운증후군을 앓고 있는 10대 청소년인 에디 고든은 팀버라인고교 야구 팀원들로부터 축하의 헹가레를 받고 있다. 그는 명예로운 선두 타자로 이제 막 베이스를 돌았다.

지적장애의 생물학적 원인은 무엇인가 앞에서 기술한 것처럼 많은 사례에서 생물학적 요인이 작용하기는 하지만 경도 지적장애의 일차적인 원인은 환경이다. 반대로 가족과 사회적 환경이 크게 영향을 미친다고 하더라도 중등도·중도·최중도 지적장애의 일차적인 원인은 생물학적 원인이다(Baldor, 2020; Lee et al., 2022). 지적장애의 주된 생물학적 요인은 염색체 이상, 대사장애, 태내 문제, 출생 시 문제, 아동기 질병과 손상이다.

염색체 원인 지적장애를 일으키는 염색체장애의 가장 일반적 장애는 처음으로 이를 밝힌 영국 의사 Langdon Down의 이름을 따른 **다운증후군**(Down syndrome)이다. 다운증후군은 700명의 신생아 중 1명 정도의 발병률을 보이지만, 이 비율은 산모 나이가 35세를 넘어가면 크게 증가한다(Cooper, 2020; SO, 2020).

다운증후군인 사람은 머리가 작고 얼굴이 평평하며 찢어진 눈, 높이 솟은 광대뼈를 가지고 있으며 몇몇 사람들은 혀가 돌출되기도 한다. 이런 경우는 분명하게 발음하는 데 영향을 받기도 한다. 가족에게 매우 다정하고 애정을 보이는데, 일반적인 수준의 성격 특성을 벗어나지는 않는다.

몇 가지 염색체 이상 형태가 다운증후군을 일으킨다. 가장 일반적인 형태(전체 사례의 94%)는 21 상염색체인데, **21번째 염색체**가 2개가 아닌 3개이다. 다운증후군을 가진 사람의 대부분은 지능지수가 35~55이다. 어린 나이에 나타나며 40세가 되면 치매 신호를 보이기도 한다(Watchman, et al., 2021). 연구에 따르면 다운증후군과 조기 치매는 종종 함께 나타나는데, 이들을 유발하는 유전자가 각기 21번째 염색체 근방에 위치하기 때문이다.

취약 X 증후군은 지적장애를 유발하는 두 번째로 일반적인 원인이다. 6,000명 중 1명이 이 문제를 가지고 태어난다(Cooper, 2020; SO, 2020). 취약 X 염색체(즉 취약하여 손상될 가능성이 큰 유전 이상을 가진 X 염색체)를 가지고 태어난 아동은 경도에서 중등도 수준의 지적 기능 문제, 언어 손상을 나타내며 어떤 경우에는 행동 문제도 나타낸다(Baldor, 2020; van Esch, 2020). 전형적으로 이 사람들은 부끄럼이 많고 불안하다.

다운증후군 21번째 염색체 이상으로 발생하는 지적장애의 한 형태

흥미로운 이야기

성 염색체

- 취약 X 증후군을 유발하는 23번째 염색체는 가장 작은 염색체이다.
- 23번째 염색체가 사람의 성별을 결정하므로 성 염색체라고 불린다.
- 남성에게 23번째 염색체 쌍은 X 염색체와 Y 염색체로 통상 구성된다.
- 여성에게 23번째 염색체 쌍은 2개의 X 염색체로 구성되어 있다.

대사 문제 원인 대사장애에는 신체 손상이나 화학물질 배설에 문제가 있다. 대사장애는 지적·발달적 문제에 영향을 미치는데, 보통 각각의 부모에게서 1개씩 나온 2개의 결함 **열성 유전자** 쌍으로 인해 야기된다. 정상 유전자와 짝이 된 열성 유전자는 문제가 없지만 결함 유전자끼리 짝이 되는 경우 아동에게서 심각한 문제를 일으킨다.

지적장애를 일으키는 가장 일반적인 대사장애는 **페닐케톤뇨증**(PKU)인데, 1만 4,000명 중 1명꼴로 나타난다. PKU 아기는 출생 시에는 정상이지만 아미노산인 **페닐알라닌**을 배설시키지 못한다. 화학물질이 쌓여서 신체에 독이 되는 물질로 바뀌고 중도 지적장애와 다른 증상을 일으킨다(SO, 2020). 오늘날 유아들은 PKU 선별검사를 받고 생후 3개월 전에 특별 섭식을 시작한다면 정상 지능으로 발달할 수 있다(Baldor, 2020; Lee et al., 2020).

태내기, 출산 관련 원인 태아가 발달함에 따라 산모의 주요 신체 문제가 아동의 정상 발달을 위협할 수 있다(AAIDD, 2020; Lee et al., 2020). 예를 들어 산모가 아이오딘을 너무 적게 섭취하면 아이는 **크레틴병**을 일으킬 수 있는데, 비정상적인 갑상선 호르몬, 늦은 발달, 지적장애와 난쟁이 같은 외모로 나타난다(Rapoport, Zhou, & Ahn, 2020). 이 장애는 최근에는 드문데, 대부분의 음식에 들어가는 소금에 아이오딘이 들어 있기 때문이다. 또한 이 장애를 가지고 태어난 유아에게 신속하게 갑상선 추출물을 주어 정상 발달을 유도할 수 있다.

다른 태내기 문제가 지적장애를 일으킬 수도 있다. 제10장에서 본 바와 같이 임신부가 너무 많은 술을 마시게 되면 아동은 낮은 지능을 포함한 심각한 문제를 가진 **태아알코올증후군**(fetal alcohol syndrome)을 가지기 쉽다(CDC, 2020j; Weitzman & Rojmahamongkol, 2020a, 2020b). 임신 시 심한 음주를 한 여성의 1,000명 중 50명 이상이 매해 태아알코올증후군을 가진 아이를 출산하는데, 세계적으로 보면 12만 명의 태아로 추산된다. 실제로 임신 시 알코올 소비의 안전한 수준이 어느 정도인가가 연구에서 밝혀지지 않았다. 또한 임신 시 임신부의 감염(예 : **풍진**과 **매독**)은 지적장애와 같은 아동기 문제를 야기할 수 있다(Lee et al., 2020).

출산 시 문제도 지적장애를 일으킬 수 있다. 출산 동안 혹은 직후에 산소 결핍이 일정 기간 지속되면 아기의 뇌에 손상과 지체를 일으킬 수 있다. 미숙아 출산이 언제나 아동에게 만성적인 문제를 가져오는 것은 아니지만, 연구자들은 1.58kg 미만으로 태어난 경우 때때로 지적장애가 된다는 사실을 밝혀냈다(Cooper, 2020; Oudgenoeg-Paz et al., 2017).

아동기 문제 출생 이후, 특히 약 6세까지 어떤 손상과 사고는 지적 기능에 영향을 미칠 수 있고 어떤 경우에는 지적장애로 이어질 수도 있다(Baldor, 2020; Cooper, 2020). 독성물질, 사고로 인한 심각한 뇌손상, 과도한 엑스레이 노출과 특정 약물에 대한 과도한 노출은 특히 위험하다. 예를 들어 납이 포함된 색료나 자동차 매연에 과도한 노출로 인한 **납중독** 같은 심각한 경우는 아동에게 지적장애를 야기할 수 있다. 수은, 방사능, 아질산염과 농약도 동일하게 작용한다. 더불어 **뇌막염**이나 **뇌염**과 같은 어떤 감염도 적절하게 진단되고 치료받지 않는다면 지적장애를 일으킬 수 있다(Lee et al., 2020; Rapoport et al., 2020).

지적장애를 가진 사람에 대한 개입 지적장애를 가진 사람의 삶의 질은 사회문화적 요소, 즉 누구와 살고 어디에서 지내며 어떻게 교육받고 가정과 지역사회에서 성장이 가능한가에 따라 크게 달라진다(Williams et al., 2021). 따라서 이들에 대한 개입 프로그램은 편안하고 자극을 촉진하는 주거를 제공하며 적절한 교육과 사회경제적 기회를 제공하려 노력한다.

태아알코올증후군 임신 시기 어머니의 과도한 음주로 인해 자녀에게 발생하는 문제군으로, 낮은 지능, 저체중과 손과 얼굴의 비대칭성 등이 나타난다.

적절한 주거는 어떠해야 하는가 최근 몇십 년까지 지적장애 아동의 부모는 가능한 한 어린 나이에 공공기관, 즉 **공립(특수)학교**(state school)에 이들을 보내어 살게 하였다(Roth, Sarawgi, & Fodstad, 2019; Harris, 2010). 과밀화된 기관은 기본적인 보살핌을 제공하지만 수용된 사람들은 무시되고 자주 학대받으며 사회에서 고립되었다.

1960~1970년대 대중은 더 광범위한 **탈시설화** 운동(제12장 참조)의 일환으로 이렇게 열악한 상태에 대해 점차 인식하게 되었고 지적장애를 가진 사람들이 공립(특수)학교에서 풀려나야 한다고 주장하였다(Roth et al., 2019; Harris, 2010). 대부분 적절한 준비나 지도감독 없이 사회로 방출되었다. 조현병 환자의 탈시설화와 같이 실제로 지역사회에 그대로 방치된 것이다. 종종 이들은 적응하는 데 실패하여 다시 시설로 돌아가야만 했다.

Attila Balazs/EPA/Shutterstock

통합교육의 힘 일반 학교에 지적장애를 가진 아동을 배치하는 주류화 혹은 통합교육의 목표는 이 사진에 잘 드러나 있다. 헝가리 부다페스트의 학교에서 다운증후군을 가지고 주류교육을 받고 있는 넌도르 세치(앞에 있는 아동)를 가장 친한 급우가 뒤에서 사랑스럽게 껴안고 있다.

그 이후로 이러한 개혁은 자급자족을 가르치고 집단원들이 환자 보호에 더 많은 시간을 쓰며 교육과 의료 서비스를 제공하는 **소규모** 기관과 다른 형태의 **지역 주거**(집단 거주, 사회복지시설, 대형기관의 지역 지점, 독립 주거시설) 창출로 이어졌다. 이러한 장소들은 덴마크와 스웨덴에서 시작된 **정상화**(normalization) 원리를 따르고 있다. 그들은 융통성 있는 일과, 정상 발달 경험 등 사회의 나머지 사람들이 즐기는 것과 유사한 삶의 환경을 조성하려 노력하는데 이 속에는 자기 결정, 성적 만족과 경제적 자유의 기회 등이 모두 포함된다(van der Weele et al., 2021; Matheis, 2019).

오늘날 지적장애 아동 대다수가 기관보다는 가정에서 생활한다. 그러나 성인기 동안 부모는 나이가 늘어감에 따라 가족은 점점 더 그 사람이 필요로 하는 기회와 지지를 지원할 능력이 부족해진다. 지역사회 주거가 그들 중 일부에게 적절한 대안이 되었다. 대부분 지적장애를 가진 사람들이 이제는 경도 지적장애를 포함해서 가정이나 지역사회 주거 중 한 곳에서 성인의 삶을 보낸다(Brennan et al., 2020; NCD, 2020, 2018).

가장 효과적인 교육 프로그램은 무엇인가 조기 개입의 전망이 크고 밝기 때문에 지적장애 교육 프로그램은 조기 연령에 시작하게 된다. 적절한 교육은 지적장애 정도에 따라 다르다(Wakeman et al., 2021). 교육자들은 아동이 학교에 들어가면 특별분리교육이나 통합교육 중 어느 것이 더 효과적인지에 대해 뜨겁게 논쟁한다(Lee et al., 2020; MHN, 2020c). **특수교육**(special education)에서 지적장애 아동은 특별하게 설계된 교육 프로그램을 받는다. 반대로 **주류화**(mainstreaming) 혹은 **통합교육**(inclusion)에서는 지적장애가 아닌 아동과 정규 교실에서 함께 생활한다. 어떤 접근도 일관되게 우세하지는 않다. 어떤 아동과 어떤 학습 영역에는 통합교육이 더 낫고, 다른 아동과 영역에는 특별분리교육이 더 낫다

특수교육과 비교해서 주류화의 장점은 무엇이고 단점은 무엇인가?

지적장애인들과 일하는 교사는 종종 자조 능력, 의사소통, 사회 기술, 학업 기술을 향상시키는 데 조작적 조건형성 원리를 사용한다(Wakeman et al., 2021; DeRosa, Sullivan, & Roane, 2019; Pivalizza, 2018). 학습 과제를 여러 단계로 잘라서 각 단계에 향상이 있을 때마다 긍정적 보상을 제공한다. 더불어 많은 기관, 학교와 개인 가정에서는 **토큰 경제 프로그램**(기관에 수용

공립학교 지적장애를 가진 사람을 위한 국가 지원 기관

정상화 지적장애를 가진 사람을 위한 시설과 지역사회 거주지는 사회의 나머지 사람들이 향유하는 것과 유사한 생활 조건과 기회를 제공해야 한다는 원칙

특수교육 지적장애가 있는 아동을 모아서 별도로 특별히 고안된 교육을 제공하는 교육 방법

주류화 지적장애 아동을 정규 학교 수업에 배정하는 것. '통합교육'이라고도 한다.

Ben McCanna/Portland Press Herald via Getty Images

정상적인 요구 지적장애가 있는 사람은 정상적인 대인관계 및 성적 요구를 가지고 있으며, 이를 위해 다양한 프로그램에서 훈련과 감독을 받을 수 있다. 다운증후군을 가지고 있는 커플이 특별한 도움이 필요한 사람들을 위한 메인주 포틀랜드의 댄스 파티인 나이트투샤인에서 무대를 돌며 춤추고 있다.

된 조현병과 다른 심각한 정신장애 환자 치료에 사용되었던 조작적 조건형성 프로그램)을 사용한다.

치료는 언제 필요한가 다른 사람과 마찬가지로 지적장애인도 정서행동 문제를 경험한다. 이들 중 30%는 지적장애 외 다른 심리적 장애도 가지고 있다(Eaton et al., 2021; Unwin, Deb, & Rose, 2019). 어떤 사람은 낮은 자존감, 대인관계 문제, 지역사회 생활 적응의 어려움으로 고통받고 있다. 이러한 문제는 어느 정도 개인이나 집단치료로 도움을 받을 수 있다(Blakeley-Smith et al., 2021; Lee et al., 2020). 또한 많은 지적장애인은 정신과 약물도 복용한다(Deutsch & Burket, 2021; A. G. Lim et al., 2021). 많은 임상가는 단순히 이들을 좀 더 쉽게 관리하기 위해 너무 자주 약을 사용한다고 주장한다.

개인적, 사회적, 직업적 성장의 기회를 어떻게 늘릴 수 있는가 사람은 삶을 개선하기 위해 효능감을 느낄 필요가 있다. 지적장애를 가진 사람은 지역사회 속에서 스스로 결정하고 성장할 기회가 주어졌을 때 이러한 감정을 가지게 되는 것 같다(Williams et al., 2021). 정상화 운동이 시작된 덴마크와 스웨덴이 이러한 영역의 선도자가 되어 지적장애인들이 위험을 감수하면서 독자적으로 기능하도록 유소년 클럽을 발달시켰다. 장애인 올림픽 프로그램에서는 지적장애인이 목표를 적극적으로 설정하여 환경에 참여하고 다른 사람들과 상호작용하도록 독려한다(Lee et al., 2020; SO, 2020).

사회화, 성, 결혼은 지적장애인과 이들의 가족에게 어려운 문제이지만 적절한 훈련과 연습을 통해 피임약 사용법을 배우고 가족계획을 책임감 있게 수립할 수 있게 된다(Little et al., 2019; Wilson et al., 2019). 전국적인 옹호기관과 많은 임상가는 현재 이 문제에 대한 지침을 제공하고 있으며 몇몇 사람들은 **데이트 기술 프로그램**을 개발하였다(AAIDD, 2020).

일부 주에서는 지적장애인의 결혼을 제한하자고 한다. 그러나 이러한 법은 강제되지 않으며 실제로 많은 경도 지적장애인은 결혼을 한다. 대중적인 믿음과는 반대로 결혼은 매우 성공적이기도 하다. 또한 어떤 사람은 아이를 양육할 능력이 없지만 스스로 혹은 특별한 도움이나 지역사회 서비스를 이용해서 자녀를 잘 양육할 수 있는 사람도 많다(Wilson et al., 2019; McConnell et al., 2017).

마지막으로 장애 정도와 상관없이 지적장애를 가진 성인은 직업을 유지하면서 얻는 개인적·재정적 보상을 필요로 한다(AAIDD, 2020; Lee et al., 2020). 많은 사람이 **보호작업장**에서 일하는데, 그곳에서 이들은 보호받고 지도감독을 받으며 자신의 능력에 맞게 속도와 수준을 조절하여 훈련받는다. 워크숍에서 훈련을 받은 후 경도 혹은 중등도 지적장애를 가진 많은 사람이 정규직으로 옮긴다.

지적장애인을 위한 훈련 프로그램이 지난 40년 이상 질적으로 향상하였지만 그 수는 매우 적다. 결과적으로 대부분의 사람들이 교육 훈련과 직업 훈련의 전 과정을 다 받지 못한다. 지적장애인이 노동자로서, 한 인간으로서 자신의 잠재력을 더 충분히 성취하기 위해서는 부가적인 프로그램이 필요하다.

요약

신경발달장애

신경발달장애는 매우 어린 아동기 혹은 출생 시에 발생된 뇌 기능 장애로, 행동, 기억, 집중력과 학습 능력 등에 영향을 미친다.

주의력결핍 과잉행동장애(ADHD)를 가진 아동은 과제에 집중하지 못하고 과잉행동을 하며 충동적이기도 하고 둘다 동시에 나타내기도 한다. 리탈린과 다른 흥분성 약물 및 행동 프로그램이 효과적인 치료 방법이다. 이 장애는 많은 경우 성인기까지 이어진다.

가장 많은 연구가 이루어진 자폐스펙트럼장애를 가진 사람들은 극단적으로 타인에게 반응하지 않으며 의사소통 기술이 부족하고 매우 경직되고 반복적인 방식으로 행동한다. 자폐스펙트럼장애에 대한 가장 선도적인 설명에서는 마음 이론 발달의 실패와 같은 인지적 결함, 소뇌 비정상 발달과 같은 생물학적 비정상성을 제시한다. 어떤 치료도 자폐적인 패턴을 전적으로 바꾸어놓을 수는 없지만, 행동치료, 의사소통 훈련, 부모 교육과 교육 및 지역사회 통합치료 형태에서 의미 있는 도움을 받을 수 있다.

지적장애인은 지적 능력과 적응 능력에서 평균에 훨씬 못 미친다. 지적장애의 가장 일반적인 수준인 경도 지적장애는 주로 과소 자극, 부적절한 부모-자녀 상호작용, 불충분한 초기 학습 경험과 같은 환경적 요인과 일차적으로 관련된다. 중등도·중도·최중도 지적장애는 가족과 사회 환경에 의해 지대하게 영향을 받기는 하지만, 생물학적 원인이 일차적인 원인이다. 주요한 생물학적 원인으로는 염색체 이상, 대사장애, 태내기 문제, 출산 시 문제, 아동기 질병과 손상 등이 있다.

오늘날 지적장애인을 위한 개입 프로그램은 정상화에 기반한 주거(가정 혹은 어느 곳이건 편안하고 자극을 촉진하는 주거), 적절한 교육, 심리적 문제 치료, 사회화, 성, 결혼, 양육과 직업 기술을 제공하는 훈련 프로그램 등이 있다. 핵심 논쟁의 중심에는 특수학급과 주류화의 상대적인 강점에 대한 논의가 있다.

Gabriel Bouys/AFP/Getty Images

직업과 기억, 독립생활과 자존감 시모네 이폴리트가 로마에 있는 레스토랑 로칸다 데이 순플로베르스에서 고객을 위해 맥주를 따르고 있다. 이 레스토랑은 시모네와 같은 지적장애가 있는 사람의 고용을 장려하는데, 교육과 실습을 통해 이들에게 직업 기회와 자긍심을 제공한다.

임상가가 아동기와 청소년기를 발견하다

20세기 초반에 정신건강 전문가들은 실질적으로 아동을 무시하였다. 고작해야 아동을 작은 성인으로 보고 이들의 심리적 문제를 성인 문제로 생각하고 다루었다. 오늘날 젊은이의 문제와 특별한 요구가 많은 연구자와 임상가의 관심을 받고 있다.

가족의 중요성에 대한 관심으로 초점이 모아지고 있다. 아동과 청소년은 자신의 삶을 통제하는 데 제한이 있기 때문에 가족의 태도와 반응에 특히 영향을 받는다. 임상가들은 젊은이의 문제를 다루는 것이니만큼 태도와 반응을 다루어야 한다. 품행장애, ADHD, 지적장애와 다른 아동기와 청소년기 문제 치료는 전통적으로 임상가들이 가족을 교육하고 가족과 작업하지 않는 한 실패하게 된다. 동시에 아동과 청소년과 작업하는 임상가는 문제를 야기할 수 있는 특정 모델 중 하나에 초점을 맞추도록 배웠다. 몇 년 동안 자폐증은 가족 요소로 배타적으로 설명되면서 이론가와 치료자를 잘못 이끌었고, 아동기 장애로 이미 피폐해진 부모의 고통을 가중시켰다.

어린 세대의 문제와 학대가 더 큰 관심을 받게 되고 이들에 대한 특별한 요구가 더 구체화되었다. 그래서 아동과 청소년의 심리장애 연구와 치료가 빠른 속도로 이루어지는 듯하다. 이제 임상가와 공무원은 이 집단을 '발견'하였기에 요구와 중요성을 다시 과소평가할 것 같지는 않다.

핵심용어

공동 주의
공립학교
놀이치료
다운증후군
대체 의사소통체계
마음 이론
메틸페니데이트
부모 관리 훈련
분리불안장애
선택적 함묵증
신경발달장애
유뇨증
유분증
자폐스펙트럼장애
적대적 반항장애
정상화
주류화
주의력결핍 과잉행동장애(ADHD)
지능지수(IQ)
지적장애(ID)
태아알코올증후군
특수교육
파괴적 기분조절부전장애
품행장애

속성퀴즈

1. 다양한 아동기 장애의 유병률과 남녀 비율은 어떠한가?
2. 아동기 불안과 기분 관련 장애의 종류에는 어떤 것이 있는가? 이 장애에 대한 최근의 대표적인 설명은 무엇인가?
3. 파괴적 기분조절부전장애란 무엇인가? 그리고 DSM-5에 이 새로운 범주가 포함됨으로써 추후 아동기 양극성장애의 진단에 어떠한 영향을 미칠 것이라고 생각하는가?
4. 적대적 반항장애와 품행장애란 무엇인가? 어떤 요소가 품행장애를 일으키며 이 장애는 어떻게 치료할 수 있는가?
5. 유뇨증과 유분증은 무엇인가? 이 장애는 어떻게 치료하는가?
6. 주의력결핍 과잉행동장애의 증상은 무엇인가? 최근 주된 치료는 무엇이며 어떠한 효과가 있는가?
7. 자폐스펙트럼장애는 무엇이며 이것의 원인에는 어떤 것이 있는가? 자폐 치료의 전반적인 목표는 무엇이며 어떤 개입이 이 장애를 가진 사람에게 가장 도움이 되는가?
8. 지적장애의 각 수준을 기술하라.
9. 지적장애의 주요 환경적, 생물학적 원인은 무엇인가?
10. 지적장애를 가진 사람에게 도움이 되는 주거, 교육 프로그램, 치료와 지역사회 프로그램에는 어떤 종류가 있는가?

CHAPTER 15

노화와 인지의 장애

주제

해리는 58세로 완벽하게 건강한 것처럼 보였다. … 해리는 작은 도시에 있는 시립 하수처리공장에서 일했는데, 일하던 중에 그의 명확한 정신질환 증상이 처음 나타났다. 작은 응급 상황에 대응하는 동안 그는 액체의 흐름을 통제하는 레버를 당기는 정확한 지시에 관해 혼란을 느꼈다. 결과적으로 수천 갤런의 미처리 하수가 강으로 방류되었다. 해리는 능숙하고 근면한 근로자였기 때문에 이 상황에 대한 조사 후 그가 저지른 오류의 원인은 독감 때문인 것으로 파악되었고, 실수에 대해 눈감아주었다.

몇 주 뒤 해리는 아내가 사오라고 했던 빵 굽는 접시를 사가지고 집으로 갔는데, 사실 그는 이틀 전 밤에도 동일한 접시를 집에 사갔던 것을 잊어버렸었다. 이틀 뒤 밤에 그는 딸이 시간대를 바꿔서 지금은 낮에 일한다는 사실을 잊은 채 식당에서 일하는 자신의 딸을 데리러 갔다. 한 달 뒤 그는 전화회사에서 점원과 매우 이상한 말다툼을 벌였는데, 이미 3일 전에 냈던 요금을 지불하려 했던 것이다….

몇 개월이 지나 해리의 아내는 정신을 차리기 어려웠다. 그녀는 남편의 문제가 악화되고 있다는 사실을 알 수 있었다. 그녀는 효과적인 도움을 줄 수 없었을 뿐 아니라 해리는 화를 잘 내고 때로는 아내의 행동을 의심했다. 그는 자신에게 문제가 없다고 주장했고, 그녀는 매 순간 그가 자신을 가까이에서 관찰한다는 점을 알았다. … 때때로 그는 갑자기 화를 냈다. 명확한 이유 없이 갑자기 감정이 폭발했다. … 아내에게 더욱 힘든 점은 해리가 대화를 반복한다는 점이었다. 그는 과거의 이야기를 반복했고 때로는 더 최근에 나눴던 말의 각 문구와 문장을 반복했다. 그는 주제 선택 면에서 맥락과 연속성이 거의 없었다.

해리가 처음 하수를 방류한 일이 묵인된 지 2년 후, 그는 전혀 다른 사람이 된 게 분명해 보였다. 대체로 어딘가에 정신이 팔려 있었고 일반적으로 얼굴에 공허한 미소를 띠었으며, 가끔 하는 말은 의미가 없이 공허했다. … 그의 아내는 점차 매일 아침 남편을 일으키고 화장실에 가도록 하고, 옷 입히는 일을 맡게 되었다.

해리의 상태는 서서히 계속 악화되었다. 아내가 일하는 학교에서 학기가 시작되면 해리의 딸이 며칠간 그와 함께 머물렀으며, 이웃들이 일정한 도움을 줄 수 있었다. 하지만 가끔 그는 여전히 길을 배회하고 다녔다. 그런 경우 만나는 모든 사람(오랜 친구와 낯선 이들)에게 동일하게 "안녕하세요. 좋은 날이네요"라고 인사했다. 그가 하는 대화는 이 정도였으며, 다만 "좋은, 좋은, 좋은"이란 말을 반복할 수 있었다. … 해리가 커피 주전자를 전자 스토브에 올려놓아 녹게 했을 때 아내는 도움이 절실히 필요하다고 판단하여 그를 또 다른 의사에게 데려갔다. 또다시 해리의 건강은 좋은 것으로 확인되었다. 하지만 의사는 뇌 스캔을 지시했고 결국 해리가 '피크-알츠하이머병'에 걸렸다는 결론이 내려졌다…. 해리는 퇴역군인이었기 때문에 … 집에서 대략 400마일 떨어져 있는 지역 내 퇴역군인병원에 입원할 자격이 있었다….

병원에서 간호사는 매일 해리가 자원봉사자의 도움을 받아 의자에 앉았다 일어나도록 했고, 그가 충분히 먹는지를 확인했다. 그의 체중은 감소했고 약해졌다. 아내가 찾아오면 눈물을 흘렸지만 말을 하지 않았으며, 그녀를 인식한다는 어떤 신호도 나타내지 않았다. 1년 뒤 눈물을 흘리는 증상도 멈추었다. 해리의 아내는 더 이상 방문할 여력이 없었다. 빵 조각이 목에 걸린 것이 결국 폐렴으로 발전해 해리가 사망한 것은 65세 생일이 막 지났을 무렵이었다.

(Heston, 1992, pp. 87–90)

Matt Manley

흥미로운 이야기

평균 수명

81세	히스패닉계 미국인
80세	비히스패닉계 미국인
75세	흑인

(출처 : U.S. Census Bureau, 2020b)

해리는 **알츠하이머병**의 한 형태를 겪었다. 이 용어는 우리 사회의 거의 모든 사람에게 익숙하다. 모든 사람이 10년마다 두려워하는 질환이 있으며, 그런 질환을 진단받기 싫어하는 이유는 마치 사형선고를 받는 것과 같기 때문이다. 이렇게 진단받기 두려워하는 질환은 암이며, 그다음이 에이즈이다. 하지만 이런 질환과 관련해 의학은 놀라울 정도의 발전을 이루었으며, 현재 그런 질환이 진행 중인 환자들은 개선될 희망이 있다. 반면에 알츠하이머병은 치유 불가능하며 거의 치료되지 않는데, 뒷부분에서 보겠지만 현재 연구자들은 알츠하이머병을 이해하고 병의 진행을 역전시키거나 적어도 늦추는 면에서만 큰 진전을 이루었다.

알츠하이머병이 특히 두려운 점은, 결국 신체적 사망에 이르게 할 뿐 아니라 해리의 경우처럼 서서히 진행되는 정신적 사망, 즉 기억 및 이와 관련된 인지력의 진행성 퇴화 때문이다. 이전에 **치매**라 불린 중요한 인지 퇴화는 이제 **신경인지장애**로 분류된다. DSM-5에 열거된 신경인지장애의 유형은 여러 가지이지만(APA, 2013) 알츠하이머병이 가장 흔한 유형이다(Alzheimer's Association, 2020).

현재 신경인지장애는 노인들 사이에서 가장 널리 알려지고 또 두려움의 대상인 정신적 문제이지만, 유일한 문제는 아니다. 실제로 다양한 심리적 장애가 노년의 삶과 긴밀히 관련되어 있다. 유아기 질환과 같이 몇몇 노인의 장애는 일차적으로 노년기에 일어날 가능성이 있는 압박에 의해 일어나며, 다른 장애들은 독특한 외상적 경험, 그리고 신경인지장애와 같은 질환은 생물학적 이상에 의해 일어난다. ■

노년과 스트레스

우리 사회에서 노년(old age)이란 일반적으로 65세가 지난 연령으로 정의하고, 이 연령집단에 속한 사람들을 흔히 **노인**(older adult)이나 **어르신**(elderly)이라 부른다. 이런 정의에 따르면 미국 내 대략 5,200만 명이 '노인'이며, 이는 전체 인구의 16% 이상이다. 이는 1900년 이래로 15배가 증가한 수준이다(CDC, 2020q; U.S. Census Bureau, 2020a; Mather, Scommegna, & Kilduff, 2019). 또한 2060년까지 미국 인구 중 노인은 9,500만 명(인구의 23%)이 될 것으로 추산되었다. 10년 내에 전반적인 노인 인구가 증가할 뿐 아니라 85세 이상의 수는 2배를 넘어설 것이다. 실제로 85세 이상의 사람들은 전 세계 대부분의 나라와 미국의 인구 유형 중 가장 빠른 증가를 보인다. 세계적으로 볼 때 노인 여성은 노인 남성보다 거의 5:4의 비율로 높고, 85세 이상은 5:3의 비율로 나타난다(Mather & Kilduff, 2020; UN, 2020, 2019).

유아기 때처럼 노년기에는 특수한 압박감과 특유의 혼란, 주요 생물학적 변화가 일어난다(Heflin, 2020). 사람들은 나이를 먹으면서 질병에 걸리거나 상처를 입기 쉬워진다. 65세 이상 성인의 절반은 2~3개 이상의 만성질환을 앓고 있으며, 15%는 4개 이상을 앓고 있다. 적어도 노인의 절반은 약간의 불면증이나 기타 수면 문제를 경험하고 있다(Winkelman, 2021; APA, 2020e, 2018). 게다가 상실(배우자, 친구, 성인인 자녀, 기존에 하던 활동과 역할, 청력과 시력의 상실)로 인한 스트레스와 싸운다. 많은 사람은 은퇴를 한 후 목적의식을 상실한다. 몇몇 사람들은 아끼던 반려동물과 소유물의 상실에 적응해야 한다.

노년에 접어드는 사람들이 마음에 평안을 갖고 긍정적인 예상을 하려면 어떤 종류의 태도나 활동이 도움될까?

노화에 대한 스트레스가 반드시 심리적 문제를 초래하는 것은 아니다(심리전망대 참조). 실제로 사회적 접촉을 찾아 돌아다니거나 삶에 대한 통제감을 유지하는 몇몇 노인들은 학습 및 발전의 기회와 같이 노화에 따른 변화를 이용한다(Green et al., 2021). 예컨대 비슷한 흥미를 가진 비슷한 연령의 사람들과 연결되기 위해 인터넷을 사용하는 노인은 79%에 달하고(2000년의 16배), 적어도 그들 중 절반 이상이 소셜미디어를 사용한다(Pew Research Center, 2019b, 2019e). 하지만 그 밖의 경우 노년의 스트레스는 심리적 장애를 유도한다. 여러 연구에서 노인의 20% 이상이 정신장애의 기준에 부합하며, 절반 정도의 노인이 정신보건 서비스의 혜택을 받지만 실제로 혜택을 받는 비율은 20% 미만인 것으로 나타났다(APA, 2020e, 2018, 2017d). 노인의 정신건강에 몰두하는 심리학 분야인 **노인심리학**(geropsychology)은 거의 지난 40년간 발전했으며, 현재 4.2%의 임상가만이 노인을 대상으로 진료한다(APA, 2020e, 2018, 2017d).

노인심리학 노인의 정신건강과 관련된 심리학

노인의 심리적 문제는 두 가지 부류로 나눌 수 있다. 한 부류는 모든 연령대의 사람들에게 흔하지만 노인에게서 발생할 경우 주로 노화 과정과 관련이 있는 질환들로 구성된다. 이런 질환에는 **우울증**, **불안증**, **물질사용장애**가 있다. 다른 부류는 두뇌 이상으로 인해 일어나는 **섬망** 및 **경도신경인지장애**, **주요신경인지장애**와 같은 신경인지장애로 구성된다. 해리의 사례에서 처럼 이러한 두뇌 이상은 대개 노화와 관련이 있지만 때로는 젊은 사람에게서 나타날 수도 있

심리전망대

최고령 노인

의사들은 노화가 심리적 문제로 반드시 이어지는 것은 아니라고 말한다. 그리고 노화가 분명히 신체적 문제로 항상 이어지지도 않는다.

미국에는 현재 약 9만 7,000명의 **백세노인**(centenarian), 즉 100세 이상의 사람들이 있다(*Statista*, 2021b). 흔히 '초고령 노인'으로 불리는 이들에 대해 연구한 연구자들은 이들이 80대와 90대 초의 사람들보다 평균적으로 더 건강하며, 정신도 더 맑고, 더 민첩한 것을 알게 되어 놀랐다(Cheng & Yan, 2021; Beker et al., 2020). 인지력 감퇴를 경험하는 사람들도 분명히 많이 있지만, 절반 이상은 여전히 완벽하게 정신이 초롱초롱하다. 사실 초고령 노인 대부분은 여전히 일을 하고 있으며 성적으로 적극적이고 야외 생활과 예술을 즐길 수 있다. 이들에게 가장 두려운 것은 무엇인가? 심각한 인지력 감퇴를 두려워한다. 한 연구에 따르면 90대 이상의 사람들 대부분은 죽음을 두려워하는 것보다 정신적 황폐의 가능성을 더 두려워한다(Arosio et al., 2017; Boeve et al., 2003).

몇몇 과학자들은 이렇게 장수하는 사람들은 자신들을 장애나 종말감염에 강하게 하는 '장수(longevity)' 유전자를 보유하고 있다고 생각한다(Bhardwaj et al., 2020; Grossi et al., 2018; Hao et al., 2018). 실제로 100세 이상의 사람들은 아주 오랫동안 살다 간 친척이 있을 가능성이 다른 노인들보다 20배 이상이었다(He et al., 2016; D.I., 2014). 백세노인과 다른 조금 더 젊은 노인들의 뇌 MRI를 비교한 연구에 의하면 백세노인의 뇌 회로 연결성과 뇌 기능이 더 부드러운 것으로 드러났다(Jiang et al., 2020). 또 다른 연구는 적극적이고 관여하는 생활 패턴, '강인한' 성격, 우호적인 환경과

AP Photo/Pablo Martinez Monsivais

기쁨의 춤을 107세인 버지니아의 맥로린이 2016년 야구 메이저리그에서 워싱턴 내셔널 팀의 매니저인 더스티 베이커가 야구복을 선물하자 즉흥댄스를 추고 있다.

경제적 조건으로 인해 최고령 노인이 삶에서 만난 여러 가지 문제를 낙관적이고 도전정신을 가지고 응할 수 있었음을 지적하였다(Cheng & Yan, 2021; Bhardwaj et al., 2020; da Rosa et al., 2014). 백세노인 자신은 오랜 세월 유지해온 좋은 마음의 틀(frame of mind, 정신 구조)이나 규칙적인 행동(예 : 건강에 좋은 음식을 먹고, 규칙적인 운동을 하고 금연하는 것) 덕분이라고 흔히 생각한다(da Silva et al., 2018; Rea, 2017). 한 은퇴한 수학 및 과학 교사는 "앉아 있을 수 없다. … 계속 움직여야 한다"고 말했다(Duenwald, 2003).

"내 조언은, 할 수 있는 모든 재주를 젊었을 때 배워놓으라는 거야."

다. 이런 심리적 문제 중 하나를 앓고 있는 노인은 다른 문제도 나타내는 경우가 많다. 예를 들어 신경인지장애를 앓는 사람들은 불안증과 우울증도 경험한다(APA, 2020e, 2018).

고령으로 인한 여러 가지 어려움과 그것들이 노인에게 미치는 영향은 종종 지역사회 수준에서는 여러 배로 증폭된다(Banerjee, 2020; Chong et al., 2020). 특히 예를 들어 이러한 경향성은 COVID-19 감염병이 만연하고 백신의 개발은 이루어지기 전의 상황에서 분명하게 드러났다. 모든 사람이 이 지속적인 상황에 영향을 받지만 노인에 대한 영향은 특별히 훨씬 더 컸다. 노인에게서 COVID-19의 위중한 사례가 생길 확률이 더 높았고 실제로 COVID-19로 인한 사망의 80%는 65세 이상의 노인이었다(CDC, 2020e). 유사하게 감염병 시기에 있었던 것처럼 사회적 거리두기나 자택격리와 같은 절차에서도 다른 사람들에게 신체적, 정서적, 사회적으로 의존할 수밖에 없는 노인에게 영향력은 더 컸다(Chong et al., 2020). 그러므로 비록 감염병 시기에 모든 연령집단의 정신건강이 영향을 받았지만, 특히 심리적인 영향을 크게 받은 집단은 65세 이상의 사람들이었다. 연구에 따르면 노인은 특히 불안, 우울, 외로움, 만성 스트레스, PTSD, 불면증, 짐이 되는 느낌, 혼란, 인지기능장애, 자살과 같은 문제의 발생률이 높았다(Levkovich et al., 2021; Banerjee, 2020; CDC, 2020e). 노인에게 이와 같은 특별한 심리적 영향이 나타난 것은 과거의 전염병 시기에서도 종종 볼 수 있었다.

노년의 우울장애

우울증은 노인이 겪는 흔한 정신건강 문제 중 하나이다. 노인이 겪는 우울증의 특징은 젊은 사람들이 겪는 것과 동일하며, 깊은 슬픔의 감정과 공허함, 낮은 자존감, 죄책감, 비관론, 식욕 감퇴와 수면장애가 있다. 우울증은 배우자나 친한 친구를 잃거나 심각한 신체질환의 진행과 같은 트라우마를 최근 경험한 사람에게 특히 흔히 나타난다(Schladitz et al., 2021; Schmitz, 2021).

오스카는 주요우울장애가 발병한 83세의 기혼 남성이다. 그는 치료를 시작하기 대략 1년 반 전에 형이 사망했다고 말했다. 그 몇 개월 뒤에는 그가 유아기부터 알고 지내던 2명의 친구가 죽었다. 이런 상실로 인해 그는 갈수록 불안해했고 점점 더 비관적이게 되었다. 그는 "자신의 삶이 끝나는 것에 관해서도 생각한다"는 점을 마지못해 인정하였다.

치료 기간 중 … 오스카는 자기 형과의 관계에 대해 이야기했다. 그는 형이 앓던 질환이 심해지면서 신체적으로 저하되는 모습을 지켜보는 게 얼마나 미칠 일인지에 대해 말했다. 형의 임종 장면과 '그가 마지막 숨을 거둘 때'의 순간을 설명했다. 그는 형이 원했을 방식으로 장례를 이행하지 못한 점에 대해 죄책감을 느꼈다. 처음에 호쾌하고 애정 어렸던 형과의 관계를 설명했다가도, 곧 형이 행동한 여러 방식을 못마땅해했음을 알아챘다. 이후 치료 과정에서 그는 고인이 된 친구 2명과의 지난 관계의 다양한 측면을 검토했다. 그는 슬픔이 가라앉는 데 오랜 시간이 걸렸다고 말했다. … 오스카의 삶은 형의 집을 방문하고 친구들과 산책하는 것으로 이뤄져 있었다. … 아내는 그에게 다른 친구들과 가족을 방문할 것을 권했지만, 우울증이 심해질수록 그렇게 하기가 점점 더 어려워졌다.

(Hinrichsen, 1999, p. 433)

흥미로운 이야기

배우자 상실

1,140만	남편을 잃은 미국 사람의 수
350만	아내를 잃은 미국 사람의 수

(출처 : *Statista*, 2021a, 2019b)

전체적으로 대략 20%의 사람이 노년의 일정 시기에 우울증을 경험한다(APA, 2020e, 2018). 이 비율은 노인 여성의 경우 가장 높다. 노인 간에 이런 비율은 젊은 성인들과 거의 비슷하며 몇몇 연구에 따르면 좀 더 낮다. 하지만 지역사회에 있는 노인과 대비해서 사립요양원에 있는 노인의 경우 급격히 높아진다(32%나 된다)(Espinoza & Unützer, 2019; Hoben et al., 2019).

몇몇 연구는 우울증이 노인이 심각한 의학적 문제를 겪을 가능성을 높인다고 제시한다(Heflin, 2020). 예를 들어 고혈압이 있으며 우울증에 걸린 노인은 같은 조건의 우울증이 없는 노인보다 뇌졸중을 앓을 가능성이 거의 3배가 높다. 이와 유사하게 우울증을 앓는 노인은 심장병, 고관절 골절, 폐렴, 그 밖의 감염과 질병으로부터 서서히 회복되거나 완전히 회복되지 못한다. 어떤 이들은 노인의 경우 임상적 우울증의 증가가 사망률과 관련이 있는지 의심하기도 한다(Heflin, 2020).

긍정적인 생각이 건강을 유지시켜 주는가? 아니면 건강이 긍정적인 생각을 유발하는가?

제7장에서 살펴보았듯이 노인은 젊은 사람보다 자살할 가능성이 더 크며, 이들의 자살은 주로 우울증과 관련이 있다. 미국에서 전반적인 자살률은 10만 명당 14.2명인 것에 반해, 65세 이상에서는 10만 명당 16명, 75세 이상에서는 10만 명 중 19명이다(WPR, 2021, 2020a; AFSP, 2020a).

젊은 성인과 마찬가지로 우울증을 앓는 노인은 인지행동치료, 대인관계치료, 항우울증 약물이나 이런 접근법의 조합으로 도움을 받을 수 있다(O'Neill, McFarland, & Kelly, 2021; Sekhon, Patel, & Sapra, 2020). 개인치료와 집단치료 형식 모두 이용될 수 있다. 우울증이 있는 절반 이상의 노인이 이런 치료로 개선되었다. 그러나 노년에는 몸이 약을 다르게 소모분해하기 때문에 노인에게는 가끔씩 항우울제를 효과적이고 안전하게 사용하기 어렵다(Rochon, 2020). 또한 노인들 사이에서 항우울제는 약간의 인지장애를 일으킬 위험이 높다. 심각한 우울증을 앓고 있고 다른 치료로는 도움을 받지 못한 노인에게는 일정한 수정을 한 전기충격요법이 이용된다(Kellner, 2020c).

Owen Franken/Getty Images

도움 주기 가치 없다는 느낌과 자존감이 낮아지는 것을 예방하기 위해 어떤 노인들은 새로운 기술이나 사업계획 등을 배우고자 하는 젊은이들에게 자신의 전문성을 제공한다. 사진 속의 노인은 규칙적으로 초등학교에서 1학년 학생에게 수학을 가르친다.

몇몇 노인은 단극성이 아닌 양극성 유형의 우울증을 경험한다(Shobassy, 2021; Sajatovic & Chen, 2020a, 2020b). 한 해 65세 이상의 약 1%가 양극성장애를 보인다. 대부분의 사례에서 이들에 대한 치료는 젊은 사람들에게서와 마찬가지로 기분을 안정시키는 약물과 보조치료를 활용한다.

노년의 불안장애

불안도 노인에게 흔한 질환이다(APA, 2020e, 2018, 2017d). 어떤 시점에서든 미국 내 약 10%의 노인이 적어도 하나의 불안장애를 경험한다(ADAA, 2020g; GMHF, 2020). 연구에 의하면 일반적인 불안장애는 매우 흔하다(Baldwin, 2018). 불안증의 유병률 역시 노년의 전반에 걸쳐 증가한다(Karim et al., 2021). 예를 들어 85세 이상인 사람들은 65~84세인 사람들보다 높은 비율의 불안을 보고한다.

특정 사람들의 불안 수준을 높일 수 있는 노화에 관련한 많은 것이 있다(APA, 2020e, 2018). 예를 들어 건강의 쇠퇴가 주로 지적되며, 실제로 심각한 질환이나 손상을 경험한 노인은 건강하거나 손상을 입지 않은 노인보다 더 많은 불안을 보고한다. 하지만 연구자들은 노년에 이런 문제를 경험한 사람들이 불안해하는 반면, 비슷한 상황을 마주한 다른 사람들은 차분한 상태를 유지하는 이유를 밝혀내지 못했다(**정보마당** 참조).

불안장애를 앓는 노인들은 다양한 종류의 심리치료, 특히 인지행동치료를 받았다(APA 2020e, 2018, 2017d). 많은 사람이 젊은 환자와 똑같이 벤조디아제핀이나 다른 항불안제를 복용한다. 그리고 많은 경우 세로토닌을 증진시키는 항우울제도 사용한다. 다시 말하지만 노인에게는 이런 모든 약을 주의해서 사용해야 한다(Rochon, 2020).

노년의 물질남용

알코올남용 및 다른 형태의 물질사용장애가 노인에게 중요한 문제이지만, 이런 패턴의 유병률은 사실상 65세 이후 감소하며, 아마도 그 원인은 건강 쇠퇴나 소득 하락 때문인 듯하다 (APA, 2020e, 2018, 2017d; Latanioti et al., 2020). 노화가 때로는 상당한 스트레스를 줄 수 있으며, 스트레스를 받는 동안 우리 사회에서 사람들은 자주 술이나 약물에 빠진다는 사실에도 불구하고, 대다수 노인은 알코올이나 다른 물질을 오용하지 않는다.

Khadejeh Nikouyeh/News & Record via AP

노인 체험 노스캐롤라이나의 요양보호사들이 색맹처럼 보이는 안경과 관절염이 있는 듯한 기능을 하는 장갑을 끼고 있다. 이 프로그램에 참여하는 것은 이 직원들이 노인 내담자들이 경험하는 장애물을 더 잘 이해하도록 도와준다.

조사를 통해 노인의 3~7%, 특히 남성은 10%가 매년 알코올 관련 장애를 지닌 것으로 확인된다(APA, 2020e, 2018; Yeager & Stepko, 2020). 30세 미만인 남성은 60세 이상인 남성보다 알코올남용과 관련된 행동 문제, 가령 반복되는 낙상, 현기증이나 의식 상실, 비밀 음주나 사회적 위축을 나타낼 가능성이 4배 더 높다. 하지만 보호시설에 있는 노인 환자들의 음주 문제 비율은 높다. 예를 들어 종합병원과 정신병원에 입원한 노인의 알코올 문제 비율은 15%이며, 사립요양시설에 있는 환자 중 알코올 관련 문제에 대한 추산 비율은 50%이다(NCAC, 2020).

연구자들은 수년간, 아마도 20대부터 알코올 관련 문제가 있었던 문제성 노인 음주자와 50~60대 전까지는 그런 음주 패턴을 시작하지 않은 음주자(때때로 '후발성 알코올중독'이라고 한다)를 종종 구별한다(NCAC, 2020). 전체의 약 15%에 해당하는 후자의 집단은 일반적으로 배우자의 죽음이나 혼자 살기, 원치 않는 은퇴와 같이 나이가 들어 발생한 부정적인 사건에 반응해 남용적 음주를 시작한다. 노인의 알코올사용장애는 젊은 성인의 경우처럼(제10장 참조) 해독, 안타부스, 익명의 알코올중독자모임(AA), 인지행동치료와 같은 접근법을 통해 많이 치료된다(APA, 2020e, 2018, 2017d).

노인에게 일어나는 주요 남용 문제는 **처방전이 필요한 약물의 오용**이다(APA, 2020e, 2018; Rochon, 2020). 대부분 이런 문제는 의도치 않게 발생한다. 미국에서는 65세 이상의 사람들이 전체 처방전 약의 3분의 1 이상을 구입한다(NIDA, 2020d, 2016). 젊은 사람이 2알의 처방

흥미로운 이야기

감당 불가

노인의 약 21%가 약값 때문에 처방된 약을 먹지 않는다고 보고한다(Kirzinger et al., 2019).

노령화 인구

미국 내 그리고 전 세계의 노인 비율 및 인구수는 계속 늘어나고 있다. 이러한 상승세는 각 사회가 노령화 관련 건강관리, 주택, 경제, 그리고 관련 영역의 문제에 특별한 주의를 기울여야 한다는 중대한 결과를 초래한다. 특히나 노인 인구 및 비율의 증가에 따라 노령화 관련 심리적 어려움을 겪게 될 인구수 및 비율 또한 함께 증가하게 된다.

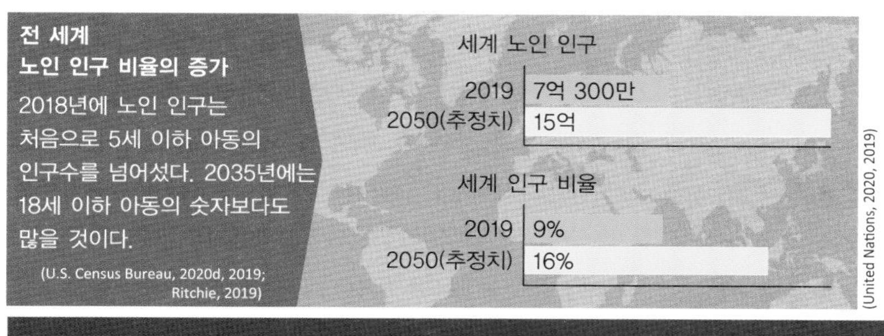

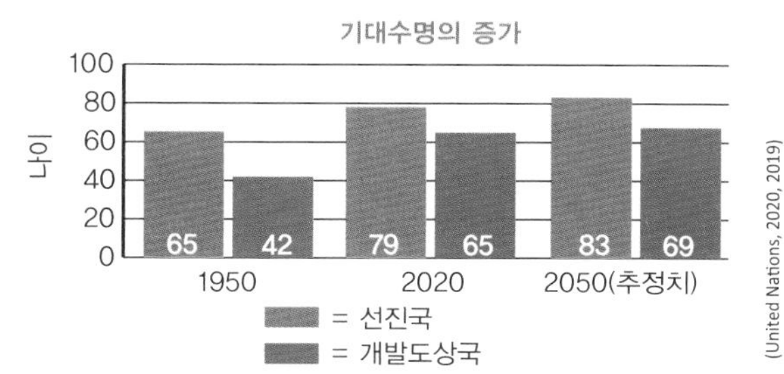

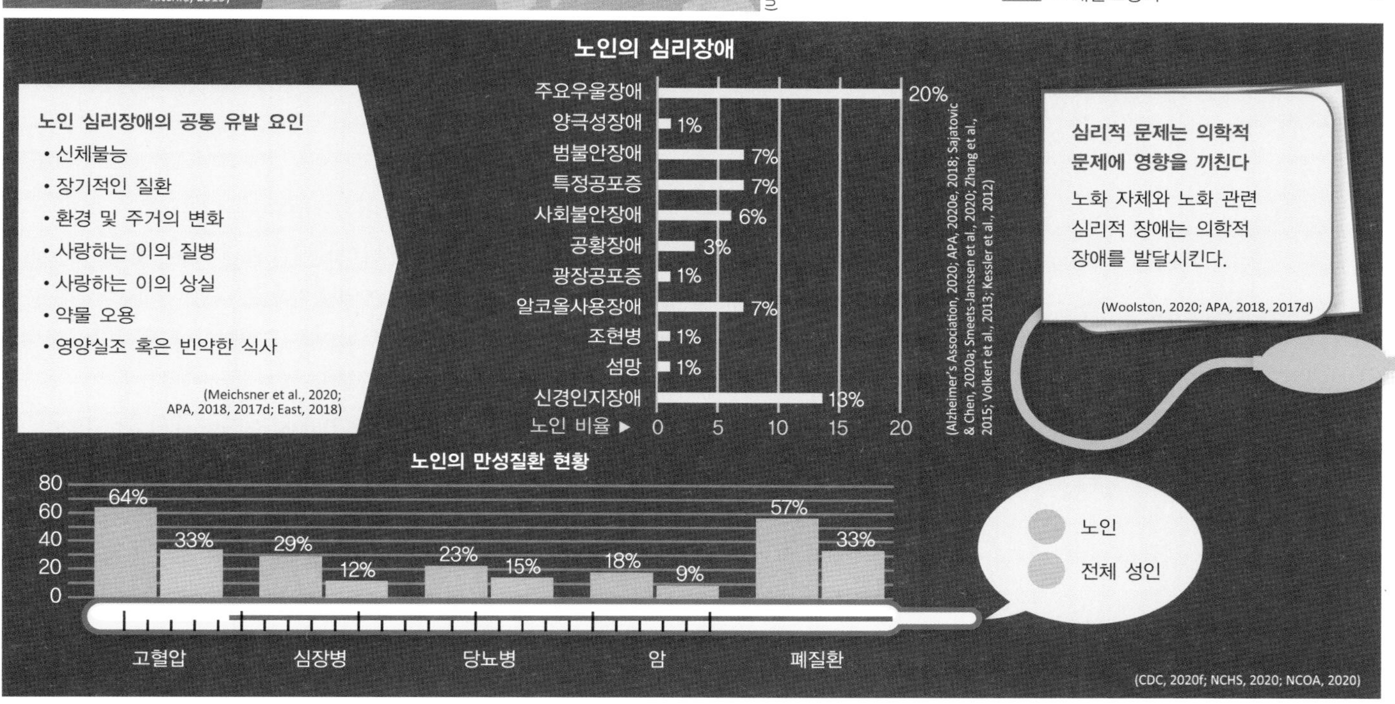

노인 인구 그 자체도 노화한다

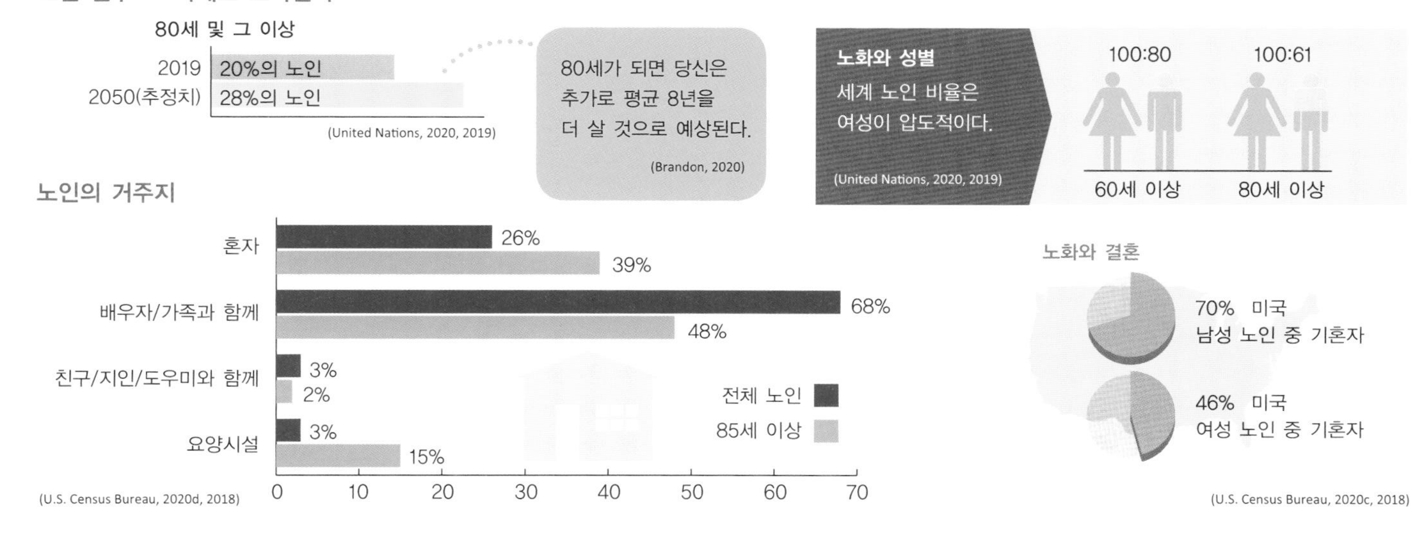

약을 받을 때, 65세 이상의 노인은 5알을 받는다(Heflin, 2020). 노인은 약을 혼동하거나 투약을 빼먹을 위험이 높다. 이런 문제를 해결하는 데 도움을 주기 위해 의사와 약사는 종종 약을 간소화하고 노인에게 처방에 관해 교육하며 지시를 명확히 알려주고 바람직하지 않은 효과를 관찰하도록 가르치는 노력을 한다. 그러나 때때로 노인에 대한 약물 과잉 처방 혹은 현명하지 않게 특정 약을 혼합하여 제공함으로써 약물 오용이 발생하는 경우 의사에게도 책임의 소지가 있다.

그러나 증가 중인 것으로 보이는 또 다른 약물 관련 문제는 사립요양원에서 강력한 약을 오용하는 것이다. 연구를 통해 항정신병 약물이 현재 미국 내 전체 사립요양원 환자의 거의 22%(많은 거주자가 정신병적 기능을 나타내지 않는데도) 정도에 제공되고 있는 것으로 나타났다(Ausmed, 2020). 분명한 점은 이런 강력하고 (일부 노인 환자에게) 위험한 약들이 환자를 진정시키고 관리하기 위해 제공되는 경우가 많다는 것이다. 실제로 연구에 의하면 요양시설에 새로 입소한 노인 중 이전에 항정신병 약물을 처방받은 적이 없는 사람의 17%가 입원 100일 이내에 이를 처방받는다(Rochon, 2020).

의료행위나 환자 교육, 가족 개입에서의 어떤 변화가 노인의 처방 약물남용을 줄일 수 있을까?

노년의 정신병적 장애

노인은 젊은 사람들에 비해 높은 비율의 정신병 증상을 나타낸다(Tampi et al., 2019; Soares et al., 2017). 나이 든 사람들 사이에서 이런 증상의 원인은 일반적으로 다음 절에서 살펴볼 인지장애와 같은 잠재적 의학적 상태에 의한 것이다. 일부 노인은 **조현병**이나 조현병스펙트럼 장애 중 하나인 **망상장애**를 앓기도 한다.

실제로 조현병은 젊은 사람보다 노인 사이에서 덜 흔하다(Smeets-Janssen et al., 2020). 사실 조현병이 있는 많은 사람은 자신의 증상이 노년에 약해지는 것을 발견한다(Solomon, Sinopoli, & DeLisi, 2021). **뷰티풀 마인드**(Beautiful Mind)라는 영화와 책의 주인공인, 1994년 노벨상 수상자 존 내시가 노년에 놀랍게 개선된 점을 떠올려보면, 30년 넘게 조현병이 있던 사람들은 특히 사회적 기술이나 작업 능력과 같은 영역에서 때때로 나아지기도 한다.

젊은 사람에게서 나타나는 조현병과 마찬가지로 노인의 조현병 역시 항정신병 약물과 심리치료적 개입으로 치료한다. 하지만 다시 한번 항정신병 약물은 노인의 대사 변화를 고려할 때 젊은 사람보다 노인에게서 훨씬 위험하다(인지 손상, 뇌졸중, 뇌전증)(Hoertel et al., 2020). 조현병이 있는 많은 노인이 치료받지 못하고 요양시설이나 낡은 아파트에 살거나 노숙자, 구치소에 사는 경우도 많다.

노인 사이에서 발견되는 또 다른 종류의 정신병적 장애는 **망상장애**이며, 이 경우 사람들은 거짓이지만 엽기적이지는 않은 믿음을 심화시킨다(Nagendra & Snowden, 2020; Jagsch et al., 2018). 이런 장애는 대부분의 연령대에서 드물지만(1,000명 중 대략 1명) 노인의 경우 유병률이 증가하는 것으로 나타난다. 망상장애가 있는 노인은 학대에 대한 깊은 의심을 키우는데, 그들은 다른 사람(주로 가족 구성원, 의사, 친구)이 자신을 상대로 음모를 꾸미고 속이며 염탐하고 비방한다고 믿는다. 이들은 성급하고 화를 내거나 우울해질 수 있으며 이런 생각 때문에 법적 조치를 취할 수도 있다. 이런 장애가 어째

"갑자기 모든 사람이 나보다 젊어 보이기 시작했어요."

서 노인 사이에서 증가하는지는 불명확하지만, 일부 임상가들은 많은 노인이 씨름하는 청력 약화, 사회적 고립, 높은 스트레스, 빈곤의 심화와 관련이 있다고 주장한다.

섬망 급속히 진행되는 의식의 혼탁으로, 집중력, 주의력에 큰 어려움을 겪고 그에 이어 사고의 흐름에 어려움이 발생한다.

요약

노년의 장애

노인의 문제는 주로 나이의 증가에 수반하는 변화, 상실과 그 밖의 스트레스와 관련이 있다. 절반 정도의 노인이 정신보건 서비스 혜택을 받지만, 실질적인 혜택은 20% 미만만 받는다. 이런 연령집단에서 우울증은 공통된 정신건강 문제이다. 노인은 우울장애나 불안장애를 앓을 수 있다. 3~7%는 매년 알코올 사용장애를 나타내며 다른 많은 사람은 처방받은 약을 오용한다. 또한 일부 노인은 조현병이나 망상장애와 같은 정신병적 장애를 나타낸다.

인지장애

우리 대부분은 때때로 우리가 기억과 다른 정신적 능력을 잃고 있다고 걱정한다. 열쇠 없이 문 밖을 나가고, 친한 사람을 만나도 이름을 기억하지 못하거나, 특정 영화를 본 것을 기억하지 못한다. 실제로 이런 불상사는 스트레스나 노화의 흔하고 매우 정상적인 특징이다. 사람들은 중년을 거치면서 이러한 기억 문제와 주의력의 실수가 증가하고, 60~70세가 될 때까지 이런 일이 정기적으로 일어날 수 있다(마음공학 참조). 하지만 때때로 사람들은 훨씬 더 광범위하고 문제가 되는 기억 및 다른 인지적 변화를 경험한다.

제5장에서 기억 및 그와 관련된 인지적 과정의 문제가 생물학적 원인 없이 해리장애의 형태로 일어날 수 있다는 점을 확인했다. 하지만 대체로 주요한 인지적 문제는, 특히 노년에 나타날 때 기질적인 원인이 있다. 노인에게 나타나는 주요 인지장애는 섬망과 주요신경인지장애, 그리고 경도신경인지장애이다.

섬망

섬망(delirium)은 환경에 대한 주의력과 지남력에 문제를 보이는 주요 장애이다(표 15.1 참조). 개인의 환경에 관한 의식이 불명확해짐에 따라 주의력을 집중하고 체계적인 방식으로 사고하기가 매우 어려워지며, 이로 인해 오해, 환상, 때로는 환각이 일어난다. 환자들은 한밤중에 아침이라고 믿거나 실제로는 병실에서 있으면서 집에 있다고 믿을 수 있다.

이런 엄청난 혼란의 상태는 보통 단기간, 일반적으로 몇 시간이나 며칠간 진행된다(APA, 2013). 아동을 포함한 어떤 집단에서든 일어날 수 있지만, 노인 사이에서 가장 흔하다(Lauretani et al., 2020; Ramírez Echeverria & Paul, 2019). 55세 이상의 1%와 85세 이상의 14%와 비교했을 때, 비노령 집단의 0.5% 미만이 섬망을 경험한다. 실제로 노인이 일반 질환을 치료하기 위해 병원에 갔을 때(병원에 갔다는 사실이 환경이나 일상에 변화가 있다는 것을 반영한다) 10명 중 1명은 섬망 증상을 나타낸다(Ali & Cascella, 2020). 적어도 또 다른 10%는 병원에 머무는 동안 섬망이 심해진다(Guillory et al., 2021; Francis & Young, 2020). 수술을 위해 입원한 약 17%의 환자에게 섬망이 일어난다(Duning et al., 2021; Lauretani et al., 2020). 이 숫자는 긴급한 수술을 위해 입원한 환자에게서는 23%로 증가한다. 요양 시설에 거주하는 노인의 18~50%에게 섬망이 있다(Whitehead, 2020; Blazer, 2018).

발열, 특정 질병과 감염, 영양 부족, 두뇌 손상, 뇌졸중, 스트레스(수술로 인한 외상 포함)가

표 15.1

진단 체크리스트

섬망
1. 몇 시간 혹은 며칠 동안 개인은 환경에의 구조와 주의집중에 있어 빠른 속도로 오르내리는 혼탁을 경험
2. 개인은 또한 주요인지변화를 보임

출처 : APA, 2013.

마음공학

트윗하는 것 기억하기, 기억하기 위해 트윗하기

페이스북과 트위터 같은 소셜미디어 사이트나 인터넷은 보통 주로 젊은 세대들의 영역으로 여겨진다. 그러나 온라인에 들어가 소셜 네트워크 사이트에 참여하는 노인들이 증가하고 있다. 65세 이상 인구의 5명 중 4명은 인터넷을 사용한다. 2019년까지 이들의 절반이 소셜미디어를 사용했는데, COVID-19 감염병의 영향으로 노인들의 사회활동이 심각하게 제한된 그 이후 시기에는 더 증가했을 것으로 보인다(Spanko, 2020; Pew Research Center, 2019b, 2019e, 2017b).

소셜 네트워크와 노인의 사회적 대처, 사회적 기능, 정서 등의 관계를 설명할 수 있는 다른 요인은 어떤 것이 있을까?

노인들 사이의 소셜 네트워크는 그저 흥미로운 통계 그 이상이다. 완전히 치료적일 수 있다는 것이다. 몇몇 연구들은 온라인 활동이 실제로 노인의 인지적 기능, 협동 기능, 사회적 기쁨, 감정을 유지하고 긍정적으로 향상시키는 데 도움을 준다는 것을 발견하였다(Ricci et al., 2020; RL, 2020). 예를 들어 한 연구에서는 인터넷을 사용하지 않았던 42명의 노인을 모집하여 그중 14명에게 페이스북을 연습시켰다. 이 연구는 그 14명에게서 멘탈 업데이트 능력(작업 기억 내에 자료를 빠르게 추가하거나 제거하는 능력)을 비롯한 인지적 수행능력이 25% 증가한 것을 발견하였다(Piatt, 2013; Wohltmann, 2013).

임상 이론가들은 소셜미디어가 노인에게 긍정적인 영향을 미치는 것에 대해 몇 개의 가능성 있는 설명을 내놓았다. 예를 들면 이것은 소셜미디어 참여로부터 파생된 인지적 자극이 기억력과 다른 인지적 능력을 활성화시킨 것이거나, 소셜 네트워크를 통한 인터넷에 의해 제공된 가족과 세상과의 개입이 사회적, 정서적 욕구를 직접적으로 만족시켜준 것으로 보인다(Ricci et al., 2020; Sauer, 2020). 이유가 무엇이든 더 많은 연구는 인터넷과 연결된 노인이 온라인 활동을 추구하지 않는 노인보다 더 자주 기분이 좋고 기능적이라고 보고했다.

웹을 탐색하는 것은 때로 압도되는 느낌이 들기 때문에 어떤 노인은 인터넷이나 소셜미디어를 사용하는 것을 '나에겐 맞지 않아', '나한테는 좀 과해', '늙은 개에게 새로운 재주를 가르칠 수는 없지'라고 말하며 거부하기도 한다(Tsai et al., 2017). 하지만 많은 연구는 그들이 보다 나은 정신건강과 기능을 위해 인터넷과 소셜미디어를 사용하고 싶어 하는 것 같다고 제안했다.

Maddie Meyer/The Washington Post via Getty Images

신세계 지역사회 강사가 노인에게 컴퓨터, 아이패드, 스마트폰과 같은 현대적인 의사소통 도구 사용법을 알려주고 있다.

섬망을 일으킬 수 있다(Ali & Cascella, 2020; Ramírez Echeverria & Paul, 2019). 처방 약과 같은 특정 물질에 의한 중독이 일어날 수도 있다. 부분적으로 노인은 이런 문제에 많이 직면하기 때문에 젊은 사람보다 섬망을 겪을 가능성이 더 크다. 만일 임상가가 섬망을 정확히 식별한다면 감염을 치료하거나 환자의 약 처방을 변경함으로써 문제를 해결하기 수월할 수 있다(Deemer et al., 2020; Ramírez Echeverria & Paul, 2019). 하지만 증후군으로는 무슨 질환인지 인식하기 어려운 게 보통이다. 예를 들어 내과 병동에 관한 한 가지 주요한 연구를 통해 입원 의사들은 15개의 연속적인 섬망의 사례 중 단 하나만 발견하는 것으로 확인되었다(Cameron et al., 1987). 섬망의 탐지는 지난 10여 년간 향상되었지만, 아직도 부정확한 진단은 비교적 흔하며, 많은 경우 섬망이 있는 노인의 사망률 상승을 포함한 심각한 의학적, 심리적 문제로 이어질 수 있다(Francis & Young, 2020).

알츠하이머병과 다른 신경인지장애

신경인지장애(neurocognitive disorder)가 있는 사람들은 기억 및 학습, 주의력, 시지각, 계획 및 의사결정, 언어 능력, 또는 사회적 인식과 같은 인지 기능의 적어도 하나(흔히 하나 이상)에 심각한 저하를 경험한다(APA, 2013). 특정 형태의 신경인지장애가 있는 사람들은 성격 변화

신경인지장애 적어도 한 가지 이상의 인지 기능이 심각하게 저하되는 장애

주요신경인지장애 인지 기능이 심각하게 저하되어 자립 능력에 지장을 주는 신경인지장애

경도신경인지장애 중등도의 인지 기능 저하가 나타나지만 독립적으로 생활할 수 있는 수준의 신경인지장애

알츠하이머병 가장 흔한 치매의 한 유형으로, 주요 증상으로 기억장애를 보인다.

를 겪을 수 있으며(가령 그들은 부적절하게 행동할 수 있다) 그들의 증상은 꾸준히 악화될 수 있다.

한 사람의 인지력 감퇴가 상당하고 독립적으로 있을 수 있는 능력을 상당히 방해한다면 **주요신경인지장애**(major neurocognitive disorder)라는 진단이 적절하다. 만일 그 감퇴가 보통이고 독립 기능을 방해하지 않는다면 적절한 진단은 **경도신경인지장애**(mild neurocognitive disorder)이다(표 15.2 참조).

현재 전 세계에서 신경인지장애에 걸린 사람은 5,000만 명이며, 매년 1,000만 명의 새로운 사례가 나타나고 있다(WHO, 2021a, 2020b). 이 사례의 수는 2050년까지 치료법이 나오지 않는다면 1억 5,000만 명에 달할 것으로 예상된다. 신경인지장애의 발생은 나이와 긴밀히 연관되어 있다. 65세 이상인 사람들 사이에서 유병률은 대략 1~2%이며 85세 이상인 사람들의 경우 50% 가까이 증가한다(Heflin, 2020).

앞에서 언급했듯이 **알츠하이머병**(Alzheimer's disease)은 모든 사례의 적어도 약 3분의 2를 설명하는 신경인지장애의 가장 흔한 유형이다(Emmady & Tadi, 2020). 미국에서 약 580만 명이 이 병을 앓고 있으며 2050년까지는 1,400만 명이 될 것으로 추정된다(Alzheimer's Association, 2020). 알츠하이머병은 때때로 중년에 나타나지만(조발성), 압도적 다수의 사례에서 65세 이후에 발생하며(만발성), 그 유병률은 70대 후반과 80대 초 사람들에서 현저하게 증가한다. 65~74세의 노인 중 3%가 이 병에 걸리고, 75~84세는 17%, 85세 이상에서는 32%로 나타난다(Alzheimer's Association, 2020)(그림 15.1 참조).

남성보다 여성에게서 알츠하이머병이 발생하기 쉽다. 흑인과 히스패닉계에서는 비히스패닉계 백인보다 발생률이 2배 높다(Alzheimer's Association, 2020). 인종이나 민족에서의 차이가 나타나는 이유는 알려져 있지 않다. 부분적으로는 인종이나 민족이 잠시 뒤에 언급될 알츠하이머병 유전자와 관련이 있기 때문으로 생각할 수 있다. 이 차이의 대부분은 인종과 민족의 심혈관계 질환이나 당뇨와 같은 일반적인 건강 차이의 일부분으로, 알츠하이머병의 발생 위험성을 높이는 것으로 보인다(Kumar et al., 2020; Larson, 2019).

알츠하이머병은 기억장애가 가장 현저한 인지기능장애로, 점진적으로 진행하는 질병이다. 기술적으로 말하면 환자는 이 증후군 초기의 경미한 단계에서 알츠하이머병에 기인한 경도신경인지장애라는 DSM-5 진단을 받으며, 후기의 더 심각한 단계에서는 알츠하이머병에 기인한 주요신경인지장애라는 진단을 받는다.

알츠하이머병은 1907년 이 질환을 공식적으로 식별한 독일 의사인 Alois Alzheimer의 이름에서 따온 것이다. Alzheimer는 1901년에 최초로 오귀스트 D라는 새로운 환자를 치료할 때 이 증후군을 처음으로 인식했다.

1901년 11월 25일, 정신질환 면에서 개인이나 가족 병력이 없는 여성이 독일 프랑크푸르트에 있는 정신병원에 남편에 의해 입원하게 됐는데, 그는 최근 몇 개월간 아내에게 일어난 변덕스러움과 실수를 더 이상 무시하거나 숨기지 않았다. 처음에 설명할 수 없는 분노의 폭발이 일어나고 그다음 이상한 일련의 기억 문제가 일어났다. 그녀는 점차 자기 집에 있는 물건을 정리하지 못하고 주방에서 놀랄 만한 실수를 저지르기 시작했다. 정신질환과 뇌전증을 보는 프랑크푸르트 병원인 시립정신병원에 도착했을 때 그녀의 상태는 호기심이 일어날 정도로 심각했다. 주치의이며 노련한 의사인 Alois Alzheimer는 다음 내용으로 새 파일을 작성하기 시작했다.

그녀는 무기력한 표정으로 침대에 앉는다.

"이름이 무엇입니까?"

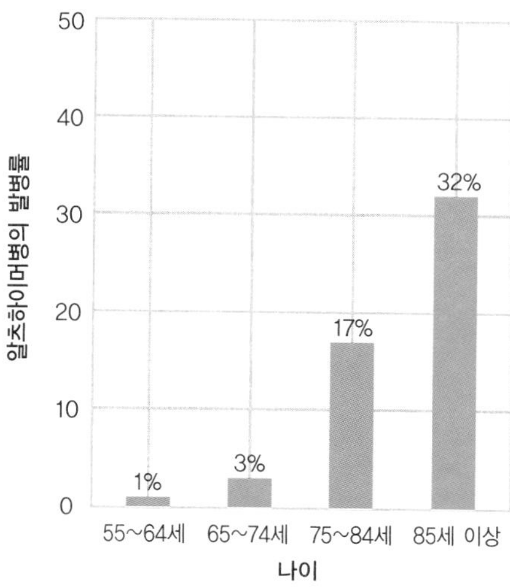

그림 15.1

대략적인 인지손상과 나이

알츠하이머병의 발생은 나이와 밀접한 연관이 있다. 65세까지는 3% 이하이지만 85세 이상에서는 32%이다. (출처 : Alzheimer's Association, 2020)

표 15.2

진단 체크리스트

주요신경인지장애
1. 개인은 다음 인지 기능의 범주 중 적어도 하나 이상의 상당한 감퇴를 보임 ■ 기억과 학습 ■ 주의 ■ 시각적 지각 ■ 계획과 의사결정 ■ 언어 능력 ■ 사회적 인식
2. 인지적 결함이 개인의 일상적인 독립생활에 방해가 됨
경도신경인지장애
1. 개인은 다음 인지 기능의 범주 중 적어도 하나 이상의 가벼운 감퇴를 보임 ■ 기억과 학습 ■ 주의 ■ 시각적 지각 ■ 계획과 의사결정 ■ 언어 능력 ■ 사회적 인식
2. 인지적 결함이 개인의 일상적인 독립생활에 방해가 되지는 않음

출처 : APA, 2013.

"오귀스트."
"성은 무엇입니까?"
"오귀스트."
"남편의 이름은 무엇입니까?"
"오귀스트, 같아요."
"여기에 얼마 동안 있었나요?"
(그녀는 기억하려 애쓰는 듯 보인다.)
"3주요."

그날은 그녀가 병원에 있은 지 이틀째 되는 날이었다. 37세의 신경병리학자이며 임상가인 Alzheimer 박사는 … 자신의 새로운 환자에게서 놀랄 만한 증상의 집합, 즉 심각한 방향감 장애, 이해력 감소, 실어증(언어 손상), 망상증, 환각, 단기기억의 상실을 관찰했는데, 그녀의 전체 이름 Frau Auguste D_____를 알려주고 그녀에게 이름을 적어보라고 했을 때, 환자는 의사가 나머지 이름을 반복해서 불러주기 전까지 'Frau'까지만 적었다.

그는 그녀에게 이름을 다시 말해주었다. 그녀는 'Augu'까지 쓰고 다시 멈췄다.

Alzheimer 박사가 세 번째로 알려주자 그녀는 자기 이름 전체와 초성 'D'를 쓴 다음 포기하고 의사에게 "내 자신을 잃어버렸어요"라고 말했다.

그녀의 상태는 개선되지 않았다. 그 시점에서 그녀의 남은 인생 동안 안전을 보장하고 가능한 한 청결하게 해주고 편안하게 해주는 것 이외에 누구도 그리고 다른 어떤 병원도 그녀를 위해 해줄 수 있는 일은 아무것도 없다는 것이 분명해졌다. 4년 반이 지나 그녀는 점점 더 방향감 장애가 심해졌고 섬망이 심해졌으며 생각의 일관성을 상실했다. 그녀는 적대적인 경우가 많았다.

Alzheimer 박사는 이후 발표한 보고서에 다음과 같이 언급했다. "그녀의 몸짓은 완벽한 무력함을 나타냈다. 그녀는 시간과 장소에 대해 방향감을 상실했다. 때때로 그녀는 자신이 아무것도 이해하지 못하며 혼란스럽고 완전히 정신을 놓은 상태라고 말했다. … 종종 그녀는 몇 시간 동안 끔찍한 목소리로 비명을 질렀다."

1904년 11월, 병에 걸린 지 3년 반이 되어 그녀는 몸져누워 실금 상태였고 거의 움직이지 못했다. … 1905년 10월부터는 무릎을 가슴까지 올려 태아 자세로 웅크린 채 중얼거리지만 말은 하지 못했고 먹을 때는 도움이 필요했다.

(Shenk, 2001, pp. 12–14)

알츠하이머병이 있는 일부 사람들은 20년 정도 생존할 수 있지만 발병부터 사망까지 대개는 4~8년이 걸린다(Kumar et al., 2020; Wolk & Dickerson, 2020). 이것은 보통 경미한 기억 문제, 주의력 실수, 언어와 소통 문제로 시작한다. 증상이 악화됨에 따라 복잡한 문제를 완료하거나 중요한 약속을 기억하기 어려워진다. 결국 환자들은 간단한 일을 못하고 장기기억을 잊어버리며, 성격의 변화도 매우 눈에 띄게 된다. 예를 들어 신사였던 사람이 전에 없이 공격적이게 될 수 있다.

알츠하이머병이 있는 사람은 처음에는 자신에게 문제가 있다는 것을 부인하지만, 얼마 지나지 않아 자신의 정신 상태에 관해 불안해하고 우울해지며 동요한다. 이들 중 40%에서 우울장애가 발생한다(ALZRA, 2020). 버지니아 출신의 한 여성은 질병이 진행됨에 따른 자신의 기억상실을 다음과 같이 설명한다.

내가 알고 있는 매우 적절한 뭔가를 찾으려고 방황하지만 잠시 뒤 내가 찾고 있던 게 뭔지를 잊어버리는 경우가 매우 많다. … 일단 생각이 상실되면 모든 것이 상실되고 나는 중요했던 게 뭔지 파악하려 헤맬 뿐이다.

(Shenk, 2001, p. 43)

신경인지 증상이 심해짐에 따라 알츠하이머병이 있는 사람들은 자신의 한계점을 점점 더 자각하지 못하게 된다. 이들은 질환의 말기에는 타인으로부터 멀어지고, 시간과 장소에 관해 더욱 혼란을 느끼게 되며, 방황하고, 말이 적어지며, 판단력이 매우 약해진다(Kumar et al., 2020; Wolk & Dickerson, 2020). 결국 그들은 타인에게 완전히 의존하게 된다. 이들은 과거에 관한 거의 모든 지식을 잃고 가까운 친척의 얼굴도 인식하지 못하게 된다. 또한 이들은 밤에 더욱 불편해져서 낮에 자주 졸게 된다(Cote et al., 2021). 이 질환의 말기에는 지속적인 간호를 필요로 하게 된다.

알츠하이머병 환자들은 일반적으로 말기가 되기 전까지 꽤 좋은 건강 상태를 유지한다. 하지만 정신 기능이 쇠퇴함에 따라 활동성이 떨어지고 많은 시간을 앉거나 침대에 누운 채 보내게 된다(Cote et al., 2021). 이는 폐렴과 같은 질병이 심해지기 쉬우며, 이로 인해 사망에 이를 수도 있도록 만든다. 매년 미국에서 12만 2,000명이 알츠하이머병으로 사망한다(CDC, 2021, 2019b). 이는 미국에서 여섯 번째 주요 사망 원인이며, 세 번째 노인 사망 원인이다.

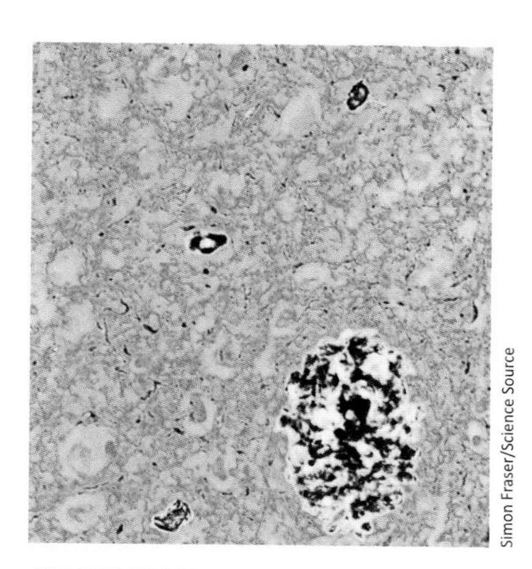
Simon Fraser/Science Source

생물학적 장본인 알츠하이머병에 걸린 사람의 뇌 조직에서 과도한 양의 반점(희고 둥근 부분)과 신경섬유매듭(검은 부분)이 보인다.

대부분의 경우 알츠하이머병은 사망 후에만 명확히 진단될 수 있으며, 이때 환자의 두뇌 안에 과다한 신경섬유매듭, 노인성 반점과 같은 구조적 변화를 충분히 조사할 수 있다(Latimer et al., 2021). **노인성 반점**(senile plaque)은 해마와 대뇌피질, 다른 특정 두뇌 영역은 물론 일부 혈관 근처 내 뉴런들 '사이'의 공간 안에 형성되는 베타-아밀로이드 단백질로 알려진 작은 분자로 구성된 구형 모양의 반점이다. 반점의 형성 역시 노화의 정상적인 부분이지만, 알츠하이머병이 있는 환자의 경우 발생 빈도가 매우 높아진다(Tu et al., 2020). 해마와 다른 일정한 뇌 구조의 뉴런 '안'에서 발견되는 단백질 섬유가 엉켜 있는 것인 **신경섬유매듭**(neurofibrillary tangle)도 노령화에 따라 모든 사람에게서 발생하지만, 역시 알츠하이머병 환자의 경우 그 수가 매우 많다.

과다한 수의 매듭과 반점이 알츠하이머병에서 하는 역할에 대해 과학자들은 충분히 이해하고 있지 못하지만, 대부분은 이 두 가지 모두가 뉴런의 죽음에 기여하는 궁극적인 손상과 관련 있는 요소라는 것에 동의한다(Cummings, 2021). 반점(뉴런 사이에 발생)은 뉴런과 뉴런 사이의 의사소통을 방해함으로써, 매듭(뉴런 안에서 발생)은 뉴런 내의 필수적인 분자 이동을 방해함으로써 이런 문제를 유발하는 것으로 보인다(Latimer et al., 2021; Alzheimer's Association, 2020). 오늘날 알츠하이머병의 가장 선도적인 설명은 반점과 매듭이 형성되고 과도해지면서 발생하는 다양한 요인을 중심으로 하고 있다.

알츠하이머병의 유전적 원인은 무엇인가 알츠하이머병의 유전 이론을 이해하기 위해서 단백질의 성격과 역할을 우선 평가해야 한다. 단백질은 모든 살아 있는 세포(물론 뇌 세포도 포함)의 기본 성분이다. 단백질은 탄소와 수소, 산소, 질소, 황의 사슬로 구성된 대분자(large molecule)이다. 각기 상이한 기능을 가진 상이한 종류의 단백질이 많이 있다. 총괄해서 단백질은 유기체의 적절한 기능을 위해 필요하다.

알츠하이머병 환자의 뇌에서 아주 많이 발견되는 반점과 매듭은 2개의 주요 단백질이 광적으로 행동하기 시작할 때 발생하는 것 같다. 베타-아밀로이드 단백질에 의한 비정상적 활동성은 앞에서 봤듯이 반복되는 반점 형성의 원인이다(Ando et al., 2021). 다른 단백질, 즉 타우에 의한 비정상적 활동성은 매듭이 과도하게 형성되는 원인이다. 선도적 이론들 중 하나는 베타-아밀로이드 단백질에 의해 형성된 많은 반점은 뇌의 타우 단백질을 분해하기 시작해서 매듭과 많은 뉴런의 사망을 초래한다고 주장한다(Tu et al., 2020; Keene et al., 2018).

노인성 반점 나이를 먹어가면서 어떤 뇌세포들 사이의 공간에 베타-아밀로이드 단백질이 형성된 것. 알츠하이머 환자에게 이러한 반점이 과도하게 많다.

신경섬유매듭 나이를 먹어가면서 어떤 뇌세포 안에 단백질 섬유가 꼬여 있게 되는 것. 알츠하이머 환자에게 이러한 매듭이 과도하게 많다.

Lucas Oleniuk/Toronto Star via Getty Images

이른 작별인사 린든 블랙버드(왼쪽)가 결근계를 내고 이번이 마지막 여름이 될지도 모를 54세 아내 에벌린 데이비스와 시간을 보내고 있다. 데이비스는 조발성 알츠하이머병을 앓고 있다.

일련의 사건들의 원인은 무엇인가? 유전 요인이 주요 장본인이다. 그러나 원인이 되는 유전 요인은 알츠하이머병의 조발성 및 만발성 유형에 따라 다르다.

조발성 알츠하이머병 알츠하이머병이 65세 이전에 발병하는 사례는 약 10% 이내이다(Ando et al., 2021; Kumar et al., 2020). 이런 희귀한 사례는 대개 유전이다. 연구자들은 알츠하이머병의 이런 형태는 2개의 단백질, 즉 **베타-아밀로이드 전구체 단백질**(**베타-APP**)과 **프레세닐린 단백질** 생산을 맡은 유전자의 이상(abnormality)에 의해 야기될 수 있다는 것을 알게 되었다. 몇몇 가계는 돌연변이, 즉 이들 유전자의 하나 또는 모두의 이상 형태를 전달하는 것이 분명한데, 이 돌연변이는 궁극적으로 이상 베타-아밀로이드 단백질 축적과 반점 형성으로 이어진다(Ayodele et al., 2021; Latimer et al., 2021).

만발성 알츠하이머병 알츠하이머병 사례의 압도적 다수는 65세 이후에 발생한다. 알츠하이머병이 생기는 사람의 대부분은 가계력이 있지는 않지만, 부모나 형제자매가 이 병이 있는 경우 발생 가능성은 더 높다(Alzheimer's Association 2020). 이 알츠하이머병의 만발성 형태는 유전적·환경적·생활양식적 요인의 결합에 의해 생기는 것처럼 보인다. 그러나 만발성 알츠하이머병에서 작동하는 유전적 요인은 조발성 알츠하이머병에 포함된 것들과는 다르다. 임상 이론가나 연구자들에게서 가장 관심을 받는 유전 요인은 **아폴리포단백질 E(ApoE) 유전자**라 부르는 것이다(Latimer et al., 2021).

ApoE 유전자는 19번 염색체에 있고, 혈류로 다양한 지방을 운반하는 데 도움이 되는 단백질을 생산하는 역할을 보통 맡고 있다. 이 유전자는 E-2, E-3, E-4의 세 가지 형태가 있다. 인구의 약 30%는 **ApoE-4** 형태라 불리는 E-4형을 유전적으로 물려받고 있는데, 이들은 알츠하이머병의 발병에 특히 취약한 것으로 보인다(Najar et al., 2021; Kumar et al., 2020; Sherva & Kowall, 2020). 분명히 ApoE-4 유전자 형태는 베타-아밀로이드 단백질의 과도 형성을 촉진해서 반점 형성에 박차를 가하고, 그리하여 타우 단백질의 분해와 수많은 매듭의 형성, 뉴런의 대량 사망, 그리고 궁극적으로 알츠하이머병에 박차를 가한다.

비록 ApoE-4 유전자 형태가 알츠하이머병 발병의 주요 기여 인자인 것처럼 보이지만, 이 유전자 형태를 가진 모든 사람이 이 질병에 걸리는 것은 아님을 아는 것이 중요하다. 분명히 다른 요인(아마도 환경적, 생활양식, 스트레스 관련 요인)도 만발성 알츠하이머병의 사례에 주요한 영향을 미친다(Latimer et al., 2021; Alzheimer's Association, 2020).

알츠하이머병의 대체유전 이론 앞서 읽어 봤듯이 알츠하이머병에 대한 많은 유전 이론은 비정상적 베타-아밀로이드 단백질의 구축과 반점을 형성하는 유전자 형태, 특히 ApoE-4를 지적한다. 이런 유전자 형태들로 인해 타우 단백질의 비정상적 활동과 다양한 매듭이 발생한다. 그러나 최근 들어 몇몇 연구자들은 비정상적 타우 단백질의 활동이 언제나 비정상적 베타-

아밀로이드 단백질의 형성으로 끝나는 것은 아니라고 믿게 되었다(Ando et al., 2021; Latimer et al, 2021; Tu et al., 2020). 이 연구자들은 매듭 형성 및 타우 단백질의 비정상적 특징과 직접적으로 연관이 있어 보이는 알츠하이머병 환자들의 다른 유전자 형태를 발견해냈다. 이는 알츠하이머병의 발병과 매듭의 다양한 형성에 대한 수많은 유전적 요인이 있음을 의미하는 것이리라. (1) 처음 만들어지는 베타-아밀로이드 단백질 형성과 반점에 의해 시작되는 유전자 형태와, (2) 매듭 형성과 타우 단백질의 비정상적 특징을 좀 더 직접적으로 촉진시키는 유전자 형태가 그것이다.

10/66 정신과 질환 연구를 하는 Mariella Guerra가 10/66 치매 연구 집단의 일부 연구 참가자인 콘수엘로 클링겐버 페레즈(왼쪽)와 함께 작업을 하고 있다. 알츠하이머병을 앓는 사람의 66%가 개발도상국에 살고 있음에도 불구하고 연구는 10%만이 이 나라들의 사람을 대상자로 하고 있다. 10/66 연구 집단은 세계를 더 잘 반영하는 연구를 수행하고자 한다.

뇌 구조와 뇌 회로는 알츠하이머병과 어떤 관련이 있는가 우리는 유전적 요인이 사람들을 알츠하이머병에 걸리기 쉽게 할지도 모른다는 것을 알고 있지만, 어떤 뇌 구조나 회로가 알츠하이머병을 촉진하고 어떤 요인에서 유래하는지에 대해 알아야 할 필요가 여전히 있다. 연구자들은 여러 가능성을 식별했다.

일부 뇌 구조들은 기억에 특히나 중요한 것처럼 보인다. 단기기억에서 가장 중요한 구조는 전전두엽피질이다. 단기기억을 장기기억으로 전환시키는 데 가장 중요한 구조는 **해마**, **편도체**, **시상**, **시상하부**이다. 연구에 의해 알츠하이머병의 사례에는 이들 뇌 구조의 하나 또는 그 이상의 손상 또는 기능장애가 포함된다는 것이 밝혀졌다(Kumar et al., 2020; Liu et al., 2019)(그림 15.2 참조). 뇌 회로에 대한 이 분야에서의 관심과 더불어 알츠하이머병이 이 구조들 간의 의사소통이 부족함(상호연결성의 부족)에 기인한다는 연구들이 있다. 간단히 말하자면 이 구조들 간의 뇌 회로가 적절히 작동하지 못한다는 것이다(Cummings, 2021; Muñoz-Moreno et al., 2020).

뇌의 생화학적 변화는 알츠하이머병과 어떤 관련이 있는가 새로운 정보가 획득되고 저장되기 위해서는 일정한 단백질이 핵심 뇌 세포에서 생산되어야 한다. 몇몇 화학물질[예 : **아세틸콜린**, **글루타메이트**, **RNA(리보핵산)**, **칼슘**]이 이들 기억 연계 단백질의 생산을 맡고 있다. 만약 이런 화학물질의 활동 중 어떤 것이라도 잘 이루어지지지 않는다면 적절한 단백질의 생성이 막히고 기억 형성에 문제가 생길 것이다(Chami, 2021; Liu et al., 2019). 그러므로 예를 들어 알츠하이머병이 있는 사람의 뇌에서 칼슘 분해의 규칙성이 사라지거나 아세틸콜린과 글루타메이트의 활동 수준의 결핍이 발생하는 등의 문제가 생길 때, 연구자들이 이런 다양한 화학물질을 비정상적 활동과 연관시키는 것은 놀라운 일이 아니다.

알츠하이머병에 대한 다른 설명 자연에서 발견된 특정 물질이 독소로 작용해 두뇌를 손상시키고, 알츠하이머병 발병의 원인이 된다는 것이 몇몇 조사에 의해 밝혀졌다. 예를 들어 연구자들은 일부 알츠하이머병 환자의 두뇌에서 높은 수준의 아연을 검출했다(Farbood et al., 2020; Wang et al., 2020).

또 다른 설명에 따르면 환경적 독소인 납이 알츠하이머병 진행의 원인이 될 수 있다

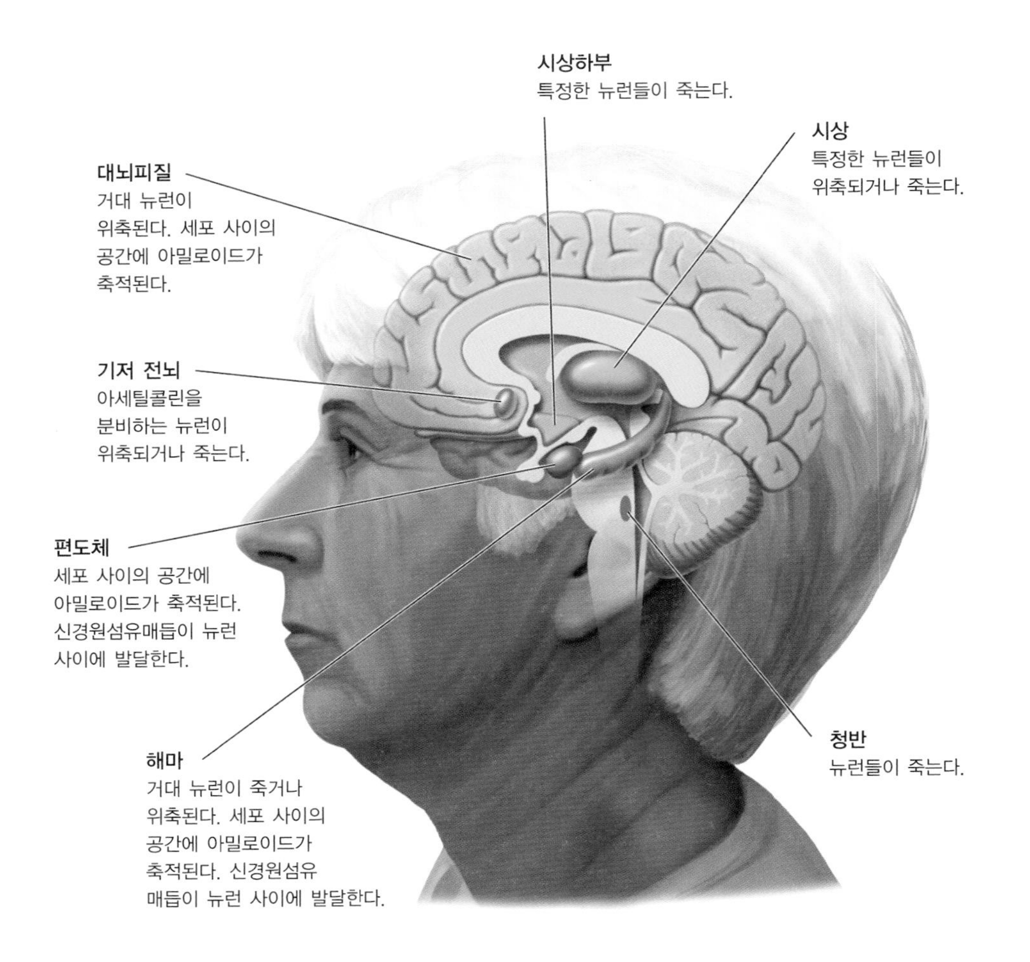

그림 15.2

뇌의 노화

노인기가 되면 뇌는 기억, 학습, 추론 등의 인지 기능에 일정 부분 변화를 겪게 된다. 이러한 변화의 양이 알츠하이머병 환자에게서는 과도하게 진행되는 것이다. (출처 : Latimer et al., 2021; Orlando, 2020; Zheng et al., 2018; Mu et al., 2017; Nomi et al., 2017; Selkoe, 2011, 1992)

(Lee & Freeman, 2020, 2016, 2014). 이제 와서 소용없을 수도 있지만 현재의 많은 노인은 1960~1970년대에 자동차가 배출하는 공기오염물질을 규칙적으로 흡입하여 높은 수준의 납에 노출되었다(Horton et al., 2019; Richardson et al., 2014).

알츠하이머병에 대한 다른 두 가지 설명이 더 있다. 하나는 **자가면역 이론**이다. 알츠하이머병이 있는 사람들의 면역체계에서 발견되는 특정한 불규칙성을 토대로, 일부 연구자들은 뇌세포의 노화에 따른 변화로 **자가면역 반응**(즉 면역계가 자신을 잘못 공격)이 촉발되어 이런 질환이 유도된다고 생각했다(Koychev & Gallacher, 2020; Ma et al., 2020). 다른 설명은 **프리온 이론**이다. 알츠하이머병은 프리온이라는 기형 단백질에 의해 발생하는 또 다른 형태의 신경인지장애인 **크로이츠펠트-야콥병**과 유사하기 때문에, 일부 연구자들은 프리온이 알츠하이머병을 일으킬 수 있다고 제안한다. 프리온 활동이 실제로 알츠하이머 환자의 뇌에서 발견되었지만, 이 기형 단백질이 알츠하이머병에서 원인이 되는 역할을 하는지는 확실하게 밝혀지지는 않았다(Koychev & Gallacher, 2020; Aoyagi et al., 2019).

알츠하이머병에 대한 평가와 예측 앞서 보았듯이 대부분의 알츠하이머병의 사례는 해부가 시행되는, 사망 후에만 명확히 진단될 수 있다. 하지만 신경심리검사(인지, 지각, 운동 기능을 몇몇 작업을 통해 측정하는 검사) 배터리를 사용하거나 뇌 영상, 혈액 검사, 기타 실험실 작업 및 주의 깊은 병력청취를 통해서 진단은 매우 정확한 정도로 이루어질 수 있다(Petretto et al., 2021; Kumar et al., 2020).

진단을 하기 위해 뇌 영상, 실험실 검사, 여러 생물학적인 검사를 통해 찾는 것은 **생체표지**

흥미로운 이야기

비싼 병

미국에서는 알츠하이머병과 기타 신경인지장애에 드는 연간 총액이 3,050억 달러에 달한다(Alzheimer's Association, 2020).

자(biomarker)이다. 생체표지자란 알츠하이머병에 동반되는 생화학, 분자, 유전, 구조적 특징을 말한다(Compta & Revesz, 2021; Alzheimer's Association, 2020). 많은 생체표지자가 있지만 모두가 중요한 것은 아니다. 알츠하이머병에서는 다량의 매듭과 반점을 형성하는 베타-아밀로이드 단백질과 타우 단백질이 생체표지자이다(Wolk & Dickerson, 2020).

다양한 생체표지자가 알츠하이머병의 발병 전에 뇌에 수년 전부터 존재한다. 그러므로 연구자들은 어떤 생체표지자의 조합을 통해 알츠하이머병과 다른 신경인지장애를 발병 수년 전에 예측할 수 있는지를 결정하기 위해 노력해왔다. 신경과학자인 Lisa Mosconi와 동료들(Mosconi, 2020; Kam et al., 2019; Mosconi et al, 2018, 2014, 2010, 2008)의 실험실에서 유망한 연구가 지속적으로 발표되고 있다. 뇌영상과 다른 생물학적인 검사를 사용하여 이 연구팀은 수십 명의 건강해 보이는 노인 참가자로부터 생체표지자 조합을 측정했고, 24년간 추적 조사하였다. 연구 참가자 중 43명에게서 알츠하이머병으로 인한 경도 또는 주요 신경인지장애가 발병하였다. 연구자들은 발병한 사람들의 초기 뇌 검사에서 생체표지자에 이상이 있음을 발견하였다. 전반적으로 생체표지자는 발병 수년 전부터 존재하였고, 주요신경인지장애의 71%, 경도신경인지장애의 83%를 증상 발현 이전에 예측하였다.

앞으로 치료 가능성이 없는 병에 걸릴 것이라는 것을 알게 되는 것이 모르는 것보다 더 나을까?

곧 알게 되겠지만 알츠하이머병과 다른 종류의 신경인지장애에 대한 가장 효과적인 중재는 이런 문제를 차단하도록 돕는 것, 또는 적어도 초기에 적용하는 것이다. 분명한 점은 가능한 한 조기에, 가급적 증상이 발병하기 몇 년 전에 질환을 식별할 도구를 얻는 게 중요하다는 것이다. 이런 점이 평가와 진단 면에서의 연구 발전을 기대하게 한다.

미끄러져 사라지는 신경인지장애의 하나인 알츠하이머병이 어느 정도 진행된 사람들은 단기기억의 문제로 인해 종종 그림을 그리거나 간단한 일을 수행하는 것에 어려움을 겪는다. 뿐만 아니라 장기기억의 손상으로 인해 친밀한 친척이나 친구를 알아보지 못하는 경우도 있다.

다른 형태의 신경인지장애 알츠하이머병 외에도 많은 신경인지장애가 있다(Emmady & Tadi, 20020)(최신 동향 참조). 예컨대 **혈관성 신경인지장애**는 뇌의 특정 영역으로의 혈류가 차단되어 그 영역이 손상되는 뇌혈관장애, 즉 **뇌졸중**에 뒤따라 일어날 수 있다(Uwagbai & Kalish, 2020). **전측두 신경인지장애**는 **피크병**(Pick's disease)이라고도 하는데, 전두엽과 측두엽에 영향을 미치는 희귀한 병이다(Takeda & Miller, 2020). **크로이츠펠트-야콥병**이라고도 하는 **프라이온병으로 인한 신경인지장애**는 몸이 강직되는 증상이 있다. 앞서 읽었듯이 이 장애는 프리온이라고 불리는 기형 단백질에 의해 발생한다. **헌팅턴병으로 인한 신경인지장애**는 기억장애와 더불어 성격이 변하고 기분장애와 심한 경련과 강직을 동반하며, 시간이 지나면서 증상이 악화되는 진행형 유전질환이다(Margolis, 2020). 떨림과 경직, 불안정을 특징으로 하며 서서히 진행되는 신경장애인 **파킨슨병**은 특히 여러 사례가 진행된 사람들이나 노인에게 **파킨슨병으로 인한 신경인지장애**를 일으킬 수 있다(Rodnitzky, 2020). 최근 들어 많은 사람은 **루이소체병으로 인한 신경인지장애**로 진단받는 경우가 있다. 루이소체(Lewy body)란 많은 뉴런 안에서 생성된 단백물 침전물 덩어리를 말한다(Falow, 2020). 마지막으로 다른 신경인지장애는 **HIV 감염**, **외상성 뇌손상**, **물질남용**, 또는 뇌막염, 기존의 매독과 같은 다양한 질병에 의해 일어날 수 있다.

현재 알츠하이머병과 다른 신경인지장애는 어떻게 치료하는가 알츠하이머병과 대다수 다른 형태의 신경인지장애의 인지적 특징에 대한 치료는 기껏해야 약간의 도움이 된 정도이다. 약물요법과 인지 기법, 행동 중재, 돌보미 지원, 사회문화적 접근법을 포함한 많은 접근법이 적용되었다. 하지만 이런 개입은 질병의 진행을 막지는 못한다(Cummings, 2021; Wolk &

생체표지자 특정 병과 주로 동반되는 생화학, 분자, 유전학, 구조적 특징

최신 동향

뇌손상 : 풋볼과 CTE(만성 외상성 뇌질환)

수천만 명의 미국인이 일요일에 전미 풋볼리그(NFL)에서 자신이 좋아하는 팀이 머리에 머리를 맞댄 것을 보기 위해 일정을 조절한다. 몇 년 동안 이 스포츠의 명백한 위험성은 많은 사람에게 주는 즐거움과 선수가 얻는 부에 가려졌다. 하지만 지난 20년간 생각이 극적으로 바뀌게 되었다. **만성 외상성 뇌질환**(chronic traumatic encephalopahty, CTE)이라는 퇴행성 뇌질환으로 많은 NFL 선수가 고생했고, 그 이유가 게임 중에 그들이 반복적으로 머리를 부딪혔기 때문이라는 발견이 있어서이다(Zimmerman et al., 2021; Munakomi & Puckett, 2020).

다른 많은 신경인지장애와 마찬가지로 CTE는 뇌 전반에 있는 **타우 단백질로부터 생긴 매듭**이 과도하게 생겨나는 것과 깊은 관련이 있다(Ayubcha et al., 2021; Lepage et al., 2018). 해마, 시상, 흑질, 편도체와 같은 뇌 구조의 이상과 관련된 이러한 매듭으로 인해 방향감각 상실, 기억력 상실, 실수, 성격 변화, 점진적 인지 감퇴, 파킨슨병적 증상, 자살사고, 죽음과 같은 다양한 범위의 신경인지적 증상을 발생시켜 여러 해에 걸쳐 발현된다(Ayubcha et al., 2021; Costanzo et al., 2021; Larson, 2019).

CTE와 그 치명적인 영향력은 2005년 신경병리학자인 Bennet Omalu가 전 NFL 선수인 마이크 웹스터를 부검하고 그의 뇌에서 이 새로운 질병을 발견함으로써 알려지게 되었다. 웹스터는 사망 이전에 심각한 인지, 행동, 정서적 퇴행을 경험하였으나 그 증상들은 의학적으로는 미스터리였다. Omalu의 발견을 시작으로 CTE는 많은 풋볼, 하키, 축구, 럭비 선수뿐 아니라 권투, 레슬링, 무술인, 군인들의 부검에서도 발견되었다(Ayubcha et al., 2021; Costanzo et al., 2021).

게임의 일부? 매키는 2011년, 69세의 나이에 운동 중 입은 반복적인 손상으로 발생한 것이 명백한 주요신경인지장애로 사망하였다.

CTE와 그 영향에 대한 인식은 여러 이유로 서서히 알려지게 되었다(McCambridge & Stinson, 2020; B. Lee et al., 2018). 첫째, 머리에 가해진 다수의 상대적으로 약한 뇌진탕과 타격에 의해 발생하였고 뇌에 외상성 손상을 가한 한 번의 명백한 손상이 아니기 때문이다. 둘째, 살아 있는 사람의 뇌영상은 피가 나지 않거나 명백한 구조적 손상이 드러나지 않는 약한 뇌진탕으로 인해 진행되는 질병을 발견할 수 없기 때문이다. 알츠하이머병과 마찬가지로 CTE에 대한 확진은 사후 뇌 검진을 통해서만 가능하다(Ayubcha et al., 2021; Grashow et al., 2020). 하지만 이들이 살아 있는 동안 분명한 것은 무엇인가가 심각하게 잘못된 일이 벌어지고 있다는 것이다.

현재는 CTE에 대한 '지도를 그리는 중'이다. 개인적으로나 공적으로나 주의를 하거나 행동적인 대처를 하려는 경향이 증가하고 있다(McCambridge & Stinson, 2020; Oliver et al., 2018). 예를 들면 NFL은 '경기 재참가' 절차를 바꾸어 약한 뇌손상일지라도 선수가 경기를 재개하기 전에 모든 증상으로부터 완전히 회복된 것을 확인하도록 하였다. 연맹은 팀이 연습할 때 서로 부딪히는 횟수를 줄이도록 하였다. 나아가 NFL은 수백만 달러의 CTE 보상 기금을 만들어 은퇴한 선수와 가족들이 기금을 모으고 증상 발현이나 사망 시 사용할 수 있도록 하였다.

이제는 CTE로 인해 신경인지장애는 유전이나 생활양식으로 발생하는 것만은 아니라는 사실을 잘 알게 되었다. 경미해 보이더라도 뇌손상이나 마약, 뇌수술 등이 원인이 될 수 있다.

Dickerson, 2020).

약물치료 알츠하이머병 환자에게 현재 처방되는 약물은 기억에 중요한 역할을 하는 신경전달물질인 아세틸콜린과 글루타메이트에 영향을 주기 위해 설계된다(Alzheimer's Association, 2020). 이런 약에는 도네페질(아리셉트), 리바스티그민(엑셀론), 갈란타민(레미닐), 메만틴(나멘다)이 있다. 이런 약을 복용하는 일부 알츠하이머병 환자들의 단기기억력과 추리력은 약간 개선되는데, 언어 이용 및 압박을 견디는 능력 면에서도 마찬가지이다(Cummings, 2021;

Zhang et al., 2020). 약의 효능이 제한적이며 부작용이 문제될 수 있겠지만, 이런 약들은 미국 식품의약국(FDA)에 의해 승인되었다. 임상가들은 이런 약들이 초기의 좀 더 경미한 단계의 알츠하이머병인 사람들에게 가장 훌륭하게 활용될 수 있다고 믿는다. 비타민 E만 복용하거나 이런 약과 함께 복용하는 또 다른 접근법도 좀 더 경미한 단계의 알츠하이머병에 걸린 사람들의 인지 감퇴를 늦추는 데 도움이 되는 것 같다. 하지만 이런 생각들은 다양한 연구에 의해서 좋게 보더라도 중간 정도의 지지만 받고 있는 상황이다(Press & Alexander, 2020, 2019a, 2019b).

여기에서 논의되는 약들은 환자에게 알츠하이머병이 생긴 후 각각 처방된다. 이와 반대로 여러 연구에서 다른 종류의 문제를 대상으로 하는, 시장에서 입수할 수 있는 특정 물질이 알츠하이머병의 발병을 막거나 늦추는 데 도움이 될 수 있는 것으로 나타났다. 예를 들어 일정 연구들에서 여성의 성 호르몬인 **에스트로겐**을 폐경 후 몇 년간 복용한 여성들은 알츠하이머병의 발생 위험을 절반으로 줄인 것으로 나타났으며(Song et al., 2020; Li et al., 2014), 그 밖의 연구에서는 (애드빌, 모트린, 뉴프린, 그 밖의 통증 완화제에서 발견되는 약인) **이부프로펜**과 **나프로신**과 같은 **비스테로이드성 항염증 약물**을 장기간 사용하면 알츠하이머병의 위험을 줄이는 데 도움을 줄 수 있는 것으로 나타났다. 다만 이런 가능성에 관한 연구 결과들은 일관성이 없다(Kumar et al., 2020; Press & Alexander, 2020, 2019a, 2019b).

Kyodo News/Getty Images

우선순위 주요신경인지장애가 진행되는 동안 적절한 자기관리와 자기에 대한 관심이 감퇴될 수 있다. 몇몇 치료 프로그램은 위생, 외모 등 일상생활에 필요한 것들을 강조한다. 일본의 요양시설에 있는 이 사람들은 '화장품 치료 프로그램'을 통해 화장법을 배우고 있다.

인지행동 기법 인지행동치료는 알츠하이머병에 적용되어 왔으며, 어느 정도 성공적이었다. 예를 들어 일본에서 이 질환이 있는 여러 사람은 수업에 정기적으로 모여 간단한 계산을 하고 에세이와 소설을 소리 내어 읽는다(Okazaki, 2020). 유사하게 연구자들은 컴퓨터 기반의 인지 자극 프로그램을 포함한 인지적 활동이 종종 알츠하이머병을 예방하거나 발병을 늦춘다고 제안한다(Alzheimer's Association, 2020). 사실 몇몇 연구는 인지적인 자극(예 : 편지 쓰기, 신문이나 책 읽기, 악기 연주, 콘서트나 연극 관람하기)을 한 연구 참가자들에게서 알츠하이머병의 발생 위험성을 늦추는 데 도움이 된다고 제안하였다(Koychev & Gallacher, 2020; Kumar et al., 2020).

흥미롭게도 인지가 아니라 행동에 초점을 둔 전략에서 이 병을 예방하거나 조절하는 데 더 유용한 점이 발견되고 있다. 신체 운동이 모든 연령 및 건강 상태의 사람들에게 인지 기능을 향상시키는 데 도움이 된다는 것은 많은 연구에서 점점 더 명확해지고 있다(Morey, 2020; Wittfeld et al., 2020). 게다가 규칙적인 신체 운동은 알츠하이머병과 신경인지장애의 다른 유형의 발생 위험을 감소시키는 데 도움이 될 수 있다는 증거가 있다(Alzheimer's Association, 2020; Thomas et al., 2020). 그러므로 신체 운동은 흔히 이 장애를 가진 사람의 치료 프로그램의 일환이기도 하다(Yu et al., 2021).

행동 중심 개입도 알츠하이머병 환자가 보여주는 특정 증상을 개선하는 데 도움을 주기 위해 사용할 수 있다. 이 접근법들은 일반적으로 가족에게 스트레스를 주는 일상의 환자 행동, 가령 밤에 돌아다니기, 방광 조절 상실, (자신에 대한) 주의 요구, 부적절한 개인 위생을 변화시키는 데 초점을 맞춘다(Press & Alexander, 2019a). 치료자들은 더 긍정적인 행동을 형성하기 위한 강화의 시기와 방법을 가족 구성원에게 알려주기 위해 역할 연기, 모델링 등을 활용한다.

다양한 피트니스 인지적 피트니스의 가치를 알게 되면서 많은 어르신 공동체 프로그램에서는 인지적 컴퓨터 프로그램(왼쪽)을 실시한다. 동시에 신체적 운동 역시 인지 감퇴 속도를 늦추는 데 효과적이다. 이에 노인을 위한 신체 피트니스 프로그램도 다수 나타나고 있다(오른쪽).

돌보미에 대한 지원 돌봄(caregiving)은 알츠하이머병 및 다른 유형의 신경인지장애 환자의 가까운 친척들에게 큰 부담이 될 수 있다(Wiegelmann et al., 2021). 점차 상실과 무기력, 의학적 질병이 증가하는 사람을 돌보는 일은 힘든 일이다. 사랑하는 누군가의 정신적, 신체적 쇠퇴를 지켜보는 것은 고통스럽다. 알츠하이머병이 있는 사람 중 거의 90%가 배우자나 성인 자녀인 친척의 간호를 받는다(Alzheimer's Association, 2020).

알츠하이머병에 걸린 사람을 시설에 수용하는 가장 흔한 이유 중 하나는 압도된 보호자들이 환자를 가정에 데리고 있으면서 발생하는 어려움에 더 이상 대처할 수 없다는 점이다(Alzheimer's Association, 2020). 여러 보호자는 우울과 분노를 경험하며 자신의 신체적·정신적 건강도 나빠지는 경우가 많다(Weigelmann et al., 2021). 이제 임상가들은 알츠하이머병과 다른 형태의 신경인지장애를 치료하는 데 가장 중요한 측면 중 하나는 보호자의 정기적인 휴식, 질병에 관한 교육, 심리치료에 대한 욕구를 비롯한 정서적 욕구에 초점을 맞추는 것이라

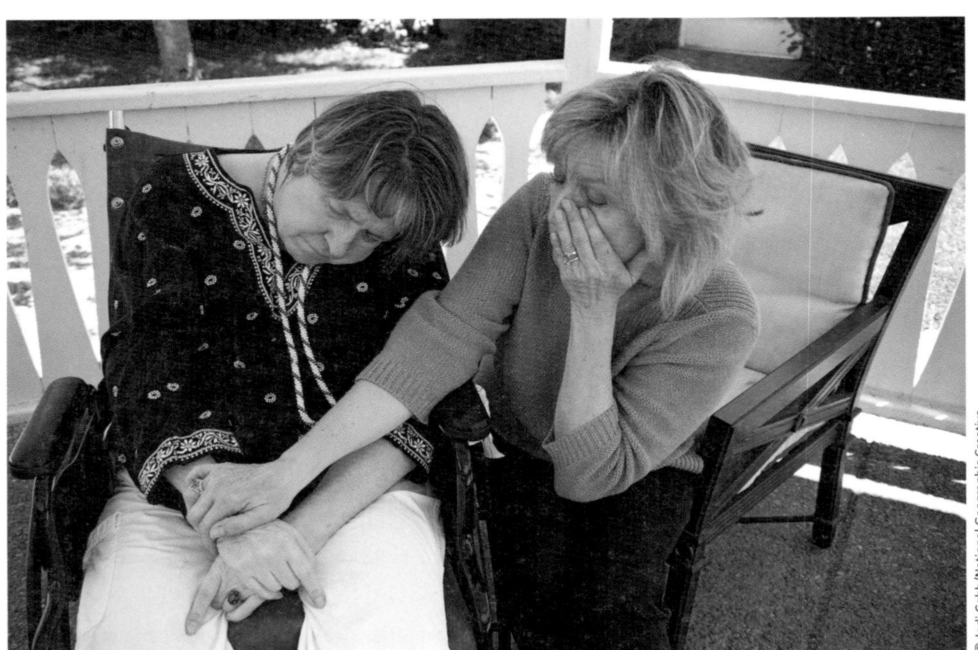

부양자의 엄청난 부담 한 여인이 알츠하이머병을 앓고 있는 쌍둥이를 위로하고 있다. 신경인지장애가 있는 가까운 친지를 돌보는 심리적·신체적 부담은 대개 돌보는 사람에게 엄청난 타격을 준다.

는 점을 인정한다(CDC, 2019a). 일부 임상가들은 보호자 지원단체를 제공한다(Friedman & Kennedy, 2021).

사회문화적 접근법 최근 사회문화적 접근법이 치료 면에서 중요한 역할을 한다(Alzheimer's Association, 2020). 신경인지장애를 가진 환자들을 위한 여러 주간돌봄시설이 발전되어 왔으며, 낮 동안 외래 환자를 위한 치료 프로그램과 활동을 제공하고 밤에는 그들의 집과 가족에 돌려보낸다. 신경인지 손상으로 고통받는 사람들이 쾌적한 아파트에 살며, 필요한 관리를 받고, 자신의 삶에 기쁨과 자극을 줄 다양한 활동에 참가하는 등 그들의 불편한 점에 맞추어 설계된 여러 조력생활시설(assisted-living facility)이 있다. 이런 거주지는 종종 거주자의 특별한 욕구에 맞춰 설계되는데, 예를 들면 산책로가 원으로 되어 있어서 길을 잃지 않도록 하는 등이다. 여러 연구를 통해 이런 시설들이 시설 거주자의 인지적 감퇴를 늦추고 그들의 삶의 기쁨을 증진하는 데 도움을 주는 경우가 많은 것으로 나타났다. 게다가 알츠하이머병 환자의 팔목에 착용하는 추적 신호나 GPS 추적기가 들어 있는 신발 같은 실용적 물건의 증가는 마음대로 벗어날 수도 있는 환자를 찾는 것을 도와주기 위해 개발되었다(Alzheimer's Association, 2021; Press & Alexander, 2019a).

Carsten Render/picture alliance via Getty Images

새로운 도우미 등장 중 독일에 있는 이 알츠하이머 시설에는 거주자와 상호작용하는 '엠마'가 있다. 말하고, 음악을 연주하고, 사진을 찍는 등 간단한 명령을 수행할 수 있는 이런 로봇은 신경인지장애가 있는 사람들의 돌봄에 큰 도움이 된다.

알츠하이머병과 다른 형태의 신경인지장애를 이해하고 치료하는 과정에서 밝혀진 진전 상황을 감안할 때 연구자들은 앞으로 삶을 변화시키는 발전이 이루어질 것을 기대하고 있다. 이들 장애의 원인인 두뇌의 변화는 엄청나게 복잡하지만, 진행 중인 많은 연구를 통해 많은 연구자는 굉장한 도약의 순간이 머지않았다고 믿는다.

요약

인지장애

노인은 다른 연령대의 사람들보다 주의집중, 지남력 유지, 집중력, 연속적인 사고의 어려움을 특징적으로 보이는 장애인 섬망을 경험할 가능성이 높다. 인지 기능의 심한 저하가 특징인 신경인지장애는 노인 집단에서 매우 증가하고 있다.

신경인지장애는 가장 흔한 장애인 알츠하이머병을 비롯하여 다양한 유형이 있다. 알츠하이머병은 뇌의 노인성 반점과 신경섬유매듭의 독특한 증가와 관련이 있다. 만발성 알츠하이머병에 대한 영향력 있는 이론에 의하면 가장 흔한 알츠하이머병의 원인이 유전자 중 하나인 ApoE-4를 유전적으로 가지고 태어난 경우 발병에 취약해지는 것이다. ApoE-4 유전자가 베타-아밀로이드 단백질의 과도한 생성을 촉진하는 것은 분명하고, 이는 반점의 형성을 촉발하며, 이는 다시 타우 단백질의 분해, 수많은 매듭 형성, 뉴런의 죽음, 그리고 마침내 알츠하이머병으로 이어지는 경로를 밟는다.

이 병에는 아연, 납 등의 독성물질, 면역체계의 문제, 특정 종류의 바이러스 등의 다른 원인도 있다.

연구자들은 알츠하이머병과 다른 유형의 신경인지장애 환자를 평가하는 방법을 발전시켜 누가 이러한 병에 걸릴 가능성이 높은지까지도 알아낼 수 있게 되었다. 알츠하이머병에 약물치료 및 인지행동치료가 사용되어 왔지만 성공은 제한적이다. 오히려 간병인의 필요성을 역설하는 것이 치료의 중요한 요소이다. 뿐만 아니라 주간돌봄시설과 같은 사회문화적 접근법이 중요하다. 다가오는 몇 년 안에 주요한 치료적 혁신이 기대된다.

흥미로운 이야기

성별에 따른 압박감의 차이

- 알츠하이머 부모를 돌보는 딸은 한달 평균 102시간의 도움을 제공한다.
- 같은 조건의 아들은 한 달에 80시간을 제공한다.

(출처 : Alzheimer's Association, 2020)

흥미로운 이야기

장기 요양

장기 요양 시설에 머무는 거주자의 약 60%가 알츠하이머병을 비롯한 신경인지장애를 앓고 있다(Alzheimer's Association, 2020).

노인의 정신건강에 영향을 미치는 문제

노인에 관한 연구와 치료가 진전됨에 따라 임상가들 사이에서 세 가지 문제, 즉 인종 및 민족적 소수집단에 속한 노인이 직면한 문제, 장기 돌봄의 불충분함, 고령화사회에서 의료에 대한 건강 유지 접근법이 거론된다.

첫째, 미국에서 인종과 민족으로 인한 차별은 오랫동안 문제였으며(제2장 참조), 그 결과 많은 사람들, 특히 노인이 고통을 겪는다. 노인과 소수민족 집단 내 구성원이 되는 것은 많은 관찰자에게 일종의 '이중 위험'으로 간주된다. 소수민족 집단 내 노인 여성의 경우 때때로 이런 차별을 '삼중 위험'이라 부른다. 왜냐하면 노인 여성은 노인 남성보다 더 많이 혼자 살며 배우자가 없고 빈곤하기 때문이다. 임상가들은 진료를 하고 그들의 정신건강 문제를 진단하고 치료할 때 노인 환자의 인종, 민족, 성별을 고려해야 한다(Heflin, 2020)(그림 15.3 참조).

평균적으로 적절한 의학적, 정신건강적 돌봄은 소수집단의 노인에게 접근성과 적절성이 떨어지는 경우가 많아서 젊은 소수집단의 사람들이 빈곤과 연관된 문제, 차별 등을 겪는 것과 유사하다(CMA, 2020; HP, 2020a)(70, 269쪽 참조). 게다가 소수민족 집단 내 몇몇 노인은 의료 및 정신건강 돌봄에 방해가 되는 언어 장벽에 부딪힌다. 결과적으로 소수인종 및 소수민족집단의 노인 구성원들이 주로 가족 구성원이나 친구들에게 치료나 의료 면에서 의존하는 경우가 흔해진다. 미국에서 노인의 약 10%가 건강상의 문제가 증가하면서 자녀나 다른 친척과 함께 산다(Pew Research Center, 2020a). 이러한 동거 형태는 소수민족 집단 출신인 노인에서 더 흔하다.

둘째, 노인은 장기 요양을 필요로 하며, 이는 부분적으로 관리를 받는 아파트에서 가정 외부 및 가벼운 장애의 노인을 위한 노인 주거단지, 능숙한 의료진과 간호사가 24시간 돌봐주는 요양원에서 제공하는 서비스를 다양하게 지칭하는 일반적 용어이다. 이런 거주시설 내 돌봄의 질은 매우 다양하다.

미국에서는 보통 약 3%의 노인이 실제로 사립요양원에 살지만(150만 명), 85세 이상의 노인 약 15%는 결국 이런 시설에 머물게 된다(HA, 202; Howley, 2019). 요컨대 많은 노인이 '시설에 넣어질까' 두려워하며 살고 있다. 이들은 이사를 하고 독립성을 잃고 의료 환경에서 살게 될까 두려워한다. 많은 이들은 장기 요양시설의 비용도 걱정한다. 24시간 간호하는 곳은 값이 비싸며 요양원 가격도 계속 오르고 있다. 미국 요양원의 연 평균 비용은 약 8만 달러이

그림 15.3

인종과 노인

노인은 인종이나 민족적으로 다양해지고 있다. 오늘날 미국의 경우 65세 이상의 77%가 백인이다. 그런데 2060년이 되면 이 수치는 55%까지 줄어들 것이다. (출처 : PRB, 2021; Mather et al., 2019; Frey, 2018; Mather, 2016; PRB, 2015)

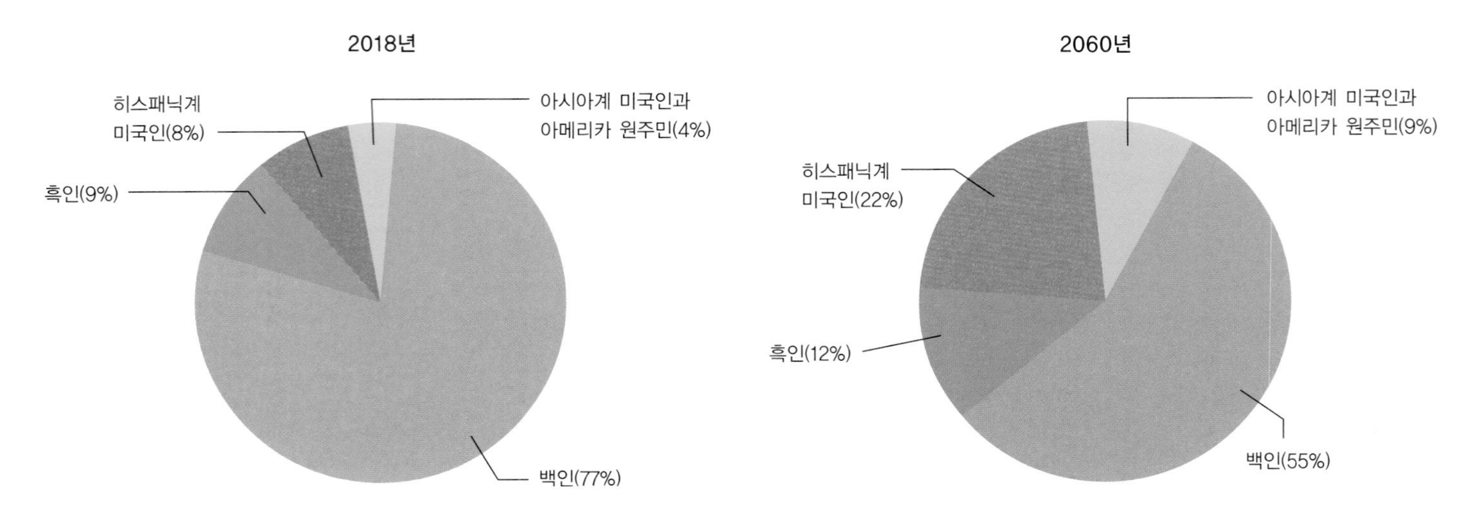

다(Alzheimer's Association, 2020). 대부분의 건강보험은 장기 또는 영구적인 거주지 비용을 감당하지 못한다.

마지막으로 임상 과학자들은 현재 젊은 성인 세대에서 자신의 고령화 과정에 대한 **건강 유지 또는 웰니스 증진 접근법**을 취해야 한다고 제안한다(Heflin, 2020; Press & Alexander, 2020, 2019a). 다시 말해 이들은 신체적·정신적 건강을 촉진하는 일, 즉 금연, 적절히 균형 잡히고 건강한 음식 섭취, 규칙적인 운동, 긍정적인 사회적 관계 유지, 스트레스 관리와 다른 정신건강 프로그램의 이용 등을 해야 한다. 노인이 신체 및 정신 건강이 좋아지면 변화와 부정적 사건에 더 쉽게 대처할 것이라는 인식이 증가하고 있다.

Sean Gallup/Getty Images

애정은 잊을 수 없다 임상가들은 어르신 보호시설에 있는 노인이 동물과 상호작용을 하면 자극을 받고 좋아지는 것을 발견하였다. "고양이와 보낸 시간은 결코 낭비가 아니다"라는 Sigmund Freud의 말은 95세인 에디스 어닝거가 그녀를 규칙적으로 방문하는 모글리에게 말을 건네는 모습과 정확하게 일치한다.

요약

노인의 정신건강에 영향을 미치는 문제

노인의 문제를 연구하고 치료하는 과정에서 임상가들은 세 가지 문제, 즉 인종 및 민족적 소수집단에 속한 노인들이 직면한 문제, 장기 보호의 불충분함, 고령화사회에서 의료에 대한 건강 유지의 필요성을 고민하게 되었다.

임상가가 노인을 발견하다

겨우 반세기 전까지도 정신건강 전문가들은 노인에게 거의 관심을 두지 않았다. 하지만 아동의 문제처럼 노인의 문제는 이제 연구자와 임상가의 관심을 받게 되었다. 최신 연구는 우리가 노인의 정신적 문제를 이해하고 치료하는 방식 면에서 얻은 중요한 변화를 거론한다. 임상가들은 더 이상 노인의 우울증이나 불안증을 단순히 어쩔 수 없는 것으로 받아들이지 않는다. 그들은 더 이상 노인의 처방약 오용의 위험을 간과하지 않는다. 그리고 그들은 더 이상 섬망의 위험이나 신경인지장애의 유병률을 과소평가하지 않는다. 마찬가지로 노인심리학자들은 노인의 정신적 행복의 열쇠로서 노인의 건강관리와 재정적 요구를 다루는 일의 중요성을 더욱 인식하게 되었다.

노인 인구가 더 오래 살고 많이 증가함에 따라 이 연령대 사람들의 특별한 욕구가 더욱 눈에 띄게 되었다. 특히 긴급한 사항은 신경인지장애와 치매가 노인과 그 가족에게 미치는 파괴적 효과이다. 하지만 연구자들은 정기적으로 중요한 발견을 하고 있다. 현재까지 이런 연구는 대개 생물학적 연구였지만, 이들 장애가 환자와 가족에게 워낙 큰 영향을 미치는 탓에 오늘날의 심리적·사회문화적 탐구도 급속히 증가하기 시작했다.

핵심용어

경도신경인지장애
노인성 반점
노인심리학
생체표지자
섬망
신경섬유매듭
신경인지장애
알츠하이머병
주요신경인지장애

속성퀴즈

1. 노인심리학이란 무엇인가? 노인에게 어떤 특별한 압력이나 곤란한 점이 있는가?
2. 노인에게 우울장애는 얼마나 흔한가? 노인 우울장애의 원인은 무엇이고 어떻게 치료하는가?
3. 노인에게서 불안장애는 얼마나 흔한가? 이론가들은 노인의 불안장애 원인을 무엇이라 설명하고, 임상가들은 어떻게 치료하는가?
4. 노인기의 일부 기간에 나타나게 되는 약물남용 유형에 대해 기술하고 설명하라.
5. 노인이 경험하게 되는 정신병적 장애에는 어떤 종류가 있는가?
6. 섬망이란 무엇인가?
7. 노인에게서 신경인지장애는 얼마나 흔한가? 알츠하이머병을 유발하는 질환이나 문제에는 어떤 것이 있는가?
8. 알츠하이머병의 원인은 무엇인가?
9. 알츠하이머병을 예측할 수 있는가? 알츠하이머병과 기타 다른 신경인지장애를 위한 개입 방법에는 어떤 것이 있는가?
10. 임상가들은 노인과 관련하여 어떤 특별한 주제에 대해 걱정하는가?

CHAPTER 16

법, 사회, 그리고 정신건강 직종

조디에게

나는 레이건을 죽일 것이기에 살해당할 가능성이 매우 커. 바로 그 때문에 지금 당신에게 이 편지를 쓰고 있어. 잘 알겠지만, 나는 당신을 매우 사랑해. 지난 7개월 동안 당신이 내게 관심을 가져줄지도 모른다는 실낱 같은 희망을 가지고 당신에게 수많은 시, 편지, 메시지를 보냈지. … 조디, 이상하게 들릴지도 모르지만 당신의 마음을 얻고 일생을 당신과 함께 보낼 수만 있다면 레이건을 해치려는 생각은 즉시 버릴 수 있어. 내가 지금 이 일을 하려는 이유는 당신에게 확실한 인상을 주고 싶기 때문이야. 나는 지금 이 모든 것이 당신을 위해서임을 알아주길 원해. 내 자유와 인생을 희생하면서까지 당신의 마음을 바꾸고 싶어. 이 편지는 힐튼 호텔을 나서기 한 시간 전에 쓰고 있어. 조디, 제발 자신의 마음을 들여다봐. 그리고 당신의 존중과 사랑을 얻기 위해 이 역사적인 사건을 만들 기회를 줘. 사랑해.

존 힝클리

존 힝클리는 1981년 3월에 여배우인 조디 포스터에게 이 편지를 썼다. 이 편지를 쓴 직후 워싱턴힐튼호텔 밖에서 권총을 준비한 채 대기하다가 로널드 레이건 대통령이 호텔 밖으로 나오자마자 총격을 가했다. 비밀경호원들이 레이건을 리무진에 태웠고, 경찰과 대통령의 언론 담당 비서는 도로 위에 쓰러졌다. 대통령은 총에 맞았고 해 질 녘쯤 거의 모든 미국인은 정신장애가 있던 콜로라도 출신인 이 젊은 남성의 이름과 얼굴을 알게 되었다.

이 책 전체에서 보았듯이 개인의 심리적 역기능은 고립된 상태에서 발생하지 않는다. 개인은 사회의 그리고 사회적 압력(때로는 원인이 되기도 한다)의 영향을 받으며 친척, 친구와 아는 사람들의 생활에 영향을 끼친다. 존 힝클리의 사건은 개인의 역기능이 알지 못하는 사람들의 권리와 생활에까지 영향을 끼칠 수 있음을 명백하게 보여준다.

마찬가지로 임상 과학자와 임상가는 고립된 상태에서 일하지 않는다. 그들은 심리적 문제가 있는 사람들을 연구하고 치료하면서 사회의 다른 기관에 영향을 주고받는다. 예를 들어 우리는 정부가 정신약물의 사용을 어떻게 제한하는지, 임상가가 어떻게 탈시설화의 정부 정책 수행을 돕는지 그리고 임상가가 어떻게 베트남, 이라크와 아프가니스탄 참전용사(이전에는 베트남 참전용사)의 심리적 어려움에 대한 사회적 관심을 불러일으켰는지 보았다.

다른 내담자와 같이 임상가도 복잡한 사회체계 내에서 활동한다. 이상행동을 이해하기 위해서 그 행동이 발생하는 사회적 문맥을 이해해야만 하는 것처럼, 이 행동이 연구되고 치료된 문맥을 이해해야만 한다. 이 장에서는 정신건강 분야와 3대 주요 사회기관, 즉 입법 및 사법 체계, 경영/경제 영역, 기술 분야의 관련성에 초점을 맞출 것이다. ■

주제

법과 정신건강

입법부와 사법부는 정신건강 직종에 특히 강한 영향력을 가진다. 오랜 세월 동안 두 기관(총체적으로 법적 분야)은 공익과 개인의 권리를 보호해야 하는 책임을 져왔다. 때로 법 분야와 정신건강 분야는 밀접한 관계를 가지면서 개인의 권리를 보호하고, 문제가 있는 개인과 사회 전반의 필요를 충족시켰으며, 때로는 의견 충돌을 통해 상대 분야에 의지를 관철시키려 했다.

이 두 기관의 관계는 임상 전문가의 두 가지 역할을 보여준다. 임상 전문가는 피의자들의 정신 상태에 대한 평가를 통해 형사사법제도에서 일정 역할을 담당했는데, 힝클리 사건과 몇천 개의 사건에 소환된 것이 그 예이다. 이를 법 안에서의 심리학이라 부른다. 즉 임상가와 연구자가 법률체계 내에서 기능한다. 또 한 가지 역할은 심리학 안에서의 법으로 볼 수 있다. 입법과 사법 체계가 특정 정신건강 측면을 관장하면서 임상 영역 내에서 기능한다. 예를 들어 법정에서는 개인의 의지에 반해 치료를 강요할 수 있다. 또한 법은 환자의 권리를 보호한다.

정신건강 분야와 법률 및 사법 체계의 교차점을 **법정심리학**(forensic psychology)이라고 부른다(FP, 2021b). 법정심리학자 또는 정신과 의사(또는 관련된 정신건강 전문의)는 증언 및 목격자 증언의 신뢰도에 대한 연구 또는 탈주 중인 연쇄살인범의 성격 프로파일 구성과 같은 다양한 활동을 한다.

AP Photo

암살자 어떤 법원의 결정은 로널드 레이건 대통령을 저격하고 현장에서 체포된 존 힝클리가 정신이상에 의한 무죄라는 배심원의 결정만큼이나 상당한 논쟁과 법률 후속조치를 일으킨다.

임상가는 형사사법제도에 어떤 영향을 주는가

공정하고 적절한 법 집행을 위해 법정은 피고가 범죄에 책임이 있는지 그리고 법정에서 자신을 변호할 능력이 있는지 판단해야 한다. 책임이 없다면 유죄판결이나 처벌은 부적절하다. 법정은 심각한 정신적 문제가 있는 사람들은 자신의 행동에 책임을 질 수 없거나, 법정에서 자신을 변호할 수 없기 때문에 전형적인 방식으로 처벌받아서는 안 된다고 본다. 법정이 정신적 불안정에 대한 최종 판결을 내리지만, 그들의 결정은 정신건강 전문가의 의견에 크게 좌우된다(O'Grady, 2020)

기소된 사람이 정신적으로 불안정하다고 판정되면 정신병원에 이송되는데, 이 과정을 **감호조치**(criminal commitment)라고 한다. 감호조치에는 몇 가지 형태가 있다. 첫째, 범행 당시 정신적으로 불안정했기 때문에 범죄에 책임이 없다고 판단될 수 있다. **정신이상에 의한 무죄**(not guilty by reason of insanity)를 탄원할 수 있고, 자신의 주장에 대한 근거로 법정에 정신건강 전문가를 소환할 수 있다. 무죄가 확정되면 풀려날 정도로 개선될 때까지 치료를 받아야만 한다.

두 번째 형태의 감호조치에서는 개인이 재판받을 당시 정신적으로 불안정하고, 따라서 재판 과정을 이해하지 못하기 때문에 자신을 스스로 변호할 수 없다고 판단된다. 이 경우에는 피의자가 재판을 이해할 능력이 될 때까지 치료를 받는다. 이때도 정신건강 전문가의 증언으로 피고인의 정신 기능을 판단한다(O'Grady, 2020).

정신이상에 대한 판단은 논쟁을 불러일으켰다. 어떤 사람은 이런 판결은 벌을 받아야 하는 범죄자가 도망칠 수 있게 도와주는 법체계의 구멍이라고 여긴다. 어떤 사람은 정신적 불안정의 경우 정상참작을 하지 않는 한 법체계가 정의로울 수 없다고 주장한다. 감호조치의 실행은 나라마다 다르다. 이 장에서는 감호조치가 미국에서 어떻게 작용하는지 살펴볼 것이다. 나라마다 원칙과 과정에 다소 차이가 있지만, 대부분은 다음의 주제와 판단 때문에 씨름한다.

법정심리학 심리학적 연구 및 임상과 사법제도 간의 통합을 꾀하는 심리학. 법정신의학 분야와도 관련이 있다.

감호조치 범죄자가 정신적으로 불안정하다고 판단하여 치료를 위한 정신건강 기관에 보내는 법적 절차

정신이상에 의한 무죄 범죄자가 범죄 당시 비정상이었기 때문에 유죄가 아니라는 판결

감호조치와 범행 당시 정신이상 존 힝클리의 사건을 다시 한번 생각해보자. 그가 대통령을 향해 총을 쐈을 때 그는 정신이상이었는가? 만약 정신이상이었다면 자신의 행동에 책임을 져야 하는가? 1982년 6월 21일, 4명의 사람을 총으로 쏜 지 15개월 후, 재판장은 힝클리가 정신이상을 이유로 유죄가 아니라고 판결을 내렸다. 따라서 미수범 힝클리는 1835년 앤드류 잭슨에게 총을 쏜 화가인 리처드 로렌스와 1912년 전 대통령이었던 테디 루스벨트를 쏜 술집 주인 존 슈랭크와 같이 정신이상을 이유로 무죄판결을 받았다.

'정신이상'이 법률 용어임을 인식해야 한다(Slobogin, Hafemeister, & Mossman, 2020). 형사사건에서 사용되는 '정신이상'은 임상가가 아니라 입법가에 의해 정의된다. 피고인은 정신병을 앓을 수도 있지만, 이것이 곧 정신이상이라는 법률 용어의 정의를 충족시키지는 않는다. 현대에서 사용하는 정신이상에 대한 정의는 1843년 영국에서 발생한 다니엘 맥노튼 살인사건으로 거슬러 올라간다(Perlin, 2021). 맥노튼은 영국 총리 로버트 필을 총으로 살해하려고 시도하던 중 그의 비서인 에드워드 드러먼드를 총으로 살해했다. 맥노튼은 망상 증상을 뚜렷이 보였기 때문에 배심원은 정신이상에 의한 무죄로 판결을 내렸다. 대중은 이 결정을 반대했고, 화가 난 대중은 영국 입법가에게 정신이상에 따른 무죄항변에 대한 명확한 정의를 요구했다. **맥노튼 법정평가**(M'Naghten test) 또는 **맥노튼 원칙**(M'Naghten rule)이라고 알려진 법률은 범행 당시 정신장애를 경험하는 것이 그 사람이 미쳤음을 의미하는 것은 아니라고 명시한다. 피고인은 또한 옳고 그름을 판단할 수 없어야만 한다. 미국의 주와 연방 법원에서도 이 검사를 수용하였다.

19세기 후반 맥노튼 원칙에 찬성하지 않았던 미국의 몇 개 주와 연방 법원에서는 다른 검사, 즉 **항거불가 충동성 법정평가**(irresistible impulse test)를 도입했다. 1834년, 오하이오주에서 처음 사용된 이 검사는 개인 행동의 통제 불가 정도를 평가한다. 통제 불가능한 '분노발작' 동안 범행을 저지른 사람은 정신이상이라 간주되며 무죄가 된다.

오랫동안 주와 연방 법원은 피고인의 정신 상태를 결정하는 데 맥노튼 법정평가와 항거불가 충동성 법정평가 중 한 가지를 이용하였다. **더럼 법정평가**(Durham test)라고 불리는 세 번째 검사 또한 잠시 동안 많이 쓰였으나 곧 법정에서 사라졌다. 1954년 더럼 대 미국연방정부 사건에서 내려진 대법원의 판결에 기초한 이 검사는 '불법행위가 정신장애 또는 지적장애의 결과'라면 범죄에 대한 책임이 없음을 기술한다. 이 검사는 법정 판결의 유연성을 도모했으나 너무 유연한 판결을 초래하였다. 정신이상에 따른 무죄항변은 알코올중독자 또는 다른 약물중독 그리고 더 나아가 DSM-I에 열거된 정신생리학적 장애인 두통 또는 궤양 같은 문제에까지 적용되었다(Slobogin et al., 2020).

1955년 미국법률협회(ALI)는 맥노튼 법정평가, 항거불가 충동성 법정평가, 더럼 법정평가의 관점을 결합한 검사를 개발했다. **정신이상에 대한 미국법률기관 법정평가**(American Law Institute test)는 범행 당시 옳고 그름을 구별하지 못하거나 자신을 스스로 통제하지 못하고 법을 따르기 불가능한 정신장애 또는 지적장애를 가지고 있다면 범행에 책임이 없음을 명시했다. 이 새로운 검사는 한동안 정신이상의 법적 검사로 가장 널리 수용되었다. 하지만 힝클리 판결 후에 '유연한' ALI 지침에 대한 대중의 반발로 인해 더 엄격한 기준이 요구되기 시작했다.

이런 논란에 대응하여 1983년 미국정신의학회(APA)는 범행 당시 옳고 그름을 분별하지 못할 경우에만 정신이상으로 무죄판결을 내릴 것을 권장했다. 자기 자신을 통제하지 못하거나 법을 따를 수 없는 것은 정신이상 판결로 충분하지 않다고 보았다. 축약하면 협회는 맥노튼

흥미로운 이야기

후속 조치

1982년에 정신이상에 의한 무죄판결을 받은 존 힝클리는 2016년 연방 판사에 의해 석방될 때까지 정신병원에서 살았다.

맥노튼 법정평가 정신이상으로 인해 자신의 행동의 본질에 대해 모르거나 옳고 그름을 판단하지 못한 경우 그 사람은 범죄의 순간에 정신이상 상태였다고 간주한다.

항거불가 충동성 법정평가 통제 불가능한 기운에 의해 범죄를 저질렀다면 그는 범죄의 순간에 정신이상 상태였다고 간주한다.

더럼 법정평가 정신장애의 결과로 범죄를 저질렀다면 그 사람은 범죄의 순간에 정신이상 상태였다고 간주한다.

정신이상에 대한 미국법률기관 법정평가 정신장애로 인해 옳고 그름을 판단할 수 없었거나 통제할 수 없는 충동적인 행위를 참을 수 없었다면 그 사람은 범죄의 순간에 정신이상 상태였다고 간주한다.

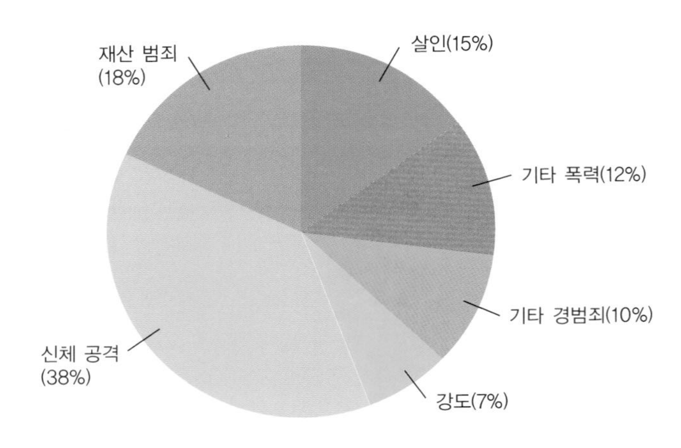

그림 16.1

정신이상에 의한 무죄판결을 받은 사람들의 범죄

몇 개 주에서 정신이상에 의한 무죄판결 사례에 대해 고찰해보면 이로 인해 방면된 대다수의 사람들이 폭력 범죄로 기소되었음을 보여준다. (출처 : LLALLI, 2021; Perlin, 2021; Melton et al., 2020, 2017, 2007; Steadman et al., 1993; Callahan et al., 1991)

법정평가로 회귀를 권했다. 이 검사는 현재 모든 연방 법정 사건과 절반 정도의 주 법정 사건에 적용된다. 정신이상 탄원을 전부 기각해온 아이다호, 캔자스, 몬태나, 네바다, 유타를 제외한 주 법정에서는 더 유연한 ALI 기준이 사용된다(FL, 2021).

조현병이 주가 되는 심각한 정신장애를 앓고 있는 사람들은 옳고 그름을 말할 수 없고 자신의 행동을 통제할 수 없다. 따라서 정신이상으로 무죄를 선고받은 피고인의 80% 이상이 조현병 또는 다른 형태의 정신병으로 진단받았다는 사실은 놀랍지 않다(LLALLI, 2021; Melton et al., 2020, 2017, 2007). 무죄선고를 받은 피고인의 대다수는 과거에 입원 또는 체포 아니면 둘 다에 대한 기록이 있다. 정신이상으로 항변한 사람 중 절반 정도가 백인이며, 86%는 남성이다. 그들의 평균 나이는 32세이다. 피고인이 정신이상으로 무죄판결을 받은 사건은 매우 다양하다. 하지만 약 3분의 2 정도는 폭력 범죄이다. 무죄선고를 받은 15~30% 정도는 살인으로 기소됐다(LLALLI, 2021)(그림 16.1 참조).

정신이상에 의한 무죄항변이 제기한 문제는 무엇인가 정신이상검사의 발전에도 불구하고 정신이상에 의한 무죄항변에 대한 비판은 계속되고 있다(Perlin, 2021). 한 가지 비판은 법과 인간 행동 과학의 근본적인 차이에 대한 것이다(O'Grady, 2020). 법은 개인은 자유의지를 가지며 자신의 행동에 대해 전반적인 책임이 있다고 가정한다. 반면에 인간 행동 모델은 물리적 또는 심리적 힘이 개인의 행동을 결정한다고 가정한다. 그러므로 불가피하게 정신이상과 책임감의 법적 정의는 임상 연구에 제시된 것과 다르다.

두 번째 비판은 이상행동에 관한 불확실한 과학적 지식과 관련된다. 정신이상에 의한 무죄항변 재판 동안 피고 측 임상가의 증언은 원고에 의해 고용된 임상가의 증언과 상충하기 쉽고, 배심원은 주장의 차이를 보이는 '전문가'에 대해 판단을 내려야 한다(O'Grady, 2020). 전문가의 의견 일치도가 낮다는 사실은 어떤 영역에서 임상 지식이 불완전함을 보여주는 것이므로, 전문가의 의견이 중요한 법적 결정에 영향을 주어서는 안 된다는 사람들도 있다. 다른 사람들은 임상가가 맥노튼 원칙에 의해 정의된 정상과 이상의 차이를 좀 더 믿을 만하게 구분할 수 있게 심리적 척도를 개발하는 등, 이 분야가 크게 발달하고 있음을 근거로 이를 반박한다(FP, 2021b).

이런 척도에도 불구하고 임상가는 법적 정신이상을 판결하는 데 극복하기 어려운 문제에 직면한다. 즉 사건 발생 몇 주, 몇 달 또는 몇 년 전의 피고인의 정신 상태를 평가해야만 한다. 정신 상태는 시간 경과와 공간 변화에 의해 변할 수 있기 때문에 임상가는 범행 당시 정신 상태에 대한 평가가 정확하다고 확신하기 어렵다.

정신이상에 의한 무죄항변에 대한 가장 많은 비판은 이 제도로 위험한 범죄자가 처벌을 피할 수도 있다는 것이다. 정신이상으로 인해 사면받은 사람이 무죄선고 후 몇 달 안에 치료시설에서 해방된다고 생각하지만 실제 그런 예는 매우 드물다(Perlin, 2021; Lewis, 2020; Steadman et al., 1993). 조사에 의하면 정신이상에 의한 무죄항변을 주장한 피고자의 비율이 실제로는 1% 미만이지만 대중은 30~40%로 과대평가한다. 또한 매우 소수만이 심리적 증상을 위조하거나 과장하며 정신이상에 의한 무죄항변을 주장한 피고의 25%만이 실제로 무죄로 판명된다. 마지막으로 미국에서 피고 400명 중 1명 정도만이 정신이상으로 인해 무죄로 판결받으며(**심리전망대** 참조), 정신이상에 의한 무죄로 석방된 75%의 피고인의 경우, 검사가 주장

흥미로운 이야기

그들의 진술

"나는 존 힝클리가 남은 인생 동안 위협이 될 것으로 생각합니다. 그는 시한폭탄입니다."

미국 변호사, 1982

"의심할 바 없이 존 힝클리는 지구 상에서 가장 덜 위험한 존재이다."

존 힝클리의 변호사, 2003

심리전망대

유명한 정신이상 변론 사례

비록 정신이상에 의한 무죄가 빈번하게 적용되지는 않지만, 역사적으로 가장 유명한 몇몇 사례는 이 전략을 사용하였다. 이미 존 힝클리(531쪽)와 안드레아 예이츠(399쪽)의 사례에 대해 설명하였다. 여기 유명한 사례가 좀 더 있다.

emka74/Alamy

탄원문의 변경 체코 프라하에 있는 존 레논의 벽은 존 레논이 마크 데이비드 채프먼에 의해 살해된 직후 생겨난 것으로 존 레논과 관련된 그림이나 비틀즈 음악의 가사로 가득 차 있다. 채프먼은 정신이상에 의한 무죄라고 주장했던 초기 항변을 유죄로 변경했다.

1977 미시간에서 프랜신 휴스는 남편인 미키가 술에 취해 인사불성인 상태로 누워 있는 침대에 휘발유를 붓고 불을 붙였다. 재판에서 그녀는 남편이 자신을 14년 동안 반복적으로 폭행해왔고, 남편은 만약 그녀가 떠나면 그녀를 죽이겠다고 협박해왔다고 했다. 배심원은 그녀에게 일시적 정신이상에 의한 무죄를 선고했고, 그녀는 학대받는 많은 여성의 상징이 되었다.

1978 뉴욕시의 연쇄살인범인 데이비드 버커위츠는 개가 그에게 살인하라는 악마적 메시지를 주었다고 주장했다. 2명의 정신과 의사가 그를 정신병 환자로 평가했지만, 그는 유죄판결을 받았다. 재판이 끝난 한참 뒤, 그는 망상이 사실은 가짜였다고 진술했다.

1979 힐사이드 2인조 교살범 중 한 사람인 케네스 비안치는 정신이상에 의한 무죄항변을 호소했지만, 사촌과 함께 1977년 후반부터 1978년 초 로스앤젤레스 지역에서 여성들을 성폭행하고 살인한 혐의로 유죄판결을 받았다. 그는 자신이 다중인격장애라고 주장했다.

1980 12월 마크 데이비드 채프먼은 존 레논을 살해했다. 채프먼은 나중에 그가 록음악의 전설을 살해한 이유는 레논이 '끝났다'고 믿었기 때문이라고 했다. 정신이상에 의한 무죄항변을 하면서, 신의 목소리를 들었다고 주장했다. 채프먼은 살인에 대한 유죄선고를 받았다.

1992 밀워키에서 대량학살을 한 31세 제프리 다머는 15명의 청년을 살해한 혐의로 기소되었다. 다머는 몇몇 피해자에게 약물을 투여했고, 엽 절제술을 실행했다. 피해자의 몸을 절단했고 심지어 먹기 위해 저장해두었다. 정신이상에 의한 무죄항변을 했음에도 불구하고, 배심원은 기소된 대로 유죄를 선고했다. 그는 1995년 또 다른 수감자의 폭행으로 죽었다.

1994 1993년 6월 23일, 24세인 로레나 비트는 남편이 잠든 사이 30센티미터의 부엌칼로 그의 성기를 절단했다. 재판에서 피고 측 변호사는 그녀가 오랜 기간 존 보비트의 학대로 인해 정신병에 시달렸고, 그가 술에 취해 집에 들어와 그녀를 강간하자 그녀는 '불가항력적 충동'에 사로잡혀 그의 성기를 절단했다고 주장했다.

2011 2002년 브라이언 데이비드 미첼은 엘리자베스 스마트라는 14세 여학생을 유괴해서 9개월 동안 감금했다. 수년에 걸친 연장 끝에 미첼은 유괴범으로 법정에 섰다. 그는 자신의 범죄가 망상에 의한 행동(신의 계시)이었다고 주장하며 정신이상에 의한 무죄판결을 주장했다. 5시간의 장고 끝에 배심원들은 그를 유괴죄로 판결했다. 그는 2011년에 종신형을 받았다.

2015 2012년에 25세의 신경과학 박사과정생이었던 제임스 홈즈는 콜로라도 오로라의 극장에서 총으로 12명을 사살하고 20명에게 부상을 입혔다. 체포된 몇 달 후 전과 기록이 없었던 그는 3번의 자살시도를 하였다. 그는 정신이상에 의한 무죄를 주장했으나 판사는 2015년 그에게 살인에 대해 유죄라고 보고 가석방 없는 무기징역 선고를 내렸다.

2017 2014년, 2명의 12세 소녀가 같은 반 친구를 여러 차례 칼로 찔러 사망시키고, 인터넷 사용자가 매일 보고 두려워한다는 신화적인 전설 속 인물인 슬랜더맨에게 잘보이려 했다고 주장했다. 2017년 재판에서 두 가해자는 살인을 시도한 것에 대해서는 유죄를 받았으나, 범죄의 순간에 정신장애로 인해 영향을 받았다고 보고 감옥으로 보내는 대신 정신병원에서 장기 치료를 받으라는 판결을 내렸다.

유죄이나 정신장애가 있는 피고인이 범죄에 대해서는 유죄이나 정신장애를 가지고 있으므로 투옥 기간 중 치료되어야 한다고 간주하는 판결

의 적절성에 동의한다(LLALLI, 2021; MHA, 2020k).

미국 역사에서 정신이상에 의한 무죄항변 사례는 장기 투옥되는 경우가 많다. 사실 정신병원에서의 치료가 형 집행 기간보다 긴 경우가 많다(Perlin, 2021; Roth, 2020). 입원으로 증상이 호전되는 일이 드물기 때문에 임상가는 범죄자가 다시 범행을 저지르지 않을 것이라 예측하기를 주저한다.

일단 환자가 범죄 때문에 정신 기관에 입원하게 되면, 왜 임상가는 이 사람들의 재범 가능성이 낮다고 판단하길 꺼리는 것일까?

하지만 최근에는 범죄자가 전보다 빨리 정신병원에서 퇴원한다. 이는 약물과 다른 치료의 효과성 증가, 장기 입원을 반대하는 입장을 가진 사람들의 증가, 환자의 권리를 강조하는 추세 때문이다(Slobogin et al., 2020). 1992년에 **포차 대 루이지애나주** 사건에서 미국 대법원은 입원한 범죄자가 지속해서 '정신이상'을 보이는지, 아닌지를 결정하는 근거와 단지 위험하다는 이유로 범죄자를 정신병원에 무기한으로 둘 수는 없다고 분명하게 밝혔다(Perlin, 2021). 어떤 주에서는 퇴원 후에도 범죄자를 통제한다. 몇몇 주에서는 사회성 치료를 권장하거나 환자를 가까이서 감시할 수 있으며, 필요시 재입원시킬 수 있다(Segal, 2021; MHA, 2020h).

다른 어떤 판결이 가능한가 지난 수십 년 동안 20개 주에서는 **유죄이나 정신장애가 있는**(guilty but mentally ill)이라는 판결을 추가하였다. 이 판결을 받은 피고인은 범행 당시 정신장애를 갖고 있었지만, 그 장애가 범행과 관련이 없거나 범행의 원인이 아닌 경우이다. '유죄이나 정신장애가 있는' 판결의 선택은 판사들이 보기에 위험한 사람을 유죄로 판결할 수 있고 필요한 치료를 받게 할 수도 있다. '유죄이나 정신장애가 있는' 피고인은 필요하다면 치료를 받을 수 있는 가능성하에 감옥에 수감된다(Perlin, 2021).

이 판결문은 초반에 지대한 관심을 불러일으켰으나, 법률가와 임상가는 점점 더 이에 대해 불만족하기 시작했다. 정신이상에 의한 무죄판결의 수는 줄어들지 않았고, 이 판결문은 실제와 모의재판에서 배심원을 혼동시켰다(MHA, 2020k; Bartol & Bartol, 2015). 또한 비판가들이 지적했듯이 판결에 상관없이 모든 죄수에게 적절한 정신건강 보호가 제공되어야 한다는 것이었다. 즉 '유죄이나 정신장애가 있는'이라는 선택은 유죄판결과 이름만 다르다고 주장했다.

어떤 주에서는 **유죄이나 한정책임능력**이라는 판결문을 선택한다. 이 판결문에서는 피고인의 정신이상을 법정에서 범행에 대한 유죄 여부를 결정지을 때 참고할 정보로 간주한다(ABA, 2021, 2017). 피고 측 변호인은 피고인의 정신 상태를 고려할 때 피고인에게 특정 범행을 저지르려는 의도가 없었음을 주장한다. 이 경우 1급 모살(계획적 살인) 대신에 과실치사(의도하지 않은 불법 살인)로 보아 죄가 경감된다. 1978년 조지 모스콘 샌프란시스코 시장과 하비 밀크 시의원을 총살한 댄 화이트의 사건은 이 판결문에 대해 잘 보여준다.

피고 측 변호사인 더글라스 슈미트는 애국심이 충만하고 시민의식을 가진 고교시절 운동선수, 훈장을 받았던 참전용사, 전 소방관, 경찰관, 시의원이었던 댄 화이트와 같은 사람은 어떤 이상이 있지 않는 한 그런 범행을 저지를 수 없다고 주장했다. 또한 머리를 관통한 마지막 두 발의 잔혹성은 화이트가 이성을 잃었음을 보여주며, 화이트는 '한정책임능력' 상태였기 때문에 범행에 대한 완전한 책임이 없다고 했다. 화이트가 조지 모스콘 시장과 하비 밀크 시의원을 살해하기는 했지만, 계획된 범행은 아니었으며 총을 쐈던 그날, 화이트는 살인을 계획하거나 그 일을 원하는 것조차 불가능한 상태였다고 강조했다.

흥미로운 이야기

사건 후기

1984년에 석방된 댄 화이트는 1985년에 자살하였다.

법정신의학 분야에서 유명한, 샌프란시스코에 있는 캘리포니아주립대학교의 헤이스팅스 로스쿨의 정신의학과 교수인 마틴 블라인더는 화이트의 변호로 명성을 얻었다. 블라인더 박사는 화이트가 "트윙키(역자 주 : 초콜릿 바의 일종), 코카콜라와 같은 정크푸드를 많이 먹었다. … 먹으면 먹을수록 우울해졌고, 우울을 극복하고자 더 많은 정크푸드를 섭취했다"고 배심원들에게 설명했다. 슈미트는 후에 이에 대해 블라인더 박사에게 설명해달라고 부탁했다. 블라인더 박사는 "정크푸드가 아니었다면 살인이 발생하지 않았을 것이라 생각한다"고 대답했고, 블라인더 박사는 트윙키 변호사로 불리게 되었다….

댄 화이트는 자발적 과실치사로 판결받았고 7년 8개월 형을 선고받았다(그는 1984년 1월 6일 가석방되었다). 화이트가 조지 모스콘 시장과 하비 밀크 시의원을 살해할 의사가 없었다는 정신의학적 증언으로 배심원을 설득한 것이다.

이 판결에 분노하여 시청 앞에서 소리 지르고, 시위하고, 쓰레기를 투척하고, 경찰차를 불태운 군중은 대부분 동성연애자들이었다. 동성연애자였던 하비 밀크는 그들을 위해 많은 일을 했고, 그의 죽음은 샌프란시스코 인권보호운동에 심각한 차질을 주었다. 하지만 이 결과에 분노한 것은 동성연애자 단체뿐만이 아니었다. 대부분의 샌프란시스코 시민들은 이 판결에 분노를 느꼈다.

(Coleman, 1984, pp. 65–70)

San Francisco Chronicle

It's Voluntary Manslaughter — Maximum Penalty 8 Years

Several Jurors Weep in Court

A Bloody Protest at City Hall

City Officials Shocked by The Verdict

Verdict Angers Gays

정의가 살아 있다? 샌프란시스코 경찰이었던 댄 화이트는 1978년, 조지 모스콘 시장과 시의원이었던 하비 밀크를 살해한 것에 대해 계획된 살인이 아닌 우발적 사고 및 과실치사로 유죄판결을 받았다. 사람들에게 받아들여지지 못한 이 판결은 '한정책임능력' 변호 전략의 적용을 크게 감소시켰다.

정의가 구현되지 않을 가능성이 크기 때문에 많은 법 전문가들은 '한정책임능력'에 대해 반대해왔다. 실제로 댄 화이트 판결 이후 캘리포니아를 포함한 많은 주에서 이 판결문을 없앴다(MHA, 2020k).

성범죄자법은 무엇인가 1937년 미시간에서 최초로 '정신장애 성범죄자법'을 통과시킨 후부터 많은 주에서 성범죄자를 특별법 범주에 포함시켰다(Slobogin et al., 2020). 이 주들에서는 반복적으로 성범죄로 유죄판결을 받은 사람은 정신병을 앓고 있다고 간주하여 그들을 **정신장애 성범죄자**로 분류하였다.

이렇게 분류된 사람들은 형사범죄로 유죄판결을 받았고, 자신의 행동에 대해 책임을 지도록 판결받았다. 그러나 정신장애 성범죄자들은 감옥 대신에 정신건강 시설에 보내졌다. 부분적으로 이 법들은 성범죄자가 정신적으로 이상이 있다는 법조인의 믿음을 반영한다. 실제로 이 법들은 성범죄자가 감옥에 갔을 때 받을 수 있는 신체적 학대로부터 이들을 보호해준다.

하지만 지난 20여 년 동안 대부분의 주에서는 정신장애 성범죄자법을 수정했거나 폐지시켰고, 현재는 오직 몇 개 주만이 그 법을 고수하고 있다. 이 변화에는 몇 가지 이유가 있다. 첫째, 주법은 정신장애 성범죄자로 분류하기 위해서는 가해자가 적합한 치료 대상자이어야 함을 전제하는데, 임상가가 성범죄자를 대상으로 이런 의사결정을 내리기가 매우 어렵다. 둘째, 인종 편견이 정신장애 성범죄자라는 분류를 사용하는 데 영향을 준다는 증거가 있다(Shaw & Lee, 2019). 백인이 다른 인종집단보다 이 분류로 판결될 가능성이 높기 때문에, 피고가 백인인 경우 이 분류는 투옥을 대체하는 좋은 대안이 된다. 백인은 동일 범죄로 기소된 흑인이나 히스패닉보다 2배나 더 정신장애 성범죄자로 분류된다.

하지만 정신장애 성범죄자법이 호응을 잃은 주된 이유는 아동 성범죄의 수가 나라 전역에서 증가하고 있는 추세에 따라 성범죄자의 권리와 필요에 대한 주 의회와 법정의 관심이 줄었기 때문이다(MHA, 2020i). 실제로 성범죄 수 증가에 따른 대중의 분노를 반영하여 21개의 주와 연방정부는 **성폭력 가해자법**(혹은 **성범죄 위험법**)을 통과시켰다. 이 새로운 법은 특정 성범죄자들에게만 적용된다. 이 새로운 법에서는 성범죄로 유죄판결을 받은 특정 성범죄자가 감

AP Photo/Douglas D. Pizac

교묘하게 오도하는 사이코패스 2002년, 브라이언 데이비드 미첼은 14세 소녀 엘리자베스 스마트를 그녀의 집에서 칼로 위협해 납치하고 9개월 동안이나 감금하였다. 7년 동안의 법정 소송에서 그는 '재판에 서기에 부적격'하다고 주장하였는데, 판사는 미첼을 '교묘하게 오도하는 사이코패스'라고 하며, 납치에 대해 유죄를 선고하고 무기징역을 선고하였다.

옥에서 형을 받고 풀려나기 전, 판사가 '정신이상' 또는 '성격장애'로 인해 '성폭력 가해행동'을 할 위험이 있다고 판단하면 이들을 치료를 위해 강제로 정신병원에 보낸다(MHA, 2020i). 성범죄자가 감옥에 가는 대신 치료를 받는 '정신장애 성범죄자법'과는 반대로, 성폭력 가해자법은 특정 성범죄자가 감옥에서 형을 받을 뿐 아니라 강제적 일정 기간 동안 치료받을 것을 요구한다. 성폭력 가해자법은 1997년 **캔자스주 대 헨드릭스** 사건을 통해 5대 4로 대법원에 의해 합헌성이 인정되었다.

감호조치와 재판에 서기에 부적격함 범행 당시의 정신 상태와 상관없이 피고인이 **재판에 서기에 부적격**(mentally incompetent)하다고 판단할 수 있다. 적격하다는 것은 피고인이 자신이 직면한 기소를 이해하고 변호사와 함께 자신을 적합하게 변호할 수 있다는 것을 뜻한다(Perlin, 2021; Winick, 2020). 적격성의 최소 기준은 **더스키 대 미국**(1960) 사례의 대법원 판정에 의해 명시되었다.

적격성 문제는 검사, 구속경찰, 판사보다는 주로 피고인의 변호사에 의해 제기된다(FP, 2021b). 법정은 입원시설에 심리학적 평가를 의뢰할 수 있다(표 16.1 참조). 미국에서만 연간 약 5~6만 건의 역량 평가가 행해진다(FP, 2021b). 이런 평가를 받은 약 20~25%의 피고인은 재판에 서기에 부적격하다고 판단된다. 법정에서 피고인이 재판에 서기에 부적격하다고 판단하면 이들은 법정에 설 능력이 생길 때까지 정신병원에 보내진다(Melton et al., 2020).

최근 가장 유명한 재판 적격성 판단 사례는 제레드 리 러프너의 사례이다. 2011년 1월 8일, 러프너는 애리조나주 투손에 있는 쇼핑센터에서 열린 정당대회에 참석해서 20명에게 총격을 가하였다. 6명이 사망하고 14명이 상해를 입었는데, 그중 미국 하원의원 가브리엘 기퍼즈도 포함되어 있었다. 총격의 목표였던 기퍼즈는 머리에 총상을 입었으나 살아났다. 러프너는 5주에 걸친 정신평가를 받았으며, 판사는 러프너가 재판에 서기에 부적격하다는 판결을 내렸다. 18개월 동안 항정신성 약물로 치료를 받은 후 러프너는 재판에 서기에 적격하다는 판결을 받았다. 2012년 11월 러프너는 살인죄를 인정했고, 종신형을 선고받았다.

감호조치의 많은 사건은 정신이상에 의한 무죄판결이 아닌 재판에 서기에 부적격 판정이 원인이다(Melton et al., 2020). 하지만 현재 미국에서 정신치료를 받기 위해 시설에 수감되어 있는 대다수의 범죄자는 이 두 부류에 속하지 않는다. 그들은 유죄판결을 받은 재소자로, 감옥 안에 있는 정신건강 병동 또는 정신병원에서 교도관에 의해 정신적 문제로 치료가 필요하다고 판단된 자들이다(MHA, 2020j; Roth, 2020)(그림 16.2 참조).

표 16.1

인종과 법심리학

인종/민족적 소수민족	비히스패닉계 백인
심리학적으로 문제가 있는 범죄자는 감옥에 갈 가능성이 높다.	심리학적으로 문제가 있는 범죄자는 정신건강시설로 갈 가능성이 높다.
피고인은 재판에 서기에 부적격한 것으로 판단될 가능성이 높다.	피고인이 재판에 서기에 부적격한 것으로 판단될 가능성이 낮다.
정신병원에 강제 입원될 가능성이 높다.	정신병원에 강제 입원될 가능성이 낮다.
외래치료 명령제도를 받을 가능성이 높다.	외래치료 명령제도를 받을 가능성이 낮다.

출처 : Winick, 2020; Swartz & Swanson, 2019; Judd & Parker, 2018; APA, 2017c; Kisely & Xiao, 2017; NCBH, 2015; Zaejian, 2014; Swanson et al., 2009; Haroules, 2007; Pinals et al., 2004.

재판에 서기에 부적격 피고인이 자신의 법적인 책임, 및 소송 절차에 대해 이해할 수 없고 자신의 변호사와 적절한 변호 방법에 대해 논의할 능력이 없는 정신적으로 불안정한 상태

무죄인 피고인이 재판에 서기에 부적격하다고 판결받아 정신건강 시설에서 범죄 혐의를 반박할 기회도 없이 몇 년을 보낼 수도 있다. 무고한 피고인이 법정에 설 능력을 상실한 경우, 이들은 병원에서 자신의 범죄 고발에 대해 아님을 증명할 기회를 갖지 못할 수도 있다(Winick, 2020).

실제로 어떤 피고인들은 유죄판결로 수감되는 기간보다 더 오랫동안 정신건강 시설에서 역량 판결을 받기 위해 기다린다. 이런 문제는 대법원이 부적격한 피고인을 무기한으로 수감할 수 없다고 결정한 **잭슨 대 인디애나주 사건**(1972)을 통해 줄어들었다. 일정 기간 내에 피고인은 역량을 확인받아 재판을 받거나 방면되거나 **강제처분**하에 정신건강 시설로 이송된다. 이 과정에 대해서는 다음 절에서 살펴볼 것이다.

1970년대 초까지 대부분의 주에서는 재판에 서기에 부적격 판정을 받은 피고인들을 '정신이상으로 범죄를 저지른' 사람들을 위한 안전한 시설에 수감해야 했다. 하지만 최근 법은 법정에 더 큰 유연성을 부여한다. 혐의가 비교적 가벼울 때 피고인들은 감옥에서 정신건강 보호기관으로 옮겨지기 때문에, **감옥 전환**이라고 불리는 합의 아래 외래 환자로 치료받는다(CSG, 2021; Melton et al., 2020).

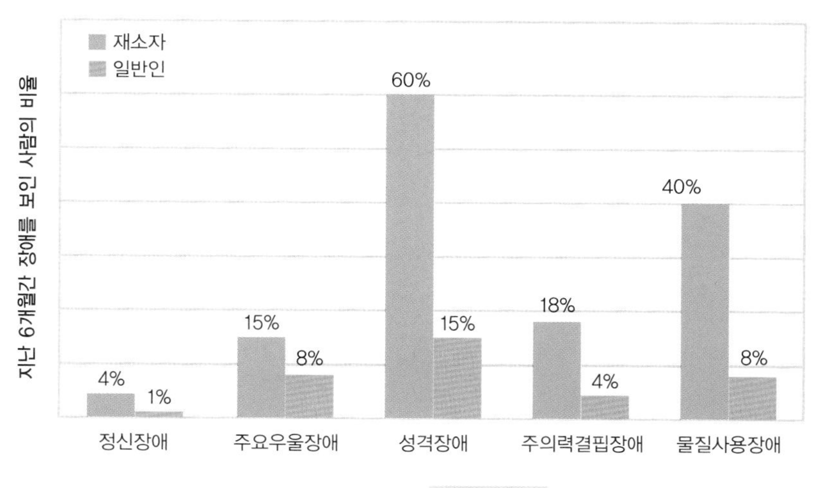

그림 16.2

교도소와 정신건강

서구 여러 나라에서 진행된 연구에 따르면, 수감 중인 사람들이 일반인보다 심리장애 유병률이 높다. 예를 들어 수감인의 경우 비수감인보다 조현병은 4배가 높고, 성격장애(특히 반사회성 성격장애)는 5배가 높다. (출처 : MHA, 2020j; Roth, 2020; Osher & Thompson, 2019; Bukstein, 2018; NIMH, 2017g; Fazel et al., 2016)

요약

▌▌▌ 임상가는 형사사법제도에 어떤 영향을 주는가

정신건강 전문가는 범죄로 기소된 사람의 정신적 안정성에 대한 평가를 도울 수 있다. 피고인이 범죄를 저지를 시점에 정신적으로 안정적이지 않았다고 판단되면, 정신이상에 의한 무죄를 받을 수 있고 감옥 대신 치료센터에서 거주할 수 있다. 연방 법정과 약 50%의 주 법정에서 정신이상 여부는 피고인이 범죄를 저지른 순간에 옳고 그름에 대해 알지 못했거나, 그 행동의 질이나 의미를 알지 못했을 때 피고인을 정신이상으로 보는 맥노튼 법정평가에 의해 결정된다. 다른 주에서는 정신이상에 대한 미국법률기관 법정평가를 사용한다.

정신이상에 의한 무죄항변은 여러 이유로 비판되었고, 어떤 주에서는 '유죄이나 정신병이 있는'이라는 추가적인 옵션을 만들었다. 또 다른 판결 선택 중 하나는 한정책임능력이다. 또한 점점 증가하고 있는 성범죄자들은 정신장애 성범죄자법 대신 성폭력 가해자법 아래 재판받고 판결을 받는다. 주법에 따라 혹은 주의 성폭행 가해자법에 따라 성범죄자들은 정신적인 장애가 있는 성범죄자로서 치료를 받을 수 받을 수 있다.

범행 당시 피고인의 정신 상태와 상관없이 그들은 자신이 직면한 기소 또는 법적 절차를 완전히 이해하지 못하기에 재판에 서기에 부적격하다고 판단될 수 있다. 이 경우 피고인들은 보통 재판에 서기에 적합할 때까지 정신과 시설에 보내진다.

입법 및 사법 체계는 정신건강 보호에 어떤 영향을 주는가

임상 과학과 현장이 법률 시스템에 영향을 끼치는 것과 같이 법률 시스템은 임상 현장에 주요한 영향을 준다. 첫 번째로 법정과 입법부는 특정 사람들에게 강제로 정신건강치료를 받게 하는 **강제처분**(civil commitment) 과정을 신설하였다. 중증 정신장애를 가진 사람들은 대개 자발적으로 치료를 찾지만, 다수는 자신의 문제를 인식하지 못하거나 치료에 관심이 없다. 이런 사람들을 위해 강제처분 지침이 실행되었다(Perlin, 2021; Schmidt & Gilboy, 2020).

강제처분 특정 개인에게 정신건강치료를 받게 명령하는 법적 절차

두 번째로 법률 시스템은 주를 대신하여 치료 동안 환자의 권리를 보호할 책임이 있다. 이 보호는 강압적으로 그리고 자발적으로 입원한 환자뿐 아니라 외래치료를 받는 환자까지 포함한다(MHA, 2020h).

흥미로운 이야기

노숙자 체포

심각한 정신장애가 있는 노숙자들은 치료를 받기보다는 감옥에 간다. 대다수는 풍기문란, 중독, 무단침입, 위협적인 구걸, 배회 또는 음란행위(예 : 노상방뇨) 등의 위반으로 잡힌다(Roth, 2020; Osher & Thompson, 2019).

강제처분 매년 미국에서는 정신장애를 가진 많은 사람이 의무적으로 치료를 받는다. 보통은 **정신병원**에 수감되지만, 46개의 주에서는 환자를 단체 치료 프로그램에 참여시키는 **외래 환자 강제처분법**을 가지고 있다(TAC, 2021). 캐나다와 영국은 비슷한 법을 가지고 있다. 강제처분은 오랫동안 논쟁거리가 되었다(Perlin, 2021; Morse, 2020). 어떤 면에서 법은 정신병자로 의심되는 사람보다 범죄자로 의심되는 사람을 더 많이 보호한다.

왜 강제로 입원시키는가 우리의 법 시스템은 개인이 **치료가 필요하고 자신 또는 다른 사람들에게 위험하다고** 판단될 때 강제 입원을 허용한다. 자살 충동이 있거나 충동적이면(예 : 자신이 화학제품에 면역이 있다는 것을 증명하기 위해 세제를 마시는 것) 위험할 수 있다. 타인을 해치려 하거나 무의식적으로 타인을 위험에 처하게 한다면 다른 사람들에게 위험할 수 있다. 장애가 있는 사람들에 대한 주의 통제권은 개인과 사회의 이익을 보호해야 하는 의무에서 기인한다(Slobogin et al., 2020).

강제처분 과정 강제처분법은 주마다 다르다. 하지만 기본 과정은 주에 상관없이 공통적이다. 가족이 먼저 처분 과정을 시작한다. 예를 들어 정신이상 행동과 반복되는 공격을 보이는 아들을 정신건강 시설에 보내기 위해 부모는 먼저 아들을 설득하려고 노력한다. 아들이 거부하면 부모는 법정에 가서 강제처분 이행 신청을 할 수 있다. 아들이 미성년자이면 과정은 간단하다. 이 경우 대법원은 정신건강 전문가가 처분이 필요하다고 판단하면 청문 과정은 불필요하다고 규정했다. 하지만 아들이 성인이라면 더 복잡한 과정이 필요하다. 일반적으로 법정에서는 정신검사를 요구하며, 변호사를 통해서만 그 책무이행의 불이행을 수락한다.

AFP/Getty Images

자신에게 위험함 사람들은 때로 자신에게 위험하여 치료가 필요한데, 이는 강제입원의 대상이다. 일련의 사진은 동물원에서 두 마리의 사자에게 설교하기 위해 철조망을 넘어간 사람이 사자에게 공격당하는 것을 보여준다.

대법원은 강제처분이 이행되기 전 개인에게 정신장애가 있다는 명백하고 확실한 증거가 있어야 하며, 동시에 주정부의 강제입원 기준을 충족해야 한다고 규정했다. 즉 주정부의 기준이 무엇이든 임상가는 대상자가 그 기준을 충족한다는 명백한 증거를 제시해야 한다(MHA, 2020h; SAMHSA, 2019a). 법정에서는 범행을 저질렀다는 확신이 75% 이상일 때 증거가 명확하고 타당하다고 판결한다. 이는 범죄자가 유죄판결을 받기 위해 요구되는 100% 확신보다 훨씬 낮다.

응급 입원 많은 상황은 즉각적 행동을 요구한다. 위험할 때는 강제처분을 기다릴 수 없다. 예를 들어 자살 충동을 느끼거나 다른 사람에게 위험한 행동을 하라는 환청을 듣는 응급 환자를 생각해보자. 그 사람에게는 즉각적 치료와 끊임없는 감시가 필요하다. 이런 상황에서 환자의 동의 없이 치료가 수행될 수 없다면 결과는 참혹할 것이다.

그러므로 많은 주에서 임상가에게 특정 환자를 처분하고 처방할 수 있는 임시 권한을 준다(Perlin, 2021). 이전에는 2명의 의사(어떤 주에서는 꼭 정신과 의사일 필요는 없다)에게 진단서를 요구했다. 최근에는 다른 직종의 정신건강 전문가의 진단서도 용인된다. 치료자들은 환자의 정신 상태가 환자뿐 아니라 다른 사람도 위험에 처하게 할 수 있다는 것을 반드시 명시해야 한다. 전통적으로 진단서를 **2명의 의사 진단서**(two-physician certificates, 2PC)라고 명명했다. 응급 입원 기간은 주마다 다르지만 보통 3일로 제한한다(OMH, 2021a; SAMHSA, 2020c). 더 오랜 기간 입원이 필요하다고 판단되면 응급 입원 동안 정식 입원 과정 절차를 시작할 수 있다.

Joe Raedle/Getty Images

치명적인 치료 조현병 환자인 25세 아들 라발 홀이 2015년 경찰과 대치하는 동안 홀의 어머니는 아들의 흥분된 조현병 상태를 누그러뜨리도록 요청받았고, 아들이 경찰의 총에 맞아 죽은 후 아들의 죽음을 슬퍼했다. 이런 종류의 비극을 막기 위해 많은 법정에서는 경찰이 정신건강 개입 동안 공감과 흥분을 가라앉히는 언어적인 표현을 사용하게 가르치거나 그런 개입을 할 수 있는 정신건강 전문가를 배치한다(Walker, 2021).

누가 위험한가 과거에는 정신병을 가진 사람들이 폭력적이거나 위험한 행동을 하는 경우가 일반인들보다 더 적었다. 이 낮은 비율은 대다수의 정신장애인들이 시설에 거주했다는 사실과 연관이 있다. 하지만 탈시설화의 결과로, 중증 정신장애를 가진 수백, 수천 명이 사회에서 살고 있고, 그중 많은 수는 제한된 치료를 받거나 아예 치료를 받지 않고 있다. 일부는 자신에게 또는 다른 사람들에게 위험하다(Buchanan, 2020; Knapp, 2020).

연구에 따르면 정신장애인의 대다수(90%)는 위험하거나 폭력적이지 않으며, 모든 공격적인 행동의 일부(5%)만 정신장애인에 의해 발생한다(Fazel & Toynbee, 2020; Ghiasi, Azhar, & Singh, 2020). 연구는 심각한 정신장애가 있으나 치료받지 못한 사람들은 평균적으로 일반인보다 공격행동을 범할 가능성이 다소 높음을 시사한다. 폭력과 가장 강하게 연결된 장애로는 심각한 물질사용장애, 충동통제장애, 반사회성 성격장애, 조현병이다(Buchanan, 2020; Large & Nielssen, 2020). 이 중 물질사용장애가 가장 영향을 미치는 요소로 보인다. 예를 들어 물질사용장애와 동반된 조현병은 조현병 단독보다 폭력과의 관련성이 높다(CMHA, 2020).

위험성에 대한 평가는 때로 강제처분을 위해 필요하다. 하지만 정신건강 전문가는 누가 폭력행동을 할 것인지 정확히 예측할 수 있는가? 연구는 정신과 의사나 심리학자가 누가 후에 폭행을 할 것인지에 대한 **장기** 예측은 잘하지 못함을 보여준다(Brooks, 2020; Large & Nielssen, 2020). 임상가는 환자의 폭력 가능성을 과대평가한다. 반면에 연구들은 임상가가 **단기** 예측(즉각적 폭행의 예측)은 좀 더 정확하게 한다고 보고한다(Brooks, 2020; Fazel et al., 2017). 통계적 접근법과 객관적인 사실에 근거한 새로운 평가 기술을 개발하면서 연구자들이 이전보다 정확하게 예측할 수 있게 되었다(FP, 2021c; Buchanan, 2020).

흥미로운 이야기

법적 지식

75%	잠재적으로 위험한 내담자에 대한 자신의 법적인 의무에 대해 잘못 알고 있는 심리학자
90%	자신의 법적인 지식이 정확하다고 자신하는 심리학자

(출처 : Slobogin et al., 2020; Thomas, 2014)

강제처분의 문제는 무엇인가 강제처분은 몇 가지 측면에서 비판받고 있다(Perlin, 2021; Morse, 2020; Schmidt & Gilboy, 2020). 첫째, 사람의 위험성을 평가하는 것은 어렵다. 위험에 대한

치료받을 권리 환자, 특히 강제처분을 받은 환자의 적절한 치료를 받을 법적 권리

치료를 거부할 권리 환자가 치료를 거부할 법적 권리

판단이 정확하지 않다면 사람의 자유를 제한하는 것을 어떻게 정당화할 수 있는가? 둘째, '정신병'과 '위험'에 대한 법적 정의는 애매모호하다. 이 용어의 정의는 너무 광범위해서 어느 누구에게도 적용될 수 있다. 실제로 자유주의자들은 구소련과 현재 중국에서 당과 반대되는 정치적 견해를 가진 사람을 정신병원에 감금하는 것처럼 사람을 통제하기 위해 강제처분을 오용하는 것에 대해 우려한다. 세 번째 문제는 강제처분의 가치에 관한 것이다. 연구는 강제로 치료를 시작한 많은 사람이 치료에 잘 반응하지 않는다고 보고한다.

강제처분의 동향 강제처분법에 대한 융통성은 1962년에 절정에 다다랐다. 그해 로빈슨 대 캘리포니아주 사건에서 대법원은 약물중독으로 고통받는 사람들을 투옥하는 것은 잔인하고 이례적인 벌을 금지하는 헌법을 위반하는 것으로 보고, 정신병원으로 강제처분할 것을 권고했다. 이 법은 다양한 '사회적 이단자'에 대한 강제처분을 증가시켰으며, 이들은 한번 입원하면 퇴원이 매우 어려웠다.

사회는 일반적으로 정신병동에 있었던 사람들을 어떻게 보고 대하는가?

1960년대 후반과 1970년대 초반, 기자·시민 자유주의자 등은 부당하게 정신병원에 많은 사람을 수감하는 편의성에 반대 의사를 표명하였다. 이런 이슈에 대한 대중의 인식이 증가함에 따라 주 입법부는 강제입원 처분에 대한 기준을 높이고 있으며, 심각한 정신장애인이 지역사회 치료를 받을 수 있게 외래환자 처분 프로그램을 만들고 있다(Segal, 2021; TAC, 2021). 결과적으로 비자발적 입원 비율은 줄었고, 퇴원률은 증가하였다. 예를 들어 어떤 주에서는 위험도의 평가 전, 관찰이 필요한 특정 행동 유형에 대해 자세한 정보를 제공해야 했다. 이런 변화로 강제처분의 비율은 감소하고 석방 비율은 증가하였다(Schmidt & Gilboy, 2020)

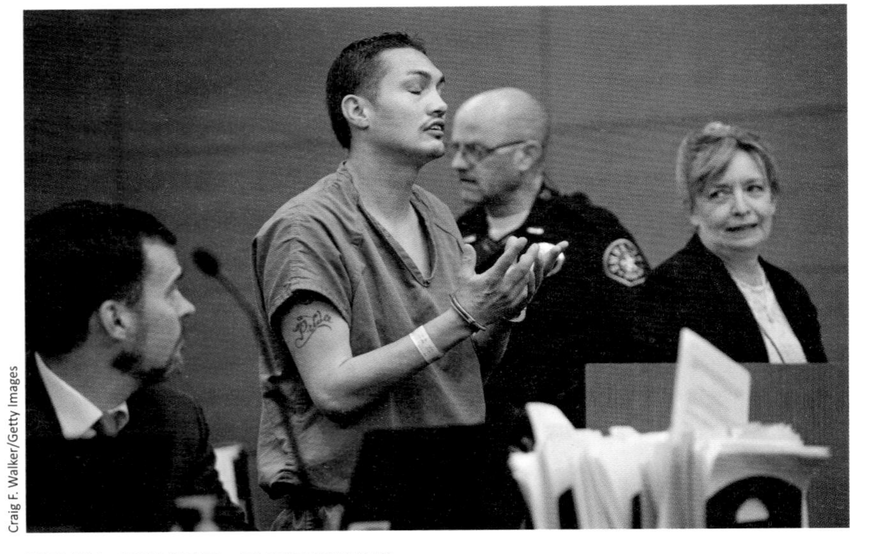

Craig F. Walker/Getty Images

법정에서 지역사회까지 콜로라도 덴버에서는 '법정 지역사회 프로그램'을 통해 심각한 정신장애를 가진 사람들, 특히 경범죄를 저지른 이들을 감옥 대신 법정감독 정신건강 프로그램에 보낸다. 사진 속 인물처럼 조현병을 가진 재범자는 치료와 약물복용 여부를 결정하는 프로그램 판사에게 자신의 사례를 호소한다.

환자의 권리 보호하기 지난 20여 년 동안 법정 판결과 주와 연방 법은 정신장애가 있는 환자의 권리(특히 치료받을 권리와 치료를 거부할 권리)를 확장해 왔다.

치료받을 권리는 어떻게 보호받는가 사람들이 정신병원에 수감되나 치료를 받지 못하게 되면, 시설은 무죄한 사람들의 감옥이 된다. 1960년대 후반과 1970년대 대부분의 주립정신병원이 그와 같았다. 환자와 보호자들은 주가 환자의 **치료받을 권리**(right to treatment)를 존중할 것을 요구하기 시작했다(Perlin, 2021). 1972년 연방 법원은 앨라배마주에 수감된 환자에 대한 소송인 와이어트 대 스티크니의 사건에서 주 정부가 강제적으로 수감된 모든 사람에게 '적절한 치료'를 제공할 의무가 있다고 규정했다. 주립병원의 환경이 너무 끔찍했기 때문에 판사는 주 정부가 다음의 기준, 즉 더 많은 치료자, 더 나은 주거 환경, 사생활 보호, 사회적 상호작용과 운동 증가, 신체적 제한과 적절한 약물사용을 충족해야 한다고 판결하였다. 그 후 다른 주에서도 이 기준을 적용하기 시작했다.

1975년 오코너 대 도날드슨의 사건을 통해 대법원은 또 다른 중요한 법률을 만들었다. 플로리다정신병원에 14년 이상 수감이 되었던 케네스 도날드슨은 석방에 대한 소송을 제기했다.

그는 자신과 다른 환자들이 질이 나쁜 치료를 받고, 근무자들에게 무시당하고, 개인적 자유를 제한받고 있다고 주장했다. 대법원은 청원에 따라 병원 관리자에게 벌금을 부과하였고, 기관은 환자를 정기적으로 검진하도록 명령했다. 또한 주 정부는 환자가 위험하지 않고 스스로 살 수 있거나 책임을 갖고 도울 의향이 있는 가족 또는 친구들이 있다면, 그들의 뜻에 반대하여 시설에 계속해서 수용할 수 없다고 규정했다.

환자의 권리 보호를 위해 의회는 1986년에 정신병을 가진 사람들을 위한 보호와 옹호법을 통과시켰다. 이 법은 모든 주에서 **보호와 옹호 시스템**을 설치하도록 하였고, 환자를 위해 일하며 남용과 방치 가능성을 조사하고 이런 문제를 법적으로 해결하는 힘을 가진 공적 옹호자(public advocate)를 양산하였다.

최근 몇 년 동안 공적 옹호자는 병원에서 쫓겨나 지지 기반이 없는 지역사회에 살고 있는 중증 정신장애를 가진 수천 명에게도 치료받을 권리가 확장되어야 한다고 주장하고 있다(Perlin, 2021). 이들 대부분은 갈 곳이 없고, 자신을 돌보는 것이 불가능하기 때문에 노숙자가 되거나 감옥을 옮겨 다닌다(Roth, 2020; Osher & Thompson, 2019). 수많은 공적 옹호자는 지역사회 정신건강의 약속 이행을 촉구하며 국가 전역에 있는 연방과 주 대리기관을 대상으로 소송을 제기하고 있다(제12장 참조).

흥미로운 이야기

투표하지 맙시다

39개의 주는 특정 정신장애를 가진 환자에 대한 투표권을 거부하거나 제한한다. 일부 주법에서는 권리가 없는 사람들을 '무능한', '정신장애가 있는', '자격을 상실한', '바보', '미치광이', '맑지 않은 정신' 등으로 표현한다(Bazelon Center, 2020, 2016, 2008).

치료를 거부할 권리는 어떻게 보호받는가 지난 20여 년 동안 법정은 환자, 특히 시설에 있는 환자에게 **치료를 거부할 권리**(right to refuse treatment)가 있다고 보았다(Perlin, 2021). 치료를 거부할 권리의 규정은 **생물학적 치료**에 대한 것이다. 이 치료는 정신치료보다 환자의 동의 없이 실행될 수 있고, 위험할 수 있기 때문이다. 예를 들어 주 정부는 환자에게 복구 불가능한(때문에 가장 위험한) 외과 치료인 **정신외과 수술**을 거부할 수 있는 권리를 준다(Slobogin et al., 2020).

어떤 주에서는 환자가 중증 우울증에 많이 사용되는 치료인 **전기충격요법**(ECT)을 거부할 권리를 주었다(제6장 참조). 하지만 정신외과 수술보다 ECT에 대한 거부권은 복잡하다. ECT는 심각한 우울증을 갖고 있는 사람에게 매우 효과적이지만, 이것은 환자의 정서를 불안하게 할 수도 있고 오용될 수도 있다. 오늘날 많은 주에서는 환자에게, 특히 자발적 환자에게 ECT를 거부할 권리를 부여한다(OMH, 2021b; NARPA, 2020). 환자에게 치료의 본질에 대해 정확히 알려주어야 하며 동의서를 받아야만 한다. 많은 주에서 장기 수감 환자에게 강제적으로 ECT를 실행할 수 있게 허락하는 반면, 다른 주에서는 가까운 친척이나 제삼자의 동의를 요구한다.

과거에 환자들은 **항정신병 약물**을 거부할 권리가 없었다. 하지만 앞에서 기술했듯이 많은 항정신병 약물이 매우 강력하고 어떤 것은 부작용이 심하다. 부작용에 대한 정보가 더 많이 축적되면서 어떤 주에서는 환자에게 치료를 거부할 권리를 주고 있다(OMH, 2021a). 일반적으로 이런 주에서는 의사가 환자에게 약물치료의 목적을 설명하고 동의서를 받아야 한다. 환자의 거부

병원 방치 최근에 일부 지역에서는 치료를 받고 인간적인 대접을 받는 등 환자의 권리에 좀 더 관심을 둔다. 그러나 다른 빈곤 지역에서는 아직도 갈 길이 멀다. 예를 들어 인도네시아 정부는 1977년 정신장애를 가진 사람들을 신체적으로 구속하거나 제한하는 것을 막았지만, 자카르타의 정신과 환자 센터에서 볼 수 있듯이 이런 관습은 계속되고 있다.

John Stanmeyer/VII/Redux

Jerry Cooke/Getty Images

구속복 환자를 제한하는 방법으로 1946년 오하이오의 정신센터에서 입었던 구속복이 잘 알려져 있다. 1790년에 개발된 이 복장은 환자의 가슴을 십자가 방향으로 조여 자켓 뒤쪽으로 묶는 긴 소매를 특징으로 한다. 향정신성 약물로 대체되기는 하였지만 구속복의 변형은 흥분한 환자들에게 적용되며, 절차의 안정성과 적절성에 의문을 던지게 만든다.

가 부적절하거나 위험하다고 판단되면 주는 정신과 의사, 의학 위원회, 또는 지방 법원이 이 결정을 뒤집을 수 있게 허락한다. 환자는 이 과정에서 변호사 또는 다른 환자 옹호자로부터 도움을 받을 수 있다.

환자가 가질 수 있는 다른 권리는 무엇인가 법정 판결은 지난 수십 년 동안 환자의 권리를 보호해왔다. 예를 들어 정신병원, 특히 개인병원에서 일하는 환자는 최소한 최저 임금을 받도록 규정했다. 또한 법정은 주립정신병원에서 퇴원한 환자가 갱생지도와 집단 거주와 같은 적절한 공동체 생활을 할 수 있는 권리를 갖도록 규정했다. 점차적으로 정신장애를 갖고 있는 사람들이 가능한 한 최소한의 제한이 가해지는 시설에서 치료받을 수 있는 권리를 갖게 되었다(Perlin, 2021). 예를 들어 정신건강센터 공동체의 입원 환자 프로그램이 있다면 환자는 정신병원 대신 그 시설에 배치되어야만 한다.

'권리' 논쟁 정신장애가 있는 사람도 항상 보호되어야 하는 시민권을 가진다. 하지만 많은 임상가는 환자의 권리에 대한 규정과 법이 의도하지 않게 환자의 회복에 대해 기회를 박탈하는 것을 우려한다. 약물치료에 대해 거부할 권리를 생각해보자. 약물치료가 중증 정신장애를 가진 환자의 회복을 도울 수 있다면 환자는 회복될 권리가 있지 않은가? 환자가 정신이 혼란스럽기 때문에 약물치료를 거부하는 것이면 양심적인 치료자는 법적 문제가 해결될 때까지 약물치료를 미룰 것인가?

이런 관심에도 불구하고 임상 장면에서 항상 환자의 권리를 효과적으로 보호하지는 못한다는 사실을 기억해야 한다. 지난 몇 년 동안 많은 환자는 약물을 과도하게 처방받았고 부적절한 치료를 받았다. 또한 현재 우리가 가진 지식으로 임상가가 환자의 권리를 제한하는 것이 정당한지 의문을 가져야 한다. 치료자는 현재 치료법으로 환자를 도울 수 있다고 확신할 수 있는가? 임상가는 치료가 부작용을 초래하는지 예측할 수 있는가? 임상가들 사이에서 의견이 일치하지 않을 때는 환자, 보호자, 외부 평가자가 결정을 내리는 것이 적절해 보인다.

요약

입법 및 사법 체계는 정신건강 보호에 어떤 영향을 주는가

법정은 강제처분이라는 과정을 통해 범죄자가 아닌 사람에게 정신병원 치료를 위한 영장을 발부할 수 있다. 사회는 치료가 필요하거나, 자신 또는 다른 사람에게 위험하다고 판단되는 사람의 강제처분을 허용한다. 강제처분 절차를 관리하는 법은 주마다 다르다. 그러나 연방 법원은 개인이 입원하려면 그 개인이 정신장애가 있으며, 강제처분에 대한 주의 기준을 명백하고 확실하게 따를 것을 법제화하였다. 많은 주에서 정신건강 병원에 대한 처분뿐 아니라 외래 강제처분 프로그램을 운영하고 있다.

법정과 입법기관은 환자에게 주어진 법적 권리를 명기함으로써 정신건강 직종에 큰 영향을 주고 있다.

임상과 법적 분야는 어떤 다른 방식으로 상호작용하는가

정신건강 전문가와 법적 전문가들은 여러 방식으로 서로의 일에 영향을 줄 수 있다. 지난 20여 년 동안 그들은 의료과실 소송, 전문가 영역, 배심원 자문, 법적 주제에 대한 심리학적 연구의 네 가지 주요 영역에서 교류하였다.

의료과실 소송 소송치료 도중 부적절한 행위로 인해 치료자에게 소송을 거는 것

의료과실 소송 최근 몇 년 동안 치료자를 상대로 수많은 **의료과실 소송**(malpractice suit)이 일

어났다. 환자의 자살시도, 환자와의 성적 교류, 치료동의서 부재, 약물치료에 대한 관리 부재, 효과를 향상시킬 약물치료 부재, 부적절한 치료 종결, 잘못된 강제입원 소송 등이 그것이다(Slobogin et al., 2020). 연구들은 의료과실 소송 또는 소송에 대한 두려움이 치료 결정과 실행에 중대한 영향을 줄 수 있음을 시사한다.

전문가 영역 지난 25년 동안 입법과 사법 체계는 여러 분야의 전문가를 구분하는 경계에 변화가 있었다. 특히 심리학자의 권한이 많아졌고, 정신의학과 심리학의 경계가 모호해졌다. 예를 들어 많은 주에서 심리학자들이 이전에는 정신과 의사만이 가졌던 주립병원에 환자를 입원시키는 권한을 가지게 되었다.

1991년, 의회의 지지하에 미국 국방부(DOD)는 정신과 의사와 심리학자 사이의 가장 큰 차이점(심리학자에게 금지되었던 약물 처방권)에 대해 재고하기 시작했다. 미국 국방부는 심리학자를 대상으로 연습 훈련 프로그램을 실시했다. 이 훈련 프로그램이 성공함에 따라 미국심리학회(APA)는 심리학자가 특별 교육 프로그램을 이수하고 통과하면 약물 처방권을 받는 제도를 신청했다(DeFrancisco, 2020). 뉴멕시코, 루이지애나, 일리노이, 그리고 미국 영토인 괌은 현재 특수 약리학 훈련을 받은 심리학자에게 처방권을 주고 있다.

대부분의 정신과 의사는 심리학자에게 처방권을 주는 데 반대한다. 왜 일부 심리학자들도 이에 반대할까?

배심원 자문 지난 30년 동안 재판에서 심리학적 조언을 위해 임상가를 찾는 변호사가 증가하고 있다(FP, 2021a). '배심원 전문가'라고 불리는 새로운 임상 전문가가 생겨났다. 그들은 변호사에게 어떤 배심원 후보자가 그들 편에 설 것인지, 그리고 재판 동안 어떤 전략이 배심원의 지지를 얻을 것인지 조언한다. 배심원 전문가는 조사, 면담, 배심원의 배경과 태도 분석, 재판의 실험적 법령을 기반으로 제안한다. 하지만 치료자의 조언이 변호사의 직감보다 더 설득력이 있는지 또는 그 둘 중 어떤 판단이 특별히 정확한지 명확하지 않다.

법적 주제에 대한 심리학적 연구 심리학자는 때때로 연구를 통해 형사사법제도에서 매우 중요한 주제에 대한 전문지식을 축적했다. 반대로 이런 연구들은 시스템이 어떻게 작동하는지에 영향을 주었다. 두 가지 심리학적 연구, 즉 **목격자 진술**과 **범죄의 유형**이 특히 주목을 받았다.

목격자 진술 범죄 사건에서 목격자 진술은 영향력이 매우 크다. 때로 이를 기반으로 피고인이 유죄인지 무죄인지 결정된다. 하지만 목격자 진술은 얼마나 정확한가? 최근에 많은 죄수(대부분 사형선고를 받은)가 DNA 증거를 통해 그들이 범인이 아님을 밝히고 유죄판결이 전복되면서 그 중요도가 높아졌다. 잘못된 판결의 75%가 정확하지 않은 목격자 진술에 근거했음이 연구를 통해 밝혀졌다(Innocence Project, 2021).

대부분의 목격자는 자신이 본 무엇 또는 사람에 대해 진실을 말하려고 노력한다. 그러나 연구는 목격자 진술이 상당히 신뢰성이 낮음을 보여주는데, 이는 목격자들이 편견을 가지고 있을 뿐 아니라 사건이 기대하지 않게 발생하고 스트레스를 주며 빠르게 발생하여 기억하기 힘들기 때문이다(Bergman,

증인의 오류 심리학적 연구들은 증인의 증언이 타당하지 않을 때가 있음을 보여준다. 사진 속 여성은 1984년 자신을 강간한 사람이라고 지명했던 남성과 이야기하고 있다. DNA 결과로 다른 남성이 그녀를 강간했음이 밝혀졌고, 그 남성은 석방되었다. 이 남성은 그 사이 11년간 감옥에서 수감생활을 했다.

Chuck Burton/AP Photo

흥미로운 이야기

심리학 프로파일러가 나오는 유명한 TV 시리즈

크리미널 마인드

마인트 헌터

킬링 이브

블랙리스트

2020; MIP, 2020b). 예를 들어 범행 동안 조명이 어둡거나 다른 방해물이 있을 수 있다. 목격자는 자신의 안전 또는 방관자로서 다른 생각을 하고 있었을 수 있다. 그러한 생각은 그 사건에 대한 후기 기억을 크게 손상시킬 수 있다.

더 나아가 실험실 연구에서 연구자들은 잘못된 정보 소개를 통해 목격한 사건의 세부사항을 기억하려 하는 연구 참가자를 쉽게 속일 수 있다는 것을 발견했다(Gordon et al., 2020; Loftus, 2017). 연구자의 간단한 암시로 정지 신호가 양보 신호로, 흰색 차가 파란색 차로, 미키마우스가 미니마우스로 변했다. 게다가 실험실 연구 결과들은 암시성이 높은 사람들이 목격한 사건을 가장 기억하지 못했다고 보고했다(Brown, 2018).

연구는 실제 가해자를 밝혀낼 때 사용된 방법에 따라 정확도가 크게 달라진다는 것을 발견했다 (Greenspan & Loftus, 2020). 예를 들어 경찰에서 사용하는 목격자 줄 세우기 방법은 믿을 만하지 못하며, 그 방법을 사용하면서 생긴 증인의 오류가 지속됨을 보고한다(Brewer, Weber, & Guerin, 2020). 연구자들은 또한 목격자의 확신이 정확도와 상관이 없음을 알게 되었다(Sauer, Palmer, & Brewer, 2019). 그러나 목격자의 자신감의 정도는 배심원들이 그 사람의 증언을 믿을지 말지를 결정하는 데 영향을 준다(Greenspan & Loftus, 2020).

목격자 기억에 대한 심리학적 연구로 인해 증인의 증언을 존중하거나 의존하는 법 시스템이 사라진 것은 아니다. 그럴 필요는 없다. 실험실 연구와 실제 사건은 매우 다르며, 연구가 시사하는 바는 조심스럽게 해석되어야 한다. 그럼에도 목격자 연구가 영향을 주고 있다. 이제 목격자 사건에서는 목격자의 정확성에 대해 배심원들에게 안내하는 것을 포함하고 있다(McKee et al., 2019). 추가적으로 최면과 오기억에 대한 연구들은 대다수의 주에서 최면요법에 의해 시작된 사건이나 기술에 대한 증인의 증언을 받지 않게 만들었다.

범죄의 유형 점점 더 많은 TV쇼, 영화, 책에서 임상가가 가해자의 심리 프로파일을 경찰에게 제공함으로써 범죄 수사에서 중요한 역할을 하는 것을 보여준다. "범인은 백인이고, 30대이며, 동물을 학대한 전력이 있으며, 친구가 별로 없으며 감정 폭발을 한다." 최근 몇 년 동안 범죄행동 유형과 프로파일링의 연구는 증가하였다. 하지만 이것은 미디어와 예술작품이 시사하는 것처럼 많은 것을 밝혀내거나 영향력이 있지는 않다(Fox et al., 2020).

긍정적인 점은 연구자들이 다양한 범죄자의 심리학적 특징에 대한 정보를 수집하였는데, 실제로 특정 범죄(예 : 연쇄살인 또는 연쇄성범죄)의 가해자에게 공통적인 특징과 배경이 있다고 보고한다(**심리전망대** 참조). 가끔 이런 특징을 보이는 것은 사실이지만 모두 이런 특징을 가지는 것은 아니므로 특정 범죄에 프로파일 정보를 적용하는 것은 잘못될 수 있다(Turvey, 2021). 경찰은 점점 더 많이 범죄심리분석가에게 자문을 구하고 있는데, 프로파일링의 한계를 인지하는 한 이런 자문은 유용해 보인다.

프로파일링 정보의 한계는 2002년 10월, 3주 동안 10명을 총살하고 3명에게 치명상을 입혀 워싱턴 DC를 공포에 떨게 했던 저격수 사건에서 잘 드러난다. FBI 심리학자들의 프로파일링은 저격수의

잘못된 프로파일 2001년부터 2008년까지 FBI는 독극물인 탄저균이 묻은 편지를 미국 전역에 보내 5명을 죽음으로 몰고 13명에게 심각한 질병을 일으킨 연쇄살인범을 찾는 데 심혈을 기울였다. 위험물질을 다루는 직원은 상원 사무실 건물에서 이 죽음의 박테리아를 찾은 직후 자신의 동료에게 이를 뿌렸다. 결과적으로 심리학적 프로파일링은 이 사건의 경우 FBI에게 도움이 되지 않았다.

Alex Wong/Getty Images

심리전망대

연쇄살인범 : 미친 것인가, 나쁜 것인가?

2018년 4월 24일, 경찰은 경찰관인 조지프 제임스 디안젤로를 캘리포니아 사크라멘토의 그의 집 앞에서 체포했다. DNA 결과에 근거해 디안젤로를 1974년부터 1986년까지 12명을 살인해 캘리포니아 사람들에게 위협감을 준 골든스테이트 킬러로 체포하였다. 디안젤로는 후에 죄를 고백했고, 브루스 아이빈스(탄저균 살인마), 시어도어 카진스키(유나바머), 테드 번디, 데이비드 버커위츠(샘의 아들), 앨버트 데살보(보스턴 교살자), 존 웨인 게이시(광대 살인마), 제프리 다머(밀워키 식인귀), 데니스 레이더(BTK 킬러) 등 몇 년 동안 대중을 공포스럽게 만든 연쇄살인범 리스트에 올랐다.

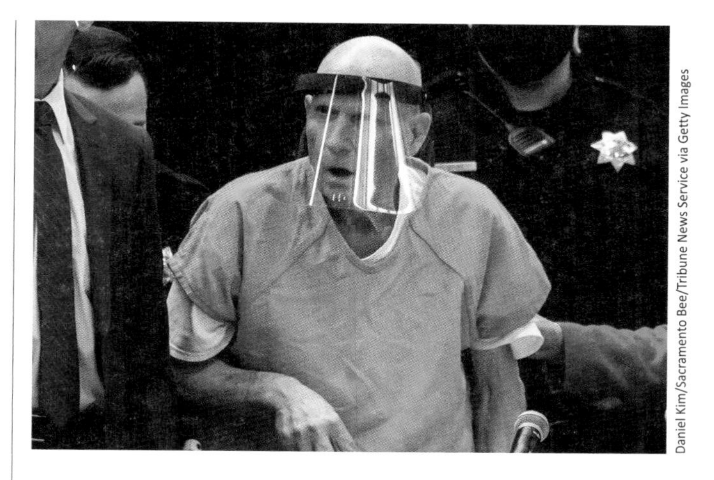

골든스테이트 살인자 체포된 지 2년 후인 2020년 6월 29일에 COVID-19으로 인해 얼굴 가리개를 쓴 조지프 제임스 디안젤로는 12년 동안 최소 12명을 죽인 것에 대한 유죄를 인정했다.

연쇄살인범은 오랜 기간 순차적으로 3명 이상의 살인을 저지른 사람을 말한다. 이들은 제13장에서 소개한 4명 이상을 한곳에서 한번에 살해한 대량 학살자와는 다르다(436쪽 참조).

FBI는 현재 미국 전역에 25~50명의 연쇄살인범이 있다고 본다(FBI, 2020e; Moss & Wylde, 2020). 전 세계적으로 1900년대 이후 약 4,500명의 연쇄살인범이 밝혀졌다(Aamodt, Leary, & Southard, 2018; Aamodt, 2016).

연쇄살인범은 자신만의 패턴을 따르지만 공통적인 특징이 있다(FBI, 2020e; Fox et al., 2020, 2018). 대다수는 30~45세의 히스패닉이 아닌 백인 남성으로, 평균 수준의 지능을 가졌고 겉보기에 깔끔해 보이며 말을 잘하고 매력적이며 남을 다루는 데 능숙하다.

연쇄살인범의 절반은 심각한 성격장애를 가지고 있다(FBI, 2020e; Moss & Wylde, 2020). 반사회성 성격장애의 주요 특징인 양심이 없고 사회의 규범이나 사람들을 존중하지 않는 모습을 보인다. 특별하다는 느낌은 연쇄살인범 자신이 체포되지 않을 것이라는 비현실적인 믿음을 준다. 이런 무적감이 오히려 그들을 잡히게 만든다.

성기능부전, 변태성욕장애, 환상도 한몫한다(FBI, 2020e; Fox et al., 2018). 연구들은 뚜렷한 성적, 가학적 특징이 살인행동을 초래함을 발견했다. 일부 임상가들은 이 살인범들이 약자를 일시적으로 통제하고 다치게 하고 살해함으로써 자신의 무력함을 극복하려 한다고 믿는다. 다수의 살인범은 아동기에 신체적, 성적, 정서적 학대를 받았다(FBI, 2020e; Keatley et al., 2018).

집행 기관이나 행동 연구자들은 최근 연쇄살인범에 대한 통계적 정보를 상당히 축적하였다. 이 자료는 범죄 조사자가 끔찍한 사건의 반복성을 찾아내게 돕는다. 하지만 임상 이론가들이 연쇄살인마가 그렇게 행동하는 이유를 이해한다고 보기는 어렵다.

단독 범행을 예측했다. 그러나 실제로는 중년 남성인 존 앨런 무하마드와 10대 소년인 리 보이드 말보 2명이 공동으로 범행을 저지른 것으로 밝혀졌다. 프로파일러들은 자극을 추구하는 젊은이가 범인일 것이라고 예측했지만, 무하마드는 41세였다. 프로파일러들은 공격자가 백인일 것이라고 믿었지만 무하마드와 말보 둘 다 백인은 아니었다. 남성 공격자일 것이라는 예측은 정확했지만, 그 당시 여성 연쇄살인범은 비교적 흔치 않았다.

요약

임상과 법정의 상호교류 양상

정신건강 전문가과 법적 전문가는 네 가지 다른 영역에서 서로 교류한다. 첫째, 최근에 임상가를 대상으로 한 의료과실 소송이 증가하고 있다. 둘째, 입법과 사법 체계는 전문가 영역을 재정의하게 만들었다. 셋째, 변호사는 배심원의 선택과 사건 전략에 대해 정신건강 전문가의 조언을 구한다. 넷째, 심리학자는 목격자 진술과 범죄의 유형과 같은 법적 문제를 연구한다.

임상가는 어떤 윤리원칙을 지켜야 하는가

법적 그리고 정신건강 시스템에 대한 논쟁은 임상가들이 전반적으로 무신경하며 의무로만 환자의 권리와 요구를 배려한다는 인상을 줄 수 있다. 이는 사실이 아니다. 대다수의 임상가는 의뢰인을 배려하고 그들의 권리와 존엄성을 존중하는 동시에 그들을 돕기 위해 애쓴다(APA, 2020b, 2019c; MHA, 2020g). 사실 임상가들이 서비스 제공 시 입법과 법정 시스템에만 전적으로 의존하는 것은 아니다. 임상가는 임상 분야의 전문가를 위한 윤리적 지침을 지속적으로 발전시키고 수정해나가면서 자신을 통제한다. 많은 법적 결정은 이미 임상가들이 따르고 있는 전문적인 지침에 법의 힘을 부여하는 역할을 한다.

전문가 조언에 대한 윤리 심리학자는 자신의 조언이 심리적인 이론과 결과에 근거해야 한다는 해당 분야의 윤리 기준을 따라야 한다. 2006년에 닥터 필이라고 불리는 유명인사 필 맥그로는 TV나 책에서 자신의 판단에 따라 조언하기 위해 텍사스 면허증을 포기하였다.

정신건강 분야 안에 각 전문직종은 고유의 **윤리강령**(code of ethics)을 가지고 있다. 미국심리학회의 강령(2017b, 2010, 2002)이 가장 대표적이다. 다른 정신건강 전문가와 공무원 사이에 높게 평가되는 이 강령은 다음과 같은 특정 지침을 포함한다.

1. 심리학자는 온라인과, 소셜미디어, 자기계발 서적, DVD, TV, 라디오 프로그램, 신문, 잡지, 메일을 통해, 그리고 다른 방법으로 책임을 갖고 **전문적으로 적절한 심리학 문헌과 사례에 기초한 조언을 주어야 한다**. 하지만 인터넷에 기초한 전문적 조언은 COVID-19 팬데믹 이후에 온라인 임상 조언의 증가로 통제가 어려워지고 있다(19~21쪽 참조). 다수의 온라인 조언자들은 전문가적 훈련이나 자격이 없는 것으로 보인다(Stoll, Müller, & Trachsel, 2020).
2. **심리학자는 부정한 연구를 수행하거나 다른 사람의 업적을 표절하거나 잘못된 자료를 출판할 수 없다**. 지난 30년 동안 심리학을 포함한 모든 과학에서 과학적 사기 또는 위법 사건이 발생하였다. 이런 사건은 주요 이슈에 대한 오해를 불러일으켰고, 과학 연구를 오도하였으며, 대중의 신뢰를 잃게 만들었다. 안타깝게도 잘못된 결과가 만들어 낸 영향은 대중과 다른 과학자의 사고에 오랫동안 영향을 줄 수 있다.
3. 심리학자는 장애인 또는 성별, 인종, 언어, 사회경제적 지위, 또는 성적 지향성(예 : 이성, 동성, 양성) 등에서 자신과 다른 환자에 대한 **자신의 한계를 인지해야 한다**. 이 지침은 심리치료자에게 추가적인 훈련 또는 감독이 필요하며, 더 경험이 풍부한 동료에게 자문을 하거나 의뢰인을 더 적절한 전문가에게 소개할 것을 요구한다.
4. **법적 사건에서 평가하고 진술하는 심리학자는 충분한 정보를 가지고 평가해야 하고 적절하게 결론을 입증해야 한다**. 적절한 평가가 불가능하다면, 심리학자는 자신의 진술이 제한적임을 분명히 밝혀야 한다.
5. **심리학자는 고문, 즉 심각한 고통, 괴로움 또는 굴욕을 의도적으로 사람에게 가하는 행위에 참여하거나 지원해서는 안 된다**. 이 지침은 2017년 윤리강령에 추가되었는데, 이는 APA가 몇 년간 국방부와 CIA를 도와 강화된 심문 기법(즉 고문 기반 질문법)을 개발하였으며, 이런 기법의 사용을 승인하기 위해 전문가 지침을 수정했기 때문에 만들어졌다(**심리전망대** 참조).
6. **심리학자는 내담자나 학생을 성적으로 혹은 다른 방식으로 착취하지 않는다**. 이 지침은 성적

윤리강령 윤리행동에 대한 이론 및 규칙 전반을 일컬으며, 전문가의 의사결정이나 행동에 대한 지침으로 이루어져 있다.

심리전망대

박사들, 해를 끼치지 맙시다

히포크라테스 선서는 의사가 해를 끼치지 말 것을 최우선으로 하라고 요구한다. 그러나 지난 20년간 사건들은 적어도 고문 영역에서 일부 심리학자가 개인에게 해를 끼쳤음을 보여준다. 2014년에 출간된 Pay Any Price라는 책, 2015년 상원선출위원회 조사, 2015년의 Hoffman 보고서, 2017년 소송은 일부 심리학자와 미국심리학회(APA)가 테러리스트 용의자에게 정보를 얻기 위해 여러 해 동안 고문에 기반한 CIA의 강화된 심문 프로그램에 가담했음을 보여준다 (APA, 2020i, 2017a; McDermott, 2020). 여기서 나온 주요 사건은 다음과 같다.

뉴욕 워싱턴 DC에서 벌어진 테러리스트 공격이었던 2001년의 9.11 사건 직후인 2002년, 백악관은 국가보안 위반 수감자들에게 CIA의 강화된 심문 프로그램을 사용할 수 있게 승인하였다. 수많은 질문으로 구성된 이 과정에서 정신건강 전문가는 심각한 신체적 상해나 정신적인 디스트레스를 유발할 가능성이 낮다고 판단하면 강화된 심문을 지속할 수 있었다.

2002년 후반기에 CIA에서 의뢰받은 2명의 심리학자가 강화된 심문 프로그램[예 : 수면 박탈, 반복된 워터보딩(역자 주 : 고문의 한 형태로 판에 등을 고정하고 머리에 봉지를 씌워 머리를 아래로 향하게 거꾸로 한 상태에서 봉지에 구멍을 뚫어 입과 콧구멍에 물을 넣는 것), 신체적 가격, 고통스러운 자세로 결박하기, 귀청이 터질것 같은 소음, 작은 공간에 가두기]을 만들었고, CIA가 알카에다에 속한 테러리스트 조직의 수감자에게 이런 과정을 시도했다. 관련자는 이 시도가 성공적이었다고 했으며, 강화된 심문 프로그램은 국가보안 정책에 포함되었다. 2명의 심리학자는 CIA 프로그램에 지속적으로 자문하였다.

강화된 심문 프로그램을 지속적으로 사용하기 위해 CIA는 심리학자가 심문을 관찰하고 이 과정에 문제가 없음을 확인했을 뿐 아니라 이 프로그램을 더 발전시키기 위해 여러 심리학자에게 자문을 얻었다. 그 결과 CIA와 APA의 이사진은 여러 해 동안 협력관계를 지속하였다. 비록 APA가 이 고문 프로그램을 직접 실행하지는 않았으나, 이를 실행한 요원들은 강화된 심문 프로그램과 심리학자의 역할에 대해 CIA와 지속적인 소통, 논의, 브레인스토밍을 했다.

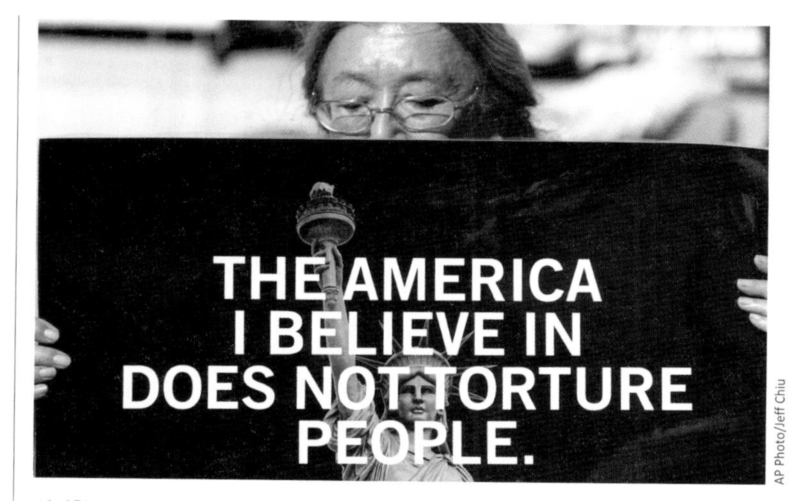

심리학자의 자리가 없다 APA 학술대회에서 다른 항의자들과 같이 이 사람도 CIA의 강화된 심문 프로그램에 저항하는 집회에 참석하고 있다.

가장 믿기 어려운 점은 일부 APA 이사진이 심리학회의 윤리강령을 교묘히 변경해 심리학자가 윤리적 문제로 고발당할 것을 걱정하지 않고 강화된 심문 프로그램에 참여할 수 있게 만들었다. 실제로 윤리강령을 어긴다면 그 프로그램에서 일할 수 없었기 때문이다. 이런 염려는 APA 회장 직속 태스크포스 팀이 2005년에 교묘한 언어로 심리학자가 법을 어기지 않았다면 '해를 끼지지 말라'는 윤리강령을 어기지 않은 것이라고 기술한 윤리 및 국가보안 규정을 발표한 후 사그라졌다. 즉 강화된 심문 프로그램에 참여로 인해 PTSD, 불안장애, 우울증이 발병해도 심리학자는 전문가 윤리강령을 어긴 것이 아니라는 것이다.

일부 APA 회원은 교묘하게 기술된 윤리 및 국가보안 규정이 심리학자가 CIA의 고문 기반 프로그램에 참여할 수 있게 만들었다는 것을 알아차렸다. APA는 이 프로그램에 관여하거나 옹호하지 않았다고 하였으나 기민한 APA 회원들은 CIA와 APA의 관여에 대해 반대하였다.

이 모든 것은 2014년에 이 프로그램이 드러나면서 이슈가 되었다. 이 사건으로 강화된 심문 프로그램에 관여된 다수의 APA 이사진이 사퇴를 하였다(2017년에 이들 중 일부는 Hoffman 보고서의 저자를 오도했다는 이유로 소송을 걸었다). 2017년, 2002년부터 CIA의 강화된 심문 프로그램을 개발하고 실행했던 2명의 심리학자는 이들을 소송한 3명의 국가보안 수감자인 고문 희생자들과 합의를 보았다.

2015년, APA는 회원들에게 무엇이 어떻게 진행되었는지 알림으로써 이 추악한 사건을 마감하고 다시는 이런 일이 없을 것이라 확인하였다. 전체 APA 회원은 투표를 통해 심리학자가 다시는 강화되거나 비강압적이거나 상관없이 국가보안 심문 프로그램에 직접 혹은 간접적으로 관여하지 못하게 금지하였다.

비밀보장 전문가는 내담자로부터 얻은 정보를 누설하지 않는다는 원칙

보호 의무 치료자는 내담자의 희생자를 보호하기 위해서는 비밀보장을 하지 말아야 한다는 원칙

근로자 지원 프로그램 직장에서 직원에게 제공하는 정신건강 프로그램

스트레스 감소 문제해결 프로그램 직장에서 정신건강 전문가가 직원에게 당면한 문제를 어떻게 해결하고 스트레스를 줄일 것인지에 대해 교육하는 워크숍 혹은 집단 회기

괴롭힘이나 치료자가 치료에서 내담자를 성적으로 착취하는 사회적 문제와 관련 있다. 이 규정은 현재 또는 이전 환자와 적어도 치료 후 2년이 지날 때까지는 성적인 관계를 맺는 것을 금지한다. 2년 후에도 극히 예외적인 상황에서만 관계가 인정된다. 더군다나 심리학자는 이전에 성적인 관계를 가졌던 사람을 환자로 받으면 안 된다.

환자는 자신의 치료자와의 성적인 관계에서 큰 정서적인 상처로 인해 힘들었을 수 있다(Pope et al., 2021; MacIntyre & Appel, 2020). 얼마나 많은 치료자가 환자와 성적인 관계를 가지는가? 여러 설문조사에 의하면 약 4~5%의 치료자가 자신의 환자와 일종의 성적인 교류를 한다고 추정하는데, 이는 10년 전 10%에 비해 낮아진 수치이다.

다수의 치료자는 환자와 성적인 관계를 맺지 않는데, 스스로의 감정을 통제하는 능력은 또 다른 문제이다. 설문에서는 80%의 치료자가 적어도 한 번은 환자에게 매력을 느꼈다고 보고한다(Pope et al., 2021; Pope & Wedding, 2019). 일부가 자신의 감정에 따라 행동하지만 대다수는 자신이 매력을 느끼는 것에 대해 죄책감, 불안감, 걱정을 느낀다. 이렇게 볼 때 성적 윤리교육이 임상훈련 프로그램에 포함되는 것이 놀랍지 않다.

7. 심리학자는 비밀보장의 원칙을 지켜야 한다. 모든 주와 연방 법정은 치료자가 **비밀보장**(confidentiality)을 할 수 있도록 법을 유지해왔다(Slobogin et al., 2020). 평안한 상태에서 효과적인 치료를 받기 위해 의뢰인은 치료자와의 사적 대화 내용이 다른 사람에게 전달되지 않을 것임을 믿을 수 있어야 한다. 하지만 비밀보장의 원칙을 지킬 수 없는 경우가 있다(Pope et al., 2021; Pope & Wedding, 2019). 예를 들어 수련 중 치료자는 감독자와 주기적으로 사례에 대해 의논해야 한다. 그러한 논의가 있다는 것을 의뢰인에게 반드시 알려야 한다.

비밀보장이 지켜지지 않는 두 번째 예외는 위험이 큰 외래 환자의 경우이다. 1976년에 발생한 타라소프 대 캘리포니아대학교 사건은 캘리포니아대학병원의 외래 환자 사례였다. 의뢰인-치료자 관계에 영향을 준 가장 중요한 사건 중 하나로, 내담자는 치료자에게 그의 전 여자친구인 타냐 타라소프를 해치고 싶다고 털어놨다. 치료가 종결되고 며칠 후에 그 환자는 실제로 타냐 타라소프를 칼로 찔러 살해했다.

치료 비밀보장에 대한 원칙이 지켜지지 않는 다른 사례가 있을까?

이 경우 비밀보장을 하지 않았어야 하는가? 사실 치료자는 비밀보장을 지킬 수 없다고 판단했다. 대학 경찰에게 알렸지만 경찰은 내담자에게 몇 가지 질문을 한 후 풀어줬다. 병원과 치료자를 상대로 건 소송에서 피해자의 부모는 치료자가 그들과 딸에게 내담자가 타라소프를 해치려 한다고 경고했어야만 했다고 주장했다. 캘리포니아대법원은 이에 대해 다음과 같이 동의했다. "공적 위험이 발생하면 보호받을 특권은 더 이상 유효하지 않다."

따라서 심리학자를 위한 윤리강령은, 치료자는 '의뢰인 또는 다른 사람을 위험으로부터 보호해야 할' 필요가 있을 경우 **보호 의무**(duty to protect), 즉 의뢰인의 동의가 없어도 비밀을 밝힐 책임이 있다고 명시한다. 타라소프 판결 이후로 대다수의 주에서는 치료자의 비밀보장에 대한 규정을 분명히 하고 이들을 법정 소송에서 보호하기 위해 보호의무법을 통과시켰다(Slobogin et al., 2020).

정신건강, 기업, 그리고 경제

정신건강 전문가는 입법과 사법기관 외에 다른 사회적 기관들과도 상호 교류한다. 기업과 경

제 분야는 임상과 연구에 영향을 주고받는 두 가지 다른 영역이다.

Benedicte Desrus/Alamy

이름 없는 영웅 슈퍼마켓의 계산대에 있는 직원은 손님을 대할 때 마스크와 장갑을 낀다. 서빙 직원, 제품 포장 직원이나 배달원, 건강 관련 직원 혹은 고위험 대인관계 서비스의 직무 관련 스트레스는 특히 COVID-19 팬데믹 시기에 증가하였는데, 이들의 스트레스를 감소를 위한 요구를 증가시켰다.

정신건강 서비스를 일터에 도입하기

다양한 설문에 따르면 일터는 사람들에게 스트레스를 주는 주된 원인이다(APA, 2019b). 40%의 직장인은 자신의 직업에 매우 스트레스를 받으며, 이것이 자신의 정신 및 신체 건강에 해롭다고 믿는다(AIS, 2020). 스트레스를 받은 직장인은 자신을 가장 힘들게 하는 것은 과도한 업무(46%), 대인관계(28%), 직장과 가정생활 균형의 어려움(20%), 직장의 불안정성(6%)이라고 보고한다(AIS, 2020).

이런 스트레스는 직장인의 가정생활뿐 아니라 기능에도 영향을 준다. 이는 또한 직장 내 수행을 낮추기도 한다. 실제 60%의 결근은 직간접적으로 스트레스로 인한 정신건강 이슈과 연관되어 있다(AIS, 2020; APA, 2019b). 추가적으로 연구는 직장에서의 스트레스가 낮은 생산성, 높은 사고, 실수, 이직, 보험료, 노동자 보상과도 관련 있다고 보고한다.

인권과 경제적 이유로 많은 직장에서는 직원의 직무 관련 스트레스와 정신건강 요구를 해결하려 노력한다. 가장 대표적인 방법은 적어도 절반의 직장인에게 제공되는 **근로자 지원 프로그램과 스트레스 감소 문제해결 프로그램**이다(AIS, 2020; Handrick, 2020). **근로자 지원 프로그램**(employee assistance program)은 기업에서 제공하는 정신건강 서비스로, 회사에 고용된 정신건강 전문가나 또는 외부 정신건강 에이전시에 의해 운영된다. **스트레스 감소 문제해결 프로그램**(stress reduction and problem-solving program)은 정신건강 전문가가 고용인에게 문제를 해결하고 스트레스를 다스리는 기술을 가르치는 워크숍 또는 집단회기이다. 제2장에서 살펴봤듯이 최근 이와 관련된 가장 일반적인 방법은 마음챙김 훈련이며, 근로자에게 약 1달러로 제공된다(55~56쪽 참조). 근로자 지원 프로그램 혹은 스트레스 감소 문제해결 프로그램은 일의 수행을 방해하는 심리적 문제를 줄이고, 근로자 보험 소송을 줄임으로써 장기적으로는 비용을 절감한다고 믿으며, 이는 다수의 연구에 의해 지지된 바 있다(AIS, 2020; Handrick, 2020). 그리고 절반 이상의 직원이 스트레스를 관리하는 방법을 배우는 데 도움이 필요하다고 보고한다.

정신건강의 경제성

개인의 경제적 수준과 직업 안정성은 정신건강에 큰 역할을 한다. 예를 들어 이전 장에서도 언급했으나 COVID-19 팬데믹으로 인한 갑작스러운 경제적 손실이나 실직은 불안, 우울, 자살사고, 약물남용을 초래하였다.

정부에 의한 경제적 결정 역시 심각한 정신장애를 가진 사람들에 대한 관리에 영향을 준다. 우리는 정부에 의한 경제적 결정이 중증 정신장애를 가진 사람의 치료에 얼마나 영향을 줄 수 있는지 목격해왔다. 예를 들어 입원 환자를 예정보다 일찍 퇴원하도록 만든 **탈시설화** 운동의 주 원인은 주와 연방 정부의 비용 감소 대책의 일환이었다(416~420쪽 참조). 정부기관에 의한 지원 결정은 의뢰인과 치료 프로그램에 영향을 줄 수 있다.

흥미로운 이야기

정신과 의사는 보험처리를 하지 않는다

55% 보험처리를 수용할 의사가 있는 정신과 의사

93% 보험처리를 수용할 의사가 있는 다른 모든 과의 의사

(출처 : Harrar, 2020; Pettypiece, 2015; Pear, 2013)

AP Photo/Gerry Broome

경제적 악순환 그룹홈 거주자들과 정신건강 옹호자들이 노스캐롤라이나주 롤리에 있는 입법부 건물 앞에서 메디케이드 비용 변화에 대해 시위하고 있다. 이 변화로 심각한 정신장애를 앓는 거주자들이 그룹홈에서 쫓겨나 갈 곳이 없게 되었다.

제12장에서 기술했듯이 정신장애를 가진 사람들을 위한 국가 보조금은 1963년 10억에서 최근 1,790억으로 지난 60년간 급격하게 상승하였다(SAMHSA, 2020c, 2014). 일부 비용은 약물이나 치료에 사용된다. 나머지는 직접 정신건강 서비스보다는 생활보조금, 주택 보조 등으로 사용되고 있다. 결과적으로 정신건강 서비스에 대한 국가 보조금은 부족하다. 심각한 정신장애를 가진 사람들이 보조금 제한에 가장 영향을 많이 받는다.

현재 모든 정신건강 서비스의 64% 정도만 정부 자금으로 운영되며, 수백억 달러에 달하는 나머지 정신건강 비용은 환자 개인과 보험회사가 부담한다(SAMHSA, 2020c, 2014). 개인 보험회사의 경제적 역할은 치료자에게 큰 영향을 미친다. 제1장에서 기술했듯이 대부분의 보험회사는 비용을 줄이기 위해 내담자가 어떤 치료자를 선택할 것인지와 회기 비용, 그리고 내담자가 상환받을 수 있는 회기 수를 결정하는 **관리의료 프로그램**(managed care program)을 개발했다(Enthoven et al., 2019; Friedman et al., 2019). 이런 보험 플랜은 보험회사에서 일하는 임상가가 내담자의 치료 프로그램을 감독하고 보험 지속 여부를 추천하는 **동료평가체계**(peer review system)를 통해 비용을 통제한다. 일반적으로 보험사들은 치료자로부터 환자에 대한 개인적 정보를 포함하는 보고서 또는 회기 노트를 요구한다.

제1장에서 기술했듯이 많은 임상가와 환자는 관리의료 프로그램과 동료평가체계를 반기지 않는다. 치료자에게 요구하는 보고서가 개인 정보 보호를 위해 익명으로 작성되어도 비밀보장이 어렵고, 짧은 보고서를 통해 치료의 효과를 전달하기 어렵다고 믿기 때문이다. 또한 특정 사례의 경우 장기 치료가 필요해도 관리의료 프로그램이 치료 회기를 줄일 것이라 생각한다. 또한 보험회사는 장기적 개선에 더 효과적일 수 있는 비싼 접근법보다는 단기간에 결과를 얻는 치료를 선호할 수 있다(예 : 향정신성 약물). 의료계에서처럼 관리의료 프로그램 때문에 정신건강 서비스를 그만두어야 하는 환자의 불평을 쉽게 들을 수 있다(McGuire, 2019). 간단히 말해서 많은 치료자는 현재 시스템에서 치료자에 의해서가 아니라 보험회사에 의해서 치료가 통제되고 있음에 불안해한다.

보험회사가 치료 방법이나 빈도 및 기간에 대해 결정할 때 어떤 문제가 생길 수 있는가?

하지만 미국 보험의 또 다른 큰 문제는 정신장애에 대한 상환은 신체장애보다 평균적으로 낮기 때문에 심리적인 어려움을 가진 사람들에게 불이익을 준다는 것이다(MHA, 2020f). 앞서 살펴봤듯이 연방 정부는 2008년에서 2016년까지 이 문제를 해결하려 시도했다(17쪽, 19쪽 참조). 2008년에 의회는 정신과 신체 문제에 대한 보험 적용을 동일하게 만드는 연방 패러티법을 통과시켰으며, 2014년에는 오바마케어라고 부르는 건강보험개혁법을 통과시켰다. 그럼에도 불구하고 일부 보험은 이 법을 따르지 않았고, 2021년 의회는 보험회사의 등가 계획에 대한 연방법의 더 철저한 형태인 다른 법을 통과시켰다(APA, 2021; Bhakta & Pestaina, 2021).

관리의료 프로그램 보험회사가 비용, 방법, 제공자, 치료의 기간을 결정하는 보험 프로그램

동료평가체계 보험회사에서 고용한 임상가가 환자의 향상 정도에 대해 주기적으로 평가하고 보험 혜택이 지속될 것인지 아닌지를 결정하는 시스템

기술 발전과 정신건강

이 책 전반에 걸쳐서 살펴보았듯이 최근 발전하는 기술이 정신건강 분야에 긍정적 및 부정적인 영향을 끼쳤으며, 앞으로 더 큰 영향을 줄 것에는 의심할 여지가 없다.

디지털 세상은 비정상적인 행동의 표현에 대한 새로운 **촉매제**가 된다. 예를 들어 도박장애를 가진 많은 사람의 부적응적인 기능은 인터넷 도박에 대한 접근성의 증가로 크게 증가하였다(348~349쪽 참조). 비슷하게 소셜미디어, 문자, 인터넷은 타인을 스토킹하거나 윽박지르는 데, 성적 노출증을 표현하거나 성도착적인 욕망을 표출하거나 기타 변태성욕장애를 충족시키는 데 자주 사용된다(378~379쪽, 466~467쪽 참조). 많은 임상가는 문자, 트위터, 인터넷 브라우징 등이 사람들의 주의력을 짧게 만들어 주의 문제를 일으킨다고 본다.

연구들은 비정상적 행동에 대한 새로운 촉매제로 최신 기술이 **새로운 심리장애**를 만들어내고 있음을 보여준다. 제10장에서도 보았듯이 대표적으로는 과도하고 비기능적인 수준의 문자, 트위터, 관계망 사용, 인터넷 브라우징, 이메일, 블로깅, 온라인 쇼핑, 온라인 포르노그래피 사용 문제로 특징되는 **인터넷사용장애**가 있다(348~349쪽 참조). 비슷하게 인터넷은 특정 비정상적인 행동에 노출증적 특성을 보내고 있다. 예를 들어 제7장에서 보았듯이 점점 더 많은 사람이 소셜미디어에 스스로 자해하거나 자살 행위를 하는 동영상을 올리고 있다(226쪽 참조). 이런 행동은 전통적으로 사적으로 행해졌다.

임상가들은 매일의 소셜 네트워크도 심리적 역기능에 일조한다고 본다. 이런 특성 이외에 소셜미디어는 일부 청소년에게 새로운 형태의 동료 압력 및 사회불안의 통로가 되고 있다(128쪽 참조). 예를 들어 어떤 사람은 자신의 네트워크에 있는 사람들이 자신을 사회적으로 배제할 것을 두려워한다. 비슷하게 임상가들은 소셜네트워크가 부끄러움이 많거나 사회적으로 불안한 사람들을 면대면 관계에서 철회하게 만들 것을 걱정한다.

이 책을 통해 임상치료는 급변하는 디지털 세계로 확장되고 있음을 알게 되었을 것이다. 예를 들어 전산회된 개입 프로그램, 인터넷 기반 지지집단, 스마트폰 정신건강 앱, 스마트워치 같은 웨어러블 탐지 도구는 쉽게 접근 가능하다(68, 101쪽 참조). 원격 기술을 통해 치료자와

흥미로운 이야기

멀티테스킹

한 설문에서 73%의 남성과 39%의 여성이 원격정신의료 동안 웹서치, 이메일, 문자(25%), 소셜미디어 살펴보기(21%), 영상 보기(19%) 등의 멀티태스킹을 한다고 보고했다(DF, 2020).

AP Photo/Nati Harnik

심리적 영역의 확대 아동이 서로 다른 곳에 사는 왼쪽의 심리학자와 오른쪽의 의사를 동시에 만나고 있다. 원격정신의료 서비스는 최근 급격히 증가하고 있다.

실제로 만나지 않고 실제 회기를 제공하는 동영상 매체를 이용하는 **원격정신의료**는 이제 흔하다. 특히 COVID-19 팬데믹과 사회적 거리두기의 여파로 가속화되고 있다(21쪽 참조). 비슷하게 상당수의 웹사이트가 정신건강 관련 정보를 제공하여 사람들이 자신과 친구 가족의 심리적 문제와 치료 옵션에 대해 보다 더 잘 이해할 수 있게 돕는다(19~20쪽 참조). 불행히도 온라인 정보의 증가는 사이트의 정보를 신뢰할 수 없으며 심리적 문제와 치료에 대해 심각하게 잘못된 정보를 제공하고 있다. 이 질적 통제의 문제는 원격정신의료, 자조집단의 주요 문제이다. 제7, 9장에서 살펴봤듯이 현재 자살 방조 등 다수의 네트워크는 사람들이 자신의 심리적 문제에 대해 도움을 구하지 못하게 만들고 있다(226, 293쪽 참조).

정신건강 분야가 새로운 기술을 점점 더 많이 활용하게 됨으로써 발생할 또 다른 윤리적 문제는 무엇인가?

분명하게 기술변화는 정신건강 영역에 심각한 도전이 되고 있다. 이 책에서 논의했던 기술적 적용 중 일부는 연구가 잘되었지만, 일부는 상당한 연구가 필요하다. 그러나 기술과 정신건강 사이의 관계는 확산될 것이 분명하다. 때문에 이 분야에 종사하는 사람이라면 이런 성장과 적용에 대해 충분히 이해하고 준비되어 있어야 한다.

전문가

임상 연구자와 치료자의 행동은 사회의 다른 분야와 영향을 주고받을 뿐 아니라 그들의 개인적 필요 및 목표와 밀접하게 관련이 있다(**정보마당** 참조). 임상 전문가의 장단점, 지혜, 임상 기술의 유무는 의뢰인의 선택과 상호작용에 영향을 미친다. 또한 어떻게 개인적 경험이 때로 전문적 기준을 무시하게 하는지, 그리고 극단적인 경우 임상 과학자에게 비윤리적인 연구를 하게 하고 임상 치료자가 의뢰인과 성적 행위를 하게 하는지 살펴보았다.

치료자에 대한 정신건강 조사에서 치료자의 84%가량이 최소 한 번 이상 치료를 받았다고 보고한다(Pope et al., 2021; Pope & Wedding, 2019; Pope & Vasquez, 2016). 주된 이유는 다른 의뢰인과 비슷하게 감정적 문제, 우울증, 불안이다.

왜 그렇게 많은 치료자가 심리적 문제를 경험하는지 그 이유는 명확하지 않다. 아마도 직업상 스트레스를 많이 받기 때문일 것이다. 연구에 따르면 치료자는 어느 정도 소진을 경험한다(Barnett, 2020; Horton, 2020). 실제로 설문에 참가한 치료자의 절반 이상이 때로 그런 감정이 자신의 일의 질과 효과성에 영향을 미친다고 보고했다. 또는 치료자가 자신의 부정적 감정을 더 빨리 깨닫거나 문제에 대한 치료를 더 많이 찾기 때문이다. 혹은 개인적 문제를 가진 사람들이 임상치료를 직업으로 선택할 확률이 더 많을 수 있다. 이유가 어떠하든 치료자의 심리적 이슈가 그들이 어떻게 의뢰인의 말을 듣고 반응하는지에 영향을 미친다.

좋은 의사, 나쁜 의사

이상심리학의 과학과 전문가는 이상 기능을 이해하고, 예측하고, 변화를 추구한다. 하지만 정신건강 연구자와 임상가는 사람이고 사회에서 살고 있으며 사람들에게 서비스를 제공하고 있다는 사실을 잊어서는 안 된다. 그러므로 이 책에서 기술한 전문가들의 사실, 오도, 주장 및 좌절은 당연한 결과이다. 이런 것을 고려할 때 인간 행동의 연구와 치료가 지금과 다를 수 있다고 보는가?

개인적 및 전문적 문제

다른 사람처럼 임상가에게도 개인적인 요구, 관점, 목표, 문제가 있고, 이것 모두는 일에 영향을 준다. 치료자는 이런 변인이 환자와의 관계에 주는 영향, 즉 역전이를 최소화하기 위해 노력한다. 그러나 연구들은 적어도 어느 정도 수준으로 치료자의 개인적인 문제가 환자를 다룰 때 영향을 주고 있음을 보고한다.

초반기

초보 치료자에게 공통적인 사건

- 개인적인 디스트레스 경험
- 다른 사람의 디스트레스를 목격하는 것
- 다른 사람의 정서와 행동을 관찰하는 것, 심리적인 마인드를 갖는 것
- 읽기
- 치료받기
- 다른 사람을 자신 있게 대하는 것
- 다른 사람의 행동을 따라 하는 것
- 멘토에게 배우는 것

(Pope et al., 2021; BPF, 2020; Miller, 2017b; Pope & Vasquez, 2016; Farber et al., 2005)

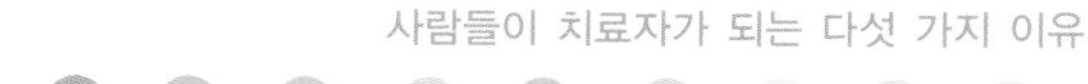

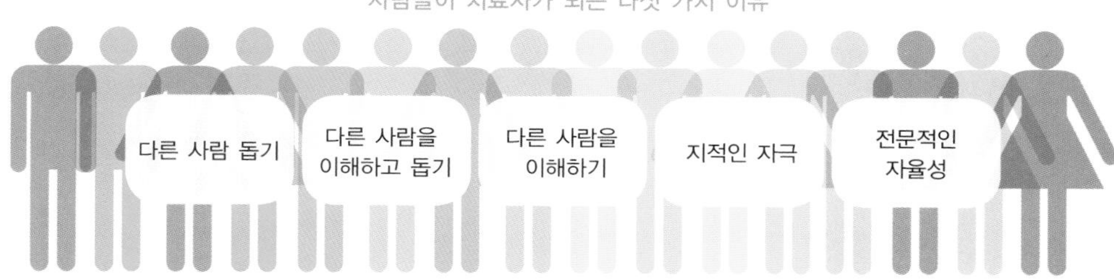

(OCP, 2020; Conroy et al., 2019; Lin et al., 2019; Miller, 2017b; Waters, 2015; Farber et al., 2005; Norcross & Farber, 2005)

임상 직업

임상심리학자는 자신의 직업에 얼마나 만족하는가?

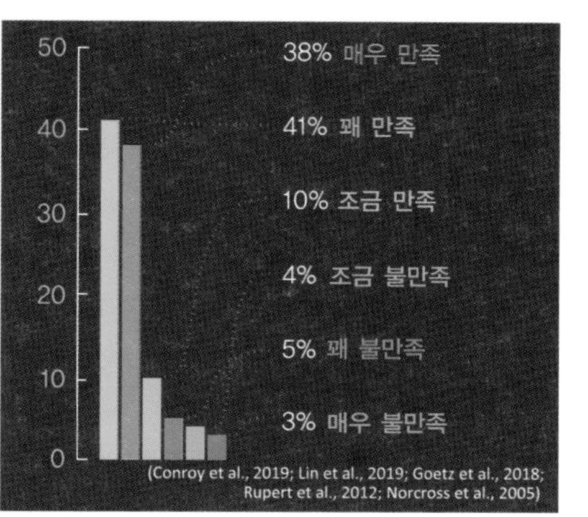

(Conroy et al., 2019; Lin et al., 2019; Goetz et al., 2018; Rupert et al., 2012; Norcross et al., 2005)

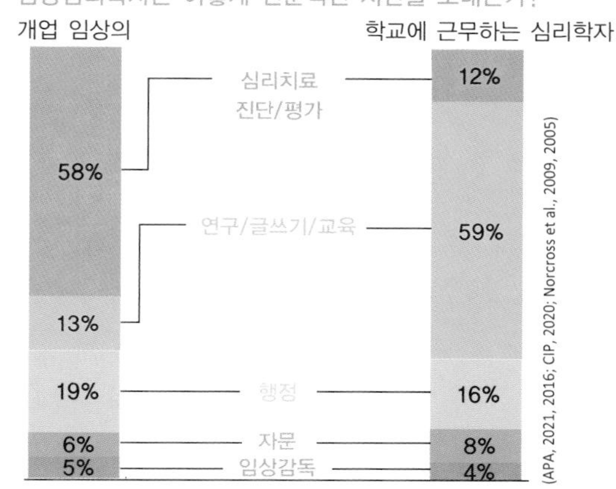

(APA, 2021, 2016; CIP, 2020; Norcross et al., 2009, 2005)

임상작업에서의 윤리

심리학자의 윤리강령이 금지하기는 하지만 일부 심리학자는 자신의 내담자와 성적인 관계를 맺는다. 이는 직업적으로 절대하면 안 되는 신뢰와 경계의 위반이며, 내담자에게 심각한 심리적 위해를 가하게 된다.

누가 내담자와 성적관계를 갖는가?

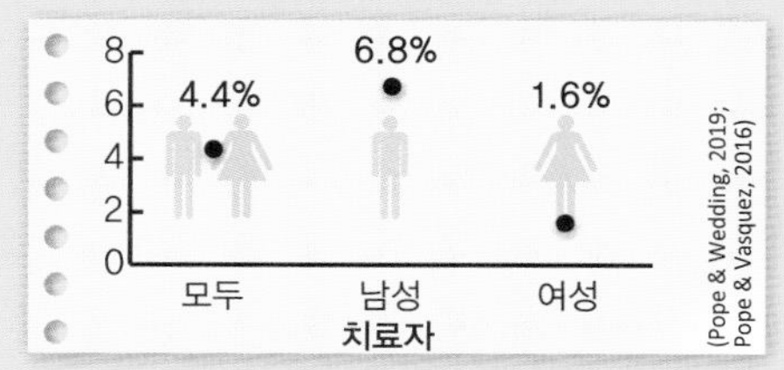

(Pope & Wedding, 2019; Pope & Vasquez, 2016)

내담자에 주는 영향

- 양가감정
- 죄책감
- 허전함과 외로움
- 성적 혼란
- 불신
- 역할과 경계에 대한 혼란
- 정서적인 피해
- 억압된 분노
- 자살 위험의 증가
- 인지적 기능장애

(Pope et al., 2021; Pope & Wedding, 2019; Pope & Vasquez, 2016; Pope, 1994, 1988)

치료받는 임상가

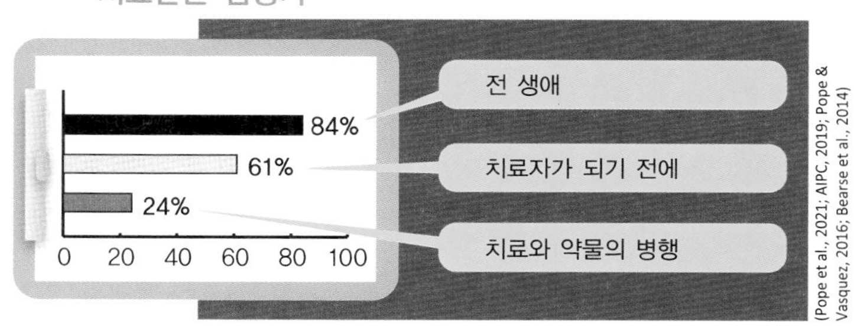

(Pope et al., 2021; AIPC, 2019; Pope & Vasquez, 2016; Bearse et al., 2014)

우수한 치료자가 치료자를 찾을 때 고려하는 것

- 역량
- 따뜻함과 배려
- 임상적 경험과 전문가적 명성
- 개방성
- 치료 스타일
- 융통성

(Hill et al., 2017; Norcross et al., 2009, 2005)

정서적 측면

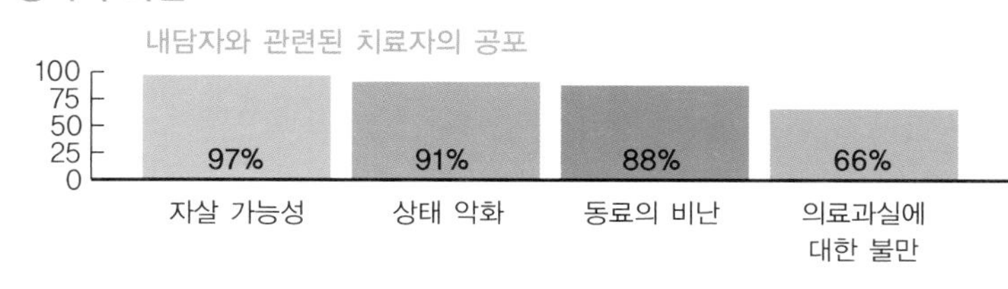

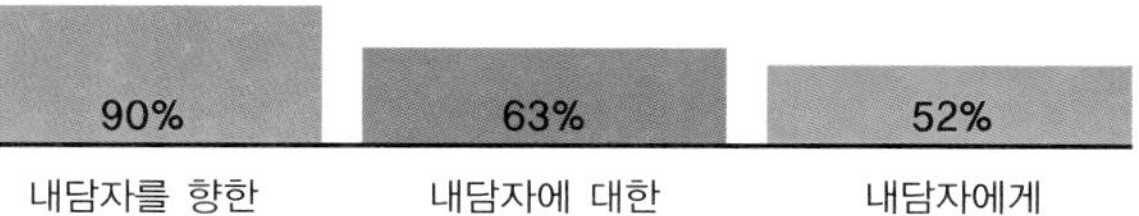

(Pope et al., 2021; Pope & Wedding, 2019; Clay, 2017; Pope & Vasquez, 2016; Pope & Tabachnick, 1993; Pope et al., 1987)

흥미로운 이야기

고요 속 전투

한 설문에서 정신장애를 경험한 42%의 정신과 의사만이 자신의 어려움을 친구나 가족에게 알리겠다고 보고했다(Yasgur, 2019).

요약

윤리적·경제적·기술적 그리고 개인적 요소

임상 전문가에게는 윤리강령이 있다. 심리학자의 윤리강령에는 부당한 연구를 금하며, 내담자와 학생을 상대로 성적이나 다른 방식으로 이득을 취하는 행위를 금지하는 조항이 있다. 또한 환자의 비밀보장에 대한 지침도 있다. 타라소프 대 캘리포니아대학교 사례는 치료자가 환자 및 주변인을 위험으로부터 보호해야 할 때와 비밀보장을 지킬 수 없는 때를 결정하게 도와준다.

임상가들은 직장에서 심리적 문제를 돕도록 요청받는다. 추가적으로 개인 보험회사에서는 심리 서비스의 시간을 감축하는 관리의료 프로그램을 만들기도 한다.

최근 기술적 발전은 정신병리, 새로운 형태의 정신병리, 새로운 정신건강 앱의 촉매제가 되고 원격정신의료를 증가시키는 등 정신건강 분야에도 영향을 주었다.

정신건강 활동은 임상 서비스를 제공하는 주체의 개인적 필요, 가치, 목적에 영향을 받는다. 이런 요소는 그들의 일에 선택, 방향, 질에까지 영향을 준다.

더 큰 시스템 내에서 기능하기

한때 임상 연구자와 전문가는 독립적으로 수행했다. 하지만 오늘날 이들의 활동은 입법, 사법, 경제, 기술의 발전과 깊은 연관이 있다. 이렇게 상호작용이 증가하는 이유 중 하나는 임상 분야가 사회에서 존경을 받으면서 자연스럽게 수용되었기 때문이다. 현재 치료자는 여러 가지 방법으로 수백만 명을 돕는다. 그들은 교육에서부터 사회의 거의 모든 분야에 대해 의견을 내고, 넓게는 전문지식의 출처가 되었다. 어떤 분야가 이런 위치를 얻게 되면 이 분야는 필연적으로 다른 분야에 영향을 주게 된다. 또한 대중 감시체제가 이 분야에 관심을 갖고 활동을 주시하기 시작한다.

오늘날 정신적 문제가 있는 사람이 치료자에게 도움을 요청할 때 이들은 상호 연결된 복잡한 시스템에 들어가게 된다. 이들의 개인적 문제가 사회 구조 안에서 확대되는 것처럼, 이들에 대한 치료 또한 시스템의 많은 부분(치료자의 가치와 요구, 법적·경제적 영향력, 사회적 태도, 다른 힘)에 영향을 받는다. 이런 요소는 또한 임상 연구에 영향을 끼친다.

개인의 심리적 필요에 대한 시스템의 영향은 각 구성원에 대한 가족의 영향처럼 긍정적이거나 부정적일 수 있다. 예를 들어 시스템이 의뢰인의 권리와 비밀을 보호할 경우 이는 의뢰인을 돕는다. 경제적·법적 또는 다른 사회의 영향력이 치료 선택을 제한하거나, 예상보다 빨리 치료를 종결하거나, 낙인을 찍을 때 시스템은 개인의 문제를 가중시킨다.

사회에서 정신건강 전문가의 엄청난 증가와 영향 때문에 이것의 강점과 약점을 이해하는 것이 중요하다. 이 책에서 기술했듯이 이 분야는 특히 지난 몇십 년 동안 많은 지식을 쌓아왔다. 하지만 정신건강 전문가들은 자신이 아는 것과 할 수 있는 것을 과대평가하는 경향이 있다. 임상 분야에서 (직접적이든 간접적이든) 일하는 모든 사람은 우리의 지식이 아직 미숙하고 불완전하다는 것을 인식하고 있어야 한다. 사회는 행동에 대해 관심이 많고 정보와 도움을 필요로 한다. 하지만 우리는 이 분야가 아직 발전하고 있음을 기억해야 한다.

흥미로운 이야기

그들의 진술

"나는 2시간 동안 아인슈타인과 수다를 떨었어. 그는 유쾌하고 자신감 넘쳤으며 좋은 사람 같았고, 내가 물리학에 대해 아는 것 만큼 심리학에 대해 이해하고 있었어. 우리는 즐겁게 시간을 보낼 수 있었지."

지그문트 프로이트, 1927

핵심용어

감호조치
강제처분
근로자 지원 프로그램
관리의료 프로그램
더럼 법정평가
동료평가체계
맥노튼 법정평가
법정심리학
보호 의무
비밀보장
스트레스 감소 문제해결 프로그램
유죄이나 정신장애가 있는
윤리강령
의료과실 소송
재판에 서기에 부적격
정신이상에 대한 미국법률기관 법정평가
정신이상에 의한 무죄
치료를 거부할 권리
치료받을 권리
항거불가 충동성 법정평가

속성퀴즈

1. 맥노튼 법적평가, 항거불가 충동성 법정평가, 더럼 법정평가, 정신이상에 대한 미국법률기관 법정평가에 대해 간단히 기술하라. 어떤 검사가 최근에 피고가 정신이상에 의한 무죄임을 결정하는 데 사용되는가?
2. 유죄이나 정신병이 있는, 한정책임능력, 정신장애 성범죄자법, 성폭력 가해자법에 대해 설명하라.
3. 피고가 재판을 받기 어려울 정도로 정신적으로 무능한지, 아닌지를 결정하는 절차가 필요한 이유는 무엇인가?
4. 강제처분의 이유는 무엇이고, 어떻게 진행되는가? 강제처분에 대한 비판은 무엇인가?
5. 재판법에서 정신장애를 가진 환자에게 어떤 권리가 주어지는가?
6. 입법·사법부 체계는 임상심리학자의 전문가 영역 발달에 어떤 영향을 주는가?
7. 임상 연구자들이 목격자 진술과 범죄의 유형에 대해 알아낸 것은 무엇인가? 범죄 사례에서 심리 프로파일의 정확도와 영향력은 어느 정도인가?
8. 심리학자의 윤리강령에서 포함하는 중요한 주제는 무엇인가? 어떤 조건에서 치료자는 비밀보장의 원칙을 깰 수 있는가?
9. 비즈니스 환경에서 사용되는 심리 문제의 예방과 치료 프로그램은 어떤 것이 있는가? 정신건강 관리에 대한 보험과 재정 지원에 대한 최근 추세는 어떠한가?
10. 정신건강 분야가 최근 기술의 발전에 어떤 영향을 받았고 이에 어떻게 대처하는지 기술하라.

용어해설

가계 연구 장애가 있는 개인의 친척 몇 명이 또는 어떤 친척이 같은 장애를 가지고 있는지 조사하는 연구설계

가설 특정 변수들 사이에 특정한 관련성이 있으리라는 예감 혹은 예측

가족체계 이론 가족을 하나의 체계로 보고, 그 안에서 구성원들이 무언의 규칙에 의해 일정한 방식으로 상호작용한다고 보는 이론

가족치료 치료자가 가족의 모든 구성원과 만나서 치료적 방향으로 변화시키고자 하는 치료 형태

감마-아미노부티르산(GABA) 신경전달물질로, 대뇌 공포 회로에서의 GABA가 보이는 낮은 활동은 불안과 관련이 있다.

감호조치 범죄자가 정신적으로 불안정하다고 판단하여 치료를 위한 정신건강 기관에 보내는 법적 절차

강간 동의하지 않은 사람에게 자행된 강제적 성교나 성적 행위. 혹은 성인과 미성년자 사이의 성교

강박 및 관련 장애 강박과 같은 걱정으로 인해 반복적으로 그리고 과도하게 특정한 이상행동을 하게 하는 장애

강박사고 반복적으로 경험되며 침투적으로 느껴지고 불안을 유발하는 지속적인 사고, 생각, 충동, 또는 심상

강박성 성격장애 질서정연함, 완벽주의와 통제력에 과도하게 집중하면서 융통성, 개방성과 효율성을 상실하는 것을 특징으로 하는 성격장애

강박장애 반복되는 강박사고나 강박행동 또는 둘 다를 가진 사람들이 보이는 장애

강박행동 불안을 방지하거나 줄이기 위한 목적으로 하게 되는 반복적이고 경직된 행동이나 정신활동

강제처분 특정 개인에게 정신건강치료를 받게 명령하는 법적 절차

개별 정보 전체 집단이 아니라 특정 개인에 대한 정보

개인 부담 심리치료 개인이 심리치료자에게 직접 상담 서비스 비용을 지불하는 방식

거주치료센터 이전에 약물의존이었던 사람들이 약물이 없는 환경에서 치료를 받으면서 생활하고, 일하고, 사회화할 수 있도록 하는 장소. '치료공동체'라고도 한다.

거주치료시설 조현병이나 다른 중증 문제를 가진 사람들을 위한 주거 형태로, 종종 준 전문가가 배치된다. '그룹홈' 혹은 '위기 쉼터'라고도 한다.

게슈탈트치료 Fritz Perls가 개발한 인본주의 심리치료로, 임상가는 역할 연기와 자기 발견 연습 등의 기법을 활용하여 내담자의 자기 인식과 자기 수용을 적극적으로 증진시킨다.

경계성 성격장애 대인관계 문제, 자기상과 기분에서 반복적인 불안정성을 보이며 충동 행동을 특징으로 하는 성격장애

경도신경인지장애 중등도의 인지 기능 저하가 나타나지만 독립적으로 생활할 수 있는 수준의 신경인지장애

경두개 자기자극법(TMS) 환자의 머리에 또는 그 위에 전자기 코일을 놓고 뇌로 전류를 보내는 치료법

경험적으로 지지된 치료 임상 현장에서 어떤 특정 장애에 대한 연구를 통해 효과성이 증명된 치료를 규명하고, 그에 맞는 지침서를 개발하여 이를 임상가에게 전달하려는 운동. '근거에 기초한 치료'라고도 한다.

고문 희생자를 사실상 무기력 상태로 만들기 위해 잔인, 모욕, 혼돈 책략을 사용하는 것

고전적 조건형성 반복적으로 두 사건이 시간적으로 가깝게 일어나 사람의 마음속에 융합되어서 동일한 반응을 일으키게 되는 학습 과정

고착 Freud에 의하면 원초아, 자아, 초자아가 적절하게 성숙되지 않고 초기 발달 단계에 고정된 상태

공동 주의 현재 환경 속 사물이나 사건에 대해 다른 사람과 초점을 공유하는 것으로, 동일한 사물에 주의를 주면서 시선 모으기, 가리키기, 참조 혹은 다른 언어적.비언어적 표식을 공유한다.

공립학교 지적장애를 가진 사람을 위한 국가 지원 기관

공포 개인의 안녕에 대한 심각한 위협에 대해서 중추신경계가 보이는 생리적, 정서적 반응

공포증 특정한 대상, 활동, 상황에 대한 지속적이고 비합리적인 공포

공황발작 갑자기 발생해서 수 분 내에 최고조에 이르렀다가 서서히 지나가는 삽화적이고 단기적인 공황

공황장애 반복적이고 예상할 수 없는 공황발작이 특징인 불안장애

과학적 방법 현상을 잘 이해하기 위해서 세심한 관찰을 통해 체계적으로 정보를 수집하고 평가하는 과정

관리의료 프로그램 보험회사가 의료 서비스의 성격과 범위, 비용을 통제하는 의료보험체계

관음장애 예상치 못한 사람이 옷을 벗는 것을 몰래 관찰하거나 성행위하는 것을 엿보는 것에 대한 반복적이고 강렬한 욕구가 있고, 그러한 욕망에 따라 행동하기도 하는 변태성욕장애

관찰자 역할 성행위 중 수행과 즐거움이 감소될 정도로 자신의 성적 수행에 초점을 두는 것을 경험하는 마음의 상태

광장공포증 공황과 같은 증상 또는 당황스러운 증상이 발생했을 때 도망가기 어렵거나 도움을 받지 못할 수 있는 공공장소 또는 상황에 놓이는 것을 두려워하는 불안장애

교감신경계 심장 박동 수를 빠르게 하고 각성으로 경험되는 기타 몸의 변화를 산출하는 자율신경계의 신경섬유

규범 사회적으로 적절한 품행을 규정하는 규칙

근로자 지원 프로그램 직장에서 직원에게 제공하는 정신건강 프로그램

근전도계(EMG) 몸의 근긴장도에 대한 피드백을 제공하는 장치

글루타메이트 뉴런을 자극하고 뉴런 간의 연결과 의사소통을 촉진하는 역할을 하는 신경전달물질

금단 약물을 정기적으로 사용하던 사람이 약물을 끊거나 용량을 줄일 때 발생할 수 있는 불쾌한, 종종 위험한 반응

급성 스트레스장애 외상 사건 직후 공포 및 관련 증상을 경험하고 그 증상이 1개월 미만으로 지속되는 장애

긍정심리학 긍정적 느낌과 특질, 능력의 연구와 증진

기관심의국(IRB) 연구 기관의 윤리위원회로, 연구 참가자의 인권과 안전을 보호하는 권한을 가진다.

기분안정제 양극성장애로 고통받는 사람들의 기분을 안정시키는 것을 도와주는 향정신성약물. '항양극성약물'이라고도 한다.

기억 과거 사건과 과거 학습을 회상하는 능력

긴장증 특정 형태의 조현병에서 나타나는 정신운동 증상의 극단적 패턴으로, 긴장성 혼미, 경직이나 자세가 포함된다.

길항약물 중독성이 있는 약물의 영향을 막고 변화시켜주는 약물

꿈 수면 중에 형성되는 일련의 생각이나 심상

날록손 널리 사용되는 아편유사제 길항약물

남성성욕감퇴장애 성적 관심의 지속적인 감소나 결여로 인해 저조한 성생활을 보이는 남성 성기능부전

내담자 중심 치료 Carl Rogers가 개발한 인본주의 치료법으로, 치료자는 내담자에게 수용, 정확한 공감, 진솔함을 전달함으로써 도움을 준다. '인간 중심 치료'라고도 한다.

내분비계 성장과 성행위와 같은 중요한 활동의 조절을 돕는 인체 내 분비선체계

내성 원하는 효과를 얻기 위해 뇌와 신체가 더 많은 양을 필요로 하게 되는 것

노르에피네프린 신경전달물질 중 하나로 이것이 비정상적으로 활동하는 것은 우울과 공황장애와 관련이 있다.

노인성 반점 나이를 먹어가면서 어떤 뇌세포들 사이의 공간에 베타-아밀로이드 단백질이 형성된 것. 알츠하이머 환자에게 이러한 반점이 과도하게 많다.

노인심리학 노인의 정신건강과 관련된 심리학

노출 및 반응 방지 강박장애에 대한 인지행동치료 기술로, 불안을 유발하는 생각이나 상황에 내담자를 노출시킨 후 강박행동을 하지 못하도록 한다. '노출 및 의례 방지'라고도 한다.

노출장애 자신의 성기를 다른 사람들에게 보여주는 것에 대한 욕구나 상상 또는 그러한 욕구로 인한 행동을 반복적으로 하는 변태성욕장애

노출치료 두려워하는 사람에게 두려움의 대상인 물건이나 상황에 반복적으로 노출시키는 행동 중심 개입

놀이치료 그림, 놀이, 이야기 만들기 등을 통해 갈등 상황에서 경험하는 감정을 간접적으로 표현하도록 도와주는 치료 접근

농축 코카인 순화법을 사용하여 곧 피울 수 있도록 만들어진 강력한 코카인 덩어리

뇌 심부 자극법(DBS) 인공박동조율기가 슬하대상회에 이식된 전극에 전력을 제공하면서 뇌를 자극하는 우울증 치료법

뇌 자극 심리적 호전을 가져오기 위해서 뇌를 직접/간접적으로 자극하는 개입

뇌 회로 서로 활성화시켜서 뚜렷한 유형의 행동적, 인지적 혹은 정서적 반응을 유발하는 함께 작동하는 특정 뇌 구조의 네트워크

뉴런 신경세포

뉴로이미징 기술 CT나 PET 혹은 MRI와 같이 뇌 구조나 활동에 대한 이미지를 제공하는 신경학적 검사. '뇌 탐색 기술'이라고도 한다.

다문화심리학 문화, 인종, 성, 그와 유사한 요인이 우리의 행동에 미치는 영향을 조사하고, 그러한 요인이 이상행동에 미치는 영향을 집중적으로 연구하는 분야

다문화적 관점 문화마다 구성원들의 행동을 설명하는 데 도움이 되는 가치와 신념 및 특별한 외적 압력이 있다는 견해. '문화적 다양성 관점'이라고도 한다.

다운증후군 21번째 염색체 이상으로 발생하는 지적장애의 한 형태

다중결과성 유사한 발달력을 가진 사람들이 서로 다른 임상적 결과를 갖거나 대등한 현재 상황에 다른 방식으로 반응한다는 원칙

단극성 우울증 조증의 과거력이 없는 우울증

단일피험자 실험 설계 실험 참가자 한 사람을 독립변수의 조작 전과 후에 관찰하고 측정하는 실험 방법으로, '단일사례 실험 설계'라고도 한다.

대마초 대마(삼)에서 얻는 약물. 환각, 억제, 흥분 효과를 혼합적으로 유발한다.

대상관계 이론 관계에 대한 갈망이 인간행동에서 핵심적인 동기를 주는 힘이라고 보는 정신역동 이론

대인관계치료(IPT) 대인관계 문제를 인식하고 변화시키면 우울의 회복에 도움이 될 것이라는 신념에 기반한 단극성 우울증의 치료법

대체 의사소통체계 자폐스펙트럼장애, 지적장애 또는 뇌성마비가 있는 사람에게 의사소통판이나 컴퓨터에 있는 그림, 기호, 문자 또는 단어를 가리키도록 가르쳐 의사소통을 향상시키는 방법

더럼 법정평가 정신장애의 결과로 범죄를 저질렀다면 그 사람은 범죄의 순간에 정신이상 상태였다고 간주한다.

도덕치료 19세기에 사용된 정신장애에 대한 치료적 접근으로, 도덕적 지도와 인도적이고 환자를 존중하는 치료를 강조한다.

도박장애 광범위한 생활 문제를 야기하는 지속적이고 반복적인 도박행위를 보이는 장애

도파민 가설 조현병이 도파민 신경전달물질의 과다 활동으로 발생한다는 이론

독립변수 실험에서 다른 변수에 영향을 주는지를 알아보기 위해서 조작되는 변수

동기강화상담 공감과 질문식 검토의 방법을 사용하는 치료로, 이를 통해 내담자는 자기 문제의 심각성을 인식하고 생산적 선택과 행동 변화에 전념할 동기를 얻게 된다.

동등결과성 서로 다른 발달 경로 여럿이 동일한 심리장애로 이어질 수 있다는 원칙

동료평가체계 보험회사에서 고용한 임상가가 환자의 향상 정도에 대해 주기적으로 평가하고 보험 혜택이 지속될 것인지 아닌지를 결정하는 시스템

동반상승 효과 약리학에서 하나 이상의 약물이 신체에 동시에 작용하여 효과가 증대되는 것으로, '시너지 효과'라고도 한다.

리튬 자연 상태에 무기염으로 존재하는 금속 원소인데, 양극성 장애의 치료에 효과적이다.

림프구 림프계와 혈류를 순환하는 백혈구로, 몸이 항원과 암세포를 찾아 파괴하는 일을 돕는다.

마리화나 대마류의 마약 중 하나로 꽃봉오리, 잎에서 추출한다.

마음 이론 사람들이 전혀 알 수 없는 정보가 아닌 나름의 신념, 의도와 기타 정신 상태에 따라 행동한다는 인식

마찰도착장애 동의하지 않은 사람과 접촉하거나 비비는 것에 대한 반복적이고 강력한 성적 욕구, 환상, 행동이 나타나는 변태성욕장애

만발성 운동장애 오랜 기간 1세대 항정신병 약물을 복용한 환자들 일부에서 나타나는 추체외 회로 장애 효과

망상 반대되는 증거에도 불구하고 확고하게 유지하는 이상하고 그릇된 신념

맞춤형 전문치료(CSC) 중증 정신장애를 가진 사람에 대한 치료 접근으로, 임상가들이 치료에서부터 약물 점검, 거주 지도와 직업 상담에 걸친 중재를 제공한다.

맥노튼 법정평가 정신이상으로 인해 자신의 행동의 본질에 대해 모르거나 옳고 그름을 판단하지 못한 경우 그 사람은 범죄의 순간에 정신이상 상태였다고 간주한다.

메스암페타민 강한 암페타민류의 마약으로 인기가 급격히 높아져 근래 주요한 건강과 법적 문제가 발생하고 있다.

메타돈 유지 프로그램 헤로인 의존에 대한 치료적 접근으로 내담자는 대체 약물인 메타돈을 합법적이고 의학적인 감독하에 처방받는다.

메틸페니데이트 ADHD를 치료하는 데 일반적으로 사용되는 각성제로, '리탈린'이라는 이름으로 더 잘 알려져 있다.

면역체계 항원과 암 세포를 찾아 파괴하는 우리 몸의 세포 및 활동의 네크워크

모노아민옥시다제(MAO) 억제제 모노아민옥시다제 효소의 활동을 방지하는 항우울제

모델 과학자들이 관찰한 바를 설명하고 해석할 수 있도록 돕는 가정 및 개념의 조합. '패러다임'이라고도 한다.

모델링 개인이 타인들을 관찰하거나 흉내를 내서 반응을 습득하는 학습의 과정

모르핀 높은 중독성을 가진 아편 추출 물질로 진통 효과가 탁월하다.

무과립구증 생명을 위협하는 수준의 백혈구 감소증. 2세대 항정신병 약물 클로자핀에 의해 나타나기도 한다.

무망감 현재의 상황, 문제, 또는 기분이 바뀌지 않을 것이라는 비관적 신념

무선할당 실험 참가자들이 통제집단이나 실험집단에 무선으로 할당되도록 하는 선발 절차

무월경 생리주기가 없는 상태

문화 민족이 공통적으로 가진 역사, 가치관, 제도, 관습, 기술, 과학 기술과 예술

문화민감치료 소수집단 구성원들이 경험하는 특유의 문제를 다루려는 접근

물질사용장애 반복적인 물질사용으로 인한 부적응적인 행동과 반응 패턴을 말하며, 물질에 대한 내성과 금단 증상을 포함한다.

물질중독 물질 섭취 동안 혹은 직후에 발생하는 일시적인 바람직하지 않은 행동이나 심리적 변화의 총체

물품음란장애 무생물 대상의 사용을 포함해서 강한 성적 흥분, 환상, 행동을 반복해서 보이는 변태성욕장애

미주신경자극 몸에 이식한 맥 발생기가 규칙적인 전기적 신호를 미주신경에 보내게 되고 그다음에 미주신경이 뇌를 자극하게 되는 우울증 치료법

밀착된 가족 패턴 가족체계 중 한 유형으로 이 체계의 구성원들은 다른 가족원의 일에 지나치게 간섭하고 관여하며 이들의 안위를 과도하게 걱정하는 특성을 보인다.

바비튜레이트 가장 흔한 항불안제로, 자낙스가 포함된다.

바이오피드백 순간마다 나타나는 몸의 생리적 반응 정보를 내담자에게 제공하는 기법으로, 정보를 통해 내담자는 자신의 생리적 반응을 수의적으로 조절하는 법을 배우게 된다.

반사회성 성격장애 다른 사람의 권리를 침범하고 무시하는 행동 패턴을 보이는 성격장애

반응평정도구 정서, 사회적 기술, 인지 과정과 같은 특정 기능에 대한 대상자의 반응을 측정하게 고안된 검사

반의도성 자살 피해자가 간접적, 내현적, 부분적, 무의식적 역할을 하는 죽음

발기장애 성행위 동안 발기의 시작 및 유지를 지속적으로 실패하는 성기능부전

발달정신병리학 발달의 틀을 이용해서 어떻게 다양한 모델의 변수와 원리가 집합적으로 사람의 기능을 설명할 수 있는지를 이해하는 관점

발모광 머리카락, 눈썹, 속눈썹, 몸의 다른 부분의 털을 반복적으로 뽑는 장애. '털뽑기장애'라고도 한다.

발병률 특정 기간 동안 전집에서 새롭게 발생한 장애 사례의 수

범불안장애 여러 가지 사건과 활동에 대한 지속적이고 과도한 불안이나 걱정이 특징인 장애

법정심리학 심리학적 연구 및 임상과 사법 제도 간의 통합을 꾀하는 심리학. 법정신의학 분야와도 관련이 있다.

법칙정립적 이해 이상 기능의 본질, 원인, 치료에 대한 법칙이나 원칙 형태(여러 사람에게 적용되는)의 일반적 이해

벤조디아제핀 가장 널리 사용되는 항불안제군으로, 바리움과 자낙스가 있다.

변증법적 행동치료(DBT) 경계성 성격장애, 자살 의도 및 다른 심리적 문제(개별 회기와 집단 회기)에 적용되는 종합적 접근

변태성욕장애 성도착이 심각한 스트레스를 초래하며 사회적 직업 활동을 방해하고 자신이나 타인을 현재나 과거에 위험 상태로 몰아넣는 장애

보상 회로 도파민이 풍부한 뇌 경로 중 하나로, 활성화되면 쾌락을 느낀다.

보호 의무 치료자는 내담자의 희생자를 보호하기 위해서는 비밀보장을 하지 말아야 한다는 원칙

복내측시상하부(VMH) 활성화되면 배고픔을 감소시키는 뇌의 영역

복장도착장애 다른 성의 의복을 입는 것에 대하여 반복적이고 강렬한 성적 욕구, 환상, 행동이 나타나는 변태성욕장애

부교감신경계 인체 기관의 정상 기능 유지를 돕는 자율신경계의 신경섬유군. 흥분 후 기관의 기능을 둔화시켜 정상적인 패턴의 신체 과정으로 돌아가도록 돕는다.

부모 관리 훈련 품행장애에 대한 치료적 접근으로, 치료자는 가족과 인지행동치료 중재를 병합해서 가족 기능을 향상시키고 부모가 자녀를 보다 효과적으로 다룰 수 있도록 돕는다.

부적절한 정서 상황에 맞지 않는 감정을 보이는 조현병의 증상

분류체계 증상이나 지침에 대한 기술을 포함하는 범주나 장애의 목록

분리불안장애 집, 부모 혹은 다른 애착 대상으로부터 분리될 때 극단적인 불안과 공황을 주요 특징으로 하는 장애

불안 위협이나 위험이 있을 것 같은 모호한 느낌에 대해서 중추신경계가 보이는 생리적, 정서적 반응

불안 민감성 신체감각에 집중하고 신체감각을 비논리적으로 평가하며 위험한 것으로 해석하는 성향

비밀보장 전문가는 내담자로부터 얻은 정보를 누설하지 않는다는 원칙

비자살적 자해 죽을 의도 없이 자신의 신체를 직접적이고 고의적으로 파괴하는 것

비합리적 기본 가정 Albert Ellis에 의하면 다양한 심리적 문제를 가지고 있는 사람들이 지닌 부정확하고 부적절한 신념을 말한다.

사례 관리자 중증 정신장애 환자에게 치료, 조언, 약물 관리감독, 지역사회체계 안내와 환자 권리 보호 등 전반적인 서비스를 제공하고 조정하는 지역사회 치료자

사례 연구 한 사람의 삶과 심리적 문제를 상세하게 기술하는 연구

사정지연 오르가슴에 도달하는 것을 반복적으로 실패하거나 정상적인 성적 흥분 후 오르가슴에 도달하는 데 지연시간이 길어지는 장애

사회 기술 훈련 바람직한 행동에 대한 역할 연기와 예행연습을 통해 사람들이 사회 기술과 자기주장을 배우거나 향상시키도록 돕는 치료적 접근

사회불안장애 당혹감을 느낄 수 있는 사회적 또는 수행 장면에 대한 심각하고 지속적인 공포

사후 관리 지역사회에서 퇴원후 돌봄과 치료를 제공하는 프로그램

삼환계 이미프라민처럼 분자 구조 내에 3개의 링을 가지고 있는 항우울제

상관관계 사건이나 특성이 함께 변화하는 정도

상관관계법 사건이나 특성이 함께 변화하는 정도를 알아보기 위해 사용되는 연구 절차

상징적 상실 Freud 학파의 이론에 따르면 가치 있는 대상의 상실(예 : 실직)은 무의식적으로는 사랑하는 사람의 상실로 해석된다. '상상의 상실'이라고도 한다.

상태의존 학습 학습이 그것이 일어난 상태 및 상황과 연합되어 동일한 상태 및 상황하에서 가장 잘 회상되는 것

상호교차성 각 개인이 속한 여러 다문화 집단과 사회정체성을 결합해서 특별한 경험, 기회와 기능을 조성해가는 방식

생물학적 한계검사 연구자나 치료자의 감독 하에 참가자 또는 내담자가 운동을 격렬하게 하거나 공황 유발 과제를 수행해서 공황을 경험하도록 하는 절차

생체표지자 특정 병과 주로 동반되는 생화학, 분자, 유전학, 구조적 특징

선택적 세로토닌 재흡수 억제제(SSRI) 다른 신경전달물질에 영향을 주지 않는 상태에서 세로토닌의 활동만을 증가시키는 2세대 항우울제군

선택적 함묵증 다른 상황에서는 말을 할 수 있음에도 불구하고 말을 해야 되는 사회적 상황에서 말을 하는 데 실패하는 것을 주요 특징으로 하는 장애

섬망 급속히 진행되는 의식의 혼탁으로, 집중력, 주의력에 큰 어려움을 겪고 그에 이어 사고의 흐름에 어려움이 발생한다.

성격검사 전반적인 성격 특성을 측정하도록 고안된 검사로, 행동, 믿음, 감정에 대한 기술을 포함한다. 피검사자는 기술 문제에 대해 자신의 특성인지 아닌지를 평가한다.

성격장애 개인이 속한 사회에서 기대하는 것과는 다르며 매우 경직된 패턴으로 내적으로 경험되기도 하고 외부 행동으로 나타나기도 하면서 기능장애를 일으킨다.

성기-골반통증/삽입장애 삽입 중 심각한 신체적 불편감을 호소하는 성기능부전

성기능부전 인간의 성적 반응주기 중 어떤 영역에서 정상적인 기능을 보이지 못하는 것으

로 특징지어지는 장애

성도착증 사람이 아닌 대상, 아동, 동의하지 않은 성인, 또는 고통이나 굴욕의 경험 등에 대한 반복적이고 강렬한 성적 욕구, 환상 및 성적 행동을 특징으로 하는 장애

성별민감치료 서구사회의 여성이 경험하는 압력에 맞춘 치료 접근으로, '여성주의 치료'라고도 한다.

성별 불쾌감 자신의 태생적 성별에 대해 지속적으로 극도의 불편감을 느끼며 다른 성이 되기를 강력하게 바란다.

성별 적합 수술 성기와 성별에 따른 특징을 바꾸어주는 수술적 절차. '성별 재지정 수술'이라고도 한다.

성적가학장애 타인에게 고통을 가하는 행위를 포함해 강한 성적 충동, 환상, 행동이 반복되는 변태성욕장애

성적피학장애 굴욕을 당하거나 맞거나 묶이거나 기타 고통을 당하는 것에 대하여 반복적이고 강렬한 성적 욕구나 환상, 행동이 나타나는 변태성욕장애

세로토닌 신경전달물질 중 하나로, 이것이 비정상적으로 활동하는 것은 우울장애, 강박장애, 섭식장애와 관련이 있다.

소아성애장애 사춘기 이전의 아동을 바라보고 만지고 성적인 행위를 하는 것에 대한 반복적이고 강렬한 성적 욕구나 환상이 있고, 그러한 욕구나 환상을 실행하기도 하는 변태성욕장애

수용기 뉴런에서 신경전달물질을 수용하는 곳

수용소 정신질환자를 돌보기 위한 시설의 일종으로 16세기에 처음 많아졌고, 이들 수용소의 대다수는 나중에 실질적인 감옥이 되었다.

수집광 물건을 보관해야 한다고 느끼고 물건을 폐기하려고 하면 매우 고통스러워하면서 그 결과로 물건을 과도하게 쌓아두게 되는 장애

수행 불안 성행위 중에 경험하는 부적절한 수행에 대한 공포와 긴장

순환성장애 경조증 증상과 가벼운 우울 증상을 오랜 기간 동안 보이는 것을 특성으로 하는 장애

스트레스 감소 문제해결 프로그램 직장에서 정신건강 전문가가 직원에게 당면한 문제를 어떻게 해결하고 스트레스를 줄일 것인지에 대해 교육하는 워크숍 혹은 집단 회기

시냅스 하나의 신경세포와 또 다른 신경세포의 수상돌기 사이의 작은 공간

시상하부 섭식, 배고픔을 포함한 다양한 신체 기능을 조절하는 뇌의 구조

시상하부-뇌하수체-부신(HPA) 축 몸의 한 경로로, 이 경로를 통해 뇌와 신체가 각성의 반응을 생성한다.

시스젠더 자신의 정체성이 남성 또는 여성이라고 느끼고, 그 정체성이 자신에게 부과된 성별(출생 시 해부학적 성별)과 일치하는 사람

신경발달장애 ADHD, 자폐스펙트럼장애와 지적장애를 포함하여 출생이나 매우 이른 시기부터 시작된 뇌 기능 문제로 행동, 기억, 집중력과 학습 능력에 영향을 미치는 장애군

신경섬유매듭 나이를 먹어가면서 어떤 뇌세포 안에 단백질 섬유가 꼬여 있게 되는 것. 알츠하이머 환자에게 이러한 매듭이 과도하게 많다.

신경성 식욕부진증 과도한 날씬함의 추구와 지나친 체중 감소를 특징으로 하는 장애

신경성 폭식증 잦은 폭식 후 체중 증가를 피하기 위해 스스로 유도한 구토나 다른 극단적 보상 행동을 보이는 장애. '폭식/제거형 증후군'이라고도 한다.

신경심리검사 사람들의 인지, 지각, 운동 수행을 측정하여 뇌의 장해를 탐지하는 검사

신경인지장애 적어도 한 가지 이상의 인지 기능이 심각하게 저하되는 장애

신경전달물질 신경세포에서 분비되어 시냅스 공간을 넘어 이웃 신경세포의 수상돌기에 위치한 수용체에서 흡수되는 화학물질

신뢰도 검사나 연구 결과의 일관성에 대한 측정

신체이형장애 자신의 신체적 외모에 대해 결함이나 흠이 있다는 믿음에 사로잡혀 있는 장애. 이런 결함과 흠은 상상이거나 심하게 과장된 것이다.

신체증상장애 현재 경험하는 신체 증상 때문에 극도로 고통받고 근심하고 불안해하며, 이로 인해 삶이 와해된 특징을 보이는 장애

실데나필 성행위 도중 성기의 혈류량을 증가시켜 발기장애를 치료하는 데 사용하는 약물

실존치료 내담자로 하여금 자신의 삶에 대한 책임을 받아들여서 보다 큰 의미와 가치를 지닌 삶을 살도록 격려하는 치료

실험 한 변수가 조작되고 그 효과를 관찰하는 연구 절차

실험집단 실험에서 독립변수에 노출된 참여자들

심리경험 사후보고 외상 사건이 발생한 후 곧 외상 사건의 피해자에게 관련된 감정이나 반응을 이야기하도록 격려하는 위기 개입의 한 형태로, '위기 상황 스트레스 해소 활동'이라고도 한다.

심리적 응급처치(PFA) 피해자의 초기 고통 감소와 적응 기능의 증진을 목적으로 하는 재난 반응 개입으로, 미숙하고 침습적이며 경직된 절차는 제외시켰다.

심인적 관점 심리적 기능 이상이 주로 심리적 원인에서 비롯된다는 견해

아날로그 실험 실험자가 실험 참가자들에게 이상행동과 같은 행동을 유발하여 실험을 하는 실험 방법

아편 높은 중독성을 가진 물질로 양귀비의 꽃봉오리에서 추출한다.

아편유사제 아편 또는 아편 추출 마약으로 모르핀, 헤로인, 코데인 등이 포함된다.

안구운동 민감소실 및 재처리(EMDR) 노출치료로, 여기서 내담자는 보통 회피하는 대상이나 상황의 이미지를 마음속에 떠올리며 안구를 좌우로 리듬 있게 움직인다.

알츠하이머병 가장 흔한 치매의 한 유형으로, 주요 증상으로 기억장애를 보인다.

알코올 맥주, 와인, 고량주 등을 포함하여 에틸알코올이 들어간 모든 음료

암페타민 실험실에서 조제된 각성제

야간 음경 팽창(NPT) 수면 중 발기

약물순화법 가공된 코카인으로부터 순수한 코카인 알칼로이드를 분리하거나 유리시켜서 불꽃의 열로 증발시킨 다음 파이프를 통해 들이마시는 것

양극성장애 조증과 우울이 교체되거나 혼재되어 나타나는 장애

양성 증상 정상적 사고, 감정 혹은 행동에 기이한 것이 덧붙여지거나 과한 조현병 증상

엔도르핀 통증과 정서적 긴장을 완화시키는 신경전달물질

여성극치감장애 여성이 오르가슴을 거의 경험하지 못하거나 반복적으로 매우 지연된 상태에서 갖게 되는 장애

여성 성적 관심/흥분장애 성에 대한 관심이나 성적 활동의 저하나 부족을 특징으로 하는 여성 성기능부전으로, 어떤 경우 성적 활동 시 제한된 흥분과 성적 감각을 보인다.

역학 연구 특정한 모집단에서의 장애 등 문제의 발병률과 유병률을 측정하는 연구

연극성 성격장애 과도한 정서성과 관심 추구 패턴을 특징으로 하는 성격장애로서, 예전에는 '히스테리성 성격장애'라고 했다.

연상의 이완 대화 중 주제가 이리저리 빠르게 이동하는 보편적인 조현병 사고장애. '탈선'이라고도 한다.

예방 장애가 생기기 전에 막는 것을 목적으로 하는 개입

오염변수 실험에서 독립변수 외 다른 변수가 종속변수에 영향을 미치는 변수

외상후 스트레스장애(PTSD) 외상 사건 이후 공포 및 관련 증상을 계속적으로 경험하는 장애

외측시상하부(LH) 활성화되면 배고픔을 유발하는 뇌의 영역

욕구기 성관계를 갖고자 하는 욕구, 성적 환상, 다른 사람에게 성적 매력을 보이는 등으로 구성된 성 반응주기의 단계

우울 현저한 슬픔, 에너지 부족, 낮은 자기가치감, 죄책감 또는 관련 증상이 특징인 침체되고 슬픈 상태

우울장애 단극성 우울증이 특징인 장애군
운동성 실어증 말이나 말 내용의 감소, 조현병 증상으로 '언어빈곤'이라고도 한다.
원격정신의료 장거리 비디오회의 등의 원격 기술을 이용하여 치료자가 물리적으로 참석하지 않는 상태에서 정신건강 서비스를 제공하는 것
원초아 Freud에 의하면 본능의 욕구, 추동, 충동을 일으키는 심리적 힘
월경전불쾌감장애 월경 전 주에 심각한 우울 관련 증상을 반복해서 경험하는 것이 특징인 장애
위기중재 심리적 위기에 처한 사람들이 자신의 상황을 좀 더 정확하게 보고 더 나은 의사결정을 하고 좀 더 건설적으로 행동하며 결국 위기를 극복할 수 있도록 돕는 치료적 접근
위약치료 실험 참가자가 진짜라고 믿는 거짓 치료
유뇨증 반복적으로 옷이나 잠자리에 소변을 보는 문제를 나타내는 장애
유병률 특정 기간 동안 전집에서 발생하는 장애 사례의 전체 수
유분증 반복적으로 옷과 같이 부적절한 곳에 변을 보는 아동기 장애
유전자 유전적으로 물려받은 특성 및 특질을 통제하는 염색체 부분
유죄이나 정신장애가 있는 피고인이 범죄에 대해서는 유죄이나 정신장애를 가지고 있으므로 투옥 기간 중 치료되어야 한다고 간주하는 판결
윤리강령 윤리행동에 대한 이론 및 규칙 전반을 일컬으며, 전문가의 의사결정이나 행동에 대한 지침으로 이루어져 있다.
융합 해리성 정체성장애에서 두 가지 이상의 하위 인격이 통합되는 것
은폐 설계 참가자들이 자신이 실험집단인지 통제집단인지를 모르도록 한 실험 설계
음성 증상 정상 사고, 감정이나 행동에 결핍을 보이는 조현병 증상
의료과실 소송 소송치료 도중 부적절한 행위로 인해 치료자에게 소송을 거는 것
의존성 성격장애 집착하고 순종적이며 분리에 대한 두려움 및 보살핌에 대한 욕구를 특징으로 하는 성격장애
이분법적 사고 문제나 해결법에 대해 이것 아니면 저것의 양자택일의 경직된 관점으로 보는 것
이상심리학 기능의 비정상적 양상을 기술하고 예측하며 설명하고 변화시키기 위하여 이상행동을 과학적으로 연구하는 분야
이완훈련 훈련 내담자에게 의지대로 긴장을 이완할 수 있게 가르치는 절차로, 이를 통해 내담자는 스트레스 상황에서 자신을 진정시킬 수 있게 된다.
이인성/비현실감장애 이인성, 비현실감 혹은 이 둘 모두의 지속적이고 반복적인 삽화로 특징지어지는 해리성 장애
이차적 이득 정신역동 이론에서 말하는 개념으로, 신체적 증상이 타인으로부터 친절함을 유발하거나 원치 않는 활동을 피할 핑계를 만들어내는 이득을 창출해내는 것
익명의 알코올중독자모임(AA) 알코올남용이나 의존인 사람들을 위해 지지와 지도를 제공하는 자조집단
인위성장애 이 장애를 가진 개인은 의도적으로 신체 증상을 만들어내거나 꾸미는데, 전형적으로 환자 역할을 하고자 하는 의도로 증상을 만들어내거나 꾸민다.
인지교정 조현병을 가진 환자에게 특징적인 주의력, 계획력과 기억력 손상에 초점을 둔 치료
인지삼제 Aaron Beck이 가설화한 세 가지 형태의 부정적인 생각은 사람을 우울하게 한다. 이 세 가지는 자신의 경험, 자기 자신, 미래에 대한 부정적인 관점이다.
인지치료 사람들이 심리장애를 유발하는 역기능적인 가정과 사고방식을 찾고 바꿀 수 있도록 돕는 Aaron Beck이 개발한 치료법
일차적 이득 정신역동 이론에서 말하는 개념으로, 신체적 증상이 개인의 내적 갈등 인식을 막는 이득을 창출해내는 것
임상 검사 어떤 사람에 대한 추론으로부터 그 사람의 심리적 기능에 대한 자료를 수집하는 도구
자기실현 개인이 자신의 선함과 성장에 대한 잠재력을 달성하는 인본주의적 과정
자기애성 성격장애 자기과시, 존경에 대한 욕구와 공감 결여의 광범위한 패턴을 특징으로 하는 성격장애
자기 이론 우리의 통합된 성격인 자기의 역할을 강조하는 정신역동 이론
자기최면 불유쾌한 사건을 잊기 위해 자신에게 최면을 거는 과정
자살 의도적, 직접적, 의식적으로 스스로에게 가하는 죽음
자살예방 프로그램 자살 위험이 높은 사람을 식별하고 그들에게 위기중재를 제공하기 위한 프로그램
자살의 대인관계 이론 지각된 부담감, 좌절된 소속감, 자살을 수행하기 위한 심리적 역량을 갖춘 사람들이 자살을 더 시도한다는 이론. '대인관계심리학 이론'이라고도 한다.
자아 Freud에 의하면 이성을 사용하며 현실의 원칙에 따라 작동하는 심리적 힘
자아방어기제 정신분석 이론에 의하면 수용할 수 없는 원초아의 충동을 통제하고 그로 인한 불안을 감소시키기 위한 자아의 전략
자연 실험 실험자가 아니라 자연이 독립변수를 조작한 실험
자유연상 환자가 아무 생각이나 느낌, 심상을 중요하지 않은 것 같아도 떠오르는 대로 묘사하도록 하는 것
자율신경계(ANS) 중추신경계를 신체 내 다른 모든 기관에 연결하는 신경섬유망
자폐스펙트럼장애 타인에 대한 극단적인 무반응, 심각한 의사소통 결함과 지나친 반복적이고 경직된 행동, 흥미와 활동을 특징으로 하는 발달장애
재발방지 훈련 알코올남용 치료적 접근으로 환자가 위험한 상황과 그에 대한 반응을 미리 계획하는 것
재판에 서기에 부적격 피고인이 자신의 법적인 책임, 및 소송 절차에 대해 이해할 수 없고 자신의 변호사와 적절한 변호 방법에 대해 논의할 능력이 없는 정신적으로 불안정한 상태
저항 심리치료에 온전하게 참여하기를 무의식적으로 거부하는 것
적극적 지역사회 치료 중증 정신장애를 가진 사람들에 대한 지역사회 접근으로, 다학제간 팀이 약물과 치료에서부터 주거와 직업 안내에 이르는 중재를 제공한다.
적대적 반항장애 아동기 장애로서, 아동은 분노와 악의에 차서 반복적으로 성인과 논쟁하고 성미를 부리며 욕설을 한다.
전기충격요법(ECT) 주로 우울증 환자에게 사용되는 생물학적 치료의 한 형태로, 환자의 머리에 부착된 전극에 전류를 흐르도록 하여 뇌 발작을 유발한다.
전이 정신역동 이론가에 의하면 환자가 현재 혹은 과거 자신의 삶에서 중요한 사람들에 대한 감정을 심리치료자에게 돌리는 것
전환장애 수의적 운동 기능 손상 혹은 감각 기능 손상이라는 신체 증상을 특징으로 하는 장애로, 증상 양상은 잘 알려진 의학적 장애의 증상 양상과 일치하지 않는다. '기능성 신경학적 증상장애'라고도 한다.
절정기 개인의 성적 쾌락의 절정과 성적 긴장감이 골반 부분에 수축되어 있던 근육을 리드미컬하게 풀어지게 하는 성적 반응주기의 단계
정상화 지적장애를 가진 사람을 위한 시설과 지역사회 거주지는 사회의 나머지 사람들이 향유하는 것과 유사한 생활 조건과 기회를 제공해야 한다는 원칙
정신분석 정신병리의 원인으로 무의식의 심리적 힘을 강조하는 비정상적 정신 기능에 대한 이론 혹은 치료
정신상태검사 내담자의 이상 기능의 정도와 상태를 보여줄 수 있게 설계된 면접 질문과 관찰
정신생리성 장애 생물학적, 심리학적, 사회문화적 요인이 상호작용하여 신체 질환을 야기하거나 악화시키는 장애. '의학적 상태에 영향

을 주는 심리학적 요인'이라고도 한다.

정신생리학적 검사 심리적 문제의 지표로 (심박 수와 근육 긴장과 같은) 신체적 반응을 측정하는 검사

정신신경면역학 스트레스, 몸의 면역 체계, 병의 관계를 연구하는 학문 분야

정신약물학자 주로 약물을 처방하는 정신과 의사

정신외과술 정신장애의 치료를 위한 뇌수술로, '신경외과 수술'이라고도 한다.

정신이상에 대한 미국법률기관 법정평가 정신장애로 인해 옳고 그름을 판단할 수 없었거나 통제할 수 없는 충동적인 행위를 참을 수 없었다면 그 사람은 범죄의 순간에 정신이상 상태였다고 간주한다.

정신이상에 의한 무죄 범죄자가 범죄 당시 비정상이었기 때문에 유죄가 아니라는 판결

정신증 어떤 방식으로든 현실과의 접촉이 상실된 상태

정신화 자신과 타인의 마음 상태를 이해하는 능력

정화 내적 갈등을 정리하고 문제를 극복하기 위하여 과거의 억압되었던 감정을 재경험하는 것

제I형 양극성장애 완전한 조증 삽화와 주요우울 삽화가 특징인 양극성장애의 한 유형

제II형 양극성장애 경미한 조증 삽화와 주요우울장애 삽화가 특징인 양극성장애의 한 유형

조건화 단순한 형태의 학습

조기사정 남자가 삽입 직전이나 삽입과 동시에 또는 그 직후와 같이 본인이 원하기 전에 오르가슴에 도달하고 사정하게 되는 장애

조작적 조건형성 만족스러운 결과를 가져온 행동이 반복될 가능성이 큰 학습 과정

조증 다행감이나 광적인 활동 상태 또는 삽화로 세계가 자신을 위해 존재한다는 과장된 믿음을 보인다.

조현병 비정상적 지각, 이상한 사고, 불안정한 정서와 운동 이상의 결과로 기능이 쇠퇴되는 정신장애

조현병 유발 어머니 조현병을 유발한다고 보이는 어머니 유형으로, 통상 차갑고 지배적이며 자녀의 요구에는 관심이 없다고 본다.

조현성 성격장애 사회적 관계를 지속적으로 회피하고 감정 표현을 거의 하지 않는 것을 특징으로 하는 성격장애

조현형 성격장애 친밀한 관계에서 극도의 불편감을 느끼며 기이한 사고와 지각 및 특이한 행동을 특징으로 하는 성격장애

종단 연구 동일한 연구 참가자를 장기간에 걸쳐 여러 번 관찰하는 연구

종속변수 실험에서 독립변수의 조작과 함께 변화할 것으로 예상되는 변수

주간 보호 낮 동안만 병원과 같은 치료를 제공하는 프로그램. '낮병원'이라고도 한다.

주류화 지적장애 아동을 정규 학교 수업에 배정하는 것. '통합교육'이라고도 한다.

주립병원 미국의 주에서 운영하는 공립 정신병질환자 시설

주요신경인지장애 인지 기능이 심각하게 저하되어 자립 능력에 지장을 주는 신경인지장애

주요우울장애 기능에 지장을 초래하는 단극성 우울증의 심각한 형태로, 약물이나 일반적인 의학적 상태와 같은 요인이 유발한 것이 아니다.

주의력결핍 과잉행동장애(ADHD) 주의집중의 어려움 혹은 과잉행동과 충동행동 혹은 두 가지 문제를 모두 다 가지는 것을 주요 특징으로 하는 장애

준비성 어떤 공포를 발달하게 하는 소질

준실험 설계 연구자가 이미 세상에 존재하는 통제집단과 실험집단을 활용하는 실험. '혼합 설계'라고도 한다.

준자살행위 죽음에 이르지 않는 자살시도

중성화 원하지 않는 생각을 없애기 위한 시도로, 이는 수용할 수 없는 생각을 만회하고 내적으로 문제를 바로 잡으려는 방식으로 생각하거나 행동함으로써 이루어진다.

증후군 일반적으로 함께 발생하는 증상의 집합

지능검사 지적 능력을 측정하게 고안된 검사

지능지수(IQ) 이론적으로 개인의 전반적인 지적 능력을 나타내는 지능검사에서 산출된 점수

지속성 우울장애 단극성 우울증의 만성적인 형태로, 주요우울증 또는 가벼운 우울 증상을 지속적으로 또는 반복적으로 보이는 것이 특징이다.

지시된 자위 흥분감이나 극치감 문제가 있는 여성에게 효과적으로 자위를 하는 방법을 가르쳐 성교 중에 오르가슴에 도달할 수 있도록 하는 성 치료적 접근

지역사회 정신건강센터 지역사회 내에서 심리적 문제에 대한 약물치료, 심리치료와 응급 관리를 제공하고 치료를 조정하는 치료 시설

지역사회 정신건강치료 지역사회의 보호 지원을 강조하는 치료적 접근

지연된 노출 치료 접근의 하나로, 여기서 내담자는 외상 관련 대상이나 상황뿐 아니라 외상 경험과 관련한 자신의 고통스러운 기억에 직면하게 된다.

지적장애(ID) 평균보다 훨씬 낮은 지적 기능과 적응행동을 특징으로 하는 장애. 이전에는 '정신지체'라고 하였다.

지지집단 비슷한 문제가 있는 사람들이 임상가의 직접적인 주도 없이 서로 돕고 지지하는 집단. '자조집단', '동료집단', 혹은 '상호조력 집단'이라고도 부른다.

진단 어떤 사람의 문제가 특정 장애를 반영한다는 결정

진전섬망(DT) 알코올의존인 사람에게서 경험되는 극적인 금단 증상. 혼란과 의식의 혼탁, 두려운 환시 등이 나타난다.

진정 수면성 약물 적은 용량으로도 불안을 감소시키고, 많은 용량을 사용하면 수면 효과가 있다. '항불안제'라고도 한다.

질병불안장애 신체적 증상이 없음에도 '심각한 병에 걸린 것은 아닐까?' 혹은 '그런 병에 걸리면 어떡하나?' 하는 생각에 몰두하고 그럴 가능성에 만성 불안을 보이는 장애

집단치료 비슷한 문제를 가진 사람들이 함께 치료자와 만나 자신의 문제에 대해서 작업하는 치료 형태

짝짓기 설계 실험집단 참여자들을 중요한 특징에서 유사한 통제집단 참가자들과 짝을 짓는 연구 설계

천공술 이상행동의 치료를 위해 두개골을 둥글게 잘라낸 고대의 수술법

청반 정서 조절 시에 활성화되는 것으로 보이는 뇌의 작은 부분. 청반에 있는 많은 뉴런이 노르에피네프린을 사용한다.

체계적 둔감화 공포증이 있는 내담자가 두려운 대상이나 상황에 차분하게 대응할 수 있도록 돕기 위해 이완훈련과 공포위계를 사용하는 노출치료

체액 그리스나 로마인들이 정신과 신체의 기능에 영향을 미친다고 본 신체의 화학물질

체인적 관점 심리적 기능 이상이 신체적 원인에서 비롯된다는 견해

체중 결정점 유지하도록 경향화된 개인의 체중 수준으로 시상하부에 의해 주로 통제된다.

초자아 Freud에 의하면 한 사람의 가치와 이상을 대표하는 심리적 힘

최면치료 환자에게 최면을 걸어 망각된 사건을 회상하도록 하거나 기타 다른 치료적 활동을 수행하도록 하는 치료

추체외 회로 장애 효과 몸을 심하게 흔들고 괴상하게 얼굴을 씰룩이며 몸을 비틀고 극도로 안절부절못하는 등의 비정상적 움직임을 보이며 1세대 항정신병 약물에 의해 종종 나타난다.

치료 이상행동을 보다 정상적 행동으로 변화시키는 체계적 절차

치료를 거부할 권리 환자가 치료를 거부할 법적 권리

치료받을 권리 환자, 특히 강제처분을 받은 환자의 적절한 치료를 받을 법적 권리

커플치료 장기적 관계에 있는 두 사람을 대상으로 하는 치료 형태. '부부치료'라고도 한다.

케타민 항우울제로도 사용되는 마취제로, 우울증이 있는 많은 사람이 즉각적인 안정을 가지게 해준다.

코르티코스테로이드 스트레스 시 부신에서 분

비되는 호르몬의 총칭. 코르티솔도 여기에 포함된다.

코카인 코카나무에서 얻는 중독성 각성제. 자연 상태에서 얻는 각성제 중 가장 강력하다.

타당도 검사나 연구 결과의 정확성에 대한 측정

탈시설화 지역사회 프로그램으로 치료 가능하도록 장기간 시설에 수용되었던 많은 수의 환자들을 퇴원시키는 것

태아알코올증후군 임신 시기 어머니의 과도한 음주로 인해 자녀에게 발생하는 문제군으로, 낮은 지능, 저체중과 손과 얼굴의 비대칭성 등이 나타난다.

테트라하이드로칸나비놀(THC) 대마초 물질의 주요 활성 성분

토큰 경제 프로그램 행동 프로그램으로 바람직한 행동이 상품이나 특권 등과 교환되는 토큰 보상을 통해 체계적으로 강화되는 것

통제집단 실험에서 독립변수에 노출되지 않은 참가자들

투사검사 사람들이 해석하거나 반응하는 애매모호한 자극으로 구성된 검사

트랜스젠더 자신의 성별 정체감이 출생 시의 해부학적 성별과 다르다는 강한 느낌이 있는 사람

특별히 분류된 성격장애 특성 DSM에 포함될 가능성에 대한 연구가 진행 중인 성격장애이다. 사람들은 한 가지 이상의 심각한 문제로 인한 특성의 결과로 기능에 심각한 장애가 있는 경우 이 진단을 받는다.

특수교육 지적장애가 있는 아동을 모아서 별도로 특별히 고안된 교육을 제공하는 교육 방법

특정공포증 특정 대상이나 상황에 대한 심각하고 지속적인 공포

파괴적 기분조절부전장애 심각한 수준의 반복적인 기분폭발을 특징으로 하는 아동기 장애로서, 지속적으로 불안정감이나 화난 기분을 동반한다.

페노티아진 최초로 효과가 있는 항정신병 약물이 된 항히스타민 약물

편집성 성격장애 타인에 대한 불신과 의심 패턴을 주요 특징으로 하는 성격장애

평가 내담자나 연구 참가자에 대한 정보를 수집하고 해석하는 과정

폭식 먹는 행동에 대한 통제를 상실한 삽화로, 먹는 동안 개인은 엄청나게 많은 양의 음식을 먹는다.

폭식장애 빈번한 폭식을 특징으로 하나 극단적 보상행동은 보이지 않는 장애

표준화 많은 사람에게 검사를 실시하고 그들의 수행을 개별 점수에 대한 기준이나 표준으로 사용하는 절차

표출 정서 가정에서 표출되는 비난, 거부, 증오의 일반적 수준. 조현병에서 회복된 사람 중 가족에서 표출 정서 비율이 높으면 재발 위험성이 더 높은 것으로 간주된다.

품행장애 아동기 장애로서, 아동은 반복적으로 다른 사람의 기본 권리를 침해하고 공격성을 나타내며 때때로 다른 사람의 재산을 파괴하고 도둑질하거나 가출한다.

피부뜯기장애 반복해서 피부를 뜯는 장애로, 그 결과 상당한 흉이나 상처가 생긴다.

하위 성격 해리성 정체성장애로 고생하는 사람들에게 발견되는 둘 혹은 그 이상의 뚜렷이 구분되는 성격. '대체 성격'이라고도 한다.

학습된 무기력 삶의 강화물에 어떤 통제력도 갖지 못했다는 지각으로, 과거 경험을 기반으로 한다.

합리적 정서치료 Albert Ellis가 개발한 인지치료로, 내담자가 자신의 심리적 문제를 유발하는 비합리적인 가정과 사고를 알아내고 변화시킬 수 있도록 돕는다.

항거불가 충동성 법정평가 통제 불가능한 기운에 의해 범죄를 저질렀다면 그는 범죄의 순간에 정신이상 상태였다고 간주한다.

항원 세균이나 바이러스와 같은 우리 몸의 외부 침입자

항정신병 약물 전반적으로 혼란되거나 왜곡된 사고를 교정하는 데 도움이 되는 약물

해독 체계적이고 의학적인 감독하에서의 약물 중단

해리성 기억상실 개인의 중요한 사건과 정보를 기억해내지 못하는 것을 특징으로 하는 장애

해리성 둔주 해리성 기억상실의 한 형태로, 이 장애에서 개인은 새로운 장소로 이동하여 거기서 과거를 망각한 채 새로운 정체감을 가지고 살아간다.

해리성 정체성장애 두 가지 이상의 구분되는 인격체를 발전시키는 장애. '다중인격장애'라고도 한다.

해리장애 기억에서의 주요 변화를 특징으로 하는 장애로, 명확한 신체적/기질적 원인을 가지고 있지 않다.

행동의학 의학적 문제를 치료하고 예방하기 위해 심리적 개입과 신체적 개입을 결합시킨 영역

행동활성화 치료자가 내담자의 삶에서 건설적이고 즐거운 활동과 일을 증가시키기 위해 체계적으로 작업하는 우울증 치료법

향정신성 약물 일차적으로 뇌에 작용하여 다수의 정신기능장애의 증상을 감소시키는 약물

헤로인 아편 추출 물질 중 가장 중독성이 강한 약물 중 하나

혐오치료 내담자가 마약 섭취와 같은 바람직하지 않은 행동을 할 때 불쾌한 자극을 반복적으로 제시하는 치료

형식적 사고장애 사고를 조직화하는 것과 산출해내는 것의 장애

호르몬 내분비샘에서 혈관으로 분비되는 화학물질

홍수법 내담자를 두려워하는 대상에 반복적으로 그리고 강도 높게 노출시키고 그 대상이 실제로는 해가 없다는 것을 경험하게 하는 공포증에 대한 노출치료

화해운동 모든 치료자가 공통적으로 사용하고 있는 전략을 규명하려는 운동

환각 외부 자극이 없음에도 시각, 청각과 다른 지각을 경험하는 것

환각제 지각이 강해지고 헛것이나 환각을 경험하는 등 감각 지각에 주로 강력한 변화를 유발하는 물질

환경치료 기관이 환자가 자존감, 책임감 있는 행동과 의미 있는 활동을 촉진하는 환경을 만들어줌으로써 환자의 회복에 도움을 줄 수 있다는 믿음에 기초한 인본주의적 기관치료 접근

회고분석 임상가가 자살한 사람의 과거로부터 자살한 사람에 대한 정보를 취합하는 심리부검

회복탄력성 역경 속에서 잘 적응해나가는 과정

회피성 성격장애 사회적 상황에서 지속적 불편함과 제한성, 부적절감에 압도되는 느낌, 부정적인 평가에 대한 극도의 민감성을 특징으로 하는 성격장애

흥분기 골반 영역의 변화, 일반적인 생리적 각성, 심장 박동, 근육 긴장, 혈압, 호흡률의 증가를 보이는 성적 반응주기의 단계

2세대 항정신병 약물 생물학적 작용이 1세대 항정신병 약물과 다른 새로운 항정신병 약물. '차세대 항정신병 약물'이라고도 한다.

A 유형 성격 적대성, 냉소성, 의욕 넘침, 성급함, 경쟁, 야망으로 특징지어진 성격 패턴

B 유형 성격 긴장이 적고 덜 공격적이며 시간에 대해 덜 걱정하는 성격 패턴

LSD(리세르그산 디에틸아미드) 맥각알칼로이드에서 추출된 환각물질

MDMA 각성제이지만 환각 효과도 있는 약물이어서 주로 환각제로 분류된다. '엑스터시'라고도 한다.

참고문헌

AA (Alcoholics Anonymous). (2020). *AA around the world.* Retrieved from https://www.aa.org.

AAC (American Addiction Centers). (2020). *Pro-Ana websites: What you need to know.* Brentwood, TN: Author.

AAIDD (American Association on Intellectual and Developmental Disabilities). (2020). *Intellectual disability.* Silver Spring, MD: AAIDD.

AAMFT (American Association for Marriage and Family Therapy). (2019). *Children of alcoholics.* Alexandria, VA: AAMFT.

AAMFT (American Association for Marriage and Family Therapy). (2020a). *Dissociative identity disorder.* Alexandria, VA: Author.

AAMFT (American Association for Marriage and Family Therapy). (2020b). *Suicide in the elderly.* Alexandria, VA: Author.

Aamodt, M. G. (2016, September 4). *Serial killer statistics.* Retrieved from http://maamodt.asp.radford.edu.

Aamodt, M. G., Leary, T. G., & Southard, L. (2018, October 2). *Are you smarter than a serial killer? Norms, methods and interpretations cautions.* Annual Meeting of the Society for Police and Criminal Psychology, Sarasota, Florida.

ABA (American Bar Association). (2017). *Court cases by diminished capacity/guilt.* Washington, DC: ABA Center on Children and the Law.

ABA (American Bar Association). (2021). *Rule 1.14: Client with diminished capacity.* Washington, DC: Author.

Abbott, E. (2020, April 22). How does the coronavirus pandemic affect suicide rates? *The Hill.*

Abe, K. (2017). What is a serial killer? What is a mass murderer? How do they differ? *European Journal of Academic Essays, 4*(4), 187–198.

Abi-Jaoude, E., Naylor, K. T., & Pignatiello, A. (2020). Smartphones, social media use and youth mental health. *Canadian Medical Association Journal, 192*(6), E136–E141.

Abma, J. C., & Martinez, G. M. (2017, June 22). *Sexual activity and contraceptive use among teenagers in the United States, 2011–2015* (National Health Statistics Report No. 104). Atlanta, GA: CDC.

Abraham, K. (1911). Notes on the psychoanalytic investigation and treatment of manic-depressive insanity and allied conditions. In *Selected papers on psychoanalysis* (pp. 137–156). New York: Basic Books. (Work reprinted in 1960.)

Abraham, K. (1916). The first pregenital stage of the libido. In *Selected papers on psychoanalysis* (pp. 248–279). New York: Basic Books. (Work reprinted in 1960.)

Abraído-Lanza, A. F., Mendoza-Grey, S., & Flórez, K. R. (2020). A commentary on the Latin American paradox. *JAMA Network Open, 3*(2), e1921165.

Abramowitz, J. (2019, March 13). Psychotherapy for obsessive-compulsive disorder in adults. *UpToDate.* Retrieved from http://www.uptodate.com.

Abrams, A. (2019, December 12). What is a nervous breakdown? *Verywellmind.* Retrieved from https://www.verywellmind.com.

Abramson, L. Y., Alloy, L. B., Hankin, B. L., Haeffel, G. J., MacCoon, D. G., & Gibb, B. E. (2002). Cognitive vulnerability—Stress models of depression in a self-regulatory and psychobiological context. In I. H. Gotlib & C. L. Hammen (Eds.), *Handbook of depression* (pp. 268–294). New York: Guilford Press.

Abramson, L. Y., Metalsky, G. I., & Alloy, L. B. (1989). Hopelessness depression: A theory-based subtype of depression. *Psychological Review, 96*(2), 358–372.

Abramson, L. Y., Seligman, M. E., & Teasdale, J. D. (1978). Learned helplessness in humans: Critique and reformulation. *Journal of Abnormal Psychology, 87*(1), 49–74.

Ackerman, C. (2017, January 18). 22 mindfulness exercises, techniques & activities for adults (+PDF's). *Positive Psychology Program.* Retrieved from https://positivepsychologyprogram.com.

Ackerman, C. E. (2020a, January 9). Existential therapy: Make your own meaning. *Positive Psychology.*

Ackerman, C. E. (2020b, October 13). Learned helplessness: Seligman's theory of depression (+ cure). *Positive Psychology.*

Ackerman, E. (2020). Big five personality traits: The OCEAN model explained. *Positive Psychology.* Retrieved from positivepsychology.com.

Ackermann, K., Kirchner, M., Bernhard, A., Martinelli, A., Anomitri, C., Baker, R., . . . Freitag, C. M. (2019). Relational aggression in adolescents with conduct disorder: Sex differences and behavioral correlates. *Journal of Abnormal Child Psychology, 47*(10), 1625–1637.

ADAA (Anxiety and Depression Association of America). (2020a). *Anxiety and depression in children.* Silver Spring, MD: ADAA.

ADAA (Anxiety and Depression Association of America). (2020b). *Body dysmorphic disorder (BDD).* Silver Spring, MD: Author.

ADAA (Anxiety and Depression Association of America). (2020c). *Childhood depression.* Silver Spring, MD: ADAA.

ADAA (Anxiety and Depression Association of America). (2020d). *Facts & statistics.* Silver Spring, MD: Author.

ADAA (Anxiety and Depression Association of America). (2020e, June 4). *LGBTQ+ communities.* Silver Springs, MD: ADAA. Retrieved from https://adaa.org/finding-help/lgbtq-communities.

ADAA (Anxiety and Depression Association of America). (2020f, June 4). *Mental health resources for the black community.* Silver Springs, MD: ADAA. Retrieved from https://adaa.org/finding-help/black-communitymental health.

ADAA (Anxiety and Depression Association of America). (2020g). *Older adults.* Silver Springs, MD: ADAA.

Adam, D. (2019, March 12). Does a "dark triad" of personality traits make you more successful? *ScienceMag.*

Adam, K. S., Bouckoms, A., & Streiner, D. (1982). Parental loss and family stability in attempted suicide. *Archives of General Psychiatry, 39*(9), 1081–1085.

Adams, J. G. (2013). Sexual assault. In J. G. Adams (Ed.), *Emergency medicine: Clinical essentials* (2nd ed., Ch. 128). Elsevier Health Services. [Kindle edition]

Adams, T. (2020, June 30). 10 tips to implement mindfulness in the workplace. *WellSteps.* Retrieved from https://www.wellstep0s.com /blog/2020/02/11/mindfulness-in-the-workplace/#5.

Adams, Z. W., Hahn, A. M., McCart, M. R., Chapman, J. E., Sheidow, A. J., Walker, J., de Arellano, M., & Danielson, C. K. (2021). Predictors of substance use in a clinical sample of youth seeking treatment for trauma-related mental health problems. *Addictive Behaviors, 114*, 106742.

Addington, J., Liu, L., Brummitt, K., Bearden, C. E., Cadenhead, K. S., Cornblatt, B. A., . . . Cannon, T. D. (2020, April 18). North American prodrome longitudinal study (NAPLS 3): Methods and baseline description. *Schizophrenia Research.* [Epub ahead of print]

ADDitude. (2020). *ADHD and symptom tests: ADHD essentials.* New York: ADDitude.

Adebäck, P., Schulman, A., & Nilsson, D. (2018). Children exposed to a natural disaster: Psychological consequences eight years after 2004 tsunami. *Nordic Journal of Psychiatry, 72*(1), 75–81.

ADF (Alcohol Drug Foundation). (2020, February 27). *Cocaine.* North Melbourne, Australia: ADF.

ADHS (Arizona Department of Health Services). (2020). *42 facts about how smoking affects your health.* Retrieved from https://ashline.org/42-facts-about-how-smoking-affects-your-health.

Afek, O. (2019). Reflections on Kohut's theory of self psychology and pathological narcissism—limitations and concerns. *Psychoanalytic Psychology, 36*(2), 166–172.

AFSP (American Foundation for Suicide Prevention). (2020a). *Suicide statistics.* Retrieved from https://afsp.org/about-suicide/suicide-statistics.

AFSP (American Foundation for Suicide Prevention). (2020b). *Suicide prevention in K–12 schools.* New York: AFSP.

Aggarwal, A., Lindegaard, V., & Marwaha, R. (2020). Oppositional defiant disorder. *StatPearls.*

Agimi, Y., Regasa, L. E., & Stout, K. C. (2019). Incidence of traumatic brain injury in the U.S. military, 2010–2014. *Military Medicine, 184*, e233–e241.

AGPA (American Group Psychotherapy Association). (2020). *Group treatment of trauma and stressor-related disorders.* New York: Author.

Agronin, M. D. (2021, January 11). Sexual dysfunction in older adults. *UpToDate.* Retrieved from http://www.uptodate.com.

AHA (American Hospital Association). (2019a). *Fast facts on U.S. hospitals.* Retrieved from https://www.aha.org/statistics/fast-facts-us-hospitals.

AHA (American Hospital Association). (2019b). *Trendwatch: Increasing access to behavioral*

* 이 책의 참고문헌은 시그마프레스 홈페이지(www.sigmapress.co.kr) 내 일반자료실에서 찾을 수 있습니다.

출처

다음 출처로부터의 아래 인용문의 재출판을 허가받았다(굵은 글씨체의 페이지 번호는 이 책에서의 인용 부분 페이지 번호임).

제2장

pages 35–36: Spitzer, R. L., Skodol, A., Gibbon, M., & Williams, J. B. W. (1983). *Psychopathology: A case book*. Copyright © 1983 McGraw-Hill. Reprinted by permission; **pages 45, 46:** Wolberg, L. R. (1967). *The technique of psychotherapy* (p. 662). WB Saunders Co. Elsevier Health Science Books. Reprinted with permission; **page 47:** Hyde, M. (2020, January 23). America's most common recurring dreams. Amerisleep. Retrieved from https://amerisleep.com/blog. Reproduced with permission from Amerisleep; **page 50:** Leahy, R. L. (2017). *Cognitive therapy techniques: A practitioner's guide* (2nd ed.). Copyright © 2017 Guilford Press. Republished with permission of Guilford Publications; permission conveyed through Copyright Clearance Center, Inc.; **page 58:** Schneider, K. J. (2007). The experiential liberation strategy of the existential-integrative model of therapy. *Journal of Contemporary Psychotherapy, 37*(1), 33–39. Copyright © 2007. Republished with permission of Springer Nature BV; permission conveyed through Copyright Clearance Center, Inc.; **pages 62–63:** Sommers-Flanagan, J., & Sommers-Flanagan, R. (2018). *Counseling and psychotherapy theories in context and practice: Skills, strategies, and techniques* (3rd ed.). Copyright © 2018 John Wiley & Sons, Inc. Republished with permission of John Wiley and Sons.

제4장

pages 106–107, 109: Ellis, A. (1962). *Reason and emotion in psychotherapy.* Lyle Stuart. Copyright © 1962. All rights reserved. Reprinted by arrangement with Kensington Publishing Corp. www.kensingtonbooks.com; **page 112:** Pitkin, M. R., & Malouff, J. M. (2014). Self-arranged exposure for overcoming blood-injection-injury phobia: A case study. *Health Psychology and Behavioral Medicine, 2*(1), 665–669. DOI: 10.1080/21642850.2014.916219. Copyright © 2014 by Michelle R. Pitkin and John M. Malouff. Published by Taylor & Francis. This is an open-access article distributed under the terms of the Creative Commons Attribution License http://creativecommons.org/licenses/by/3.0/, which permits unrestricted use, distribution, and reproduction in any medium, provided the original work is properly cited. The moral rights of the named authors have been asserted; **page 118:** Hogan, R. A. (1968). The implosive technique. *Behaviour Research and Therapy, 6*, 423–431. Copyright © 1968. Republished with permission of Elsevier Science and Technology Journals; permission conveyed through Copyright Clearance Center, Inc.; **page 129:** AIPC (Australian Institute of Professional Counsellors). (2013, June 7). Case study: Obsessive-compulsive disorder. Retrieved from https://www.aipc.net.au/articles/case-study-obsessive-compulsive-disorder. Copyright © Mental Health Academy. Used by permission; **pages 133–134:** Schnackenberg, N., & Petro, S. (Eds.) (2016). *Reflections on body dysmorphic disorder: Stories of courage, determination and hope.* Copyright © 2016 by The Body Dysmorphic Disorder Foundation. Reprinted by permission.

제5장

page 146: Lee, S. (2017, June 14). 20 years after being raped, I still struggle with PTSD. Wear Your Voice. Retrieved from https://wearyourvoicemag.com/20-years-raped-still-struggle-ptsd/.Copyright © 2017. Reprinted with permission.

제6장

page 173: Danquah, M. N.-A. (1998). *Willow weep for me: A black woman's journey through depression.* W. W. Norton. Copyright © 1998 by Meri Nana-Ama Danquah. Used by permission of W. W. Norton & Company, Inc., and by permission of Anne Edelstein Literary Agency. All rights reserved; **page 185:** Whitaker, R. (2010). An episodic illness turns chronic. In *Anatomy of an epidemic: Magic bullets, psychiatric drugs, and the astonishing rise of mental illness in America.* Crown Books. Copyright © 2010 by Robert Whitaker. Used by permission of Crown Books, an imprint of Random House, a division of Penguin Random House LLC. All rights reserved; **page 189:** Arieti, S., & Bemporad, J. (1978). *Severe and mild depression: The psychotherapeutic approach* (pp. 275–284). Basic Books. Reprinted by permission; **page 189:** Lorand, S. (1937). Dynamics and therapy of depressive states. *The Psychoanalytic Review, 24*, 337–349. Copyright © 1937 Guilford Press. Republished with permission of Guilford Publications; permission conveyed through Copyright Clearance Center, Inc.; **page 194:** Leahy, R. L. (2017). *Cognitive therapy techniques: A practitioner's guide* (2nd ed.). Copyright © 2017 Guilford Press. Republished with permission of Guilford Publications; permission conveyed through Copyright Clearance Center, Inc.; **page 203:** Anonymous. (2006, September 1). On madness: a personal account of rapid cycling bipolar disorder. *British Journal of General Practice, 56*(530), 726–728. Reprinted by permission of the Royal College of General Practitioners.

제7장

page 211: Yusko, D. (2008). At home, but locked in war. Retrieved from: Times Union (Albany) Online. Copyright © 2008. Reprinted by permission of the Times Union.

제8장

pages 240–241: Savino, A. C., & Fordtran, J. S. (2006, July). Factitious disease: Clinical lessons from case studies at Baylor University Medical Center. *Baylor University Medical Center Proceedings, 19*(3). Copyright © 2006 Baylor University Medical Center. Reprinted by permission; **page 258:** Crandall, C. S., Preisler, J. J., & Aussprung, J. (1992). Measuring life event stress in the lives of college students: The Undergraduate Stress Questionnaire (USQ). *Journal of Behavioral Medicine, 15*(6), 627–662. Copyright © 1992 Springer Science and Business Media B V. Republished with permission of Springer Science and Business Media B V; permission conveyed through Copyright Clearance Center, Inc.

제9장

page 267: Raviv, S. (2010). *Being Ana: A memoir of anorexia nervosa.* iUniverse. Reprinted by permission; **pages 270–271, 272–273:** Hall, L., with Cohn, L. (1980). *Eat without fear.* Gürze. Reprinted with permission.

제10장

page 295: Spitzer, R. L., Skodol, A., Gibbon, M., & Williams, J. B. W. (1983). *Psychopathology: A case book.* Copyright © 1983 McGraw-Hill. Reprinted by permission.

제11장

pages 337, 345–346: Spitzer, R. L., Skodol, A., Gibbon, M., & Williams, J. B. W. (1983). *Psychopathology: A case book.* Copyright © 1983 McGraw-Hill. Reprinted by permission; **page 353:** Coskun, M., & Ozturk, M. (2013). Sexual fetishism in adolescence: Report of two cases. *Düsünen Adam: The Journal of Psychiatry and Neurological Sciences, 26*(2), 199–205. Copyright © 2013. Reprinted by permission; **page 358:** Janus, S. S., & Janus, C. L. (1993). *The Janus report on sexual behavior.* Wiley. Reprinted with permission of the Janus estate.

제12장

page 367: Arieti, S. (1974). *Interpretation of schizophrenia.* Basic Books. Reprinted by permission; **page 372:** Anonymous. (1996). First person account: Social, economic, and medical effects of schizophrenia. *Schizophrenia Bulletin, 22*(1), 183–185. Republished with permission of Oxford University Press; permission conveyed through Copyright Clearance Center, Inc.; **pages 384–385:** Whitaker, R. (2010). Anecdotal thoughts. In *Anatomy of an epidemic: Magic bullets, psychiatric drugs, and the astonishing rise of mental illness in America.* Crown Books. Copyright © 2010 by Robert Whitaker. Used by permission of Crown Books, an imprint of Random House, a division of Penguin Random House LLC. All rights reserved.

제13장

pages 405–406, 407, 422, 425, 429–430: Millon, T. (2011). *Disorders of personality: Introducing a DSM/ICD spectrum from normal to abnormal* (3rd ed.). John Wiley & Sons. Copyright © 2011. Reproduced with permission of John Wiley & Sons, Inc.; **pages 409–410:** Hare, R. D. (1993). *Without conscience: The disturbing world of the psychopaths among us.* Pocket Books. Copyright © 1993 by Robert D. Hare, PhD. Republished with the permission of Guilford Publications; permission conveyed through Copyright Clearance Center, Inc.; **pages 414–415:** Vaknin, S. (2015). *Malignant self-love: Narcissism revisited.* Narcissus Publications. Copyright © 1999–2013 by Lidija Rangelovska. Reprinted by permission.

제14장

pages 439, 448–449, 459: Kearney, C. A. (2016). *Casebook in child behavior disorders* (6th ed.). Copyright © 2017, 2013 Cengage Learning. Reproduced by permission of Cengage Learning, Inc., www.cengage.com/permissions; **pages 454–455:** Maniadaki, K., & Kakouros, E. (2017). *The complete guide to ADHD: Nature, diagnosis, and treatment.* Copyright © 2018 by Taylor & Francis. Republished with permission of Taylor & Francis Group LLC – Books; permission conveyed through Copyright Clearance Center, Inc.

제15장

page 475: Heston, L. (1992). *Mending minds: A guide to the new psychiatry of depression, anxiety, and other serious mental disorders.* W. H. Freeman. Copyright © 1991 by Leonard L. Heston. Used by permission of Henry Holt and Company. All rights reserved; **pages 485–486:** Shenk, D. (2001). *The forgetting: Alzheimer's: Portrait of an epidemic.* Copyright © 2001, 2002 by David Shenk. Doubleday. Used by permission of ICM Partners and by permission of Doubleday, an imprint of the Knopf Doubleday Publishing Group, a division of Penguin Random House LLC. All rights reserved.

제16장

pages 504–505: Coleman, L. (1984). *The reign of error: Psychiatry, authority, and law.* Beacon Press. Copyright © 1984 by Lee Coleman. Used by permission.

찾아보기

옮긴이

오경자

하버드대학교 심리학 박사
현 연세대학교 명예특임교수

정경미

하와이대학교 임상심리학 박사
존스홉킨스대학교 박사후 과정
현 연세대학교 심리학과 교수

송현주

연세대학교 심리학 박사
현 서울여자대학교 교육심리학과 교수

송원영

연세대학교 심리학 박사
현 건양대학교 심리상담치료학과 교수

김현수

노던일리노이대학교 심리학 박사
현 한양대학교 교육대학원 교수
한양대학교 일반대학원 아동심리치료학과 교수

어유경

연세대학교 심리학 박사
현 서울상담심리대학원대학교 조교수